永州年鉴

（2017）

中共永州市委　永州市人民政府　主办
永 州 年 鉴 编 纂 委 员 会　编

方志出版社
Publishing House of Local Records

图书在版编目（CIP）数据

永州年鉴 . 2017/永州年鉴编纂委员会编 . —北京：方志出版社，2017. 12
ISBN 978-7-5144-2816-2

Ⅰ. ①永… Ⅱ. ①永… Ⅲ. ①永州—2017—年鉴 Ⅳ. ①Z526. 43

中国版本图书馆 CIP 数据核字（2017）第 308272 号

永州年鉴（2017）

编　　者：永州年鉴编纂委员会
责任编辑：王海荣

出 版 人：冀祥德
出 版 者：方志出版社
地址　北京市朝阳区潘家园东里 9 号（国家方志馆 4 层）
邮编　100021
网址　http：//www. fzph. org
发　　行：方志出版社图书经销中心
电话（010）67110500
经　　销：各地新华书店
印　　刷：衡阳顺地印务有限公司

开　　本：889×1194　1/16
印　　张：32. 625
字　　数：1069 千字
版　　次：2017 年 12 月第 1 版　2017 年 12 月第 1 次印刷
印　　数：0001～2000 册

ISBN 978-7-5144-2816-2　定价：300. 00 元

编 辑 说 明

一、《永州年鉴（2017）》编纂坚持以马克思列宁主义、毛泽东思想、邓小平理论、“三个代表”重要思想和科学发展观为指导，贯彻落实习近平总书记系列重要讲话精神和治国理政新理念新思想新战略，坚持辩证唯物主义和历史唯物主义的立场、观点和方法。

二、《永州年鉴（2017）》主要记载2016年1月1日至12月31日永州市自然、政治、经济、文化、社会、生态等方面的基本面貌和发展情况，为各级领导、决策者和管理者提供准确的情况，为社会各界了解、研究永州提供基本信息，并为编修地方志书积累资料。

三、《永州年鉴（2017）》按分类编辑法，分为特载、大事记、永州概貌、国家历史文化名城、国家卫生城市、国家森林城市、政治建设、经济建设、文化建设、社会建设、生态建设、县区概况、人物十三大部类，下设类目、分目、条目三个层次，部分分目下设副分目，以字体、字号、色彩等版式设计区别不同层次。条目为记述的基本单位，其标题用色彩加■表示。

四、《永州年鉴（2017）》的稿件和图片由各单位撰稿人提供，供稿单位负责人审核，最后由编委会定稿。统计资料由统计部门提供，气象、水文资料分别由气象、水文部门提供。有些地方性、部门性数据由于统计口径不同等原因，与统计部门公布的数据不尽一致，请读者在查阅和引用时注意。

五、“新任市级领导”收录2016年被任命为永州市市级领导的人员；“先进人物”“先进集体”原则上收录永州市在2016年受到国家部、委、办、局，中共湖南省委、湖南省人民政府表彰的人物和集体；“逝世人物”收录2016年逝世的、曾在永州市担任过副厅级以上的干部。

六、《永州年鉴（2017）》所录市直各部门、各单位、中央、省驻永州市各单位和各县区（管理区）领导干部名单，原则上以2016年12月31日在职者为准。

七、为方便读者查阅，《永州年鉴（2017）》配备双重检索系统：书目刊有详细的中英文目录，书后配有主题分析索引。

永州年鉴编纂委员会

《永州年鉴》编辑部

永州市行政区划图

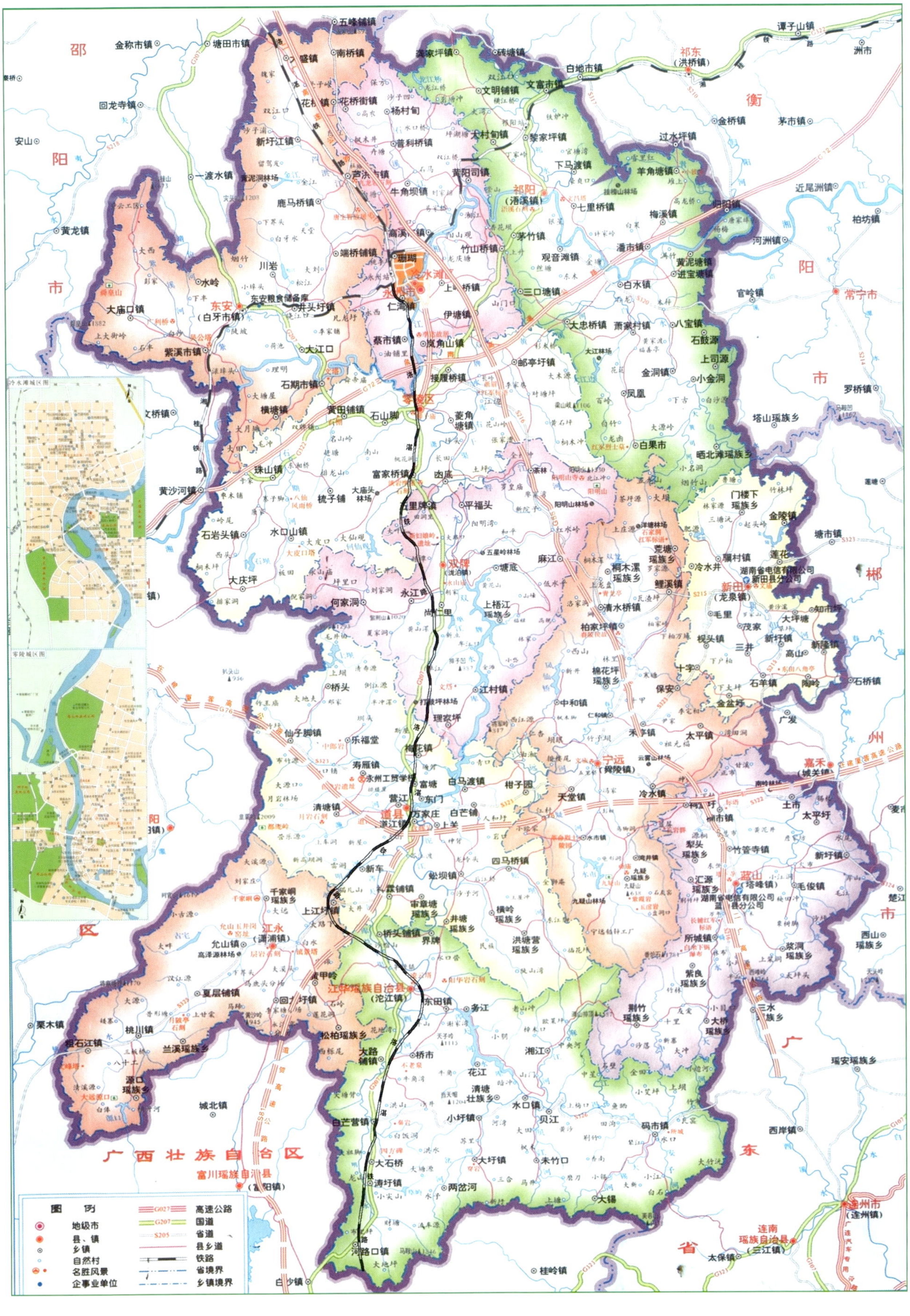

邵
阳
市
衡
阳
市
郴
州
市
广
东
省
广西壮族自治区
富川瑶族自治县
(富阳镇)
连南
瑶族自治县
(三江镇)
连州市
(连州镇)
常宁市
嘉禾
(城关镇)
祁东
(洪桥镇)
祁阳
(浯溪镇)
东安
(白牙市镇)
冷水滩区
永州市
零陵区
双牌
(泷泊镇)
道县
(道江镇)
宁远
(舜陵镇)
新田
(龙泉镇)
蓝山
(塔峰镇)
江永
(潇浦镇)
江华瑶族自治县
(沱江镇)
冷水滩城区图
零陵城区图
图例
地级市
县、镇
乡镇
自然村
名胜风景
企事业单位
高速公路
国道
省道
县乡道
铁路
省境界
乡镇境界

永州市文化地图

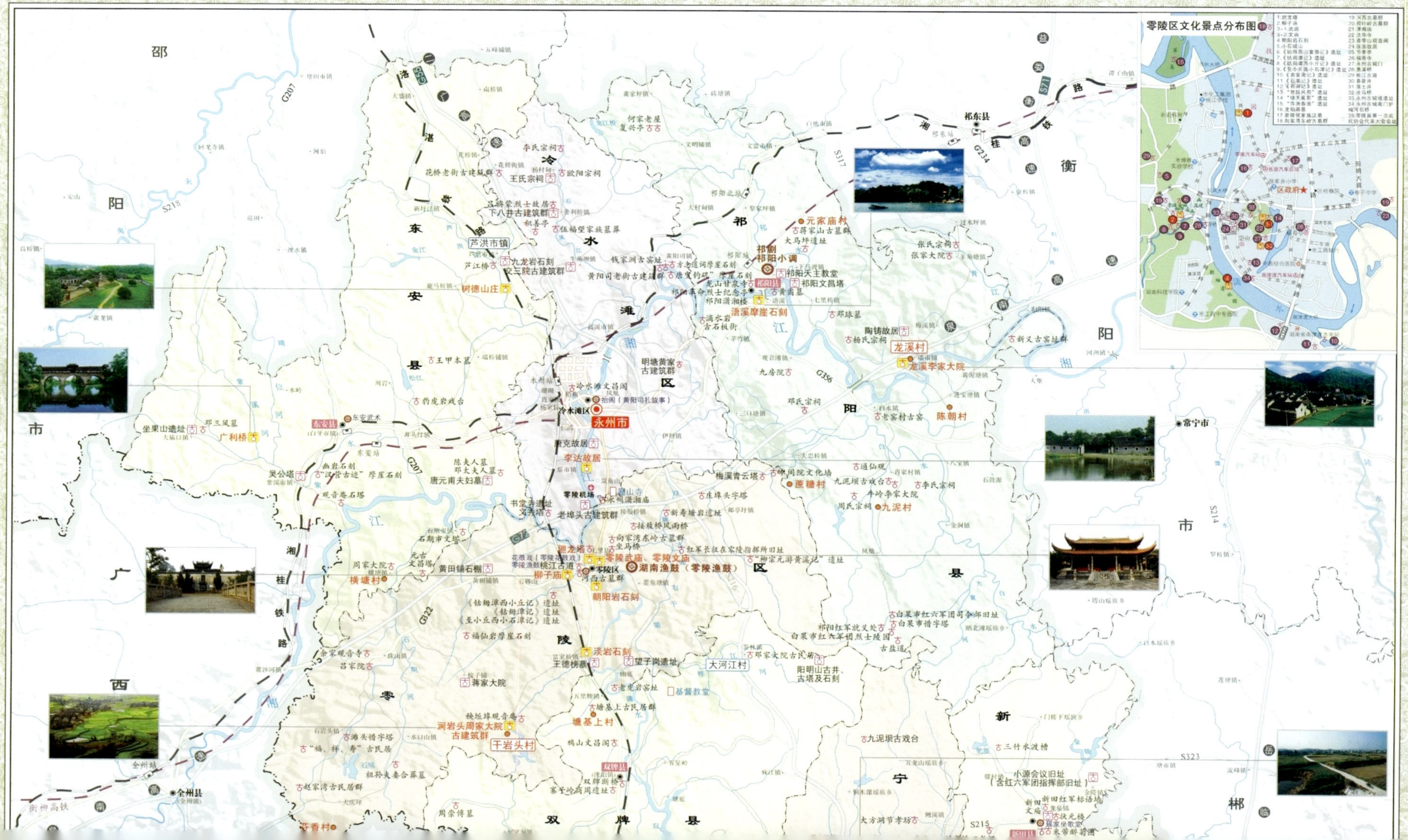
零陵区文化景点分布图
区政府
邵
阳
市
衡
阳
市
郴
广
西
东
安
县
冷
水
滩
区
祁
阳
县
新
宁
零
陵
区
双
牌
县
永州市
东安县
祁阳县
祁东县
常宁市
全州县
双牌县
冷水滩区
零陵区
芦洪市镇
湘
江
湘桂铁路
衡柳高铁
G207
G322
G356
G234
S317
S218
S214
S323
S215
元家庙村
蒋家山古墓群
大马坪遗址
祁剧
祁阳小调
祁阳天主教堂
祁阳文昌塔
浯溪摩崖石刻
陶铸故居
龙溪村
龙溪李家大院
陈朝村
张氏宗祠
张家大院
李氏宗祠
欧阳宗祠
王氏宗祠
花桥老街古建筑群
九龙岩石刻
八三院古建筑群
树德山庄
广利桥
坐果山遗址
邓三凤墓
吴公塔
唐元甫夫妇墓
李达故居
零陵机场
老埠头古建筑群
柳子庙
湖南渔鼓（零陵渔鼓）
朝阳岩石刻
淡岩石刻
王德榜墓
望子岗遗址
蒋家大院
塘基上村
干岩头村
涧岩头周家大院古建筑群
横塘村
黄田铺石棚
周家大院
蔗塘村
九泥村
大河江村
阳明山古井、古塔及石刻
九泥坝古戏台
三竹水渡槽
小源会议旧址
（含红六军团指挥部旧址）
钱家洞古窑址
明塘黄家古建筑群
梅溪青云塔
何家老屋
复兴亭
绿子宗祠
古寺之乡
福仙岩摩崖石刻
书堂寺遗址
文秀塔
零陵武庙
零陵文庙
周敦颐故居

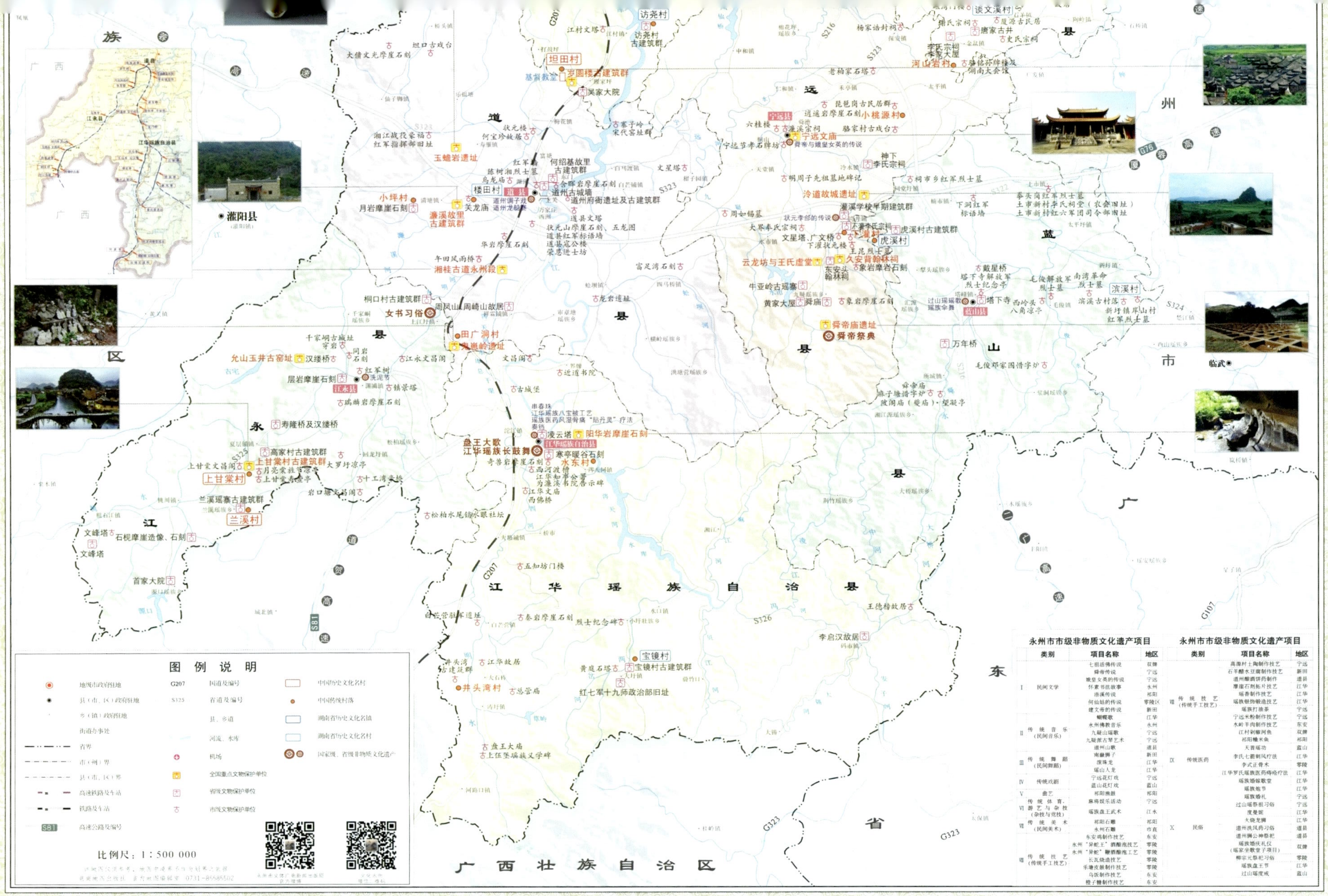

永州市人民政府　湖南省国土资源厅监制　永州市文体广电新闻出版局　湖南地图出版社编制　审图号：湘S(2017)113号　出版书号：　二〇一七年九月印刷

历史文化名城

零陵楼

朝阳岩（陶旭日/摄）

萍洲书院（陶旭日/摄）

永州古名零陵。《史记·五帝本纪》载："舜南巡狩，崩于苍梧之野，葬于江南九疑，是为零陵"。零陵之名从此著称于世，并成为全国出现于夏代以前且沿用至今的重要古地名之一，是世界稻作农业之源、中国制陶工业之源、中华道德文明之源，是中国山水诗的发祥地、瑶族文化、楚文化发祥地之一。永州文化博大精深，内容极其丰富，逐渐形成以舜帝道德思想为主线的舜文化、以柳宗元为代表的潇湘文学、以周敦颐为代表的理学文化、以怀素为代表的草书文化、以浯溪为代表的碑刻文化、以祁剧为代表的戏曲艺术文化、以长鼓舞为代表的瑶族文化、以女书为代表的神秘文化等。司马迁、李白、柳宗元、元结、黄庭坚、徐霞客等历代文人志士也都流连永州，留下灿若繁星的文艺珍品。永州还是湖南文化遗产大市，总量仅次于长沙，特别是古建筑、古石刻、古遗址、古村落和瑶族非物质文化遗产在全省占有突出地位。其中有国务院公布的全国重点文物保护单位27处，省级文物保护单位76处，全国历史文化名村8个、中国传统村落22个，有湖南唯一的中国历史文化名街——柳子街，有女书习俗、瑶族长鼓舞、祁剧、舜帝祭典、祁阳小调、盘王大歌、渔鼓等国家非物质文化遗产名录7项，省级非物质文化遗产名录18项。2016年，永州被评为国家历史文化名城，奔腾文化创意产业有限公司在新三版成功上市，全市文化生产和服务单位发展到6000家，其中规模以上文化企业45家，全年文化产业增加值达52亿元，占GDP3.4%。

柳子庙

回龙塔（饶启文、赵层发/摄）

香零晨曦（汤玉军/摄）

永州文化系列

舜文化

舜帝陵

舜帝是中华民族人文始祖、上古五帝之一。舜帝创立的以孝为核心的道德思想，是中华民族传统文化之源。舜帝晚年南巡，最后崩葬于九疑山。舜帝在永州留下的遗迹及传说遍布潇湘大地，尤以东安、零陵、道县、宁远、蓝山为甚，形成一个舜文化圈，留有众多的遗址、纪念场地。《永州府志》记载，宁远、蓝山、东安、道县、祁阳、江华、江永等地，历史上都建有舜庙。大禹、秦始皇、汉武帝、唐玄宗、明太祖、清康熙等历代帝王或“望祀虞帝于九疑山”，或派遣大臣到九疑山祭祀舜帝。历代名人先后到九嶷山拜谒舜帝陵，写下大量的缅怀舜帝的功德、研究舜帝道德文化的诗词文赋和论著。《虞舜大典》收录古今舜文化研究论著1300余种、1200余万字。一代伟人毛泽东曾挥笔写下“九嶷山上白云飞，帝子乘风下翠微”的壮丽诗篇。

舜帝雕像

舜帝陵全景

遗址发掘现场

祭舜场景

永州文化系列

理学文化

周敦颐，永州道县人，宋明理学鼻祖，被尊为“孔孟后一人”。在五代至宋初儒学式微的历史背景下，周敦颐吸收道家思想和佛学，著有《太极图说》《通书》等作品，提出“无极而太极”的著名哲学命题，建立起具有划时代意义的宇宙生成论，为理学的诞生奠定本体论方面的基础。他的哲学思想经程颢、程颐继承发展，到朱熹集大成，形成一个客观唯心主义思想体系——理学，并成为宋元明清四朝的官方哲学。此外，周敦颐还写下千古名篇《爱莲说》，文中“出淤泥而不染，濯清涟而不妖”句，成为历代文人士子为人处世的座右铭。周敦颐的学术思想，也是中国思想文化史上最著名的学派——湖湘学派的源头。湖湘学派的大本营岳麓书院有一幅楹联这样写道：“吾道南来，原是濂溪一脉；大江东去，无非湘水余波。”楹联的上联，明确提出湖湘学派的学术思想源于理学。

湖南卫视“我们来了”专栏节目—理学文化篇

濂溪故里牌楼

周敦颐故居

月岩

濂溪故里全貌

永州文化系列

瑶文化

串春珠

瑶族织锦

长鼓舞非物质文化遗传人赵明华父子

瑶族是永州世居少数民族，自秦、汉时期开始即有瑶胞陆续不断地迁徙、聚居于境内的崇山大岭之中。出现瑶族最早族群称呼是在唐朝的湖南境内。唐代《梁书·张缵传》记载："零陵、衡阳等郡有莫徭蛮者，依山险为居，历政不宾服"。"莫徭"即瑶族。永州市有瑶族人口61.6万，占全市少数民族人口的98%，占全省瑶族人口的80%，下辖江永县的千家峒被考证为唐宋时期瑶族聚居地，保留完整的瑶族建筑风格和生活习俗；江华瑶族自治县是全国瑶族人口最多的瑶族自治县，有"神州瑶都"之美誉。永州瑶族历史文化底蕴深厚，瑶族风俗精彩纷呈，如：以龙犬图腾为代表的宗教信仰文化，以吊脚楼为代表的建筑文化，以长鼓舞和盘王大歌为代表的歌舞文化，以盘王节、赶鸟节、炮节、洗泥节为代表的节庆文化，以盘王腊肉、圣水豆腐丸、瑶家十八酿为代表的饮食文化，以神州瑶都、千家峒、湘江源为代表的旅游文化等。《长鼓舞》《盘王大歌》被列为国家非物质文化遗产，瑶族坐歌堂、瑶族伞舞、洗泥节等被列入省级非物质文化遗产保护名录。

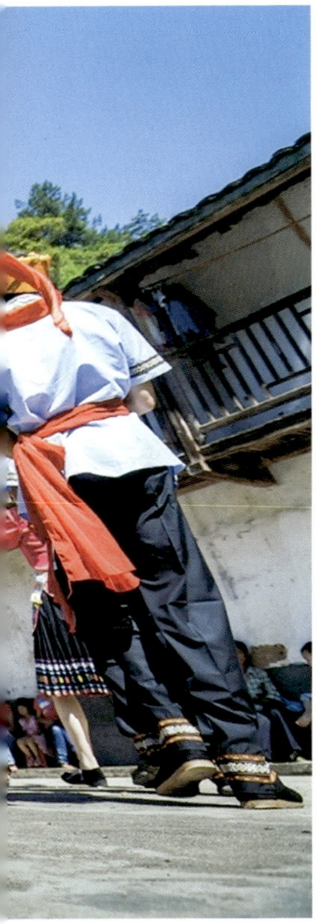

长桌宴

瑶族歌舞·龙灯舞

度曼尼

度戒

婚俗·坐歌堂

永州文化系列

女书文化

女书是一种仅在江永县上江圩乡一带妇女中传承、习读、交流的妇女文字，也是世界上唯一现存的性别文字——妇女专用文字，并以“全世界最具性别特征文字”被收入《世界吉尼斯记录大全》，列为国际标准字符集、中国档案文献遗产名录和联合国“人类非物质文化遗产代表作”。女书于上世纪八十年代一经发现，就轰动世界，引起全国和世界诸多国家语言文字学、历史学、考古学、人类学、妇女学、民俗学以及民族文化史、民间文学等多学科领域专家学者的高度重视。永州积极实族抢救和保护女书文化工程，通过兴建女书文化村，建立女书博物馆，组织开发女书工艺品，发展女书文化产业。2016年6月22日，“江永女书”继4月参加第七届“联合国中文日”后，再次亮相联合国欧洲总部。

2016年联合国中文日活动

女书传人在《全球说——传奇女书》首发式上演唱女歌。当天，多语言学习平台“全球说”与永州市签署合作备忘录，共同推动“江永女书”方言文化的保护和传承工作（任泽旺/摄）

联合国教科文组织世界遗产中心非洲部门主任穆卡拉（右二），法国教育部汉语总督学、汉学专家白乐桑（左三）与女书传人合影（任泽旺/摄）

女书园

江永女书

永州文化系列

武术文化

首届武术文化旅游周武术比赛

首届武术文化旅游周武术比赛

东安武术源远流长，流派荟萃。三国时期峨眉拳传入东安；明清之际，少林拳、黑虎拳传入东安；太平天国举义时，又有武当拳、岳家拳、蔡家洪拳在东安流传。东安名家拳师博采众长，继承发展，大胆创新，创立“东安拳”。东安武术真正大显身手，是在晚清和民国时期。从清代中后期到民国，东安出了100多位有名的武将，席宝田统帅的“精毅营”成为湘军三大主力之一，有“湘军100年，三分有其一”的美誉。

东安的练武强身之风历来十分盛行，人人习武，男女老少都练过几手，民间武术高手云集，有“打不过东安”的美谈。但东安人奉行“习武先习德”“不打第一拳”，习武之人有优良的道德风尚。1984年11月，湖南省人民政府授予东安县“武术之乡”称号；1992年，东安县被国家体育运动委员会命名为“武术之乡”。2012年，东安武术被列为湖南省第三批省级非物质文化遗产，为强健国民身体，增强民族凝聚力和自信心发挥重要作用。2016年，东安县促进武术竞赛和技术的进步，重视武术文化的继承和发展，发挥武术在国家文化建设中的重要作用，先后举办“2016中国东安首届武术旅游文化周”活动、万人同练“东安拳”活动，展示东安精湛的武术技艺、深厚的文化底蕴和良好的道德风尚，树立独具地域文化特色的品牌。

武术教学

森林康养文化

金洞管理区平均气温18℃，年平均降雨量1600毫米–1890毫米，森林覆盖率90%；区内遍布楠木、红豆杉、银杏等珍贵树种，有“中国楠木之乡”的美誉；空气清新，质量达优良标准，PM2.5低于10μg/m³，平均负氧离子约2万个/cm³，被誉为中国“岭北天然氧吧”。宜人的自然条件、富饶的物产资源、丰富的旅游资源，为金洞发展康养文化奠定良好的基础。

金洞管理区抓住全国旅游产业从观光游览向休闲度假转变的趋势，秉承全域旅游理念，以“楠木小镇”“康养小镇”为主题，利用金洞的山水资源，开发水上休闲、运动体验、山地拓展、森林探险、商务度假等休闲设施，发展山地及滨水健康养生，建设系列健康养生景区，全力打造以潇湘风情商业街、滨水商业街、金洞休闲养生中心、慢生活主题客栈为主的慢生活休闲旅游综合体，以金丝楠木观赏园、楠木树苗种植基地、金丝楠木工艺品销售中心、楠木山庄为主的楠木生态休闲产业园，以养生养老度假公寓、老年人互助俱乐部为主的养老产业基地，以极限俱乐部、山地自行车营地、东岭景区为主的森林运动体验等养生度假产品，使健康养生旅游始终保持文化形态。

2

3

4

1.森林航母——金洞镇城区（蒋盛文/摄）

2.雾漫金白河（蒋小艳/摄）

3.金洞国家湿地公园白鹭

4.玉苑天成生态园（王　云/摄）

5.神秘晒北滩（李建民/摄）

5

全面小康建设

2016年，永州市在全省全面小康工作考核49个奖项中，获9个奖项，获得工作奖金高达2900万元，奖项数量和奖金额均排全省第一位。其中，市级获全省全面小康经济发展工作优秀奖，江华瑶族自治县获全面小康推进工作前十位县奖，祁阳县、宁远县、双牌县获全面小康推进工作十快进县奖，冷水滩区、道县、新田县、蓝山县获全面小康经济快进县奖。全市全面小康五大类49项指标中，27项指标实现程度100%，7项指标实现程度在90%以上，7项指标实现程度在70%~90%之间。全年全面小康实现程度87.7%，比2015年提升3.1个百分点，完成年初市委、市政府提出的目标值。进一步修改完善全市全面小康工作考核体系，制订出台《永州市全面小康示范乡(镇)评选办法》《永州市全面小康示范村评选办法》，每年在全市评选出全市全面小康示范乡镇25个，每年培育全市全面小康示范村100个。

2016年全国产业精准扶贫现场观摩座谈会在江永县召开

2015年，冷水滩区在全市率先实现全面小康达标，成为全省第一批、全市第一个全面小康达标县区。2016年，连续第二年获得全省“经济快进县”荣誉。图为冷水滩区委、区政府行政中心

1

2

1.江永县把转型发展战略瞄准“互联网+”，倾力打造电子商务服务中心和创业乐园，被成功列为第二批“全国电子商务进农村示范县”

2.“现代农业、规模产业、乡村旅游业”的产业发展思路让祁阳县竹山村跻身全国文明村、湖南省特色旅游名村、湖南省小康示范村、湖南省生态示范村、湖南省新农村建设示范村

3.实施“一户培养一名产业工人”工程

4.活力四射的瑶都——江华（童迪/摄）

3

4

数　　　　字

2016年永州市经济社会发展主要数据

地区生产总值	公共财政总收入	居民人均可支配收入	粮食产量	出口总额	社会消费品零售总额
1565.81亿元	149.92亿元	16764元	316.71万吨	8.9亿美元	589.91亿元

2016年地区生产总值构成

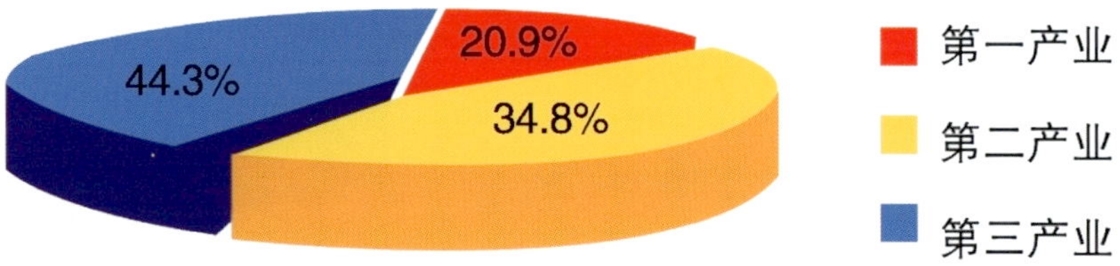

地区生产总值
单位：亿元

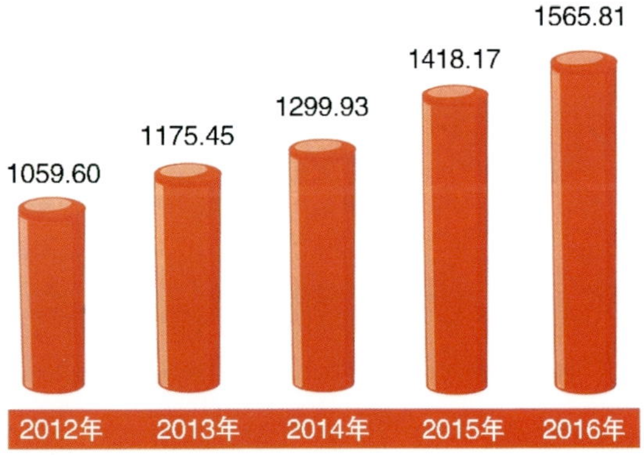

年末常住人口
单位：万人

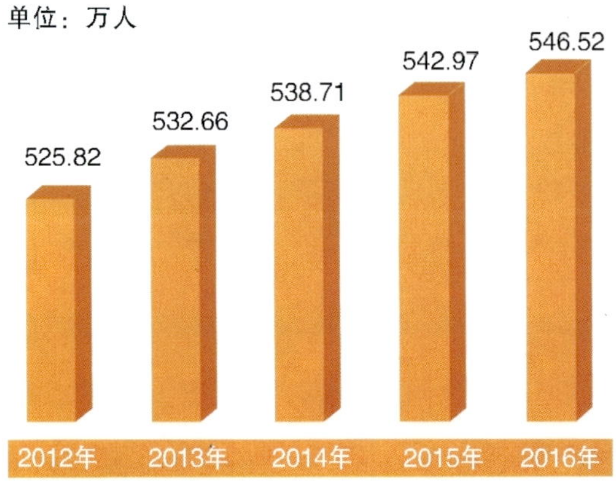

永　州

规模以上工业增加值

单位：亿元

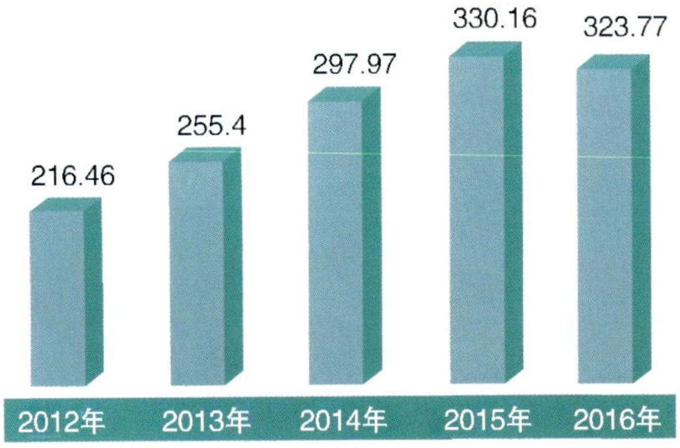

全社会固定资产投资总额

单位：亿元

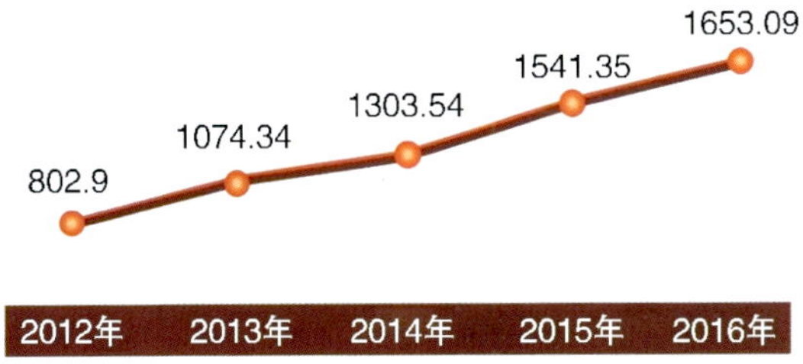

财政收入

单位：亿元

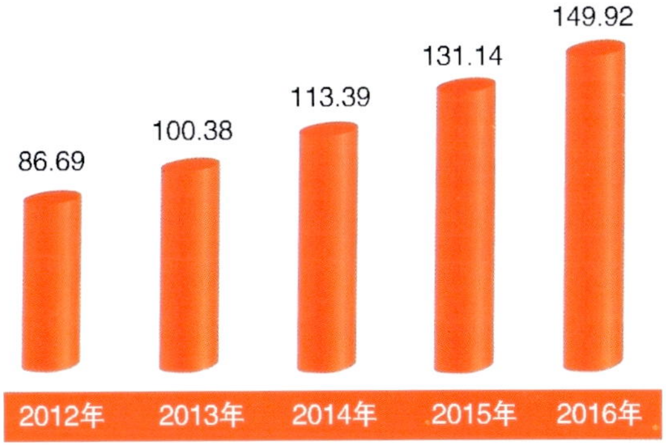

出口总额

单位：亿美元

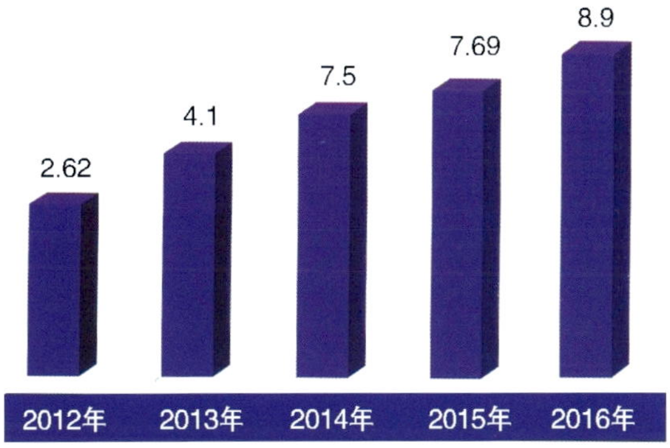

社会消费品零售总额

单位：亿元

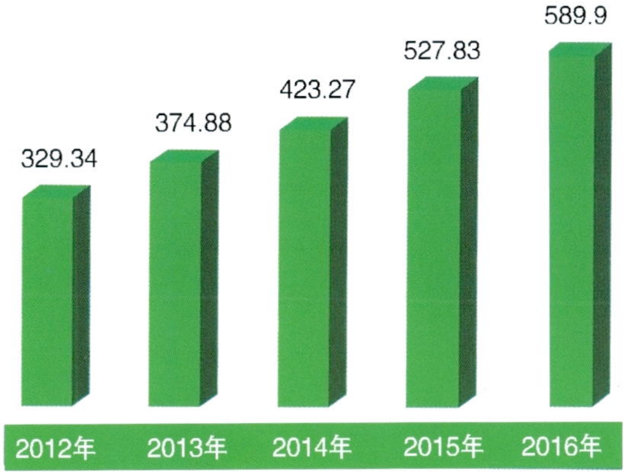

城镇居民人均可支配收入与农村居民人均纯收入

单位：元

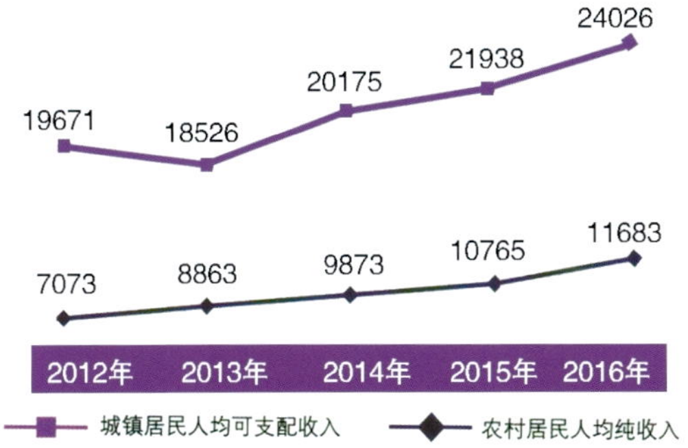

注：2014年起为一体化调查新口径数据

永州年鉴

YONG ZHOU NIAN JIAN

永州名片

湘江之源

现代人类发源地

稻作农业之源

陶作之源

道德文明之源

世界唯一女性文字发源地

国家级承接产业转移示范区

国家历史文化名城

国家卫生城市

国家森林城市

2014年全国幸福城市二十强

目 录

特 载 Special Issue

大 事 记 Chronological Event

永 州 概 貌 A General Survey of Yongzhou

国家历史文化名城
National Famous Historical and Cultural City

国家卫生城市
National Health City

国家森林城市
National Forest City

政 治 建 设
Political Construction

经 济 建 设
Economic Construction

文化建设
Culture Advancement Construction

社 会 建 设
Social Construction

生　态　建　设
Ecological Construction

县区概况 Counties and Districts

人 物
Figures

附 录
Appendix

Special Issue 特载

政府工作报告

易佳良

过去五年，全市人民在市委的坚强领导下，坚持以全面建成小康社会为总揽，扎实推进品质活力永州建设，较好完成了市四届人大一次会议确定的各项目标任务，全市经济社会发生了深度而有品质的变化。

经济发展迈入跨越赶超新阶段。主要指标稳步提升。2012 年至 2016 年，全市地区生产总值由 945.4 亿元增加到 1540.5 亿元（预计数，下同），年均增长 9.4%；规模工业增加值由 261.8 亿元增加到 340 亿元，年均增长 10.8%；固定资产投资由 593.3 亿元增加到 1645.9 亿元，年均增长 24.2%；社会消费品零售总额由 285.2 亿元增加到 589.6 亿元，年均增长 13.2%；财政总收入由 70.5 亿元增加到 150 亿元，年均增长 16.3%，总量由全省第 10 位上升到第 8 位。金融机构各项存款余额由 845 亿元增加到 1900 亿元、贷款余额由 401.6 亿元增加到 970 亿元，分别增长 124% 和 141%。产业培育成效明显。规模工业企业由 666 家发展到 865 家，产值过亿元企业由 92 家发展到 400 家，长丰汽车、零陵烟厂建成年产能超 50 亿元企业，装备制造、农产品加工、矿产品加工、轻纺制鞋、电子信息建成百亿产业，永州经开区、祁阳经开区、江华经开区、宁远工业园、冷水滩高科园建成百亿园区；农业产业化走在全国先进行列，成功跻身全国油茶产业发展示范市，一大批县区被列为全国粮食、蔬菜、生猪生产重点县区，省级以上农业产业化龙头企业发展到 46 家，农产品加工业销售收入突破 500 亿元；文化旅游、电子商务、商贸物流、金融保险、房地产等第三产业发展提速，全市等级旅游景区达到 22 家，市级金融保险服务机构发展到 67 家，“互联网+”领域新业态成为经济发展新的增长点，三次产业结构由 24.1∶38.3∶37.6 调整为 21∶35∶44。创新驱动能力增强。先后实施省级以上科技项目 297 项，高新技术企业由 64 家发展到 241 家，高新技术产业产值占规模工业总产值比重达到 25%，新增一批“国字号”质量、商标品牌及省级质量奖项，成功入选国家知识产权试点城市。县域经济加速崛起。地区生产总值过百亿县区达到 7 个、过两百亿县区 3 个，财政总收入过 10 亿县区 6 个、过 15 亿或接近 15 亿县区 3 个。江华、宁远等县区经济总量在全省排位前移，冷水滩进入全省首批全面小康达标县区。

中共永州市委副书记、市长　易佳良

城乡建设迈上提质升级新台阶。中心城区“三年扩容提质行动”带来巨变。建成区面积由 54 平方公里拓展到 62.2 平方公里，人口由 52.8 万人增加到 63.6 万人，基本形成中等城市框架。成功创建国家卫生城市、国家森林城市，国家历史文化名城获国务院批准。县城和小城镇建设全面提速。纷纷变大、变美、变新、变绿、变畅，辐射带动能力显著增强。江华再获“全国文明县城”称号，宁远、东安、新田成功创建国家卫生县城，祁阳县、东安县芦洪市镇获批国家新型城镇化综合试点地区，回龙圩等 13 个乡镇入选全国重点镇。全市城镇化率由 37.9% 提高到 47%。美丽乡村建设让农村生机勃发。全面推进农村环境综合治理，先后整治重点村 1538 个，创建国家、省级美丽乡村 28 个，5 个村入选国家历史文化名村，24 个村入选中国传统村落。全市农村卫生清扫保洁率达 86%，生活垃圾基本实现集中收运。重大项目推动基础设施强力突破。二广高速、厦蓉高速出省通道全面打通，祁冷一级公路和 207 国道改建双牌至道县段竣工通车。10 个县区开通高速公路，所有行政村通水泥（沥青）路。经停永州高铁达到 17 对，永州机场新增上海、海口航线。涔天河水库扩建工程下闸蓄水、灌区工程全面推进，毛俊水库开工建设，1098 座病险水库除险加固全面完成。神华国华永州火电进展顺利，新增水电装机21万千瓦，风电开发规模全省第一，城乡电网不断完善。“智慧永州”建设加速推进，成功入选国家“电信普遍服务试点城市”，祁阳获批国家“智慧城市”试点县。

改革开放迈开创先领先新步伐。全面深化改革走出“永州路径”，一批可复制、可推广的典型经验获得国家、省里推介。行政管理体制改革不断深化，“三清单一目录”管理制度基本确立，取消、下放行政许可事项145项，非行政许可审批彻底终结；市、县区、乡镇政府机构改革全面到位，蓝山获批省直管试点县；在全省率先实施“先照后证”“三证合一”改革，极大地激发了市场主体活力。农村产权制度改革深入推进，宁远县发放了全省第一本农村土地经营权证，新田县入围全国农村承包土地经营权抵押贷款试点县。社会治理机制改革落地见效，城乡网格化治理全面推进，“步行半小时服务圈”基本建成。财税金融与投融资体制改革取得突破，农村信用社改制组建农村商业银行全面完成，市县区投融资公司融资能力显著提升。国有林场改革、并乡合村改革、供销合作社综合改革走在全省前列。国企改革全面到位。全力推进承接产业转移示范区建设，开放开发活力迸发。五年累计承接产业转移项目1857个，引进内资902亿元、外资36.8亿美元，完成外贸进出口总额35.4亿美元。新增3个省级出口基地，7个县区获批国家出口食品农产品质量安全示范区。海关、商检永州办事处相继设立，公路口岸、铁路口岸获批建设，湖南（道县）农副产品集中验放场试运行。

民生事业迈进全面小康新征程。全面小康实现程度由77.6%提高到87.9%，五年提高10.3个百分点，多次荣获全省全面小康“管理成效奖”。城乡居民收入分别达24022元、11734元，分别是2011年的1.4倍、1.96倍。社会保障水平稳步提高。就业优先成效显著，五年新增城镇就业29.7万人、农村劳动力转移就业29.5万人，帮助下岗失业人员再就业12.2万人，发放创业小额担保贷款16.7亿元。各项社会保障制度实现城乡全覆盖，五项保险参保达614.2万人次，支付待遇232.52亿元。投入资金308.6亿元，解决了12.54万户住房困难家庭的居住问题；提取及发放公积金贷款96.8亿元，支持缴存职工购建住房面积630万平方米。投入资金9.35亿元，解决了193.4万人的饮水安全问题；投入资金18.24亿元，解决了60.8万人的脱贫问题。各项社会事业协调发展。教育优先得到确立，投入资金64亿元，新增城区学位8.51万个，564所农村完小以上学校全部建成合格学校，“三名工程”成效显著，各类教育协调发展，高考成绩屡创新高。零陵区获评国家义务教育均衡发展县区。生态优先日益凸显，湘江源头区域获批国家生态文明先行示范区，5个县区列入国家主体功能区建设试点示范，7个县区列入国家重点生态功能区，新增2个国家级自然保护区、1个国家森林公园、8个国家湿地公园、3个国家水利风景区，湘江保护和治理第一个“三年行动计划”圆满完成，节能减排目标全面实现。文化强市扎实推进，文体惠民工程深入实施，文化遗产保护全面加强，新增全国重点文物保护单位19处、国家级非物质文化遗产项目4个，柳子街入选全国首批历史文化街区，成功举办两次全省和一次全市公祭舜帝大典。精神文明建设成效显著，“欢乐潇湘·和美永州”等文体活动精彩纷呈，奥运冠军、残奥会冠军实现零的突破。医疗卫生事业快速发展，投入资金11.5亿元，新建改建扩建各级各类卫生计生机构1265处，市妇幼保健院顺利搬迁，市中心医院、市中医院成功创建“三甲”医院，主要卫生资源指标实现翻番，中医药事业加速发展。计生工作连年“保先进位”，3个县区获评全国计划生育优质服务先进单位。社会治安大局持续稳定。依法治访全面推进，信访秩序不断改善，进京非访登记人数总量退出全省前五。群体性事件、复杂矛盾纠纷和各类安全隐患稳妥处置，严重暴力刑事案件逐年大幅下降，打击毒品犯罪、食药犯罪、网上追逃等重大专项行动成果全省领先，现行命案侦破和命案积案侦破分获全省“四连冠”“五连冠”，公众安全感和政法队伍满意度稳居全省前列。食品药品安全稳中向好。安全生产连续五年获评全省先进。

民主法治迈向依法治市新时期。始终坚持依法行政，扎实推进法治政府建设，健全完善各项规章制度，有序开展立法工作，依法履职能力不断增强。执行市人大及其常委会的决议、决定，自觉接受市人大及其常委会的法律监督、工作监督，主动接受人民政协的民主监督和社会舆论监督。五年办理人大代表议案、建议974件，政协委员提案1062件，解决一大批人民群众关心关注的实际问题。大力推进简政放权、放管结合、优化服务，创新政务公开方式，加快电子政务建设，“政务云”初具规模，政务服务效能大幅提升。加强基层民主，有序推进普法教育，“六五”普法全面完成。不断强化行政监察和审计监督，健全完善政府绩效考评，切实加强反腐倡廉，积极推进公车改革，政风行风不断好转，政府执行力和公信力不断增强。统筹做好民族宗教、外事侨务、新闻出版、统计、移民、科协、气象、地震、档案、对台、老龄、人防、关工委、残联、慈善、红十字会等工作，工会、共青团、妇联等群团组织作用充分发挥。驻永部队和民兵在全市经济社会发展中作出积极贡献。获评全省双拥模范城。

2016年，全市经济社会发展取得新成效，实现小康决胜和“十三五”发展开门红。

*精准发力稳增长，经济发展稳中向好。*制定实施推进供给侧结构性改革促进经济持续稳定增长的系列政策措施，加大企业帮扶力度，科学调度经济运行，保持经济平稳向好，主要指标增速多数保持全省第一方阵。预计，地区生产总值增长8%，规模工业增加值增长6.4%，固定资产投资增长13.8%，社会消费品零售总额增长11.7%，财政总收入增长14.3%，城乡居民可支配收入分别增长9.5%、9%。全面小康实现程度提升3.3个百分点。外贸进出口总额完成9亿美元，实际利用外资9.35亿美元，内联引资220亿元。非公有制经济平稳健康发展。

*坚定不移促转型，产业升级成效初显。*新型工业在创新驱动中提质增效。完成工业固定资产投资737亿元、技改投资316亿元。新增高新技术企业21家，永州经开区跻身省级高新技术开发区。长丰猎豹生产整车6万台，完成产值50.2亿元，分别增长58%、80%。新入统规模工业企业130家，居全省前列。工业税收增幅达20.5%，占全市税收比重由33%提高到35%。军民融合步伐加快，一批优秀民企相继融入军工领域。“135工程”新建标准厂房166万平方米，新入园企业193家。园区规模工业总产值增长20.4%。现代农业在委市共建（湖南省农业委员会与永州市人民政府）中步伐加快。与省农业委合作共同推进农业标准化建设，新增农业标准化示范基地62个，省级农业产业化龙头企业11家，现代农业特色产业示范园16家，省著名商标28件，“三品一标”产品118个。实现粮食总产340万吨，收购烟叶60.55万担，养殖业总产值突破350亿元。永州国家农科园通过科技部验收，向全国先进行列迈进。服务业在消费升级中持续繁荣。全域旅游来势较好，全市接待游客4239.9万人次，实现旅游综合收入228.3亿元，分别增长17.9%和19.8%。东安、江永、宁远跻身全国全域旅游示范区创建单位，金洞进入国家森林康养基地试点，舜皇山成功创建国家AAAA级景区。房地产业持续健康发展，全市房屋交易面积和成交额分别增长4.5%和52%。电子商务发展势头强劲，新入统省电子商务系统企业240余家，从事电商业态人员达10余万人，全年电商交易额突破140亿元。

*持之以恒创品牌，城乡面貌持续改观。*中心城区建设再展新颜。全年开工城建项目130个，完成投资100亿元。零陵古城、“两中心”、湘南万商红商贸新城、永州大道地下综合管廊及后续配套等项目开工建设，滨江新城路网及安置小区、湘江西岸棚户区改造、宋家洲综合整治、BRT快速公交等项目加快推进；湘江东路、双洲路、翠竹路、零陵路、人民路等建筑立面改造，永州大道城区段、潇湘大道、长丰大道、南津路、潇水东路等主干道提质改造基本完成，源味街开街运营。创建全国文明城市、国家交通管理模范城市、国家园林城市工作有序推进，获批省地下综合管廊建设试点城市。县城、小城镇和美丽乡村建设齐头并进。完成县域城镇建设投资80多亿元，县城扩容提质取得新成效，面貌发生新改观；品质活力示范乡镇建设稳步推进，省级美丽乡镇示范镇创建实现零突破。1550个村庄规划编制、64个美丽乡村和512个环境整治重点村建设整治任务全面完成。基础设施建设持续发力。冷东一级、零双一级公路开工建设，新增二级公路53公里，改造农村公路1100公里。开工建设农林水重点项目41个，实施并完成小农水项目县6个、病险水库改造552座、“五小”水利工程7190处。完成电网建设改造投资6.4亿元。神华国华永州火电完成投资21亿元。华为云计算中心一期业务正式运营，电信普遍服务试点项目顺利推进，新增700个行政村通宽带网络，中心城区公共场所实现无线网络全覆盖。生态永州建设成效明显。国家生态文明建设示范市创建工作启动。完成造林面积35.21万亩，森林覆盖率提高到64.5%。提前一年完成“美丽湿地”三年行动计划。湘江保护与治理第二个“三年行动计划”顺利实施。小一型以上水库污染治理全面完成。3个县获评全国国土资源节约集约模范县。

*蹄疾步稳抓改革，制度红利加速释放。*供给侧结构性改革扎实推进。淘汰冶炼企业22家、关闭停产143家；消化商品房库存483万平方米，盘活土地库存1133.33公顷；到位政府债务置换资金96亿

元、政策性银行贷款62亿元，非法集资防控处置力度加大；阶段性降低了企业职工养老、失业、工伤保险等社保缴费比例，减免行政事业性收费1.7亿多元，“营改增”为企业减税5亿多元。企业“五证合一、一照一码”和个体工商户“两证整合”登记制度全面实行，新设立市场主体3.43万户、注册资本413.3亿元。行政管理体制改革大力推进。市本级新取消和下放行政事务管理职责17项。整合建立全市统一的公共资源交易平台基本完成。市、县两级不动产登记中心成立，实现全域发证。市政务服务中心获批国家社会管理和公共服务标准化试点。乡镇区划调整改革圆满完成，全市共撤并乡镇35个，撤并建制村2100个。农村产权制度改革深入推进。县区农地利用规划编制基本完成，农村承包土地经营权抵押贷款稳步推进，县、乡土地流转服务体系基本建立，新增土地流转面积83.7万亩。社会治理机制改革全面推进。推动15个部门69项公共服务事项下放到社区，44项公共服务事项进乡镇、43项进村，集社会治理、城市管理、公共服务于一体的信息平台上线运行，获评全国创新社会治理优秀城市。投融资体制改革积极推进。永州农商行挂牌营业，县区农建投、旅建投、园建投纷纷设立。全市新增银行贷款165亿元，资本市场直接筹资80亿元，市属三大平台公司到位融资130亿元。推出18个总投资468亿元的PPP项目吸引社会投资。奔腾文化创意公司获准在新三板上市。

*共建共享惠民生，群众福祉不断增强。*民生资金投入更多。民生支出占财政总支出比重达79.8%，增长16.1%。省定16件重点民生实事和市定6件惠民实事全面完成。社会保障水平更高。新增城镇就业6.22万人、农村劳动力转移就业5.05万人、创业主体2.45万户，发放创业小额担保贷款3.6亿元。企业退休人员养老金月人均水平达1890元，城乡居民基础养老金最低标准调整到80元，医疗保险实现并轨。农村特困人员供养水平提高到每年3200元，城乡低保标准提高到每月420和220元。实施棚户区改造3.3万套、农村危房改造2.28万户。提取及发放公积金贷款31.5亿元，支持8000户职工解决住房问题。新增农村饮水安全受益人口30万。社会事业发展更快。新增中心城区义务教育学位8000个，新建义务教育合格学校109所、农村公办幼儿园27所，乡村教师支持计划全面实施，“三名工程”持续见效，高考一本、二本上线人数均创历史新高。潇湘技师学院搬迁新址办学，永州幼儿师范高等专科学校开工建设。城市公立医院和县级公立医院改革稳步推进，公立医疗机构药品零差率销售实现全覆盖，分级诊疗启动实施，全面两孩、孕产妇产前筛查城乡免费服务政策有效落实。公共文化体育服务体系进一步完善，公共文体场馆全面免费开放。《永州市志》《舜帝陵志》和县区年鉴编修工作进展顺利。人防工作荣获“全国人民防空先进集体”。精准扶贫力度更大。全年减少贫困人口14.26万人，贫困村退出132个，贫困发生率下降4.5个百分点。“四跟四走”产业扶贫模式在全国推介。扶贫小额贷款发放超20个亿，全省第一。开工建设易地扶贫搬迁项目80个，完成搬迁3.96万人。建成贫困村电商村级服务站184个、金融扶贫服务站404个，实施村级光伏扶贫项目101个，九嶷山、勾蓝瑶寨被列为全国旅游扶贫示范项目，116个村列为全国乡村旅游扶贫重点村。2.87万名贫困对象纳入政策兜底。平安创建举措更实。强力开展严打整治飓风、亮剑行动和集中打击“盗抢骗”犯罪等专项行动，全面推行公安武警武装联勤巡逻、城区网格化巡防、常态化夜巡查缉和农村“一村一警”，发展一万名义警队伍，推动万人巡防，扎实抓好公安机关“一平台五中心”和省市县际治安站卡建设，切实加强道路交通、消防、治安等领域公共安全和企业生产安全监管，平安永州建设再上新台阶，综治工作再获全省先进，公安工作主要指标保持全省领先，全年没有发生一起较大以上安全事故，人民群众安全感、幸福感持续提升。

五年奋发进取，五年成就斐然。这一切，凝聚着上级党委、政府的亲切关怀，凝聚着市委团结带领全市人民的艰苦拼搏，凝聚着离退休老领导、老同志的热情关心，凝聚着社会各界的大力支持。在此，我代表市人民政府，向所有为永州改革发展付出辛劳智慧，对市人民政府工作给予支持帮助的同志们、朋友们，表示衷心的感谢，并致以崇高的敬意！

五年探索前行、砥砺奋进，给我们以宝贵的启迪和昭示。这就是：无论条件怎么艰难，保持“三线城市干一流业绩”的坚定信念，把更多的不可能变成可能，把更多的偶然变成必然，始终是我们工作的力量源泉；无论形势怎么变化，保持“一张蓝图干到底”的强大定力，一以贯之抓落实，不达目的不罢休，始终是我们工作的成功之道；无论任务怎么繁重，保持“一事当前、舍我其谁”的责任担当，一级带着一级干，一级做给一级看，始终是我们工作的有力保障；无论困难怎么叠加，保持“勇于创新、敢于争先”的昂扬锐气，不断以思维创新破解前进中的难题，以思想解放促进新起点上的发展，始终是我们工作的强劲动力。

成绩令人鼓舞，经验弥足珍贵，问题和困难更让我们警醒：经济总量不大、结构不优、动能不强的状况没有根本改变，企业生产经营整体不容乐观，经济下行压力持续加大，部分指标存在差距；民生和社会事业短板较多，群众普遍关心的上学难、就业难、看病难等问题仍未有效解决，脱贫攻坚任务繁重，社会不稳定因素仍然较多；政府职能转变、干部工作作风、依法行政能力与新常态、新形势的要求还不相适应，损害群众利益的腐败现象、行业不正之风和为官不为行为依然存在，发展环境还有待改善。对此，我们将高度重视，认真对待，着力解决，决不辜负全市人民的期望和重托。

（本文收录时有删节）

大事记

Chronological Event

1月

4日，市委书记陈文浩深入东安县芦洪市镇调研神华火电和美丽乡村建设，市领导张严、颜海林、荣燕明参加调研。

4日，东部新城总体规划设计等项目推进情况座谈会召开。市委书记陈文浩出席会议并讲话，市委副书记、市长易佳良，市人大常委会主任高建华，市政协主席唐定，市委常委、常务副市长唐湘林，市委常委、市委秘书长颜海林出席会议。

5日，2015年度县区（管理区、经开区）党委书记履行基层党建工作责任述职评议会议召开，14位县区（管理区、经开区）党委书记就履行基层党建工作责任集中向市委常委会述职。省委巡视组第七组组长郭树人出席并讲话。市委书记陈文浩现场点评并讲话。市委副书记、市长易佳良出席。市委副书记张严主持述职评议会。市领导高建华、唐定、董石桂、唐湘林、朱映红、颜海林、石艳萍、舒平、张恒洲、唐能武等出席。

6日，市委经济工作会议召开。市委书记陈文浩讲话，市委副书记、市长易佳良作总结讲话。市领导张严、高建华、唐定、董石桂、唐湘林、蒋善生、朱映红、颜海林、石艳萍、舒平、张恒洲、唐能武等出席。

7日，市委书记陈文浩深入新田县调研。市委常委、市委秘书长颜海林陪同调研。

7日，市委副书记、市长易佳良主持召开市政府全体会议，审议《政府工作报告》，安排部署当前以及“两会”相关工作。市领导唐湘林、蒋善生、刘尤碧、罗双全、刘新良出席。

8日，市委、市政府在江华瑶族自治县召开涔天河灌区工程建设动员大会，对加快涔天河灌区建设工作进行再动员、再部署。市委书记陈文浩出席会议并讲话。市委副书记、市长易佳良主持会议。市委常委舒平作动员讲话。市领导张严、唐湘林、蒋善生出席。

10日中午12时08分，第一趟从深圳北开往永州的动车安全抵达永州站，市委书记陈文浩，市委常委、常务副市长唐湘林，市委常委、市委秘书长颜海林到站欢迎该次动车组。

11日—14日，中国人民政治协商会议永州市第四届委员会第五次会议举行。

12日—15日，永州市第四届人民代表大会第八次会议举行。

13日，市委书记陈文浩就冷水滩湘江东路提质改造暨打造永州源味街情况听取相关部门汇报。市领导唐湘林、颜海林、罗双全出席。

18日，市委常委班子召开“三严三实”专题民主生活会，开展批评和自我批评。省委常委、省委秘书长许又声到会指导并讲话。市委书记陈文浩主持会议。市委副书记、市长易佳良以及市委常委张严、董石桂、唐湘林、蒋善生、朱映红、颜海林、石艳萍、舒平、张恒洲、唐能武参加专题民主生活会。市人大常委会主任高建华、市政协主席唐定列席会议。省纪委常委、省监察厅副厅长陈健到会指导。

18日—19日，永州军分区党委十届八次全体（扩大）会议召开。市委书记、军分区党委第一书记陈文浩出席会议并讲话。市委常委、常务副市长唐湘林，张恒洲、王守海、耿保民、陆鸿、付德定等军分区领导出席会议。各县区、开发区、管理区区委书记，军分区党委委员及全体机关干部参加会议。

19日，市委书记陈文浩深入东安县调研。副市长罗双全参加。

19日，市委副书记、市长易佳良出席市创建交通管理模范城市第五次调度会并讲话。市领导高建华、唐能武、杨海河、刘尤碧、刘新良、唐运军出席，市委常委、常务副市长唐湘林主持会议。

21日，全市计划生育工作电视电话会议召开。市委副书记、市长易佳良出席会议并讲话。市领导张严、袁满娥、刘尤碧、唐运军、田洁出席会议。

21日，市委副书记、市长易佳良深入冷水滩区蔡市镇三龙塘村调研精准扶贫工作。

21日，全市安全生产工作电视电话会议召开。市委副书记、市长易佳良出席会议并讲话。市委副书记张严主持会议，市委常委、副市长蒋善生出席会议。

22日，《永州最美100》发行式暨“锦绣潇湘·永州发现”摄影活动作品展览在湖南省画院开展。省人大常委会原副主任肖雅瑜宣布开展。省文联党组副书记、副主席、秘书长夏义生，党组成员、副主席、省画院院长刘云，党组成员、副主席唐成红，省摄影家协会主席谢子龙，市委书记陈文浩，市委副书记、市长易佳良，市委常委、市委宣传部部长石艳萍等领导出席，市委常委、市委秘书长颜海林主持仪式。在长沙的永州籍知名人士及永州商会代表，省知名摄影家，长沙、株洲、湘潭、常德摄影家协会代表等出席。

25日，永州市法学会第一次会员代表大会召开。市委书记陈文浩在开幕式上发表书面讲话，市委副书记张严出席会议并讲话。会议选举产生市法学会第一届理事会会长、常务副会长、副会长、秘书长和常务理事。市委常委、市委政法委书记唐能武当选为市法学会第一届理事会会长。省委政法委副巡视员、省法学会副会长兼秘书长周小华，省法学会副秘书长夏鸽翔，市中级人民法院院长罗重海，市人民检察院检察长文兆平出席开幕式。

31日，全省扶贫开发暨全面建成小康社会推进工作会议在长沙召开，省委书记、省人大常委会主任徐守盛，省委副书记、省长杜家毫出席会议并讲话。市委书记陈文浩，市委副书记、市长易佳良参加会议，陈文浩就永州全面小康工作在会上作典型发言。

2月

1日，市委书记陈文浩，市委副书记、市长易佳良，市政协主席唐定走访慰问驻永州的部队官兵，向他们致以节日的祝福。市领导唐湘林、张恒洲、王守海一同参加走访慰问。

1日，全市2016年老干部迎新春工作情况通报会召开。市委书记陈文浩向全市离退休老同志祝贺新春，并通报2015年全市经济社会发展情况。市委副书记、市长易佳良主持。市领导唐定、董石桂、唐湘林、朱映红、颜海林、石艳萍、舒平、张恒洲、唐能武以及全市副厅级以上离退休老领导出席。

1日，“我的永州，我的家”永州市2016年春节联欢晚会上演。陈文浩、易佳良、唐定、唐湘林、颜海林、石艳萍、戴菊芳等市领导与3000余名群众欢聚一堂，共同庆祝新春佳节的到来。

2日，中国共产党永州市第四届纪律检查委员会第九次全体会议召开。市委书记陈文浩出席会议并讲话。市委副书记、市长易佳良主持会议。市委副书记张严宣读《关于表彰2015年度党风廉政建设和反腐败工作先进单位的通报》。市领导高建华、唐定、董石桂、唐湘林、蒋善生、颜海林、石艳萍、舒平、张恒洲等出席会议。市委常委、市纪委书记朱映红作工作报告。

2日，市委副书记、市长易佳良到神华国华永州火电项目建设工地走访慰问，看望坚守在工地一线的建设工人，向大家致以新春的祝福。市委常委、常务副市长唐湘林，市政府正厅级干部荣燕明陪同。

3日，省委常委、常务副省长陈向群先后深入永州经济技术开发区、冷水滩区和零陵区看望慰问困难群众。市委书记陈文浩，市委副书记、市长易佳良，市领导唐湘林、颜海林、严兴德一同参加走访慰问。

3日，市委书记陈文浩深入零陵区走访慰问五保老人、老复员军人、城乡困难群众、劳模和道德模范及专家。市委常委、市委秘书长颜海林，副市长、零陵区委书记严兴德陪同走访慰问。

14日，市委、市政府举行2016年市级领导新春见面会。市委书记陈文浩讲话，市委副书记、市长易佳良主持，张严、高建华、唐定、董石桂、唐湘林、蒋善生、朱映红、颜海林、石艳萍、舒平、张恒洲、唐能武等在永州市级领导出席。

14日，市委书记陈文浩，市委副书记、市长易佳良走访慰问全市各民主党派、市工商联和市党外知识分子联谊会，共叙情谊，共谋发展。市领导张严、唐定、董石桂、颜海林参加。

15日，市文明委召开第二十二次全会。市委书记、市文明委主任陈文浩主持并讲话。市委副书记、市长易佳良，市委副书记张严，市领导颜海林、石艳萍、袁满娥、刘尤碧、封金祥参加会议。

15日，市委书记陈文浩，市委副书记、市长易佳良等市领导和冷水滩区、市林业部门的200余名干部职工一道，在荒山上种下新春一株株树苗。市委副书记张严，市人大常委会主任高建华，市政协主席唐定，市委常委董石桂、唐湘林、蒋善生、朱映红、颜海林、石艳萍、张恒洲、唐能武及其他在永州市市领导一同参加当天的植树活动。

22日，全市2015年度工作综合表彰大会召开。市委书记陈文浩出席会议并讲话，市委副书记、市长易佳良主持会议，市委副书记张严宣读全市2015年度工作综合考核通报，市领导高建华、唐定、董石桂、唐湘林、蒋善生、朱映红、颜海林、石艳萍、舒平、张恒洲、唐能武等在职市级领导出席会议。

23日，市委书记陈文浩、神华集团董事会秘书黄清一行深入神华国华永州电厂调研。市领导唐湘林、颜海林、荣燕明参加调研。

3 月

1 日，全市加速推进新型工业化工作会议召开。市委书记陈文浩发表书面讲话。市委副书记、市长易佳良讲话。市领导唐能武、严兴德、魏湘江出席。

1 日，市委副书记、市长易佳良专题调度滨江新城项目建设工作。市领导唐湘林出席。

2 日，市委副书记、市长易佳良调度创建国家交通管理模范城市工作。市领导高建华、唐湘林、石艳萍、唐能武、杨海河、刘尤碧出席会议。

2 日，市委副书记、市长易佳良召开专题会议，调度研究湘江西岸棚户区改造项目。市领导唐湘林、颜海林、伍军出席。

7 日，市委副书记、市长易佳良主持召开市政府第七十六次常务会议，审议涔天河灌区工程建设项目管理等有关办法，研究 2016 年重大项目投资计划等事项。

15 日，市委副书记、市长易佳良调度湘江西岸棚户区改造项目。市领导伍军出席。

15 日—16 日，省纪委副书记卞鹰率调研组就市县乡三级纪委换届、推进“三转”、巡察等工作开展专题调研。市委副书记、市长易佳良，市委副书记张严，市委常委、市纪委书记朱映红分别陪同调研。

17 日，市委副书记、市长易佳良深入江华瑶族自治县，调研涔天河水库扩建工程建设工作。

22 日，市委书记陈文浩深入零陵区、冷水滩区，调研中心城区城乡网格化工作。市领导唐湘林、颜海林、唐能武、刘新良、严兴德、彭爱华参加调研。

22 日，市委书记陈文浩深入中心城区，调研“数字城管”工作。市委常委、常务副市长唐湘林，市委常委、市委秘书长颜海林陪同调研。

22 日，中心城区控违拆违工作会议召开。市委副书记、市长易佳良出席会议并讲话。市委常委、市委秘书长颜海林主持会议。市领导彭爱华出席。

22 日，市委副书记、市长易佳良就推进道县师范、祁阳师范合并，创建永州幼儿师范高等专科学校项目建设相关工作，深入零陵区现场办公。市委副书记张严、副市长刘尤碧出席。

23 日，永州市传达贯彻十二届全国人大四次会议和全国政协十二届四次会议精神大会召开。市委书记陈文浩发表讲话。市委副书记、市长易佳良主持会议。全国人大代表、副市长罗双全传达全国“两会”精神，全国人大代表、湖南熙可食品有限公司董事长阳国秀畅谈参会感受和体会。市领导高建华、唐定、董石桂、唐湘林、蒋善生、颜海林、石艳萍、唐能武等出席大会。

23 日，全市创建文明城市动员大会在永州会堂召开。市委书记陈文浩作动员报告，市委副书记、市长易佳良主持会议，市委常委、市委宣传部部长石艳萍宣读市委、市政府关于创建全国文明城市的决定。市领导高建华、唐定、董石桂、蒋善生、颜海林、唐能武等出席大会。省文明办副主任熊科文作指导性讲话。

23 日，全市组织部长、统战部长会议召开。市委书记陈文浩出席会议并讲话。市委常委、市委组织部部长、市委统战部部长董石桂作工作报告，市委常委、市委秘书长颜海林主持会议。

24 日，全市美丽乡村暨农村精神文明建设推进会在宁远县召开。市委书记陈文浩出席会议并讲话。市委副书记、市长易佳良主持会议。市领导张严、蒋善生、颜海林、石艳萍、严兴德、魏湘江出席。

25 日—26 日，市委书记陈文浩，市委副书记、市长易佳良率永州市党政代表团赴江苏盐城考察。市领导唐湘林、颜海林及永州经济技术开发区、市直有关部门负责人参加考察。

28 日，《永州市志》及部门志编纂工作动员会召开。市委副书记、市长易佳良出席会议并讲话。省地方志编纂委员会副主任邓建平，市领导颜海林、石艳萍、唐运军出席。

28 日晚，市委书记陈文浩专题调度永州源味街建设。市领导颜海林、罗双全出席。

29 日，全市“三名工程”推进会召开。市委书记陈文浩出席会议并讲话。市委副书记、市长易佳良主持会议。市委副书记张严宣读《关于授予永州市首届名师名校长名校荣誉称号的决定》和《关于 2015 年永州市省市示范性高中办学水平评估情况的通报》。市领导杨海河、刘尤碧、严兴德、张建亮、魏湘江出席会议。

30 日，全省加强换届风气监督工作视频会议召开。市委书记陈文浩在省委主会场参加会议，市领导张严、高建华、唐定、董石桂、张恒洲、唐能武等在永州分会场出席。

31 日，永州市创建国家园林城市动员大会召开。市委副书记、市长易佳良讲话。市委副书记张严作动员报告。市委常委、市委秘书长颜海林主持会议。市领导高建华、唐定、唐湘林、石艳萍等出席。会议明确 2019 年创建成功。

4月

1 日，全市城乡网格化建设工作会议召开。市委书记陈文浩出席会议并讲话。市委副书记张严主持会议。市领导唐湘林、唐能武、刘新良、彭爱华、魏湘江出席。市委常委、市委政法委书记唐能武作工作报告。市中级人民法院院长罗重海、市人民检察院检察长文兆平出席会议。

5 日，市委书记陈文浩深入祁阳县文明铺镇新塘角村指导精准扶贫。市委常委、市委秘书长颜海林，市政协副主席、祁阳县委书记魏湘江参加。

6 日，市委书记陈文浩到市旅游外事侨务局调研。陈文浩强调，贯彻落实湖南旅游发展大会精神，按照全域旅游的要求，提升策划思维，抓好旅游龙头项目建设，形成各级党委抓旅游的浓厚氛围。市领导颜海林、石艳萍、罗双全参加。

6 日，市委副书记、市长易佳良深入冷水滩区宋家洲综合整治现场及部分重点项目和工业企业现场办公。市领导高建华、唐湘林参加调研。

7 日，市委书记陈文浩深入永州森林植物园调研。市委常委、市委秘书长颜海林参加。

7 日，全市防汛抗旱现场会在祁阳县召开。市委副书记、市长易佳良出席会议并讲话。市委副书记张严主持会议，市委常委、副市长蒋善生作工作报告。省军区参谋长郭辑山，永州军分区司令员王守海，市人大常委会副主任李俊湘，市政协副主席、祁阳县委书记魏湘江等出席。会前，全体与会人员在祁阳县观音滩镇八尺村鸭婆洲现场观摩防汛应急演练。

8 日，市委书记陈文浩深入冷水滩区、永州经济技术开发区现场调研安置小区和棚户区改造工作。市领导伍军参加。

8 日，市委副书记、市长易佳良主持召开市政府第七十七常务会议，听取全市依法行政等工作情况汇报，研究旅游发展总体规划、永州源味街招商引资优惠政策、加强社会治安防控体系建设及推进华为云计算中心项目建设等工作。

11 日，市委书记陈文浩深入蓝山县调研。市委常委、市委秘书长颜海林参加调研。

11 日，市委副书记、市长易佳良在江华瑶族自治县主持召开涔天河水库扩建工程调度会和库区防汛会商会。市委常委、副市长蒋善生，市人大常委会副主任李俊湘出席。

12 日，市委书记陈文浩专题研究“一宫两馆两中心”和幼师高专等项目选址和规划方案。市领导唐湘林、颜海林、杨海河参加。

14 日，市委书记陈文浩在长丰集团总部组织召开座谈会，专题研究支持长丰扩能项目建设。市委副书记、市长易佳良，长丰集团董事长李建新，市委常委、市委秘书长颜海林出席。

16 日，北京永州企业商会在北京挂牌。市委书记陈文浩出席挂牌成立大会并发表讲话。市委副书记、市长易佳良，市领导张严、高建华、颜海林、罗双全、吕斌以及北京永州企业商会会长唐金龙出席。

18 日，全市旅游发展大会召开。省旅游局党组书记、局长陈献春，市委书记陈文浩出席会议并讲话。市委副书记、市长易佳良主持会议。市领导颜海林、石艳萍、罗双全、严兴德、魏湘江，各县区党委书记、县（区）长，市直单位以及各景点景区主要负责人参加会议。

18 日，湘南万商红商贸新城项目举行开工仪式。市委副书记、市长易佳良宣布项目开工，市委常委、常务副市长唐湘林出席开工仪式并讲话。

19 日，全省“两学一做”学习教育工作视频会议在长沙召开。市委书记陈文浩，市领导张严、高建华、唐定、朱映红、颜海林、张恒洲、唐能武等参加永州分会场会议。

19 日，市委中心组举行 2016 年第一次集中学习专题报告会。国务院国有资产监督管理委员会研究中心副主任彭建国和省委宣讲团成员、省社会科学研究院副院长周小毛作专题辅导报告。市委书记陈文浩主持报告会。张严、高建华、唐定、朱映红、颜海林、石艳萍、张恒洲、唐能武等市委学习中心组成员出席。

19 日晚，市委书记陈文浩，市委副书记、市长易佳良冒雨深入中心城区检查城市建设、创建交通管理模范城市及城市网格化建设工作。市领导唐湘林、颜海林、刘新良陪同。

20 日，市委书记陈文浩参加创全国文明城市、交通管理模范城市、园林城市工作调度会。市委副书记、市长易佳良主持会议。市领导张严、高建华、唐定、唐湘林、朱映红、颜海林、石艳萍、杨海河、袁火林、刘尤碧、刘新良、严兴德、唐运军等出席。

20日，全市精准扶贫工作调度会召开。市委书记陈文浩在会上强调，打赢脱贫攻坚战，意义重大、使命光荣，各级各部门要坚持问题导向、抓关键补短板，团结一致，锐意进取，确保如期完成2016年脱贫攻坚任务。市委副书记张严在会上讲话。市委常委、副市长蒋善生主持会议。市领导严兴德、魏湘江出席。

21日，市委书记陈文浩深入永州市中心医院调研。

21日，市委副书记、市长易佳良主持召开市政府第七十八次常务会议。会议听取关于2016年市级综合考核事项进行统筹安排的汇报，研究推进供给侧结构性改革、市政府网站建设、加强国有建设用地供应监管等相关工作。

22日，市委书记陈文浩深入新田县、宁远县等地调研农业金融扶贫工作及烟叶受灾情况。市委常委、副市长蒋善生，市委常委、市委秘书长颜海林参加调研或座谈会。

25日，市政府与华为公司在长沙签署战略合作协议，双方就共建云计算平台和永州大数据产业发展等领域达成全方位、深层次的战略合作。副省长张剑飞，省政府副秘书长张值恒，市委书记陈文浩，省经济和信息化委员会主任谢超英，华为公司高级副总裁、CIO邓飚等出席签约仪式。市委常委、常务副市长唐湘林，市委常委、市委秘书长颜海林，副市长罗双全，华为公司企业云业务部总裁杨瑞凯出席签约仪式。

26日，全市一季度经济形势分析会召开。市委书记陈文浩出席会议并讲话。市委副书记、市长易佳良主持会议。市领导张严、高建华、唐定、董石桂、蒋善生、朱映红、颜海林、石艳萍、唐能武等出席。

27日，永州市与广铁（集团）公司在广州签订关于湘桂铁路高溪市镇至永州站三线工程、永州北铁路货场和永州北站建设合作补充协议，双方就上述工程2016年底开工建设的目标达成一致意见。市委书记陈文浩，市委副书记、市长易佳良，广铁集团董事长、总经理武勇，广铁集团党委书记徐凌，市委常委、常务副市长唐湘林，市委常委、市委秘书长颜海林，广铁集团总工程师杨宇正出席签约仪式。易佳良代表永州市人民政府，武勇代表广铁集团签订合作协议。

28日，市委书记陈文浩在长沙会见湖南千山制药机械股份有限公司董事长刘祥华。陈文浩强调，要进一步优化工作流程，加快推进湘雅（永州）医院项目前期工作。市委常委、市委秘书长颜海林，永州经济技术开发区党委主要负责人等参加会见。

29日，永州市举行庆“五一”劳模代表座谈会。市委书记陈文浩出席座谈会并讲话。市委副书记、市长易佳良，张严、唐定、唐湘林、杨海河等市领导出席。

29日，市委书记陈文浩，市委副书记、市长易佳良专题调度冷水滩高科园部分工业企业运行情况，为当前园区企业发展排忧解难。市领导唐湘林、颜海林、唐能武出席。

29日，市委副书记、市长易佳良主持召开宋家洲综合整治领导小组第一次会议。市领导高建华、唐湘林、刘新良出席。宋家洲综合整治房屋征收涉及476户居民、住房375幢，涉及宋家洲大坝上游水域网箱养殖总面积27.22万平方米。按照工作方案，6月底前要彻底取缔宋家洲水域上的网箱养鱼，12月底前完成对宋家洲集体土地房屋征收和依法拆除，彻底根治各类乱源乱象，打造生态、环保、靓丽、和谐的宋家洲。

5月

3日，永州市与中国建筑第五工程局有限公司在冷水滩区签订战略合作协议。市委书记陈文浩，中建五局董事长周勇，市委副书记、市长易佳良出席签约仪式。市委常委、常务副市长唐湘林，中建五局党委副书记、副总经理江森分别代表永州市政府、中建五局签署战略合作协议。市委常委、市委秘书长颜海林主持签约仪式。

3日下午，市委书记陈文浩专题调度永州源味街建设进展情况。他要求，咬定目标不放松，大干快上，抓好各项工作落实。市领导高建华、唐定、颜海林出席。

3日，市委副书记、市长易佳良，市委常委、常务副市长唐湘林一行考察冷水滩区地税局设市房产局办税窗口。

4日上午，市委召开常委会议，专门听取市人大常委会、市政府、市政协、市中级人民法院、市人民检察院党组工作情况汇报。市委书记陈文浩主持会议。市委副书记、市长易佳良，市委副书记张严，市人大常委会主任高建华，市政协主席唐定，以及董石桂、唐湘林、颜海林、石艳萍、舒平、张恒洲等市领导出席。

5日，全市“两学一做”学习教育工作会议在冷水滩区召开，市委书记陈文浩出席会议并讲话。他强调，要把思想和行动统一到中央、省委、市委的决策部署上来，把讲政治、讲规矩挺在前面，增强“四个意识”，坚持同步抓、同步推进，确保学习教育善始善终、善做善成。市委副书记、市长易佳良主持会议。市领导张严、高建华、唐定、董石桂、颜海林、石艳萍、张恒洲等出席。

5日，全市县区领导班子换届工作会议在冷水滩区召开，市委书记陈文浩出席并讲话。他强调，要把思想和行动统一到中央、省委和市委的要求上来，准确把握换届要求，把严肃纪律贯穿换届工作全过程，选优配强县区领导班子。市委副书记、市长易佳良主持会议。市领导张严、高建华、唐定、董石桂、石艳萍出席。

5日下午，永州市召开宋家洲综合整治工作动员大会，市委书记陈文浩出席并讲话。市委副书记、市长易佳良作动员报告。市人大常委会主任高建华主持会议。市领导唐定、唐湘林、罗重海出席会议。

5日晚上，市委书记陈文浩以普通党员身份参加市委办二支部举办的党员大会暨“两学一做”专题党课，围绕“讲政治、有信念”专题开展讨论，争做新时期合格党员，与支部成员畅谈体会，学习交流。市委常委、市委秘书长颜海林参加。

3日—6日，省委副秘书长龚武生率省委全面深化改革督察组到永州市督查指导全面深化改革工作，市领导陈文浩、张严、蒋善生、刘尤碧出席汇报会。

13日，在北京召开的第七次全国人民防空会议上，永州市人防办等35个全国人民防空先进集体、65个全国人民防空先进城市、45个全国人民防空先进工作者受到表彰。市委副书记、市长易佳良代表永州参加会议并领奖。

18日，永州市与京东集团签订农村电子商务和精准扶贫战略合作框架协议，标志着国内最大的自营电商——京东集团正式入驻永州。这是永州市在发展电商产业、推进创新创业上的一个重大成果，也是在“互联网+精准扶贫”道路上迈出的重大一步。市委副书记、市长易佳良发表讲话。京东集团总部全国扶贫战略合作总监阎岩、京东集团华中区副总经理何兵，市领导唐湘林、颜海林、郑柏顺等出席。

19日下午，市委副书记、市长易佳良主持召开市政府第七十九次常务会议，听取市政府办工作情况、涝天河水库扩建工程增加城镇供水功能等多项工作的汇报，审议加强市级公共资源交易、中心城区全面禁止燃放烟花爆竹等一系列管理规定。

16日—20日，省政协副主席孙建国率领省政协调研组到永州市就精准扶贫相关工作开展实地调研。他强调，各级政府要把扶贫事业抓在手上，树立自力更生的思想观念，科学谋划，依托产业，团结带领群众奋力推进全面小康事业。市委副书记、市长易佳良汇报永州市精准扶贫工作情况。市领导唐定、刘新良、唐运军等陪同调研或出席座谈会。

27日，市工商联（总商会）第五次会员代表大会在冷水滩区召开。市委副书记、市长易佳良，省工商联党组成员、副厅级纪检员罗碧野到会祝贺。市领导高建华、唐定、董石桂、袁火林、彭爱华、封金祥出席会议，市政协副主席、市工商联主席吕斌代表市工商联（总商会）第四届执委会向大会作工作报告。

30日，市委副书记、市长易佳良深入冷水滩区蔡市镇零东圩村调研精准扶贫工作。他指出，合村合心，合并后的村庄要进一步统一思想，统筹前后规划，量力而行，尽力而为，干出成绩，干出经验，探索可复制推广的精准扶贫模式。

6月

1日，省第十一次党代会报告起草社会建设组调研组一行，到永州市就省十一次党代会报告起草工作开展调研。市领导易佳良、唐湘林、颜海林出席座谈会。

2日，中国民主促进会永州市第二次代表大会召开。市委副书记、市长易佳良，民进湖南省委专职副主委马石城到场祝贺并致辞。民进永州市委主委周秀英代表民进永州市第一届委员会作工作报告，市领导张严、颜海林、程晨曦、袁火林、彭爱华、唐运军、封金祥、吕斌、田洁等出席。

6日，永州市召开防汛抗灾调度视频会议，分析研究当前全市雨情、汛情、灾情，安排部署防汛工作。市委副书记、市长易佳良出席并讲话，市委副书记张严主持会议。

6日，市委副书记、市长易佳良深入中心城区高考考点，看望慰问正在备战高考的师生，为全市高考考生鼓劲加油。市委副书记张严、副市长刘尢碧参加。

13日，市委副书记、市长易佳良主持召开全市当前经济形势调度会。市委常委、常务副市长唐湘林参加会议。

13日，市委副书记、市长易佳良深入湖南潇湘技师学院专题调研学校新校区项目建设工作。市领导唐湘林、石艳萍、刘尢碧、赵清茂等参加调研或出席座谈会。

14日，市委副书记、市长易佳良专题调研荷叶岭水厂搬迁选址工作。

15日，市委书记陈文浩深入江华瑶族自治县、蓝山县督导防汛工作，看望慰问受灾群众和战斗在防汛抗灾一线的干部群众、公安干警及民兵预备役人员。市委常委、市委秘书长颜海林陪同督察。

15日，永州市“两学一做”电视知识竞赛决赛在永州电视台演播厅举行。市委书记陈文浩出席并讲话。市委副书记、市长易佳良，市委副书记张严，市委常委、市委组织部部长、市委统战部部长董石桂，市委常委、市纪委书记杨永出席。

16日，永州市与中国核工业第五建设有限公司战略合作框架协议签署仪式举行。市委书记陈文浩，市委副书记、市长易佳良，中国核工业第五建设有限公司党委书记、副总经理张晓荣，副总经理李星文，市委常委、常务副市长唐湘林，市委常委、市委秘书长颜海林等出席。

16日，永州市召开农业标准化建设工作推进会。省农业委员会副主任兰定国到会指导，市委副书记、市长易佳良出席会议并讲话，市委副书记张严主持会议，市委常委、副市长蒋善生，市政协副主席唐运军出席。

17日，中国共产党永州市第四届委员会第九次全体会议召开。会议举手表决通过《中国共产党永州市第四届委员会第九次全体会议关于召开中国共产党永州市第五次代表大会的决议》。会议确定中国共产党永州市第五次代表大会将于2016年9月下旬召开。市委书记陈文浩作关于召开中国共产党永州市第五次代表大会有关问题的说明。市委副书记张严主持会议。市领导高建华、唐定、唐湘林、蒋善生、颜海林、石艳萍、唐能武、杨永在主席台就座。市委委员出席会议，在职党员厅级干部，县区（管理区、经开区）党政主要负责人等列席会议。

22日，永州市庆祝中国共产党成立95周年红旗颂大型群众合唱复赛在市委会堂唱响，市委副书记、市长易佳良，张严、唐定、蒋善生、石艳萍、王守海、刘尢碧等市领导出席。

23日，市委学习中心组举行2016年第二次集中学习专题辅导报告会，会议邀请中国证监会创新部巡视员、全国人民代表大会财政经济委员会委员欧阳昌琼博士、美国内布拉斯加大学唐政洪博士、中共湖南省委党校原副校长袁准教授作专题辅导报告。市委书记陈文浩主持报告会。市委副书记、市长易佳良，张严、高建华、唐定、唐湘林、蒋善生、颜海林、石艳萍、唐能武、杨永等市委学习中心组成员出席。

23日，市委学习中心组开展以“讲政治、有信念”为主题的“两学一做”学习教育专题研讨，市委书记陈文浩作中心发言。市委副书记、市长易佳良，张严、高建华、唐定、唐湘林、蒋善生、颜海林、石艳萍、唐能武、杨永等市委学习中心组成员出席。

24日，永州市禁毒委员会在冷水滩区滨江广场举行公开销毁毒品活动仪式，现场销毁海洛因、冰毒、麻古、K粉等12种毒品共计60余公斤。市委副书记、市长易佳良出席并讲话，市领导唐能武、杨海河、刘新良、唐运军参加。

24日，永州市深入推进实施商标战略暨驰（著）名商标地理标志商标表彰会议召开。市委副书记、市长易佳良出席会议并讲话。市领导唐湘林、郑柏顺、张建亮出席。

26日，市委副书记、市长易佳良调研永州火车站站场管理和交通秩序整治工作。市委常委、常务副市长唐湘林，副市长、市公安局长刘新良参加调研。

27日，市委书记陈文浩深入冷水滩区和永州经济技术开发区，调研安置小区和企业建设。市委常委、市委秘书长颜海林参加调研。

28日，全市老干部工作先进集体和先进个人表彰大会召开。市委书记陈文浩出席会议并讲话，市委副书记、市长易佳良主持会议，市领导高建华、蒋善生、颜海林、石艳萍、张恒洲、唐能武、杨永、严兴德、魏湘江等出席。

28日，市委民族工作会议暨全市第六次民族团结进步表彰大会召开。市委书记陈文浩，省民族宗教委员会党组副书记、副主任赵仁秀出席会议并讲话。市委副书记、市长易佳良主持会议。市领导高建华、蒋善生、颜海林、石艳萍、张恒洲、唐能武、杨永、李俊湘、张建亮出席。

28日，永州市与交通银行湖南省分行签订“十三五”推进“品质活力永州”建设银政合作框架协议。市委书记陈文浩，市委副书记、市长易佳良，交通银行湖南省分行党委书记、行长唐玲，市委常委、市委秘书长颜海林，副市长严兴德出席签约仪式。

29日，2016“泛珠三角”食品药品安全应急协作联席会议召开。省食品安全委员会办公室主任、省食品药品监督管理局局长肖策群，市委副书记、市长易佳良，副市长刘尤碧及广东、广西、福建、海南四省食药监局和香港、澳门特别行政区相关人员出席会议。

29日，“2016年湖南省国家示范性Ⅲ级食品安全事故应急演练”在永州市举行。国家食品药品监督局应急司副司长巩建平出席并讲话。省政府副秘书长陈小春下达演练开始指令。省食安办主任、省食药监局局长肖策群，市委书记陈文浩，市委副书记、市长易佳良，市委副书记张严，市委常委、市委秘书长颜海林等出席。广东、广西、福建、海南四省区食药监局和香港、澳门特别行政区相关人员应邀观摩指导。

30日，永州市庆祝建党95周年座谈会召开，缅怀和歌颂党的光辉历程，激励全市广大共产党员在新形势下更好地发挥表率作用。市委书记陈文浩出席会议并讲话。市委副书记、市长易佳良主持会议。市领导张严、颜海林、杨永出席。

30日，永州市召开创建国家文明城市、交通管理模范城市、园林城市工作第二次调度会。市委书记陈文浩出席会议并讲话。市委副书记、市长易佳良主持会议。市领导张严、高建华、唐定、唐湘林、颜海林、石艳萍、唐能武、杨永、杨海河、袁火林、刘尤碧、刘新良、唐运军等出席。

7月

1日，全市道路交通安全大排查大管控大整治电视电话会议召开。市委副书记、市长易佳良出席会议并讲话。市委常委、市委政法委书记唐能武主持会议，副市长刘新良出席。

4日，市委书记陈文浩深入到祁阳县文明铺镇新塘角村，了解村里的精准扶贫、“两学一做”学习教育开展情况，看望慰问老党员，为党员上专题党课。市委常委、市委秘书长颜海林，市政协副主席、祁阳县委书记魏湘江参加。

5日，市委书记陈文浩专题调度建设工程质量问题。市领导颜海林、杨永出席会议。

5日，市委副书记、市长易佳良主持召开市政府第八十一次常务会议。研究全市公车改革、建设永州粮食仓储物流产业园等工作。

6日，市委书记陈文浩深入祁阳县、金洞管理区检查安全生产工作。市委常委、市委秘书长颜海林，市政协副主席、祁阳县委书记魏湘江参加。

6日，市委副书记、市长易佳良组织召开宋家洲综合整治领导小组第二次会议。市领导高建华、唐湘林、刘新良参加会议。

6日，市委副书记、市长易佳良深入冷水滩城区检查安全生产工作。副市长、市公安局局长刘新良陪同检查。

6日，市委副书记、市长易佳良到冷水滩区蔡市镇三龙塘村看望慰问困难党员。

7日，全市建设工程质量大会举行，市委书记陈文浩出席并讲话。市委副书记、市长易佳良作报告。

7日，铁路枢纽建设前期工作调度会议召开。市委书记陈文浩强调，建设区域铁路枢纽城市是全市的战略发展定位之一，永州铁路枢纽工程建设是造福民生的大好事，也是永州城市发展建设的有力支撑，各级各有关部门要加快项目推进速度，强化服务意识，主动对接，超前谋划，各司其职，各负其责，全面推进前期各项准备工作。市委副书记、市长易佳良，市领导唐湘林、颜海林出席会议。

7日—8日，省科技厅副厅长杨治平带领考察组专家团队对永州国家农业科技园区验收情况进行现场考察。市委书记陈文浩出席座谈会，市领导唐湘林、刘尤碧、戴菊芳、封金祥陪同考察或出席座谈会。

8日，市委副书记、市长易佳良组织召开永州火车站广场管理调度会。市领导唐能武、刘新良出席会议。

11日，永州市举办新闻舆论工作培训班。市委书记陈文浩在培训班上强调，要学习贯彻习近平在党的新闻舆论工作座谈会上的重要讲话精神，坚持党管媒体不动摇，推动新老媒体深度融合，讲好永州故事，传播好永州声音。市委副书记张严主持，市委常委、市委宣传部部长石艳萍出席。人民日报社湖南分社社长刘磊，市委宣传部副部长蒋三立分别在培训班上作专题辅导报告。

11日—12日，省人大常委会副主任刘莲玉率队深入江华瑶族自治县开展民族区域自治法“一法两规定”执法检查。市委书记陈文浩出席汇报会并讲话，市领导高建华、颜海林、李俊湘陪同调研或出席汇报会。

13日，市委书记陈文浩专题调度中心城区交通配套设施建设。市领导唐湘林、颜海林、刘新良参加。

14日，湖南省法人库应用现场会召开。市委书记陈文浩，省质量技术监督局党组书记、局长欧阳彪，省政府发展研究中心党组书记、主任梁志峰，市委常委、常务副市长唐湘林，全省14个市、州电子政务办负责人出席会议。

15日，市委书记陈文浩主持召开全市上半年财税工作座谈会，分析当前经济发展和财税征收形势。市委常委、市委秘书长颜海林出席。

18日，全市信息化工作座谈会召开。市委书记陈文浩在会上强调，加快数据库和云平台建设，推进永州信息产业发展。市委常委、市委秘书长颜海林，市委常委、市委政法委书记唐能武，华为技术有限公司企业云业务部副总裁张怀冬等出席。

18日，永州华为云计算数据中心业务上线启动仪式举行，标志着永州从此迈入大数据时代。市委书记陈文浩，市委常委、市委秘书长颜海林，市委常委、市委政法委书记唐能武，华为技术有限公司企业云业务部副总裁张怀冬出席启动仪式。

20日，副省长蔡振红深入道县、双牌等县检查指导安全生产工作。市委书记陈文浩，市委副书记、市长易佳良，市领导张严、蒋善生、颜海林等陪同或出席汇报会。

20日，市委学习中心组举行2016年第三次集中学习专题辅导报告会，省安全生产监督管理局局长李大剑、省人大常委会委员徐晨光应邀作专题辅导报告。市委书记陈文浩主持报告会。市委副书记、市长易佳良，唐湘林、颜海林、石艳萍、唐能武、杨永、吴志雄等市委学习中心组成员出席。

20日，市委学习中心组开展“两学一做”学习教育第二个专题讨论，主题是“讲规矩、有纪律”。市委书记陈文浩主持。市委副书记、市长易佳良出席。市委学习中心组成员唐湘林、颜海林、石艳萍、唐能武、杨永、吴志雄作中心发言。

21日，省政协主席李微微带队考察江华瑶族自治县经济社会发展情况。省政协副主席刘晓、杨维刚、张大方、欧阳斌，副主席兼秘书长袁新华，市领导陈文浩、唐定、颜海林参加。

20日—22日，政协湖南省第十一届委员会第五十三次主席（扩大）会议在江华瑶族自治县召开。省政协主席李微微主持会议，省政协副主席刘晓、杨维刚、张大方、欧阳斌，副主席兼秘书长袁新华出席会议。市委书记陈文浩致欢迎辞，市领导唐定、颜海林参加。

22日，全市半年经济形势分析会召开。市委书记陈文浩出席会议并讲话。市委副书记、市长易佳良主持会议。张严、高建华、唐湘林、蒋善生、颜海林、石艳萍、唐能武、杨永、吴志雄等在家市级领导出席。

27日，永州市与太平洋建设集团举行项目合作交流洽谈会。市委书记陈文浩出席并讲话，市委副书记、市长易佳良致辞。太平洋建设集团创始人严介和，市领导张严、唐湘林，太平洋建设集团董事局副主席陈跃出席。

27日，市委副书记、市长易佳良率市林业局、市园林局、市城市建设投资集团有限公司等部门，深入零陵区四季青园林股份有限公司苗木基地和项目工地调研。副市长、零陵区委书记严兴德陪同调研。

27日，市委副书记、市长易佳良走访慰问市直困难企业军队退役人员。

28日，市委书记陈文浩主持市委常委班子专题民主生活会。省纪委常委王前良及省委组织部有关领导到会指导。易佳良、张严、高建华、唐定、唐湘林、蒋善生、颜海林、石艳萍、唐能武、杨永、吴志雄等市领导出席会议。

29日，市委书记陈文浩，市委副书记、市长易佳良走访慰问驻永州部队官兵。张严、高建华、唐湘林、颜海林、王守海等市领导一同参加走访慰问。

29日，市委书记陈文浩看望慰问困难企业退役军人。市委常委、市委秘书长颜海林陪同。

29日，永州市召开创建国家文明城市、交通管理模范城市、园林城市工作第三次调度会。市委书记陈文浩出席会议并讲话。市委副书记、市长易佳良主持会议。市领导张严、高建华、唐定、唐湘林、颜海林、石艳萍、唐能武、杨永、杨海河、刘尤碧、刘新良、严兴德、唐运军等出席。

8月

2日，市委书记陈文浩，市委副书记、市长易佳良到湘江东路市园林局片区调研棚改及道路改扩建工程。市领导颜海林参加。

8日，全省农村土地承包经营权证首证颁发仪式在宁远县举行，副省长戴道晋，省政府副秘书长曹英华，省农业委员会主任刘宗林，市委书记陈文浩，市委副书记、市长易佳良出席颁证仪式并为村民颁证。

8日，全市信访维稳工作形势分析暨积案化解“千案攻坚”专项行动推进会议召开。市委书记陈文浩出席会议并讲话，市委副书记张严主持会议，市领导唐能武、刘新良、魏湘江，市中级人民法院院长罗重海、永州军分区政治部主任陆鸿出席。

8日，永州市与中交第三航务工程局有限公司签署战略合作协议仪式举行。市委书记陈文浩，市委副书记、市长易佳良，市领导唐湘林、颜海林，中交三航局总经理马卫星、副总经理季振祥，中房集团湖南分公司副总经理康波，上海永州商会会长周序学等出席。

8日，永州市召开安全生产工作集体谈话会。市委书记陈文浩，市委副书记、市长易佳良出席会议并讲话，市委副书记张严主持，副市长、市公安局局长刘新良出席。

8日，由市经济建设投资集团有限公司投资建设的市文化艺术中心、市政务服务中心项目主体工程开工。市委副书记、市长易佳良出席开工仪式并宣布项目开工。市领导唐湘林、颜海林、袁火林，省建筑工程集团公司总经理周友文等出席开工仪式。

11日—12日，省委副秘书长、省机构编制委员会办公室主任魏旋君到永州市调研指导机构编制工作。市委书记陈文浩，市领导张严、唐湘林等参加调研或出席汇报会。

15日，永州市城市网格化工作专题会议召开。市委书记陈文浩强调，强化党建引领，坚持问题导向，夯实工作基础，着力解决服务群众“最后一公里”问题，构建幸福和谐社区。市领导张严、唐湘林、颜海林、唐能武出席。

16日，市委书记陈文浩深入中心城区调研创交模场站建设工作。市领导颜海林、伍军等陪同。

17日，市委书记陈文浩深入祁阳县调研落后烟花爆竹企业关闭退出工作。市委常委、市委秘书长颜海林陪同。

17日上午，2016年“湘品入沪”湖南名优特新商品（上海）展示交易周活动启动仪式暨上海湘沪名优商品服务中心开业仪式在上海市举行。市委副书记、市长易佳良，市委副书记张严出席启动仪式并观摩永州展区。

17日，市委副书记、市长易佳良，市委副书记张严在上海考察中交第三航务工程局有限公司、上海洪铺钢结构工程有限公司、上海华维节水灌溉股份有限公司等企业。

23日，市委书记陈文浩深入零陵区调研旅游精品线路工作。市委常委、市委秘书长颜海林参加。

23日，市委副书记、市长易佳良主持召开市政府第八十二次常务会议，审议《永州市场化解商品房库存促进房地产市场平稳健康发展的实施办法》《关于加快全市医疗卫生事业改革发展的意见》《永州市公园广场管理条例（草案）》，听取贯彻落实全省推进公共资源交易平台整合工作现场会议精神的情况汇报、全市优化经济发展环境工作情况汇报等。

23日，“欢乐潇湘”全省群众文艺汇演决赛永州市专场举行。市委书记陈文浩，省委宣传部巡视员魏委，省文化厅党组副书记、副厅长禹新荣，市委副书记张严，市领导石艳萍、杨永、刘尤碧、王守海，省政府参事戴菊芳等观看演出。

24日，市委书记陈文浩深入双牌县调研重点项目建设，指导党委换届工作。市委常委、市委秘书长颜海林参加调研。

24日，市委书记陈文浩深入祁阳县指导党委换届工作。市委常委、市委秘书长颜海林参加。

29日，省经济和信息化委员会、永州市人民政府、华为软件技术有限公司推进云计算发展三方战略合作协议举行签约仪式。省经信委主任谢超英，市委书记陈文浩，市委副书记、市长易佳良，省经信委副主任李球、陈松岭，市领导唐湘林、颜海林、严兴德，华为公司企业云业务部总裁杨瑞凯等出席。

30日，市政府与中国电信湖南公司“电信普遍服务试点项目”签约仪式暨启动大会举行。湖南省通信管理局局长许继金，中国电信湖南公司总经理廖仁斌，市委书记陈文浩，市委副书记、市长易佳良，市领导颜海林、严兴德等出席。

31日，市委学习中心组举行

2016年第四次集中学习专题辅导报告会，省委宣传部部务会成员、省政府新闻办副主任肖君华，省卫生计生委党组书记、省医改办主任詹鸣应邀作专题辅导报告。市委书记陈文浩主持报告会，张严、唐定、颜海林、石艳萍、唐能武、杨永、吴志雄、王守海等市委学习中心组成员出席。

31日，市委学习中心组开展“两学一做”学习教育“讲道德、有品行”专题研讨，市委书记陈文浩主持并讲话，市委副书记、市长易佳良出席，张严、唐定、颜海林、石艳萍、唐能武、杨永、吴志雄、王守海等市委学习中心组成员参加专题讨论。

9月

1日，全市创国家文明城市、国家交通管理模范城市、国家园林城市工作第四次调度会议召开。市委书记陈文浩出席并讲话。市委副书记、市长易佳良主持会议。市领导张严、高建华、唐定、唐湘林、颜海林、石艳萍、唐能武、杨永、杨海河、刘尤碧、严兴德、唐运军参加。

7日，由国务院办公厅秘书二局、住房城乡建设部城乡规划司组成的国务院办公厅调研组一行，深入永州市调研申报国家历史文化名城工作。市委书记陈文浩，市委副书记、市长易佳良，市领导颜海林、石艳萍出席汇报会议。省住房和城乡建设厅党组成员、副厅长高东山陪同调研。

7日，全市全面建成小康社会推进工作调度会议召开。市委书记陈文浩出席并讲话。市委副书记、市长易佳良主持会议。市委副书记张严作工作报告。市委常委、常务副市长唐湘林出席会议。

7日，市委“教育优先”专题会议召开，市委书记陈文浩出席会议并讲话，市委副书记张严主持会议，市领导唐湘林、袁火林、刘尤碧、张建亮出席。

8日，永州市第三十二个教师节庆祝表彰大会举行。市委书记陈文浩讲话，市委副书记、市长易佳良主持大会，市委副书记张严宣读《中共永州市委、永州市人民政府关于表彰教育功臣、优秀校长、师德标兵等决定》，唐湘林、颜海林、石艳萍、唐能武、杨永、吴志雄、王守海等市领导出席。

8日，涔天河水库扩建工程建设推进会召开。市委书记陈文浩出席并讲话。市委副书记、市长易佳良主持会议。市委常委、常务副市长唐湘林，市人大常委会副主任李俊湘出席。

8日，市委书记陈文浩深入零陵区看望慰问困难教师。市委副书记张严，市委常委、市委秘书长颜海林，市人大常委会副主任袁满娥陪同参加。

9日，全市深化医药卫生体制综合改革暨城市公立医院综合改革试点工作会议召开。市委副书记、市长易佳良出席并讲话。市委副书记张严主持会议，副市长刘尤碧出席会议。

13日，市委书记陈文浩深入祁阳县征求市第五次党代会报告意见。市委常委、市委秘书长颜海林参加。

13日，市委书记陈文浩主持召开征求党外人士、专家学者、科教文卫代表对市第五次党代会报告意见座谈会。市领导颜海林、吴志雄、袁火林、彭爱华、封金祥、田洁等出席。

14日，市委书记陈文浩主持召开征求老干部代表对市第五次党代会报告意见座谈会。市领导颜海林、吴志雄，老领导唐盛世、邹金鹭、谭志先、谢克平、孔宪访、郑邦淳、谢朝月、陈金荣、谭政、蒋吉秀、刘新普、唐建国等出席座谈会。

18日，全市电子商务工作座谈会举行。市委书记陈文浩出席并讲话，市委副书记、市长易佳良主持，市领导郑柏顺、罗双全、张建亮出席。邓顺国等10名国内知名电商专家、学者出席会议。

18日，永州电子商务公共服务平台上线暨永州电子商务研究院授牌仪式举行。市委书记陈文浩出席并讲话，市委副书记、市长易佳良致辞，副市长罗双全主持。省商务厅副厅长肖彬，中国电子商务公共服务联盟主席张铁柱，联盟名誉主席、中共中央组织部“一带一路”专家组专家汤兵勇等30名嘉宾出席。

20日，参加全国产业精准扶贫现场观摩会的与会人员深入江永县、江华瑶族自治县进行现场观摩考察。国务院扶贫办开发指导司副司长吴华，民进中央参政议政部副部长姚立迎，中央部委和各省扶贫办有关负责人，市委书记陈文浩，市委副书记张严，市委常委、副市长蒋善生等参加考察。

20日—22日，全市重大项目建设流动现场推进会召开。市委书记陈文浩，市委副书记、市长易佳良，市领导张严、高建华、唐定、唐湘林、蒋善生、唐能武、杨永、吴志雄、王守海、刘尤碧、罗双全、严兴德以及各县区、市直相关部门主要负责人参加现场观摩。

21日晚，市委书记陈文浩主持会议，听取县区委书记、部分市直单位负责人、金融界代表和非公人士对市第五次党代会报告的意见。市委副书记张严主持，市委常委、市委政法委书记唐能武出席。

22日，全市重大项目建设推进工作会议召开。市委书记陈文浩出席会议并讲话，市委副书记、市长易佳良主持会议。张严、高建华、唐定、唐湘林、蒋善生、唐能武、杨永、吴志雄、王守海等在永州的市级领导出席。

22日，第四届中国湘南国际承接产业转移投资贸易洽谈会开幕。国务院发展研究中心副主任隆国强、副省长何报翔、省政府副秘书长熊方平，市委副书记、市长易佳良出席。

23日，中国共产党永州市第四届委员会第十次全体会议召开。市委书记陈文浩主持会议。市委副书记、市长易佳良，市领导张严、高建华、唐定、唐湘林、蒋善生、唐能武、杨永、吴志雄、王守海等出席会议。

25日，“零陵古城”文化旅游综合保护开发项目开工建设。市委书记陈文浩出席并宣布项目开工建设。市委副书记、市长易佳良致辞。市委副书记张严主持。市领导唐定、唐湘林、唐能武、杨永、吴志雄、刘尤碧、严兴德，伟光汇通集团董事长陆学伟、香港路劲集团董事局主席单伟豹出席。

26日，市委常委扩大会议召开。省委驻永州市党代会督导组组长、省委组织部副部长蔡建和到会指导，市委书记陈文浩主持会议。市领导张严、高建华、唐定、蒋善生、石艳萍、唐能武、杨永、吴志雄、王守海等出席会议。

26日，永州农村商业银行股份有限公司挂牌开业。市委书记陈文浩，省金融办副巡视员盘永胜，省农村信用社联合社党委副书记邓德林，市委常委、常务副市长唐湘林，副市长刘鹏出席开业大会。

27日，出席市第五次党代会的党代表分组考察中心城区部分重点项目和工业企业，对近年来全市的工业发展、城市配套设施建设等进行全面深入了解。陈文浩、张严、唐定、唐湘林、蒋善生、石艳萍、唐能武、杨永、吴志雄、刘尤碧、刘新良等参加考察。

27日，陈文浩看望出席市第五次党代会的党代表。张严、高建华、唐定、蒋善生、石艳萍、唐能武、吴志雄、王守海参加看望活动。

28日，中国共产党永州市第五次代表大会在永州会堂开幕。陈文浩代表中共永州市第四届委员会作题为《鼓足信心，奋勇争先，为全面建设品质活力永州而努力奋斗》的工作报告。

28日，陈文浩分别参加市第五次党代会祁阳、零陵代表团讨论，与代表们一同审议市第五次党代会报告。市委副书记、市长易佳良参加市第五次党代会冷水滩、双牌、江永及市直四代表团讨论。

29日，陈文浩先后到宁远、解放军和武警部队、东安、市直一代表团、江华瑶族自治县代表团，与代表们一同审议市第五次党代会报告和市纪委工作报告。唐定、蒋善生、唐能武、杨永等参加审议。

30日，中国共产党永州市第五次代表大会胜利闭幕。大会执行主席陈文浩、易佳良、张严、高建华、唐定、唐湘林、蒋善生、石艳萍、唐能武、杨永、吴志雄、王守海、刘尤碧、罗建华、刘卫华在主席台前排就座。

30日，中国共产党永州市第五届委员会召开第一次全体会议。会议选举产生中国共产党永州市第五届委员会常务委员会委员和书记、副书记。陈文浩当选为中共永州市委书记。易佳良、张严当选为副书记。唐湘林、石艳萍、唐能武、杨永、吴志雄、王守海、刘尤碧、罗建华当选为常务委员。

30日，中国共产党永州市第五次代表大会选举产生的市五届纪律检查委员会，召开第一次全体会议。会议选举产生新一届中共永州市纪律检查委员会常务委员会委员、书记、副书记，并经市委五届一次全会通过。杨永当选市纪委书记，蒋俊林、黄薇、盘晓波当选市纪委副书记。杨永主持会议并讲话。

10月

8日，永州市在烈士纪念园举行烈士公祭仪式，缅怀英雄先烈。市委书记陈文浩宣读祭文。市委副书记、市长易佳良主持仪式。张严、高建华、唐定、石艳萍、唐能武、杨永、吴志雄、王守海、罗建华等领导参加公祭仪式。

8日，市委书记陈文浩对新一届市纪委班子提出要求，希望新一届市纪委班子有新面貌新气象新作为，开创全市党风廉政建设和反腐败斗争新局面。

10 日，市委副书记、市长易佳良主持召开市政府第八十三次常务会议，审议研究城市道路管理办法、推进省直管县经济体制改革试点工作、加强生态补偿管理以及市委党校搬迁、全市精准扶贫兜底脱贫等相关工作。

10 日，市委副书记、市长易佳良到市信访接待中心接待信访群众，现场协调解决问题。

11 日，省委常委、省委统战部部长黄兰香到永州市调研，省委统战部副部长龙建湘参加调研。市委书记陈文浩，市委副书记、市长易佳良参加有关活动。

12 日，全市人才工作“1+X”文件专题研讨会召开。市委书记陈文浩出席并讲话，提出要坚持党管人才，把握重点，形成人才洼地，为建设品质活力永州提供智力支撑和人才保证。市领导唐湘林、吴志雄出席。

13 日，市委书记陈文浩深入祁阳县调研县乡人大代表直选工作并讲话。市人大常委会主任高建华，市委常委、市委秘书长、市委政法委书记唐能武参加调研。

14 日，永州市创建出口食品农产品质量安全示范市考核见面会和反馈意见会召开，通过省考核组考核验收，永州市获得“省级出口食品农产品质量安全示范市”称号。市委副书记、市长易佳良，市政协主席候选人、副市长蒋善生，副市长罗双全出席会议。

16 日，省委副书记、代省长许达哲深入永州市调研。他强调，贯彻落实中央“五大发展理念”，实施创新驱动战略，加快创新发展，着力保障改善民生，全面打赢脱贫攻坚战，抓好生态文明建设。副省长、省政府秘书长向力力，市委书记陈文浩，市委副书记、市长易佳良陪同调研。

19 日，永州市召开全面建成小康社会推进工作领导小组全体会议。市委书记陈文浩出席并讲话。市领导张严、唐定、唐湘林、唐能武出席。

20 日，全市农村网格化建设现场推进会召开。市委书记陈文浩出席并讲话。市领导张严、唐湘林、唐能武、罗建华参加。

24 日，市委书记陈文浩出席市创建文明城市、交通模范管理城市、园林城市工作第五次调度会并讲话。市委副书记、市长易佳良主持会议。市领导张严、唐定、唐能武、杨永、刘尤碧、唐运军参加。

25 日，市政府与国家开发银行湖南省分行供给侧结构性改革金融合作备忘录签约仪式举行。国家开发银行湖南省分行行长梁庆凯，市委书记陈文浩，市委副书记、市长易佳良，市领导唐能武、刘鹏出席。

25 日—26 日，全国人大代表永州小组和部分省人大代表考察调研永州铁路项目建设工作。全国人大代表、市委书记陈文浩，全国人大代表、副市长罗双全，全国人大代表、湖南果秀食品公司董事长阳国秀，全国人大代表、湖南长丰集团董事长李建新，省人大代表、市委副书记、市长易佳良，省人大代表、市人大常委会主任高建华，省人大常委会委员、省人大农业与农村委员会副主任委员殷海清，省人大常委会委员、华菱集团总经济师向德伟，省人大代表、中国人民银行长沙中心支行行长马天禄，省人大常委会委员、市人大常委会副主任李俊湘，市领导唐能武、罗建华，中铁四院专家邓劼、姚昊等参加活动。

27 日，市委书记陈文浩主持市委中心组 2016 年第五次集中学习专题辅导报告会。会议邀请省扶贫开发办公室副主任、党组成员张智勇，湖南师范大学法学院副院长、博士生导师欧福永教授作专题辅导报告。易佳良、张严、高建华、唐定、蒋善生、石艳萍、唐能武、杨永、吴志雄、王守海、罗建华等市委中心组成员及市直有关单位，中央、省驻永州单位主要负责人参加学习。

27 日，市委中心组开展以“讲奉献、有作为”为主题的“两学一做”学习教育第四次专题讨论会。市委书记陈文浩主持会议，市委副书记、市长易佳良，张严、石艳萍、唐能武、杨永、吴志雄、王守海、罗建华等中心组成员递交书面发言材料，高建华、唐定、蒋善生等作中心发言。

27 日，市委机关大院举行冷水滩区第九届人大换届选举梅湾社区选区投票选举，陈文浩、张严、高建华、唐定、石艳萍、唐能武、杨永、吴志雄、王守海等市委领导干部以普通市民的身份投票。

11 月

1 日，市委书记陈文浩出席 2016 年加强乡镇纪委建设工作座谈会并讲话。市委常委、市纪委书记杨永主持会议，市委常委、市委组织部部长吴志雄出席。

2 日—3 日，省人大常委会副主任李友志率省人大调研组深入冷水滩区、蓝山县，督查调研永州市贯彻落实省委人大工作会议精神及有关工作开展情况。市委书记陈文浩，市人大常委会主任高建华，市委常委、市委秘书长唐能武陪同调研。

8日，市委书记陈文浩出席涔天河水库扩建工程调度会并讲话，要求强化责任，全力以赴，确保大坝11月下闸蓄水目标如期实现。市委副书记、市长易佳良主持调度会。市领导唐湘林、蒋善生、唐能武、罗建华、李俊湘出席。

10日，中心城区重点项目前期工作调度会召开。市委书记陈文浩出席会议并讲话。市委副书记、市长易佳良，市领导高建华、唐定、唐湘林、石艳萍、唐能武、杨永、吴志雄、刘尤碧出席。

10日，2016年湘粤桂九市食品药品稽查区域协作会议暨签约仪式举行。国家食品药品监督管理局副巡视员王松林，省食品药品监督管理局党组副书记、副局长刘湘凌，市委副书记、市长易佳良，市委常委、市委宣传部部长、副市长刘尤碧出席。

10日，国家土地督察武汉局副专员杭邦明一行到永州市督察土地管理利用工作。市委副书记、市长易佳良在汇报会上作表态发言。

11日，由国家林业局举办，湖南省林业厅、永州市人民政府承办的2016中国·湖南永州油茶博览会开幕。国家林业局副局长陈凤学宣布博览会开幕。国家林业局计财司司长闫振，省林业厅厅长邓三龙，市委书记陈文浩，市委副书记、市长易佳良，国家开发银行、国家发展改革委、中国农业发展银行、国家农业综合开发办等单位部门负责人出席开幕式。市委常委、常务副市长唐湘林主持。

15日—20日，中共湖南省第十一次代表大会召开。市委书记陈文浩、市委副书记、市长易佳良等党代表在长沙出席省党代会。11月17日，杜家毫到省第十一次党代会永州代表团，与代表们一起审议党代会报告。省领导许又声、孙建国，市领导陈文浩、易佳良、张严、杨永、吴志雄、罗建华等参加审议。

18日，全市防汛抗灾总结表彰暨水利建设推进现场会召开。市委副书记、市长易佳良作书面讲话，副市长、市防指指挥长蒋善生出席并讲话，永州军分区参谋长耿保民主持会议。

21日，市委中心组举行2016年第六次集中学习专题辅导报告会，市委书记陈文浩传达贯彻省第十一次党代会精神，省委宣讲团成员、省委讲师团主任郑昌华应邀作学习贯彻中共十八届六中全会精神宣讲报告。市委副书记、市长易佳良主持会议。高建华、唐定、蒋善生、石艳萍、唐能武、杨永、吴志雄、王守海、刘尤碧等市委中心组成员参加学习。

21日，市委书记、永州军分区党委第一书记陈文浩主持召开市委议军会。市委副书记、市长易佳良出席会议。高建华、唐定、石艳萍、唐能武、杨永、吴志雄、王守海、刘尤碧、耿保民、陆鸿等市党政军领导出席。

23日，湖南毛俊水库工程建设举行启动仪式。副省长戴道晋宣布工程建设启动，水利部建设与管理司副司长徐元明讲话，市委书记陈文浩致辞。

23日，市委副书记、市长易佳良主持召开市计划生育和卫生重点工作综合考核汇报会，省卫计委党组成员、省计生协会常务副会长康代四，市领导刘尤碧、袁满娥、唐运军、田洁参加会议。

24日，“一宫两馆四中心”项目、市委党校迁建、儿童医院及公园等重点项目建设调度会召开。市委书记陈文浩出席并讲话。市委副书记、市长易佳良，市领导高建华、唐定、唐湘林、石艳萍、唐能武、吴志雄、刘尤碧、杨海河出席。

24日，市委副书记、市长易佳良主持召开全市经济形势分析调度会。市委常委、常务副市长唐湘林参加会议。

25日，省委常委、省纪委书记傅奎深入永州督导学习贯彻省第十一次党代会精神，听取市委、市纪委履行党风廉政建设“两个责任”和传达贯彻省党代会精神情况汇报。市委书记陈文浩，省纪委常委张建平，市委常委、市委秘书长唐能武，市委常委、市纪委书记杨永参加调研。

28日—30日，省安全生产监督管理局总工程师郑京杰率省安全生产考核组就2016年度安全生产工作到永州市考核。市委书记陈文浩就考核组反馈意见作表态发言，市委副书记、市长易佳良，市领导蒋善生出席。

30日，市委书记陈文浩出席市第六次“三创”工作调度会并讲话。市委副书记、市长易佳良主持调度会，市领导高建华、唐定、唐能武、杨永、刘尤碧、杨海河、袁火林、严兴德出席。

30日，市委副书记、市长易佳良专题调研中心城区公园建设，实地察看已建公园林木生长情况和拟建公园的选址情况。

12月

1日—2日，市委书记陈文浩

主持召开市委常委扩大会议暨市委中心组2016年第七次集中学习，进一步深入学习贯彻落实中共十八届六中全会精神和省第十一次党代会精神。市委副书记、市长易佳良，高建华、唐定、蒋善生、石艳萍、唐能武、杨永、吴志雄、王守海、刘尤碧、罗建华等市委中心组成员参加学习。会议邀请省委讲师团巡视员陈志强旁听并进行点评。

2日，市委书记陈文浩以普通党员身份参加市委办二支部组织生活会，并围绕“两学一做”学习教育畅谈心得体会，带头开展批评与自我批评，自觉接受组织和党员的监督。市委常委、市委秘书长唐能武参加。

8日，省委宣传部副部长、省精神文明建设指导委员会办公室主任刘进能一行，对永州市创建省级文明城市的资格和条件进行验收。市委副书记、市长易佳良主持验收汇报会，市委常委、市委秘书长唐能武出席汇报会，市委常委、市委宣传部部长、副市长刘尤碧现场陪同考察并汇报工作。

9日，市委书记陈文浩出席零陵古城建设专题推进会并讲话。市委常委、市委秘书长唐能武出席。

9日，市委副书记、市长易佳良主持召开市政府第八十五次常务会议，听取《政府工作报告》起草情况汇报，审议研究中心城区规划内的农村村民建房管理、健全特困人员救助供养制度、市全民健身服务中心网球场改造以及永州大道综合管廊项目建设等相关工作。

10日，市委召开全市领导干部大会，宣布省委关于永州市主要领导同志调整的决定。省纪委派驻省委组织部纪检组组长刘越高出席会议并宣布省委决定：陈文浩不再担任永州市委书记、常委、委员职务，另有任用；李晖任永州市委委员、常委、书记。

13日，神华集团总经理凌文深入神华国华永州电厂调研。市委书记李晖，市委副书记、市长易佳良，市领导唐湘林、唐能武、荣燕明陪同调研。

14日，永州市召开座谈会，欢迎载誉归来的“全国文明家庭”吴才有、黄常淑家庭。市委书记李晖会见吴才有一家。

15日，永州大道地下综合管廊项目举行开工仪式。市委书记李晖宣布项目开工，市委副书记、市长易佳良主持开工仪式。市领导唐湘林、唐能武、袁火林、张建亮出席。

15日，市委书记李晖深入市委、市人大、市政府、市政协和永州军分区机关，宣讲省党代会精神，要求全市各级各部门把学习贯彻省十一次党代会精神和做好自身工作结合起来，确保2016年圆满收官，科学谋划好2017年工作，不忘初心、继续前进，奋力谱写好富饶美丽幸福新湖南的永州篇章。市委副书记、市长易佳良，市领导高建华、唐定、唐湘林、石艳萍、唐能武、杨永、王守海等先后陪同督导调研。

15日—16日，市委副书记、市长易佳良率领市委检查考核组，深入新田县开展2016年度党风廉政建设责任制检查考核。

19日，市委书记李晖深入零陵区、冷水滩区和永州经济技术开发区考察调研，要求中心城区坚持创新引领，开放崛起，努力在品质活力永州建设中走在全市前列，干在实处。市委常委、常务副市长唐湘林，市委常委、市委秘书长唐能武参加调研。

19日，市委副书记、市长易佳良分别到市人大、市政协机关，就《政府工作报告》（征求意见稿）听取意见。市领导高建华、唐定、杨海河、袁火林、李俊湘、彭爱华、张建亮、吕斌、田洁、魏湘江，市人大常委会秘书长蒋千红，市政府秘书长文绍涛，市政协秘书长宋可福出席会议。

20日，市委书记李晖深入祁阳县调研经济社会发展情况，督查精准扶贫和安全生产工作，强调祁阳县作为全市乃至全省县域经济发展的排头兵，要主动适应和引领经济新常态，坚持不换频道、务求实效，奋力抢占县域发展新高地，确保新一轮发展在全市率先，在全省领先，在全国争先。市委常委、市委秘书长唐能武参加调研。

19日，市委副书记、市长易佳良深入滨江新城，调研永州大道后续配套工程、市政务服务中心、市文化艺术中心、湘南万商红商贸新城等重点项目，市委常委、常务副市长唐湘林陪同调研。

20日，市委副书记、市长易佳良深入冷水滩区马坪兴业采石场、永州四中文化艺术楼项目、戴斯酒店、愿景国际房地产项目等地检查安全生产工作。

21日，市委书记李晖在宁远县、江永县调研工作时强调，加快发展县域经济要着力做好特色文章，让改革发展成果惠及人民群众。市委常委、市委秘书长唐能武陪同调研。

22日，市委书记李晖深入道县、回龙圩管理区调研经济社会发展情况，要求认真贯彻落实中共十八届六中全会精神、中央经济工作会议精神、中央农村工作会议精神和省市党代会精神，依托资源特色和产业基础，进一步开阔视野，创新方式，拓展空间，奋力谱写县域经济发展新篇章。市委常委、市委秘书长唐能武参加调研。

23日，全省城乡困难职工家庭“一户培养一名产业工人”脱贫解困经验交流会在新田县召开。省委常委、省委宣传部部长、副省长蔡振红出席会议并讲话。省人大常委会副主任、省总工会主席刘莲玉主持。市委书记李晖致辞。

24日，市委书记李晖深入江华瑶族自治县检查考核落实党风廉政建设责任制工作。市委常委、市委秘书长唐能武出席，市委常委、江华瑶族自治县县委书记罗建华汇报工作。

24日—25日，市委书记李晖在蓝山县、江华瑶族自治县、双牌县和金洞管理区调研经济社会发展情况，要求认真贯彻落实中共十八届六中全会精神和省、市党代会精神，坚持创新引领，开放崛起，突出各地特色，加快县域经济发展，为建设富饶美丽幸福新永州贡献力量。市委常委、市委秘书长唐能武陪同调研，市委常委、江华瑶族自治县县委书记罗建华参加江华调研。

27日，市委副书记、市长易佳良主持召开市政府第八十六次常务会议，听取中心城区控违拆违工作考核奖惩情况汇报，研究城乡居民基本医疗保险、矿产资源、金融改革、国企改革等有关工作。

29日，市委书记李晖主持召开市委常委会，传达学习省委经济工作会议精神，研究部署永州市贯彻落实意见。市领导易佳良、高建华、唐定、唐湘林、石艳萍、唐能武、杨永、吴志雄、刘尤碧、罗建华等出席。

30日，湖南省涔天河水库扩建工程举行下闸蓄水仪式。副省长戴道晋宣布工程下闸蓄水，省水利厅厅长詹晓安、市委书记李晖讲话，水利部长江水利委员会建管局局长徐勤勤宣读《长江委关于导流洞下闸蓄水阶段验收鉴定书》，省政府副秘书长曹英华，市委副书记、市长易佳良，市领导高建华、唐定、蒋善生、唐能武、罗建华、李俊湘出席。

永州概貌

A General Survey of Yongzhou

地理位置

永州市地处北纬 24°39′~26°51′、东经 111°06′~112°21′之间，南北最长距离 245 千米，东西最长距离 144 千米；面积 2.22 万平方千米。位于湖南省南部，湘江上游，南岭山脉北麓；东与湖南衡阳市的常宁市和郴州市的嘉禾县、桂阳县、临武县相连，南与广东清远市的连州市、连山县、连南县和广西贺州市的八步区、钟山县、富川县交界，西与广西桂林市的全州县、灌阳县、恭城县和湖南邵阳市的邵阳县、新宁县接壤，北与湖南衡阳市的祁东县毗邻。

地形·地貌

永州位于由西向东倾降的第二阶梯与第三阶梯的交接地带，是南岭山地向洞庭湖平原过渡的初始阶段。永州地势大体是西部和西南高，东北及中部低，以三大山系为脊线，呈环带状、阶梯式向两大盆地中心倾降。在历次构造运动、岩浆侵入以及地表水长期风化剥蚀的作用下，永州形成以山丘地为主，丘陵、岗地、平地俱全的复杂多样的地貌类型。永州境内奇峰秀岭逶迤蜿蜒，河川溪涧纵横交错，山岗盆地相间分布。越城岭—四明山系雄踞西北，萌渚岭—九嶷山系矗立东南，都庞岭—阳明山系横插中部，将永州分隔成南北两大相对独立的部分。在三大山系及支脉的围夹下，形成南北两个半封闭型的山间盆地，呈现向东北倾斜的山字形地貌轮廓。位于北部的零祁盆地，周围由北面的四明山、西北的越城岭、南面的紫金山、东南面的阳明山环绕，东北向衡阳盆地敞口，面积 57.03 万公顷，占境内盆地总面积的 45.5%；盆地内地势低平开阔，耕地连片延伸。南部道江盆地，东面向郴州、永兴盆地开口，西南成狭长谷地向江永、江华南部延伸，形成呈东西方向串通湖广的交通走廊；盆地外周由北面的阳明山、西北的紫金山、西面的都庞岭、南面的萌渚岭—九嶷山系围隔而成，面积 68.28 万公顷，占境内盆地总面积的 54.5%；盆地内丘岗起伏，阡陌纵横。位于西北、西、西南和南部的三大山系巍峨蜿蜒，许多山峰高达千米以上，都庞岭的顶峰韭菜岭海拔 2009.3 米，是全市最高点。东北及中部，丘岗星罗棋布，谷盆相嵌其间，海拔一般在 300 米以下，湘江河谷祁阳唐家岭的九洲，海拔 63 米，是全市最低点。全市相对高差 1946.3 米，比降 2.7%~20%，切割深 300 米~700 米，最深 800 米~1000 米。

气候·水文

■ 气候 2016 年，永州市平均气温 19.1℃，较常年偏高 0.8℃，较 2015 年高 0.2℃，为 1961 年以来第四高值（1998 年、2007 年 19.3℃，2013 年 19.1℃），其中道县创气象记录新高。全市平均降水量 1755 毫米，较常年偏多 2 成，较 2015 年少 107 毫米，为 1961 年以来第八多值，其中道县（2467 毫米）创气象记录最多；雨季开始于 3 月中旬末下旬初，结束于 6 月中旬中期。全市平均日照时数 1359 小时，较常年略偏少，较 2015 年多 240 小时。先后出现低温雨雪、寒潮降温、连阴雨、雷雨风雹、“五月低温”、暴雨洪涝、高温干旱、寒露风等天气气候事件，对永州经济社会产生广泛的影响。年内主要气象灾害造成的直接经济损失达 14.34 亿元，较 2015 年（16.86 亿元）略轻，其中暴雨洪涝灾害造成的损失占 84%。属温暖多雨年份，主汛期内暴雨洪涝、雷雨风雹频繁，造成境内重复受灾，是年内主要至灾天气气候事件，其他如低温雨雪、低温连阴雨、高温干旱没有造成大的灾害损失，属正常年景。

■ 水文 2016 年，永州地区降水量在 1039.0 毫米~2632.0 毫米之间，用全局 82 个雨量站（含站本部降水）资料统计，年平均降水量 1887.1 毫米，比 2015 年偏少 112.3 毫米，与历年平均值相比偏多约 311.1 毫米，属丰水年份。降水时空分布极不均匀。在空间分布上总的趋势呈山区多于丘陵，以双牌县为界，南方多于北方，形成九嶷山区（渣梨板站 2629.0 毫米）、南岭山区（安马站 2632.0 毫米）、九嶷山区（住龙门站 2523.5 毫米）、都庞岭山区（大溪源站 2605.5 毫米）4 个暴雨中心，全区年降水量最大的是安马站 2632.0 毫米。年降水低值区主要集中在北部县区，年雨量约在 1039 毫米~1259 毫米之间，分布在芦洪江、老毛江和祁水流域，芦洪江流域的黄泥洞站 1039 毫米，为全区最少。在时间分布上，全年降水主要集中在 3 月—6 月和 8 月。其中 4 月为全区月平均降水量最大月，月平均降水量 340.3 毫米；5 月月降水量最大的站是潇水流域的道县（二）站，降水量 627.5 毫米，5 月月降水量最小的站为芦洪江流域的黄泥洞站，降水量仅 101.5 毫米。5 月 7 日全区最大 1、2 小时降水量均出现在道县（二）站，降水量分别达 97.5 毫米和 142.5 毫米。降水在年内分配上亦不太均匀，汛前 2 月、汛中 9 月和汛后 10 月、12 月降水偏小，全区 12 月降水最小，月平均降水量仅为 40.1 毫米。全年降水主要集中在 3 月—6 月和 8 月，特别是 4 月降水最多，4 月全区平均降水量 340.3 毫米，占全年平均降水的 18.0%。全区 4 月—6 月平均降水 884.9 毫米，占全年降水的 46.9%。

2016 年永州市各站年降水量一览表

表 1

站名	月降水量（毫米）												
	1 月	2 月	3 月	4 月	5 月	6 月	7 月	8 月	9 月	10 月	11 月	12 月	全年
码市	188	55.0	191.5	367	353	391.5	226	187.5	110	53.5	125	26	2274
大路铺	156.5	50	169.5	371.5	304.5	375.5	86	178.5	142.5	43	118	19.5	2015
江永	102.5	37	229	402.5	291	301.5	71	109.5	49.5	51.5	135.5	32	1812.5
道县（二）	112.5	41	220.5	446.5	627.5	383	120	94.5	83	73.5	184.5	51	2437.5
豪福	78	31.5	175	382.5	232.5	248.5	61	143	60.5	76.5	93.5	46.5	1629
九嶷（二）	116.4	47	260.5	380	236.5	307.5	87	317.5	70	72.5	156.5	25.5	2076.9
双牌县	86	26.5	161	317	162	94.5	107.5	105.5	36	54	74	24.5	1248.5
老埠头	107.7	34.5	125.5	352	229	123.5	42	162.5	61	68.5	114.5	72	1492.7
冷水滩区	80	28.5	125	237.5	133	98.5	30.5	215	60	62	95	64	1229
祁阳县（二）	83.5	39.5	134	192.5	175	69.5	21.5	178.5	71.5	35.5	86	55	1142
金洞管理区（三）	128.8	48.9	196	267	227.5	249	77.5	159.5	92.5	112.5	166	42.5	1767.7
蓝山县	141.5	54	210	292.5	230.5	356.5	98	315.5	98.5	107.5	174.5	26	2105
新田县	107.5	34.5	185.5	280	269.5	153	55	116.5	42.5	54	92	23.5	1413.5

全区洪水主要由降水形成，水位变化与降水相应。由于降水时空分布特点，既有局部暴雨，又有普遍大雨。加之水库蓄水发电调节，全区的水位变化并不完全同步，年最高水位基本同步。5 月下旬和 6 月中旬由于流域内普降大暴雨，湘江、潇水流域发生较大洪水过程，年最高水位码市、大路铺、双牌、老埠头、下马渡、新田县均出现在 5 月上、下旬，涔天河、江永县、道县（二）、豪福、冷水滩区、祁阳县（二）、金洞管理区（三）站出现在 6 月中旬，九嶷（二）、蓝山县站出现在 8 月中旬。年最低水位冷水滩区、双牌县均出现在 2 月，码市、大路铺出现在 7 月，下马渡、新田县站出现在 8 月，蓝山县站出现在 9 月，涔天河、江永县、豪福站出现在 10 月，道县（二）、老埠头、祁阳县（二）出现在 11 月，九嶷（二）、金洞管理区（三）站出现在 12 月。降水量与历年均值相比偏多，相对集中的主要是出现在 3 月—8 月，降雨强度较大，5、6 月全区出现较大的洪水过程，道县（二）水文站于 6 月 14 日出现全年最高水位 171.06 米，超警戒水位 0.06 米，冷水滩水文站于 6 月 17 日出现全年最高水位 95.17 米，超警戒水位 0.17 米。

洪峰过程情况。由于降雨强度较大且集中，形成洪峰的降雨强度较大，冷水滩区站主要发生两次较大洪水过程，第一次是 5 月 5 日—10 日，第二次是 6 月 13 日—18 日，全区两次较大洪水过程与冷水滩区站相应。

全区流域内径流主要是由降水形成，径流变化与水位变化相应。降水较 2015 年偏少 112.3 毫米，径流量与 2015 年相比偏小。以冷水滩区站为例，该站 2015 年径流量为 267.1×10^8 立方米，而 2016 年的径流量为 265.8×10^8 立方米，比 2015 年偏小约 0.5%。降水相对集中在 3 月—8 月，径流也相对集中在 3 月—8 月，期间的径流约占全年径流总量的 75.4%。

2016 年径流量年内分配表

表 2

站名	月平均径流量占年总数（%）											
	1 月	2 月	3 月	4 月	5 月	6 月	7 月	8 月	9 月	10 月	11 月	12 月
码市	7.5	5.1	9.0	13.9	20.6	20.1	6.2	7.4	4.0	1.7	2.8	1.7
大路铺	7.4	4.3	6.8	16.7	23.3	23.2	3.5	5.5	3.6	1.4	2.6	1.7
江永	4.9	3.7	9.5	21.8	21.9	27.7	2.9	2.3	1.5	0.6	2.1	1.1
道县（二）	7.5	5.2	9.2	17.5	20.3	21.4	4.4	4.6	3.2	1.6	3.0	2.1
豪福	5.7	3.3	10.0	23.7	19.1	17.9	6.7	4.1	2.2	2.1	2.9	2.3
九嶷（二）	6.6	4.9	11.9	15.7	12.1	15.7	3.2	12.2	4.4	4.3	6.5	2.5
双牌	7.2	4.9	9.9	19.3	21.6	20.4	4.9	2.6	3.3	1.8	2.3	1.8
冷水滩	7.5	4.2	10.0	21.8	20.0	17.4	4.7	4.1	3.2	1.9	2.7	2.5
平均	6.8	4.4	9.5	18.8	19.9	20.5	4.6	5.4	3.2	1.9	3.1	1.9
下马渡	12.3	6.3	9.9	27.3	17.4	7.8	4.9	2.1	4.5	1.7	3.2	2.6
金洞（三）	6.8	8.0	8.6	16.7	14.3	13.5	6.1	5.7	4.3	6.2	6.9	2.9
蓝山	7.7	6.4	10.3	11.6	11.8	15.8	7.0	9.7	5.0	5.0	5.5	4.2
总平均	7.3	5.1	9.5	18.7	18.4	18.3	5.0	5.5	3.6	2.6	3.7	2.3

年径流模数、年径流深度、年径流系数总的趋势是山区大于丘陵。年径流模数最大的是九嶷（二）站，为 55.0×10^{-3} 立方米/s·k 平方米（虽然蓝山站有 75.2×10^{-3} 立方米/s·k 平方米，但有外流域引进水量），最小的是下马渡站，为 13.8×10^{-3} 米^3/s·k 平方米。年径流深度最大的是九嶷（二）站，为 1743.2 毫米，最小的是下马渡站，为 437.4 毫米。年径流系数（降水量采用面平均雨量计算）全区平均为 0.66，最大的是豪福站为 0.85，最小的是下马渡站，为 0.37。

输沙量的变化情况与径流量的变化基本相似。道县（二）站和冷水滩站的年输沙总量分别是 114×10^4 吨、77.6×10^4 吨，冷水滩站比 2015 年偏多 14.8×10^4 吨。与历年均值相比，道县（二）站输沙量比原道县站历年均值 46.5×10^4 吨偏多，冷水滩站比历年均值 104.3×10^4 吨偏少。

2016 年输沙量年内分配表

表 3

站名	月平均输沙量占全年（%）											
	1 月	2 月	3 月	4 月	5 月	6 月	7 月	8 月	9 月	10 月	11 月	12 月
道县（二）	1.14	0.53	9.11	12.2	34.9	38.1	0.38	1.91	0.94	0.09	0.60	0.07
冷水滩	0	0.12	4.00	13.2	40.5	38.8	0.54	0.26	0.18	0	0	0.10

道县（二）站实测最大含沙量为每立方米 0.81 公斤，出现在 5 月 21 日；冷水滩站实测最大含沙量为每立方米 0.184 公斤，出现在 5 月 6 日。年输沙模数道县（二）站为每平方千米 202 吨，冷水滩站为每平方千米 35.9 吨。

（崔忠凌）

自 然 资 源

■ 土地资源 永州市土地总面积 2.22 万平方千米，占湖南省总面积的 10.55%。农用地面积 1.9 万平方千米，占全市土地总面积的85.03%。中山、中低山、低山总面积1.1万平方千米，占全市总面积的49.5%；丘陵3242平方千米，岗地3979平方千米，平地3191平方千米，水面880平方千米，分别占全市总面积的14.5%、17.81%、14.29%和3.94%。全市有耕地35.89万公顷，园地7.25万公顷，林地142.36万公顷，草地8.2万公顷，城镇村及工矿用地10.48万公顷，交通运输用地2.53万公顷，水域及水利设施用地9.62万公顷，其他土地6.27万公顷。全市耕地按灌区划分，双牌水库灌区（冷水滩区、零陵区、祁阳县、双牌县）耕地13.41万公顷，占37.36%；涔天河水库灌区（江华瑶族自治县、江永县、道县、宁远县）耕地13.97万公顷，占38.92%；其他灌区（东安县、蓝山县、新田县）耕地8.51万公顷，占23.72%。全市耕地按坡度划分，2度以下耕地15.03万公顷，占41.88%；2度~6度耕地14.31万公顷，占39.88%；6度~15度耕地5.57万公顷，占15.53%；15度~25度耕地0.75万公顷，占2.08%；25度以上的耕地0.22万公顷，占0.62%，主要分布在双牌县和江华瑶族自治县。全市未利用地14.94万公顷，其中，河流水面3.18万公顷，其他草地8.19万公顷，裸地3.57万公顷。

■ 矿产资源 永州市矿产资源较为丰富，全国168个矿种在永州市发现75种，其中54种探获储量，30种纳入矿产资源储量表。锰、稀土、铷、锂、铯、溶剂灰岩、水泥黏土矿保有储量居全省第一位，其中锰资源储量2亿吨以上，占全省储量的25.7%。稀土、锂、铷、铯保有资源储量均占全省储量的100%；熔剂灰岩保有资源储量占全省储量的21%；锡、铋、钨、铁、铅、锌、钼、铜等矿保有资源储量居全省前列，其中，钨锡380矿石万吨，铋1.9矿石万吨，铁1.85矿石亿吨，铅锌321.5矿石万吨，钼1.1万吨，铜3.2万吨等。花岗岩、大理石、建筑用砂等资源丰富，后备资源充足。

■ 水资源 永州境内河流分属长江流域洞庭湖和珠江两大水系，有大小河流733条，境内长江流域洞庭湖水系控制流域面积2.16万平方千米，占全市总面积的96.8%，其中湘江流域面积2.15万平方千米，占湘江流域面积的22.7%。全市河流众多，水系复杂，其中流域面积50平方千米以上的河流189条。河流坡降陡，水流急，水量充沛而又半汛半枯，年内洪枯变化大。多年年均降雨量1502.6毫米，降水总量334.4亿立方米，地表径流193.7亿立方米。河流总长1万多千米，河床谷深流急，水能资源蕴藏总量238万千瓦，位居湖南省第三位，其中可开发量101万千瓦，待开发利用的60余万千瓦。

■ 植物资源 永州市属中亚热带常绿阔叶林区，系湖南省植物资源富集地区。全境有维管束植物232科、1003属、2712种，占全省的68%，占全国的10%；有乔木树种127科、429属、1542种。其中，有栽培价值的58科、253种，有实用推广价值的180种。属国家一级保护的有银杉、水杉、珙桐、香杉、种萼木（伯乐树）、苏铁6种；属国家二级保护的有楠木、银杏、冷杉、中华珈、长柄双花木、香树、红豆树、白豆松等13种；属国家三级保护的有杜仲、鹅掌楸、福建柏、华南栲、青钱柳、檫木、黄杉等27种；属省级保护的有斑竹、方竹、罗汉竹、绒毛皂荚、山羊角树、黄连、党参、天麻等29种。

■ 动物资源 永州市查明的野生动物有千余种，其中列为国家保护的有31种：属国家一级保护的有华南虎、黄腹角雉；属国家二级保护的有猕猴、穿山甲、金钱豹、麝、红腹角雉、毛冠鹿、水鹿、大鲵（娃娃鱼）、红石猴、灰腹角雉10种；属国家三级保护的有獐、青羊、苏州羚、白鹇、金鸡等19种。已知水产动物有186种，其中鱼类有153种。主要经济鱼类有草鱼、青鱼、鲢鱼、鳙鱼、鲤鱼等20余种。稀有珍贵鱼类有中华鲟、竹鱼等；水产两栖动物有大鲵（娃娃鱼）等16种。水产爬行动物主要有鳖、团鱼、乌龟等。珍贵水产兽类有华东水獭（俗名水貂）。

■ 名优特产 经过漫长的物竞天择和人工选育，全市形成以杉、松、竹、柑橘、香柚、油茶、油桐、茶叶、烤烟等为主的名优特产。如江华杉条材质优良；宁远九嶷木，俗称“香杉”，均闻名全国；九嶷斑竹，富有传奇色彩，载誉中外；双牌阳明山南竹，节稀皮厚，粗大如桶，为竹制品的上乘原料。全市还出产香柚、香芋、香菇、红瓜子、红衣葱、道州灰鹅、江华苦茶、蓝山黑湖酒、永州薄荷、双牌竹根鼠、东安花猪、湘南黄牛、零陵麻鸭等农副土特产品。江华“涛白”烤烟是生产熊猫牌香烟烟叶。特别是江永香柚、永州异蛇、江华珍珠椒、江华瑶家腐乳、盘王腊肉、新田三味辣椒、道州红瓜子以及香菇、木耳、竹笋等土特产品，品质优良，畅销国内外。

旅游资源

■ **概况** 永州市有旅游资源7类56种类型313处景观，其中，自然旅游资源4类21种类型150处景观，人文旅游资源3类35种类型163处景观。其中有AAAA级九嶷山、阳明山、浯溪碑林、柳宗元文化旅游区、舜皇山，有AAA级江永上甘棠、江永女书园、江永千家峒、舜帝庙考古遗址公园、宁远文庙、李家大院等景区（点）。

■ **自然生态** 2016年，永州市林业用地面积154.67万公顷，占国土总面积的68.9%，有国家、省级公益林面积55.83万公顷。完成造林面积2.59万公顷，其中荒地造林面积2.34万公顷，退耕还林工程造林面积0.15万公顷。年末实有封山育林面积7.62万公顷。有国有林场29个，国家级森林公园8个，省级森林公园4个，国家湿地试点公园8个，新建湿地保护区、湿地公园3个。有自然保护区6个，面积6.78万公顷，其中国家级4个，省级2个。森林蓄积量6176.16万立方米，比2015年增长4.9%，森林覆盖率64.7%。城市建成区绿化覆盖率和人均公园绿地面积分别达41%和12.45平方米，水岸、道路、村庄林木绿化率分别达92.4%、86.6%和33.7%，重要水源地绿化面积46.92万公顷，绿化率93.1%。年内，九嶷山创AAAAA工作进入景观质量评定阶段；舜皇山创AAAA和江华香草源、井头湾、祁阳八尺旅游区创AAA成功；零陵古城、江华水口移民风情小镇成功入选2016年全国优选旅游项目库；阳明山和桐子坳景区的智慧旅游平台建设完工；宁远下灌村等一批精品乡村旅游示范村入选“湖南美丽乡村”12强。

九嶷山——三分石

主要景点介绍：

九嶷山 宁远境内九嶷山系千古名山，位于宁远县城南30公里，素以丰富的文物古迹、独特的自然风光、奇异的溶洞和别具一格的民俗风情著称于世，系湖南省六大风景名胜区、十大旅游区之一，景区内有国家森林公园。九嶷山是中华民族始祖舜帝的葬所。《史记》载，“舜南巡狩，崩于苍梧之野，葬于江南九疑”，九嶷山因此成为炎黄子孙向往的圣地。“九嶷山上白云飞，帝子乘风下翠微。”一代伟人毛泽东对九嶷山的礼赞，更使九嶷山名扬天下。

柳子庙 柳子庙是国家重点文物保护单位，位于零陵区潇水西岸的柳子街，始建于公元814年，是为纪念唐代进步政治家、思想家和著名文学家、永州司马柳宗元而建，庙为歇山顶式砖木结构，内有柳宗元塑像和生平事迹陈列室，并留有古代学者为柳宗元所撰文章及摹刻的石刻。其中，颂扬柳宗元事迹的《荔枝碑》石刻为韩愈所作、苏东坡所书，被世人称为“三绝碑”。

舜皇山 舜皇山位于东安县西北部与广西全州、湖南新宁交界处，是山岳型自然风景区。舜皇山又名老山界，古称金凤山，因舜帝南巡狩驻跸于此而得名。舜皇山既是科考、野营、教学的重要场所，又是旅游观光、避暑度假的理想胜地。主要景观有杨江源鹅卵石风光带、女英溪古林世界、娥皇溪瀑布群、鸡冠石山华南五针松群落、城墙石、飞来石、金龟朝舜、乌龟背石、盘古庙、舜皇岩等。

浯溪碑林 浯溪碑林是国家重点文物保护单位，位于祁阳县城西南，是我国江南现存最大的露天碑林。小巧玲珑，宛如画屏，505方摩崖，石刻总面积631.7平方米，分布在三座石峰，遍崖

密布，琳琅满目。最高的悬崖30米，字径2.3米；最低的溪畔崖脚，字径1厘米。诗词、赋、记、联语、绘画、榜书、题名形式多样，隶、楷、行、草书体齐全，有《大宋中兴颂》《大明中兴颂》，还有“符录”和“仙迹”，丰富多彩，素有“诗山”“画山”“文字山”的美誉，堪称书法石刻宝库，文学艺术殿堂。

阳明山　阳明山国家森林公园位于双牌县东北隅，属南岭支脉，它犹如一道天然屏障亘于湘南与湘中之间，西临潇水，南临桂林，北望南岳，总面积114.2平方公里，最高峰海拔1624.4米，年平均气温14.2度，冬暖夏凉，气候宜人，素享“北有庐山，南有阳明”之美誉。公园内山高谷幽，群峰起伏，层峦叠嶂，石怪峰奇，姿态万千，林茂竹修，古林参天，更兼以云山雾海，流泉飞瀑，宛如人间仙境。阳明山不仅自然风光秀丽，而且人文景观众多，共有景点36处，还有古代传说十八真人曾在阳明山风水宝地修身炼丹，七祖秀峰亦在此修行成佛，素有“名山千古仰，活佛万家朝”的气象。每届农历七月至十月，善男信女，朝佛揽胜，络绎不绝。阳明山的自然和人文景观融汇一体，构成湘桂边境一处极佳的避暑、疗养、度假、观光旅游胜地。

夏之阳明山

■ 人文胜迹　永州境内有新石器时代原始人居住的石棚和人类最早培植水稻的玉蟾岩遗址，有华夏人文始祖舜帝的陵庙和湖南四大历史文化名城之一的零陵古城，有柳宗元笔下的“永州八记”遗址和古潇湘八景之首“潇湘夜雨”所在地岛，有全国最大的露天摩崖石刻浯溪碑林，有瑶族祖居地千家峒和世界上唯一的女性文字奇观江永“女书”，有神秘的道县鬼崽岭古代石群像，还有宁远文庙和上甘棠古村等明清建筑。永州还是一代草圣怀素，理学鼻祖周敦颐，清代著名书法家何绍基，中共主要创始人、中共早期主要领导人之一李达、无产阶级革命家陶铸和江华的诞生地。据不完全统计，全市保存较为完好的历史文化古迹有2700多处，其中，全国重点文物保护单位26处，省级文物保护单位56处，市级文物保护单位212处，县级文物保护单位244处，“国保”文物数量名列全省第二位。

■ 习俗风情　永州地方特色文化丰富多彩，有国家级非物质文化遗产保护目录12个，省级非物质文化遗产保护目录27个。诸如对山歌、唱小调、耍刀舞、伞舞、舞龙、舞狮等，还有东安武术、祁剧等。江永县千家峒瑶族自治乡是中国瑶族的发祥地，江华瑶族自治县是全国瑶族人口最多的自治县。长期以来，瑶族同胞保持着独特的传统文化习俗，信仰盘王，穿戴民族服饰，住吊脚楼，过盘王节、敬鸟节和倒稿节，吹芦笙，跳长鼓舞，保存有入赘“招郎”和“拿篮子”等特色婚姻形式，洋溢着浓郁的乡土气息和民族风情。

人口·民族·宗教

■ 人口　至2016年年末，永州市户籍人口645.09万人。常住人口546.52万人，增长0.65%。其中，城镇人口253.04万人，增长5.32%；乡村人口293.48万人，下降3.05%。出生人口9.1万人，出生率14.21‰；死亡人口4.67万人，死亡率7.27‰；自然增长人口4.43万人，自然增长率6.94‰。

■ 民族　永州市是一个多民族杂居地区，民族特色鲜明，全市除汉族以外，有瑶族、壮族、回族、苗族、土家族、维吾尔族等48个少数民族（其中，瑶族、壮族为世居少数民族），少数民族人口74万多人，少数民族人口占全市总人口的11.6%，在全省排第四位，是湖南省民族工作重点市州之一；有1个瑶族自治县（江华）、1个比照自治县待遇县（江永）、21个民族乡。21个民族乡分别是：江华瑶族自治县小圩壮族乡；江永县松柏瑶族乡、千家峒瑶族乡、源口瑶族乡、兰溪瑶族乡；蓝山县汇源瑶族乡、紫良瑶族乡、浆洞瑶族乡、犁头瑶族乡、大桥瑶族乡、荆竹瑶族乡；道县审章塘瑶族乡、洪塘营瑶族乡、横岭瑶族乡；宁远县九嶷山瑶族乡、荒塘瑶族乡、棉花坪瑶族乡、桐木漯瑶族乡；新田县门楼下瑶族乡；双牌县上梧江瑶族乡；金洞管理区晒北滩瑶族乡。此外，在汉族乡镇还分布有79个散居民族村。自治县和比照县及民族乡（统称民族地区）的国土面积7061.18平方千米，占全市总面积的31%；总人口93万人，占全市总人口的18%。全市有国家级、省级授牌的少数民族特色村寨8个，全国民族团结进步示范单位1个，全省民族团结进步示单位4个，1个省级民族文化传承示范基地——江华瑶族自治县沱江一小，1个省级民族文化联系点——江永县兰溪瑶族乡黄家村。

■ **宗教**　永州宗教文化底蕴厚重，历史悠久。有佛教、道教、基督教、天主教、伊斯兰教五大宗教，有爱国宗教团体11个（其中市级3个，即市佛教协会、市基督教“两会”、市道教协会，正在筹备市天主教爱国会）。有登记颁证的宗教活动场所141处（其中省级重点场所5处、市级重点场所13处），有宗教教职人员207人，信教群众约45万人。双牌万寿寺、祁阳甘泉寺、零陵芝山寺、基督教永州堂和市基督教“两会”获评国家级和谐寺观教堂和先进集体。

建置沿革

8万年至12万年前，人类就在永州渔猎采集、繁衍生息。1万年前，永州先民就群居农耕、种稻制陶。三四千年前西瓯越和雒越部落聚住永州，同时，中原民族（包括苍梧族和舜部落）大量南迁，为永州带来中原文化，越文化与中原文化交融发展，永州日渐融入华夏文化圈。春秋战国时期，楚人南下，永州被纳入楚国势力范畴。楚悼王后期（前389~前381），永州被列入楚国政区，大概隶属于苍梧郡之洮阳县或郴县。

蜀汉建兴十五年（公元前223年），秦国灭楚，大将屠睢率50万大军进军岭南，驻军永州。公元前221年，秦始皇统一全国，建立中央集权制国家，推行郡县制，永州首设行政区——九疑县，被纳入秦帝国的版图。秦朝，永州初属苍梧郡，后属长沙郡。公元前207年秦朝灭亡。公元前202年，刘邦击败项羽，建立汉朝。刘邦实行郡县与分封并行的混合性地方行政制度。大约公元前219年改苍梧郡为长沙郡（后为长沙国），永州大部属荆州刺史部长沙郡（长沙国），小部属交趾刺史部苍梧郡。西汉初，析九疑县置道县、南平县、泠道县和营道县。汉文帝末年，道县并入南平县，属桂阳郡，九疑县被划分为泠道和营道2县。公元前124年，汉武帝析泠道县和洮阳县，分别封长沙国刘发之子刘买和刘贤于春陵侯国和泉陵侯国。公元前111年，汉武帝平定南越，设置零陵郡，治零陵县（今广西全州西南），辖零陵、营道、始安、营浦、泠道、洮阳、钟武7县和春陵、泉陵、都梁、夫夷4侯国，其中，营道、营浦、泠道3县和春陵、泉陵2侯国的治所在永州境内。同时，置交趾刺史部设苍梧郡，分营浦县置冯乘县和谢沐县。公元前45年，汉元帝并春陵侯国入泠道县。西汉末年王莽专权，公元6年，改零陵郡为九疑郡，改泠道县为泠陵县，改泉陵县为溥闰县，改洮阳县为洮治县，将营道县降为九疑亭。公元25年，刘秀恢复西汉旧制，恢复零陵郡和泠道县、营道县，同时，改泉陵侯国为泉陵县，并将零陵郡治从零陵县迁移到泉陵县（今永州市零陵区），永州首设郡（府、州、路）级行政机构。两汉时期，零陵郡的辖区面积达9万多平方千米。

三国两晋及南北朝时期，改朝换代不断，大部分时间南北对峙，社会异常动荡不安。三国时期（220年—265年），魏、蜀、吴三国鼎立，永州地属荆州。赤壁之战后，零陵郡归蜀所有。219年孙权大将吕蒙袭取荆州后，东吴占据零陵郡的绝大部分。226年，东吴孙权将冯乘、谢沐2县从苍梧郡改属新置的临贺郡。265年，孙皓析零陵郡南部置营阳郡，以营浦（今道县）为郡治，辖营浦、营道、春陵、泠道4县。264年—280年，孙皓复析泠道县置春陵县，析泉陵县置永昌、祁阳2县。266年，孙皓析长沙郡西南部、零陵郡北部置昭陵郡。三国东吴时，零陵郡领泉陵、零陵、洮是、观阳、祁阳、永昌6县。280年，晋武帝平定东吴，统一天下。同年，废营阳郡入零陵郡。不久，冯乘、谢沐2县自荆州改属广州。290年，晋惠帝析泉陵县建应阳县。307年，晋怀帝从荆州、广州两州分置湘州，零陵郡属湘州，辖零陵、泉陵、永昌、祁阳、应阳、营浦、洮阳、观阳、泠道、舂陵、营道11县，其中，零陵、洮阳、观阳3县不在永州境内，冯乘、谢沐2县属临贺郡，南平县属桂阳郡。316年西晋灭亡后，晋怀帝依靠原西晋南逃的贵族建立东晋，定都建业，偏安江左。零陵郡属湘州。345年—356年，析零陵郡复置营阳郡，零陵郡领泉陵、祁阳、零陵、洮阳、永昌、观阳、应阳7县，营阳郡领营浦、营道、舂陵、泠道4县，谢沐、冯乘仍属广州临贺郡。416年，晋安帝裁湘州，零陵、营阳2郡复属荆州。南平县初隶荆州，后改隶江州，仍属桂阳郡。

420年，东晋大将刘裕废东晋恭帝，建立宋朝，历史进入南北朝时期。422年，刘宋复置湘州。464年，孝武帝将零陵郡改为零陵国，临贺县改为临庆国。零陵国仍领原零陵郡7县，营阳郡仍领原所辖4县，零陵国、营阳郡属湘州，冯乘、谢沐2县改属临庆国，南平县仍属桂阳郡。479年，禁军首领萧道成政变成功，建号齐。齐萧在永州的行政建置，除冯乘、谢沐2县所属之临庆国复改为临贺郡外，其他一如刘宋，不曾改变。502年，萧衍取代齐朝称帝，国号梁。515年，萧梁改营阳郡为永阳郡，治营道县，辖营道、舂陵、泠道3县。557年，陈先霸取代萧梁，建号陈。在政区建置方面，南陈除将南平县改属西衡州外，其他一切如旧。南北朝后期，州、郡、县三级行政区划制度已经十分混乱，居中的郡一级已形同虚设。

581年，杨坚废周而立，建立隋朝，不久即“罢天下诸郡”五百有余，开始实施以州直领县的两级行政区划制度。589年，隋灭陈，结束南北分裂局面，随之将州县二级制度推行到南方各地，州县并省甚多。同年，隋文帝撤零陵郡，设永州总管府，废永阳郡，设永阳县，同时，并永昌、祁阳、应阳3县入零陵，并营浦、沐2县入永阳县，并泠道、舂陵2县入营道县，并南平县入临武县。607年隋炀帝恢复郡县制，改永州总管府为零陵郡，零陵郡领零陵、湘源、永阳、营道、冯乘5县，其中湘源县不在永州境内。隋末群雄继起，萧铣割据南方，618年称帝，国号梁，至621年兵败降唐，其间，永州辖于萧铣。618年，李渊建立唐朝。唐初依然是州（郡）、县二级制，只是后来名称由郡改州、由州改郡，多有反复。621年，唐高祖平定萧铣，置永州和营州。627年，唐太宗为了对州（府）进行有效控制，主要依山川形势把全国分为十道，733年，唐玄宗又分天下为十五道，至此，唐代的地方行政体系演变为道—府—县三级制。永州先后隶属江南道和江南西道。永州领零陵、湘源、祁阳、灌阳4县（624年省灌阳县，627年省祁阳县）。营州领营道、江华（析冯乘县置）、永阳、唐兴4县。622年营州改为南营州。634年改南营州为道州，改永阳县为营道县，并于旧营道县置唐兴县。644年废道州，并入永州，675年复为道州。742年改永州为零陵郡，改道州为江华郡。758年，复改江华郡为道州，领弘道（隋永阳县。621年于县置营州，改为营道县。742年改营道为弘道）、延唐（隋营道县。621年移营道县于州城，于旧营道置唐兴县。693年改名武盛。705年复为唐兴。742年，改为延唐）、江华（621年析贺州冯乘县置江华瑶族自治县，643年改属永州，675年还道州，684年改为云溪县，705年复为江华）、永明（唐初移永阳之名于州西南55千米置，634年省入营道，691年析营道复置，742年改永阳县为永明县）、大历（767年湖南观察使韦贯之奏请析延唐县，于道州东南110千米、舂陵侯帮城北7.5千米置，因以大历为名）5县。南平县在隋朝被废，671年恢复，742年改为蓝山县，属郴州桂阳郡。唐朝后期，地方军事日益重要，永州先后归属于衡州防御使、湖南观察使、钦化军节度使、武安军节度使等。907年，朱全忠建立后梁，唐朝灭亡，五代十国开始。907年后梁封马殷为楚王，927年后唐又封马殷为楚国王，马殷建立起以湖南为中心的地方性王朝。936年，马楚析零陵县置东安场，改延唐县为延嘉县，其余沿袭唐时旧置不变。960年，赵匡胤建立宋朝。宋初废止镇领州之制，道制仍然沿袭下来，但很快道制即为路制所取代，路成为最高一级地方行政建置。永州、道州辖于荆湖南路。永州治零陵县，辖零陵、祁阳、东安（982年改东安场为东安县）3县。道州（江华郡），治营道县（962年改弘道县为营道县），辖营道、江华、宁远（963年改延喜县为宁远县，并大历县入之）、永明4县。南宋，永州的建置没有变化。

1271年，蒙古忽必烈定国号大元，建立元朝，1276年灭宋，统一全国。元朝在永州设永州路和道州路，隶属湖广行省岭北湖南道（肃政廉访司）。1276年，置永州安抚司和道州安抚司，1277年，分别改为永州路总管府和道州路总管府。永州路总管府治零陵县，置录事司，领零陵、东安、祁阳3县。道州路总管府治营道县，置录事司，领营道、宁远、江华、永明4县。蓝山县属桂阳路总管府。1368年，朱元璋称帝，建立明朝。1376年，朱元璋决定"改行中书行为承宣布政使司"，下设府、州、县三级行政区。1368年，改永州路为永州府，改道州路为道州府。1376年，改湖广行中书省为湖广承布政使司，同时降道州府为道州，以州治营道县省入，隶属永州府。1639年，析宁远县新田县堡置新田县。至此，永州府管辖零陵、祁阳、东安、道州4州县，道州又兼领宁远、江华、永明、新田4县，永州行政建置格局大体被确定下来。此外，明朝在永州地方还设有永州卫、宁远卫、宁溪永御千户所、桃川守御千户所、枇杷守御千户所、守镇东安百户所、锦田守镇前千户所、宁远守御千户所、江华守镇右千户所等卫、所，隶属湖广都指挥司。1644年，清廷迁都北京，随后发兵征服南方，统一全国。清初，内地行政建置沿袭明制，即由省管辖府、州、县。1664年，清朝湖广右布政使（1667年改称湖南省）移驻长沙，永州府隶属湖南省衡永郴桂道，辖零陵、祁阳、东安、宁远、江华、永明、新田7县和道州。蓝山县属桂阳州。

1911年10月，武昌起义成功，中华民国军政湖南都督府成立。民国1年至民国2年（1912年—1913年），国民政府废府存道，永州各县先后属衡永郴桂道和衡阳道。1922年废道，永州各县直属于湖南省。1914年，湖南省就清代设立的长宝、岳常澧、衡永郴桂、辰沅永靖4道的区域，改置湘江、衡阳、辰沅、武陵（后裁撤）4道，永州各县属衡阳道。1928年，国民党政府析零陵、宁远、祁阳、桂阳、新田、常宁等6县的部分地方增置阳明县，设县署于石鼓园。1931年，改阳明县为阳明特别区，不久撤销。1936年，湖南省推行行政督察区，零陵、祁阳、东安、道县（1913年道州改州为县）、宁远、永明、江华、新田8县，于1937年12月、1940年4月，先后改属第九行政督察区第七督察区，行政督察专员公署驻零陵（今永州市零陵区）。蓝山县属第三行政督察区。

1949年8月，成立湖南人民军政委员会和临时省政府，废止湖南省第七督察区，设立永州专区。1949年10月，南下途中组建的永州专区专员公署进驻零陵县城（即今永州市零陵区）。永州专区辖原省第七督察区所辖八县，蓝山则属郴县专署。1950年8月，永州专区改称零陵专区。1952年2月，划祁阳东北部的6个区设立祁东县，仍属零陵专区。1952年11月，衡阳、零陵、郴州3个专区合并，成立湘南行政区。1954年6月，撤销湘南行政区，改设衡阳、郴县（后改郴州）2个专区。原零陵专区的祁阳、祁东、零陵、东安、道县、宁远、永明（今江永）、江华8县属衡阳专区，新田县和蓝山县划归郴县专区。1955年8月，国务院批准成立江华瑶族自治县。1956年3月，永明县更名江永县。1959年3月，蓝山县与嘉禾县合并为蓝嘉县，县人民委员会驻原蓝山县城；新田县并入桂阳县。1960年2月，中共湖南省委批准成立县级冷水滩市，由零陵县领导。1961年7月，恢复蓝山、新田2县建制。同月，国务院批准成立冷水滩市，由衡阳专署领导。1962年10月，经国务院批准，设立零陵专区，专员公署设零陵县芝城镇（今永州市零陵区），辖零陵、东安、道县、宁远、江永、江华、蓝山、新田8县，原零陵地区的祁阳、祁东划归衡阳专区。同月，冷水滩市改为区级镇，仍归零陵县管辖。1964年5月，湖南省委批准划零陵县、道县的12个公社和9个国营林场，设置潇水林区管理局，局机关驻双牌。1969年12月，国务院批准撤销潇水林区管理局，以原潇水林区为行政区域设立双牌县。1979年3月，零陵县东风镇（原芝城镇）改名永州镇，8月，改由零陵地区直接领导。1982年1月，国务院批准，设立县级永州市。1983年2月，祁阳县重新划归零陵地区管辖。1984年6月，国务院批准撤销零陵县，恢复冷水滩市。同月，国务院批准，江华瑶族自治县驻地由水口镇迁至沱江镇。1995年11月21日，国务院批复，同意撤销零陵地区和县级永州市、冷水滩市，设立地级永州市；原县级永州市改名芝山区，原冷水滩市改名冷水滩区；地级永州市辖祁阳、东安、双牌、道县、宁远、江永、江华、蓝山、新田9县和芝山、冷水滩2区。1997年7月—8月，永州市委、永州市人民政府先后迁驻冷水滩区。2005 年 6 月 8 日，芝山区更名为零陵区。至此，永州市辖 8 个县 2 个区和 1 个自治县，即冷水滩区、零陵区、祁阳县、东安县、双牌县、道县、江永县、江华瑶族自治县、宁远县、新田县、蓝山县，面积 2.22 万平方千米。

行政区划

2016 年，永州市辖冷水滩、零陵 2 区和祁阳、东安、双牌、道县、江永、江华、宁远、新田、蓝山 9 县，181 个乡镇（街道），2960 个行政村。

■ 冷水滩区 辖 10 个乡镇、9 个街道、1 个工业园区、1 个马坪农业开发区，面积 1218.16 平方千米，人口 55.26 万人。区人民政府驻梧桐街道梧桐路。

冷水滩区是永州市政治、经济、文化中心，它既是湖南向沿海地区和港澳市场开放的前沿阵地，又是华中、华南两大经济区接合部的一个重镇，有“湘西南门户”和“潇湘第一城”之称。有潇湘驿、矶唐叟钓、四明山、宋家洲、潇湘平湖等名胜古迹。

地处越城岭山脉东面、零祁盆地的北部、四明山南面，北、东、西三面高，中、南部低，整个地貌近似背北朝南的“簸箕”。土地特点以岗、平为主，山、丘、水兼有。其中，山地 85.13 平方千米，占 7%，绝大部分分布在区境北缘；丘陵 232.82 平方千米，占 19.1%；平地 386.6 平方千米，占 31.64%，水面 113.22 平方千米，占 9.27%；岗地 401.37 平方千米，占 32.95%。

零陵香陵山　　　　摄影 潘爱民

全区土地利用现状大体呈“五山一水三分田，一分道路和庄园”的格局。

境内生物资源丰富。木本植物有 116 科、353 属、927 种。其中属国家一级保护的有水杉等 2 种，属二级保护的有金钱松、冷杉、银杏、鹅掌楸、杜仲等 17 种，属三级保护的有桢楠、香桦、山核桃、红豆树、五味子等 24 种。粮作品种 120 个，经济作物种含蔬菜、油料、果杂、棉花、糖料及特用经作等 7 大类 110 个品种，其中以红衣葱和薄荷有较高声誉。动物种类繁多。畜禽品种主要有猪、羊、牛、鸡、鸭、鹅、蜂等 10 大类 440 个品种；水生动物 230 个品种，有天然鱼类 119 种，其中鲤鱼科 75 种，已知鱼类品种占全省的 60%。

有较大规模的工业企业 350 余家，其中大中型骨干企业 50 余家。基本形成以罐头、啤酒、面粉、肉制品为主的食品工业，以汽车制造、水电设备、电线电缆为主的机械工业，以耐火材料、水泥为主的建材工业，以羽绒制品、造纸、制革、纺织为主的轻纺工业等四大支柱产业。有主要工业产品 50 余种。其中耐火材料、机制纸、造纸、造纸设备、水能发电机组、轻型越野汽车、粮油机械设备、特种水泥、水泵等，是国家和湖南省的定点产品。商业贸易发达，是湖南省八大商业经济区之一。初步形成产业、供销、物资、粮食、外贸、医药、轻纺、矿产品、肉食水产 9 大体系和 16 大商场、12 大购物中心、5 大专业批发市场、4 大集贸市场。各类商业店铺遍布市区，有大小网点 4400 多个，从业人员 1.2 万余人，每万人拥有商业零售点 95 个。

■ 零陵区 北与冷水滩区、东与祁阳县、南与双牌县、西与东安县、广西全州县接壤，辖 10 个乡镇、6 个街道，面积 1986 平方千米，人口 63.84 万人。区人民政府驻徐家井街道南津中路。

零陵区古为泉陵侯国，后改称零陵，曾为县级永州市，现为永州市辖区，是“永州八景”和柳宗元所作“永州八记”之所在，有着深厚的历史文化底蕴。

柳宗元文化旅游景区成功创建为AAAA级景区，东山怀素景区、周家大院、萍岛生态文化园等景区建设加速推进。蘋洲书院成功创建为国家AAA级景区。柳子景区启动柳子庙主体维修，完善愚溪两岸景观改造。东山景区完成文庙、福寿亭修缮，恢复武庙部分主体工程。周家大院启动古村落保护性修缮。兴建星级酒店2家，发展“农家乐”12家。成功推出“桂林—零陵古城—宁远”旅游线路。历史文化名城保护规划通过省政府审批。成功创建省级园林城市。

有耕地0.21万公顷，盛产稻谷、红薯、黄豆、油茶等。有林地面积1万公顷，森林总储量41万立方米，其中杉木24万立方米，年产木材492万立方米。可供开发利用的水利资源有13.5万千瓦。有锰、钴、金、煤和石灰石等。其中锰矿是湖南省的重点产锰区，宝山钢铁厂的原料基地。已发现矿产18种（24亚种），其中，有色金属矿产7种，黑色金属矿产2种，非金属矿产7种，能源矿产2种，水气矿产2种。发现矿床（点）103处，探明储量的矿种4种，小型规模以上矿产地14处。优质稻、生猪、异蛇、无公害疏菜、竹木、油茶等特色农业不断壮大，农业机械化综合水平提高到39.9%。零陵被评为“国家优质粮食产业工程县（区）”“国家产粮大县（区）”“生猪调出大县（区）”“国家油茶产业县（区）”。城乡消费持续旺盛，商贸物流、新型业态、房地产等较快发展。

G207国道、G322国道、G72高速公路、二（二连浩特）广（广州）高速公路、永（永州）连（连州）公路、洛（洛阳）湛（湛江）铁路贯穿全境。零陵城区距湘桂铁路永州火车站18千米，距永州零陵机场7千米。洛湛铁路永州火车南站位于零陵区河西工业新区。零陵区位独特，交通基础设施日趋完善。

祁阳县 西接零陵区和冷水滩区，东抵衡阳常宁市，南临新田县、宁远县、双牌县和桂阳县，北连祁东县。辖19个镇、3个街道，面积2538平方千米，人口108万人。县人民政府驻浯溪镇。

属亚热带季风湿润性气候，土地肥沃，水源充足，四季分明。探明的矿藏有煤、石灰石、铁、锰、锑、锌等20多种，享有“有色金属之乡”的美称。林木有杉、松、樟、楠等，经济林以油茶为主，兼有油桐、乌桕；药材主要有白果、乌梅、杜仲、淮山、丹皮、白芍、香附、乌药、蛇胆等100余种。其中，烟煤储量1亿吨；用材林0.43万公顷，林木蓄积量达200万立方米；油茶林2.67万公顷；以柑橘为主的水果1.87万公顷；水资源总量250亿立方米，水能蕴藏量21万千瓦。

自古以来，祁阳就是舜文化、楚文化、湖湘文化的要地，祁剧的源头。祁阳人中进士的有126人，明清中举的有129人。北宋榜眼路振朝、户部尚书陈荐，清朝兵部、吏部尚书陈大受，抗法名将欧阳利见，民国文学大家黄鹂，中共中央政治局常委、国务院副总理陶铸，中国人民解放军中将周玉成、刘金轩等都是祁阳县人。

历史文化、旅游资源丰富，有国家级重点文物保护单位1处，省级文物保护单位3处，国家级森林公园1处，省级自然保护区1处。祁剧、祁阳小调、祁阳渔鼓、祁阳花鼓灯、祁阳木偶戏等都出自祁阳，其中祁剧和祁阳小调均为国家级非物质文化遗产。有浯溪碑林、文昌塔、天主教堂、龙溪古名居、三圣湖、八庙温泉、石洞源景区、金洞漂流、潇湘楼等闻名遐迩的景区景点。

改革开放以来，祁阳县经济社会持续快速发展，成为“中部百强县”和国家承接产业转移示范区。

东安县 位于永州西北部，东及东南毗邻连零陵区和冷水滩区，西南与广西桂林全州县交界，西靠邵阳新宁县，北临邵阳市邵阳县与衡阳市祁东县。辖15个乡镇，1个经济开发区，1个国家森林公园，1个国营林场，面积2219平方千米，人口64.87万人。县人民政府驻白牙市镇。

地处南岭山地向湘中丘陵过渡带，为越城岭向零祁盆地过渡区。地势西北高、东南低，西部及西北部为中山，东北部为中山、丘陵，东南部及中部为岗地丘陵，众多峡谷小盆地散布其间。境内有舜皇山，海拔1882.4米。县境地处中亚热带季风湿润气候区，光照充足，雨量充沛，温暖湿润；春夏多雨，秋冬有干旱；年平均气温17.8℃，年降水量平均在1180毫米~1490毫米之间。境内有大小河流191条，其中5千米以上长度的大小河流有45条，总长1300千米，分属湘江、资江两大水系，以湘江为主，主要河流有湘江、芦洪江、紫水河、石期河等。

初步探明的矿产资源有20余种，其中锰、锑、白云石、石灰石、大理石等储量多、品位高、易开发。石灰石分布面积1327.31平方千米，占全县土地面积60%，其中30%直接裸露于地表。植物以杉木、南竹、油茶为主，总面积7.67万公顷，其中南竹面积1.67万公顷，立竹蓄积2472万根，系全国毛竹生产基地。水能蕴藏量13.5万千瓦，其中可开发利用的水利资源7.41万千瓦。主要农作物有水稻、紫皮大蒜、甘蔗、烟叶等，是全国商品粮生产基地县、全国生猪调出大县、全国银杏之乡和湖南省柑橘、南竹、紫皮大蒜基地县。

人文历史厚重。曾孕育出南宋礼部尚书邓三凤、清太子少保席保田、清广东水师提督唐仁廉、近代机械工业“火车头”宾步程、著名爱国将领唐生智等历史名人。东安人崇德尚武，东安武术驰名中外，是全国首批命名的“武术之乡”。境内有名胜古迹100多处，其中重点文物保护单位20多处。有舜皇山国家森林公园（园内有堪与桂林七星岩媲美的舜皇岩），有历代名人题咏的九龙岩碑刻，有三国孔明、张飞等人的遗址，有全国重点文物保护单位树德山庄和耀祥书院等。

湘桂高铁、洛湛铁路、二广高速、衡昆高速、G207国道、S217省道穿境而过，随着湘桂高铁的开通，东安步入高铁时代，进入永州市半小时经济圈内，交通更加便捷。

■ 双牌县 古称泷泊，1969年析零陵、道县、宁远县三地部分山区设双牌县。北接零陵区，东北接祁阳县，东南靠宁远县，西南连道县，西侧紧邻广西桂林全州县。位于北纬25°36′~26°10′、东经110°24′~110°59′之间。南北向最大长度63千米，东西向最大宽度58千米。辖6个镇、5个乡（其中1个瑶族自治乡）、3个林场和1个国家级森林公园管理局，面积1751平方千米，人口20.26万人。县人民政府驻泷泊镇。

以山地为主，丘陵、岗地、平地兼有。境内主要山地有阳明山、轿子顶、芙蓉岭、狗婆岭上天、天子山、瑶人山等。境内河流均属湘江水系，主要河流有潇水、牟江、溧江、永江、单江、横江、林江、麻江、桴江河等。大型水库有双牌水库、单江水库。境内水能资源蕴藏量27.22万千瓦。县境发现的矿种有铁、锰、钨、锡、铅、锌、铜、钼、银9种，矿（化）点16个。

森林面积15.4万公顷，占土地总面积17.8万公顷的86.5%，森林覆盖率80.55%，活立木蓄积量620万立方米，是全国重点林区县。有属国家一、二级保护的树种和珍稀的方竹、黑竹、罗汉竹。县内野生植物有215科765属1883种，分别约占湖南省植物科的88.11%，属的63.75%，种的47.02%。尚存水生动物7目15科57属91种，且保存着娃娃鱼、白鳝、竹鱼、平胸龟、鳖、石蛙等名贵种类。哺乳动物有野猪、野牛、獐、鹿、野兔、野羊、野猫、黄鼬、芦鼠、竹鼠、穿山甲等37种，其中，属国家一级保护的1种，二级保护的12种，三级保护的13种，其他类11种。益鸟类有喜鹊、乌鸦、锦鸡、斑鸠、麻雀等59种，其中，属国家二级保护的19种，三级保护的16种。蛇类有金环蛇、银环蛇、眼镜蛇、五步蛇、竹叶青、乌梢蛇等14种，大多数属国家二、三级保护动物。

交通日趋便捷。永（永州）蓝（蓝山）高速、国道G207线、永连公路穿境而过；铁路方面，洛湛铁路穿越全境，境内设有双牌站；水运方面，潇水贯穿全境，潇水航道往北直通零陵区。旅游资源丰富，阳明山国家森林公园和双牌水库均位于县境内。

■ 道县 辖11个镇4个乡7个街道和3个国有农林场，面积2442平方千米，人口62.7万人。县人民政府驻道江镇。

属南岭地区，四周高山环绕，

阳明山杜鹃花海　　摄影 谭志明

中部岗丘起伏、平川交错。东南有九嶷山，南有铜山岭，西有都庞岭，北有紫金山。海拔千米以上的山峰有150多个，且多与邻近山脉连成整体。整个地势呈盆状从四周向中间倾斜。山地占总面积的44.7%，丘陵占11.4%，岗地占24.6%，平原占14.9%。

境内有高等植物186科612属1265种以上，其中，苔藓植物有12科17属19种以上，蕨类植物25科33属47种以上，种子植物149科595属1199种以上。杜英科杜英属占全省杜英总数的50%。国家重点保护的植物有资源冷杉、伯乐树、长柄双花木、福建柏、白豆杉、秤锤树、银钟树、黄枝油杉、青檀、白辛树、长苞铁杉、南方铁杉、任木、银鹊树、紫茎和红豆树16种。其中成片福建柏约33.33公顷，散生于常绿阔叶林间的有400余公顷，分布面积与纯林面积均为国内之冠。境内发现野生脊椎动物134种计22目54科。其中，两栖类2目6科19种，爬行类3目9科23种，鸟类9目23科63种，兽类8目16科29种。属国家一级保护动物的有苏门羚、红腹角稚两种，属国家二级保护动物的有猕猴、短尾猴、穿山甲、水獭、大灵猫、小灵猫、水鹿、林麝、獐、鬣羚10种，属省重点保护动物的有狐、貉（狸）、豹猫、鸢、松雀鹰、短耳鸮等17种，占总数的13%。

矿产资源主要有锡、钨、锰、铜、铅、铁、锌、锑、银、铬、锂、铋、钠、钼、重晶石、石英石、大理石、高岭土等，是湖南省有色金属之乡。探明可开采的主要矿藏有38种，其中，锡、钨矿的储量和品位均居全省第二位，金属锂、铷矿为湖南省独有，锰矿是全国四大锰矿区之一，石灰石遍布城乡、储量巨大。蚣坝镇后江桥和祥霖铺镇的大型金属矿床在全国榜上有名。锡钨矿的保有储量160万吨，铅锌矿220万吨，锰矿3400万吨，铁矿1500万吨，锂矿40万吨，铷矿16万吨，高岭土2000万吨。境内水系发达，水能资源丰富，水能蕴藏总量36.18万千瓦。

道县“襟带两广，屏蔽三湘”，地处东盟经济圈、泛珠三角经济圈、中部经济圈、泛北部湾“四大经济圈”的交汇叠加之地。东距郴州170千米，与京广线、京珠高速公路相接；西距桂林180千米，与湘桂线、衡昆高速公路相接；北上长沙、武汉，南下深圳、珠海，西出南宁、海口，都十分便捷。国道G207线贯穿南北，境内洛湛铁路、道贺高速公路、厦蓉高速公路湖南宁道段全面通车。

道县人杰地灵。宋代大思想家、理学鼻祖周敦颐，清代大书法家何绍基及革命先烈何宝珍等历史名人都诞生在这里。唐代著名文学家元结、宋朝名相寇准等曾在此为官。红军师长陈树湘等众多革命先烈在道县留下英勇事迹。2008年，道县被列为革命老区。国家重点文物保护单位玉蟾岩，出土距今1.2万多年的稻谷遗存和陶片，被列为1995年全国十大考古发现之一。境内有都庞岭国家自然保护区、湘源温泉生态景区、鬼崽岭祭祀遗址、省级风景名胜区濂溪故里、月岩国家森林公园、两河口风光等景区（点）。

■江永县 东临江华瑶族自治县，南毗广西富川，西连广西灌阳，北与道县接壤。辖9个乡镇、1个国有农场、1个国有林场、1个省级自然保护区和1个国家级森林公园，面积1540平方千米，人口27.2万人。县人民政府驻潇浦镇。是“女书文化之乡”“中国香柚之乡”。

属南岭山脉的山地丘陵区，都庞岭和萌渚岭环绕四周，中部地势平坦，山间盆地相连，属喀斯特地貌。森林覆盖率65%，森林蓄积量681万立方米，是全国南方重点产林县和湖南省重点林区县，素有“杉木之乡”“绿色宝库”之称。境内有属于国家重点保护的稀有珍贵树种50多种，如水杉、银杏、红豆树、东方古柯等。探明储量的矿产有36种，矿产地有156处，其中大型矿床4处、中型矿床7处。主要矿产有金、银、铜、铁、锡、钨等，储量居全国前十位的有稀土矿、锡砂矿。主要矿产探明的储量：铁0.5亿吨，石灰岩100亿吨，花岗石5亿立方米。地表水资源44.06亿立方米。

名特优新农产品丰富。由于土壤富含硒等多种稀土微量元素，农产品气味芳香，品质优良。香柚、香芋、香姜、香米、香菇被称为“江永五香”，久负盛名。江永县被农业部命名为“中国香柚之乡”和“中国香芋之乡”，先后被列为“全国生态建设示范县”“全国山区综合开发示范县”“全国秸秆氨化养牛示范县”。

■江华瑶族自治县 东与蓝山县、南与广东连州市、西与广西富川瑶族自治县、北与道县接壤。辖16个乡镇、295个村委会、17

个社区居委会，面积3248平方千米，人口53.37万人。自治县人民政府驻沱江镇。是全国瑶族人口最多、面积最大的瑶族自治县，被誉为“神州第一瑶城”“中国民间文化艺术之乡”。《盘王大歌》成为江华瑶族自治县继《瑶族长鼓舞》之后的第二个国家非物质文化遗产。

境内山、丘、岗、平地貌类型齐全，以山地为主，占69.1%，平地占7.2%。境内有3座海拔1500米以上的大山，南面萌渚岭山系的姑婆山马塘顶海拔1787.3米，东面的大龙山海拔1577米，东北面的九嶷山系的黄龙山海拔1823.9米。三峰呈三足鼎立之势，众多支脉纵横交错贯穿全县。由南向北延伸的姑婆山、八仙界、勾挂岭、天子岭一线山脉，天然地将全境分为东西两部分（俗称岭东、岭西），岭东属大山区，岭西地势低平，岗丘大部分在海拔400米以下。

拥有丰富的森林资源、水能资源、农产品资源、矿产资源和引人入胜的旅游资源。森林覆盖率64%，活立木蓄积量681万立方米。年产14万立方米商品材、80万根竹材以及名贵的厚朴、杜仲等药材。蓄积37.87万千瓦的水电可供开发量。探明的矿产有32种。锡和稀土品位高、储量大，稀土储量虽较内蒙古的白云鄂博稍逊一筹，但质量却居全国同类产品之首。

江华英才辈出。有无产阶级革命家、原最高人民法院院长、中顾委常委的江华，中共早期党员、中共三大代表、曾任满洲省委书记、中央文库主要负责人的陈为人，中共早期党员、省港大罢工发起人之一的李启汉，中共早期党员、湖南早期工运、农运、学生运动的活动家和组织者、江华革命的播种者、曾任中共江华地方执行委员会书记、江华苏维埃政府主席的韦汉，曾任湘南特委书记、湖南省委组织部部长的王涛。

■ 宁远县 东为新田县、蓝山县和嘉禾县，南为江华瑶族自治县，西为道县，北为祁阳县。辖16个乡镇（含4个瑶族乡），4个街道办事处，4个国有林场，406个行政村，面积2510平方千米，人口88.75万人。县人民政府驻舜陵镇。是中国粮食主产比照县、生猪调出大县、优质油茶林基地示范县、现代烟草农业整县推进试点县、小农水建设重点县、生态文明示范工程试点县、生态功能区补偿县、法治创建先进县、科普工作示范县、竞技体育后备人才重点县、革命老区县。

地貌类型多样，境域四面环山，呈舟状地貌，最高海拔1959.2米，最低海拔165米。山丘面积占全县面积的63%。属亚热带季风湿润区，气候温暖，雨量丰沛，年均日照1650小时，年均气温18.4℃，年均相对湿度79%。有森林植物2000多种，有珍稀优良乡土树种52种。属国家一级保护树种有水杉（引种）、摇钱树、红豆杉3种。

处于南岭有色金属成矿带北部，湘南铅、锌、银多金属成矿带上。矿产资源品种多、矿点多、规模小，发现矿种25种、矿地72处，矿点、矿化点67处。探明有可采储量并经主管部门审批的有新开锑矿和清水桥铅锌矿。有色金属矿种多，多数可开采储量少，而储量大的灰岩、大理岩、花岗岩等非金属矿开采利用少。境内长度在5千米以上，流域面积在10平方千米以上的大小河流有60条，发源于县内的59条，发源于外县的1条。

有九嶷山国家森林公园、宁远文庙、舜帝陵等著名景点。有旅游资源单体194个，其中，国家AAAAA级的4处，AAAA级的15处，AAA级的30处，AA级的42处，A级的80处。宁远被亚太旅游联合会、中国品牌协会授予“中国最美生态文化旅游名县”和“中国最美文化休闲旅游名县”。九嶷山是国家AAAA级景区、湖南省新“潇湘八景”之一、省级重点风景名胜区、国家级森林公园、全国重点文物保护单位、湖南省爱国主义教育基地。辖区内已开发的景点有舜帝陵、紫霞岩、舜源峰、玉琯岩、古舜庙遗址、文庙、凤凰岩、桃花岩、永福寺、三分石、瑶寨等数十个。特色食品有酿豆腐、红薯酒、血兔、宁远粽子、宁远扣肉、宁远血鸭、宁远粑粑、禾亭水粉、宁远果子、宁远地瓜干、宁远红瓜子。

■ 新田县 位于湖南省南部、永州市东部，东邻郴州桂阳县，南界郴州嘉禾县，西连宁远县，北交祁阳县及衡阳常宁市。辖11个镇、1个民族乡，2个国有林场，230个行政村（居委会），面积1022.4平方千米，人口44.65万人。县人民政府驻龙泉镇。是革命老区县、国家扶贫开发工作重点县、国土资源部和湖南省国土资源厅定点扶贫县、国家级承接产业转移示范区。

境内四面环山，地势西北高，东南低，境内最高海拔1080米，最低海拔200米，有树种88科、106属、800余种。有草类124种。有野生药用植物557种。境内金属矿有铁矿总储量约30万吨，主要是赤铁矿，残存于红土壤中，含铁量多在40%以下。锑矿主要在道塘，储量8500吨，属中型低温热液脉状矿藏，含纯锑70%左右，伴有镓、锗等稀有金属。此外，境内尚有少量铅、锌、锰、金、银、白钨等。境内非金属矿主要有煤矿，总储量3252万吨，均属下石炭纪测水煤系。

历史悠久，人文厚重。宋代到清末，新田人中进士的有34人，举人、拔贡130多人。现代以来，有革命先驱、“黄埔三杰”之首蒋先云，抗日名将郑作民，中国科学院院士、著名气象学家谢义炳等。

区位优越，交通便捷。京珠复线新田连接线直通长沙、广州，新（新田）嘉（嘉禾）二级公路连接厦（厦门）蓉（成都）、二广等高速公路，省道S323、S282、S285、S324等贯通全县所有乡镇。全县上京广铁路、湘桂铁路、零陵机场快捷畅通，距武广高铁郴州西站1小时车程，到长沙、广州均在2.5小时车程以内，处长株潭、珠三角经济圈之间。

■蓝山县 东与临武县接壤，南与江华瑶族自治县、广东连州市毗邻，西与宁远县交界，北接郴州嘉禾县。辖14个乡镇（其中少数民族乡镇6个）、1个国有森林公园，面积1806平方千米，人口42.2万人。县人民政府驻塔峰镇。

地处九嶷山东麓，地势由西南向东北倾斜，境内山、丘、岗、平区相互交错，以山地为主，是典型的山区县。1998年获中国“民族团结进步模范单位”称号。2012年度，被评为“湖南省人口计生工作先进县”。2012年进入湖南省县域经济发展先进县十强。

耕地面积1.6万公顷，其中水田1.26万公顷，旱土0.34万公顷，人均耕地0.05公顷。探明矿产有铁、锰、铅、锌、铀、铜、硅石等24种，黑土型锰铁矿储量1.5亿吨以上，矿藏总值名列永州市第二位，其黑土状铁锰矿则名列湖南省第一位。境内盛产松、南竹、桉树，有水杉、银杏、黄杉、斑竹、龙竹等38种珍稀植物，森林覆盖率72%。蓝山县林业用地14.38万公顷，占蓝山县总面积的79.65%，森林蓄积454.4万立方米，森林覆盖率71.52%，是湖南省的重点林区县。毛俊镇火市办事处大汉口等丘陵区的桉树，发展到666.67公顷，为蓝山县工业原料林基地。南部山区盛产松、杉和南竹，并有水杉、银杏、黄杉、楠木、斑竹、方竹、龙竹等38种珍稀植物，林间山溪有娃娃鱼、猕猴、猴面鹰、香獐、麂子等珍稀动物60余种。中北部耕地宽广，土地肥沃，是蓝山县粮食、油茶、茶叶、烤烟等农作物的主要产地。

境内有塔下寺风景区、舜帝南巡踪迹游览区、瑶族民俗风情游览区、南风坳避暑休闲风景区、通心岩地下溶洞探险游览区、太平石礳游览区。此外，还有历史悠久的虎溪古民居群落、饱经沧桑的凉亭风雨桥、石柱秀峰、瑶家吊脚楼、板塘自然保护区的神奇斑竹、红军长征过境时留下的标语口号等。

县境当楚尾粤头，素有“湘南门户”美誉，区位优势明显。北上长沙420千米，南下广州320千米，省道S322、S216、S314线交会相通，永连公路穿越南北。蓝山石材、蓝山运输大军、蓝山竹木、蓝山黄花梨、蓝山柰李、蓝山烤烟、蓝山小水电开发久负盛名。以毛织加工贸易为主的“三来一补”外向型加工企业发展到350余家，拥有各类织机3万台（套），用工3万人，“湘南毛织城”的雏形基本形成。

市树市花

2015年3月4日，永州市四届人大常委会第二十八次会议上，表决通过《永州市人大常委会关于将香樟和杜鹃确定为我市市树和市花的决定》，确定香樟为市树、杜鹃为市花。香樟树：别名樟树、樟木、瑶人柴、栳樟、臭樟、乌樟，系樟科、樟属常绿大乔木。香樟树体高大，高可达30米，树龄可达成百上千年，树形优美，枝繁叶茂，是永州乡土树种和园林绿化骨干树种，在永州运用广泛，中心城区70%主次干道的行道树使用香樟，登记在册的318棵古树名木中有177棵是香樟树，香樟树在中心城区古树名木中所占的比例为55.7%。杜鹃：又名映山红、山石榴，为常绿或平常绿灌木。杜鹃花，能够唤起人们对美好生活的无限憧憬，也象征着国家的繁荣富强和人民的幸福生活。杜鹃花在永州城乡栽培种养比较普遍，在城市公园、小游园和街道绿地的绿化造景中运用较多。阳明山6666.67公顷高山杜鹃被誉为“天下第一杜鹃红”，永州市每年与台湾在双牌县阳明山举办“和”文化节暨杜鹃花会”。

国民经济与社会发展

■ 概况　2016年，永州市实现地区生产总值1565.81亿元，增长8.0%。其中，第一产业增加值326.73亿元，增长3.4%；第二产业增加值545.44亿元，增长6.2%；第三产业增加值693.64亿元，增长11.9%。第一、二、三次产业对全市经济增长的贡献率分别为9.3%、28.3%、62.4%，分别拉动全市GDP增长0.75、2.26、4.99个百分点。全市人均地区生产总值2.87万元，增长7.2%。三次产业结构比重由2015年的21.8∶36.5∶41.7调整为20.9∶34.8∶44.3，第三产业比重提高2.6个百分点。非公有制经济增加值918.58亿元，增长11.2%，占地区生产总值的比重58.7%，比2015年提高1.3个百分点。

完成财政总收入149.92亿元，增长14.3%。其中，一般预算收入102.55亿元，增长10.9%；上划中央税收37.66亿元，增长26.3%；上划省级税收9.71亿元，增长9.9%。在一般预算收入中，地方税收收入60.98亿元，增长10.9%；非税收入41.57亿元，增长10.9%。全市税收收入比重72.3%，比2015年提高0.9个百分点。公共财政预算支出401.32亿元，比2015年增长14.7%。其中，民生支出320.27亿元，增长16.1%，占总支出的79.8%，比2015年同期提高1个百分点。在民生支出中，交通运输支出22.02亿元，增长85.7%；城乡社区事务支出14.7亿元，增长54.8%；科学技术支出2.32亿元，增长48.4%；住房保障支出26.98亿元，增长18.8%；社会保障和就业支出63.15亿元，增长13.9%。

新型工业化稳步推进，实现全部工业增加值458.53亿元，增长6%。新增高新技术企业124家，发展到282家，实现高新技术产业增加值177.37亿元，增长32.7%，占规模以上工业的比重54.8%，比2015年提高24.2个百分点。城镇化率46.3%，同比提高2个百分点。中心城区建成区面积62.2平方千米，人口63.6万人。创建国家文明城市、国家交通管理模范城市、国家园林城市工作顺利推进，国家历史文化名城获国务院批准。农产品加工企业4470家，实现销售收入513亿元，比2015年增长13%。全市市级以上龙头企业发展到266家，其中，国家级龙头企业3家，省级43家，市级220家。年销售收入过亿元龙头企业53家。创建中国驰名商标6件，中国名牌产品2个，湖南省著名商标56件，湖南名牌产品15个，农产品地理标志产品7个，地理标志证明商标3件，地理标志产品4个。通过“三品”认证的农产品364个。

居民消费价格上涨1.5%，商品零售价格指数下降0.6%。其中，食品类价格上涨1.6%，烟酒类价格上涨3.2%，衣着类价格上涨1.2%，医疗保健和个人用品价格上涨3.7%，娱乐教育文化用品及服务价格上涨0.2%，居住类价格上涨0.9%，家庭设备用品及维修服务价格与2015年持平，交通和通信类价格下降1.3%。

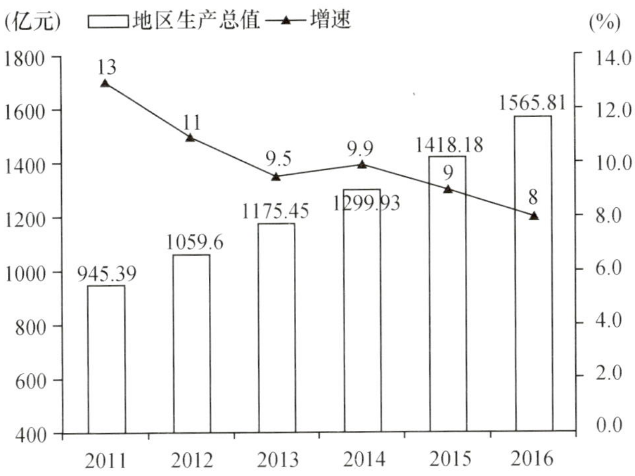

图1　2011年—2016年地区生产总值及增长情况

■ 农业　2016年，永州市完成农林牧渔业总产值591.78亿元，增长3.5%；实现增加值331.61亿元，增长3.5%。其中，农业实现增加值168.62亿元，增长0.3%；林业增加值36.39亿元，增长8%；牧业增加值99.33亿元，增长5.6%；渔业增加值22.39亿元，增长5.9%。粮食种植面积55.57万公顷，下降0.8%；产量316.71万吨，下降1.6%。蔬菜种植面积19.9万公顷，增长1.4%；产量632.12万吨，增长4.6%。油料种植面积9.12万公顷，增长0.2%；产量16.66万吨，增长1%。烤烟种植面积1.96万公顷，下降4.5%；产量4.31万吨，增长5%。出栏生猪

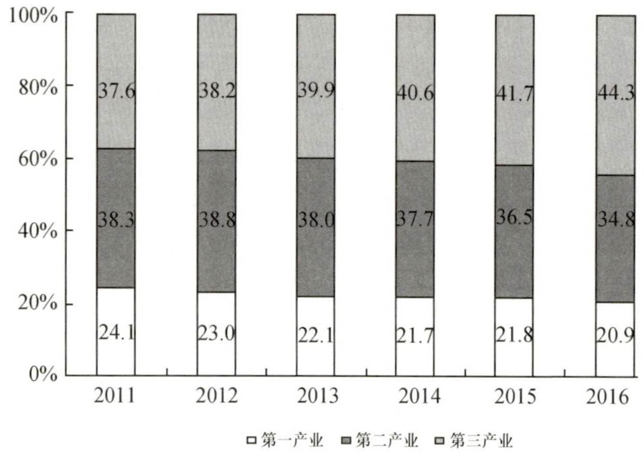

图 2　2011 年—2016 年三次产业结构比

838 万头，下降 1.9%；出栏牛 30 万头，增长 3.1%；出栏羊 73 万只，增长 3%。猪、牛、羊肉产量 67.79 万吨，增长 3.8%；禽蛋产量 6.35 万吨，增长 3.9%；水产品产量 20.71 万吨，增长 5%。

完成水利建设投资 35 亿元。其中，投资 4.12 亿元建成“五小水利”工程 7570 处；投资 2.16 亿元完成 552 座小型水库除险加固任务；投资 1.49 亿元完成农村饮水安全工程 248 处，新增农村饮水安全人口 30.02 万人；投资 1.02 亿元实施 5 个中小河流治理及 3 个“四水”治理项目建设；投资 5696.4 万元实施 13 处抗旱应急水源工程。解决 750 个行政村农田灌溉“最后一千米”问题。

有农业机械 100.79 万台（套），增加 4.79 万台（套），增长 5%；总动力 603.49 万千瓦，增加 23.49 万千瓦，增长 4%。农作物综合机械化水平 47.9%，提高 4 个百分点；水稻耕、种、收综合机械化水平 57.6%，提高 2.5 个百分点。全市农机购置补贴到位 5161 万元，补贴机具 1.73 万台（套），受益农户 1.38 万户。农机专业合作社 258 家，购置农业机械 8866 台，承租、流转田地 1.73 万公顷。新增农田有效灌溉面积 1.5 万公顷，新增节水灌溉面积 2 万公顷。

■ 工业和建筑业　2016 年，永州市规模以上工业实现增加值 323.77 亿元，增长 6.6%。轻工业 153.47 亿元，增长 0.6%；重工业 170.3 亿元，增长 12.9%。国有企业完成增加值 39.32 亿元，下降 39%；集体企业完成增加值 1.13 亿元，下降 20.8%；股份制企业完成增加值 247.63 亿元，增长 15.3%；外商及中国港澳台商投资企业完成增加值 28.53 亿元，增长 23.2%；股份合作企业、其他经济类型企业分别增长 −24.8%、17.4%。六大高耗能行业完成增加值 76.79 亿元，增长 1.7%，占规模以上工业的比重 23.7%，比 2015 年下降 3.9 个百分点。园区规模工业完成增加值 283.96 亿元，增长 6.9%，占规模以上工业的比重 87.7%，比 2015 年提高 6.2 个百分点。非公有制工业经济完成增加值 258.08 亿元，增长 15.1%，占规模以上工业的比重为 79.7%，比 2015 年提高 4.7 个百分点。规模以上工业企业 879 家，新增 143 家，年产值过亿元企业 401 家，过 10 亿元企业 7 家。规模工业企业主营业务收入 1144.59 亿元，增长 13%；实现利润 41.46 亿元，增长 17.9%。其中亏损企业亏损额 2.46 亿元，下降 55.6%；亏损面 3.4%，比 2015 年下降 2.2 个百分点。工业产品销售率 99.8%，比 2015 年提高 0.9 个百分点；出口交货值 34.9 亿元，增长 49.4%。

规模以上工业统计的 80 种主要工业产品中，产量比 2015 年增长的有 49 种，占统计产品的 61.3%。主要产品产量：汽车 5.8 万辆，增长 52.6%；钢材 52.6 万吨，增长 20.9%；精制食用植物油 11.8 万吨，增长 20.4%；大米 92.5 万吨，增长 12.9%；鞋 2744.4 万双，增长 6.4%；水泥 1070.8 万吨，增长 1.5%；生铁 13.7 万吨，下降 60.4%；卷烟

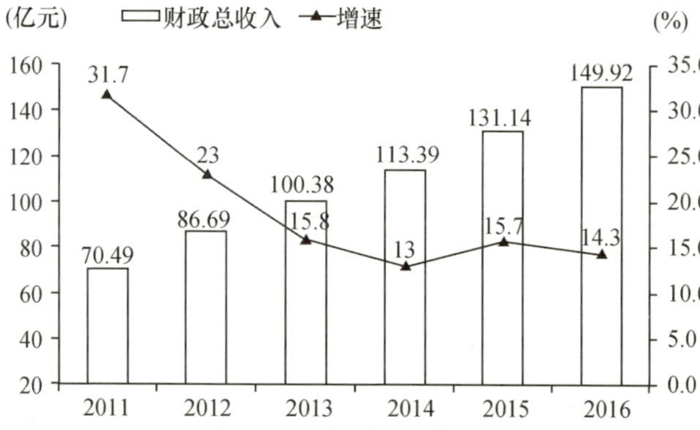

图 3　2011 年—2016 年财政总收入及增长情况

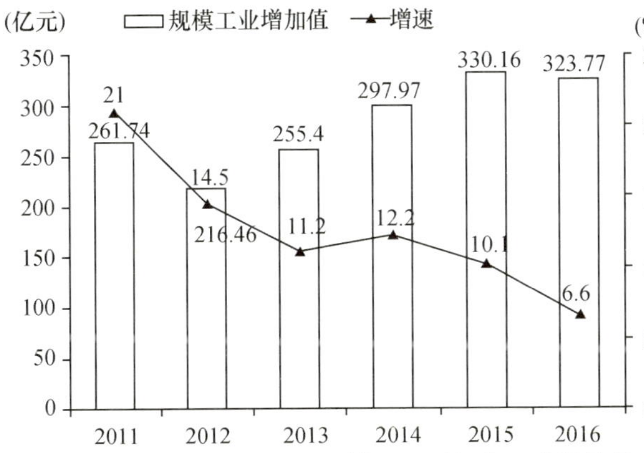

图4 2011年—2016年规模工业增加值及增长情况

120亿支，下降22.6%；铁合金34.9万吨，下降20.9%；十种有色金属4.7万吨，下降17.5%。

建筑业实现增加值87.51亿元，按可比价格计算比2015年增长7%。具有资质等级的总承包和专业承包建筑业企业99家，实现利润总额4.89亿元，增长8.8%；资质内房屋建筑施工面积1903.03万平方米，增长3.5%；竣工面积1339.38万平方米，增长8.1%。全员劳动生产率26.47万元/人，比2015年增长2.4%。

■ 固定资产投资 2016年，永州市完成固定资产投资1653.09亿元，增长14%。国有投资705.02亿元，增长14.8%；非国有投资948.07亿元，增长13.4%，其中民间投资873.31亿元，增长9%，占全部投资的比重为52.8%。施工项目3204个，增长6.1%。其中，新开工项目2531个，增长3.6%。投产项目个数2231个，增长0.3%。亿元项目351个，增加157个，实际完成投资559.04亿元，增长118.1%。

第一产业完成投资64.99亿元，增长30.5%；第二产业完成投资711.99亿元，增长6.6%；第三产业完成投资876.11亿元，增长19.7%。完成工业投资完成689.63亿元，增长15%，占全部投资的41.7%，其中工业技改投资324.74亿元，增长13.7%；高新技术产业投资125.52亿元，增长19.7%；战略性新兴产业投资334.66亿元，增长21.2%；民生投资196.87亿元，增长46.5%；基础设施投资412.2亿元，增长57.9%。

房地产开发投资94.66亿元，增长5.8%，其中住宅投资78.09亿元，增长7.6%。商品房销售面积594.2万平方米，增长18%。其中，期房销售面积340.36万平方米，增长19.8%；现房销售面积253.84万平方米，增长15.6%。房屋待售面积86.15万平方米，下降10.8%。房屋建筑施工面积1097.98万平方米，下降2%，其中新开工面积452.05万平方米，下降15%；房屋建筑竣工面积382.2万平方米，下降8.7%。

■ 贸易和旅游 2016年，永州市完成社会消费品零售总额589.91亿元，增长11.8%。城镇消费品零售额470.6亿元，增长11%；乡村消费品零售额119.31亿元，增长14.9%。批发和零售业零售额517.36亿元，增长11.4%；住宿和餐饮业零售额72.55亿元，增长14%。限额以上企业零售额213.46亿元，增长4.4%；限额以下零售额376.45亿元，增长16.4%。限额以上批零法人企业商品零售额176.55亿元，增长15.1%，其中家具类、通信器材类、化妆品类、汽车类增长较快，分别实现零售额1.52亿元、0.1亿元、0.68亿元、50.78亿元，分别增长146.9%、75.2%、46.1%、18.5%。是年，永州成为全国首个辖区内所有县区整体推进阿里巴巴和京东电商的地级市，电子商务交易总额142亿元，增长85.6%；网络零售额36亿元，增长105.7%。

新增有进出口实绩的企业32家，总数126家。进出口超1000万美元的企业达到24家。实现进出口总额10.22亿美元，增长16.6%，首次突破10亿美元大

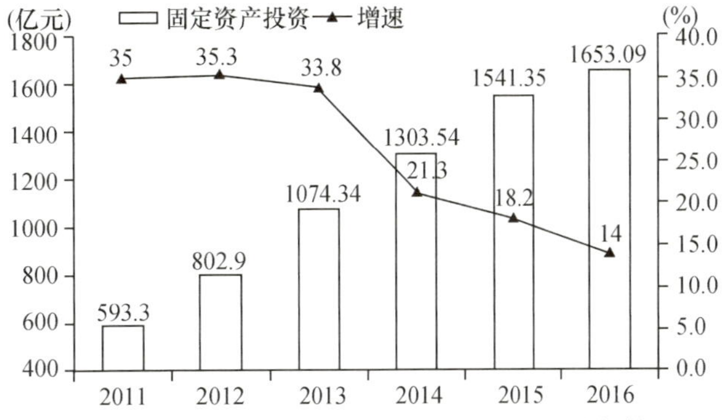

图5 2011年—2016年固定资产投资总额及增长情况

图 6　2011 年—2016 年社消零售总额及增长情况

关，创历史新高。出口总额 8.9 亿美元，增长 18.6%，其中农产品出口 1.14 亿美元，增长 8.5%；机电产品出口 2.62 亿美元，增长 19.2%。进口总额 1.32 亿美元，增长 4.6%。其中一般贸易 0.28 亿美元，增长 158.3%；加工贸易 0.47 亿美元，下降 4.1%。出口比重较大的国家和地区有：美国 2.12 亿美元，增长 0.3%，占出口额的 23.8%；东盟 1.64 亿美元，增长 145.8%，占出口额的 18.4%；欧盟 1.15 亿美元，增长 5.2%，占出口额的 12.9%。

承接产业转移项目 477 个，新设立备案引资企业 15 家。实际利用外商直接投资 9.53 亿美元，增长 14.6%；引进市外境内资金 230.49 亿元，增长 15.7%。新批境外投资企业 24 家，合同投资额 3.42 亿美元，增长 48.3%。新签对外承包工程、劳务合作和设计咨询合同金额 0.8 亿美元，增长 44.9%；实现营业额 1.8 亿美元，增长 31.3%。

接待游客 4239.86 万人次，实现旅游综合收入 228.27 亿元，同比分别增长 17.9% 和 19.8%。其中，接待入境游客 7.64 万人次，增长 1.7%；旅游创汇 867.74 万美元，同比增长 2%。九嶷山创 AAAAA 级工作进入景观质量评定阶段；舜皇山创 AAAA 级和江华香草源、井头湾、祁阳八尺旅游区创 AAA 级成功；零陵古城、江华水口移民风情小镇成功入选 2016 年全国优选旅游项目库；阳明山和桐子坳景区的智慧旅游平台建设完工；宁远下灌村等一批精品乡村旅游示范村入选“湖南美丽乡村”12 强。

■ 交通和邮电　2016 年，永州市货运量 6275 万吨，增长 4.5%；货物周转量 160.22 亿吨千米，增长 8.4%；客运量 9176 万人，增长 0.1%；旅客周转量 54.54 亿人千米，下降 1%。年末民用汽车保有量 30.36 万辆，增长 18.1%。其中，私人汽车 27.88 万辆，增长 19.9%；新注册汽车 5.85 万辆，增长 21.6%。公路通车里程 2.3 万千米，其中高速 491.77 千米。新增二级公路 53 千米，改造农村公路 1107.55 千米。开通昆明—永州—深圳、昆明—永州—上海、永州—海口 3 条航线。

邮电业务总量 65.11 亿元，增长 51.4%。其中，邮政业务总量 4.88 亿元，增长 23.7%；电信业务总量 60.23 亿元，增长 54.2%。电话用户总数 368.02 万户，其中移动电话用户 338.05 万户，增长 16.9%。移动电话每百人 61.9 部。固定互联网宽带接入用户 58.67 万户。互联网上网人数 312.06 万人，其中手机上网人数 266.43 万人。中心城区公共场所实现无线网络全覆盖。快递业务投递量 3466.35 万件，增长 75%。

■ 金融和保险　2016 年，永州市金融机构各项本外币存款余额 1914.84 亿元，增长 21.7%，比年初增加 341.74 亿元。其中，个人储蓄存款 1277.11 亿元，增长 13.8%，比年初增加 155.08 亿元。金融机构各项本外币贷款余额 966.09 亿元，增长 21.7%，比年初增加 172.47 亿元。其中，中长期贷款 793.11 亿元，增长 27.4%，比年初增加 170.62 亿元；短期贷款 168.13 亿元，下降 0.81%，比年初减少 1.57 亿元。

保险公司 25 家（其中，产险 12 家，寿险 13 家），县区级支公司 93 家（其中，产险 45 家，寿

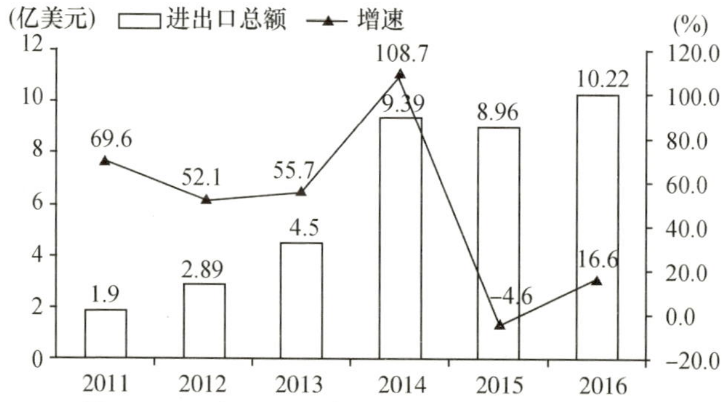

图 7　2011 年—2016 年进出口总额及增长情况

险48家）。保险业保费收入46.78亿元，增长15.5%。其中，财产险保费收入15.42亿元，增长19.1%；寿险保费收入31.36亿元，增长13.8%。各项保险赔款和给付支出16.51亿元，增长37.1%。其中财产险赔款7.89亿元，增长16.5%；寿险给付8.62亿元，增长63.6%。

■ 教育和科技 2016年，永州市普通高等教育学校在校生2.77万人，中等职业教育学校在校生5.84万人，普通高中在校生8.6万人，初中学校在校生21.63万人，普通小学在校生50.79万人，特殊教育学校在校生735人，幼儿园在园幼儿22.66万人。各类民办学校77所，在校学生6.88万人。中职国家助学金资助中职学生1.5万人，发放中职国家助学金1500.3万元；中职免学费资助中职学生9.87万人，落实中职免学费资金1.18亿元。落实义务教育保障资金11.3亿元，发放普通高中国家助学金3198.76万元。新增中心城区义务教育学位8300个，新建义务教育合格学校208所、农村公办幼儿园32所。打造“三名工程”，评选出第二批10名名校（园）长、骨干教师486名、学科带头人117人、名师17人。高考二本以上上线人数8001人，其中永州市第一中学、永州市第四中学、祁阳县第一中学二本上线人数进入全省名校第一方阵。

21家企业获得国家高新技术企业审批认定，创历史新高，累计48家。省级工程研究中心2个，科技成果登记数14项，获得省级科技进步奖1项，获得省级技术发明奖1项。签订技术合同22项，成交金额0.4亿元。专利申请量3162件，增长32.5%。其中，发明专利申请量1188件，增长67.3%；专利授权量1126件，增长4.7%，其中发明专利授权量103件，下降7.2%。工矿企业、大专院校和科研单位专利申请量分别为493件、111件和5件，工矿企业、大专院校专利授权量分别为292件和33件。

■ 文化、卫生和体育 2016年，永州市有艺术表演团体11个，群众艺术馆、文化馆12个，公共图书馆12个，博物馆、纪念馆3个。有线电视用户45.45万户，广播综合人口覆盖率88.3%，电视综合人口覆盖率96.78%。农村公益电影放映6.06万场次。国家级非物质文化遗产保护目录12个，省级非物质文化遗产保护目录27个。

医疗卫生机构5948个，其中，医院125个，妇幼保健院（所、站）13个，专科疾病防治院所2个，社区卫生服务中心33个，诊所、卫生所、医务室590个，村卫生室4773个，改扩建精神卫生服务机构2家。卫生技术人员2.74万人，增长6.6%。其中，执业医师和执业助理医师1.13万人，增长7.6%；注册护士1.07万人，增长10.3%。疾病预防控制中心（防疫站）12个，卫生技术人员574人；卫生监督所（中心）12个，卫生技术人员295人；乡镇卫生院194个，卫生技术人员5188人。医院和卫生院床位数3.59万张，增长16.2%。其中，医院床位数2.72万张，增长16.9%；卫生院床位数8710张，增长13.1%。新型农村合作医疗参保人数486.97万人，参保率98.7%。农村适龄妇女（35岁~64岁）“两癌”免费检查6.96万人。

有体育馆4座，运动场554个，游泳池15个，各种训练房161个。开展全民健身项目500项次，经常参与体育锻炼人数180万人，新建农民体育健身工程的行政村379个。永州籍运动员在全国比赛中获金牌16枚，银牌3枚；在全省比赛中获金牌20枚，银牌16枚，铜牌18枚。

■ 人民生活和社会保障 2016年，永州市居民人均可支配收入1.68万元，增长9.6%。其中，城镇居民人均可支配收入2.4万元，增长9.5%；农村居民人均可支配收入1.17万元，增长8.5%。居民人均消费支出1.27万元，增长13.1%。其中，城镇居民人均消费支出1.58万元，增长12%；农村居民人均消费支出1.06万元，增长13.6%。城镇居民家庭恩格尔系数27.7%，农村居民家庭恩格尔系数32%，分别比2015年下降2.1、1.6个百分点。城镇居民人均住房面积60.9平方米，农村居民人均住房面积67.3平方米。

城镇新增就业人数6.27万人，失业人员实现再就业2.52万人，困难人员实现再就业6698人，新增农村劳动力转移就业5.31万人，年末城镇登记失业率3.98%。劳动保障监察检查单位1424个，追发劳动者工资等待遇7239.43万元。社会保障卡制卡持卡人数443.7万人。城乡居民社会基本养老保险登记参保人数332.95万人；城镇职工社会养老保险参保人数52.41万人；城镇居民基本医疗保险参保人数

96.01万人，城镇职工基本医疗保险参保人数42.67万人；失业保险参保人数30.43万人；工伤保险参保人数34.02万人；生育保险参保人数28.44万人。企业退休人员养老金月人均水平1890元，城乡居民基础养老金最低标准调整到80元，医疗保险实现并轨。农村特困人员供养水平提高到每年3200元，城乡低保标准提高到每月420和220元。获得政府最低生活保障的城镇居民11.37万人，发放最低生活保障经费3.62亿元；获得政府最低生活保障的农村居民38.88万人，发放最低生活保障经费5.73亿元。各类收养性社会福利单位床位1.04万张，收养各类人员8227人。城镇建立各种社区服务设施1500个，其中，综合性社区服务中心860个。实施各类棚户区改造3.3万套，解决农村危房改造2.28万户。销售社会福利彩票4.95亿元，筹集社会福利资金1.43亿元。

全市减贫12.95万人，贫困村脱贫出列131个，减贫率29%，比2015年高6个百分点。投放扶贫小额信贷22.27亿元，建成贫困村金融扶贫服务站533个，为2.02万户贫困户建立金融服务档案；免除2755名贫困家庭高中生学杂费，为贫困大学生办理生源地信用助学贷款1.68万人次，贷款1.32亿元；建档立卡贫困人口新农合参保率100%，基本医疗报账比例提高10%，贫困对象全部纳入大病救治范围，大病保险起付线降低50%，大病保险补助贫困人口2050人次948万元，108个贫困村卫生室建成达标；易地扶贫搬迁建成住房8819套、69.49万平方米，安置建档立卡贫困户6339户、2.36万人。加快特色产业扶贫项目，345个贫困村、2.5万贫困对象受益；乡村旅游与精准扶贫融合发展，116个贫困村列入全国乡村旅游扶贫重点村；农村电商扶贫产业实施“互联网+精准扶贫”，184个贫困村建立电商运营站点。

■ 环境和安全生产 2016年，永州市林业用地面积154.67万公顷，占国土总面积的68.9%，有国家、省级公益林面积55.83万公顷。完成造林面积2.59万公顷，其中，荒地造林面积2.34万公顷，退耕还林工程造林面积0.15万公顷。实有封山育林面积7.62万公顷。有国有林场29个，国家级森林公园8个，省级森林公园4个，国家湿地试点公园8个，新建湿地保护区、湿地公园3个。全市自然保护区6个，面积6.78万公顷。其中，国家级4个，省级2个。森林蓄积量6176.16万立方米，比2015年增长4.9%，森林覆盖率64.7%。城市建成区绿化覆盖率和人均公园绿地面积分别达41%和12.45平方米，水岸、道路、村庄林木绿化率分别达92.4%、86.6%和33.7%，重要水源地绿化面积46.92万公顷，绿化率93.1%。

万元地区生产总值能耗下降6.26%，单位规模工业增加值能耗下降13.25%。规模工业综合能源消费量166.44万吨标准煤，下降7.53%，其中六大高耗能行业综合能源消费量136.36万吨标准煤，下降3.11%。主要污染物中，化学需氧量排放量比2015年削减1.9%，二氧化硫削减3.41%，氨氮削减3.6%，氮氧化物削减8.5%。

全年发生生产安全事故121起，死亡120人，没有发生较大及以上生产安全事故。亿元GDP生产安全事故死亡人数0.08人/亿元，煤矿百万吨死亡人数为0。发生道路交通事故385起，下降3%；道路交通万车事故死亡人数为1.55人/万辆，下降5%。

重点工程（项目）

■ 永州北斗导航数据中心项目开工 2016年1月6日，湖南永州北斗导航数据中心项目开工仪式在永州经济技术开发区举行。市委常委、常务副市长唐湘林宣布项目开工。原中办秘书局局长、中央编办副主任、现任国家行政管理学会会长王澜明，省发改委副主任黄志军，省经信委副主任唐勇，市领导颜海林、舒平、罗双全、封金祥出席。该项目占地约8.67公顷，一期投资约人民币12亿元，建设北斗导航数据中心及永州北斗产业孵化园，打造“一个数据中心，两项基础设施建设，多项行业应用推广”的“1+2+N”北斗产业发展格局。项目建成后，计划面向湖南全省及周边用户提供北斗导航综合位置服务，推动北斗导航在智慧城市、智慧医疗、城市应急、车联网等领域的应用，推动产业发展要素在永州北斗产业园的聚焦，快速形成高新技术产业集群，促进湖南省北斗应用向规模化、规范化发展，为湖南省北斗卫星导航产业提速，为全省产业结构调整、经济转型和经济发展提供有力支撑。

永州华威福田 100 兆瓦级光伏电站开工 2016 年 1 月 21 日，永州华威福田 100 兆瓦级光伏电站开工仪式在冷水滩区举行。市委副书记张严、市政协主席唐定、市政协副主席吕斌、北控清洁能源集团执行总裁王野、中国核工业二三建设有限公司副总经理李建国、湖南华威太阳能公司总经理吕境峰等出席。永州华威福田 100 兆瓦级光伏电站项目由北控清洁能源集团和中核建二三公司联合承建。项目总投资约 8 亿元，建成后，年发电量将达 1.3 亿千瓦时，创造利税约 2000 多万元。项目将全部采用高效的 275 瓦单晶组件及最新的平单轴跟踪技术。项目的开工建设将创造国内光伏行业的多项“第一”：国内第一个百兆瓦级山地跟踪光伏项目、湖南省第一个百兆瓦级光伏电站。

道县营乐源水库列为烟草援建水源项目 2016 年 2 月，中国烟草总公司复函湖南省人民政府，同意将道县营乐源水库列为烟草援建水源项目，援建资金 7736.49 万元。营乐源水库坝址位于道县清塘镇中坪村和月岩林场境内，坝址以上控制流域面积 19.2 平方千米，总库容 495.3 万立方米，正常蓄水位 405 米，最大坝高 69.8 米，设计灌溉面积 0.1 万公顷。营乐源水库是一座以农业灌溉为主，兼顾灌区人畜用水、生态用水等综合效益的小（2）型水库，项目实施后，可改善灌区农田灌溉条件。道县营乐源水库是继新田县金陵水库水源连通工程、宁远县金勾挂水库、江华瑶族自治县清江水库后的第 4 个由中国烟草总公司援建的水源项目。4 个项目援建资金总额 39791.49 万元。

永州首个 PPP 项目签约 2016 年 3 月 31 日，永州市“两供两治”中心城区供水和污水处理 PPP（PPP 模式即 Public—Private—Partnership 的字母缩写，是指政府与私人组织之间，为了合作建设城市基础设施项目，或是为了提供某种公共物品和服务，以特许权协议为基础，彼此之间形成一种伙伴式的合作关系，并通过签署合同来明确双方的权利和义务，以确保合作的顺利完成，最终使合作各方达到比预期单独行动更为有利的结果）项目合作协议签约仪式在市水务投资公司举行。市委常委、市委秘书长颜海林出席签约仪式。市“两供两治”中心城区供水和污水处理 PPP 项目是湖南省首批 PPP 项目，也是永州市第一个公开招标的 PPP 项目，成为全市创新驱动发展战略、推动政府与社会资本融合的重大项目之一。北控水务作为国内具有核心竞争力的大型水务集团，在全国范围内及国际市场拥有多个水务项目。合资公司成立后，拟在未来 6 年内对中心城区水务项目建设投资 20 亿元。

湘南万商红商贸新城开工 2016 年 4 月 18 日，总投资约 16 亿元的湘南万商红商贸新城项目在冷水滩区举行开工仪式，市委副书记、市长易佳良宣布项目开工，市委常委、常务副市长唐湘林出席开工仪式并讲话。湘南万商红商贸新城项目地处永州滨江新城，毗邻永州市行政新中心，项目总占地面积 40.2 公顷，总建筑面积约 40 万平方米，总投资约 16 亿元，计划 2018 年建成并投入使用。项目建设内容包括电子商务产业园、会展中心、旅游景观中心等，通过引进电子商务体验式营销，计划打造国内一流的互联网+商贸综合体。

永州大道地下管廊项目开工 2016 年 5 月，省财政厅发出通知，确定全省第三批 PPP 省级示范项目名单，永州市重点市政工程之一的地下综合管廊建设项目入选。至此，全市有 6 个项目入选全省前三批 PPP 示范项目，其中 1 个项目被纳入财政部第二批 PPP 示范项目。永州市地下综合管廊建设项目实施范围是永州大道（日升路—润之路）15.7 千米的地下综合管廊建设，该项目将连续 3 年获得省财政补助，每年补助 7500 万元。12 月 15 日，永州大道地下综合管廊项目举行首期开工仪式。市委书记李晖宣布项目开工，市委副书记、市长易佳良主持开工仪式。市领导唐湘林、唐能武、袁火林、张建亮出席。永州市是全省首批地下综合管廊的试点城市，试点区域为永州大道日升路至长丰大道，全线 16.4 千米，总投资约 9.48 亿元，计划 2018 年完工。工程建设包括中央 8 米绿化带的城市综合管廊、主辅车道间 5 米绿化带、行道树、两侧 12 米绿化带。管廊收容自来水、高压电、燃气、一般电力和通信五大类管线。该项目采用 PPP 模式，由社会资本方中建五局与市经投集团出资组建永州中建管廊建设项目公司，项目公司负责管廊的融资、建设、运营和维护。合作期限 30 年，其中建设期 2 年，运营维护期 28 年。PPP 合作期限届满后，管廊将统一移交市政府指定的接收机构。该项目的建设将有效解决城市空间狭窄、交通和能源通道紧张以及“马路拉链”“空中蜘蛛网”等问题。对加速零陵、冷水滩两区资源整合，加快中心城区提质扩容，打造品质活力永州具有重大而深远的意义。

■ 新商城·春天广场举行主力商家签约暨招商发布会 2016年6月28日上午，永州新商城·春天广场与正大集团卜蜂莲花超市及中影国际影城盛大合作签约仪式在零陵区举行。市政协主席唐定，市政府副市长、零陵区委书记严兴德，市政协副主席吕斌出席签约仪式。该项目建设总投资8亿元，用地面积6.97公顷，总建筑面积26.3万平方米，其中商业面积近9万平方米，是一个集采购、休闲、娱乐、星级酒店和高档住宅为一体的高端城市综合体。项目工程于2011年6月开工建设，约17万平方米的住宅全部完工并交付使用。世界500强企业卜蜂莲花超市和中影国际影城当天签约。

■ 永州华为云计算数据中心业务上线 2016年7月18日，永州华为云计算数据中心业务上线启动仪式在冷水滩区举行，标志着永州从此迈入大数据时代。市委书记陈文浩，市委常委、市委秘书长颜海林，市委常委、市委政法委书记唐能武，华为技术有限公司企业云业务部副总裁张怀冬出席启动仪式并启动激光球，开启永州华为云计算数据中心业务上线。该项目基地设在中国电信永州分公司。

2016年4月25日，永州市人民政府与华为技术有限公司在长沙签署战略合作协议，双方就共建云计算平台和永州大数据产业发展等领域达成战略合作

■ 湖南毛俊水库工程建设启动 2016年11月23日，湖南毛俊水库工程建设启动仪式在蓝山县举行，这标志着湖南毛俊水库工程建设进入实质性建设阶段。副省长戴道晋宣布工程建设启动。水利部建设与管理司副司长徐元明讲话，市委书记陈文浩致辞。毛俊水库工程是国务院确定的172项重大水利工程之一，是列入2016年开工计划的20项工程中的重要一项。工程建设项目由枢纽工程和灌区工程两大部分组成，总投资27.89亿元。枢纽工程位于蓝山县境内，湘江二级支流、舂陵水一级支流俊水中下游，是一座以灌溉为主、结合供水、兼顾发电等综合利用的大（2）型水库。水库正常蓄水位342.50米，设计洪水位342.91米，总库容1.17亿立方米。工程建成后，可灌溉毛俊水库下游蓝山、嘉禾和新田3县30个乡镇。设计灌溉面积2.74万公顷，其中改善灌溉面积1.8万公顷，新增灌溉面积0.95万公顷。

■ 凌文调研神华国华永州电厂项目建设 2016年12月13日，神华集团总经理凌文在永州市调研神华国华永州电厂建设。市委书记李晖，市委副书记、市长易佳良，市领导唐湘林、唐能武、荣燕明陪同调研。神华国华永州发电厂一期工程建设2×1000兆瓦国产超超临界燃煤发电机组，同步建设烟气脱硫、脱硝装置。神华国华永州电厂采用国内、国际先进技术，可实现脱硫废水真正零排放目标。项目静态投资约70亿元，计划建成区域内最具市场竞争力的盈利电厂和行业内最具国际影响力的生态电厂。五通一平工程完成，厂区环网道路形成，地下管网施工完成85%。此外，汽机房、锅炉房、基建办公楼、厂前区宿舍等工程项目正在稳步推进。

■ 涔天河水库扩建工程成功下闸蓄水 2016年12月30日8时30分，中央、省、市领导戴道晋、徐勤勤、詹晓安、曹英华、李晖等共同按下下闸蓄水控制器，湖南省水利“一号工程”——涔天河水库扩建工程导流洞的闸门下闸，成为国务院确定的172项重大水利工程当中第一个实现下闸

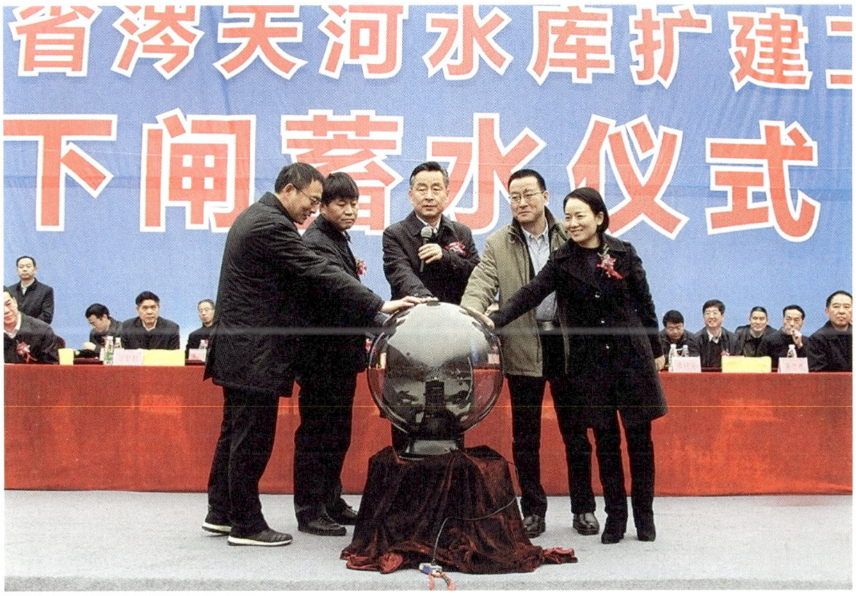

2016年12月30日，涔天河水库下闸蓄水仪式

蓄水的项目，标志着该工程基本完成建设任务，进入建设与初期调度运用并行的阶段。市委副书记、市长易佳良主持仪式。市委书记李晖要求，参建各方要继续发扬“忠诚担当、吃苦耐劳、团结协作、无私奉献”的精神，再创佳绩、再立新功，按时保质完成工程各项建设任务。水利部长江委员会建管局局长徐勤勤宣读涔天河水库扩建工程阶段验收结论。省水利厅厅长詹晓安致辞。他指出，涔天河水库是湘江正源潇水流域的龙头水库，集灌溉、防洪、下游补水、发电、航运等功能于一体，对保障湘江流域粮食安全、防洪安全、饮水安全，推动湖南经济社会发展具有重要意义。

涔天河水库扩建工程于2012年8月开工；2016年10月31日，涔天河水库通过蓄水安全鉴定；11月23日，通过282米高程以下因安置和库底清理验收；12月11日，通过下闸蓄水前环境保护验收；12月12日至15日，通过技术预验收。截至2016年12月30日，涔天河水库完成投资54.07亿元。

开放协作

■ 永州与中国农业科学院达成合作对接项目7个 2016年1月，市委常委、副市长蒋善生带领市直农业部门主要负责人和部分企业代表，到中国农业科学院对接“院市合作”有关事项，达成合作项目7个。中国农业科学院党委书记陈萌山、副院长王汉中等出席座谈会。座谈会上，蒋善生介绍市情、合作基础和需求，对永州市与中国农业科学院开展“院市合作”提出恳切要求。陈萌山指出，永州农业要立足现有生态优势，定位于发展现代生态农业，面向“十三五”，实施“创新驱动、绿色发展”战略，立足南方红黄壤区域类型实际，在新型产业结构和业态规划、研究方面深入挖掘项目，推进双方实质性合作，真正起到示范效应。

■ 浙江·清华长三角研究院在永州考察 2016年1月23日—24日，第十一届全国政协委员、第九届全国工商联专职副主席沈建国，中国高新技术产业开发区协会理事长、法人张景安，浙江·清华长三角研究院党委书记、院长王涛等9人组成的考察团一行，在永州考察投资兴业，洽谈相关合作事宜。市领导张严、唐湘林、颜海林等出席座谈会或陪同考察。浙江·清华长三角研究院成立于2003年，依托清华大学强大的科技力量和人才支持，通过细致深入的专业服务，为多地政府和企业提供高质量的课程和解决方案，通过市场化运作，引进投资超过200亿元，培训企业500余家。期间，考察团一行先后深入市果秀食品、和广生物、长丰猎豹等企业现场参观考察。座谈会上，考察团成员就永州市园区规划建设等工作提出建设性的意见和建议，表示要进一步加强和永州在农业食品、高端装备制造、中介服务等各方面的深入合作。

■ 陈文浩、易佳良会见华为公司高管 2016年2月26日上午，市委书记陈文浩，市委副书记、市长易佳良在冷水滩区亲切会见华为公司企业云业务部总裁杨瑞凯一行，并举行合作交流座谈会，加快推动永州市云计算产业发展。市委常委、常务副市长唐湘林，市委常委、市委秘书长颜海林出席座谈会。陈文浩指出，云计算中心建设是一项很有前瞻性的基础设施。易佳良要求，双方要尽快制定合作框架，围绕框架进行讨论、完善，以便进行决策，进一步促进项目的可行性，发挥好双方各自的优势，实现共赢和多赢。唐湘林介绍永州市情和智慧城市、电子政务建设情况。

2016年8月29日，湖南省经济信息化委员会、永州市人民政府、华为技术有限公司战略合作签约仪式　　摄影　吴林

■ 市政府与华为公司签署战略合作协议　2016年4月25日，永州市人民政府与华为公司在长沙签署战略合作协议，双方就共建云计算平台和永州大数据产业发展等领域达成全方位、深层次的战略合作。副省长张剑飞，省政府副秘书长张值恒，市委书记陈文浩，省经信委主任谢超英，华为公司高级副总裁、CIO邓飚等出席签约仪式。华为公司作为世界500强企业之一，是全球领先的信息与通信解决方案供应商，在云计算领域具有领先的技术水平、全球化的运营能力和世界级的品牌影响力。此次，华为公司经过充分的市场调研和科学周密的分析论证，决定在永州建设满足T3及其以上标准的云计算数据中心项目，致力于打造高端智能制造支撑中心、现代服务业支撑中心、大数据处理中心和省内信息消费中心，这将成为大数据时代永州发展数据经济最重要的基础设施和关键性支撑项目，具有巨大的品牌带动效应和平台放大效应。陈文浩指出，永州市坚持以信息产业为引领，加快推进产业转型升级，特别是随着华为、甲骨文、阿里巴巴等一批国际知名IT企业集群式落户，全市统一的电子政务公共平台（云计算中心）、政务数据中心、社会治理、城市管理和公共服务一体化综合应用平台等初步构建成，全市信息产业实现高端起步、跨越发展。永州与华为合作共建的云计算平台，将成为永州市发展云计算、大数据产业的重要支撑，对于进一步提升永州信息产业规模层次、强化永州区域信息产业引领地位、助力永州乃至湖南转型发展具有重要意义。

■ 永州与广铁集团签订战略合作补充协议　2016年4月27日，永州市与广铁（集团）公司在广州签订关于湘桂铁路高溪市镇至永州站三线工程、永州北铁路货场和永州北站建设合作补充协议，双方就上述工程2016年年底开工建设的目标达成一致意见。市委书记陈文浩，市委副书记、市长易佳良，广铁集团董事长、总经理武勇，广铁集团党委书记徐凌，市委常委、常务副市长唐湘林，市委常委、市委秘书长颜海林，广铁集团总工程师杨宇正出席签约仪式。陈文浩指出，永州北站建设要按照一次性规划、一次性建设尽快开工，永州站提质改造要规划先行、设计先行，双方尽快委托中铁四院开展前期工作。他还就当天空窗期开行永州至长沙动车等有关事项与广铁进行沟通和协商。武勇说，双方保持密切良好的协商机制，共同努力，全力推进协议中的各项前期工作，争取尽快开工建设湘桂铁路高溪市镇至永州站三线工程、永州北铁路货场和永州北站。他表示，将尽最大努力，完善优化方案，开行空窗期永州至长沙的往返动车。会上，易佳良代表永州市人民政府，武勇代表广铁集团签订合作协议。

■ 永州与中建五局签署战略合作协议　2016年5月3日上午，永州与中国建筑第五工程局有限公司在冷水滩区签订战略合作协议。市委书记陈文浩，中建五局董事长周勇，市委副书记、市长易佳良出席签约仪式。市委常委、常务副市长唐湘林，中建五局党委副书记、副总经理江森分别代表永州市人民政府、中建五局签署战略合作协议。市委常委、市委秘书长颜海林主持签约仪式。中建五局是世界500强企业——中国建筑股份有限公司的全资子公司，拥有房屋建筑施工总承包特级和市政公用工程施工总承包、公路工程施工总承包一级等多项施工资质，以及房地产开发与物业管理一级资质，具备雄厚的资金和综合技术实力。陈文浩指出，双方要以战略合作协议的签署为开端，依托各自资源优势，搭建平台，深化合作领域，扩展发展空间，开展深层次合作，推动政企和谐发展，实现互利双赢。

■ 昆明—永州航线旅游推介会在昆明举行 2016年5月6日，永州市人民政府在云南昆明市举行昆明—永州航线旅游推介会。市委副书记、市长易佳良出席并宣布"航空一线牵·畅游潇湘源"旅游主题活动启动。永州市委常委、常务副市长唐湘林，昆明市副市长王道兴，东航云南公司副总经理李刚在推介会上致辞。副市长罗双全出席。易佳良指出，昆明、永州虽相距遥远，但两地人民情意相通、交往密切，特别是昆明—永州航线开通之后，大大缩短两地之间的时空距离，架起安全快捷的"空中桥梁"。推介会上，东航云南公司推介昆明—永州航班信息及旅游产品，永州市进行旅游推介。永州地接旅行社与昆明旅行社签订《旅游合作协议》。

■ 永州与京东集团签订战略合作框架协议 2016年5月18日，永州与京东集团签订农村电子商务和精准扶贫战略合作框架协议，标志着国内最大的自营电商——京东集团正式入驻永州。市委副书记、市长易佳良发表讲话。京东集团总部全国扶贫战略合作总监阎岩、京东集团华中区副总经理何兵，市领导唐湘林、颜海林、郑柏顺等出席。易佳良指出，京东集团进驻永州，为永州构建新的精准扶贫平台和渠道，推动电商扶贫模式的全新升级，打造农村电商"永州模式"注入新活力。阎岩指出，这是双方对发展农村电商共同愿景的双向选择，是相互信任、真诚相待结出的硕果。希望资源共享、优势互补，推动永州农村电商、农产品产销、精准扶贫工作发展，实现多方共赢的良好局面。何兵、唐湘林分别代表京东集团、永州市人民政府签订战略合作框架协议。

■ 永州与中核五公司签订战略合作协议 2016年6月16日，永州与中国核工业第五建设有限公司战略合作框架协议签署仪式在冷水滩区举行。市委书记陈文浩，市委副书记、市长易佳良，中国核工业第五建设有限公司党委书记、副总经理张晓荣，副总经理李星文，市委常委、常务副市长唐湘林，市委常委、市委秘书长颜海林等出席。中核五公司隶属于中国核工业建设集团公司，是一家以国防工程、核工程和工业与民用建筑安装工程业务为主的大型综合性建筑安装企业。陈文浩指出，永州与中核五公司的合作，符合彼此的发展理念和发展方向。希望中核五公司利用自身的资源优势，为永州经济社会发展注入更多的活力。同时也期盼双方精诚合作，互利共赢，求大同存小异，早日结出丰硕的成果。会上，易佳良、张晓荣分别代表永州市、中国核工业第五建设有限公司签订战略合作框架协议。

■ 永州与太平洋建设集团举行合作交流洽谈会 2016年7月27日上午，永州与太平洋建设集团举行项目合作交流洽谈会。市委书记陈文浩出席并讲话，市委副书记、市长易佳良致辞。太平洋建设集团创始人严介和，市领导张严、唐湘林，太平洋建设集团董事局副主席陈跃出席。太平洋建设集团有限公司始建于1995年，是一家以基础设施投资与建设为核心产业，拥有国家公路、市政、水利等多个总承包一级资质及若干专业一级资质的私营企业。在中国城市化、城镇化、城乡一体化的进程中，太平洋建设融资源、智慧、资本于一体，成为中国最大的城市运营商，跻身世界500强。洽谈会上，易佳良简要介绍永州市情及经济社会发展等方面情况。他说，"十三五"期间永州将全力抢抓国家新机遇，更广泛地向社会资本敞开大门，全面推进合适的合作模式，促进更多的社会资本走进永州、扎根永州、发展永州。希望太平洋集团能以此次考察为契机，认识永州、感知永州、早日布局永州。严介和对于永州的投资环境给予充分肯定，他希望通过此次洽谈增进双方了解，推动双方合作，早日达成合作共识，实现政企双赢。希望能通过合作，放大永州经济总量，优化经济结构，提升经济质量。同时，严介和还详细阐述PPP合作模式及太平洋建设开展PPP合作的成功案例。

■ 永州与中交三航局有限公司签署战略合作协议 2016年8月8日下午，永州与中交第三航务工程局有限公司签署战略合作协议仪式在市委常委会议室举行。市委书记陈文浩，市委副书记、市长易佳良，市领导唐湘林、颜海林等，中交三航局总经理马卫星、副总经理季振祥，中房集团湖南分公司副总经理康波，上海永州商会会长周序学等出席。中交三航局有限公司成立于1954年，是国内最先获得港口与航道工程施工总承包特级资质的国有特大型施工企业，总部设在上海，多次被评为“全国先进建筑企业”“全国优秀施工企业”等。陈文浩说，永州市委、市政府热情期盼与中交三航局加强战略合作，建立长久、全方位、多领域的合作伙伴关系，推动永州经济社会加快发展。易佳良表示，永州市政府将秉承精诚合作、诚信务实的态度，创造条件，落实协议内容，不断完善沟通机制，以更加主动、更加优质的服务，支持中交三航在永州的建设投资和发展，推进战略合作关系迈向更高层次。

■ 永州在沪举行现代农业招商推介会 2016年8月18日上午，湖南（上海）投资贸易洽谈周开幕之际，市委、市政府在上海举行现代农业招商推介会暨重点项目签约仪式上包装发布项目。“沪洽周”上，永州签约项目36个，其中，省签项目1个，总投资额10亿元；市签项目35个，总投资额150亿元。市签项目中内资项目29个，总投资额127.33亿元；外资项目6个，总投资额3.27亿美元。主要分布在农业产业化、工业制造、能源和城市基础设施等领域，其中农业产业化项目19个，总投资68.53亿元。在现代农业招商推介会上，永州重点推介祁阳县1.33万公顷现代农业标准化示范园区、东安竹产业科技园、永州万喜登度假综合农业园建设等10个农业项目，规划总投资116.61亿元，项目涵盖生态种养、农产品精深加工、养生保健、旅游休闲观光农业等多个领域。

■ 永州与省经信委、华为公司签订战略合作协议 2016年8月29日，省经济和信息化委员会、永州市人民政府、华为软件技术有限公司推进云计算发展三方战略合作协议在长沙举行签约仪式。省经信委主任谢超英，市委书记陈文浩，市委副书记、市长易佳良，省经信委副主任李球、陈松岭，市领导唐湘林、颜海林、严兴德，华为公司企业云业务部总裁杨瑞凯等出席。谢超英说，省经信委将切实履行部门责任和义务，全力支持永州云计算发展、永州云计算基础设施建设及相关产业应用，为华为公司入驻、项目落地提供最优质的协调服务，让战略合作协议落地生根。陈文浩说，此次合作是贯彻落实国家和省实施创新驱动发展战略与“互联网+”行动计划的具体体现，是省市共建、政企联动的新型合作，是推动永州乃至全省云计算产业发展的一次崭新尝试，必将为永州发展云计算产业创造新机遇、注入新动力。

■ 永州与湖南电信签约实施电信普遍服务试点项目 2016年8月30日，永州市人民政府与中国电信湖南公司“电信普遍服务试点项目”签约仪式暨启动大会在冷水滩区举行。湖南省通信管理局局长许继金，中国电信湖南公司总经理廖仁斌，市委书记陈文浩，市委副书记、市长易佳良，市领导颜海林、严兴德等出席。永州是全省四个全光网城市之一。此前，中国电信与华为公司联合打造的全国性节点的云和大数据中心顺利落户永州。永州还顺利入围国家电信普遍服务首批试点城市之一。此次湖南电信与永州正式签订合作协议，该期工程计划投资2.45亿元，完成4个县区593个行政村宽带网络覆盖，满足对中小学、村委会等农村公共服务机构以及居民的覆盖，有线宽带接入速率12Mbps以上，同时提供不低于6年的运营维护服务。

■ 永州组织展商参加第四届湘南投洽会 2016年9月22日，第四届中国湘南国际承接产业转移投资贸易洽谈会在郴州市开幕。国务院发展研究中心副主任隆国强、副省长何报翔、省政府副秘书长熊方平出席。开幕式由省商务厅厅长徐湘平主持。永州市委副书记、市长易佳良在跨国投资创新发展论坛会上作主题演讲。副市长罗双全、刘鹏参加。该次展会以“绿色承接，科学发展”为主题，以展览展示、发展论坛、购销洽谈、项目对接为重点，举办开幕式、巡馆、跨国投资创新发展论坛、湖南名优商品交易展和客商现场考察等系列活动。湖南名优商品交易展展览面积3000平方米，标准展位500个，其中永州名优参展商近50家。易佳良说，永州充分利用资源优势，锁定珠三角、长三角、闽三角等沿海发达地区和东盟地区，主动对接，开展点对点招商、重大平台招商、商会招商，着力引进区域总部企业、行业领军企业，全市轻纺制鞋产业发展呈现出“大项目—产业链—产业集群”格局。

■ 永州与国开行省分行签订合作备忘录 2016年10月25日，永州市人民政府与国家开发银行湖南省分行供给侧结构性改革金融合作备忘录签约仪式在冷水滩区举行。国家开发银行湖南省分行行长梁庆凯，市委书记陈文浩，市委副书记、市长易佳良，市领导唐能武、刘鹏出席。陈文浩表示，市委、市政府高度重视与国开行的合作，双方要加大在精准扶贫、棚户区改造、科教文卫等重点领域合作，将严格遵守金融合作备忘录的相关条款，履行责任义务，创造良好的信用环境，抓好贷款项目的建设工作，确保协议的顺利实施和资金安全。会上，易佳良代表市政府、梁庆凯代表国家开发银行湖南省分行签订合作备忘录，开元发展（湖南）基金管理有限责任公司总经理曾铁梁与永州市城市建设投资发展集团有限公司董事长李世旺签订50亿元永州市城市建设发展基金合作协议。

友好往来

■ 永州市党政代表团赴江苏盐城考察 2016年3月25日—26日，永州市党政代表团在市委书记陈文浩，市委副书记、市长易佳良率领下赴江苏盐城考察，并与盐城市委书记、市人大常委会主任朱克江，市委副书记、市长王荣平会谈。在盐城考察期间，永州市党政代表团考察大数据产业园、东风悦达起亚汽车第三工厂、中韩盐城产业园区邻里中心和规划馆、新四军纪念馆和水浒文化博物馆等。在座谈会上，陈文浩介绍永州市经济社会发展情况，并对盐城市经济社会发展取得的显著成绩表示赞赏。他说，永州将把盐城发展的理念和思路、成功的做法和经验带回去，转化为推动永州建设的实际行动。希望两地能进一步增进了解、加深友谊、扩大合作，携手实现共赢发展。朱克江对永州市党政代表团赴盐城参观考察表示欢迎，并介绍盐城市经济社会发展情况。他说，盐城牢固树立和践行新发展理念，抓住用好“一带一路”、江苏沿海发展等国家战略机遇，主动顺应经济新常态，推进绿色发展，全市经济保持稳健增长，产业层次迈向中高端，潜力优势加快释放，城乡环境持续改善，人民生活蒸蒸日上，各项事业繁荣发展。永州市文化底蕴深厚，转型发展态势良好，与盐城在发展路径、产业特色等方面有许多共同之处。此次永州市党政代表团来盐，给两市提供一次相互借鉴、共同提高的机会，希望双方进一步加强交流与合作，共同推动两地繁荣发展。市领导唐湘林、颜海林及永州经济技术开发区、市直有关部门负责人参加考察。

■ 2016年湘粤桂九市食品药品稽查区域协作会在永州召开 2016年11月10日，2016年湘粤桂九市食品药品稽查区域协作会议暨签约仪式在永州举行。国家食品药品监督管理总局副巡视员王松林，省食品药品监督管理局党组副书记、副局长刘湘凌，市委副书记、市长易佳良，市委常委、市委宣传部部长、副市长刘尤碧出席。此次会议在原参加的湘粤桂六市基础上新增加衡阳、郴州、韶关三市，旨在进一步探索完善深化区域稽查打假机制，更深层次增进学习交流和紧密协作，通力打造湘粤桂九市食品药品稽查信息交流平台，推动湘粤桂边界区域食品药品稽查工作沟通协调，发挥稽查打假资源共享优势，形成监管合力，扩大合作效果。会议总结交流三省九市食品药品稽查打假工作的经验和做法，探索边界区域食品药品稽查打假工作的新思路、新举措，进一步深化制度建设，破解协作障碍，理顺协作关系，为建立健全三省九市食品药品稽查打假长效工作机制打下坚实基础。会议通过《湘粤桂“三省九市”食品药品稽查执法区域协作会议章程》，签署《稽查大案要案联合查处协议》《稽查执法信息通报协议》和《稽查执法研究协议》等，并确定桂林市作为下一届联席会议的主办方。九市的食品药品监管部门在大会上就食品药品稽查打假工作及典型案例进行交流发言。湘粤桂三省食品药品监管局及公安厅相关处室负责人，永州、衡阳、郴州、肇庆、清远、韶关、梧州、贺州和桂林九市食品药品监督管理局及公安局有关领导和相关人员参加会议。

■ 中国·湖南永州油茶博览会开幕 2016年11月11日上午，由国家林业局举办，湖南省林业厅、永州市人民政府承办的2016中国·湖南永州油茶博览会在市体育中心开幕。国家林业局副局长陈凤学宣布博览会开幕。国家林业局计财司司长闫振，省林业厅厅长邓三龙，市委书记陈文浩，国家开发银行、国家发展改革委、中国农业发展银行、国家农业综合开发办等单位的部门负责人出席开幕式。市委常委、常务副市长唐湘林主持。开幕式上，湖南省永州市、衡阳市，安徽省六安市，江西省宜春市、赣州市5个全国油茶产业发展示范市，共同签署战略合作框架协议。永州是湖南省四大重点林区之一，全国油茶主产区。2013年被国家林业局确定为全国五个油茶产业发展示范市之一。全市发展油茶林面积19.45万公顷，占全市有林地面积的15.8%；年生产油茶籽10万余吨，茶油2.5万余吨，产业综合产值30余亿元。

考 察 调 研

■ 陈向群在永州走访慰问困难群众　2016年2月3日，省委常委、常务副省长陈向群在永州走访慰问困难群众。陈向群在市委书记陈文浩，市委副书记、市长易佳良的陪同下，先后深入永州经济技术开发区、冷水滩区和零陵区看望慰问困难群众，向他们送去新春的美好祝福。在永州期间，陈向群考察长丰猎豹汽车的总装车间，希望长丰集团抢抓机遇，创新发展，力争2016年年产10万辆汽车的目标如期实现。在零陵区的农村淘宝中心考察时，陈向群希望永州市要借助“互联网+”平台，把本地优质的农产品推向全国各地，带动农民发家致富。省直有关部门负责人冯跃文、谢卫国，市领导唐湘林、颜海林、严兴德一同参加走访慰问。

■ 刘莲玉在永州调研精准脱贫工作　2016年3月8日—9日，省人大常委会副主任、省总工会主席刘莲玉在永州调研工会帮扶困难农民工精准脱贫工作，研究如何借鉴推广资兴“一户一产业工人”经验做法。市人大常委会主任高建华，省总工会副主席黄新民，市人大常委会副主任杨海河，市政协副主席、祁阳县委书记魏湘江陪同调研或参加座谈会。刘莲玉先后到祁阳白水镇竹山村、凯盛鞋业、县职业中专农民工培训基地了解工会工作和农民工技能培训情况，深入新田县政务中心、华泰家私产业城和东升农场等单位与广大职工交流。她要求，依法维护、保障职工和农民工各项合法权益，让农民工过上体面有尊严的生活。她指出，要贯彻落实省委书记、省人大常委会主任徐守盛关于推广资兴“一户一产业工人”经验的重要批示精神，把开展农民工技能培训、实施“一户一产业工人”培养工程作为脱贫攻坚的重要工作。

■ 杨维刚调研永州农村电商模式　2016年5月4日，民盟省委调研永州市农村电商座谈会在冷水滩区召开，省政协副主席、民盟省委主委杨维刚，民盟省委专职副主委胡颖率湖南商学院教授、专家团队就农村电子商务市场体系建设进行调研。市政协主席唐定主持并讲话，市人大常委会副主任袁火林、副市长罗双全出席。座谈会上，市商务粮食局、市农业委等相关部门及农村电子商务代表性企业就全市农村电子商务发展情况作工作汇报。杨维刚指出，永州农村电子商务工作的发展有自己特有“永州模式”，要继续坚持党委、政府主导，探索好的经验，帮助引进的企业生根成长，要形成好的体系、制度、规划、程序，同时完善基础设施建设，多利用数据分析，加强人才队伍建设，培养电子商务人才。

■ 孙建国在永州调研精准扶贫工作　2016年5月16日—20日，省政协副主席孙建国率领省政协调研组在永州就精准扶贫相关工作开展实地调研。他强调，各级政府要把扶贫事业抓在手上，树立自力更生的思想观念，科学谋划，依托产业，团结带领群众奋力推进全面小康事业。市委副书记、市长易佳良汇报全市精准扶贫工作情况。市领导唐定、刘新良、唐运军等陪同调研或出席座谈会。调研组一行先后深入新田、蓝山、江华、冷水滩等县区，查看群众生产生活情况，与当地干部群众进行面对面座谈，重点围绕“推动生态补偿脱贫”课题开展深入细致的调研。孙建国强调，要把产业扶贫摆在突出位置，全力推进扶贫攻坚事业，加强生态扶贫的体制和机制建设，因地制宜制定好精准脱贫的计划和措施。新田县要打好“富硒农业”这张牌，依托产业带动群众增收致富。蓝山县要用好湘江之源这张闪亮的名片，整合资源优势，做大做强旅游业，带动山区群众脱贫步伐。在推进精准扶贫工作中，要加强精准识贫，做到一户一册，动态更新，坚持因户、因人制定扶贫计划。

■ 刘莲玉在江华开展“一法两规定”执法检查　2016年7月11日—12日，省人大常委会副主任刘莲玉率队深入江华瑶族自治县开展民族区域自治“一法两规定”执法检查。市委书记陈文浩出席汇报会并讲话，市领导高建华、颜海林、李俊湘等陪同调研或出席汇报会。执法检查组一行先后前往江华同丰米业、卓业电子、华讯电子、九恒集团、温氏集团江华总部、博雅实验学校、江华县第一中学、江华民族中医院、四联移民安置点，实地调研江华瑶族自治县产业发展，精准扶贫，民族教育，民族团结进步，民族政策、法律法规贯彻落实，民族法制建设，少数民族特色村镇的建设、保护与发展，民族地区医疗服务等方面工作。刘莲玉指出，要用产业来推动民族自治地方经济社会的健康发展；要在工业园区转型提质方面下功夫，在民俗生态旅游方面做好长远规划，先知先觉、新知新觉，在扶贫攻坚等方面做大做实优势产业。陈文浩表示，要以民族区域自治"一法两规定"为依托，多向上级主管部门沟通汇报，用足、用好政策优势，提高优惠政策落实效率，为民族自治地方早日脱贫创造条件；要立足生态优先、产业优先发展战略，发掘民族自治地方资源优势和文化优势，合理配置资源，让民族自治地方群众更多地享受发展成果和改革红利；要加强民族自治地方各类人才培养，激发少数民族地区干部群众创造力和积极性。

■ 蔡振红在永州检查指导安全生产工作 2016年7月20日，副省长蔡振红深入道县、双牌等地检查指导安全生产工作。市委书记陈文浩，市委副书记、市长易佳良，市领导张严、蒋善生、颜海林等陪同或出席汇报会。蔡振红听取道县交通局安全生产"监管执法年"活动开展情况，检查万和世纪城项目建设工地、汽车北站等地的安全生产相关工作，检查双牌县大坝码头水上交通安全工作，并到南岭化工厂检查高温停产停工措施落实情况。他强调，要深刻吸取"6·26"交通事故教训，时刻绷紧安全生产这根弦，坚守安全生产红线，牢固树立安全发展理念。要开展好安全生产大排查大管控大整治专项行动，坚持问题导向，狠抓问题整改，坚决守住安全生产底线，确保安全生产责任和制度落到实处，不留死角。要推动安全生产责任落实的标准化，把责任落实到各个环节、各个边角。要不断完善安全生产应急方案，结合实际，突出道路交通超载超限超速、码头人货混装等重点环节、重点领域，加大整治力度。同时，创新宣传思路，结合安全生产案例对安全生产工作进行有针对性的宣传。陈文浩表示，永州将进一步提高对安全生产工作的重视，强化安全生产意识，针对存在问题，进一步抓好整改落实。同时，严格落实安全生产"党政同责、一岗双责"制度。

■ 李微微在江华考察经济社会发展情况 2016年7月21日下午，省政协主席李微微带队考察江华瑶族自治县经济社会发展情况。省政协副主席刘晓、杨维刚、张大方、欧阳斌，副主席兼秘书长袁新华，市领导陈文浩、唐定、颜海林参加。李微微先后参观九恒集团、同丰米业、四联移民安置点、涔天河大坝枢纽等重点项目生产建设现场，每到一处都认真听取情况汇报，了解项目落地背景、生产现状和发展方向。考察过程中，李微微强调，要根据产业转移的趋势，增强信心，抢抓机遇，加快引进步伐；要以服务发展、服务企业为己任，帮助企业解决好项目建设中遇到的各种困难和问题。要进一步规范工程项目管理，严格项目进度、质量，确保施工安全，如期实现竣工目标，推动永州、江华经济社会快速发展。

■ 黄兰香在永州调研 2016年10月11日，省委常委、省委统战部部长黄兰香在永州市调研。市委书记陈文浩，市委副书记、市长易佳良参加有关活动。黄兰香先后到湖南元创精密科技有限公司、长丰猎豹总装车间调研，考察冷水滩区翠竹园社区，走访市各民主党派、市工商联机关。在下午召开的座谈会上，黄兰香听取全市关于贯彻落实省委书记杜家毫对万户民企大走访调研报告批示的情况汇报及全市统战工作情况汇报。黄兰香指出，统战工作是事关人心和力量的大事。要学习贯彻习近平"3·4"重要讲话精神，把思想和认识统一到中央和省委的决策部署上来，进一步增进思想政治共识，凝聚智慧力量，推动统战工作创新发展。黄兰香要求，要围绕服务中心的大局，凝聚人心和力量，形成大团结的格局。要做好党外代表人士的发现、培养和使用工作，尤其要抓好非公有制经济代表人士的培养，发挥带动作用。推进"统一战线凝心聚力'十三五'行动"和"引老乡回故乡建家乡"行动，推进"同心工程"、精准扶贫工程和党外人才培养工程，扩大党的群众基础，巩固党的执政基础。要全面落实中央和省委加快发展非公经济的各项政策措施，构建"亲""清"新型政商关系，促进非公有制经济健康发展，促进非公有制经济人士健康成长。市领导张严、石艳萍、唐能武、袁火林、彭爱华、封金祥、吕斌、田洁陪同调研或出席座谈会。

■ 许达哲在永州调研 2016年10月16日，省委副书记、代省

2016年10月16日，省委副书记、代省长许达哲一行在神华国华火电厂考察

长许达哲在永州调研。副省长、省政府秘书长向力力陪同调研。许达哲深入东安县、永州经济技术开发区的重点项目和骨干企业，了解经济社会发展情况、重点项目建设、供给侧结构性改革等工作。在听取市委书记陈文浩代表市委、市政府关于永州经济社会发展的情况汇报后，许达哲充分肯定永州的发展成就。他要求，要贯彻落实中央“五大发展理念”，围绕“四个全面”战略布局，坚决落实中央和省委、省政府决策部署，加快创新发展步伐。要把创新发展摆在核心位置，实施创新驱动战略，不仅要在科技创新上下功夫，也要在体制机制创新、管理创新上多思考。以改革为动力，推动经济社会快速发展。要提升开放经济发展的水平。要抓好城镇科学规划，利用山清水秀、环境优美等自然资源和厚重的历史文化禀赋，将历史、文化、山水有机融合，规划好城镇建设。要更加注重生态文明建设。要推进供给侧结构性改革，落实“五大重点任务”。要着力保障改善民生。要加强队伍建设，不断加强党的建设，打造一支对党忠诚、干净做事、勇于担当的干部队伍。省直有关部门负责人石谋军、邓立佳、谢建辉、丛培模、李金冬、欧阳彪、毛健刚，市领导张严、高建华、唐定、唐湘林、唐能武、刘尤碧、刘新良、严兴德、刘鹏、荣燕明等陪同调研或出席座谈会。

■ 李友志在永州督查调研　2016年11月2日—3日，省人大常委会副主任李友志率省人大调研组深入冷水滩区、蓝山县督查调研永州市贯彻落实省委人大工作会议精神及有关工作开展情况。市委书记陈文浩，市人大常委会主任高建华，市委常委、市委秘书长唐能武陪同调研。调研中，李友志一行先后深入冷水滩区上岭桥镇团结村、梅湾街道办事处翠竹园社区，蓝山县塔峰镇新民村活动中心实地调研，与大家进行座谈，了解各地加强和改进新形势下人大工作的经验与做法。李友志对永州市贯彻落实中央、省委有关会议文件精神，推动人大立法，不断夯实人大基础工作取得的成绩给予肯定。他要求，永州要进一步加大对地方经济社会发展的立法工作，加强研究和学习，为经济社会科学发展创造一个良好的法制环境。要加大对人大根本制度的研究和学习，因地制宜，结合永州实际，完善、发展和坚持好人大根本制度，为地方经济社会科学发展贡献力量。

■ 傅奎在永州督导调研　2016年11月25日，省委常委、省纪委书记傅奎在永州督导学习贯彻省第十一次党代会精神，听取市委、市纪委履行党风廉政建设“两个责任”和传达贯彻省党代会精神情况汇报。市委书记陈文浩，省纪委常委张建平，市委常委、市委秘书长唐能武，市委常委、市纪委书记杨永参加调研。傅奎深入市林业局、东安县紫溪市镇荷叶塘村和长丰集团，与基层干部群众进行座谈，详细了解基层学习贯彻省党代会精神的具体措施和进展情况，向干部群众宣讲省党代会精神，并对下一步学习宣传省党代会精神提出明确要求。傅奎对永州市前一段传达贯彻省党代会精神给予肯定。他要求，要将学习贯彻活动不断推向深入。要深刻理解党代会报告贯穿的坚持以习近平为核心的党中央领导、牢固树立“四个意识”的要求，深刻理解建设富饶美丽幸福新湖南的宏伟目标，深刻理解“一带一部”战略定位和创新引领、开放崛起战略，深刻理解习近平对湖南提出的“三个着力”抓手。要做到学习宣传全覆盖。搞好学习培训，向各级党组织和党员层层传达党代会精神，统一思想，凝心聚力。要以生动活泼的方式、群众易懂的语言，向广大群众进行宣传，将省党代会精神输送到基层的每一根神经末梢。傅奎强调，市县（区）人大、政府、政协换届正在进行，换届风气监督工作任务繁重复杂，要以省党代会为标杆，学习省党代会期间抓换届风气监督的有效做法，把好人大代表、政协委员的廉洁关、政治关，多设监督“探头”，畅通举报渠道，毫不松懈抓好会风会纪。对违纪违法行为，要严肃查处，顶格处理，确保永州换届风清气正，向省委交出一份满意的答卷。

精神文明建设

■ **全国全省文明城市创建** 2016年，永州市成立由市委书记任组长，市长任第一副组长，市委副书记任常务副组长，9名相关市级领导任副组长，市直（中央、省驻永）65个单位主要负责人为成员的高规格创建文明城市领导小组，领导小组下设办公室和创文专业组，相关市领导分别挂帅12个创文专业组，统筹推进文明城市创建工作。从各地各部门各单位抽调近20名干部，带职离岗充实到市创文办，分别从事创建文明城市的综合和督查工作。冷水滩区、零陵区、永州经济技术开发区，各部门各单位也成立由主要领导负总责、分管领导具体抓的创建工作领导小组。中央、省驻永州、市直180多个单位向市委、市政府递交创文工作责任书，形成市区联动、条块结合、同创共建的工作格局。发挥媒体的舆论引领作用，进行立体式、多视角宣传报道。《永州日报》每周都在重要版面推出2~3期的让文明之花绽放永州大地等专题专栏；永州电视台每天在黄金时段推出与文明同行专栏；永州新闻网开辟和不文明行为告别、永州好人等专栏，持续普及文明礼仪知识、创建文明城市知识；"永州发布"连续刊载《这五年永州使出洪荒之力，那么多点点滴滴的变化都在我们身边》系列报道，引发众多网民点赞。9月22日、27日，《湖南日报》市州头条刊登《文明创建，美了一座城》《"随手拍"，拍出古城文明风》，对永州市的创文工作进行宣传推介。户外广告、电子显示屏、楼宇电视、办公区、社区小区、楼道走廊、宣传橱窗、建筑围挡、公交车，都按照创文公益广告20米左右"低头不见抬头见"、200米左右能见到大型公益广告的要求，实行全覆盖，营造浓厚的创建氛围。移动、电信、联通、气象台每天向客户推送一条创文公益短信。市创文办印制30万册《创建省文明城市知识宣传手册》、20万张创文宣传挂图，免费发放到市民手中，确保创文知识进机关、入办公室，进学校、入教室，进医院、入病房，进企业、入车间，进社区、入家庭，市民知晓率、参与率、支持率85%以上。突出创建为民、靠民、惠民原则，在党政机关开展与各街道社区联点共建，结对帮扶，由市级领导挂帅，市直单位作为后盾单位下沉到基层包社区、包路段，以上率下，上下联动；在学校开展"小手拉大手，文明齐步走"主题活动；在家庭开展"全家共谱文明曲"，评选表彰文明家庭、书香家庭、好婆媳、好妯娌；在社区楼幢，评选文明小区、文明楼幢、文明市民、文明家庭；在交通行业评选表彰"最美司机""最美线路""最美的哥（姐）"；在窗口行业开展文明优质服务竞赛；在商家厂家评选表彰"诚信经营户"等等。通过多种形式的主题创建实践活动，组织动员社会各界、各行各业、新老市民、男女老幼都参与到创建活动中来，实现"文明创建人人参与，创建成果人人共享"的局面。制定出台《永州市创建省文明城市考评奖惩办法》《永州市创建省文明城市工作三区、市各专业组考核评分标准》，对照《永州市创建省文明城市工作目标任务分解表》，建立市创文办对三区（冷水滩区、零陵区、永州经济技术开发区）、市各专业组，市专业组对成员单位，市专业组对三区，三区对市专业组，三区对市直、中央、省驻永州单位的双层双向督查考评网络，不间断地开展重点督查、难点督查和专题督查，实行奖优罚劣，确保创文各项工作落实落地。在各新闻媒体设立"创文监督岗""不文明行为曝光台"，在窗口单位设立举报电话，对市民举报和反映的问题立即进行交办、督办。对重点、难点问题，实行定期回访制，确保件件有落实、事事有回音。市委、市政府督查室和市创文办牵头组织相关部门，每月对创文工作进行一次督查、排名通报和追责。对连续3次排位靠后，创文不力单位的主要领导、分管领导、责任人进行诫勉谈话，直至给予组织纪律处分，强力推进、推动创文工作。以水、电、路、气等为重点，着力完善中心城区的市政基础设施；以科教文卫为核心，加强公共服务设施配套建设。一大批城市道路建成通车，缓解城市交通压力。改造背街小巷150多条，整治城中村55个，新建、改造农贸市场29家，新增学位1.2万个，提质改造城市道路7条。打通断头路23条，促进城市内部循环，新建安置小区19个，解决多年征地征收没有破解的安置问题。以生态保持、空间立面整治为内容，提升城市品质，塑造城市风貌。实施湘江东路、翠竹路、零陵路等城市主干道沿街建筑立面改造，在建筑造型、外墙色彩、空间轮廓线和夜景观等方面优化设计，做到"八个统一"。推进拆墙透绿、控违建绿、见缝插绿，倡导庭院绿化、屋顶绿化、居家绿化，连续新建17个小游园和柳子景区等9个公园，初步实现居民出门“300米见绿、500米见园”的目标，中心城区建成区绿地率37.12%，绿化覆盖率40.3%，人均公园面积11.15平方米。美化亮化品味不断提升，路灯亮化率99%，绿化亮化指标均达到和超过省文明城市测评标准。顺应城市管理发展趋势，推进城市管理网格化、数字化。在中心城区社区调整的基础上，按300户或1000人左右的规模和单位型、小区型、街巷型三种类型设立网格557个。推行“1+N”管理服务模式（“1”为网格长，“N”为相关职能部门下沉到网格的工作人员），形成“人在格中走，事在网上办”的便民服务体系，“步行半小时服务圈”基本建成，实现城市网格全域覆盖、全程服务，夯实城市管理和社会治理基础。永州市网格化管理（“1+N”模式）在全国推广。

■ 群众性精神文明创建活动 2016年，永州市以创建文明城市为契机，加大基础创建工作力度，修订完善《永州文明村镇、文明单位、文明标兵单位考评细则》，下发评选表彰各级各类文明创建单位的通知，召开全市农村精神文明建设工作推进会，修订完善《永州市农村精神文明建设指导意见》《永州市美丽乡村建设标准》《永州市美丽乡村建设考核办法》，着力推动乡风民风、人居环境、文化生活美起来。全年有35个村镇申报市文明村镇，116个单位申报市文明单位，31个单位申报市文明标兵单位，9个村镇申报省文明村镇，33个单位申报省文明单位，21个单位申报省文明标兵单位。

■ 公民思想道德建设 2016年，永州市下发《关于做好“身边好人”线索推荐工作的通知》《关于报送“身边好人”线索推荐工作手机的通知》，开展“我推荐，我评议身边好人”活动，将身边好人推评及其线索推荐纳入各级各类文明单位评选表彰范畴，纳入各地各部门各单位绩效和干部执行力考核的主要内容。市质量技术监督局曾婧、宁远县农民黎承仁等4人先后当选“中国好人”，市公路局齐东斌、冷水滩区蒋桂吉等14人先后当选“湖南好人”。截至2016年10月20日，全市身边好人线索推荐1.5万条，居全省前列。在第十四个全国公民道德宣传日来临之际，邀请岳阳市全国道德模范李国武，长沙市全国身边好人伍英到永州市现身说法，他们“弘扬雷锋精神，推进职业道德建设”的主题报告得到现场观众的高度评价。

■ 未成年人思想道德建设 2016年，永州市突出文明校园创建主题，下发《永州市文明校园评选管理办法》《关于深入开展“我的中国梦”主题教育实践活动通知》，突出重要时间节点，突出“五项”活动，精心组织广大中小学生，开展清明“网上祭英烈”15场次，开展“七一童心向党”歌咏活动、“十一向国旗敬礼”等活动，30万未成年人参与其中。以评选表彰文明校园为载体，突出文明礼仪养成教育，将文明礼仪的内容融入中小学生日常生活的各种场景中，达到寓教于乐、玩中受教的目的，使学校真正成为育人、养德、益智的主阵地。发挥永州市第一中学心理健康辅导站和心理咨询师队伍的作用，完善心理咨询网络平台，对未成年人进行心理健康辅导，向省文明办推荐冷水滩区梅湾街道翠竹园社区和零陵区七里店办事处神仙岭社区为城区未成年人心理咨询室建设样板点。

■ 学雷锋志愿服务活动 2016年，永州市深入推进志愿服务法制化制度化常态化发展，在湖南省志愿服务网注册志愿者70.1万人，占人口比例的11.2%，团队870个，居全省第一方阵。组织广大志愿者队伍开展扶贫帮困、捐资助学、生态环保、文明劝导、义务巡逻等志愿服务活动。结合创文明城市，全市各战线各系统开展文明劝导、夜间巡逻等学雷锋志愿服务活动7万余人次。建好党团员带头做志愿者制度，全市100多个市级机关部门到基层社区挂钩结对，党员志愿者到社区报到，带头参与志愿服务。下发《关于开展2016“学雷锋志愿服务集体”“雷锋式志愿者”“雷锋式志愿服务项目”先进典型推选宣传活动的通知》，全年各地各部门各单位向市文明委推荐学雷锋志愿服务集体24个，雷锋式志愿者97名，雷锋式志愿服务项目22个。其中，市慈善志愿者协会等2个组织获全省“雷锋式志愿服务组织”，曾婧等5人获全省“雷锋式志愿者”，新田县中山社区入选全国百强志愿服务社区。组织“关爱农民工”“文明礼仪”“法律援助”等志愿服务培训4场次，参与培训组织60余个，受训志愿者4000余人。

（市文明办）

市直机关和中央、省驻永州单位领导名单

中共永州市委员会

书　　记　李　晖

副 书 记 市　　长　易佳良

副 书 记　张　严

常　　委　唐湘林　石艳萍　唐能武　杨　永　吴志雄　王守海　刘尤碧　罗建华

秘 书 长　唐能武

副厅级干部　伍　军

副秘书长　蒋井泉　欧阳元初　蒋跃鹰　蔡建军　周进荣　胡　浩　段联群　盘德平

永州市人大常委会

主　　任　高建华

副 主 任 巡 视 员　程晨曦

副 主 任　杨海河　袁满娥　周小驹　袁火林　郑柏顺　李俊湘

秘 书 长 办公室主任　蒋千红

副秘书长　赵七秀

永州市人民政府

市　　长　易佳良

常务副市长　唐湘林

副 市 长 市政协主席候选人　蒋善生

副 市 长　刘尤碧　罗双全　张常明　刘新良　严兴德　刘　鹏　贺　辉

正厅级干部　荣燕明　戴菊芳

原 市 长　严志辉　向曙光

秘 书 长 办党组书记 主　　任　文绍涛

副秘书长 办 党 组 副 书 记　齐爱社

副秘书长　郑亚平　唐社成　谢景林　胡先荣　李黎武　汤荣石　何德波　张疑斌

政协永州市委员会

党组书记 主　　席　唐　定

副 主 席　彭爱华　张建亮　唐运军　封金祥　吕　斌　田　洁　魏湘江

党组成员 秘 书 长 办公室主任　宋可福

协　　助 秘书长工作 金洞管理区 原党委书记　王小波

副秘书长 研究室主任　刘翼平

副秘书长　李爱华

永州军分区

司 令 员　王守海

参 谋 长　耿保民

政治部主任　陆　鸿

中共永州市纪律检查委员会

市纪委书记　杨　永

市人民政府 党组成员 市 纪 委 副 书 记　蒋俊林

监察局局长 预防腐败局 局　　长　张国峰

纪委副书记　黄　薇　盘晓波

监 察 局 副 局 长　彭爱华

纪委常委　杨复权

纪委常委 监 察 局 副 局 长 预防腐败局 副 局 长　胡远陵

纪委常委 监 察 局 副 局 长　唐　元

纪委常委 监 察 局 副 局 长　曾瑶平

纪委常委 秘 书 长　李月红

监 察 局 副 局 长　邓群力

预防腐败局 专职副局长 预防腐败室 主　　任　李四君

正 处 级 纪检监察员　陶爱民　段春平

办公室主任　何胜瑞

组织部部长　杨建科

宣传部部长　宾柱元

调研法规室 主　　任　唐阳陵

党风政风 监督室主任　丁爱平

永州市中级人民法院

党组书记 院　　长　罗重海

党组副书记 副 院 长　柏国春

党组成员　蒋仕贵

党组成员 副 院 长　周伟平

副 院 长　高和平

党组成员 副 院 长　郭红艳

党组成员 纪检组长　盘树峰

党组成员 政治部主任　张胜广

审 委 会 专职委员　朱海平　顾能辉

调 研 员　黄景华

审委会委员　李卫林

审委会委员 技术室主任　宾登军

审委会委员 刑一庭庭长　郑和生

审委会委员 副处级审判员 柏国平 艾久华 祝 群 王臣波
审委会委员 审管办主任 张晓龙
执行局局长 田光耀

永州市人民检察院

党组书记 副检察长 吴秋菊
党组副书记 副检察长 张少文
市政协副主席（兼） 副检察长 潘衡湘
党组成员 副检察长 赵秋生
副检察长 邓忠新
党组成员 副检察长 罗厚清
党组成员 政治部主任 季建军
党组成员 副检察长 刘 高
党组成员 纪检组长 卿飞舟
党组成员 反渎局长 屈芳玲
专职委员 熊学军 章陵邵
反贪局局长 卢锦江
副处级检察员 王党生
副处级调研员 刘兴华
副处级检察员 王明安 刘繁荣 蒋长春
副团级干部 彭建云

民主党派市委・市工商联

中国国民党革命委员会永州市委员会

主委 封金祥
专职副主委 秘书长 唐 翔
副主委 郑银芳 伍重武 魏秋云

中国民主同盟永州市委员会

主委 袁火林
副主委 朱衡宁 邓国文 姚如男 熊华清

中国民主促进会永州市委员会

主委 胡建辉
专职副主委 桂金玉
副主委（兼） 万 萍 陈丽萍 陈 彦
委员（兼） 刘章胜 盘成军 张树明

中国农工民主党永州市委员会

主委 田 洁
专职副主委 熊忠东
副主委（兼） 欧阳德群 周云玲 唐 彧
委员 李智媛

市工商联

主席 吕 斌
党组成员 副主席 蒋文辉
副主席 蒋宁南
党组成员 秘书长 吴文旭

市委工作机构及有关单位

市委办公室

主任 唐能武
副主任 梁 军
纪检员 郑景学
副主任 姜宁燕
保密室（局）主任（局长） 周俊卫
原文秘室主任 蒋金银
原综调室主任 贺永景
机要局局长 蒋黔南
副调研员 督查室副主任 廖才燮
副调研员 阳进姣

市委组织部

部长 吴志雄
副部长 周益志 李 钢 裴春雷
部务委员 艾建华
副处级纪检员 祝 平
工会主席 邓可旺
副处级组织员 段发生
原公务员管理室主任 李永霞
基层办主任 周玉生

市委宣传部

部长 刘尤碧
副部长 蒋三立
副部长 周平平 王再兴 蒋旭军
副处级纪检员 魏勇波
文明办主任 陈水恩
市委外宣办主任 市政府新闻办主任 左亚军
副调研员 张穆宸

市委统战部

部长 石艳萍
副部长 市工商联党组书记 市非公有制经济组织和社会组织党工委副书记 欧阳树生
副部长 何春明 吕文桂
副部长 市侨联党组书记 邓晓明
副处级纪检员 彭新蓉
副调研员 陈四春

市委政法委

书记 张 严
常务副书记 唐国玉
副书记 维稳办主任 唐群英
副书记 综治办主任 王俊斌
副书记 陈军中
委员 纪检组组长 秦雄飞

委员
政治部主任 夏红兵

委员
综治办
副主任 唐戴莉

综治办
副主任 潘海山

市公安局
原副局长
（待安排） 黄尚锋

副调研员 邓鸿赞 濮梁洪

副调研员
执法监督室
主任 吴东涛

市委政策研究室（市委改革办）

主任 段联群

副主任 沈勇强

市委改革办
专职副主任 匡俊杰

副主任 蒋洪波

市委改革办
专职副主任 唐建平

副处级
纪检员 袁芳

市直属机关工作委员会

书记 郑文飞

副书记 李忠富 陈新兰 伍绍东

纪工委书记 刘逊日

工委委员 涂万林 唐述雷

市机构编制委员会办公室

主任 吴剑林

副主任 何长生 邓家旭

副处级
纪检员 黄建军

副调研员 黄大文

市委党校

校长 张严

常务副校长 许洋名

副校长 郑文飞 伍春波 黄燕 刘丁旺

教育长 李跃军

纪检组长 齐小玉

办公室主任 蒋碧芳

人事处处长 曾晓兰

教务处处长 唐晓波

科研处处长 范仰棋

财务处处长 谢知生

后勤处处长 姜宏伟

监察室主任 李忠翠

马克思主义
基本理论
教研室主任 陈小军

党史党建
教研室主任 刘少兵

经济学
教研室主任 蒋秧生

公共管理
教研室主任 宋菊香

警务技能
教研室主任 罗瑞平

学员管理处
处长 陈善文

信息技术及
远程教育室
主任 唐定彪

副调研员 胥庆辉 蒋莉 蒋祥明

市委老干部局

市委组织部
副部长
老干部局
局长 刘玲军

副局长 刘惠兰 高红卫

调研员 蒋兴华

市老干部
活动中心
主任 郝志伟

市委台湾工作办公室、市政府台湾事务办公室

主任 周生来

副主任 黄昌勇

市信访局

市政府
副秘书长
（兼）
市信访局
党组书记
局长
市联席办
主任
市调纠办
主任 陈小平

党组成员
副局长 高文 周劭文 阳辉文 唐雅静

党组成员
纪检组长 黄湘永

党组成员
副局长 杨宇

调研员 严星明

市人大各专门委员会及常委会工作机构

办公室

主任 蒋千红

副主任 蒋煦

副处级
纪检员 张月惠

副主任 赵国平

副调研员 周新华 唐龙

选举任免联络工作委员会

主任 吴庚辛

副主任 严俊

研究室

主任 邓海波

副主任 朱振华

民族华侨外事委员会

主任委员 钟敦北

副主任委员 邓洪

内务司法委员会

主任委员 雷燕平

副主任委员 沈京生

财政经济委员会

主任委员 刘志强

副主任委员 严兴朝

教育科学文化卫生委员会

主任委员 封立辉

副主任委员 赵玉芳

农业与农村工作委员会

主任委员 周龙江

副主任委员 秦建莉

城乡建设与环境资源保护委员会

主任委员 李章发

副主任委员 贺晓福

法制委员会

主任委员
法工委
主任 杨胜贮

副主任
委员候选人
法工委
副主任
拟任人选 乔晋楠

市政协办公室及专门委员会

办公室

秘书长 办公室主任 宋可福
协助秘书长工作 金洞管理区原党委书记 王小波
副处级纪检员 李宁
经济科技委原主任 唐先强
调研员 陈凯
副调研员 刘竹翠

提案委员会

主任 吴金燕
副主任 陈肆清

经济科技委员会

主任 尹玉林
副主任 胡新军

人口资源环境委员会

主任 张小惠
副主任 徐华慧

文教卫体委员会

主任 胡跃平
副主任 王明兴

民族宗教法制群团三胞联谊委员会

主任 谭珊娥

学习宣传文史委员会

主任 欧阳国川
副主任 李华丽

研究室

副秘书长 主任 刘翼平
副主任 周华民

市政府工作部门

市人民政府办公室

市人民政府党组成员 党组书记 主任 文绍涛
党组成员 纪检组长 王晨辉
党组成员 副主任 唐辉 乐家茂
原应急办主任 黄世轩
调研员 唐永华 李鼎荣
副调研员 邹娴

市发展和改革委员会

党组书记 主任 陈宇荣
协助单位主要领导工作 唐富荣
党组副书记 副主任 张荣华 郑朝晖
党组成员 副主任 周乾兴 何挺松 李武生 周芳文 胡明
党组成员 纪检组长 张建民
党组成员 总经济师 陈刚平
党组成员 副主任 梁志军
调研员 唐早君
副调研员 周克武
前期办主任 易恢贤
重点办主任 卿惠玲
价监局局长 邓利民
原委党组成员 副主任 魏建成

市经济和信息化委员会

党组成员 主任 谭立宏
党组成员 副主任 李润志 周海波 左小衡 陈曙光 柏芝青
党组成员 纪检组长 谢和平
党组成员 总经济师 冯伟林
电力执法支队队长 贺永林
技改办主任 李莹
副调研员 唐荣立

市教育局

党组书记 局长 蒋俊林
党组成员 副局长 滕永兴 何宁
副局长 李谋韬
党组成员 副局长 刘安球
党组成员 市教育考试院院长 张建华
党组成员 纪检组长 王亚春
党组成员 副局长 陈泽利
党组成员 市教育工会主席 任福
党组成员 主任督学 杨兰荣

市科学技术局

党组书记 局长 欧阳树生
党组成员 副局长 张超 尹明宇 蒋五定 李晓宁
党组成员 纪检组长 李谋智

市民族宗教事务委员会

党组书记 主任 李农妹
党组副书记 副主任 刘志刚
党组成员 副主任 赵飞 吴天明
党组成员 纪检组长 杨跃

市公安局

党委书记 局长 刘新良
党委委员 副局长 刁兰富 龙刚 沈林松
党委委员 纪委书记 郑勇
党委委员 副局长 秦建彪 周礼功
党委委员 政治部主任 张珞
党委委员 副局长 雷顺华 段周权
工会主席 周备战
待安排 何永清
调研员 李雪勇 万建强

陈建华
原市公安干校政委 王丽波
原经侦支队支队长 刘崇华
原治安支队政委 谭国友
原禁毒支队政委 邓和平
原经侦支队政委 陈祖国
原金洞分局局长 沈　林
警令部主任 毛先奇
警务保障部主任 唐红林
法制与信访办公室主任 罗功军
刑侦支队支队长 夏卫武
刑侦支队政委 黄辉庆
国保支队支队长 刘健武
国保支队政委 唐波明
治安支队支队长 王国宣
治安支队政委 周刚玉
禁毒支队支队长 蒋汉中
禁毒支队政委 蒋秀亮
经侦支队支队长 冯徐生
经侦支队政委 王舜奇
巡警特警支队支队长 朱峻波
巡警特警支队政委 文会华
人口与出入境管理支队支队长 何军湘
人口与出入境管理支队政委 贺永健
网技支队支队长 蔡明光
网技支队政委 谢子立
监管支队支队长 蒋纯铁
监管支队政委 陈健民
警务督察支队支队长 屈建华
交警支队支队长 杨运吉
交警支队政委 胡少波
经侦支队非国家工作人员职务犯罪侦查大队大队长 蒋　琼
副调研员 肖祥智
副处级侦察员 邓竹林　欧阳晓芬
副处级侦察员交警支队副支队长 唐兴宇
交警支队副调研员 朱玉强
副调研员警务保障部政委 陈勇君
副调研员预审支队支队长 刘　军
副处级侦察员 邓建军　程精忠
副调研员 邹智君
市公安干校校长 唐伍星
市公安干校政委 文声禄
市公安干校副校长 王惠军　孔小良
朱建成
市公安干校警务技能室主任 罗瑞平
市公安干校副调研员 蒋　莉

市民政局

党组书记局长社会组织综合党委书记 肖余胜
党组副书记副局长 李爱玲
党组成员副局长 陈宇永　吴林峰
陈　炜　谢江南
副局长 熊华清
党组成员纪检组长 唐军华
调研员 周基良　王庆华
副调研员 曾宪元

市司法局

党组书记局长 雷廷玉
党组成员副局长 杨长耀
副局长 廖信安
党组成员副局长 赵常斌
党组成员纪检组长 罗　成
党组成员副局长 李　伟
党组成员政治部主任 蒋小波
副调研员 蒋和平

市财政局

党组书记局长 杨军元
党组副书记副局长 唐建华
党组成员总会计师 彭　剑
党组成员副局长 何代林
党组成员纪检组长 郭齐民
副局长 刘亚屏
党组成员副局长 谢交发
党组成员农开办主任 唐小明
调研员 欧阳正才
副调研员 欧阳小平
非税收入征收管理局局长 杨　迪
农开办副主任 张　智　何红专
刘　勇　邓美光
鲁　强

国库集中支付中心主任　马　玮
投资会计核算中心主任　刘林秀
县域经济与产业发展融资中心主任　陈晓旺
财政投资评审中心主任　刘世荣
市政府驻涔天河监事会主席　陈蓓蕾

市人力资源和社会保障局

市委组织部副部长　局党组书记　局长　唐树成
党组副书记　副局长　文俊学
党组成员　副局长　何晓红　蒋新山　蒋红霞　邹　越
党组成员　纪检组长　刘雪林
党组成员　副局长　匡雄峰
党组成员　工会主席　杨　敏
公务员局局长　唐巍松
副调研员　李高林　程国梁

市国土资源局

党组书记　蒋良铁
局长　黄海淞
党组副书记　副局长　杨建林
党组成员　副局长　唐涨国　黄虎雄　李文乾
党组成员　总经济师　唐　纯
党组成员　纪检组长　陆享国
党组成员　市不动产登记中心主任　温小新
副调研员　彭志君
市土地储备中心主任　何　眷
市土地开发整理中心主任　杨青松
副调研员　李之强　蒋建俊

市住房和城乡规划建设局

党组书记　局长　彭晓东
党组副书记　副局长　周英杰　贺德林
党组成员　园林局局长　刘玉林
党组成员　副局长　彭善新
总工程师　陈　鑫
党组成员　纪检组长　桂爱广
副局长　李喜云
党组成员　副局长　刘太平
党组成员　工会主席　石先波
副调研员　李向阳　王　衡
副处级干部　唐端阳

市交通运输局

党组书记　局长　秦功智
党组副书记　副局长　李建军
党组成员　副局长　吴荣益　欧阳佳赐　裴路成　刘天宙　李序军
党组成员　副局长　市邮政管理局局长　唐卫国
党组成员　纪检组长　于东铭
党组成员　总工程师　蒋　竣
党组成员　工会主席　陈小平

市农业委员会

党组书记　主任　周善生
党组成员　副主任　杨延生　肖六春　于　恒　田焕福　张卫阳　龚文生
党组成员　纪检组长　刘江平
党组成员　副主任　王　琼
总农艺师　党组成员　胡秀良
副主任　党组成员　刘新峰
副主任　夏　炜
正处级干部　曹文德
调研员　颜小毛　徐剑星
副处级干部　曾小玲

市水利局

局长　党组书记　廖荣良
党组副书记　副局长　黄保平
党组成员　副局长　曹小阳　王桂芳　李启华
党组成员　总工程师　蒋燕翔
党组成员　纪检组长　蒋正生
党组成员　副局长　欧阳平清
调研员　石　琪
副调研员　单剑平
防办主任　李国旗

市林业局

党组书记　局长　艾艳君
局领导　宋振平
党组副书记　副局长　肖济民
党组成员　副局长　刘新民　王利民　蔡昌德
党组成员　纪检组长　陈君才
党组成员　总工程师　何晓东
调研员　胡向红　首才雄　花向群
副调研员　赵明雄　柏劲松
市森林公安局局长　李建华
市森林公安局政委　王应华

都庞岭国家级自然保护区管理局局长　李湘林

市商务和粮食局

局长、党组书记　邓　群
副局长、党组副书记　李燕军
副局长、党组成员　陈军杰　曾全国　李　烨　徐明华　李乾亮　王硕球　张　宏　刘大平　单春兰
工会主席、党组成员　蒋健民
副局长、党组成员　邓建华
纪检组长、党组成员　谢科平
调研员　邓显双
副调研员　杨增久　邓广平
口岸办主任　唐亚辉

市文化广电新闻出版局

党组书记、局长　李小星
党组成员、副局长　张科春　唐泽国　赵荣学　赵月辉　盘炳顺
党组成员、纪检组长　唐云春
副局长　孙耀梅
副调研员　黄大伟　赵红萍

市卫生和计划生育委员会

党组书记　肖东民
主任　欧阳德群
党组副书记、副主任　唐海德
副主任　田　洁
党组成员、副主任、市计生协会常务副会长　蒋玲萍
党组成员、副主任　王群路
副主任　蒋陆阳
党组成员、副主任　万松青
党组成员、总会计师　郭秋玲
党组成员、副主任　任水平　严行斌
党组成员、纪检组长　唐永沐
党组成员、副主任　刘建雄
调研员　卿民华
副调研员　陈荣斌　杨小兰
市计生协会副会长　李双元
市爱卫办主任　李　攀

市审计局

局长　龚跃林
副局长　雷玖夏　王平波　曾庆廉
总审计师　蒋跃军
纪检组长　胡剑平
市经济责任审计工作领导小组办公室专职副主任　唐亚平

市环境保护局

局长、党组书记　王衡平
副局长、党组成员　李亚峰　周治水　王宁军　饶刚林
纪检组长、党组成员　李建华
总工程师、党组成员　林朝阳
调研员　王跃明
副调研员兼环评科科长　蒋宏国
市环境监察支队支队长　刘　勇
市环境监测站站长　刘旭红

市统计局

党组书记　翟昆华
局长　胡建辉
党组成员、副局长　李海云　唐陶国
副局长　伍重武
党组成员、副局长　刘汉武
党组成员、总统计师　肖飞鹰
党组成员、纪检组长　张　超
调研员　唐军吉
副调研员　陈明辉

市旅游外事侨务局

党组书记、局长　唐海涌
党组副书记、副局长　李长文
党组成员、副局长　陈月全　唐修峰　刘　璇
党组成员、纪检组长　肖白果
调研员　邓承荣　颜贵平
副调研员　易　川

市城市管理行政执法局

党组书记、局长　张建坤
党组副书记、副局长　罗顺山
党组成员、副局长　张亚林　刘新军　张造明　唐荣辉
党组成员、纪检组长　唐文波

市安全生产监督管理局

党组书记、局长　段灵利
党组副书记、副局长　何团仁
党组成员、纪检组长　秦晓晖
党组成员、副局长　黄冬满　韩俊民　罗水文
党组成员、总工程师　刘　勇
调研员　骆龙润
副调研员　周　鹤　唐云辉
市安全生产应急救援指挥中心主任　何芳甫
市安全生产执法监察支队支队长　蔡建雄

市食品药品监督管理局

局长 党组书记 周长光
副局长 党组成员 曹晓春 卿宁萍
纪检组长 党组成员 陈泽民
副局长 党组成员 俞建林
副局长 赵颖
副局长 党组成员 陈三明
调研员 张桂芳
副调研员 周腾龙

市人民防空办公室

党组书记 主任 蒋明清
党组副书记 副主任 廖焕新
党组成员 副主任 吴国政 刘德顺
副调研员 廖建湘

市工商行政管理局

党组书记 局长 张国政
党组副书记 副局长 黄明华
党组成员 纪检组长 欧阳冬子
副局长 韩顺华
党组成员 副局长 王卫红 谢来旺 吴跃归
党组成员 工会主席 潘俐华
副调研员 何垂醒 杨立芳

市质量技术监督局

党组书记 局长 高守凯
党组副书记 副局长 贺建民
副局长 文革 蒋之 唐彧 刘勇民
总工程师 杨敏
纪检组长 李立志
副调研员 周德贵 钟立进

市人民政府法制办公室

主任 党组书记 兰卫平
副主任 党组副书记 刘功文
副主任 张权辉
纪检组长 党组成员 朱文华
副主任 党组成员 林晓峰
副调研员 谢开军

市政府金融工作办公室

党组书记 主任 曾宪孝
党组成员 副主任 文中林
党组成员 纪检组长 高耀
党组成员 副主任 黎拥军 卢基平

市政府直属特设机构

市国有资产监督管理委员会

党委书记 主任 杨建奎
党委副书记 副主任 贺一夫
党委委员 副主任 罗有生
党委委员 纪委书记 陈海燕
党委委员 副主任 田庭安
副调研员 曾艳玲 蒋方宏
市政府派驻城投集团监事会主席 易春阳
市政府派驻经投集团监事会主席 刘伟军

正处级事业单位

市党史与地方志征集编纂办公室

主任 李俊江
副主任 高波 高爱国 郑经纬

市档案局

局长 蒋刚生
副局长 阳寰宇 贺旺喜
调研员 廖满婷

市委市政府接待处

处长 盘德平
副处长 周贤志 刘波
副调研员 李薇

市委讲师团

主任 周勇
副主任 李国仲 左雅婷
调研员 吴秋香

永州日报社

党组书记 社长 刘波
党组副书记 总编辑 欧显庭
党组成员 副总编辑 吕晓勇
党组成员 副社长 阳城乡
党组成员 副总编辑 蒋剑翔 万跃飞 曾锐
党组成员 纪检组长 章莉
副调研员 王彩星

市广播电视台

党委书记 台长 总编辑 蒋三秋
党委委员 副台长 杨向东 刘楚平
党委委员 纪委书记 唐新华
党委委员 副总编辑 罗光国 唐群星
工程师 钟伟
工会主席 副调研员 柏高见
副调研员 夏国忠 罗剑君
副处级干部 欧朝阳

湖南省九嶷山舜帝陵基金会办公室

主任 郑运生
副主任 李卓勇

市机关事务服务中心

原市委机关事务管理处

副主任 王志强 王素娟 李健林
副调研员 黄凌明

原市政府机关事务管理处

副主任　蒋少华　唐　辉　唐晓斌

市移民开发局

党组书记、局长　周智亮
党组副书记、副局长　李爱斌
党组成员、副局长　何长华
党组成员、纪检组长　何志荣
调研员　伍少平　黄　伟
副调研员　卢兆盛

市扶贫开发办

党组书记、主任　段贵建
党组成员、副主任　李顺利　伍四清
副调研员　雷运福

市公路局

党委书记、局长　杨小明
党委副书记、副局长　朱云飞
党委委员、副局长　唐高见　陈跃峰
党委委员、纪委书记　刘文杰
党委委员、工会主席　蒋华清

市供销合作联社

党组书记、理事会主任　唐甫忠
党组副书记、监事会主任　梁仁初
党组成员、理事会副主任　黄洪德　贾玉权　吴仁海
党组成员、总经济师　杨顺成
党组成员、纪检组长　肖八妹
调研员　雷治贵

市畜牧水产局

党组书记、局长　蒋南林
党组成员、副局长　高宏华　尹秋元　唐慧稳　成卫平
党组成员、纪检组长　李红林
调研员　王敦勋

市房产局

党组书记、局长　高　武
党组副书记、副局长　唐国雄
党组成员、纪检组长　周进春
党组成员、副局长　龙国庆　卢志华
调研员　曾亚辉
原市房改办主任（副处）　唐国强
副调研员　张木用　蒋文林

市公共资源交易中心

主任　李　恺
副主任　刘　骥　义盛章　奉金菊

市政务服务中心

党组书记、主任　骆方方
党组副书记、副主任　蒋如明
党组成员、副主任　顾　健
副调研员　熊君生

湖南省双牌水库灌区管理局

局长、党委书记　夏剑平
党委副书记、副局长　柏　牧
副局长　邓孟秋
工会主席　林运华
副局长　刘格林
纪委书记　郑　薇
副局长　郑黎明
总工程师　周文彬
调研员　张彩鉐
副调研员　蒋建国

涔天河水库和工程管理局

党委书记　黎世民
党委副书记、局长　刘亮凯
党委委员、工会主席　张明亮
党委委员、副调研员　田红旗
纪委书记　卿建民
副局长　邓金国　石林辉
副调研员　李　忠

市农业科学研究所

党委书记、所长　孙小成
副所长、党委委员　罗怀贵　欧阳国春　王文华
总农艺师、党委委员　王　霈
纪委书记　周　涛
工会主席、党委委员　桂爱军
副调研员　王安国

福田茶场

党委书记　唐动发
党委副书记、场长　雷安术
党委副书记、纪委书记　孙建国
党委委员、副场长　莫国平　雷干农　卢作斌
党委委员、工会主席　李江南

市柑橘示范场

党委书记、场长　周建志
副场长　李友卿
工会主席　李德峰
纪检书记　柏小明
副场长　廖家艳
副调研员　尹向东

市工业企业改制服务办公室

主任、党组书记　张治荣
副主任、党组成员　石清华　谭家斌　叶海涛　张红一　杜后成

市商业企业改制服务办公室

党组书记、主任　文善林
党组成员、副主任　蒋益郓　周良发

群团组织

市总工会

市人大常委会党组副书记 副主任 市总工会主席 杨海河
市总工会党组书记 第一副主席 吴红燕
党组成员 副主席 徐　波
党组成员 纪检组长 刘慧星
党组成员 副主席 程万衡　邓春成
党组成员 女职工委员会主任 蒋艳萍
党组成员 经费审查委员会主任 眭亚山
副调研员 邹力行

共青团永州市委

书记 党组书记 龙　亮
副书记 党组成员 李　玲
纪检组长 党组成员 胡湲晖
副书记 党组成员 冯志多

市妇女联合会

党组书记 主席 黄玉芳
党组成员 副主席 唐　羽　黄秋莲
党组成员 纪检组长 刘贤华

市科学技术协会

党组书记 主席 翟方奇
党组成员 副主席 胡海元　汪华明
副处 熊幼松
副调研员 肖健林　曹筱虹

市文学艺术界联合会

党组书记 主席 蒋蒲英
党组成员 副主席 熊爱华　李　科
调研员 陈　文

市归侨侨眷联合会

主席 唐建春
副主席 柏继平

市社会科学联合会

主席 蒋三立

市残疾人联合会

党组书记 理事长 顾晓姣
党组副书记 副理事长 范桑洪
党组成员 副理事长 万平波　唐荣华
调研员 匡富春
副调研员 王芳玉　刘玉珍

中国国际贸易促进委员会永州支会

党组书记 会长 胡　羲
党组成员 副会长 李少君

市红十字会

专职副会长 伍友华

市计划生育协会

常务副会长 蒋玲萍
专职副会长 兼秘书长 李双元

市慈善总会办公室

主任 孙文波

副处级单位

市城市园林局

局长 刘玉林
副局长 刘宏武

市文化市场综合执法局

局长 李灵钧
副局长 文　晖

市农业机械化管理局

局长 蒋华权
副局长 伍海斌

市农业综合开发办公室

主任 唐小明
副主任 张　智　何红专　刘　勇　邓美光　鲁　强

市建筑工程事务管理办公室

主任 雷海斌

市建设质量安全监督站

站长 书记 邓新茂

市规划设计院

院长 王宇斌

市住房公积金管理中心

主任 赵国平
党总支书记 郑柏英

市烤烟工作领导小组办公室

主任 吴　谨

省无委办永州市管理处

主任 蒋爱新

市劳动保障监察支队

支队长 胡　伟

市就业服务局

局长 何昌盛

市医疗保险基金管理处

主任 岑　旋

市机关事业单位社会保险管理处

主任 廖继华

市工伤保险处

主任 朱新开

市社会劳动保险管理处

主任 罗基松

市劳动人事争议仲裁院

院长 万　萍

市教育考试院

院长 张建华

市教育科学研究院

院长 严中斌

市政府驻北京联络处

主任 蒋建平
副主任 高　文　杨瑞雪　廖洪涛

市政府驻长沙办事处

主任 胡继军
副主任 邹晓帆

市政府驻深圳办事处

主任 裴兴宇
副主任 唐启君

市公安局交警支队

支队长 杨运吉
政委 胡少波
副处级侦察员副支队长 唐兴宇
副调研员 朱玉强

市军转干部培训中心

主任 艾平华

市场服务中心

主任 邓湘祁

市疾病控制中心

主任 陈伯中

市卫生计生综合监督执法局

局长 康灿

市文物处

处长 贺义辉

市军队干部休养所

所长 蒋卫东

市道路运输管理处

主任 蒋贤明

市事业单位登记管理局

局长 蒋欧林

市地方海事局

总支书记局长 吕格林

市投资促进局

局长 吴小芳

市地震局

局长 张泉

市食品药品检验所

所长 蒋国龙

市交通建设质量安全监督管理处

处长 张建晖
副处长 张平军 杨方成 彭洪宁
总工程师 眭芝萍

市优化办

主任 唐基归

部分中央、省驻永州单位

市国家安全局

局长 罗国飞

市国家税务局

党组书记局长 曾立春
党组成员副局长 朱建河 欧鸿鲲 李靖 刘小明
党组成员纪检组长 文方明

市地方税务局

党组书记局长 毛东庆
党组成员副局长 唐双祁 刘小贤 何多珍
党组成员总经济师 程灿烂
党组成员纪检组长 陈立志
党组成员总会计师 桂来上
调研员 杨兴明 唐景平
副调研员兼系统工会主任 杨伟毅

市烟草专卖局

党组副书记副局长副经理（主持工作） 幸勤
党组成员副经理 秦江顺 刘正日
党组成员副局长 阳天和
党组成员纪检组长 杨深根
调研员 周国生
副调研员 欧阳维胜
副处级干部 聂新柏 李中飞

市气象局

局长党组书记 鲁金舟
副局长党组成员 黄海涛 宋定满
纪检组长党组成员 欧阳水章

市水文水资源勘测局

局长 （缺）

市邮政管理局

党组书记局长 唐卫国

中国人民银行永州市中心支行

党委书记行长 袁曙光
党委委员副行长 蒋国政 杨金日 唐大立
党委委员工会主任 雷树清
党委委员纪委书记 黄辉
副调研员 赵东旺

永州银监分局

党委书记局长 邓建华
党委委员副局长 李树屏
党委委员纪委书记 冯重林
党委委员副局长 赖泽仁

国家统计局永州调查队

党组书记队长 庄作勇
副队长 蒋英明 谢春丽
纪检组长 陶小岗

永州监狱

党委书记监狱长 雷建华
党委副书记政委 邱平石
党委委员公司总经理 马明志
党委委员副监狱长 彭旦初
党委委员公司副总经理 欧亚拉
党委委员纪委书记 罗宏国
党委委员副监狱长 何凯 王宽武
党委委员政治处主任 颜开
公司副总经理 袁海波 许东波
调研员 朱平刚 李怀义
副调研员 李来成
副调研员工会主席 吕录

东安监狱

监狱长　宋小平
政委　王光明
总经理　张伟
副监狱长　李鹏飞
副总经理　杨爱科
副监狱长　陈建祥
政治处主任　郭代卓
纪委书记　谭晓晖
副监狱长　彭志明
副总经理　段诚富
工会主席　调研员　伍先军
副调研员　赵修建　宁建彪

中央储备粮永州直属库

主任　党委书记　欧阳支援
副主任　邹小红　骆福军
总会计师　李凝

湖南省轻工盐业集团有限责任公司永州分公司

总经理　陈章勇
党委书记　丁朝晖
副总经理　唐健

湖南省新华书店有限责任公司永州市分公司

总经理　龙量海

驻永军事单位

武装警察部队永州市支队

支队长　祝立志
第一政治委员　刘新良
政治委员　王剑
副支队长　罗衡军
副政治委员　胡家平
参谋长　李奇
政治处主任　胡为
后勤处处长　海磊

市公安消防支队

支队长　李一红
政治委员　吴朝亮
副支队长　刘禄军　欧军歌
副政治委员　黄孝阳
参谋长　胡志刚
政治处主任　严江海
后勤处处长　何昆哲
防火监督处处长　蒋效忠

国家历史文化名城

National Famous Historical and Cultural City

综　　述

2016年12月25日，经国务院批准，将永州市列为国家历史文化名城。永州在历史文化名城申报工作中，坚持“保护历史文化遗产、延续千年古城风貌”，正确处理古城保护、建设与利用的关系，先后完成《永州历史文化名城保护规划》编制，历史文化街区的保护规划、系列文物保护规划以及周家大院、柳子庙等重点文保单位保护规划和维修方案，形成较为完善的历史文化名城保护与管理体系。先后投入14.8亿元用于对重点文物古迹的主体和周边环境修缮保护；投资1.3亿元用于历史街区、历史建筑的保护修缮和环境整治以及愚溪清淤和绿化工程；投资3000万元，完成人民路修缮工程以及水晶巷、总督巷等历史街巷的环境整治。对永州八记遗迹、“八愚”遗址和各级文保单位进行修缮保护；对与周家大院整体风格不相符的40多处现代住宅建筑予以拆除，投资6000万元对六大院落进行抢救性保护和修缮。2015年，柳子街被评定为湖南省唯一的全国历史文化古街。加强名城申报和保护工作宣传，营造良好社会氛围。组织拍摄《锦绣潇湘》《图画零陵》等电视宣传片，出版发行《永州国宝》《品读永州》《永州石刻拾萃》、“永州历史文化丛书”等有关历史文化的图书40余万册。在市内外新闻媒体加强“申报国家历史文化名城”主题宣传，利用城乡电子显示屏、大型户外广告牌、公交候车亭、建筑围挡等播出、悬挂有关申报宣传标语。开展“寻找100幅老永州——老照片、老物件、老故事”征集活动，每年举办柳宗元学术国际研讨会、舜文化研讨会、怀素书艺研讨会、女书研讨会等系列活动。

周家大院古建筑群维修

国务院在国函〔2016〕205号文件中明确，同意将永州市列为国家历史文化名城。永州市历史悠久，文化遗存丰富，保存有独特的“两山一水一城”古城格局，历史街区特色鲜明，非物质文化遗产丰富，具有重要的历史文化价值。国务院要求湖南省及永州市人民政府要按照《历史文化名城名镇名村保护条例》的要求，正确处理城市建设与保护历史文化遗产的关系，研究发掘历史文化遗产的内涵与价值，明确保护的原则和重点。编制好历史文化名城保护规划，并将其纳入城市总体规划，划定历史文化街区、文物保护单位、历史建筑的保护范围及建设控制地带，制定严格的保护措施。在历史文化名城保护规划的指导下，编制好重要保护地段的详细规划。对于城市未来发展规划和建设，国务院强调，要重视保护城市格局，注重城区环境整治和历史建筑修缮，不得进行任何与名城环境和风貌不相协调的建设活动。

■ 健全完善管理机制　2015年12月26日，永州市住房和城乡规划建设局成立永州市历史文化名城管理办公室，为正科级全额拨款事业单位，负责全市历史文化名城的保护、指导、管理工作，正向省编办申请升格为副处级全额拨款事业单位。2016年3月7日，市人民政府选定16名国内有影响的文物保护、古建筑、规划设计方面的专家为名城保护专家委员会成员，正式开展名城保护咨询指导工作。

■ 落实文物保护措施　2016年，永州市根据国家历史文化名城评估考察组专家的意见，启动中心城区省级文物保护规划的编制工作。完成保护柳子街打铁铺等民俗文化生活方案编制，制订老埠头历史文化街区修缮工作计划，解放南路历史文化街区基础设施改造计划纳入零陵古城建设计划，解放南路历史文化街区历史建筑保护修缮方案制订并实施。加快申报永州古城墙遗址为省级文物保护单位，已准备资料向省文物局申报第八批省级文物单位。零陵区周家大院古建筑群的修缮工程正在紧张施工，子岩府完成修缮，四大家院、老院子的修缮工程已经启动；廻龙塔的修缮工程基本完工；完成香零山观音庙修缮方案制订；抢救性修缮画眉山村红色革命遗址；张浚故居已对外开放。

■ 修改完善申报文本 2016年，永州市结合评估考察组提出的修改意见，按照住建部规划司名城处的要求，组织名城保护专家组成员对《永州市国家历史文化名城申报文本》进行反复修改，于5月完成修改、定稿任务。

■ 拓展文化研究 2016年，永州市组织专家对永州历史文化进行深度研究、挖掘和整理，邀请清华大学建筑学院的专家开展“零陵古城营建历史及特色价值研究”的课题研究，课题研究基本完成。该项工作将为永州古城保护提供科学依据，丰富永州历史文化名城的内涵。

■ 加强对历史建筑的保护 2016年11月，零陵区大西门社区17网格关于城南路70号房屋存在安全隐患的事件，经现场勘察，确定城南路70号房屋为永州市第一批历史建筑，该房屋年久失修，屋顶几处破损漏水，状况较差，主要是临街屋檐处的横梁已经腐朽倾斜，存在坠落砸伤过往行人的危险，存在一定安全隐患。根据《永州市历史建筑保护管理办法》《永州市中心城区历史文化街区、历史建筑保护修缮管理办法》文件精神和安全事故隐患排查、消除相关政策法规，督促房屋产权人及时进行修缮。

■ 国务院办公厅调研组在永州调研“创名城”工作 2016年9月7日，由国务院办公厅秘书二局、住房城乡建设部城乡规划司组成的国务院办公厅调研组一行在永州调研永州市申报国家历史文化名城工作。市委书记陈文浩，市委副书记、市长易佳良，市领导颜海林、石艳萍出席汇报会议。省住建厅党组成员、副厅长高东山陪同调研。国务院办公厅调研组充分肯定永州市申报国家历史文化名城所做的工作，认为永州历史文化底蕴深厚，内容丰富，地方党委、政府高度重视申报工作，各项基础工作扎实有效。调研组指出，申报国家历史文化名城是对整个城市发展的有效推动，要积极抓好申报工作，抓好名城规划编制，共同推进保护与整治工作。要进一步加大工作力度，切实贯彻落实好国务院《历史文化名城名镇名村保护条例》，同时要抓好督查工作，对违反条例的实行严格问责。

柳子古街夜宴　　摄影 陶旭日

■ 柳子景区入选全省文明风景旅游区 2016年2月，在湖南省公布的2015年全省文明风景旅游区中，零陵区柳宗元文化旅游区榜上有名。零陵区采取“善打柳子牌、巧唱柳子戏、勤作柳子文章”，投入上亿元资金，对古街、古巷、古房、古铺、古建筑，按照“修旧如旧”的办法进行全面修缮，对景区内每家每户统一制作仿古门牌号，对街头巷尾统一制作路标，改建、新建公厕3座，对沿景区10年以上的树木实行挂牌保护，对景区沿线的愚溪河进行全面机械清淤、洗刷，并对沿河两岸实行绿化、美化、亮化、净化，对景区内古景点实行保护性挖掘和恢复，并在景区悬挂永久性文明用语和图标100余条。2015年，住房城乡建设部、国家文物局公布第一批中国历史文化街区，零陵区柳子街历史文化街区成为湖南省唯一入选街区。

■ 零陵干岩头被评为“湖南最具人文风情古村落” 2016年1月，湖南省第四届网络文化节“寻找最美湖乡”活动落幕，零陵区富家桥镇干岩头村获评“湖南最具人文风情古村落”。干岩头村位于富家桥镇西南部，地处湘南五岭山脉南麓。境内有保存较完好的明清古建筑院落6座，院落皆坐南朝北依山傍水而建，其中最大的一座院落是清同治年间任翰林院编修的周崇傅所建，具有很高的艺术造诣和文物价值。

■“零陵古城”项目开发投资70亿元 2016年9月25日上午，“零陵古城”文化旅游综合保护开发项目开工建设。市委书记陈文浩出席并宣布项目开工建设。市委副书记、市长易佳良致辞。市委副书记张严主持。市领导唐定、唐湘林、唐能武、杨永、吴志雄、刘尤碧、严兴德，伟光汇通集团董事长陆学伟、香港路劲集团董事局主席单伟豹出席。“零陵古城”是永州市最大的古城保护开发项目，由零陵区政府与北京伟光汇通集团合作开发，项目毗邻柳子庙，以潇湘文化为核心，以明清古建筑为载体，融入徽派建筑风格，双重“两山夹一水”的恢宏布局，打造形成文化观光、风情体验、特色消费、主题度假等文化旅游景点，规划“一轴、两带、三核、五街、十二坊”，结合当地人文风情和自然资源，将零陵古城建成为一座古色古韵、充满潇湘文化特色的国家AAAAA级历史文化旅游景区。规划用地约100公顷，总投资70亿元，建筑面积75万平方米。

国家卫生城市

National Health City

综　述

2016 年，永州市按照国家卫生城市的标准，克服市容环境综合整治任务重、问题多、难度大等困难，围绕“明确责任、坚持标准、突出重点、严格管理、完善机制，注重长远”这一工作思路，以创建国家交通管理模范城市、国家园林城市和国家文明城市为推力，开展城市环境综合治理，巩固国家卫生城市创建成果。

管理网络健全。市委、市政府把国家卫生城市管理工作列入年度经济社会发展工作计划，与创建国家交通管理模范城市、国家园林城市和国家文明城市结合起来，统一部署，统一安排，把任务细化分解到各责任单位，并统一抓好督促检查落实。把国家卫生城市管理工作继续作为“一把手”工作来抓，由各级、各部门“一把手”负总责，履行相关职能，健全联动机制，层层抓落实。把国家卫生城市管理工作列入市人大、市政协年度考察计划，每年组织人大代表、政协委员专题考察，强化法律监督和民主监督。把责任单位完成国家卫生城市管理工作任务纳入年度绩效考核重要内容，市国卫办统一组织考核和检查验收。制定《永州市人民政府关于进一步加强新时期爱国卫生的实施意见》《永州市中心城区门店业主“门前屋后三包”责任制考评实施方案》《2016 年永州市“门前三包”责任制落实情况考评标准》《永州市数字城管工作考评暂行办法》《永州市中心城区市容环境大整治“攻坚月”实施方案》等方案，出台《永州市中心城区农贸市场专项规划（2015—2020）》。市国家卫生城市管理工作领导小组每季度定期召开国卫管理工作调度会，适时召开专题会议、领导现场办公会等及时解决一批重点难点问题，确保各项工作的推进和目标任务的如期完成。邀请部分国家级专家、省爱卫办专家到永州市进行国卫管理调研指导，提出宝贵意见和建议，推动全市国卫管理工作的深入开展。

营造国卫管理活动氛围。利用报纸、电视、网站、微信等媒体发布国卫管理消息，定时公布近期工作进展，扩大宣传覆盖面。在高速公路出口和人流量大的路段设立大型户外公益广告，在单位、临街商铺 LED 屏播放国卫管理宣传标语，营造氛围。三区（冷水滩区、零陵区、永州经济技术开发区）每月都确定一天为全民卫生日，组织大家开展搬家式大扫除，与街道办事处、社区和村联动，利用各种卫生节日，走上街头、深入社区，向群众开展“防四害”健康咨询和宣传教育活动，提高居民健康保健意识。

城市基础设施建设步伐加快。以基础设施建设为重点，进一步加大资金投入，按照分级负责的原则，通过贴息、融资、市场化运作等多渠道筹措资金，加大城市基础设施建设力度，城区基础设施逐渐完善，城市品位日益提升。出台《永州市国家卫生城市管理基础设施专业组 2016 年实施方案》，对市政基础设施建设、园林绿化、环卫基础设施建设、空间立面、城中村建设、建筑垃圾处理场建设、专业市场建设、停车场建设等内容进行具体部署，并在每个季度对三区两个投资平台公司进行检查，清点日常管理基础台账、建设进度以及现场管理情况，每季度对调度会、督办、交办的问题项目，限期整改后进行复查，确保整改力度达到国卫管理要求。与道路建设同步，配套实施供热、供水、供气、排水、排污、路灯、电力、通信，以及垃圾处理、污水处理、公共厕所等市政基础设施项目。中心城区进行的湘江东路、零陵路、翠竹路、双洲路、湘永路、长丰大道等道路立面改造工程建设任务基本完工；逸云路城中村改造工作全面启动，建筑垃圾处理场建设，规划选址 7 处；专业市场建设，冷水滩区有建材市场、物流市场、汽车交易市场、源味街等，零陵区有潇湘汽车城、建材市场、古玩市场、石材市场、二手车交易市场等。中心城区建成区绿化覆盖率 41.01%，人均公园绿地面积 11.52 平方米，规划公园、小游园 70 处。

推进环境保护工作。市委、市政府高度重视生态环境保护和湘江污染防治工作，先后制定《关于加快推进生态文明建设的实施意见》《永州市水污染和大气污染治理实施方案（2016—2020 年）》《永州市落实〈水污染防治行动计划〉实施方案（2016—2020 年）》《永州市湘江保护和治理第二个“三年行动计划”实施方案（2016—2018 年）》等文件，明确可持续发展生态环境保护的工作目标、主要任务、责任部门。培养全市人民的生态环境保护意识，在永州电视台、《永州日报》开辟专栏，实时或定期播报环境空气和水环境状况，普及环保知识。举办全市环保法治培训班，市、县区有关部门和企业负责人 300 余人参加培训；举办湖南2016绿色卫士湘江漂流活动蓝山县启动仪式、“绿色湘江·我们共同见证”湘江漂流活动欢迎仪式暨永州市“六·五”环境日宣传月活动启动仪式，组织纪念“六·五”环境日暨2016“碧水蓝天·生态永州”摄影展；组队参加全省首届环保法律知识竞赛并夺得冠军。关闭市区最大的工业污染源——湘江纸业有限责任公司，消除臭气、燃煤锅炉对市区环境空气质量的影响；关闭、淘汰、退出城市规划区内的建筑用砖厂34家；加大城区内燃煤锅炉改用清洁能源和建筑工地扬尘污染治理力度。城区医疗行业产生的废弃物全部由市医疗废物处置中心收集，经高温蒸煮、破碎后进行卫生填埋，安全处置率100%。市中心医院、三医院、中医院等医疗机构医源性污水的处理排放符合国家有关要求。城区纳污管网、雨污分流不断完善，生活污水集中处置率90%以上。加强饮用水源保护区和污染源的日常巡查，集中式饮用水水源地一级保护区水质达标率100%，安全保障达标率100%。全年辖区内没有发生重大环境污染和生态破坏事故，城区空气质量指数（AQI）≤100的天数274天，优良率89.83%；二氧化硫、氮氧化物、PM10、臭氧、一氧化碳年均值达到国家《环境空气质量标准》二级标准；秸秆综合利用率达100%，无秸秆焚烧现象；区域环境噪声平均值50.8分贝≤60分贝。水环境功能区水质达到《地表水环境质量标准》Ⅲ类标准，其他水体无黑臭现象。重视城区市容环境卫生整治工作，探索建立适应城市建设发展的管理体制和运行机制，坚持标本兼治，综合治理，不断完善市容环境卫生长效机制，创建管并举，开展市容环境大提升、大整治活动，城区生态和人居环境明显改观。

■ 规范建筑工地管理 2016年，永州市中心城区有在建工地146个。市建筑工程质量安全监督站对所有工地，按照国卫管理标准展开地毯式排查，市委调度会通报52个项目，重点落实，重点督办，对项目的整改落实情况进行跟踪检查，有力推动问题整改。中心城区有待建工地（储备土地）23宗，全部建有围墙、围挡，围墙外有宣传标语，围挡规范，无乱倒垃圾，乱搭乱建现象。加强对建筑施工现场扬尘污染、渣土运输扬尘污染专项整治，督促施工单位严格按照扬尘防治规范要求落实扬尘防治措施，将扬尘防治措施列入文明施工检查重点内容，对违规施工单位予以曝光并责令整改，并进行扣分、取消“文明工地”评审资格、限期整治、责令停止施工等过硬措施，取得较好效果。

■ 环境卫生集中整治 2016年9月19日至11月20日，永州市组织开展中心城区市容环境大整治“攻坚月”整治活动，开展城市环境卫生清洁行动。市委、市政府督查室和市国卫办开展专项督查，印发督查通报，下发“交办函”“整改通知书”，对督查中发现的突出和重点问题，责令相关单位及时整改。全年发出交办函和督办函260多份，组织专项督查14次。对城区主街道开展地砖铺设、立面改造、庭院绿化、门前整治、破损路修补、污渍污物清洗、门头牌匾规范、违章建筑拆除、城区景观美化等工作，基本落实“门前三包”责任制，市容市貌有明显改观。针对市场现状，采取不同措施实行分类、分期、分批改造提升。对设施较好、管理规范的市场按照“准超市化”要求进行改造；对设施简陋、管理较差的市场，由相关职能部门组织市场管理者和经营者，全面完善相关配套设施，加强市场管理，不断改善购物环境。冷水滩区工业村市场扩容部分和零陵区石山脚市场分别于5月和10月开始试营业；安置市场二期一楼开始试营业，二楼框架完成；辰鑫农贸市场封顶；活禽批发市场由冷水滩区政府为承建主体，完成立项工作。“八小”（小餐饮、小作坊、小旅馆、小网吧、小理发、小洗浴、小歌舞厅）行业类别分别开展从业人员培训，相对集中规划设置“八小”经营门店，采用整治一批、取缔一批、达标一批、挂牌一批的办法，改善“八小”行业的硬件设施，规范“八小”行业的经营行为。

■ 健康教育稳步推进 2016年，永州市建成健康主题公园和健康步道，健全市、区、街道和社区四级工作网络，落实医院、学校、居民和村民健康教育工作，开展全民健康生活方式行动，发放《公民健康知识问答》等教育资料，集中开展健康教育进社区、进学校、进医院、进厂矿等活动。市区中、小学健康教育课程做到“教师、课时、教材、教案、效果评价”五落实。市区各医疗机构门诊、病房均设有咨询台和健康教育专栏，印制健康教育处方，播放健康教育录像片等，对病人及其家属进行健康教育知识宣传。在电视台、网站开设卫生与健康专栏，定期报道国家卫生城市巩固提高工作，在公共广场、火车站、汽车站、飞机场等处电子屏不间断开展健康教育宣传，媒体设立健康教育专栏；实施健康教育进社区活动，落实城区各级医院帮扶社区健康教育工作；做好控烟健康教育。开展无烟单位创建活动，在城区各个机关开展无烟创建活动，设立禁烟标志标识。

国家森林城市

National Forest City

综 述

2015年11月，国家林业局授予永州市“国家森林城市”称号。截至2016年6月，全市累计完成新造林面积17.28万公顷，年造林面积占市域面积1.55%；封山育林面积11.96万公顷；新增城市公园绿地面积1273.33公顷。全市城市建成区绿化覆盖率41.03%，人均公园绿地面积12.45平方米，乔木种植比例73.41%，街道树冠覆盖率30.3%，地面停车场乔木树冠覆盖率44.95%，水岸林木绿化率89.9%，道路林木绿化率83.79%，集中、分散居住型村庄林木绿化率38.45%、26.31%，重要水源地森林覆盖率93.1%。森林蓄积量从2011年的5048.6万立方米提高到5643.8万立方米，森林覆盖率由60.83%增长到61.89%。林业三次产业齐头并进、快速发展，实现生态与效益的互动双赢。一产业，新建油茶、毛竹、速丰林、木本药材、花卉苗木、珍稀树种和生物质能源林等高标准基地13.53万公顷；二产业，形成林油、林化、林药、林板、林果、森林食品六大支柱产业；油茶、毛竹、家具3个新兴“百亿园区”快速崛起；拥有国家级林产龙头企业2家、省级龙头企业41家，中国驰名商标4个、湖南名牌产品和著名商标17个，规模以上林产加工企业156家；三产业，依托国家森林公园、湿地公园和自然保护区等生态优势，借力九嶷山公祭、阳明山杜鹃花节、蓝山梨花节等节庆活动，发展森林生态休闲旅游，新建成国家生态旅游示范区1个，湖南省特色旅游名镇（乡）2个、名村8个、五星级乡村旅游区（点）7个。阳明山、九嶷山等生态科普教育基地和都庞岭生态科普教育馆，内容丰富，功能齐全，各具特色；市树、市花评选，传播生态文化与生态理念；阳明山杜鹃花节、蓝山梨花节、爱鸟周、森林防火宣传月等活动，倡导人与自然和谐价值观；尽责率高达93.79%的全民义务植树，开展纪念林营造、树木绿地认建认养等活动，助推植绿、护绿、爱绿、兴绿良好风尚。举办不同形式的市级生态科普活动39次；新建纪念林及全民义务植树基地近2666.67公顷；建档挂牌保护古树名木7.31万株，保护率100%；市民对创森工作的支持率和满意率分别达98.31%和97.69%。编制《永州市国家森林城市建设总体规划》；制定《封山育林实施办法》《城市绿线管理办法》《城市公园管理办法》《古树名木保护管理办法》等地方规章；施行林地、湿地常态化管理办法；建立“打防并举”的林区治安防控模式；推行以测土配方、林权电子管理为主的数字林业建设；制订城市森林营造、管护和更新等相关措施和标准；在全国林业系统率先开通24小时服务热线；组建市场化运作的林业有害生物防治公司；构筑群防群治的森林防火工作体系。基本构建起管理有制度保障、建设有规章可循的城市森林管理体系。

2016年，永州市坚持一张蓝图布局、二个结合并举、三方联动共建、四轮驱动发力。坚持一张蓝图布局，即做实顶层设计，坚持按照创森总体规划蓝图布局推进。通过公开招标，委托国家林业局中南林业调查规划设计院编制《永州市森林城市建设总体规划》，并经市人民政府批准纳入城市总体规划实施。按照建设冷水滩和零陵核心区城市森林、湘江母亲河湿地生态保护带、潇水流域生态保护带和洛湛铁路沿线林产工业带等“一核一江一水一带”，以及构建舜皇山、阳明山、九嶷山“三山”生态区，推进中部山区重点生态区、南北丘陵盆地用材林及特色经济林区和零（零陵）冷（冷水滩）、道县城市林业经济区等“三区”建设以及防护林、商品林、景观林“三林”建设，打造各类保护区、生态公益林、生态兼用林等三级生态屏障和呈点状分布的生态建设地带“三山三区三林三屏和多点”的总体布局，保持工作与规划同频共振，一张蓝图干到底。

坚持二个结合并举，即坚持生态建设与发展民生相结合、坚持植绿建绿与保护生态相结合，推动创森工作全面、协调、可持续发展。通过提质扩量增绿、丰富树种结构、优化景观层次、提高生态功能等措施，推进城市公园、游园、街道、广场、节点及沿江、沿河风光带建设，提高城市“绿肺”功能；动员各居民小区和单位，利用庭院、楼顶、阳台以及道路等空间，采取拆墙透绿、见缝插绿、垂直挂绿等措施，做好植绿、建绿工作，让市民望得见山、看得见绿、赏得到景、呼吸得到新鲜空气。通过发展林业产业、林下经济，引导和推进林板、林油、林化、林药、森林食品及森林休闲旅游一体化建设，培育以金浩、林之神、九嶷山为龙头的油茶产业园区、以湖南云生为龙头的东安竹产业园区和以新田华泰、零陵福源木业为重点的家具产业园区等3个“百亿产业园区”建设。开展生态文明教育，让生态理念融入社会每个成员生活；开展绿地树木认建、认养活动，使“植绿兴绿、护绿爱绿”成为人们良好风尚；全面加强林地保护，坚决守住林地保有率146.67万公顷的底线；加强生态公益林保护，实现面积管护率100%；加强自然保护区建设，强化4个国家级自然保护区和2个省级自然保护区的建设管理；加强湿地保护，湿地保护率62.43%；严厉打击乱采滥挖野生植物、非法移植古树名木、乱捕滥猎野生动物违法犯罪活动，守住野生动植物野外种群数量红线；全面加强森林防火和林业有害生物防治工作，强化预警监测和灾害处置，严防发生大的森林火灾和森林病虫灾害。

坚持三方联动共建，即推进城市与乡村、市区与县区、部门与单位之间的联动，凝聚创森强大合力，赢得工作主动权。城区绿化，重点围绕园、路、点、带、院等部位全面突进，先后开展100万株大苗进城行动、潇湘沿岸风光带建设、主次街道绿化提质、园林式单位（小区）创建以及公园、游园、节点绿化的新建与改建等工程；乡村绿化，先后实施“裸露山地”歼灭战、部门单位联村建绿、绿色乡镇建设、秀美村庄建设、退耕还林、封山育林、生态公益林保护、古树名木保护、石漠化治理以及城市周边、道路两边、河渠岸边等“三边”绿化工程。抓好县城主要街道、公园游园、单位庭院和城区出入路口等重点部位的植绿建绿工作，通过建设冷水滩“百里平湖”风光带、东安仁廉路风光带、金洞新开滩沿江风光带、道州南路快速通道、江华瑶都大道、双牌银杏景观大道、祁阳小江城郊公园、新田“孝”文化公园、江永市民休闲广场、宁远城区街道绿网、零陵职院庭院绿化等标志性绿化景观工程，实现城区绿化面貌大提质、大改观。林业部门负责城郊、山区及通道沿线山体绿化工程，年均完成新造林面积3.45万公顷；园林、城建、住建等部门负责城区绿地系统建设，通过新建、扩建、改建等措施，新增城市绿地面积0.27万公顷；水利部门负责河流绿色廊道建设，提升、新建绿化面积0.18万公顷；交通、公路、铁路等部门负责道路绿色廊道建设，提升、新建绿化面积0.53万公顷；国土资源、环保等部门负责矿区植被保护与生态修复，完成保护与恢复面积1.15万公顷。

坚持四轮驱动发力，即坚持高位推动、广泛发动、奖惩驱动和资金拉动4个方面综合发力，力促工作落实，确保任务完成。市里成立书记任政委、市长任指挥长，各分管领导具体抓、专门班子负责落实的高规格领导机构；先后召开“建设绿色永州”誓师大会和创森攻坚动员大会；市委、市政府印发《关于建设绿色永州的意见》；市人大作出“大力开展植树造林，积极建设绿色永州”的决定；市“五大家”领导以上率下每年参加春节团拜植树和“3·12”植树节活动。创森初期，坚持每月一调度、每季一督查、每年一评比；攻坚阶段，市委书记、市长及所有市级领导亲自挂点“裸露山地”绿化，市两办督查室、市创森办每月一督查、半月一调度，层层传导压力和责任。在全市组织开展创森百万人签名活动；举办创森征文活动；各媒体开设创森专栏34个，月均刊发相关稿件670余条、刊播公益广告万余条次；城区和主要交通要道设立200多块永久性宣传标牌；印发宣传资料200余万份；三星级以上酒店电子显示屏24小时滚动播放创森宣传标语。工、青、妇等群团组织和各驻永州部门、单位，组织动员青少年学生、团员、妇女和广大干部职工投身创建活动，自觉担当创森责任。建立“纵向到底、横向到边”的创森工作责任体系，市与县区、县区与乡镇、政府与责任部门单位层层签订责任状，把创建工作列入各级党委、政府及各相关部门单位的刚性考核指标，纳入政府绩效考核内容；制定出台《创建国家森林城市考核办法》，每年对创森工作进行效绩考核评估，对落实不力、推动不力、工作落后的县区、乡镇和单位予以通报批评并实行黄牌警告，在全市上下形成有目标、有抓手、有考核、有激励的工作格局，推动创建工作一年一个新变化，年年都上新台阶。建立政府主导、市场运作、群众参与、社会融资的多元化投资体系。以生态建设、产业建设、资源保护等项目为载体，争取上级投入；整合林业、农业、水利、国土、环保等财政涉农资金，科学高效使用；出台林业基地建设、油茶产业发展、林业产业园区建设等方面的优惠政策，吸引社会资本参与。2011年—2015年，全市投入创森资金128.23亿元，其中市级财政投入12.01亿元，县区财政投入及落实项目配套资金56.2亿元，吸引社会资本60.02亿元。

■市、县区级生态效益补偿机制出台 2016年1月4日，永州市政府第七十二次常务会研究讨论部署启动建立市、县区级生态效益补偿机制工作。2月25日，市林业局与市财政局联合起草上报《关于报请市政府下发〈永州市、市县区级生态公益林区划界定和生态效益补偿工作实施方案〉的请示》；3月8日，市政府办下发《关于印发〈市、县区级生态公益林区划界定及生态效益补偿工作实施方案〉的通知》，对全面做好市、县区级生态公益林区划界定和生态效益补偿工作进行总体安排。

■《永州市2016年湘江保护林业工作方案》出台 2016年6月，永州市坚持生态优先战略，通过采取造林绿化、湿地保护、生态修复等措施，保护好重要水源涵养区、江河源头区和生态湿地，制定出台《永州市2016年湘江保护林业工作方案》。方案提出：2016年，全市完成森林抚育经营10.6万公顷；全民义务植树1080万株；森林覆盖率稳定在64.47%以上，森林蓄积量增长3%以上，有林地面积保持在122.93万公顷以上，林地面积保持在154.67万公顷以上，省级以上生态公益林管护率100%；湿地保护率稳定在70%以上，力争全市新增国家湿地公园（试点）1个；林业有害生物成灾率控制在4‰以下，森林火灾受害率控制在1‰以下。工作重点是开展植树造林，抓好重点工程造林、关键区域造林、林种结构调整、全民义务植树；强化生态保护管理，坚持依法治林，强化公益林管护，实施禁伐限伐行动，加强湿地保护管理，做好灾害防控，强化古树名木保护；抓好重点项目建设，加强基地建设，推进永州植物园项目建设，加快森林防火项目建设等。

政治建设

Political Construction

中共永州市委员会

综　　述

2016 年 3 月 23 日，永州市传达贯彻十二届全国人大四次会议和全国政协十二届四次会议精神大会召开

2016 年，中共永州市委坚决贯彻落实中央“四个全面”（全面建成小康社会、全面深化改革、全面依法治国、全面从严治党）战略布局和省委建设“富饶美丽幸福新湖南”决策部署，主动适应经济新常态，持续深入推进“四个三”（实现新型工业化、中心城市建设、基础设施建设三大突破；推进行政管理体制、农村产权制度、社会治理机制三项改革；坚持生态、教育、就业三项优先；抓好城镇与农村、当前与长远、经济与社会三项统筹），全面打造品质活力新永州，实现“十三五”良好开局。

始终把学习贯彻习近平系列重要讲话精神作为重大政治任务，作为根本遵循和行动指南。按照“自学、听课、发言、讨论、小结、通报”六大环节，高质量组织市委中心组集中学习。坚持“真学真懂、真信真用、真抓真改”，读原著、学原文、悟原理，注重把学习贯彻讲话精神与学习中国特色社会主义理论体系紧密结合，与“两学一做”学习教育紧密结合，与永州工作实践紧密结合，真正用讲话精神武装头脑、指导实践、推动工作。

强化纪律观念和规矩意识，把对党绝对忠诚、绝对纯洁、绝对可靠作为第一位的政治责任。始终坚定理想信念，在重大原则问题和大是大非面前头脑清醒、立场坚定、旗帜鲜明，坚决维护以习近平为核心的党中央权威，坚决贯彻党的重要决策，严格按党的政治纪律和政治规矩办事。第一时间学习中共十八届六中全会精神，贯彻落实《关于新形势下党内政治生活的若干准则》和《中国共产党党内监督条例》。严格执行民主集中制，做到民主决策、科学决策、依法决策。坚持民主生活会制度，市委常委会成员坦诚相见、直面问题，带头揭短亮丑，自我深刻剖析，发展党内民主，强化党内监督。严格执行《党政领导干部选拔任用工作条例》和《市管领导干部工作实绩管理暂行办法》，构建良好的政治生态。

始终把发展作为第一要务，全面深化“四个三”工作部署，经济发展实现稳中有进，部分指标位居全省前列。是年，全市实现地区生产总值 1565.81 亿元，增长 8%，增速排名全省第六位；财政总收入 149.92 亿元，增长 14.3%，增速排名全省第一位；社会消费品零售总额增长 11.8%，增速排名全省第六位；外贸进出口总额增长 16.6%，增速排名全省第四位；规模工业增加值增长 6.6%；固定资产投资增长 14%；城乡居民人均可支配收入分别达 2.4 万元、1.17 万元，增长 9.5%、8.5%；全面小康实现程度提升 3.3 个百分点，达 87.7%，获经济发展优秀奖。

全市新增高新技术企业 21 家，永州经济技术开发区跻身省级高新技术开发区。新入统规模工业企业 130 家。“135 工程”新建标准厂房 166 万平方米，新入园企业 193 家。新增农业标准化示范基地 62 个，省级农业产业化龙头企业 11 家、现代农业特色产业示范园 16 家，省著名商标 28 件，“三品一标”产品 118 个。永州国家农科园通过科技部验收，向全国先进行列迈进。实现旅游综合收入 228.3 亿元，增长 19.8%。电子商务发展势头强劲，全年电商交易额突破 140 亿元。

中心城区全年开工城建项目 130 个，完成投资 100 亿元。零陵古城、“两中心”、湘南万商红商贸新城等项目开工建设，滨江新城路网及安置小区、湘江西岸棚户区改造、宋家洲综合整治、BRT 快速公交等项目加快推进；城区建筑立面改造和主干道提质改造基本完成，源味街开街运营。全国文明城市、国家交通管理模范城市、国家园林城市创建有序推进，获批国家历史文化名城和省地下综合管廊建设试点城市。基础设施建设持续发力。冷（冷水滩）东（东安）一级、零（零陵）双（双牌）一级公路开工建设，新增二级公路53千米，改造农村公路1100千米。开工建设农林水重点项目41个，涔天河水库扩建工程下闸蓄水。完成电网建设改造投资6.4亿元，神华火电完成投资21亿元。新增700个行政村通宽带网络。

供给侧结构性改革扎实推进。淘汰冶炼企业22家、关闭停产143家；消化商品房库存483万平方米，盘活土地库存1133.33公顷；到位政府债务置换资金96亿元、政策性银行贷款62亿元；减免行政事业性收费1.7亿多元，“营改增”为企业减税5亿多元。企业“五证合一、一照一码”和个体工商户“两证整合”登记制度全面实行，乡镇区划调整改革完成，撤并乡镇35个，撤并建制村2100个；农村土地经营权抵押贷款工作稳步实施；网格化管理向农村拓展，被授予第二届全国创新社会治理优秀城市。市政务服务中心获批国家社会管理和公共服务标准化试点。投融资体制改革推进。永州农商行挂牌营业，县区农建投、旅建投、园建投纷纷设立。

民生支出占财政总支出比重达79.8%，增长16.1%。省定16件重点民生实事和市定6件惠民实事全面完成。教育、文化、卫生、社保等公共服务体系进一步完善。就业优先、教育优先、生态优先深入推进。实施产业扶贫、金融扶贫、电商扶贫、易地扶贫搬迁，全年减少贫困人口14.26万人，贫困村退出132个，贫困发生率下降4.5个百分点。“四跟四走”产业扶贫模式在全国推介。扶贫小额贷款发放超20个亿，排名全省第一位。成功入围中国地级市民生发展100强，社会治安综合治理考核位列全省第三名。

针对少数党员干部执行力不强的问题，定期开展专项督查，对重点项目建设等工作中干部作风不实、推进不力的问题严肃处理。严查党员和公职人员酗酒斗酒的问题，全年查处党员和公职人员酒驾醉驾案件159件，给予党纪政纪处分119人。抵制“四风”反弹，市县两级纪委通报“四风”问题典型案例244起，通过《永州日报》等主流媒体公开曝光，推动作风全面好转。

全面部署落实依法治市工作。加强和改进党对法治工作的领导，严格按照法定原则、法定权限、法定程序行使职权、履行职责，着力健全完善市委依法决策机制。稳妥推进司法体制改革，不断完善涉法涉诉信访制度、立案登记制度改革等，建立基层检察机关轻微刑事案件办理机制配套制度。保障检察和司法机关应有的独立性，维护社会公平正义。加强全民普法宣传教育，突出抓好领导干部和公职人员遵法守法用法。平安永州建设再上新台阶，综治工作再获全省先进。

始终突出党建引领，始终坚持“实功实做”，坚定不移抓好基层党建，推进党建工作上台阶。先后召开市委常委会11次，现场办公会研究部署党建工作6次，督促解决问题20个。市、县区党员领导干部建基层党建联系点321个。11名县区委书记在市内主流媒体公开“党建整改清单”，接受群众监督；对2015年党建述职排名后三位的县区委书记进行约谈。对2015年省委书记点评和核查发现的19个具体问题及7项基层党建重点任务，通过建立整改清单、重点问题交办、开展大排查、组织县区交叉检查等举措，逐一督促整改落实。对全市181个乡镇（街道）的党务骨干和2960个村党组织书记进行党建业务全覆盖轮训。选派784名“第一书记”到贫困村任职，调整93名不适应岗位的贫困村党组织书记。市和县区全部建立非公有制经济组织和社会组织党工委，以永州经济技术开发区为示范的园区党建取得新进展。村、社区运转经费落实到位，中心城区社区运转经费提高到40万元/社区。181个乡镇（街道）全部建立党员档案室。在全市所有党员中实行执行力卡管理考核，做法被中共中央组织部、省委组织部推介。推行农村党组织书记职业化管理试点，选派100名农村党组织专职书记到贫困村、软弱涣散村任职。探索流动党员“异地管理”模式，在外建立流动党员党组织105个，经验被《中国组织人事报》报道。创新社区“党建+网格化”管理服务机制，构建“网格+党支部+党小组”的组织设置模式，建立网格党支部1600多个、党小组4000多个，900多名街道工作人员下沉到社区服务，69项公共服务事项下放到社区，公共服务正在实现“市—县区—社区”三级扁平化。

全面落实党风廉政建设主体责任，将新的党内法规作为市委中心组学习的重要内容，邀请专家学者作专题辅导2场。支持纪委正风肃纪，坚持查处一个、震慑一片，始终保持惩治腐败的高压态势。全年立案1315件，结案1311件，给予党政纪处分1369人，同比分别增长30.6%、26.3%、19.8%。

■ 永州获全国创新社会治理优秀城市称号 2016年12月13日，2016创新社会治理优秀城市发布仪式暨第二届全国创新社会治理经验交流会在北京召开，永州市获“2016全国创新社会治理优秀城市”奖。永州市代表上台领奖，并以《统筹实施城乡网格化建设平安幸福永州》为案例作会议典型发言。该活动由全国创新社会治理优秀案例推介展、新思维下的创新社会治理交流峰会、2016全国创新社会治理优秀城市发布仪式3个部分组成。各地省、市（县）代表近200人出席，并围绕“共建幸福新家园”的主题，共同探讨新经济形势下社会治理的客观现状和未来方向。活动组结合“举措成效、专家意见分值、网络公示、舆情监测”四项内容，最终从参与评比的860余个城市确定入选名单。2014年至2016年，永州坚持以问题为导向，探索以城乡网格化为重点的社会治理机制改革。按照“弱化街道、做实社区、建强网格”的思路，坚持党建引领社会治理，探索以网格为基本单元“1+N”社会治理模式。坚持向信息科技要战斗力，按照“一网打尽”的总体要求，投资2亿元开发“智慧永州”综合应用平台。通过党委政府重心下移、力量下沉、权力下放、职能调整，有效解决基层基础薄弱和服务群众“最后一公里”的问题，形成“人在格中走、事在网上办”的社会治理新局面，治理基础明显增强，治理能力明显提升，人民群众满意度明显提高。永州市2014年入选中国幸福城市20强，2015年获湖南省综治工作先进市州，2016年入围中国地级市民生发展100强，全市公众安全感、满意度测评连续5年位列湖南省前茅。

重要决策

■ 创建国家园林城市 2016年，永州市以打造“品质活力永州”为目标，围绕创建国家园林城市总体部署，抓好创建国家园林城市各项工作。坚持把推动创建工作作为党政“一把手”（主要负责人）工程，成立由市委书记任组长，市长任第一副组长，市委副书记任常务副组长，分管城建副市长及四套班子有关领导人任副组长，市直相关单位（部门）“一把手”和“三区”区长（管委会主任）为成员的创建工作领导机构，下设综合协调组、宣传教育组、规划制度组、绿化建设组、市容环境组和督查考核组6个专业工作组。对照《国家园林城市标准》，研究制定创国园工作方案，并由市两办印发《永州市创建国家园林城市实施方案》，将各项指标进行细化分解，落实到各级各有关部门，明确各个年度的创建工作任务。市委、市政府先后召开“三创”工作调度会6次，市创建工作领导小组不定期召开创国园领导小组会、项目建设现场调度会和相关座谈会，及时有效地了解创国园工作进展，解决具体难题。印发《永州市创建国家园林城市考核奖惩办法》，制定完善创国园考核细则，从目标考核、责任追究、政绩挂钩等方面，建立起便于操作的考核奖惩机制。市内各主要媒体发挥媒体平台优势，全面开辟专版专栏，进行系列专项报道。《永州日报》开设创园进行时专栏，专题报道、及时跟进全市创园工作动态，永州广播电视台在《永州新闻联播》《直播永州》《永州城事》等电视和广播栏目设立专栏，永州新闻网在网首页“专题报道”中

2016年3月31日，永州市创建国家园林城市动员大会召开

开设“创国园”专题，并开设“创园进行时”“永州之绿”“创园大家谈”“视频新闻”“图说创园”“创园简报”“创园标准”7个子栏目，三大媒体全年刊播相关稿件460余篇。“永州发布”微博公众号平台、永州广电APP等新媒体平台推出系列生动活泼、与群众生活密切相关的创园报道，保持每周2~3条创国园信息发布。开辟创建工作简报，全年刊发简报8期，定期刊出创建重大活动、工作动态，推进创建工作。“三区”在中心城区重要路口、高速公路入口设置大型立柱宣传牌6块，在中心城区主支干道两边护栏及公共场所安装宣传牌700余块，在各街道办事处和社区辖区内悬挂宣传标语300余条，制作丰富多样的宣传栏、墙报、展示板，同时利用主次干道临街商铺电子显示屏滚动播放创国园公益宣传标语，并集中开展创国园宣传月活动，采用文艺演出、发放宣传资料、现场抢答等多种方式，提高市民参与创建的积极性。9月17日—23日，在全市各地集中开展2016年全国科普日活动，普及“创新、协调、绿色、开放、共享”的发展理念。其中，9月18日，在永州森林植物园启动2016年全国科普日永州市主场活动“科普大游园”，向广大市民普及园林绿化知识。加强绿色美丽校园创建活动，开展“创国园主题征文”“生态科普知识讲座”“创国园主题演讲”“创国园主题书画展”“创国园主题手抄报”“创国园知识竞赛”“小手拉大手共创国家园林城市”主题宣传活动和校园绿化、环境保护治理等生态主题实践活动。

完成《永州市绿线规划》和《中心城区垂直绿化规划》两项专项规划，并专题研究《永州市中心城区城市色彩专项规划方案》。做好公园、城市广场、小游园、城市道路主次干道、桥梁及山体断面立体绿化和生态停车场绿化等建设项目规划。确定中心城区2016年—2018年三年绿化建设项目108个，其中，新建公园12个，提质改造7个，新建小游园25个、绿化广场5个、风光带3处、主干道绿化项目36条、其他绿化项目20个。完成创国园建设项目27个，开工建设的项目26个，进行前期工作的项目52个（其中新增项目6个）。按照“300米见绿、500米见园”的要求，合理规划布局公园和街头游园，新建和改建虎岩公园、二中广场、东山广场、文庙小游园、萍阳北路小游园、诸葛庙小游园、小石林小游园、零陵楼小游园、七里店小游园、南津渡电站小游园10个公共绿地建设项目，并在公园、广场、小游园、各生活小区内新增一部分体育健身娱乐设备；东山公园、怀素公园提质改造、珊瑚公园、白石山公园、零陵区火车站广场绿化、老年大学小游园、亲水河风光带、湘江两岸河东风光带8个项目正在抓紧建设中；张飞公园、朝阳岩公园、将军岭公园、珍珠公园、保方寺公园、长冲社区公园、人防小游园、月岩路小游园、铜厂小游园、科技局小游园、翠竹小游园、黄溪岭小游园、河西工业园小游园、市乡镇企业局小游园、徐家井小游园、萍洲大桥小游园、市政广场绿化17个项目完成规划和选址；滨江公园提质改造、潇水湿地公园、凤凰岭公园（百花塘公园）、李达公园、奥林匹克公园、紫金小游园、华为小游园、厚德小游园、孵化中心小游园、南甸路与珍珠南路交叉口小游园、湘江西路风光带（曲河大桥—城南大道）11个项目正在进行规划设计。按照“一街一景致、一路一特色”的要求，完成潇湘大道（零陵区）、日升路、绿影路、萍洲西路、瑞翔大道、潇湘大道（长丰西路—城南大道段）、长丰大道、翠竹路、逸云路、双洲路、潇湘大道（冷水滩区）、西区路、珊瑚路、永州大道（城区段）、湘永路、育才路、S217线沿线路侧防护绿带（1500米）17个项目的绿化和提质改造；永州大道（连城段）、迎宾路、梧桐路、凤凰路、南津路、潇水路、沿江大道、朝阳大道、工业园路网、萍洲路网、二广高速东连接段、S217线沿线路侧防护绿带（4900米）新建、冷水滩区各铁路沿线绿化建设13个项目的绿化建设和提质改造建设；九嶷大道、谷源路、珍珠南路、银象北路、旭日大道、潇水西路延伸段、芝山北路南段、潇湘大道南段、日升西路西段、G322线沿线路侧防护绿带建设、S216线沿线路侧防护绿带建设、零陵区各铁路沿线绿化建设12个道路绿化和提质改造项目完成规划设计；永州大道零陵段、李达大道等2个道路绿化和提质改造项目正在进行规划设计。推进庭院和居住小区的绿化建设，全面开展创建园林式单位（小区）活动。自2012年至2016年年底，中心城区建成市级园林式单位和小区126个，督促22个单位庭院（小区）进行绿化整改，初步申报区级园林式单位（小区）。永州大道两旁山体绿化完成裸露山体绿化20余公顷，道路边坡绿化2万余平方米；永州大桥、潇湘大桥、东风大桥、南津渡大桥、萍洲大桥的桥体绿化完成规划设计，曲河大桥的桥体绿化正在规划设计。倡导绿色节能的生活模式，打造绿色生态停车场，冷水滩区10个生态停车场和市交通局生态停车场正在抓紧建设中，黄古山、零陵区民政局、孵化中心3个生态停车场完成规划设计。加快市植物园的建设节奏，湿地游园前期工程、园区道路新建及改造基本完成，园区绿化广场景观工程和生态厕所完成建设并投入使用，市林博园建成并开园。加强对湘江、潇水及其他支流等河岸、河道的绿化工作，完成提升面积424.8公顷，新建面积387.67公顷，完成绿化率78.7%，完成120千米、面积6640公顷的水岸林建设，建设湘江、潇水两侧景观防护林带225公顷，自然水体岸线绿化率达90%以上。

严格落实城市绿线管制和绿色图章制度，强化园林绿化项目配套管理。严格控制城市规划区内的所有新建、改建、扩建项目，在规划审批、竣工验收时，必须经城市园林部门同意后，加盖绿色图章，否则一律不予办理相关手续，同时进行全面跟踪、检查和验收。严格按照行政审批制度要求，办理树木移植、砍伐、绿地临时占用等审批手续。组织专门班子开展小区绿化整治工作，通过发放整改交办函、跟踪督查督办、提供技术指导等措施，对有绿化整改任务的小区进行绿化整治，截至2016年年底，有33个小区通过补植补种或缴纳绿化补偿费基本达到整治要求。市城市园林局受委托承担《永州市公园广场管理条例（草案）》的起草工作，做好调研、起草、征求意见、论证、听证等系统工作，并经市政府法制办合法性审查后，按程序报市政府第八十二次常务会议审议通过。制定和完善园林绿化相关管理制度。研究批准实施《永州市中心城区园林绿化管护考核办法》《中心城区园林绿化养护管理质量标准》《中心城区园林绿化养护管理考核实施细则》，详细规定城区绿化养护的操作规程，科学指导日常养护工作，形成规范的管理程序和管护机制。探索建立健全园林绿化建设工程在规划设计审查、质量监督管理、工程竣工验收和备案管理、园林绿化项目和园林企业资质评定、园林绿化工程移交管理及后续问题处理方面的制度和管理办法。对单位所属绿地，按照“包绿化、包管理、包政策”的三包责任制要求，落实管护责任。针对公共绿地、林地，在园林部门内部实行责任区挂牌管理，合理分段、分片，绿化养护、卫生保洁目标管理责任到人，“定岗、定量、定人、定规范、定奖惩”，建立起宝塔式的管理责任制，提高管理效率。对城区主要街道、广场和公共绿地养护管理严格按照省一级绿化养护标准进行养护管理。市城市园林部门每半年对中心城区的园林绿化养护管理开展集中考核并实行考核通报制，及时发现和处理相关问题。

完善湿地保护相关制度，编制完成《永州市湿地保护规划（2006—2020）》《永州市‘美丽湿地’三年行动计划》《永州市林业‘十三五’规划》，打造湿地公园，委托湖南省林勘院对零陵区潇水国家湿地公园进行科考和总体规划设计，6月中旬通过省级评审，已提交国家林业局国家湿地公园评审委员会全体会议进行评审。启动冷水滩区省级湿地公园申报工作，力争2017年—2018年申请晋升为国家湿地公园。完成零陵潇水国家湿地公园植物资源、脊椎动物现状调查和全市第二次野生动物资源普查外业调查工作。开展第三十五届“爱鸟周”和“野生动植物保护宣传月”活动。由市政府牵头，水利、国土、交通、安监、林业等18个成员单位联合开展河道采砂专项整治工作，组织集中整治18次，对非法采砂、捕鱼和养殖进行专项打击，捣毁各类采砂、洗砂、上砂设备200余台，没收捕鱼船只50多条，拆除网箱1000余口。开展宋家洲大坝上游水域网箱养殖专项整治行动，取缔13家水上餐饮，取缔网箱养殖146户计21.3万平方米。加强重要水源地保护，实施石漠化综合治理保护工程、湿地保护与恢复工程和自然保护区建设工程，增加林木蓄积量，降低水土流失程度。通过系统整治，中心城区地表水达标率100%，均达到Ⅲ类以上，无Ⅳ类水体，集中式饮用水水源地水质达标率100%，均达到国园标准。开展专项整治行动和督查，关停中心城区建筑用砖厂35家，督促中心城区43家建筑工地对裸露地和渣土进行覆盖。9~11月，在中心城区全面开展“市容环境大整治攻坚月”活动，以网格化管理为依托，逐一明确市、区两级帮扶单位，实行全天候值守巡查和文明劝导，推进市容秩序、道路交通规范、市政设施完善、环境卫生整治、工地管理、渣土运输规范、农贸市场管理、小区庭院内部规范八项重点工作。

■ 创建全国文明城市 2016年3月23日，永州市委、市政府审时度势，提出以创建文明城市为总揽，推动其他“国字号”品牌的创建和巩固，2016年创建成为省文明城市，2017年创建全国文明城市提名城市，2020年创建全国文明城市的战略目标。围绕中心城区“三年扩容提质”战略，大投入、大手笔推进中心城区主要路段提质改造，投资8.46亿元，全面拉通中心城区断头路23条。用50天的时间搬走映山岭50万立方米土石方；用2个月的时间拉通“肠梗阻”13年的舜皇大道。河西四路（西区路、潇湘大道、梧桐路、珊瑚路）在进行施工建设，凤凰路、零陵路、银象路正在规划设计进行招投标。实施中心城区三年扩容计划，增强中心城区集聚力，重点突出滨江新城建设，引导各类投资项目向扩容区域布局发展。滨江新城和冷水滩河东片区的建设用地面积65平方千米。“一宫两馆六中心”（指工人文化宫、博物馆、图书馆、政务服务中心、文化艺术中心、妇女儿童活动中心、科技中心、青少年活动中心、老年活动中心）公共文化服务设施规划选址滨江新城，部分项目开工建设。坚持城市扩容与产业发展并举，实现产城融合，打造城市新区经济实力。总占地面积40.2公顷、总投资约16亿元的湘南万商红商贸新城项目在滨江新城落地开工。占地133.33公顷的潇湘汽车城项目选址滨江新城。中心城区建成区面积由54.8平方千米拓展到60.1平方千米，人口由54万人增加到63万人，基本形成中等城市框架。

9月下旬至11月中旬，开展中心城区市容环境大整治“攻坚月”活动，数字城管助力社区管理，城市夜宵小摊贩攻坚整治，黄泥井马路市场迁移，文明劝导持续发力。市中心城区的各个社区乱搭乱建、占道经营、“牛皮癣”等现象得到有效遏制，城市“大难题”得到有效整治，城市面貌焕然一新。市工商局、团市委、市文明办等部门，动员组织广告公司自筹资金20多万元，在车站、主要干道、繁华路段发布平面、电子显示屏、车体等各类公益广告150多幅。移动、电信、联通、气象台每天向客户推送一条创文公益短信。市创文办印制《创建省文明城市知识宣传手册》30万册、创文宣传挂图20万张，免费发放到市民手中。2016年12月8日上午，省委宣传部副部长、省文明办主任刘进能率考评小组一行对永州市创建省级文明城市的资格和条件进行验收。考评小组一行先后考察滨江公园、湘江东路源味街、“一宫两馆六中心”项目、潇湘技师学院、市中心医院和市政务中心等地。刘进能表示，永州市通过文明城市创建，在城市建设和管理很多方面都发生巨大改变，初步具备创建成功的条件。

■ 创建国家交通管理模范城市 2016年3月2日，永州市创建国家交通管理模范城市调度会召开。市委副书记、市长易佳良出席会议并讲话。市领导高建华、唐湘林、石艳萍、唐能武、杨海河、刘尤碧出席会议。易佳良实地察看冷水滩中心城区逸云路、梧桐路、零陵路、潇湘西路等路段的交通秩序、慢行系统建设、人行道硬化等创国家交通管理模范城市工作。易佳良对前段时间创建工作给予肯定。他强调，各相关部门要进一步统一思想，提高认识，吸取创建国家卫生城市、创建国家森林城市的成功经验，为永州老百姓再办一件好事、实事。要进一步加强各相关项目建设力度，查漏补缺，突出永州特色，做到科学、创新、系统管理。要进一步强化责任意识，加强督查考核，各相关责任人要落实好任务，按照时间节点要求，认真消化，做到保质保量完成。要进一步分解好各项考核标准，突出重点、难点、弱点问题，使创建国家交通管理模范城市工作常态化。

重要会议

■ 中国共产党永州市第五次代表大会 2016年9月28日—30日，中国共产党永州市第五次代表大会在永州会堂举行。陈文浩代表中共永州市第四届委员会作题为《鼓足信心　奋勇争先　为全面建设品质活力永州而努力奋斗》的工作报告。杨永代表中共永州市第四届纪律检查委员会作工作报告。吴志雄作党费收缴、使用和管理情况报告（书面）。大会选举产生中共永州市第五届委员会委员51名、候补委员10名、中共永州市第五届纪律检查委员会委员35名和出席省第十一次党代会代表46名。陈文浩、易佳良、张严、唐湘林、石艳萍、唐能武、杨永、吴志雄、王守海、刘尤碧、罗建华当选为中共永州市委常委；陈文浩当选为中共永州市委书记，易佳良、张严当选

2016年9月28日上午，中国共产党永州市第五次代表大会开幕

为中共永州市委副书记，杨永当选为永州市纪委书记。会议审议通过关于中共永州市第四届委员会工作报告的决议、关于中共永州市第四届纪律检查委员会工作报告的决议。

会议认为，市第四次党代会以来的五年，是极不平凡的五年。全市以全面建成小康社会为总抓手，实施“四个三”工作部署，完成市第四次党代会确定的各项目标任务，经济社会发生深度而有品质的变化。今后五年全市工作的指导思想是：高举中国特色社会主义伟大旗帜，深入学习贯彻习近平系列重要讲话精神，落实“四个全面”战略布局和“五大发展理念”（创新、协调、绿色、开放、共享理念），以全面建成小康社会为总抓手，突出从严治党，强化党建引领，深化拓展“四个三”工作部署，鼓足信心，奋勇争先，为全面建设品质活力永州而努力奋斗。到2021年要达到的目标是：提前建成全面小康社会，扶贫攻坚取得决定性胜利，初步建成区域性铁路枢纽城市，加快建设生态文明城市，成功创建国家文明城市，基本构建潇湘城市群。

会议要求，实现经济平稳较快发展，坚持稳增长、调结构、促改革的基本方向，用改革的精神和创新、协调、开放的理念，实现经济平稳较快发展，力争主要经济指标增速保持全省第一方阵，到2021年经济总量进入全省第二方阵。要聚焦改革创新，释放制度红利。要主攻项目建设，夯实发展载体。要重抓产业发展，提升内生活力。要突出中心城市，推进协调发展。要壮大县域经济，构筑发展支撑。要加快建设教育强市，在提供强有力人才保障上增创更多优势。要推动文化传承创新，在提升文化软实力上实现更大突破。要厚植绿色发展优势，在建设生态文明城市上迈上更高台阶。要推进民生事业发展，在增强广大群众获得感上凝聚更强合力。要提升依法治理水平，在促进社会和谐稳定上营造更好氛围。

会议强调，办好永州的事，关键在党。要全面扛起管党治党的政治责任，始终坚持党要管党、从严治党，切实扛起党的建设、意识形态、反腐倡廉的主体责任，全面加强党的思想建设、组织建设、作风建设、反腐倡廉建设和制度建设，推进“党建+”工程，始终构建风清气正的政治生态，始终强化党建引领，始终加强执行力建设，始终坚持“严”字当头，为品质活力永州建设提供坚强有力的组织保证。

■ 创建文明城市动员大会 2016年3月23日，永州市创建文明城市动员大会在永州会堂召开。市委书记陈文浩作动员报告，市委副书记、市长易佳良主持会议，市委常委、市委宣传部部长石艳萍宣读市委、市政府关于创建全

2016年3月23日，永州市创建文明城市动员大会

国文明城市的决定。会议明确2016年成功创建省级文明城市，2017年争创全国文明城市提名城市，2020年跻身全国文明城市行列。陈文浩强调，创建文明城市不是权宜之计，而是战略之举。全市各级各部门要对照测评体系指标和实施方案，把创建文明城市作为资源整合的平台，通过文明城市创建带动和促进国家交通管理模范城市、国家园林城市、国家历史文化名城等品牌创建。始终坚持发展第一要务，以经济建设为中心，以基础设施为依托，夯实创建基础；提升软实力，彰显永州的生态特色和文化特色，创建具有永州个性的文明城市。陈文浩要求，加强领导，严格奖罚，狠抓落实不懈怠，按照创建国家卫生城市的模式、干劲，来抓好文明城市的建设。零陵区、冷水滩区、凤凰经济技术开发区和12个专业组及各部门向市委、市政府递交了责任书。成立创建文明城市领导小组，全面负责统筹、组织、协调工作，加强组织领导，强化保障。建立严格的工作目标责任制，形成主体明确、层级清晰、规范细化的责任体系。全面加强舆论宣传力度，提高全民支持和参与创建活动的自觉性、积极性和主动性，形成全社会“人人思创建、人人为创建、人人抓创建、大家共创建”的浓厚氛围。

■ 市委召开全市领导干部大会

2016年12月10日，市委召开全市领导干部大会，宣布省委关于永州市主要领导调整的决定。省纪委派驻省委组织部纪检组组长刘越高出席会议并宣布省委决定：陈文浩不再担任永州市委书记、常委、委员职务，另有任用；李晖任永州市委委员、常委、书记。

（市委办公室）

组织工作

■ 概况　中共永州市委组织部设14个内设机构和1个直属事业单位：办公室、研究室（法规科）、干部一科（公选办）、干部二科、干部三科、市委考核工作管理办公室、公务员管理科、干部信息科、干部教育科、干部监督科（举报中心）、人才工作科、市委基层党建工作领导小组办公室（组织指导科）、党代表联络办公室（党员管理科）、市委非公有制经济组织和社会组织工作委员会办公室、市党员教育中心（市委党员远程教育办公室）。市委组织部核定编制53名（不含市级领导单列编制，其中行政编制46名，事业编制7名），另有后勤服务编制3名（实际占用1名）。截至2016年12月，有部长1名，副部长3名，副处级纪检员1名，工会主席1名；正科级领导职数15名（含公选办主任、基层办副主任、组织指导科科长），副科级领导职数10名。市委组织部在职干部职工45人。

2016年，全市各级组织部门强化调查研究，重点课题“加强换届后领导班子思想政治建设研究”被中共中央组织部、全国党建研究会评为二等奖；《湖南省永州市乡镇机关公务员队伍建设情况分析报告》被中共中央组织部办公厅、国家公务员局评为2016年党内统计、干部（公务员）统计专题分析报告一等奖；在全市所有党员中实行执行力卡管理考核，做法被中共中央组织部、省委组织部推介；在全市推行农村党组织书记职业化，选派100名农村党组织专职书记到贫困村、软弱涣散村任职；制定“1+4”文件体系，从顶层设计上下功夫，为深入推进人才强市战略扫清障碍、打牢基础；加强组织部门自身建设，市委组织部机关获评全市绩效考核、党风廉政建设等19项先进。

■ “两学一做”学习教育活动

2016年，永州市13550个基层党组织、271482名党员参加“两学一做”学习教育，建立联系点1247个，4700余名党员领导干部

2016年6月15日，全市“两学一做”电视知识竞赛复赛现场

上党课6500余场次。在学习教育中，坚持“规定动作”不走样，“自选动作”创特色。开展“两学一做”理论研讨征文活动、党组织书记讲“微型党课”比赛、“好党课、微故事、微体会”征集和优秀党课评选等活动。组织举办全市“两学一做”电视知识竞赛，派出代表队参加全省“两学一做”电视知识竞赛并获全省第三名。联合永州电视台开展“基层党建进行时”书记访谈节目。坚持真学真做、立行立改，开展党员组织关系集中排查，排查出失联党员4637名，经查找取得联系的失联党员3773名，仍未取得联系的失联党员864名，对3751名党员重新纳入组织管理，对2365名党员进行组织处置。

■ 市县乡领导班子集中换届 2016年，永州市县乡两级“四大家”换届全部完成，换届后县区党政领导班子结构更加优化，党外干部、女干部、少数民族干部按要求做到应配尽配。换届后，县区党委领导班子成员平均年龄44岁，80后干部7名，占5.8%。县区政府班子成员平均年龄43.68岁，其中，80后干部9名，占10.34%；女干部14名（按要求每个县区政府班子至少配备1名女干部），占16.09%；党外干部11名，占12.6%。党政班子中熟悉党务和经济、社会、法治等工作的干部占绝大多数，具有乡镇党政正职经历的干部分别占党委班子成员总数的45.5%和政府班子成员总数的60.92%。重视选用基层一线干部，提拔33名乡镇党委书记到副处级领导岗位，选拔151名“三类人员”进入乡镇领导班子。市委、市人大、市政府、市政协换届完成。

■ 干部教育监督管理 2016年，永州市深入实施执行力精准考核，考准考实领导干部。继续与北京大学、复旦大学、浙江大学等高校联合举办“执行力+”专题培训班10期，培训领导干部786名。开展领导干部个人有关事项核查，对个人有关事项少报、漏报、瞒报超过“200-100-100”标准的4名领导干部予以免职；对少报、漏报、瞒报超过“50-30-30”标准的28名领导干部取消提拔重用资格，取消33名领导干部处级后备干部资格，对71名领导干部予以诫勉谈话。稳妥推进超职数配备干部问题整治工作，消化超配干部2712名，按时完成超配副处级以上领导职数消化任务。完成29142名干部档案的专项审核工作。

■ 基层党建 2016年，永州市181个乡镇（街道）的党务骨干和2960个村党组织书记接受党建业务全覆盖轮训。选派784名“第一书记”到贫困村任职，调整93名不适应岗位的贫困村党组织书记。村、中心城区社区年运转经费分别达11万元、40万元；181个乡镇（街道）全部建立党员档案室。在全市所有党员中实行执行力卡管理考核，做法被中共中央组织部、省委组织部推介。选取100个村推行农村党组织书记职业化管理试点，开展近2个月、5个阶段的任职培训。探索流动党员“异地管理”模式，在外建立流动党员党组织105个，经验被《中国组织人事报》报道。创新社区“党建+网格化”管理服务机制，构建“网格+党支部+党小组”的组织设置模式，建立党支部1600多个、党小组4000多个，900多名街道工作人员下沉到社区服务，69项公共服务事项下放到社区。对2015年省委书记点评和核查发现的19个具体问题及7项基层党建重点任务，通过建立整改清单、重点问题交办、开展大排查、组织县区交叉检查等举措，逐一督促整改落实。市县两级成立非公有制经济组织和社会组织党工委，组建非公经济党组织1130个、社会组织党组织144个，推进“两新”组织党的组织和工作全覆盖。新建多功能示范站点200个，培养农民大学生500名，开发学用课件25个，培训村级管理操作员2000名。

■ 人才队伍建设 2016年，永州市破除人才发展体制机制障碍，研究《永州市深化人才发展体制机制改革的实施意见》《永州市人才引进实施办法》《永州市优秀人才评选表彰办法》《永州市委人才工作领导小组运行办法》《永州市人才工作目标责任制考核办法（试行）》等“1+X”文件的起草工作，从实施人才优先战略、加强人才引进平台建设、规范人才工作运行、加强人才考核管理等方面寻求突破。市级引进各类急需紧缺人才140余人。推动人才向基层一线和艰苦偏远地区流动，选派200名科级特派员到基层开展科技创业服务，选派2名清华北大优秀研究生到乡镇担任党委书记，选派2名引进博士到市城市建设投资发展集团有限公司、市经济建设投资发展集团有限公司担任市管领导职务。牵头建立永州市高学历人才信息库、永州籍高校毕业生信息库、永州市专业技能人才信息库、永州市海内外人才信息库、永州市高技能人才信息库和永州市人才需求总目录的“五库一目录”。加大对创新创业人才及其团队的扶持力度，探索建立人才激励机制，不断激发人才创新创造创业活力。

（冼荣军　奉法庭）

宣传思想工作

■ 概况　中共永州市委宣传部是市委主管意识形态方面工作和精神文明建设的综合职能部门，内设办公室、理论科、宣传教育科、新闻科、干部科、文化产业办、文明办、外宣办、网宣办、志愿者服务工作科10个科室。其中，文明办、外宣办、网宣办三办主任为副处级。市社科联与部机关合署办公，其性质为正处级参公管理事业单位。

2016年，全市宣传思想文化工作围绕中心，服务大局，立足“五个统筹”（统筹城乡发展、统筹区域发展、统筹经济社会发展、统筹人与自然和谐发展、统筹国内发展和对外开放），不断提升工作科学化水平，为建设品质活力永州提供强有力的思想保证、精神力量、道德滋养和文化条件。

■ 意识形态领域管理　2016年，永州市委成立意识形态工作领导小组，专题研究意识形态工作5次，出台《永州市党委（党组）意识形态工作责任制实施办法及考评细则》，建立定期分析研判机制和会商制度，设立市县两级研判小组和7个联系点，推动责任制落地生根。按照属地管理和谁主管、谁负责的原则，加强对理论、新闻、文艺、出版印刷、高校等各类阵地的建设管理，落实新闻采编人员“十严禁”，出台《永州市新闻舆论工作制度》，定期编发《阅评简报》，把关永州新闻奖、永州文艺奖评选，开展“扫黄打非”，净化文化市场环境。坚持党管干部原则，开展“两学一做”学习教育和党风廉政建设，在县区委换届中，会同组织部门调整县区宣传部部长8名，指导市记协完成换届，举办各类专题培训600余人次。

■ 理论武装　2016年，永州市把党委（组）中心组作为理论学习的“龙头”，开展“学讲话、用讲话”活动，市委中心组围绕习近平治国理政新理念新思想新战略，中共十八届五中和六中全会精神等内容，组织7次15天集中学习，编辑出版《永州市委中心组调研文集》。依托理论骨干讲准“普通话”，发挥“五老”作用讲活“百姓话”，全市组建专家宣讲团4个、百姓微宣讲团100个，开展宣讲活动2000余场次，受众10多万人次。央视《新闻联播》对永州市通过“微宣讲”面向基层党员宣讲中共十八届六中全会精神的做法予以重点报道，《湖南日报》《新华每日电讯》作专题报道。在全省率先开展地方新型智库建设，设立“永州市社科研究基金”，组建第二届“永轩”理论评论员队伍，出版《品质活力永州战略研究》专著，“理论视窗”和“理论与实践”专栏刊发理论文章1400多篇，“永”字号社科研究品牌初具雏形。

■ 主流思想舆论引导　2016年，永州市聚焦经济建设主战场和市委、市政府中心工作，组织“回顾十二五·展望十三五”“治国理政进行时”“创之路”等30多个专题宣传，打响全国产业精准扶贫现场观摩会、全国油茶产业现场会、党代会等系列宣传战役，唱响经济社会发展主旋律。在中央主要媒体上稿210余篇，其中，央视发稿42条（《新闻联播》4条）；《湖南日报》头条（含市州头条）27条，在湖南卫视发稿条数与时长均排名全省各市州第一名，实现“三连冠”。策划召开市级新闻发布会20场，“女书习俗文化”再度走进“联合国中文日”，《人民日报》海外版推出市委书记专题访谈《幸福的源泉来自老百姓》，中国新闻网对永州市推进“互联网+”予以深度报道，在央视综合频道和中文国际频道播出永州天气预报。配合湖南卫视制作《直播香草源》“新春走基层”特别节目，美国、加拿大、新西兰等多国媒体和央视中文国际频道同步向全球直播，网络点击量突破1亿人次。女书习俗文化和直播香草源信息被国务院新闻办《对外宣传通讯》刊发。成立市委网络安全和信息化领导小组，组建千人网军队伍，加强内容策划，形成网上正面宣传强势。永州新闻网整体访问量居全省各市州新闻网第一位，“永州发布”微信与腾讯实现合作，永州政务微博发布厅发布权威资讯3万余条。开展网络安全专项清理，回复问政信息2499条，妥善处置系列涉及永州的突发和敏感舆情。

■ 文明城市建设　2016年，永州市印发《关于加强学校社会主义价值观的实施意见》，加大“24字”公益广告制作刊播力度，推动核心价值观落小落细落实。继续推进“道德之乡讲道德”活动，开展创新创业明星评选，推出全省扶贫工作先进林佳屏、全省先富带动后富先进黄爱华等典型，4人入选中国好人榜，14人入选湖南好人榜，吴有才家庭获首届全国文明家庭。以纪念建党95周年和红军长征胜利80周年为契机，深化爱国主义教育，重走长征路、重修长征遗址、拍摄长征电影等活动有序开展。以创建全国、全省文明城市为总抓手，坚持问题导向，着力解决基础设施建设欠账多、市民文明素质不够高、城市管理不到位等突出问题。组织市直媒体开辟各类专栏10余个，发放宣传手册和挂图50万份，每日向市民推送一条公益短信，户外广告、楼宇电视、公用交通工具、建筑围挡实现公益广告全覆盖，并结合各行业特点，分类开展主题创建活动，全民创建热情空前高涨，申报省市各类文明创建单位创历史新高。组织各类志愿服务7万余人次，认领微心愿3632个，举办“弘扬雷锋精神，推进职业道德建设”报告会，2个组织、5人、1社区分获全省雷锋式志愿服务组织、志愿者和志愿服务社区殊荣。全市志愿服务网注册志愿者70.1万人，团队870个，居全省第一方阵。

■ **文化惠民** 2016年，永州市出台《永州市深化文化体制改革实施方案》《关于加快构建现代公共文化服务体系的实施意见》等文件，市文化艺术中心开工建设，第一批20个国家贫困地区村级综合文化服务中心示范点建设竣工，直播卫星“村村响”、农村广播“户户通”、农村电影和城市公益电影放映等文化惠民工程全面完成，其中“户户通”信息总录入数居全省第一位。以“欢乐潇湘·和美永州”群众文化活动为主线，“雅韵三湘”高雅艺术普及、“送戏下乡”及春节、元宵、江华瑶族盘王节等重大节庆文体活动深受百姓喜爱。参加全国举重高水平后备人才基地举重锦标赛，获9金6银3铜。参加省“欢乐潇湘”决赛，获3金4银4铜，金、银奖数量位居全省第一位。电影《过山榜》由上海电影制片厂开拍，《有钱没钱回家过年》获第七届中华颂全国小戏小品曲艺大展作品类金奖，《我是记者》获“亚洲微电影艺术节”金海棠奖。《女书吟》《盘王之女》获国家艺术基金资助。建立健全文化产业项目库，争取到省文化产业发展资金项目8个、事业项目2个、非遗保护项目3个、新型工业化项目2个，资金940万元。在深圳文博会和湖南（长沙）国际收藏产业博览会中签约9项，引资20亿元，3个项目入选2016年全国优秀文化旅游项目名录。

（颜学飞）

附：

永州市2016年度
文明村镇、文明单位、文明标兵单位、文明社区、文明窗口单位、文明风景旅游区、文明集市、文明餐饮示范店单位名单

一、文明村镇（25个）
零陵区珠山镇
零陵区大庆坪乡
零陵区梳子铺乡
零陵区南津渡办事处香零山村
祁阳县进宝塘镇
祁阳县挂榜山林场
东安县水岭乡吊牛坪村
双牌县上梧江瑶族乡盘家村
双牌县塘底乡
道县清塘镇楼田村
道县祥霖铺镇分江头村
道县蚣坝镇长江圩村
道县仙子脚镇车田洞村
江永县夏层铺镇
江永县源口瑶族乡
江永县粗石江镇
宁远县禾亭镇
宁远县文庙街道办欧家村
宁远县仁和镇白马村
新田县大坪塘镇
蓝山县荆竹瑶族乡友爱村
蓝山县毛俊镇井头村
蓝山县祠堂圩镇洞庭村
蓝山县楠市镇上下村
回龙圩管理区八仙洞村
二、文明单位（84个）
永州市农业委员会
永州市城市管理行政执法局
永州市住房和城乡规划建设局
永州市食品药品监督管理局
永州市司法局
永州市教育局
永州市发展和改革委员会
永州市水利局
永州市文体广电新闻出版局
永州市人民政府金融工作办公室
永州市人民政府法制办公室
永州市商务和粮食局
永州市地震局
永州市妇幼保健院
永州市总工会
永州市妇联
永州市残疾人联合会
永州市中心血站
永州市静脉产业有限责任公司
永州市委永州市人民政府接待处
永州市民族宗教事务委员会
永州市林业科学研究所
永州市扶贫开发办公室

永州市路灯管理所
永州市全民健身服务中心
冷水滩区委办公室
冷水滩区发展和改革委员会
冷水滩区人力资源和社会保障局
冷水滩区卫生和计划生育委员会
零陵区纪委监察局
永州市工商行政管理局零陵分局
零陵区统计局
零陵区气象局
零陵区政务服务中心
零陵区审计局
祁阳县人民防空办公室
祁阳县农业机械化管理局
祁阳县广播电视台
祁阳县白水镇国土资源站
祁阳县城市基础设施建设投资管理中心
祁阳县第一中学
东安县纪委监察局
东安县委宣传部
东安县人民法院
东安县农业委员会
东安县疾病控制中心
东安县舜德学校
双牌县委办公室
双牌县委宣传部
双牌县气象局
道县纪委监察局
道县县委办公室
道县人民政府办公室
道县农业委员会
道县教师进修学校
湖南省永州市工贸学校
中国建设银行股份有限公司道县支行
江永县委组织部
江永县委宣传部
江永县委党校
江永县公安局交通警察大队
江永县民族宗教和文体广电新闻出版局
江华瑶族自治县委办公室
江华瑶族自治县委组织部
江华瑶族自治县人力资源和社会保障局
江华瑶族自治县委老干部局
江华瑶族自治县清塘壮族学校
宁远县纪委监察局
宁远县委组织部
宁远县委政法委
新田县纪委监察局
新田县委组织部
新田县委宣传部
新田县委统战部
蓝山县纪委监察局
蓝山县疾病预防控制中心
蓝山县国土资源局
蓝山县犁头瑶族乡（机关）
回龙圩管理区党委宣传部
回龙圩管理区农业局
永州经济技术开发区党政办公室
永州经济技术开发区人才与人力资源管理局
永州经济技术开发区城乡规划分局
永州经济技术开发区仁湾办事处

三、文明标兵单位（22个）

永州市人民政府办公室
永州市交通运输局
中国联合网络通信有限公司永州市分公司
永州市房产局
永州市畜牧水产局
冷水滩区国家税务局
永州市公安局交通警察支队零陵大队
东安县林业局
东安县交通运输局
中国移动通信集团湖南有限公司东安分公司
国营双牌县五星岭林场
国营双牌县打鼓坪（国有）林场
双牌县纪委监察局
中国移动通信集团湖南有限公司道县分公司
江永县地方税务局
江永县纪委监察局
国家统计局江永调查队
江华瑶族自治县教育局
宁远县自来水公司
宁远县卫生和计划生育委员会
新田县委党校
新田县教育局

四、文明社区（4个）

冷水滩区梅湾街道翠竹园社区
祁阳县光明社区
宁远县桐山街道舜源社区
蓝山县塔峰镇南门社区

五、文明窗口单位（7个）

永州市住房公积金管理中心零陵区管理部
永州市住房公积金管理中心东安县管理部
永州市住房公积金管理中心江华瑶族自治县管理部
新田县国税局办税大厅
蓝山县人力资源和社会保障局服务大厅
永州市回龙圩管理区社保医保管理中心
湖南江永农村商业银行股份有限公司回龙圩支行

六、文明风景旅游区（3个）

宁远县文庙管理所
宁远县舜帝庙考古遗址公园管理处
蓝山县塔下寺

七、文明集市（3个）

道县城北农贸市场
新田县方达农贸市场
蓝山县塔峰第一市场

八、文明餐饮示范店（4个）

中共永州市委党校食堂
道县壹品善食餐馆有限责任公司
宁远县九嶷山瑶族乡生态大酒店
永州迴龙山庄酒店有限公司餐饮部

统战工作

■ 贯彻落实上级会议文件精神 2016年，中共永州市委统战部抓好中央、省委统战工作会议精神、《中国共产党统一战线工作条例（试行）》（以下简称《条例》）、省委《实施意见》的学习宣传贯彻工作。推动成立由市委书记任组长的统战工作领导小组，市委常委会专题听取研究各领域统战工作3次，对贯彻落实中央、省、市委统一战线一系列决策部署进行顶层设计，高位推动。建立市直统战工作联席会议制度，加强系统内部的沟通协调；组织研究起草《贯彻落实省委统战工作会议精神及〈实施意见〉重点工作规划（2015年—2017年）》，明确全市统战工作的任务书、路线图和时间表，初步构建党委统一领导、统战部牵头协调、有关方面各负其责的大统战工作格局。针对省委统一战线调研检查中指出的短板和一些长期存在的“老大难”问题，向市委常委会进行专题汇报，得到市委高度重视。统战系统新增5个行政编制和1个科室，由市财政安排34万元对市级以上同心示范点进行奖补。11个县区为统战系统新增行政编制14个、事业编制34个、科室8个，平均增加工作预算经费8万元。在市县换届中统战部一名副调研员提拔为县委常委，一名县区经验丰富的常委调统战部任副部长；市级和部分县区党外人大代表、人大常委比例偏低等问题也都予以落实。

■ 巩固发展多党合作 2016年，永州市在党外代表人士中开展“两学一助”学习教育活动，通过继续开展暑期谈心，举办省市党代会精神学习专题讲座、统战知识竞赛、传统历史教育、演讲比赛等活动，进一步增强党外代表人士与中共永州市委同心同向同行的信念。坚持“党委出题、党派调研、政府采纳、部门落实”机制。市委围绕供给侧结构性改革、新经济发展、扶贫攻坚等方面拟定调研课题25个，交由各民主党派、工商联和无党派人士开展专题调研。拟定《中共永州市委2016年度政党协商计划》，将“十三五”规划落实中的重点难点问题列入其中。市委分别就市委经济工作会议报告、政府工作报告、党代会报告召开党外代表人士座谈会，听取党外人士的意见、建议。发挥党外处级干部专长，鼓励他们反映社情民意，全年收到党外干部报送信息100余条。

■ 党外代表人士配备 2016年，永州市委按照政策要求及时将各县区政府部门党外正职配备要求增加至2名，并纳入对各县区的目标管理考核。在换届中，11个县区配备党外人大副主任11名，副县区长11名，政协副主席33名，在已配备8名正职的情况下，市直（含副处级）单位新配备党外正职3名。

■ 新社会阶层人士摸底调研 2016年，永州市委统战部成立知识分子工作科，开展新社会阶层人士摸底调研。在零陵区、蓝山县探索新媒体从业人员和网络意见代表人士统战工作，创造线上交流、线下互动的经验。

■ 创办慈善学校 2016年，永州市开办面向贫困学生的一家一助学项目“佛慈”同心班。引导宗教界人士、新田县玉峰寺住持释法广法师和黄保黔募捐120万元，开办全省首家全免费的招收孤儿和特困家庭儿童的慈善学校——苦志育才慈善学校。

■ 非公有制经济领域统战工作 2016年，永州市制定下发《永州市非公有制经济领域防治腐败工作指导意见（试行）》，构建亲清政商关系。集中2个月的时间开展“访民企、办实事、强信心”千户民企走访调研活动；促进建行永州分行与市工商联签署战略合作协议，为中小微企业提供最大额度200万元、无需抵押担保的可循环贷款；在湖南人和人（永州）律师事务所成立市非公企业法律维权服务中心，有效促进非公经济“两个健康”。

■ 港澳台地区及海外统战工作 2016年，永州市依托湖南海联产业园和湖南华侨产业园，深化海外人才智力援乡工程，一批侨领、侨商、港澳台人士到园区考察。联合澳门汇才慈善总会组织开展“澳湘心连心艺海砚真情”永州书法作品（捐赠）澳门展主题文化交流等活动；指导宁远县做好舜帝陵申报创建省级海峡两岸交流基地建设工作；邀请台湾大中学生到蓝山县开展暑期联谊。

■ 服务社会发展 2016年，永州市统战部门发挥联系广泛的优势，开展引智引资活动。在东莞举办的对台招商会上，永州市签约项目12个，合同资金25.3亿元。做好全市社会力量参与精准扶贫工作，引导非公经济企业与贫困村结对帮扶，开展产业帮村、就业创业帮村、教育帮村等三大帮村行动。引导非公经济人士投身“光彩事业”，累计捐赠560万元，资助贫困群体和贫寒学子。发挥统战要素优势，开展“四同创建”活动。市县两级统战部门正在推进建设“四同创建”点36个，其中省级创建示范点4个，市级创建示范点11个。

（李辉）

政策研究

■ 概况 2016年，中共永州市委政策研究室围绕全市工作大局，解放思想，超前谋划，主动作为，在常规性的工作中挖掘闪光点、采取新举措、干出新特色，发挥以文辅政和核心智库作用，2016年度全市绩效考核获得7个先进。

■ 文稿起草 2016年，中共永州市委政策研究室注重转文风、出精品，全年起草各类文稿409篇，完成市第五次党代会、市委经济工作会议、市委常委扩大会议、全市换届工作会议、全面建成小康社会推进会议、“两学一做”学习教育工作会议、全市重大项目建设推进会、全市创建文明城市动员大会等重大战略决策会议主要文稿的起草工作。在《中国反腐倡廉蓝皮书》《党建研究》《中国改革报》《湖南工作》等重要报刊上发表市委主要领导署名文章12篇，其中《坚持党建引领营造良好政治生态》《破解闲置土地处置难的永州实践》《以供给侧结构性改革引领欠发达地区赶超崛起》等文章，引起上级领导和社会各界关注。

■ **调查研究** 2016年，中共永州市委政策研究室组织开展“精准扶贫”“谋划市第五次党代会”“谋划2017年工作”“全域旅游背景下特色小镇和美丽乡村建设”“湘江生态经济带”等专题调研11次，到县区、市直单位开展调研走访22次，外出山东、重庆、杭州、海南等地学习考察6次。形成《抢占发展制高点　推进农业现代化》《充分激发创造活力　打造创新创业之城》《特色小城镇、发展大战略——关于加快永州特色小城镇发展的调查与思考》《如何用好扶贫产业发展的“助推器”》《易地扶贫搬迁工作专题调研报告》等调研成果13篇，并结集出版《2016年度永州市重大专题调研文集》，为市委科学决策和经济社会健康发展提供大量的有益参考。

■ **信息服务** 2016年，《永州通讯》围绕市委、市政府的重大决策和部署，每期突出一个主题，提高办刊水平，刊物影响力和关注度不断提高。全年出版印刷刊物12期，审核刊发文稿303篇，累计576个页码约92万字。编辑《领导参阅》8期，《信息摘报》12期，为全市领导干部学习上级精神和先进工作经验再搭新平台。全年上报省委政研室材料、稿件、信息30余次，与长沙、常德、怀化、郴州、潍坊、寿光、青岛、重庆等地的政研部门进行友好交流，相互报送材料20余次。进一步加强与市直部门的联系，市直各部门全年报送写作辅助材料100余份。进一步加强对县区政研室的联系和指导，各县区配合协助开展调查研究20余次，提供相关材料超过100份。

■ **深化改革工作** 2016年，永州市推进的9大类51大项213小项改革项目，全面完成的194项，需待中央、省委出台政策后再启动的19项。在全省改革考核评估中得分103.5分，名列全省第四位，进入全省第一方阵。进一步理顺市、县区委改革办、专项小组、责任单位的工作职责，做到人员到位、职责清晰、协调有序、运转有效，健全横向到边、纵向到底的工作网络。抓好顶层设计，对接省委改革要点，结合永州实际，制定全市年度改革工作要点，对每项改革任务确定责任领导、责任单位和年度目标任务。制定倒排任务表，并对各项改革事项进行台账化、项目化管理，每月对完成情况进行通报，确保各项改革落地落实。健全常态化工作联动机制、改革动态管理机制，每个季度组织召开深改组会议和改革办主任会议，安排部署和统筹推进改革工作。加强调查研究，重点围绕管理区体制调整、网格化建设、农业供给侧改革等工作，到县区、村社开展调研10余次。联合市委督查室，或牵头组织各专项小组，采取“一月一主题、一季一专题”的方式，开展工作督察15次。进一步完善全面深化改革考核体系，抓好日常考核和年底考核。编印市委改革简报11期，向省委改革办等上级部门和媒体报送经验材料30余篇，中央电视台《新闻联播》《中国改革报》、中国改革网等对永州市相关改革经验进行推介，省委改革简报《年中专刊》对永州市改革工作进行专期刊发。

■ **全面小康工作** 2016年，永州市在全省全面小康工作考核49个奖项中，获9个奖项，获得工作奖金高达2900万元，奖项数量和奖金额均排全省第一位。其中，市级获全省全面小康经济发展工作优秀奖，江华瑶族自治县获全面小康推进工作前十位县奖，祁阳县、宁远县、双牌县获全面小康推进工作十快进县奖，冷水滩区、道县、新田县、蓝山县获全面小康经济快进县奖。全市全面小康5大类49项指标中，27项指标实现程度100%，7项指标实现程度在90%以上，7项指标实现程度在70%~90%之间。全年全面小康实现程度87.7%，比2015年提升3.1个百分点，完成年初市委、市政府提出的目标值。进一步修改完善全市全面小康工作考核体系，制定出台《永州市全面小康示范乡（镇）评选办法》《永州市全面小康示范村评选办法》，每年在全市评选出全市全面小康示范乡镇25个，每年培育全市全面小康示范村100个。《湖南省全面建成小康社会推进工作简报》采用全市信息10篇，编发《永州市全面小康工作简报》22期。

（蒋孟阳）

机构编制工作

■ **概况** 2016年，永州市机构编制系统按照“精简、统一、效能”原则，着力服务发展、保障民生、深化改革、强化管理、锤炼队伍，各项工作取得新的进步。被市委、市政府授予全市绩效评估先进单位、全市党建工作先进单位、全市三项改革先进单位、全市‘三项优先’工作综合考评先进单位、全市法治政府建设工作先进单位、全市社会管理综合治理先进单位、党风廉政建设和反腐败工作先进单位、安全生产工作先进单位。

■ **服务发展** 2016年，永州市统筹全市机构编制力量和资源，开展“三区”管理体制、中心城区中小学教师编制配置、社区网格化建设、行政审批制度改革等重大课题调研，着眼理顺机制体制、优化力量配置、构建服务体系，提出意见建议，当好参谋助手。着眼破解发展难题，按照“尊重历史、正视现实，维护稳定、促进发展，同类性质、同一标准，严格政策、规范管理”原则，明确市农科所、市林科所、市柑桔示范场、福田茶场等部门的内设机构、科级职数和人员编制。本着“落实政策、尊重历史”原则，妥善解决2008年以来金洞管理区、永州经济技术开发区51名退役士兵安置历史遗留问题。围绕市委、市政府重点工作，调剂挖潜，为市直单位调剂行政编制10名，事业编制335名。针对金洞管理区、回龙圩管理区和永州经济技术开发区体制机制运行现状，按照“把握职责定位、严格机构编制、突出重点特色、注重调整完善”原则，理顺“三区”管理体制，健全组织机构，下放相应职权，放权搞活、扩园强区，提升发展效能。

■ **深化改革** 2016年，永州市本级承接省政府下放的行政许可事项34项，取消行政许可项目14项，取消或调整非行政许可事项12项，下放县区行政许可事项105项，通过清理，市政府42个工作部门公布保留的行政权力2566项。综合考虑乡镇发展现状和需求，将全市所有乡镇统一纳入分类测算范围，按照“科学规划，因地制宜，理顺关系，转变职能，促进发展”原则划分乡镇类别，明确一类乡镇36个、街道4个；二类乡镇94个、街道19个；三类乡镇18个、街道7个；四类乡镇3个。突出党建引领、社会共治，推动形成社区架构网格化、保障机制优质化、服务事项清单化、群众办事便捷化、管理运行信息化的网格、社区、街道三级服务体系，着力打造网格化管理、信息化支撑、全程化服务的社会治理新模式，出台《永州市城市社区岗位编制管理暂行办法》，规范社区编制管理，强化社区组织建设。在全省率先出台《政府工作部门行政职权动态管理办法》，明确相关职能部门的职责、动态调整的时限要求、行政许可事项管理措施和考核评估制度，建立健全行政权力动态管理机制。按事项、名称、时限、公示、监管“五统一”标准集中力量、集中清理、集中规范各县区行政许可事项。经清理，除双牌县保留184项行政许可事项外，其他各县保留行政许可事项185项。集中清理行政许可过程中作为前置条件的中介服务事项，仅保留涉及15个政府部门的行政审批中介服务52项。研究生产经营类事业单位转企改制路径，推动以市城市建设投资开发公司、市自来水公司、市水质净化中心为基础组建城市建设投资集团公司，以公交一公司、公交二公司为基础组建公交集团公司；厘清行政机关与行业协会商会的职能边界，推动行业协会商会与行政机关脱钩。按照“以点带面、强力示范、逐步推进”的原则，结合公立医院改革，确定市第三人民医院为改革试点单位。审核通过《永州市第三人民医院法人治理结构建设试点实施方案》，指导组建董事会、理事会、监事会，确立治理结构组织架构，构建政事分开、管办分离的事业单位治理体系。推动重点领域改革，完成不动产统一登记改革、公共资源交易体制改革和公证体制改革任务。

■ **保障民生** 2016年，永州市机构编制工作突出保障民生事业发展需求。落实教育优先战略，结合全市中小学校分布的实际情况和县区中小学生到中心城区就读情况，按照“全市统筹、一次到位、动态管理”的原则，从全市范围内调剂800名中小学教职工编制纳入市级中小学教职工编制库；为永州市第一中学、永州市第四中学调增教师编制84名，推动“名师名校”工程落地见效；着力解决潇湘技师学院和湖南九嶷职业技术学院合并办学后教师编制严重不足的问题，为其调增编制128名。落实就业优先战略，结合岗位紧缺情况，及时对机关事业单位余超编情况审核，并按程序审批下达公务员招录、事业单位招聘、引进高学历人才、随军家属安置等各类用编计划4563名，其中市直712名，县区3851名。落实生态优先战略，争取省里支持，将江华国有林场调整为正处级机构；增设湖南阳明山国家级自然保护区内设机构，设立双牌阳明山自然保护区资源管理站，加强国有林场和国家级自然保护区的建设与管理。调增市环保局科级职数；整合城市供水监测、污水排放达标监测等职能，设立永州市水质检测中心。优化政务服务体制，压缩审批时限，对各级各部门保留的审批事项，按照“压缩两个三分之一”的要求，进一步压缩办结时限，节约办事成本。市直44个单位178项政务服务事项一律进驻市政务服务中心办理，按照“两集中、两到位”的要求，推行“一站式”审批，健全“一门受理、相关联办、统一收费、一门发证”运行机制。在政务服务事项审批流程设计上，推行“简化材料、统一受理、减少环节、协同审批、网上审批”，方便群众和企业办事。

■ 从严管理 2016年，永州市机构编制系统“严把政策，不破底线”，严格执行机构编制管理的各项政策规定，按政策操作，依规定办事，守住机构编制总量在本届政府任期内只减不增的底线。严控新增编制，坚持“要增编、必清理，先减法、后加法”的原则，在编制总额内从严审批新增编制。对全市27个单位副处级以上领导职数设置不规范、超配职数、高配等现象实施专项清理。严控编制计划，坚持总量与结构、需求与余额、规模与财力3个结合，推行编制计划核准和使用的科学化、规范化管理。“严守程序，不越红线”，凡涉及机构编制事项，均实行统一研究，集体决策，需要报市编委会和市委常委会审定的，按规定按程序上报，不越级、不越权，牢牢把握好省编办核定的2012年底编制总额这根红线不动摇。严格制度，不碰高压线，坚持用制度管人、按制度办事，不碰机构编制工作纪律的高压线。加大与组织、人社和财政等部门的密切配合，在全市范围内全面推行人员编制与经费预算联合管控。发挥实名制管理平台在人员异动方面的作用，实行实名制与人员异动、自然减员等人事变动的联合管理。

（市编办）

机关党建工作

■ 概况 2016年，永州市直工委辖57个机关、企事业单位党委，57个党总支部，775个党支部，有党员1.49万人；设有纪工委、组织部、宣传部、办公室、群团工作部（2016年批准设立）等内设部门；行政编制数15人，工勤编制数1人。

2016年，牢固树立党建引领意识，以服务“四个全面”战略布局为主题，以落实全面从严治党要求为主线，以树立和贯彻落实五大发展理念为动力，以实施“党建+”工程为抓手，坚持“三个紧跟、三个转变、三个提升”的工作思路，突出强化理想信念教育、夯实基层组织基础、严明党的政治纪律、落实管党治党责任、提升服务保障能力等重点，全面提高党领导经济社会发展的能力和水平。市直工委年度工作被省直工委考评为“优秀”等次；获评全市“党建工作先进单位”“党风廉政建设和反腐败工作先进单位”“社会管理综合治理先进单位”“精神文明建设和意识形态工作先进单位”“旅游产业发展先进单位”“全市计划生育先进单位”等。市直机关关工委工作被评为“湖南省关心下一代工作先进集体”，唐述雷被省关心下一代工作委员会表彰为全省先进个人。

■ 思想建设 2016年5月27日，永州市直属机关工作委员会举办市直机关“两学一做”骨干班培训。9月，联合市委宣传部、市委讲师团对市直机关中心组学习情况进行专项督查。10月10日，组织召开市直机关“两学一做”学习教育暨党支部规范化建设推进会；制定下发机关“灯下黑”专项整治方案，对突出问题进行集中整治，实现集中性教育向经常性教育拓展。开展社会主义核心价值观主题教育实践活动。注重加强正面宣传，把握正确的舆论导向，在永州电视台新闻综合频道开设“永州机关党建”电视栏目，定期播报机关党建专题新闻，其中市委党校康向阳的先进事迹，经推荐后在湖南卫视新闻联播播出。《湖南机关党建》杂志第四期开设专栏，对永州市祁阳县、宁远县、市公安局等地等部门的机关党建工作进行推介。继续加强“永州机关党建”网站建设，及时宣传推介各种先进典型和经验，发布信息300多条。2016年报送的调研课题《新形势下激发机关党员干部干事创业内生动力研究》，在“全省机关党建暨思想政治工作理论专题研讨会”上作交流发言，并被省直工委作为重点课题给予资助，经专家考评为一等奖。多篇经验性文章在中央、省、市主流刊物上发表，其中《坚持价值导向问题导向考评导向　抓实机关党员教育管理》文章在《中直党建》第九期刊发。

■ 组织建设　2015年11月，按照市委的决定，市委组织部将直接管理的16个事业单位党委划归市直工委管理。2016年7月15日，市委常委、市委秘书长、市直工委第一书记颜海林受市委委托，组织召开协调会，将市直机关工会工委、市直机关团工委、市直机关妇工委的职能从相关单位一并划归市直机关工委，进一步完善市直工委工作职能；在机构改革中，市委同意设立市直机关党委的单位配备一名专职副书记，同意县区统一成立县区机关工委，配备必要的工作人员，保障工作需要；冷水滩区、宁远县的工委书记被选为县区委委员。对市直机关各级党组织换届情况进行全面细致的摸底统计，建立基层党组织按期换届提醒督促机制，有47个机关党委、党（总）支部进行换届选举，工委直辖的各级党组织全部完成换届选举工作；制定下发《关于全面推进市直机关基层党支部规范化建设的指导意见》等文件，开展创建工作。年内，有133个党支部申报参加规范化建设，经考核验收，有126个达标，其中优秀等次95个，合格的31个；狠抓基层组织建设“七项”重点工作任务落实和“十项党建工作大排查”工作，排查补缴党费300多万元，排查失联党员1193名，处置党员12名。采取设定标准、个人申报、单位审核推报、市直工委审核确定的方式，建立完善困难党员数据库，有86名困难党员“入库”接受精准帮扶；“七一”和春节前，市直工委走访慰问市直机关困难党员94人次、新中国成立之前老党员43人次，发放慰问金11.54万元。修订完善机关党建工作目标管理，细化各项具体工作的评价规范，逐步形成一整套完整的党建目标管理考评体系。建立工委领导联系点制，每月实行工作督查，推动各项任务落实。开展党课比赛，要求各机关党组织书记上报党课材料，并从“七一”前夕上报的近百篇党课材料中筛选出16篇，以讲“微型党课”方式举行比赛；比赛实况制成光碟下发到市直机关各级党组织。开展机关党建“三级联述联评联考”工作，对7名机关党委书记进行述职评议工作。

■ 队伍建设　2016年5月16日—19日，永州市直属机关工作委员会在市委党校举办市直机关第四十一期入党积极分子培训班，培训入党积极分子308人；6月17日，举办市直机关发展对象培训班，培训党员发展对象105人。加强对中国共产党入党志愿书的编号管理，严格标准程序发展新党员，全年市直机关发展党员106名。将党务干部教育培训纳入全市干部教育培训计划，3月7日至5月6日，在市委党校举办“机关党务干部培训班”，培训县区工委及市直机关的党务干部50人；开展市直单位党组织纪检委员培训，提高纪检委员的理论和业务素质；组织市直机关及各县区党员参加全省党建业务及党纪条规知识竞赛，市直工委获得优秀组织奖，1名党员获三等奖。

■ 廉政建设　2016年，永州市直属机关工作委员会依托市里5个廉政文化教育基地和市纪委办案中心教育基地，结合红色旅游进机关活动，组织机关党员参观学习，接受廉政教育；组织机关党员学习《习近平关于严明党的纪律和规矩论述摘编》、观看《镜鉴》等教育警示片、学习市纪委关于“纠‘四风’、治陋习”查处案件通报情况。开展专项整治工作。春节期间，市直纪工委派出2人参加市纪委组织的专项督查，所查处的典型案件在湖南卫视、《永州日报》和网络媒体上进行通报曝光；“五一”和国庆期间，市直纪工委对市直机关单位节假日的值班和公车入库情况进行督查；7月和10月，市直属机关工委两次派出专项整治督查小组，对市直单位“纠‘四风’、治陋习”和“雁过拔毛”式腐败问题专项整治工作情况进行督查。认真查办案件，实践监督执纪“四种形态”，坚持标本兼治，严肃查处腐败行为。全年查办案件15件，结案13件，涉及正科级干部7人，给予开除党籍处分4人，追缴违纪金额近13万多元。

■ 特色活动　2016年，永州市直属机关工作委员会发动组织市直机关党员领导干部、支部书记、专家学者、先进典型等围绕“两学一做”主题，深入基层讲党课，机关党组织上党课2700多次。“七一”前夕，表彰“先进机关党委”21个、“先进党总支”3个、“先进党支部”12个、“优秀共产党员”279名和“优秀党务工作者”28名；联合市文体广电新闻出版局和市总工会，组织50多支队伍参加“长沙银行杯”全市工间操比赛。9月底，联合市篮球协会和市文体广电新闻出版局组织16支队伍，参加市直机关全民健身篮球比赛。制定下发《“红色旅游进机关”活动方案》，组织市直机关各级党组织和广大党员创作红色作品节目、宣传红色文化、开展主题活动。联合市林业局和市绿化委组织400余名机关党员，开展市直机关党员义务植树活动。把党员开展志愿服务活动纳入党建目标管理考核体系，明确规定党员志愿服务活动要经常开展，全年开展活动不得少于4次。8月，组织开展“雷锋式人民公仆”先进典型推选宣传活动，推荐“雷锋式人民公仆”34名，其中推荐9名参与省文明委的评选。

（唐述雷）

党校工作

■ 概况　中共永州市委党校始建于1952年4月，原名零陵地委党校。1996年3月，地改市后更名为中共永州市委党校。2002年12月，市委决定将市委党校从零陵区整体搬迁至市公安干校，将市委党校、市行政学院、市社会主义学院、市公安干校合并，实行四块牌子、一套班子。2008年5月9日，经省干教领导小组批准，同意落实永州市委党校为大专体制，机构规格为副厅级。2014年4月，根据《中共永州市委党校（永州市行政学院、永州市社会主义学院）主要职责内设机构和人员编制规定》文件精神，市委党校与市公安干校分设。截至2016年年底，有教职员工68人，其中副厅级1人、正处级5人、教授2人、副教授14人。校园占地面积10.2公顷，建筑面积4.6万平方米。

2016年，校（院）坚持党校姓党的校魂、实事求是的校训、从严治校的校规，围绕党的路线方针政策和市委的中心工作，持续做优做强教育培训、理论武装、思想引领、决策咨询。全年举办各类培训班38期，培训6728人次。其中，党校主体班10期，培训人数521人；各类专题研讨班、部门班18期，培训人数4249人；干警培训班10期，培训人数1478人。出版专著一部，在省市刊物公开发表理论文章26篇，省市课题立项8项、结项6项，获省级以上奖励12项；举办全市党校系统科研工作暨理论研讨会，评选优秀论文98篇。组织教师参与全省理论研讨会，论文获一等奖1篇，二等奖4篇，三等奖5篇。年内，先后获全市2016年度老干部工作先进集体、省文明城市创建工作先进单位、2016年度党风廉政建设和反腐败工作先进单位、2016年度党建工作考核优秀单位、2016年度综治工作先进单位、2016年度模范职工之家等称号；康向阳被授予全市老干部工作先进个人称号，其先进事迹于7月1日先后被湖南卫视、永州《新闻联播》栏目作典型推介。

■ 主业主课　2016年，中共永州市委党校着重考虑理论教育的系统性和层次性，形成以马克思主义基本理论为基础，以中国特色社会主义理论体系为中心，以党性修养、能力建设理论为重要内容的理论教育体系。主业主课质数切实提高，理论教育和党性教育课时量占总课时的73%。统筹

2016年3月8日，中共永州市委党校举行春季开学典礼。市委常委、市委副书记、市委政法委书记、市委党校校长张严（中）出席并作《始终坚持党校姓党的根本原则》的专题报告　摄影　冯小明

市县党性教育基地，打造2条路线的精品党性教育基地，在全市形成“一课堂、两路线”的大培训格局。省委党校第80期厅干班、广东佛山南海区71名基层党员干部到党性教育基地实地受训，打破从来没有外省学员到永州开展异地教学的先例。制定《学员临时党支部工作暂行规定》，严格落实“三会一课”、主体班临时党支部组织生活会、党性定期分析制度等常态化教育，开展经常性的党性教育和分析。

■ 科研咨政 2016年，中共永州市委党校创新课题调研“专项组”、报告撰写“导师制”等方法，搭建教师与学员联合科研攻关的平台，形成两期有影响的《决策咨询要报》，得到市委领导的充分肯定和批示。经请示中共永州市委书记陈文浩、副书记张严特批，同意市委党校重新开办停刊10余年的《永州论坛》，实现科研成果向决策咨政的转化，找到科研与资政深度融合的节点，强化理论引领力度。

■ 学员管理 2016年，中共永州市委党校坚持严字当头，把全面从严治党要求落实到全面从严治校全过程，围绕学员请销假、到课、就餐等重点环节，坚持“两检查两通报一分析一约谈”，即检查课堂、就餐，在支部范围内通报到课率和就餐率，针对学员请假情况、就餐情况、住校情况进行关联数据分析，掌握学员在校动态，对到课和就餐情况不理想学员进行重点约谈。秋季主体班评出的44名优秀学员，经校委会审核时，将其中6名到课率或就餐率低的取消“优秀学员”评定资格。

■ 市委党校整体搬迁事项 2016年，永州市委、市政府高度重视党校基础设施建设，推进市委党校整体搬迁新建。7月12日，市委书记陈文浩专门听取党校工作汇报，对市委党校提出“整体搬迁建设”的问题同意提交市委常委会讨论。7月14日，市委常委会专题听取全省党校工作会议精神，传达研究贯彻落实意见，提出“对于市委党校拟搬迁事项，市政府要尽快拿出实施意见”。9月28日，在全市第五次党代会上，市委老领导唐盛世、孔宪访、郑邦淳、李良铁、谭志宪、谭政等10名代表领衔，提交《关于市委党校整体搬迁建设的提案》。10月10日，市政府第八十三次常务会议听取关于市委党校整体搬迁建设相关情况汇报，并进行研究讨论，明确在国家政策允许的前提下，原则同意市委党校实施整体搬迁。10月28日，市委常委会专题研究党校整体搬迁建设工作，形成以下3条意见：一是同意对市委党校实施整体搬迁，并将该搬迁项目列入全市重点建设项目。二是同意成立党校搬迁建设工作领导小组，由市委书记任组长，市委副书记、党校校长和常务副市长等任副组长。三是由市经投集团负责，2017年元旦前拿出市委党校、冷水滩区委党校、零陵区委党校整体搬迁的规划方案。11月1日、11月10日、11月24日，市委书记陈文浩先后3次召开党校迁建工作调度会，研究成立搬迁建设工作领导小组、项目选址、安排外出考察学习等事宜。正在进行搬迁建设前期准备工作。

■ 自身建设 2016年，中共永州市委党校坚持把对党忠诚作为第一标准，把理论修养作为首要条件，把工作实绩作为重要依据。推荐1名副校长担任市直属机关工委书记、1名纪检组长到永州驻深圳办事处任职、2名正科级干部任内设机构负责人，焕发干事激情。按程序引进博士2人、研究生2人，新招录公务员3人，实现招录博士零的突破。建立专职教师知识更新机制和实践锻炼制度，选送54名教师到党校系统和高校培训，举办中央党校永州师资班，培训骨干教师70人（其中市委党校26人）。

（杨群义）

老干部工作

■ 概况 市委老干部局系市委部门管理机构，内设3个科室，2个下属单位均为参照公务员法管理事业单位。市委老干部局机关有干部职工9人。全市有离休干部275人，其中行政机关104人，事业单位83人，企业88人。厅级离退休干部106人，处级退休干部1350人，退休干部5.03万人。

2016年，全市各级老干部部门不断加强离退休干部思想政治建设和党组织建设，改进创新离退休干部服务管理，落实好老干部政治、生活待遇，开展“为党和人民的事业增添正能量”活动，全市老干部工作推进有序。

■ 老干部迎新春工作情况通报会 2016年2月1日，永州市委、市政府在南华大酒店举行老干部迎新春工作情况通报会。市委书记陈文浩致辞，代表市委、市人大、

2016年10月13日，永州市组织老干部参观、考察美丽乡村——江永县勾蓝瑶寨

市政府、市政协和永州军分区向全市离退休老干部、老同志祝贺新春，并通报2015年全市经济社会发展情况。市委副书记、市长易佳良主持会议。所有在永州的市委常委、市人大常委会主任、市政协主席和全市副厅级以上离退休干部共庆新春。

■ 全市老干部工作“双先”表彰会议 2016年6月28日，永州市委、市政府召开高规格的全市老干部工作“双先”表彰会议，市委书记陈文浩，市委副书记、市长易佳良，市人大常委会主任高建华和在家市委常委班子等领导出席会议。陈文浩强调，要不折不扣地落实中办发〔2016〕3号文件和湘办发〔2016〕21号文件精神，加大对文件的学习宣传力度，推进老干部工作转型发展。

■“老干部眼中的品质活力永州”摄影展 2016年6月28日，“老干部眼中的品质活力永州”摄影展在永州会堂拉开序幕。活动收到老干部摄影作品1200余幅，评选出200幅优秀作品进行巡回展览并结集出版，向全社会展示老干部满满的正能量，受到市、县（区）委主要领导和社会各界好评。

■ 书画展出活动 2016年9月1日—7日，永州市委老干部局、市老干部（老年）书画家协会联合举办的纪念中国共产党成立95周年和红军长征胜利80周年书画展在市美术馆展出，有3000多名社会各界人士参观展览。市人民政府副市长刘尤碧宣布书画展开展，并为获奖作者颁奖。展览收到书画作品300多幅，展出90幅，评选书法作品金、银、铜奖12幅，绘画作品金、银、铜奖6幅。

■ 离退休干部参观、考察美丽乡村建设和现代农业烟草建设项目 2016年10月23日—24日，永州市委、市政府组织厅级离退休干部赴江永县、宁远县参观考察美丽乡村建设和现代农业烟草建设项目，市委常委、市委组织部部长吴志雄带队考察。在江永县，老干部们参观考察女书园、电商街、凉伞树基地、上甘棠以及勾蓝瑶寨等地，听取相关介绍，详细了解该县美丽乡村建设工作的经验做法和好的举措。在宁远县，老干部们先后参观湾井烟草站、辉煌烟农专业合作社、天堂湖烟叶工场、永州烟草物流中心等7个现场点，感受永州烟叶基础设施建设的全面推进和现代烟草农业革命取得的成果。

■ 全市老干部工作者“执行力+能力提升”专题培训 2016年10月23日—29日，永州市老干部工作者“执行力+能力提升”专题培训班在浙江大学举办。全市50名老干部工作者参加培训。培训班请8位教授讲课，设置《领导干部压力分析与减压管理》《卓有成效的管理沟通智慧》《转型期中国热点难点问题分析》《“互联网+”下的网络经济新时代》等课程，此外还参观浙江老年社区、老年大学、美丽乡村3个典型现场，动静结合，虚实互动。学员们纷纷表示，要把此次学习成果运用到日常工作中去，为建设品质活力永州作贡献。

■《寻找永州最美少年》开拍 2016年10月底至12月初，永州市关工委与永州电视台新闻综合频道联合推出大型专题栏目《寻找永州最美少年》，在各县区拍摄13名阳光、向上的青少年学生，制成励志故事专题片在《直播永州》栏目播出。

■ 全市关心下一代工作暨第四届“最美孝心少年”表彰会议 2016年12月23日，永州市关心下一代工作暨第四届“最美孝心少年”表彰会议在冷水滩区召开，13名青少年被授予市第四届“最美孝心少年”称号。市委常委、市委组织部部长、市关工委主任吴志雄出席并讲话。会上，为获表彰的“最美孝心少年”和2016年全市受省关工委表彰的先进集体、先进个人进行颁奖。

（龙芳）

对台工作

■ **概况** 中共永州市委台湾工作办公室（永州市人民政府台湾事务办公室）是市委、市政府领导下的处理涉台工作的正处级单位，两个牌子一套人马，2005年成立。主要职能为：贯彻执行党和国家对台方针政策和各项涉台法律、法规，会同有关部门研究草拟全市涉台规范性文件；组织、指导、管理、协调全市对台工作；开展对台方针、政策和法律、法规的宣传教育；组织管理全市的重大涉台活动，处理重大涉台事件；做好台胞、台属的有关工作；向市委反映情况，提出全市开展对台工作的意见和建议。内设综合科和经济贸易科。2016年在编在岗7人，行政编6人，后勤编1人。

2016年，全市台办系统紧紧围绕市委、市政府中心工作，情系台胞、服务台企，推动永台经贸合作，促进永台文化交流。

■ **专题会议研究** 2016年5月4日，永州市委常委会研究全市对台工作，听取全市对台工作情况汇报。会议同意召开全市对台工作会议，同意在相关县区设立海峡两岸交流基地办公室，要求利用两岸交流基地这块金字招牌，把基地建设与产业园区建设结合起来，发挥更大效益。各县区委常委会均听取台办对台工作专题汇报至少1次，各县区党委、政府主要负责人定期或不定期听取对台工作情况汇报，组织相关单位，研究部署对台工作。

■ **招商引资** 2016年，永州市新增台资企业8家，引进台资3009万美元，其中蓝山县新增的台资企业高信电子有限公司投资2850万美元。10月21日，在广东东莞举行的对台招商项目推介会上，与台商签约项目12个，合同资金25.3亿元。市委副书记张严出席并致辞，市领导石艳萍、杨永、罗双全出席。成功举行境内外台商赴永州市部分县区参观考察活动，接待益阳市台协和长沙市台协到永州交流考察。

■ **维权服务** 2016年，永州市走访慰问台商、台胞、台属400多人，送去慰问品、慰问金2万多元。市、县区两级台办联合人社部门为台资企业招工，发放招工资料2.7万余份，为台企招工1000余人次。领导多次下县区帮助台企解决生产生活过程中遇到的困难。

■ **对台交流交往** 2016年，永州市再次邀请台湾大、中学生到蓝山县开展永（州）台（湾）两地青少年之间的“蓝台青少年文化之旅”交流交往活动。成功举办“海峡两岸青少年湘江源文化之旅”夏令营活动。永州赴台探亲、交流、观光约2700人次；接待投资考察、探亲、寻亲、旅游观光、交流等台胞、台商1200余人次。

■ **对台宣传与涉台教育** 2016年，永州市台办系统通过多种方式向台湾岛内输入宣传推介永州的资料2万余份，在《台声》杂志上发表专刊介绍永州。建立专门的涉台宣传网站、微信公众号及微信群等，及时宣传推介永州。8月19日，在江华瑶族自治县举办全市对台信息调研培训班，全市县区台办主任和信息员26人参加培训。9月29日，在市委党校开展涉台知识进党校活动，市台办主任周生来作题为《当前的台海局势和两岸关系》专题讲座，全市300余名处科级干部参加培训。10月10日下午，涉台知识讲座走进新田县委中心组，周生来受邀讲课。制定《2016年度全市对台信息工作考核评比表彰办法》，进一步加强涉台宣传信息工作。全市在国家级、省级涉台网站上发表新闻信息稿件100多篇。冷水滩区和宁远县连续9年被国台办评为全国对台宣传“双刊”先进县区。

■ **对台工作调研** 2016年，永州市台办先后在全市11个县区，走访调研台企、重要台属等，详细了解企业的订单、产品产销、招工、薪资、社保、员工生活等生产经营情况。8月—9月，市台办走访全市11个县区，调研对台交流交往工作，并撰写调研报告《关于我市近几年交流交往工作的思考与建议》，上报省委统战部和省台办。11月，市台办带领宁远县、双牌县台办，阳明山、九嶷山2个管理局的主要负责人一行赴怀化芷江机场、娄底曾国藩故居调研学习基地建设经验；12月，带领双牌县台办、阳明山管理局的主要负责人一行赴宁波调研学习基地建设经验。

（孙吉春）

讲师团工作

■概况 2016年，永州市委讲师团围绕永州工作大局，全面落实年初工作要点确定的各项工作任务，做好市委中心组理论学习服务工作，搞好干部理论教育、理论研究和其他工作，较好地完成全年工作目标和任务。7月，该团被列入全省讲师团系统首批微宣讲示范基地；获全省讲师团系统2016年度创先争优先进单位一等奖，该团连续2年获此奖项。

2016年7月，永州市委讲师团被列入全省讲师团系统首批微宣讲示范基地

■市委中心组学习 2016年，中共永州市委中心组围绕习近平治国理政新理念新思想新战略，中共十八届五中和六中全会精神等内容，组织7次15天集中学习，先后邀请13名专家学者到永州讲学，同时开展“学讲话、用讲话”主题学习互动，编辑出版《永州市委中心组调研文集》。制定市委中心组理论学习计划，年初采用问卷方式开展学需调研，咨询全体市委中心组成员学习意向，结合省、市委提出的重大战略和工作部署，研究制订《永州市委中心组2016年理论学习安排意见》。《安排意见》经报市委主要领导审定，由市委宣传部、市委讲师团联合发文，指导全市副处以上单位党委（党组）中心组理论学习，并及时将《安排意见》、市委中心组成员名单、学习秘书名单和每次集中学习综合材料上报省委讲师团。严格按照“自学、听课、发言、讨论、小结、通报”6个环节，制订专题计划、编选学习资料、提供学习提示、安排专家讲课、组织中心发言、撰写学习综述，每次集中学习做到“六有”，即“有专人考勤、有专人记录、有专人发放学习资料、有专人备课辅导、有专人撰写综述、有专人接待服务”，规范服务程序、创新服务方式、提高服务水平。年内，市委中心组集中学习7次15天，听取专题辅导12场。市委中心组成员围绕“两学一做”的“讲政治、有信念”“讲规矩、有纪律”“讲道德、有品行”“讲奉献、有作为”4个专题开展学习讨论；围绕中共十八届六中全会、省第十一次党代会和市党代会精神，结合各自工作，就“今年工作怎么看，明年工作怎么办”主题轮流作中心发言。购置《习近平谈治国理政》《法治热点面对面》《读有所得（24~48册）》《之江新语》《习近平总书记系列重要讲话读本（2016年版）》《习近平总书记重要讲话文章选编（领导干部读本）》《全面小康热点面对面》《党委会的工作方法》等学习用书，发放给市委中心组成员。3月15日—22日，市委讲师团主任周勇参加市委在北京大学举办的干部执行力培训班学习。4月25日—29日，组织县区（管理区）理论骨干12人参加省委宣传部、省委讲师团举办的“全省县级以上单位党委（党组）中心组学习秘书培训班”学习。5月3日—13日，调研员吴秋香参加市委在复旦大学举办的干执行力培训班学习。9月18日—23日，周勇参加市委宣传部组织的在武汉大学举行的全市宣传干部研修班学习。12月21日—23日，举办全市党委（党组）中心组学习秘书培训班，近百人参加培训，市委宣传部副部长王再兴作题为《新形势下意识形态工作》辅导报告，周勇作《党的十八届六中全会精神宣讲》辅导报告，叶文雄作《党委（党组）中心组学习操作实务》辅导报告。永州市委中心组学习的经验做法，被省团《学习导刊》2016年第六期以《着力成果转化　旨在学以致用——永州市委中心组坚持善学善用促发展》为题作全面的推介。

■理论宣讲 2016年，永州市理论宣讲围绕广大党员干部普遍关心、关注的热点、疑点、难点问题，推动理论宣讲方式创新，注重做好“跟、广、微、电”四篇文章。策划重点专题开展理论宣讲，紧扣中共十八届五中和六中全会，“两学一做”，《中国共产党廉洁自律准则》和《中国共产党纪律处分条例》等重点专题编写讲稿，重点专题制作成精美课件。理论热点广泛开展面上理论辅导。周勇为市委宣传部机关工作人员初学六中全会精神进行宣讲，市委常委、市委宣传部部长刘尤碧参加学习并作讲话。全团为市直各单位、县市区、企业、部队、学校、乡（镇）讲课近百场次，听众上万人（次）。全市组建专家宣讲团4个、百姓微宣讲团近100个，开展各类宣讲活动2000余场次，受众10多万人次，将理论宣讲由“要我听”变为“我要听”，破解“最后一公里”难题。7月，市委讲师团与双牌县委宣传部合作制作省委讲师团课题——题为《桐子坳的银杏梦》的微课程。参与省委宣传部“三新”理论进基层比赛，双牌选手肖芸获得全省一等奖。10月21日，省委讲师团处长欧阳文风带队到永州，在湖南科技学院开展习近平“三新”思想巡回微宣讲，永州电视台和《永州日报》予以报道。11月21日，周勇深入零陵卷烟厂机修车间，与工人开展面对面宣讲，被中央、省、市电视媒体报道。尝试采用“互联网+”现代方式增强宣讲效果。11月24日，中央电视台《新闻联播》以《宣讲到基层　激发干事动力》为题，重点报道永州市通过“微宣讲”面向基层党员宣讲中共十八届六中全会精神的做法，时长达40秒。《湖南日报》《新华每日电讯》作专题报道。

■ 学习科研　2016年，永州市委讲师团完善学习规章制度，严格要求团内干部自觉学习习近平系列重要讲话精神等党的最新理论、方针政策和中央重大决策部署。采取集中学习上党课、传达文件等方式，加深对马克思主义理论的理解和认识。围绕中央和地方各级党委、政府的工作部署，申报省委讲师团科研课题，加强理论研究。周勇撰写的《再动员再发力　加快脱贫攻坚奔小康》文章在《永州日报》发表。李国仲和叶文雄撰写的《争取“四个”强化　舞活学习“龙头”——永州市委中心组学习的主要做法》，继省《学习导刊》刊发后，省内外多家媒体予以转载。吴秋香撰写的题为《对理论宣传干部提升工作执行力的思考》理论文章发表在2016年第五期《永州通讯》上。8月，题为《永州推动农业大市向农业强市转变的对策研究》的永州重大社科基金项目课题申报成功。9月，在全省讲师团系统学习贯彻习近平治国理政新理念新战略教学比赛中，叶文雄获得三等奖。11月，在全省讲师团系统中共十八届六中全会理论研讨暨备课会上，周勇作题为《严肃党内政治生活　净化党内政治生态》的示范讲课，李国仲题为《新形势下严肃党内政治生活的思考》的论文获评二等奖，周勇题为《管党治党要把严“规矩”挺在前面》的论文获评三等奖。李国仲参与撰写的《接地气的宣讲入脑入心》新闻报道，在11月22日《湖南日报》头版刊发。4月，周勇作为市州委讲师团的唯一代表与省委讲师团四位领导共同撰稿《党委中心组学习专辑（2016）》，独立完成“五大发展理念”中的“坚持开放发展的理念”章节的撰写。5月编印《2015年永州市委中心组调研文集》，中共永州市委书记陈文浩作序，《文集》下发各县区和市直单位党委（党组）中心组供学习参考。

■ 理论学习平台建设　2016年5月3日，根据省委讲师团《关于确定中共长沙市委讲师团等7家单位为首批全省讲师团系统微宣讲示范基地的通知》，永州市委讲师团获批为首批全省讲师团系统7家微宣讲示范基地之一。建设湖南省党委中心组学习信息管理平台“永州版块”。版块设置通知公告、学习制度、学习计划、学习纪实、学习综述、学习总结、学习成果、学习考核8个栏目，把湖南省党委中心组学习信息管理平台“永州版块”打造成全市干部群众理论学习的平台。继续在全市党员干部中开展“学讲话用讲话”微心得文章征稿、编辑、推荐工作。微宣讲通讯员队伍初具规模。年内，微心得专报编辑12期。

（叶文雄）

党史地方志工作

■ 概况　2016年，永州市党史与地方志征集编纂办公室（以下简称市史志办）围绕市委、市政府中心工作，结合新时期史志工作要求，研史、修志、编年鉴等各项工作扎实推进，取得突出成效。市史志办被评为2016年度全省党史工作先进单位；“以史铸魂”平台建设获一等奖；获评2016年度旅游产业发展工作先进单位；市级文明单位挂牌；在2016年全省依法治志推进会上，永州市委、市政府作典型发言。

■ **党史征研** 2016年，永州市史志办继续编写《中共永州历史》第三卷。编写的《红军长征在永州实录》和《不朽的传奇——红军长征在永州的故事》，被定为永州市爱国主义教育读本。完成《走进历史现场，感受红军长征精神》文稿。江华瑶族自治县编辑出版《李启汉陈为人纪念文集》《神州瑶都红色足迹采风活动专辑》。东安县出版《2015年县委大事记》。宁远县编辑《县委书记工作日记》和《县长工作日记》。先后修复、重建红军长征遗址地标45处。零陵区对原零陵地委旧址进行保护修复、陈列布展，为永州市新辟一处重要的党史教育基地。双牌县、零陵区、冷水滩区、江永县、东安县和金洞管理区被省政府认定为革命老区，至此全市11个县区和1个管理区先后被认定为革命老区。《以和谐边界建设优化永州改革开放环境》《东安在三顶桂冠激励下办人民满意的教育》两篇论文被收录入《湖南改革开放实录（2016卷）》。

■ **地方志编纂** 2016年，永州市全面启动第二轮修志工作，全市44部专志启动编修，21部专志召开专门的编纂工作会议。《永州市志》大事记、人物、民俗方言等部分实质性开展资料搜集、编写工作；《方言志》完成室内资料的搜集；《民俗志》形成资料长编10余万字。《舜帝陵志》形成初稿。《湖南乡镇简志·永州卷》初稿进厂改红编排，双牌、宁远、祁阳、东安4个县区单独印刷出版简志。东安县《元古村志》举办首发式。《西岸宏图——永州棚改全纪实》和《民俗·庆节篇》两部影像志启动拍摄。

■ **年鉴编纂** 2016年，《永州年鉴（2016）》进行提质改造，创新年鉴条目设置，突出工作重点，以鲜明的时代特色、年度特点、区域特性，系统反映全域自然、政治、经济、文化和社会生活等方面的基本情况，出版年鉴编纂质量有显著提高。《永州年鉴（2016）》获湖南省第四届优秀年鉴评比市州类一等奖；《祁阳年鉴（2015）》获湖南省第四届优秀年鉴奖县区类一等奖。新田县实现印刷出版。

■ **党史联络** 2016年，永州市史志办编辑出版《抗日烽火在永州》和中共永州历史回忆录《潇湘潮》第四辑，完成省编《回忆录》第22辑——“湖南三线建设”回忆录专辑征稿任务。《冷水滩往事》、祁阳《岁月回眸》、道县《回忆录》（第四辑）、江永《回忆录》（第三辑）编辑出版；《双牌县林业发展史》部门史编纂出版；祁阳党史联络组组长黄承先在永州电视台《潇湘讲坛》主讲的《陶铸的故土情怀》被评为全省党史部门党史优秀成果影视音像制品类二等奖。

■ **史志宣传教育** 2016年，永州市史志办配合中央电视台《大会师》文献记录片拍摄、中央人民广播电台军事宣传中心“不忘初心再长征”大型采访活动。举办纪念建党95周年《习近平总书记点赞的共产党员》主题图片展。对永州出版的史志书籍全部电子信息化处理，建设永州史志信息数据库，升级改造永州史志网，安装电子阅读软件，发布全市史志工作简讯58条，向省党史研究室、省方志委报送经验材料、各类简讯20余条。

■ **《永州市志》及部门志编纂工作动员会** 2016年3月28日，《永州市志》及部门志编纂工作动员会在冷水滩区召开。市委副书记、市长易佳良，省地方志编纂委员会副主任邓建平，市领导颜海林、石艳萍、唐运军出席。易佳良要求，质量是志书的生命。在修志过程中，要始终坚持质量第一的观念，正确处理质量与进度的关系，坚持存真求实，严字当头，严把政治关、史实关、体例关、文字关、出版关，致力打造经得起历史检验，具有鲜明时代特征和地域特色的精品良志。邓建平要求，要实现2020年全面完成《永州市志》及部门志编纂

2016年3月28日，《永州市志》及部门志编纂工作动员会在冷水滩区召开

任务，关键就是要落实修志工作纳入国民经济发展规划纲要，“认识、领导、机构、编制、经费、设施、规划、工作”到位，编好市志，把好志书质量关。

■全市史志系统重走红军长征路活动 2016年9月19日，永州市史志系统重走红军长征路活动启动仪式在新田县小源村举行，全市史志系统的50余名党员干部在此举起右手向党旗宣誓，拉开重走长征路的序幕。为纪念红军长征胜利80周年，市史志办组织全市史志系统的党员干部开展此次重走红军长征路活动，沿着红军长征进入永州的足迹，从新田县的小源村开始，途经蓝山县、宁远县、道县等红军长征在永州的活动区域，最终抵达湘江战役发生地——广西兴安县，沿途开展寻找红色足迹、缅怀先烈事迹、对区域内贫困学生捐赠等活动。

■《中国共产党冷水滩历史（1921—1978）》获省党史著作特别奖 2016年4月6日，湖南省委党史研究室对2012年以来湖南省优秀党史成果进行表彰，由冷水滩区史志办组织编写的《中国共产党冷水滩历史（1921—1978）》获全省党史部门党史优秀成果基本著作类特别奖。冷水滩区于2007年10月启动《中国共产党冷水滩历史（1921—1978）》一书的编写工作，2013年1月该书由中共党史出版社出版，共13.45万字，由一、二卷组成。该书运用辩证唯物主义和历史唯物主义的观点，全面、真实、具体地记述原零陵县、冷水滩地方党组织1921年—1978年的活动历史，着重记述期间冷水滩地方党组织的活动历史，史料翔实，观点正确，语言流畅，是向全区党员干部和群众进行地方党史宣传教育的优秀读物。

（黄斌）

档案工作

■概况 永州市档案局前身是零陵地区档案科，成立于1963年1月。1980年8月撤销档案科，成立零陵地区档案局。1996年4月撤区建市后，零陵地区档案局改称永州市档案局。1997年4月，永州市档案局、永州市档案馆实行局馆合一管理体制，为市委直属正处级事业单位。局（馆）内设办公室、业务指导科、法制教育科、管理利用科、信息编研科5个职能科室，有干部职工28人，其中在职18人。市档案局先后多次被评为全省档案工作先进单位、全省档案系统普法先进单位、全省档案资源建设先进单位、全省档案行政执法先进单位、全省档案宣传工作先进单位。1998年市档案馆被市委宣传部授牌为永州市爱国主义教育基地，2009年11月，被评定为省特级档案馆。

存在的主要问题：创新服务意识还不够强，档案馆库建设的力度仍需进一步加大，档案信息化管理水平还偏低。

■档案资源建设 2016年，永州市各级档案部门建立归档工作年度检查制度，加大到期档案接收力度，扩大接收范围，拓展档案门类。年内，市档案馆接收零陵监狱、市煤炭行管办、市一建公司、市物资事务办、市煤建总公司、市城市园林局、市卫生局、市计生委、市二轻事务办等单位档案2.19万卷（册、本、件）；接收永州市创建国家卫生城市、创建国家森林城市的档案资料8358卷（件）；征集个人资料档案114卷（册、本、件）。突出服务民生、服务市委政府重大决策、服务编史修志和学术研究等重点，做好档案利用工作；为下放知青、职工的工龄、人员安置、编史修志等提供档案支撑服务，接待群众调阅查档3985人次、3.32万卷（件），群众满意率100%。发挥市档案馆爱国主义教育基地作用，为机关干部、企事业职工、社区居民提供参观和中小学生提供社会实践服务。9月，联合冷水滩区梅湾小学，组织600多名小学生参观“爱国主义教育”展厅。为纪念中国共产党成立95周年和红军长征胜利80周年，配合编纂《红军长征在永州实录》，约30万字，提供利用档案资料830多卷件。完成全市抗战档案清查135卷7351页。市县两级档案馆抓好档案的保管保护工作，加强保密防范，严防档案失窃失密，确保档案安全。市档案馆投资7万余元对温湿度设备设施进行维护改造，并新增柜式空调2台、除湿机2台，对部分损坏的消防设施进行更换，对档案库房安全保管设备进行维护保养，确保设备设施的正常运行。加强日常管理，落实安全措施，投资8万余元安装监控安防系统，实现对市档案馆24小时全天候实时监控，确保档案资料的实体和信息安全。加强重点档案抢救工作。

■档案工作服务能力建设 2016年，永州市档案局督促指导县区跟进农村土地承包经营权确权发证工作，配合相关部门做好土地承包经营权确权发证档案管理。配合市创交模办、市创文明城市办抓好各种门类、各种载体档案的收集整理，搞好创建工作的档案资料汇编。以重大建设项目档案管理登记为基础，以业务指导、执法检查、档案专项验收为手段，密切与有关项目主管单位的联系和协作，加强对重大建设项目档案工作的监管和服务，推进重大建设项目档案管理工作。6月，下发《关于做好重点建设项目档案工作的通知》。12月，市档案局会同市公路局组成重大项目档案评估验收小组，对国道G322改造项目，国道G207江华、江永、东安段项目，永蓝高速柏家坪至双牌连接线项目进行档案验收工作，档案验收结果均合格。督促指导县区档案局搞好县区政府机构改革单位档案资料的收集整理和移交工作，基本完成市政府机关涉改单位和改制企业档案资料移交进馆工作。继续配合冷水滩区档案局抓好2个乡镇单位档案工作规范化管理示范点；按“五有”要求，抓好扶贫村档案工作。督促各县区档案局新创建2个乡镇（村、社）档案工作规范化管理示范点。年内，已经验收的档案工作规范化管理省特级单位有江华县烟草局、冷水滩区国税局、祁阳县国税局、新田县国税局、道县检察院、道县国税局、江永县国税局。

■ 档案信息化建设 2016年，按照国家档案局、省档案局提出的“电子档案接收工作全面开展，数字档案馆建设取得实质性进展”的目标要求，永州市县两级档案馆争取档案数字化经费，开展档案数字化加工工作。2月22日，市委常委会研究决定，同意开展永州市数字档案馆建设工作，成立永州市数字档案馆建设领导小组。编制《永州市档案信息化建设“十三五”规划》，并聘请专业公司对永州市数字档案馆建设项目进行可行性研究，制定《永州市数字档案馆建设项目总体方案》，永州市数字档案馆建设正在稳步推进中。零陵电视台全宗原《零陵新闻》1989年—1995年录像磁带档案221盒、宁远县电视台《宁远新闻》录像磁带档案180盒全部完成抢救保护性数字化转换，并刻录2套光盘保存。

■ 综合档案馆馆库建设 2016年2月22日，中共永州市委常委会研究决定，同意利用现档案馆周边空地扩建5000平方米档案馆面积。8月5日，市发改委对永州市档案馆扩改建工程项目进行立项批复，扩改建以后的档案馆共6层，总建筑面积1.02万平方米，总投资约2480万元。9月26日，经市住房和城乡规划建设局批准，办好“建设工程规划许可证”，正进入项目的施工设计阶段。江永、祁阳、宁远、蓝山、江华五县国家综合档案馆建设完工，双牌、新田、金洞管理区、回龙圩管理区国家综合档案馆正在建设中。零陵区国家综合档案馆正进入施工设计阶段。

■ 档案法治宣传 2016年6月8日，永州市档案局联合冷水滩区档案局在冷水滩区政府广场联合举办以“档案与民生”的主题的宣传活动。活动现场展出各类展板36块，现场发放档案宣传资料2000余份，接待市民参观展览2000余人次，接受业务咨询和解答市民有关档案方面的问题50多人次。在10月27日的“世界音像遗产日”、12月4日的“国家宪法日”等，通过在永州档案信息网站上刊载纪念文章、悬挂横幅等方式进行法治宣传。制定《永州市档案“七五”法治宣传教育规划》，对2016年—2020年永州档案法治宣传工作进行总体部署。组织实施“七五”普法规划和普法考试，组织全局职工全员参与档案行政执法证的考核。通过举办“学习论坛”的形式在全局强化《中华人民共和国档案法》及地方档案法规的学习，加强依法行政工作，并有针对性地开展形式多样的执法检查或调研活动。完成行政权力清单、责任清单、负面清单的编制工作，清理行政审批权事项，并向社会公布清理结果，档案部门的执法行为更加规范。根据全市档案工作需要的实际，有针对性地举办档案业务培训，强化培训的可操作性和实际效果。6月举办一期“归档文件整理及贯彻30号令”培训班，组织170多名档案员进行为期7天的培训班。依照《中华人民共和国档案法》《湖南省档案管理条例》《档案管理违法违纪行为处分规定》的有关规定，制定并实施档案行政执法检查制度，收到明显的成效。通过档案行政执法检查，对存在严重安全隐患且档案管理混乱的的南岭化工厂等13个单位下发档案执法监督检查通知书，对存在一般问题的市公安局等8个单位下发《关于进一步加强档案工作的函》。对相关单位的整改情况进行跟踪回访，大部分单位组织开展消除安全隐患的整改工作，落实整改措施，消除安全隐患，确保档案安全。

（蒋文飚）

永州市人大常委会

综　　述

2016年，永州市人大常委会建立立法机制和制度，适时审议《永州市制定地方性法规工作规程（草案）》《永州市地方立法技术规范（草案）》《永州市人大常委会立法论证办法（草案）》《永州市人大常委会立法听证办法（草案）》《永州市人大常委会立法专家库管理办法（草案）》。审议《永州市人民代表大会及其常务委员会制定地方性法规条例（草案）》等法规草案。开展立法规划（2017—2021）调研论证工作。专题审议市发改委、市财政局、市审计局的工作，抓好2015年市经信委、市民宗委、市统计局、市食药监局工作审议后续整改情况的跟踪监督。听取和审议市人民政府关于2015年市本级财政决算的报告；听取和审议市人民政府关于2015年度市本级财政预算执行、部门预算执行以及其他财政收支的审计工作报告；听取和审议市人民政府关于2016年上半年全市国民经济和社会发展计划执行情况的报告；听取和审议市人民政府关于2016年上半年全市和市本级财政预算执行情况的报告；听取和审议市人民政府关于2016年全市地方政府债券资金安排及市本级预算调整方案（草案）的报告；听取和审议市人民政府关于2015年度审计工作报告指出问题的纠正情况和处理结果的报告；听取和审议市人民政府关于精准扶贫工作情况的报告；听取和审议市人民政府关于城乡规划年度计划实施情况的报告；听取和审议市人民政府关于环境状况和环境保护目标完成情况的报告；听取和审议代表议案和建议、批评、意见办理情况的报告；听取和审议市人民政府关于全市"六五"普法工作情况的报告；听取和审议市中级人民法院关于行政诉讼法贯彻实施情况的报告；听取和审议市人民检察院关于深化检务公开、规范执法行为工作情况的报告。检查新《中华人民共和国预算法》的实施情况；听取和审议市人民政府关于研究处理水污染防治法执法检查报告及审议意见情况的反馈报告；配合省人大常委会开展《中华人民共和国食品安全法》《中华人民共和国水法》《中华人民共和国道路交通安全法》、民族区域自治"一法两规定"等法律法规的执法检查。以促进水污染防治和保障饮用水安全为主题，开展"永州环保世纪行"活动；以促进农产品质量安全体系建设为主题，开展"永州农产品质量安全行"活动；以加强农村村级卫生室建设、提高农民健康水平为主题，开展"永州农民健康行"活动；以贯彻落实中央和省委民族工作会议精神、促进民族地区加快发展为主题，开展"永州民族团结进步行"活动。加强规范性文件备案审查工作，重点审查政府规章和法规配套规范性文件，维护国家法制统一。依法处理群众来信来访。做好涉法涉诉信访工作，推动接访向导访转变；督促解决群众反映的实际问题，维护群众合法权益。加强对审议意见研究处理情况的跟踪监督。创新审议意见交办方式，由常委会秘书长或专委会主任委员面对面向"一府两院"及其有关部门交办审议意见，督促有关方面认真研究落实。常委会将适时听取关于审议意见整改情况的报告，并将整改情况向社会公开。依法讨论决定重大事项。围绕全市改革发展稳定中的重大事项和人民群众普遍关注的热点问题，开展调查研究，适时作出决议、决定，促进全市经济平稳健康发展、社会大局和谐稳定。根据新《中华人民共和国预算法》的要求，制定《永州市市级预算审查监督暂行办法》。做好人事任免工作。坚持党管干部原则，依法行使人事任免权。加强任前调查，实施宪法宣誓制度。强化任后监督。听取市人大常委会任命的"一府两院"国家工作人员2015年度工作情况的报告并进行评价，促进国家机关工作人员依法履职，尽责作为。坚持常委会组成人员联系人大代表、人大代表联系选举单位和人民群众工作常态化、规范化，畅通社情民意反映和表达渠道。进一步加大代表联系群众工作平台建设力度。抓好加大宋家洲环境综合治理力度，加快开发建设议案的办理。继续抓好中心城区闲置土地处置议案的办理。继续抓好加快创建国家交通管理模范城市议案的办理。进一步完善督办工作机制，推进代表建议和办理结果公开，提高办理实效和代表满意度。继续跟踪监督中心城区103个小区整治工作。组织好代表履职学习和专题学习活动，提高代表依法履职能力。精心组织代表开展集中视察、专题调研和代表小组活动。加快代表履职网络平台建设，推动“一府两院”建立重大事项向代表通报、征求意见工作机制，保障代表知情知政权。有序扩大代表对常委会、专门委员会工作的参与，坚持邀请代表参加执法检查、立法调研等活动。建立健全人大代表履职档案，组织开展优秀市人大代表评选活动，督促和激励代表依法履职。开展代表议案、建议评优活动，提高代表议案和建议质量。发挥传统媒体和新兴媒体的作用，加强对人民代表大会制度和人大工作的宣传报道。开展好人大制度理论研究及人大工作调研活动。办好《永州人大》杂志、永州人大网站。开展“永州市第十四届宣传人大制度好新闻”评选活动，促进地方国家权力机关与新闻媒体的良性互动。按照中央和省、市委关于市、县、乡三级人大换届选举工作的要求，依法有序搞好换届选举。深入搞好调查研究，制定好换届选举工作方案；指导县乡人大做好换届选举选区划分、选民登记、代表结构、投票选举等各个环节的工作；坚持党的领导、充分发扬民主、严格依法办事，保障选民和代表依法行使选举权和被选举权；选好人大代表、人大和“一府两院”领导班子。

■ 永州市获得立法权可制定地方性法规 2016年3月30日，湖南省十二届人大常委会第二十一次会议决定，包括永州在内的6个市州获得立法权，可以开始制定地方性法规。新修改的《中华人民共和国立法法》赋予设区的市人大及其常委会在城乡建设与管理、环境保护、历史文化保护方面的地方立法权，这是中国立法格局的重大调整。永州市委成立由市委书记陈文浩任组长的筹备领导小组。市人大常委会成立专门工作小组，市人大常委会主任高建华任组长，市人大常委会第三十三次会议依法批准成立市人大常委会法制工作委员会。1月15日，永州市第四届人民代表大会第八次会议通过永州市第四届人民代表大会法制委员会主任委员、委员名单。

■ 全国人大代表永州小组和部分省人大代表视察铁路项目建设 2016年10月25日—26日，全国人大代表永州小组和部分省人大代表视察调研永州铁路项目建设工作。全国人大代表、市委书记陈文浩，全国人大代表、副市长罗双全，全国人大代表、湖南果秀食品公司董事长阳国秀，全国人大代表、湖南长丰集团董事长李建新，省人大代表、市委副书记、市长易佳良，省人大代表、市人大常委会主任高建华，省人大常委会委员、省人大农业与农村委员会副主任委员殷海清，省人大常委会委员、华菱集团总经济师向德伟，省人大代表、中国人民银行长沙中心支行行长马天禄，省人大常委会委员、市人大常委会副主任李俊湘，市领导唐能武、罗建华，中铁四院专家邓劼、姚昊等参加活动。视察调研组一行深入永州站、永州东站、永州北站选址视察，听取中铁四院专家介绍项目情况，并乘T81次列车到江华瑶族自治县，沿途视察洛湛铁路永州至江华段。易佳良指出，铁路是国民经济发展的大动脉，是发展的重要载体。打造区域性铁路枢纽城市是永州市“十三五”规划确定的发展定位之一。他要求，要先易后难，加快推进，围绕重大项目，早日把蓝图变成现实。要加大协调服务力度，强化配合、合力攻坚，协调解决突出问题，以最优的环境、最强的措施推进建设。要发挥优势，主动作为，充分发挥人大代表的独特优势。要进一步细化、优化永州铁路线路的规划，加快补齐永州铁路建设的短板。

重 要 会 议

■ 市四届人大常委会第四十次会议 2016年7月19日—20日，永州市四届人大常委会召开第四十次会议，听取和审议市人民政府关于贯彻实施《中华人民共和国预算法》（以下简称《预算法》）情况的报告和市经信委、市民宗委、市统计局和市食药监局工作报告。会议认为，2015年以来，市人民政府及财税、审计等有关部门学习宣传贯彻实施新修正的《预算法》，全面深化财税改革，不断强化预算管理，做到依法行政，着力抓好增收节支，为推动永州经济社会加速稳步健康发展提供积极有为、支撑有力、安全有效的财政保障。会议指出，严格对照《预算法》的规定，在贯彻实施过程中也还存在一些问题和不足，主要有认识的广度和深度不够，还存在惯性思维，预算编制不够完整，预算支出把关不严，预算约束刚性不强，预算管理有待加强，对出现的新情况、新问题调研破解不够及时等。会议建议，牢固树立预算意识；务必做实财政收入；强化预算收支约束；健全透明预算制度。

■ **审议市发改委工作会议** 2016年，永州市人大常委会对市发改委工作进行审议。会议认为，2012年以来，市发改委围绕全市大局，履行职能，注重工作落实，精心绘制“十三五”规划，争取项目和资金，扩大投资推进项目建设，深化改革优化服务，为全面推动全市经济社会持续健康发展作出贡献。会议指出，全市发展和改革工作还存在一些不足：对国家政策、经济形势钻研不够，对经济运行监测预警不够，为市委、市政府提供有深度、有操作性的建议不多，当参谋出主意不够；抢占先机、跑项争资为永州争取更大份额方面还有潜力可挖；个别项目重审批轻管理，部分项目抓落实不够，有的重点项目建设进度慢；队伍建设仍然存在与形势和任务不相适应的地方。会议建议，进一步发挥参谋作用；进一步加强跑项争资；进一步加强项目监管。

■ **审议市财政局工作会议** 2016年，永州市人大常委会对市财政局工作进行审议。会议认为，2012年以来，市财政局坚持依法行政、依法理财，自觉接受人大监督，应对经济发展新常态，稳中求进推动经济发展，持续努力保障改善民生，各项工作取得明显成效。主要体现在收入快速增长，财政实力增强；支出重点突出，民生持续改善；改革稳步推进，管理趋于规范；严格依法行政，主动接受监督。会议指出，财政工作还存在着一些问题和不足，主要表现为财政收入结构不优，预算执行力不强，政府债务监管不严，对县区指导监管不到位，作风建设有待加强等。会议建议，发挥职能作用，支持财源建设；加强预算管理，提高理财水平；加强绩效管理，提升资金效率；规范债务管理，防范财政风险；推进依法理财，严肃财经纪律。

■ **审议市审计局工作会议** 2016年，永州市人大常委会对市审计局工作进行审议。会议认为，市审计局依法履行审计监督职责，不断加强自身建设，在拓展审计领域、提高审计质量、提升审计能力、发挥审计职能等方面取得较好的成绩。全市审计机关完成一大批审计项目查出一些违规问题，促进增收节支。市审计局转变机能，改进作风，提高效率，加大审计工作力度，为推动政策落实、维护经济安全、保障改善民生和反腐倡廉建设发挥作用。会议指出，全市审计工作任务繁重，审计手段落后，工作力量不足，专业人才匮乏，审计时效性不强、审计监督结果透明度不高，影响审计工作的实效和审计机关的社会影响力，特别是审计整改要求监督不到位，屡审屡犯、屡审不改的问题还比较突出，严重影响和损害有关法律法规的严肃性和权威性。会议建议，加强审计队伍建设；扩大审计监督覆盖面；完善审计监督机制；健全审计管理体系。

议案和重点建议

■ **《关于加大宋家洲环境综合治理力度、加快开发建设的建议》** 2016年1月，永州市四届人大八次会议，大会主席团将《关于加大宋家洲环境综合治理力度，加快开发建设的建议》确定为1号议案。截至2016年年底，全部拆除河道网箱26.5万平方米，清除外河垃圾及漂浮物3280吨；完成土地及房屋征收听证等基础性工作，征收工作进入实质操作阶段；对2012年以后兴建的37幢违法建筑，下达行政处罚决定书，责令限期拆除并做好相关应急预案；其他历史遗留问题的处置正在依法有序推进，宋家洲综合整治工作取得阶段性成效。中心城区闲置土地清理，事关经济发展和城市建设。市人大常委会连续3年督促议案办理。截至2016年年底，全市核实闲置土地624宗

2016年5月5日下午，永州市宋家洲综合整治工作动员大会召开

0.1万公顷，依法处置621宗0.1万公顷，占应处置面积的99.52%，其中，依法收回107宗356.72公顷，促进动工建设381宗391.53公顷。永州市清理闲置土地的做法得到国土资源部、省政府和省委第七巡视组的充分肯定，并在全国推介。

■ 市人大常委会重点督办的8件建议

2016年，在永州市四届人大八次会议上明确8件建议为常委会重点督办的建议，常委会领导领衔督办。

2016年市人大常委会重点督办的代表建议一览表

表4

建议名称	市人大常委会督办领导	督办委室	领衔代表	市人民政府分管领导	承办单位	领办人员
《关于加强对电捕鱼、毒鱼、炸鱼等行为的打击力度的建议》	高建华	办公室	肖八妹	蒋善生	市畜牧水产局、市公安局、各县区人民政府	蒋南林
《关于迅速解决本地区电视节目接入永州电信三网融合平台的建议》	程晨曦	联工委	黄爱华	刘尤碧	市文体广新局	李小星
《关于加强停车设施建设提升中心城区品质的建议》	杨海河	内司委	雷燕平	张常明	市住建局、市交警支队	彭晓东
《关于规范校外学生托管机构管理的建议》	袁满娥	教科文卫委	赵玉芳	刘尤碧	市教育局、市工商局	蒋俊林
《关于保护潇水母亲河全线禁止非法采砂的建议》	周小驹	民侨外委	周宏春	蒋善生	市水利局	廖荣良
《关于重视和支持天然气利用工程积极改善城市能源结构的建议》	袁火林	城环委	唐玲萍	张常明	市发改委、市城管执法局	陈宇荣
《关于在新型城镇化进程中加强对我市古村落和历史文化遗存保护的建议》	郑柏顺	财经委	陈　萍	张常明	市住建局、市文体广新局	彭晓东
《关于加强发展永州新能源汽车政策扶持的建议》	李俊湘	农业委	陈庆延	唐湘林	市发改委、市住建局、市财政局	陈宇荣

市人大常委会主任高建华站在保护水生资源、造福子孙后代的高度，领办肖八妹代表提出的《关于加强对电捕鱼、毒鱼、炸鱼等行为打击力度的建议》。6月8日、7月26日，高建华两次带领市人大办公室、联工委的工作人员和领衔代表去承办单位召开会议，听取情况、提出要求。市委常委、副市长蒋善生，严肃表态，认真安排。市畜牧水产局、市公安局、市工商局及各县区上下联动，狠抓落实，收到实效：一是建立责任制，严格考核。市畜牧水产局与各县区畜牧水产局签订目标管理责任书，并要求各县区与基层站所签订责任状，使渔政工作在乡镇找到支点。二是全方位宣传，全范围预防。出动宣传车和执法船60台（艘），在全市范围内广泛宣传渔业法律法规，并在重点水域、码头树立禁止电鱼、毒鱼、炸鱼永久性警示牌。三是强化日常管理，开展专项行动。市畜牧水产局对冷水滩宋家洲等重点河段开展常态化渔政巡查执法行动。冷水滩、零陵、东安、双牌、道县和宁远等县区也陆续参照执行。在做好日常执法的基础上，开展一系列专项行动。与公安部门联合开展专项“雷霆行动”，开展大型联合执法行动18次，出动执法人员176人次，加大对涉渔违法案件的查处力度。四是出台管理办法，建立长效机制。制定《永州市关于保护水生生物资源及水生环境的管理办法》，建立“领导带头、全员渔政”的常态化巡查护渔制度，在坚持禁渔期制度的基础上，探索建立常年禁渔区制度，非法捕鱼案件依法严厉打击制度，设

立非法捕鱼举报等制度，逐步建立起打击非法捕捞作业的长效机制。市畜牧水产局、市公安局、冷水滩区政府、江华瑶族自治县政府等单位对办理情况进行认真的答复，肖八妹代表对办理结果表示满意。

市人大常委会副主任、巡视员程晨曦主动领办黄爱华代表提出的《关于迅速解决本地电视接入永州电信三网融合平台的建议》。推进三网融合，是党中央、国务院做出的战略部署。程晨曦带领联工委工作人员进行督办。市文体广新局对建议高度重视，党组书记、局长李小星专门召开局党组扩大会议，研究讨论人大建议的办理工作，提出工作目标与时限要求，明确责任。会后，该局分管领导组织相关科室人员分别与永州电信、永州广电负责人进行专题洽谈，并向省新闻出版广电局视听节目管理处负责人进行汇报和咨询。

市人大常委会副主任郑柏顺领办陈萍提出的《关于在新型城镇化进程中加强对我市古村落和历史文化遗存保护的建议》。郑柏顺带领市人大财经委、领衔代表赴承办单位市住房和城乡规划建设局、市文体广新局、市旅游局、市文物处进行联系沟通，对重点建议进行深入的分析和调查研究。采取询问、走访、座谈等方式，听取承办单位建议办理工作情况，并就有关具体问题进行座谈讨论，并与提出建议的代表进行互动沟通，征求其相关建议和意见，提出出台一个管理办法，安排一笔专项资金，划定一批保护对象的“三个一”要求。坚持办前“一次沟通”，办中“一次见面”，办后“一次答复”，认真履职、多措并举，主动地完成人大建议的办理任务。全年成功创建中国传统村落8个，均已编制传统村落发展保护规划，入围省级传统村落预备名录31个。出台《永州市传统村落保护总体实施方案》《永州市人民政府关于加强传统村落保护发展的实施意见》等一系列制度。整合部门资金、创新筹措模式，加大资金投入。全年全市争取国家重点文物保护专项补助资金4087万元，其中3330万元用于古村落的保护工作。双牌坦田村等4个村被列入中国传统村落整体保护利用项目，国家文物局还将投入经费每处超过1500万元。

专题视察和执法检查

■概况 2016年4月—6月，永州市人大常委会各工作审议调查组分别到被审议的单位（市发改委、市财政局、市审计局）进行视察，了解被审议的单位工作开展情况。5月18日下午，市人大常委会主任高建华，副主任杨海河一行对全市中心城区创建国家交通管理模范城市“五车”整治工作进行集中视察。视察组一行先后实地察看湘永路、逸云路、育才路、百业街、凤凰路、紫霞路、零陵路等中心城区重要路段，对“违法停车，非法飙车，违规占道洗车、修车、卖车”等问题的整治情况进行视察。每到一处，视察组都针对该路段存在的群众反映强烈的问题进行询问，了解详细情况。5月31日上午，市人大常委会主任、宋家洲综合整治领导小组常务副组长高建华带队先后到永州经济技术开发区老鸭窝村、冷水滩区宋家洲社区等地，视察宋家洲大坝上游网箱养鱼取缔工作。7月，市人大常委会领导分别带领各执法检查组到各县区开展《中华人民共和国食品安全法》和《省食品生产加工小作坊和食品摊贩管理条例》“一法一条例”执法检查。7月11日—12日，市人大农业委组织部分省、市人大代表、农业委委员开展全市农机推广与应用工作视察。

议案办理

■《闲置土地清理议案》办理
2016年5月23日—24日，永州市人大常委会领导带队，组织常委会委员，部分人大代表兵分四路对全市闲置土地清理后续处置工作进行视察。视察结束后，在冷水滩区召开总结汇报会。市领导高建华、程晨曦、袁满娥、袁火林、郑柏顺、彭爱华参与视察或出席会议。高建华强调，要严格督办，根据不同情况针对性地对有关部门和开发商采取措施；要严肃问责，完善责任体系，对处置过程中出现的各种违规情况严肃处理；严处重点个案，动真格啃下“硬骨头”，打造依法办事的大环境格局。

截至2016年5月20日，全市依法处置到位58宗、面积59.74公顷。其中对2015年采取“延长动工开发期限”方式处置的7宗、面积12.93公顷闲置土地重新进行处置，全部依法收回；对2015年采取“延长动工开发期限”方式处置的23宗、面积37.76公顷闲置土地，消除政府原因，全部督促动工建设。通过集中视察，代表们一致认为，通过高位推动，强力推进，全市闲置土地清理处置工作总体进展顺利，但仍然存在清理处置标准不高、质量和效果不好及部分人认识不到位等问题。

■《宋家洲综合整治议案》办理

2016年5月5日下午，永州市宋家洲综合整治工作动员大会在市委大礼堂召开，市委书记陈文浩出席大会并强调，要顺势而为，掀起宋家洲综合整治热潮。市委副书记、市长易佳良作动员报告，市人大常委会主任高建华主持会议，市领导唐定、唐湘林，市中级人民法院院长罗重海出席会议。

陈文浩强调，要落实责任。市直有关部门和冷水滩区、永州经济技术开发区要切实承担起整治工作责任，敢于担当、主动作为；市直各部门要抓好份内工作；市领导小组协调办公室要发挥枢纽作用，建立健全责任体系，确保综合治理无死角、无盲区。要强化督查，坚持严格问责。易佳良要求，要高度统一思想，依法依规，统筹推进整治工作。要坚持以民为本，做深做细做好群众工作，注重发挥社区干部、党员的模范引领作用。要把综合整治与建设品质活力永州、“国字号”创建工作结合起来，真正把宋家洲管起来、美起来、用起来。要把握方法，有序推进。坚持市区两级联动，坚持阳光操作。要严格按照时间节点全力推进。全市上下要主动作为，勇于担当，以斩钉截铁的态度和务求实效的精神投身宋家洲综合整治工作中来。市区宋家洲综合整治领导小组成员单位、市人大、市政协、杨家桥办事处、仁湾镇政府等参加会议。

（市人大常委会办公室）

永州市人民政府

综　　述

2016年，永州市人民政府坚持以全面建成小康社会为总揽，推进品质活力永州建设，全市经济社会发展取得新成效。

经济发展稳中向好。制定实施推进供给侧结构性改革、促进经济持续稳定增长的系列政策措施，加大企业帮扶力度，科学调度经济运行，保持经济平稳向好，主要指标增速多数保持全省第一方阵。地区生产总值增长8%，规模工业增加值增长6.4%，固定资产投资增长13.8%，社会消费品零售总额增长11.7%，财政总收入增长14.3%，城乡居民可支配收入分别增长9.5%、9%。全面小康实现程度提升3.3个百分点。外贸进出口总额完成9亿美元，实际利用外资9.35亿美元，内联引资220亿元。非公有制经济平稳健康发展。

产业升级成效初显。完成工业固定资产投资737亿元、技改投资316亿元。新增高新技术企业21家，永州经济技术开发区跻身省级高新技术开发区。长丰猎豹生产整车6万台，完成产值50.2亿元，分别增长58%、80%。新入统规模工业企业130家，居全省前列。工业税收增幅20.5%，占全市税收比重由33%提高到35%。军民融合步伐加快，一批优秀民企相继融入军工领域。“135工程”新建标准厂房166万平方米，新入园企业193家。园区规模工业总产值增长20.4%。与省农业委合作共同推进农业标准化建设，新增农业标准化示范基地62个，省级农业产业化龙头企业11家，现代农业特色产业示范园16家，省著名商标28件，“三品一标”产品118个。实现粮食总产340万吨，收购烟叶60.55万担，养殖业总产值突破350亿元。永州国家农科园通过科技部验收，向全国先进行列迈进。接待游客4239.9万人次，实现旅游综合收入228.3亿元，分别增长17.9%和19.8%。东安县、江永县、宁远县跻身全国全域旅游示范区创建单位，金洞管理区进入国家森林康养基地试点，舜皇山成功创建国家AAAA级景区。房屋交易面积和成交额分别增长4.5%和52%。电子商务发展势头强劲，新入统省电子商务系统企业240余家，从事电商业态人员10余万人，电商交易额突破140亿元。

城乡面貌持续改观。开工城建项目130个，完成投资100亿元。零陵古城、“两中心”、湘南万商红商贸新城、永州大道地下综合管廊及后续配套等项目开工建设，滨江新城路网及安置小区、湘江西岸棚户区改造、宋家洲综合整治、BRT快速公交等项目加快推进；湘江东路、双洲路、翠竹路、零陵路、人民路等建筑立面改造，永州大道城区段、潇湘大道、长丰大道、南津路、潇水东路等主干道提质改造基本完成，源味街开街运营。创建全国文明城市、国家交通管理模范城市、国家园林城市工作有序推进，获批省地下综合管廊建设试点城市。完成县域城镇建设投资80多亿元，县城扩容提质取得新成效，面貌发生新改观；品质活力示范

乡镇建设稳步推进，省级美丽乡镇示范镇创建实现零突破。1550个村庄规划编制、64个美丽乡村、512个环境整治重点村建设整治任务全面完成。冷（冷水滩）东（东安）一级、零（零陵）双（双牌）一级公路开工建设，新增二级公路53千米，改造农村公路1100千米。开工建设农林水重点项目41个，实施并完成小农水项目县6个、病险水库改造552座、“五小”水利工程7190处。完成电网建设改造投资6.4亿元。神华国华永州火电完成投资21亿元。华为云计算中心一期业务正式运营，电信普遍服务试点项目顺利推进，新增700个行政村通宽带网络，中心城区公共场所实现无线网络全覆盖。生态永州建设成效明显。国家生态文明建设示范市创建工作启动。完成造林面积2.35万公顷，森林覆盖率提高到64.5%。提前一年完成“美丽湿地”三年行动计划。湘江保护与治理第二个“三年行动计划”顺利实施。小（1）型以上水库污染治理全面完成。3个县获评全国国土资源节约集约模范县。

*制度红利加速释放。*淘汰冶炼企业22家，关闭停产143家；消化商品房库存483万平方米，盘活土地库存0.11万公顷；到位政府债务置换资金96亿元、政策性银行贷款62亿元，非法集资防控处置力度加大；阶段性降低企业职工养老、失业、工伤保险等社保缴费比例，减免行政事业性收费1.7亿多元，“营改增”为企业减税5亿多元。企业“五证合一、一照一码”和个体工商户“两证整合”登记制度全面实行，新设立市场主体3.43万户、注册资本413.3亿元。市级新取消和下放行政事务管理职责17项。整合建立全市统一的公共资源交易平台基本完成。市、县两级不动产登记中心成立，实现全域发证。市政务服务中心获批国家社会管理和公共服务标准化试点。乡镇区划调整改革完成，全市撤并乡镇35个，撤并建制村2100个。县区农地利用规划编制基本完成，农村承包土地经营权抵押贷款稳步推进，县、乡土地流转服务体系基本建立，新增土地流转面积5.58万公顷。推动15个部门69项公共服务事项下放到社区，44项公共服务事项进乡镇、43项进村，集社会治理、城市管理、公共服务于一体的信息平台上线运行，获评全国创新社会治理优秀城市。永州农商行挂牌营业，县区农建投、旅建投、园建投纷纷设立。新增银行贷款165亿元，资本市场直接筹资80亿元，市属三大平台公司到位融资130亿元。推出18个总投资468亿元的PPP项目吸引社会投资。奔腾文化创意公司获准在新三板上市。

*群众福祉不断增强。*民生支出占财政总支出比重达79.8%，增长16.1%。省定16件重点民生实事和市定6件惠民实事全面完成。新增城镇就业6.22万人、农村劳动力转移就业5.05万人、创业主体2.45万户，发放创业小额担保贷款3.6亿元。企业退休人员养老金月人均水平达1890元，城乡居民基础养老金最低标准调整到80元，医疗保险实现并轨。农村特困人员供养水平提高到每年3200元，城乡低保标准提高到每月420元和220元。实施棚户区改造3.3万套、农村危房改造2.28万户。提取及发放公积金贷款31.5亿元，支持8000户职工解决住房问题。新增农村饮水安全受益人口30万人。新增中心城区义务教育学位8000个，新建义务教育合格学校109所、农村公办幼儿园27所，乡村教师支持计划全面实施，“三名工程”持续见效，高考一本、二本上线人数均创历史新高。潇湘技师学院搬迁新址办学，永州幼儿师范高等专科学校开工建设。城市公立医院和县级公立医院改革稳步推进，公立医疗机构药品零差率销售实现全覆盖，分级诊疗启动实施，全面两孩、孕产妇产前筛查城乡免费服务政策有效落实。公共文化体育服务体系进一步完善，公共文体场馆全面免费开放。《永州市志》《舜帝陵志》和县区年鉴编修工作进展顺利。人防工作获“全国人民防空先进集体”。全年减少贫困人口14.26万人，贫困村退出132个，贫困发生率下降4.5个百分点。“四跟四走”产业扶贫模式在全国推介。扶贫小额贷款发放超20亿元，排名全省第一名。开工建设易地扶贫搬迁项目80个，完成搬迁3.96万人。建成贫困村电商村级服务站184个、金融扶贫服务站404个，实施村级光伏扶贫项目101个，九嶷山、勾蓝瑶寨被列为全国旅游扶贫示范项目，116个村被列为全国乡村旅游扶贫重点村。2.87万名贫困对象纳入政策兜底。开展严打整治飓风、亮剑行动和集中打击“盗抢骗”犯罪等专项行动，全面推行公安武警武装联勤巡逻、城区网格化巡防、常态化夜巡查缉和农村“一村一警”，发展一万名义警队伍，推动万人巡防，抓好公安机关“一平台五中心”和省市县际治安站

卡建设，加强道路交通、消防、治安等领域公共安全和企业生产安全监管，平安永州建设再上新台阶，综治工作再获全省先进，公安工作主要指标保持全省领先，全年没有发生一起较大以上安全事故，人民群众安全感、幸福感持续提升。

■ 永州获批全省地下综合管廊建设试点城市 2016 年 2 月 25 日，省财政厅、住房和城乡建设厅公示专家评审结果，永州市以第二名的优异成绩获得湖南省地下综合管廊建设试点城市。试点范围为：永州大道（日升路—润之路）长 15.7 千米的综合管廊，计划采用 PPP 模式建设，总投资约 8.45 亿元，主要依托 2015 年启动的永州大道 BRT 改造项目一同实施。省财政分 3 年每年对地下综合管廊试点城市给予 7500 万元的补助。除此之外，省财政还将对考核评价结果排名靠前的试点城市给予 1500 万元的一次性奖励。永州市综合管廊建设采用“一干多支对点”的脊骨式模式，从南往北可辐射市中心 50%以上的区域，既通过最短路径实现最大的辐射范围，又达到新老城区有效对接，社会经济效益显著。并计划收容给水、高压电、燃气、一般电力、通信五大类管线，同步实施电气、通风、排水、消防、气体检测、安防、通信等七大附属系统，设有以自动化、远程控制技术为核心的监控中心，既能完成管廊内所有设备的远程智能控制，又可作为试点参观的演示中心。

■ 永州 12 个项目入列全省文化产业名录 2016 年 11 月，湖南省文化厅公布 2016 至 2017 年度全省文化系统重点文化产业项目 76 个、特色文化产业项目 244 个和特色文化企业名录 217 家，其中永州有 12 个企业或项目上榜。入围全省重点文化产业项目名录 4 个：永州异蛇生态博物馆、潇湘画派研究院、江永县女书文化创意产业园、3D 益智读物研发生产项目；入围全省特色文化产业项目 3 个：蘋洲书院、湖南尚官传媒有限公司（南六县分公司）、宁远县舜德文化旅游健康养生产业园。入围特色文化企业名录 5 个：永州市零陵合和辉煌文化生态发展有限公司、永州市异蛇科技实业有限公司、永州潇湘工坊文化发展有限公司、宁远瑞德传媒有限公司、湖南尚官传媒有限公司。

（市人民政府办公室）

2016 年 12 月 15 日，永州大道综合管廊建设 PPP 项目开工仪式

重大决策

■ 出台《湖南省湘江源头区域国家生态文明先行示范区建设工作方案》 2016 年 3 月，永州市出台《湖南省湘江源头区域国家生态文明先行示范区建设工作方案》（以下简称《工作方案》）。工作方案提出：到 2017 年，湘江源头区域内人均 GDP 达 2.25 万元；战略性新兴产业增加值占 GDP 比重达 10%；城乡居民收入水平大幅提升，实现 20 万贫困人口脱贫。湘江源头区域内万元 GDP 能耗降至 0.79 吨标煤；万元 GDP 二氧化碳排放量降至 2.24 吨；非化石能源占能源消费总量的 15%；森林覆盖率 69%；空气质量指数（AQI）优良天数 95%；城乡供水水源地水质达标率 100%；城乡污水集中处理率 75%；城乡生活垃圾无害化处理率 90%。建立健全生态文明建设考核、评估体制机制，人民群众的基本生态权利得到切实保障。生态文明知识普及率、党政干部参加生态文明培训的比例均达 100%。人民群众对生态环境满意度明显提高，绿色消费、绿色出行等生活方式基本推行，形成可复制、可推广的生态文明典型模式。重点完成七大任务：构建科学合理的空间开发格局；推进绿色产业发展体系建设；促进资源集约开发利用；加大生态建设和环境保护力度；加强生态文明制

度建设；加强生态文化体系建设；加强生态文明基础能力建设。

■ 出台《推进供给侧结构性改革促进经济持续健康稳定发展政策措施》 2016年6月，永州市为有效应对当前经济下行压力，加快推进供给侧结构性改革，促进经济持续健康稳定发展，出台《推进供给侧结构性改革促进经济持续健康稳定发展政策措施》。政策措施涉及10个方面，即：做大做强汽车产业，化解过剩产能，推动创新创业，加大企业帮扶力度，加大金融支持实体经济发展力度，促进房地产市场平稳健康发展，推进农业转型升级，加快推进服务业发展，提升对外经贸合作水平，营造良好服务环境。

■ 出台《永州市中心城区全面禁止燃放烟花爆竹管理规定》 2016年12月，永州市为加强烟花爆竹安全管理，保障公共财产和公民人身、财产安全，减少环境污染，维护城市良好秩序，提升城市文明水平，营造舒适的工作、生产、生活环境，出台《永州市中心城区全面禁止燃放烟花爆竹管理规定》。规定要求：在本市中心城区（含冷水滩区、零陵区及永州经济技术开发区）建成区范围内，禁止任何单位和个人以节日庆典、开业庆典、婚丧嫁娶等理由燃放烟花爆竹。具体禁止燃放烟花爆竹的区域边界：冷水滩城区（含永州经济技术开发区）为东至永州大道（河西至湘江），南至城南大道，西至洛湛铁路，北至淡岩路；零陵城区为东至阳明大道，南至朝阳大道，西至工业大道，北至日升路。以上以道路（含铁路）为边界的，均外延500米为禁止燃放烟花爆竹区域。逢重大庆典，确需在禁止燃放烟花爆竹区域内举办焰火晚会以及其他大型焰火燃放活动的，由主办单位向市公安局、市城管执法局申请许可后，报市人民政府批准，方可燃放。违反规定，在禁止燃放烟花爆竹区域内燃放烟花爆竹的，根据公安部门关于禁止燃放烟花爆竹行政处罚权的行政执法委托，由三区城管执法部门责令停止燃放，没收烟花爆竹，并按照《烟花爆竹安全管理条例》对违规燃放的个人处以100元以上500元以下的罚款，对违规燃放的责任单位处以1万元以上5万元以下的罚款。造成国家、集体、个人财产损失或人身伤害的，依法赔偿经济损失；情节严重的，由公安机关按照《中华人民共和国治安管理处罚法》的规定进行处罚；涉嫌犯罪的，依法移送司法机关追究刑事责任。

重要会议

■ 市政府常务会议 2016年1月4日上午，永州市委副书记、市长易佳良在市政府二楼一会议室主持召开市政府第七十二次常务会议，听取103个小区（项目）之外小区（项目）“两证”办理，启动建立市、县区级生态效益补偿机制，市公安局强制隔离戒毒所恢复收治戒毒人员，组建永州机场建设开发有限公司以及2015年全市计划生育考核、安全生产考核、社会管理综合治理考核的情况汇报，审议《关于进一步加强新时期爱国卫生工作的实施意见》《国家北斗导航位置服务数据湖南分中心合作协议书》《关于切实加强农村饮水工作的意见》《关于加快推进商标战略的实施意见》《永州市政府合同管理办法》《永州市水上餐饮规范管理办法》。

1月7日上午，市委副书记、市长易佳良在市政府二楼一会议室主持召开市政府第七十三次常务会议，听取设立名师、名校长、名校工程激励机制，永州市水质监测中心建设，将市公路局接履桥公路收费站划转给市委防范处理邪教办作为法制教育基地，设立永州市政府与社会资本合作（PPP）项目财政支持基金的情况汇报，审议《永州市新型职业农民认定管理暂行办法》《湖南省湘江源头区域国家生态文明先行示范区建设工作方案》。

1月31日下午，受市委副书记、市长易佳良的委托，市委常委、常务副市长唐湘林在市政府二楼一会议室主持召开市政府第七十四次常务会议，审议《2015年度市委、市政府表彰事项考核结果》《市委经济工作会议报告和政府工作报告责任分解方案》《关于44个单位178项政务服务事项集中在市政务服务中心办理的通知》《关于加快推进生态文明建设的实施意见》《永州市森林防火责任追究办法》。

2月23日下午，市委副书记、市长易佳良在市政府二楼一会议室主持召开市政府第七十五次常务会议，审议《永州市城镇燃气发展规划（2015—2020）》《关于鼓励支持企业进入“新三板”和其他场外市场挂牌上市的若干意见》《关于加快构建现代公共文化服务体系的实施意见》、《永州市名人故居保护管理办法》、《永州市放宽市场主体住所

（经营场所）登记条件暂行规定》和《永州市公司登记权限暂行规定》《永州市行政许可和行政处罚等信用信息公示工作实施方案》，听取2016年史志工作、创建国家园林城市以及贯彻落实全省民政、住房和城乡建设、国土资源工作会议精神的情况汇报。

3月7日上午，市委副书记、市长易佳良在市政府二楼一会议室主持召开市政府第七十六次常务会议，听取确定向家亭污水处理厂污水处理服务费单价、“中邦世纪广场”项目非税收入减免缓征意见、2016年重大项目投资计划及考核方案、调整公务员医疗补助政策的情况汇报，审议《湖南涔天河水库扩建工程项目灌区工程建设项目管理办法》《湖南涔天河水库扩建工程建设项目资金管理办法》《湖南涔天河水库扩建工程项目灌区工程建设征（用）地补偿和拆迁安置实施管理办法》《湖南涔天河水库扩建工程项目灌区工程建设工作责任追究暂行办法》《湖南涔天河水库扩建工程库区农村移民长效实物补偿实施管理办法》《永州市新建住宅供电设施建设维护管理办法》《关于促进本地工业产品在本地销售的意见》。

4月8日上午，市委副书记、市长易佳良在市政府二楼一会议室主持召开市政府第七十七次常务会议，听取2015年度永州市科学技术奖励工作、深化供销合作社综合改革工作、金洞和回龙圩管理区管理体制与运行机制调整、全市依法行政工作、永州现代服务业新城整体合作开发建设经营PPP项目和华为（永州）云计算中心项目前期工作的情况汇报，审议《湖南省涔天河水库扩建工程库区2015年汛期淹没影响土地补偿方案》《永州市旅游发展总体规划（2015—2025）》《永州源味街商业招商优惠政策（暂行）》《关于加强社会治安防控体系建设的实施意见》。

4月21日上午，市委副书记、市长易佳良在市政府二楼一会议室主持召开市政府第七十八次常务会议，听取2016年市级考核事项、市政府网站建设工作的情况汇报，审议《关于推进供给侧结构性改革促进经济持续健康稳定发展的政策措施》《永州市贯彻落实〈湖南省出生缺陷防治办法〉实施方案》《关于加强全市基层医疗卫生服务体系建设的实施意见》《关于进一步加强国有建设用地供应监管工作的实施意见》《永州市建筑业参加工伤保险实施办法》《永州市关于调整工伤保险费率的通知》。

5月19日上午，市委副书记、市长易佳良在市政府二楼一会议室主持召开市政府第七十九次常务会议，听取市政府办公室工作、涔天河水库增加城镇供水功能、全市绩效评估和重点民生实事考核工作、推进“委市共建”加快农业标准化建设、冷水滩高科园纳入2016年国家开发区审核公告目录并申报省级开发区的情况汇报，审议《永州市2016—2017年旅游厕所建设管理实施方案》《2016年度永州市金融机构支持地方经济发展考核奖励办法》《关于进一步加强市本级公共资源交易管理的若干规定》《永州市中心城区全面禁止燃放烟花爆竹管理规定》。

15日上午，市委副书记、市长易佳良在市政府二楼一会议室主持召开市政府第八十次常务会议，听取在南六县由社会投资建设机动车驾驶人分考场、市人大视察闲置土地后续处置和国家土地督察武汉局对全市省域督察、永州大道地下综合管廊PPP项目的情况汇报，审议《永州市水污染和大气污染治理实施方案（2016—2020年）》《永州市落实〈水污染防治行动计划〉实施方案（2016—2020年）》《永州市电梯安全管理办法》《永州市大型群众性活动安全管理办法》《永州市解决无户口人员登记户口问题的实施办法》《永州市乡村教师支持计划（2016—2020年）实施细则》《永州市中心城区政府购买棚改服务管理实施细则（暂行）》《永州市旅游培育航线发展奖励办法（暂行）》《永州市放心食用油、米粉规范化管理办法》。

7月5日上午，市委副书记、市长易佳良在市政府二楼一会议室主持召开市政府第八十一次常务会议，听取全市公车改革工作、建设永州粮食仓储物流产业园的情况汇报，审议《永州市食品药品监管系统事权划分意见（暂行）》《关于深化供销合作社综合改革的实施意见》《永州市新建住宅供电设施建设维护管理办法》《关于永州国家农业科技园区管理体制机制调整的意见》《关于加强和改进大学生征兵工作的意见》《关于进一步加强国防光缆网络设施安全保护的通知》。

8月23日上午，市委副书记、市长易佳良在市政府二楼一会议室主持召开市政府第八十二次常务会议，听取贯彻落实全省推进公共资源交易平台整合工作现场会议精神、全市优化经济发展环境工作、全市整合城乡居民基本医疗保险制度、全市农村居民大病保险政策调整、全市禁毒工作、建设冷水滩区逸云路平战结合单建式人防工程的情况汇报，审议《永州市湘江保护和治理第二个“三年行动计划”实施方案（2016—2018年）》《永州市化解商品房库存促进房地产市场平稳健康发展的实施办法》《关于进一步鼓励和促进民间资本投资办学的若干意见》《永州市中心城区交通建设项目征求公众意见实施办法》《永州市中心城区道路临时停车泊位管理办法》《关于加快全市医疗卫生事业改革发展的意见》《永州市城市公立医院综合改革试点实施方案》《关于进一步鼓励和引导社会资本举办医疗机构的实施意见》《永州市公园广场管理条例》。

10月10日上午，市委副书记、市长易佳良在市政府二楼一会议室主持召开市政府第八十三次常务会议，学习《法治政府建设实施纲要（2015—2020年）》，听取市委党校整体搬迁工作、贯彻全省贫困县精准扶贫新型农业经营主体贷款保证保险试点工作会议精神、全市社会保障兜底脱贫对象联合认定工作、设立华夏银行—永州城投城市发展建设基金的情况汇报，审议《永州市城市道路管理办法（试行）》《关于进一步加强中心城区户外广告设施建设运营的通知》《永州市推进省直管县经济体制改革试点工作实施方案》《永州市生态补偿管理暂行办法》《永州市创建国家生态文明建设示范市实施方案》《永州市2015年度黄标车提前淘汰财政补贴实施方案》《关于加快推进信息化系统集约化建设管理的通知》《关于推进分级诊疗制度建设的实施意见》。

11月14日上午，受市委副书记、市长易佳良的委托，市委常委、常务副市长唐湘林在市政府二楼一会议室主持召开市政府第八十四次常务会议，听取市铁路建设投资开发有限责任公司和市城投资产经营公司组建工作、启动社会公共停车场以及道路停车泊位服务收费工作、中心城区总体规划局部修改前期工作、与中节能集团合作开发滨江新城区域集中供能项目、启动智慧永州二期项目建设工作、全市机关事业单位养老保险制度改革相关工作的情况汇报，审议《关于支持工商资本转型投资林业建设的实施意见》《永州市电动自行车管理办法》。

12月9日上午，市委副书记、市长易佳良在市政府二楼一会议室主持召开市政府第八十五次常务会议，听取《政府工作报告》起草工作、市全民健身服务中心网球场改造、启动建设永州突发事件预警信息发布系统、永州大道综合管廊建设PPP项目合同谈判工作、将政府采购服务方式融资的资金纳入财政预算、永州市知名商标认定工作的情况汇报，审议《永州市中心城区规划区内农村村民建房管理暂行办法》《永州市商品房预售资金监管办法》《关于进一步健全特困人员救助供养制度的实施意见》。

■ 全市安全生产电视电话会议 2016年1月21日，永州市安全生产电视电话会议召开。市委、市政府领导，市直和中央、省驻永州有关单位主要负责人，市属重点企业负责人；永州经济技术开发区主任、分管副书记、副主任，安监局局长，乡镇长、安监站站长在主会场参加会议。会议传达全国全省安全生产电视电话会议精神，组织学习习近平近期关于安全生产工作重要讲话和李克强批示精神，总结2015年全市安全生产工作情况，部署2016年安全生产重点工作。

■ 市住房公积金管理委员会二届九次会议 2016年3月18日，永州市住房公积金管理委员会二届九次会议召开。会议听取2015年永州市住房公积金管理工作情况及2016年工作安排汇报；审议永州市住房公积金2015年年度报告；审议永州市住房公积金2015年预算执行情况和2016年预算草案以及业绩考核奖励办法调整有关事项的报告；审议2015年住房公积金目标管理考核表彰意见及2016年目标管理考核办法；研究决策实行住房公积金个人委托贷款轮候制。

■ 九嶷山片区精准扶贫“一大一小”政策落实推进会 2016年6月21日，九嶷山片区精准扶贫“一大一小”政策落实推进会在宁远县召开，会期一天。会议贯彻落实全省易地扶贫搬迁工作调研座谈会、全省易地扶贫搬迁政策培训会、全省产业扶贫现场推进会精神，突出九嶷山片区重点，调度全市易地扶贫搬迁、扶贫小额信贷工作，用足用好“一大一小”两笔资金，进一步加快推进全市精准扶贫工作。市委副书记张严，市委常委、常务副市长唐湘林，市委常委、副市长蒋善生等市领导出席会议。

■ **永州市重大项目建设推进工作会议** 2016年9月22日，永州市重大项目建设推进工作会议在冷水滩区召开。市委副书记、市长易佳良主持会议。张严、高建华、唐定、唐湘林、蒋善生、唐能武、杨永、吴志雄、王守海等在永州的市级领导出席。市委书记陈文浩指出，1月至8月，全市重点项目建设完成投资340.46亿元，占年度计划投资的64%。要狠抓项目质量，形成重视项目质量、加快项目建设进度的浓厚氛围。要加大开发融资力度，破解融资难题，扩大有效信贷投入。要向上争取用地指标，加大规划力度，最大限度地盘活和用好存量。要优化项目建设环境，牢固树立“环境即发展”的理念，强化服务意识，持续推进打击“三强”（强揽工程、强拉强运、强行阻工）行动，全面构造公平、公正、法治的项目建设环境，让项目进得来、稳得下、发展得起。要加大征地拆迁力度，注重坚持以人为本、和谐拆迁。要运用融合思维，围绕主导产业、供给侧结构性改革、国家出台的相关政策以及“十三五”规划等机遇，抢抓项目建设进度。要以五大发展理念为引领，全面建设品质活力永州。会上，市发改委通报全市重大项目建设情况，道县、祁阳县作典型发言，蓝山县、东安县作表态发言。

政务公开与服务、电子政务

■ **概况** 2016年，永州市政务中心办事大厅接待各类检查、考察、调查、暗访69次，均没有发现大的问题。年内，永州市被评为全省政务公开先进单位，市政务中心创建国家社会管理和公共服务标准化试点获国家标准委批复立项，市政府政府网站被评为全省优秀政府网站，市政府在2017年全省政府网站工作会议上作典型发言。智慧永州云计算中心、政务数据中心、协调指挥中心基本建成，社会治理、城市管理、公共服务一体化平台上线运行并初现成效。全省法人数据库应用现场交流会在永州市召开。市政务中心继续保持市文明标兵单位，被评为创建省级文明城市、依法行政、三项改革、优化经济环境、综治民调以及安全生产工作先进单位。

■ **政务信息公开** 2016年，永州市开展集约化建设，将市直48家部门网站纳入市政府网站统一监管。整合关停政府网站139家，初步实现“一级政府一个门户网站”。4月，市政府网站在全省排名稳居前五位；在省政府二季度网站工作情况通报中，永州市获通报表扬，《经济日报》给予报道。利用政府微信、微博、手机APP等公开新载体，及时发布政府信息。组织协调各级各部门主动公开信息20万条，其中市政府网站发布信息2.75万条，日均访问量超过6万人次。市政府网站“中国永州”手机APP上线运行，与市政府门户网站同步呈现。在全省率先发布政务公开“负面清单目录”、“三清单一目录”、权力下放“负面清单目录”，依法界定权力公开和运行的边界。出台《永州市政务公开考核办法》，继续将政务公开工作纳入政府绩效评估、党风廉政建设、依法行政、领导干部执行力四大考核内容。定期开展专项督查，印发通报，逐项交办，限期整改。通过组织培训会、邀请专家讲座等方式，强化政务公开工作人员培训。

■ **电子政务创新发展** 2016年，永州市全面完成智慧永州综合应用平台部署，智慧永州云计算数据中心与华为云计算中心实现双核驱动、同频共振，面向市县区提供数字计算、数据存储、应用操作系统、信息共享、信息安全和运维保障。基于华为永州政务云和智慧永州综合应用平台，智慧安监、公积金、食药监、华为永州警务云等项目有序推进，开启永州政务云服务应用新时代。完成全市统一的信息资源目录、信息交换平台部署。在全省率先建成人口、法人、房产房屋、空间地理、城市部件、经济信息六大政务基础数据库，落地各项基础数据两亿多条，空间地理库对接国土空间地理信息框架，共享政务版电子地图。通过信息共享交换平台，六大基础数据库实现与国土、质监、卫计、民政、工商、税务等省厅部门数据对接，部分实现与市直部门系统、各县区网格化信息系统对接和数据交换共享，实现全市居民收入信息与工商、税务、残联等部门的信息比对。围绕社会管理创新和便民利民，开展“互联网”+行动计划，初步构建起覆盖城乡、连接四级的信息化系统。社会治理、城市管理和公共服务“三位一体”平台覆盖中心城区263个职能部门、39个社区、6个试点乡镇及553个网格，接报处置各类事件超过16万件。社区公共服务信息系统全面运行，完成市民云、社管通APP应用部署，设置电子公章系统，初步实现与民政、人社、卫计等部门系统对接。市直部门下放社区69项公共服务事项均可纳入信息系统集中办理。商事一体化和企业信用信息公示系统上线运行，为落实简政放权和“放管服”改革提供大数据服务。智慧永州二期项目有序推进。城乡网格化信息系统项目进入实施阶段。综合治理、村务党务、精准扶贫、公共服务四大应用模块确认、流程设置、数据采集录入等工作正在推进。视频共享平台实现与公安、城管视频资源对接共享1200多点，协调指挥中心和联动处置中心进入系统调试。打造电子政务网络全市“一张网”，全市电子政务外网上联国家、省电子政务外网，下联11个区县和永州经济技术开发区、回龙圩管理区，横向覆盖市直135个部门，初步实现与民政、人社、卫计、质监、国土等业务系统可控对接。市、县区电子政务管理机构通过增添安全和监管设备、优化三大运营商线路、优化升级防火墙及强化日常监管、维护等措施，确保电子政务网络安全运行。落实市政府《关于加快推进信息化系统集约化建设管理的通知》，建立完善市政务中心内部审查流程和专家评审制度，全面推进财政投资信息化项目集约化建设。全年审查电子政务项目24个，审核项目的需求分析、技术可行性、资源整合以及华为云应用可行性等问题，避免重复建设，节约财政资金数千万元。

■ 政务服务体系建设 2016年，永州市出台《永州市政务服务规定》和《永州市乡镇政务公开政务服务工作标准》，完善全市统一规范的政务服务标准体系。强化考核指导，各级政务中心通过开展“模范窗口、先进分中心”评选，强化进驻窗口和分中心的统一监管和标准化建设。结合全省乡镇和行政村合并工作，推进乡镇（村、社区）便民服务中心建设。各县区基本建成乡镇便民中心。新田县、江华瑶族自治县、冷水滩区、零陵区、永州经济技术开发区等地结合网格化建设，推进社区（村）便民中心建设，将近80项公共服务事项纳入便民服务中心，实行一站式办理，极大地方便社区百姓。持续完善工程建设项目审批、不动产登记、企业登记三项“一站式”服务。推行不动产登记“一站式”服务，不动产登记中心均成建制进驻市政务中心；6月30日，市委副书记、市长易佳良在不动产窗口为市民颁发全市第一张不动产登记证。在政务中心办理的行政审批件全部在网运行，实现进驻单位、项目和流程的全覆盖。全市网上政务服务系统受理24.25万件，办结24.2万件，办结率99.79%，办结数和办结率均居全省第二位。完善窗口投诉处置工作，及时解决群众办事难题。年内，收到群众咨询及投诉电话近550人次，均当场解释说明或通过转办、交办、协调代办方式给予协调解决。

■ 政务服务管理 2016年，永州市以创“国标”为抓手，推进“标准化服务、规范化管理”，市政务中心进驻47个单位、178项政务服务事项，项目进驻率93%。全年印发窗口月度通报12期、季度通报4期，通报表扬近600人次，点名批评100余人次，提醒谈话200余人次，对评先评优否决20人次，给有关进驻单位发整改函8次。坚持“党支部建在窗口、党员示范在窗口”，成立窗口党支部3个，转入窗口党员80余名。围绕“两学一做”活动，组织开展窗口党支部活动6场次，评选“党员示范岗”10人次，模范窗口24个，服务明星25人次，组织集体活动1次。出台《优化简化办理流程方便基层群众干事创业的实施意见》《永州市优化行政审批流程暂行办法》，优化简化办事流程。年内，各窗口简化审批环节近63个，消减申报资料近400项，审批提速70%。全面推行“权力下放负面清单”，建立“市本级权力下放负面清单目录”280项，7月市政府发文下放社区办理事项69项。

■ “12345”热线与网格联动处置平台整合服务 2016年，永州市基于智慧永州综合应用平台，市“12345”“12328”“12319”“110”非警务信息全部整合进入网格联动处置平台，实现“五台合一”。12345热线工作人员进入网格联动处置平台实际办公，实行24小时值班备勤，初步实现对群众电话诉求和网格上报事件的随时响应。年内，网格联动处置平台接收各类诉求事件3.36万件，市、县区、街道、社区处置2.89万件，有效处置率78.32%，群众满意率69.37%，市政务中心对网格联动处置情况按月发布通报。

（丁华文）

优化经济发展环境

■ 深化行政审批制度改革 2016

年，永州市突出加强对权力清单的动态管理，强化事中事后监管；健全政务公开制度，完善政务公开目录；基本完成对保留行政职权的清理和公共服务事项下放“负面清单”审查工作。市级承接省政府下放的行政许可事项114项，下放到县区的事项130项，取消15项，明确保留133项。

■ **推行权力清单制度** 2016年，永州市对市、县（区）政府工作部门保留的行政职权全部在政府网站和相关部门网站进行公示。在各级政务中心，按统一文本样式标准、统一申报表格式、统一政务窗口办理权限、统一项目办理时限“四统一”要求，促进政府权力在阳光下运行。此外，将行政审批制度改革情况纳入年度绩效考核、“三项改革”专项考核和干部执行力考核，确保省政府下放的事项“接得住”，下放到县区的事项“放得下”，市、县区保留的事项“管得好”。

■ **推进审批提速** 2016年，永州市继续推行审批提速“两个1/3”工程，市政务中心各办事窗口对外承诺办事时限平均为7.72日，比平均法定时限提速11.6日。推进网上审批，按照“部门、项目、流程”全覆盖的要求，将同级政府公布保留的审批项目及其办理流程、承诺时限等录入全省网上政务服务和电子监察系统，所有审批行为同步在系统上运行，杜绝系统应用“体外循环”、事后补录等行为，做到网上对接、同步运行、电子监察3个100%到位。全年全市网上政务服务和电子监察系统办理办件91.9万件，没有因行政过错产生红黄牌。工商登记“先照后证”制度实行后，除将涉及公共安全、人民生命财产安全的15大项继续作为工商登记的前置许可审批项目外，其他216项全部改为后置审批项目。全市实行“三证合一、一照一码”登记改革后，新设企业审批由过去4天改为1至2个工作日即可完成。推行“五证合一、一照一码”登记改革。9月20日，全市首张“五证合一、一照一码”营业执照由市政协副主席彭爱华在窗口颁发，全市各县、区“五证合一、一照一码”登记改革稳步推进，行政审批效率进一步提升，受到企业好评。全市新设立市场主体3.4万户，新增注册资本413.31亿元，分别增长11.2%、39.2%。

■ **规范部门执法检查行为** 2016年，永州市出台《永州市社会信用信息体系建设实施意见》等政策文件，加快诚信政府建设。严格落实《永州市规范对企业和重点项目检查行为的若干规定》及“企业宁静日”、常规检查年度计划制、同城一家一次检查和检查备案制等涉企检查制度。3月，督促市、县区行政执法部门制订涉企常规检查年度计划，市直部门将计划报市优化办备案。日常工作中，严格把好涉企检查备案关，全年全市优化办办理涉企检查备案6895次，其中市优化办办理964件次。实行“一站式”收费制度，对园区工业企业和园区外重点工业企业在生产经营环节只收取排污费、特种设备检验和检测费、计量器具强制性检测费、产品质量定期检验费4项费用。在降成本方面：全市大工业用电35千伏~110千伏以下的电价下降2.58分/千瓦小时，为1280户大工业企业降低用能成本2213.55万元；67家行业协会商会完成脱钩，为企业减轻税费负担两成以上（减免税费5亿元）。实行涉企首违免罚制、涉企轻微违法行为整改制、下限处罚制，建立重大行政处罚备案制，对责令停产、停业、吊销许可证以及1万元以上罚款等重大行政处罚，要在行政处罚决定书下达后7个工作日内抄报市优化办备案。全年未收到涉企重大处罚备案。按照“有诉必接、有接必理、有理必果、有果必复”的要求，进一步健全投诉受理和调查处理快速反应机制，受理企业和群众每一件投诉，维护企业合法权益和群众根本利益。全年，受理涉企投诉18件（省优化办交办1件），均按程序予以办结。“12345”公共服务热线上半年受理有效诉求818件，均按程序优质办结。6月12日，“12345”公共服务热线整体划入市政务服务中心管理。

■ **开展优质服务** 2016年，永州市优化经济发展环境办公室贯彻落实《全省“百千万”企业帮扶行动实施方案》，推出联系服务企业“四定”工作机制（定点联系、定期收集、定量分析、定性处理），通过市优化经济发展环境联席会议每个成员单位联系服务2家~3家企业（包括测评站、点），从8月开始，坚持每个月定期走访，收集企业发展中遇到的困难问题以及对行政单位和服务部门的意见建议260余条，经市优化办汇总梳理、分门别类后，报联席会议审批，逐一向相关单位进行交办，共帮助企业解决问题160余个。全年没有发生落实国家和省有关惠企减负政策不力的情况，没有在国家和省减轻企业负担投诉举报平台被投诉曝光的情况发生。协调公安部门开展打击“三强”（强揽工程、强拉强运、强行阻工）专项整治活动，为企业发展和项目建设创造良好的经营施工环境。全年，市公安局查处“三强”“三堵”（堵门、堵路、堵工地）行政案件794件，行政拘留1821人；刑事案件367件，刑事拘留814人。创办优化经济发展环境工作通报和简报，每月定期通报全市优化工作动态、电子监察红黄牌产生情况、各类涉企投诉案件及办理进度、质量情况，全年刊发“两报”各10期，通报投诉案件18件。11月15日，组织2016年市直优化经济发展环境和机关效能建设工作“满意不满意单位”测评大会，92个市直和中央、省驻永州有关单位接受测评。与会的近400名测评员秉着公开、公平、公正的态度，负责地履行评价权，促进相关单位优服务、提效率、促发展。

■ 开展走访调研 2016年，永州市优化经济发展环境办公室先后组织电子监察、供给侧结构性改革和优化工作综合调研，结合省优化办交办件和各类投诉件办理的督促，走访有关企业，详细了解他们在生产经营中遇到的困难。特别是12月上旬，组成综合调研组，采取听取汇报、查阅资料、实地走访、问卷测评、座谈交流等多种方式，深入各县区倾听企业呼声，实地走访企业（项目）50多个，召开座谈会30场次，发放并回收优化经济发展环境测评问卷575份，征询到县区及企业代表意见建议100余条，掌握全市优化工作的第一手材料。

（市优化经济发展环境办公室）

信访工作

■ 概况 2016年，全市信访工作持续向好，呈现出“三降三升一好转”的良好态势（即信访总量、积案存量、非访量下降，网信占比率、积案息访率、群众满意率上升，信访秩序持续好转），积案化解、网上信访工作先后被国家信访局、《湖南日报》等专题推介，并在全省处于先进行列。全市信访形势总体平稳可控，全国“两会”、省“两会”、G20杭州峰会、中共十八届六中全会、省第十一次党代会等重要节点期间实现既定目标；全年受理群众来信来访1.16万批1.8万人次，同比分别下降16.3%和11.6%；进京非访登记142人次，与2015年基本持平；办结信访积案199件，占省交办任务的127.6%，其中息访息诉86件，息访率43.9%；办理网上信访投诉8423件，网信占比48.8%。市信访局在全市绩效评估工作中被评为良好等次，被评为全国维护妇女儿童权益先进集体及全市老干部工作、安全生产、社会管理综合治理、维护社会稳定、人口与计划生育、信访工作先进单位。

■ 信访积案化解 2016年，永州市坚持以“积案清零”为目标，以“上提一级”交办积案为抓手，推进积案化解，省交办的156件信访积案全部办结，息访80件，息访率51.2%，化解质量历年最高。经市委常委会议研究决定，明确由市、县委常委会议分别交办市、县两级“四大家”领导的包案事项，由市、县信访联席会议确定县、乡两级党政主要领导的包案对象，实行“大领导包大案、小领导包小案”，市委书记、市长等32名市级领导带头包案，化解的进度、质量、效果明显好于往年，提交市级领导包案的32件积案中息访息诉24件，息访率75%；8月8日，市委召开全市信访维稳形势分析暨积案化解“千案攻坚”专项行动推进会议，市委主要领导参加会议，对“千案攻坚”行动进行调度和推进。坚持“挂图作战、看图说话”，制定工作台账，分类造册登记，对积案化解实行“销号”制动态管理，做到化解一件，销号一起，并向全市通报一次。把真化解、真见效作为第一追求，把真通报、真考核作为第一抓手，制定出台《关于2016年执行力考评指标考核的评分方案》，提请市委组织部将积案化解工作纳入各县区党政正职执行力考核。

■ 网上信访办理 2016年，永州市立足线上线下结合、网上网下结合、上访下访结合，实现全方位、无缝隙受理信访问题，做到“数据多跑腿，群众少跑路”。全市办理网上信访投诉8423件，“五率”水平均居全省前列；市直单位及各县区全部连通湖南省网上信访信息系统，覆盖率及应用率100%。坚持以开展“五个一”宣传活动为主线，抓好集中、日常宣传工作，提升网信知晓度和覆盖面。4月28日，市、县、乡、社区四级联动开展全省

"网上信访宣传日"活动，设立宣传点50余个，组织1000余名干部职工上街宣传，发放宣传资料5万余份。6月，完成市信访局门户网站改版升级，并投入运营使用；开通微信公众号，网上信访投诉平台建设并投入运营；建立综合研判机制，开通协同通讯短信平台，通过短信平台或QQ信息将即将到期的信访件信息进行交办预警；制定印发《信访事项网上办理工作规程》（试行），着力规范网信工作。坚持把教育培训作为推进网上信访的第一抓手，5月举办全市网上信访业务培训班，7月—8月派出业务骨干对部分重点县区进行培训；强化考核问责，坚持对每月网信占比排名后三位的县区实行一次约谈、一份点对点通报、一次短信调度，高压推进网上信访工作；明确各县区必须完成考核任务的网上信访量最低件数，倒逼提升网上信件量。

■ 非正常上访治理 2016年，永州市抓好非访治理，着力规范信访秩序，全市进京非访量继续退出全省前五位，信访秩序好转。坚持每季度开展一次横向到边、纵向到底的"地毯式"矛盾纠纷排查摸底，将排查情况建立台账，进行交办，并逐一落实"五个一""五包"责任制，推动矛盾纠纷化解。重要节点期间，实行24小时值班制和零报告制度，做到重要情报信息随时上传下达，并做好重点对象、重点群体的信访工作，有效化解大部分的突发访情。全年调度相关市直单位、县区3122起，发送各类通知、方案、通报等3200余次，编发《信息快报》240余期，分析整理公安情报300余条。坚持依法治访，配合公检法司等职能部门，推行"轻刑快办"，着力解决"以闹求解决，以访谋私利"等不正常现象。坚持每月对进京非访登记情况进行点对点通报，并及时对进京非访重点对象和重点群体进行交办，同时根据中央、省、市的相关文件精神，对重点案件、重点县区进行严格问责，压实工作责任。全市下发各类进京非访治理通报46余期、交办函356件、督办函177件；追责18个单位34人。

■ 信访渠道畅通 2016年，永州市坚持市、县两级同步大接访，着力畅通信访渠道，引导群众依法逐级上访。全市处置进京上访人员1392人次，同比下降10.5%；到市上访群众2802批9199人次，分别下降29.6%和37.5%。每周星期一由市级领导轮流到市接访中心值班接访，有25名市级领导到市接访中心值班接访，接待群众来访61批247人次，交办信访案件25件，办结20件，办结率80%。同时，大部分县区每个工作日安排一名县区级领导到接访中心值班接访，听取群众诉求；市信访接待中心各单位入驻工作人员，现场为群众排忧解难，受到群众的一致好评。贯彻落实《关于研究市委、市政府机关信访秩序维护工作的会议纪要》精神，做好"两大院"（市委机关大院、市政府机关大院）的接处访工作，做到接访及时、处置有力，接访173批6648人次，同比分别下降9.4%和7.9%。坚持把源头稳控和中途接劝返结合抓、并拢抓，按照"抓重点、重点抓，抓平时、平时抓"的思路，做好越级非访群众的接访劝返工作，引导群众依法逐级走访。

■ 信访宣传 2016年，永州市信访队伍开展岗位练兵、换岗锻炼等活动。组织开展业务培训6次，派出9批9人到清华大学等地学习深造，抽调9批14名年轻干部到市信访局、联席办挂职锻炼；涌现出一批先进典型，市林业局信访调纠科、江永县信访局2个单位被评为全省信访工作先进集体，市信访局副局长周劭文、市维稳办副主任盛金付、东安县信访局副局长周爱荣、宁远县信访局督查督办室主任薛晋飞4人被评为全省信访工作先进个人，江永县信访局局长徐弟旺被评为全省最美信访干部。制定出台《永州市信访工作政务信息报送工作实施方案》和《永州市信访系统宣传信息工作奖励办法》，坚持以制度推事、以考核促事，推进信访宣传调研工作。向国家、省信访局及《湖南日报》、《永州日报》等媒体报送材料信息150余篇，被省信访局网站采用近30篇，积案化解、网上信访工作先后被国家信访局、《湖南日报》等媒体专题推介。

（周永兴）

移民开发

■ 涔天河水库扩建工程移民安置 截至2016年年底，规划搬迁安置人口6535户2.75万人，完成搬迁安置协议签订6467户2.7万人，占任务的99%；完成搬迁安置4288户1.89万人（其中通过自有或租住房屋、投亲靠友等方式搬迁安置4121户1.72万人，

涔天河水库移民水口集中安置点概貌

库区 282 米高程以下全部完成搬迁），占任务的 68.71%。规划淹没影响区农村移民长效实物补偿安置 2.11 万人，实际长效实物补偿安置 2.13 万人，11 月全部完成淹没影响区长效实物补偿安置协议签订工作。市移民局、市财政局累计下达移民安置资金计划 29.09 亿元，累计拨付江华瑶族自治县移民安置资金 23.94 亿元，江华瑶族自治县累计支出移民安置资金 2.72 亿元，占投资计划的 78.09%。江华瑶族自治县 6 个安置点，其中县城沱江镇四联安置点 109 幢安置房中 96 幢 11 月上旬完成进点移民搬迁入住，其余 13 栋由于地质条件处置复杂在建；小圩、码市安置点于 12 月完成进点移民搬迁入住；花江安置点行政中心完成主体及内外粉工程，完成市政道路硬化，并开展安置点绿化、亮化工程。库区道路复建八条等级公路除省道 S355 外，具备通行条件；省道 S355 线制定保通方案，下闸蓄水后不影响移民群众的交通出行。库区通信、电力设施复建工程根据道路建设进度有序开展施工。33 处淹没影响小水电站拆除和 7 处电站迁移工程完成。282 米高程以下库底清理工作于 11 月水库下闸蓄水前完成。11 月 21 日—23 日，完成下闸蓄水前移民安置终验。

■ 新建水库移民安置 2016 年 11 月 23 日，毛俊水库启动工程建设，市移民局指导蓝山县下发毛俊水库工程移民安置工作宣传手册，开展移民政策宣传。继续抓好晒北滩电站 29 户外迁移民安置点建设以及安置竣工验收的审计、档案验收扫尾工作，4 月完成移民安置概算调整，6 月移民安置规划调整报告得到省移民局批复，年内完成移民竣工验收。加快东安县芦江水库外迁移民安置点房屋建设和专项设施复改建等工作，规划移民 407 人，生产安置人口 689 人，签订淹没区房屋拆迁协议和外迁移民安置协议 85 户 334 人，43 户外迁移民正在建房，计划移民投资 7123 万元，年内完成投资 1147 万元。

■ 移民后期扶持政策 2016 年，永州市大中型水库农村移民后期扶持工作迈入第十年，后期扶持成效不断显现，发放直补资金 8184.35 万元，移民 14.5 万人直接受益。与扶贫部门比对核实全市建档立卡贫困移民 3.15 万人，制订帮扶脱贫五年规划及年度计划；全市完成移民产业基地提质改造任务，其中油茶 138.67 公顷，茶叶 213.33 公顷，水果 667.33 公顷，中药材 372 公顷。依托祁阳自然韵黑茶龙头企业，在祁阳县开展移民产业开发投入机制试点，精准投入移民资金 100 万元对贫困移民 73 户 246 人实施精准扶贫；双牌县、道县被纳入国家避险解困第二批试点，计划避险解困移民 2178 户 8298 人。两县完成“1/3 入住、1/3 完工、1/3 在建”的目标；开展移民培训 4316 人次，其中，实用技术培训 3327 人次，转移就业技能培训 989 人次；完成 50 万元以上移民重点项目 59 个。新田县金陵水库供水工程主体完工，祁阳县大江水库 10 千米通库公路建设、金洞管理区晒北滩乡 800 人安全饮水、双牌县平福头乡集镇供水、东安县大庙口水厂改扩建等重点项目竣工，库区基础设施进一步加强。

■ 移民资金监管 2016 年，永州市组织开展移民资金使用管理专项治理和“雁过拔毛式”腐败问题专项整治。6 月底至 8 月初，对祁阳、零陵、双牌、东安、蓝山 5 县区移民资金开展内部审计，对东安、江永、双牌 3 县开展后扶稽察，累计发现问题 51 个，已基本整改到位。配合省移民局完成对新田、宁远 2 县的后扶稽察，对东安、蓝山 2 县的内审抽查，对涔天河水库扩建工程移民安置资金的专项稽察。

■ 库区和移民安置区社会大局稳定 2016 年，永州市移民系统接待群众来访 145 批、454 人次，处理群众来信47件，办结47件，解决问题4个。涔天河水库扩建工程移民安置补偿政策到位，没有发生移民赴省进京违法上访，受到水利部移民局肯定。

（江超）

政协永州市委员会

综　　述

2016年，政协永州市委员会围绕中心、服务大局、忠实履职，各项工作有新的进步。是年，市政协被评为全省政协宣传工作成绩突出单位，获全市社会管理综合治理先进单位、全市驻村帮扶先进后盾单位、重点项目建设先进协调单位、开放型经济（电子商务）考核优质服务单位等称号，市政协办和市政协研究室被评为全市绩效评估先进单位。

按照省政协“务实、智慧、开放、和谐”政协建设的要求，把握政协性质定位，提出“五要五更要”履职理念，即：要履好参政议政、民主监督之责，更要强化政治协商职能；要做好党委、政府主张的“宣传员”，更要当好政协“言官”；要主动参与中心工作，更要积极种好政协“一亩三分地”；要向党委、政府出题，更要为党委、政府献解题之策；要推动委员立足岗位建功立业，更要引导委员做到本职工作与政协履职互促互进。注重拉长政治协商的“短腿”，发挥委员主体作用，为市委、市政府献解题之策。围绕电商发展开展专题调研3次，组织大会发言2次、提交建议案1个，推动市委、市政府出台《关于加快电子商务发展的意见》，制订电商发展三年行动计划，助推形成农村互联网电商“永州模式”，电子商务发展经验在全省推广；打造“永州菜”品牌的调研，助推永州“源味街”建设运营等。

协商议政上，突出“三到”选题调研。即：着眼党委、政府因精力所限“没想到”的工作建言；围绕党委、政府通过其他渠道“听不到”的工作建言；针对党委、政府因身份原因“不便到”的工作建言。主要抓好4个方面的调研献策：一是推进零陵古城项目进展。在零陵古城项目落地后，3月初，主席唐定率队到广西考察田州古城项目，通过对比调研，提出《文旅融合　市场运作　推进零陵古城又好又快发展的建议》，市委书记陈文浩和副书记、市长易佳良批示要求“重视抓好落实”。二是研究生态文明市永州路径。年初，组织政协委员在市政协四届五次全会上作《积极实施生态市战略　加快推进永州经济转型发展》的大会发言，市委、市政府采纳发言建议，7月初下发《关于加快推进生态文明建设的实施意见》。市第五次党代会把生态文明示范市建设作为永州未来五年发展的六大任务之一。组成调研组就永州如何建设生态文明示范市深入研究，提出“上山下乡、进城入园、水天一色”的建设蓝图和具体路径。市委书记陈文浩批示：“建议市政府根据政协的调研报告，就我市如何推进这项工作召开一次专题会，在开会前可以组织相关部门到外省调研学习，把争创工作做充分。”同时该调研报告获省政协优秀调研报告一等奖。三是围绕精准扶贫深入调研。上半年，承担省政协推动生态补偿脱贫子课题调研，配合省政协调研组深入江华瑶族自治县、江永县和新田县等地实地调研，形成专题报告，所提意见、建议得到省政协重视采纳，呈交省委、省政府决策参考。下半年，市政协人口资源环境委围绕全市脱贫攻坚工作开展专题调研，就破解全市脱贫攻坚瓶颈问题向市政府提出有针对性的建议；市政协三胞联谊委以全市少数民族地区脱贫攻坚为题，从基础设施建设、人才培训、电商发展、异地搬迁等方面深入调研，在此基础上组织委员和专家与市政府进行专题协商。9月至10月，组织政协委员就脱贫攻坚政策落实情况进行调研；10月中旬，配合省政协民主监督小组对此进行民主监督。四是助力社会事业发展。5月至7月，市政协文史委围绕全市创业创新工作开展专题调研，就进一步夯实载体、培育市场主体、完善融资渠道等提出有针对性的意见、建议。9月以来，市政协文教卫体委就中心城区群众体育事业发展进行深入调研，召开专题协商会议，提出有针对性的意见建议。

制定下发《关于进一步加强人民政协提案办理工作的实施意见》《市政协提案协商实施细则》，规范集中归口交办和重点提案督办制度，加强提案办前、办中和办后的协商和沟通，提案满意率不断提升。四届五次会议交办委员提案174件，办复率100%，满意和基本满意率98.5%。其中，关于促进精准扶贫、加强中心城区交通整治、加强湘江治理与保护等一批重点提案得到切实办理，取得很好的成效。在完善大会发言形式、提高大会发言质量的基础上，抓实大会发言意见建议的办理落实。制定《大会发言意见建议办理工作实施办法》，对大会发言交办、督办、反馈等工作进行规范和细化。3月初，市政府召开交办会议对大会发言进行集中交办；下半年市政协领导牵头，联合市委、市政府督查室督办大会发言办理。8月，出台《市政协大会发言民主测评实施细则（试行）》。9月下旬，市政协常委会议对19个大会发言承办单位办理情况进行民主测评，测评结果均为满意。年底在政协全会上点评办理成效。

研究推进“互联网+政协”。承办省政协“互联网+政协”重点理论课题，研究“互联网+政协”的软硬件建设和跨界融合，为创新互联网形势下的政协工作提供理论基础和工作路径。下半年，做好远程协商基础性工作，确保第一次远程协商会的成功召开。规范政协常委外出学习考察制度，按照“四有三严”（四有，即有目的、有组织、有纪律、有成效；三严，即严格控制工作人员、严格控制时间地点、严禁随旅行社考察）考察要求，推动委员履职能力有提高。公开招考机关工作人员4名，调优机关干部结构。组织机关干部参加政协系统各类培训活动，在全国政协培训中心开办专题培训班，对市、县区政协机关干部进行轮训，提高干部适应现代履职的要求。组织学习习近平系列重要讲话和中共十八届六中全会精神，统一委员和机关干部思想共识。

将助推精准脱贫、深度参与“三个一”（帮助一个贫困孩子完成学业；结对一个贫困家庭增加收入；帮助贫困家庭一名成员解决就业）行动作为全市政协服务中心、忠实履职重中之重的工作。5月中旬，向全体政协委员发出公开信，倡导全市政协委员全面投身“三个一”扶贫行动。各县区政协，各民主党派、工商联、无党派人士和省市县三级政协委员响应。制定《关于开展“助力推进精准扶贫，全面建成小康社会”活动的通知》和2016年度工作方案，采取“一名主席（副主席）+帮扶单位+政协委室+委员活动小组”的模式抓落实。市、县政协分别成立“三个一”扶贫行动领导班子。5月上旬，制发《关于做好委员全面参与“三个一”扶贫行动工作方案》，明确“三级响应、统一管理、分级负责、严格考核”的工作原则，将“三个一”扶贫行动情况作为委员履职、评先评优和推荐连任的重要依据。以精准结对为切入点，层层发动，协调委员做好结对工作。市政协领导、县区政协领导与所联系的扶贫点困难群众结对；市直单位职务委员及机关委员在扶贫点中选定结对帮扶对象。引导委员从工作、生活中自己联系帮扶人选进行结对。对于暂时没有联系结对对象的委员，市、县区政协与扶贫办联系，遴选一些特困户分配给委员。截至2016年年底，全市省、市、县区三级政协委员结对1300名。市政协机关副处以上干部给结对的扶贫户送钱、送物人均1000元以上。市政协机关委员帮助51名学生就学、59名贫困家庭成员就业，促进300余户家庭增加收入。县区的政协委员做好助学、助就业、助增收的工作。江永县政协主席刘忠华联系勾蓝瑶寨扶贫攻坚，推动实施“政府引导、集体经营、市场运作、村民参与”的乡村旅游扶贫模式，全村实现整体脱贫。9月，由国务院扶贫办组织的全国产业精准扶贫现场观摩会在江永县、江华瑶族自治县举行，“勾蓝扶贫模式”深受好评。

把握中央和省、市委有关政协换届工作的文件精神，按照中央和省、市委的要求做好换届相关工作。通过召开会议、下发文件等形式，把严肃纪律贯穿换届工作全过程，引导干部树立政治意识、大局意识、核心意识、看齐意识，严守政治纪律、政治规矩和组织纪律，确保市、县区政协换届风清气正。协助做好下一届政协委员人选的推荐选拔工作，为下一届政协履职打下良好的基础。在全面完成年初部署的各项工作任务的同时，做好五届一次会议发言材料征集、相关报告的起草以及相关会务准备工作。

■省政协十一届五十三次主席（扩大）会议在江华召开 2016年7月20日—22日，政协湖南省第十一届委员会第五十三次主席（扩大）会议在江华瑶族自治县召开。省政协主席李微微主持会议，省政协副主席刘晓、杨维刚、张大方、欧阳斌，副主席兼秘书长袁新华出席会议。市委书记陈文浩致欢迎辞，市领导唐定、颜海林参加。

会议总结交流上半年全省的政协工作，研究部署下半年重点工作；交流各市州政协、省政协专门委员会在助力脱贫攻坚、推进“三个一”扶贫行动方面的情况、措施和经验；听取各市州政

2016年7月20日—22日，政协湖南省第十一届委员会第五十三次主席（扩大）会议在江华瑶族自治县召开
摄影 陈敏

协对省委政协工作会议和政协工作的建议。会议期间，与会人员先后到江华经济开发区海联产业园、九恒集团、耀丰创新创业产业园、同丰粮油、四联移民安置点、涔天河水库扩建工程等园区和项目考察。会上，李微微高度肯定永州市政协的工作。她强调，要坚持每年聚焦脱贫攻坚中的一个重点，把调研协商、民主监督结合起来，充分履职，推动脱贫攻坚的各项政策举措落到贫困人群上去，结合“三个一”的行动，及时收集委员在帮扶中关于精准识贫、精准扶贫、精准脱贫的情况和建议。

■ 市区两级政协委员建言献策宋家洲环境整治 2016年，永州市、冷水滩区政协委员多次建言，呼吁社会各界关注宋家洲的环境整治问题，并围绕水上餐饮整治、拆迁安置、污染治理、旅游开发及解决纠纷等问题多次建言献策。市政协组织委员在政协全会上作《加快启动冷水滩宋家洲开发建设步伐》的大会发言。3月，市政府发布《关于禁止非法经营水上餐饮的通告》。5月，市委、市政府召开高规格的宋家洲综合整治动员大会，出台《永州市宋家洲综合整治工作方案》，将整治工作与建设品质活力永州结合起来，控违拆违、水上餐饮和网箱养鱼清理等整治工作取得阶段性成效，居民拆迁安置等工作稳步有序推进。

重要会议

■ 政协永州市四届五次会议
2016年1月11日上午，中国人民政治协商会议永州市第四届委员会第五次会议在永州会堂召开。会议应到委员412人，实到381人，符合《中国人民政治协商会议章程》规定的有效人数。受政协永州市第四届委员会常务委员会的委托，唐定向大会作工作报告。大会还听取市政协副主席唐运军所作的政协永州市第四届委员会常务委员会关于政协四届四次会议以来提案工作情况的报告。市委常委、常务副市长唐湘林在大会上作市政协四届四次会议委员大会发言意见建议督办情况的说明。市政协副主席彭爱华在大会上作市政协四届四次会议委员大会发言意见建议办理落实情况的点评。刘翼平、唐美凤、欧阳德群、文红艳、蒋雯、伍重武6位委员上台作大会发言。大会还表彰优秀政协委员、优秀提案、优秀调研报告、优秀大会发言等。市委书记陈文浩指出，全市各级政协组织牢牢把握团结和民主两大主题，聚焦全市改革发展稳定重大问题，履行政治协商、民主监督、参政议政职能，为助推全市经济社会发展作出贡献。他要求，全市各级政协组织和广大政协委员，主动紧贴中心，在助推“永州路径”的实践中作出新贡献；坚持履职为民，在促进社会和谐稳定上展现新作为；要加强自身建设，在提升履职能力和建言水平上实现新突破。

■ 市政协机关“两学一做”学习教育动员大会 2016年5月10日上午，永州市政协组织机关全体党员召开“两学一做”学习教育动员大会。会议由市政协副主席张建亮主持。市政协党组书记、主席唐定，副主席唐运军，秘书长宋可福出席会议。唐定主席作动员讲话。他强调，在机关党员中开展“学党章党规、学系列讲话，做合格党员”学习教育，是党中央持续深化党内教育、深入推进全面从严治党的又一次重要实践。市政协机关全体党员要切实增强思想自觉和行动自觉，结合全省开展的“纠四风、治陋习”专项整治活动，严格按照中央、省市委的统一部署及市政协党组的具体安排，增强“四个意识”，做到“四讲四有”。

■ 市政协大会发言办理工作民主测评会 2016年9月23日，永州市政协四届二十次常委会议对四届五次会议大会发言意见建议办理落实情况进行民主测评，19个大会发言承办单位书面汇报办理落实大会发言意见建议情况，与会的政协常委和发言委员实行现场打分，19个大会发言办理工作均获得满意的测评结果。通过开展民主测评，促进各承办单位深化委员意见建议的办理落实，推动大会发言办理实现“交办落实、办理落实、督办落实、点评落实”，在全国地级市中是首创。

重要提案

■《关于进一步加强冷水滩和零陵两区联城步伐的建议》提案 2016年，宋可福等8人在政协永州市四届五次会议上提交《关于进一步加强冷水滩和零陵两区联城步伐的建议》提案。提案认为导致冷零两区南北联城相向发展、滨江新城建设的步伐太慢的原因主要有：一是受冷水滩和零陵两区行政管理体制的限制，对滨江新城某些层面的建设采取分段分区管理的方式，虽有统一规划，但没有统一建设；二是市政公用设施和公共服务设施的建设滞后，且部分基础设施的建设投入大、产出少，多年来成效不明显；三是受机场的航空净空制约，片区建筑高度受限，直接影响到土地的开发建设强度和土地出让价格。提案建议：一要打破冷零两区的行政地域界线，以市委、市政府的名义成立中部新区开发领导协调机构；二要注重滨城新城区开发建设优惠和奖励政策等方面的研究，制定有利于促进新区开发建设加快发展的政策措施；三要注重滨城新城区开发建设时序和开发模式研究，提出新区开发建设的建设时序、投资模式、时间表、路线图；四要进一步加快机场搬迁工作进度。

■《关于实施沿江发展战略　促进城市协调发展》提案 2016年，农工党永州市委在政协永州市四届五次会议上，提交《关于实施沿江发展战略　促进城市协调发展》提案。提案认为：实施沿江发展战略，符合城市发展的新要求，顺应广大市民的新期盼，是优化城市功能布局、提升城市品质品位、促进城市协调发展的迫切需要。提案建议：一要把握关键领域，切实突出推动沿江发展的重点。规划设计要统一。紧密结合永州市城市总体规划，结合地下管网改造、永州大道提质改造、湘江西岸棚户区和城中村改造、河东河西城市综合体、万商红商贸城项目建设，抓紧制定和完善沿江发展总体规划。产业布局要科学。根据一江两岸各自的现实条件，从比较优势与竞争优势的角度确定产业定位，形成错位竞争、优势互补、共同发展的新格局。基础建设要提速。加快过江通道建设，重点推进过江隧道、桥和人行桥建设等工程项目，构成多种运输方式有机组合的综合跨江交通体系。二要强化工作保障，迅速掀起推动沿江发展的热潮。加强组织领导。成立推进沿江发展领导小组，负责推进沿江发展的组织、协调、调度、督查、落实等工作，做到力量向沿江集中、要素向沿江汇集、服务向沿江加强。完善体制机制。结合沿江地区实际，建立各利益主体融合联动、合作共赢的发展机制，进一步激发各方面的积极性。增强工作合力。市直相关部门以支持沿江发展为己任，加强协调配合，从规划、政策、项目、土地、资金等各个方面给予有力支持。

■《关于推进民族教育扶贫　阻断贫困“代际传递”的建议》提案 2016年，少数民族界政协委员在政协永州市四届五次会议上，提交《关于推进民族教育扶贫　阻断贫困“代际传递”的建议》提案。提案认为：只有强力推进教育扶贫，阻断民族地区贫困“代际传递”，才能为脱贫致富不断“造血”，真正意义上实现精准扶贫。提案建议：一要建立民族教育投入保障机制。市县两级在编制“十三五”发展规划时优先发展、重点保障民族教育，在资金、项目、人力、物力等方面给予倾斜。二要科学合理调整优化学校布局。对相邻地区的校点进行收缩，集中办学，整合办学资源，重点发展和建设寄宿制学校。三要加强民族教育师资队伍建设。将编制标准由城乡倒挂向民族地区倾斜；对民族地区的教师在职务评聘、工资待遇方面给予适当照顾；采取定向委培和定向招考的办法，稳定少数民族地区的教师队伍；加强对少数民族地区中小学教师的培训和管理。四要着力实施学前教育三年行动计划。重点支持实施学前教育三年行动计划，合理布局民族地区学前教育机构，支持乡村两级公办和普惠性民办幼儿园建设。利用永州职业技术学院等学校为民族地区定向培养幼儿教师和保育员，解决幼儿教师和保育员严重缺额的问题。五要在永州市第一中学、永州市第四中学设立民族班。建议市属一中、四中在招生时特设1至2个民族班，为少数民族高端人才培养奠定基础。六要发展少数民族地区职业教育。发展民族地区农村职业教育，实现初高中未就业毕业生职业技术培训全覆盖。

■《加强信用服务平台建设　加快构建永州企业信用体系》提案

2016年，党外知识分子联谊会政协委员在政协永州市四届五次会议上，提交《加强信用服务平台建设　加快构建永州企业信用体系》提案。提案认为：永州市近年来在企业信用体系建设方面做了大量工作，也取得不少成效，但由于企业信用服务平台建设滞后等原因，企业信用体系建设总体仍然落后，在一定程度上影响到区域竞争力的快速提升。提案建议：一要健全工作机制。建立企业信用体系建设联席会议制度；制订长远规划；培养专业人才。二要完善制度体系。建立企业信用信息分类管理制度；建立一整套科学统一的信用评级指标体系；全面推动在经济社会活动中广泛使用企业法人统一社会信用代码。三要推进信息共享。加强重点领域信用记录建设，完善行业信用记录和从业人员信用档案；建立行业信用信息数据库，加快推进行业间信用信息互联互通；加快推进政务信用信息整合，形成统一的信用信息共享平台，为企业、个人和社会征信机构等查询政务信用信息提供便利；尽快建立统一的企业信用公示平台，面向企业和社会公众提供便捷的查询服务；完善信用中介服务，加强机构信用分类管理。四要强化行政监管。在行政许可、政府采购、招标投标、劳动就业、社会保障、科研管理、干部选拔任用和管理监督、申请政府资金支持等领域，率先使用信用信息和信用产品，培育信用服务市场发展。

（市政协办公室）

中共永州市纪委（市监察局）

综　　述

中共永州市纪律检查委员会、永州市监察局合署办公，实行一套工作机构，两个机关名称的体制，履行党的纪律检查和政府行政监察两个职能。此外，永州市监察局加挂永州市预防腐败局牌子。中共永州市委巡察工作领导小组办公室、中共永州市委巡视工作联络小组办公室设在市纪委。委局机关内设16个副处级职能部室和机关党委，依次为办公室（下设秘书科、行政科）、组织部、宣传部、调研法规室、党风政风监督室（市政府纠正行业不正之风办公室）、信访室、案件监督管理室、第一纪检监察室、第二纪检监察室、第三纪检监察室、第四纪检监察室、第五纪检监察室、第六纪检监察室、案件审理室、纪检监察干部监督室、预防腐败室、机关党委。下辖市反腐倡廉教育基地管理中心、市纪委信息中心2个正科级公益一类事业单位。委局机关核定行政编制72名，工勤编制4名。市反腐倡廉教育基地管理中心核定全额拨款事业编制20名；市纪委信息中心核定全额拨款事业编制3名。市纪委监察局派驻纪检监察机构35个。

2016年，永州市纪委监察局机关获得绩效评估、安全生产、社会稳定、精神文明和意识形态、计划生育、安全生产、农业农村、重点项目、发展开放型经济等23项市级先进或优秀称号。

存在的主要问题："两个责任"意识逐级递减，管党治党宽松软的问题越往基层越突出；作风建设一些深层次问题暂时缓解

2016年9月30日，中国共产党永州市第五次代表大会闭幕，会议审议通过关于中共永州市第四届纪律检查委员会工作报告的决议，选举产生中共永州市第五届纪律检查委员会。图为新一届纪律检查委员合影

但未得到根本解决，特别是吃喝玩乐惯性仍然很大，反弹势能也在积蓄；规范权力运行的体制机制不够完善，滋生腐败的土壤没有完全铲除；侵害群众利益的行为屡禁不止，基层腐败治理任务仍然艰巨；少数纪检监察干部能力素质与形势不相适应等问题。

■ 管党治党责任落实 2016年年初，市纪委四届九次全会召开，14个县区（管理区、经开区）和70个市直单位的党委（党组）书记、纪委书记（纪检组长）分别向市委书记、市纪委书记递交党风廉政建设主体责任书和监督责任书。市委出台党风廉政建设签字背书、责任报告、廉政谈话实施办法等规范性文件，形成内容具体、程序规范、纪实留痕的责任落实制度体系。2016年年底，由市委常委和党员副市长带队，检查考核县区和市直单位落实党风廉政建设责任制情况，评选出党风廉政建设和反腐败工作先进单位19个。全市查处落实“两个责任”不力案件13件，处理处分24人，通报典型案例10起。

■ 换届风气监督 2016年，永州市组织签订换届纪律承诺书1万余份，集中观看警示教育片3.5万人次，印发宣传资料10万余份，学习资料1万余册，开展各类谈心谈话4000余人次。组织开展两轮专项巡察，受理换届纪律问题信访举报31件次，处理处分28人。12月3日，中央电视台《新闻联播》栏目正面报道永州市加强换届风气监督的经验做法。

■ 纪律审查 2016年，永州市纪检监察机关受理各类信访举报2238件，处置问题线索1781件；立案1315件，结案1311件，给予党纪政纪处分1369人，同比分别增长30.6%、26.3%、19.8%。市纪委重点查处市农业开发办原党组书记、主任吴起军案，双牌县原县委常委、常务副县长刘红安案，市环保局原党组副书记、副局长于铁生案等一批大要案件。全市检察机关立案查办职务犯罪案件118件159人；各级人民法院审结贪污贿赂、渎职犯罪案件84件117人。开展“天网”行动，9名外逃职务犯罪嫌疑人全部成功追回。

■ 作风建设 2016年，永州市查处违规公款吃喝问题349起，酒驾醉驾案件159件，违规发放津补贴或奖金福利问题1732起，违规收受礼品礼金问题117起，违规操办婚丧喜庆事宜问题30起，涉赌涉毒问题343起。对违反作风建设规定的给予党纪政纪处分615人，免职22人，通报典型案例181起。全市党员干部主动上交红包礼金554.72万元。

■ 整治基层腐败 2016年，永州市开展“雁过拔毛”式腐败问题专项整治。围绕“五个100%”目标，加强宣传发动，全面摸排线索，从快从严查处，通报曝光典型，集中整治基层腐败问题。村级各项事务更加公开透明，“村级零接待”“村账乡代管”等制度进一步落实。全市立案645件，给予党纪政纪处分556人，移送司法机关处理43人，通报典型案例237起，追缴资金7119.17万元，清退资金718.41万元。

■ 廉政教育 2016年，永州市将当年确定为“党内法规学习教育年”，以专家宣讲、知识测试等多种形式开展宣传。做实《中国共产党廉洁自律准则》《中国共产党纪律处分条例》《中国共产党巡视工作条例》的宣传。以部分市管干部、党政“一把手”严重违纪违法案例及其忏悔录、《不可触碰的底线——衡阳破坏选举案警示录》等为资料，组织广大党员领导干部开展警示教育。永州市反腐倡廉教育展馆自2015年6月开馆以来，接待163个单位，281批7003人次。开展廉政公益广告、廉政微电影征集、评审、颁奖暨展播启动仪式。评选出廉政微电影一等奖作品8部、二等奖作品8部、三等奖作品8部。

（杨勇兵）

民主党派·工商联

民革永州市委员会

■ 概况 民革永州市委成立于2008年4月，有基层支部8个。截至2016年12月31日，在册党员124名，平均年龄45岁，其中本科以上学历的105人，占84.6%；有博士1人，硕士24人。副高以上职称31人，占25%。退休党员4人。有市人大常委1人、市政协委员18人（其中常委5人）。机关有编制4名，实有人员3名。

■ 自身建设 2016年，民革永州市委开展“两学一助”（学习近平总书记系列重要讲话、学盟章盟史、助推品质活力新永州建设）学习教育。组织党员以不同形式学习习近平系列重要讲话精神和民革党史党章。组织骨干党员30余人赴井冈山参观学习，追寻红军足迹、感受红色文化、接受政治思想教育。组织学习全国两会，中共十八届五中、中共十八届六中全会和民革十二届四中全会等重要会议精神，采取召开党员会议、座谈会等形式深入学习、领会会议精神，掌握党和国家重大方针政策。继续开展“观故居，走多党合作之路”活动。组织党员开展形式多样的教育活动，将唐生智故居、李达故居、陶铸故居、蒋先云故居作为教育活动基地，不定期组织党员参观学习。组织党员赴中山市参观孙中山故居，感受孙中山心系苍生的情怀和越挫越奋的革命精神。加强与外省、市的民革组织交流学习，接待到永州市参观交流的民革深圳市委、广州市委、贺州市总支部。累计参加活动的党员100余人次。选送20余名党员参加市委统战部组织的各类培训；10名新党员参加新成员学习考察；近10名党员参加民革省委组织的各类培训；百余人次党员参加民革市委组织的各类学习培训。参政议政工作委员会、妇女和青年工作委员会、社会服务工作委员会和祖统工作委员会4个专委会，完善工作制度，细化活动安排，开展形式多样的活动，扩大民革的影响。继续开展创先争优活动，完善《民革基层支部工作考核办法》，通过考核，增强基层组织的凝聚力，促进各支部自身建设和参政履职实效。对7个支部进行换届，调整充实支部班子。全年发展党员11名，全部具有本科以上文凭，其中研究生3人，处级领导1人。在民革中央《地方情况反映》发稿3篇，人民政协网站发稿3篇，民革中央网站发稿5篇，湖南民革网站发稿20篇，市政协网站发稿6篇，市委统战部内网发稿6篇，永州新闻网站发稿20余篇，《永州日报》发稿7篇，永州电视台报道8次。

■ 参政议政 2016年，民革永州市委课题调研在“精准选题、借智出力”上取得新突破。确定“精准扶贫”“发展永州现代农业”“瑶族地区产业扶贫”“永州交通发展”4个课题，分别与民革省委、市农业委、永州职业技术学院联合成立课题组，形成《关于法治领域助力精准扶贫攻坚的建议》《引导社会资本投资，发展永州现代农业调查报告》《南岭瑶族地区优势产业发展调研报告》《永州市水路交通发展建议》等调研报告。其中《引导社会资本投资，发展永州现代农业调查报告》被市政协评为2016年度优秀调研报告，《关于法治领域助力精准扶贫攻坚的建议》上报省政协。在年初召开的市政协五届一次会议上，向大会提交调研报告2篇、理论文章3篇、大会发言2篇、集体提案2件、建议案1篇、个人提案17件。其中副主委伍重武代表民革市委在政协大会上作《引导社会资本投资　推进我市农业供给侧改革》的口头发言，得到与会人员的高度肯定，市委书记李晖做批示。《加快永州健康养老产业发展的建议》和《关于加快完善农村清洁工程的建议》被评为优秀提案，《传承与嬗变：推进人民政协实践协商民主的对策与建议》被评为优秀理论文章，同时被省政协评为理论研究优秀论文二等奖。唐翔被评为优秀市人大代表，郑银芳、文渊被评为优秀市政协委员。全年收集、编辑、报送社情民意信息稿件24篇，省政协采用1篇，民革省委采用6篇，市政协采用7篇，市委统战部采用9篇。其中《解决“黑户”落户问题须简化手续合理收费》被市政协评为2016年度社情民意信息优稿。

■ 协商监督 2016年，民革永州市委在每次专题协商前，针对专题，市委会都会组织调研，力求全面把握，摸清规律，在专题协商座谈时实事求是提出中肯建议。对市中心城区建设，就道路绿化、规划等建言都得到采纳；在重大人事安排上，对各位人选都会做一个客观全面的评价，力求准确，履行好协商职能；在重大文件协商方面，就市政府工作报告、财政工作报告、两院工作报告等提出很多建设性的意见、建议。全年，参与市委统战部和市政协组织的民主协商6次，在协商座谈会上作发言6次。配合民革省委对全市扶贫工作开展专门监督，制订监督方案，到各扶贫点调查走访4次，召开专门监督座谈会3次。连续跟踪监督湘江流域永州段污染4年，对湘江上游掠夺式采砂情况进行重点监督，并形成监督报告报送相关部门，并得到采纳，促使政府全面叫停湘江源头掠夺式采砂。民革界别市政协委员与被监督单位联系沟通，特约监督员也积极履职，开展一系列的监督活动。

■ 社会服务 2016年，民革永州市委继续深化关爱老兵行动。提

2016年8月21日，民革永州市委慰问老兵李石保并为其孙女送去1万元助学金

高关爱老兵生活援助金标准，自7月开始，从每人500元/月提高到每人800元/月。截至2016年年底，为全市幸存抗战老兵发放生活援助金200余万元，送去慰问物资价值10余万元，发放冬衣近200件；为两位百岁老兵、两位九十岁老兵庆祝生日。参与民革省委组织的“一家一”助学就业·同心温暖工程，每年资助抗战老兵李石保孙女李水莲学费1万元，直至完成大学学业。市直民革三支部与零陵区珠山镇中学结对助学，资助5名家庭困难学生；永州职业技术学院支部开展同心助学，向祁阳大村甸镇许家亭小学捐助课外读物60余册和帮扶资金1万余元。组织法律工作者开展法律咨询服务，多次为弱势群体提供法律援助；组织医务人员开展送医送药下乡活动；组织农业技术人员送科技下乡，为农户进行果树种植培训，提供技术、信息和项目支持。市直民革二支部被民革省委评为民革全省“博爱·牵手”活动优秀基层组织。将江华瑶族自治县小圩镇茶华园村作为社会服务扶贫点，落实扶贫项目资金，开展扶贫帮困工作。联系冷水滩区凤凰园凌云路社区，定为同心社区创建点，为社区网格化工作开展、广场舞设施的建设等方面提供建议及法律服务。重点帮扶冷水滩区湖塘社区，出人、出力、出智、出资金协助社区开展交通劝导、违章摊点整治、社区环境治理等工作。

■ 促进祖国统一工作 2016年，民革永州市委开展纪念孙中山150周年诞辰活动。召开纪念座谈会，民革党员、社会各界60余人应邀与会，缅怀先生功绩，继承先生遗志；举行纪念孙中山150周年征文活动；参与民革湖南省委黄兴书画院举办的艺术作品展，周飞战、任霞有5件作品参展。每年清明前后，组织党员到南岳忠烈祠，郑作明、王甲本将军墓前祭拜英烈。发挥多数党员在台、港、澳和海外有亲友的优势，利用考察、访问之机做好台湾民众的工作；接待回永州探亲、访问、旅游的台港澳同胞和海外侨胞；在国庆、中秋、重阳等节日中，邀请部分“三胞”亲属共度佳节，表达关爱。做好涉台社会服务。市委会以法律服务志愿者为主体，为在永州的台胞、台属、台商、台企提供法律服务，全年接受法律咨询6件。刘旭红被民革中央评为民革全国祖统工作先进个人，蒋芝兰被民革湖南省委评为民革全省祖统工作先进个人。

（唐海涛）

民盟永州市委员会

■ 概况 民盟永州市委成立于1996年8月1日，有总支1个，支部18个。截至2016年12月底，盟员总数374人，其中大专以上学历364人，占97.33%；博士5人，硕士34人。副高以上职称143人，占38.24%；平均年龄48.6岁。盟员中有在职处级以上干部14人，正科实职干部17人。

2016年，民盟永州市委围绕中共永州市委、市政府的中心工作，履行参政党职能，全面推进自身建设，各项工作取得新的成绩。

■ 思想建设 2016年，民盟永州市委在继续推动“坚持和发展中国特色社会主义”实践活动的同时，启动“学习近平总书记系列重要讲话、学盟章盟史，助推品质活力新永州建设”的“两学一助”学习教育活动。5月，举办民盟永州市委成立20周年座谈会，邀请民盟中央原巡视员张冠生到永州宣讲盟史和民盟优良传统。6月，召开市委全会扩大会议，研究部署全市民盟“两学一助”活动，组织学习习近平系列重要讲话。民盟永州市中心医院支部组织赴井冈山接受革命传统教育，其他支部都结合精准扶贫、旅游发展等方面，开展一系列的调研和学习实践活动。民盟永州市委推进盟史和参政党理论研究，在理论研究上有新进展。查阅搜集大量资料，开展1941—1949年盟史研究，制作《学盟章，知盟史，做合格盟员》的PPT文件。与中共市委党校唐厚裕合作，成功申报民盟湖南省委理论招标课题《党外干部成长路径研究》，获民盟省委理论研究招标课题三等奖。

■ **自身建设** 2016年，是民盟永州市委换届之年。上半年，完成支部换届，选拔一批德才兼备、年富力强、热爱民盟的优秀盟员担任支部班子成员。湖南科技学院支部成立2个盟小组。5月20日，中国民主同盟永州市第五次代表大会在冷水滩区召开，大会总结过去五年的工作，描绘今后五年永州民盟的发展蓝图，选举产生民盟永州市第五届委员会和出席民盟湖南省第十四次代表大会代表。年内，发展盟员21名，其中博士1名，硕士6名，副处干部1名，增长率5.87%，代表人士发展人数和净增长率都排在全省市州组织前列。与市、区委组织部和市委统战部协商，推荐市人大代表5人，其中市人大常委会委员1人；市政协委员21人，其中常委3人；两区各推荐委员6人，首次设立民盟届别。盟员欧阳永衡任零陵区政协副主席，盘瑶丽任双牌县市场管理与食药监局局长，齐晓慧任冷水滩区农业委员会主任，永州市第一中学龙路云、刘芳民成功竞聘学校年级主任、副主任。

■ **参政议政** 2016年，张容代表民盟永州市委在政协永州市四届六次全会上作《关于进一步完善信访机制的建议》的书面发言，民盟永州市委向大会提交关于《“尽快构建湘江源头治理体系”的建议》《关于培养学前教育师资队伍的建议》《关于规范发展我市中小学生托管工作的对策与建议》3篇集体提案。杨金砖向永州市人大四届八次会议独立提交建议案3件。两会期间，担任市、区两级人大代表、政协委员的盟员提交建议案8件，提案40余件。民盟永州市委《“尽快构建湘江源头治理体系”的建议》获市政协优秀集体提案。欧阳永衡、蒋怡、黄建陵的提案获得市政协优秀个人提案奖，杨金砖、邓春艳被评为优秀市人大代表。四支部盟员杨中瑜作为永州市唯一代表参加省委常委、省委统战部部长黄兰香出席的全省新媒体代表人士学习贯彻省中共第十一次党代会精神座谈会。袁火林、姚如男、吕乐反映的社情民意被省政协和民盟省委采纳。一支部盟员蒋怡撰写的《渡改桥项目是真正的惠民实事项目》《农村公路窄改宽应实事求是》两则信息上报给省交通运输厅和有关部门。《加强我市农村居民安全用药监管与服务的建议》和《大力发展我市乡村旅游的建议》两篇调研报告，被选作政协永州市五届一次全会发言材料。《加强我市农村居民安全用药监管与服务的建议》的调研报告获市政协2016年度优秀调研报告二等奖。

■ **民主监督** 2016年，民盟永州市委以中央和省市关于非公经济政策为依据，开展民主监督活动。以袁火林为组长的民盟永州市委民主监督活动领导小组会同市工商联调研走访市发展和改革委员会、市住房和城乡建设局、市工商行政管理局等单位和10余家民营企业，了解非公经济政策执行情况。发挥党派优势，组织盟员共同参与民主监督活动，提交建议、反映民意，为推动非公经济发展作出贡献。

■ **社会服务** 2016年，民盟永州市委继续推进社会服务建设，为全市民主党派联合社会服务基地上岭桥镇雷发庄村争取各部门支持，解决水利、公路等建设资金近100万元。主委班子成员响应中央精准扶贫号召，联系的14名帮扶对象年底全部实现脱贫。市中心医院民盟支部、市三医院民盟支部组织盟员开展送医送药下乡活动3次。永州职业技术学院一支部年初为学院困难学生手术捐款1800元，支部采取盟员自愿方式，每年资助零陵区精华实验学校初二学生某同学生活费2000元，并时刻关心她的学习和成长；二支部到宁远县仁和卫生院进行“送科技下基层活动”，免费维修放射仪器，开展免费X线检查，宣传质控及放射防护知识；三支部组织农技农资下乡活动，为双牌县茶林乡村民讲解蔬菜种植技术，无偿赠送价值1万元的蔬菜种苗，《永州日报》进行报道。永州市第三中学民盟支部主委邓小星发动97级学生捐资4万余元，资助优秀贫困学子30余人的事迹，红网进行专题报道。永州市第六中学民盟支部多位盟员为高二患病学生捐款2000元。市直一支部许永忠为困难群众捐款1万元。

■ **履职尽责** 2016年，湖南科技学院民盟支部主委徐大成指导学生在国际钢琴大赛中多次获优秀成绩，他多次被评为优秀指导老师；永州职业技术学院民盟一支部主委彭路获得国家级普通话测试员资格证；二支部主委黄祥国获2016年度黄炎培职教杰出教师奖，并成功申报国家专利1项；永州市第一中学民盟支部成少华、龙路云，永州市第四中学民盟支部张新军获永州市名师称号，成少华被湖南省教育厅授予为第三批网络名师，成立辐射全省的“成少华语文名师工作室”。盟员欧阳慧、李朝华通过湖南省首次中小学教师系列正高级职称评审。民盟一支部周逢明、欧丽君专注农业科研，在水稻育种、培育上取得一定成果；民盟三支部邓春艳获永州市名校长称号。四支部盟员郑江云获湖南省“三八红旗手”称号。中心医院民盟支部15位盟员中有13位担任中层干部。年内，盟员在各类期刊杂志发表各类学术文章和论文300多篇，主持省级课题20多篇。

（秦琦）

民进永州市委员会

■ 概况 中国民主促进会湖南委员会于1999年开始在永州发展民进会员，周秀英、曾晓阳为最早发展的会员，2000年12月成立民进永州市小组，时有会员5人。至2004年4月，永州发展民进会员16人。2004年4月8日，民进湖南省委直属永州市支部委员会成立，由周秀英任支部主任，金颖春、曾晓阳任支部委员。2009年11月30日，成立民进永州市委筹备委员会，筹委会由周秀英、王旷生、张树明、万萍、莫顺斌、陈丽萍、桂金玉7人组成，周秀英任主任委员，王旷生任副主任委员，时有会员40人。2010年11月30日，中国民主促进会永州市第一次代表大会召开，成立民进永州市委，选举产生民进永州市第一届委员会，由周秀英、桂金玉、张树明、万萍、莫顺斌、陈丽萍、胡建辉7名委员组成，周秀英任主任委员，桂金玉（专职）、张树明任副主任委员，秘书长由桂金玉兼任。2014年10月，增补胡建辉为副主任委员。民进永州市委现有会员65人，共有6个支部，会员主要分布在市直单位和零冷两区的文化、教育、出版界。

■ 中国民主促进会永州市第二次代表大会 2016年6月2日，中国民主促进会永州市第二次代表大会召开，选举产生中国民主促进会永州市第二届委员会，由胡建辉、桂金玉、万萍、陈丽萍、陈彦、邓曙光、莫顺斌、文红艳、刘章胜、何林金、冯小波、毛林艳、唐红星13人组成。胡建辉任主任委员，桂金玉（专职）、万萍、陈丽萍、陈彦任副主任委员，邓曙光任秘书长。

■ 思想建设 2016年年初，民进市委成立“两学一助”学习领导小组，制定学习教育工作方案，召开市委委员参加的学习动员会，组织一系列专题学习。全年组织集中学习5次，重点学习贯彻中共十八大和十八届三中、四中、五中、六中全会精神，学习贯彻习近平系列重要讲话精神，学习《中共中央关于加强社会主义协商民主建设的意见》和市委经济工作会议及市两会精神。会市委中心组学习成员带头撰写学习心得体会和理论文章，每次学习有会议记录、影像资料，并注重有关学习经验的报送和宣传。根据民进湖南省委和中共永州市委统战部文件要求，经会市委研究决定，从2016年6月起，集中一年时间，在全市民进会员中开展“学系列讲话、学优良传统、助力品质活力新永州”（简称“两学一助”）学习教育。7月，分批组织召开动员会。会市委和各支部分别制定“两学一助”学习教育工作方案，成立领导小组，明确目标任务、方法步骤、重点内容和重点对象，组织一系列专题学习。会市委推荐2016年民进中央先进个人唐凯旋作为先进典型，参加全省“我身边的先进”宣讲活动。5月底完成《坚实的足迹——永州民进十七年发展历程纪念册》编撰发行工作，在永州各大媒体宣传报道民进永州市委换届等活动。年内，在民进中央网站等媒体发表专题报道和信息22篇，并形成理论研究成果2篇，其中1篇获2016年度市政协优秀理论文章一等奖。

■ 组织建设 2016年，是民进永州市委换届之年。换届前，在市委委员和市委领导班子成员候选人的确定上，坚持领导班子谈心制度、民主评议和联系基层组织等制度，加强与基层组织会员联系，为选强配齐市委班子打下坚实基础。根据《各民主党派湖南省委关于做好市州级组织换届工作协商会议纪要》和《民进湖南省委关于市级组织换届工作的意见》以及中共永州市委意见，民进永州市委始终将换届工作当作一项重要的政治任务来抓。民进永州市委成立换届工作领导小组，由主委周秀英任组长，副主委桂金玉、张树明、胡建辉任副组长，万萍、陈丽萍、陈彦、莫顺斌、邓曙光为成员。领导小组下设办公室，负责换届的具体工作，桂金玉兼任办公室主任。民进永州市委召开多次筹备工作会议，研究大会的工作报告、议程和会务等，并分工落实到人。从3月初，主委周秀英主持并起草《大会工作报告》，经民进永州市委多次讨论，并报中共永州市委统战部、民进湖南省委审定，形成工作报告。民进永州市第二届委员会委员、主委班子的推荐工作贯彻民主集中制的原则，严格按照《民进永州市委换届工作方案》的要求和程序进行，经过民主推荐、沟通协商、基层酝酿、组织考察和上级审批等组织程序，符合民进湖南省委、中共永州市委的提名要求和提名原则。6月1日—2日，民进永州市第二次代表大会在冷水滩区召开，完成各项议程。经选举大会选举，各位委员均高票当选；在民进永州市委二届一次会议上，5名主委班子成员均满票当选。进一步树立人才强会观念，高标准严要求发展会员，坚持推进“百名优才入会工程”，吸收优秀代表人士入会，全年发展7名会员。安排1名骨干会员参加民进湖南省委组织的培训学习，1名会员参加民进中央组织的培训学习，其他培训51人次。

■ **参政议政** 2016年年初，在2015年度市民主党派调研成果汇报会上，民进永州市委提交调研成果4篇，分别为《强化教育扶贫，筑牢精准扶贫的基础工程》《永州古村落保护和利用的调查与思考》《永州足球发展现状调研与思考》《关于我市中心城区棚户区改造项目实施情况的调研》。其中主委周秀英执笔并现场口头汇报的《强化教育扶贫 筑牢精准扶贫的基础工程》获中共永州市委书记的高度评价，并要求市教育局抓好落实。《永州古村落保护和利用的调查与思考》获市政协调研报告一等奖。市区两会上，会内人大代表、政协委员都在调研的基础上，形成高质量的建议、提案，提交提案11件、建议4件，其中副主委胡建辉在2016年市政协四届五次会议提交的《关于发行借新还旧债券的建议》，受到关注并接受媒体专访。零陵区教育局副局长文红艳代表民进永州市委作《健全机制 加强监督确保校园餐桌安全》的大会口头发言，市委书记陈文浩第一时间作出批示：“食品安全关系重大，请副市长刘尤碧组织市教育局及相关部门，采取有效措施，立章建制，确保校园餐桌安全，确保学生健康安全”。全年获市政协优秀提案4件，获市政协优秀理论文章2篇。年初，民进永州市委召开专题会议研究参政议政年活动，制定《民进永州市委参政议政年工作方案》，要求在完成民进湖南省委交办的调研任务的基础上，全体会员围绕永州市“十三五”规划开局之年的中心任务和市委市政府中心工作，以及全面建成小康社会中的农村精准扶贫等课题，加大调研工作力度，完成重点调研课题4件，分别是《大力发展森林康养产业 力争打造全省行业龙头》《关于文化惠民助力精准扶贫》《加强职业教育助推精准扶贫》《我市古村民居保护与利用的调研》。完善社情民意月报制度和考核制度，将社情民意上报考核与参政议政先进个人、集体推荐挂钩。会市委明确分工，深入基层调研，了解民生，体察民情，反映社情民意，形成社情民意10多篇，做到换届工作和参政议政年活动两不误。下半年，配合民进中央、省委到永州调研4次；9月，先后配合民进省委副主委潘碧灵一行开展“农村环境综合治理专题调研”、民进省委专职副主委马石城一行开展“河道采砂综合整治”专题调研；11月，配合民进中央“扶贫攻坚民主监督调研”。

■ **社会服务** 2016年，民进永州市委副主委万萍先后组织专家深入县区企业开展《中华人民共和国劳动合同法》、养老保险、医疗保险、失业保险、工伤保险、企业劳动争议调解委员会等方面的实例讲座6场，为企业家讲解容易遇到的事情和难题，并现场予以解决，受益企业家500人次。会市委参与冷水滩区上岭桥镇上司亭村（民主党派联合社会服务基地）帮扶建设，走访贫困户并送去爱心款1200元；继续重点抓好具有该会特色的法律援助服务和法律免费培训社会服务品牌创建，推动社会服务品牌建设。组织会员开展法律援助，协助举办公务员法律培训900人次；创办零陵区联办法律援助中心，接待处理4000多人次。

（邓曙光）

农工党永州市委员会

■ **概况** 截至2016年年底，永州市有农工党员122人，设有基层支部委员会7个。党员平均年龄44岁，主要以医药卫生、人口资源和生态环境领域高中级知识分子为主。其中，博士2人，硕士12人；高级职称57人，占46.7%，中级职称60人，占49.2%；医药卫生和环境保护界党员84人，占68.9%；科技教育界党员21人，占17.2%；政府机关党员11人，占9%；其他界别党员6人，占4.9%；有在职副处级以上干部7人，其中正厅级1人，副厅1人，正处实职1人，副处实职4人，正科实职9人；省政府参事1人，省政协委员1人，市政协副主席1人，市人大代表2人（其中常委1人），市政协委员17人（其中常委4人），区人大代表2人，区政协委员11人。市委会由12名委员组成，有主任委员1人，副主任委员4人。市委会机关由专职工作人员3名组成，含专职副主任委员1人，设有办公室（参政议政科）。

■ 思想建设　2016年，农工民主党永州市委制定2016年学习实践活动方案，组织各支部和党员开展学习实践活动。10月，承办农工党中央“走进基层、贴近党员，培育和践行社会主义核心价值观”宣讲活动，市委会全体班子成员、各支部骨干党员60余人听取宣讲，有效推动全党学习贯彻中共十八大和习近平系列重要讲话精神。召开专题会议，学习中共十八届六中全会、习近平“七一”重要讲话、中央统战工作会议精神和《中国共产党统一战线工作条例（试行）解答》等。响应省委统战部“两学一助”学习教育活动的号召，率先召开“两学一助”学习教育动员会。11月12日—13日，市委会组织市委会委员、支部主委到宁远九嶷山开展“两学一助”主题谈心活动。全年形成5篇理论研究成果上报农工党省委、市政协和市委统战部，主委田洁撰写的《充分发挥人民政协作为协商民主重要渠道的思考》获2016年度湖南省人民政协理论研究优秀论文三等奖。利用中央、省、市级媒体发表宣传报道64条次，市委会的稿件被中央级、省级媒体采用8条次和28篇。收到各支部报送的宣传稿件19篇，报送数量较多和质量较高的有冷水滩区二支部、零陵区支部和市直科教支部。市委会出色地完成党刊《前进论坛》的征订工作，被农工党中央授予2016年度“党刊发行工作先进单位”。

■ 组织建设　2016年，农工民主党永州市委把发展新成员作为组织建设的基础性工作来抓，既强调新成员数量的增加，又兼顾成员结构的合理，重点发展医药卫生、计生环保和人口资源领域的代表性人士。全年发展党员11人，平均年龄39岁，其中，研究生4人，大学学历7人；高级职称6人，中级职称4人。在发展党员时统筹后备干部的培养，逐步建立阶梯式培养后备干部队伍机制。做好后备干部推荐，市委会配合省、市统战部门，按照关于做好各级组织领导班子后备干部队伍建设工作的要求，完成后备干部的推荐工作。做好代表、委员推荐考察。协助市委组织部、市委统战部做好农工党市人大代表、政协委员候选人的推荐、资格审核、综合评价，为党员搭建平台。建立科学的党员学习培训机制，推荐党员参加中央社会主义学院、省社会主义学院和市委会举办的各类培训班。9月，市委会响应市委统战部号召，组织市委会委员、支部主委和机关干部18人，通过“网上社院”平台，学习统一战线和多党合作理论。12月，在“两会”之前召开提案工作研讨会，组织党内市级政协委员对如何撰写提案进行学习培训，提高政协委员参政议政、履职尽责的能力和水平。

■ 参政议政　2016年，在省、市、区“两会”上，农工民主党永州市委提交提案、建议21件；省政府参事戴菊芳提交的5篇调研和建议被列为2016年度省政府参事省文史馆员座谈会成果，其中《关于加快推进我省农村地区垃圾治理工作的建议》获副省长戴道晋批示；《关于加强食品安全监管体系建设的调查报告》获副省长向力力批示。主委田洁在省政协会议上提交的《关于大力支持永州打造成湘粤桂交界处区域医疗中心的建议》等提案得到领导和相关部门重视，其中《关于将永州萍岛至衡阳松柏千吨级航道改扩建工程列入水运建设开工项目的建议》获省发改委立项，并动工建设。市委会提交的《加快我市肉牛产业发展的对策建议》被市政协列为大会发言材料；《实施沿江发展战略　促进城市协调发展》被市政协评为优秀提案，由中共永州市委书记陈文浩督办；《关于兴建潇湘楼的建议》的提案得到市住房和城乡规划建设局高度重视，潇湘阁项目建设已经启动，现进入选址阶段。市委会年初组织各支部召开专门会议，安排部署2016年调研工作，各支部围绕中共市委、市政府中心工作，就慢性病防治工作、易地扶贫搬迁、基层医院发展、农村电商发展4个课题开展重点调研，完成4篇精品调研报告，均被列为市级民主党派调研成果。预防保健支部提交的《永州市基层基本公共卫生服务现状调研报告》《永州市慢性病防治工作现状及建议》和市直科教支部提交的《瓶颈与突破：基于“互联网 农村电商”的精准扶贫应用调研》被市委会采纳。因参政议政成果突出，市委会被农工党湖南省委评为2016年度“参政议政先进单位”。市委会报送的《重视我省艾滋病防治工作的建议》等5条社情民意信息获农工党湖南省委采用，其中主委田洁反映的《尽快建立全国血液管理信息系统的建议》被市政协评为优秀社情民意稿件。报送社情民意信息稿件较多的有市直机关支部和预防保健支部。响应市委精准扶贫的号召，参与对江华瑶族自治县小源村的扶贫工作。年内，筹集资金93万元改善该村基础设施，走访贫困对象，帮助分析寻找脱贫致富的路子，邀请村内在外的能人回乡创业，开工建设投资450万元的养猪场，2016年小源村被推荐参加市级小康示范村评选。市委会机关干部参与中心城区市容环境大整治“攻坚月”活动，负责白竹亭社区的环境整治工作，多次帮助他们筹资金、解难题。

■“同心系湘江，共护母亲河”联合专项监督活动 从2014年起，农工民主党永州市委连续3年开展“同心系湘江，共护母亲河”联合专项监督活动，组织专家对流经全市的水质进行检测，对污水未经处理直排湘江的行为向市委、市政府和环保部门反映，为改善湘江流域生态环境、保护湘江水质发挥作用。

■社会服务 2016年，农工民主党永州市委利用党派优势，为道县清塘镇卫生院争取医疗设备价值20万元，并为技术人员提供免费培训。11月12日，市委会组织班子成员在清塘镇卫生院举行帮扶总结座谈会，对五年的帮扶工作进行阶段性总结，清塘镇卫生院还被市委统战部列为市级“同心项目”。农工党与民革、民盟、民进市委会到上司亭村，为困难户送去爱心款项5000余元，并耐心倾听他们的困难，为他们出谋划策。农工党永州市委会向上级部门呼吁，为永州市第三人民医院、永州市中西医结合医院、道县清塘镇卫生院和零陵区徐家井卫生服务中心四家医院争取到价值80万元的毫米波医疗设备。全市各支部发挥特色和优势，开展义诊咨询等活动15次，有100多位党员专家参加活动，惠及6千余人次。其中，零陵区支部、市直科教支部、冷水滩区一支部、冷水滩区二支部均开展社会服务活动3次以上。3月，农工党永州市委会被农工党中央评为全国社会服务工作先进集体，这是市委会连续4年获此称号；12月，农工党中央召开“杏林春雨”暨吴阶平医学基金会小儿脑瘫救助专项基金总结与表彰活动，市委会被授予“慈善组织奖”。

■履职尽责 2016年，省政府参事戴菊芳履行参事职责，获2016年度参政咨询工作一等奖；市妇幼保健院在田洁和周云玲两任院长的共同努力下，成功创建省级“儿童早期发展示范基地”、市级“文明单位”；副主委周云玲任副县长期间，分管科技、食品药品安全、知识产权等方面工作，道县成功申报省知识产权示范县，还被评为全市食品安全工作“先进单位”；副主委唐彧起草的《永州市电梯安全管理办法》获市政府常务会议通过，于7月在全市施行；机关支部党员高陈玺参加省环保厅和红网联合举办“全省首届环保法律知识竞赛”，并获团体一等奖；市委会委员、市卫计委计财科科长金辉牵头为永州市争取卫生项目16个，项目资金2.4亿元，资金总量居全省第一位；中心医院党员顾小红获永州市总工会2016年度“芙蓉百岗明星”称号；市委会委员李智媛被评为湖南广播电视大学系统学习支持服务—教学资源配置先进个人；冷水滩二支部党员、永州市第六中学教师文群英被评为优秀班主任，所带班级的学生严长樟被评为“全国最美中职生”。

（段翔）

市工商联

■服务经济发展 2016年，永州市委统战部、市工商联组成4个工作组，联合开展“访民企、解难题、保增长”活动，对各县区工商联、市直商协会、民营企业进行走访调研，了解企业情况，帮助民营企业解决融资、用地、法律维权、子女入学、非公党建等方面的问题20余件。搭建协调服务平台，召开永州市非公经济发展座谈会。搭建融资服务平台，联系会员企业参加商业银行举办的产品推介会，并邀请银行走访

2016年5月27日，永州市工商业联合会第五次会员代表大会开幕

企业，了解经营状况，消除放贷顾虑。10月，与中国建设银行永州分行举行战略合作签约暨湘商单位结算卡永州首发仪式。搭建信息服务平台，为会员企业提供各类信息1000余条次。先后组织非公企业参加“2016第二期资本与项目对接会·永州站”等活动，成功举办第七届永州乡友清明恳亲会暨“迎老乡、回故乡、建家乡”招商推介会，协助市商务和粮食局举办第二届永州异地商会会长年会。

■ 教育引导 2016年，永州市工商企业界联合会落实中央和省市委部署，在非公经济组织党员和广大非公经济人士中开展“两学一做”“两学一助”学习教育和“守法诚信、坚定信心”理想信念教育实践活动，重点开展习近平3月4日重要讲话精神的学习宣传工作。举办市直非公企业新党员和入党积极分子培训班，组织全市非公企业家参加省工商联举办的非公企业法律风险防范与管理培训班、商协会秘书长培训班和市工商局主办的“互联网+永州传统产业”培训班等。非公经济代表人士叶立生、唐纯玉、尹新利被评为永州市“创新创业明星”。

■ 宣传工作 2016年，《商会简报》《天下永商》杂志和“天下永商”微信3个宣传平台作用不断强化，继续成为展示全市非公企业和非公代表人士的重要窗口。全年出刊《商会简报》24期，《天下永商》杂志6期，“天下永商微信平台”关注人数达2万人以上。建立重点工作、重大活动、重要成果及时报道宣传机制，《永州日报》以《乘风破浪铸华章——永州市工商联五年工作纪实》《引领和促进非公经济发展上台阶上水平》为题推介市工商联工作。

■ 参政议政 2016年，永州市工商企业界联合会开展非公经济代表人士队伍建设、民营制造业企业发展状况、乡村旅游与精准扶贫等调研，撰写调研报告6篇。提交市政协、市人大的相关提案、建议10余件，其中，优秀提案2篇，社情民意信息优稿2篇，优秀大会发言1篇，优秀理论文章2篇，省工商联系统优秀调研成果一、二、三等奖各1篇。

■ 基层组织建设 截至2016年年底，永州市有工商联会员1.34万个，其中，企业会员2504名，团体会员297个，个人会员1.06万人，比2015年年底增加1027个，增幅8.31%。成立永州市新农产业商会和永州市衡阳总商会。吸收市餐饮行业协会、市汽车行业协会、市电子商务协会、市摄影协会、市九嶷商会为市联团体会员。全市现有商会组织224个，基本实现基层商会组织在全市领域主要行业内的全覆盖。多层面、多角度加强对县级工商联工作指导。年初下发《2016年度县区工商联工作考核办法》，加强对县区工商联的目标考核工作。推动全联“五好”县级工商联组织建设，开展县级工商联“一个设立、五个有”回头看调研，全市创建全国“五好”县级工商联组织3个。

■ 社会公益活动 2016年，永州市工商联系统精准扶贫推进会召开，动员全市工商联会员企业、各级行业协会、异地商会投身“万企帮万村”精准扶贫行动。全市有62家民营企业参与产业扶贫，投入建设资金约2.61亿元，扶助106个贫困村，扶贫人口1.98万人，扶持项目121个。

■ 强化非公党建工作 2016年，永州市持续推进基层党组织规范化建设，不断扩大党的组织覆盖面，成立永州市祁东商会党支部。开展基层党支部党员组织关系集中摸排、联系查找工作和“送党旗党章”到企业活动。组织召开全市非公经济党组织“双强六好”表彰活动暨纪念建党95周年大会。开展优秀党组织和党员评比活动，1名党员获评全省优秀党员，4名党员、2名党务工作者、2个基层党组织得到市委表彰。

■ **永州市电子商务协会成立大会暨第一届第一次会员大会** 2016年1月7日，永州市电子商务协会成立大会暨第一届第一次会员大会召开。永州市电子商务协会正式成立。副市长罗双全，市政协副主席张建亮，市政协副主席、市工商联主席吕斌，湖南省电子商务协会会长张新亮及76家会员单位代表参加会议。大会审议通过《永州市电子商务协会章程》《永州市电子商务协会会费收取标准》《永州市电子商务协会财务管理办法》，选举产生协会第一届会长、常务副会长、副会长和秘书长，永州市杰夫电子商务有限公司董事长蒋之恒当选为协会首届会长。罗双全指出，市电子商务协会的成立，为在永州发展的电子商务行业、电商人士及电商商家提供一个资源整合、信息共享、技术互助、加强合作的平台。会上，部分优秀企业作主题为《中国蛇网上线发布仪式》《八实万+互联网移动超市》《互联网+果秀集团现代化农业之路》的交流宣传。

■ **永州市新农产业商会成立** 2016年1月7日下午，永州市新农产业商会第一届第一次会员代表大会暨成立仪式举行，会议选举产生商会首届领导班子。市委副书记张严出席并讲话，市领导唐定、董石桂、蒋善生、罗双全、吕斌等出席。永州市新农产业商会是由在永州市境内从事农业产业开发，农产品种植、加工、贸易、销售以及与新农业相关联的企业或个人自愿参加组成的带有行业性质的非营利性社会组织，具有社团法人资格。大会通过选举产生会长、监事长、执行会长等领导班子。商会的成立，对于将全市农业资源优势尽快转化为产业优势、推进全市新型农业产业化发展具有重要意义。张严指出，商会要发挥组织优势，不断增强商会的桥梁和纽带作用，搭建企业与政府职能部门沟通的平台，做好上情下达、下情上传的沟通工作。发挥服务职能，不断在推进发展中建功立业，引导企业和会员立足“三农”工作，投身美丽乡村建设、精准扶贫、农村电商发展等重点工作。

■ **北京永州企业商会挂牌** 2016年4月16日，北京永州企业商会在北京挂牌。市委书记陈文浩出席挂牌成立大会并发表讲话。他希望北京永州企业商会不辱使命，始终把服务企业摆在第一位，发挥平台的杠杆、纽带作用，整合资源，帮助企业做大做强。市委副书记、市长易佳良，市领导张严、高建华、颜海林、罗双全、吕斌以及北京永州企业商会会长唐金龙出席。成立大会上，陈文浩为商会会长单位颁发牌匾，易佳良为名誉会长颁发证书。北京永州企业商会于2015年12月经北京市民政局批准成立，以“交流、服务、合作、发展”为宗旨，以“服务企业、服务北京永州两地经济发展”为定位。会员企业遍及实业投资、高新技术、网络信息、通信、能源等诸多领域，是北京、永州两地文化经济融合的纽带，是企业家交流合作、抱团取暖、创业发展的开放平台。

（王丽娟）

人 民 团 体

永州市总工会

■ **概况** 2016年，永州市各级工会组织推进开门办会、依法建会、创新兴会，全市工会工作取得新的成绩。工会多项工作继续进入全国、省、市先进行列，工会工作综合考核被省总工会评为优秀单位；经费收入增速位居全省第一方阵；财务工作再次被评为全国先进；年度绩效考核、社会管理综合治理等工作被评为全市先进单位。

■ **“一户培养一产业工人”扶贫举措** 2016年，永州市高度重视“一户培养一产业工人”扶贫举措，成立工作领导小组，出台相关文件，并实行年度绩效考核。3月，省人大常委会副主任刘莲玉到永州调研时对永州“一户培养一产业工人”扶贫举措予以高度认可。工作开展以来，全市为1.2万余名城乡困难职工和农民工建立动态培训数据库；整合人社、扶贫等部门资金1.1亿元，构建起“党政统一领导、工会协调推进、部门紧密配合”的技能培训新格局；对城乡困难家庭实行“政府买单、分级负担，免学费、免生活费、给误工补贴”及“九补两贷三扶持”等零成本技能培训。全年培训城乡困难家庭劳动力6.2万人，推荐就业5.5万人，实现脱贫解困4.2万人。《工人日报》《湖南工人报》《永州日报》等媒体在头版头条专题报道永州的经验做法。12月23

日，全省城乡困难家庭“一户培养一名产业工人”脱贫解困工作经验交流会在新田县成功召开，得到省、市各级领导一致好评。

■“凝聚职工力量·建功和美永州”活动 2016年，永州市开展“凝聚职工力量·建功和美永州”系列活动。在汽车维修、建筑筑砌等15个工种开展选树“永州工匠”暨永州市第六届职工职业技能竞赛活动，通过层层比、岗岗练、人人赛，涌现出一大批岗位能手和技术标兵。结合“欢乐潇湘·和美永州”大型群众文艺汇演，8月举办“讲好劳动故事·传承工匠精神”职工专场颁奖晚会，表彰各行技术能手100人。围绕工业企业、服务行业、重点工程和女职工芙蓉杯开展“四位一体”劳动竞赛。全市有2000多家企业、40多个重点工程项目、10万多名职工参加各个层次的劳动竞赛，唱响“劳动美”、掀起“技能热”，受到企业和职工普遍欢迎。开展“五个一”系列活动，即召开一次市委、市政府等主要领导出席的庆“五一”劳模代表座谈会；成立一支劳模宣讲团队伍，深入基层举办劳模讲坛42场次；开展一次以“工人阶级宣传月”为载体的集中宣传报道活动；举办一次医疗劳模专家到困难企业开展巡回义诊；组织一次劳模帮扶、慰问活动，帮扶、慰问三级劳模450余人，发放帮扶、慰问金近300万元。

■ 创建模范“职工之家”活动 2016年，永州市总工会把创建模范“职工之家”作为促进各项工作全面发展的“一号”抓手，全面落实《永州市模范职工之家建设管理办法》，强力推进“五型”模范职工之家争创活动。全市机关、企事业单位、非公企业建家率分别达100%、90%和85%；全年新建省级模范职工之家（小家）8个，市、县两级模范职工之家（小家）60个、“六好乡镇”25个。市工人文化宫建设被纳入全市“一宫两馆六中心”总体规划，在滨江新城规划用地4公顷。同时，将建家与建会工作有机统一，狠抓以乡镇（街道）、开发区（工业园区）、大型在建项目等为重点领域，以农民工、劳务派遣工等为重点对象的建会、入会工作。全年新建工会组织603家，发展会员2.9万余人，其中农民工入会1.8万余人。企业组建工会率及职工入会率分别达90.8%和96.5%，乡镇（街道）工会和园区工会建会率100%。

■“春送岗位、夏送清凉、金秋助学、冬送温暖”活动 2016年，永州市总工会持续推进“春送岗位、夏送清凉、金秋助学、冬送温暖”活动。为300名下岗职工（农民工）提供创业就业资金帮扶；对1万余名高温、露天作业人员进行“送清凉”慰问，推动一线高温防暑降温措施落实；资助2230名困难职工（农民工）子女就学；筹资800余万元走访慰问困难企业132家（次），帮扶困难职工（农民工）8600余人次。同时，组织10.1万名职工参加医疗互助项目，3.6万名女职工参加特殊疾病保障项目，核发补助5993人次、600余万元。“双联”结对帮扶企业320家、困难职工6300人次，帮助企业解决基本困难370个。新建心理咨询室示范点20个，创建市级女职工母婴关爱室示范点8个。

■ 工会维权 2016年，永州市总工会开展法律援助、劳动争议调解仲裁和信访接待等工作，全年接答“12351”维权热线55个，接待职工群众来信来访43件231人（次），为106名困难职工提供法律和政策咨询。同时，因企制宜加强职代会制度建设，全市100%的企事业单位建立职代会制度，88%的企业建立工资集体协商制度。

■ 工会文体活动 2016年，永州市总工会先后举办全市工间操比赛、“创交模”职工智跑比赛等多项文体活动，组织的全市女职工“写家书·传亲情”活动，推荐作品获全省一等奖1人，三等奖3人。全市各级工会普遍开展广场舞、气排球等各种文体活动150余场。

■ 全省困难家庭脱贫解困经验交流会在新田召开 2016年12月23日，全省城乡困难职工家庭“一户培养一名产业工人”脱贫解困经验交流会在新田县召开。省委常委、省委宣传部部长、副省长蔡振红出席会议并讲话。省人大常委会副主任、省总工会主席刘莲玉主持。市委书记李晖致辞。蔡振红指出，要更加注重产业工人素质培养，更加注重“培养工程”的延伸拓展，强化资源整合、强化政策激励，坚持按需定培，注重创新方式，精准施策。各级各部门要加强协作配合，建立健全领导协调机制，及时研究和解决工作推进中的重大问题，把党政力量、群团力量、社会力量凝聚起来，形成全社会协同参与的工作合力。要加强特困特帮，围绕脱贫攻坚大局，关注城乡困难职工群众，利用资源，优化服务，发挥好党联系职工群众的桥梁纽带作用。要加强工会帮扶工作和社会救助政策的有效衔接，因地制宜、因人施策，分类做好城乡困难职工群体的解困脱困工作。李晖指出，永州市高度重视精准扶贫工作，把精准扶贫纳入全市全面小康建设的总体部署，坚持“全面”“系统”的扶贫发展观，以“大扶贫”的理念统筹精准扶贫工作，呈现出整体推进的良好态势，通过把技能培训和实现稳定就业作为培养内生动力，达到精准扶贫的出发点和落脚点，实现“培养一人、就业一人、脱困一家、带动一方”的目标。自2015年起，全市推行城乡困难家庭“一户培养一产业工人”脱贫解困工程，各级党委政府将其作为推进就业优先战略的工作重点。全市培训城乡困难家庭劳动力6.2万人，推荐就业5.5万人，实现脱贫解困4.2万人。会上，永州市总工会，新田县，新田东升富硒公司，常德市总工会，湘潭县总工会5个单位作经验介绍。会议期间，与会者现场观摩新田县政务服务中心、职业中专、华泰家私产业园、中山社区、东升农场等，了解新田县“一户培养一名产业工人”的实施情况。

（冯宇）

共青团永州市委

■ 概况 2016年，永州市各级团组织以保持和增强团的“三性”（政治性、先进性、群众性）、克服“四化”（机关化、行政化、贵族化、娱乐化）为目标，围绕“四维”（凝聚青年、服务大局、当好桥梁、团要管团）工作格局，改革创新，团的各项工作取得新发展。获2016年度湖南共青团工作红旗单位、永州市绩效评估优秀单位、2016年度机关党建工作目标管理先进单位、永州市安全生产先进单位、永州市社会管理综合治理先进单位、永州市开放型经济优质服务单位、平安单位、2011年—2015年全市普法依法治理先进单位、湖南省首届青年互联网文化创意项目大赛优秀组织单位奖、第七届湖南省少儿才艺大赛最佳组织奖等荣誉。

■ 思想政治引领 2016年，共青团永州市委开展“红领巾相约中国梦”“奋斗的青春最美丽”等主题活动，通过报告会、分享会、主题团日活动、征文、演讲赛等形式，教育青少年坚定理想信念，累计覆盖198所学校，参与青少年15.9万人次。以社会主义核心价值观教育为抓手，深入农村、社区、企业、学校开展宣讲，全市举办报告会80余场次，覆盖青年6万余人。全市大中学校开展“迈入青春门，走好成人路”主题教育、“学雷锋”志愿服务以及各类主题实践、公益活动等，累计覆盖167所学校，参与人数8.6万余人。引领青少年在助力创文明城市、创交通管理模范城市中践行社会主义核心价值观。6月，联合市文明办等单位开展“全民共创文明城市，建设品质活力永州”——永州市2016年创建文明城市青年微型马拉松环城宣传活动，1800余名长跑爱好者参与活动。全年为市创建文明城市、创建交通管理模范城市招募、培训1.03万名青年志愿者，累计服务时间逾1.46万小时，服务市民5万人次。加强新媒体队伍建设，凝聚青年网络大V，共同筹建“永州市新媒体协会”，加大团属新媒体建设力度。1月，“永州市共青团”勇夺湖南省地市级团组织微博影响力排行榜第一名。6月，“青年之声”排名全省第二名。微信公众号多次夺得全省单周排行榜第一名。加强网络文化产品创作推广，主导推出微电影1部、各类创新创业典型宣传微视频79部，其中与永州监狱合作拍摄的关注“事实孤儿”微电影《暖阳》首映式当天就有超过2万人次的观看量。

■ 服务青少年成长成才 2016年，永州市组织开展希望工程“一元捐”，筹资51.64万元。援建设希望小学7所，援建希望亲情屋5个，援建金额累计1000万元。8月—9月，开展“精准扶贫 爱心助学”系列活动，组织爱心助学边界行、学子见面会、“李雨助学基金”等10个助学项目，发放助学金298万元，资助贫困学生1434名。联合市综治办等15家单位开展“永州市杰出（优秀）青年卫士”的评选活动，有16.69万人参与网络投票，活动评选出“杰出青年卫士”10名和“优秀青年卫士”30名。与湖南省永州监狱筹办的“情暖高墙、关爱孩子”志愿服务项目夺得“中国青年志愿服务项目大赛”金奖、“湖南省首届青年志愿服务项目大赛”金奖。1月，在“青年志愿者助残行动”中，全市有助残志愿者团队42个，挂牌助残阵地15个，结对残疾青年665人，活动总时长1148小时。

救助流浪乞讨青少年1362人次，开展关爱特殊青少年活动26场次，关爱人数6782人次。设立“青年之声”线下综合平台，开展团市委“机关开放日”活动，为青年提供12355法律咨询和心理健康咨询，维护青年合法权益。联合相关部门开展“永州市青少年法治教育进校园”巡回宣讲活动，走进32所中小学，全年开展青少年心理健康、网络素养、禁毒、防艾等知识的宣传教育活动50余场次，组织各种形式的法治宣讲报告团20余个，发放宣传资料8万余份。全面加强“青年之家”阵地建设。冷水滩区凤凰社区“青年之家”综合服务平台被团中央认定为首批全国示范性“青年之家”综合服务平台，全市申报12家省级示范性“青年之家”综合服务平台；同时，严格根据创建管理办法，对县区申报的69家市级示范性“青年之家”综合服务平台进行考察验收和认定。

■ 创新创业创优 2016年，永州市以创新创业为主题举办五四纪念活动，举办创业典型宣讲，市委副书记张严出席并勉励青年成为创新驱动发展的生力军。5月10日，组织广大青年参与2016年“就业去哪儿”湖南省大型公益活动，配合市人社局开展永州站启动仪式暨专题报告会，为大学生提供就业岗位1200余个，进场求职学生1300余人，初步达成就业意向学生300余人。5月30日，在2016年“湖南省大学生创业大赛”上，问鼎湖南省大学生创业大赛“挑战杯”，永州代表队斩获特等奖2个、一等奖1个、二等奖3个、三等奖4个。创新青年文明号、青年岗位能手创建活动形式，200余万人次参与网络投票评选，最终评选出“青年文明号”集体41家和“青年岗位能手”58名。开展“青年安全生产示范岗”创建活动，19家生产企业申报创建，1.1万余名青年参与活动，发挥“青字号”优势，激励岗位建功。挖掘本土优秀青年创业项目，由市青年创业基金进行资金扶持。与市商务和粮食局、市人社局、市工商行政管理局联合主办由邮储银行永州分行冠名的“邮储银行杯”永州市首届青年电商创业大赛，设立奖金40万元，为优秀创业项目争取到直接“拎包入驻”永州市电子商务创业园，享受孵化期和拓展期免收办公场地租金等相关优惠政策。推介优秀创新创业青年。开展“2016年永州市十大青年创业典型”评选、“2016年永州市优秀农村青年创业致富带头人”评选，评出唐博等10名永州市青年创新创业典型、刘张成等10名永州市青年创新创业先进个人、郭德志等20名永州市优秀青年创业致富带头人。

（周永红　唐梅宝）

永州市妇女联合会

■ 概况 2016年，永州市妇女联合会（简称市妇联）发挥党联系妇女群众的桥梁纽带作用，全面推进全市妇女儿童事业发展，完成各项工作任务。市妇联获全省“六五”普法依法治理先进集体、全省妇联系统宣传工作先进单位、市绩效评估优秀单位、市禁毒工作先进单位、市综治工作先进单位、市信访工作先进单位、市直机关党建工作目标管理先进单位、市直机关先进党支部等称号。

■ 城乡妇女发展情况 2016年，永州市妇联开展“春风行动”，全市妇联系统组织或参与的专场招聘会45场，提供岗位2.7万余个；举办女性育婴师培训、月嫂培训、电子商务培训、SYB（Stat Your Business，意为创办你的企业）培训等各类培训班26期，培训1800余人；继续做好妇女小额担保贷款工作，全市发放小额担保贷款3.85亿元，其中妇女获贷2.36亿元，占总金额的61.3%，扶持3183名妇女自主创业，带动

2016年5月31日，市委副书记张严，市人大常委会原主任，市关工委副主任谢朝月，市人大常委会副主任杨海河，市政协原副主席、市关工委副主任盘玉花等领导与市委市政府机关幼儿园小朋友共庆“六一”

7292名妇女就业。实施农村适龄妇女“两癌”免费检查项目，该项目列入全市2016年重点民生实事项目，联合市卫计委在全省率先下发通知，8.06万人进行“两癌”免费检查，提前超额完成目标任务。举办“呵护健康，关爱女性”两癌免费检查进工厂、进社区活动，发放宣传手册1200余份，为354名女职工进行义诊。组织开展妇女安康保险竞赛活动，使4万余名妇女得到保障，60人获得救助。开展“巾帼脱贫行动”，为扶贫结对村东安县水岭乡吊牛坪村争取各类资金近400万元。带领爱心企业深入蓝山县楠市镇开展精准扶贫“三下乡”活动，举办讲座，赠送化肥3.5吨。全市各级妇联通过发展手工、家政、电商等具有妇女优势的脱贫产业以及扶持巾帼脱贫基地，带动8136名贫困妇女就业增收。

■ 维护妇女儿童合法权益 2016年，永州市妇联牵头组织编制《2016—2020永州市妇女儿童发展规划》，从政策上保护妇女儿童的合法权益。开展“建设法治永州·巾帼在行动”一系列普法宣传活动，举办“三八”妇女维权周暨反家暴法宣传活动，持续开展“家庭律师社区行”活动。全市各级妇联组织举办42场普法讲座，开展面对面法律咨询26场，参加妇女约为3.2万人，发放普法宣传资料14.3万份。特邀禁毒妈妈盘晓红走进市强制戒毒所讲授以“感恩生命”为主题的美心课，使200余名学员流下悔恨的热泪。全市各级妇联受理群众来信来访来电817件，其中市级接待80件。全市半数以上县区建立婚姻家庭纠纷人民调解委员会，其中祁阳县婚姻家庭纠纷人民调解委员会工作深受省综治办、省妇联领导肯定，成为2016年湖南省婚姻家庭纠纷多元化解机制建设试点县区。在市电视台开辟专栏，以案释法，做好《中华人民共和国反家庭暴力法》的宣传。携手葆蒂兰（投资）管理有限公司爱心团队在冷水滩区开展“关爱儿童，关注未来”公益捐赠活动，为贫困留守学生发放书包、文具、乒乓球、跳绳等爱心物资。“六一”儿童节期间组织慰问冷水滩区马坪学校留守儿童，赠送慰问金和节日礼物。

■ 推进文明创建活动 2016年，永州市举办庆“三八”表彰会、“好婆媳好邻里”评选表彰活动等各种活动15场，对800余个先进集体和个人进行表彰。市妇联联合市公安局举办第一届永州公安女警大会暨全市公安机关“十大巾帼卫士”和“优秀女警”表彰大会；联合市工商业女企业家商会、市女企业家协会举办“永州市十佳女企业家”“十大女创业明星”评选活动。开展“最美家庭”“最美湘女”“最美创业”寻找活动，评选县级以上“最美”典型400余个。召开永州市“最美家庭讲好家训传好家风”事迹宣讲会暨“最美创业”表彰会。加强家庭教育指导服务，在全市开展现代家庭教育公益讲座“五进”活动，组织家庭教育公益讲座41场次。联合市潇湘家庭教育指导中心在零陵区召开家庭教育研讨会。在永州市第三中学举办大手牵小手——家庭教育暨食品安全宣传周活动。举办“文明小天使·放飞中国梦”——永州市2016年庆“六一”幼儿文艺比赛，举办永州市2016年市直机关全民健身“交通运输杯”女子气排球比赛和“冬季寻缘·爱在永州”市直机关事业单位单身男女联谊活动。在《永州日报》向全市广大妇女发出“做美丽女性，建文明城市”的倡议，印发创文明城市、创交通管理模范城市倡议书1万多份，发放环保宣传袋1000多个。与市爱卫办联合开展“除四害进社区”活动，发放宣传资料10万份，赠送灭鼠灭蟑药物10吨。全市实有在册巾帼志愿者6200余人，举办巾帼志愿服务培训班11次，培训765人次，开展各类志愿活动578次。

■ 基层基础建设 2016年，永州市妇联继续开展创建省、市、县“示范妇女之家”工作，按要求完成全年基层妇联改革工作任务，制定《永州市妇女代表联系制度》和《永州市妇女联合会执行委会员委员工作制度》。进一步拓展工作领域，在“两新”组织中建立妇女组织69个。蓝山、新田两县均在妇女务工人员集中地带广州市花都区建立流动妇联。蓝山县妇联还指导女工较多的一家台资企业建立“妇女之家”。同时，注重培育、指导与妇女儿童相关的社会组织，参与入驻市社会组织孵化基地的评审工作。特邀知名礼仪师、复旦大学华商研究中心特聘研究员胡杨教授到永州，为市妇联、市国税局的300多名干部职工讲授政务礼仪知识；组织机关全体干部及部分县区妇联干部，到陶铸纪念馆进行现场教学参观，特邀市委党校副教授讲授党课；组织全市86名优秀女干部赴北京大学参加永州市女干部综合能力与素养提升培训班。继续开展“下基层、访妇情、办实事”活动，建立联系点13处，干部深入基层40余次，向省妇联推荐优秀调研报告14篇。注重发挥市妇联第四届执委联系妇女群众作用，搜集执委合理化建议或调研报告41件。

（唐茂萍）

永州市科学技术协会

■ 概况 永州市科学技术协会（简称市科协）有科普工作部、学会工作部、办公室和下属市财政全额拨款事业单位——科技咨询服务中心。市科协行政编制9名，机关工勤编制1名，全额事业编制5名，2016年有财政全额拨款在职人员17人。其中处级干部6人，科级干部6人，工人5人。

2016年，市科协按照省科协的整体工作安排，围绕市委、市政府决策部署，履行“四个服务一加强”（坚持为经济社会发展服务，为提高全民科学素质服务，为科技工作者服务；加强学术交流，鼓励创新思维，培养创新人才）职责定位，以科普工作为主要职能，以广大科技工作者为主力军，以各类活动平台为主战场，开创科协工作新局面。

■ 服务全市经济社会发展 2016年，永州市科协开展“学党章党规、学系列讲话，做合格党员”学习教育活动，全面提升自身能力建设。落实市委、市政府关于创建文明城市的决策部署，及时召开市科协创建工作动员大会，成立以党组书记、主席翟方奇为组长的创建文明城市领导小组，向全市广大科技工作者公开发出《争创文明城市　共建美好家园》倡议书，号召全市每一位科技工作者投身文明创建。依托市科协所属学会的技术、人才优势进行科技扶贫，组织市畜牧、水产等学会的优秀种养专家教授团队对扶贫村养鹅项目进行可行性论证，并编制可行性报告。

■“全国科普日”系列主题活动 2016年，永州市全国科普日系列活动包括科普大游园、创新创业孵化培训系列活动、科普示范县系列活动、中国流动科技馆永州巡展启动仪式、“一县一品”特色科普活动五大主题。9月18日，2016年全国科普日永州市主场活动“科普大游园”在永州森林植物园启动。市领导石艳萍、刘尤碧、封金祥参加活动。活动现场设置林木花卉知识长廊，展示各种林木花卉，并配置图片和解说，向公众进行林业知识宣讲和科学普及。

■“科普进校园　双创在高校”系列活动 2016年，永州市科协围绕创新创业发展战略，在校园中以竞赛、展览、讲座、培训、项目支持为载体开展内容丰富、形式多样的“双创”活动，壮大科普志愿者队伍，开展“我自豪，我是科普达人”活动，全市科普志愿者队伍达5万余人，“科普湖南”受众人数和增幅比例位居全省第一位。3月5日，在永州职业技术学院启动2016年永州市“新春新学年科普进校园”学雷锋志愿服务活动。市委常委、市委宣传部部长石艳萍出席并宣布活动启动，副市长刘尤碧主持仪式，永州职业技术学院院长翟惠根出席。启动仪式上，翟惠根、科普志愿者代表王秀秀、青少年科普教育工作者代表易国里发言。启动仪式结束后，与会领导和师生们观看科普知识画廊，学生们进行科普志愿者登记注册和扫“科普湖南”二维码抽奖等活动。

■ 全国“科技三会”精神宣讲 2016年6月21日，永州市在湖南科技学院召开传达贯彻“全国科技创新大会、两院院士大会、中国科协第九次全国代表大会”（简称“全国科技三会”）精神宣讲报告会。省交通规划勘察设计院总工程师、省科协常委彭立受邀出席并作专题宣讲报告。彭立围绕“全国科技三会”的基本情况、会议精神等重点内容作专题宣讲报告。同时，围绕国家“创新创业”发展战略，结合自身的实际经验，向高校学子介绍如何创新创业，收到很好的反响。永州市县区各科协、农技协负责人，企业科协、高校科协、中学科协代表，科普带头人等200余人参加报告会。

■ 开展科普主题活动 2016年，永州市科协组织开展“科技下乡”“科技活动周”“体彩·科普杯”山地自行车越野挑战赛等一系列的科普宣传活动。通过开展科技咨询，进行义诊，发放科普资料，提供科技服务等方式取得很好的科普宣传效果，提升全民的科学素质。全年免费发放价值30余万多元的新饲料、药品等，各类科普惠农资料18.8万余份，开展科技讲座60余次，受益群众42万余人次。

■ 服务科技工作者 2016年，永州市组织本土科技专家参加科普进校园、科技活动周、科技下乡、全国科普日等群众性科普活动，为科技工作者搭建施展才华的平台。推荐永州市气象学会、道县科学技术协会为全国科协系统先进集体候选单位，永州市粮食经济科技学会常务副会长兼秘书长吴国侠、永州市金洞管理区科协主席刘金林为全国科协系统先进工作者候选人。

■ **青少年科技创新** 2016年，永州市科协与市教育局联合出台《关于进一步加强中小学科技创新教育工作的通知》，完善青少年科技创新教育工作体系，建设、规范青少年科技创新大赛、机器人竞赛、青少年高校科学营、科学影像节等科教竞赛、活动平台，强化科教竞赛、活动平台的权威性和社会公信力，进一步扩大科技创新进校园的覆盖面，建立健全激励考核机制，逐步形成中小学科技创新教育工作的长效机制。联合市教育局、市科技局、共青团永州市委组织全市各县区中小学生参与青少年科技创新大赛，开展市级、县区级青少年科技创新大赛和机器人竞赛，全市近2万余名青少年参与其中。3月9日，举办市第二十一届青少年科技创新大赛中，评出学生组创新作品一等奖26件，二等奖31件，三等奖50件；科技实践活动一等奖11件，二等奖11件，三等奖17件；科幻绘画作品一等奖50件，二等奖58件，三等奖78件；教师组作品一等奖10件，二等奖6件，三等奖9件；优秀科技教师9名，优秀组织单位9个。4月22日—24日，组织代表队参加在邵东县第一中学举行的第三十七届湖南省青少年科技创新大赛，获省赛一等奖3项、二等奖16项、三等奖24项，7个项目被省赛组委会推荐全国参赛。5月22日—24日，组织参加在株洲市第一中学举行的第九届湖南省青少年机器人竞赛，获得银牌3个、铜牌3个。7月，组织选拔品学兼优、热爱科学、综合素质较高并在各类科技创新活动中取得较好成绩的30名高一、高二学生参加在国防科技大学、中国地质大学、成都电子科技大学举办的青少年高校科学营活动。派出的带队教师冷水滩区舜德小学陈章书、永州综合职业中专邓超玉、永州第一中学唐凯被评为省优秀带队教师，永州市第三中学生伍晴撰写的《青春路上，携梦前行》一文入选中国科学技术协会2016年《营员眼中的科学营》优秀文集。

（张国梁）

永州市归侨侨眷联合会

■ **概况** 永州市归侨侨眷联合会（简称市侨联）是中共永州市委领导下的由归侨、侨眷组成的群众团体，是党和政府联系广大归侨、侨眷和海外侨胞的桥梁和纽带，1984年成立。其主要任务是：宣传、贯彻党和政府的方针、政策，团结和动员归侨、侨眷参加全市改革开放和社会主义现代化建设；依法维护归侨、侨眷的合法权益，为广大归侨、侨眷和海外侨胞提供法律咨询服务；围绕经济建设，开展凝聚侨心、发挥侨力，引进资金、技术、设备和人才的工作，协助和联系海外侨胞到永州投资兴办实业及各种公益事业，并为侨属企业、侨资企业提供服务；制订全市侨联工作计划和发展规划；参政议政；密切与海外侨胞社团的联系，了解归侨、侨眷和海外侨胞的意见和要求，为党和政府制定侨务政策提出意见和建议；开展侨务工作，指导全市侨联组织的业务工作。内设综合办公室和海外联络科，有在编在岗4人。

2016年，市侨联坚持“以人为本，为侨服务”宗旨，围绕品质活力永州建设，在服务创新驱动、促进开放提升等方面，最大限度地发挥侨界的资源和优势，彰显独特引领作用。获全省侨联系统绩效评估“优秀单位”。

■ **维护侨益** 2016年，永州市侨联与市委政法委建立“涉侨案件联席会议制度”，凡是涉侨事件，“有诉必理，持续跟踪，件件有回音，事事有着落”，全年接待来访270多人次，处理来信20多件，受理重要信访事项3起。3月22日，市侨联与湖南人和人（永州）律师事务所合作，设立“永州市归侨侨眷维权法律服务中心”并举行授牌仪式，聘任所长张容为新的维权中心主任。年内，受理归侨、侨眷和侨资企业的法律咨询102次，代理诉讼、调解涉侨各类纠纷案件8起，并对侨资企业开展法律宣传、培训等。

■ **服务经济发展** 2016年，永州市侨联支持推动7家企业落户“湖南省华侨同心产业园（蓝山）”，园区内外投资22.7亿多元，其中，一期标准厂房建设投资7560万元，园区内道路及配套设施建设投资3257万元。10月9日，市委常委、市委统战部部长石艳萍在市侨联主席唐建春等陪同下到产业园考察。香港铜锣湾集团董事、副总裁李济华，湖南区域总裁叶惊涛等相继带团到道县、蓝山、冷水滩、祁阳、零陵等县区进行多次考察。1月19日，经市侨联批复成立“永州市闽侨总商会”。举办“侨资企业如何参与供给侧改革”培训班，由市侨联唐建春授课。在全市范围内开展侨资企业调研，了解企业经营发展状况，为他们出谋划策，形成调研报告，向有关部门反映情况。

■ 与澳门联谊活动 2016年，永州市侨联推动永州与澳门两地架设公益文化交流平台，邀请澳门汇才慈善会和澳门家协会2次到永州。澳门汇才慈善会连续10年到江永县助学，累计捐款1000万元，资助贫困学生3000余人。8月20日，“澳湘心连心·砚海现真情—永州书法展”，在澳门卢廉若公园春草堂开幕。在澳门书法展期间，市侨联在市政协副主席魏湘江率领下拜会中央人民政府驻澳门特区联络办、澳门归侨总会，参观考察澳门家协会。

■ 组织建设 2016年，市侨联新增行政编制1名，副科级职位1个；宁远县侨联配置5名专职人员；新田县增设专职副主席职数1个；蓝山县委常委会议同意补配副主席2人，秘书长和纪检员各1人；双牌县委常委会同意为县侨联新增3个事业编制；道县县委常委会明确按照“三定”方案配齐侨联领导班子职数。截至2016年12月月底，全市11个县区都成立侨联机构，实现侨联基层组织全覆盖。

■ 公益帮扶 2016年4月22日，由永州市侨联主办，零陵区侨联、翊翔侨心小学承办的长沙碧桂园老年艺术团与翊翔侨心小学共建爱心“侨”——“传递爱心·追梦翊翔”活动在翊翔侨心小学举行。活动结束后举行捐助仪式，由马来西亚归侨李体坚每年捐助该校10名女生。5月，蓝山县侨联组织侨资企业安贞医院赴土市镇锡楼村为83名侨属及村民开展义诊。6月起，市侨联在全市侨联系统启动“千侨帮千户”活动，通过产业扶贫、劳务协作、教育助学、兜底保障等措施，帮助困难归侨、侨眷脱贫致富。市侨联主席唐建春一行走访慰问归侨侨眷50余户，160余人，发放慰问金7万余元。6月，零陵侨资企业家蒋阳秋到零陵区天宇地完全小学，为8位贫困学子每人送去书包、文具和400元助学金，共庆六一儿童节。10月，在市侨联和新田县侨联的联系下，马来西亚华人王国丰为新田110名贫困学生发放助学金6.6万元。11月，美国旧金山湾区湖南同乡会会长黄厚斌，该会顾问、美国企业家于海燕女士为新田县第一中学7位品学兼优的贫困学子送去助学金每人每年2500元。11月29日起，历时半个月，唐建春一行深入零陵区、江永县、江华瑶族自治县、宁远县，对翊翔、秀文等7所侨心学校进行调研，了解乡镇撤并后侨联援建的学校体制变化和校舍现状，形成调研报告，为中华全国归国华侨联合会下一步助学提供基础信息。

澳湘心连心·艺海砚真情——永州书法作品澳门展开幕

■ 参政议政 2016年11月，永州市侨联抓住人大、政协换届的契机，直接推选指标5名，推荐柏继平、陈宗华等5人为市直侨界市政协委员、常委。该届有侨界市人大常委1人，市政协常委1人、委员9人；全市88名归侨、侨眷被推选为县以上人大代表和政协委员。侨界委员提出《尽早开工三项建设 提高中心城区品质》《提高出生人口素质要出新招》《加强农村生态环境治理 推进美丽幸福乡村建设》《依法禁毒 我们还有一公里没有走》等提案30多篇份。市侨联主席唐建春参加省政协“和美潇湘 同心圆梦”主题摄影赛，作品获“二级收藏”奖。

■ **海外人才智力援乡工程** 2016年6月23日，美籍地理学家唐政洪在永州会堂为市委中心组第二次集中学习作《永州城镇化面临的机遇与挑战》专题讲座，市直处级和部分科级干部1000多人参加，市委书记陈文浩给予高度好评。美国国防部生物医学首席科学家、博士冯小荣担任湖南科技学院海外名师，在其领衔支持下，化工和生物学院2016年获国家科学基金资助科研项目3个，多肽研究取得进展。11月，冯小荣再次到湖南科技学院，与青年教师交流科研经验，给学生作学术讲座。华人科学家、教授黄厚斌先后到湖南科技学院、永州市第一中学、祁阳县第一中学、新田县第一中学作精彩励志演讲。11月16日，黄厚斌再次到永州，并携同美国企业家于海燕一行走进宁远县第一中学与1000多名学生分享求学、创业的成功经验。持续推进"海外人才智力援乡工程"品牌建设，邀请海外学者到永州开展专题讲座10余场，与对口部门结"师徒对子"。市侨联"海外人才智力援乡工程"获湖南省委统战部全省统战工作实践创新成果奖。

■ **"绿色湘江·保护母亲河"第二届永州鱼人节** 2016年4月1日，由永州市侨联主办的大型公益活动"绿色湘江·保护母亲河"第二届永州鱼人节举行。活动汇聚中南口腔医院等28家企业和行业协会，投放鱼苗20万尾，自发参加的群众2000余人。永州市委副书记张严、市人大常委会副主任李俊湘、市人民政府副市长罗双全出席开幕式。罗双全致辞，张严宣布活动开幕。新华网、光明网、凤凰网等境内外60多家媒体对活动进行报道。

■ **"澳湘心连心·艺海砚真情——永州书法作品澳门展"** 2016年8月1日，"澳湘心连心·艺海砚真情—永州书法作品澳门展"新闻发布会在永州召开。8月20日，由永州市侨联、澳门弱智人士家长协进会（简称家协会）联合主办的"澳湘心连心·砚海现真情—永州书法展"在澳门卢廉若公园春草堂开幕。展出由永州书法人士张国权历时两年创作的，表现永州历史文化的书法作品100余件，分为"精彩澳门""美丽永州""名篇佳作""砚海余香"，展期10天，拍卖所得全部捐赠给澳门家协会，用于慈善事业。全国人大代表、中国侨联副主席、澳门归侨总会会长、澳门著名企业家刘艺良，澳门基金会区荣智，中央政府驻澳联络办赵维平，澳门教育暨青年局周佩玲，澳门立法会议员陈美仪以及澳门社会各界人士参加开幕式。澳门7家媒体进行报道；湖南卫视作新闻报道。

（邓辉军）

法　　治

政法委及综治

■ **概况** 2016年，永州市政法工作取得"三个第一、四个零指标、一大品牌、一个持续提高"的新成效。"三个第一"，即涉法涉诉信访改革工作考核排名全省第一位，政法队伍建设满意度测评排名全省第一位，政法各部门执法状况考评排位进入全省第一方阵；"四个零指标"，即全市没有发生重大公共安全事件，没有发生重大群体性事件，没有发生严重进京非正常上访事件，没有发生暴力恐怖事件；"一大品牌"，即培育和形成网格化服务管理品牌，分别在中央综治委视频调研会、全省社会治理创新工作会议上作典型发言，永州市首次被评为全国创新社会治理优秀城市；"一个持续提高"，即群众的安全感满意度持续提高，2016年全省综治民调测评综合得分87.85分，比省平均分高2.03分，较2015年提高1.69分。永州市综治考评继续保持全省前三位，再次被评为全省社会治安综合治理工作先进市。

■ **维护社会大局稳定** 2016年，永州市加强和规范社会稳定风险评估，确保全市合村并乡工作平稳有序开展。健全完善"四级情报信息网"，组织大规模不稳定隐患排查6次，排查出较突出矛盾纠纷743起，完善应急处置机制，稳妥处置冷水滩城市综合体、江华库区移民非法游行、新田群体性堵塞省道等系列突发事件，完成全国和省、市"两会""G20峰会""中共十八届六中全会"等重大活动和节假日的安保维稳任务。加强社会治安防控体系"五张网"建设，完成省定700个高清视频探头建设任务，全市重点公共区域视频监控探头覆盖率90%。在全省率先建成第一家市级寄递安检服务中心、第一家市级打击治理电信网络新型违法犯罪中心，寄递安全管控工作得到国家邮政局副局长刘长军和省委常委、省委政法委书记、省公安厅厅长黄关春的充分肯定。深入开展平安创建活动，市内90%以上的单位和社区、村实现"零发案”。双牌、江华、宁远、新田保持全省平安县市区称号。江永县被评为全省平安校园创建先进县市区。推进护路护线专项工作，永州市被评为全省平安铁路示范市州。开展“两清理一排查”和积案化解“千案攻坚”等专项行动，网上信访、积案化解工作被国家信访局推介，“双牌‘二次调解’成就司法调解新路子”被评为“湖南省最具影响力法治事件”。全市共立各类刑事案件1.52万起，侦破7687起，现行命案全破，另破命案积案5起，刑事发案同比下降24.66%；起诉5236件；法院审结5847件；立案侦查各类职务犯罪案件109件150人。国家安全业务工作连续5年被评为全省先进。邪教组织的专项整治工作连续16年保持“三个零指标”，永州市被评为2016年全省防范处理邪教工作先进市州。

■ 社会治理“永州模式” 2016年，永州市统筹推进城乡网格化建设，深化社会治理机制改革，市委主要领导分别在11月24日的中央综治委视频调研会作《推进基层综治创新　共建平安幸福永州》的典型发言、11月3日的全省社会治理创新工作会议上作《统筹实施城乡网格化　创新基层社会治理》的经验发言，永州经验在全省全国推介，陕西、海南、广东等多地到永州学习考察。在城区，建设“半小时便民服务圈”，重点推行公共服务事项下放“负面清单”制度，明确不能下放的公共服务事项280项，确定第一批下放社区办理的69项，社区银联便民支付业务在全市55个社区试点运行。探索推广“1+N”组团式治理模式，实现网格上报问题的综合执法、协调处理。在农村，制定实施《关于全市统筹推进农村网格化建设工作方案》，以精准扶贫村为突破，坚持“七个标准化”，掀起农村网格化建设新高潮。

■ 推进政法体制机制改革 2016年，永州市稳妥推进司法体制改革，在全省率先实行行政诉讼案件相对集中管辖试点。建立涉法涉诉信访工作联席会议工作机制，在全省率先推行律师参与化解和代理涉法涉诉信访机制。建立健全案件讲评制度，市检察院案件质量考评、执法状况考评位列全省第一位，办理的“永闽公司与十建公司建设工程施工合同纠纷抗诉案”被评为“全国检察机关民事检察优秀案件”。全市评查各类案件1537起，发现瑕疵错误案件96件，追究相关干警责任33人。完善警民互动平台，“永州警事”粉丝达50万人，位居全国政务微博微信百强，获全国公安网络正能量十佳图片提名奖。市县两级检察机关“两微一端一网站”建设全面完成。法院系统案件开庭率98.1%；执行工作绩效考评连续4年居全省第一位。司法行政系统完成信息化二期工程建设，在全省率先实现省、市、县联网。

■ 基层基础建设 2016年，永州市在县乡两级建立综治维稳中心和社会公共服务管理平台，在社区、村成立综治维稳调解工作小组、设立综治维稳工作站，实现政法基层组织全覆盖。推行巡回审判和便民法庭，新田县法院设立驻东莞流动法庭。县区国安办实体化建设达到“六有”标准。强力推进“一墙一窗”反邪教阵地建设，九嶷山国家森林公园被列为省级反邪教涉外宣传阵地。基层硬件设施不断改善。公安机关DNA实验室通过公安部二级达标验收。检察机关分级保护工作全面完成，道县检察院被评为全国科技强检示范院。数字化法庭建设超额完成省定任务，开启“互联网+审判+服务”新模式。社区矫正中心建设全面完成。市强制隔离戒毒所整体搬迁纳入全省“十三五”政法基础设施建设规划。基层干警待遇不断改善。就中央、省市关于政法队伍建设文件落实情况开展大督查，促进各项政策措施落地落实。注重从基层提拔重用政法干警，一批德才兼备的政法干部得到提拔重用。

■ 服务经济社会发展 2016年，永州市深入推进法律服务体系建设。落实《法治永州建设实施方案》，法治文化“三项重点工程”（即法治文化公园、法治文化广场、法治宣传教育街区）建设顺利推进。开展“万名律师乡村（社区）行”“中小微企业法律体检”等专项法律服务活动，永州在全省法律援助工作会议上作经验发言2次。构建“一处失信、处处受限”的信用惩戒大格局，全市2136名“老赖”列入失信被执行人名单库。优化经济发展环境，共立非法集资案件28起，涉案金额14.8亿元。立“三强三堵”刑事案件380起，刑事拘留853人；行政案件807起，行政拘留1860人。

■ 永州市法学会第一次会员代表大会 2016年1月25日，永州市法学会第一次会员代表大会在冷水滩区召开。市委书记陈文浩在开幕式上发表书面讲话，市委副书记张严出席会议并讲话。省委政法委副巡视员、省法学会副会长兼秘书长周小华，省法学会副秘书长夏鸽翔，市中级人民法院院长罗重海，市人民检察院检察长文兆平出席开幕式。会议选举产生市法学会第一届理事会会长、常务副会长、副会长、秘书长和常务理事。市委常委、市委政法委书记唐能武当选为市法学会第一届理事会会长。陈文浩指出，市法学会要科学把握“四个全面”战略布局，高举中国特色社会主义伟大旗帜，履行繁荣法学研究、推进法治建设的根本职责，团结引领广大法学法律工作者投身依法治国方略、全面推进依法治市的伟大实践，勇创佳绩、再立新功。张严强调，市法学会要围绕市委经济工作会议和市“两会”确定的发展战略和目标，发挥法学会决策参谋、法律服务、法治保障的作用。

（李俊雄）

法治政府建设

■ **概况**　永州市人民政府法制办公室（简称市法制办）是永州市人民政府32个工作部门之一。2016年，市政府法制办围绕推进依法行政、建设法治政府这条主线，以落实党中央、国务院《法治政府建设实施纲要（2015—2020年）》（简称《纲要》）为重要抓手，当好党委、政府法治工作的参谋、助手和法律顾问，发挥组织协调、督促指导、考核评价的职能作用，法治政府建设各项工作扎实推进。

■ **出台规范性文件**　2016年，永州市法制办进一步加强法治政府建设的领导和推进工作，组织专门力量起草《永州市“十三五”法治政府建设规划》和《永州市贯彻落实〈纲要〉实施方案》，就“十三五”期间全市法治政府建设作出全面部署，对法治政府建设7个方面44项措施129项重点工作进行任务分解和责任分工，明确牵头部门、完成时限和检验标准。市政府制定印发《永州市2016年度依法行政工作要点》和《永州市2016年度法治政府建设工作考核方案》，组织开展2016年度法治政府建设考评工作，考评结果纳入到年度政府绩效考评和市直党政正职执行力考核之中，使法治政府建设工作做到年初有部署、年中有督促、年终有考核。3月24日，组织召开全市加快建设法治政府暨政府法制工作会议，总结回顾“十二五”期间全市法治政府建设和政府法制工作，安排部署2016年法治政府建设工作。4月8日，市政府第七十七次常务会专题听取全市依法行政工作的情况。10月10日，市政府第八十三次政府常务会议专题学习《纲要》，进一步增强行政机关工作人员特别是领导干部运用法治思维和法治方式推动工作的能力。

■ **重大行政决策**　2016年，永州市法制办推进和保障政府科学民主决策。年内，组织召开《永州市电梯安全管理办法》《永州市电动自行车管理办法》《永州市中心城区全面禁止燃放烟花爆竹管理规定》《永州市城市道路建设管理办法》《永州市中心城区出租汽车价格调整》5个听证会。市政府出台《永州市政府合同管理办法》，审查市政府及部门合同125件，涉及金额近200亿元，提出法律建议500余条。参加市政府涉法事务会议37次，承办领导批示件56件，提交法律意见书12份。参与调研考察，探索推进城市管理综合执法工作，就小城镇城市管理体制改革，提出建设性意见供市委、市政府决策参考。

■ **规范性文件管理**　2016年，永州市法制办审核市政府规范性文件100件，非规范性文件209件，收到市直单位报送“三统一”登记的规范性文件30件，报省备案的规范性文件55件，各县区报送备案的规范性文件193件。同时组织开展规范性文件清理工作。在2014年进行规范性文件清理的基础上，对2011年6月23日至2016年6月30日期间以市政府和市政府办公室名义发布的规范性文件进行全面清理。通过清理，49件规范性文件宣布失效，确认255件规范性文件继续有效，提请市政府发布《永州市人民政府关于公布规范性文件2016年清理结果的决定》。

■ **行政执法监督**　2016年，永州市法制办联合永州电视大学组织开展全市第五轮行政执法人员资格考试和资格认定。全市有1.5万余名行政执法人员报名，市直考点有5678人报名，其中市本级人员有2134人，永州经济技术开发区98人，金洞管理区260人（在祁阳师范考点参加考试），回龙圩管理区51人（在江永县考点参加考试）。组织开展2016年行政执法案卷评查和指导案例编纂工作，对以自己名义独立行使行政执法权的市直各单位，在2015年1月1日至2015年12月31日期间，按照一般程序实施行政许可、行政处罚、行政确认等已办结的案卷进行案卷评查，对市直单位2015年1月1日至2016年6月30日期间的发文台账进行规范性文件抽查，并进行通报。制作12例永州市依法行政典型案例报送省政府法制办，推进全市各级行政机关严格、公正和文明执法。

■ 行政复议应诉 2016年，永州市法制办新收复议案件126件、受理112件。应结案件144件（含上期结转18件），其中结案114件，未结30件。其中，不予受理行政复议申请14件，占审结案件的12.3%；决定维持原具体行政行为71件，占审结案件的62.3%；撤销18件，占审结案件15.8%；其他结案（包括调解和解、驳回复议申请、转送等）11件，占审结案件9.6%。市政府本级应诉案件101件。判决维持原具体行政行为的161件，占结案总数的48.6%；撤销58件，占结案数的17.6%；原告主动撤诉的85件，占结案总数的25.6%；其他方式结案的27件，占结案总数的8.2%。

■ 责任清单 2016年，永州市法制办继续深化行政管理体制改革。印发《关于进一步完善责任清单制度并实行动态管理的通知》，对2015年公布的责任清单进行再清理，形成《永州市人民政府工作部门责任清单（2016年版）》。该清单有部门主要职责511项、与相关部门有职责分工或交叉的职能301项、建立事中事后监管制度370项、公共服务事项253项，计1435项，68万余字。

■ 政府立法 2016年，永州市法制办组织开展《永州市人民政府地方性法规草案和规章制定程序规定》的调研和起草工作，参与市人大2017年全市立法计划草案、《永州市城市住宅小区管理条例》《永州市城市综合管理条例》的调研与审查工作。对市园林局起草的《永州市公园广场管理条例》进行合法性审查，并组织召开征求意见座谈会。收到省政府立法征求意见8件，对省政府立法调研、协调等工作都予以配合。同时，办理人大代表建议。研究办理市人大代表提出的43号《关于制定〈永州市公园条例〉的建议》、44号《关于制定〈永州市历史文化名城保护条例〉的建议》，及时给予书面答复。

（张力立）

公　　安

■ 概况 2016年，永州市公安机关突出“防控风险”总主题，全面深化公安改革，推进“四项建设”，坚持打击开路，防范为本，全市公安工作成效明显。在2月市人大常委会对市政府33个工作部门2015年度审议评价中，市公安局以97.15分高居第一位。全市刑事案件破案率，命案侦破、打击假币犯罪、食药环犯罪，网上追逃、收缴整治枪爆物品专项行动、酒驾治理等主要业务指标排名全省第一位，警务评议排名全省第一位，公安民调、队伍形象公众评价、刑事案件发案降幅排名全省第二位。市公安局信访科被公安部评为全国公安信访窗口“示范单位”并获“全国工人先锋号”称号；市公安局党委被省委评为“全省先进基层党组织”，在省委庆祝建党95周年大会上受到表彰；市公安局被省公安厅评为全省公安队伍建设成绩突出集体；在全省公安机关首届“平安湖南杯”微改革微创新大赛中，全市斩获2金1银6铜，奖牌总数全省第一位，市公安局获银杯。

■ 维稳安保 2016年，永州市公安机关按照“只能有经验，不能有教训”的标准和“确保万无一失，因为一失万无”的要求，全力维稳保安，不断深化平安永州建设。坚持主动进攻、先发制人，对2016全国“两会”“6·4”“7·5”、G20杭州峰会、中共十八届六中全会等敏感节点，组织开展情报信息综合研判，实现各敏感时节点、重大安保活动群体类“零上访、零挂号”，先后3次受到公安部、省公安厅通报表扬。抓好信访问题源头治理、多元化解，将信访问题解决在当地，化解在初始状态。永州被省公安厅确定为律师参与化解涉法涉诉信访案件5个试点市州之一，宁远县公安局被评为全省公安信访示范单位。重拳整治“三强三堵”违法犯罪，全市办理“三强三堵”刑事案件380起，刑事拘留853人；查处行政案件807起，行政拘留1860人，确保全市重点项目建设顺利推进。

■ 严打整治 2016年，永州市公安机关始终坚持严打方针不动摇，坚持打击开路、防范为本，组织开展亮剑行动、飓风行动、打击“盗抢骗”等严打整治专项行动，严厉打击各类违法犯罪活动。全

“飓风”行动千人誓师

市立刑事案件1.52万起，破7687起，破案率50.74%，居全省第一位；刑事案件发案降幅24.66%，居全省第二位。民警人均破案数1.84起，排名全省第一位。抓获网上逃犯1808人，排名全省第一位。全市监管场所教育感化深挖犯罪工作居全省第一位。坚持命案必破、快侦快破，命案侦破全省第一位。全市共立现行命案66起，破66起，破案率100%，破命案积案5起，抓获外省命案逃犯10人。坚持“打早打小、露头就打”，着力于打团伙、摧网络。全市办理黑恶案件112起，打掉黑恶犯罪团伙31个，判决涉恶人员177人，市公安局在全省打击整治农村地区黑恶势力违法犯罪专项行动推进会上作典型发言。打击涉毒犯罪居全省前列，全市破获毒品刑事案件652起，其中，破获部督毒品目标案件7起，省督案件4起。全市缴获毒品373.2千克，刑事拘留713人，查处吸毒人员6286人，其中，强制隔离戒毒2145人、社区戒毒1429人。开展外流贩毒集中整治行动，对祁阳、道县、宁远3县外流贩毒问题进行挂牌整治、综合治理，全市被外省公安机关抓获外流贩毒犯罪嫌疑人同比下降23.5%。6月28日，市公安局成功侦破作案人员涉及湖南、广东、江苏三省，作案地点涉及永州、湘西两市的特大制造毒品案，抓获犯罪嫌疑人11名，摧毁制毒工厂2个，缴获毒品K粉312.6千克、制毒原料3000余千克。全市共立经济犯罪案件381起，破319起，刑拘248人，一审有罪判决经济犯罪嫌疑人342人，完成率266.49%，居全省第一位。实施跨区域、全链条、全网络打击假币犯罪，分别侦破部督、省督假币案7起、2起，收缴假币2300万元，占全省公安机关收缴总数的96%，打击假币犯罪排名全省第一位，市公安局被省公安厅评为湖南省打击假币违法犯罪专项行动“特别优秀单位”。重拳打击食药环犯罪，破获部督案件1起，省督案件6起，刑拘359人，移送起诉311人，打击食药环犯罪排名全省第一位。收缴整治枪爆物品专项行动排名全省第一位，全市办理涉枪涉爆行政案件1978起，破获涉枪涉爆刑事案件1506起，收缴非法枪支9212支、红衣土炮12门，子弹38万发，收缴枪支占全省收缴总数40%。开展创交模交通秩序大整治，全市查处交通违法行为80.66万起，其中，查处酒驾5169起，醉驾1371起，分别占全省的31.45%和64.18%，因酒驾、醉驾引发的交通事故同比下降61.9%，没有发生一次死亡3人以上的较大交通事故，全市道路交通事故死亡人数同比下降9.43%，实现省综治考核连续3年“零扣分”。在全省率先严厉打击客车超员涉嫌危险驾驶罪行为，查处校车、客车严重超员违法行为18起，刑拘20人。加强对患有严重疾病违法犯罪的特殊人群收治工作，收治226人，比2015年收治的57人上升296.5%。坚持由消安委督导上升为政府督导，深化消防安全网格化、户籍化管理，全市连续16年没有发生重特大群死群伤火灾事故。

■ 公安基础建设 2016年，永州市公安机关坚持创新驱动，深化警务改革，着力构建城乡社区全面覆盖、人防物防技防结合的立体化治安防控体系。全面深化中心城区巡防机制改革，全市发展1万名义警队伍，打造永州版“朝阳群众”“西城大妈”。推动万人巡防，组织开展以出租车司机为主要参与对象的“蓝背心”平安建设工程。推进常态化夜巡查缉工作，群众满意度95%以上。建成全省首个市级寄递安检服务中心，全市11个县区建成13家寄递安检服务中心，全面落实实名收寄、开箱验视、X光机安检“三个100%”制度。全市寄递安检工作经验在《人民公安报》等主流媒体推介。依托互联网，整合社会视频资源7800路，建成全市全民眼汇聚系统。全市1090家旅馆全部安装“实名宝”系统，在旅馆业管理信息系统中加装关注人员入住自动报警系统。省际于家公安检查站建成投入使用，全市建成公安检查站5个，省级、市级电子卡口37个，构建“四门落锁”综合防线。推进信息资源共享服务和大数据应用平台、联合指挥中心、合成作战中心、治安防控中心、执法管理中心、新闻舆情中心“一平台五中心”建设。全市升级改造监所12个，在全省率先完成看守所医疗专业化建设。11月29日，市公安局监管中心建成并投入运行，报请市编委批准设立市看守所、女子看守所、未成年人看守所3个正科级机构，实现全市女性及未成年在押人员集中关押。按照“城区派出所顶配、农村派出所标配”的标准建设派出所综合警务指挥室，全市33个城区派出所建成综合警务指挥室28个，超额完成省公安厅下达的17个建设任务。全市3061个行政村派驻驻村民警，在具备条件的治安复杂行政村建立“邻里守望、共护平安”微信群。省委常委、省委政法委书记、省公安厅厅长黄关春等领导对永州“一村一警”警务机制改革给予高度肯定，《人民公安报》《湖南日报》、湖南卫视、《永州日报》等主流媒体进行专题报道。开展“三实”信息采集专项行动，“三实”信息采集工作位居全省前列。市公安局“社区警务系统2.5维地图采集法”得到省公安厅推介。全市录入实有人口775.58万人，其中，实际居住人口638.31万人、从业人员137.27万人，实有房屋226.49万间，实有单位5.98万家。同时，在“三实”信息采集中，帮助解决无户口人员（含新生儿）登记落户1.02万人，清理双重户籍人员772人，清理死亡等未注销人员1.19万人。

■ 执法规范化建设 2016年，永州市公安机关推进法治公安建设，严格规范公正文明执法，不断提升公安工作法治化水平和公安机关执法公信力，全面推进执法规范化建设示范单位创建工作。冷水滩公安分局刑侦大队被公安部评为全国执法示范单位，零陵公安分局徐家井派出所、双牌县公安局刑侦大队被省公安厅评为全省执法示范单位。明确全市公安机关年度执法十项重点工作，坚决整治执法乱作为、不作为和慢作为等问题。出台《永州市公安机关派驻法制员制度工作规定》，全市派驻法制员126人。建立健全以办案积分制为主要内容的执法档案管理机制，执法档案积分管理系统在全市推行。全市公安机关均设立案件管理中心，全年受立案管理系统接受各类警情1493件。强化执法信息化建设和执法记录仪配备，检察公诉书和法院判决书信息录入率99.16%，一线执法民警执法记录仪100%配备到位。亮剑行动、飓风行动、收缴整治枪爆物品等专项行动期间，将全市取保候审、监视居住审批权限收归市公安局，加强对请假出所的审批监督，市公安局审核变更强制措施1474人。加大行政复议、行政诉讼、国家赔偿等案件复核力度，办理行政复议案件55起，刑事案件复核19起，国家赔偿复议案件5起。深化警务公开，健全网络查询案件办理、涉案财物管理等工作机制，以公开透明促进公平公正，全市公开行政处罚文书2.1万份，涉案财务照片22万份，回复办结阳光警务投诉434起，市公安局建成执法监管中心，对各类执法活动全程预警、集中指导、全方位考评和全程监督，推进市、县、所（队）“331”执法管理中心建设。研发行政拘留人员跟踪管理系统、电子指纹笔录系统、执法办案区看守安全自动报警系统等5个系统，全面服务执法活动。推进公安权力清单、责任清单、负面清单“三单”管理工作制度，对梳理出来的“三单”全部挂网公开。制定《执法办案区域管理员职责》《执法办案区域人身安全检查工作规范》《执法办案区域责任制度》等相关制度规范，推进执法场所规范化建设，全市建好并投入使用执法办案区67个。在全省第二个建成市级指定监视居住点，对侦办涉嫌危害国家安全、恐怖活动、滥用职权等重大犯罪案件发挥作用。

■ 队伍正规化建设 2016年，永州市公安机关按照忠诚、为民、实干、担当、廉洁的标准，确定队伍建设“十项重点任务”和从优待警“十件实事”，着力打造具有铁的信仰、铁的信念、铁的纪律、铁的担当的公安铁军，推进队伍正规化建设。冷水滩公安分局被评为全省公安队伍建设工作成绩突出集体，新田县公安局被评为全省公安思想政治工作成绩突出集体。冷水滩公安分局伊塘派出所所长周巧云获湖南省第四届我最喜爱的“十佳人民警察”称号。12月29日，市公安局在全省公安队伍建设工作会议上作经验介绍。坚持党建引领，以党建带队建，以党务促警务。注重领导班子建设，把各级领导班子建成战斗堡垒。开展“两学一做”学习教育，着力增强“四个意识”。组织学党章、学系列讲话、定期向入党介绍人汇报、重温入党誓词等活动，邀请“剑胆琴心”王恩琴、“劳模之光”龚秋光等警界英模、劳模讲革命传统、公安历史，组织重走长征路、参观先烈故居、传唱《人民警察之歌》等活动。全面深化落实思想政治工作“半月谈”“六必谈”“六必访”“六必奖”工作制度，加强队伍思想状况风险监测预警，及时解决队伍中出现的苗头性问题。出台《永州市公安机关文化发展五年纲要》和《永州市公安文化建设规范》，在全省率先完成市、县区公安文联组织建设，建立20人警官文艺队，先后2次组织参加省公安厅颁奖晚会演出。在全省第一个建立公安新闻舆情中心，做优公安双微矩阵，“永州警事”双微粉丝达50万人，居全省市州公安微博微信前三位，获全国公安网络正能量十佳图片提名奖，受到公安部表彰。制定《永州市公安机关人才评定工作方案》，在全市公安机关组织实施中高端人才选拔评定工作，建立永州公安“专家库”“骨干网”“能手群”，4名民警入选省公安厅“专家库”。在北京大学、复旦大学、中国刑警学院举办高端研修班7期460人。组织“师傅带徒弟”活动，全市结对师徒518对。坚定不移地推行火线入党、火线记功、火线提拔、火线调动“四条火线”工作机制，全市有16名民警火线入党、268名民警火线记功嘉奖、261名民警火线提拔重用、102名民警火线调动，没有收到一封举报信，做到“提上来的服众，没提上来的服气”。完善市、县区公安局维护民警执法权益委员会，引入第三方力量，依法严惩侵权袭警和诬告陷害行为，坚决维护民警正当执法权益。

2016年11月23日，湖南省于家公安检查站揭牌启用仪式举行

■ 全省首个省际公安检查站在永州开工 2016年2月23日上午，全省第一个开工建设的省际公安检查站——永州于家公安检查站建设开工仪式在零陵区珠山镇举行。根据省政府的统一部署，永州市承建省际公安检查站1个、市际公安检查站7个、省际电子卡口16个和市际、县际电子卡口40个。于家公安检查站是省公安厅下达给永州市建设的唯一一个省际检查站，位于湖南与广西交界处，对于有效管控永州乃至全省社会治安具有桥头堡的地位。

（李俊贤）

■ 公安交通管理 2016年，永州公安交警部门以“防控风险、服务发展”为主题，以“压事故、保安全、保畅通”为目标，全面加强道路交通安全管理和公安交警队伍建设。全年发生道路交通

2016年11月24日，永州市公安交警支队首次网络直播交通违法整治行动，近6万名网友围观

2016年，成立支队本级122指挥中心，实现中心城区122接处警三地合一

事故383起、死亡96人、受伤455人，财产损失77.58万元，发生次数、死亡人数和财产损失分别下降3.53%、9.43%和21.53%，未发生1起一次死亡3人以上特大道路交通事故。用活、用透集中整治、警种联动、刚性执法等战法，对醉驾犯罪嫌疑人一律实行异地体检、异地羁押，形成严查、严管、严惩、严治高压打击态势。全市公安交警部门查处酒驾5169起，其中醉驾1371起，分别约占全省的31.45%和64.18%，因酒驾、醉驾引发的交通事故同比下降61.9%，省公安厅党委委员、副厅长汤向荣专门作出批示：思想认识值得学习，工作做法应当推广。省公安厅、省交管局分别印发简报在全省推介。掀起摩托车交通违法行为专项整治风暴，对摩托车违规安装晴雨伞、不戴安全头盔、追逐竞驶、无牌无证、无保险上路行驶等8类交通违法行为进行集中专项整治。仅中心城区查处摩托车违法行为2.36万起，暂扣4404台次。其中非法改装377起，涉牌涉证2701起，追逐竞驶214起。将市中心医院、永州火车站、凤凰园汽车站、汽车北站等12个路段列为重点整治路段。对上述重点路段采用责任包干到人的办法开展整治工作。火车站广场公交、出租车和社会车辆全面实现分类停放，交通秩序井然。湘江东路源味街每天保证30名警力和5台警车不间断巡查管控，彻底扭转该路段违法停车高发现象；市中心医院路段人车抢道通行现象大为改观，流动摊贩扎堆现象彻底清除。11个县区全部将道路交通安全社会化管理纳入综治考核，215个乡镇和职能部门落实“一把手”（主要负责人）负责制，全面完成乡镇一级交通安全管理服务站建设。4月，市公安交警支队将“村警”理念引入到社会化管理中，每月定期深入联系村组，指导村委会建立并完善机动车、驾驶人信息台账，摸排道路交通安全隐患点段，指导事故调解处理，进村入校开展交通安全宣传。对交通违法处罚实行“零减免”政策，尤其是“两客一危一校一货”交通违法行为，一律顶格处罚到位；继续落实运输企业主体责任制和客运车辆“十个一律”严管措施；经常性组织对临水临崖、事故多发路段及校车通行集中的农村道路进行地毯式摸排，把排查出来的道路交通安全隐患提请市政府下发整改函至当地县政府和县长要求限期整改。全市1217处道路交通安全隐患治理完成758处，新增标志标牌1856块，警告标志913块，减速带362道，波形防护栏6105米。狠抓“营转非”等五类重点车辆检验率和报废率提升，每月将五类重点车辆临近检验、逾期未检验、临界报废、逾期未报废车辆通过“96588”平台告知车主。同时不定期对全市运输企业、客运场站进行全面排查，检查重点车辆的安全技术状况、运输企业安全机制建立落实情况以及GPS运行情况。全年开展安全约谈3次，约谈企业21家，下发整改通知书69份，21名不合格驾驶员人被清理，17台不符标准的客运车辆被逐出市场，注销“毒驾”人员驾驶证761本。创建交通管理模范城市的“三项规划、两个设计、一个报告”编制完成，城市道路交通标志、标牌，交通信号灯和中央隔离设施基本改造更新完毕，智能交通管理系统建设进入评审、招标阶段。在中心城区强势打响创交模交通秩序“五车”集中整治攻坚战役，查处违法停车等“五车”交通违法行为10万余起，彻底改变中心城区机动车乱停乱放，洗车、修车、卖车杂乱无序和飙车扰民的乱象，中心城区交通秩序大为改观。开展“保秩序、压事故”“春雷行动”、工程车和校车违法行为集中整治、大排查大管控大整治、摩托车集中整治等专项整治行动，全年查处各类道路交通违法行为75.69万起，其中，超速26.65万起，超载0.4万起，闯红灯3.05万起，涉牌涉证3.04万起，违法停车13.61万起，其他违法行为28.94万起。全面打响严打整治“飓风行动”，刑拘933人，完成率266.57%，排名市公安局机关第三位。一季度报废车上路查处量排名全省第一位，客车超员、酒驾和无牌无证查处量位居全省

前三位。成立科技微创新工作小组，研发车驾管业务自助填表机、驾考收费比对系统以及非现场违法录入审核、驾考预约录入辅助软件等，全年完成公安交管微创新项目课题13个。其中，车驾管业务自助填表机完全属于自主开发、自主升级且制造成本低，在冷水滩大队投入使用后，相比传统业务流程提高近20倍的工作效率。取消对外埠二手车转入永州市的限制性规定文件，全面放开二手车迁入限制。省公安厅重点改革项目摩托车带牌销售在江华瑶族自治县试点成功，全县带牌销售摩托车数量70%。开展车管业务上门服务和集中预约服务。开通互联网交通安全综合服务平台，全市互联网车驾管平台完成个人注册4.89万人，单位注册138个。（易海民）

■ 公安消防 2016年，永州市消防部队接警出动3512起，出动消防车辆5491辆次，消防官兵3.68万人次，抢救被困人员537人，疏散人员4108人，抢救财产价值1.8亿元。成功处置宁远、道县和蓝山等县区抗洪抢险救援、“1·21”蓝山和“9·1”零陵两起液化石油气槽车侧翻事故等急难险重任务。在2016年省公安厅微改革微创新活动中，市公安消防支队“槽车抢险注水接头”“消防战术图板”分别获评金牌、铜牌和部消防局“最佳技术研发奖”、公安部“优胜奖”。全市消防部队40名官兵获个人三等功，彭建国获全国党务工作先进个人，消防支队被市政府评为依法行政先进单位、政务服务模范窗口、安全生产先进单位和综治考评先进单位。

2016年，永州消防支队获省公安厅改革创新大赛金、铜奖

开展消防专项整治行动10余个，突出冷水滩中心城区小区整治、重大火灾隐患整改、区域性火灾隐患整改工作，检查单位1.3万家，发现火灾隐患数1.8万处，督促整改火灾隐患数1.8万处，临时查封170家，办理行政处罚案件275件，三停单位141家，罚款451.5万元，拘留16人。按照市委、市政府的统一部署，开展103个项目小区专项整治，排查发现隐患650处，下发整改通知书103份，处罚47家，“黄牌警示”15家，组织消防技术服务中介机构对32个重点隐患小区逐一开展消防安全评估。提请市政府下发《全市消防安全网格化管理实施意见》，依托社会治安综合治理网格化管理平台加强消防安全网格化管理，依托全市政府电子政务外网建设的全市消防网格化管理系统平台建成并投入使用。在永州电视台、《永州日报》、红网永州站、华声在线、平安永州等永州主流新闻媒体和官方双微平台，全部开设消防宣传专栏专版。联合教育部门开展学生消防培训教育活动，开展消防安全示范课件、消防进军训等一系列活动，同时依托全

全省跨区域消防增援行动在永州集结

市119消防宣传月，重点开展“消除火灾隐患，共建平安社区”系列消防宣传活动。全年在中央级主流媒体发稿26篇，在《中国消防在线》上稿340篇，制作《直通119》专题节目23期。

狠抓全员练兵，坚持做到以考促训，持续发力。全年开展实战化演练和“六熟悉”工作，深入了解辖区重点单位，结合单位实际情况开展复杂条件下的实战化演练，开展大跨度大空间和易燃易爆场所、劳动密集型企业、抗洪抢险救援的熟悉演练，各执勤中队按照每周不少于1次的熟悉演练既定任务，确保熟悉演练工作紧贴实战出真效。组织开展“兵讲堂　18分钟军事课”，通过集中培训、研讨交流、比武竞赛、考试考核等形式，有组织、有计划、有步骤地对不同岗位、不同层级的官兵进行强化训练。

结合市城市建设规划和经济发展趋势，制定《永州市消防支队“十三五”灭火救援装备建设规划》，为全市消防装备全面发展提供有力的战略保障。全年，支队投入装备建设经费约2300万元，新购置消防车辆4台，个人防护装备3862件（套），抢险救援器材117件（套），全市部队消防车辆装备结构得到进一步优化。新增祁阳二站和新田公寓楼2个建设项目，全年启动建设项目12个，支队室内训练馆完成建设并投入使用，零陵萍州站完成室内外装修，长丰二合一站主体完工。

（郑晓旭）

法　院

■ 概况　永州市中级人民法院（简称市中院）地处零陵区，辖9县2区11个基层人民法院、44个人民法庭。2016年，永州市中级人民法院民意调查得分排名全省第二位，司法绩效综合排名全省第二位，执行工作排名全省第一位，司法宣传、信息、调研、警务均名列前茅，被评为全省法院先进单位、省文明标兵单位，各项工作进入全省第一方阵。在市级考核中，永州市中级人民法院获绩效评估工作、全面建成小康社会工作、精准扶贫工作、社会管理综合治理工作、维护社会稳定工作、精神文明建设与意识形态工作6项先进。

■ 刑事审判　2016年，永州市法院系统审结刑事案件7142件8711人（含减刑假释案件），市中级人民法院审结2306件3362人。打击严重危害群众生命财产安全的暴力犯罪，依法执行抢劫、故意杀人犯肖涛、杨平战等罪犯死刑。整治社会治安突出问题，当庭宣判永州“7·3”涉毒1.3吨的特大跨省制毒案，判处刁远波等5名主犯死刑；落实《刑法修正案（八）》，严厉惩处醉酒驾驶，判处此类案件1212件。打击破坏经济秩序犯罪，公正审判中天投资公司3.9亿特大集资诈骗、非法吸收公众存款案，判处主犯刘品和无期徒刑、蒋博等4名罪犯六年半至三年不等的有期徒刑。加强职务犯罪大案要案审判工作，成功审理第一个指定管辖的厅级干部贪贿案件——湘南学院原党委书记肖地楚案。

■ 民商事审判　2016年，永州市法院系统审结民商事案件2.7万件，市中级人民法院审结3029件。依法破产清算零陵金属材料股份有限公司、永州市二轻工贸公司等企业13家，处置不良资产6.5亿元，一批“僵尸”企业退出市场。妥善审理涉民营企业案件91件，准确界定合法借贷与非法融资的法律界限，拓宽大众创业、万众创新形势下企业融资渠道。审结知识产权案件124件，严厉制裁侵犯“七匹狼”“金利来”“泸州老窖”等著名商标行为。审结家庭婚姻、人身侵权、劳动争议等涉民生案件8541件，成功调解永州广丰农化有限公司与王明义、刘祖红等62人劳动争议案。

■ 行政审判　2016年，永州市法院系统审结行政诉讼案件1415件，市中级人民法院审结431件。依法审理行政机关不作为、乱作为案件，判决撤销、确认违法行政案件占比20.98%。推行多元协调处理机制，妥善处理全市高度关注的城市综合体房屋征收补偿、涔天河水库扩建被淹电站补偿、库区移民安置及湘江西岸棚户区改造等案件，保证重大项目建设顺利实施。加强司法建议工作，针对行政行为的突出问题提出司法建议21件，行政机关反馈17件。

■ 执行工作　2016年，永州市法院系统执行案件1.19万件，市中级人民法院执结336件。加强执行信息化建设，依托执行指挥中心，构建覆盖国土、房产、工商、银行等司法网络查控系统，一大批难案、积案、骨头案得到执行。全面推行执行工作第三方监督工作机制，引入人大代表、政协委员、新闻媒体和纪检监察部门等对重大敏感案件执行工作进行全程跟踪、全程监督，年内邀请第三方见证执行253案315人次，省高级人民法院对此予以高度评价和推广，湖南卫视、《湖南日报》《人民法院报》等多家媒体作专题报道。组建协助执行联络员队伍，打造县乡协助执行网络。全市法院执行工作绩效连续4年名列全省第一位，市中级人民法院连续9年保持涉执行案件赴省进京零信访。联合市检察院、市公安局发布敦促主动履行裁判义务通告；向公安机关移送涉嫌拒执等犯罪案件262件，公安机关抓获犯罪嫌疑人88人，移送起诉7人，判刑3人，87件案件得到执结。

■ 基础设施建设 2016年，永州市中级人民法院坚持“规范化、规模化、便民化”工作标准，加速推进“两庭建设”。零陵区法院审判大楼动工开建，宁远县财政拨款750万元修建5个中心法庭。全面建成诉讼服务中心，实现当事人办理立案查询、法律咨询、诉前保全、材料移送、判后答疑等全方位、一站式的便民服务。推行“互联网+服务”新模式，建立网上预约立案、网上申诉信访平台，开通12368服务热线，推进档案数字化管理，满足信息时代人民群众司法新需求。开辟残疾人无障碍诉讼通道和农民工、老弱病残服务绿色通道，更新升级安保设施，营造人性、安全、文明、有序的诉讼环境。

■ 特色法庭 2016年，永州市推广巡回审判，探索建立具有本地特色的便民法庭。新田法院设立驻东莞流动法庭，集中审理外出务工人员案件。蓝山、道县法院设立乡镇巡回审判办案点，全年审结民事案件百余件。祁阳、江永法院在相关行政部门设立交通法庭、金融法庭和婚姻法庭，解决相关纠纷512件。双牌法院设立旅游法庭，维护景区秩序和游客权益。东安法院建立诉前调解法庭，实行法官轮班调解与兼职调解员坐班调解，调解率增长77.1%。加大司法救助力度，共缓、减、免交诉讼费212万元。

■ 司法公开 2016年，永州市全面推进审判流程、执行信息、裁判文书和庭审四大公开平台建设。全市法院案件开庭率98.1%，再审案件复查听证率100%，应当公开的裁判文书上网率100%。启动智慧法院建设，创建“互联网+审判”新模式。全市法院全部建成数字化法庭，年内通过数字法庭直播庭审253场、远程视频诉讼及接访53场次；市中级人民法院微博视频直播庭审41场，点击率突破300万人次。司法拍卖工作进驻淘宝网，实行网络化竞拍，实现司法拍卖案件零投诉。健全“法院开放日”长效机制，向公众敞开法院大门，培育全社会法律意识和法治信仰。

■ 审判管理 2016年，永州市法院系统开展“司法质量年”活动，严格界定承办法官、合议庭和审判委员会办案责任，严格限制自由裁量权。全年上诉案件发回重审和改判率由2015年的6.53%下降至2.64%，低于全省平均的3.17%。持续强化“三评查”，全市评查案件3000件、庭审300场次、裁判文书7000余份。开展涉产权冤错案件甄别工作，清查188件涉及重大财产处置的民商事产权案件，以及民营企业或投资人犯罪的刑事案件，保护无辜者不受追究。出台《永州市人民陪审员管理办法》，规范人民陪审员的选任、参审、履职和保障。全市人民陪审员增补至820名，一审案件参审率94.8%，参审案件服判息诉率90.07%。

■ 行政诉讼集中异地管辖改革

2016年5月1日起，永州市率先在全省实行行政案件跨区域集中管辖改革，除林业行政案件外，全市行政诉讼案件集中由冷水滩、零陵、宁远、道县法院管辖，实行异地交叉审理。年内，4个集中管辖法院审结行政案件384件，判决撤销行政行为81件，确认违法或无效的案件6件，责令履行的7件，行政机关败诉率24.5%。

■ 审判运行机制改革 2016年，永州市稳妥地开展法官、法官助理和司法辅助人员分类改革。全市法院首批入额法官的拟任人选经公示后并上报省高级人民法院；招录聘用制书记员12名、司法警察6名。按照2∶1∶1的比例，探索扁平化管理模式，组建家事、知识产权、环境资源等专业审判机构。借鉴深圳等地经验，率先出台试点方案，组建新型审判团队。修改审判委员会案件讨论规则，规范案件讨论范围，组建法官专业会议，保障法官依法独立审判。试行案件速裁机制，推进案件繁简分流。全市法院采取“轻刑快审”方式，审结危险驾驶罪等轻微刑事案件972件，平均审结周期9.1天。江华县法院设立民事案件速裁合议庭，平均结案周期8天。

■ 涉诉信访机制改革 2016年，永州市中级人民法院按照“诉访分离、分类处理、依法治访”的工作要求，加大再审复查力度，审理申请再审、申诉案件171件，依法决定再审39件。建立院庭长接处访、包案责任常态化机制，处理初信初访165件，妥善化解交办的赴省进京访43件，实现重要节日、重大会议期间无群体性上访事件的工作目标。统一信访救助发放标准和程序，市中级人民法院共向18人发放司法救助金54.5万元。依法建立律师等第三方参与化解和代理涉诉信访案件制度，引导当事人回归法治轨道理性维权。依法终结信访案件59件，处置缠访闹访232起，非正常访排位退出全省前五名。

■ 司法能力建设 2016年，永州市中级人民法院推进法官队伍专业化、职业化、正规化建设。举办全市法院立案信访、刑事审判、行政审判培训班，着手提高法官司法能力。宁远、道县法院开设人民陪审员培训班，零陵、双牌法院分别与湖南科技学院、中南林业科技大学共建教学实习基地。全面推进司法文化建设和文明创建，开展“勤”“廉”“敬”“和”等文化建设主题活动和演讲比赛，市中级人民法院申报创建省级文明标兵单位。司法警务在全省法院大比武中获27块奖牌中的9块，全年考核得到满分。市中院郑江云被评为全省“三八红旗手”。江永县法院获全国法院执行工作先进单位称号，并被推荐为全国先进法院候选单位。

■ 司法宣传 2016年，永州市中级人民法院邀请人大代表、政协委员视察、旁听庭审500余人次，寄送资料5000余份。聘请12名人大代表、政协委员担任市中级人民法院执法执纪监督员，定期听取对法院工作的意见和建议。构建“网站、微博、微信、服务号”四位一体的司法宣传工作格局，促进司法、媒体、网民三者良性互动。2016年信息工作位列全省法院第一位，“永州法院”入围湖南司法系统十大微博，市中级人民法院被评为全国法院司法宣传工作先进单位。

■ 审判监督 2016年，永州市中级人民法院严格执行向人大及其常委会报告工作制度，做好代表沟通联络工作，配合完成市人大常委会质询、调研、视察，办理代表议案和建议2件，满意率100%。加强与各民主党派、工商联、无党派人士联系，向政协和市委统战部通报工作情况，年内寄送各类简报3000余份，办理政协委员提案1件。通过召开座谈会、随案发放监督卡等形式，接受人大代表、政协委员、司法监督员、律师、当事人和新闻媒体监督。支持检察机关依法履行法律监督职责，对抗诉案件和拟宣告无罪案件，邀请检察长列席审委会，共同维护司法公正。受理各类抗诉案件21件，审结20件。其中，维持7件，改判6件，发回7件。

（周纯）

检　察

■ 刑事检察 2016年，永州市人民检察院紧扣社会治安的热点难点焦点问题，重点打击严重侵害人民群众生命财产安全的各类犯罪，从严、从重、从快，依法该逮捕的坚决逮捕、该起诉的坚决起诉，形成强大的震慑力。依法受理审查逮捕3980件5036人，批准逮捕和决定逮捕2493件3117人，不批捕和决定不捕1835人；受理审查起诉案件6401件8259人，起诉（含附条件不起诉后起诉）各类犯罪5236件6469人；不起诉452件607人，没有出现无罪判决案件。依法起诉的刁远波、李加贵等14人涉嫌制造毒品案，6人被判处死刑，5人被判处无期徒刑，3人被判处有期徒刑十五年。坚持把化解社会矛盾贯穿办案始终，贯彻宽严相济刑事政策，深化刑事和解工作。拓宽和畅通检察环节诉求渠道，健全涉检信访风险防范评估预警机制，建立律师参与化解和代理涉法涉诉信访案件制度，引导和支持当事人在法治轨道上表达诉求、解决纠纷。受理群众各类举报、控告、申诉等来信来访155件，审查处理各类举报、控告、申诉153件，其中，对于举报职务犯罪线索，举报中心初核2件，受理民事监督案件线索126件。审查处理民事监督案件线索107件，其中移送民行检察部门办理107件。加强与有关部门的配合协作，参与对易发多发公共安全问题的重点地区、重点行业开展专项整治。

■ 查办和预防职务犯罪 2016年，永州市人民检察院坚持“老虎”“苍蝇”一起打，加大查办职务犯罪力度，加强职务犯罪预防，服务发展大局。全市检察机关立案侦查各类职务犯罪案件

118件、159人，同比分别上升6.3%、12.8%。立案侦查贪污贿赂犯罪案件75件87人，查处县处级以上领导干部要案5人。查办蓝山县人民政府顾问唐某（正处级）贪污、受贿、私分国有资产案，省煤勘三队副队长罗某（副处级）贪污案，双牌县常务副县长刘某（副处级）贪污案；郴州市财政局财政监督检查局局长全某（副处级）受贿案。双牌县检察院查办县林业局副局长赵某（正科级）受贿案，道县检察院查办县市场服务中心城北所所长唐某挪用公款232万元案、道县工业园副主任吴某受贿案，祁阳县检察院查办县国土局刘某受贿50万元案、县国土局土地事务所所长王某受贿50万元案，东安县检察院查办县人民医院收款员秦某挪用公款128万元案。市检察院依法对湘南学院党委书记肖某受贿案提起公诉。立案查办渎职侵权犯罪案件43件、72人，同比上升95.5%、157.1%，其中重特大案件24件，人均立案数位居全省第一位。新田县经信委主任张某因涉嫌滥用职权、祁阳县林业综合执法大队大队长占某因涉嫌玩忽职守被依法查处。开展雁过拔毛式专项整治活动，查办发生在群众身边损害群众利益、群众反映强烈的依法贿赂案件15件18人。开展“新农合、淘汰落后产能、农业综合开发、林权流转”4个领域渎职侵权犯罪专项活动，立案18件35人；双牌县卫生局局长蒋某、东安县卫计委主任唐某、新田县卫生局局长刘某等涉嫌滥用职权、受贿被依法查处。开展警示教育和宣传25次。其中，开展警示教育讲座27次，参加人员1.12万人。其他预防教育宣传形式18次。

■加强诉讼监督 2016年，永州市人民检察院突出监督重点，提高监督实效，促进公正廉洁执法。对于公安机关应当立案而不立案的案件，要求公安机关说明不立案理由25件，通过监督，公安机关立案21件。对于公安机关不应当立案而立案的案件，要求公安机关说明立案理由12件，通过监督，公安机关撤案12件。在审查逮捕和审查起诉环节中，纠正公安机关漏捕34人；纠正公安机关漏诉22人。针对公安机关侦查活动违法提出纠正107件次；纠正80件次。按二审程序和审判监督程序提出抗诉22件，同比上升144.4%。法院审结16件，其中改判和发回重审13件，改判12件。针对刑事审判活动违法提出纠正意见1件次，纠正1件次。开展“减假保”同步监督工作，逐案审查减刑、假释、暂予监外执行提请意见书，发现罪犯不符合法定条件或者违反法定程序提请的，向决定或批准机关提出书面检察意见2318人。针对发现的减刑、假释、暂予监外执行不当，提出纠正49人，纠正41人。针对交付执行、收押、出监出所、监管活动、留所服刑中的违法情形，提出书面纠正50件次，纠正43件次。6月，市检察院党组书记、检察长文兆平深入永州监狱开展明查暗访，就监狱的硬件建设、安全生产、食堂卫生、医疗保障、监舍管理等情况开展检查指导，确保监管场所工作有序。受理不服法院生效裁判监督、民行审判活动违法监督、民行执行监督、支持起诉、督促履行职责等各类民事行政检察案件182件，经审查，不支持监督申请83件。

■执法规范化建设 2016年，永州市人民检察院坚持把执法规范化建设作为重中之重，着力抓规范，抓质量，提升执法公信力。在全市范围内开展听庭评议、法律文书评析评比、案件质量检查活动，提升干警执法办案水平。继续落实强化案件日常监管、办案全程监控，及时查找和整改问题，确保案件质量。王秋平、肖疑飞贪污、受贿案被评为全省优秀案件；在全省检察机关执法状况考评中名列全省第一位。

■“一网两微一端”建设 2016年，永州市人民检察院重点抓好“一网两微一端”建设，将此项工作列入县区院考核的重要内容，强力推进。全市11个县区院“一网两微一端”（网站、微博、微信及新闻客户端）建设全部完成。针对全市检察工作的新特色、新亮点，利用各类媒介，加大宣传推介力度。发送各类检察宣传材料371篇。建立健全全市网络舆情监测队伍，及时监控涉检网络舆情，及时回复处置网络热点难点问题。处置各类涉检网络舆情21起，没有出现重大的涉检网络舆情。

■检务公开 2016年，永州市人民检察院把检务公开作为推进规范执法化建设的重要手段，以公开促公正，以公开促公信，倒逼干警执法办案行为。10月24日，市人大常委会专题听取审议全市检察机关深化检务公开、规范司法行为报告，市人民检察院以此为契机，推进检务公开工作，更好地保障人民群众对检察工作的知情权、参与权、表达权和监督权。5月20日，邀请湖南科技学院马克思主义学院学生代表40余人到市人民检察院开展“严格执法、阳光检务”观摩活动。推进和规范检务服务大厅建设，利用老办公楼改造统筹检务服务大厅、信访接待大厅建设，完成大厅的维修改造，相关设备正在准备采购中。依托案件信息公开系统，公开案件程序性信息1.21万条，发布重要案件信息30条，公开法律文书3167份。加强与律师的互动交流，贯彻落实全省律师工作座谈会精神，接受律师申请阅卷141次，安排阅卷146次，提供电子卷宗光盘110余张，没有发生“脸难看、门难进、事难办”现象。

■ **加强代表联络** 2016年，永州市人民检察院拓展接受监督的途径和渠道，主动加强联络，自觉接受监督。采取召开会议、上门走访、寄送检察工作资料等方式向人大和政协汇报，为市人大常委会成员、人民监督员免费赠阅《人民监督》。对手机短信平台进行升级改造，不定期向代表、委员、人民监督员、市直部门、县区领导等报告检察工作情况，及时通报检察工作进展。截至2016年年底，发送检察手机短信3万余条次。办理代表意见建设，对市“两会”代表委员意见建议逐项分解，责任到领导、责任到部门、责任到人，抓好工作落实，及时反馈意见建议办理情况。建立重大案件评议制度，邀请人民监督员对“三类案件”进行监督11件，同意拟处理意见的10件，不同意拟处理意见的1件。

（唐承志　盘树高）

2016年，司法部授予永州市零陵区司法局七里店司法所“全国模范司法所”称号

摄影　罗爱月

司法行政

■ **基层基础建设** 2016年，永州市通过面向社会公开招录、增加事业编制、购买服务等方式不断充实司法所力量配备。蓝山县分流局机关6名干部下沉到司法所工作。宁远县、江永县、东安县通过政府购买服务、空编招录、聘请社工等方式，分别为司法所增加22名、7名、2名工作人员。新田县落实县委书记现场办公会议精神，从机关、学校等部门调剂6名工作人员充实到司法所，并空编招录1人。年内，全市司法所增人增编44个，工作人员总数601人，全面完成平均每个司法所达到3名以上专职工作人员的目标。全市除江永县外，其他10个县区均按局机关公用经费保障标准落实司法所公用经费。绝大部分县区按人均不低于1500元标准落实社区矫正经费，全市拨付社区矫正经费近600万元。各县区均出台并落实人民调解案件“以奖代补”实施细则，与当地财政部门制订具体措施，明确奖励标准，按每起案件50元～1000元不等标准对人民调解员进行办案补贴，并将奖励经费纳入同级财政预算。全年全市累计发放人民调解案件“以奖代补”经费100余万元。全市司法行政基层战线开展示范司法所创建活动，力争所有建制乡镇（街道）司法所均创建成示范司法所。其中，零陵区投资70多万元，在石山脚乡建设一幢220多平方米的司法所办公用房。祁阳县投入近40万元用于对黎家坪司法所进行扩建和提质改造。年内，宁远县柏家坪司法所、祁阳县黎家坪司法所通过省司法模范化司法所验收。

■ **法律服务中心建设** 2016年9月5日，永州市级公共法律服务中心完成建设并投入运行使用。中心占地面积450平方米，投入资金100余万元。中心设功能区6个，将司法行政工作直接面对群众的法治宣传、法律援助等公共法律服务项目纳入到中心运行，真正实现“窗口化、综合性、一站式”的便民服务。全市11个县区全部完成公共法律服务中心建设任务，超额完成省定80%县区建成公共法律服务中心的任务数。

2016年9月5日，永州市第一个市级公共法律服务实体平台——永州市司法局公共法律服务中心投入使用　　摄影 罗爱月

宁远县在2015年建成公共法律服务中心的基础上，在东溪街道办事处、柏家坪镇、冷水镇、中和镇和舜陵街道印山社区、湾井镇周家坝村分别建立公共法律服务工作站4个和公共法律服务工作点2个，超额完成省定2个~4个试点的目标任务。祁阳县拟投资兴建200个村级群众服务中心，将法律援助站、调解中心纳入其中，每个服务中心投资50万元。其他县区继续依托司法所、法律援助工作站点开展法律服务。

■ **法治宣传阵地建设**　2016年，永州市印发《永州市加强法治文化建设工作方案》，明确全市法治文化建设推进工作任务。7月27日，市委常委、市委政法委书记唐能武主持召开市法治文化“三项重点工程”建设协调会。9月23日，市委常委、常务副市长唐湘林主持召开市城乡规划委员会第七次全体会议。“两次会议”确定在白石山投资4000万元新建法治文化公园，依托市政府广场改建工程建设法治广场，投资53万元依托梅湾路建设法治宣传街区。市“三项重点工程”完成规划设计，正按计划有序推进。各县区推进“三项重点工程”建设。11个县区均已完成前期规划设计工作。除祁阳、东安、双牌3个县外，江华、宁远、江永、零陵、新田、道县、冷水滩、蓝山8个县区的法治文化公园、广场、宣传街区建成并投入使用。

■ **社区矫正中心建设**　2015年，永州市已建成零陵区、祁阳县、宁远县、新田县、江永县5个县区社区矫正中心并规范运行。2016年，冷水滩、东安、双牌、道县、江华、蓝山6县区社区矫正中心被纳入省、市重点民生实事项目，并全部建成。11个县区矫正中心统一名称、统一标牌、统一色调、统一设施、统一功能，并配备有一定数量的工作人员，实现集监督管理、教育帮扶、心理矫治、技能培训于一体的社区矫正中心全覆盖。全省社区矫正中心建设推进会肯定并推广永州市的成功做法。

■ **法律服务扩面提质**　2016年，永州市普遍建立市、县区政府法律顾问团制度，普遍开展社区法律顾问工作。祁阳县实现政府机关事业单位法律顾问和社区法律顾问的全覆盖。律师党建“双培”工程成效明显。严格按照市委关于“两新”社会组织党建工作的要求，制定律师队伍党建工作落实意见。全市33个律师事务所，建立单独或联合党支部22个，优秀律师中80%是共产党员。年内，37名律师当选市县区人大代表、政协委员。在全省率先实现市、县区公共法律服务中心全覆盖，两次在省司法厅会议上介绍经验。开通“12348”法律援助热线，每年接待来人来电咨询9000余人次。拓宽援助范围、简化办案流程、开通“绿色通道”，为65岁以上老年人和残疾人提供预约上门服务。全市办理法律援助案件2512件，超额完成省定任务。

■ **维护稳定**　2016年，永州市在全省首创“二次调解”化解矛盾纠纷工作机制，被《省委内参》推介。全市各类人民调解组织逐步建立完善，全年化解矛盾纠纷5万余件。在全省率先全面完成省重点民生实事项目的社区矫正中心建设，省司法厅在永州市召开现场经验交流会。截至2016年年底，全市累计接收社区服刑人员9847人，解矫5473人，在册4374人，无一人因脱管漏管而导致重新违法犯罪。安置回归刑释人员3616人，重新犯罪率控制在1.2%以下，远低于3%的省综治考核要求。市强戒所连续16年实现“六无”目标。全年，全市司法报考人数817人，通过人数103人，通过率12.61%。永州市连续14年实现国家司法考试无考试安全事故，累计为全市输送1800余名合格法律人才。

■ 司法改革 2016年，永州市在全省首创并继续推进律师参与陪同市、县区领导开展信访接待日活动，推动涉法涉诉信访案件的化解工作。年内，全市律师办理各类诉讼案件7608件，非诉讼法律事务2614件，比2015年增长5.1%，减少和挽回经济损失1.2亿元。市中心城区公证机构改革基本完成。宁远县先行先试，率先在全省完成县级公证机构改革，并在全省公证体制改革工作会上作经验介绍。率先完成人民监督员选任管理改革工作任务。首批由市司法局选任的66名人民监督员宣誓上岗。在全省率先完成人民监督员选任管理改革工作。

（罗爱月）

军　　事

永州军分区

■ 思想政治建设 2016年，永州军分区坚持把思想政治建设摆在首位，聚焦维护权威、维护核心、维护和贯彻军委主席负责制，强化理论武装，着力打牢对党忠诚、向党看齐、听党指挥的思想根基。完成4个专题20天党委中心组理论学习。筹划“两学一做”4个专题学习讨论，军分区常委及各县区人武部主官人人均有讲稿，累计到15个党支部上党课18次，其中《讲道德　有品行》党课提纲被省军区作为精品课面向全区宣讲。结合建党95周年和红军长征胜利80周年，组织征文、书法、摄影比赛，国防动员文化建设探索培育积极推进，涉军舆情管控抓得主动及时，宣传工作被省军区评为“新闻宣传工作先进单位”。

■ 动员能力建设 2016年，永州军分区坚持把动员备战作为党委第一要务、最大职责。以省军区抓建基层成果为推手，紧跟改革转隶进程，及时调整工作机制，探索常驻应急力量建设模式，扩大在行业系统、科研院所、高等学校和高新技术产业编兵比例，应急营连建设得到省军区党委的肯定。组织2批专武干部、37期民兵训练集训，完成5期首长机关集训，85%的机关干部、人武部主官担负教学任务，两级首长机关动员能力明显增强。参加省军区年终军事训练考核，成绩优异，被省军区表彰为“军事训练先进师级单位”。探索“系统调取、三级联动、责任到人”兵役登记方式，在全省范围内推广。全市18岁应征青年登记率100%，位居全省第一位。

2016年9月11日，新兵入伍欢送仪式现场

摄影 伍致健

■ 保障能力建设 2016年，永州军分区持续推进营区绿化、亮化、美化、净化工程，通过园林、橱窗、灯厢、石刻、书法等形式，在军营打造集安全文化、强军文化、励志文化、廉政文化、修身文化于一体的特色军营文化。通过4年的建设与发展，军分区和全区11个县（区）人武部全部完成新建搬迁和升级改造任务，营院环境面貌彻底改观，军分区机关作为唯一的军事机关被湖南省表彰为“绿化先进集体”。

■ 参建参治工作 2016年，永州军分区各级向市委、县委报告工作，提出加强党管武装建议，市委研究通过副团职军转干部享受地方副处职干部同等待遇的问题。主动到市、县委党校和县区党政机关宣讲国防知识，增强各级领导干部履行国防职责的主动性和自觉性。主动融入地方经济建设，对口帮扶新农村联系点11个，军分区政治部被市评为驻村帮扶工作先进后盾单位，金滩村也被评为湖南省脱贫攻坚示范村。先后出动部队官兵和民兵预备役人员2000多人次，完成“5·20”抗洪抢险等各种急难险重任务，保护驻地人民生命和财产安全。

■ 军分区党委十届八次全体会议 2016年1月18日—19日，永州军分区召开党委十届八次全体会议，会议传达军委国防动员部和省军区党委扩大会议精神，表彰一批先进单位和个人，总结2015年度的工作，并对2016度军事、政治、后勤工作进行部署。

2016年11月20日，永州市委召开议军会

摄影 伍致健

■ 市委议军会　2016年11月21日下午，中共永州市委召开议军会，专题研究军事工作。中共永州市委书记陈文浩主持会议，市委副书记、市长易佳良，市委常委石艳萍、唐能武、杨永、吴志雄、王守海、刘尤碧参加会议。市人大常委会主任高建华，市政协主席唐定，军分区参谋长耿保民、政治部主任陆鸿，以及市直有关单位主要负责人列席会议。会议观看永州市防卫作战战场环境分析专题片，传达学习改革强军和省委议军会主要精神，分析全市国防后备力量建设形势。

（罗夕容）

人民防空

■ 概况　2016年，永州市人民防空办公室（简称市人防办）围绕市委、市政府的工作部署，立足永州人防实际，真抓实干，各项工作取得好成绩。市人防办被国家人力资源和社会保障部、中央军委国防动员部评为全国人民防空先进集体；被湖南省文明委评为省级文明标兵单位；被省人防办评为绩效先进单位；被湖南省国动委评为全省人民防空先进单位；人防指挥信息保障中心被省人力资源和社会保障厅、省人防办评为全省人民防空先进集体，市人防办在市绩效考核中被评为优秀单位。

■ 人防工程建设管理　2016年，永州市总投资4.5亿元的市级新型人防疏散基地完成围墙主体和边坡支护等工作，正抓紧园林景观、院内道路建设。单建式人防工程，完成土方开挖、基坑支护、地基防水及垫层、底板混凝土浇筑等工作，剪力墙和顶板钢筋铺扎正在进行。预备指挥所完成施工图设计和审查、财政预算审查、建设单位考察等工作，即将招投标。1511配套工程伪装房防空地下室完成主体工程建设。加强各类人防工程项目的审批审查和质量监督管理，对承诺修建防空地下室的建设单位和业主跟踪服务，每个季度定期对已建的人防工程进行检查，发现问题及时整改，做到“灯明、路洁、水畅、结构完好”。

■ 人防组织指挥能力建设　2016年，永州市形成光纤、电缆、短波、超短波、卫星通信等多网集成的信息传输网络。建成省、市二级光纤通信网，中心城区预警报知网实现全覆盖。机动指挥所建成并投入使用，建成卫星接收系统和北斗卫星导航系统。完成警报系统信息化升级改造，警报覆盖率和鸣响率均保持100%。落实国家人防办颁发的人防训练大纲要求，开展人防基础训练、专业队伍训练，参与“湘防—2016”等各类演习。9月，组织市带县人防机动指挥通信系统拉练，全市11台人防指挥通信车参加，行程1000余千米，提升人防快速反应和应急救援能力。

■ 人防依法行政　2016年，永州市推进各类园区依法开展人防工作，推动“一令一文件”、湘发改价〔2016〕405号文件和湘发改价〔2016〕716号文件精神的落实。根据省人防办要求承办全省人防行政执法培训，推进各县人防行政执法工作。加大案件查处力度，集中整治违法违规减免人防建设义务，做到有案必查、违法必究。

■ 全市9县人防指挥所项目建设启动　2016年，永州市9县人防指挥所项目建设陆续启动。祁阳县地面指挥所建成，并投入使用；新田县地面指挥所主体完工；双牌县、江华瑶族自治县和东安县完成选址和立项；其他各县正在抓紧立项和选址工作。

■ 人防宣传教育　2016年，永州市人防办按照开放式、嵌入式、融合式的理念，推进人防宣传教育“五进四化”（进机关、进学校、进社区、进企业、进媒体活动和社会化、基地化、规范化、常态化）工作，中心城区社区覆盖率70%以上。开通永州人防政务微博、微信公众平台，完成《永州城事》栏目的专题报道和《永州人防宣传推介》的拍摄。结合重要日集中开展宣传活动，利用车载视频和公共场所视频系统宣传人防知识。各县开展形式多样的人防宣传教育活动，人防宣传教育覆盖面不断扩大。

（胡霖）

武装警察

■ 概况 中国人民武装警察部队湖南省总队永州市支队（简称武警永州支队），组建于1983年1月，支队机关位于永州市冷水滩区凤凰园北路608号。

2016年，支队党委按照“更新、升级、创新、转改”的工作思路，坚持抓首位铸军魂、抓中心强能力、抓基层打基础、抓安全保稳定、抓整改正风气，部队建设呈现向上向好的发展态势。

■ 思想政治建设 2016年，武警永州支队抓实理论武装，采取党委中心组带机关、常委分片带基层、基层党委（支部）带党员骨干的形式，持续抓好习近平系列讲话、“七一”讲话等重大思想的宣传普及。每周依托“警营开讲啦”组织心得体会交流，组织观看反映党建和战斗历程的系列影视片。抓好政治教育，紧盯“官兵活的思想”，创新建立“网格化融合式”教育模式（采取抓好各类例会的落实，掌握官兵思想状况，确立教育内容，形成发现问题、解决问题、情况反馈的教育闭合回路，以制度落实促进教育质量提升），推进改革强军主题教育，落实“领导带头授课、每月精品一课、机关网上查课、推门听课”等机制，引导官兵在学而信、学而用、学而行中投身改革强军实践。注重用红色文化熏陶官兵，开展“读红色经典、讲强军故事、唱革命歌曲”活动，组织强军战歌教唱、强军故事会等活动，从红色文化中汲取信仰力量。参加总队“四会政治教员”比武获第三名。抓细经常性思想工作，运用“三互”（互帮、互学、互教）、“双四一”（“四个知道一个跟上”，即上级对下级、干部对战士要做到：知道他们在哪里、在干什么、在想什么、需要什么，思想工作及时跟上；“四个报告，一个依靠”，即下级对上级，战士对干部要做到：随时报告自己在哪里、在干什么、在想什么、需要什么，遇到问题依靠组织解决）等有效载体，开展大谈心活动。重视官兵涉法和心理问题，结合勤训轮换举办保卫委员和思想骨干培训，组织“送法下基层”活动，协调解决官兵家庭涉法问题3起，为60余名官兵提供心理咨询。加强任务中政治工作研究，发挥政治工作服务保证作用。重视发挥典型的示范引领作用，分层次、分类别在不同层面培养一批典型。根据年初确立的“典型带队”的思路，8月底在义务兵退伍前举办先进典型事迹报告会和2名保送入学士兵谈体会活动，特别是推出武警部队第十九届“十大忠诚卫士”王喜这一重大典型，激发广大官兵献身警营的热情。

■ 履行职责使命 2016年，武警永州支队完成“两看”目标AB门改造、备勤室前置、犬防等建设任务。组织固定目标执勤，部署开展“抓规范、打基础、治隐患、保安全”执勤安全教育整顿活动，系统规范各类勤务，进一步正规执勤秩序。加大专勤专训、专哨专训和基础课目训练力度，提高官兵执勤能力和组勤质量。采取“小兵种大集训”的形式，组织基层应急班集训，集中组织“魔鬼周”极限训练，承办湘南片区预提指挥士官集训，开展“四会”教练员达标考核和优秀教练员评选，提升部队训练水平。支队参加总队“优秀教练员”比武竞赛中获团体总分第一名，二中队中队长张黄应被总部评选为“优秀教练员”；参加总队执勤中队建制班比武竞赛3名战士进入个人全能前10名。特别是参与处置“4·04”蓝山救援、“8·12”零陵抓捕持械杀人犯、“11·01”蓝山缉毒等突发事件，任务完成出色，受到驻地党委政府和群众的高度赞誉。加强特勤排、应急班两级反恐应急力量建设，结合新式防暴运兵车配发，组织军事工作观摩会，规范反恐力量整建制拉动编携配装。年内，出动兵力完成武装押解、安保勤务、联勤武装巡逻、抢险救灾等临时勤务工作。

■ 部队正规化建设 2016年，武警永州支队开展“学规范、用规范”“百日安全竞赛”等活动，重点纠治法治理念欠缺、法纪意识淡薄、安全抓建不力等问题。采取集中授课、观看录像、讨论辨析和日常讲评等方式，组织法规学习、案例警示和安全常识教育，开展“强化法治思维，严守纪律界限”群众性大讨论，着力培育官兵遇事找法、办事依法、事事守法的法治素养和行为习惯。严格正规管理建安，严格落实武警部队《安全工作八个方面基本规范》，全员、全域、全时覆盖，加强对安全工作的系统规范和精细落实。组织各级主官层层签订安全责任书，对制度落实不严、隐患整治不力等问题实施追责问责，形成按级负责、按职尽责的良性机制。紧抓重点问题保安，坚持重大任务评估安全风险，每季度排查安全隐患，每月分析安全形势，每周进行安全管理检查，提高部队安全系数。始终把人车枪弹酒、水火电毒密、小散远直弱作为安全管理重点，严格落实抓基办主抓、机关职能部门联抓、问题倒查责任制，采取挂账销号、拉单列表等方式，先后组织开展安全大检查、保密专项检查、武器弹药管理专项整顿活动。突出“两官”（警官、士官）、在外、重点关注等人员，逐项制定管理措施，与每名转业干部、士官逐一签订安全责任书，确保“三个不失控”，做好“三查一除”工作，清退不合格新兵5人。

■ **部队基层建设** 2016年，武警永州支队坚持依法抓建，采取“专题辅导、难题会诊、讨论交流”等方法，对所有干部培训一遍，提升“一线带兵人”的能力素质。修订完善《支队党委挂钩帮建实施方案》，规范工作统筹、检查考评等机制，提升依法抓建、按纲指导质量。突出强能自建，始终把人才培养作为兴队的第一要务，统筹安排机关、基层干部岗位轮换，针对部分任职经历较短、单位建设相对滞后的单位主官，党委委员、机关股长及时跟上结对帮教，设立“警营开讲啦”交流平台，鼓励官兵畅谈学习心得、工作收获，提高履职尽职能力。注重强化组织功能，及时健全各级各类组织，规范“三大组织”制度落实，基本实现基层支部思想能掌控、矛盾能自解、工作能自转、安全能自保、任务能完成的自建目标。注重精准帮建，开展“三帮一带”活动，每季度组织“下连当兵、蹲连住班”活动，采取党委常委包片、股室挂钩的方式实施覆盖式帮建。全年，先后安排4批工作组下队蹲点帮建，班子成员下基层蹲点指导都在60天以上，2个重点帮扶中队进步明显。

■ **部队综合保障** 2016年，武警永州支队贯彻“后勤变前勤”指示要求，注重规范管理、面向基层、服务官兵，不断提升后勤保障质量效益。加强后勤战备建设，修订完善后勤保障方案，落实“以车代库”，核对补充装备物资器材，加强保障队专勤专训和要素集成训练，先后组织炊事员、军械员、驾驶员、四小工培（复）训，每月利用司务长办班，组织5公里、业务技能、烹饪作业等阶段性测试，参加总队司务长培训考核获团体总分第二名。开展“伙食精细管理年”活动，严格落实“1126”“6211”保障模式，统一配送食用油和牛奶，依托网络平台对伙食制度落实情况检查80余次。坚持车辆“五位一体”联管和私家车运行管控，每季度组织武器装备普查，车辆枪弹管理安全有序。推进“指令性任务”落实，严密组织财务大清查回头看问题整改，清查整改问题40余个，撤销勤务中队、一中队银行账户，倾斜地方经费投入训练场地建设比率60%。组织“三库”整改，完成军械库和油库安防设施改造。推进机关公寓楼购买、一中队迁建、犬舍和车库等基础设施建设，稳步推进道县、宁远、祁阳和新建永州市中队新营房建设工程，后勤保障效能进一步提升。

■ **永州支队党委二届九次全体（扩大）会议** 2016年3月7日—8日，永州支队党委二届九次全体（扩大）会议召开。支队党委委员出席，机关股长（负责人）、基层中队军政主官列席。会议传达总部、总队两级党委全体（扩大）会议精神，分析总结2015年部队建设形势，谋划部署2016年工作任务。党委书记王剑代表支队党委常委会作《更新观念、升级能力、创新招法、转改作风，努力推动支队现代化建设再上新台阶》工作报告；党委副书记祝立志主持会议，并作《聚焦中心、干好主业，持续夯实支队全面建设的内涵底蕴》讲话。市公安局局长、支队第一政治委员刘新良出席会议并讲话。

■ **“魔鬼周”极限训练** 2016年3月21日—27日，永州支队依托江华县涔天河水库、水口镇、秦岩森林公园周边山林地域进行“魔鬼周”极限训练。特勤排、应急班45人参加，动用车辆8台次，徒步行军117千米，摩托化行军300千米，途径4个乡镇，每天训练12个小时，途中野外宿营1次，舍营5次，单兵负重20余千克，组织进行长途武装奔袭、摩托化开进、水上射击、高空索降、记忆识别射击、快速挖掘战壕、穿越谷底丛林、街区搜索射击、公交车反劫持战斗、山林地捕歼战斗、自动步枪对活禽射击、按图行进、极限体能等46个课目的训练。

■ **武装抓捕** 2016年4月26日，武警零陵区中队出动6名兵力，赴石山脚乡马廻村，协助当地公安机关，处置持凶器严重伤人事件，抓获犯罪嫌疑人左某（男，汉族，湖南永州零陵区人，精神病人。当天13时23分，其手持菜刀打伤其父母，并挥舞菜刀砍杀前来劝解的村民，扬言一定要杀个人，后在当地派出所干警和村民的围堵下，逃窜至自家二楼楼顶，利用盖房的砖头砸向楼下群众，致使多名村民受伤），缴获菜刀1把；8月12日，出动6名兵力，赴零陵区邮亭圩镇蔡家甸村，协助当地公安机关，处置持凶器恶性杀人事件，抓获犯罪嫌疑人何某（男，30岁，零陵区邮亭圩镇人，患有精神病。当日7时，其手持菜刀在家门口将其父亲何荣生杀死后潜藏在家中）。11月1日，武警蓝山县中队出动12名兵力，赴蓝山县竹管寺镇，协助公安机关，破获一起毒品交易案，抓捕涉毒分子3名，缴获冰毒约6.3千克，长矛1支，管制刀具1把，小轿车2台。

■ 制止犯人脱逃 2016年5月3日，武警零陵区中队成功处置犯罪嫌疑人黄某（男，38岁，零陵区邮亭圩镇人，因涉嫌故意杀人罪被羁押。9时12分，零陵公安分局刑警大队准备将该犯押解至长沙进行精神病鉴定，看守所干警张六翠将黄某戴上手铐，将其从7号监舍提押至监区二道门通道处，在干警给他戴脚镣时，他奋力挣脱并将脚镣砸向干警，随即通过值班室楼道到达干警巡查区，沿二楼监内巡查通道窜至监房西南侧14号监舍放风区顶部，企图跳跃至南侧审讯室房顶，翻越南侧监墙脱逃）企图脱逃事件。9时20分，中队长刘洋带领应急小组进入监区，形成干警正面劝说、应急小组侧面合围、哨兵高点武力威慑之势，随后黄某放弃抵抗，应急小组协同干警将其成功抓获。6月17日，三中队出动4名兵力，成功处置东安监狱在押犯违规进入警戒区事件。中队排长马超带领应急小组将违规进入警戒区在押犯罗某（男，30岁，湖南隆回人，因盗窃罪被判刑1年10个月，余刑4个月）制服。

■ 防暴运兵车授装接装仪式 2016年7月17日，武警永州支队举行防暴运兵车授装接装仪式。支队机关基层90余名官兵参加。仪式由参谋长李奇主持，并宣读授装命令；支队长祝立志为接装单位军事主官代表授装；祁阳县中队中队长徐亚辉接装，并带领全体官兵宣誓；后勤处副处长黄涛组织学习《支队车辆管理规定》。

■ 先进典型事迹报告会 2016年9月5日，武警永州支队召开“献身强军实践、锻造潇湘卫士”先进典型事迹报告会。支队党委常委、机关干部在主会场，基层中队官兵在分会场参加。报告会由支队长祝立志主持；武警部队第十九届中国武警十大忠诚卫士一中队特战排班长王喜、优秀基层带兵干部一中队中队长何如涛、总部优秀教练员二中队政治指导员张黄应、爱岗敬业典型东安县中队炊事员许富国、爱警精武标兵新田县中队战士林博、专业技术骨干勤务中队通信班班长胡钟庭、总队红旗驾驶员勤务中队汽车排代理排长吴忠财分别讲述立足警营、爱岗敬业、无私奉献、成长成才的先进事迹。

■ 监所管理工作现场会 2016年9月19日，武警永州支队会同永州市公安局监管支队在江永县看守所召开监所管理工作现场会。湖南省监管总队副总队长吴国强，永州市公安局副局长刁兰富、段周权，支队参谋长李奇、司令部作训股参谋蒋志平、二大队副大队长罗紫辉，永州市各县区分管监管工作的县（区）公安局副局长、看守所所长、拘留所所长50余人出席会议。与会人员现场观摩江永县看守所AB门建设成果，以及值班执勤规范、医疗专业化建设、在押人员出所就医实施办法；江永县、宁远县、双牌县看守所，武警江永县中队分别作经验交流发言；李奇就全市看守所监管安全工作提出合理化建议；吴国强通报全省当前监所管理工作建设形势，并就下步监管安全工作讲话。

■ 特勤排应急班比武竞赛 2016年12月29日—31日，武警永州支队在教导队举行2016年度特勤排、应急班比武竞赛，14个基层中队应急班参加。比武竞赛设置5千米武装越野、通过400米障碍、小组战斗综合演练、自动步枪夜间射击、防暴弹投掷、自动步枪快速精度射击、54式（92式）手枪对不动目标射击、器械体操等科目。一中队、永州市中队、东安县中队获团体总分前三名，一中队战士黄耀、陆宏、胡刚，永州市中队战士董磊，东安县中队战士田明华、黄为泳，蓝山县中队战士邓云华，新田县中队战士欧树昌，宁远县中队战士黄智杰，江华县中队战士丁根获个人全能前十名。

（朱期卫　王勇）

经济建设

Economic Construction

综合经济管理

经济调控与体制改革

■ **概况** 2016年，永州市发展改革委员会（简称市发改委）内设办公室、综合改革规划科、法规科、固定资产投资科、农村经济科、财政金融贸易外经科、社会发展科、工业基础产业和高新技术科、能源科、市重大项目前期工作办公室、资源节约和环境保护科、重大项目稽察科、价格调控科、商品价格管理科、服务价格管理科、收费管理科、政工科、机关党委、监察室、公共资源管理办公室，共20个科室。委属单位有市价格监督检查局、市价格成本调查队、市价格认证与信息监测中心、市发改委政府投资项目评审中心、市重点建设工程领导小组办公室、社会体系建设管理办公室，共6个。全委年末实有干部职工99人。全市发改系统获得国家和省级表彰5项，市发改委机关在市级考核的23项工作中有15项获评先进，跑项争资位居全省前列。

2016年，永州市实现地区生产总值1565.81亿元，增长8%；财政收入149.92亿元，增长14.3%；社会消费品零售总额589.9亿元，增长11.8%；城镇居民人均可支配收入2.4万元，增长9.5%；农村居民人均纯收入1.17万元，增长8.5%。

■ **招标投标** 2016年，永州市依法依规依程序进行建设项目招标范围、招标方式和招标组织形式的核准，严格把好邀请招标核准关。除6月1日后由市发改委各业务科室在项目立项时直接核准公开招标的项目外，全年核准建设项目51个，全部核准为公开招标。“一委一办一中心”的管理体制全面建成，全市11个县区交易平台全部撤销，11月10日后，所有公共资源交易按要求全部纳入市级平台。

2016年12月15日，市委书记李晖一行到市发改委调研

■ **重大项目** 2016年，永州市纳入全市考核的326个重点项目完成投资549.15亿元，占年度投资计划528亿元的104%。其中，涔天河水库扩建工程下闸蓄水，涔天河水库灌区工程、神华国华永州发电厂一期工程、保障性安居工程等重大项目进展顺利，长丰扩能、江华界牌并网发电等项目竣工并投产。

■ **外经外贸** 2016年，永州市实现进出口总额10.22亿美元，增长16.6%，排全省第四位。其中，出口总额8.90亿美元，增长18.6%；进口总额1.32亿美元，增长4.6%。实际利用外资9.53亿美元，增长14.6%，总量居全省第六位，增幅居全省第五位。

■ **投资管理** 2016年，永州市固定资产投资完成1653.09亿元，增长14.0%。基础设施投入加大，受涔天河水利工程和神华火电项目带动，基础设施投资增长57.9%，增速比全部投资高43.9个百分点。民间投资逐步回暖，占全部投资比重的52.8%，增长9%。项目建设取得进展，全市亿元以上投资项目达351个，增加157个；完成投资559.04亿元，增长118.1%。

■ **服务业管理** 2016年，永州市服务业实现增加值693.64亿元，增长11.9%，服务业占GDP比重连续3年持续提升，达44.29%，较2015年提高2.59个百分点；服务业完成固定资产投资876.11亿元，增长19.7%，服务业投资占全社会固定资产投资比重达53.0%，成为拉动全市投资增长的重要产业。

黄甲岭风力发电项目

■ **工业交通管理** 2016年，永州市规模以上工业实现增加值323.77亿元，增长6.6%。新型工业在创新驱动中提质增效，新增高新技术企业21家，永州经济技术开发区跻身省级高新技术开发区。新入统规模工业企业130家，居全省前列。二广高速、厦蓉高速出省通道全面打通，祁（祁阳）冷（冷水滩）一级公路和国道G207改建双牌至道县段竣工并通车。10个县区开通高速公路，所有行政村通水泥（沥青）路。经停永州高铁达17对，永州机场新增上海、海口航线。

■ **体制改革** 2016年，永州市投资体制改革再深入，启动运行投资项目在线审批监管平台，全年377个投资项目全部实现在平台审批，审批效率较2015年提高50%。制定《永州市城市公立医院医疗服务价格改革实施方案》，11家城市公立医院取消药品加成，同步实行调整的医疗服务价格。建成“信用永州”网站平台，建立健全工作制度，构建工作联动、失信联合惩戒、信息归集和监管机制。公共资源交易体制改革稳步推进，“一委一办一中心”的管理体制全面建成，全市11个县区交易平台全部撤销，所有公共资源交易按要求全部纳入市级平台。市、县两级党政机关车改工作完成。行业协会商会与行政机关脱钩第一批试点工作全面完成。江华、江永、东安3县新增纳入国家重点生态功能区。祁阳县、东安县芦洪市镇获批第三批国家新型城镇化综合试点。

■ **节能减排** 2016年，永州市推进节能降耗和污染减排工作。全市能源消费总量788.96万吨标准煤，增长1.21%；单位GDP能耗为0.579吨标准煤/万元（目标值为0.598吨标准煤/万元），下降6.27%，超额完成年度计划万元GDP能耗比2015年下降3%的节能目标任务。

（唐习文）

工商行政管理

■ **概况** 永州市工商行政管理局（简称市工商局）下辖4个工商分局，管辖18个工商所。市局机关内设办公室、政策法规科、政工科等22个科室，全系统有干部职工388人。

■ **服务经济发展** 2016年，永州市商事制度改革围绕“放管服”这个中心再深化再发力，继续在全省领跑。全面深化工商登记制度改革，注册制度进一步便利化。市工商局争取市政府印发《永州市放宽市场主体住所（经营场所）暂行规定》和《永州市公司登记权限暂行规定》，进一步降低准入门槛，下放部分登记权限，提升市场主体准入速度；审核合一、简易注销、集群注册、企业名称核准全程电子化迈出坚实步伐；企业、农民专业合作社“五证合一、一照一码”和个体工商户“两证整合”全面实施。全市分别发放“五证合一”“两证整合”营业执照4421份和3267份；市场主体登记信息在市直相关部门和中心城区全面实现共享交换。新设立市场主体3.66万户，新增注册资本433.31亿元，分别增长11.9%、40.2%。实有各类市场主体16.9万户，注册资本1882.05亿元，分别增长11.24%、39.26%。永州的商事制度改革受到省政府和市委、市政府的高度关注，连续3年的市委经济工作会议和《政府工作报告》都将商事制度改革作为全面深化改革的“先手棋”进行安排部署。永州在全省商事制度改革工作座谈会上作先进典型发言。市工商局系统连续2年完成市定招商引资任务，并在服务电商发展方面作出突出贡献，被市委、市政府评为发展开放型经济优质服务单位、招商小分队先进单位和优质服务单位。永州经济技术开发区分局留住准备搬迁的三湘电线电缆公司，引进永州金科地质装备有限公司投资6000万元。江永、零陵分局支持建设“阿里巴巴农村淘宝”取得成效。

■ **市场监管** 2016年，永州市工商局起草《关于“先照后证”改革后加强事中事后监管的实施意见》《永州市市场监管暂行办法》《关于加强全市企业信用信息管理的实施意见》等改革文件。永州市企业信用信息共享交换平台及公示系统于9月1日上线运行，市政府于9月5日举行启动仪式

2016年永州市认定的市知名商标一览表

表5

县（区）	商标注册号	申报商标	企业名称
宁远	1631580	男儿王	湖南九嶷山酒业有限公司
江永	7269308	帝晨	江永县桃川洞夏橙等橙类专业合作社
蓝山	12778174	潇湘鑫旺	蓝山县鑫旺竹业有限公司
蓝山	12676232	湘峰+	蓝山县五福葡萄发展有限责任公司
宁远	14493422	舜泽	宁远云泰农业开发有限公司
零陵	11925341	亿明+Z+	永州市明明畜牧有限公司
冷水滩	6113005	金生和+	湖南金三和粮油有限公司
冷水滩	11001528	HILLPHARMACEUTICAL+	湖南希尔天然药业有限公司
冷水滩	8568129	潇湘奔腾+	湖南奔腾文化创意股份有限公司
新田	13827914	竹家乐	湖南家乐竹木有限公司
冷水滩	10875645	湘冠	湖南省冷水滩电线电缆股份有限公司
冷水滩	10875716	金馨	湖南省冷水滩电线电缆股份有限公司
江永	11838978	湘颖+	江永县富硒钙农产品专业合作社
宁远	6031938	九嶷山舜帝酒+	湖南九嶷山酒业有限公司
宁远	9744224	九嶷+图形	宁远县九嶷兔业开发有限公司
冷水滩	3956684	三阳康泰	湖南恒伟药业股份有限公司
冷水滩	3956670	健康小新	湖南恒伟药业股份有限公司
宁远	13176357	江河源+	永州市馨园园艺有限责任公司
祁阳	3121922	北大红+	永州市北大农牧有限公司
祁阳	3405796	神州龙	永州市北大农牧有限公司
祁阳	10262324	舜湘	祁阳县绿色园种养专业合作社
新田	11422862	湘凌	湖南林丰木业有限公司
新田	11001389	弘喜和	新田县合鑫不锈钢制品有限公司
新田	15495476	DY+	湖南鼎元机械有限公司
新田	881007	梦都+	永州市梦都家纺有限公司
新田	6202805		新田县鑫隆食品有限公司
新田	14856204	吉洲吉星+	湖南吉星家居有限公司
新田	14856211		湖南吉星家居有限公司
新田	13874282	新田五月黄+	新田县石羊醋水豆腐生产专业合作社
道县	4180291	丽唐	道县大唐涂料厂

续表5

县（区）	商标注册号	申报商标	企业名称
江永	13234915	老满+	江永县宋村农副产品农民专业合作社
江永	3262635	福洞+	江永县十里香农产品加工有限责任公司
江永	3196302	义华+	湖南省江永县义华花生制品有限责任公司
冷水滩	10121231	九嶷	永州天成肉类食品有限公司
冷水滩	4969742	天之果	湖南都成国际食品有限公司
冷水滩	1102458	湘君+	湖南湘君面业有限公司
冷水滩	5513454	恒丰机械+	永州恒丰机械有限公司
零陵	11688769	湘灵+	永州市零陵香零山食品有限公司
冷水滩	7066063	民鑫食用油+	永州市冷水滩区诚利扬粮油贸易部
双牌	10788467		永州市键特科技有限公司
冷水滩	3318630	建都+	永州市建都超市有限责任公司
江永	15969425	元杰	江永县元杰科技有限公司
江永	15017529	瑶妹子+	江永瑶妹子三香特产专业合作社
江永	15036278	瑶姑+	江永县老石头特色农业发展有限责任公司
冷水滩	11419180	时兴	永州市时兴商贸有限责任公司
冷水滩	15046411	潇水渔娘+	永州市冷水滩区一品香米厂
宁远	9121165	九疑香	宁远县茂源农业开发有限公司
宁远	13730532	嶷凤+913+	永州嶷凤农业发展有限公司
宁远	14755785	舜宁+	宁远县鑫农淮山种植专业合作社
江永	15298290		江永县华鑫粉体有限公司
江永	14680527	沟郎瑶	江永县盘王贡酒酒业有限公司
冷水滩	10011164	卞家坪+	永州市顺康生态农业发展有限公司
祁阳	12494356	陶铸+	祁阳科兴轻质陶粒有限公司
冷水滩	10853112	康力坚+	永州市冷水滩江南建材涂料厂
蓝山	12295954	俊水	蓝山县裕峰蔬菜种植专业合作社
蓝山	11614320	舜妃	蓝山县金牛食品酒业有限公司
蓝山	10182894	俊顺源+JUNSHUNYUAN+	蓝山县俊顺源葡萄专业合作社
蓝山	10689457	山口树古源	蓝山县山口均财杨梅种植专业合作社
蓝山	10889877	蓝湘江源	蓝山县蓝湘江源食品饮料有限责任公司
冷水滩	10452667		永州市华利工贸有限责任公司
东安	5391277	德园	永州市天宜山庄生态家庭农场有限公司
冷水滩	16199503	华峰星辰	永州星辰生物科技有限公司
冷水滩	6589881	九嶷骄阳+	永州市九嶷骄阳水泥有限责任公司
冷水滩	4504089	金勘	湖南卓尔钻具有限公司
冷水滩	6364842	馨恒堂+	湖南馨恒堂中药科技有限公司

续表 5

县（区）	商标注册号	申报商标	企业名称
冷水滩	6317426	优美华+YOUMEIHUA+	永州市优美家居装饰有限公司
冷水滩	7869007	重力托玛+ZHONGLITUOMA	永州重力托玛科技实业有限公司
冷水滩	9947517	潇水人家	湖南梅尼企业工贸有限公司
江华	13066559	增福	江华瑶族自治县长福香业有限责任公司
江华	10097146	斑竹牌	江华瑶族自治县宏宇香业有限责任公司
江华	12916064	一点正发	江华瑶族自治县宏宇香业有限责任公司
江华	6830534	Diwei TIANNU	江华瑶族自治县君贤皮具服饰有限公司
江华	11467138	潇水源	江华瑶族自治县潇水源油脂有限公司
江华	8577689	江环+	永州锦田木业有限公司
江华	16334235	瑶江桥	江华瑶族自治县塘湘香业有限公司
东安	3137211	舒实+	东安县舒实床垫厂
东安	14091936	绿美珍	湖南省东安县欣荣绿色产业有限公司
冷水滩	5543270	恒惠	湖南恒惠食品有限公司
江永	15531342	昌旭+	江永县粗石江盛誉水果专业合作社

和新闻发布会。截至 2016 年年底，上传涉企信息 28291 条。市政府对企业信用信息归集共享工作进行专项督查，对全市商事制度改革工作进行年度考核。全市市场主体年报工作步入全省先进行列，“双告知”在市本级全面实施，市工商局清理“僵尸企业”并吊销企业营业执照 669 户，“双公示”特别是行政处罚信息公示名列全省系统第一名，“双随机”抽查市场主体 4093 户，市本级 700 户企业被依法纳入经营异常名录，市工商局协助司法冻结股权公示 45 件。应对广告违法的新情况，拓展监管新领域，立案查处利用网络、微信公众号等平台发布违法广告行为，查结虚假违法广告案件 147 件。围绕农资、家电、建材、儿童用品、危险化学品等重点，先后组织专项整治行动 80 余场次。新田县工商局将市场监管工作加入到“智慧新田”云平台，监管效能大幅提升；祁阳县局与企业联合打假效果明显。全市工商系统立案查处各类经济违法案件 2783 件。不正当竞争执法继续位居全省前列。市工商局查办的“城市一卡通公司滥收费用案”被国家工商总局评为全国公用企业限制竞争五个典型案例之一。永州的反垄断工作连续 3 年位居全国地市第一名。省工商局专门就反垄断执法工作给市工商局颁发嘉奖令，并奖励 30 万元。

■ 商标品牌管理 2016 年，永州市出台《永州市人民政府关于加快推进商标战略的实施意见》，召开深入推进商标战略暨驰（著）名商标地理标志商标表彰大会，对全市 2012 年—2015 年获得驰名、著名、地理标志商标的企业予以表彰奖励。全市工商系统通过上门指导、梯次培育、典型引路、组织参展推介等方式，鼓励、支持、引导企业创牌、育牌、护牌。新增注册商标 1952 件，比 2015 年 699 件增长 179.26%。有效商标总数 9435 件，其中地理标志商标 6 件，国际商标 6 件，中国驰名商标 11 件、湖南省著名商标 91 件、永州市知名商标 79 件。道县成功培育“道州脐橙”地理标志商标。

■ 消费者权益保护 2016 年，永州市受理消费者申诉举报投诉 4591 件，办结率 99%，成功调解各类消费纠纷 3600 余件，立案查处损害消费者权益案件 78 件，为消费者挽回经济损失 277.38 万元。依法妥善处理集体投诉 21 件，有效化解群体事件苗头 10 余起。狠抓旅游景区消费投诉网络建设，促进全市旅游业健康可持续发展，被评为旅游产业发展先进单位。宁远县整合“12315”“12331”“12365” 3 条投诉举报热线，组建新的投诉举报中心。

■ **首张“两证整合”营业执照在祁阳颁发** 2016年12月1日，永州市第一张个体工商户“两证整合”（“营业执照”“税务登记证”）营业执照在祁阳县颁发。标志着永州市全面实施“两证整合”个体工商户等级制度改革。“两证整合”是将原有个体工商户登记时依次申请营业执照和税务登记证，改为由工商部门直接核发一个营业执照，不再申办税务登记证，减少重复性审查，优化个体工商户的市场准入流程，并推动相关部门工作整合和信息共享。

（张凯）

审　　计

■ **概况** 2016年，永州市完成审计（调查）项目446个。查出主要问题金额108.28亿元，其中违规金额11.76亿元，损失浪费金额0.08亿元，管理不规范金额96.44亿元；损益（收支）不实金额6.44亿元；审计处理处罚金额34.31亿元，其中应上缴财政12.5亿元，应减少财政拨款或补贴0.24亿元，应归还原渠道资金7.21亿元，应调账处理金额14.36亿元；审计发现非金额计量问题204个；审计促进整改落实有关问题金额26.46亿元，其中增收节支12.16亿元，已调账处理金额14.3亿元；审计促进拨付资金到位4.46亿元；审计后挽回（避免）损失6.38亿元。移送司法机关、纪检监察机关和有关部门处理事项31件，涉及32人，金额0.95亿元。市审计局被评为2016年度党风廉政建设和反腐败工作先进单位、人口和计划生育综合治理先进单位和驻村帮扶先进后盾单位，并获第六届湖南省“人民满意的公务员集体”称号。在全省优秀审计项目评比中，全市2个项目被为“优秀审计项目”、1个项目被评为“表彰审计项目”。

■ **国家重大政策措施贯彻落实跟踪审计** 2016年，永州市审计局跟踪审计道县、宁远、东安、蓝山等县区“稳增长、促改革、调结构、惠民生、防风险”政策措施的具体部署、执行进度、实际效果等情况。重点审计园区企业发展、重大项目建设、金融支持实体经济，以及PPP、BT（Build Transfer. 意为建设—移交）项目推进情况，揭示不作为、慢作为、假作为、乱作为等问题，促进经济平稳运行，推动国家各项政策措施落实到位。

■ **财政审计** 2016年，永州市审计预算执行单位73个，市审计局除对市财政局、市地税局具体办理的市级预算执行和其他财政收支进行审计外，延伸审计市发改委、市林业局、市水利局等5个预算单位，揭示预决算编制、公共财政收支、政府性基金收支、以及落实作风建设新的规章制度，特别是“三公”经费管理使用、公车改革和楼堂馆所建设等方面存在的问题，并从深化财政管理改革、培育新的经济增长点、依法征缴征管，健全审计问题整改长效机制等方面，有针对性地提出审计建议，引起市政府和财税等部门的高度重视。

■ **经济责任审计** 2016年，永州市对89名领导干部开展经济责任审计，其中市审计局受市委组织部委托，对9名市直机关领导干部进行经济责任审计，重点审计领导干部贯彻执行经济法律法规、党和国家方针政策和决策部署等情况，并把落实中央“八项规定”、省委“九项规定”和市委“十项规定”，“三公”经费、会议费使用、公车改革和楼堂馆所建设等作为重要内容纳入审计范围，指出被审计领导干部任期内存在的问题和应承担的责任，发挥经济责任审计的惩治和防范作用。

■ **固定资产投资审计** 2016年，永州市不断加大对投资额大、社会关注度高、反映问题多以及涉及民本民生的建设项目的审计监督力度，做到投资与审计同步跟进。全市完成投资审计项目175个，核减投资额1.57亿元。市审计局跟踪审计涔天河水库灌区工程等重大建设项目，重点审计零陵大道等投资项目。着眼提高投资管理效益，重点关注征地拆迁、工程招投标、工程质量、环境保护等情况，揭示和反映项目管理粗放、损失浪费以及重大违法违纪等问题，为规范投资管理和遏制损失浪费发挥作用。

■ **民生资金审计** 2016年，永州市按照坚守底线、突出重点、完善制度、引导预期的要求，加强对民生资金和项目的审计，重点监督检查政策执行、资金使用、项目实施等情况，促进民生资金合理分配、规范管理和效益提升。市审计局在对全市住房公积金和市级及零陵、冷水滩两区成品油价格改革财政补贴资金进行审计的同时，组织全市审计机关持续跟踪审计保障性安居工程，专项审计全市基本医疗保险基金和医疗救助资金，充分揭示和严肃查处违规违纪行为，及时向纪检监察机关和有关部门移送严重违纪违规案件线索8件，并督促相关县区和部门单位整改审计发现的问题，确保有关惠民政策落到实处。

■“雁过拔毛”式腐败专项整治 2016年，永州市审计局结合预算执行审计、经济责任审计、投资审计、政策跟踪审计，开展“雁过拔毛”式腐败和反“四风”、治陋习专项整治工作，完成与群众利益息息相关的森林生态效益补偿专项资金、农村饮水安全工程专项资金、成品油价格改革财政补贴资金、市本级污水处理费等民生资金的专项审计，对审计中发现的“雁过拔毛”式腐败问题，及时进行整理归纳，向市专项整治领导小组办公室报送，并向纪检监察部门移送案件线索5件。市审计局被评为2016年全市“雁过拔毛”式腐败问题专项整治工作先进单位。

（刘斌凌）

统　　计

■反映经济社会发展成果 2016年，永州市统计系统坚持实事求是工作原则，依法开展统计调查、监测，客观、真实、全面地反映经济社会发展成果。是年，地区生产总值增长8%，排全省第四位；规模工业增加值增长6.4%；固定资产投资增长13.7%；社会消费品零售总额增长11.7%，排全省第六位；财政总收入增长15%，排全省第一位；进出口总额增长33.1%，排全省第二位。办好月报卡、统计手册、统计年鉴等传统产品，编印《数据永州》折页、《决策参考选编》《统计专报》《民意调查分析报告》等统计产品，实现服务扩面、内容提质、送达及时。围绕对经济运行过程中表现出来的热点、难点问题进行详细调研，对全市一些重点行业、企业，一些发展有来势、有特色的县区进行剖析。开展电子商务调研，完成“一帮二促”企业帮扶等工作，及时为领导科学决策提供第一手资料。对“十二五”发展成就进行系统研究，全年完成统计分析41篇，在《湖南统计信息网》发表31篇，《永州通讯》刊发11篇，《永州日报》刊发6篇。其中《永州市电子商务统计工作现状和发展思路研究》《通过数据追溯民间投资滑坡原因》《关于2016全年目标完成和明年经济发展展望》等一批有观点、有价值的参考分析受到领导表扬肯定。深入挖掘数据反映的经济现象，及时预警预测，献计献策；参加市委办、市政府办牵头的全市主要经济主管部门参与的经济形势分析会，会前对经济发展形势认真总结，会上就季度经济运行情况进行通报，会后与各单位、各部门交流意见、了解情况，为市委市政府下一阶段的工作部署做好服务；整理校核包括《2016年政府工作报告》、联席工作会议、经济工作会议、党代会、地方志等多方面的会议报告材料数据；研究拟订2017年主要经济指标目标任务，建议基本被采纳。开展市直单位和县区政府绩效考核、基层党建、社会综合治理等民意调查12次，为党政领导的决策提供科学的服务。按照市委、市政府“三创”工作有关精神和部署，向相关部门提供相应的“三创”指标数据；开展创交模民意调查；参与社区巡逻、文明劝导、市容环境整治等网格化建设管理工作。

■统计改革创新 2016年，永州市统计局组织实施农业、工业、能源、投资、贸易、人口、就业、科技、园区、服务业、民调等25个大类统计调查，完成300多种统计报表，月报、季报、年报台账齐全、资料翔实，及时、准确反映全市经济发展实际和社情民意。利用现代信息技术，推进统计四大工程建设以及统一的联网直报系统，减少中间环节，进一步提高数据质量。推进国民经济核算改革，稳步推进固定资产投资统计改革，加快推进能源统计绿色发展改革，落实人口与就业统计改革，探索旅游业增加值调查，制定精准扶贫统计考核指标制度，开展电商进农村的全省统计试点，各项统计改革任务持续推进。有效地参与和开展绩效考核、新型工业化考核、节能减排考核、工业园区考核、为民办实事考核、县域经济考核、两纲监测、贫困监测、小康监测等工作，全面准确及时地完成各项考核与监测统计进度工作任务，科学客观地提供统计决策服务。完善全面小康指标体系研究和测算，及时跟踪监测和预警预测，发挥全面小康的“指挥棒”作用。新兴产业、新型业态、新商业模式的“三新”统计是统计改革面临的主要任务。利用名录库系统开展全市新增法人单位经营基本情况调查、园区“三新”统计调查、非公有制企业人才状况调查、商贸企业和电子商务企业发展状况调查、战略新兴产业调查、高新技术产业统计、企业结构调查等，加强与经信、商务、工商、税务等部门的沟通，建立联系沟通机制，抓好应统尽统工作，摸清全市新经济发展的基本状况。

■ 永州市第三次全国农业普查 2016年，永州市政府发文成立领导小组。领导小组下设办公室，并设有综合协调、业务指导和数据处理等6个工作组，明确职责分工和工作规则。截至2016年年底，全市各县区（管理区）、181个乡镇（含涉农街道、农林场所）均成立三农普领导机构和工作机构，3297个行政村（居委会）均成立三农普工作组。普查指导员和普查员全部选聘到位。全市到位三农普工作经费798万元，各项普查物资全部准备落实到位。10月，在蓝山县新圩镇新圩居委会开展普查方案综合试点；11月底，在双牌县泷泊镇良村开展PDA试点。市农普办对县区的专业人员进行两次培训和试点，并按时完成国家农普办布置的试点数据信息汇总处理程序的设计工作。开通农业普查网站，设立“工作动态、文件讲话、普查方案、业务答疑”等主要栏目；开通农业普查电话彩铃，编发农业普查工作简报6期；举办农普宣传晚会，国家和省统计信息网、永州电视台对该晚会进行报道。12月开始，通过电视台、电台、《永州日报》以及张贴宣传画、悬挂大幅横标等掀起三农普查宣传工作高潮。

■ 统计基层基础建设 2016年，永州市统计局制定出台《永州市县区统计局基础工作建设实施方案》及《永州市乡镇（街道）统计基础工作建设实施方案》等文件，强化县区、乡镇、部门对统计工作的支持配合。同时印发《永州市乡镇（街道）统计工作和统计人员考核办法》，明确统计工作职责及统计工作责任。启动县、乡统计规范化建设达标创建攻坚行动，加强统计基层基础工作，将统计节点延伸至全市所有乡镇（街道），全面完成省定基层统计规范化建设任务。组织全市统计系统干部在浙江大学举办综合素能提升培训班、邀请省局专家到永州市举办统计人员岗位知识培训班、参加省统计局组织的统计业务培训等人员400余人次；举办乡镇统计人员业务培训班，270余名乡镇统计业务骨干参加培训。组织参加统计继续教育和业务培训800余人次，提高统计从业人员素质。

■ 统计数据质量 2016年，永州市统计局以开展“数据造假、以数谋私”专项治理工作为契机，以提高统计工作执行力为重点，以提高统计数据质量为中心，加强监督检查，增强规范性、科学性。制定并印发《永州市统计局贯彻落实国家统计局开展“数据造假、以数谋私”专项治理工作实施方案》和《2016年永州市统计局统计巡查方案》，将统计执法检查与规范化建设相结合，发挥统计执法对统计工作的保障作用。全年对全市37家单位进行统计执法检查，对存在问题的个别单位现场发出责令改正通知书并限期整改，并配合省统计局责成相关单位完成执法检查整改任务。完善GDP、工业、投资等统计数据质量审核评估等11项制度，把数据审核贯穿于数据生产全过程，数据质量不断提高。通过与相关部门进行数据比对，及时动态更新维护名录库，确保名录库单位数据的真实、准确和完整。截至2016年12月，全市有企业法人单位1.42万家，入统“四上”企业255家，排全省第三位，其中新增新开工“四上”企业216家，“四下”升“四上”39家。对关停倒闭和注销等不符合联网直报条件的企业，经核查后退出116家

（刘茜）

国家统计调查

■ 概况 国家统计局永州调查队是国家统计局直属正处级单位，依法独立开展统计调查、统计监督，独立上报调查数据和资料。工作职责主要有组织实施常规调查，主要有住户收支与生活状况调查、居民消费价格指数调查、工业生产资料价格调查、固定资产价格调查、生猪调出大县畜禽监测、产粮大县粮食产量抽样调查、规模以下工业抽样调查、部分服务业抽样调查、采购经理调查、退耕还林监测、劳动力调查、贫困县贫困监测等调查工作。开展专项调查工作，主要有文明城市测评、省绩效考核民意调查、组织工作满意度调查、城市环境满意度调查、教育工作满意度调查、国有企业廉政建设调查、省直机关作风建设满意度调查等。负责统计法律法规、规章和统计调查方法制度的宣传普及并开展统计执法工作。针对社会热点难点问题开展调查及分析研究、上报重要调查信息，为各级党委、政府和社会各界服务。

■ **统计调查服务** 2016年，国家统计局永州调查队高质量完成数据采集上报工作，确保全市相关统计指标，特别是城乡居民收入、生猪调出大县和粮食生产大县等统计数据符合发展实际。加大调研力度，全年完成重要信息59篇，调查分析17篇，为党委政府决策提供重要的参考依据。独立承担全市各县区文明程度指数测评工作，调查作风和调查结果都得到各方面的肯定，同时在永州市社会综治维稳建设、精准扶贫等活动中完成承担的任务。推进文明创建活动。2016年，永州调查队获省级文明标兵单位。

■ **统计调查基层基础建设** 2016年，国家统计局永州调查队加强基层业务培训，组织较大规模的业务培训班8次，实地培训70余次。实地回访生猪养殖户150余家，企业57家，每月走访城乡住户调查点1次~2次，每次上报粮食产量监测数据后电话核实农户80户。抓好数据评估。3月，成立由队长亲任组长，党员其他队成员任副组长，科室负责人及专业人员为成员的重要数据评估领导小组，所有专业上报的数据须经评估小组即科室负责人、分管领导、队长三级联审后方可上报，确保上报数据不出差错。向企业、调查对象累计发送节日及催报短信4000余条；为困难记帐户送去慰问物资近1000元；利用集中培训之时，组织记账户和辅助调查员进行会餐，拉近与调查对象的距离，提高配合度。建立奖励机制，激发基层工作人员的积极性。开展优秀记账户和优秀辅助调查员评选工作，每个调查点评选1名优秀记账户，每个县区评选2名优秀辅助调查员，为“两优”人员发放证书，并给予一定的物质奖励。

2016年6月29日，湖南举行实战化食品安全事故应急演练　摄影　王利雄

■ **三农普遥感测量** 2016年，国家统计局永州调查队及时成立领导小组，科学制定第三次农业普查遥感测量工作实施方案。第一时间向永州市政府相关领导汇报三农普遥感测量工作，得到市政府的大力支持。派员参与国家统计局调查总队组织的业务培训；针对遥感测量工作技术要求高、现场调查难度大特点，直接送业务知识下田，先后到6个县样方田块实地讲解遥感测量的指标和PDA设备操作方法。完成无人机测绘工作。按要求投入实地测绘工作中，完成3个样方的测绘任务。

（国家统计局永州调查队）

食品药品监管

■ **概况** 2016年，永州市食品药品监督管理局围绕“打造食品药品安全绿洲，建设品质活力永州”这个中心，注重创新思路，夯实监管基础，抓住监管重点，提升监管成效，完成全年食品药品监管工作目标任务。全市未发生源头性、系统性、突发性食品药品安全事故，食品药品市场秩序平稳可控。

■ **食品药品监管执法** 2016年，永州市食品药品监督管理局加强对食用油、米粉、大米和大型食品生产企业的监管，开展走私冻肉、食用明胶、食品添加剂、学校食堂、农村食品市场、旅游景区食品市场等专项检查。重点整治非法添加保健食品、美容美发环节化妆品，开展药品流通领域和医疗器械流通领取等专项治理，严查非法渠道购销药品、中药材市场和医疗器械市场违法违规行为，消除一批安全隐患，查办一批案件，打击食品药品违法行为。全市食品药品监管系统出动执法人员2.15万余人次，检查食品药品生产经营使用单位1.63万家次，下达责令改正通知书3150份；监督抽检食品3592批次（其中食用农产品2880批次），药品512批次，医疗器械和保健食品、化妆品68批次，检验结果全部在网上公开；立案1094起，其中食品案件828起，药品案件178起，医疗器械案件76起，保健食品案件8起，化妆品案件4起；结案797起，涉案货值375万元，罚没款675万元，捣毁食品药品制假售假窝点8个。

■ **食品事故应急演练** 2016年，永州市食品药品监督管理局成功举办湖南省（永州）国家示范性Ⅲ级食品安全事故应急演练。5月下旬，向省食品药品监督管理局、国家食品药品监督管理总局上报方案和脚本，得到省、国家专家的认可。向市人民政府主要领导进行专题汇报，并向市财政申请经费保障，组织应急演练采购的公开招标等工作。6月29日，组织1200多人观摩及方阵表演，采用现场直播的方式直播2016年湖南省（永州）国家示范性Ⅲ级食品安全事故应急演练。

■ **食品药品稽查区域协作** 2016年，永州市食品药品监督管理局承办湘粤桂三省（区）九市食品药品稽查区域协作联席会议，邀请湘粤桂三省食药监局及公安厅相关处室的领导，永州、衡阳、郴州、肇庆、清远、韶关、梧州、贺州和桂林九市食药监局及公安局有关领导和相关人员近190人参加这次会议，国家总局副巡视员王松林出席会议并作讲话。会议总结和交流三省九市食品药品稽查打假工作的经验和做法，探索边界区域食品药品稽查打假工作的新思路、新举措，深化制度建设，破解协作障碍，理顺协作关系，为建立健全三省九市食品药品稽查打假长效工作机制打下基础。

■ **食品药品舆情监控** 2016年，永州市食品药品监督管理局加强涉及永州食品药品安全舆情监测，及时、全面、准确地发现、预警、报告与处置全网舆情，回应网友关切，妥善照顾群众情绪，及时处理公众提问和咨询，尽可能地降低网络舆情的负面影响力。截至2016年11月，及时监测、交办和回复红网“问政湖南”“百姓呼声”“消费维权”、永州新闻网“问政永州”和华声在线“投诉直通车”等栏目的网友提问和留言70余件，回复网友微博询问150余人次。

（伍建武）

2016年6月29日，“泛珠三角”食品药品安全应急协作联席会议在永州召开

质量技术监督

■ **概况** 2016年，是永州市质量技术监督局分级属地管理改革以来的第一年。有班子成员8名，副调研员2名，市局机关和直属机构核定编制150个，实有在职人员138人，离退休人员66人。在职人员中，本科学历72名，硕士研究生6名。专业技术人员中级以上职称8人，技术人员和执法人员100%持证上岗。辖3个分局（其中因职能调整需要，3月新成立冷水滩分局），4个直属事业单位。市局机关设办公室等13个工作部门，有在职人员46人。直属事业单位有市稽查支队和市质检所、市计量所、市信息所1队3所。

2016年，永州市质量技术监督局以“提升大质量、助推大产业、服务大市场”为工作主题，以“质量提升，共促发展”为目标，主动服务经济结构转型和供给侧改革，推进质量强市和标准化战略。获全省执法打假工作先进单位、全省纤维制品质量监管先进单位、全市创建省文明城市工作先进单位、全市治理车辆超限超载工作先进集体、全市驻村帮扶工作先进后盾单位、全市信访工作先进单位、全市维护稳定工作先进单位、全市消防工作先进市直部门、全市政务服务中心“政务服务模范窗口”，连续5年

2016年7月14日，省质监局党组书记、局长欧阳彪（左三）在永州市焊剂国检中心项目建设现场调研

获全市政务公开政务服务工作先进单位，连续5年获全市党建工作先进单位，连续10年获全市安全生产工作先进单位，执法打假办案数量名列全省第一位，监督执法各方面工作均进入全省第一方阵。

■ 质量发展持续向好 2016年，永州市质量技术监督局坚持质量分析报告制度，首次向市委、市政府呈报《永州市工业产品质量分析报告》和《12365投诉举报分析报告》，为市委、市政府科学决策提供参考。全市质量和标准工作领导小组成员增加到28个，集中研究质量管理、质量考核、品牌建设等工作。贯彻执行《永州市人民政府关于实施标准化战略的意见》，推动先进装备制造、战略性新兴产业、现代服务业等领域的标准化体系建设，尤其是农业标准化建设，全市新增祁阳石、新田大豆2个国家地理标志保护产品、3个省级初审地理标志保护产品、1个国家级社会管理和公共服务标准化试点项目。与湖南山香香料有限公司、永州异蛇科技有限公司联手制订2个地方标准，并通过审核。推荐5家企业成功申报工业品牌培育试点企业，获批1个国家综合标准化示范区项目和2个省级农业标准化示范区。新培育湖南名牌产品5个，市长质量奖企业2个。截至2016年年底，全市拥有“国字号”质量检测中心1个、国家地理标志保护产品5个、省长质量奖1个、省质量管理奖5个、中国名牌2个、湖南名牌56个、永州名牌25个。

■ 质量治理体系建设 2016年，永州市质量技术监督局提请市委、市政府出台《永州市电梯安全管理办法》，于7月21日起实施。建立隐患排查、台账管理、挂牌督办、限期整改等制度，实行动态监管、分类监管、重点监管。2016年度“特种设备日常监督检查计划”首次经市人民政府批复下发到各县区执行。开展特种设备“三大战役”“打非治违”“监管执法年”和安全风险管控，以推进网格化监管为引领，做好燃气管道、燃煤锅炉和电梯监管工作，突出重点场所、重点行业、重点时段，开展气瓶充装、锅炉、电梯、压力容器、压力管道、起重机械、厂内机动车辆、大型游乐设施等专项整治，全年检查各类单位295家，检验特种设备1.83万台（套），排查各类隐患1920余处，连续保持特种设备安全重特大事故的“零纪录”。参与“9·1”液化气运输车辆交通事故救援并成功解除安全隐患。组织全市电梯安装维保单位约谈，签订承诺书，做到全过程、全方位监管。坚持监督企业生产过程与落实企业生产条件、行业标准并重，筑牢质量安全第一道防线。推进“商事制度改革”，持续减少行政审批事项，实施“五证合一”“一照一码”制度。以社会统一信用代码数据库建设为抓手，实行对企业的分级分类监管，推行“黑名单”制，逐步构建“一处失信、处处受限”的质量信用惩戒体系，全年公开案件信息29件。力推法人数据库建设，服务省市信息共享。

■ 产品质量监管 2016年，永州市质量技术监督局先后制定质监部门分级管理事权划分意见、执法管理指导意见、案件分析会制度、“双随机、一公开”抽查监管机制和案件案源案例通报制度，开通监督执法互联网“单兵”系统，持续上线运行12365投诉举报系统，多方完善监督执法制度。永州市级财政全年安排监督抽查预算计划180万元，县财政安排经费220万元，市县两级安排监督抽查经费近400万元。全市质监系统完成国家、省、市、县监

2016年9月27日，省人民政府质量考核组在永州市开展质量考核。图为考核组在果秀企业检查

督抽查计划3571批次（不含食品），涉及1204个企业78类产品，产品批次总体合格率90.9%，受检企业总体合格率89.1%。不合格产品中石油、建材、农资位列前三位。不合格产品的后处理工作全部按照属地管理原则交办处理到位。校服等纤维制品完成市级监督抽查检验12批次，合格率100%。首次联合教育、工商等部门组织全市基础教育装备大检查。审核推荐连续5年省级以上监督抽查合格企业，2家企业获批。全市质监系统初步建立以国家监督抽查为引领、省级监督抽查和行业监测为重点、市级监督抽查检验为基础、市场风险监测为反射的产品质量监督检查体系。首次开展汽车缺陷产品召回工作。组织开展省级抽查，强化“双打”和“质检利剑”专项行动，围绕“双打”抓市场诚信治理，加强对10类消费品执法检查和打击力度。强化农村和城乡接合部监督执法。组织开展农资、消费品、建材、日用品等“质监利剑”专项行动12个，培训7批次200多名一线执法人员，出动执法人员6317人次，检查企业1259家次，查办各类案件429起，大案要案21起，移送公安部门案件8起，捣毁黑窝点8个，为全市挽回经济损失1000多万元。受理12365举报投诉咨询并处置消费投诉64起，答复群众咨询130起。对民用“一器、二机、三表”等与民生息息相关的计量器具进行强制检定，检定计量器具2.89万台（件）。组织全市18个集贸市场开展诚信承诺，对部分市场的衡器实施免费检定，推进“放心计量”。建立加油机的“管检分离”新机制，遏制短斤少两的违法行为。争取免费检定经费15.34万元，为全市409家乡镇（社区）医院、3624台（件）医用计量器具提供免费检定服务，着力解决群众“看病难”的问题。对国家政策明令限制的产业，如水泥、钢铁、玻璃、危险化学品等实施严格的生产许可制度。对全市重点用能单位进行审查。受理消费者网络购物质量投诉3起，协调处理3起；主动发现问题并约谈有关商（厂）家5起，均没有立案。加大对电商问题产品的关注力度，阻止不合格或问题产品上电商平台销售。加大对永州辖区内生产企业的监管服务，与阿里巴巴甲骨文塑源公司合作，帮助企业办理产品条码，助推本地优质产品上线销售，着力服务阿里巴巴农村淘宝和农产品防伪溯源质量安全体系。

■ 质量工作环境 2016年，永州市质量技术监督局在取消产品质量定检收费后，争取市政府安排180万元的产品质量定期监督抽查经费，确保工业企业产品质量监督抽查工作持续推进。强力推进总投资4900万元的国家焊剂产品质量监督检验（永州）中心项目建设，已投入使用。组织干部职工和部分县局负责人分批次到武汉大学质量发展战略研究院进行强化执行力和质量提升高级研修班学习。加强对中小企业科技人员、专业技术人才的继续教育培训，免费培训企业高级质量管理人才100余人次，特别是申报名牌产品的企业，职工基本接受相应培训。组织开展《永州市电梯安全管理办法》等各类宣传活动。2015年组织开展“永州品牌大展播暨‘质量强市’示范企业推介活动”，2016年10月结束，推介出示范企业、特色企业12家；推荐2家连续5年抽检合格永州企业进入省级平台。启动首届市长质量奖。同时，市政府将质量工作作为县区政府绩效考核的重要内容，并首次组织市质量和标准工作领导小组成员单位单独对县区政府的质量工作实施考核。推动形成“政府主导、企业主体、部门监管、社会参与”的质量工作新格局。参与全市“三创一保”工作，以问题为导向，提高全市整体品质，促进环境质量、服务质量、工程质量和产品质量大质量观念的形成。

（周瑛鸿）

安全生产监管

■ 概况 2016年，永州市坚持以零死亡为最高目标，以生产经营单位为主体，以监管执法为主抓手，以示范创建为引领，贯彻落实中央和省市关于加强安全生产工作的决策部署，狠抓安全生产责任落实、打非治违、风险管控、宣教培训，推动全市安全生产形势的持续稳定向好。全年全市发生各类生产经营性安全事故121起，死亡120人，其中较大事故2起，死亡7人。煤矿、非煤矿山、烟花爆竹、消防、水上交通、农业机械等行业和金洞管理区未发生生产经营性安全事故。永州市再次被省委省政府评为安全生产工作先进市州。江华瑶族自治县、祁阳县、蓝山县被省委、省政府评为安全生产工作先进单位。江华瑶族自治县获湖南省安全生产示范县称号。市安全生产监督管理局被评为湖南省精神文明单位，在全市绩效评估为良好；被评为全市精准扶贫、安全生产、社会管理综合治理、维护社会稳定、人口与计划生育、信访、旅游产业发展7项市级考核先进单位。东安县、零陵区、双牌县被市委、市政府评为安全生产先进县区。

■ 安全生产考核考评 2016年，永州市委、市政府注重加强安全生产顶层设计，在全省率先出台“党政同责、一岗双责”“一票否决”“黑名单”等文件，将安全生产纳入经济社会发展规划、“双文明”建设、绩效考核、小康社会建设、领导干部个人绩效考核等重要内容，考核分值由4%提高到10%。建立安全生产重大问题跟踪督办、市级领导定期带队督查、定期分析警示等制度，组织开展春节、“两会”、G20峰会等重点时段安全防范措施专项督查，对督导发现的153项问题下发督办函，对重点工作落实不力的6个乡镇点名通报。全面推进考核工作改革，市安委会出台县区季度考评办法和细则，明确对县区考核项目分为市安委办工作和16个重点行业领域115小项，考核结果占对县区年度考核总分的40%。同时，年度考核内突出监管执法、风险管控、企业主体责任落实和打非治违等重点工作，在全市开展安全生产“十佳乡镇”和“十差乡镇”评选。以生产经营场所、建设项目工地为重点，在全市开展重大危险源地毯式排查，排查风险源3150余处，对571处红橙风险源落实防控责任单位、责任人和监控措施，确保风险可防可控。

2016年6月16日上午，2016年“安全生产月”活动咨询现场　　摄影　蒋湘

■ 安全生产监管执法年 2016年，永州市委、市政府多次组织召开“监管执法年”专题部署会、调度推进会和“打非治违”联席会，把其纳入对县区年度考核重要内容，明确县区执法立案起数未达到考核最低要求的，不得评省市先进单位，全市安监部门行政执法处罚款同比增长300%。各级监管职能部门在开展“一月一警示、两月一行动”中，坚持严字当头、命字在心，突出问题导向，结合“打非治违”工作，对工贸领域无证无照生产经营、交通运输领域非法营运、建设施工领域非法建设等问题，采取“政府挂牌督办、职能部门牵头、多部门联合执法”方式，进行集中打击整治，较彻底地解决违法成本低的问题。全市关闭取缔各类生产经营单位960多家。推进高危行业整治整合，加快淘汰落后产能，市政府出台落后烟花爆竹生产企业退出工作方案，全市烟花爆竹生产企业由107家减少至57家，蓝山县17家企业签订自愿退出协议；烟花爆竹零售店由3362家减少至817家；非煤矿山超额完成省里下达的关闭任务。

■ **安全生产宣传教育** 2016年，永州市要求市内主流媒体安排一定的版面、时段，加大安全政策法规和常识理念的宣传普及。建立政府投入为主、工伤保险基金提取多渠道经费保障机制。整合部门和社会宣教资源，组织开展“安全在我心中”征文竞赛、“最美安监人”评选等活动，形成全社会关注、支持、参与安全生产的良好氛围。先后邀请省安监局局长李大剑为市委学习中心组、县乡党政领导干部作安全生产形势与任务专题讲座。分两批组织183名县区和市直单位分管领导赴四川大学进行业务培训。采取集中培训、送教入厂、谈心对话等方式，对1.12万余名企业“三项岗位人员”进行政策法规、安全技能培训。开展安全资料进家庭、安全文艺演出等活动，让广大群众在活动中接受安全教育。市财政投入110多万元，在省市媒体通过开辟专栏、制播公益广告等方式，宣传安全发展理念。结合“五城”同创，投入6400余万元在3044个村制作5800余块安全宣传专栏、2.45万余块永久性安全标牌、160余条安全文化长廊。以安全文化“五进”为平台，组织安全监管干部深入乡镇、企业、社区，宣传习近平重要讲话精神，筑牢安全生产红线理念。

■ **安全生产示范创建** 2016年，永州市安委会出台《生产经营单位安全生产主体责任落实考评细则》，分22个大类、132个小项，着力构建“十项制度、一个能力”的安全责任体系，每年进行2次考评并根据考评情况，实行不同频次的差异化监管。全市对1680家高危企业和规模企业主体责任落实考评，主体责任落实较好的企业占76.5%。在全市工贸等9大行业领域选取117家企业，开展主体责任落实标杆企业示范创建活动，11月3日—5日，组织召开企业主体责任落实标杆企业示范创建流动现场会。全市88.5%的高危和规模企业设立安全生产责任、隐患排查治理、部门监管责任、岗位安全风险等四块“公示牌”，实现照单履责、追责。在全市开展安全生产示范县、乡镇、社区、企业和平安工地、校园、交通、农机等创建活动，江华瑶族自治县成功创建省级安全生产示范县；宁远县仁和镇等10个乡镇成功创建省级安全生产示范乡镇；祁阳海螺水泥等3家企业成功创建省级安全文化建设示范企业。

（市安监局办公室）

国有资产管理

■ **概况** 永州市国资委成立于2005年1月，委机关设置11个内设机构，辖办公室、国有资产经营科、产权科、规划发展和改革改制科、政工科、维稳科、资本合作科、改制企业市管干部管理科、监察室、党建科、国有企业监事会工作办公室。归口管理有市国有产权管理交易中心、市医药产业发展中心、铜山岭社区服务中心3个事业单位。核定委机关总编制25名，其中，行政编制22名，机关后勤服务人员3名。有干部21人，机关后勤服务人员2人。市国资委党委归口管理的单位共有45家（独立总支4个、支部2个），其中，中央企业8家，省属企业15家，市属企业13家，省市属事业单位9家；有基层支部311个，党员9278人，其中在职党员4039人，离退休党员5239人。

2005年度市政府明确首批监管企业13家，2016年完成改制7家，即零陵化工集团、零陵塑料厂、冷水滩耐火材料厂、湘南罐头厂、市轻机厂、潇湘集团、祁阳煤矿；正在改制扫尾6家，即潇湘纸业、零陵耐火材料厂、九嶷水泥、药业集团、煤建公司、零陵煤矿。

存在的主要问题：关于市属企业改制后原企业办社会职能移交问题，需各级各部门形成合力，进一步推动国企改革全面扫尾终结；全市第二轮市属国有企业改革改制工作过程中，部分职工因住房问题对改制心存抵触，多次到市委、市政府集访，诉求非常强烈；2016年的几家市属企业均由不同的单位监管或主管，按照政资分开、政企分开、统一监管的原则，全市的国有企业的监管体系亟待理顺和完善。

■ **推进国企改革扫尾** 2016年，永州市启动第二轮国企改制26家，企业最后4家（汽运总公司、金属公司、金秋公司和药业集团8家县区公司）改革工作，4家企业向省政府申报养老保险欠费与养老保险费（金）预留挂账1.32亿元。市国资委配合市财政局对改制成本进行核算，拟定资金筹措方案，筹集2亿元扫尾资金。出台《永州市2016年度国企改革考核方案（代拟稿）》，将国企改革列入政府绩效评估指标。市国资委与市政府、审计局衔接协调，推进6家监管企业的改制终结审计工作。推进驻永州的中央、省属企业办社会职能分离移交工作。中心城区3家企业（跃进、湘器、湘纸）4000余户2万多人生活用水分离启动，用电分离正在实施；做好湘江纸业公司关停并转的相关工作，1000余名职工分流安置工作完成。

■ **国资监管体系建设** 2016年，永州市先后制定和出台12项国资监管规章及规范性文件；出台《永州市国有资产监督管理暂行办法》《永州市企业监事会管理办法》《永州市国有企业经济损失责任追究办法》等。5月28日，与中节能建筑节能有限公司在“加强产融学合作，推进湖南‘十三五’发展”座谈会上签订战略合作框架协议，双方将在永州市范围内全面开展建筑节能相关项目的合作。市国资委接待职工来信来访61批次531人次，其中集访13批次400余人，来信来访51人次。

（周延）

农　　业

综　　述

■ **概况** 永州市农业委员会，为永州市人民政府工作部门，挂市委农村工作办公室牌子。机关内设办公室、综合调研科、政工科、发展计划与财务科、政策法规科、新农村建设科、农村经营管理科、农机管理科、县域经济科、市场与经济信息科、科技教育科、农村可再生能源科、粮油作物科、经济作物科、农业产业化指导科、农产品质量安全监管科、监察室、机关党委18个行政科室及农业执法支队、土壤肥料工作站、农技推广站、国营农场管理站、植保植检站、农业利用外资外经办、种子管理站、农业环境监测管理站、农产品质量检验检测中心、市乡镇企业技术服务中心、市乡镇企业培训中心等11个事业站（支队、中心）。2016年，全委有干部职工157人，其中高级职称技术干部11人，中级职称技术干部26人。归口管理市畜牧水产局、市农科所、零陵柑桔示范场正处级事业单位3个和市农业机械化管理局、市农村经营服务站副处级事业单位2个。在2016年度市委、市政府23项工作表彰中，永州市农业委员会获14项先进。

2016年，全市农业部门推进“农村产权制度改革、美丽乡村建设、农业标准化、农村电子商务、精准扶贫”五大重点工作，农业农村经济形势稳定向好。全市农林牧渔业总产值591.78亿元，比2015年增长3.4%；农民人均可支配收入1.17亿元，比2015年增长8.5%。

全市形成粮油、畜禽、果蔬、竹木、烤烟、茶叶、药材七大优势产业。粮食作物播种面积55.57万公顷，其中优质稻种植面积35.39万公顷，高档优质稻种植面积9.49万公顷；全市蔬菜播种面积18.29万公顷，水果面积10.48万公顷，茶叶种植面积0.81万公顷，形成13.33公顷以上经济作物生产基地529个，666.67公顷生产基地18个，66.67公顷生产基地225个。原地农业公司在道县建成全省面积最大、标准最高的连片333.33公顷的供港蔬菜基地，食用菌工厂化周年生产规模居全省前列。全市猪、牛、羊、家禽、水产品产量分别达991.5万头、51.98万头、82万只、9696.02万羽、22.97万吨，主要养殖产品产量均名列全省前茅，肉牛出栏连续多年排名全省第一位，生猪、肉羊出栏稳居全省前三位。永州蛋鸡饲养970万羽，年产蛋13.25万吨，成为湘粤桂三省重要的鸡蛋供给地。广东温氏食品集团股份有限公司计划在永州发展年出栏生猪500万头标准化养猪场，建设3万头奶、肉牛基地。截至2016年年底，累计投资资金逾10亿元，发展生猪产能156万头。湖南舜天恒禾农业科技发展公司投资2.4亿元，致力于打造南方生态肉牛繁养及其衍生配套产品综合加工基地，一期竣工并投产，全年饲养肉牛2800余头，已发展成为湖南省最大的肉牛养殖企业，年销售额1亿元。

3月，永州市与省农业委员会签订共同推进农业标准化建设合作协议（简称“委市共建”），成为全省第三个整建制推进农业标准化建设示范市。全市修订技术规程80个，新发展“三品一标”产品102个，创建示范乡镇11个、农业标准化示范基地（场）62个，获批省级现代农业特色产业示范园14家；实施标准化生产的一定规模种植基地272个，创建生猪（牛、羊）标准养殖场500个，农业标准化基地农户入社率90%以上；东安县创建为“国家第一批农产品质量安全县”，创建国家出口食品农产品质量安全示范区7个。

2016 年永州行业规模以上农产品加工企业主要经济指标过录表

表 6

农产品加工行业	企业个数	企业按销售收入分类					年末从业人员	总资产	固定资产	现价总产值	工业销售产值	营业收入	利润总额	上交税金	劳动者报酬	出口创汇	原材料采购支出	其中：农产品原料采购支出	固定资产投资	银行贷款总额	建立基地面积	带动农户数
		2000万~1亿	1亿~10亿	10亿~50亿	50亿~100亿	100亿以上																
	个	个	个	个	个	个	人	万元	万元	万元	万元	万元	万元	万元	万元	万美元	万元	万元	万元	万元	万亩	户
粮食	42	21	21				5268	245584	139722	586747	588566	578285.8	29399.63	7601.087	22573.32		402348.2	337075.9	24174.8	34641	280.675	410609
禽畜	42	24	18				8842	255215	145975.4	613194	602518	586367.8	42728.43	7089.895	24050.91	5993	393130.7	329458	20951	34827	29.902	188586
果蔬	44	35	9				13035	206489	115212	377680.2504	369551.9379	366808.641	27875.62764	5350.354775	31779.02284	8459	243223.8833	211190.6946	32516.5	17820	48.712	90313
油料	14	10	4				1425	74211	28965	167921	165869	159652	7743	2692	9324.16	8456	114680	96927.78	2588	23500	22.8	98827
茶叶	11	8	3				1164	39795	27661	95548.69304	92270.10839	87895.30297	6779.812119	1472.707574	3392.474211		52908.22723	43346.75286	4813	5234	5.84	38985
棉麻	10	5	5				2325	65976	41094.84	207011	205494.3475	201456	5433	990	4129.56		144235	108176.5	210	200	0.3	639
水产	3	3					143	6571	3634	14451	14299	13633	1038	241	449		8647	7793		200	0.56	3586
竹木	64	30	34				8435	192188.5	99214.96	795210.7262	775002.9674	760388.9129	47006.03651	11478.2982	20944.16434	531	469879.2447	388549.4335	33810.47	16210	56.76	118239
其他	86	44	42				10710	502062	319591.9	1208396	1192542	1153249	61941	16084.1	52440.4		688361.2	523059.9	34108	17443	117.48	729992
合计	316	180	136				51347	1588092	921071	4066160	4006113	3907736	229945	52999	169083	23439	2517413	2045578	153172	150075	563.0	1679776

全市农产品加工企业发展到4470家，市级以上农业产业化龙头企业266家，其中国家级3家，省级43家，市级220家。年销售收入过亿元企业53家，熙可罐头公司的柑桔加工、金浩茶油公司的油茶加工、科茂林化公司的水白树脂、湘农山香公司的油脂加工产品，在国内市场占有率均居第一位。全市通过“三品一标”认证的农产品有效总数有267个，总数排全省第三位。创建中国名牌产品2个、中国驰名商标6件、湖南省著名商标56件、湖南名牌产品15个、国家农产品地理标志7个。

继续推进农村淘宝和农产品防伪溯源质量安全体系建设。截至2016年年末，阿里村淘、京东帮、苏宁易购等12家较大农村电商平台入驻永州，各类电商平台在全市建设服务网点1800多个。全市11个县区均已建立农村淘宝县级运营中心，全市触电涉农企业或合作社近200家，电子商务交易额142亿元。农产品防伪溯源监管云平台实现市县互通共享，入驻企业104家，赋码7000万枚。江永县、祁阳县先后获“全国电子商务进农村示范县”。

8月，全省第一本农村土地承包经营权证书在宁远县颁发。新田县以获批全国农村土地经营权抵押贷款试点县为契机，向63家新型农业经营主体颁发经营权流转证，累计授信额6350万元，惠及农户9708户。在全省率先建立农村投融资平台——农村基础设施投资有限公司，到2016年年底，全市13个县区、管理区实现全覆盖，融资25亿元，在全市精准扶贫、美丽乡村建设、农业产业发展、农业项目投资等方面发挥作用。

■ 市委农村工作暨农村综合改革推进会 2016年2月27日，永州市委农村工作暨农村综合改革工作推进会在冷水滩区召开，安排部署2016年农业农村工作和农村综合改革工作。市委副书记张严出席会议并讲话，市委常委、副市长蒋善生主持会议，市人大常委会副主任李俊湘，市政协副主席唐运军出席。会议指出，在农业生产中，要切实解决种什么、谁来种、怎么种的问题，要着力做“优”结构调整，做“精”农业产业化，做“大”农业园区，做“实”农业标准化，做“强”服务体系。要始终坚持绿色发展理念，全面加快农村水利、林业生态等基础设施建设，改善农机装备条件。要着重补齐短板、提升品位，加快推进美丽乡村建设，要把推进精准扶贫工作作为第一民生工程，进一步改善民本民生。要围绕农村产权改革，统筹抓好农业综合改革各项工作。会议对2015年度全市农业农村单项工作考核结果进行通报。

■ 美丽乡村建设 2016年，永州市委、市政府出台指导全市美丽乡村建设的“1+15”文件，县区出台配套政策措施，构建起较好的政策体系。县区和市直责任单位成立专门班子，全市上下形成推进美丽乡村建设的强大合力。各地突出规划引领，通过聘请专业公司与本土专家相结合，初步形成以美丽乡村建设规划为龙头，村庄布局规划、土地利用规划、产业发展规划、土地综合整治规划、特色文化村落保护与发展规划和旅游发展规划为基础的“1+6”美丽乡村建设规划体系。县区制订年度村庄规划编制计划，村庄规划编制完成1675个，占行政村总数的55.8%。全年投入美丽乡村建设资金30多亿元，市县两级领导办点180多个，规划建设精品线路29条，启动实施美丽乡村示范村64个、重点环境整治村512个，完成省重点民生实事项目村建设15个。新建垃圾处理设施5702处，配备农村保洁员9000余人，86%的村实现清扫保洁，92%的乡镇配置垃圾转运设施，农村生活垃圾集中处理率80%，农村生活垃圾的收集、分类、转运、处置逐步规范。建设乡镇（或中心镇）可回收垃圾回收站212个，实现乡镇全覆盖；设立村级可回收垃圾回收点4266个，覆盖率82.6%；完成行政村的年度污水治理任务330个，占行政村总数的10%；完成农村无害化卫生厕所改造6800余座，农村卫生厕所普及率72.7%；新增受益人口30万人，农村自来水普及率由2015年的68.76%提高到71.36%。建成市、县两级水质检测中心9个，全市小（1）型以上水库全部取缔投肥养鱼，完成35%小（2）型水库的污染治理工作。围绕“生态、价值、文化”三大发展理念，推进全市农村精神文明建设。将培育和践行社会主义核心价值观贯穿农村精神文明建设全过程，开展“五好文明家庭”“好邻居”“农村致富能手”等精神文明创建活动，全市农民涌现县以上道德模范56人，市以上道德模范和全国身边好人27人。实施“百县千乡宣传文化工程”，每个乡镇都建立文化中心，乡村文化大院5000多个，构建县、乡、村三级文化阵地网络。各地把创建文明户、文明村、文明城镇作为农村精神文明建设的龙头，由点到线、由线到面不断深入，引导农民崇尚科学，抵制迷信，移风易俗，树立科学、文明、和谐的乡村新风尚。宁远县被评为全省美丽乡村建设示范县，祁阳县八尺村、零陵区香零山村等5个村被评为湖南省美丽乡村建设示范村。全市涌现出各级文明村镇95个，其中，全国文明村镇9个，省级文明村镇12个。

■ 委市共建 2016年3月3日上午，湖南省农业委员会与永州市人民政府“委市共建”合作推进永州农业标准化建设签约仪式在长沙举行，永州市成为继常德、怀化后第三个开展农业标准化建设委市合作的市州。省农业委员会党组书记、主任刘宗林出席并讲话，永州市委副书记、市长易佳良致辞，省农委副主任兰定国出席签约仪式，市委常委、副市长蒋善生主持会议。刘宗林指出，农业标准化是现代农业发展的重要标志，是确保人民群众“舌尖上的安全”的根本措施，省农委将按照协议内容，把推进农业标准化作为确保农产品质量安全的主要措施，提升农业生产经营者标准化生产意识和素质，加快农产品质量安全监管体系建设，严格落实属地管理责任，努力把永州市打造成全省乃至全国农业标准化助推农业现代化的引领区和示范区。易佳良指出，永州将以此次“委市共建”合作为新的起点，围绕合作目标，强化组织领导，落实工作责任，加大资金投入，加强示范创建，集全市之力，扎实抓好合作协议的执行落实，全面提升全市农业标准化建设水平，加快推动永州市由农业大市向农业强市转变。

■ 农业招商引资和项目建设

2016年，永州市农业委员会成功引进天成肉类屠宰有限公司，年底投产。3月，市农委与市财政局、市林业局、市水利局、市畜牧水产局等部门赴上海市、广东省云浮市和东莞市开展农业招商，举办农业招商活动2场。在永州（上海）现代农业招商推介会暨重点项目签约会上，推介农业重点项目10个，推出招商项目42个，签约粮油、果蔬、畜禽、油茶项目24个。与上海中军集团“永品入沪”项目签约农产品生产或供货企业29家，金额10亿元。借助各类农博会、展销会平台，将永州名特优新农产品推向市场。组织近80家企业赴南宁、昆明、长沙、郴州等地参加农产品博览会或交易会，三峰茶叶等一大批知名农产品获得消费者的认可，并获得交易会或博览会金奖15个。

■ 农业环境保护 2016年，永州市落实测土配方施肥面积66万公顷，推广测土配方专用肥16.5万吨，配方肥施用面积34.72万公顷。恢复发展冬季绿肥生产7.55万公顷。推进化肥使用量零增长行动，全年化肥施用量（纯量）比2015年减少9661吨。防控柑橘黄龙病，争取落实中央、省、市专项防控经费730万元。全市专业化统防统治和绿色防控全程防治面积12.4万公顷，其中绿色防控核心面积1.58万公顷，现有工商注册或获得标志使用授权的专业化防治组织59个。在冷水滩区实施重金属污染耕地修复治理项目。发展农村生态能源，新建户用沼气371户，小型沼气246处，新装太阳能路灯230台，省柴节煤灶1160台。外来生物防控总面积20.2万公顷，每个县区均建立66.67公顷以上的外来物种防控核心示范区。

■ 永州市茶叶协会 2016年，茶业协会会员新建茶园666.67公顷。其中，永州安普农业开发有限公司在冷水滩区普利桥镇新建白茶基地85.33公顷；双牌县金蕊实业有限公司在上梧江乡新建茶园66.67公顷；祁阳县鑫龙种植专业合作社在祁阳县七里桥镇竹山村、保旺村新种茶叶106.67公顷；江华县益崧家庭农场有限公司在江华县桥市乡南冲村新种茶叶106.67公顷。在协会会员带动下，全市新扩建茶园1386.67公顷，茶叶面积达0.81万公顷，完成市委、市政府下达的“茶叶扩园2万亩，茶园面积达到12万亩”的目标任务。争取省级以上项目资金250万元，其中，湖南三峰茶业有限责任公司和双牌县金蕊实业有限责任公司成功申报湖南省现代农业特色产业园项目，分别获项目奖补资金100万元；祁阳湘君白茶种植专业合作社成功申报湖南省园艺作物标准园创建项目，获项目奖补资金50万元。市政府专门设立市本级茶叶发展专项资金200万元，全部用于扶持市内各类茶业生产经营主体发展茶叶产业。3月20日，中国农业科学研究院专家组编制的《永州市有机茶叶产业发展规划》通过评审，并正式出台。《规划》明确：到2020年，全市茶叶种植面积达25万亩，其中有机茶园20万亩，有机茶园认证面积5万亩，全部投产后可年产茶1.5万吨，实现茶业产值25亿元。《湖南省永州市25万亩有机茶叶产业项目建设可行性研究报告》顺利完成。祁阳“湘冰白茶”获2016年第八届湖南茶业博览会金奖；湖南自然韵黑茶科技有限公司和公司总经理王人庆分别获最美茶空间二等奖和十大杰出营销经理人称号；蓝山三峰茶叶获第十四届国际农交会金奖；双牌塔山婆婆原生态野生茶场获“全国三十座最美茶园”称号。

■ 永州国家农业科技园区党工委、管委会挂牌成立 2016年2月5日，永州国家农业科技园区党工委、管委会举行挂牌仪式。永州国家农业科技园区是2010年科技部批准的第三批国家农业科技园区，2011年又被农业部认定为国家农业产业化示范基地，是湖南省唯一承担两类试验示范的园区。园区产业主要依托区位优势和资源优势，全力构建“一轴二带”的产业布局。截至2016年2月，已形成柑桔、西瓜、油茶、优质稻、生猪五大规模特色基地，聚集种、养、加工和休闲观光农业企业75家，其中，国家级农业产业化龙头企业1家，省级龙头企业13家，市级龙头企业26家，年产值47亿元。

■ 全省农村土地承包经营权证首证在永州颁发 2016年8月8日，在全省农村土地承包经营权证首证颁发仪式上，湖南省人民政府副省长戴道晋为宁远县湾井镇周家坝村村民李登元颁发全省第一本农村土地承包经营权证。省政府副秘书长曹英华，省农业委主任刘宗林，市委书记陈文浩，市委副书记、市长易佳良出席颁证仪式并为村民颁证。从2014年起，永州市率先在全省整市推进确权颁证，截至2016年6月底，全市13个县区的216个乡镇、5197个村、128万户完成权属调查、审核公示等内外业工作，完成率100%，实测承包地块954万块，实测承包地面积34.43万公顷，全市建成县区农村土地流转服务中心13个，累计发展各类新型经营主体3万余个，流转耕地面积13.2万公顷，流转率45%。

■ 永州获“省级出口食品农产品质量安全示范市”称号 2016年10月14日，在永州市创建出口食品农产品质量安全示范市考核见面会和反馈意见会上，永州市通过省考核组考核验收，获“省级出口食品农产品质量安全示范市”称号。市委副书记、市长易佳良，市政协主席候选人、副市长蒋善生，副市长罗双全出席会议。10月8日—14日，湖南出入境检验检疫局副局长王新武率领省考核组一行通过观看宣传片、查阅资料、现场提问、现场察看等方式，详细了解永州市创建相关工作情况。经过评定，考核组宣布永州市创建省级出口食品农产品质量安全示范市通过验收。全市建成国家级、省级出口食品农产品质量安全示范区7个，尚未获批的零陵区、祁阳县、东安县、双牌县均已通过现场验收，有条件通过省级示范区考核，实现全市创建省级出口食品农产品质量安全示范区全覆盖。2016年1—9月，全市农产品出口5643批次，货值2.41亿美元，同比增长169%。

（杨祝学）

养殖业

■概况 2016年，永州市畜牧水产系统通过转方式调结构，推进养殖业现代化，保持养殖业良好发展势头，养殖业整体实力持续壮大、生产方式加快转变、结构布局不断优化、发展基础不断夯实。全市生猪出栏991.5万头、牛出栏52.81万头、羊出栏82万只、家禽出栏9601.8万羽，水产品产量22.97万吨，分别为全省第三、第一、第三、第三和第五位，产值350.90亿元，同比增长14.59%。在湖南省十一次党代会永州代表团分组讨论中，省委书记、省人大常委会主任杜家毫对永州市规模养殖特别是温氏项目建设给予充分肯定；省畜牧水产局评价永州市养殖业发展为“永州速度”“永州现象”和“永州样板”，并在全省推介，吸引长沙、娄底、益阳、衡阳等多个市州农牧部门到永州考察。是年，永州养殖业工作获全省动物疫病防控绩效考核优胜单位、全省养殖业工作目标管理考核先进单位、全省养殖业信息宣传先进市州三项省级考核奖项，在2016年市人大代表建议办理情况民主测评和市政协大会发言办理情况民主测评中均排名第一位，并获评全市绩效考核优秀。

■温氏在永州项目 2016年，温氏在永州项目建设直接投资7.89亿元，累计发展合作养户1021户，上市生猪41.03万头，销售额8.43亿元，合作养户总获利1.08亿元，生猪头均获利262.46元。截至2016年年底，温氏集团在全市先后成立江永、江华、零陵、宁远、新田、蓝山、道县、祁阳、东安9家生猪一体化养殖分公司和江华乳业公司，比原计划提前一年完成布点任务（东安、道县原定2017年签约），签约总金额45亿元，生猪产能156万头。其中，竣工投产项目有9个，分别为江华分公司总部办公楼及时产25吨的饲料厂项目、零陵分公司总部办公楼项目、江永分公司总部办公楼项目、年出栏商品猪苗15万头的江永潇浦第一种苗场、13万头的江华桥市种苗场、18万头的零陵黄田铺种苗场、15万头的江永潇浦第二种苗场、15万头的江华界牌种苗场、年产5万头种猪的江永大同扩繁场项目；新开工建设的项目有11个，分别为宁远保安种苗场、天堂种苗场，道县柑子园扩繁场和分公司总部和饲料厂，新田分公司总部、金盆圩种苗场，江永上江圩种苗场，零陵富家桥种苗场，祁阳三口塘种苗场，蓝山白竹塘种苗场，江华白芒营5000头奶牛基地。

温氏养殖一体化饲料厂

■畜牧转型升级 2016年，永州市在温氏项目的示范带动下，畜牧业落后产能加速淘汰，适度规模标准化养殖快速发展。全年肉产量99.28万吨，禽蛋产量15.10万吨，奶产量910.50吨，同比增加3.26%，9.22%和同比下降4.46%。生猪产业在全省负增长的情况下呈现逆势上扬的态势，出栏量再创新高，增长1.82%，标准化养殖率55%，规模化养殖水平80%，年出栏500头以上的规模猪场增至3101个，2016年新增700余个。做好草山草坡调查、技术指导等基础工作，推动草食牧业继续保持总量扩张、效益增长的良好态势，肉牛出栏量保持全省第一位，肉羊出栏量保持全省前三位，分别增长4.06%、2.03%。全市10头以上规模牛场4813个，2016年新增800余个；南方现代牧草推进行动项目新增2个，累计实施6个，位居全省首位，占比15.8%；30头以上规模羊场4384个，2016年新增600余个。计划投资2.4亿元的舜天恒禾项目一期及有机肥加工厂投入生产，饲养肉牛2200头，出栏肉牛1560余头，是湖南省存栏肉牛最多的养殖场；计划投资1.5亿元的零陵正大项目完成一期投

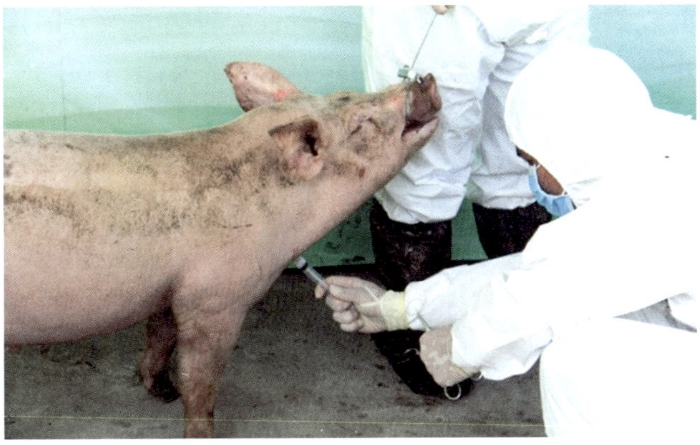
2016 年 9 月 8 日，全市首届动物防疫技能竞赛——生猪前腔静脉采血

产，存栏母猪 3000 头；计划投资 1 亿元的冷水滩庭丰项目完成一期投产，并作为本土养殖业龙头企业率先与温氏公司对接成功，承接温氏猪苗供应；九鼎、力源、恒惠、新五丰、佳和、鑫广安、恒盛等大型养殖项目快速推进。

■ **渔业提质增效** 2016 年，永州市水产品总产量比 2015 年增长 2.98%，其中，养殖产量 22.4 万吨，比 2015 年增长 3.25%；捕捞产量 0.57 万吨，比 2015 年下降 6.38%。养殖产量与捕捞产量分别占水产品总产量的 97.53% 和 2.47%。成功引进推广匙吻鲟、叉尾鮰、黄颡鱼、鳜鱼、银鱼、大闸蟹、中华鲟、赤眼鳟、虹鳟等 10 多个名优水产品种，发展江华码市山螺、江永刀鳅 2 个地方特色品种；稻田综合种养面积发展至 2.42 万公顷，创建高标准稻田综合种养示范点取得零的突破，达 22 个，面积近 266.67 公顷。注重向“渔娱”转变，把休闲牧渔与“美丽乡村”建设同规划、同发展，进一步完善基础设施，拓展休闲功能，激发休闲养殖活力。发展集中连片 20 公顷以上国家级水产健康养殖示范场 27 家，2016 年新增 5 家，位居湘南地区首位；累计发展休闲渔业场点 460 多家，有养殖总水面 0.15 万公顷，其中省级休闲渔业基地 6 家，具有一定规模、比较规范、设施较好的 129 家，年接待休闲人员 98.58 万人次，营业收入 2.06 亿元。

■ **渔政执法监管** 2016 年，永州市出动日常巡逻执法和夜间执法 4768 人次，办理涉渔违法案件 281 件，处罚违法人员 370 人，较 2015 年分别增长 40%、33%、37%。其中，移交司法机关的涉渔大案要案 5 件，较 2015 年 1 件、2014 年 0 件，实现较大突破。下发《关于严厉打击电鱼、毒鱼、炸鱼等违法犯罪行为的通告》《2016 年永州市渔政联合执法检查实施方案》，并通过报纸、网络、媒体进行广泛宣传。开展联合执法，畜牧水产、公安、工商部门开展多次“雷霆”“端窝”“超规格发电机卸除” “打非治违”专项整治行动，并于 6 月中旬在全市范围内开展“渔政执法周”活动，成效明显。坚持养护并举，成功举办永州第二届“鱼人节”人工增殖放流活动，并结合湘江上游水生生物增殖放流、6 月 6 日“全国放鱼日”等活动，放流各类鱼种 3450 万尾；开展示范创建，包揽湖南省 2016 年度获评的“全国渔业文明执法窗口单位”称号，全国仅 23 个，东安、双牌两县榜上有名；率先在全省开展领导带头、全员渔政的常态化巡查护渔制度，对冷水滩区宋家洲等重点河段开展常态化、全天候渔政巡查执法行动，新增“水陆结合”“交叉执法”“大小并进”和“定点蹲守”四种执法方式，并采取“河长治渔”“村规民约”等方式护渔、治渔，初步构建起渔业保护群防群治体系。《永州市关于严厉打击电鱼、毒鱼、炸鱼及非法网鱼保护水生生物资源的管理办法》正在听取各方意见，争取纳入市人大地方立法范畴。

■ **动物疫病防控** 2016 年，永州市春秋集中免疫及日常补免等工作有序开展，动物疫情稳定，没有发生区域性重大动物疫病疫情。全年免疫高致病性禽流感 2993.70 万羽份、生猪高致病性蓝耳病 514.74 万头份、生猪口蹄疫 708.51 万头份、猪瘟 669.44 万头份、牛口蹄疫 92.60 万头份、羊口蹄疫 102.46 万只份，基本实现应免尽免，免疫抗体检测均达国家要求。筑牢防疫基础，开展动物疫病监测和流调工作，及时掌握疫情动态，采集畜禽血清样品 3.25 万份，对各类人畜共患病的疫情动态给予重点监测，确保全市重大动物疫情零发生；组织开展大规模技术培训 5 次，内容涉及防疫技术、法律法规和执法要点等多个方面，参训人员 400 余人次；成功举办永州市第一届动物防疫职业技能竞赛，选拔出一批基层动物防疫业务能手，在全省动物防疫职业技能竞赛中获团体三等奖、优秀组织奖。强化站所建设，投入资金 100 万多元，为全市有产地检疫申报点配齐动物检疫电子出证设备，实现全市动物产地检疫电子出证全覆盖；

零陵正大种猪场自动化栏舍

各县区根据“有站房、有设施、有人员、有制度、有记录”的五有标准，均启动标准化乡镇站建设3个以上，其中江华和宁远两县投入资金41万元对6个养殖重点乡镇的站所进行高标准改造。启动全市病死畜禽无害化处理体系建设，并进入项目招投标阶段，计划通过PPP合作模式，引进专业公司采取联片建设、集中处理的方式，在全市南北各建设1个高标准的大型病死畜禽无害化处理中心，在各养殖集中的区域或乡镇建设病死畜禽收储暂存点，以此实现全市病死畜禽无害化处理全覆盖。在冷水滩区蔡市镇和普利桥镇、东安县端桥铺镇和川岩乡4个乡镇进行兽医社会化服务体系建设试点工作进展顺利。

■ **肉品质量安全** 2016年，永州市在全省率先开展痕迹化管理，明确质量安全责任清单，细化工作台账管理，做到日常监管“零死角”。加大抽检力度，将过去畜禽水产品质量安全抽检每半年一次调整为两月一次，抽检各类样品10.12万个，同比增长35%；合格率99.8%，超额完成市委下达的97%任务。组织开展“瘦肉精”、饲料、兽药、生猪屠宰、水产品及养殖业生产资料打假6个专项整治，并以重大节假日和特殊防护期等时段为重点，市、县区开展畜禽水产品质量安全专项整治64次。其中，江永县打击病死猪肉上市工作取得突破，破案3起抓捕6人，已移送司法机关进入起诉程序。围绕肉品质量安全这个中心，一手抓职能移交，一手抓行业规范化管理，取得较好成效。各县区在年内基本完成屠宰管理职能移交，并履行监管责任。在强化重点时间段暗访督查的基础上，开展生猪屠宰“扫雷”行动，检查屠商2000余户、农贸市场52个、生猪屠宰场点64家，打击私屠滥宰窝点4个。其中，在开展打击私屠滥宰行动时移送司法机关起诉3起。

■ **养殖环境整治** 2016年，永州市按照逐步将重点养殖项目打造成乡村旅游休闲景点的目标，推进生态养殖示范园区建设，明确每个县区至少建设1个与温氏合作的生猪标准化生态示范园区与1个非生猪标准化生态示范园区，全市已各发展24个、16个。严格执行养殖“三区”划分规定，在禁养区退出搬迁畜禽养殖场150个。在全省率先出台《永州市生猪养殖准入（暂行）办法》。畜禽养殖粪污治理初见成效，全年累计投入资金1943万元对40个规模场进行粪污治理，规模养殖场粪污治理达标率超过75%，在全省率先推行室外“发酵床”模式，实现畜禽养殖粪污“零排放”。参与配合相关部门和冷水滩区、永州经济技术开发区对宋家洲网箱养鱼进行整治，取缔网箱养殖189户、26.36万平方米。对全市600多个重点水域实施禁止投肥养鱼，水域生态得到较好修复。

（吴昌奇）

烤 烟 业

■ **概况** 2016年，永州市种植烟叶1.97万公顷，收购烟叶60.5万担，均价1326元/担，实现烟叶三项税收4.58亿元，烟农种烟总收入9.18亿元，户均种烟收入增加9300元。永州市连续11年被评为全省烟叶工作先进单位，烟叶质量连续9年获国家烟草局通报表扬。

■ **烟叶生产** 2016年，永州市育苗2万余公顷。大田移栽从2月下旬启动，3月15日全市基本完成移栽任务。移栽期间，发动烟农带土移栽，促进早生快发，移栽季节提早，为保证烤烟大田生长期120天奠定基础。移栽密度更趋合理，每亩基本达1050株。各县采用GPS丈量烟田面积、将产量与面积挂钩发放种烟补贴等办法，挤出面积“水分”，使面积更加准确。狠抓中耕培土，组织烟农还苗后及时小培土，团棵期揭膜大培土。全市投入资金1230万元，建设精益生产示范区0.48万公顷，集中培育建成33.33公顷~66.67公顷的精益生产示范区54个，全面普及烟蚜茧蜂防治技术、太阳能诱蛾灯、性诱剂等物理、生物防治技术，开展绿色防控，杜绝使用违禁农药，

科学化育苗，烟农正在对烟苗进行剪叶

防止药害发生。增施饼肥，提升烟叶内在质量。

■ **抗灾救灾** 2016年，永州市烟叶移栽，频繁遭受暴风、暴雨和冰雹等自然灾害。全市烟叶累计受灾0.56万公顷，其中绝收0.1万公顷，严重受灾0.35万公顷，烤烟因灾严重减产，亩产仅为2担，比正常年份减产0.5担。面对灾情，各级各部门第一时间做出反应，启动应急预案，抗灾救灾。市财政拨付资金200万元，扶持烟农开展生产自救。市烤烟办、市烟草局（公司）还会同保险部门在灾后立即深入灾区，分片负责核实灾情，分阶段、分受损程度有序开展理赔，安抚烟农情绪。全市投保1250万元，实际理赔2260万元。

■ **烟基建设** 2016年，永州市烟叶基础设施项目建设总投资1.52亿元。主要项目有新建烤房301座，新建育苗大棚4个，维修烤房1500座，整修和新修沟渠14条、13千米，新修泥结石基耕路9条、4.4千米，基本烟田土地整理0.21万公顷，其中平整面积0.14万公顷，配套新建沟渠676条、208.9千米，配套修建机耕路275条、109千米。截至2016年12月底，全市烟基项目建设完成投资1.4亿元，完成工程投资的92%。完成建设的项目有新建烤房301座、育苗大棚4个，维修烤房1500座，烟水烟路项目和0.21万公顷基本烟田土地整理项目完成勘测、申报选点规划、上报可行性研究报告、立项批复、实施方案县和市级评审、实施方案省烟基办评审和项目资金计划批复、招投标等工作，11月开始各有关产烟县进场施工。

■ **职业烟农建设** 2016年，永州市人民政府烤烟工作领导小组办公室按照“政府主导、烟农主体、需求导向、综合配套”的原则，开展职业烟农资格及等级评定，并制定订印发《职业烟农评定标准与计分办法》，在全省首推职业烟农评定960名。对评定的职业烟农实行差异化扶持，并构建职业烟农培训体系。通过印发资料、办学习班、现场交流、典型交流、入户指导、远程教育、外出考察等多种形式对职业烟农进行培训指导，并就生产技术、经营管理、专业化服务补贴、烟叶种植保险等方面实行精准扶持。

（杨平安）

水　　利

■ **概况** 2016年，永州市水利系统坚持兴水利、除水害，推进水利改革发展，市委经济工作会议和政府工作报告确定的重大事项全部落实到位，全年完成水利建设投入35亿元，水利建设投资、进度、质量均居全省第一位，创造永州水利工程建设史上最好成绩，获2016年度全省水利建设最高荣誉“芙蓉杯”优秀单位，获全省水利工程质量考核第一名、2016年度全省防汛抗灾先进单位，4个水源地列入国家级重要饮用水源地，东安高岩湖、道县濂溪获批省级水利风景区，2016年意识形态和精神文明建设考核获市里考评第一名，获市里2016年农业农村、安全生产、信访维稳、六件惠民实事和重点民生实事、“三项优先”、精准扶贫、优化经济发展环境和机关效能建设考核先进单位。

■ **水利重大项目建设** 2016年，涔天河水库扩建工程年度计划投资7.6亿元，完成投资13.6亿元，占计划的179%，超过预期计划，并于12月30日下闸蓄水，成为国务院确定的172项重大水利工程当中，第一个实现下闸蓄水的项目，标志着基本完成建设任务，进入建设与初期调度运用并行的阶段。涔天河灌区工程年度计划投资7亿元，年度投资计划全面完成。蓝山毛俊水库于11月23日开工建设。宁远金钩挂、江华清江、东安芦江水库等重大水源工程有序推进，道县营乐源水库、蓝山两江口水库开工建设。

■ **水利民生项目建设** 2016年，永州市病险水库（水闸）除险加固计划投入1.96亿元，实施552座小型病险水库，已全面完工；道县向阳大型水闸开工建设。中小河流治理5个项目全面开工，完成投资6000万元。“四水”治理3个项目计划投入0.42亿元，已全面完工。农村饮水巩固提升项目全面完工，新增农村饮水受益人口30万人，农村自来水普及率71.36%。10月，市水利局局长廖荣良以《关于农村饮水安全工作的喜与忧》为题，专门写信向省政府副省长戴道晋汇报，纳入省委、省政府的决策视野，戴道晋批示：“这是一名水利工作者的深入思考，请英华、晓安、阳煌同志阅示。”实施的6个小农水重点县项目全面完工。“五小”水利工程完成投入4亿元，建成“五小”水利工程7190处。水土保持、零陵区大型国营泵站更新改造、道县上坝灌区及农村水电增效扩容等项目，年度建设任务全面完成。全市13座农村水电站列入水利部农村水电安全标准化建设试点单位。市、县级水质检测中心全部挂牌成立。

■ 水利管理 2016年，永州市人民政府在省政府对市政府最严格水资源管理考核中获全省优良、排名居前，市政府对县区政府最严格水资源管理年度考核全面完成。第二个“湘江保护与治理三年行动计划”全面启动，全市出境水质继续保持Ⅱ类水标准，高于省政府要求的Ⅲ类水标准。全面小康单位GDP水耗指标考核指标提升幅度居全省前列。水生态文明建设有效展开，饮用水水源地保护全面推进，全市所有小（1）型以上水库污染治理全部整治到位。第二轮河道采砂三年专项整治行动深入推进，冷水滩区、零陵区、东安县共管河道和道县、双牌县共管河道采砂权有偿出让正有效推进，非法采砂、乱采滥挖现象得到有效遏制。河道保洁扎实开展，全市24个监控点河道打捞量大幅度下降。列入国家计划的水利工程质量监督覆盖率100%，民生水利工程项目一次性验收合格率100%，全市水利工程质量管理考核在全省排名第一位。5月全省水利工程质量管理座谈会在永州市召开，“永州经验”在全省推广。全面落实安全生产“一岗双责”，开展安全生产专项行动，全市水利工程没有发生一起安全生产事故。湖南蓝（蓝山）嘉（嘉禾）水库成功签订管护移交协议书，永州蓝山、郴州嘉禾轮流管护，破解多年的难题。

■ 防汛抗灾 2016年，永州市受史上最强厄尔尼诺现象影响，发生1998年以来最大春汛，出现10次强降雨过程，湘江干流3次超警戒水位，引发严重洪涝灾害。市委、市政府、市防指挥部科学调度，及时组织干部群众抗灾救灾，全市没有垮一库一坝，没有发生群死群伤，灾害损失降到最低，取得防汛抗灾的全面胜利。

（左建平）

2016年永州市水利水电情况表

表7

项目 县区	大小河流总数（条）	各类型水库（座）	大型水库（座）	中型水库（座）	小型水库（座）	中型河坝（座）	山塘（口）	其中重点骨干山塘（口）	工程蓄引提水总量（亿立方米）	水能理论蕴藏量（万千瓦）	投产水电站（处）	装机容量（万千瓦）	已建村级山洪地质灾害预警预报系统（个）	饮水工程（处）	解决饮水不安全人数（万人）
合计	733	1230	2	27	1201	9	200360	16327	25.2379	287.2	702	146.95	2132	1733	332.5155
冷水滩区	33	120		1	119		23233	2372	2.6339	13.13	5	7.87	163	167	22.9844
零陵区	99	140		2	138	1	22323	2915	3.1181	37.8	38	10.96	139	133	34.7839
祁阳县	81	221		3	218		70620	3618	4.428	45	33	24.09	212	193	36.0436
东安县	49	204		4	200	2	17996	3467	2.9562	14	60	6.28	157	156	31.8920
双牌县	51	28	1		27		2377	878	2.394	42	52	30.44	112	113	10.9421
道县	63	95		4	91	3	16523	1531	2.2175	36	82	10.74	243	204	41.9400
宁远县	86	107		5	102	1	24807	264	2.3709	15.28	42	8.46	216	204	48.7287
蓝山县	69	35			35	1	1178	103	1.439	21.25	168	14.82	211	107	20.4800
江华县	106	99	1	1	97		2568	385	1.4488	46.52	160	21.15	331	244	33.2041

续表7

项目 县区	大小河流总数（条）	各类型水库（座）	大型水库（座）	中型水库（座）	小型水库（座）	中型河坝（座）	山　塘（口）	其中重点骨干山　塘（口）	工程蓄引提水总　量（亿立方米）	水能理论蕴藏量（万千瓦）	投产水电　站（处）	装机容量（万千瓦）	已建村级山洪地质灾害预警预　报系统（个）	饮　水工　程（处）	解决饮水不安全人数（万人）
江永县	67	69		2	67	1	5921	398	1.0031	13.64	28	4.44	103	62	16.2476
新田县	41	72		5	67		11728	266	1.2284	2.58	14	0.9	180	93	27.1608
金洞管理区	21	5			5		432	78	包含在祁阳县内	包含在祁阳县内	20	6.8	59	49	5.1225
回龙圩管理区	5	16			16		269	24	包含在江永县内	包含在江永县内	0	0	6	5	2.7858
经开区	3	19			19		385	28	包含在冷水滩区内	包含在冷水滩区内	0	0	0	3	0.2

农业机械化管理

■ 概况　永州市农业机械化管理局是市农委所属副处级参照公务员管理的事业单位，设办公室、产业指导和培训科、技术服务中心3个内设机构，归口管理市农业机械化成人中等专业学校（加挂市农业机械化技术推广服务站）、市农业机械研究所、市农机总公司3个下属单位，核定编制12名，有干部职工10人。2016年年末，全市农机系统编制内职工（含乡镇服务中心的农机人员）人数1137人；农机用户29.88万户，比2015年增加1.38万户，增长4.84%；全市农机总动力603.5万千瓦，比2015年增加23.5万千瓦，增长4%；农业机械拥有量100.8万台套，比2015年增加4.8万台套，增长5%，其中有拖拉机及配套机具6.36万台，水稻插秧机3744台，联合收割机7585台，农产品加工机械30.47万台，耕作机械15.6万台；完成农机作业服务总面积114万公顷，比2015年增加7.33万公顷，增长6.9%；全市农田耕种收综合机械化水平48.05%，比2015年增加2.5个百分点，其中，水稻耕种收综合机械化水平58.1%，比2015年增加2.9个百分点；全市农机化总投入2.62亿元，完成农机经营服务总收入48亿元。

■ 农机补贴　2016年，永州市争取农机补贴资金9380万元，其中，农机购置补贴资金8002万元，土地深松作业补贴资金1378万元；实施农机补贴资金7410万元，其中，农机购置补贴资金5116.2万元，拉动农民投入13785.5万元，受益农户1.38万户；完成补贴机具17122台套，非补贴机具30002台套，计47124台套，其中，水稻插秧机270台，谷物联合收割机898台，粮食烘干机88台，拖拉机1353台，田间管理机械79台，耕整地机械9950台。

■ 水稻机插秧技术推广　2016年，永州市水稻机插秧技术推广工作基本形成“以户带组、以组促村、以村促乡、全面铺开”的格局。全市新建水稻机插育秧点301个，其中领导办点21个；举办机插秧技术培训班23期，培训农民1976人次，开展机插秧现场操作和演示活动32场次，观摩群众近1.56万人；全市落实机插秧累加补贴和工作经费460万元，新推广水稻插秧机270台，完成机插秧面积9.96万公顷，机插率达23.1%。

■ 油菜、花生机械化技术推广　2016年，永州市油菜机械化播种面积为2.08万公顷，占全市油菜播种面积7.24万公顷的28.7%；机收面积0.55万公顷，占油菜播种面积的7.64%；新推广油菜机具19台，其中，免耕直播机10台，精少量播种机3台，油菜籽收获机6台。全市花生机械化种植面积157.33公顷，机械化收获面积1730公顷。8月22日，在江永县允山镇举办全市花生生产机械化现场演示会暨花生机械化生产技术规程研讨会。

■ 农机专业合作社　2016年，永

永州田源牌 TY-702 轻型履带式拖拉机现场作业

州市培育和发展农机合作社 44 家，其中纳入省级财政扶持建设的现代农机专业合作社 38 家。截至 2016 年年底，全市工商部门注册的农机合作社 258 家，投资 20 万元以上的农机专业大户 1593 户。农机合作社和大户承租田地 1.45 万公顷，为周边农户开展机械作业服务 7.87 万公顷，解决农民转岗再就业 1.64 万多人。全市各类农机合作组织投入资金 6559.2 万元，购置农业机械 1564 台，国家补贴资金 1762.7 万元，省、市县累加补贴资金 1140 万元。

■ 农机技能培训 2016 年，永州市举办各类农机技术培训班 50 期，完成农机化培训 2.78 万人次。其中，争取新型职业农民培训 1100 人次，完成培训农机管理人员 708 人次，农机技术人员 3526 人次，农机监理人员 53 人次，农机操作人员 2.32 万人次。

■ 农机产品研发 2016 年 11 月，永州市农机研究所与永州田源机械装备有限公司合作，研制开发的永州田源牌 TY—702 轻型履带式拖拉机正式获得推广鉴定证书。该轻型履带式拖拉机多次参加市、县举办的现场演示活动，农机用户反映较好。

■ 农机安全监理 2016 年，永州市创建“平安农机”示范乡镇 20 个、全省农机监理“为民服务创先争优”示范窗口单位 2 个，办理农业机械登记业务 920 台，发放农业机械驾驶证 728 个，全市各级农机监理部门开展安全生产大检查 832 次，参与检查人员 3126 人次，检查农业机械 6527 台次，纠正违章 460 起，排查一般安全隐患 2550 处，落实治理资金 6 万余元，已全部整改到位，全市农机安全生产“四项指数”即农机事故起数、死亡人数、重伤人数和直接经济损失均为零。

■ 全市水稻“机耕、机育、机插”现场演示会 2016 年 3 月 30 日上午，永州市水稻“机耕、机育、机插”现场演示会在冷水滩区伊塘镇东风村举行，首次采用全程电视直播方式，全面展示水稻机耕、机育、机插等先进农机作业方式，让全市农民群众通过电视直播直接感知农机操作使用及注意事项。市委常委、副市长蒋善生，全市 13 个县区（管理区）分管农口副县区长等 400 多人参加演示会。蒋善生对此次现场演示活动给予肯定，并与农机技术人员进行交谈，询问工厂化育秧情况，旋耕机、机插秧的市场价格、作业效率以及农机补贴等情况。他强调，农业的根本出路在于农业机械化、规模化和现代化，要实现农业机械化必须抓好“四个着力”：一是要着力提升水稻生产全程机械化水平；二是要着力培育职业农机手；三是要着力发展现代农机合作社；四是要着力创建“平安农机”示范市。他要求，各县区农机管理部门要把水稻机械化耕、育、插秧技术推广、普及到千家万户，让更多的种粮大户成为农机大户，以此提高农业生产效率，加速农业机械化进程，进一步确保全市粮食稳产增产。

■ 全市水稻生产“六机”作业现场观摩演示会 2016 年 7 月 19 日，永州市水稻生产“六机”作业现场观摩演示会在道县四马桥镇燕山脚村举行。省农机局局长王罗方、省农机安全监理总站书记潘新初、永州市委副书记张严、市委常委、副市长蒋善生等 200 余人参加会议。此次机械化现场演示总面积 26.67 公顷，分为机械育秧、机耕、机插、机械植保、机收、机械运输、机械烘干、农机展示 8 个区域，参与演示各类农机具 100 多台（套）。

■ 全市创建全国“平安农机示范市”动员会 2016 年 7 月 19 日，永州市创建全国“平安农机示范市”动员会在道县召开。省农机局局长王罗方、省农机安全监理总站书记潘新初、永州市委副书记张严，市委常委、副市长蒋善生等200余人参加会议。会上，下发市政府办关于印发《创建全国“平安农机示范市”实施方案》的通知，王罗方对7月19日的水稻生产全程机械化现场演示给予高度肯定，表示道县的做法和经验可在全省推广，并指出下阶段永州市农机化工作的5个主攻方向。市委副书记张严强调，各级各相关部门要创新发展思路，创新农机技术、发展机制，全力推动农机事业快速发展，强化农机安全生产意识，树立农机安全理念，将“平安农机”示范市创建纳入全市同创项目，合为“八城同创”，为永州市粮食增产、农民增收、农村经济快速发展作出贡献。

■《农机专题》正式上线 2016年8月1日，永州市农机局联合永州广电新媒体（永州广电APP）、永州广播电视网站开办《农机专题》正式上线。社会公众只需在手机“应用市场”或“应用宝”中搜索“永州广电”下载安装即可。《农机专题》下设农机新闻、农业法规、农机合作社和大户、办事指南、平安农机等板块，市农机局将依托该平台，向社会宣传党和国家的各项涉农政策，全市农机工作开展情况、各类典型、农机新技术、新机具，为农机合作组织、农机大户、种田大户和个体经营户提供农机购置补贴、农机维修保养等各类农机信息和咨询服务。

（蒋海阔）

农业综合开发

■ 概况 2016年，永州市农业综合开发以“争项目、抓项目、强管理”为工作重心，以服务“三农”工作为宗旨，开展农业综合开发项目建设，完成各项农业综合开发工作任务。

■ 项目建设 2016年，永州市农业综合开发办公室开展2015年度高标准农田项目竣工验收。2015年全市完成高标准农田建设任务0.76万公顷。开展2015年度农业产业化经营项目竣工验收。2015年全市实施产业化经营财政补助项目34个，财政贴息项目6个，安排财政资金4648万元。部门项目按实施方案要求全面完工。2015年度全市实施部门项目13个，安排财政资金3720万元。2个园区项目全面完工。2015年全市冷水难区实施第一个优势特色产业园项目，安排财政资金1000万元；祁阳县实施第一个国家现代农业园区试点项目，安排财政资金6300万元。2个项目年底全面完工。

■ 实施脱贫攻坚战略 2016年，根据国家宏观政策突出脱贫攻坚战略，经前期调查和摸底，双牌县、江永县、宁远县、新田县和江华瑶族自治县被列入脱贫攻坚项目县，这是全市农业综合开发投入政策的一次较大调整。省农开办的第一批项目资金批复：2017年，双牌县、江永县、宁远县、新田县和江华瑶族自治县五县安排中央财政资金分别为670万元、774万元、1032万元、900万元和1073万元，占全市中央财政资金总额的42.7%。

■ 开展资金整合服务大农业 2016年，除零陵区，永州市其余10个县区农业综合开发办公室都参与涉农资金整合。全年全市安排中央财政资金1.48亿元，其中安排整合资金8687万元，占资金总额的58.7%。

■ 廉政建设 2016年，由于原农业综合开发主任吴起军案件的影响，永州市农业综合开发系统受到较大冲击。市农开办查明涉案人员已达3名，有4个县区农开办正在接受组织调查，案件对全市农业综合开发工作带来较大的负面影响。全市农开系统以案件为鉴，认真剖析案件发生的原因，研究制定《农业综合开发内控操作规程》，对容易产生廉政风险的关键环节给予重点把关设卡，从制度上防犯案件的再次发生。

（宋顺华）

农业科技研究

■ 概况 市农业科学研究所（简称市农科所）是全市唯一的从事基础性农业科学研究的正处级公益性综合性农业科研单位。市农科所以基础科研、新品种选育引进推广和新技术示范、推广为手段，坚持自主创新与引进集成并重，突出基础性和实用性，在农作物育种、重大技术引进集成、农产品储藏加工、农业标准化示范建设、实用科技成果转化推广等方面取得很大的突破和进展，先后完成研究项目520多个，取得各类科研成果284项，其中国家级科研成果2项。仅“十二五”期间，先后培育出杂交水稻和优质稻新品种9个，油菜新品种1个，烤烟新品种1个，研究推广水稻、玉米、油菜、柑橘高产栽培技术和引进推广甜玉米、双低油菜和阿根廷奶油南瓜、黑美人西瓜等新品种、新技术60多项，获各类科研成果146项，累计产生社会经济效益近百亿元。

2016年，市农科所继续把研究重点放在水稻育种、作物栽培、新品种引进推广及应用技术研究上，面向农业生产选题，结合政府规划立项，实现科研项目与生产实际、与市场、与农业产业化相结合，加快科技成果转化的步伐，提升科技成果核心价值，并以此推动科技开发，取得良好的经济效益、社会效益与生态效益。

■ 农业科研 2016年，永州市农科所开展国家、省、市及所内自选科研项目28个，主要有水稻新品种选育、区试、预试和湖南省水稻产业体系300多个水稻品种的品比试验；油菜品种“油研2013”高产栽培试验、油菜新品种引种及筛选试验、国家早熟油菜区试、湖南省油菜区试试验；烤烟新品种选育、烤烟南繁加代与冬季制种研究、湘烟5号制种技术研究、烤烟良种繁育和不育系选育、生物降解地膜种类筛选试验、富钾饼肥品种筛选研究；湖南省玉米区试试验。其中，国标二等优质杂交水稻新品种建优2号通过湖南省农作物品种委员会审定、建优2号的选育与推广项目获永州市科学技术进步一等奖；水稻新品种两优7188、9771、1191参加湖南省区试；水稻新品种潇湘优527、y两优9353参加湖南省预试；国家冬油菜早熟组区域试验24个油菜新品种试验任务完成，为国家早熟冬油菜新品种审定提供科学依据。

■ 农业科技服务 2016年，永州市农科所连续在冷水滩、东安、祁阳、零陵、道县、江华、海南等地建立生产基地，就水稻高产优质生产大面积推广示范、烤烟大片生产、油菜高效生产提供技术指导。以烤烟室为主要技术依托，甘肃烟草工业有限责任公司道县祥霖铺基地单元和浙江中烟工业有限责任公司江华涛圩基地单元2个点进行烤烟大面积生产，由该所委派专业技术人员组成2支科技队伍驻点进行现场技术指导，科研生产发展来势好，并争取技术服务费20万元。

（李善华）

扶贫开发

■ 概况 永州市扶贫开发办公室（简称市扶贫办）设综合调研科、开发指导科、规划财务科、精准扶贫科、信息监测科5个内设机构。主要职责：贯彻执行党和国家精准扶贫工作方针、政策以及省、市决策部署；编制实施扶贫开发中长期发展规划及年度计划；指导协调扶贫开发工作重大问题和扶贫开发项目的实施与管理，组织开展精准扶贫工作考核；会同有关部门抓好中央和省、市财政扶贫专项资金的监督管理，并指导其项目向省备案工作；负责市级财政扶贫资金项目计划的审核和财政扶贫项目库建设；配合有关部门抓好金融扶贫工作；组织实施扶贫对象纳入，脱贫退出等贫困监测，协调管理有关扶贫捐赠资金和物资；组织开展扶贫交流与合作；负责驻村帮扶工作日常管理和定点扶贫工作；承办市委、市政府交办的其他事项。

2016年，全市减贫12.95万人，贫困村脱贫出列131个，减贫率29%，比2015年高6个百分点，超额完成省下达的年度减贫任务。全市脱贫攻坚多项工作走在全省前列，全国产业精准扶贫现场观摩会以及全省产业扶贫现场推进会、旅游扶贫现场会、城乡困难职工家庭“一户一产业工人”脱贫解困经验交流会在永州市召开。在全省年度脱贫攻坚考核中，江华瑶族自治县位居全省一类县区第一名，宁远县、新田县分列第三、第五名。在全省管理区（开发区）考核中，永州经济技术开发区名列第一位。在全省二类县区考核中，冷水滩区进入先进行列。江华瑶族自治县扶贫办被评为全国扶贫系统先进集体，为湖南省仅有的2个单位之一。祁阳县文明铺镇新塘角村等9个贫困村被评为全省脱贫攻坚示范村，黄爱华等7人被评为全省“百名最美扶贫人物”。

■ 产业扶贫创新 2016年，永州市引进温氏集团、金浩茶油、自然韵茶业等“品牌型”龙头企业，加快推进种养业产业扶贫重点项目，带动345个贫困村、2.5万贫困对象受益。依托贫困村丰富的生态资源、特色文化资源，做好绿色、红色、古色、民族特色“四色”文章，乡村旅游与精准扶贫实现融合发展，116个贫困村被列入全国乡村旅游扶贫重点村，其中宁远县九嶷山舜帝陵景区、江永县勾蓝瑶寨被列入全国旅游扶贫示范项目，江华香草源景区、江永勾蓝瑶寨等通过发展旅游扶贫产业率先脱贫。农村电商扶贫产业迅猛发展，实施“互联网+精准扶贫”，184个贫困村建立电商运营站点，创造电商就业岗位500个，带动贫困户人均增收500余元。

■ **金融扶贫** 2016年，永州市投放扶贫小额信贷22.27亿元，超出全省总量的三分之一，增速、总量均排全省第一位。用活金融再贷款政策，与湖南省三大政策性银行签署贷款总额830亿元的合作框架协议，发放扶贫再贷款15.9亿元。实施保险扶贫，启动扶贫“财银保”项目，投放特色产业农村经营主体贷款800余万元。贫困村金融扶贫服务站建设加快，建成贫困村金融扶贫服务站533个，为2.02万户贫困户建立金融服务档案，打通金融扶贫服务“最后一千米”。

■ **扶贫顶层设计** 2016年，永州市扶贫办全面落实“1+X+部门”精准扶贫顶层设计，形成精准发力、全员参与的良好态势。实行领导包村、部门帮村、干部驻村、干部结对的精准帮扶模式，实现所有贫困村驻村帮扶全覆盖、贫困户帮扶责任人全覆盖。脱贫攻坚责任层层落实，压力层层传导，按照挂图作战要求，脱贫任务精准落实到村、到户、到人。考核体系不断完善，脱贫攻坚列为全市三大综合性考核项目之一，纳入全市干部执行力考核重要内容。

■ **扶贫综合施策** 2016年，永州市免除2755名贫困家庭高中生学杂费，为贫困大学生办理生源地信用助学贷款1.68万人次，贷款1.32亿元，生源地信用助学贷款总人数和金额继续保持全省第一名。建档立卡贫困人口新农合参保率100%，基本医疗报账比例提高10%，贫困对象全部纳入大病救治范围，大病保险起付线降低50%，全年大病保险补助贫困人口2050人次948万元，108个贫困村卫生室建成达标。在全省率先启动社会保障兜底脱贫对象联合认定工作，符合条件的1.21万户2.78万名贫困对象全部纳入农村低保兜底脱贫范围，将农村低保标准提高到每年2855元，“两线融合”步伐加快。全面启动实施易地扶贫搬迁工程，80个易地扶贫搬迁项目全部开工建设，建成住房8819套、69.49万平方米，安置建档立卡贫困户6339户、2.36万人。优先实施建档立卡贫困户危房改造，完成贫困户危房改造6520户。

■ **脱贫基础** 2016年，永州市解决175个贫困村、4.05万贫困人口安全饮水问题。完成91个贫困村农网升级改造，新建改造贫困村输电线路1033千米。完成农村公路提质改造1106千米，贫困村通村公路全部实现路面硬化。争取新田等4个县区列入国家“电信普遍服务”试点，新增606个行政村通宽带，贫困地区“数字鸿沟”进一步缩小。科技扶贫支撑平台、信息服务体系逐步健全，“村村响、户户通”广播电视实现贫困村全覆盖。完成新增转移就业贫困人口1.65万人，资助1473名贫困家庭“两后生”（初、高中毕业未能继续开学的贫困家庭中的富余劳动力）接受职业技能教育培训。全年培训贫困地区基层党员干部和贫困家庭劳动力2.6万人次。

■ **全国产业精准扶贫现场观摩考察“永州典型案例”** 2016年9月20日，全国产业精准扶贫现场观摩会的与会人员在永州市进行现场观摩考察。国务院扶贫办开发指导司副司长吴华，民进中央参政议政部副部长姚立迎，湖南省扶贫办主任王志群以及中央部委和各省扶贫办有关负责人参加考察。市委书记陈文浩，市领导张严、蒋善生参加考察。座谈会上，陈文浩指出，永州在抓精准扶贫工作中，始终坚持解放思想，牢固树立融合思维发展思路，坚持把精准扶贫工作与美丽乡村建设等工作融合起来，与主导产业发展结合起来。同时，进一步抢抓国家实施农村小额贷款扶贫和易地扶贫搬迁等政策的大好机遇，让“资金跟着穷人走、穷人跟着能人走、能人跟着产业项目走、产业项目跟着市场走”。此外，还创造性地推出农建投新模式，搭建农村投融资平台，实行“分贷统还”，在江永、江华等县区先后成功实施一批富民好项目，进一步加快贫困地区困难群众的脱贫步伐，探索走出一条产业扶贫的永州路径。

（肖柳）

重点企事业单位选介

湖南涔天河工程建设投资有限责任公司

■ **概况** 湖南涔天河工程建设投资有限责任公司成立于2011年12月15日，是涔天河水库扩建工程的项目法人，为国有独资企业，注册资本金10亿元，经营范围包括水利水电工程等投资和建设。有员工83人，其中，享受国务院津贴专家1人，高级职称7人，中级职称29人。2015年11月，涔天河公司组建永州涔天河灌区工程建设有限责任公司，注

2016年10月，涔天河水库扩建工程全景图

册资本金7亿元，履行灌区工程的项目法人职责，有员工54人（含聘请专家5名），其中，高级职称5人，中级职称16人。

湖南涔天河水库扩建工程，包含的枢纽和灌区2个项目，均被国务院确定为172项节水供水重大工程，也是湖南省水利建设“一号工程”。枢纽与灌区2个项目在2016年度全省重点建设项目考核中双双获“优秀”等次。涔天河水库扩建大坝工程被省水利厅精神文明建设指导委员会评为2015—2016年度湖南省水利建设工程文明工地。2015年、2016年涔天河水库扩建工程连续2年入选中国水利报评选的全国最具影响力十大水利工程。枢纽工程位于湘江干流潇水流域上游的永州市江华瑶族自治县境内，最大坝高114米，坝长328米，正常蓄水位313米，总库容15.1亿立方米；装机容量20万千瓦，灌区设计灌溉面积7.43万公顷，2个项目总投资100亿元。

■工程建设 枢纽工程于2011年11月奠基，2012年8月前期工程导流洞开工，2014年10月前期工程完工，2014年12月通过截流阶段验收。2016年12月16日通过长江水利委员会同湖南省水利厅主持的下闸蓄水阶段验收。2016年12月30日水库下闸蓄水，成为湖南省内的全国重大水利工程中第一个下闸蓄水的项目，标志着工程基本完成建设任务，进入建设与初期调度运用并行的阶段。2016年，枢纽工程完成投资13.68亿元（其中枢纽完成投资2.73亿元，移民、环保、水保投资10.39亿元，利息0.56亿元），占水利部年度投资计划7.64亿元的179.2%，占湖南省重点办年度计划10.25亿元的133.5%，占市政府年度计划10.39亿元的131.8%。截至2016年年底，累计完成投资55.41亿元（其中枢纽完成投资11.03亿元，移民、环保、水保投资43.42亿元，利息0.96亿元），占概算总投资60亿元的92.4%。全年完成工程量：土方开挖8万立方米，石方开挖3.1434万立方米，混凝土浇筑16.87万立方米，土石方填筑93.6万立方米，钢筋制安6813吨。截至2016年年底，累计完成土方开挖113.34万立方米，石方开挖203.66万立方米，混凝土浇筑40.66万立方米，土石方填筑425.9万立方米，钢筋制安16924吨。

灌区工程于2015年10月29日开工建设。2016年进入全线启动开工阶段。左总干一标段、左干二标段、右总干一标段、右总干二标段、东干渠、西干渠开工建设。全年灌区工程完成投资7亿元，占水利部年度计划7亿元的100%，占省重点办年度计划4亿元的175%，占永州市政府年度计划4.56亿元的153%。

领导名录

党委书记 董事长 灌区公司总经理	李祥红
党委副书记 总经理	左全裕
党委委员 总工程师	张如强
党委委员 纪委书记	卿建民
党委委员 副总经理	巢建平
市政府派驻公司监事会主席	陈蓓蕾
党委委员 副总经理 灌区公司常务副总经理	金锦云

党委委员 副总经理 灌区公司 副总经理	王四清
工会主席	田红旗
党委委员 副总经理	姜尚荣

（谭虹）

永州市涔天河水库和工程管理局

■ **概况** 永州市涔天河水库和工程管理局设有办公室、人事科、纪检监察室、资产财务科、保卫科、渠道管理科、技术科、工程管理科、经营管理科、工会办公室10个职能科室，暂下设苗圃、西河、桥头铺、晏家田等管理所，有干部职工518人。其中，在职人员248人，退休人员270人；专业技术人员120人，具有高、中级职称77人。2016年12月，永州市涔天河水利水电管理局更名为永州市涔天河水库和工程管理局。

2016年，市涔天河水库和工程管理局围绕“渠道灌溉、安全生产”等工作重点，推行“新一轮干部职工竞聘上岗、岗位设置管理、小区资源配置和管理”等三项内部改革，实现年初制定的各项工作目标。

■ **渠道灌溉** 2016年，永州市涔天河水库和工程管理局严格落实《护渠管水工作制度》，把日常巡查与重点检查有机结合起来，重点做好险工险段及暴雨前、后渠道设施的检查维护和隐患处理。全年，累计发现和处理溶洞隐患56处、水毁设施7处；落实安全责任和预防措施，层层签订安全生产目标管理责任书20余份，开展全局性安全和消防大检查3次，整改隐患问题44项，安全规程考试参考率、合格率100%。针对渠道管理过程中发生的问题向有关单位发出书面函件16封，参与协调矛盾纠纷20余次，有效地保护渠道工程设施。防范和应对强降水过程7次，成功防御与调度“5·20”“6·13”“6·16”3次较大洪水过程。7月中旬，涔天河灌区局部出现旱情时，局党委及时召开扩大会议，专题研究与部署灌区抗旱工作。在抗旱期间，班子成员和机关干部到一线专项调研61人次，协调解决问题4个，排查隐患17处，特别是在24小时内处置好总干桐子山渠段溶洞垮塌重大险情，避免灌区旱情的加剧。

2016年12月30日，工程下闸蓄水仪式会场

■ **重点项目建设** 2016年，永州市涔天河水库和工程管理局坚持以项目建设为重点，推进市农业综合开发涔天河灌区节水灌溉配套改造项目和老灌区改造项目建设工作。年内完成项目的勘测、设计和公开招投标。12月，节水灌溉配套改造项目开工。

■ **服务扩建** 2016年，永州市涔天河水库和工程管理局强化后勤保障，主动做好涔天河水库扩建工程的服务工作。全年处理配电设备、供电线路、水泵等故障52次，处理水情自动化测报系统中继站和遥测站设备故障7次，向各级防汛部门、湖南涔天河水库扩建工程建设投资有限责任公司发送雨水情信息3215余条，免费提供移民临时安置房60余套。

（邓鹏志）

湖南省双牌水库管理局

■ **概况** 2016年，湖南省双牌水库管理局围绕年度工作目标，突出抓好“四个灌区”建设，推进各项改革，克服项目短缺、经费不足、工程维修任务重等各种困难和挑战，完成各项工作任务。年内，获全市综治维稳工作先进单位、全市意识形态和党建工作先进单位、全省水利系统财务报表工作先进单位等多项称号，并再次通过文明单位复审，继续保持“全国水利文明单位”称号。

■ **灌溉管理** 2016年，永州市因4月、5月间雨水较多，双牌水库灌区推迟于5月13日开闸放水，时间较往年有所延后。于10月19日关闸停水，全年安全运行159天。干渠最大运行流量为每秒24立方米，渠首引水量2.39亿立方米，其中有效供水量1.78亿立方米。在7月、8月用水高峰期，灌区中下游出现局部旱情。完成全年供水任务，重点解决祁阳县尾灌区的用水困难，最大限度地满足灌区2.13万公顷农田的用水需求。

■ 防汛保安 2016年上半年，永州市降水频繁，极端天气频发。湖南省双牌水库管理局落实安全生产责任制，实行工程分段包干、责任到人，层层压实责任，坚持实行隐患工程每日巡查制度。完善防汛应急预案，加强应急人员、器材、资金准备，开展防汛抢险应急演练。坚持专管与群管相结合，依靠群众联络员，及时发现和处置多处险情，确保灌区工程安全。

■ 引项争资 2016年，双牌灌区续建配套项目在停顿7年之后，2016年再次获得国家投资。全年争得国家和省里各类项目资金850多万元，其中，中央投资的续建配套项目追加资金446万元，省级财政配套追补资金130万元，危旧房改造项目资金120万元，农田水利建设等其他资金160万元。通过项目建设和资金投入，促进灌区工程维修改造，同时也改善基层所站的工作生活环境。

■ 体制改革 2016年，湖南省双牌水库管理局争取省直有关部门的支持，进一步落实事业单位改革有关政策，理顺财政管理体制。省编办同意管理局转为公益一类事业单位，省财政厅将管理局纳入财政全额预算管理，省人社厅将管理局纳入省级统筹。

■ 生态灌区建设 2016年，湖南省双牌水库管理局在木斗岭管理所选取5千米渠段作为建设生态风景灌区的试点段。栽种“三红”紫薇10多万株、栾树5000株。试点工作将工程生态养护与打造美丽景观相结合、自身利益与农民利益相结合，不仅经济效益可观，而且具有良好的社会效益和生态效益。获得水利部农水司、中国灌排发展中心、中国灌区协会以及省水利厅有关领导的充分肯定。双牌灌区的做法和经验在全国性的灌区现代化建设研讨会上作交流发言。

（李国勇）

工业·电子信息

综　　述

■ 概况 永州市经济和信息化委员会（简称市经信委）内设18个科室，有机关编制43名（含后勤服务编3名），在岗37人，其中主任1名、副主任5名（转业安置1名）、纪检组长1名、总经济师1名、电力执法支队长1名、技改办主任1名、副调研员1名、正副科长21名、科员4名、工勤人员1名。市经信委归口管理市中小企业服务中心、市能源利用监测站、新技术推广站、市工业企业改制服务办公室、永州市无线电管理处、无线电监测站、市散装水泥办公室、市墙体材料改革办公室、市煤炭物资供应站等单位。

2016年，永州市坚持稳中求进的工作总基调，千方百计促进工业稳增长、调结构、增效益，虽然受零陵卷烟厂政策性因素调减生产计划和长丰猎豹汽车关键零部件瓶颈制约影响，但全市工业经济运行仍然呈现“缓中趋稳，稳中向好”的态势。全市完成规模工业总产值1216.6亿元，同比增长12.9%；实现规模工业增加值323.77亿元，增长6.6%。新增入统规模工业企业143家，工业实缴税收完成24.4亿元，同比增长12%。市经信委获市委市政府表彰先进10项，连续2年获评市级文明和机关效能先进单位。

■ 工业项目建设 2016年，永州市列入省“313”重点投资计划工业项目24个，总投资381.7亿元，年度计划投资81亿元。其中，长丰猎豹汽车新产品研发及技术改造项目完成投资2.55亿元，神华火电完成投资21亿元。市级重点项目稳步推进，北斗导航、华为云计算项目进展顺利，恒伟医药产业园、达福鑫产业园完成年度投资计划，元创扩能年产20万台汽车零部件冲压/焊接项目、万马轮毂年产180万支汽车轮毂生产线项目提前完成年度投资并投产。长丰塑料、长丰沙发、长丰零部件、长丰空调等汽车配套企业全线启动扩能。

■ 企业服务 2016年，永州市继续开展“企业服务年”活动，推进“一帮二促”专项帮扶行动。对列入全省百户大型骨干企业的长丰猎豹、江华坤昊专门制定精准帮扶方案。市委、市政府主要领导多次带队到长丰猎豹进行现场办公，破解企业发展瓶颈，形成《关于支持长丰猎豹汽车发展会议纪要》，市财政筹措2亿元资金给予支持，并在用地、铁路运输、征地拆迁、环境配套、产业政策等方面给予支持。奔腾文创顺利上市挂牌，成为永州市本土企业首家上市公司。江华瑶族自治县、新田县利用扶贫“绿色通道”，上市筹备进展较快。达福鑫总部搬迁工作顺利推进。突破瓶颈制约，加大要素保障。通过有关融资平台，推荐12个有融资需求的重点工业项目融资7.92亿元，推荐23家重点企业融资4.57亿元。开展“大众创业、万众创新”活动，全年全市新增小微企业1300家以上。

■ 两化融合 2016年，永州市经信委先后引进北斗导航、华为公司、云联星空等公司落户永州，开启全市信息化发展的新篇章，为“智慧永州”和大数据产业发展奠定良好基础。华为公司一期业务在7月正式上线运营，省经信委、市政府、华为公司签订三方战略合作协议。与省网信办协商建立战略合作关系，定点湖南省政务云和省级数据灾备中心，打造湖南省云计算、大数据产业示范园区。智慧永州、云联星空无线WiFi项目建设成效明显，全市中心城区重点场所实现WiFi全覆盖。全国首批“电信普遍服务试点”项目进展顺利，实现全市11个县区全覆盖。“宽带永州”光纤入户工程顺利开展，全年新增1348个行政村通宽带，超额完成省里下达的118个行政村通宽带的目标任务，实现边远山区住户也能享受4G1000兆瓦优质服务的愿望。军民融合步伐加快，福嘉有色、隆翔科技、宏泰铝业等民营企业顺利融入军工领域，为国防军工企业提供配套服务。湖南兵器建华精密仪器有限公司常规武器新技术取得重大突破，在全军陆军领域推广；湖南兵器跃进机电有限公司军民合作意向强烈。湘器、南岭民爆逆势上扬，产销两旺。

■ 供给侧改革 2016年，永州市围绕“去库存、去产能、去杠杆、降成本、补短板”开展调研，推进供给侧改革。在供给侧结构性改革推动下，产业结构不断优化。先进装备制造全年完成产值129亿元，同比增长27%，占规模工业总产值比重上升3个百分点；电子信息产业完成产值136.7亿元，同比增长21.2%，占工业总产值比重上升1个百分点。开展去产能、去库存，全市178家冶炼企业淘汰22家，关闭停产143家。零陵卷烟厂围绕去库存压产能，从全年计划30.2万箱压减到27.4万箱。降低用电成本，帮助全市6家重点用电大户落实直供电计划。在对全市冶炼行业、异蛇产业深入调研和借鉴永兴银加工企业、东江鱼整合升级经验的基础上，分别出台《永州市冶炼行业转型升级的实施意见》和《我市异蛇产业整合升级的指导意见》，制定《永州市生物医药产业集群方案》，启动两大产业转型升级的计划。

■ 招商引资 2015年、2016年永州市经信委招商引资工作名列全市前茅，工业招商经验获省经信委肯定，并在全省经信系统进行典型推介，牵头成功引进北斗导航湖南数据中心、协鑫光伏发电、华为云计算、云联星空、大唐风电5个知名企业落户永州。为促进以长丰猎豹汽车为龙头的先进装备制造产业和新能源汽车产业以及大数据产业的快速发展，市经信委主要负责人跟随中共永州市委书记李晖、市委副书记、市长易佳良到深圳、广州、武汉、贵州等地考察工业招商引资项目，并全面参与规划和研究制定建设新能源汽车配套产业园和大数据产业园工作方案。投资过百亿的新能源汽车产业园、大数据产业园在顺利推进。争资跑项取得新突破。争取上级项目资金，专项资金支持大幅增长。申请省级推新、制造强省、战略性新兴产业、中小企业、信息产业、节能、医药食品、科技创新等各类资金扶持项目124个，申请专项资金8686万元，同比增长52%，占全省项目资金约10%。

■ 专项调研 2016年，永州市经信委针对产业发展、大数据产业、非公经济、园区发展、军民融合、供给侧改革等工作，分批次抽调精干力量组织专项调研13次，起草制订规划、报告和政策措施等文件18个。出台《永州市新型工业化十三五规划》《永州市先进装备制造五年行动计划》。以市政府名义下发《永州市信息化基础设施管理办法》《关于加快推进产业园区发展的实施意见》《永州市异蛇产业整合升级指导意见》《永州市冶炼行业转型升级的实施意见》。组织对《永州市新型工业化工作考核办法》《永州市工业园区经济发展专项考核办法》及时进行修订。通过调研，市经信委提出的组建市产建投、设立新兴产业发展基金、建设创新创业孵化服务平台和建设华为工业云平台，突出发展汽车产业和大数据产业，建设新能源汽车及其配套产业园和大数据产业园等建议得到市委、市政府主要领导肯定。

■ **永州高新区获批为省级高新区** 2016年8月，省政府集中批复同意7个地区为湖南省高新技术产业开发区，其中永州高新区榜上有名。永州高新区已形成较为鲜明的产业特色，重点发展先进装备制造、生命健康高新技术主导产业。

（何春华）

装备制造产业

■ **概况** 永州装备制造业主要有汽车整车及零部件、新能源电动车、农业机械、金属加工机械、矿山机械、工程机械、食品加工机械、制药机械、电机设备、发电及输配变电设备和智能装备等多种门类先进装备制造产业。主要分布在永州市区和各县区，永州经济技术开发区和冷水滩中心城区主要分布着农业机械、金属加工机械、矿山机械、工程机械、食品加工机械、电机设备、发电及输配变电设备等制造企业。祁阳县主要分布农业机械、工程机械、制药机械、电机设备和金属制品加工等制造企业。新田县主要为中小型工程机械制造企业。宁远县主要为智能自动化机械制造企业。蓝山县初步形成以大洞铸造产业园为核心的铸造产业。

2016年，全市先进装备制造产业规模以上企业69家，工业总产值129.28亿元，同比增长27.6%，先进装备制造产业总产值占全市规模工业总产值的10.46%。1月，根据永州市机构编制委员会《关于市经济和信息化委员会有关职责和机构编制调整的通知》要求，在永州市经信委会增设装备工业科。年内，市经信委组织编制《永州市装备制造业五年行动计划》。12月，市政府下发《永州装备制造业五年行动计划》。

（唐绍金）

食品工业

■ **概况** 2016年，永州市坚持走“生态化、规模化、特色化、品牌化”绿色发展道路，发展壮大食品产业，食品行业形成较完善的食品工业体系，粮食加工、饲料加工、果蔬加工、精制茶加工、调味品制造、方便食品制造等重点子行业占全市食品工业的比重明显提升。在食品行业重点培育发展食品产业集群9个，抓好一批食品工业园区（基地）建设，发展县域食品产业，培育一批食品产业强县。截至2016年年底，全市食品工业企业143家，产值224亿元，同比增长23.7%。完善食品工业企业诚信体系建设，果秀、恒惠两家公司通过专家诚信体系现场评审工作。林之神诚信体系建设被列入2016年省诚信体系建设认证计划，并获省经信委资金支持。6月17日—18日，该企业到北京参加国家认证认可监督管理委员会举办的食品工业企业诚信管理体系建立和实施培训班。9月26日，永州市经信委组织7家食品企业负责人参加第二届吐鲁番干果交易会，都城国际、雅大科技两家企业分别与吐鲁番市鄯善县和高昌区招商局签订投资协议。

3月，永州市经信委对全市异蛇产业的发展现状、存在的困难及发展方向等情况进行深入细致的调研，形成《永州市异蛇产业发展调研报告》，并在此基础上拟草《永州市异蛇产业整合升级指导意见》，12月底以市推新领导小组名义行文下发。

（蒋芳）

轻纺制鞋业

■ **概况** 永州市实施“传统产业+互联网”行动，加快自动化、数字化、智能化装备和技术在消费品工业特别是轻工、纺织等传统产业的推广应用。全市轻工企业信息化投入逐年上升，信息化基础设施逐步完善，一大批企业通过网上直销等电子商务的方式获得大量生产订单。2016年，东骏纺织战略性引进龙浩纺织集团，新增投资计划20余亿元。东骏纺织产业园一期项目扎实推进，二期土地储备等前期筹备工作有序开展，公司发展进入“快车道”。湖南凯盛鞋业有限公司生产、销售、加工各种鞋类产品、鞋类半成品及鞋材料，主要产品为世界名牌“耐克”（NIKE）运动鞋，产品主要销往美国及欧洲等世界各地。江华九恒集团新项目年度计划投资1.5亿元，已完成全年投资计划，九恒数码、恒津包装2个子项目落地。截至2016年年底，全市轻纺制鞋规模企业145家，总产值211.13亿元，同比增长25.1%。

（蒋芳）

生物医药业

■ 概况 2016年，永州市培育壮大龙头企业，推动医药工业持续健康发展，形成中药、化学药、医疗器械、生物制品、制药机械五大子行业。市经信委深入食品医药企业调研，完成生物医药产业集群方案。立足现有产业，依托龙头骨干企业，培育形成三大优势产业。截至2016年年底，全市生物医药规模企业30家，工业总产值55.15亿元，同比增长14.2%。3月，时代阳光的喉咽清颗粒申报“创新型药品临时纳入湖南省医保”成功，“驴胶补血颗粒”“小儿扶脾颗粒”入围2016“中国制药·品牌榜”，被评为“国家重点新产品”“湖南省名牌产品”，产品技术研究成果被评为湖南省工业产品创新“十大标志性成果”，获得多项科技奖项，并在湖南省经信委网站上公示。10月，组织推荐湖南时代阳光药业股份有限公司、湖南敬和堂制药有限公司2家企业4个品种进入国家医保目录。向省经信委上报2016年湖南省技术改造节能创专项资金报告，遴选上报技术改造项目18个，截至2016年6月底，共获得扶持资金380万元（其中市级获支持项目8个，资金140万元）。11月2日，永州市食品医药行业联合会成立暨首届会员代表大会召开。

（蒋芳）

2016年11月2日，永州市食品医药行业联合会成立暨首届会员代表大会召开　　摄影　蒋芳

矿产品精深加工业

■ 概况 全国168个矿种，永州市有62种（计亚种75种），其中探明的45种（计亚种54种），有28种（计亚种30种）纳入矿产资源储量平衡表。列全省第一位矿种有锰、稀土、锂、铷、铯、熔剂灰岩等。全市锰铁矿石储量4亿吨以上。全市主要矿产资源潜在价值为3485亿元左右。2016年，矿产品精深加工产业产值115.7亿元，同比减少10.8%，约占规模工业总产值9.36%。

■ 冶炼矿业 2016年，永州市围绕“去库存、去产能、降成本、补短板”，推进供给侧改革，淘汰落后产能，规模以上178家冶炼企业淘汰22家，关闭停产143家，开工生产企业13家。冶炼企业主要集中在北边的零陵区、东安县、祁阳县、冷水滩区、双牌县，南边的道县、江华瑶族自治县、宁远县、蓝山县有少量企业。2016年，市经信委开展供给侧结构性改革专题调研，起草《关于加快推进冶炼行业关停并转促进转型升级的实施意见》。

■ 稀土矿业 2016年，永州市有稀土开发企业1家，即五矿稀土江华有限公司。公司被列入国家开采计划指令企业，由于冶炼分离指标过少，一直未开采。稀土冶炼分离企业3家，其中五矿稀土江华有限公司和永州市湘江稀土有限责任公司被列入国家冶炼分离计划指令企业。2016年9月26日，湘江稀土正式复函加入湖南省五矿稀土有限公司，并与五矿集团签订整合框架协议。3家冶炼分离企业年冶炼分离氧化稀土、氯化稀土混合物产能约占全国以尾矿独居石为原料分离氯化稀土混合物市场份额的80%。

■ 有色金属矿业 永州市铅锌加工企业有5家。其中，江永县银铅锌矿，通过冶炼生产电铅，现有年产能力2万吨，正在实施年产能5万吨扩能改造；宁远福嘉综环科技采用世界先进的氧气底吹熔炼技术一步炼铅，年产值20亿元以上，是全省有色50强企业，2016年成立院士工作站。

■ 非金属矿业 永州市非金属矿产大多没有进行详勘，品位较好的矿床有石灰岩、高岭土、硼矿。石灰岩探明含量的熔剂灰岩主要有东安县羊角寨熔剂灰岩，保有资源储量（矿石量）6838万吨；水泥用灰岩主要有祁阳县黎家坪水泥灰岩矿，保有资源储量（矿石量）9922万吨；均达大型矿床规模。高岭土资源储量约2亿吨以上。高岭土矿深加工项目主要分布在金洞管理区和道县。金洞管理区的众鑫工贸实业有限公司在金洞镇租赁场地建设完成生产车间及实验室，该项目累计投资5000万元，建设生产线2条，可年产10万吨。道县高岭土矿加工项目2016年实现产值0.8亿元。

■ **建材产业** 永州市建材工业总产值129亿元，同比增长11.8%。水泥行业建成5家大型新型干法旋窑生产企业，年产能960万吨，是年全市水泥工业总产值26亿元。全市新墙材行业生产企业102家，年产能41亿块标砖，年工业总产值10多亿元。在中心城区已形成页岩煤矸石烧结多孔砖、加汽蒸压灰沙砖、混凝土砌块、轻质墙板、金属面聚氨酯夹芯板、石膏板以及墙体保温材料等新型墙体材料产业带。全市11个县（区）全部建设混凝土搅拌站，商品混凝土企业29家，年产能1500万立方米。年内，出台《永州市混凝土搅拌站站点布局规划》和《永州市中心城区预拌砂浆规划》。

（李文昌）

新能源新材料业

■ **概况** 永州新材料产业在《永州市新能源新材料产业十二五发展规划》等一系列政策措施引领下，坚持“市场导向、创新引进、区域协作、突出重点、改造升级”的发展思路，重点发展新型稀土材料、有色金属新材料、能源材料、节能环保建筑材料、信息功能材料等。2016年，全市规模以上新材料企业17户，全年完成工业总产值78.5亿元，同比增长11.83%；主营业务收入68.2亿元，同比增加2.5%。由市经信委推荐，省经信委组织认定的新材料企业5家，累计认定新材料企业20家，覆盖全市8个县区。其中，上市企业1家，正在筹备国内创业板上市的企业2家，获高新技术认定企业3家，建有企业技术中心2个，申请专利71个，获专利授权14个。获批新材料企业首批次项目2个，资金70万元。

（李文昌）

2016年7月18日，华为云计算中心项目一期业务正式上线启动　摄影　欧阳曲

电子信息业

■ **概况** 截至2016年年底，全市有电子信息产业制造业企业79家，全年产值136.7亿元，同比增长21.2%，保持较好的增长态势。智能触摸显示屏、步进电机、LED照明、汽车电子、集成电路板、锂电池、智能空气净化器等产品产能在全省处于领先地位，电子信息制造业已由过去的劳动密集型的低端产品，逐步向高端智能型终端产品转变，如达福鑫集团的智能多点触摸屏产品、道县科利尔公司生产的智能空气净化器、晶辰电子科技生产的集成电路版、龙威盛科技有限公司生产的锂电池、江华县九恒科技生产的RFID电子条码标签、亿达科技的机器人项目等。

■ **华为云计算数据中心入驻永州** 2016年8月29日，湖南省经济和信息化委员会、永州市人民政府、华为软件技术有限公司推进云计算发展三方战略合作协议在长沙举行签约仪式。省经信委主任谢超英，市委书记陈文浩，市委副书记、市长易佳良，省经信委副主任李球、陈松岭，市领导唐湘林、颜海林、严兴德，华为公司企业云业务部总裁杨瑞凯等出席。华为云计算中心项目总投资20亿元，一期机房总面积1万平方米，按照国际T3+高标准建设，可承载1000个标准服务器机柜。该数据中心一期占地约2公顷，整体建设周期约15～18个月。华为企业（永州）云计算数据中心项目建成后，将具备48万核计算能力，20P云硬盘，45P云存储，5.3万台云桌面的服务能力，可承载永州智慧城市项目，并承接媒资、金融、企业及政府业务。

（孙智杰）

软件和信息服务业

■ **概况** 2016年，永州市电子商务平台建设快速发展，全市软件和信息服务业收入增速较快，全年服务收入8亿元以上，重点企业如领信网络科技公司的“GO永州”电商平台迅速发展，永泰中天公司的移动医疗和医院智能管理系统，占据较大市场。世杰科技的v8商务管理系统在全省近千家企业得到应用，其中药品管理系统覆盖全省医药管理销售领域，金锐科技的驾驶人考试科目三计时计程培训系统在全国具有一定影响。传统工业企业开展触电行动，恒惠食品有限公司等单独设立网络营销部门取得良好效果。

（孙智杰）

信息化基础建设

■ **概况** 2016年，永州市四大通信运营商信息化基础设施建设新增投入8.5亿元以上，实现市县城区、重点乡镇、高速4G网络的连续覆盖，高校、景区等热点区域的重点覆盖，农村人口集中区的全面覆盖。随着“美丽乡村”和“电信普遍服务试点城市”项目建设的推进，农村行政村互联网（固定和移动）接通率80%，全市新建通信铁塔1253个，全市新增通宽带行政村1348个，农村宽带速率10兆以上。市政府向工信部、财政部申报2016年电信普遍服务试点城市获得批准，冷水滩、双牌、新田、蓝山4县区593个行政村纳入试点村项目，可获建设资金2.5亿元，获国家项目资金2800万元。项目于8月启动。引进的深圳云联星空科技有限公司投资1.15亿万元，建立全省无线免费WiFi运行维护中心，借助公安“天眼”系统在全省推出免费WiFi系统。全市重点地区的免费WiFi工作全部完成规划设计，设备安装加速进行，基本实现重点地区全覆盖，部分地区可达到无缝连接。智慧永州一期工程完成终验，综合应用平台、政务数据中心和视频资源共享平台基本建成，正式投入使用。

■ **电信普遍服务试点项目签约** 2016年8月30日上午，永州市人民政府与中国电信湖南公司“电信普遍服务试点项目”签约仪式暨启动大会在冷水滩区举行。湖南省通信管理局局长许继金，中国电信湖南公司总经理廖仁斌，中共永州市委书记陈文浩，市委副书记、市长易佳良出席会议并讲话，市领导颜海林、严兴德出席会议。永州市入选全国首批电信普遍服务项目试点城市，试点项目涵盖全市三线一区共593个行政村，为永州市促进城乡公共服务均等化、支撑农村电商发展、加快推进脱贫攻坚带来机遇。

（蒋跃星）

工业园（开发区）

综　　述

2016年，永州市有工业园区12个（永州经济技术开发区和11个县区工业园区），其中省级工业园区7个，省级工业集中区4个。12个工业园区都成立园区管理委员会，设置内部机构，永州经济技术开发区为正处级单位，其他省级园区管委会党政负责人的行政级别高配为副处级。全市工业园区初步形成以先进装备制造、电子信息、新材料新能源、农产品加工、矿产品加工、生物医药、轻纺制鞋为主体的七大支柱产业体系。每个园区基本上形成2~3个主导性产业。2015年初，出台《永州市工业园区经济发展专项考核办法》，对全市工业园区经济建设发展情况进行单列专项考核。

2016年，全市园区规模工业总产值完成1075.99亿元，同比增长19.5%；完成增加值256.58亿元，同比增长7.9%。完成税收16.80亿元，同比增长23.4%。基础设施投入41.35亿元，完成土地储备1648.57公顷，新增标准厂房186万平方米。

■ **湖南冷水滩高科技工业园** 冷水滩高科技工业园位于永州市中心城区的北部，是全市“一区三园”重要组成部分，也是永州市工业建设的重要平台和建设国家级承接产业转移示范区的主阵地。园区以打造国家级承接产业转移示范区为总揽，以建设国家级经济开发区为目标，按照“工业新城、绿色新区”功能定位，全面建设绿色道路、绿色工业、绿色工厂，加快打造湘江西路风光带、水汲江生态休闲走廊、唐家岭森林公园三大核心景观，建成山水、生态、节能、环保的现代化工业园区。

园区总规划面积27平方千米，东临湘江河西岸，南抵旧湘桂铁路线，西止洛湛铁路线，北至二广高速马坪互通。境内已构筑起高速公路、高铁、水路、航空四位一体的快出快进立体交通网络。湘桂铁路、洛湛铁路、衡昆高速、二广高速、国道G322线、G207线及省道S217线贯穿全境。永州民航机场开通直达长沙、深圳、昆明等航线。境内湘江北可抵长江，南下经灵渠可达珠江水系。园区距长沙黄花机场340千米（全程高速），距桂林国际机场200千米。

园区建成区已达14平方千米，累计完成投入45亿元，其中项目建设投入28亿元，基础设施投入17亿元，累计实现税收3.5亿多元。“四纵六横”主干路网基本建成，绿化、亮化、美化及排水、排污、燃气、公交等配套全面跟进，供电网主线路架设完成14千米，一座220千伏变电站建成并投入使用；园区燃气管道全部埋设完毕，符合供气条件；安置小区、廉（公）租房、污水处理厂等配套相继启动建设。新型工业化平台建设的标准和承载产业转移的能力日趋提升。园区坚持项目向园区集中、产业向园区集聚、资源向园区集约，按照“产业政策、投资强度、财税贡献、建设周期、成长性能”五大要件，有针对性地引进一批产业链条长、关联度高、科技含量高、附加值大的重大战略项目。先后引进达福鑫电子、新辉开电子、三杰电子、炬辉光电、台湾高科技（永州）产业园、恒伟生物医药产业园、钰丹药业、潇湘源玻璃钢、万马轮毂、结构陶瓷、鑫宇变压器、融鑫物流、邦联医药物流、永州金属物流园、中高压电线电缆等重大项目51个，电子信息、生物医药、现代物流和先进制造四大主导产业格局基本形成。

2016年，园区实现工业生产总值131.76亿元，同比增长7.8%；实现工业增加值31.37亿元，同比增长7.6%；完成税收1.27亿元，同比增长2.5%。基础设施投入3.2亿元，新增扩园面积1.8平方千米，完成土地储备112.09公顷，新增标准厂房11万平方米。

■ 湖南零陵工业园区 湖南零陵工业园区成立于1997年，2006年经国家发改委、省人民政府批准为省级工业园区，总规划面积33.08平方千米。采取“一园两区”的管理模式，下辖河西工业新区和珠山锰产业专业园区。累计完成投入15.9亿元，建成园区面积10平方千米，入驻规模以上工业企业78家，规模以上工业总产值96.2亿元，规模工业增加值47.5亿元。鑫城锰业、荣华集团、时代阳光、唐人神集团、湖南瑞翔、德福隆科技、崧顺电子、金茂展微电机等一批投资过亿元的公司和国内外知名企业纷纷落户园区。园区已形成生物制药、新材料技术、农（林）副产品加工、锰产品加工、电子信息五大支柱产业。先后被评为“湖南最具投资潜力园区”和“湖南省推进新型工业化示范基地”。

园区按照“工业新城、城市新区、产城融合”的理念，重点实施“135”工程，推动园区扩容提质，把园区打造成新型工业的主战场、城市扩容的新引擎、投资创业的主平台。为加快扩园步伐，园区按照“城区、园区、景区”的思路对园区规划进行优化和完善，并对在建的“两纵四横”路网进行提质美化，新开工建设德榜东路等11条配套道路，已完成初步设计、图审和预算工作，正在组织招投标；创业大厦建设进入招投标程序。园区正全力推进金融、文化、教育、医疗、商贸等公共服务设施向园区配套。

2016年，园区实现工业生产总值53.65亿元，同比增长25.2%；实现工业增加值11.78亿元，同比增长7.7%；完成税收0.97亿元，同比增长31.14%。基础设施投入6.01亿元，新增扩园面积1.2平方千米，完成土地储备229.19公顷，新增标准厂房19.2万平方米。

■ 湖南祁阳经济开发区 湖南祁阳经济开发区系湖南省人民政府批准成立并经国家发改委审核公告的省级开发区，是湖南省新型

祁阳经济开发区现代化厂区

工业化产业示范基地，属湘南国家级承接产业转移示范区的重要组成部分。经开区由“一区两园”组成，其中黎家坪建材工业园、祁阳科技工业园基本建成，2008年5月启动新区建设。新区位于湘江南岸，规划面积25平方千米，主要发展机械电子、制鞋服饰、食品医药、新型材料四大产业。累计已投入基础设施和项目建设资金35亿元，开发面积7平方千米，引进项目63个，其中投产项目39个，在建项目16个，正在筹建项目8个。

2016年，园区实现工业生产总值188.47亿元，同比增长10.9%；实现工业增加值46.52亿元，同比增长8.6%；完成税收3.45亿元，同比增长31.02%。基础设施投入3.5亿元，新增扩园面积0.5平方千米，完成土地储备250公顷，新增标准厂房18万平方米。

■ 湖南东安经济开发区 湖南东安经济开发区是1996年5月经湖南省人民政府批准成立的省级开发区，规划面积4.3平方千米，实际控制面积10平方千米。管委会内设办公室、产业发展局、招商合作局、企业服务局4个机构。园区区位优势明显，地处湖南西南部，与桂林相临，经济开发区已成为对接东盟和北部湾经济圈重要基地；基础设施完善，完成通上下水、通路、通电、通邮、通讯、宽带、有线电视、平整土地等“八通一平”建设。园区主导产业初步明晰，引进一批具有较强市场竞争力的企业和品牌，初步形成以云生竹业、汤氏竹业等企业为标志的竹产业深加工基地；以创辉电子、威利电子为代表的电子产业园；以南方纺织、毅荃服饰为代表的针纺产业园；以东环集团、天晟模具、恒远万向汽配、奥得利金属制品、格力特橡塑、优必特汽车配件、正洲制冷设备、骏镁科技、方氏机械等企业为龙头的汽配城产业园。

园区先后投入资金近5亿元，拉通5平方千米范围内“三纵三横”主干道路基，完成各主干道道路硬化、排水排污、绿化亮化和供水、供电、通信等配套工程建设，并在园区内兴建一座110千伏变电站。出台《东安县承接产业转移优惠政策十六条》等一系列优惠政策，对工业园采取“无费区”“封闭式”管理，对所有入驻企业实行“一站式”服务。

2016年，园区实现工业生产总值79.34亿元，同比增长12%；实现工业增加值17.82亿元，同比增长7.2%；完成税收0.26亿元，同比下降9.05%。基础设施投入2.37亿元，新增扩园面积1.6平方千米，完成土地储备70.19公顷，新增标准厂房13万平方米。

■ 湖南双牌工业集中区 湖南省双牌工业集中区为省级工业集中区。地处双牌县城北新区，洛湛铁路、国道G207纵贯全境，东出二广高速、北上永州机场均半小时车程。按“工业新城、城市新区”功能定位，规划总面积12平方千米（其中一期6平方千米），分“核心产业园、生态产业园、化工产业园和商贸物流园”4组团。累计投入资金近4亿元，储备土地266.67余公顷，“四纵五横”路网初成框架，110千伏变电站10万吨污水处理厂投入运营，供电、供水、排水、通信、广播电视等基础配套设施覆盖全区。综合大市场完成主体工程，安置区、棚户区、公租房已建住房2100余套；县中心医院投入使用，园区至县城公交车开通，新引进的黄冈阳明学校开学招生。出台《双牌工业集中区封闭式管理暂行办法》《双牌工业园项目入园管理暂行办法》《关于推行园区服务大优化几项制度的通知》等一系列管理办法和入园优惠政策，缴发园区内生动力。工业集中区初步形成农林产品深加工、生物医药、机械制造、化工四大主导产业，有落户企业25家。

2016年，园区实现工业生产总值45.62亿元，同比增长22.2%；实现工业增加值11.65亿元，同比增长6.7%；完成税收0.17亿元，同比增长64.07%。基础设施投入3.15亿元，新增扩园面积0.5平方千米，完成土地储备86.89公顷，新增标准厂房10.5万平方米。

■ 湖南道县工业集中区 湖南道县工业集中区位于道县县城东北、国道G207与省道S323线交汇处，规划总面积30平方千米，近期规划10平方千米，是道县承接沿海产业转移、对接东盟和推进新型工业化的主战场，是商务部授牌承接加工贸易产业转移的重点试验区，是国家发改委批准的湘南国家级承接产业转移示范区，是湖南省首批工业集中区、“两化融合”试验区、新能源示范产业园区、循环经济示范产业园区和中小企业信用体系建设示范园区、新型工业化产业示范基地。

园区按照“工业新城、城市

新区、产城融合”的发展思路，围绕“国际型、节约型、生态型、科技型、和谐型”奋斗目标，着力承接大项目，培育大产业，建设大园区。坚持“一地一策、依法处置”的原则，探索园区工业闲置土地清理回收、综合利用路径，累计盘活园区存量土地120余公顷，促进土地集约高效利用，推动园区持续健康发展。园区开发建成8平方千米，形成“两纵五横”的路网大格局，全部实现“七通一平”。集中区引进落户规模以上企业129家，初步形成电子信息、轻纺制鞋、先进制造、生物科技四大支柱产业。

2016年，园区实现工业生产总值79.1亿元，同比增长44.1%；实现工业增加值19.1亿元，同比增长8.6%；完成税收1.09亿元，同比增长29.17%。基础设施投入3.57亿元，新增扩园面积1.2平方千米，完成土地储备137.3公顷，新增标准厂房16万平方米。

■ 湖南江永工业园区 湖南江永工业园区位于县城东南郊，离县城中心3千米，地处江永至广西富川二级公路两旁，距道贺高速江永连接线3千米、洛湛铁路江永站12千米、桂林180千米、广州400千米。园区近期规划2.07平方千米，远期规划4.5平方千米，远景规划10平方千米。工业园定位为绿色食品加工产业园区和冶金建材及高新技术产业园区。省批复核准规划总面积为206.90公顷，分为利田片区和麒麟岩片区。实际建设按“一园三区”模式，近期规划面积4.5平方千米：江永县利田工业区（江永绿色食品工业区）2.07平方千米；江永县龙阳粉体工业区0.6平方千米；江永县火车站物流工业区1.83平方千米。远期规划面积10平方千米，远景规划面积20平方千米。

江华经济开发区一角　　摄影　童迪

园区主导产业定位为建设以农副食品加工业、有色金属冶炼和压延加工等产业为主的特色综合型工业集中区的总体发展定位。规划目标为创建一个和谐有序、经济高效、环境舒适、可持续发展、具有产业特色和竞争优势的并在湖南南部具有一定影响力的工业园区。已落户的企业有永州瑞祥生物科技、湖南金榄果油脂、永康富硒生物科技、特色农产品、义华花生、十里香、盘王贡酒、银铅锌矿、潇湘化工、永明粉体、华鑫粉体、科刃五金、科威电子、时代电子等规模企业。

2016年，园区实现工业生产总值33.27亿元，同比增长12.5%；实现工业增加值8.26亿元，同比增长7.3%；完成税收0.21亿元，同比增长20.05%。基础设施投入2.6亿元，新增扩园面积0.2平方千米，完成土地储备75.4公顷，新增标准厂房12.4万平方米。

■ 湖南江华经济开发区 湖南江华经济开发区是2006年5月经湖南省人民政府批准、国家发改委核准的省级开发区。2012年2月，江华设立全国第一个以“海联”命名的产业园。将海联产业园与江华经济开发区整合发展，同步建设，实行“两块牌子、一套人马、一个区域、共同管理”，园区规划面积38平方千米，开发面积15平方千米，分为生态科技工业园、循环经济产业园、瑶族文化旅游产业园、上市企业孵化园、商贸物流配套园5个功能区。2015年，园区被评为省级新型工业化产业示范基地、省级民族团结进步模范集体、省级同心园区，在全省132个省级以上园区综合评价中排名第二十六位，2012年至2015年连续4年获得全市推进新型工业化工作先进园区。

园区引进项目146个，吸纳资金180多亿元，中国五矿集团、中国稀土控股、安徽海螺集团、山东正海集团、中国风电等上市公司相继落户园区，九恒科技工业园、上市企业孵化园、耀丰创新创业园、瑶族文化博览园等特色园中园相继签约入驻，培育新型能源、稀土新材料、电子信息、新型建材、金属采冶、农产品精深加工六大产业。同时，正在引进新建学校、医院、星级酒店、住宅小区、城市综合体、文化旅游综合体等一大批项目。

2016年，园区实现工业生产总值106.6亿元，同比增长29.7%；实现工业增加值27.38亿元，同比增长8.6%；完成税收1.5亿元，同比增长26.94%。基础设施投入3.35亿元，新增扩园面积1.8平方千米，完成土地储备352.5公顷，新增标准厂房18.1万平方米。

■ 湖南宁远工业园区 湖南宁远工业园区位于永州市南部宁远县，是湖南省首批省级开发区，是国家级湘南承接产业转移示范区基地，位于“蓝宁道新加工贸易走廊”中心区域，区位突出，交通便捷，宁远至连州、宁远至嘉禾二级公路和二广、厦蓉高速公路均在县内“十字”交汇，驱车南下广州，北上长沙，均可朝发午至；西进川渝，东到江浙，均可全程高速。园区按照“政府主导、统一规划、市场运作、设施配套、功能完善、产业分区”的原则、“工业新城、城市新区、产城融合”的定位、“板块式发展、组团式开发、填充式建设”的理念，高起点编制40平方千米的总体规划和产业发展规划，将宁远工业园划分为3个区，即10平方千米台湾工业区，10平方千米循环经济区，20平方千米食品生物医药区，确定服装、制鞋、玩具、皮具等加工贸易；水泥、钢材、陶瓷、冶炼等循环经济；食品加工、生物医药、电子信息、机械制造等高新技术为主导产业。自2006年经省政府批复升格为省级自开发区以来，园区围绕“工业强县”战略，以打造一流开发区为目标，全面加快园区建设步伐，园区基础设施、项目建设、标准厂房建设等工作均取得长足发展。共征用土地0.1万公顷，园区开发面积达12平方千米，完成固定资产投资160亿元，其中基础设施建设完成投资14亿元，标准厂房建设完成投资11亿元，工业项目建设完成投资130亿元，形成“一园三区”区区有规划、区区有项目、区区有设施配套，三区共发展的发展格局。已入驻企业58家，投产企业34家，在建项目23家。

2016年，园区实现工业生产总值101.57亿元，同比增长14.6%；实现工业增加值24.28亿元，同比增长8%；完成税收1.2亿元，同比增长36.67%。基础设施投入4.29亿元，新增扩园面积1.2平方千米，完成土地储备75.35公顷，新增标准厂房16.1万平方米。

■ 湖南新田工业集中区 湖南新田工业集中区位于新田县城城西城乡接合部，创建于1992年，2008年被纳入全国加工贸易梯度转移重点承接地、湖南省“蓝宁道新”加工贸易走廊，2012年经省政府批准升级为省级工业集中区。集中区总规划面积10平方千米，建成4.38平方千米。集中区新规划扩园区域主要分布于县城城西和城南，依托二广高速连接线、新嘉高等级公路和拟建的永（永州）郴（郴州）高速等交通枢纽沿线的便捷区位地段同步发展，规划区在重点突出“家私制造、机械制造和富硒农产品精深加工”三大主导产业园的基础上，新增规划高新产业园、信息产业园、综合产业园和综合物流园4个专业园区。在规划区域内除配套建设水、电、路、信等基础设施外，还拟配套学校、医院、集贸市场、行政办公等服务设施，园区将成为宜工、宜商、宜居的多功能承接产业转移优质平台。新田工业集中区实际开发使用面积508公顷，建成75万平方米的标准厂房，引进企业130家（其中规模以上企业44家，高新技术产品企业7家，进出口企业6家），从业人数1.3万人。

2016年，园区实现工业生产总值61.39亿元，同比增长11.7%；实现工业增加值14.44亿元，同比增长7.6%；完成税收0.17亿元，同比下降32.91%。基础设施投入2.63亿元，新增扩园面积0.1平方千米，完成土地储备0.97公顷，新增标准厂房17.8万平方米。

■ 湖南蓝山经济开发区 湖南蓝山经济开发区成立于1992年7月，1994年经湖南省人民政府批准为省级经济开发区。开发区位于蓝山县城北面城郊接合部，开发面积6.7平方千米，新规划中、近期开发面积10平方千米。园区交通十分便利，三条省道交汇其中，二广高速、厦蓉高速贯穿境内。

开发区基础设施配套日臻完善，新城区的主干道—东方大道基本建成。东方大道以南的五里大道、工业大道、丽宏大道、承阳大道“两纵两横”建成并投入使用；湘威工业园、宏泰工业园、归雁创业园、电子信息产业园、德晟纺织服装工业园等“园中园”初步形成规模。东方大道以北的千亩产业园、生态石材工业园及其路网正在建设过程中。由于加大园区路网建设和“园中园”建设，园区由原来的3.8平方千米扩展到6.7平方千米，新扩展2.9平方千米。

2016年，园区实现工业生产总值90.01亿元，同比增长38.6%；实现工业增加值22.74亿元，同比增长7.4%；完成税收0.83亿元，同比增长12.87%。基础设施投入3.3亿元，新增扩园面积0.6平方千米，完成土地储备77.1公顷，新增标准厂房15.8万平方米。

重点工业企业选介

湖南长丰猎豹汽车有限公司

■ 概况 2016年，湖南长丰猎豹汽车有限公司根据“提质增效、拼搏决战、加快发展”的工作思路，坚持问题导向工作方法，突出“品质效益双提升”这个主线，实现产量与质量的双突破、效率与效益的双提升。全年安全生产、节能降耗、财务管理等指标全部达成。全年生产整车60217台，与2015年同比增长60%；实现工业总产值49.33亿元，同比增长74.99%；实现利税10.09亿元，同比增长110.21%；另为安徽猎豹公司提供CS10白车身和散件19264台，同比增长233%。

■ 企业升级发展 2016年，湖南长丰猎豹汽车有限公司按时间节点完成CS10车型DCT项目、国五手动挡项目、2017款（MT、DCT）、MT国五、1.5T（MT、CVT）、网络版等试制试装工作，确保猎豹CS10车型2.0T DCT版4月25日上市和CS10车型1.5T在12月13日顺利上市。协助完成CS9车型在永州试制车间进行F1和F2试制定点装车工作，以及C5-EV白车身的试制和生产。仅用15天时间完成总装线和其它生产线的技改工作，使生产节拍提升到100秒/台，整车日产突破到411台，单月产量突破到6645台的历史新高。CS10整车一次下线合格率从1月41.12%逐步提升至11月的60%。组织完成《新产品研发及技术改造项目》的审核批准工作，新扩建冲压厂房完成土建、钢结构厂房、水电设备安装及调试并于2016年底投入使用。焊装车间扩建厂房开工建设，机器代人项目稳步推进，焊装线新增34台焊接机器人，涂装中涂及面漆喷涂工位新增4台机器人，总装新增一条检测线，进一步提升设备自动化水平。在技改项目用地及资金上永州市支持长丰猎豹汽车新产品的研发及改造项目建设的2亿元专项资金，2016年已到位1亿元。猎豹路与南甸路交汇的4亩土地交给公司使用。南甸路延伸至长丰铁路专线，商品与铁路运输顺利实施，“八一”路实现通车。

■ 企业生产管理 2016年，湖南长丰猎豹汽车有限公司运用MES和SAP系统对生产订单和物料进行科学调度，劳动效率和员工劳动价值得到较合理体现。配合安徽猎豹车身及分总成的生产，及时足额保证安徽猎豹的正常生产和售后自制件的供给。从日常整车抽检及韩国专家整车评价所发现的问题中梳理及汇总出整车质量问题156项，问题关闭率98%，组织召开160期质量早会，全年向集团通报质量周报、月报30期，及时回复、处理及通报售后市场反馈的质量问题20余起，12月公司在猎豹汽车4S店启动质量服务日活动。全年各车间产品一次送检合格率98%以上。完善制订《2016台量奖金制度》《2016薪酬其他项管理规定》，同时继续推进绩效管理，建立健全分解指标、部门确认、绩效合约“三捆绑”管理体系。

■ 保障企业经营 2016年，湖南长丰猎豹汽车有限公司全面推行精益精细化管理，成专门的机构。全年开展整车装配一次下线合格率、建设精益示范线、示范班组、产能利用率、降低设备故障率等管理类、改善类共11个项目。以“QC”、小改小革活动为基本载体，深化群众性技术创新，全年集中力量攻关质量项目24项，完成小改小革项目262项，收到合理化建议近300条，3项质量成果在全国获奖，企业生产的改善提案完成率90%以上。与2015年同期相比，用电单台生产下降24.2度/台，用水单台下降2.41吨/台，用煤单台下降1.6公斤/台，90#汽油单台用量下降0.57升/台，0#柴油单台用量下降3.8升/台。平均每台车节约能耗费用43.21元，全年节约各类燃动能耗费286万余元。组织开展各类安全检查50多次、专项联合检查48次，隐患整改率100%。开展“安全生产月”系列活动，累计发放安全书籍530多本，组织安全教育培训13次，参加人员2113人/次，开展消防应急疏散及灭火演练2次，无重大安全事故。加大设备点检制度和监督检查，设备故障停机率2.0%，低于目标值的 2.5%，计划维护 1240 项次，实际完成 1240 项次，完成率 100%，超额实现设备管理目标。围绕生产经营科学合理使用好资金，对于 5 万元以上的付款，采用银行承兑汇票支付，为公司节约 57 万多元的贴息支出；运用税务优惠政策，申请减免 2015 年房产税 346 万元、土地使用税 30 万元，办理服务贸易项目对外支付减免税费 74.85 万元。2016 年，该公司被评为纳税信用等级 A 级企业。

领导名录

总经理	邓菊发
党委书记 工会主席	左军荣
生产 副总经理	曹建南
财务 副总经理	陈　琰
技术 副总经理	陈誉东
纪委书记	黄云辉

（肖乐）

湖南中烟工业有限责任公司零陵卷烟厂

■ 概况　零陵卷烟厂始建于 1976 年 10 月，1985 年上划中国烟草总公司湖南省烟草公司管理。2003 年 12 月，与常德卷烟厂实行联合重组，更名为常德卷烟厂零陵卷烟分厂。2006 年 10 月，湖南中烟工业公司与所属长沙卷烟厂、常德卷烟厂合并重组成一个法人实体，零陵卷烟厂重新成为湖南中烟工业公司 6 个非法人生产企业之一，更名为湖南中烟工业公司零陵卷烟厂。2007 年 10 月，随公司改制更名为湖南中烟工业有限责任公司零陵卷烟厂（简称零陵卷烟厂）。

截至 2016 年年底，工厂占地面积 62 万平方米。固定资产原值为 14.84 亿元，净值 7.85 亿元，实现工业产值 34.23 亿元，减少 48.92%。完成生产任务 24 万箱。拥有二条 3000kg/h 的叶丝生产线，PT70 卷接设备 14 台（套）、GDX1 包装设备 4 台（套）、GDX2 包装设备 9 台（套）、ZL26A 滤棒成型设备 4 台（套）、YF27A 嘴棒发射装置 4 台（套）、YP11 自动装箱机 5 台（套）。主要动能设备有阿特拉斯空压机 4 台（套），制冷机组 5 台（套），20 吨燃油（气）锅炉 2 台，空调箱 21 台（套），电梯 14 台（套），水环式真空泵 2 台（套）。全厂在册员工 1242 人，其中在岗员工 918 人，离岗退养人员 324 人。厂团委获 2015 年度永州市直机关团委"先进单位"和"永州市无偿献血先进单位"称号；卷包车间超越 QC 小组的《提高 PT70 机组启动时烟支重量精度》、潇湘源 QC 小组的《降低芙蓉王（硬）烟支钢印不合格品数量》分别获 2016 年度公司举办 QC 小组活动成果发布会二、三等奖；卷包车间超越 QC 小组、潇湘源 QC 小组获"湖南省优秀质量管理小组"称号；兰政军获"湖南省质量管理小组活动卓越领导者"称号；唐永杰获"湖南省质量管理小组活动优秀推进者"称号；文广球、罗志田、蒋太耕获"湖南省优秀质量管理小组长"称号；卷包车间获永州市国资系统"先进基层党组织"称号；制丝车间党总支获公司"先进基层党组织"称号；制丝车间《消除电网瞬间失压对制丝线生产影响的研究》QC 课题获公司 2016 年 QC 成果发布一等奖、国家局三等奖；制丝车间"消除电网瞬间失压对制丝线生产影响的研究""一种 HT 喷孔检测管路""一种加料装置冷凝水排放管路""一种用于传输烟包的穿梭车防漏料控制装置"4 项技术成果获国家知识产权局受理。

■ 卷烟生产　2016 年，零陵卷烟厂主要生产的品牌有芙蓉王（硬）、白沙（软）、芙蓉（软红）3 个品牌。全年完成内销烟生产计划 24 万箱（120 亿支），其中，生产芙蓉王（硬）42.95 亿支（8.59 万箱），白沙（软）39.7 亿支（7.94 万箱），芙蓉（软红）37.35 亿支（7.47 万箱），比 2015 年同期的 155.1 亿支减少 35.1 亿支，减少 22.63%。完成工业现价产值 34.23 亿元，比 2015 年 67.01 亿元减少 32.78 亿元，减少 48.92%。

■ 产品质量　2016 年，零陵卷烟厂以设备保工艺、工艺保质量的管理理念为目的，重新修订《工艺管理规定》，全面实施日常工艺预防（八项工艺预防）检查、定期工艺质量联合检查、工艺质量专项检查。全年产品的市场抽检合格品率及产品的优等品率均为 100%；卷制与包装得分加权平均值 99.32 分，同比下降 0.11 分，超过公司下达的目标值 1.32 分；卷烟成品包装与卷制西格玛水平为 4.96，同比下降 0.04，比公司下达的目标值低 0.04；烟支缺陷率 0.19%，同比上升 0.01%；盒装缺陷率 0.33%，同比上升 0.17%；卷烟焦油盒标值与实测值偏差为 0.48 毫克/支，同比上升 0.14 毫克/支；焦油量加权平均值为 10.99

2016 年零陵卷烟厂各牌号产量完成一览表

表 8

卷烟牌号	计量单位	2015 年完成	2016 年完成	同比增减
卷烟入库产量合计	亿支	155.1	120	-35.1
其中：芙蓉王（硬）	亿支	94.6	42.95	-51.65
白沙（软）	亿支	29.3	39.7	10.4
芙蓉（软红）	亿支	31.2	37.35	6.15
芙蓉王（硬）	亿支	94.6	42.95	-51.65
一类烟小计	亿支	94.6	42.95	-51.65
白沙（软）	亿支	29.3	39.7	10.4
四类烟小计	亿支	29.3	39.7	10.4
芙蓉（软红）	亿支	31.2	37.35	6.15
五类烟小计	亿支	31.2	37.35	6.15

毫克/支，同比上升 0.27 毫克/支；顾客投诉产品质量事故为 0 次；A 类顾客投诉事件 0 次，同比下降 1 次。在“质量月”活动中，通过加强质量意识宣贯、质量警示教育等活动，进一步提升员工质量和市场意识；开展“五查”活动，以“查质量保证体系、查标准执行情况、查计量检测保证、查现场管理、查质量损失”为主要内容，全面审核质量标准、检验流程，提升质量保障水平；开展质量改进、质量攻关、技术比武、QC 小组等群众性质量活动，在基层普及质量知识，推广先进质量管理方法，提升员工质量技能水平；开展质量优秀机台、质量优胜工序评选，着力培育工匠精神，提高一线工人的质量责任意识和精益求精的质量素养，提倡向质量技术能手、顶尖工匠学习；强化各设备、企管等职能部门质量职责，开展现场服务，重点提升设备工序保障能力和员工的精益质量意识、精益质量管控模式。

■ 各类消耗 2016 年，零陵卷烟厂各类消耗指标：产量综合能耗为 19.95 千克标煤/箱，比达标值 19.89 高 0.06 千克标煤/箱。25 毫米卷烟烟叶单箱消耗 34.59 千克/箱，20 毫米卷烟烟叶单箱消耗 36.06 千克/箱，25 毫米卷烟嘴棒单箱消耗 8390.65 支/箱，20 毫米卷烟嘴棒单箱消耗 8355.24 支/箱，25 毫米卷烟纸单箱消耗 2958.28 米/箱，20 毫米卷烟纸单箱消耗 3206.71 米/箱，25 毫米卷烟小盒单箱消耗 2504.39 张/箱，20 毫米卷烟小盒单箱消耗 2502.66 张/箱，25 毫米卷烟条盒单箱消耗 250.25 张/箱，20 毫米卷烟条盒单箱消耗 250.21 张/箱。

■ 安全生产 2016 年，零陵卷烟厂通过互动、互联、互控提升安全管理的整体绩效；通过持续推进专业安全评估，提高设备的本质保障度；通过构建风险防控体系，强化综治管理能力。对 2015 年重点危险源运行控制情况进行评审，并对 2016 年的危险源组织进行辨识，辨识 2016 年危险源 1556 条并制订风险评价控制措施，重点危险源 11 条并制定运行或管理控制措施，在全厂进行发布。组织开展电气安全、交通安全、消防安全、防垮塌、防高空坠物、劳动防护及职业健康安全等 10 类 21 次专项安全检查，检查发现问题及提出防范要求 116 条。年内，组织评审体系文件 36 个，分季度组织对体系文件执行情况进行审核。注重岗位达标的实效性和长效性，通过开发安全微课库、开展“你比我猜”安全知识竞赛等活动，用目视化、模拟演示的互动形式提升岗位安全技能培训的实效性。分期分类制作特种设备安全、交通安全、用电安全等安全知识宣传栏 52 个。邀请省消防协会专家到工厂对近 700 人进行消防安全知识培训；邀请市交警支队专家到工厂对专职驾驶员及员工近 600 人进行交通安全知识培训，同时结合安全月活动，设置消防器材展示区、实战体验区、消防宣传区、疏散逃

2016 年零陵卷烟厂主要物料及能源消耗指标一览表

表 9

指标名称	计量单位	2015 年完成	2016 年完成	同比增减
烟叶（按对标口径计算）	千克/万支	6.77	6.78	0.15
卷烟纸（按对标口径计算）	米/万支	593.024	591.41	-0.27
滤棒（按对标口径计算）	支/万支	2526.934	2511.09	-0.63
烟盒	张/万支	501.48	501.48	0
条盒	张/万支	50.07	50.04	-0.06
万元产值综合能耗	千克标煤/万元	8.30	11.95	43.98
万支卷烟综合能耗	千克标煤/万支	3.90	3.99	2.31
水消费	吨/万支	0.20	0.23	-15
二氧化硫排放总量	吨	0.71	0.20	255
化学需氧量排放总量	吨	2.87	3.99	-39.02

生 4 个主题体验区开展体验式培训，组织全厂所有中层干部参加“宪法与法治”讲座。按全年预案演练计划实施现场预案演练 24 项。组织开展锅炉压力容器、消防系统、危化品专业 3 个专业的安全评估。对专业评估查出的问题，制定整改措施及计划，并按计划落实整改，以消除设备潜在事故隐患，提升设备设施的本质安全水平。对 700 名接触有毒有害因素的员工进行职业健康体检，根据体检情况，后期对 16 人次进行复查，同时对生产现场有毒有害因素进行检测。

■ **物资配送** 2016 年，零陵卷烟厂开展精益改善活动，提出“零缺陷、零风险、零库存、零抱怨”目标，持续优化入库、配盘、配送流程，规范移载机故障处理操作规程，制作辅料配送精益质量管理看板和先进先出目视卡，对防错措施和变化点实施目视化管理，改进拉线、商标、内衬纸等辅料的外标识，对到厂片烟与烟丝严格按批次进行卸车、码堆、标识，优化材辅料 ERP 录数功能，减少操作失误率和工作量，全面完成芙蓉王（硬）、芙蓉（软红）及白沙（软）的生产用原料保障工作。全年接收常德烟厂芙蓉王（硬）全配方片烟 387.02 万千克，接收郴州烟厂芙蓉（软红）烟丝 271.25 万千克、白沙（软）烟丝 289.3 万千克，返回芙蓉（软红）回收烟支 1.13 万千克、白沙（软）回收烟支 1.27 万千克。继续承担郴州卷烟厂生产所需的芙蓉王（硬）外运烟丝的打包及装车工作任务，物资配送部配备操作人员 3 名，劳务用工 20 名，工作时间与制丝车间同步。通过加强信息沟通，改善外运烟丝打包流程，制订打包装箱设备操作手册，规范现场标识管理，全年向郴州烟厂发运芙蓉王（硬）外运烟丝 211.77 万千克，未出任何差错。

■ **企业管理** 2016 年，零陵卷烟

2016 年 10 月 18 日，永州市零售户在机台边市场参观　　摄影 王家能

厂重点推进“目标管理信息化、采购管理规范化和信息系统运行稳态化、体系建设工作常态化”4个方面的工作。工作举措的分解、目标责任书的编写及目标的月度与季度跟踪评价全部在OGSM系统中线上完成，实现目标管理全过程的信息化。全年15项对标指标有10项同比提升，同比提升率66.67%。工厂精益管理自评得分76.1分，精益水平进步系数同比提高值7.21分。坚持把“规范化”作为采购管理工作的底线不动摇，在坚持规范的基础上探索和完善网上采购。严格执行采购管控系统对采购项目的全过程监管，坚持公开招标为主要采购方式不松动，严格按照“公司采购目录”所规定的采购方式执行。全年实施公开招标42项目，工程公开招标金额比例100%，服务采购公开招标金额比例82.78%。组织实施网上采购78笔，完成采购成交金额307万元，节约采购金额66.5万元。参加公司SEM指标体系二期项目组，主要完成指标体系系统二期建设需求调研报告，对指标生命周期需求及原型设计进行沟通讨论，对公司的营销、财务及各生产点的目标考核指标进行收集讨论。核对系统数据与实际统计数据。根据ERP系统上线运行后的数据统计流程，核对BW数据仓库与实际统计数据的差异，找出数据差异的原因并与项目组沟通后及时修正。成立系统上线运行支持联合工作小组，分业务、分片划区、分时段对操作用户实时进行指导，同时严格按公司要求落实“日协调、周例会、月总结”的问题反馈机制与解决机制，实现系统数据质量管控到位，数据修改流程规范，权限申报控制严格，确保信息系统在工厂的顺畅和稳定运行。全年工厂ERP系统运行平稳，SEM系统中的部门工作效率位于公司前列。开展全厂覆盖的标准文件评审工作，文件评审率100%；明确各职能部门的职能审核要求，车间等执行部门的区域审核要求，将审核发现的问题通过SEM系统“管理改进”的流程进行整改，确保持续改进的有效性。同时根据公司体系换版工作的要求，组织开展工厂体系换版工作。对公司换版后的标准文件进行全覆盖的评审，根据评审结论，修订标准文件90个，直采公司标准40个，废止工厂标准25个。

■ 生产精益管理 2016年，零陵卷烟厂推进精益管理工作，进一步形成以创优为目标，以精益管理为统领，以问题为导向，以对标为突破，以课题为手段的体系化的精益管理推进机制。采用“现场诊断培训+道场模拟培训+标杆访学培训”三结合的方式开展年度精益培训工作。组织对卷包、制丝、动力和仓储物流进行现场诊断培训6场次，组织与生产紧密相关人员参加在上海举行的精益道场培训和精益标杆企业访学，组织进行精益传播2次，利用精益培训宣传专刊的形式进行再培训。持续运用“1221+N”运行模式推进精益管理工作，构建起体系化、常态化的精益管理运行机制。一个规划：年初，制定发布精益管理2016—2018三年规划，为工厂2016年及以后的精益管理工作设立进步指标值，明确阶段性的目标、方向和具体措施。两张清单：问题清单，以问题为导向，结合三年规划，各部门分别对照上级要求、标准和标杆，找出差距，形成部门问题清单；指标清单，按照用数据说话的原则，建立分类、分级的部门指标清单。两张表：建立配套的问题清单改善计划表，对照问题制定相应的改善计划并实施改善，问题清单及改善计划表每季度滚动梳理更新一次；建立配套的指标清单监控分析表，按照数据统计周期，对指标进行监控与分析。一个主要工具：课题是解决问题

2016年7月12日，省环保厅副厅长谢立到零陵卷烟厂（锅炉房）督查环保工作
摄影 阳俊峰

的主要工具，对照问题清单，针对其中的难点、焦点问题应用课题制的方式进行改善。N个辅助工具：除课题制的方式外，还运用OPL、A3报告、小改小革等多种工具进行问题改善。全年梳理出问题410个，整改完成378个，整改完成92.20%；完成岗位精益改善515条，整改现场问题622项。策划实施厂部课题24个（其中4个在公司立项），实施小改小革42项。在与行业15项对标指标的对标中，零陵卷烟厂有8项指标优于行业平均水平，1项指标排名行业前十名，全年指标提升率53.33%。

■ 节能减排 2016年，零陵卷烟厂累计产量综合能耗19.95千克标煤/箱，其中单箱耗电6.5千克标煤/箱、单箱耗油13.45千克标煤/箱，工业用水28万吨，用电757.49万度，化学需氧量、二氧化硫、生产废水排放分别为3.99吨、0.2吨、18.87万吨，能耗减少金额700万元。根据工厂生产作业计划和相关要求精心组织生产，合理调配动能设备，准确掌控生产准备起始时刻和达标时刻。年初，对芙蓉王制丝环节空调开停机过程进行写实优化，开机启动时间段可缩短0.5~2小时。围绕“芙蓉王”制丝工房、“芙蓉王”品牌卷接包101工房、“白沙”及“芙蓉（红软）”品牌卷接包102工房三地同时生产的动能供应需求，探索优化动能设备运行方式，实现节能降耗和环保目标。

■ 职工教育培训 2016年，零陵卷烟厂制定培训项目190项，完成率100%。完成国家局及公司临时安排的培训73项。培训6087人次，其中，内培5711人次，外培376人次。开展“质量管理体系换版培训、三标体系知识培训、精益管理培训”等大型专题培训班3个；同时按照年度培训计划安排，各部室、车间自行组织职能培训或技术、技能内部培训班，如“电动知识培训、工艺指标自检流程培训、安全生产法律法规培训、GD设备电气知识培训”等培训班174个。组织4名兼职讲师参加“内部兼职讲师入门（初级）培训”，组织2名兼职讲师参加“精益管理内训师认证培训”，调派1名兼职讲师到湖南省烟草职工培训中心、金叶薄片公司及零陵卷烟厂等地进行“执行力”和“职场正能量引导”授课，组织20余名兼职讲师及自愿者进行2016年网络课程开发工作，开发网络课程28门。组织28名员工参加特有工种鉴定培训和考试，通过23名，通过率82%，同比提升73%。派遣4名考评员参加公司安排的行业工种技能鉴定考评工作，推选9名高技能人才参加“烟机设备修理技师职业资格培训”，其中6人取得烟机设备修理技师职业资格（另3人实操待考）。推选1名高技能人才参加“烟草行业2016年第二期职业（岗位）技能鉴定考评员培训”，并取得卷接设备考评员资格。组织16人参加特有职业资格证书复核培训，通过率100%。

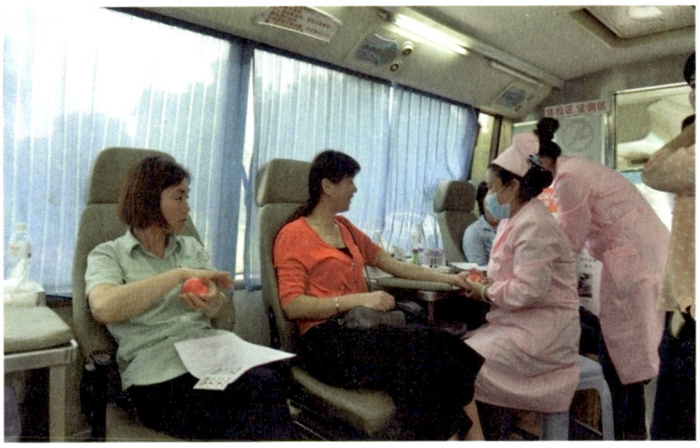

2016年5月4日，厂团委举行庆“五四”系列活动，青年团员踊跃献血　　摄影　王家能

组织16名员工参加通用工种鉴定前培训及鉴定考核。取得的职业资格工种、等级情况：维修电工一级2人，机修钳工二级8人，维修电工二级5人，维修电工三级1人。组织电梯操作工、叉车工、司炉工、压力容器操作工、水质化验工等66人参加特种设备作业人员复审换证培训；电工进网作业许可证复审换证27人；特种作业电工复审换证1人；特种作业电工新上岗取证2人。

■ 零陵卷烟厂第二次党代会 2016年6月24日，零陵卷烟厂第二次党代会召开，122名党员代表出席会议。公司党组成员、纪检组长高青松代表公司党组，永州市国有资产管理委员会副调研员曾艳玲代表永州市国资委党委到会指导。刘正宇代表第一届党委会作题为《提升党建科学化水平，合力共建和+生态圈》的工作报告。刘兴明代表第一届纪委会作题为《服务共建和+生态圈深入推进党风廉政建设》的工作报告。大会通过上述2个报告。选举产生第二届党委会，党委委员共7名，其中正副书记各1名。刘正宇当选为党委书记，石瑞林当选为党委副书记，刘正宇、朱凌冰、吕爱华、石瑞林、刘兴明当选为党委委员。选举产生第二届纪律检查委员会，纪委委员7名，其中正副书记各1名。刘兴明当选为纪委书记，陈国钧当选为纪委副书记，刘兴明、陈国钧、李文成、屈慧琼、蒋笃新当选为纪委委员。会议还表彰2015年度党内各项先进。

■ 科技工作 2016年，零陵卷烟厂组织参与申报公司2017年科技项目与创新小组项目6项，分别是制丝筒设备内部自动清洗装置的研发、高速皮带防刮擦预警装置研发、自动校秤系统的研发、研究GD小透包外观视觉在线检测系统、GD包装设备条包透明纸U型刀对压辊的改进、GD连条无喷码条烟检测剔除控制装置研制应用，其中2个项目通过公司评审。组织卷包车间“YP11自动装箱机推垛稳定性”、动力车间“设备NFC点巡检系统的开发与应用”、设备工程部“电能质量监测系统研究与应用”3个创新小组项目结题、验收；推广应用2015年下半年获奖小改小革项目5项；组织3个项目参与科学技术评奖。全年收集小改小革项目75项，其中评定A类0项、B类8项、C类16项、D类33项、E类18项。

■ 多元化管理 2016年1月—10月，零陵卷烟厂属地多元化经营公司有5家，分别是湖南九子龙印务有限公司、湖南零陵金秋实业有限责任公司、湖南永州九子龙经贸有限公司、永州市安达利运输有限责任公司、江永潇湘食品有限公司。11月，湖南零陵金秋实业有限责任公司与湖南永州九子龙经贸有限公司重组合并成立湖南兴泰包装材料有限公司。各公司主要生产的产品和服务是烟标、内衬纸、接装纸、卡纸、纸箱、水果种植与销售、运输等。主要设备有专业印刷卷烟商标的生产线（SAY820C电子轴高速纸张凹版印刷机组）1条、海德堡四色胶印机1台、单色凹版印刷机3台。后加工设备主要有全息烫金机2台、清废模切压痕机、品检机1台、PRW200/501050型接装纸印刷机1台及配套分切机2台、单头镀铝纸剥离机1台、卡纸分切机1台、1.8米宽幅七层瓦楞纸板生产线1套、全自动制浆机1套、三（四）色水性印刷开槽机各1台、双片式半自动钉箱机1台、粘箱机5台、货车等。重组后湖南兴泰包装材料有限公司在2015年的基础上盈利水平进一步增强，产品结构更趋优化；湖南九子龙印务有限公司争取“芙蓉王”盒皮的生产，产品结构得到改善；永州市安达利运输有限责任公司较2015年有一定的提升；江永潇湘食品有限公司实现8年来的扭亏增盈。全年多元化公司实现销售收入总额1.68亿元，比2015年同期1.6亿元提升4.94%；实现利润总额1024.03万元，比2015年同期的788.36万元提升29.89%。

领导名录

厂长 党委书记	刘正宇	
党委委员 副厂长	朱凌冰	吕爱华
党委副书记 工会主席	石瑞林	
党委委员 纪委书记	刘兴明	

（王家能）

湖南省南津渡水电站

■ 概况 湖南省南津渡水电站位于永州市零陵区，系长江流域潇水梯级开发的末端电站，是一处拦河筑坝、截弯取直、引水发电，兼有航运、灌溉、城市供水等综合效益的中（2）型水力发电企业。电站由发电厂房、引水渠、拦河大坝、斜面升船机、库区防护工程及输变电系统六大部分组成。发电厂房装有三台从奥地利引进的贯流式灯泡型机组，单机容量2万千瓦，总装机容量6万千瓦，正常发电水位114米，设计水头14.5米，年设计发电量2.93亿千瓦时。1991年11月，第一台机组投产发电；1992年5月，三台机组全部投入运行。2016年4月，电站并入湖南省水利发展投资有限公司，由省水利厅移交省国资委管理。电站先后被授予园林式单位、全省综合治理先进单位、全国群众体育先进单位、全国水利系统文明单位、湖南省文明单位、全国水利系统模范职工之家、湖南省文明标兵单位、全国文明单位、湖南省模范职工之家等称号。

■ 生产经营 2016年，湖南省南津渡水电站坚持安全生产稳中求进的总基调，开展“两学一做”学习教育，实施项目建设，推进重点工作，提升党建文明，创建新业绩。全年发电3.1亿千瓦时，售电3.07亿千瓦时，实现含税收入1.08亿元，实现税收2090万元。全年归还到期借款本金1004万元，支付利息830万元，还本付息1834万元。

■ 安全生产　2016年，湖南省南津渡水电站以全面落实安全生产主体责任为中心，按照“谁主管、谁负责”和“抓业务必须抓安全”的“一岗双责”原则，落实站长（书记）对安全生产负全面责任，其他班子成员对分管业务内的安全生产工作负领导责任。站与部门、部门与班组、班组与个人层层签订安全生产目标管理责任书，确保安全生产责任制的落实。加大季节性、节假日、专项行动以及年中、年终设备评级的隐患排查与治理，开展大排查大管控大整治三大行动专项整治工作。有针对性地对车辆交通、压力容器、特种设备、工业小区进行安全督查，强化对设备检修、技术改造的现场监管。开展以“强化安全发展观念、提升全民安全素质”为主题的第15个全国“安全生产月”等活动，全年开展各类安全教育活动30余次。对生产一线35名青工进行专业知识和操作技能培训，全站143名特种作业人员重新取得新证；选送75名设备管理人员去省电科院、国电南自、沈阳新东北等单位进行专业技术培训。健全安全教育培训电子档案，全站特殊工种持证率100%，全员安全教育培训参与率100%。开展领导示范带班和专项督查21次，开展例行性安全督查87次。发出设备限期整改通知单48份，治理设备缺陷91项，全站主设备完好率100%，总设备完好率99.6%。截至2016年年底，连续安全运行1752天，全年未发生任何安全责任事故。连续8年被评为综合治理平安单位。

■ 基础管理　2016年，湖南省南津渡水电站制定《2016年重点工作安排一览表》，共5大类33项，并明确具体工作内容、牵头领导、责任人、责任部门和完成时间，确立全年的主攻方向，并把重点工作的完成情况作为年终评先评优的主要依据。优化债务结构，完成对湘投控股1100万元债务及利息的抵减，减轻债务压力。继续实行全面财务预算管理，出台《全面预算管理委员会工作职责》《全面预算管理办公室工作职责》《全面预算责任主体工作职责》。对可控成本实行限额使用，并规定不得突破。严格公车管理，严控公务接待，严控出差，减少会议费用。修订《业务招待费管理办法》，取消站领导及部门的业务招待费指标。出台《水电管理制度实施细则》《职工补充医疗保险管理暂行办法》。

■ 发展创新　2016年，湖南省南津渡水电站优化内设机构，科室改为部门制，整合财务职能，在财务器材部设立会计核算中心，把五洲亭电站并入发电部，减掉2个部门，新增广西长洲泵站项目部，全站共15个职能部门或二级机构。推进项目建设，完成国营泵站库区二期改造工程，规范库区中心泵站的值班工作。成立水库除险加固项目法人，启动水库除险加固工作。出台《2016年培训工作计划》，有针对性地开展技术培训等。根据省水利厅纪检组的文件要求，清退并收购五洲亭公司职工个人股东股份480股；按1∶1清退并收购津鑫公司职工股份440万股，增加国有资产近5000万元。

■ 多种经营　2016年，湖南省南津渡水电站工业小区售电1.32亿千瓦时，实现含税收入5673.55万元，土地租赁及相关收入91.24万元。安装分公司对外检修业务遍及湖北、广东、广西、江西、浙江等地，全年完成并签订检修合同8个，总金额271.83万元。广西长洲泵站项目部代维代运年均合同金额872万元，年内合同金额1143.83万元。加强工业小区16家民营企业安全生产检查，发现安全隐患37处，并要求限期整改。配合零陵区人民政府关停工业小区6家污染企业。

领导名录

站　　长	罗广林
党委书记	陈敬明
党委副书记 纪委书记	陈志湘
副 站 长	周庚芝　王庚生 周小林　李建红
工会主席	顾茂森

（杨浩）

湖南兵器跃进机电有限公司

■ 概况　湖南兵器跃进机电有限公司是湖南省兵器工业集团有限责任公司的全资子公司，前身为湖南省跃进机械厂，始建于1966年，原址湖南省道县。2001年6月，公司按照国家改制方针和现代企业制度进行公司制改造。2002年作为国家“八五”“九五”三线脱险调迁企业整体搬迁至永州市凤凰园经济开发区，2012年5月，公司名称变更为湖南兵器跃进机电有限公司并使用至今。是全国14家地方军工军品生产能力保留企业之一，国内唯一的60毫米某军品底图厂家，同时也是国内82毫米某军品定点生产厂家，拥有中南地区重要的国家部委和军方登记备案的实弹试验靶场，具备铸造、金属机械加工、冲压、表面处理、工装制造、木塑包装、弹药装配总装、发射装药制造等完整加工能力。占地面积336.8万平方米（含试验场），注册资本8711万元。有各种设备仪器1629台（套），其中固定资产设备1141台，其他低值辅助设备488台。2016年，完成综合技改的验收，累计完成投资3562万元，新增设备79台（套）。在册员工1615人。

2016年，实现营业总收入2.05亿元，比2015年增长18.5%，其中，军品1.9亿元，民品1394万元（含跃进医院574万元）。完成上级单位下达的年度经营计划的115.77%，在岗员工年人均收入突破3万元；年末资产总额4亿元。通过综合技改项目现场竣工验收，武器装备科研生产许可监督抽查，质量体系认证现场审核和二级保密资格认证现场审查。被评为全国“安康杯”竞赛活动示范企业。

■ **科研开发** 2016年，湖南兵器跃进机电有限公司重点开展3个科研项目。一是60D项目。5月，在北京通过由中国兵器科学研究院组织的项目验收和方案设计评审后，与北京理工大学、805厂完成首次熔注试装药工作。年底，完成方案及工程化样机试验大纲评审准备。二是3W项目。1月上旬，完成改进方案优化设计工作，并与南京理工大学、国营9607厂等单位合作解决技术问题和系统总体项目建议书申报编制工作。三是1.84项目。7月，投入项目研制，完成研制方案设计、外协件、工装设计及试验。技术工艺改进方面，通过改造节能创新项目“HXD系列机车用盘式电机油泵技术改造项目”，获得上级单位的认可，并给予30万元的专项资金补贴；与国防科技工业局签订“国防科技工业局武器装备动员项目协议”。12月，通过新时代认证中心军品监督检查和民品再认证审核。

■ **安全管理** 2016年，湖南兵器跃进机电有限公司严格执行内控制度，安全生产全面受控，全年轻伤事故率1.2‰；因工死亡率为零；重特大火灾、燃烧爆炸事故率为零；节能减排达标、环境污染事故率为零；建设项目安全和职业卫生“三同时”执行率100%。靶试的安全保密环境得到改善。

■ **财务与审计** 2016年，湖南兵器跃进机电有限公司进一步规范物资采购付款流程，对公司金额较大的应收、应付和预付款项开展财务清理，完成对公司的授信评级，办理银行承兑汇票近1000万元，减少成本支出，缓解资金压力。综合技改项目完成竣工决算审计并转增公司资产审计，依据审计报告于8月转增固定资产3530万元。坚持“三重一大”制度，涉及重大项目安排和大额资金使用的事项都明确限额，同时向上一级报备。专设物资采购和工程项目审计室，完成物资价格审计及设备采购计划合同审计金额1577.2万元，节约采购资金171万元，核减率10.84%；完成基建工程合同及单项维修工程决算审计金额60万元，核减造价7.36万元，核减率12.27%。

■ **民生保障** 2016年7月，湖南兵器跃进机电有限公司启动生活区供水管网改造工作，完成管网改造和移交工作，彻底解决公司水质差、限时供水的问题。对公司生产区重点部位进行专人蹲守并实行24小时值班守卫、巡逻、监控，确保公司财产安全和治安稳定，全年生产、生活区未发生一起重大刑事、治安事件。打造职工宜居小区，全年投入资金近35万元，用于企业文体设施设备的购置安装、拓宽小区道路、篮球场的更新、修建休闲广场、完善职工乒乓球馆、广播室的改造、增设健身器材等。

领导名录

执行董事 总经理 党委副书记	黄永杰
党委书记 副总经理	黄建群
纪委书记 工会主席	黄　静
财务总监	肖　景
副总经理	黄成辉　何海军

（李东升）

湖南兵器建华精密仪器有限公司

■ **概况** 湖南兵器建华精密仪器有限公司原名湖南省建华机械厂，创建于1966年，现为湖南省兵器工业集团有限责任公司全资子公司之一，固定资产3.5亿元，职工1191人，高中级专业技术人员400余人，有各类主要设备1200余台（套），具有较强的机械加工、工具制造、冲压、压铸、表面处理、塑料压型、电子产品、化工产品等生产和科研开发能力。

2016年，实现营业收入2亿元，创造利润总额923万元。签订军品合同金额2亿元，数量160余万发，各项生产经营指标均创历史新高。公司军品在研项目14项，预研项目7项。获“永州市安全生产主体责任落实标杆企业”“永州市安全生产工作先进单位”“集团公司先进集体”“永州市国资委先进基层党组织”“湖南省国防工业系统先进工会”等称号。

■ 项目建设 2016年，湖南兵器建华精密仪器有限公司主要开展3个项目建设：某系列引信“三化”生产线建设项目，完成方案设计编制、集团公司评审等工作；某引信生产线建设项目编制完成生产线建设方案并通过评审；“十三五”专项安全技术改造项目完成项目建设书编制，通过集团公司评审并上报国家国防科工局。

■ 改革改制 2016年，湖南兵器建华精密仪器有限公司修改完善《“三项制度”改革工作方案》《机构调整方案》《中层管理岗位竞聘实施方案》《离岗保留劳动关系人员管理实施办法》4个改革文件，上报至湖南省兵器工业集团有限责任公司获准实施。其中《离岗保留劳动关系人员管理实施办法》于12月1日实施。12月，供电改造分离移交与市供电公司签订协议并拨付预付款，供水改造分离确定移交方案。

■ 制度建设 2016年，湖南兵器建华精密仪器有限公司结合实际启动管理制度汇编工作。5月，公司被湖南省兵器工业集团有限责任公司定为贯彻落实“九个办法”试点单位，全面推进公司管理制度体系建设工作。12月初，公司形成《管理制度汇编（试行）》共5册16篇259个制度，其中废除制度41个，修改制度62个，新增制度49个，并于12月31日颁布实施。

领导名录

执行董事 总经理 党委副书记	蒋粤军
党委书记 副总经理 工会主席	伍聚宝
财务总监	肖　景
副总经理	张宏生　武波涌 刘治旺
纪委书记	唐忠德

（周文兰）

湖南省南岭化工集团有限责任公司

■ 概况 湖南省南岭化工集团有限责任公司前身为湖南省南岭化工厂，始建于1966年。公司住所地位于永州市双牌县，在长沙设有办事处。主营乳化剂、油相材料、包装材料、卡扣线材等炸药配套产品。下设湖南南岭精细化工有限公司、湖南南岭包装材料有限公司、湖南南岭物业开发有限公司、湖南南岭线材加工有限公司和湖南南岭贸易有限公司5家子公司，另设有汨罗分公司。截至2016年年底，公司总资产4.06亿万元，净资产2.37亿万元，有在职职工665人，退休职工853人。

2016年，实现营业收入1.1亿万元，实现主营业务毛利1696万元，产品产销量、销售毛利均创历史最好水平，实现2010年以来连续6年减亏。

■ 市场拓展 2016年，湖南省南岭化工集团有限责任公司炸药配套产品持续增销。新天地集团内部市场占有率稳步提高，外部市场实现“破冰”并陆续供货，炸药配套产品增销650万元，增长10%。按时、保质、保量完成较大型工程项目7个，实现工程业务量2400万元，新增利润200余万元。几宗较大的贸易项目实现常态化，完成贸易业务收入1305万元，增长62.9%，新增利润21万元。

■ 企业管理 2016年，湖南省南岭化工集团有限责任公司完善管理制度，企业运行更加规范、有序；加强过程控制，生产成本全部控制在指标范围内；优化母、子公司财务运行体系，财务管控效率明显提升；深化人力管理，调整补充6人上岗，有效分流富余人员42人。严格实行预算管理，可控管理费同比节约52万元，降幅11.1%；开展采购挖潜，节约采购成本292万元；全面强化资金管理，节约财务成本240万元；争取政策支持，实现税收减免、优惠811万元，争取各项政策资金2822万元。

■ 改革改制 2016年，湖南省南岭化工集团有限责任公司水电分离移交稳妥有序推进，双牌、祁东、汨罗三点水电施工改造主体工程全部完工。辅业改制高效深入推进，仅用4个半月的时间就高效地完成线材公司异地扩能技改，新的生产线于9月上旬一次性试车成功。汨罗闲置土地处置于12月22日与汨罗市政府达成土地收回补偿协议，由汨罗市政府收回土地，并补偿公司及南岭民爆3060万元。双牌转运站闲置资产转让争取到省国资委和省政府对转运站土地变性的支持。

■ **技术进步** 2016年，湖南省南岭化工集团有限责任公司成立专项课题组进行一对一研发试验，成功开发出4家油相用户；确保炸药配套产品质量，所有材料在南岭民爆双牌分公司乳化炸药新线一次性试产成功。持续加强生产技术改进，产品质量更加稳定，尤其是炸药助剂产品稳定性很高，一次交验合格率98.5%。全年未发生质量事故，被成功纳入南岭民爆煤矿许用炸药安全标志目录。

领导名录

执行董事 党委书记	贾永福
总经理 党委副书记	曾德坤
党委副书记 纪委书记 工会主席	熊煜华
副总经理 党委委员	陈友民 刘玉芳

（张孟春）

湖南烟叶复烤有限公司永州复烤厂

■ **概况** 2016年，湖南烟叶复烤有限公司永州复烤厂（简称永州复烤厂）继续坚持稳中求进的工作总基调，突出为工业企业服务、为中式卷烟品牌发展服务、为产区公司服务的导向，打响“十三五”开局之战。截至2016年11月21日，累计完成打叶复烤投料57.99万担，产出成品9.8万箱，完成选叶投料28.43万担。

■ **易地技改** 截至2016年11月中旬，永州复烤厂项目累计完成投资约2.98亿元，其中土建投资完成约1.88亿元，设备投资完成约1.1亿元，占工程总投资的42.58%。严格合同管理，工程施工严格按照设计图纸施工，原则上不作变更，如特殊情况需要做出变更的，严格按照复烤公司的流程予以执行，否则不予认可；抓好项目的投资控制，既统筹安排投资进度，又讲究项目建设的科学性，不违反规律赶工期；抓好项目的造价控制，加大施工工序管理力度，严控变更和签证，工程造价不突破批复要求。将总体计划目标、各项施工生产和工作任务按其职能分化进行具体计划安排；以劳动竞赛为抓手，以“六比六创”为竞赛内容，即比安全生产，创平安佳绩；比工程质量，创优质精品；比工程进度，创一流效率；比文明施工，创标准化工地；比环境保护，创绿色通道；比廉政建设，创阳光工程。坚持生产例会制度，每天通报施工生产任务完成情况，对完成任务滞后的施工单位和项目责任人责令其提出整改措施。实行重点工序和关键岗位的可视化看板管理，以施工重点工序和关键岗位为考核重点，督促施工方、监理方安全、高效抓好施工进度。

■ **生产经营** 2016年，永州复烤厂在2016烤季分选量达60万担的情况下，通过紧密安排生产计划，确保加工生产的连续性与顺利进行。与产区衔接，跟客户保持联系，提前了解调拨意向与进度，在分析信息的基础上，制定两种方案备用，预防突发事件的发生。收集客户信息，根据工业企业的不同要求，合理安排各客户加工时间和加工量。实行分选三级管理，将分选工序作为生产工序的重中之重来抓细、抓实。建立稳定的分选队伍，产前对分选工进行技能培训，保证烟叶分选质量的稳定性、一致性和均匀性；完善质量追溯体系的管理，按作业指导书指定要求进行分选；加大分选过程控制考核力度，将考核贯穿于分选过程的每一环节。着手市场调查，争取省烟草专卖局、客户及产区的支持，客户明确2016烤季在该厂的加工量95.7万担，其中争取新的客户红云集团3万担。落实计划差异化。以加工量较高的厂家为基础参照量，做到计划优先；强调服务愉

永州复烤厂在建的全新打叶复烤生产线

悦化。对战略合作客户，加大市场维护力度；服务标准精细化，把首问责任制进一步推向深入。通过精益课题和QC项目攻关建立客户服务体系，针对2015年在客户服务、分选过程管理、仓储管理等方面的不足，逐步梳理和完善各项制度流程，使服务的规范性进一步加强。

■ **产品质量管理** 截至2016年10月31日，永州复烤厂加工投料47.5万担，针对客户要求结合来料、设备、环境等多项因素，设计和下达《加工作业指导书》66份、《配方打叶方案》35份，发出《内部工作联络单》87份，《工艺质量整改报告》4份、《工艺纪律考核单》3份，通过对加工前、中、后期的参数设计、技术指导和工艺监督，有效实现对生产过程的全面精准控制。加大对原烟入库、分选、加工、成品入库、在库、出库等环节的检测投入，实现对生产过程的全面精准控制。全年加工产品各项主要指标控制良好，其中原烟挑选综合合格率95.39%，大中片率合格率99.93%，叶中含梗率合格率99.77%，装箱叶片含水率合格率99.56%，在线杂物检测合格率99.92%，成品合格率100%。采用多环节、精细化的技术方法进行均质化加工控制，通过原料检查、制定配打方案、制定加工作业指导书、原烟备料、配比铺叶、储柜混配、配比检查等环节的精准控制，烟碱控制方面基本达到行业要求，成品水分控制方面得到提高。1月—5月，各批次烟碱CV值平均4.04%，最大值5.36%；水分CV值平均2.49%，最大值3.61%。9月—10月，各批次烟碱CV值平均3.07%，最大值5.08%；水分CV值平均2.24%，最大值2.94%。

■ **安全管理** 2016年，永州复烤厂严格按照“党政同责”“一岗双责”“一票否决”“失职问责”的要求，明确从上至下的安全职责，抓好安全生产责任的落实，提高安全工作决策执行力；层层签订安全目标责任书，完善安全管理监督考核机制。加大对管理层的资格证培训力度，提升管理层的责任意识和对安全生产法律法规的认识。利用生产淡季开展操作技能培训和新烤季“三级”安全教育培训，通过安全告知、案例的分析、安全知识的宣教，提高从业人员的安全操作技能。利用每月一期的安全专栏、安全文化墙栏，宣传安全生产方针政策、法律法规、安全常识。把关源头，对每个进场的施工队伍都从资质审查、安全告知、安全教育、签订安全责任书、交纳安全风险抵押金，把好入场关。把关监督，对进场的特种设备档案、检测合格证、特种作业人员操作证、动火用电，高处作业，交叉作业，有限空间作业进行审查监督，规范危险作业申报审批制。纠处违章，安排专人在工地进行督查，对发现的各类违章者采取拍照取证，以每次200元从施工对安全抵押金中扣除。在各节假日和政治敏感时期快速调整工作重心，抓好节假日的安全保卫和信访维稳。在春夏雷雨季节加强防雷防洪涝工作，对避雷设备进行定期维护检测，加强对仓库区的防洪防涝检查，及时补漏清沟，确保库房防漏和排水沟渠的畅通。针对春夏季节气温特点，久存的烟堆极易受到气温的变化而引起冲烧自燃，在督促责任部门加强巡检和翻堆通风的同时，增加保安队员的日常巡逻次数和范围，建立执勤点签名制度，与客户服务中心随时保持联系，共同把握外堆烟梗的动态管理，确保外堆烟梗储存安全。

■ **设备管理** 2016年，永州复烤厂以“设备完好、持续改进、提高效能、保障运行”为目标，做好设备管理工作，提高设备有效运行率。年初，健全生产设备、特种设备管理的相关制度，补充和完善考核细则，注重完善设备基础信息。加强设备运行状态监控，保障生产加工的顺利运行。增加设备巡视次数和时间，及时掌控设备状态。每生产月份设备全面检查4次，每月向有关部门提交设备生产运行分析报告1份。加强设备检修和保养工作的督促指导。组织开展设备大修的计划、组织实施、验收等工作。5月底，完成生产设备维保和初步验收，发现和处理设备隐患64条。

领导名录

厂　　　长 党 委 书 记	盘勇卫
副　厂　长	李廷云
总 工 程 师	刘华友
纪 检 书 记	程海红
副　厂　长	雷雅麟

（唐晓峰）

科　技

综　述

■ **概况** 2016年，永州市稳步实施《创新型永州建设纲要》，着力促进产业结构调整和激活企业创新活力，不断增强自主创新能力，有21家企业通过高新技术企业认定，完成高新技术产业产值651.2亿元，同比增长87%。全市入统的研发经费9亿元，同比增长41%。在“第三届湖南省创新创业大赛”中，全市5个项目晋级大赛优胜奖，湖南科技学院“玩转烟杆生物质团队”在总决赛中获第二名。永州国家农业科技园通过科技部验收，晋升为国家级农业科技园区。

■ 科技计划项目 2016年，永州市征集并上报省以上科技项目101个，立项38个，争取科技经费2268万元。其中蓝山县被列入省科技成果转移转化示范县，获1000万元支持。湖南时代阳光药业股份有限公司的“儿童专用药小儿扶脾颗粒大品种培育的关键技术研究”、湖南科力尔电机股份有限公司的“机器人用高可靠性伺服电机与驱动系统关键技术研发”被列入2016年度湖南省战略性新兴产业科技攻关与重大科技成果转化专项，分别获得100万元、300万元科技经费支持。湖南科技学院的“湖南省银杏工程技术研究中心”、永州市异蛇科技实业有限公司的“湖南省珍稀蛇类繁育及产业化工程技术研究中心”被列入省级工程研究中心。湖南永州现代农业星创天地、江永大学生移动电子商务科创城等4个项目被列为省星创天地项目，湖南恒伟药业公司被列入省创新型产业集群。全年实施市本级科技重点项目11个，一般项目44个，共计400万元。4个市直科研所安排科研专项160万元，用于支持科技成果转化与科研条件建设。

■ 科技成果转化 2016年，永州市出台《永州市促进科技成果转化实施办法》。制定《永州市市本级科技计划项目验收管理办法》，规范项目验收程序。出台《永州市市直科研院所科技成果评价改革试点工作方案》，市直科研院所的科技成果评价将由社会专业评价机构组织实施。评定2015年度市科技奖励项目25个，其中一等奖3个，二等奖8个，三等奖14个。推荐2016年省科技奖励项目6个，其中省科技进步奖3个，省技术发明奖3个。完成网上技术合同认定登记22个，技术合同成交金额约4100万元。

2016年永州市专利申请量情况表

表10

地区	申请总量	当年申请量	当月申请量	发明	实用新型	外观设计
零陵区	1016	267	17	4	10	3
冷水滩区	1725	683	19	4	9	6
祁阳县	903	296	18	0	5	13
东安县	1074	248	50	3	0	47
双牌县	515	147	103	50	53	0
道县	1052	309	18	3	7	8
江永县	457	132	0	0	0	0
宁远县	1366	550	57	21	26	10
蓝山县	585	176	33	13	2	18
新田县	549	194	6	0	0	6
江华县	440	160	18	3	0	15
总合计	9682	3162	339	101	112	126

2016 年永州市有效发明专利情况表

表 11

地区	发明	职务					非职务
		大专院校	科研单位	工矿企业	机关团体	职务总计	个人
零陵区	108	9	0	38	0	47	61
冷水滩区	157	0	1	103	0	104	53
祁阳县	96	0	0	62	0	62	34
东安县	13	0	0	8	0	8	0
双牌县	18	0	0	7	0	7	0
道县	21	0	0	11	0	11	10
江永县	6	0	0	5	0	5	1
宁远县	26	0	0	20	0	20	6
蓝山县	9	–	0	7	0	7	2
新田县	10	0	0	5	0	5	0
江华县	23	0	0	23	0	23	0
总合计	487	9	1	289	0	299	167

2016 年永州市专利授权量情况表

表 12

地区	授权总量	当年授权量	当月授权量	发明	实用新型	外观设计
零陵区	652	132	8	0	2	6
冷水滩区	727	199	9	2	5	2
祁阳县	600	143	15	1	0	14
东安县	409	95	11	1	1	9
双牌县	184	46	4	2	1	1
道县	320	80	6	0	2	4
江永县	151	63	1	0	1	0
宁远县	534	155	15	1	6	8
蓝山县	134	55	4	0	1	3
新田县	235	119	4	0	1	3
江华县	147	39	6	0	3	3
总合计	4093	1126	83	7	23	53

■ 科技精准扶贫 2016 年，永州市制定《市科技局 2016 年度引导社会力量参与扶贫工作计划》《永州市精准扶贫科技支持计划 2016 年度工作方案》《永州市精准扶贫科技支持计划考核办法》，分解目标任务，明确考核指标及计分标准。市科技局对口扶贫村的驻村扶贫工作全面铺开，安排 2 名人员组成扶贫工作队进驻江华县小圩镇钩挂岭村，进行摸底走访，对照国家扶贫相关政策，

申报并开展异地搬迁、基础设施建设、引进种植优质蜜柚、科技人员现场指导种植技术培训等扶贫项目。5月27日，市科技局班子成员及科室负责人赴贫困村开展面对面帮扶工作。103名三区科技人才分别进入各贫困村开展相关服务。每个县区都成立12396科技服务小分队，根据需要下乡开展技术帮扶工作。

■ **知识产权** 2016年，永州市将企业专利扫零，列入2016年对县区科技管理部门工作目标管理，全市专利申请量3162件，专利授权量1126件，有效发明专利487件。开展专利执法清查，检查商品2500种，登记专利产品260种，立案查处假冒专利案件231起，调处纠纷案件20件。推动知识产权项目验收。永州承担的2015年“高标准建设国家知识产权试点城市”项目于9月底通过国家知识产权局和省知识产权局验收，被国家知识产权局评为“先进集体”。

■ **科普宣传** 2016年，永州市科技活动周暨科普基地开放活动启动仪式在金洞森林生态科普基地举行。在科技活动周期间，组织3600多名科技人员下乡，义务为8.9万多名群众提供咨询服务，发放各类科普资料30.7万份，展出科普作品2900多件，接收参观8.3万多人次。医疗机构开展义诊4.5万人次，发放医疗药品价值11.5万元。利用“知识产权日”活动，派发宣传资料2.3万余份，接受市民的知识产权咨询320余人次。

■ **招商引资** 2016年，永州市成功引进深圳前海深农壹号电子商务有限公司投资永州市零陵区罗汉果生态科技有限公司，并在零陵区工业园落户。该项目总投资人民币5000万元，在永州种植罗汉果666.67公顷，并购置加工设备，在零陵工业园建设一条加工生产线。

（唐黎明）

气象服务

■ **概况** 永州市气象局成立于1950年，实行湖南省气象局和永州市人民政府双重领导。设管理科室4个（办公室、业务科、人事科、法规科）、直属单位5个（气象台、财务核算中心、气象科技服务中心、防雷中心、后勤中心），市政府挂靠机构1个（永州市气象防灾减灾指挥部办公室），辖11个县区气象局。主要职责是依法开展国家赋予的气象行业管理、气象业务和服务、气象灾害防御、人工影响天气等工作，为国家安全及地方防灾减灾、社会经济发展、人民生产生活提供气象保障，完成地方党委政府部署的工作。

2016年，永州市气象局获省级文明标兵单位称号、全省气象部门目标管理综合考评第一名、全省气象行业职业技能竞赛团体第一名、全省天气预报质量竞赛一等奖、全省人工影响天气工作先进集体、全省气象工作创新奖；获全市绩效评估考核优秀、全市防汛抗灾先进集体等多项奖项。

■ **气象预报预警服务** 2016年，永州市出现14次强降水天气过程。市气象局提前做出准确预报并及时发布预警信息，无空漏预报现象。做好决策气象服务，专题气象情报及启动应急预案情况及时报告市委、市政府并通报给各防指成员单位。局领导参加防办部门联合值班，参加全市防汛会商20多次。4月9日，全市组织紧急转移3217人；5月8日，紧急转移7909人；5月20日，紧急转移5715人。全年未出现因灾人员死亡情况，有效避免人员因灾伤亡约1.5万人。强降水过程预报服务得到市委书记陈文浩，市委副书记、市长易佳良等领导

2016年4月19日，永州市气象局与吐鲁番市气象局开展对口交流

摄影 周丽珍

2016 年 5 月 12 日“防灾减灾日”，永州市气象局举办气象科普知识展
摄影 周丽珍

的多次好评，特别是 5 月 7 日—8 日强降水过程气象服务得到省气象局领导的肯定。做好公众气象服务，发布气象预警信息，做好重大社会活动和重要节假日公众气象服务。深化部门合作，开展中小河流洪水、地质灾害风险调查、森林火险等级预报等专业气象服务。继续推进中央财政“三农”专项服务项目，做好为农气象服务，“直通式”服务对象增至 6103 个。为涔天河水库提供精细化“一对一”专业服务，确保库区移民人员的安全和工程施工安全。实施人工烤烟消雹和人工增雨作业专业气象服务，有效减轻冰雹灾害和缓解局部旱情，获评全省人工影响天气工作先进单位。全年发布气象灾害预警信号 731 站次，发布气象灾害预警信息短信 100.4 余万条，各种专题天气预报等专题材料 168 份。全市气象部门有 6 人次分别获省、市防汛抗灾先进个人荣誉。

■ **人才发展培养** 2016 年，永州市气象局以气象远程教育为抓手，推进全员综合培训，受到中国气象局气象干部培训学院和省气象局的高度肯定。继续抓好领导班子和专业技术人才队伍的建设，1 人入选全省优秀青年气象科技工作者，下派 2 名干部到县局任职，1 人晋升高级职称资格。开展中、高级技术职务竞争上岗和年度考评，举办 3 期县级综合业务系统培训和县级预报技术轮训。9 月 7 日—8 日，在第十一届湖南省气象行业职业技能竞赛中，市气象局代表队获团体第一名，胡婷、罗潇、翟明雷分别获个人全能第三、第四、第五名。在全省两次预报理论知识考试中，市气象局均获团体第三位，其中 1 人获二等奖、1 人获三等奖、1 人获优秀奖；在第二届湖南省城镇预报质量竞赛中，1 人获三等奖，并获“湖南省气象行业技术能手”称号。

■ **综合气象业务质量** 2016 年，永州市各类综合气象观测错情率 0.0‰，数据可用率 99.99 %，数据资料传输率和可用率均达省气象局考核要求，完成农业气象观测业务整改，推广应用县级综合气象业务平台。城镇天气预报质量取得进步，在全省排名第二位。

■ **气象现代化** 2016 年年初，永州召开全市气象工作座谈会，连续第六年将气象工作纳入到全市农业农村工作考核，印发《永州气象事业发展“十三五”规划（2016—2020 年）》。推进江永县、冷水滩区、双牌县台站搬迁建设，协调蓝山县、祁阳县、新田县启动搬迁前期相关工作。市级突发事件预警信息发布系统建设方案经市政府常务会议审定通过并同意启动建设。零陵机场拟搬迁新址气候可行性论证报告通过专家验收，获省气象局气象科技服务创新奖。双牌县、冷水滩区、零陵区、祁阳县等县区落实地方气象事业机构和编制，截至 2016 年年底，全市有 8 县区落实机构累计编制 43 个。完成各县区人工影响天气车载火箭更新和三七高炮改造，对作业炮点实行分级管理。预报预测质量和延长预警时效有新提高。气象现代化工作得分 85.7 分，比 2015 年增加 3.18 分，在全省排名第五位，较 2015 年前进两名。

■ **气象防雷改革** 2016 年，永州市气象局贯彻落实省气象局防雷体制改革部署，履行防雷社会管理职责，按规定取消收费项目、降低收费标准，重新制定“三单”制度，开展“监管执法年”活动，按时办结行政审批，完成市、县两级防雷安全生产考核工作。

（周丽珍）

水文服务

■ **概况** 2016 年，永州市水文局重点抓好业务工作，强化各项管理工作，进一步加强党风和廉政建设，搞好队伍建设，各项工作取得进步。钟铭当选省第十一次党代会代表，参加 11 月 15 日召开的省党代会；唐顺亚当选永州市第五次党代会代表，参加 9 月 26 日—30 日党代会；廖兰英当选永州市第五届政协委员会委员。省级文明单位复查验收通过。服务防汛抗灾工作获肯定，市水文局、道县水文局获2016年防汛减灾先进集体，秦远清获2016年防汛抗灾工作先进个人。加大对职工之家硬件设施达标的投入，全年投入经费近30万元添置建家设施设备。江永水文局通过省水文局工会验收，被授予“职工之家”匾牌。周友道获“2015年度永州市优秀共青团干部”称号。水文测报工作在永州新闻网、红网永州站、永州电视台、《永州日报》、祁阳电视台、江华新闻网都有报道。

■ 防汛减灾服务 2016年汛期，永州市平均降雨1127.9毫米，与历年同期均值979.6毫米相比偏多15.1%。降雨时空分布不均、强降雨过程多、局部暴雨强度大、降雨量超历史站点多。在时间分布上，4月—6月降雨量占到整个汛期降雨量的71%，4月降雨最大288.1毫米，9月降雨最少70.2毫米。在空间分布上，南六县雨量多于北五县，南六县平均降雨量1308.7毫米，北五县为886.3毫米。南部比北部偏多37.8%。年内，全市发生13次强降水过程，17站次发生超警戒水位洪水，大路铺站出现50年一遇的大洪水，为建站以来第二大洪水。市水文局及时收集情报，跟踪分析，及时发布洪水预警预报，全年发布中长期预报1期，洪水黄色预警5次，洪水实时预报8次，编写雨水情分析简报23期，发送水情短信1000多条，组织洪水预报会商10次，参与市防指防汛会商12次。全年收发水情信息20多万份，在所接发报文中，无迟报，30分钟到报率100%；上传省水文局无错报，差错率为零。汛期降雨集中期，市水文局派出1人到江华瑶族自治县，协助做好涔天河水库扩建工程的施工预报工作。服务涔天河水库扩建工程，完善江华水文站水文预报模型，新建码市水文站预报模型，全年编写洪水总结专题分析和后期雨水情预测分析材料3期，水文预报8份，水情小结14份。4月9日，在全市防汛抗灾业务知识培训班上，水情科科长秦远清登上讲台，为全市14个县区防汛办主任、28座中型水库和湘江干流主要水电站负责人讲解防汛相关知识及相关信息平台的使用。

■ 农村饮水安全保障 2016年，永州市水文系统完成全市农村饮水安全的水质分析任务。完成农村饮水水质检测中心的实验室建设，新购仪器的安装调试、电梯的安装调试。完成4个国家重要水源地水质自动监测站的选址和查勘工作，并已有2个自动监测站开工建设。完成省界断面盲样考核工作。完成水利部水文局实验室能力验证的考核工作。完成10个县区及全市的水源地安全保障达标建设方案，并通过省水利厅的评审。

2016年4月11日，永州水文局应急监测演练

■ 水功能区划 2016年，永州市水文系统完成码市、高岩水库、周家坝、刀背石、黄阳司等6个省级水功能区和大路铺等10个市级水功能区水质断面的查勘和定位工作。完成《永州市水功能区划》中120个水功能区的确界立碑查勘工作。编制各县区《水功能区划》。做好国控点安装验收工作，完成第二批国控水资源点的查勘和选点工作。

■ 水文项目建设收尾 2016年，永州市完成道县巡测基地和新田中心水文站的建设。完成2014年度建安工程（第一批）建设工作。完成2014年度建安工程（第一批）泷泊、营江、仁和、沱江4个水文站的土建及设施设备安装。完成地下水监测井占地协议的签订。完成2014年度中小河流水文站雷达波在线系统安装调试工作。完成基本站码市、蓝山站雷达波在线系统比测工作，完成中小河流站营江、宁远、仁和等7站的雷达波在线测流系统比测及水位流量关系率定工作。完成大江大河祁阳水文站改造。

■ 水文改革 2016年，永州市水文局抓好2015年局属部分事业单位竞争上岗的后续工作。与24名岗位聘用的工作人员签订岗位聘用合同，合同明确聘用期限、岗位职责、岗位纪律等9个方面事项。通过民主推荐、组织考察、党委决定等程序聘用祁阳、冷水滩县区局副局长（副科级）2人。指导竞争上岗的县局制定岗位绩效考核实施办法，强化竞争上岗后续管理，建立有效的人员约束激励机制。探索用人制度创新，从市局机关抽调2名业务骨干到县区局挂职煅炼成立宁远县水文局，于4月下旬开始运行，负责宁远县所属宁远、仁和2个水文站，12个基本雨量站和22个山洪预警系统雨量（水位）站点仪器的维护管理。江华瑶族自治县水文水资源局于10月19日挂牌成立，标志着江华县实行县域水文巡测方式。开展全市水文站点测验方式改革工作，对现有测站测验方式逐一清理分析，针对各站实际情况，逐站落实测验方式改革任务。重点做好码市、蓝山站的测验方式改革工作，蓝山站正处于方案报批阶段，码市站的雷达波在线测流系统比测通过省水文局批复并投入使用，实现无人值守，水文测验方式改革初见成效、新仪器新设备使用进一步推广，4月安装老埠头、江永、金洞、大路铺4站的自动蒸发仪，并完成自动蒸发仪比测分析报告。大路铺站坝上安装雷达式水位计，已正常运行；冷水滩站安装OBS泥沙在线监测系统，并完成比测工作。

■ 水文安全生产 2016年，永州市水文局印发《湖南省永州水文水资源勘测局安全生产监督管理职责规定》，强化“一岗双责”意识，进一步明确安全生产责任，层层签订安全生产责任状。实行安全隐患台账管理，做到安全隐患每月一检查、一登记、一销号。设立安全警示标志、标识，有涉危作业操作规程并采取保护措施，有应急预案，做好观测码头专用警示牌36块、自记井、缆道专用警示牌56块，其他安全生产标识、警示牌等150余块，全部按要求悬挂、粘贴到位。开展汛前、汛中、两节等重要时间节点安全生产专项检查（自查）；在测验、生产、办公场所粘贴各种安全警示标识。加强对有毒、易燃易爆化学药品的管理，确保药品安全；加强水上、高空、交通、高洪、带电等作业安全防护措施，确保人身安全。1月对在建水文项目进行检查，3月对水文测验设施设备进行汛前检查，6月结合“安全生产月”活动，进行隐患排查。自筹资金10万元，落实整改江永县水文局观测道路和双牌县水文局缆道主索锚锭的安全隐患，拆除原江华站站房及测验设施，拆除原道县站主索、过河索等设施。印发《2016年“安全生产月”活动实施方案》，围绕“强化安全发展观念，提升全民安全素质”活动主题，组织集中学习并观看安全警示片《责任》。设立宣传栏及电子显示滚动播放安全生产宣传标语。组织全体职工参加全国水利网络安全知识竞赛。组织相关人员参加社区举办的“安全生产月”咨询日活动并观看警示教育片。开展事故隐患排查并纳入台账管理。

（廖兰英）

防 震 减 灾

■ 概况 永州市地震局为副处级参公管理事业单位，编制6名，有在职在岗人数6人。2016年，该局依法推进地震监测预报、震灾预防、应急救援三大工作体系建设，获2016年度全省市州防震减灾工作综合考核优秀单位；东安县地震办获全省2016年度县市区防震减灾工作综合考核优秀单位。

■ 监测预报 2016年，永州地震监测台网中心全年实时监测永州及周边地区地震活动情况。开展永州市及周边地区地震趋势分析及预测，撰写《永州市2016年下半年地震趋势分析研究报告》和《永州市2017年度地震趋势分析研究报告》，分别参加全省年中、年度地震趋势会商会。7月，永州地震台进行防雷的升级改造。10月—12月，完成永州地震台的维修和改造。配合省地震局在全市11个县区完成13个地震烈度速报台站的初步勘选工作。

■ 抗震设防 2016年5月，永州市地震局与市住房和城乡规划建设局联合下发文件，贯彻落实《中国地震动参数区划图》（GB 18306—2015）。5月起，抗震设防进入工程报建初步设计审查程序。自6月1日起，全市新建、扩建、改建的建设项目全部按照新颁布的地震烈度区划图的要求进行抗震设防。市地震局窗口进一步简化建设工程抗震设防要求审批程序，优化审批流程，实现“一个窗口受理，一个科室审核，一个公章办结”的工作目标。继续推进地震安全示范社区建设，东安县的苍子岭社区被评为国家级地震安全示范社区。

■ “平安中国”之永州行地震宣传活动 2016年，永州市地震局在“5·12”全国防灾减灾日、唐山大地震40周年举行系列防震减灾宣传活动。5月11日—12日，7月27日—28日在冷水滩滨江广场、东安县第三小学放映5场防震减灾科普电影；5月12日上午在冷水滩零陵中路万喜登广场进行防震减灾科普宣传活动；深入到冷水滩梅湾社区、零陵南津渡社区、东安县苍子岭社区开展地震宣传，张贴地震宣传海报、散发地震科普宣传资料；在各防震减灾示范学校开展地震宣传活动。先后在永州职院附属学校、永州市第八中学、东安县第三小学、双牌县第一中学、祁阳民生学校等开展地震宣传，指导学校师生开展地震应急疏散演练，发放地震科普宣传资料，播放地震科普视频等。永州市地震局获得2016年度“平安中国”防灾宣导活动优秀组织奖。

■ 应急处置 2016年7月31日，广西梧州市苍梧县发生5.4级地震，永州市大部分地区都有震感。市地震局及时向市委、市政府做出震情信息情况汇报，市委主要领导做出批示。市应急办、市地震局和各县区及时收集有关地震对全市造成的人员伤亡和财产损失情况，并通过广播电视、政府网站、微信、微博等媒体平台发布权威信息，及时平息地震谣传。及时处置2起地震宏观异常现象：8月8日，市地震局接到异常信息报告后，派员赶赴道县，调查道县清塘镇狮子头村、审章塘瑶族乡黄泥洞村水井异常升温情况，后经分析确定为井水中潜水泵漏电造成的，消除村民疑虑和恐慌；9月6日，赴蓝山县新圩镇江溪洞村，调查了解一村民家中楼道带电等异常情况，后经分析确定为私搭电线漏电造成，消除民众对异常现象的疑虑。

（刘文军）

交 通 运 输

综　　述

2016年，永州市交通基础设施重点项目建设完成投资27.5亿元，为年计划的110%。省道S236宁远中和至县城二级公路、S239广西灌阳边界至江永潇浦二级公路、省道S238东安芦洪市至小江口（一期工程）、国道G322零陵段改线工程城区段（含萍洲大桥）10.91千米等一批干线公路建成并通车。两条连接中心城区与周边县区的快速通道零陵至双牌一级公路、冷水滩至东安一级公路正全面建设，进展顺利；省道S355江华分水岭至白芒营公路、省道S356江华沱江至涔天河一级公路、省道S348祁阳黎家坪至冷水滩马坪公路等项目建设扎实推进；涔天河水库水淹区道路复建（改建）工程正加紧施工，部分建成投用；省道S354道县上关至湘源温泉、省道S234宁远柏家坪至道县柑子园等干线公路项目开工建设。农村公路提质改造工程完成1107千米，为年度目标任务的110%；公路安保工程完成1130千米；危桥改造完成228座；渡改桥完成36座。全面启动快速公交BRT项目及公交调度指挥中心（公交信息化中心）建设；狠抓公交车整修升级，加快新能源车购置和运营步伐，中心城区公共交通形象得到有效提升。衡阳至永州（冷水滩）高速、永州（冷水滩）至零陵高速、湘江永州至衡阳千吨级航道改扩建工程和祁阳、冷水滩、零陵千吨级码头工程进入全省“十三五”建设规划。全市申报的43个长1065千米干线公路项目全部纳入“十三五”国省干线公路建设规划，农村公路“十三五”提质改造计划建设里程5000千米，均超全省平均值。永州综合客运枢纽项目和一批客运站项目、物流园区项目纳入“十三五”站场建设规划。交通、发改等相关配门紧密配合，争取呼南高铁、永贺高铁、兴永郴赣铁路和综合枢纽站场、零陵机场迁建、城市轨道交通等项目，并开展相关项目前期工作。

交通工程质量监管全面覆盖。将全市交通建设重点项目和中型以上桥梁项目全部纳入监管范围，工程优良率在全省保持前列。开展“打非治违”专项治理活动，继续保持对非法营运车辆高压打击态势，加强对道路客运、危货运输、驾校、汽车维修等行业的日常监管，加大对水上“三无船舶”的打击力度，全市道路水路运输市场秩序更加规范有序。公路治超养护持之以恒。交通、公路、交警等部门紧密合作，重拳出击，全面开展专项行动，全市国省干线公路超限超载率低于0.1%，达省政府考核目标。加强公路日常养护管理，干线支线公路和农村公路优良率超过省考核标准。开展火车站公共交通秩序专项整治活动，严厉打击黑的、摩的等非法营运，推动出租车辆和公交车辆更新换代，参与“省文明城市”创建，城市客运服务品质明显改观。以“平安交通”建设为抓手，在全行业开展“安全监管执法年”和安全生产隐患“大排查、大管控、大整治”行动，强化源头监管，严格查处违法违规行为，行业安全生产形势平稳，没有发生较大以上责任事故，各项指标均在省、市控制指标之内。

稳妥推进交通改革改制工作。交通行政机构职责调整和市级交通行政职能划转顺利完成，零陵区城市客管办成建制并入市客管办进入实际操作层面，全市国企改制重点之一的永州市汽车运输总公司改制正进行土地及资产评估。“一城一交，公车公营”公交体制改革工作，着力解决公车公营、公交企业重组合并和精细化管理等难题。全部协议收回个体挂靠和承包经营公交车辆，中心城区所有公交车辆全部交由公交公司实行统一运营管理；完成零陵区一公交公司资产核算、人员摸底、清零化债及资产债务审计等工作，正在筹备组建公交集团总公司。

在全行业开展“两学一做”学习教育，党员干部“四个意识”明显增强。落实全面从严治党新要求，坚决履行党风廉政建设责任制，开展“雁过拔毛”式腐败问题和“纠‘四风’、治陋习”专项整治，很好地维护人民群众的利益。坚持抓班子带队伍，各级交通部门领导班子核心作用有效发挥。以行业文明创建为抓手，确定“建一流行业，创一流业绩”的总体目标，在全市交通运输行业专门开展“强素质、正行风、优服务、树形象”创建活动，行业形象进一步提升，在全市优化经济环境“满意不满意”测评中，市交通运输部门首次位居前列。年内，交通运输发展目标考核、重点民生实事项目农村公路建设目标考核、春运工作、安全生产工作、交通行政执法工作被评为全省先进；综合绩效评估考核、社会综治首次进入全市优秀行列，全面小康、重点项目建设、招商引资等20项工作被市委市政府评为先进；交通战备、精准扶贫、行业工会等工作协调推进。

■“平安交通”创建　2016年，永州市交通运输系统在全行业部署开展“平安工地”“平安公路”“平安客运站”“平安渡口”等平安交通创建活动，按照创建活动的验收标准，逐一落实安全管理制度和措施，并及时总结经验，推广典型，推动创建活动深入开展。结合创建活动，将四季度安全生产工作例会结合现场经验交流的形式，推广蓝山县短途客运站场封闭式管理经验，达到以点带面，全面提高的目的。全市完成公路安保公程337千米，治理公路隐患169处，完成渡改桥14座，完成危桥改造28座。督促企业加大安全设施投入，要求营运客车按规定全部配置符合标准的安全锤和“自动破玻逃生装置”，未按要求安装的不得营运。对大排查中发现的安全隐患，要求各单位建立问题清单和责任清单，落实责任单位和责任人，落实管控和整治措施，确保隐患在规定期限内整改到位。9月上旬，在全市率先开展安全生产风险源管控业务培训，提高全行业安全管理人员风险识别和管控能力。开展交通安全知识“五进”和“安全生产月”活动，加强交通运输系统安全监管队伍培训和企业安全管理人员岗位培训，全面提高管理队伍安全监管能力和从业人员安全生产能力。通过电视、网络、报纸、户外LED显示屏和交通微博、微信等多种平台，宣传安全发展理念，普及安全常识，营造良好的安全文化氛围。针对冬季交通运输行业安全生产工作特点，在全行业开展百日安全竞赛，激发抓好安全生产工作的主动性与积极性，活动时间涵盖春运、“两节两会”等重要时期。通过竞赛活动，改进行业安全管理和提高从业人员安全生产意识，确保全行业在重要时间节点安全生产形势平稳，平安无事故。推行安装GPS、北斗定位系统和3G视频监控系统，加大对营运车辆、船舶运营全过程动态监控。截至2016年年底，全市4449台营运客车全部安装使用北斗系统，其中686台长途班车（含旅游客车）安装使用3G视频监控系统。载客定额超过30人的客船渡船都安装3G视频监控终端。每月（客流高峰期每10天）通报营运客车在线情况和超速违章情况。对违规违章行为，采取质量信誉考核扣分、车辆停运、吊销当班驾驶员从业资格等措施进行惩处。全市客流量较大的渡口码头和客运码头都实现视频监控。对二级以上车站，除按要求配备“三品”检查仪之外，还要求在安检、进站出站口等重要部位安装视频监控设备，强化对关键岗位和关键环节的动态监管。

■农村公路建设管理　截至2016年年末，永州市完成农村公路提质改造1106千米，占年度考核目标1073千米的103.1%，完成投资3.63亿元；渡改桥完工22座，占全市交通运输发展目标考核12座的183%，完成投资1.7亿元，均超额完成省、市下达的目标任务。承担全市重点民生实事项目、精准扶贫、美丽乡村建设和新型城镇化建设四项主要考核任务。重点民生实事项目交通类指标由农村公路提质改造和安保工程两部分组成，其责任单位分别是市交通运输局和市公路局。12 月，完成迎接省交通运输厅年终考核任务。省委对精准扶贫考核办法进行部分调整，交通运输行业精准扶贫调整后的考核指标包括农村公路建设和建制村通客班车情况两个内容。通过与运管部门衔接相关指标的完成情况，连同农村公路评估认定数据，汇编上报自评报告和特色亮点等各类交通行业考核资料，受到市扶贫办的高度认可。全市美丽乡村建设交通工作考核，涉及交通行业支持工作和美丽乡村示范点建设两块工作任务。通过与市农委对接，针对考核指标，逐一落实考核计分项目，提供详细的佐证资料，取得很好的效果。新型城镇化建设考核指标牵涉到农村公路科、综合运输科、城市公交科 3 个科室。通过组织对农村公路建设、农村招呼站、新能源公交车以及每万人拥有公交车数 4 个指标值的有关资料进行汇编，及时提交市住房和城乡规划建设局，完成考核任务。

■ 萍洲大桥通车 2016 年 1 月 19 日上午 11 时 18 分，萍洲大桥全线正式通车。萍洲大桥于 2011 年 8 月 29 日开工建设，总长 588.08 米，桥面宽 28 米，双向六车道，通车后将缓解国道 G322 线和 207 线永州段东西向交通压力，为推动永州经济快速健康发展发挥作用。

（吕定禄）

2016 年 6 月 23 日，永州市公路局举办全市公路养护技能大比武活动

公路建设与养护

■ 工程建设 2016 年，国道 G207 东安段、国道 G207 江华段、省道 S325 道县祥霖铺至江永龙虎关公路、国道 G322 路面改造工程 4 个通过竣工验收。从市政府争取 500 万元资金，对国道 G207 双牌大山段边坡隐患进行处置。投入 7000 万元，支持冷（冷水滩）东（东安）快速通道建设，保证工程建设质量、进度。

■ 公路养护 2016 年，永州市投资 3380 万元，完成省干线大修工程 15.17 千米，合格率 100%，优良率 93.77%。投入经费 2000 多万元，开展干线公路“水沟大清理、涵洞大疏通、路容路貌大提升、安全隐患大消除”四大专项活动。实施预防性养护里程 65.21 千米。截至 2016 年年底，全市干线公路路况优良率 96.15%，干线公路养护获省公路局“红旗单位”，继续保持全省领先地位。

■ 路政管理 2016 年，永州市公路局坚持管养联手，全面清除路容路貌脏、乱、差现象。开展涉路管线、大型广告牌等专项整治，搬迁管线 5000 多米，拆除观察井 30 多个，清理整治广告牌 51 块。围绕“路政管理示范路”创建目标任务，成功创建省道 S323、S325 两条“路政管理示范路”。开展“割马槽车”“零点行动”专项整治行动，卸载货物 7684 吨，基本消除车辆超限超载现象。年内，路政管理获全省第一位。

■“美丽公路”建设情况 2016 年，永州市将“美丽公路”建设作为“十三五”的重要任务进行全面部署，纳入新农村建设、美丽乡村、城乡同治整体规划，组织到浙江德清参观学习“美丽公路”建设先进经验。江华瑶族自治县作为示范县，走出一条新路子，将部门行动提升为政府行为，带动全市“美丽公路”建设，东安、道县、双牌等县区纳入政府工作计划。

■ 服务民生实事 2016 年，永州市投资 1.92 亿元，完成改造危桥 232 座；投资 2.1 亿元，实施生命安保工程 1139 千米，为计划的 101%，市公路局是全市“2016

年度六件民生实事和重点民生实事”先进单位之一。投入2556万元，应对冰雪和水毁抢险，整治省、市交办重大安全隐患21处，实现安全生产“零事故”“零死亡”目标。

■ **公路党建** 2016年，永州市公路局推动“两学一做”学习教育，抓落实、督整改、造氛围、见行动，“两学一做”学习教育作为典型经验在市直机关推介。按党支部规范化建设的要求，建立健全党支部组织生活会等制度，建设党员活动室。依托“党员政治生日”，开展送学、重温入党誓词、重走长征路等活动。是年，市公路局党委被评为“永州市优秀基层党组织”，5个党支部成功创建“规范化党支部”。

（齐东斌）

交通建设质监管理

■ **概况** 2016年，永州市交通建设质量安全监督管理处获湖南省交通建材价格信息采集先进单位、2016年度局直属单位反腐倡廉建设先进单位、市绩效办交通局二级单位绩效评估考核优秀等次和市交通运输局本级绩效评估考核二级单位考核优秀等次、2016年全市交通运输行业安全生产目标考核优秀单位。

■ **工程质量监督** 2016年，永州市列入受监的干线公路项目有13个，共657.07千米，总投资42.7亿元，包括国道G322零陵改线工程、国道G207零陵至双牌一级公路、省道S348祁阳黎家坪至冷水滩马坪公路、祁阳木梓圩至金洞牛头山公路、省道S239广西灌阳至江永潇浦公路改建工程、新田邬下至金鸡岭公路改建工程、省道S323宁远至道县公路宁远绕城段公路、省道S326中和至宁远县城公路、省道S328东安芦洪市至小江口公路、江华白芒营至广西富川公路、省道S355江华分水岭至白芒营公路、江华涔天河至沱江一级公路、江华涔天河水库扩建复建工程，监督覆盖率100%。采取明察暗访相结合的方式，开展专项检查和巡视检查，及时处理工程质量问题。全年质量综合检查5次，在建项目工程实体抽查2次，专项检查10次，质量巡查20余次，发现质量问题与隐患60多处，下发各类检查意见30余份，停（返）工指令2份。特别是省道S355江华分水岭至白芒营公路，该项目工期紧，桥隧比大，施工难度大。市交通建设质量安全监督管理处进行专项检查5次，工程实体抽查2次，下发通报4次和抽查指令1次，对检查发现的问题，立即督促相关单位按要求进行整改。通过检查，全市在建项目质量均在受控状态，工程质量抽检合格率在90%以上，重点项目整体质量良好。在国道G207零陵至双牌一级公路和省道S355江华分水岭至白芒营公路2个项目现场召开监督技术交底会议，帮助业主熟悉干线公路各方面的施工程序与质量控制，并对完工的实体进行检测。对国道G322零陵改线工程、省道S323宁远至道县公路宁远绕城段公路、江华白芒营至广西富川公路3个项目进行交工验收检测工作，并出具交工鉴定意见。对国道G322黄母桥至枣木铺路面改建工程、省道S325道县祥霖铺至江永龙虎关公路、国道G207改建工程东安段、国道G207改建工程江华段4个项目进行竣工复测，并出具竣工鉴定报告和质量监督报告。完成3座大桥的交（竣）工验收，包括道县油湘桥、彰武坊桥、洲背桥。

江华涔天河水库道路复建工程——雾江大桥

摄影 张建晖

■ **工程安全监督** 2016年，永州市交通建设质量安全监督管理处按照年初制定的监督计划，遵循“全覆盖、零容忍、严执法、重实效”的工作要求，开展“安全监管执法年”“打非治违”“大排查、大管控、大整治”等专项行动。1月—12月，开展安全专项督查8次，下达安全通报与指令10余份，出动执法人员120人次，检查施工、监理等生产经营单位56家，查处安全隐患60余起，立案调查1起，下达行政处罚决定书1份。开出整改通知书6份，下发监督检查通报10份。

■ **造价管理** 2016年，永州市交通建设质量安全监督管理处造价管理人员坚持督办全市在建干线公路较大变更和新增单价的申报审查工作，审查新增单价 6 批次，共 80 个；审查大于 10 万元以上的较大变更 11 批次，送审变更金额 6267.88 万元，核减 306.80 万元。造价管理基本覆盖全市在建的所有干线公路项目。完成工程量清单预算审查项目 5 个，送审金额 9.44 亿元；完成概算审查项目 1 个，送审金额 2.38 亿元，核减 115.2 万元。

■ 监理检测管理 2016 年，永州市监理、试验检测专项检查工作中，约谈监理企业 1 家，发质量整改通知书 6 份，全市通报试验单位 2 家，指导服务工地试验室 12 家。

■ 行业管理 截至 2016 年年底，永州市成立质监所的县区有零陵、冷水滩、双牌、新田、道县、江永、江华、宁远、蓝山 9 个，其中宁远、蓝山、道县、双牌 2016 年组建完成。按照工作总体部署，以“统一、协调、规范”为原则，制定《永州市农村公路建设工程质量与安全监管指导性意见》。

（黄彩霞）

道路运输

■ 概况 2016 年，永州市道路运输经营业户 2.87 万户，从业人员 12 万人。有客运企业 39 家，客运站场 61 个，货运企业 54 家，有客运线路 1110 条，平均日发班次 8000 个；全年完成客运量 8929.73 万人、旅客周转量 541724.1 万人千米、完成货运量 5871.44 万吨、货物周转量 1584502.72 万吨千米，有二类以上维修企业 106 家，驾校 88 所，教练车 3375 台，教练员 3509 人。建成农村招呼站建设 300 个，累计完成投资 1050 万元，累计建成农村客运站 79 个，农村招呼站 1300 个，招呼站比 2015 年增加 30%，全市农村客运平稳发展，行政村班车通客车率 99.86%。完成春运、黄金周、两会等重大节假日和重要时期运输保障工作。

■ 道路运输安全生产 2016 年，永州市完善客货运企业安全生产责任体系和市、县两级运管机构安全监管责任体系，与各运管机构及运输企业签订安全责任状，实行目标管理考核，对成效显著的单位和个人予以表彰和奖励，对履职不到位的运管人员进行追责；市道路运输管理处成立 6 个安全督查组，督查全市各责任片区；各运管机构对客运企业、客运站特别是客运车辆实行安全监管分级分片包干责任制。道县运管所建立横向到边、纵向到底、责任到人的道路运输安全网格化监管体系，确保每个客运企业、客运站、每台客车都有责任机构和责任人负责跟踪并定期考核、奖罚兑现。结合“三大整治行动”“双百行动”“监管执法年”等专项行动，地毯式排查全市道路运输安全隐患，对查出的问题以责任清单的形式下发督查整改通报，对重大安全隐患实行挂牌跟踪督办，形成整改闭合。全年出动检查组 21 个，派出检查人员 68 人次，检查运输企业 67 家次，检查客运站 40 余家次，发出通报 7 期，排查安全隐患 287 处。

■ 客货运及站场管理 2016 年，永州市停止新增和到期延续 800 千米以上客运班线，不再新批总座位数超过 55 座的客车，鼓励发展中短途客运、旅游包车客运；全市 400 多台封闭式道路客运车辆全部安装“汽车遇险车窗玻璃自爆智能系统”；落实异地备案制度，注销 399 辆连续 3 个月未在本地经营又未在异地备案的危货车辆“道路运输证”；落实源头治超工作，按照新的超载国家标准，重新制作货运车辆超限超载标准告知牌。完成客货运输企业、客货运站场质量信誉考核，考核结果为 AAA 级的客运企业 3 家，危货企业 1 家，普货运输企业 3 家，客运站 14 家，货运站 2 家。持续开展“群众满意客运站”创建活动，客运站服务水平大幅度提升。

■ 客货运维修市场管理 2016 年，汽车维修业开业条件得到落实。永州召开全市新国标《汽车维修业开业条件》宣贯工作暨汽车维修行业转型升级动员会，对新国标相关条款进行解读，提出具体落实意见和要求，促进维修企业提质加速。按照相关标准、法规规定，组织冷水滩区运管所编写一、二类维修企业许可和达标验收文本资料范本，推动维修企业规范达标。执行新的维修技术标准，市区从事二级维护的厂店检测设备全部按新国标更新安装到位；宣贯《道路运输车辆技术管理规定》，并按要求制定过渡期实施指导性意见；强化车辆技术管理，严把道路运输市场准入关，全年淘汰黄标客车 145 台、货车 482 台、教学车辆 10 台，引导经营者选用节能型车辆。维修企业质量信誉考核工作完成。市道路运输管理处会同各县区运管所，对全市一、二类机动车维修企业的质量信誉情况进行综合考核，及时纠正维修企业诚信经营存在的突出问题。

■ **驾培服务模式改革** 2016年，永州市驾培服务模式改革总体方案出台。向社会发布《永州市驾培行业投资风险预警》，提供驾培行业供求数据，引导行业健康有序发展。制定《关于进一步明确我市道路运输驾驶员继续教育培训管理工作的通知》《关于进一步加强全市道路运输从业资格考试管理相关工作的通知》等文件规定。细化全市道路运输从业资格管理的标准，使从业资格管理工作有据可依、正确实施。严格按照培训考试大纲要求，组织全市道路客货运输从业资格考试，监督培训机构按纲施训、组织考务依法施考。启用道路运输驾驶员网络远程教育平台，7月实现与省局三级协同考试平台对接，为全市广大道路运输驾驶员提供便利。规范从业人员的档案管理，为道路运输市场源头安全提供保障。

■ **营运车辆年度审验顺利完成** 2016年，永州市审验营运客车3581辆，审验率82%，合格率100%；审验营运货车1.14万辆，审验率62%，合格率100%，审验危货运输车辆327辆，审验率82%，合格率100%。

（肖光武 唐云飞）

水路运输

■ **概况** 永州市地方海事局成立于2007年7月，为副处级公一类事业单位。主要职责是参与拟定全市水路交通发展规划，编报水路交通工程项目年度计划，组织实施省、市重点及大型水路交通基础设施建设工程，归口管理中型水路交通基础设施建设工程；参与指导、协调全市水路交通管理及水上交通安全管理工作，负责建立辖区内水上安全应急机制，指导县区机构船舶安全检查，参与调查和处理水上交通事故；负责辖区船员服务簿签发和管理工作，指导辖区船员违法记分管理工作，对辖区内船员培训机构进行管理；负责授权等级内全市船舶及水上设施的法定检验、审图管理和船舶技术管理工作，按规定权限开展船用产品的检验，负责辖区内有关部门委托的公证检验；参与航道通航技术标准审查，参与协调水资源综合利用，按规定管理沉船货物的打捞、清除，划定并管理航路、禁航区、交通管制区、港外锚地和安全作业区等；承办市交通运输局交办的其他事项。

■ **安全监管** 2016年，永州市地方海事局制定和完善《永州市地方海事局安全督导联系工作制度》《永州市海事系统安全生产“一岗双责”暂行规定》《日常安全检查制度》《海事机构安全巡查制度》等一系列制度，进一步明确检查安全生产的分工和要求。与县（区）海事局（处）签订安全责任书，明确各自职责，落实安全工作责任。根据节假期群众出行特点，制定重点时段和汛期的安全监管工作方案，加强水上安全现场监管力度。按照安全督导联系制度，由局领导带队对各县（区）重点时段以及汛期期间安全监管和值守情况进行督导，并要求各海事局（处）对有船单位、渡口、码头和船舶进行安全检查；加强重点水域、重点时段的现场安全值守，做到全天候、全方位安全监控。运用电视台、报刊、多媒体、网络等形式，进行水上交通安全知识宣传。采取深入重点渡口、码头、学校等人口密集区等多种方法，加大对水上交通安全知识的宣传力度。“安全宣传月”等活动期间，发放宣传资料1000余份，悬挂宣传横幅100余幅，张贴宣传标语200余条。开展全市水上交通“打非治违”“监管执法年”“大排查、大管控、大整治”“平安交通创建”等专项整治行动，取得阶段性成果。截至2016年12月底，组织执法专项行动33次，出动执法人员152人/次，累计检查生产经营单位210家，发现非法违法行为7次，全部整改到位；参与联合执法行动，出动执法人员21人/次，累计检查企业7家；通过强化整治，拆解“三无”运砂船舶61艘，挖沙船5艘，责令停航20余艘，移送公安机关行政拘留23人；取缔无证非法载客竹筏等其他船舶6艘，解除动力4艘，责令停产停业3家；处理其他违法行为40余次，共处罚金5.92万元。邀请长沙金舟船员培训中心到永州市培训两期，培训船员150余人。按照《湖南省客渡船签单发航管理规定》，保障人民群众的生命财产安全和水上船舶安全，坚决执行“六不发航”签单制度，即证照不齐不发航、船舶超载不发航、船况不良不发航、停航封渡不发航、气候不良不发航、乘客不穿救生衣或

2016年，永州市海事局举行执法艇搜救应急演练

不带浮具不发航。客渡船在渡口、码头发航前，由签单员现场核查其安全航行条件，经签单同意后方可发航，有效及时制止客渡船违反安全航行的行为，杜绝客渡船超员超载现象，水上交通安全形势持续稳定好转，实现零死亡的目标。推进渡船标准化改造工作，完成老旧渡船标准化改造132艘。制定《永州市地方海事局2016年法律法规宣贯工作方案》，组织局机关和县区海事人员学习新《中华人民共和国安全生产法》《中华人民共和国航道法》《国内水路运输管理条例》《内河渡口渡船安全管理规定》等法律、法规，对于基层海事人员采取办安全知识培训班和现场业务指导的方式，培训安全监管人员320余人次。

■ 船舶检验 2016年，永州市地方海事局调整各县区船舶检验日期，尽量将同一地方的船调整到一个时间段，方便船舶检验。同时，办证后政务中心发布领证信息，方便船员及时领取船舶检验证书。在具体执法检验中，严格执行检验工作程序，对于老旧船船，限期船东改造旧船、建造新船。在新船建造检验时，坚持一切按程序办、规则办，从审图、施工到完工检验，严格规范程序。全年完成营运检验480艘、2.02万千瓦、2.29万总吨、1.48万客位、载货量1.66万吨。其中建造检验2艘，90总吨，178千瓦，118客位。加强现有船舶营运检验、船舶安全设施配备及船舶标志标牌设置工作。全年完成辖区内大部分船舶的救生、消防设备配备，及载重线勘划与标志标牌的设置，并对到期提出申请的船舶进行检验发证。

■ 船舶船员管理 2016年，永州市地方海事局开展全市海事机构签证和安检业务培训，举办1期签证和安检及2.0船舶管理系统（电子签证和安检信息录入）业务培训，培训县区海事机构人员37人，发放相关培训资料及证书填写样本37套。全年对客渡船舶进行定期签证1851艘次，安检1851艘次。办理公司化经营登记63艘，注销登记111艘，变更登记1艘，到期换证1艘。邀请长沙金舟培训中心在冷水滩区、江华瑶族自治县开展船员异地培训，培训船员150人。

■ 水路运输管理 2016年，永州市地方海事局完成2016年春运工作，春运期间出动检查人员425人次、海事执法车150车次、监督艇50航次，检查客、渡船550艘次，排查渡口、码头180余处，发现安全隐患50起，下达安全隐患整改通知书42份，发放宣传单1500余份，发送手机安全短信1000余条，投入客船8992艘次，运送旅客37.86万人次。根据客船公司化经营化相关要求，全市新成立客运公司18家，水路客运公司20家。严格审核县区上报的燃油消耗量数据，对2015年燃油补贴数据进行上报，对渡口、航线数据进行更新。开展“三年防污染”行动计划，两条快艇完成招标，海事码头、趸船和带拖带功能海巡艇完成设计，正准备公开招标。改善民生工程建设，争取渡口建设资金，将原来26道渡口改造增加到32道，改造渡口61个，总投资1860万元。

■ 安全监控 2016年，永州市海事系统有11个监控中心，其中市级监控中心1个，县区监控中心10个。辖区有44道重点渡口安装视频监控系统，100艘客船安装3G客船移动视频监控，市、县区监控平台正常运转。结合辖区实际情况，建立监控中心日常各项制度，并对辖区各监控中心进行考核，规范监控中心值班人员履职履责。按照辖区各监控点最早、最晚一班客渡船渡运时间，以及辖区各监控点赶集日、学生上下学时间，做好重点渡口、重点时段的重点监控，消除安全隐患，杜绝水上交通事故的发生。各县区监控中心按时报送每日监控值班信息，定时报送监控点违章情况台账，规范监控值班信息报送，并纳入年度考核。加大对辖区重点渡口、重点水域、重点时段的监控，及时发现和处置各县区监控中心及监控点存在的违规、违章行为。对辖区内44个监控点及10个监控中心进行有效监控，对乘客不穿拿救生衣具、人车混装等违章行为及时进行纠正，共纠正违章24次；及时纠正监控中心违规行为12次。

■ **水运基础建设** 2016年，永州市计划完成趸船、30米级海巡艇图纸审计及审核。海事工作码头设计，6.3米级、16米级各一艘船舶建造及大功率拖轮建造。配合湘江永州至衡阳高等级航道建设工程的开工建设，指导协助潇水涔天河库区航运建设工程（4亿元）、湘江东安石期市至东安斗牛岭航运建设工程（3亿元）、双牌库区客运码头工程（3000万元）3个项目完成前期工作。支持双牌等县区将地方航道升级、码头、锚地配套纳入到“十三五”调库新增项目中。

（陈家麟）

邮 政 通 信

邮 政 管 理

■ **概况** 2016年，永州市邮政行业业务总量完成4.88亿元，同比增长23.71%。邮政行业业务收入（不包括邮政储蓄银行直接营业收入）完成5.06亿元，同比增长19.56%。其中，快递服务企业业务量完成801.72万件，同比增长59.28%；快递业务收入完成1.2亿元，同比增长44.52%。邮政普遍服务和特殊服务寄递时限达国家规定标准，服务满意度保持稳定。快递服务满意度稳步提升。邮政业消费者申诉处理满意率100%。

2016年8月29日，永州市寄递安检服务中心揭牌

■ **快递行业监管** 2016年，永州市采取日常检查、突击检查、联合检查、明察暗访、调取监控录像记录等多种方式，对辖区内快递企业安全制度建立执行、收寄验视及实名登记制度的落实情况、寄递信息安全管理、安全教育培训、安全设施、现场管理等方面进行重点检查。全年，检查企业295家，出检714人次，针对检查中发现的问题，对邮政、快递企业发放责令整改通知书10份，集体约谈企业相关负责人12次，关停违法经营快递业务网点2处，立案查处企业2家，查处设立分支机构未备案、安全设备不达标、未按要求进行安全生产培训等违法行为。

■ **快递行业专项整治活动** 2016年，永州市邮政管理局加快推动安检机配置。与市综治办、市公安局联合向市政府递交《关于加强寄递渠道安全管理的实施意见》，并得到市政府的全文转发。全市九县二区建成13个安检中心，市级企业完成16台安检机的配置工作，基本确保全市邮（快）件100%过机安检；联合市公安局在永州市安检服务中心举办全市寄递业安检机操作现场培训班。通过现场演示操作安检机和模拟演练，讲授安检机的正确操作程序、危险物品图像识别方法等实操技巧，指导安检员当场操作，提高危险品的鉴别能力。宣贯中央综治办、国家邮政局等九部门《关于加强邮件、快件寄递安全管理工作的若干意见》。统一印制实名登记本，下发至辖区内所有快递企业及其下属网点，规范企业落实实名制登记要求；与市公安局联合制作“安全提示”牌，提醒客户“为切实加强寄递渠道安全管理，寄递物品时必须开箱验视、实名登记、过机安检。拒不接受开箱验视、不出示有效身份证件如实登记的，一律不予收寄。擅自收寄禁限寄物品的，一律依法严肃处理，营造全行业严制度、明责任、保安全的良好氛围。从6月起，迅速启动为期半年的快递市场清理整顿专项工作。全年有14家企业申请办理相关分支机构手续，其中通过审核2家。对其余尚未申请办理证件及存在其他违法行为的企业，行政处罚1家，下达责令整改6份，约谈12家，关停2家，并向其他企业下达督办函8份，督导企业尽快办理相关证件。联合市综治办、市公安局、市安监局、市交通局等部门，开展“两清理一排查”工作联合督查行动，对全市危爆物品寄递物流清理整顿和矛盾纠纷排查化解专项行动工作展开专项督导检查。采取日常检查、突击检查、联合检查、明察暗访、调取监控录像记录等多种方式，对辖区内快递企业安全制度建立执行、收寄验视及实名登记制度的落实情况、寄递信息安全管理、安全教育培训、安全设施、现场管理等方面进行重点检查，要求企业必须针对各自的问题，全面进行整改，并按时提交整改报告。

■ 快递企业行业自律 2016年，永州市开展快递企业资质核查80余次，对全市42家许可企业2015年快递业务经营许可年度报告进行审核。下发《关于重申寄递企业设置安全管理机构和安全员的通知》，要求企业必须做到安全投入到位、安全培训到位、基础管理到位、应急保障到位，同时要求辖区内企业必须设立由主要负责人任第一责任人的企业安全管理机构及配备专（兼）职安全员。

■ 快递培训与节点管控 2016年，永州市邮政管理局联合市电商办对国家级电子商务进农村示范县——江永县进行“快递+”特色农产品发展情况调研，并举办全市快递与电商协同发展培训班。永州市电商办负责人就有关政策进行解读，资深电子商务专家结合当前永州快递和电商发展现状、特点和趋势，就快递与电商协同发展突破路径作专题培训。组织江永县邮政、快递企业与县级电商企业签订电商产品快递合作协议，以政府给予一定的补贴支持快递企业降低电商收件费用，降低电商企业物流成本，促进电商与快递业的协调发展，推动全市快递行业转型升级，助力永州特色农产品走向全国。同时，以江永特色“五香”产业为中心，联合回龙圩管理区，共同申报《永州市江永县“快递+”特色农产品示范县创建方案》。严格部署春运、全国“两会”“双十一”“双十二”等重要节日及旺季期间行业安全保障工作。为做好全市“双十一”快递业务旺季服务保障工作，市邮政管理局提前召开旺季服务保障会议，成立快递旺季服务保障工作领导小组，下发《旺季服务保障方案》，签订责任书，并成立旺季服务保障巡查组。11月11日—20日，通过巡查、抽查等方式对全市企业进行检查。在快递业务旺季来临之前，了解掌握企业的基础设施建设和经营情况，并据此对企业提出场地、人员等资源配置建议；成立由快递协会牵头快递旺季应急分队，有效提高全市快递行业旺季期间应对突发事件的综合指挥能力、快速反应能力、应急处理能力和协调作战能力，保障旺季期间行业平稳安全有序运行；主动与媒体加强互动，介绍快递行业发展动态和各快递企业应对“双十一”所做的各项准备工作。“双十一”旺季期间，《永州日报》、永州综合频道等媒体对快递行业进行报道，宣扬快递企业在做好旺季服务保障、践行社会责任方面所做的努力，增进市民对行业的理解，提升快递行业的整体形象。全市邮政行业实现全网不瘫痪、重要节点不爆仓和保畅通、保安全、保平稳的工作目标。

■ 邮政普服保障 2016年，永州市对普遍服务营业场所检查133处，出动检查人员371人次；累计检查集邮网点12处，出动检查人员42人次；新邮发行监督检查4批，出动检查人员32人次；机要网点检查累计18处，出动检查人员45人次。全年下发责令改正通知书22份，通报1份。约谈市邮政公司主要负责人1次。针对全市2015年年底出现4镇31乡被撤并的新情况，开展撤乡并镇地区“补白”局所的专项检查。对撤乡并镇地区的29个“补白”局所的开办运营情况，采取突击检查和明察暗访的方式，开展为期1个月的专项检查行动，并针对检查中发现的一般问题，下达书面责令改正通知书，及时完成整改复查工作；对个别“补白”局所运营情况差甚至是未开展运营的，约谈邮政企业负责人。对全市244个邮政普遍服务网点的遵守“两条红线”、邮政普遍服务法定业务、邮政普遍服务标准规定及寄递安全等方面进行检查，并根据省邮政管理局的统一安排，开展农村邮件投递频次和时限的“夏雨行动”专项检查。截至2016年年底，对发现的服务设施、服务规范、投递频次等方面存在的问题下发责令改正通知书

21份，并向市县两级邮政企业发出检查通报，督促邮政局、所及时整改并对整改情况进行及时反馈，对存在问题的邮政营业场所的整改情况进行“回头看”。开展严禁外国邮政违规经营邮政服务宣传及打击活动，在《永州日报》对《中华人民共和国邮政法》第五十一条（外商不得投资经营信件的国内快递业务）进行宣传，并公布举报电话，动员市民就有关违法违规行为进行举报，严厉打击外国邮政违规经营邮政服务行为。对全市的11个邮政机要通信场所定期或者不定期开展机要通信专项检查，全面检查机要收寄、封装、交运、运输押运、接收、投递等生产运行各环节，针对问题要求企业必须采取有力措施逐项整改到位。组织机要通信安全应急演练，在派员参加省邮政管理局组织的机要通信安全应急演练竞赛和机要通信安全培训后，组织邮政企业相关人员进行模拟演练，通过练培结合，要求企业建立健全突发事件应急工作机制，确保全市机要通信的安全畅通。制定《2016年永州市邮政行业“扫黄打非”行动方案》，召开专题会议，全面部署“扫黄打非”工作。制定并印发《关于开展2016年永州市寄递渠道“扫黄打非”专项检查的通知》等文件，多次向邮政公司传达非法出版物查堵口径，督促寄递企业与一线收寄人员签订“扫黄打非”责任书202余份。7月18日—7月22日，在全市邮政业系统内开展以深入打击通过寄递渠道传播政治性非法出版物为目的的专项执法行动，抽查辖区内邮政营业场所11个、快递经营场所9个，未发现非法出版物。全年对4套邮票的发行销售展开检查，及时妥善处理消费者关于邮票发行的申诉，将有关问题向邮政企业进行通报，并提出改进建议。通过社会监督模式创新、组织专题培训、开展明信片测试和联合监督检查等方式，提升自身监督的专业素质和能力。截至2016年年底，市邮政管理局有社会监督员11名，覆盖全市九县二区；组织社会监督员开展社会监督382人次，查看服务网点382个，走访用户1425人次，反馈问题25个，提出建议23条。

（唐宇红）

无线电管理

■ 概况 2016年，永州市无线电管理处贯彻执行《中华人民共和国无线电管理条例》和《湖南省无线电管理条例》，落实《2016年湖南省无线电管理工作要点》，全年核发电台执照4320份，换发电台执照1886个，检测台站56个，查处“黑广播”案件1起，“伪基站”案件3起，查处干扰1起，监测发现利用无线电设备考试作弊信号10个，收缴作弊设备4套，办理行政监督案件6个，征收无线电频率占用费2.06万元。监测站通过第三次实验室资质认定复评审。开展国有资产清查工作并通过。永州市无线电管理处获全省无线电管理先进二等奖。

■ 频谱资源管理 2016年，永州市无线电管理处制定《永州市无线电频谱使用评估专项活动实施方案》，从7月下旬开始，深入全市11个县区的大街小巷和人口集中的集镇，对公众移动通信在用频段和其他有关单位使用的频率进行实地测试，至8月25日如期完成测试数据采集任务。1个月出动人员25人次，动用移动监测车12台次，行车里程3000余千米，完成路测采集数据量26.2G。落实每月的频谱监测工作，完成省办部署的监测计划，做到固定站每日开机监测7小时以上。开展民航、铁路、广电等重要业务和重点频段的保护性监测，做好春节、全国两会、国庆等重大活动、重要时期值班人员和车辆的安排，落实24小时监测值班制度。全年累计监测1.24万小时，完成各项监测任务，确保全市无线电通信安全。每月5日前按要求编制《无线电频谱监测统计报告》上报省办。

■ 台站管理 2016年，永州市无线电管理处完成市人民防空办公室拟建数字超短波通信系统、无线宽带视频传输子系统的电磁环境测试工作。协助省无线电检测中心对零陵机场拟迁建场址的电磁环境进行补测。全年核发电台执照4320份，其中，移动2656份，联通708份，电信955份，大华山电视调频转播台1份。办理延续手续换发电台执照1886个，其中移动1056个，联通789个，电信41个。并将新设的4320个台站录入数据库。加强对在用无线电发射设备检测，检测台站56个，其中移动31个，联通20个，电信5个。

■ 打击违法行为 2016年，永州市无线电管理处查处“黑广播”“伪基站”案件，落实打击“黑广播”“伪基站”工作长效机制，联合公安、广电、公众运营商等

2016年，市无线电管理处主任蒋爱新（左二）向市人民政府副市长严兴德（右二）讲解“黑广播”现场

相关部门开展查处行动。全年出动车辆20车次、人员83人次，开展监测、查处时间106小时，查处“黑广播”案件1起、“伪基站”案件3起。4月20日，祁阳县广播电视台投拆称其DS-42频道受到干扰导致无法正常播出。经查是市广播电视台也在使用该频段，通过协调，市广播电视台退出DS-42频道，干扰消除。配合各部门，参与研究生、高考、司法、医务等各类考试保障21次，出动移动监测车23台次、技术人员87人次，启用各类监测设备58台套，监测发现作弊无线电信号1个，及时进行压制或阻断，收缴作弊设备4台套，协助公安机关抓获作弊团伙成员1人。

■ **无线电宣传** 2016年2月，永州市无线电管理处在办公楼摆放宣传展板、液晶显示屏滚动播放宣传标语等方式，以“紧急和灾害时期的无线电广播”为主题，宣传第五个世界无线电日。9月，开展形式多样、内容丰富的全国无线电管理宣传月活动，向用户发送手机短信近100万条，摆放宣传展板26块，LED显示屏播出标语10条，并通过各种新闻媒体和网站全面宣传报道。《永州日报》在9月27日第二版刊载管理处主任蒋爱新答记者问；10月1日的《永州新闻联播》、10月3日的《永州日报》第二版综合新闻分别对全市9月30日的现场宣传活动进行报道。11月11日，《中华人民共和国无线电管理条例》（修订）发布。该处连续在管理处液晶显示屏、网站上滚动宣传“新条例”正式发布施行的相关信息。12月初，蒋爱新在全处传达国家宣贯会电视电话会的主要精神，详细解读条例修订的历史背景、现实条件和重要意义，并通过对比新条例与原条例的区别，对主要内容进行重点讲解。12月中旬，开展管理处全员参与的新条例专项演练活动1次。全年向上级业务主管部门主办的刊物和网站投送稿件，其中被中国无线电杂志等国家级媒体采用5篇，被湖南无线电管理网站等省级媒体采用29篇，“新闻动态”每月至少新增10条信息。

■ **行政执法** 2016年，永州市无线电管理处按程序受理、审核移动、联通、电信、大华山电调频转播台等单位的无线电台站申请，并按权限、期限做出行政许可决定7个。开展行政征收工作，实际征收频率占用费2.06万元，完成年度任务的93%。办理市人民防空办公室、市移动、市联通、市电信公司等监督检查案件6个。开展政务公开工作，在管理处的门户网站上对各级政府规定应该公开的内容进行全面公开。同时，在管理处办公区域更新政务公开栏，对管理处的机构设置、主要职责、行政执法依据、行政执法职权以及行政许可办理程序进行公开。

■ **学习培训** 2016年，永州市无线电管理处组织执法人员参加“湖南省国家工作人中员学法考法”网上学习，以及行政执法知识学习培训。组织全处在岗的符合条件的人员，参加省法制办组织的执法资格考试，通过考试，11位执法人员全部取得新的行政执法证。落实年初制订的学习计划，组织业务理论学习6次，开展5次徒步查找干扰源训练，与衡阳市无线电管理处分别在永州和衡阳各开展1次无线电管理技术联合演练。

（蒋春玲）

重点交通邮电企业选介

永州汽车运输总公司

■ **概况** 2016年，永州汽车运输总公司围绕“保安全、抢阵地、谋发展、重管理、强素质、惠民生、转作风、促改革”等工作重点，实现招揽收入2.54亿元，经营收入6130万元，内部利润741.53万元；被市春运办授予2016年春运工作先进单位称号，有9个客运站通过省运管局组织的“群众满意客运站”考核；未发生较大以上安全责任事故，被市交通运输局授予2016年度安全生产目标考核先进单位称号。

■ **汽车运输安全生产** 2016年，永州汽车运输总公司实行安全管理“党政同责、一岗双责”；分管领导80%的工作时间在基层，其他领导班子成员每月至少两次深入联系单位，检查和督促安全工作，发现和整改安全隐患，同时总公司每月召开全司性的安全例会1次。公司上至总经理，下至基层单位安全员，层层签订安全责任状，一级对一级负责，层层把关。全年下一线检查安全工作近300人次，对3个抓安全不力的单位领导进行约谈。利用监控平台，对全司跨县以上的500多台营运车辆的运行情况采取全程跟踪监控。发现车辆超速、超载和驾驶员疲劳驾驶、不按规定线路行驶、司乘人员不系安全带等违法违规行为，采取通报与批评、教育与处罚相结合方式，收到良好效果。全年受经济处罚的安管人员60人次，车主、驾驶员、重点岗位工作人员1000多人次，解聘驾驶员20多人，安全罚款近30万元。突破原有的传统教育框架，开辟多种新颖的教育方式，普及多媒体形像教育。以新的《中华人民共和国安全生产法》实施为契机，分期分批对全司安全管理人员和机关工作人员进行业务培训，取得较好的安全效果。以“安全生产月”为载体，组织开展“五不两确保、两公示”宣誓活动、“安全法律、法规知识竞赛”等主题活动。全年安全行驶里程1.2亿千米，责任事故率0.25次/百车，事故责任死亡率0.25人/百车，远远低于市交通运输局下达的考核指标，其中宁远、道县、蓝山、新田、江华、双牌、祁阳、永州、冷水滩、芦洪市、物流、货运等分公司，做到全年安全生产无事故。

■ **生产、多种经营状况** 2016年1月10日，永州至深圳每天一班的高铁始发列车开通，给该公司客运主业带来冲击。东安、冷水滩、祁阳沿线车站开往广东方向的客运班车，几乎同时“全军覆没”。全年全司车站的招揽收入比2015年减少3610万元，降幅12.5%。在严峻的形势面前，全司想办法挖潜增效、寻找新的经济增长点，主业损失副业补。全年全司集权管理单位实现内部利润741.53万元，比2015年增加142.24万元。零陵、宁远、蓝山、东安、芦洪市、新田、江华、江永等分公司实现的内部利润均超过2015年，道县分公司比2015年减亏68.27万元，冷水滩分公司比2015年减亏53.71万元。江华分公司在招揽收入较2015年减少350.68万元的情况下，实现内部利润176.62万元，比2015年增加98.51万元，增幅126.12%；比总公司下达的年度计划66万元超额110.62万元，完成年度计划的267.61%。宁远分公司将长沙班收回实行公营，门面出租实行公开竞标，经营收入比2015年增加247.5万元，内部利润比2015年增加92.77万元；江永公司经营收入比2015年增加50.27万元，经营支出比2015年减少35.65万元，内部利润比2015年增加72.67万元。冷水滩分公司经营收入比2015年增加36.69万元，经营支出比2015年减少42.58万元，内部利润比上年增加53.71万元。撬装加油方面，在客运市场萎缩、运行班次减少、销售量比2015年减少1100吨的情况下，仍实现利润187.77万元；保险代理业务方面，全年实现利润213.31万元。新田、江永、永州、江华、宁远、蓝山等分公司压缩非生产性支出，全年办公费、差旅费、招待费、小车费四项费用，小于总公司下达的目标计划数，特别是新田分公司的节约效果最为明显，全年节约金额14.05万元。

■ **企业改制** 2015年9月30日，为永州汽车运输总公司企业改制基准日，经过努力，已于当年年底完成养老保险欠费的挂账申报，省人社厅于2016年11月正式批复，同意公司养老保险欠费挂账3948.47万元、预留挂账6519.05万元。2016年，公司基本完成财务清理、清产核资，对改制成本进行初步计算，取得改制工作阶段性的成果。

■ **站场建设与改造** 2016年，芦洪市汽车站投入营运；江永汽车西站建设的施工进度过半；东安汽车总站建设因规划调整，面临重新选址；驾校训练场的小车训练场地验收并交付使用，大车训练场地建设进入扫尾阶段；凤凰园汽车站、宁远汽车站、祁阳总站的提质改造项目完成初步设计，并通过省运管局和省交通运输厅的评审；永州汽车站进出口改造工程正在紧张有序地施工。

领导名录

总经理	姜跃进	
副总经理	何晓峰	眭飞野
	刘建国	扶建雄
纪委书记	胡林华	
工会主席	王建平	
副总经理	罗文军	郭怀玉
	陈福芳	
财务总监	李　健	
总经理助理 党群部长	雷金华	

（雷金华）

永州零陵机场

■ 概况　2016年，湖南省机场管理集团有限公司永州零陵机场分公司（简称永州零陵机场）下设总经理办公室、党群人事部、企划财务部、航务部、安全检查站、机场保障部6个机构。有职工59人，均为劳动合同制员工。年内，安全保障飞行1616架次，完成旅客吞吐量11.2万人次，同比增加21%；完成货邮吞吐量48吨，同比增加5%。飞行航线有永州—深圳、永州—昆明、永州—上海、永州—海口、永州—厦门。实现销售收入378.18万元。

■ 永州机场年旅客吞吐量突破11万人次　2016年12月21日，随着东方航空MU5808上海—永州航班平稳落地，永州零陵机场年旅客吞吐量突破11万人次。年内，新增上海—永州—昆明航班，加密深圳—永州—昆明航线，年旅客吞吐量由2015年的6.39万人次增长到2016年的11万人次，年增长率在170%以上。永州机场分公司克服机场设施设备落后、基础条件差、飞行条件复杂等困难，寻求国内支线航空公司作为合作伙伴，新开和稳定、加密运营航线，提升机场安全服务保障能力。截至2016年12月25日，永州机场完成运输1600架次，旅客吞吐量11.13万人次。

■ 永州零陵机场迁建选址评审会　2016年8月29日—31日，受中国民航局机场司委托，中国国际工程咨询公司组织专家组，对永州零陵机场迁建选址报告进行评审。永州市委书记陈文浩，市委副书记、市长易佳良，省机场管理集团有限公司副总经理黄永芳，省机场管理集团有限公司机场管理部部长米绪统，永州零陵机场分公司总经理焦祖文及相关单位参加有关活动。专家评审组先后现场踏勘3个预选场址，对其地形地貌、气候、净空、空域、工程地质、水文地质等方面情况作深入了解。30日上午，召开永州零陵机场迁建选址报告评审会。会上，选址报告编制单位介绍相关情况，有关专家、与会单位代表作讨论交流发言。31日上午，专家评审组宣布永州零陵机场迁建选址评审意见，要求永州市要进一步补充相关资料，充分论证，做实、做细、做足相关性对比分析，以便为下一步工作奠定坚实基础。陈文浩在评审会阐述零陵机场迁建的必要性及选址原则。省机场管理集团有限公司副总经理黄永芳在评审会上提出，在后续工作中要科学规划，适度超前，预留通用航空。永州市委副书记、市长易佳良在评审总结会指出，将进一步加强与各级各部门的沟通协调，与设计单位共同努力，按照与会领导和专家组提出的宝贵意见，坚持规划先行，科学谋划，进一步完善建设方案，全方位创优建设环境，加快建设进度，确保机场各类项目第一时间开工、第一时间完工、第一时间投入使用。

施工建设中的永州机场临时油库

■ 永州机场新建临时油库　2016年，永州机场为解决航空油料保障问题，在机场迁建前，由永州市人民政府投资500多万元，新建一座蓄量100吨的过渡性临时使用油库，工期2个月。

■ 永州机场分公司第三届职工大会暨第三届工会会员大会　2016年8月16日，永州零陵机场第三届职工大会暨第三届工会会员大会召开。公司全体员工参加会议，集团公司工会主席曾洁玲、工会办公室副主任石红春到会指导。会议全面回顾和总结第二届职工大会以来的各项工作，明确下一阶段发展方向。听取并审议通过分公司工作报告、工会工作报告、工会财务工作报告。选举产生新一届工会委员会、工会经费审查委员会，形成大会决议。

■ 永州机场开展送清凉活动 2016年8月23日，永州机场分公司开展“送清凉”活动，为坚守在高温下工作一线的员工送去绿豆、凉茶等防暑降温用品，把清凉送到一线工作区域，把关怀送到员工的心坎，员工们感受到组织送来的关怀和关爱，纷纷表示一定会克服酷暑高温，坚守岗位，尽职尽责，投身于工作中。

■ 永州机场分公司举办“两学一做”演讲比赛 2016年10月，永州零陵机场分公司举办纪念建党95周年暨“两学一做”学习教育主题演讲比赛。比赛中，选手们围绕“学习党章党规、学习系列讲话、做合格党员”主题，紧贴自身工作实际，以端庄的仪态，用形象的语言和真实的事例，从不同角度诠释对“两学一做”的深刻理解，抒发对本职工作的无限热爱，展现永州机场员工良好的精神风貌。

■ 永州机场开展系列红色教育活动 2016年10月，永州机场分公司以组织党员及非党积极分子观看革命教育电影、重走红军长征路、参观彭德怀故居、重温入党誓词、上党课等系列红色教育方式，深化“两学一做”学习教育活动。通过系列红色主题教育活动，党员们一致认为，一定要铭记历史，继承革命先烈的光荣传统，按照“两学一做”学习教育的要求，进一步提升自我，加强党性修养，坚定理想信念，弘扬社会主义核心价值观，发挥党员先锋模范作用，更好地履行党员义务。

广场绿化——永州火车站广场

■ 永州开通至海口航班 2016年2月20日17时30分，从海口美兰国际机场飞来的GX8889航班，准时降落在永州机场，标志着永州首次开通至海口航线。新开通的永州至海口航线，由北部湾航空公司执飞，每周二、四、六飞行。GX8889航班海口至永州，15时50分由海口起飞，17时30分抵达永州；GX8890航班永州至海口，18时30分从永州起飞，20时10分落地海口。截至2016年2月，永州机场分别开通至长沙、北京、昆明、深圳、上海、海口等6个城市的航班。

领导名录

总经理	焦祖文
党委书记	蔡茫雍
党委副书记 纪委书记	郑海斌
副总经理 工会主席	周云龙

（吴红春）

永州火车站

■ 概况 永州火车站隶属于广州铁路（集团）公司衡阳车务段，位于永州市冷水滩河西梧桐路。为永州市交通行业最大的“窗口”单位。车站始建于1938年9月，2004年4月18日从永州市冷水滩区零陵中路搬迁到现在的潇湘大道；2013年12月28日，衡柳铁路开通运营，永州火车站成为一个既有高铁，又有普速，客货混跑的一等客货运区段站。车站有职工323人；领导班子二正四副；设有党总支（由4个大班支部及日勤支部5个支部组成），党员102人（含业务指导4人）；设4个运货班组和4个客运班组。有正线3条、到发线10条、5个站台，每天接发列车160列，其中旅客列车104列、货车56列，分芦洪市、高溪市、东安东、楠木塘、滩头湾、永州东6个方向接发列车。设有售票窗口11个，自动售5台、自动取4台，候车室4个，即一候车室为音乐茶座候车室，面积350平方米；二、三候车室为普通候车室，面积690平方米；四候车室为高铁专用候车室，面积690平方米。

■ **安全生产** 2016年，永州火车站在安全管理、作业标准、检查考核等方面，制定《高铁管理硬性规定》《接发列车作业安全卡控措施》《防溜作业办法》《信号楼定置管理办法》等制度。同时针对接发列车方向多，分芦洪市、高溪市、东安东、楠木塘、滩头湾、永州东6个方向接发列车，容易搞错的难题，总结提炼出以“清、准、严”（即计划清、用语准、卡控严）为主要内容的“三字”防错办作业法；针对接发列车股道多达13条（其中正线3条，到发线10条），针对货物列车溜逸，严重影响高铁安全的难题，总结提炼出“一准备二防溜三撤除四汇报”工作法；针对车站闭塞方式特殊，有3种，即与滩头湾、永州东、芦洪市为单线半自动闭塞，与楠木塘为单线自动站间闭塞，与高溪市、东安东方向为双线自动闭塞，信号楼控制方式为CTC分散自律模式，机车换挂作业时，电力机车稍有不慎就会进入无电区的难题，总结提炼出“穿衣戴帽”工作法，即用语前必须戴上电力或者内燃这个帽子，机车进出库时穿上电力或者内燃这件衣服，从源头上防止机车进错区域。

■ **运输经营** 2016年，永州火车站陆续开通永州至深圳北、永州至长沙的始发高铁，为广大旅客的出行提供极大的便利。为完成生产经营目标，永州车站采取各项措施，利用节假日客流高峰期的契机，增开临时旅客列车。清明期间发送旅客3.69万人，比2015年增加1688人，增长4.8%；完成运输进款27万元，比2015年减少收入8万元，减少3%。“五一”期间发送旅客3.98万人，比2015年增加5437人，增长15.8%；完成运输进款372万元，比2015年增加收入120万元，增长47.9%。端午节期间发送旅客3.69万人，比2015年增加6034人，增长19.5%；完成运输进款324万元，比2015年增加收入2.4万元，增长0.8%。中秋期间发送旅客3.38万人，比2015年增加6718人，增长24.8%；完成运输进款360万元，比2015年增加收入68万元，增长23.3%。国庆期间发送旅客10.78万人，比2015年增加3164人，增长3%；完成运输进款1044万元，比2015年增加收入298万元，增长39.9%。全年发送旅客290.63万人，比2015年增加25.67万人，增长0.08%。其中，高铁发送旅客113.25万人，比2015年高铁发送人增加37.74万人。完成运输进款3.16亿元，比2015年增收1600万元，增长0.05%。

■ **春运工作** 2016年春运，永州火车站坚持“平安春运、有序春运、温馨春运”的春运工作指导思想，以“舜之爱”人性化服务为重点，为旅客提供热诚满意的服务，实现“安全好、服务好、秩序好、形象好、效益好”的工作目标，完成春运各项任务。2016年春运期间，发送旅客44万人，比2015年增加2.7万人，增长6.5%；运输进款4700万元，比2015年增加590万元，增长14.2%，较好地完成春运各项任务指标。

“舜之爱”服务活动

■ **“舜之爱”特色服务文化品牌** 2016年，永州火车站继续用“舜文化”融入到“人民铁路为人民”之中，推出“5爱”服务套餐，即“爱心推车、爱心导乘、爱心热线、爱心驿站、爱心充电”，全新表达“以服务为宗旨，待旅客如亲人”深刻内涵。“舜之爱”品牌自2011年创建以来，共为旅客做好事3800余件，服务重点旅客5万多人，收到表扬信300多封，锦旗80多面，人民网、中国网、新华网、广州铁道等媒体对“舜之爱”服务文化品牌的特色做法进行报道。

■ **永州至深圳北动车组开行** 2016年1月10日中午12点08分，第一趟从深圳北开往永州的动车安全抵达永州站，中共永州市委书记陈文浩，市委常委、常务副市长唐湘林，市委常委、市委秘书长颜海林到站欢迎此次动车组。自此，永州首次开行始发动车组列车，每日开行永州至深圳北 G6074/1、G6072/3 间动车组列车 1 对。该次始发永州至深圳北的动车组列车，每日开行，8 节编组，定员 536 人。全程特等座票价 651.5 元，一等座席票价 534 元，二等坐票价 356 元。永州至深圳北 G6074/1 在永州站始发时间为 13：20 分，沿途停 8 个车站，其中祁阳站的到开时间为 13：36/38、衡阳东站的到开时间为 14：18/36、郴州西站的到开时间为 15：09/11、广州南的到开时间为 16：41/50，虎门站的到开时间为 17：07/09，列车到达深圳北的时间为 17：26 分。深圳北返至永州的 G6072/3 深圳北始发时间为 8：05 分，到达永州站为 12：08 分。旅客可通过 12306 网站、车站窗口、代售点和电话订票等多种渠道购票。

领导名录

站　　长　熊幼春
总支书记　赵建国
工会主席　杨少华
运输副站长　陈志华
安全副站长　陈满国
总支副书记　何　剑

（张玲）

永州市邮政分公司

■ 概况　2016 年，永州市邮政企业累计实现业务收入 3.96 亿元，完成省邮政公司下达计划的 104.09%，实现增幅 15.51%。全年实现净利润 1751.54 万元，完成省公司下达的利润目标。在省邮政公司绩效考评中，永州分公司获“先进企业”称号。

■ 代理金融业务　2016 年，永州市邮政分公司坚持“壮规模、调结构、转方式”的发展思路，以储蓄余额效益发展为核心，以做大金融总资产为目标，以网点转型为支撑，在全市范围内开展项目营销、客户节、农家夜、农特经济项目开发等工作，推进全市代理金融业务持续稳步发展。全年完成业务收入 2.87 亿元，增幅 15.34%，同比增多 3816 万元。全市储蓄余额年净增 25.51 亿元，净增绝对值排全省第九位，为计划的 108.09%，同比增幅 44.12%；市场占有率 14.25%，较 2015 年同期提升 0.29 个百分点。新单保费完成 4.54 亿元。理财保有量 5.61 亿元，较 2015 年年底增加 1.68 亿元。电子银行交易替代率 76.41%，较 2015 年年底提升 19.91 个百分点，提升率排全省第一位；全年新增手机银行 6.26 万户，完成计划任务的 107.87%，新增激活率 51.39%。全市金融网点转型绩效考核机制试点工作稳步推进，12 月起在全市全面推广使用。全年累计布放 228 台存取款自助设备，点均达 1.84 台。

■ 快递包裹业务　2016 年，永州市邮政分公司以“优化队伍、广设渠道、创新营销、加快发展”为重点，发挥邮政资源优势，通过“仓储+配送+供应链+金融”综合服务模式的创新运用，全市快递包裹业务实现快速发展，提前 84 天在全省率先完成省公司下达的确保目标。在省公司开展的“百日会战”中，以 438.61 万元收入，同比增幅 118.92%的成绩位列全省第二位。成功开发 6 家市区到县寄递需求大的同城客户，揽收 20 余家民营快递下行乡镇的包裹，同城业务量占比 20%以上。农产品返城包裹开发取得实效，下半年完成寄递量 9.75 万件。有效盘活空余场地，做好仓储引商，两家入驻电商日均发货量突破 1500 件，高峰期 5000 件以上。全市自营业务量年累计完成 134.2 万件，同比增幅 193.33%；累计完成收入 1126.12 万元，为计划的 112.61%，同比增幅 75.09%。全市电商快包市场占有率 20.8%，排全省第三位，高于全省平均水平 11 个百分点。电商快包市场占有率同比增长 12.7%，高出全省平均水平 7.5 个百分点，排全省第二位，完成省公司下达的总收入计划、标快收入同比正增长和快递包裹确保目标三项指标。

■ 平台建设和农村电商　2016 年，永州市邮政分公司着力“建渠道、做批销、促代购、助返城、抓培训、带业务”，确立并推广“商超+便民服务+快包揽投+电商服务+邮政金融”的建点模式，取得初步成效。全市累计建成综合便民服务平台站（点）2769 个，完成年计划的 105.3%；“邮掌柜”建设 1056 个，为年计划的 140.8%。两项指标均超额完成计划。全市累计完成进销存交易 1.16 亿元，实现代购 9515 笔，超额完成计划任务。宁远县、江华瑶族自治县 2 个分公司在电商扶贫站点建设与政府合力推进方面有所突破，成功争取近 66 万元资金支持。重点推广江永香柚（实现销售 170 万元）、江永香姜（实现销售 30 万元）、新田富硒草鹅（实现销售 32 万元）、道县脐橙（实现销售 30 万元）等优质农产品。推进“邮乐”永州特色馆建设，通过与市商务局衔接，取得政府部门的授权书和政策支持。“邮乐永州馆”开馆并成功运营。全市分销收入累计完成1220万元，收入规模列全省第四位；电子邮政专业完成收入2514.5万元，为计划进度的113%，同比增幅37.5%，列全省第四位。

■ 文化传媒板块转型发展 2016年，永州市邮政分公司坚持传统渠道和项目营销、活动营销综合推动，运用“互联网+”思维，促进文化创意业务实现转型发展。集邮专业全年累计完成收入990万元，为计划的116.46%，排全省第四位；同比增幅31.04%，在全省排第三位。利用微信平台推进网络预售模式，收入260余万元。探索集邮+金融网沙模式，将网沙活动作为集邮品鉴会的有力补充，实现融合发展，仅二、三季度网沙活动就实现集邮收入67.2万元。集邮网厅稳步推进，从5月下旬启动到12月底，网厅累计成交金额13万元，邮寄小包970余件，销售区域涉及北京、上海、广东等10多个省市。集邮协会活动搭建文化平台，与市委宣传部联合举办《丙申年》《全民阅读》《中国工农红军长征胜利八十周年》等多场邮票首发仪式，其中《中国工农红军长征胜利八十周年》首发活动得到市委、市政府的大力支持；定向开发宣传邮册62万元。函件专业突出封片、传媒2个重点，实施产品、营销、渠道3个创新，全年完成业务收入925万元，增幅46.32%，列全省第二位。政邮合作开发村志取得成效，全年累计签订村志67部，协议金额300余万元。与市史志办联合制定《永州市名村志编纂方案》，市史志办向各县区发文，明确村志编纂经费筹措办法和邮政作为第三方的主体责任，并提出五年发展规划。9月6日，全市第一部村志《东安元古村志》出版，永州电视台、《永州日报》、东安电视台等媒体进行全方位报道。单位职工生日贺卡项目在市卫计委、国网永州供电公司等单位取得突破，在做好生日贺卡服务的基础上，还将邮品纳入到客户单位职工的生日福利范围。报刊专业全面推进渠道体系建设。全市有社会发行站963个、社区代办站21个、学校发行站1445个，实现对全市各县区订销局的自营网点、社会发行渠道、营销投递人员的“信息化、网格化”管控。加快专职营销队伍建设，在第三方订阅、重点畅销报刊、校园市场等方面取得进步。全市报刊专业累计实现收入2973万元，为年计划的100.6%。截至2016年12月31日，全市2017年报刊大收订完成进机流转额6761.1万元，完成计划的104.01%，高于全省平均进度1.9个百分点，在全省排第三位；同比增幅8%，排全省第一位。拓展校园市场，全市完成校园报刊进机流转额961.4万元，为年计划的102.3%，较2015年同期净增130万元，增幅16.5%。

■ 财务管控 2016年，永州市邮政分公司坚持以效益为导向，推行财务标杆管理，优化资本结构，进一步提升财务精细化管理水平，百元收入成本费用率下降4.53个百分点，管理成本率下降1.32个百分点。通过推进ERP系统应用，进一步完善市县报账制和加强收支两条线管理，加大资金集中力度；通过加强财务预算管理和强化成本管控，确保资金使用控制在预算范围内；通过加大对资金的催缴力度、严格控制欠费的额度和账龄，收入欠费率下降2个百分点。履行审计职责，扩大内部审计成果转化利用。全市完成38个网点改造的送审工作（不含省公司审计项目），工程结算送审金额235.37万元，审减金额46.84万元，平均审减率19.9%。

■ 人力资源配置优化 2016年年底，永州市邮政从业人员1759人，其中领导职数56人，用工总量及领导职数均控制在省公司计划范围内。优化企业组织结构，整合电子商务分局为渠道平台部，支撑企业转型发展；成立党建工作部，促进党建与经营协同发展。开展存量人力资源盘活，全年盘活64人，缓解企业用工紧张，解决全市金融稽查人员配备、快递包裹专职揽投队伍配备、电商团队人员配备等用工难题。建立干部双向交流机制，全市邮政中层管理干部提任3人，异地交流任职7人，大学生交流挂职15人（其中送出7人，引入8人）。开展员工挂职交流及多岗位、不同层级岗位历练，全年市到省交流4人，县到市交流4人，县域借调1人。

■ 网运全流程管控 2016年，永州市邮政分公司针对当前营分运投存在的薄弱环节和突出问题，推进内部环节改革，县分公司实行转运、分拣和投递“三合一”。通过合并转运、分拣车间，规范营、分、运、投环节处理流程，降低邮件差错率，网运重点时限指标得到有效管控。通过改革投递员薪酬制度，投递员业务揽收量增长近6倍。通过紧密衔接二级干线邮路，进一步优化区内邮路组织，根据够量直达的原则，组开直达邮路，缩短运行时间，进一步支撑快递包裹业务发展。

■ **服务质量管理** 2016年，永州市邮政分公司通过落实邮件特别是快递包裹收寄检查制度，规范邮件收寄行为，确保G20等国家重点会议、活动期间邮件传递安全。通过强化普遍服务质量监督管理，开展普遍服务和特殊服务对标达标工作，机要邮件全年安全传递5.1万件，用户满意率100%，连续23年保持质量全红。通过加强对网点和投递服务质量的管控，全市投递服务质量得到进一步提升，其中，城市当日妥投率96.37%，比2015年提升5.66%；农村及时妥投率95.02%，比2015年提升1.69%；实时反馈率96.76%，比2015年提升4.1%。

■ **安防管理** 2016年，永州市邮政分公司投入资金444余万元，用于改造安防设施，较好地避免各类案件的发生，确保全年无重大安全责任事故和案件。全市124个网点全部安装银行押运人员（车辆）身份认证报警系统，60余个网点加钞间防护门安装指纹系统，并为新装的80台ATM/CRS机安装防砸撬报警装置，安装防护舱22个。重新签订安防设施维保合同，投入资金141万余元，加强安防设施日常维护，开展每月巡检，确保安防设施正常运行。通过深入开展“平安邮政”创建工作，综合治理取得成效，全年11个县区分公司实现综治案件零发案。

■ **基础能力建设** 2016年，永州市邮政分公司克服建设资金短缺的困难，全年投入近2200万元资金，基本完成计划范围内各项建设工作。冷水滩区翠竹园营业所等8个网点改造装修建设完成，总面积2100余平方米，总投资563万余元；完成职工小家建设23个，总投资200万元；完成市分公司及各县区邮件处理中心场地改造计划，改造总面积约8000平方米，投入资金约550万元（不含场地正在选址的零陵、东安和道县）；江永县县域仓储配送中心完成招投标，正在施工建设中，规划建设面积约4300平方米，总投资约730万元；2015年计划的江永夏层铺支局、宁远冷水支局重建工程全面竣工并交付使用，祁阳县肖家村支局重建工程正进行收尾及附属工程施工。

■ **网运和投递** 2016年，永州市邮政分公司、8个县区分公司邮件处理中心相继完成改造。全市新增投递车辆9台，配备PDA480台，布放智能包裹柜11个，为实现省内“次日递”服务承诺、提升服务质量、改善用户体验构筑坚实基础。在“双十一”“双十二”等邮运旺季进出口邮件量急剧增长、全年邮件处理量同比增幅115.97%的情况下，有效地支撑邮件转分投工作，实现无积压、零延误。

■ **信息化建设** 2016年，永州市邮政金融集中授权系统推广上线工作完成，全市网点风险防控能力得到全面加强。实施网络扩容改造，全市金融网点网络带宽由2兆提升到10兆。通过路由器升级和线路改造，支撑网点业务的发展。免填单机、智能机器人“邮小萌”先后在部分网点布放，为客户办理业务提供便利。

领导名录

党委副书记 副总经理 （主持工作）	谭　远
副总经理	尹定峰
纪检书记 工会主席 副总经理	文庆夯
副总经理	蒋飞跃

（郭小华）

中国电信永州分公司

■ **概况** 中国电信永州分公司是中国电信驻永州的分支机构，市分公司本部设置部门25个，下辖零陵、祁阳、东安、双牌、道县、宁远、蓝山、新田、江华、江永10个县区分公司，全市72个乡镇支局，有员工967人。公司具有固定电话、光网宽带、4K高清电视、4G移动业务等基础业务。

2016年，中国电信永州分公司企业稳健运营，收入、利润双超产，完成各项预算目标。中国电信永州分公司业绩考核名列中国电信湖南公司第二名，获湖南公司“先进企业”称号；总经理周旭、王中获2016年度中国电信湖南公司“最佳经营者”称号；中国电信永州分公司所辖的江华县分公司总经理于信获中国电信湖南公司2016年唯一的“明星县分公司经理”称号。

■ **生产经营情况** 2016年，中国电信永州分公司业务收入完成进度106.31%，全省排名第二名；收入同比增幅全省排名第二名；累计平台收入增幅全省排名第二名；收入份额提升全省排名第七名。利润总额超预算目标435万元，收入EBITDA率完成28.55%，超目标0.78%，总资产报酬率4.93%。净增移动出账用户全省排名第一名；移动过网份额较2015年年底提升2.32%，提升排名全省第一名；净增宽带出账用户全省排名第三名；净增ITV用户全省排名第二名。宽带业务满意度排名行业第一位。

■ **机制创新** 2016年，中国电信永州分公司承接全省划小承包工作方面，继续走在全省前列，成立由总经理任组长的领导小组和相关部门组成的工作组，进一步全面优化划小承包经营工作，持续优化划小承包方案，召开划小承包推广会，四级经营单元208个，比2015年增加17个；参与划小承包人数740人，占全市总用工人数的53.47%，比2015年增加42人。下达预算收入增幅8.5%，完成收入增幅16.81%，比预算增长8.31%，同比收入增幅增长7.9%，四级单元目标达成率85%。一线承包人员的个人待遇提升幅度较大，前端员工增幅18.35%，后端员工增幅15.91%，义小勇等12名员工获全省"最佳小CEO"，受到省公司表彰。持续重视加强倒三角支撑体系建设，打造"三代四中心"倒三角支撑组织架构。承接省公司岗位助手、I用平台开发试点工作，I用平台上线实施。倒三角工作规范化运作，规范三代服务，切实为一线减负，提升一线感知。四中心工作常态化，有效支撑一线发展。持续优化流程和管理制度，进一步规范管理和服务职能，强化财务和人力的"三代服务"和业务支撑、客户支撑和投诉处理的集约化，倒三角支撑工作纳入单位业绩考核，每月考核并应用结果，倒三角投诉工单处理及时率97.62%，工单处理满意度96.03%。对监管中发现的问题，每月定期组织开展热点问题分析、整治，划小承包倒三角支撑等创新工作在全省名列前茅。

2016年6月，中国电信湖南公司总经理廖仁斌（前排左一）到挂点扶贫村宁远县九嶷山瑶族乡盘洞口村考察调研扶贫工作　　摄影 翟芳 张东海

■ **财务管理** 2016年，中国电信永州分公司严格按照权责发生制进行费用列账，严禁费用外漂和变相列支。严格人工成本开支，严禁用费用激励员工。进一步加强库存物资的管理，加大物资集采力度，杜绝采购乱象，做到账实相符。持续重视开展"小金库"治理工作，防治结合，定期进行"小金库"检查通报；针对报账款二次分配、虚列成本套取资金、补退费收入、房租及迁改款、废旧物资处置、虚列维修项目套取资金等"小金库"高危领域定期进行自查自纠；落实"小金库"处罚制度，将"规范财务基础工作"纳入单位业绩考核。持续优化"规划、预算、资源配置、考核"四位一体的预算管理体系，推进资源体系化价值管理，进一步提升资源精确配置与业务发展的协同、统筹能力，应收账款比例全省最低，年度利润目标超额完成，财务管理规范有序。盘活资产176万元，节能降耗319万元，盘活闲置低效房屋土地资产约1200平方米。

■ **网络建设** 2016年，中国电信永州分公司以网络转型引领投资建设，投资建设重点为光网建设和4G。以光缆维护集约化、接入网优化集约支撑、现场维护综合化、维护划小承包等为抓手，持续推进维护体系转型。全年4G网络城区及乡镇4G覆盖率100%，并于11月成功实现永州汇接局退网，成功转型为全省3个全光网本地网之一。

■ 维护服务 2016年，中国电信永州分公司进一步夯实网络基础，重视“反诈”工作和信息安全保障工作，及时推行“建维优”一体化，关注客户感知、业务质量、网络性能，持续优化维护服务体系，成功实现“大视频”“大流量”战略转型和业务发展。持续提升服务能力和提高服务水平，在全市率先推行“六项服务承诺”，8小时开通及时率93.3.%，8小时修障及时率92.1%，宽带测速合格率99.2%。

领导名录

党委书记 总经理 王 中

党委成员 副总经理 吴少华 王 晖 蒋钟祁

（翟芳）

中国移动永州分公司

■ 经营转型发展 2016年，中国移动通信集团湖南有限公司永州分公司（简称中国移动永州分公司）净增通话客户23.7万户，净增通话客户份额77.16%，同比提升15.99%；期末客户份额62.69%，同比提升1.52个百分点。净增4G客户46.5万户，4G客户96.5万户；以4G拉动流量增长，无线上网收入占收比43.37%，同比增幅50.98%，全年累计净增宽带发展客户7.47万户，净增任务完成率排名全省第一位，期末客户12.03万户。

■ 网络建设 2016年，中国移动永州分公司开展渠道专营份额攻坚行动，互联网电渠运营能力有所增强，手机营业厅APP活跃客户14.56万户，位居全省第八位。持续锻造4G精品网络，4G基站4123个，全市行政村级以上区域覆盖率94.85%；4G平均下载速率44.62兆；4G流量驻留比97.11%，同比提升10个百分点；加强传输建设，全年新增光缆9500皮长千米。加大宽带建设投入，全年建设端口数38.53万个，新增宽带覆盖住户50.21万户，宽带覆盖率62%，较年初提升32.7个百分点；与铁通合作，提升装维服务水平，月装机能力1.5万户，较年初提升3倍。

领导名录

总经理 甘军宏

副总经理 戴芳红

总经理助理 罗 凯 夏李灿

（杨锡苹）

中国联通永州分公司

■ 概况 2016年，中国联通永州分公司完成通信服务收入3.86亿元，同比增长2.6%。累计实现利润1611万元，收入利润率4.17%。移网出账用户74.3万户，同比净增3.86万户。其中，4G登网用户23.1万户，同比增幅261%，全省排名第一位。固网新增同比增幅26.29%，全省排名第七位，续费率57.6%，全省排名第六位。存量收入超预算完成任务，居全省第六名。

■ 推进专业化运营 2016年，中国联通永州分公司重点领域改革方面取得突破，构建起适应市场发展的横向到边、纵向到底的运营体系。深化专业化运营，驱动渠道效能大幅提升；创新评价体系与收入分配机制，推进激发基层责任单元活力工作。社会渠道创收2.93亿元，占大盘收入75%，有效一级渠道规模同比增长全省排名第三位。

■ 4G网络覆盖 截至2016年年底，中国联通永州分公司4G基站数量达1100个，其中室外站点907个，室分193个。网络支撑能力快速增强，城区实现全覆盖，乡镇覆盖率95%以上。网络感知持续改善，网络NPS改善值全省排名第三位。

■ 联通重大项目建设 2016年，合同期内祁阳平安城市创收1600万元，中心医院智慧医疗项目创收945万元，大学城WiFi项目创收540万元。祁阳平安城市项目后期派生项目有县公安局派出所警务指挥系统33万元、移动警务通项目20万元、交警队卡口及电子警察电路11万元、公交公司智能公交35万元。重大项目衍生创收范围持续放大。

领导名录

总经理 刘 鲲

副总经理 黄新轩 蒋 毅 向勇平

（王巧玲）

国土·城乡规划建设

国土资源管理

■ 保障发展 2016年，省国土资源厅下达新增建设用地计划指标963公顷，省重点工程用地、异地扶贫搬迁、保障性安居工程用地等项目直接使用省预留计划，零陵区参照县级批次用地政策报

2016年6月30日上午，永州市不动产统一登记首证颁发汇报会和发证仪式在市政府政务中心举行。图为中共永州市委副书记、市长易佳良为市民颁发首证

批。确保新增建设用地项目105个，总面积5183.7公顷，没有因为土地报批影响项目落地。提请市委、市政府印发《关于进一步加强国有建设用地供应监管工作的实施意见》，进一步规范项目招商引资、土地供应和供后监管。市级网上挂牌出让成交土地使用权28宗，出让土地使用权面积77.41万平方米，成交金额11.18亿元；办理国有建设用地使用权出让审批88宗，面积103.6万平方米，土地出让金10.32亿元；办理划拨供地审批手续21宗，面积632.34万平方米。中心城区新增储备建设用地32.24公顷，土地价值3亿元。道县、宁远、新田获批全国国土资源节约集约模范县。

■ **保护耕地**　2016年，永州市永久性基本农田划定的调查举证完善和方案编制工作按时完成。严把占用耕地审查关，审查全市非农业建设占用耕地项目89个，占用耕地322公顷，全市连续17年实现耕地占补平衡。落实农村土地综合整治项目44个，建设规模4472公顷，总投资9681万元，投资金额在全省排名第五位。涔天河水库灌区实施土地开发项目15个，建设规模1200公顷，新增耕地933.33公顷，总投资1.4亿元，并通过省内易地转让耕地指标筹集资金3.4亿元，保障涔天河水库扩建工程建设资金。

■ **矿政管理**　2016年，永州市出台《永州市矿产资源有偿使用管理办法（试行）》和《关于进一步加强矿产资源开发管理的规定》等规范性文件，对451个有效期内的矿山企业和责任人实行全程监管，矿山企业年检通过率100%。全年获得省级两权价款项目4个，争取财政资金708万元。全年投入地勘资金3050万元，蓝山县大坪矿区稀土矿、新田县三占塘矿区地下水等地质找矿工作取得较大进展。投入560万元，实施省重点矿山地质环境综合治理示范工程——零陵区财家锰矿“矿山复绿”工程等45个矿山综合治理工程。

■ **执法监察**　2016年，永州市依法清理处置闲置土地219宗、面积209.71公顷，有3宗因涉法涉诉正在处置。收回的闲置土地有45.18公顷重新安排使用，为财政增收3.8亿元。永州闲置土地处置工作在2016年全省国土资源工作会议上作经验介绍，《国土资源报》于3月31日头版头条推介《闲置土地处置的“永州样本”》，省人大常委会研究室、湖南省县域经济研究中心联合调研组撰写《破解闲置土地处置难的永州实践》。全市土地卫片执法检查全市119宗、197.48公顷违法用地全部立案查处，结案118宗，罚款2072.36万元，没收建筑物面积39.29万平方米，拆除违法建筑物面积14.69万平方米，拆除复耕18宗，复耕土地面积4.22公顷。

■ **不动产统一登记改革**　2016年，永州市推进不动产统一登记制度落地，不动产登记机构人员划转和经费保障基本到位。9月30日前，全市不动产登记工作实现全区域覆盖。市不动产登记中心制定出台《关于明确不动产登记审批权限及岗位职责的规定》等制度，采取业务分类登记措施，将登记办理时限由法定30个工作日压缩到1~7个工作日，被市政府评为全市建设工程项目并联审批收费征缴工作先进单位。全市累计颁发不动产权证9941本，不动产登记证明5488份，其中，市级颁发不动产权证6570本，不动产登记证明1728份。

■ **测绘地理信息**　2016年，《永州市测绘地理信息“十三五”规划》在全省首个通过评审，经市政府批准实施。“天地图·永州”建设项目成功实现与国家“天地图”对接。数字宁远地理空间框架建设项目通过验收，数字新田、数字东安、数字祁阳建设步伐不断加快。永州市规划设计测绘院通过ISO 9001质量管理体系认证，获2015年度全省农村土地整治项目优秀设计、测绘单位，业务收入较2015年增长26%。

■ **维护权益** 2016年，永州市人民政府办公室发布《永州市中心城区集体土地上房屋征收与补偿安置补充规定》，维护被征地拆迁群众的合法权益。中心城区全年实施征地拆迁项目75个，面积345.73公顷，通过专户支付征地拆迁补偿款7.2亿元。依法办理行政复议、行政应诉案件51件，处理网上信访98件、历史积案20件，群众业务回访满意率98%。江华、道县两局获全省国土资源系统信访工作先进集体。全年投入资金7500万元，治理地质灾害85处，搬迁避让405户，避免人员伤亡787人，避免直接经济损失401万元，连续10年实现自然地质灾害“零伤亡”。办理市人大代表建议、市政协委员提案9件，按期答复率和代表委员满意率100%。该局连续10年被评为全市人大代表建议、市政协委员提案办理工作先进单位，政务中心窗口连续8年被评为“红旗窗口”。

（刘运程）

城乡规划建设

■ **概况** 永州市住房和城乡规划建设局成立于2010年，局机关内设17个科室（含纪检监察机构、机关党委），在岗人员68名，其中领导班子成员10名，副调研员2名，副处级干部1名。归口管理的单位20个。全系统在编在岗人员510人，本科以上学历人员占95.6%，其中硕士研究生以上学历及中级以上职称人员51人。主要负责全市城镇体系规划（含城市规划、乡镇规划和村庄规划）、工程建设（含城市建设、乡镇建设、村庄建设、风景名胜区建设）、建筑业（含市政业、勘察设计咨询业）以及房地产业（含保障性住房）等行业的指导和管理。

■ **城乡规划体系基本形成** 2016年，永州市中心城区提前开展城市总体规划修编调研，启动近期建设规划，完成8个专项规划和17大片区控规编制，实现控规全覆盖；开展潇湘城市群协调发展及其交通、产业、生态专项规划编制；抓好蔡市、高溪市、上岭桥等卫星镇规划编制。各县总规修改基本完成，各类专项规划、控制性详细规划扎实推进，完成67个建制镇和1675个村庄规划编制。一个完整的城乡规划体系初步形成。

2016年6月25日，永州市建筑行业质量安全监管执法技能比武

■ **城建项目建设** 2016年，永州市实行规划精准审批，定期调度项目建设。全年组织市规委会、城建领导小组会、规划审查局务会等会议50余次，审查和研究有关问题1000余个；推进行政审批改革，提高办事效率。将项目规划报建环节由18个减少到14个，报建资料由150余项精简到80余项。资质、资格申报资料由20多项精简到10项以内，办事时限由1年以上缩短至97个工作日。全年办结行政审批事项4488件。其中，核发项目选址意见书、建设用地及建设工程规划许可证、建设工程施工许可证400余份。全年开工重点项目93个，完成投入103亿元，超年度计划3.6亿元。其中零陵古城、永州大道地下综合管廊等项目相继启动，宋家洲综合整治、BRT快速公交等项目加快推进；翠竹路、零陵路等建筑立面改造全面完成，永州大道城区段、南津路等道路提质改造基本完成，源味街开街运营。

■ **小城镇建设** 2016年，永州市34个品质活力示范乡镇污水处理、垃圾处理等基础设施更加完善，全市评选黄田铺等10个品质活力示范乡镇建设先进单位。出台《永州市村庄规划、住房建设和用地管理指导意见》等3个美丽乡村建设文件，倾斜危改指标8367户，助力64个美丽乡村和512个重点村完成整治和建设任务。祁

河东新城住宅小区——远志新外滩

阳县、东安芦洪市镇被列为“国家新型城镇化综合试点地区”；16个村入选中国传统村落；宁远湾井镇成功创建省级示范美丽乡镇，并成功入选国家美丽宜居小镇示范名单，实现零的突破。同时，指导和推荐申报中国历史文化名镇1个、中国历史文化名村8个、省历史文化名镇3个、省历史文化名村58个。争取到位新型城镇化建设引导、城市公用事业附加费以及传统村落保护等资金达2645万元。全年向上争取危改指标2.28万户，获得补助资金2.63亿元，较2015年分别增长12.6%和12.8%，动工2.29万户，动工率超任务0.34%；竣工20842户，竣工率超任务11.41%。

■ 行业管理 2016年，永州市住房和城乡规划建设局规划执法实行内外联动，内部执法大队下沉与规划分局合署办公，外部加强与国土、城管等部门联动。细化修改《永州市建设工程批后管理实施办法》，实行项目“监管五员制”，对中心城区在建的172个项目进行全面跟踪监管。全年立案查处违法建设案件26件。103个小区整治进一步加强，有95个小区将配套设施整改到位。以万商红、巴洲安置小区以及嘉信新城等中心城区项目为示范，推行质量安全标准化，全面落实五方主体责任，开展重危大工程、起重设备等专项整治和建筑领域“打非治违”行动。全年累计监督检查2100余次，下发督办函123份、整改书471份，上报不良行为记录36起；开展集中执法行动132次，查处违法违规施工项目372个。全市获省建设工程芙蓉奖2个；创省级质量标准化工地46个、省优质工程7个、省级质量常见问题专项治理示范观摩工程2个。鼓励和支持企业增项升级，全市建筑企业增至231家，其中新增壹级企业2家、贰级企业3家。房地产开发企业增至463家；完成初步设计及施工图审查项目283个，施工图审查备案78项；完成94个项目的招投标，为市财政节约资金1.8亿元；解答工程造价咨询和调解矛盾纠纷70余起，发布造价信息1.1万余条；收取劳保基金3566万元；完成从业人员培训3600余人次；城建档案管理实现数字化，档案入库2万卷；规划设计院完成产值约2000万元，同比增长60%；建筑设计院完成建筑设计40余项，其中“1253工程”——业务技术用房项目获省优秀工程设计三等奖，实现零的突破；市一工程公司改制进入尾声；《城乡建设志》编纂工作进入起草阶段。

■ 国字号品牌创建 2016年，永州市住房和城乡规划建设局赴省进京汇报国家历史文化名城申报工作。推动柳子街等3个历史街区保护规划报批。完成柳子街保护修缮、零陵古城旅游等规划编制，以及古城范围内历史建筑调查、建档、挂等牌工作。协助成功申报国家历史文化名城。对照国家园林城市要求，摸清底子，找到差距，制订计划。截至2016年年底，2016年—2018年计划实施的108个园林绿化项目，完工27个，在建26个，其他项目正在进行前期工作。开工建设中心城区停车场10个；全面完成湘永路、清桥路、育才路人行道改造试点项目；零陵路、清桥路、舜皇大道以及湘永路慢性系统建设加快推进；长丰大道、南津路等道路提质改造基本完工。开展在建工地整治，确保做到文明施工“八个到位”；加大创建国家文明城市宣传，完成零陵路等道路户外广告规划设计；加强无障碍设施建设，严格规划审查，强化项目规划条件核实，确保无障碍设施实施到位。

（张程源）

建设工程质量安全监督

■ **概况** 2016年，永州市在建工程项目136个，其中市政项目18个，占13.2%。总建筑面积238.59万平方米，造价21.25亿元，其中市政工程2.17亿元；办理起重机械备案登记183台，起重机械使用登记132台；办理质安监手续173项；竣工验收备案11项；市建设工程质量检测试验中心内检（建筑材料、土工试验等）完成检测试验1.7万组，其中不合格529组，合格率96.89%；外检（结构实体检测、水、电、室内环境、节能抽芯检测等）725组，其中不合格34组，合格率95.31%；受理质量投诉案件77件，调查率100%，处理率100%，回访满意率98%。

■ **全市建设工程质量大会** 2016年7月7日，永州市委、市政府召开高规格的全市建设工程质量大会，市委书记陈文浩，副书记、市长易佳良讲话。市委常委、市纪委书记杨永在会上作建设工程廉政建设讲话，通报建设工程领域质量问题典型案例。会议充分肯定市住房和城乡规划建设局、市建设工程质量安全监督站（简称市质安站）的各项工作取得的成绩。

■ **建设工程质量安全督查** 2016年，永州市组织开展全市大的督查7次，分别对春节期间、“两节两会”、季度督查、节后复工检查建筑施工生产安全工作，落实市委、市政府“三创”工作，全面落实重危大工程、起重设备、临时用电等各专项行动，抽查159个项目，发现质量安全隐患500余条、市场不规范行为23项，通报项目87个。

■ **建设工程质量安全专项整治活动** 2016年，永州市质安站进一步落实建筑工程质量常见问题和危大工程落实施工方案等各项专项整治工作要求，开展质量安全隐患日常督查排查和专项整治相结合，以专项整治为推手，确保施工安全平稳可控。开展商品混凝土质量整治；开展深基坑、高支模施工专项整治；开展提升设备专项整治；开展脚手架专项整治；开展重大危险源的专项排查整治；开展文明施工专项整治。全面动员组织辖区内所有在建项目的建设、施工、监理单位落实安全生产主体责任，全面开展自查自纠工作。将专项整治工作与打非治违、隐患排查治理、标准化考评等各项工作有机结合起来，相互促进、共同有序推进。推进监督关口前移，更加侧重事前监督和事中监督，以质量治理两年行动为契机，将重大危险源、文明施工、质量常见问题等专项整治行动的整治范围从中心城区延伸至各县区。全年组织集中执法行动132次，涉及在建工程项目976个，核查在建工程项目590个，发现非法违法施工行为项目155个，发现违规违章施工行为项目217个，责令停工工程项目79个。正常开展质量安全督查检查工作，实现督查工作常态化，累计对监管的建设项目进行质安监督检查2100余次，创卫创文巡查项目295次，下发质量安全督办函128份，工程隐患整改通知书305份，停工整改通知书187份，向责任主体单位和责任人员发出《不良行为告知书》31份，上报《不良行为记录》17份。

■ **建筑工地安全生产标准化考评** 2016年，永州市质安站落实企业主体责任，强化质量安全监管，开展和推进建筑工地安全生产标准化考评工作。将考评工作与日常巡查、工作督查、季度考评有机结合，全面有序地开展建筑施工安全生产标准化考评且深入推进。按省、市要求及时对所有在建项目进行安全生产考评，季度安全文明施工考评中，对考评不合格项目施工单位下发考评不合格认定书10份，考评不合格告知书15份（全数告知）；建立项目考评台账和不合格项目台账，安排专人进行信息录入，确保安全考评工作落到实处。

■ **质量标准化示范工地建设** 2016上半年，永州市5个项目入选申报湖南省建设工程“芙蓉奖”，获芙蓉奖2个：新商城5#楼、锦和苑小区11#楼；被评为省优质工程7个；上半年创建省级质量标准化示范工地36个，下半年的全省建筑施工质量标准化示范工地（工程）组织申报和核查考评，创建省级质量常见问题专项治理示范工程2个，即巴州安置小区一标段、万商红安置小区；全年强化对安全措施落实情况的监督检查，落实建筑施工安全生产防范措施，并创建一批市质量标准化示范工地，各项工作取得良好的效果。同时，全面推行质量常见问题治理示范观摩工程培育创建、首层示范。组织中心城市项目业主、施工监理单位观摩；组织江华、双牌、道县、祁阳、东安等9县的质安、企业负责人到项目观摩；组织200余人先后3次到湘西自治州、长沙市、衡阳市学习取经；组织500余人3次进行质量治理示范样板观摩学习，并公示市级示范样板培育项目。

■ **工程质量安全监管**　2016年，永州市质安站举办建设工程质量安全监督现场执法技能比武和监督执法知识测试，争创文明行业等载体活动。协助和承办在巴州岛安置小区举办的永州市建筑行业砌筑工竞赛。将技能比武、文明创建和业务工作有机结合，向全社会树立业务精湛、文明执法、阳光监督的形象。对所有在建项目实行质量常见问题治理全覆盖，明确房屋的外墙、屋面和厨卫渗（漏）水、外墙体开裂等质量常见问题要有专项设计、专项施工方案、专项监理细则；召开全市质量安全监督站负责人会议，将质量常见问题落实到“两个全覆盖”（覆盖所有县区，覆盖所有在建项目）。所有在建项目必须将质量常见问题建立首层示范，发挥示范引领作用；没有在首层进行质量常见问题治理示范的不予认可业主单位组织的主体工程验收合格结论。拟定和组织讨论《房屋建筑工程分户验收实施细则》，强化住房的质量验收具体要求，将质量问题纳入建设业主单位的终身责任体系之中。对建设业主单位没有完成建筑设计和违反规范强条规定的，坚决不给予竣工验收备案。强化企业自律管理，对督查过程中发现的质量安全隐患和没有落实质量常见问题治理工作的，先实行停工限期整改、差别化管理、跟踪督办；对限期不整改的，再上报项目经理、总监不良行为记录；对拒不整改的再对施工企业、监理企业、建设业主单位上报不良行为记录。

■ **住宅质量治理**　2016年，永州市质安站制定《住宅工程质量常见问题专项治理工作方案》，明确治理范围和重点，结合每季度规范化考核工作，对住宅工程常见质量问题治理情况进行检查，将“三化”工作融入到精品工程的创建与推广过程中。同时要将质量常见问题的治理工作落实到施工实际环节，即在工程现场要建立建设工程质量常见问题专项治理样板展示区、建设工程项目质量常见问题专项治理的详细图示展示区和建设工程项目实体结构建立首层质量常见问题的示范区。截至2016年年底，全市确定万商红安置小区等18个项目为2016年度永州市建筑工程质量常见问题治理观摩示范工程培育对象。

■ **建设工程质量安全服务**　2016年，永州市质安站把服务作为监督管理的手段，将服务贯穿到每个科室，每个干部职工提升管理服务责任，提高工作效率。突出节假日重点节点的安全生产督查，领导带队深入县区、深入项目督查抓整改跟踪。制定出台一系列加强本地区工程项目质量安全监管、建筑市场监管和强化企业管理的具体措施，狠抓《十项规定》、质量常见问题治理工作举措。全年深入企业30次，深入项目指导200余次。成立法制服务科，专门牵头受理百姓投诉问题，做到必受理、必调查、必回复。针对全市质量常见问题集中反映在外墙渗水、墙体裂缝、卫生间厨房渗漏水、屋面渗水、楼地面有裂缝等方面，落实五方责任主体责任，出台相应的新举措。同时以创文明城市为主线，以“三创一保”为抓手，以省住房和城乡规划建设厅季度督查整改复查和质量常见问题治理为重点，确保市第五届党代会和国庆节期间的安全生产等各项具体工作得以全面落实。全年受理质量投诉280余起，做到件件有调查回复，对于涉及群体较多的大投诉，还多次与他们沟通，组织勘察、设计、施工、监理、业主各方责任主体协调处理；对可能影响结构安全和使用功能的信访问题，还协调双方委托中介机构进行鉴定，并对后期的维护工作进行质安监督。

■ **建设工程质量安全培训**　2016年，永州市质安站组织建筑工地安全生产标准考评培训3次；深入到市城建投资公司、市经济建设投资公司进行质量和安全生产业务培训，并与从事建筑工程建设和管理的人员，省内一、二、三级企业、监理单位，就如何加强建设工程的质量安全管理，进行共同探讨和学习。4月6日，组织全站干部职工进行《永州市建筑市场质量安全十项管理规定》《湖南省建筑施工安全生产标准化考评实施细则》《湖南省建筑市场违法违规不良行为记录公布制定》的培训学习；5 月 20 日，组织全体干部职工学习《结构评估鉴定》《永州市住宅工程质量分户验收实施细则》《永州市房屋质量投诉处理办法（试行）》。从 10 月起，规定每月组织培训学习 1 次，由站高级工程师带头写讲义、授课，或邀请省专家进行专题讲座。组织开展新的《中华人民共和国安全生产法》《质量规范标准》和法律法规学习，购买新规范、新技术等书籍 1200 余本。全员参加省住房和城乡规划建设厅、省质安总站组织的专业技术培训并鼓励大家加强学习考证，取得一定的实效。省站检测机构能力信用评级小组专家对中心的检测能力和信用进行评级审查，并对中心检测仪器配备、检测环境要求、检测原始记录和检测报告、依据的检测规范标准、检测人员实操水平等各方面工作予以高度的肯定和评价，授予检测试验中心全省能力和信用最高等级“AA”级。组织各县区主管部门和全市施工、监理、建设等企业约 700 人次，召开建筑工程安全生产标准化现场观摩会 7 次和质量常见问题治理示范工程现场观摩会 5 次；组织县（区）监督人员，如东安、双牌质安站等 30 余人次到市质安站跟班见学；接待 2 家省外市级质监站调研和学习交流。

（李华陵　陈祚江）

城市管理行政执法

■ 概况　永州市城市管理行政执法局成立于 2004 年 4 月，属市政府组成部门。内设办公室、政工科、财务审计科、法规考核科、废弃物处置和给排水管理科、燃气热力及照明管理科、市政设施维护与管理科、数字城管中心 8 个科室和机关党委、纪检监察室，归口管理市局直属大队、市废弃物处置和给排水事务中心、市城市燃气热力和照明事务中心、市市政维护站、市自来水公司、市水质净化中心、市路灯管理所、市下河线污水处理有限责任公司、市静脉产业有限责任公司、市医疗废弃物集中处置有限公司、市市政二公司、市市政机械化公司等单位，局系统人员 1208 人，局机关核定编制 52 名。

全市 14 个县区（含永州经济技术开发区、2 个管理区）均成立城市管理部门，主要行使全市城市规划管理、市容环卫、园林绿化、环境保护、工商行政、公安交通等方面法律、法规、规章规定的全部或部分行政处罚权，承担全市城市给排水、垃圾处理、照明、燃气、市政等方面的公用事业管理职能。截至 2016 年年底，全市城管系统，有干部职工 4106 人，其中执法人员 1409 人。中心城区（含冷水滩区、零陵区、永州经济技术开发区）根据属地管理、权力下沉的原则，城市管理的行政执法权全部下沉至冷水滩区、零陵区、永州经济技术开发区城管部门。三区城管部门，负责具体组织实施中心城区城市管理执法，有城管执法人员 517 名。

城管执法巡逻队伍

2016 年，市城市管理行政执法局获党建、党风廉政建设、安全生产、社会管理综合治理、人口与计划生育、农业农村、三项优先、新型城镇化、旅游产业发展、党委政府重大事项督查十项工作先进，满意不满意单位及优化经济环境测评从排名靠后跃居中游，全市绩效评估首次被评为良好等次且排名第一位。

■ 城建重点项目建设　2016 年，永州市城市管理行政执法局申报城建重点项目计划 8 个，计划投资 2.09 亿元，完成投资 3 亿元，超过计划任务 43%。尤其是垃圾焚烧发电项目，该项目是省内垃圾处理领域第一个，也是全市第一个实施的 PPP 项目，完成投资约 1.47 亿元，完成计划任务 1 亿元的 147%。该项目被列入财政部 10 个 PPP 示范项目经典案例之一，全国第二批示范项目之一，获中央财政奖补资金 500 万元。根据《湖南省 2014 年—2016 年“两供两治”设施建设实施方案》，及时提请市政府与各县区签订“两供两治”目标责任状，并会同相关部门加强督查；支持采取多种融资模式，引进社会资本参与“两供两治”设施建设。

截至2016年年底，全市完成“两供两治”设施投入37亿元，基本完成建设任务，全市城镇生活污水集中处理率92.03%，城镇生活垃圾无害化处理率99.7%，分别超过省定85%、90%的指标要求。全市各水司水质检测能力基本达到国家、省要求的42项目标要求。

■ **创新城市管理** 2016年2月2日，永州“数字城管”运行。通过完善信息系统、健全运行机制，推行网格化管理，在中心城区39个社区网格组建综合网格员和专业网格员队伍，及时发现问题，即时交办、处置问题。全年，数字城管受理、处置案件11万余件。市政府出台《城市道路管理办法》《户外广告管理办法》《中心城区全面禁止燃放烟花爆竹管理规定》，城市管理法制化水平逐步提升。配合供水和污水处理PPP项目，及时深入市自来水公司和市水质净化中心，宣传政策，解疑释惑，维持干部职工队伍稳定，确保中心城区供水和污水处理工作安全正常运行。7月，市政府与永州市水务运营发展有限责任公司签订《永州市中心城区供水及污水处理特许经营协议》，中心城区供水及污水处理PPP项目成功落地。

■ **整治市容环境** 2016年，永州市城市管理行政执法局会同公安部门开展“五车”集中整治专项行动，全面推行分片包干网格化管理责任制，加强巡查，督促三区城管部门执法人员定时、不定时对30条包干路段进行地毯式整治。牵头开展市容环境大整治“攻坚月”活动，39个牵头帮扶

永州数字城管指挥中心

单位组织130余个后盾单位全部进驻网格，帮助社区改善基础设施，配合开展文明劝导，冷水滩区、零陵区、永州经济技术开发区及各办事处、社区强化属地管理，责任落实到人。两项集中整治活动开展文明劝导2.1万人次，查处占道洗车、修车、卖车行为9600起，其他占道经营行为2.8万起，清除垃圾9690吨、牛皮癣7万条，整改问题2600余起。开展人行道板“整治年”活动。率先推行人行道网格化维护管理，对城区39条道路实行网格化管理，推行市城管执法局、市政维护站、道路网格员“三级”巡查机制，做到责任落实到人，精准管理到位。组织对中心城区人行道板开展拉网式排查，发现无障碍设施396处，盲道连续性问题143处，完成人行道无障碍通行改造30处、U形隔离6500个、人非隔离区域自行车架400套。按期完成湘永路、清桥路、育才路人行道改造试点工作，铺装麻石板1.2万平方米、透水砖1.6万平方米，为中心城区人行道建设提供示范样板。

■ **发展公用事业** 2016年，永州市城市管理行政执法局做到“三个零事故”：局机关及局属单位零事故；全市供水供气照明、污水垃圾处理等公用行业零事故；承担全市安全生产督查任务的对象单位零事故。加大管网改造力度，完成潇湘大道、长丰大道、永州大道联城段等给水管安装；增加凤凰园等缺水区域输水量，凤凰园加压泵站实现24小时不间断加压供水，4楼~5楼基本可自然上水。全年完成供水8777万吨，经营收入1.3亿元，分别增长6.3%和42%。管道燃气快速发展，全市燃气普及率83%，市级燃气普及率84%。高效处废治污。全市污水处理设施建设完成投资1亿元，处理污水1.27亿吨，其中，中心城区下河线、向家亭两个污水处理厂分别处理污水4280万吨、2013万吨，并全部达标排放，污水处理率分别达93%、86.5%。坦塘垃圾场卫生填埋处理生活垃圾21万吨，达标处理垃圾渗滤液约8万吨，进场生活垃圾无害化处理率100%，并指导、协调处理东安县生活垃圾。医疗废弃物处置中心收集和处置医疗垃圾2528吨，同比增长27%。路灯维护逐步精细化、智

能化，冷水滩城区路灯亮化率及路灯设施完好率均达99%以上。潇湘大道、新火车站及河东重要节点景观亮化逐步推进。

■ **控违拆违**　2016年，永州市城市管理行政执法局坚持以考评为主抓手，对中心城区21个乡(镇)、街道实行一月一考评，对三区及有关市直部门半年一考评，奖优罚劣，以考促拆。是年，开展全面督查16次，开展考评12次，奖励72万元，处罚36万元，做到新的违法建筑“第一时间发现、第一时间拆除”。原有违法建筑拆除49万平方米。

■ **参与城市创建**　2016年，永州市城市管理行政执法局参与推进国家交通管理模范城市创建，完成既定的建设任务，并牵头排查整治人行道系统，取得显著成效。推进国家园林城市创建，牵头市容环境组，负责的10余项指标全部达标。组织专门班子，开展禁燃调研，起草系列文件，召开禁燃规定听证，提请市政府常务会、市委常委会先后研究通过《永州市中心城区全面禁止燃放烟花爆竹管理规定》。组织开展全方位、多渠道、大声势的宣传活动，召开动员大会，举行“万人签名”，进社入户发放资料，签订学生家长承诺书等，真正让“禁燃”工作深入人心。

（邓凌云　刘武荣）

房　　产

■ **概况**　永州市房产局为市人民政府正处级事业单位，负责全市住宅与房地产业行业管理、住房保障管理、国有土地上房屋征收等工作。机关内设10个科、室，下辖市房屋征收与补偿事务所、市白蚁防治所、市房产交易所、市房屋测绘管理所、市房产局冷水滩房产管理所、市物业管理办公室（市房屋维修资金管理中心）、市房地产信息中心、市房产档案馆8个直属单位，设立行政审批科、收费审核科、信息中心、交易所、房屋维修基金5个办事窗口。

2016年，全市城镇房地产累计完成投资84.04亿元，同比下降6.08%；市级完成投资22.35亿元，同比下降17.08%。全市累计房屋交易面积（网签面积和二手房成交面积）499.2万平方米，同比增长10.53%；成交161.42亿元，同比增长67.34%。其中，市级交易面积186.32万平方米，同比增长6.8%；交易金额72.18亿元，同比增长65.93%。库存面积839万平方米，去化同期26.67个月，同比缩短2.33个月。其中，中心城区库存面积393.33万平方米，去化同期26个月，同比缩短4.8个月。

2016年，永州市第六届房交会开幕。市委副书记、市长易佳良出席会议并讲话

■ **保障性住房建设**　2016年，永州市各类棚户区改造开工建设3.32万套，开工率100%，基本建成2.74万套，完成投资78.56亿元。其中，城市棚户区开工3.22万套，开工率100%，基本建成2.6万套，完成投资74.5亿元；国有工矿开工1040套，开工率100%，基本建成1394套，完成投资4.06亿元。公租房项目竣工5.54万套，竣工率64.10%，累计分配入住5.55万套，发放租赁补贴2.2万户，为7.7万户住房困难家庭解决住房居住问题。

■ **国有土地上房屋征收与补偿**　2016年，永州大道提质改造项目签约34户，支付征收补偿款1500万元；逸云路城中村改造项目签约81户，支付征收补偿款2700万元；建湘大厦项目签约53户，支付补偿款4300万元；京华中学旧城改造项目签约住宅209户，商住楼23户，门面35间，支付补偿款6535万元。新启动的梧桐东路项目签约50户，支付征收补偿款2700万元；零陵南路道路改扩签约3户，支付征收补偿款380万元；市粮贸总公司签约48户，补偿款1100万元。湘江西岸棚户区改造项目签订协议1500多户，补偿资金4.75亿元，腾房800多户，拆除面积7万多平方米。

■ **中国·永州第六届房地产交易展示会**　2016年9月30日—10月2日，由永州市人民政府主办，市房产局、市房联承办，腾讯房产、永州广播电视台联合协办的中国·永州第六届房地产交易展示会在冷水滩区中邦世纪广场举行。期间成交商品房337套，销售面积3.5万平方米，达成意向1449组，成交金额1.3亿元。

■ **不动产登记改革** 2016年6月15日，永州市房产局41名干部职工划转到市不动产登记中心。6月30日，停止办理房屋权属登记工作，中心城区不动产登记工作顺利推进。

■ **优惠政策** 2016年11月24日，永州市房产局根据永州市人民政府办公室《关于印发〈永州市化解商品房库存促进房地产市场平稳健康发展的实施办法〉的通知》，发布《永州市中心城区农民进城购房财政补贴细则》，对中心城区农民工购房给予贷款优惠、购买首套商品房每平方米补贴300元，改善性住房每平方米补贴200元，所有新建商品房交易予以50%的契税返还补贴、最大限度放宽公积金贷款条件，落实首套房首付政策和差异化预售等优惠政策。年内，全市有5000余户购房群众申请房地产相关优惠补贴8000余万元。

■ **小区整治** 2015年—2016年，永州市中心城区103个小区，除3个在建未建小区外，整改到位82个小区，基本整改到位14个小区，仅有4个小区没有达到整改要求。103个小区办理分户房产证5.41万套、土地分户证5.24万套，归集维修资金1.4亿元。全年增补缴规费830万元。3个示范小区创建基本达到要求，组织中心城区21个小区成立党支部。根据1月4日召开的第七十二次市政府常务会议精神，为中心城区103个小区外小区（项目）的190万平方米房屋，近1.5万购房户解决办证难的问题。

2016年，永州市住房公积金管理中心举行“让青春跃动 为事业添彩”演讲比赛

■ **个人住房信息系统建设** 2016年3月30日，永州市组织召开个人住房信息系统建设工作推进会并制定责任状。5月，进行省市县三级网络连接测试，全市通过每周一调度，加快个人住房信息系统建设的步伐；10月，全市个人住房信息完全实现省市县三级联网，并在年底获省住房和城乡规划建设厅表彰。

■ **永州市房地产行业发展联合会** 永州市房地产行业发展联合会是由永州市范围内从事房地产开发、房地产管理、房地产策划、房产设计、房地产营销、房产评估、房地产经纪、房屋建筑施工、建材供应、金融及相关文化媒体等企事业单位和房地产业发展的社会各界人士自愿组成的区域性社会团体，是非营利性社会团体，由28家房地产开发企业和营销策划机构发起，于2015年10月30日成立，业务主管部门为永州市房产局。2016年，永州市房联开展维权、培训、发文、联谊和组织参观考察等活动，提高房企的业务水平和职业素养，得到政府部门的好评。

（杨玲珍）

住房公积金

■ **概况** 永州市住房公积金管理中心是经永州市委、市政府批准，于2002年10月成立的直属于永州市人民政府的副处级事业单位，主要职责是负责全市住房公积金的归集、提取、贷款发放与回收，以及资金核算与保值等工作。内设综合管理科、资金归集科、资金营运科、法规稽查科、资金结算科、财务核算科、人事科及信息管理科8个职能科室，下辖1个直属营业部和11个县区管理部，全市实行“统一制度、统一管理、统一核算”的垂直管理模式；有在职职工163人，其中在职在编人员86人，劳务派遣人员77人。住房公积金实行住房公积金管理委员会决策、住房公积金管理中心运作、银行专户存储、财政监督的管理原则。

2016年，全市完成住房公积金归集23.06亿元，为年度计划的115.31%，比2015年增长18.36%；新增缴存职工2.11万人，为年度计划的175.84%，比2015年增长49.32%；提取住房公积金10.86亿元，比2015年增长15.14%；发放贷款18.6亿元，为年度计划的102.03%，比2015年增长27.22%；发放“公转商”贴息贷款3.11亿元；实现增值收益1.5亿元，为年度计划的125%，与2015年基本持平；贷款逾期率0.008%。至2016年年底，全市累计实现住房公积金归集123.6亿元，归集余额74.78亿元；累计提取住房公积金48.82亿元；累计发放住房公积金贷款97.8亿元，贷款余额61.27亿元，为全市个人住房贷款余额的39%；累计发放“公转商”贴息贷款3.58亿元；资金使用率89.07%；累计实现增值收益7.6亿元；累计上缴廉租房建设补充资金1.8亿元。

■ **归集扩面** 2016年，永州市在深化巩固行政事业单位归集建制全覆盖、全到位的基础上，突出归集扩面的难点和薄弱环节，着重抓好村支两委、社区干部、私立学校、私立医院和有条件的非公企业的扩面建制，取得较好效果。年初，祁阳县境内湖南凯盛鞋业有限公司等成功完成建制工作，建制人数4039人。对全市2016年度住房公积金最高和最低月缴存额进行调整，对超永州市现行政策规定缴交住房公积金的单位进行整改规范。

■ **政策调整** 2016年，永州市适当调整住房公积金使用政策，全面放开省内购房提取和异地贷款，放松、放宽非住房消费提取、“公转商”贴息贷款条件和期房楼盘准入条件，规范房产评估业务等。对年度信贷计划由年初计划的15亿元调增到18亿元，提前启动“公转商”贴息贷款业务，全年解决缴存职工住房贷款需求21.71亿元，资金支持力度为永州市历年来之最。

■ **风险防控** 2016年，永州市不断强化贷款管理，开展贷前调查，严格贷款审核审批，加大贷后回收力度，全年全市贷款逾期率0.008%，远低于省控指标0.03%，祁阳、道县、江永、江华、宁远、新田6个县区管理部逾期率为零。不断强化业务基础工作，开展归集挂账清理、财务往来清理、固定资产清理、期房保证金清理和住房公积金贷款抵押物评估清理工作，全面规范和加强住房公积金业务基础工作，保障缴存职工的权益。不断强化稽查监督，协助和配合财政、审计部门开展住房公积金业务、资金财务检查和专项审计。加大和创新业务稽核方式、手段和覆盖面，全年开展业务现场稽核7次、业务抽样送审稽核12次和网上稽核4万余笔，发布业务稽核通报和专项稽核通报，对发现的问题及时进行交办和督促整改，对极个别管理部还进行业务整顿和中心主任约谈。及时应对和处理网络舆情和举报投诉，受理和回复各类举报投诉和政策咨询240余件。

（赵秉年）

重点城建勘探企业选介

湖南省地质矿产勘查开发局四〇九队

■ **概况** 2016年，湖南省地质矿产勘查开发局四〇九队坚持稳中求进总基调，面对复杂严峻的经济下行形势，推进各项工作，产业经济平稳推进，全队实现对外经营总收入1.25亿元，总体稳中有增，民生工程成效显著，职工队伍和谐稳定。

■ **地质环境业** 2016年，湖南省地质矿产勘查开发局四〇九队出台《四〇九队地环工作指导意见》，对重要工作、重点项目等进行系统谋划。承担江华县中小学地质灾害补充调查、零陵区中小学地质灾害补充调查等4个财政项目。发挥“永州市地质灾害应急技术中心”的枢纽和平台功能，服务地方减灾防灾。开拓市场，先后中标“国家地下水监测工程（湖南部分）2016年度地下水监测站点土建工程（Ⅶ标段）”“耒阳市资源枯竭城市矿山地质环境治理重点工程”等50余个地环项目，完成涔天河水库东田镇移民搬迁点E区滑坡应急治理、勘查、设计、施工等项目。

■ **地质勘查业** 2016年，湖南省地质矿产勘查开发局四〇九队加强与对外联系和资金回笼，实现收入1700万元，较2015年净增600余万元。参与市场竞争，中标冷水滩、东安、零陵三县共管河道沙卵石矿勘查等地勘项目，

2016 年 5 月 19 日，四〇九队的专利产品便携式钻机吸引外商莱索托王国驻华大使在展区考察

新签地质技术服务合同 30 余个，其中广西省资源县神仙岩钼铋矿勘探技术服务合同金额 500 万元。同时申报立项，省级两权价款项目《永州市零陵区行江岭矿区金矿预查》通过省局初审。最终提交报告，经评审累计探获 332+333 大理石矿石资源量 7752.03 万吨。其中《永州市零陵区野牛冲矿区锰矿普查》估算碳酸锰矿石资源量达大型。《阳明山地区矿产地质远景调查》共圈定水系沉积物组合异常 40 处，划分出 6 个找矿远景区，新发现矿产地 1 处，野外验收获良好级。《祁阳县茶盘口矿区高岭土矿详查》项目预计高岭土矿资源储量，矿石量 460 万吨，伴生云母矿远大于大型云母矿床（≥1000 吨）规模。《湖南省东安县王师岭矿区水泥灰岩矿详查》项目提交水泥灰岩矿资源储量 15712.8 万吨，达到大型规模。野鸡坳锡矿区勘查工作取得重要进展；永州市政府对该队完成的“湖南省永州市零陵区水埠头矿区锰矿普查”找矿成果奖励 96 万余元，是市政府首次对地质成果进行奖励。另有 3 个项目获中国有色金属地质找矿成果奖。

■ 工勘施工业 2016 年，湖南省地质矿产勘查开发局四〇九队先后中标永州市生活垃圾焚烧发电项目、张吉怀铁路定测勘察、岳阳县 2 个村的土地开发项目等，签订合同 200 余个。配合相关部门，推进永州工勘市场的规范化。与湖南省建工集团签订战略合作协议，在拓宽业务渠道的同时提高知名度。承担“湖南省永州市环境监测执法业务用房工程勘察项目”，获“2016 年度湖南省优秀工程勘察设计奖”三等奖。

■ 测量测绘 2016 年，湖南省地质矿产勘查开发局四〇九队新签订土地确权普查、不动产服务及工程测量等项目合同 14 个，总金额 1153 万元，资金回笼 529 万元。承担的双牌县美丽乡村规划测量项目总额 112 万元，采用航空摄影等新技术开展作业，为承接航空摄影测绘项目打下基础。承担的“宁远县农村土地承包经营权确权登记颁证”项目取得重大成果，颁发出湖南省首本经营权证书。宁远县集体土地所有权确权项目获“湖南省 2016 年度优秀测绘地理信息工程三等奖”。

■ 测试分析和钻探产业 2016 年，湖南省地质矿产勘查开发局四〇九队在地质市场全面下滑的情况下，测试分析和钻探产业基本完成各项目标任务，安置职工 20 人，起到稳定职工队伍的作用。测试产业建立起完整的质量管理体系，开展《检验检测机构资质认定评审准则》的学习，与本地农业、环保、技术监督等部门保持较好的合作关系，完成土样 5488 组、岩样 4759 组、水样 1121 组的检测，实现收入 120 万元。全年完成岩心钻探工作量 5900 米，工程勘察工作量 9000 米左右。

■ 勘探机械制造业 2016 年，湖南省地质矿产勘查开发局四〇九队调整经营思路和管理模式，成立特种勘探施工队，完成芦洪市红狮水泥厂王狮岭矿区的槽探取样工作。便携式钻机树立“绿色地勘”的理念，持续创新，实现升级换代，在湖南省已经具有一定的知名度，销量不断提升。特大口径钻头生产工艺取得突破，热销中国香港市场。加强产品质量管控，完善销售制度等。

领导名录

队长	廖凤初	
党委书记 工会主席	蒋佑民	
副队长	胡太平	左明武
纪委书记	王书华	
副队长	申志刚	
总工程师	曾志方	

（李亚莉）

湖南省煤田地质局第三勘探队

■ 概况 2016 年，湖南省煤田地质局第三勘探队围绕“做优能源地质，做大民生地质，做强工程施工，做活其他产业”四大产业战略，按照年初职代会提出的工作目标，从狠抓项目管理入手，推进地勘经济发展。全年实现货币工作总量6000万元，对外创收完成产值5138万元，实现经营收入3735万元（含财政地勘项目收入62.8万元），全年交纳税金208万元，经营收益173万元，在职职工人均年工资性收入4.7万元，同比增长11.9%。

■ **能源地质勘查项目** 2016年，湖南省煤田地质局第三勘探队面临传统能源地质持续走低的不利形势，转战非煤地质领域和地质技术服务市场。全年施工地质勘查项目4个，地质技术服务项目20个，提取各类地质报告55件。主要完成邵东县黑田铺矿区煤炭普查（延续）项目野外验收工作，完成冷水滩区棉花塘矿区水泥用灰岩详查项目的野外工作，批准勘查经费150万元。全年施工外部市场项目4个，完成实物工作量2290米。承担贵州盘县盘关向斜西翼北段煤层气资源勘查项目钻井施工任务，成功处置钻探施工过程中首次遇到的气井井喷。承担的巴基斯坦项目通过国土资源部基金中心组织的成果报告技术经济评审。

■ **民生地质勘探项目** 2016年，湖南省煤田地质局第三勘探队民生地质完成产值1886万元，呈现稳步增长态势。全年施工冷水滩区杨村甸乡、浏阳市大瑶镇等土地整理项目3个，地基处理加固项目1个，地质灾害治理工程项目1个。全年参与省内地灾和土整项目招投标活动30余次，并中标辰溪县安坪镇等3个乡镇农村土地整治、龙山县红岩溪镇比沙村宋家寨滑坡治理工程建设等项目7个，累计合同金额1360万元。推动地质工作转型，狠抓地质技术服务市场，拓展县级矿产资源总体规划编制、采空区调查、煤矿采损量调查及矿执法测量等业务。另外还完成冷水滩区和双牌县1:5万地质灾害详细调查项目野外验收、湖南省涔天河水库扩建工程灌区项目新增建设用地地质灾害危险性评估及压覆矿产资源查询等项目8个和地质灾害应急处置方案编制及施工项目3个。

■ **工程施工** 2016年，湖南省煤田地质局第三勘探队工程施工业完成产值2979万元。在巩固传统桩基工程的基础上，推动产业转型发展，拓展抽芯、注浆等效益好、前景大的产业项目。全年施工项目14个，其中施工柳梧高速一标k3~k8桥梁桩基工程、青海省扎麻降倒淌河公路改扩建工程、湘江东路地基处理等桩基项目10个，完成工作量3.07万立方米；永州抽芯项目1个，注浆项目3个，完成工作量4.32万米。全年新接项目5个，合同金额1075万元。全年施工玉溪至磨憨高速铁路隧道深孔地质勘探、郑州至万州高速铁路隧道深孔地质勘探等工程勘察项目7个；完成实物工作量4.75万米，同期相比大幅度增长；中标铁二院南宁至贵阳高速铁路常规孔定测勘探、南宁至贵阳高速铁路隧道深孔勘探、南宁至贵阳高速铁路常规孔补定测勘探3个项目；进一步加大催款力度，全年回收工程款767万元。

■ **勘查资质建设** 2016年，湖南省煤田地质局第三勘探队完成地质灾害治理工程勘查、评估2个甲级资质延续登记工作；成功申报永州市水工环地质工程有限公司建筑业企业地基基础工程专业承包三级资质。

■ **安全质量管理** 2016年，湖南省煤田地质局第三勘探队层层签订安全生产责任书，组织煤层气钻探防井喷应急预案演练活动；观看安全警示教育片《痛·思》，全年对施工项目进行安全检查及隐患排查32次，下达安全整改通知书18份，排查安全生产隐患60余个并督促整改到位。全年没有发生人身死亡事故，完成全年安全生产目标。

领导名录

队长	张晓燕
党委书记	何立宏
纪委书记 工会主席	唐丽君
副队长 总工程师	邹建勇
副队长	王粒共
副处级干部	王长林

（肖海芳）

商业·贸易

商务和粮食流通

■ **概况** 永州市商务和粮食局于2015年3月整合原永州市商务、粮食、口岸、商业、物资等部门职能，正式挂牌成立。局机关有干部职工64人，其中处级干部20人。内设办公室、政工科、财务审计科、综合信息调研科、法规科、市场运行和消费促进科、电子商务科、市场体系建设科、市场秩序和监督检查科、对外贸易科、对外投资和经济合作科、

2016 年 3 月 24 日，全市开放型经济暨商务粮食工作会议召开

加工贸易科、投资管理科、异地商会联络服务科、口岸管理科、粮食调控与统计科、流通行业管理科 17 个科室和机关党委、纪检监察室，下辖永州市商业企业改制服务办公室、永州市市场服务中心、永州市驻深办、永州市投资促进事务局、永州市粮油检测中心、局科教培训中心 6 个直属单位。2016 年，被省商务厅评为 2016 年度全省商务工作先进单位并名列第一位，同时获全市 2016 年度全市绩效评估等 23 项工作中的 11 个奖项，其中获得全市绩效评估考核优秀单位并名列全市市直经济管理部门第三名。

2016 年，全市商务七大经济指标总量在全省位次均前移，六大经济指标增幅在全省排位均挤进前五位。全市全年外贸进出口总额 10.22 亿美元，同比增长 16.56%，增幅排名全省第四位，总量全省排名第八位，破零企业 50 家，倍增企业 12 家。实际利用外资 9.53 亿美元，同比增长 14.6%，增幅排名全省第五位，总量排名全省第六位。内联引资 230.49 亿元，同比增长 15.7%，增幅排名全省第四位，总量排名全省第十位。境外中方合同投资 3.2 亿美元，同比增长 39.5%，增幅排名全省第五位，总量排名全省第三位。对外承包工程和劳务合作 1.8 亿美元，同比增长 31.2%，增幅排名全省第七位，总量排名全省第七位。加工贸易进出口 3.8 亿美元，同比增长 10.2%，增幅排名全省第五位，总量排名全省第四位。社会消费品零售总额完成 589.9 亿元，同比增长 11.8%，增幅排名全省第三位，总量排名全省第九位。粮食购销 206.3 万吨，同比增长 3.05%，完成年度任务的 100.63%。粮油加工总产值实现 102.1 亿元，同比增长 1.9%；粮食物流总产值 15.9 亿元，同比增长 5.3%。

■ 对外经贸活动 2016 年，永州市商务和粮食局向市政府呈报十条推进供给侧结构性改革的措施，落实 200 万元外贸发展专项资金，牵头制定对接“一带一路”、推广复制上海自贸区建设经验等七项改革措施，促进外贸进出口双向增长。在全国和全省面临外贸进出口“双降”的严峻形势下，永州市外贸逆势上扬，实现外贸进出口总额增长 16.56%的成绩，有实绩外贸企业 126 家，同比增加 30 家，破零企业 50 家，倍增企业 12 家。华富公司在伊朗投资 1.1 亿美元的矿产项目获批。祁阳和永州经济技术开发区相继成立外贸综合服务中心；湖南农副产品集中验放场试运行，湘南进出口食品检测中心项目有序推进。全市建成 7 个国家级出口食品农产品质量安全示范区，省级示范区实现全覆盖；通过省级示范市考核，争创国家级示范市在全力推进。

■ 招商引资 2016 年，永州市内联引资 230.49 亿元，同比增长 15.7%；实际利用外资 9.53 亿美元，同比增长 14.6%。举办和参加重大招商活动 20 余次，签约重大项目 36 个，吸引投资 160 亿元；启动第五批承接产业转移重大项目 18 个，总投资 34.5 亿元。37 支市直招商小分队洽谈，签约项目 45 个，总投资 362.5 亿元，其中，开工建设 10 个，投产 9 个。2015～2016 年在重大平台上签约的 79 个项目累计到位资金 38.3 亿元，履约率 95%。把源味街作为全年中心城区招商引资一号工程来抓，打造一条集商业文化、餐饮美食、浪漫休闲于一体的特色品牌街区。引进各类餐饮、特产、文化品牌 75 个，成为永州的“城市客厅”和“城市名片”。指导北京、郴州、海南等地成立异地永州商会；全市市级以上异地商会达到 17 个，新增会员企业 700 余家，有会员企业 6000 多个。各异地商会累计为家乡投资项目 20 个，总投资 77 亿元，为公益事业捐款 590 万元。1 月 3 日，第二届异地永州商会会长年会召开，并对 5 个异地永州商会进行表彰。

■ **社会消费升级** 2016年，永州市社会消费品零售总额完成589.9亿元，同比增长11.8%。大众餐饮、休闲娱乐、家政服务、全域旅游的消费需求越发强劲，指导汽车行业协会在中心城区举办6场汽车展销会，累计销售汽车5130台，销售额5.1亿元。全市电子商务交易总额142亿元，网络零售额过36亿元，增幅85.6%、105%。发展“触电”企业240余家，通过省级电子商务企业认定42家，从事电子商务业态人员10万余人。永州成为全国首个辖区内所有县区整体推进阿里巴巴和京东电商的地级市。祁阳继江永之后获批全国电子商务进农村综合示范县，双牌、祁阳获批全省农村电商示范县。建成电商精准扶贫网点、合作点370个。市商务和粮食局负责协调的商贸流通项目有10个，其中重大前期项目1个，即永州市粮食仓储物流产业园项目；重大项目9个。年度计划投资11.5亿元，全年累计投入13.12亿元，完成年度计划的114.12%。

■ **粮食安全保障** 2016年，永州市先后出台粮食安全相关实施意见、考核办法、实施方案、考核指标及评分表等一系列文件，全面落实粮食安全地方行政首长责任制。全市准备仓容7.34万吨；布设早、中晚稻收储库点48个，其中，早稻收储库点25个，中晚稻收储库点23个，没有空白县区；落实储备粮收购资金4688.1万元，保障粮食收购顺利推进。全市收购稻谷82.1万吨，同比增加5.8万吨，增幅7.56%。粮食购销206.3万吨，同比增长3.05%，完成年度任务的100.63%。完成代管省级储备粮3.6万吨，市、县区级储备粮5.8万吨，市级食用植物油1400吨，全市储备粮无空白县区。全面完成全市储备粮轮换任务2.89万吨，建立应急成品粮储备1.27万吨。湘君面业、味百信粮油、熙可食品、新金浩茶油等8个项目获省2016年粮油千亿产业专项资金388万元。味百信粮油、同丰粮油、白芒营粮库3个仓储设施建设项目获中央专项补助资金525万元。推进军供危仓老库维修改造，落实维修资金1278.06万元。永州粮食仓储物流产业园有序推进。粮食百亿产业持续发展。粮油加工总产值实现102.1亿元，同比增长1.9%；粮食物流总产值15.9亿元，同比增长5.3%。

■ **项目争资** 2016年，永州市争取中央、省级资金9000多万元，其中，全国电子商务进农村示范县专项资金2000万元，农村电子商务专项资金1022万元，农贸市场标准化改造资金1020万元，承接产业转移发展加工贸易引导资金800万元，承接产业转移专项资金761万元，中央外经贸发展专项资金750万元，边贸市场专项资金660万元，粮食仓储设施建设项目资金525万元。

■ **永州9家企业获得海关AEO认证** 2016年2月25日，长沙海关驻永州办事处举办永州市AEO认证企业授证仪式暨海关政策宣讲会。果秀食品、凯盛鞋业、湘威等9家企业获得AEO认证证书，可享受较低进出口货物查验率、简化进出口单证审核、优先办理通关手续、通关先行验放以及AEO互认国家或地区提供的通关便利等一系列优惠措施。相关企业的货物出口到欧盟28国、韩国、新加坡等地区时，均可享受到当地海关提供的和当地认证企业一样的通关便利。

■ **全市电子商务工作座谈会** 2016年9月18日，全市电子商务工作座谈会在冷水滩区举行。市委书记陈文浩出席并作讲话，市委副书记、市长易佳良主持，市领导郑柏顺、罗双全、张建亮出席。华南师范大学经济与管理学院电子商务系主任、广州市电子商务与网络经济学会会长邓顺国等10名国内知名电商专家、学者出席会议。自2015年市委、市政府作出发展电子商务重大决策以来，永州电子商务工作取得明显进步和突破，引进一批电商平台，打造一批示范县域，建设一批电商聚集园区，孵化一批电商企业，培育一批电商人才。全市11个县区均建成阿里村淘县级运营中心，首批532个村级服务站点正式营业，建成村淘站点509个。江永、江华、新田等6个县区京东县级运营中心建成运营，全市11个县区与杭州甲骨文签订协议，农产品防伪溯源监管云平台搭建基本完成，对接赋码量超过3500万枚。截至2016年8月底，全市有国家级电子商务进农村示范县2个，省级示范县2个，省级电商示范企业1家，省级电商重点项目5个，省级电商认定企业22家。

（王善峰）

供　销

■概况　永州市本级及11个县区都保留供销合作联社机关，全部实行参公管理。其中，市供销合作联社机关内设7个职能科室，即办公室、政工科、财会统计科、合作指导科、经贸科、监督审计科（加挂“监事会办公室”牌子）和纪检监察室。2016年，全市供销合作社加快推进综合改革，不断强化为农服务，提升系统经济实力，各项工作迈上新台阶。全年，全市供销合作社系统累计完成商品销售总额92.54亿元，同比增长37.02%；实现利润总额1.29亿元，同比增长39.03%。永州市供销合作联社获2016年度全省供销合作社系统综合业绩考核一等奖、全市社会管理综合治理先进单位等荣誉。

■综合改革走在全省前列　2016年，中共永州市委副书记张严和市委常委、副市长蒋善生先后3次听取市供销合作联社专题汇报。市委、市政府成立高规格的深化供销合作社综合改革领导小组，由市委副书记、市政府分管副市长分别担任组长、副组长，市委办、市政府办、市供销社等21个部门有关负责人任成员。印发《中共永州市委永州市人民政府关于深化供销合作社综合改革的实施意见》《深化永州市直属供销合作社综合改革的实施方案》。11月，召开全市深化供销合作社综合改革电视电话会议。截至2016年年底，全市11个县区均成立深化供销合作社综合改革领导小组，祁阳和江永的县委、县政府出台实施意见，其他县区也正在起草实施意见。

■行业指导体系建设　2016年，永州市县联合社优化机构设置和职能配置，配好配强领导班子，加强联合社机关党的建设和纪检监察工作。市供销合作联社强化领导班子建设，优化机关科室职能分工和内部绩效考核，加强人才引进、竞争上岗、后备干部、中长期干部培养、兼职锻炼等工作。加强县区社和市社直属企业监事会组织建设，配备相应人员和机构，完善监督工作联席会议制度，东安、双牌、零陵、宁远等县区供销社设立监事会，监事会机构覆盖率73%。市县级联合社加强对社办企业发展规划、考核激励、风险控制等环节的监督和管理，完善企业目标管理考核机制，促进社有资产保值增值。

2016年12月20日，零陵区供销惠民综合服务社挂牌营业
摄影　盛国华

■经营服务体系建设　2016年，永州市供销系统加强系统内联合合作，整合系统外优势资源，做大做强供销经营服务体系，社办企业经营状况稳中向好。市级组织对直属企业资产调查摸底，清理宗地23处面积83.4万平方米，清理各类房产（包括办公楼、仓库、门面、公有住房）面积约4.5万平方米；对市级改制企业进行税务和工商登记注销，将改制企业名下资产整合过户到资产公司进行集中管理运作；以400万元买断4900万元农行债务，社有企业资产得以盘活。市农资总公司与中化公司达成常态合作模式，引进全市几个烟草主产区的用肥，从公司铁路专用线中转，全年完成营业收入445万元；各县区社发挥农资流通主渠道作用，开展“放心农资下乡进村”和“农资经营诚信店”建设活动，组织销售化肥31.72万吨。市合永兴农业科技贸易发展公司按照“农民外出务工、供销社为民打工”经营理念，在北五县组建土地托管服务公司5个，兴办乡镇土地托管惠农服务中心8个，引办土地托管专业合作社联合社2个，领办水稻种植、农机服务等农民专业合作社19个，流转土地面积400公顷，开展土地托管面积1000公顷，争取系统内外项目资金1000万元。市社联合各县区社共同出资实施“供销惠万家”项目，项目在祁阳、东安、冷水滩区、道县4个县区试点，发展加盟店50多家，组建全市农副产品展销厅。市社直属企业湖南永怡茶业公司完成与全国茶业名企湘茶集团、潇湘茶业集团的股权重组，成功打造祁阳肖家村、回龙圩2个优质茶叶基地，推进一、二、三产业融合发展。通过对茶场改造升级，实现80吨茶叶生产

江华瑶族自治县牛牯岭省级现代农业示范园茶叶基地

能力，全年采集茶叶192.8吨，加工并销售高档有机茶44.1吨。市湘合作再生资源公司完善省、市、区三级供销社合作发展模式，加快推进项目工程建设，13#幢办公楼顺利完工，制定中间地块厂房续建方案，招商引资盘活土地、门面、厂房等现有资产；市县供销联社参与美丽乡村建设和农村环境污染治理，打造县区、乡镇、村三位一体的农村可利用垃圾回收网络。截至2016年年底，全市建成县区集散处理中心11个，农村可利用垃圾乡镇回收站186个，村级回收点4449个，乡镇回收站和村级回收点实现100%全覆盖。与全国总社下属企业中国供销农产品批发市场控股有限公司进行项目对接，力争中农批项目落户永州。

■ 基层组织体系建设 2016年，永州市供销系统新增1家全国总社基层社标杆社、4家全国总社农民合作社示范社，建成11家市级基层社标杆社、11家市级农民合作社示范社，新建15个基层社、29个农民专业合作社、413个农村综合服务社，基层社乡镇覆盖率85%。零陵区社联合石岩头镇政府合办石岩头基层供销社，打造基层供销社、农民专业合作社联合社、惠农服务中心“三位一体”的乡镇基层供销合作组织。祁阳县社在全县实施“村支两委+基层综合服务社、供销惠万家连锁超市、专业合作社”等为主要内容的党建带社建、共建促发展工作新模式，通过引进社会资本2000多万元，恢复乡镇基层社3个。东安县社着力打造供销联合社、惠农服务公司、农村合作经济组织联合会“三位一体”的为农服务基层组织，并探索党建、社建、村建“三建合一”，实现基层社乡镇全覆盖。

（蒋茂华　田诗豪）

贸促会(国际商会)工作

■ 重大经贸活动 2016年5月18日—22日，中国国际贸易促进委员会永州市支会组织市财政局、市城管局、市经建投、市城建投等相关部门参加第十九届北京国际科技产业博览会，与北控水务（中国）投资有限公司签订投资20亿元的“永州市‘两供两治’中心城区供水和污水处理PPP项目”合作协议。推介会还对“永州市地下综合管廊建设PPP项目”进行现场重点推介，有5家企业表达出合作意愿。5月19日—22日，组织林之韵油茶科技发展有限公司、江永义华花生制品有限公司参加2016第十届中国（青海）国际清真食品用品展览会。湖南林之韵油茶科技发展有限公司与一进出口公司达成每年1000万元进出口业务的合作意向。6月1日—5日，组织果秀公司参加广州国际食品食材展览会，推广果秀品牌蜜橘、黄桃、菠萝系列水果罐头和珍稀食用菌产品。展会期间，现场咨询人员日均超过1000人次，日均试吃人数达200人以上，果秀公司结识4家重要专业客户，并就黄桃、蜜橘果杯、杏鲍菇等产品的区域代理、食材配送和线上线下的销售达成多个意向协议。8月31日至9月9日，组织新田县、都成食品、龙昶机械和弘工智能等企事业单位参加由湖南省贸促会举办的“2016湖南—东南亚经贸活动”，在柬埔寨、老挝和越南分别组织专场推介活动，与柬埔寨中国贸促会、柬埔寨湖南商会、越南国际贸易促进部对接洽谈，推介新田县的工程和农用机械，帮助湖南都成国际食品有限公司做好国外投资项目的推介。12月1日—3日，组织果秀食品、天顺畜牧、华利工贸等企业参加在香港举办的“2016年亚洲农产品展”。果秀食品现场销售近万元，所有用于展示货物全部销罄；与安得利香港餐饮有限公司深入洽谈，达成协议，进入餐饮业供货渠道；与菲律宾RAM SADHWANI销售经理，初步达成采购意向，OEM采购罐头产品。天顺畜牧通过前期联络和现场洽谈，与香港五丰

2016年4月2日，永州市代表团首次参加第五届广州国际食材食品博览会，集中展示营销果秀品牌以及蜜橘、黄桃、菠萝系列水果罐头和珍稀食用菌产品

行达成年供销牲猪6000万元合同。

■ **经贸法律服务与培训** 2016年，中国国际贸易促进委员会永州市支会办理涉外法律证明文书1091份，其中，原产地证984份，优惠证51份，代办领事认证及商事证明书56份，出证认证总量与2015年比增幅9.1%，优惠原产地证签证超额完成国家贸促会确定的目标任务，在全省市州支会中排第三位。向中国贸促会、省贸促会呈报争取，1月21日，该会成为全国首批获得优惠原产地证授权的市州支会之一（湖南仅3家），可直接为永州企业签发优惠原产地证书。4月，中国贸促会正式批准该会成立永州法律服务中心。12月，湖南科力尔公司与土耳其一家公司发生贸易合同纠纷，经及时向省贸促会汇报情况，成功调处合同纠纷。受理企业咨询120余起，企业满意度100%；发布经贸信息225条，其中，参展参会信息123条，预警信息81条，涉及11个国家与地区。4月20日，与市商务和粮食局、市外汇管理局、长沙海关驻永办事处、湖南商检永州办事处等单位共同举办全市外经贸政策培训会。结合出证认证案例，向150余人的与会代表详细解读出口企业如何享受自贸协定关税优惠政策。9月25日，组织恒远发电有限公司等企业参加中国商事调解的挑战与未来系列论坛和中国仲裁周活动“国际商事仲裁及司法实践”主题报告会。

■ **合作与交流** 2016年3月23日，中国国际贸易促进委员会永州市支会应美国驻武汉总领馆的邀请，参加在武汉市举办的首届“美国—华中地区商务峰会”。4月19日—21日，帮助国际商会会员单位——永州山香香料有限公司做好其合作伙伴法国Bontoux公司及华宝集团代表团到永州考察桔皮深加工合作项目的各项服务工作，为熙可食品和都成食品牵线搭桥，促成投资项目落地。6月22日，接待中冶集团第十七冶金建筑公司、安徽润通重工集团和北京汉邦高科数字技术股份有限公司一行到永州考察。考察团一行与永州市经济建设投资发展集团有限公司座谈，双方就PPP项目投资合作进行交流，在座央企对“永州市地下综合管廊建设PPP项目”表达出合作意愿。7月14日—15日，广州市贸促委副主任刘泽武率展览部及天河区、番禺区、越秀区贸促会负责人一行到永州市考察交流。重点回访“第五届中国广州国际食品食材展览会”参展企业——果秀食品有限公司，并就两地如何搭建良好的互通有无的经贸合作平台探讨交流。10月26日—29日，应邀请参加“广东21世纪海上丝绸之路国际博览会主题论坛——产能合作与创新发展高端论坛”，就两地如何搭建良好的互通有无的经贸合作平台探讨交流，结识一批国内外客商资源。

（邓海秋　蒋明圆）

烟草专卖

■ **概况** 永州市烟草专卖局（公司）组建于1985年，辖10个县区局（分公司）。市局机关设专卖科、营销中心、物流配送中心、烟叶生产经营部、烟叶生产技术中心等18个科室。2016年，全市系统有在册员工1490人，离退休人员924人。年末资产总额22.23亿元。辖区内有卷烟零售户1.9万户，烟农1.2万户。

是年，销售卷烟17.92万箱，收购、销售烟叶60.5万担，实现税利17.83亿元，同比增长9.19%；上缴税金12.18亿元，同比增长7.58%，其中烟叶税1.76亿元。是全省系统5个税利同比增长的单位之一。收购烟叶60.5万担，烟农收入9.32亿元，比2015年增收1.2亿元，投入烟区农业基础设施建设资金1.54亿元，完成水源性工程援建投资0.55亿元。查处涉烟违法案件1122起，查获违法卷烟2537.87万支，破获符合公安部标准假烟网络案6起，刑拘51人，逮捕27人，判刑26人。

■ 企业管理　2016年，永州市烟草专卖局完成省烟草专卖局预算信息化试点工作，建立以“业务事项”为基点、量价定额控制标准的全面预算管理模式，“营改增”工作顺畅推广并成为新的降本增效增长点。把贯彻执行中共中央“八项规定”、严肃财经纪律作为内部审计重点内容，有序开展同级、经济责任、专项、工程项目等审计项目66个，取得直接经济效益557.3万元。持续开展管理评审和贯标对标工作，1个课题被评为全省“精益十佳”课题，1人被评为全省“精益十佳”个人。全面加强采购项目管理，强化计划管理，推行“定额标准”采购模式。完成项目投资1.5亿元，重点项目烟叶物流中心建设完成主体工程施工。

■ 慈善公益　2016年，永州市烟草专卖系统捐赠484.77万元，向受灾烟农捐款100.8万元，向患病困难群众捐赠金叶慈善医疗卡65万元，大病救助捐赠28万元；向困难卷烟零售户捐赠慰问物资13.99万元；参加慈善一日捐0.5万元；向社会困难群众帮扶捐赠61.95万元。参加助学一日捐0.2万元，向困难学生捐款1.78万元。参加卫生城市创建活动捐款20.15万元，参加献血5.46万毫升。开展新农村基层设施建设，捐款28.1万元。资助社会公共设施建设，捐款41.3万元。参加关爱妇女等活动捐款1.89万元。资助烟农合作社发展120万元。

（黄亚林）

盐　　务

■ 概况　2016年，永州市销售各类盐2.38万吨，占年计划的91.18%；完成小包盐销售1.79万吨，占年计划的89.14%；完成新品盐销售7041吨，占年计划的100.23%，同比增加3113吨，增长80%，增利370万元。完成非盐销售总额3161万元，占年计划的159.65%，同比增加1400万元。实现销售收入1.15亿元，同比增加1500万元，增长15%。实现利润1170万元，完成目标任务的101.74%，同比增长6.75%。净资产4786万元，货币资产2987万元。湖南省轻工盐业集团有限公司永州分公司（简称永州盐业分公司）获全省盐业系统“文明单位”称号。

■ 盐业体制改革　2016年，永州盐业分公司举行盐改动员大会、改革推进会2场，召开盐改座谈会6次，征求意见50余条，出台《永州盐业分公司应对盐业体制改革方案》。10月31日，第五届第一次职代会通过《三项制度改革实施方案》和《员工分流安置方案》。截至2016年12月31日，分流23人，其中自愿解除劳动合同14人，内退9人；精简内部机构，设职能管理部门3个、区县经营部9个；按职能管理部门1~5级、业务部门1~4级设置岗位薪酬，全面实行岗位工资+绩效工资的分配模式。

■ 应对盐业市场变化　2016年，永州盐业分公司利用6月、9月社会库存空档期，以400克绿色小包盐带动新品盐销售，促销各类盐5600吨，其中新品盐3000多吨。准确预判市场趋势，采取先高后低的价格体系，严控400克绿色小包盐投放，按时间节点逐步放宽，客户接受度高。召开“感恩客户暨盐改政策宣讲会”30余场次，集答谢客户、政策宣讲、市场维护、设立网点等于一体。统一印制《告全市食盐零售商及全体市民书》1万份、《盐改政策知识问答》1万份，悬挂大型条幅600余条；开设“盐业体制改革”热线电话，及时、全天候地为市民和消费者解答宣讲“盐改政策”；对重点地区、重点客户、重点渠道进行“一对一”“一帮一”式政策宣讲。强化工商联合执法，检查市场，严防境外假冒伪劣盐产品侵入。

■ 盐业结构调整　2016年，永州盐业分公司在质与量上做文章，以400克绿盐作量，320克新品盐作质；以边界市场作量，内地市场作质，抢抓6月—9月旺季。创建永州盐业工作群11个，做好时间统一、宣传统一、口径统一、协调统一、政策统一。制定线上交易、客户签约、龙牌酱油客户入网、产品陈列、新品盐促销等奖励办法，拓宽营销渠道；采取积分有奖促销、竞赛促销、新老客户回馈促销等手段，全市举行新品种盐促销会30多场，销售新品种盐3000多吨，新品种盐销售完成情况全省排名第二位。首创厂商联合推出臻品腌制盐、天然钙盐等新盐品，年销售量890吨，占新品种盐销售总量的13%。在小包盐销售总量减少的情况下，公司销售利润不减反增。

■ **电商平台创建** 永州盐业分公司是全省电商平台第一批试点单位，2016年，电商平台经营稳健起步，全市“开门生活”平台注册用户入网1093户，产生交易流水1501万元，名列全省前茅。永州“开门生活”用时20天完成一系列前期工作。全市盐业系统同步上线，省略试点环节，一步到位。新品种盐全部上线，线下严控400克绿色小包盐等市场投放区域和比例。

■ **整治盐业市场** 2016年，永州市盐务局联合冷水滩区公安分局查处冷水滩盈洁商贸有限公司非法跨区域购销食盐一案，查获非法盐5.8吨；永州市盐务局、祁阳县盐务局联合查处祁阳县陶志平盐业违法一案，查获非法盐10.2吨。1月—12月全市查处各类涉盐违法案件127起，其中一般程序案件7起，查获各类违法盐19.28吨，传讯涉盐违法分子10人。贯彻省经信委、省工商局、省盐务局《关于加强全省食盐市场经营管理的通告》，与当地工商局联合执法，对传统渠道、特殊渠道开展地毯式大检查。对冷水滩区、零陵区、祁阳县开展为期半年的重点整治，取得良好效果。开展为期17天的“一进一调查一宣传”活动，仅市分公司就覆盖全市二区一县22个乡镇（街道），检查各类食盐零售网615个、餐饮场所115个，走访农村及城镇居民388户，发放宣传资料3000余份，上门促销配送盐产品110余吨。首次组织全市盐业系统执法人员参加行政执法考试。规范内部经营行为，处理内部侵销案1起。加强与广西桂林、贺州，广东清远、连州等外省单位的沟通，举行省际边界联席会议2场、座谈会6次。

■ **精细化管理** 2016年，永州市盐产品货款8500余万元无赊销、无欠款；POS刷卡率99%；非盐产品货款1980万元，回款率99.5%；非盐采购款总量1000余万元未占用超标，非盐平均占用资金220万元，未超核定数396万元。全年清理核查、整改全市系统商品库存、预留、铺货、资金、折扣返点等专项资金使用情况3次。累计报损处理各类盐1.5万元，清理收回非盐铺货款30余万元，挽回间接损失60余万元。出台《永州分公司挖潜增效实施办法》，实行吨盐费用包干制。完成挖潜金额140.72万元，为目标任务45.89万元的306.65%，其中，物流费用完成挖潜金额116.02万元，为目标任务31.7万元的365.98%；综合费用实际完成挖潜金额24.71万元，为目标任务14.19万元的174.11%，业务、车辆、办公、差旅费用均低于预算金额。提升盐与非盐产品自运自配能力，配送费用较预算下降45.67元/吨，累计增效76.7万元。挖掘物业资产价值，全年物业收入327万元，同比增加53万元；维护零陵北路土地权益；推进零陵北路土地自行开发建设。坚持“安全生产重于泰山，安全生产无小事”的理念，严格按制度办事、按程序操作，开展安全生产月活动，加强隐患排查整治，确保人、财、物安全。应对影响盐业体制改革、公司发展的问题，妥善处理员工与公司之间的矛盾，将问题解决在萌芽状态。组织员工参加公司所在社区文明劝导、夜间治安巡逻工作。未发生群体事件、非正常上访、重大事故、刑事案件及黄、赌、毒现象。永州市分公司综合民调得分名列全市第十二名。

（陈海容）

旅　　游

综　　述

■ **概况** 永州市旅游外事侨务局是主管全市旅游、外事、侨务工作的市政府工作部门，加挂市港澳事务办公室牌子，内设办公室、规划项目科等6个科室（含监察室），下辖旅游质量监督所、旅游服务中心和国际交流服务中心3个全额拨款事业单位。局机关定行政编18名，工勤编1名，3个事业单位定编10名。局机关与下属事业单位合署办公，有在职在编29人，另有引进人才7名。

2016年，全市旅游工作围绕建设全国知名生态文化旅游目的地，着力转变旅游发展思路，实施全域旅游战略，提高产业有效供给率，在加快重点项目建设、推动乡村旅游发展、扩大市场营销影响等方面精准发力，取得较好成绩，被评为永州市安全生产先进单位、永州市党建工作先进单位、永州市精神文明建设和意识形态先进单位、永州市农业农村工作先进单位、永州市旅游产业发展工作先进单位。

全年，旅游接待总量达2898.09万人次，旅游总收入163.49亿元。零陵古城、宁远九

2016年4月8日，永州市旅游发展大会召开

嶷山、东安舜皇山等旅游重点项目持续推进。双牌、宁远文化旅游特色重点县建设成效明显。东安、宁远、江永3个县区成功入选全国第二批全域旅游示范区名单；九嶷山创AAAAA级稳步推进、舜皇山成功创建为AAAA级景区。江华香草源、永州井头湾、永州八尺旅游区成功创建为AAA级景区。完成江华香草源、伊塘茶花村乡村旅游、四明山森林公园等自驾车营地建设。推进“旅游厕所革命”，全年建设完工旅游厕所51座。开通直达海口、上海两地航班，全年游客吞吐量突破15万人次。推进全市26个乡村旅游示范村建设，涌现出下灌村、八尺村等一批乡村旅游精品。九嶷山、勾蓝瑶寨被列为全国旅游扶贫示范项目，116个村被列为全国乡村旅游扶贫重点村。坚持依法治旅，开展“两打击一整治”专项督查检查。拓展对外交往渠道，主动服务永州开放发展，参与重大国际活动，扩大永州影响。强化对外宣传，推进涉外参观点建设，做好外国记者到永州采访和舆论引导工作，利用境外主流媒体，客观报道永州经济社会发展成就，宣传永州旅游和文化。加强对因公出国（境）的归口管理与服务，全市审核因公出国团组21批42人次，赴港澳团组8批22人次。加强外国人到永州的管理，妥善协调处理涉外事件4起，维护侨胞侨眷合法权益。主动关怀广大归侨侨眷。做好涉侨信访和涉侨审核工作。引导海外侨胞投身慈善事业。落实“为侨港澳资企业挂牌服务十项内容”，帮助企业排忧解难。

■旅游重点项目建设 2016年4月，随着《关于市委常委、市人大常委会主任、市政协主席、市政府副市长联系重点旅游项目的通知》的下发，由市委常委、市人大常委会主任、市政协主席、市政府副市长分别牵头联系的全市旅游重点项目建设加快。全市500万元以上旅游投资项目1月—11月完成投资32.5亿元，占年度投资计划的84.6%。其中，零陵古城旅游综合保护开发项目完成投资8亿元，项目一期用地拆迁工作全部结束，土地挂牌出让、配套道路建设、大型景观停车场等前期工程全面完工；9月，古城项目正式开工建设。宁远九嶷山贷款融资9000万元，推进十大核心工程落地。东安舜皇山完成投资7300万元进行景区提质改造。江华香草源完成香草广场、香草木屋、停车场、旅游公厕、龙虎大峡谷游步道等建设。江华水口移民风情小镇、江华瑶族文化博览园如期推进。零陵古城、江华水口移民风情小镇、江华瑶族文化博览园成功入选2016年全国优选旅游项目库，在项目建设上获国家旅游发展基金贷款贴息的支持。在文化旅游特色重点县专项资金的催化下，双牌、宁远重点县建设推进速度较快。双牌县桐子坳景区提质改造工程加快，完成游客中心、景区公路、民房外观改造等工程，村容村貌有较大改观。白水岭特色旅游小镇的民房改造、街道美化及综合楼建设完工，相配套的农业观光休闲园和集观赏及药用的药材基地完成建设43.33公顷；景区公路隧道亮化工程投入使用，永山休闲公园建设项目新建门楼和游道建设。阳明山和桐子坳景区的智慧旅游平台建设完工，实现一部手机游景区。宁远县马脚洞观景台、盘洞口观景台、娥皇峰观景台建设项目竣工；下灌古村开发项目完成投资6000万元，灌溪大道和湿地公园建设完毕，游客中心、花海基地、状元桥等工程在建。

■“双创”（创建全域旅游示范区、全省旅游扶贫示范县）战役 2016年，江华、江永、宁远、东安等县区推进全域旅游示范区（县）创建工作，同时结合旅游扶贫示范县工作的开展，调思路、做计划、上项目，掀起“双创”品牌建设的新热潮。东安、宁远、江永3个县区成功入选全国第二批全域旅游示范区名单，在景区

2016年4月20日，江永女书参加联合国中文日活动

创建、市场推广、项目资金注入、基础设施建设等方面将得到国家和地方优先支持。

■ A级景区扩容升级　2016年，永州九嶷山创AAAAA级、舜皇山创AAAA级工作顺利，景观质量评定如期进行；永州植物园、周家大院、江华香草源AAA级创建扎实开展，江华香草源创建工程基本完工。名村名镇申报工作积极作为，江华涔天河镇被列为全省第二批湖湘风情文化旅游小镇创建单位，道县楼田村全国历史文化名村申报工作进展较快。

■ 推进特色项目申报立项　2016年，永州市督促浯溪碑林、江华县、江永县申报全国研学旅游基地，推荐江华、永州中医药玫瑰湾生态旅游示范基地、永州异蛇生态文化产业园健康旅游示范基地申报国家中医药示范基地，指导江华神州瑶都申报国家通用航空旅游试点项目。

■ 培育“旅游+”新业态　2016年，永州市重点打造“旅游+休闲”，加快双牌阳明山旅游区创建省级旅游度假区步伐，完成阳明溪谷综合体主体工程建设和万和湖景区开发。着力发展“旅游+城市综合体”，持续推进“零陵古城”文化旅游综合保护开发项目“一核三区四带”建设，统筹开发古玩街区、度假酒店、主题客栈、美食购物、旅游演艺等工程。全面推进“旅游+商业”，启动特色文化商业街——永州源味街建设，打造为永州“城市客厅”和“城市名片”。创新推进“旅游+康养”，支持九嶷山温泉度假项目开发竹林温泉养生、户外运动体验等业态。试点“旅游+美丽乡村”，迅速启动“乡村旅游示范村”工程，13个县区党政一把手分别挂点一个村，以点带面，积极推进，涌现出“湖南美丽乡村”12强的宁远下灌村等一批精品乡村旅游示范村。

■ 自驾车营地建设　2016年，永州市完成江华香草源房车营地、伊塘茶花村乡村旅游自驾车营地、四明山森林公园自驾车营地建设；祁阳香湖湾自驾营地被列入国家旅游局514个自驾车营地建设计划，项目破土动工。

■ 推进“旅游厕所革命”　2016年，永州市研究制定《2016—2017年永州市旅游厕所建设管理实施方案》，全市列入2016年度国家旅游厕所管理系统的旅游厕所136座。截至2016年年底，全市建设完工的旅游厕所51座，正在进行建设的48座，正在进行开工前准备工作的有37座。

■ 重点景区交通条件改善　2016年，永州市有7个旅游通景公路建设项目（祁阳木梓圩—金洞公路、广西灌阳边界—江永潇浦公路、道县上关至湘源温泉公路、江华县沱江—涔天河、零陵区人民桥至涧岩头、蓝山湘江源至宁远九嶷山、东安大庙口至紫花坪），祁阳木梓圩—金洞、广西灌阳边界—江永潇浦公路正在加紧施工；江华县沱江—涔天河公路完成所有前期工作，等待市里评审。其余旅游公路项目均在开展前期工作。

■ 开辟旅游交通新航线　2016年，永州市先后开通直达海口、上海两地航班，全年游客吞吐量突破15万人次。新航线的不断开辟，构建全市现代交通枢纽新优势，形成“航线推旅游、旅游促航线”的良好互动格局。

■“乡村旅游示范村”建设工程　2016年，永州市委、市政府在借鉴浙江湖州乡村旅游发展的成功经验的基础上，提出要加快发展乡村旅游，加快推进“乡村旅游示范村”建设，各县区党政一把手分别挂点一个村，全市26个示范村建设如火如荼，涌现出下灌村、八尺村等一批乡村旅游精品，全市乡村旅游品牌体系逐步形成。

■“543”乡村旅游富民工程　2016年，永州市旅游工作结合乡村旅游开发，系统推进旅游扶贫工作，制定《永州精准扶贫旅游产业支持计划实施方案》《永州市旅游扶贫工作考核办法》，计划在“十三五”期间举全市之力实施“543”乡村旅游富民工程

(重点打造5个特色旅游小镇、支持培育40个乡村旅游示范村、引导创建300个星级乡村旅游点)。截至2016年年底，九嶷山、勾蓝瑶寨被列为全国旅游扶贫示范项目，116个村被列为全国乡村旅游扶贫重点村；宁远下灌村、江华井头湾村、江永勾蓝瑶村、金洞白沙囱村入选2016年度湖南省乡村旅游扶贫示范项目，每个项目村将获得省级投入财政扶贫资金100万元及县财政扶贫资金配套100万元。江永县勾蓝瑶寨成立旅游公司，村民以土地、古房屋等资源入股转变为企业股东，走出一条“旅游+精准扶贫”的新路子，成为全省乡村旅游扶贫典型。

■ **旅游品质形象推广** 2016年1月，中央电视台《世界多美丽》栏目组走进永州，集中拍摄零陵古城、永州异蛇、江永女书、东安鸡、永州血鸭等旅游资源，节目在爱奇艺、新浪视频等知名视频网站和全国200多家电视台上同步播出，永州旅游影响力持续增强。2016春节，湖南卫视及全球21家电视台同步直播江华香草源瑶族传统文化活动，引爆春节黄金周江华瑶族风情游。举办第十届阳明山“和”文化旅游节、宁远祭舜大典、道县周敦颐理学文化旅游节暨龙舟赛、江华盘王节、“美丽乡村”第四届蓝山梨花文化旅游节等特色活动，组织参加2016“中国旅游日”湖南分会场暨全国网媒湖南行启动仪式活动，展示江永女书说唱表演，市场反响热烈。结合省级精品线路布局，面向市场力推跨省旅游精品线路4条、自驾游精品线路2条、市内旅游精品线路4条，各县区推出各具特色的乡村旅游线路，形成省市县乡四位一体的市场营销体系。持续围绕高铁做文章，在所有途径永州的高速动车上投放永州旅游播音广告，宣传推介永州旅游资源；举办海口—永州航线旅游推介会、昆明—永州航线旅游推介会，主动对接海口、昆明等旅游热点城市，抢占东南亚海外市场制高点。抓住桂林建设国际旅游胜地的机遇，加大与桂林地区旅游合作力度，融入大桂林旅游圈。通过系列品牌形象的推广活动，永州旅游的知名度不断提升，外地游客同比增长26.7%。

江华香草源瑶族节目表演

■ **红色景区中国万里行走进永州** 2016年4月28日，“红色景区中国万里行”信息数据采集湖南启动仪式在宁远县水市烈士陵园举行。启动仪式后，摄制组将对宁远红色旅游景区景点开展为期半个月的拍摄活动，并在央媒播放宣传。“红色景区中国万里行”信息数据采集活动，是为纪念中国人民抗日战争暨世界反法西斯战争胜利70周年和红军长征胜利80周年而发起的全国性活动，其目的旨在追寻革命先烈的足迹，展现革命老区的风采，挖掘红色旅游资源，推动红色旅游发展创新，并通过一些更为纪实的方式，还原民众的历史感知，让全国人民、世界人民能够真正地去参悟红色文化的精髓，感受史实本身魅力，从而促进红色文化及红色精神的传承与发展。

■ **旅游市场秩序规范** 2016年，永州市下发《关于继续开展“两打击一整治”专项督查检查工作的通知》，对全市AAA级及以上旅游景区和星级乡村旅游区点进行专项整治，对经营管理服务差、限期整改不到位的等级景区坚决依法依规处理。同时开展全省异地执法交叉检查和全市执法旅游市场专项执法检查，重点整治“低价团”“购物团”等违法行为，对扰乱市场秩序的旅行社进行行政处罚，维护旅游市场的健康发展。研究制定全市旅游市场综合监管清单，明确相关职能部门的监管责任；开展旅行社信誉等级评估活动，成立永州市旅行社协会，行业管理更加规范。落实安全生产责任制度，制定下发《永州市旅游安全大排查大管控大整治专项行动工作方案》，组织开展全市性的旅游安全生产大检查；督促旅游企业安全生产主体责任，强化旅游从业人员的安全意识，指导旅行社、旅游景区和星级饭店等旅游企业，开展安全教育培训和应急演练。全年旅游安全生产形势稳定有序。

■ **体制机制创新** 2016年4月，

永州市旅游发展大会召开后，各县区迅速行动起来，相应成立高规格的旅游工作领导小组。东安、江永、宁远、双牌等县区贯彻全域旅游发展战略，调整发展思路，创新旅游工作体制机制。江永县提出以创建国家全域旅游示范县为目标，加快实施“一化带三化”战略（旅游产业化带动新型城镇化、新型工业化、农业现代化）；江华瑶族自治县则以“三创任务”（创建全国全域旅游示范县、全国旅游扶贫示范县、湖南省旅游强县）为统领，推进瑶族生态旅游胜地建设。宁远县成立旅游开发建设投资有限公司，江永组建旅游资产管理公司，旅游融资平台的打造为突破旅游产业发展过程中融资难的问题提供创新性尝试。双牌县委推动旅游发展委员会组建工作；江华瑶族自治县、新田县将旅游与文化、体育、民宗等部门合并，融合发展旅游产业；东安县则在旅游工作领导小组的基础上成立旅游工作执行小组，专门安排一名副处级干部负责，同时各乡镇也对应成立旅游工作领导小组，形成旅游工作全县一盘棋的局面。宁远县、零陵区采取定期督查的方式通报旅游工作进展情况，表扬先进，鞭策后进，保证工作任务落实到位。冷水滩、蓝山等县区参照市委、市政府对县区旅游工作考核模式，从2016年起将旅游工作纳入绩效考核范围。

■海口—永州航线旅游推介会在海口举行 2016年2月24日，由永州市人民政府主办，永州市航线办、永州市旅游外事侨务局承办的海口—永州航线旅游推介会在海口举行。永州市委书记陈文浩，市委副书记、市长易佳良，海口市市委副书记、市长倪强，北部湾航空公司董事长吴重阳出席推介会并分别致辞。会上，北部湾航空公司作航线信息发布，永州市旅游外事侨务局作旅游产品推介，向海南游客推出具有永州特色的4条航线旅游专线，即：1. 文化溯源游：永州机场下机—游览潇湘源国家森林公园—九嶷山国家森林公园—宁远文庙—江华瑶族文化园—江永女书文化园—周敦颐故里—零陵古城；2. 生态休闲游：永州机场下机—游览阳明山国家森林公园—潇湘平湖—舜皇山国家森林公园—浯溪碑林—零陵古城；3. 民俗风情游：永州机场下机—游览蓝山紫良瑶寨—九嶷山瑶寨—江华瑶族文化园—瑶族发祥地千家峒—勾蓝瑶寨；4. 猎奇探秘游：永州机场下机—零陵古城（零陵石棚、《永州八记》遗址）—周敦颐故里（月岩、道岩、鬼崽岭）—江永“三千”文化园（江永女书、千家峒、上甘棠古村）。陈文浩要求，借助海口—永州航线开通的契机，永州要抢抓机遇，主动融入对外开放的阵营，抢占对接东盟的制高点，加快发展步伐。要利用海口旅游城市的资源，寻求合作机会，推介旅游线路，同时吸引海口人到永州旅游，推动永州旅游发展。

（邓志军）

财税·金融

财　政

■概况 2016年，永州市财政局有干部职工170名，内设科室24个，直属单位10个，负责全市财政收支、财税政策、财政监督、行政事业单位国有资产管理和政府性债务管理等工作。社会管理综合治理、安全生产、精准扶贫、党风廉政建设等17大类18项工作获全市表彰，被评为全市绩效评估优秀单位。“六五”普法工作获财政部表彰，财政管理、总决算、社会保障等工作受到省财政厅表彰。

2016年，全市财政总收入完成150亿元，比2015年增长14.3%，收入增幅和地方收入增量中税收占比（59.4%）均居全省第一位。其中，地方一般预算收入完成102.55亿元，增长10.9%；上划中央税收37.65亿元，增长26.3%（增值税17.65亿元，增长29.7%；消费税6.92亿元，增长26.6%；企业所得税8.82亿元，增长8.1%；个人所得税2.88亿元，增长11.1%）；上划省级税收9.71亿元，增长9.9%（增值税3.7亿元，增长156.8%；营业税2.52亿元，下降43.4%；企业所得税1.76亿元，增长8.1%；个人所得税0.58亿元，增长11.1%）。地方财政收入占国内生产总值的6.6%，税收收入占地方财政收入的59.5%。全市财政支出完成399.2亿元，增长13%。

■收入征管 2016年，永州市完成财政收入150亿元，增长14.3%。其中，市级完成35.43亿，增长12.6%；县区完成114.48亿元，增长14.9%。11个县区中，祁阳县、冷水滩区、零陵区、道县、江华县财政收入均超过10亿元。全市到位转移支付268.8亿，增长5.5%。其中，一般性转移支付158.2亿元，增长9.4%；各

2016 年永州市财政收入完成情况表

表 13　　单位：万元、%

分项		完成数	上年同期数	增减额	增降幅
永州市财政总收入		1499156	1311404	187752	14.3
分级次	上划中央收入	376546	298253	78293	26.3
	上划省级收入	97114	88352	8762	9.9
	地方收入	1025496	924799	100697	10.9
分部门	国税部门	489896	330388	159508	48.3
	地税部门	628942	638497	-9555	-1.5
	财政部门	380318	342519	37799	11.0
分县区	市本级	354348	314675	39673	12.6
	冷水滩区	145688	126208	19480	15.4
	零陵区	140937	121010	19927	16.5
	祁阳县	151019	129036	21983	17.0
	东安县	85749	83071	2678	3.2
	双牌县	47389	41099	6290	15.3
	道县	118654	102273	16381	16.0
	江华瑶族自治县	113581	96147	17434	18.1
	江永县	40736	39047	1689	4.3
	宁远县	137489	118202	19287	16.3
	新田县	60602	56321	4281	7.6
	蓝山县	72962	61868	11094	17.9
	回龙圩管理区	4728	4082	646	15.8
	金洞管理区	4729	4074	655	16.1
	永州经开区	20545	14291	6254	43.8

类专项转移支付 110.6 亿元，增长 0.5%。市级到位转移支付 41.66 亿，增长 41.28%。其中，一般性转移支付 14.53 亿元，增长 38.7%；各类专项转移支付 27.13 亿元，增长 42.7%。

■ 支出管理　2016 年，永州市财政部门按照公共财政的要求，不断优化财政支出结构，保障重点支出需求，促进经济和社会事业协调发展。全市财政支出完成 399.2 亿元，增长 13%。其中，市级完成 69.2 亿元，增长 38.1%。全市与民生相关的支出完成 320.2 亿元，增长 13.5%，占财政支出总额的 80.2%。“三公”经费等一般性支出继续下降，市级“三公经费”支出 6485.77 万元，下降 19.1%。

■ 民生建设　2016 年，永州市教育支出 71.76 亿元，增长 15.2%。“三名工程”稳步推进，中心城区新增学位 8000 个，学生资助体系覆盖各教育阶段，公费定向师范生培养资金足额纳入预算，贫困地区教师生活补助达到 1000 元/月以上。农林水支出 66.39 亿元，增长 10.7%。支持实施易地扶贫搬迁、精准扶贫脱贫，有序实施农业综合开发，推进现代农业产业园区建设，完善“一事一议”制度，落实农业“三项补贴”改革试点。社保就业支出 61.57 亿元，增长 9.8%。职业培训、稳岗补贴等就业政策落到实处，企业职工养老金实现“十二连增”，支持基本养老服务体系建设，落实五保、低保、优抚、孤儿等困难群体的救助政策，发放 90 岁以上老人高龄补贴。精准扶贫兜底工作得到省财政厅和省民政厅的肯定，争取到省级救助资金的倾斜支持。医疗卫生与计划生育支出 43.76 亿元，增长 9.7%。推进医卫体制改革，拟定公立医院改革财政补偿方案，统筹城乡大病保障，提升基本医疗保障水平。文化体育与传媒支出 8.48 亿元，增长 16.8%。支持成功创建国家历史文化名城，举办多场国家级、省级体育赛事，全国第四届草书展落户永州。助力“小康加速”，有关财政指标达到全面小康进度要求。

■ 支持经济建设　2016 年，永州市级财政安排 1.44 亿元支持园区体系建设，落实 1.04 亿元支持长丰猎豹技改升级。整合资金 2.7 亿元推进供给侧结构性改革，“一企一策”支持市直国企改革 26 家，支持关闭煤矿企业 10 家，推动房地产去库存 4800 套。安排专项资金 500 万元，重点支持湘南投洽会等重大招商活动 20 余个；落实财税优惠政策和奖励政策，促进项目早落地、早投产、早

2016 年永州市一般公共预算支出情况表

表 14　　　　单位：万元

预算科目	完成数	上年同期数	增减额	增降幅
一般公共服务支出	426679	397240	29439	7.4
国防支出	305	255	50	19.6
公共安全支出	166491	137851	28640	20.8
教育支出	717648	623193	94455	15.2
科学技术支出	23928	21665	2263	10.4
文化体育与传媒支出	84802	72608	12194	16.8
社会保障和就业支出	615715	560887	54828	9.8
医疗卫生与计划生育支出	437632	398998	38634	9.7
节能环保支出	100987	92213	8774	9.5
城乡社区支出	125917	107696	18221	16.9
农林水支出	663901	599711	64190	10.7
交通运输支出	188924	116612	72312	62.0
资源勘探信息等支出	58428	51300	7128	13.9
商业服务业等支出	29604	35715	-6111	-17.1
金融支出	437	331	106	32.0
国土海洋气象等支出	24344	29680	-5336	-18.0
住房保障支出	266127	248885	17242	6.9
粮油物资储备支出	7784	13558	-5774	-42.6
债务付息支出	30114	10964	19150	174.7
其他支出	22489	12995	9494	73.1
一般公共预算支出合计	3992256	3532357	459899	13.0

见效。支持组建市投融资担保集团有限公司，实施总投资 468 亿元的 PPP 项目 18 个，成功申报湖南省地下综合管廊建设试点城市。

■ **财政改革**　2016 年，永州市推进财政资金统筹，制订《关于推进市本级财政资金统筹使用的实施意见》，从政府性基金、各类财政收入、结余资金、跨部门专项资金等方面入手整合财政资金。深化税费改革，“营改增”减税 5 亿元，资源税从价计征改革全面实行。落实取消、停征和归并政府性收费政策，实行目录清单管理，市级减免收费 0.4 亿元。参与收入分配改革，落实工资、津补贴改革政策，草拟市级机关事业单位加班、节日值班等相关补助管理规定。推进投融资体制改革，做好数据测算，加大债务置换力度，全市争取置换债券额度 96 亿元（市级 24.5 亿元）；优化债务期限结构，市级每年可减少利息支出 1.2 亿元以上。引入市场机制将融资综合成本严格控制在 7% 以内，市级两大融资平台公司对接的融资项目近 30 个，全年到位资金超过 100 亿元。制定出台《市本级国有资本经营预算支出管理办法》，进一步规范国有资本经营行为。配合开展其他改革，支持公交体制改革，出台《永州市公共交通财政补贴专项资金管理暂行办法》，化解永州市第一公共交通公司债务 1 亿余元，为永州市第二公共交通公司购置纯电动公交车 60 台。推进公车改革，实施交通费补贴。

■ **财政监督管理**　2016 年，永州市财政管理水平进入全省第一方阵，在全省财政管理综合考评中，市级和 7 个县区获 A 级以上评价，获奖补资金 4900 万元。完善全口径预算管理体系，细化预算编制，强化预算执行动态监管；推进预决算公开，除涉密单位外，市直单位预决算公开实现全覆盖，启用地方预算综合管理系统，实现转移支付指标动态管控。健全绩效评价机制，建立预算绩效评价指标体系，对市级所有预算单位和财政资金开展绩效评价，涉评资金 41.2 亿元，重点评价就业专项资金、教育助学金及农机具补贴等民生资金。加强行政事业单位资产监管，组织开展行政事业单位资产清查，市级清查率 100%；启动全市国有资产规范化管理工作；出台市直机关房屋修缮管理办法，遏制超标超豪华装修；配合开展办公用房清理，超标用房腾退到位。全年检查行政事业单位 79 个，查处违纪违规资金 2616.26 万元；财政投资评审不断加强，审结项目 1413 个，审减金额 17.44 亿元，审减率 20.9%。政府采购机制不断完善，市级完成采购规模 10.6 亿元，节约资金 0.4 亿元。与中心城区 8 家宾馆（酒店）签订党政机关会议定点场所协议书。强化内控机制，制定《永州市财政局内部控制基本制度》，对预算执行、政务处理、监督检查等10个财政工作重点领域和环节进行风险防控。

■ **重要事件** 2016年5月5日，省财政厅发出通知，确定全省第三批PPP省级示范项目名单，永州市重点市政工程之一的地下综合管廊建设项目入选，投资额8.45亿元。至此，全市有6个项目入选全省前三批PPP示范项目，其中一个项目被纳入财政部第二批PPP示范项目。7月25日，永州市财政局预算绩效管理工作被评为2015年度全省预算绩效管理工作优秀单位，永州市连续4年获此殊荣。9月10日，2016年度全国会计专业技术中级资格永州考点开考，首次实行无纸化考试。该次考试参考人数2500人，设置考场10个，考试50场次。

（周祖杰）

国家税务

■ **概况** 2016年，永州市国家税务局（简称市国税局）实施党建工作网格化、征管服务法治化、重点工作项目化、队伍建设团队化、作风建设常态化，成效明显。永州国税的纳税人满意度排名连续3年保持全省第一位；被评为全省国税系统绩效管理先进单位。市国税局机关通过全国文明单位复核验收，获全省法制工作先进集体、全市绩效考核先进单位、综合治理先进单位、优化经济环境和机关效能建设先进单位、推进依法行政工作先进单位等称号。

2016年3月31日，永州市首个国地税联合办税服务厅启动仪式在新田县举行

■ **国税征收** 2016年，永州市国税系统组织税收收入53.84亿元，其中不含车购税的税收收入49.17亿元，同比增收15.84亿元，增长47.54%，增幅排名全省第二位，剔除“营改增”因素，增幅排名全省第一位，全市国税系统组织收入质量显著提升，实现组织收入“双降”目标。全面推行增值税发票管理新系统，落实消费税分税目改革和车购税征免税调整政策，规范企业所得税后续管理和风险防控，建立大企业风险管理机制。开展税收风险排查专项行动，集中查找税收管理漏洞，完善税收管理风险预警指标体系，加强税收管理风险监控。加大大要案件查处力度，采取针对性强、灵活有效的检查方法，全年查结各类案件321起，入库各项收入7031万元。

■ **“营改增”税制改革** 2016年，永州市国税系统做好信息比对、案头分析、下户核查、业务培训、税收辅导等工作，先后取得“开好票”“报好税”“分析好”“改进好”“总结好”等“营改增”关键环节的胜利。组建专门工作组，对建筑行业、企业跨区域经营、承接政府工程等生产经营情况进行调研，评估“营改增”政策执行情况对建筑行业、房地产行业税负和生产经营方式的影响。全市新增“营改增”四大行业纳税人9337户，其中一般纳税人844户，入库增值税9.85亿元。落实支持高新技术企业、节能环保、三农、小微企业、金融资本市场等政策减免2.57亿元，办理出口退税3.66亿元，小微企业税收政策优惠面100%。

■ **税收征管改革** 2016年，永州市健全国地税合作工作机制，明确国地税合作具体事项任务单，确保所有合作事项有效落实。抓好联合办税、联合管户、联合汇缴、统一处罚、联合稽查、联合宣传6个特色合作项目，永州国地税合作受到《中国税务报》、湖南经视等媒体的关注。探索实施国地税联合办税，有6个县区局实行窗口互派，2个县区局共驻政务大厅，3个县区局共建办税服务厅，全市所有县区均实现国地税联合办税服务，开通“一窗一人办税”服务新模式，实现“进一家门、办两家事、到一个窗口、办所有事项”。加强第三方涉税信息应用，将综合治税平台纳入“智慧永州”项目，与财政等17家单位签订涉税合作协议。

■ **纳税服务** 2016年，永州市国税系统开展换位大体验活动，组织党员到基层办税服务厅体验，现场受理纳税咨询和诉求，及时处理突发事件。走访“千户集团”在永州的单位，征集纳税服务意见。开展“需求大征集、服务大走访”活动，全年走访纳税人 9555 户，发放调查问卷 9555 份，收集纳税人意见及建议 77 条。在国税总局的纳税人满意度抽查中，祁阳县、东安县国税局进入全国前 100 名。6 月 1 日，在全省率先开通纳税人掌上手机预约办税。邀请营改增业务专家为全市国税干部和纳税人进行为期 2 天的视频业务培训，参训纳税人 2000 多人次。开发“永税在线”平台，实现意见建议在线受理、涉税事宜在线办理、培训学习在线报名、疑点难题专业解释等功能。

■ **国税党建网格化管理**　2016 年，永州市国税系统开展“两学一做”学习教育和“三员”身份意识教育活动，结合国税实际，开展“三学两创一做”活动，分类开展各层面人员的“三员”身份意识教育座谈，对照存在的问题边查边改。探索实施“横向到边、纵向到底、覆盖全面、开放互补”的党建网格化管理模式，效果明显。永州市直工委将市国税局定为全市市直单位唯一的党建工作示范基地，新华网、《中国税务报》《湖南日报》、国税总局和省国税局内刊等系统内外媒体和刊物推介永州国税党建网格化管理工作。开展经常性廉政纪律教育和党纪法规集中学习，对全体国税干部开展经常性、常态化廉政提醒、教育、抽查和考评，先后出台《关于在全市国税系统公务接待禁酒的通知》等 13 项廉政纪律方面的制度，进一步完善单位、家庭、社会“三位一体”的监督机制。探索推行向市局直属机构派驻纪检监察干部制度，实现纪检监察监督全覆盖。深化巡视整改和全面自查自纠，开展“纠四风、治陋习”专项整治，对地方纪委、公安部门移交的涉嫌酒驾醉驾、吸毒等案件，一律依法依纪处理。

（肖明剑）

地 方 税 务

■ **概况**　永州市地方税务局（简称市地税局）成立于 1994 年 9 月，内设 14 个科室（含 2 个省局派驻机构），2 个直属行政单位，3 个直属事业机构。下辖 9 个县局，2 个城区局，44 个基层税务分局，总人数 1417 人，其中在职干部职工 1156 人、退休人员 261 人，市地税局机关在职干部职工 76 人。

2016 年，全市地税纳税户有 5.64 万户，其中正常单位纳税人 1.53 万户，个体纳税人 4.1 万户。重点行业是汽车制造、卷烟、造纸、水电设备生产及房地产业。由地税负责征收的税种有个人所得税、房产税、契税、烟叶税等 12 个；征收或代征的费金有社会保险费、残疾人就业保障金、工会经费等 6 个。全年入库各项收入 63.88 亿元，剔除营改增因素，同比增收 11.40 亿元，增长 21.7%，总量、增幅在全省分别居第七位、第一位；收入规模稳居财税三家之首。

存在的主要问题：地方财政支出的刚性需求与地方税收大幅下滑的现实矛盾在今后一段时期将长期存在；地方税收虚增虚收的风险急剧增加；财税任务与税源不足的矛盾日益突出。

■ **税收征收**　2016 年，永州市地税系统累计完成各项收入 63.88 亿元，剔除营改增因素，同比增收 11.40 亿元，增长 21.7%，总量、增幅在全省分别居第七位、第一位；入库费金收入 4.36 亿元，同比增长 7.1%。《湖南日报》两度报道市地税局组织收入工作的成效。

■ **推进“营改增”试点**　2016 年，永州市地税局落实税制改革的决策部署，推进“营改增”试点，做好政策咨询、税源调查、数据测算和信息移交等工作，严格按时间节点向国税部门传递“营改增”单位纳税人信息资料 1.04 万户（不包括零散开票征收户），涉及营业税规模 20 亿元。

2016 年 3 月 15 日，永州国地税与中国银行永州分行签署“银税互动”合作框架协议

以“营改增”为契机，清理营业税项目1904个，清理营业税7.72亿元。营改增正式试点后，及时就委托代征工作主动与市国税局快速对接，将委托代征工作各项具体任务落实落细。

■ 征管转型　2016年，永州市地税局面对“营改增”后税制改革提速、控管手段弱化、税源急剧萎缩等一系列难题，积极探索，围绕征管转型在全省率先推出“四个第一”：第一个出台《征管转型工作实施方案》，第一个出台风险管理办法，第一个成立风险管理团队，第一个草拟《纳税人分类分级管理暂行办法》。突出“五税并举”，即合作办税、诚信促税、综合治税、信息管税、风险控税。

■ 诚信促税　2016年，永州市地税配合市人大对在永州的495名全国、省、市人大代表的涉税情况进行全面、统一排查，发现存在涉税问题的人大代表15人，涉及欠税总金额1100余万元。截至2016年年底，欠缴税款全部补交到位，其中一名省人大代表主动一次性补缴欠税及滞纳金200余万元。同时，对全市899位非公有制经济代表人士、79家申评永州市知名商标市场主体、11家新认定农业产业化省级龙头企业、45家申请认定湖南省著名商标企业的纳税信用情况进行核实反馈，加强纳税信用评价结果的增值应用。

■ 纳税服务　2016年，永州市地税局以贯彻国地税合作规范和纳税服务规范为切入点，推行“互派人员、互设窗口、互联网络”联合办税模式。9月底，全市11个县区办税服务厅全部实现国地税联合办税（其中，“互相进驻”联合办税的单位6个，“共同进驻”政务中心的单位2个，“共建大厅”的单位3个），全市实行“一窗一人双系统”通办国地税业务的窗口41个，纳税人在同一地域任一办税服务厅通办国地税业务。同时，落实各项税收优惠政策，加强对小微企业、下岗职工再就业等税收优惠政策的督查落实，全年依法减免税收2.6亿元。

（吕海南）

金融综述

2016年，永州市金融运行总体平稳，为全市经济结构调整和转型升级提供支持。截至2016年12月末，全市有银行业金融机构22家，营业网点660个，从业人员6930人；4家证券公司在全市设营业部13个，期货营业部1家；市级保险公司25家，县级保险公司86家，从业人员1.82万人；小额贷款公司11家，融资性担保公司20家。

■ 存款活期化特征明显　截至2016年12月末，永州市金融机构本外币各项存款余额1914.84亿元，同比增长21.72%，增速较2015年上升4.17个百分点；1月—12月，新增存款341.74亿元，同比多增106.84亿元。各项存款余额全省排名第九位，较年初增量排名第八位，均与2015年持平。

■ 贷款结构出现明显调整　2016年，永州市银行贷款放量增长，增幅增速均维持高位，创历史新高。截至2016年12月末，全市金融机构本外币各项贷款余额为966.09亿元，同比增长21.72%；较年初新增贷款172.47亿元，同比多增20.22亿元，增量、增速均创历史同期新高。各项贷款余额在全省排名第九位，较2015年同期上升一位；新增贷款在全省排名第四位，较2015年同期上升一位，贷款增速跃居全省第二位。

■ 不良贷款有所反弹　2016年，永州市银行业金融机构累计盈利29.43亿元，同比增长21.05%，增幅略高于2015年同期4.29个百分点，银行业业绩整体趋稳。地方性金融机构盈利后发赶超、亮点突出，盈利贡献率较2015年同期上升3%。不良贷款反弹对盈利下滑压力加大。截至2016年12月末，金融机构不良贷款余额17.77亿元，比年初增加1.83亿元；不良贷款比率1.84%，比年初略降0.17个百分点。

■ 融资渠道多元化趋势增强　2016年，永州市社会融资规模累计新增249.34亿元，较2015年同期多增82.45亿元，增幅49.41%，达2013年以来历史最高水平。人民币贷款累计新增173.69亿元，增幅14.35%；表外融资波动加剧，累计新增8.69亿元，同比多增0.78亿元；直接融资后来居上，稳步攀升，受城镇基础设施建设相关项目类企业融资需求旺盛拉动，债券融资累计新增59.46亿元，较2015年同期实现零突破，社会融资规模占比较2015年同期放量攀升至23.85%；保险赔偿累计新增8.83亿元，较同期多增2.16亿元。

■ 现金收支首现“双降”格局 2016年，永州市金融机构累计投放现金120.66亿元，同比下降3.59%；累计回笼现金174.65亿元，同比下降10.45%；净回笼53.99亿元，同比下降22.79%，低于全省0.52个百分点。现金净回笼下降的原因主要有一是受宏观经济增速放缓大环境影响，全市经济增速下滑是影响现金收支的主要因素；二是现金消费习惯的改变对现金投放回笼影响十分明显，现代化支付方式大大减少现金使用频度；三是近年来随着全市跨省劳务输出减少，域外现金流入也呈现大幅回落。全市现金收支首次出现双下降，净回笼出现较大降幅，但整体波动趋于平缓，现金使用量在逐年减少。

■ 涉外收支顺差收窄 2016年，永州市涉外收支5.56亿美元，其中，收入4.27亿美元，同比减少3.25%；支出1.29亿美元，同比增长8.74%，收支顺差进一步收窄。银行结售汇总量4亿美元，其中结汇3.23亿美元，同比增长24.51%；售汇7733万美元，同比增长1.6%；结售汇顺差24570万美元，同比扩大34%。出口增长11.89%，但出口收汇同比下降，主要原因是出口不收汇企业家数增长快，有9000多万美元出口不收汇；进口同比持平，但进口付汇增长，主要原因是社会认为人民币汇率将持续下调，从而加快购付汇步伐。

■ 保险保障作用充分发挥 2016年，永州市各证券营业部股票基金交易量1667.5亿元，同比下降46.8%；累计开户28.84万户，沪深证券帐户数56.72万户。13家企业被列入省重点上市后备企业，25家企业被列入省新三板后备企业，15家企业与券商等中介机构签订上市合作协议，启动上市相关工作。保险机构实现保费收入48.78亿元，同比增加6.27亿元，增长15.48%；理赔支出17.45亿元，同比增加5.41亿元，增长44.93%。

（杨辉）

央行监管

■ 概况 2016年，中国人民银行永州市中心支行按照“适应新常态、弘扬新作风、创造新业绩、实现新发展”指导思想，履行基层央行职责，优化金融服务，较好地完成各项工作任务。年内，有8项工作在上级行专业会议上作交流发言，12项工作获上级行行领导肯定批示，159篇调研材料被上级行内刊或省部级以上外刊采用，被永州市政府授予驻村帮扶先进后盾单位、永州市金融机构支持地方经济发展先进单位。

截至2016年12月末，全市存贷款余额为1914.84亿元，966.09亿元，分别增长21.72%、17.85%。新增贷款172.47亿元，创历史同期新高，同比多增20.22亿元，新增额排全省第四名。组织县支行及13家地方法人金融机构开展MPA专题培训，做好按月监测、按季评估工作。全年举办专题培训2次，对4家被评为C类的机构进行约见谈话。完善“1+N”工作机制，引导银行资金流向和信贷投放。为零陵区农信社累计办理再贴现40万元，实现辖内法人金融机构办理该项业务的“零突破”。全辖累计发放支农再贷款12.8亿元、余额3.6亿元，累计发放扶贫再贷款12.2亿元、余额6.8亿元，累计发放额与余额均排在全省前列。

■ 金融精准扶贫 截至2016年12月末，永州市931个贫困村建成金融扶贫服务站533家。建立“永州市贫困农户信用信息数据库”，按贫困农户设立电子档案，动态录入相关信息。录入贫困农户16.43万户，评级14.68万户，授信13.75万户，授信金额38.99亿元，贫困农户获信用贷款16.52亿元。其经验做法被省政府《信息快报》推介，并上报国务院办公厅。出台《永州市扶贫再贷款示范点创建工作实施细则》，有19个示范点挂牌。引导金融支持产业扶贫，全市扶贫小额信贷21.51亿元，完成年初任务的326.95%，全年减贫人口16.7万人，超出年初计划4.7万人。人行江华支行联合县扶贫办、江华农商行、江华温氏集团支持生猪养殖园区建设的金融产业扶贫项目，被全国产业精准扶贫现场会列为重点观摩对象，省政府将此作为经典案例报送国务院扶贫办。国务院组织第三方机构对脱贫退出情况进行评估，抽查全省6个县，江华瑶族自治县是效果最好的县。

■ 金融环境改善 2016年，中国人民银行永州市中心支行协同政府部门打击非法集资，组织打非专题宣传5次，印发资料12万余份，配合处置大型涉嫌非法集资案件4起，金额18.02亿元。担纲撰写的《关于中心城区四起非法涉嫌案件处置情况的汇报》，得到市委常委、常务副市长唐湘林的批示肯定。指导蓝山县创建省级金融安全区，并在该县试点建立金融稳定协调机制，取得较好效果。先后召开农村支付环境建设座谈会11次，推进“助农取款POS机村村通”建设。到12月末，全市188个乡镇、2000多个行政村有POS机6000台，助农取款点2450个，分别较2015年增加1010台、1032个，社会便民支付在全市55个社区试点运行。抓校园诚信教育，推动税务纳税以及农村信用体系试点工作。双牌县是试点县，114个村有64个被评为信用村，其经验材料《双牌：培育信用文化提升县域金融生态质量》被搜狐网、今日头条、永州新闻网等多家媒体报道。抓金融知识的宣传普及，仅9月份，各类活动被《永州日报》、腾讯网等媒体报道59次。

■ **金融服务质效** 2016年，中国人民银行永州市中心支行与财税部门协作，促进“营改增”试点工作进行。参与市人大《永州市市级预算审查暂行办法》的制定和修改，就新预算法及央行经理国库法定职责向市人大常委会作专题汇报6次。加强地方政府债动态监测与分析，调研材料《地方政府债务置换有序进行 但相关配套政策亟待落实》被省委《湖南信息》采用。开展消灭国债零发售网点专项活动，全年在农村地区发行国债1016.08万元，为历年最多。对全市非税收缴和集中支付代理银行机构进行检查，责令非税收缴代理银行限期整改3家，取消代理银行资格2家。合理调拨发行基金，保证全辖现金供应。1月—12月，投放现金120.66亿元，回笼174.65亿元，净回笼53.99亿元。督促银行落实小面额主办网点制度，满足市场小面额零钞兑换需求。严肃纪律，对纪念币发行网点实施全覆盖现场督查，完成纪念币发行工作。不定期抽查商业银行的回笼券，对3家问题较多的银行下达整改通知书，限期整改，提升回笼券质量。安装自助查询机，开展柜台查询创优活动。全市人行系统个人信用报告查询业务量同比增长52.6%。实现应收账款融资业务的重大突破，交易额22.32亿元，是长沙中支下达任务的3倍。拓展征信报告应用范围，服务于各级人大、政协代表资格审查以及企业经济活动的信用评价，得到市委、市政府主要领导多次口头表扬。推进资本项目直接投资、FDI资本金结汇管理与内资企业外债宏观审慎管理改革，鼓励境外融资。到12月月末，全市外贸进出口额8.75亿美元，同比增长10.22%。采取多种措施，提高企业人民币跨境结算的主动性和积极性。1月—12月，15家企业的跨境人民币结算额6.69亿元，业务量逆势上扬，居全省地州市的前列。

■ **新田“农地”经营权抵押贷款试点** 2016年，中国人民银行永州市中心支行辖内国家级试点县新田县，在全省率先创新设计农村土地经营权流转证，建立县乡两级农村土地流转中心、村级土地流转服务站和农村土地网络信息管理平台，在全省较早印发《新田县2016年—2017年农村土地流转指导基准价》。到12月末，该县农村土地确权工作全部完成，颁发农村土地流转证95本；全县金融机构向新型农业经营主体累计授信6350万元，累计发放“农地”经营权抵押贷款5203万元，余额1748万元。省人民政府发展研究中心以《湖南新田县“农地”经营权抵押贷款试点定点着陆——对创新扶持新型农业经营主体流转“农地”经营权抵押贷款的探索与实践》为题，大篇幅进行宣传推介。

■ **国库监督方式创新** 2016年，中国人民银行永州市中心支行在道县支行搭建国库监督平台和国库协作平台，对国库资金开展实时、在线和一体化监督，审核预算执行安全性、合规性和有效性。到12月末，发现和纠正不合理预算支出22笔，涉及金额3.92亿元；向人大和财政报送预算执行监督意见书16份、监督报告7份。相关做法得到长沙中支纪委书记李志军、道县县委书记的肯定批示。9月下旬，长沙中支国库处结合该中支的创新实践，开发“TIPS前置人大预算业务系统”软件，并由该中支和道县支行测试运行。宁远县探索推行国库与财政部门密切合作，开展财政专户“双控管理”的工作模式，相关做法被总行国库局《国库情况反映》推介。

■ **全省首个地市级反电信诈骗中心建成** 2016年，中国人民银行永州市中心支行会同市公安局、3家通信运营商、10家商业银行等单位，在全省率先建立第一个市级反电诈中心。到12月末，阻断、遏制电信诈骗犯罪86起，为群众避免损失491万元。

■ **开展整治假币违法犯罪活动** 2016年，中国人民银行永州市中心支行联合公安部门开展整治假币违法犯罪活动，将反假工作列入市、县政府工作考核指标体系，采取与各乡、镇、场、街道办事处签订责任状，聘请反假宣传员等措施，使反假工作跃上新台阶。全年收缴假币2361.79万元，破案8起，抓获犯罪嫌疑人16人。特别是道县破获101万元的中小面额假币制造案件和1398万元特大制贩假币案件，受到公安部和国务院反假货币工作联席会议的通报嘉奖。12月初，国务院、湖南省反假货币工作联席会议办公室领导到永州市调研反假币工作，对该中心支行的反假打假整治工作给予高度评价。该中心支行在福建召开的“闽浙赣粤湘五省反假货币协作会议”上作书面经验交流。

（杨辉）

银行业监管

■概况 永州银监分局成立于2003年12月，截至2016年年末，有在职人员58人，其中硕士研究生4人、本科学历46人、大专学历8人；中共党员50人；班子成员4人；内设10个科室。担负着全市9家市级金融机构（包括1家政策性银行、5家大型国有商业银行、1家邮政储蓄银行、1家华融湘江银行、1家长沙银行）、11家地方性中小法人银行机构（包括农村商业银行10家，村镇银行1家）、680家机构网点及其业务的监督管理职责。

2016年，围绕中国银行业监督管理委员会和湖南银监局年初监管工作会议确定的各项目标任务以及永州市委市政府的决策部署，全面加强党的建设，履行监管职责，各项工作取得新的进步。年初和年中向永州市委市政府呈报的“永州银行业监管工作汇报”均得到永州市委领导的批示肯定；向永州市委、市政府呈报的《县域设立村镇银行的现状、作用及建议》《提高永州银行业存贷比的对策研究》《完善永州融资担保体系建设的调查与思考》3篇调研报告，被永州市委《领导参阅》内刊编发；《完善永州融资担保体系建设的调查与思考》一文被省委学习型党组织建设办公室主办的《学习导刊》2016年第6期刊发；申报的“提升银行业服务地方实体经济质效的对策研究”课题，被列为2016年永州市社科基金立项课题。全市银行业实现小微企业金融服务“三个不低于”、扶贫贷款“两个不低于”和涉农贷款“一个不低于”目标，实现空白乡镇金融服务全覆盖，并超额完成市委、市政府年初下达的“全年新增贷款165亿元”目标任务；在全省首批全面完成农村信用社股改任务。《对深入推进落实监督执纪“四种形态”常态化的几点思考》一文，被省局内网刊载。党建工作于11月3日受到督导“两学一做”学习教育的省银监局党委委员、纪委书记尤明祥的充分肯定。分局被省银监局评为“2016年度考核优秀”，被银监会评为“2016年银监会系统信息报送先进单位”。年内，分局9人次得到省银监局表彰，有1人被评为银监会系统“优秀党员”，1人被评为银监会系统信息工作先进个人。

■服务地方经济发展 2016年，永州银监分局落实国家政策，主动为实体经济提供精准高效服务，引导和督促银行业机构单列小微信贷计划，落实小微企业流贷无还本续贷和尽职免责等政策要求，支持重点领域，支持供给侧结构性改革；推进普惠金融，把精准扶贫列入监管评价重要内容，引导银行业机构量身定制金融扶贫专属产品，启动扶贫贷款“快进键”；指导银行业协会正确运用各种政策服务地方经济建设，加大对银行业机构的协调与监督，并制定《永州市银行业债权人委员会制度》。参与配合永州市委、市政府出台《推进供给侧结构性改革促进经济持续健康发展政策措施》《关于加快全市金融业改革发展的意见》《永州市严厉打击恶意逃废银行债务优化金融生态环境专项活动实施方案》3个文件。针对江华坤昊实业有限公司贷款跨湘桂两地、多家银行机构参与且形成风险的情况，促成成立银行业债权人委员会并签署《江华坤昊实业有限公司债权银行一致行动协议》。截至2016年年末，全市银行业机构贷款余额966.09亿元，比年初增加172.47亿元，新增贷款在全省排名第四位。全年全市扶贫小额信贷投放总量16.73亿元，完成年度任务的237%，占全省扶贫小额信贷总量的38%，位居全省首位，覆盖贫困户6.14万户。年末，全市5个贫困县各项贷款余额298.65亿元，比年初净增59.86亿元，增速25.07%，比全市各项贷款平均增速高出3.34个百分点。全市银行业机构涉农贷款余额522.17亿元，同比增加107.14亿元，增长25.82%，比各项贷款平均增速快4.09个百分点。全市银行业小微企业贷款余额388.40亿元，同比增加120.40亿元，增长44.93%，比各项贷款平均增速快23.2个百分点；小微企业户数3.89万户，同比增加1541户，申贷获得率100%，持续实现“三个不低于”目标。年末，全市银行业金融机构总资产2019.84亿元，比年初增加354.12亿元，增长21.26%；总负债1967.11亿元，比年初增加346.68亿元，增长21.39%。全年实现经营利润29.43亿元，同比增盈5.12亿元。

■ **银行机构改革** 2016年，永州市推进银行业体制改革，推进“一城一行、一县两行”体系建设，加快培育发展村镇银行。持续推进城区零陵区联社、冷水滩区联社和潇湘农商行整合组建永州农商行工作，永州农商行于9月26日挂牌开业，从而在全省首批全面完成农村信用社股改任务。通过股改，全市农合机构全年累计消化不良贷款48.94亿元。湘潭农商行与宁远县政府、炎陵农商行与道县和蓝山县政府就设立村镇银行事宜签署合作协议，并于11月25日在省银监局举行三方会谈；星沙农商行在东安县发起设立村镇银行的规划获银监会备案回复；宁乡农商行作为主发起行在江华瑶族自治县设立村镇银行上报银监会备案审批。持续督促改制农商行改进公司治理和业务治理，固本支农，壮大主业，加大对“三农”经济的投入，督促省联社永州办事处取消集中各县区农合机构培训办理债券投资业务的行为。推动银行业开展精准扶贫，扶贫小额信贷投放位居全省首位。引导银行业机构量身定制金融扶贫专属品的做法，于12月1日被《湖南日报》推介后，湖南红网、新华网等多家省内外主流媒体予以转载。

■ **依法监管** 2016年，永州银监分局抓实风险防控责任落实，督促引导银行业机构全面落实风险防控主体责任，把好风险防控“第一关”。落实监管主体责任，把监管责任层层分解，落实到岗、落实到人。紧盯事中事后监管，坚持每月排查风险点，并按照“一行一策”“一户一策”“一险一策”，全面加强风险管控。全年组织监管座谈22次，约见谈话11次，下发监管意见书12份、书面风险提示7次，现场督导6次，提出监管建议236条。督促银行业机构对违规违章行为严格内部问责，纪律处分36人，通报批评102人，经济处罚477人，处罚金额33.21万元。抓实法人机构监管，持续将主要领导的精力和监管资源向监管一线倾斜、向法人机构监管倾斜，通过监管约谈、下发监管意见、现场检查等方式，进一步推进法人机构合规管理、风险管理和内部控制三大体系建设。针对祁阳村镇银行风险突出问题，通过监管谈话、现场检查、贴身调研等措施实行有效监管。截至2016年年末，该行不良贷款率4.29%，相比最高峰时下降19.89个百分点，其他主要监管指标均达标，且实现账面盈利400万元。抓实重点领域风险防控，突出依法合规与风险可控2个重点，做好风险处置预案，抓紧抓细抓实声誉风险、操作风险、流动性风险、信用风险等重点领域风险防控，着力化解风险存量，严防风险增量。保持案防高压态势，推进案防长效机制建设。年末，全市银行业机构不良贷款率1.84%，同比下降0.17个百分点，保持稳健运行。全年辖内没有发生“圈、团、链”风险，没有因履职不到位引发重大风险事件，没有发生案件。落实检查责任制，强化全流程标准化控制，建立现场检查联席会议制度以及“一把手”把关检查质量制度。实行现场和非现场监管联动以及机构监管和功能监管联动，在继续实施“嵌入式”“贴心式”“紧盯式”非现场监管服务模式的基础上，打破干部在科室内画地为牢状况，采取全局人力资源集成方式，推出非现场监管和功能监管科室人员参加现场检查模式，提升发现问题和解决问题的能力。在“两加强、两遏制”回头看监管自查中，新发现监管方面的问题9个，且迅速整改到位。并在对农行永州分行开展代销业务检查和对祁阳、东安、道县农商行及工行、邮行、华融湘江银行永州分行开展“两加强、两遏制”监管检查，以及对原零陵区联社、原冷水滩区联社和祁阳、东安农商行开展全面性检查中，检查发现问题260个，逐一落实整改方案，责令和督促被查机构限期整改和问责，建立整改与问责台账。对检查发现的违法违规问题，严格依法处罚，做到应处必处、应罚尽罚。

（雷灿）

银行业协会

■ **概况** 永州市银行业协会成立于2005年7月，协会秘书处负责日常工作，办公地址设在永州银监分局。截至2016年年末，协会秘书处有工作人员6人，其中本科学历1人，大专学历5人；协会有会员单位21家，该届理事会由市农发行、市工行、市农行、市中行、市建行、市交行、省信用联社永州办事处、市邮储银行、市华融湘江银行、市邮政分公司、市长沙银行、永州农商行、江华农商行13家单位组成，会长单位市邮储银行。协会秘书处有专职副会长1人，秘书长1人，副秘书长1人，内设综合部、维权部、自律部和协调部，各部设主任1人。永州市银行业协会受湖南省银行业协会业务指导、永州银监分局业务管理。职责任务有按照国家金融法规和政策，以促进会员单位共同利益为宗旨，适应银行业改革和发展的需要，履行自律、维权、协调和服务职能，为金融和经济的健康发展服务。

2016年，该协会按照《银行业协会工作指引》和《2016年度永州市银行业协会工作要点》，落实会员大会和各次理事会决议，履行协会自律、维权、协调、服务职能，较好地完成年度工作任务。

■ 组织建设 2016年5月，永州市银行业协会成立永州银监分局机关党总支第十党支部，两位派驻协会工作人员的组织关系正式转入，并纳入永州银监分局机关党总支管理。组织全体党员参加中国银监会、湖南省银监局、永州银监分局组织的“两学一做”相关会议和学习。开展“三个回头看”“三个排查”工作。全体党员按要求补缴党费。召开协会第六届会员大会二次会议。审议并通过《永州市银行业协会第六届会员大会二次会议工作报告》《永州市银行业协会2015年度财务收支情况报告》《永州市银行业协会2016年度财务预算和编制说明》《永州市银行业协会2016年度工作要点》《永州市银行业协会2016年度会费征收标准议案》等。召开理事会2次。研究《2016年度永州市银行业星级网点评选及2014年度星级网点复评方案》《永州市银行业星级网点评价考核体系》《2016年度永州市银行业羽毛球暨拔河比赛方案》等。成立创建AAAA级社会组织工作领导小组，按照社会组织评估委员会的申报要求。

■ 行业自律 2016年，永州市银行业协会印发《关于进一步规范金融秩序严禁违规吸收和虚假增加存款的通知》。赴东安、双牌、零陵3县区就金融市场秩序进行调研，并组织召开座谈会，要求各银行业机构严格遵守《永州市银行业存款业务自律公约》，贯彻落实银监会存款偏离度管理要求，高度重视存款合规性建设，共同维护全市银行业存款市场秩序。开展明查暗访，对发现的问题及时向所在单位主管领导进行通报，并现场整改，督促会员单位依法合规经营。

■ 行业维权 2016年，永州市银行业协会协会多次走访全市各级法院，就金融案件失信被执行人纳入全国法院失信被执行人名单库有关问题进行磋商。全市各级法院将695位金融案件失信被执行人纳入全国法院失信被执行人名单库。按照银监部门要求，对各理事单位报送的基础数据进行匹配，确定湖南涔天河工程建设投资有限公司、湖南省中科农业有限公司、永州市第三人民医院、永州湘江纸业有限责任公司4家企业第一批组建银行业债权人委员会，同时分别指定主席单位、副主席单位及参与单位。6月28日，组织召开永州市银行业债权人委员会组建工作会议，市农发行、工行、农行、中行、建行、交行、邮储银行、华融湘江银行等8家银行业机构参加。7月14日，在江华瑶族自治县组织召开江华坤昊实业有限公司银行业债权人会议。会议组建江华坤昊实业有限公司银行业债权人委员会，指定华融湘江银行永州分行为主席单位，江华农商行为副主席单位，其他银行为参与单位。8月2日，江华瑶族自治县委、县政府组织江华坤昊实业有限公司各债权银行共同召开协调会，讨论江华坤昊实业有限公司与刘志华等签订的生产自救合作的可行性，与会各方在政府统一协调下签署《江华坤昊实业有限公司债权银行一致行动协议》，就公司生产自救、财务管理、债务偿还等事项达成一致意见。

■ 行业形象 2016年，永州市银行业协会推进网点建设。协会先后赴市银行业星级网点开展文明规范服务检查，对发现的问题分别与分管领导、主管部门及网点负责人交换意见。对客户反映服务方面存在问题的星级网点，召集网点负责人进行约谈，指出其存在的问题，并要求整改，维护星级网点形象。先后赴东安农商行期石市支行等10余家网点进行网点创星指导，配合交通银行永州分行突出抓好分行营业部申报“2016年度中国银行业文明规范服务千佳示范网点”工作，并创建成功。对81家申报2016年度永州市银行业星级网点及20家2014年度授牌星级网点进行测评及复查，对22家三星级网点、13

家四星级网点、16 家五星级网点分别授予称号，并授牌。推动全市银行业参加由湖南省人民政府金融工作办公室主办、湖南银监局组织领导、中国金融工会湖南工作委员会承办、湖南省银行业协会实施的“2015 年度湖南省银行金融服务竞赛”，做好材料审核和推荐工作。工行祁阳支行段湘等 4 人被评为百佳优秀个人，农行永州凤凰园经济技术开发区营销团队等 4 个集体被评为百佳优秀团队，农发行永州市分行营业部等 3 个单位被评为百佳优秀单位。开展优秀基层支行行长和优秀大堂经理评选活动，做好申报材料的审查及考察工作，授予农发行宁远县支行行长陈晓春等 12 人“2016 年度永州市银行业优秀基层支行行长”称号，授予工行新田支行大堂经理郑芬等 12 人“2016 年度永州市银行业优秀大堂经理”称号。组织全市银行业 12 支代表队开展羽毛球及拔河比赛。制定《2016 年永州市银行业普及金融知识万里行活动方案》，安排部署 6 月、7 月、8 月分阶段开展的“货币金融知识宣传月”“个人征信知识宣传月”“防范电信网络诈骗宣传月”具体工作。全市银行业累计参与网点 1453 个，累计活动次数 621 次，累计参与员工 11032 人，累计受众客户 623. 51 万人，发放宣传资料 63. 89 万份，媒体报道 76 次。

■ 行业服务 2016 年，永州市银行业协会邀请北京嘉泰开元文化传播有限公司到永州举办为期两天的网点文明规范服务培训，160 余人参加培训。组织全市银行业 44 名管理人员赴复旦大学进行为期一周的培训。参加上半年在怀化举办湘西南片区银行业协会交流会议，组织下半年湘西南片区银行业协会在永州的交流。组织会员单位就“银行业如何在精准扶贫工作中找准位置发挥积极作用”开展调研，收到调研论文 9 篇，评出一等奖 1 篇，二等奖 2 篇，三等奖 3 篇。在考前组织考务人员学习《银行业专业人员职业资格考试考场纪律》和《银行业专业人员职业资格考试应试人员违纪违规行为处理规定》，并进行考前检查及封场。全年 2 次考试均没发生突发事件，考场纪律良好。考点应考 3913 人次，实考 3039 人次，及格 898 人次，平均及格率 29. 5%。1 月，对全市银行业 23 位生活困难员工进行春节慰问。

（张卫卫）

保险行业自律管理

■ 概况 2016 年，永州市保险业保费收入 46. 78 亿元，同比增长 15. 48%，继续保持高速发展；保险业累计赔款（给付）各类保险责任金额 17. 45 亿元。保险功能进一步发挥，保障能力不断彰显，政策性农业保险、特色农业保险、大病医疗保险、各类责任险及养老保险等涉及民生类的保险不断发展，为解决因病返贫、因灾返贫发挥作用。

■ 商业车险市场管理 2015 年 12 月底，湖南做为第二批商业车险费率条款管理制度改革的省份。永州市保险行业协会组织对市场进行调研，对可能出现的问题作出解决的预案，并对各会员单位下达风险提示函。从 2015 年 12 月 26 日至 2016 年元月 27 日，协会抽调人员，组成 2 个督导小组开展督导检查 4 次。

■ 车险市场管理 从 2016 年 4 月开始，永州市保险行业协会加强与在市场份额占比前五位的保险机构的沟通与协调，同时与汽车协会进行多次协商，汽车协会取消春季车展的赞助，达成合作的意愿。随着双过半任务的趋使，不良竞争又开始抬头，保险主体为了各自的局部利益，不惜牺牲行业的整体利益，加大成本投入，为车商中介业务牟利创造条件。监管部门加强源头监管，特别是集中管理无序竞争的上级公司。

■ 寿险市场自律 2016 年，永州市保险行业协会加强寿险代理人管理，促进人员合理流动，新主体进入时对高管人员进行谈话，讲清监管部门要求，并根据永州保险从业人员情况和流动现状提出注意的问题。年内，永州保险从业人员的流动上没有出现大的波动，人员流动在合理区间之内。根据湖南保监局《关于进一步加强保险销售从业人员管理的通知》文件的精神和湖南省保险协会开展的“反销售误导”自律公约的要求，在全辖区开展反欺诈，反误导的专项治理和检查。

■ 保险行业维权 2016 年，永州市保险行业协会做好来访和投诉工作，化解矛盾，得到会员单位和客户的认可。听取投诉人与被投诉人的意见，了解真实情况，查明投诉原因。针对投诉人的意见，与投诉方进行交流，并将投诉意见和建议与保险人沟通，达成彼此理解，化解矛盾，妥善地处理投诉冲突与矛盾。开展保险维权，全年调解案件21起，调解金额100多万元。对于不合理的诉求，做好说服工作，做好相关法律法规的说明与解释，支持保险人的正常做法，维护保险人的权益，防止国有资产的流失。

■ 保险行业宣传 2016年，永州市保险行业协会利用各种场合、各种机会，宣传保险在人民生产、生活和社会管理中的作用。开展"诚信保险　自主消费"为主题的"3·15"消费咨询活动。根据《中国保监会关于印发〈2016年"3·15"保险消费者权益保护系列活动方案〉的通知》和《湖南保监局转发中国保监会关于印发〈2016年"3·15"保险消费者权益保护系列活动方案〉的通知》的文件精神，协会与市消协联系，在全市行业特别是在各县区的保险主体，开展形式多样的主题活动。开展"@保险，一切更简单"为主题的"7·8全国保险公众宣传日"的宣传活动。各主体根据自身的企业文化和客户特点开展丰富多样的活动，受到广大客户的好评。利用各种会议向市政府、职能部门领导宣讲保险的职能，保险在社会生活和社会管理中的作用，促进整个社会保险意识的提高。

■ 保险行业沟通协调 2016年，永州市保险行业协会主动与市政府金融办及相关职能部门联系沟通协调，为保险业发展创造良好的外部环境。与市卫计委、市司法局、市中级人民法院等部门承接全市医疗事故责任保险前期的风险评估，咨询医患矛盾的主要原因，承保方案的设计，使全市的医疗责任险顺利开展。通过市金融办，协调处理3月的泰康人寿东安支公司职场租赁合同的纠纷及6月的新田新华人寿一客户在退保时发生突发性猝死一案。针对各公司反映法医鉴定上存在的突出问题，年初，通过走访和调查，听取市司法局的意见和建议，征求各公司同意后，将潇湘司法签定所定为示范联系单位。

（蒋晓玲）

重点金融企业选介

中国工商银行永州分行

■ 概况 2016年年末，中国工商银行永州分行各项存款余额（含外币）172.62亿元，较年初增加21.97亿元；对公存款余额61.77亿元，比年初新增12.08亿元。储蓄存款余额110.85亿元，比年初新增9.89亿元。各项贷款余额（含外币）94.60亿元，比年初新增7.96亿。其中，法人贷款余额58.14亿元，新增7.67亿元；人贷款余额34.13亿元，票据贴现额2.31亿元，净增1.88亿元。实现拨备前利润2.57亿元，实现净利润9704万元，实现中间业务收入1.63亿万元。在全省系统各市经营绩效考核排名第六位。

■ 信贷支持 2016年，中国工商银行永州分行以"优选客户，创新服务"为原则，重点营销电力、公路、水利建设、制造业、医院等信贷客户，促进永州分行信贷结构的优化调整。全行各项贷款余额94.60亿元，较年初新增7.96亿元，增幅9.19%；小微企业贷款余额38.9亿元，比2015年同期增加7.26亿元，贷款增速22.55%，高于各项贷款平均增速13.36%，申贷获得率94.92%，基本达到中国银监会对小微企业"三个不低于"的监管要求。4月，工行永州分行被中国人民银行长沙中心支行评为湖南省发展普惠金融工作先进单位。

■ 工商银行融e购平台江永馆开馆 2016年12月1日，工商银行融e购平台全国首家县级地方馆——"江永馆"开馆，"江永馆"将依托"融e购"平台，通过互联网方式向工行海内外客户推广江永县"五香特产"，介绍江永县"三千文化"的全域旅游资源，全面提升江永农产品的知名度、美誉度和品牌影响力。融e购"江永馆"是工行永州分行创新金融产品和服务的一大成果，开启工行金融扶贫新模式。在湖南省委网信办指导，红网主办的2016湖南金融创新榜颁奖典礼上，"江永馆"被评为2016湖南金融创新力量榜单第一名。

领导名录

行　　长	徐彦杰
纪委书记	周济书
副 行 长	金永华　沈　毅 黄　晟
资深经理	谢建生
高级经理	段湘江　陈开钢 阳革新　魏京燕

（程纯）

中国建设银行永州市分行

■ 概况 2016年，中国建设银行永州市分行按照中央和上级行的统一部署，继续坚持"构和谐、谋发展、保平安”的工作思路，转型创新适应新常态，实现主要业务指标同业份额领先，系统排名靠前，实现“四无”的管理目标。

负债业务连创新高，一般性存款322亿元，新增36亿元，同业占比36.6%，同业排名第一位，其中对公存款时点新增12亿元，同业占比30.3%，系统排名第七位；个人存款时点新增24亿元，同业占比42.44%，系统排名第三位；一般性存款日均新增48.54亿元，同业占比53.54%，系统排名第一位，新增连续6年同业排名第一位；资产业务稳步增长，各项贷款120亿元，考虑打包核销、地方债置换等因素，实际新增19亿元，同业排名第一位；效益指标持续提升，中间业务收入2.2亿元，同业占比41.41%，同业排名第一位，同比增长27.8%，系统排名第一位；账面利润5.98亿元，同业占比52%，同业排名第一位，同比增长23.1%，系统排名第一位。资产质量保持稳定，不良贷款0.66亿元，不良率0.48%，低于系统平均水平0.57个百分点，仍保持优良行地位。单位人民币结算账户新增1442户，系统排名第三位；个人贷款新增7.84亿元，同业占比36.67%，累计投放22亿元。信用卡分期交易额12.12亿元，两年翻番，系统排名第一位；手机银行活跃客户19.93万户，系统排名第三位；善融商务交易额2.33亿元，系统排名第五位，增幅100.16%，“悦生活”交易量126.1万笔，系统排名第二位；智慧柜员机交易总量和业务迁移率分别达16.57万笔、80.49%，均列系统排名第一位。

■服务地方经济 2016年，中国建设银行永州市分行跟进全省、全市战略部署，拓宽融资渠道，对接项目落地，全年累计投放贷款48.99亿元，服务国企改革，营销PPP项目1个，营销资产收益权理财产品2亿元，股权直投类理财产品审批8亿元，是年投放5亿元；助力“三个重大”建设，投放基础设施建设贷款8.42亿元；助推民生领域提质，投放民生领域贷款4.37亿元；服务“三农”，涉农贷款4.18亿元；支持“双创”、小微企业贷款新增1788万元，贷款户114户，获贷率100%，完成监管部门“三个不低于”要求。成功发放湖南省分行首笔农村土地承包经营权抵押贷款。

■结构调整 2016年，中国建设银行永州市分行公司机构有效客户41.47万户，新增665户；个人加权有效客户139.7万户，新增23.93万户，系统排名第一位；私人银行客户数75人，新增11户；公司机构和个人产品覆盖度4.97个和5.13个，客户粘性增强。中间业务毛收入占账面利润36.86%，基础性中收占比86%，提升2个百分点，其中信用卡中间业务收入1亿元，占全行中收47%；理财产品、对私寿险等产品收入增速超过50%；电子银行等重点转型产品收入快速增长。

■创新转型 2016年，中国建设银行永州市分行金融生态圈建设立项项目42个，完成计划任务123.53%，成功上线10个；金融IC卡新增43.95万张，系统排名第四位。组建政府营销服务和资管业务等专家团队，制定综合金融服务方案2个。实施“移动优先”战略，移动金融柜面替代率70.61%。与湖南联通、银联和美诺公司共同打造的“金湘通”服务点突破300个，县域金融服务进一步延伸。

■风险管理 2016年，中国建设银行永州市分行制定信贷管理“315工程”实施细则，实行资产质量“一把手”负责制和领导班子岗位责任约束，形成齐抓共管、协同防范效果。推进“双基”管理，推进合规文化落实；组织各类风险排查和屡查屡犯问题整治，审计检查发现问题58个；反洗钱监测水平提升，实现零案件、零处罚；依法维权成效显著，办结诉讼案件15件，执行回收300万元，减免损失213万元。落实案件防查责任制，开展“平安建行”创建活动；依法有效维护稳定，成功处置负面舆情7起，化解潜在舆情10起，被省行评为2016年度新闻舆情工作先进集体、2016年度公关企化（消费者权益保护）工作考核优胜单位。

■管理机制 2016年，中国建设银行永州市分行在业务管理费用大幅下降的前提下，有保有压，基层行费用占比提升3个百分点；招待费、差旅费、会议费等费用压缩8%；集中采购项目23个，支出节约6.7%。全年提拔副经理级及以上干部16人；诫勉处理1人，提醒处理18人；规范培训管理，拓宽培训渠道，提升员工业务素质和营销技能。装修网点5个，新投产智慧柜员机127台，新增离行自助银行4家，减少高柜27个、低柜23个，释放网点柜员50人，网点营销服务人员占比60.8%，柜面交易迁移率80.49%。

领导名录

党委书记 行长　龚飞龙

党委委员 纪委书记兼 副行长　江新波

党委委员 副行长　罗全华　彭元持

刘辉华　刘　剑

（文爱华）

中国银行永州分行

■ **概况**　2016年，中国银行永州分行围绕“责任、执行、扬长、补短”4个关键点，坚持稳中求进的总基调，推进“争做当地最好银行”战略目标实施。到2016年年底，全行有19个网点，其中，辖属县支行4个，城区支行11个，机关部门7个；有员工342人，其中女员工197人。

截至2016年12月31日，本外币各项存款余额79.41亿元，较年初新增8.74亿元，其中人民币储蓄存款余额53.19亿元，较年初新增3.91亿元；人民币公司存款余额24.92亿元，较年初新增4.26亿元。本外币各项贷款余额38.67亿元。实现本外币净收入2.22亿元，实现拨备前利润1.29亿元，实现净利润5887万元。年内，被市委、市政府授予“2016年度全市优化经济环境、机关效能建设工作先进单位”；在银行业协会考评中，该行获五星级网点1家，四星级网点1家，三星级网点3家。

■ **严控资产质量**　2016年，中国银行永州分行组织召开不良化解专题会议，启动不良化解的四项措施，对不良大户的管控由市分行班子成员负责挂钩，启动约束机制和问责机制。实行清收化解招标机制，有效调动全辖员工积极性。对不良贷款符合上诉程序，立即向法院提交诉讼材料，启动诉讼程序，并成立专项小组，负责进程跟踪。对符合核呆条件的，立即组织人员对不良贷款进行核呆申请。截至2016年年底，实现本外币不良贷款总额5999万元，不良率1.55%。其中，零售不良贷款余额5750万元，公司不良贷款余额249万元。

■ **内部控制管理**　2016年，中国银行永州分行号召全辖打好合规经营战役，落实从严治行。对全辖50万元以上的个人贷款实行地毯式核查，重点核查抵押品真实性、有效性；对公司贷款抵押物的真实性和贷款资料开展全面检查。召开反洗钱动员大会，组织反洗钱专题中心组学习会议，落实总行、省行反洗钱要求。抓好总行“加强基层网点风险管控”50条措施在基层网点、基础环节的贯彻落实，加强基层网点特别是柜员的管控，管好“抽屉”，管好印章，管好“口袋”，管好员工。

领导名录

行　长　陈永红

副行长　宋韶清　伍　明

张晋军　刘新平

（郑卫平）

中国农业银行永州分行

■ **概况**　2016年，中国农业银行永州分行贯彻落实农总行“一个中心、两根支柱”的总体工作思路和战略部署，推进经营转型。年末，各项存款余额274.27亿元，比年初净增30.98亿元，存款增量市场份额31.45%，居同业第二位。其中，对公存款时点净增12.5亿元，完成年度计划275.8%，居同业第一位。各项贷款余额113.15亿元，比年初净增16.95亿元，贷款增量市场份额54.5%，跃居四大行首位。其中，个人贷款净增10亿元，在全省系统内和四大行中均排名第一名。全行涉农贷款净增11.41亿元，完成省分行年度计划的248%；扶贫贷款净增8亿元，完成省分行

2016年8月27日，中国银行永州分行举办出国留学金融展

2016年11月，农行汽车节，圆梦“有车一族” 摄影 罗晖

计划的655%。

■ 服务三农 2016年，中国农业银行永州分行县域整体贷存比30.94%，较2015年提升4.79个百分点，全年净投放涉农贷款11.4亿元，完成年度计划的248%；投放新型农业经营主体贷款9034万元，完成年度计划的167%。县域支行存款规模扩大，全年净增20.99亿元，市场份额41.41%，四大行排名第一位。县域支行经营活力增强，有6个县域支行营销政府购买服务项目，获批项目11个，获批金额26.7亿元。

■ 精准扶贫 2016年，中国农业银行永州分行净投放扶贫贷款4.75亿元，完成年度计划的389%。在江华创新采取“分贷统用统还”模式，对2862多名建档立卡农村贫困妇女发放“富农贷·农村妇女扶贫贷”3530万元，成为全国首创，被国家扶贫办官网、新华网等50余家主流媒体报道。在宁远县推广“政府风险补偿基金+农户”模式，支持新型农村经营主体发展，全年受理调查162户，发放贷款38笔1590万元，带动318户贫困户脱贫。

■ 扩户提质 2016年，中国农业银行永州分行个人贵宾客户、私人银行客户签约、对公客户分别新增9848户、11户、1103户，分别完成年度计划的118%、122%、102%；个人贵宾客户产品交叉销售率130.5%，较年初增加30.42%，增量排名全省第二位，客户规模和客户质量均有明显提升；有天绘北斗科技、潇水河治理项目、北控水务等一批新的优质客户落户该行。

■ 三个宣战 2016年，中国农业银行永州分行向成本宣战、向风险宣战、向案件宣战。实现成本收入比36.28%，较2015年下降1.99个百分点。全年清收不良贷款6135万元，实现委托资产处置清零，是系统内率先按期实现清零目标的二级分行。开展“两加强、两遏制”回头看工作，对发现的问题进行严肃处理。“平安银行”建设稳步推进，全年没有发生经济案件和责任性刑事案件。

领导名录

党委书记 行长	张重九
党委副书记 副行长	雷治新
党委委员 纪委书记 副行长	潘美才
党委委员 副行长	黄英 蒋星友 罗雄伟

（罗晖）

中国农业发展银行永州市分行

■ 概况 2016年，中国农业发展银行永州市分行以服务脱贫攻坚、“两学一做”学习教育为抓手，坚持“两个从严”（从严要求，从严管理），依法合规经营，着力打好业务发展、提升站位、基础管理和队伍建设“四大战役”，实现业务运行稳中有进。全年累计投放各类支农资金59.27亿元，其中贷款49.33亿元，基金9.94亿元，实现中间业务收入374.56万元，实现账面利润2.11亿元，实现国际业务结算量2451万美元。年末，各项贷款余额104.36亿元，各项存款余额75.5亿元，不良贷款保持零余额。

■ 业务发展 2016年，中国农业发展银行永州市分行支持托市收购和地方储备粮增储，累计向14家粮食企业投放粮油贷款5.22亿元。年末，粮油贷款余额18.7亿元，履行农发行保障国家粮油安全职责。推进“红五月”活动，持续加大中长期贷款支持力度，服务农业现代化和城乡一体化发展，支持农村基础设施建设，重点营销水利、棚户区改造、农村

2016年8月16日，永州市人民政府、省农发行组织召开农业政策性金融支持永州脱贫攻坚贷款项目对接会　摄影 骆海瑛

路网、整体城镇化建设、农业生态环境建设等领域项目贷款。截至2016年12月底，累计营销中长期贷款项目29个，金额156.1亿元。特别是围绕涔天河水库枢纽和灌区等水利工程，将水利项目做精做细，累计受理水利建设贷款90.8亿元，投放中长期贷款42.3亿元。年内，被永州市政府评为永州市金融机构支持地方经济发展先进单位。

■ **脱贫攻坚**　2016年，中国农业发展银行永州市分行强化政治担当，坚持以服务脱贫攻坚统揽全局，落实精准扶贫、精准脱贫基本方略。在原已发放15亿元支持同步搬迁的基础上，投放易地扶贫搬迁专项贷款2.8亿元、基金2.8亿元，涉及5个县（区），覆盖2.2万建档立卡贫困人口，推动当地建档立卡贫困人口搬迁安置进程。投放基础设施建设扶贫贷款24亿元，支持贫困地区农村路网等项目建设。投放粮油购销储贷款5.2亿元，确保贫困地区农民不出现卖粮难。投放产业扶贫贷款6.9亿元，支持实体经济走出困境。构建服务脱贫攻坚长效机制。制定下发《永州市分行政策性金融扶贫行动方案》和《永州市分行服务脱贫攻坚工作考核办法》，出台《永州市分行党委班子成员扶贫联系行工作制度》，落实市分行领导、职能部门和副高信贷扶贫督导和服务职责，对扶贫联系村蓝山县大冲村特困户进行结对帮扶，资助5万元改善贫困村人居环境。在全省地市中率先组织召开“农业政策性金融支持脱贫攻坚贷款项目对接会”，对接推荐项目68个，金额442.6亿元。做好扶贫贷款的认定，总计认定扶贫贷款66.24亿元，占贷款总额的63.8%，认定率及认定额均居全省前列。《湖南日报》以《突破重垣 初战告捷》为题进行专题报道；《永州日报》头版以《布局先手棋 打好攻坚战》为题进行深度报道。

■ **优化业务结构**　2016年，中国农业发展银行永州市分行坚持稳健经营，创新和完善管理机制。依法合规支付资金，严格坚持“依法合规、实事求是、应付尽付”的原则，时刻督促被投项目加快资金支付进度和办理好工商变更登记手续。支付1~6批基金6.66亿元，占已投基金的45.73%；办理工商变更项目34个，占比85%，办理笔数稳居全省第一位。开展全行性国际业务营销，在全省二级分行中率先推行县级支行国际业务考核，制定出台《国际业务工作考核办法》，加强同业合作，营销新客户，拓宽业务渠道，先后增加开办出口托收、汇入汇款、汇出汇款和出口发票融资等新业务品种。实现国际业务结算量2451万美元，比2015年增加497美元，增幅26%，完成省分行分配任务的123%，业务量跻身全省前三位。创新代理保险业务管理模式，组织召开保险公司与辖内各支行（部）业务联系会，促进中间业务快速发展。办理代理保险业务1097万元，实现代理保险手续费收入90.69万元，吸收保险资金3.9亿元；日均存款余额4359.42万元，同比增加3258.04万元，增幅296%。

■ **基础管理**　2016年，中国农业发展银行永州市分行推进“贷后管理年”活动。党委班子成员各带一个组对辖内9个支行（部）进行为期15天的贷款风险大检查，对检查发现的问题建立整改台账，制定整改方案，明确责任人和整改时间，及时跟踪整改进度，确保各类问题整改到位。按照总行合同框架文本，由新组建的政府机构为债务承接人，与原粮食局签订《债务承接协议》，落实粮食挂账贷款债务承接主体。抓好粮食库存异地监管工作，制定《永州市分行中央储备粮油异地库存监管办法》。加强县级储备粮风险管控，建立轮换盈亏由财政补贴机制，对全市11个县（区）级储备粮管理办法进行修订完善，明确轮换价差亏损由财政兜底。年内，13家企业轮换县级储备粮价差亏损由同级财政弥补到位。对正常类客户通过制定到期贷款监测台账，及时启动续贷（展期）流程，实现客户资金供应的“无缝对接”。对重点维

2016年5月，中国农业发展银行投放水利建设贷款支持国家重点水利项目——涔天河水库扩建工程　摄影　骆海瑛

护类客户逐企业制定维护方案，明确维护目标和措施，建立跟踪监测台账、5个辅助台账和月度银企沟通协商例会制度，对企业的资金流、物资流、抵（质）押物进行动态监测，及时发出预警信号。对规模小、实力弱、信贷风险信号明显的客户实施退出战略，全年稳妥退出客户3家，收回贷款2470万元。

领导名录

党委书记　孟德军
行　　长

党委委员　刘灵芝　甘桂林
副行长　　陈　果

（蒋薇薇）

中国邮政储蓄银行永州市分行

■ **概况**　2016年，中国邮政储蓄银行永州市分行（简称邮储银行永州市分行）围绕“夯实基础，精细管理，转型升级，稳中求进”的十六字方针，坚持严控合规风险、优化资源配置、加强队伍建设、强化作风整顿，始终保持谨慎经营与创新方式相结合的态度，各项经营管理工作都取得可喜成绩。截至2016年年末，储蓄存款余额252.75亿元；公司业务时点余额27.24亿元，年净增2.02亿元；零售贷款余额72.52亿元，年净增18.61亿元；消费贷款结余43.26亿元，年净增16.57亿元；小企业贷款结余21.58亿元，年净增1.26亿元。年内无一起重大案件的发生，未发生重大安全事故，实现“零案件”目标。

■ **经营转型**　2016年，邮储银行永州市分行以业务变革为核心，通过资源配置、人才开发等内部挖潜转型与产品创新、服务升级等外部拓展转型相结合的方式，调整客户和业务结构，不断适应经营环境变化，实现分行持续健康稳定的发展。将“稳中求进”作为发展的前提条件，坚持信贷“两小”基本定位，合理运用价格管理，突出专营团队建设，各项业务实现经营效益的提升。突出再就业、烟业贷款等平台建设，有针对性的服务目标客户，树立邮储品牌。再就业贷款全年实现1.87亿元的放款，占全市再就业贷款放款的50%以上，年净增9295万元。密切关注市场动态，通过房地产信用信息管理系统进行楼盘筛选和精准营销；把握汽车销售渠道下沉县域的市场趋势，走“农村包围城市”的路线，强化与二级经销商的合作；创新合作方式，开展“2015年度诚信合作单位授奖仪式暨答谢会”，在合作单位中评选“优质诚信合作单位”，在深化合作关系的同时，拓宽影响力。推动产品创新，丰富消费贷款产品体系。为结合永州市的区域特色和消费特点，分行自主设计自建房贷款、优享贷两款产品，并且调整汽车消费贷款的期限。截至2016年年末，个人一手房贷款余额的同业占比达到13.95%，列全市金融机构第四位；新增占比28.31%，列全市金融机构第一位。车贷业务渗透率11.65%，全年新增准入汽车消费贷款合作经销商42家，合作经销商181家，覆盖所有4S店。二手房贷款市场占比62.59%。

■ **风险管控**　2016年，邮储银行永州市分行以“两个加强、两个遏制”（两个加强：加强内部管控、加强外部监管；两个遏制：遏制违规经营、遏制违法犯罪）活动为推手，以“管理标准化践行年”“内控达标年”活动为助力，持续强化合规体系的不断完善。对有效制度、失效制度、制度问题进行梳理，做好制度“立、改、废”工作，持续加强制度动态维护管理工作。以“内控达标”为主题，邮银联合，全员参与，重点解决违规问题屡查屡犯、屡查不改及责任追究不到位的问题，持续推进内控建设。规范合同审查流程，严格执行合同审查系统流程规定并履行审查职责，全年未发生一起因合同及协议审查不严而导致的法律纠纷。

领导名录

行　　长　熊庭哲
副 行 长　王松林　黄满元
　　　　　周育林　何　艳

（唐利花）

交通银行永州分行

■ 概况 截至2016年年末，交通银行永州分行本外币资产总额32.39亿元，较年初增加10.45亿元，增幅47.64%，其中，人民币各项存款余额30.83亿元，较年初增加10.13亿元，增幅49%；五大行市场占比3.47%，较年初提升0.78个百分点。各项贷款余额24.02亿元，较年初增加6.38亿元，增幅36.16%，贷款不良率为零。实现经营利润8963万元，增幅106%。

2016年，交通银行永州分行获中国银行业文明规范千佳示范单位、交通银行总行第六届文明单位、交通银行模范职工之家等20项称号。消保服务提升在交行系统内排名全省第一位，党风廉政建设、工会工作、营运管理排名全辖第一位，获省分行经营管理优胜单位称号。

■ 主营业务 2016年，交通银行永州分行在重点项目、创新业务、渠道建设等方面继续发力，公私联动全面均衡，业务发展取得新突破。抢抓市政重点项目，以创新业务带动对公存款增长，实现落地的投行项目3户，直接派生对公存款18亿元、完成注册（或审批）的投行项目2户，涉及金额18亿元。精选项目投向，用好信贷规模，助力实体经济发展，与永州市政府签订“十三五”银政合作150亿元战略协议，全年累计投放贷款9亿元。小微企业贷款余额较年初增加3.85亿元，增幅43.79%，完成“三个不低于”的监管要求。成功营销湘江西岸、中央商务区等旧城改造项目，授信额度近30亿元。成功开立零陵区、市经济技术开发区2个职业年金归集账户，打响交通银行养老金托管的品牌。基本完成永州市中心医院诊疗卡系统更新及移动医疗项目建设，实现永州市妇幼、永州职业技术学院附属医院诊疗卡项目上线。

■ 品牌形象 2016年，交通银行永州分行继续贯彻“一个交行，一个客户”的服务理念，以打造客户最佳体验为目标，365天如一日坚持“比、学、赶、超”的奋进精神。持续完善网点硬件设施，提升厅堂员工服务能力，引入女书特色文化，引进智能机器人娇娇，抓服务礼仪、抓技能提升、抓服务效率，开展“一日之计在于晨”等多项服务提升专项活动，客户体验不断改善，消保服务工作排名全省第一位。营业部成功创建中国银行业文明规范服务“千佳示范单位”，零陵支行获评永州市银协“五星级营业网点”。深入双牌县茶林镇新院子村，开展精准扶贫工作。参加“爱心圆梦”助学晚会、助残演出晚会，活动累计捐款16.7万元；每季度将“旧书、旧报纸”义卖捐给总工会资助残疾儿童；开展“爱心送考，与你同行”活动，义务植树争创国家卫生城市、“3·15”金融消费者权益日、“普及金融知识万里行”等一系列公益活动。

交通银行永州分行举行员工服务礼仪培训

■ 网点建设 2016年，交通银行永州分行设有营业网点4家，自助银行12家，其中永州梧桐路支行为新建网点，业务发展稳步向好。

领导名录

党委书记 行长	马炳瑜
党委委员 副行长	黄鹂

（苏曦）

华融湘江银行永州分行

■ 概况 华融湘江银行永州分行位于永州市冷水滩区翠竹路9号世纪滨江大厦，于2012年11月正式启动筹建工作，是系统内第十二家一级分行，2013年8月8号开业，开业当天一般性存款余额突破10亿元。截至2016年年末，永州分行下设5家营业网点及1家自助银行，在册员工105人，各项存款余额44.62亿元，较年初新增15.94亿元，增长55.58%；信用投放余额49.61亿元。

■ 助推地方经济发展 至2016年年末，华融湘江银行永州分行累计向永州市投放信用超过60亿元。突出支持重要工业产业，在支持永州地方基础设施建设、园区开发、战略产业发展、中小微企业转型、政府重点项目和民生工程等方面，优先支持符合国家产业政策导向、区域内竞争优势明显、对地方经济发展贡献突出的现代物流、新材料、精细化工、智能制造装备、医疗卫生及设备、生物医药、高等教育、节能环保、基础设施建设等行业。突出支持市政府重点项目，通过创新产品实施突破，向政府工程建设项目投放大额贷款。紧跟市委经济发展战略，以永州城镇提质、交通提速、园区升级、旅游升温、脱贫攻坚、环境治理“六大战役”为契机，对河西棚户区改造、国道G207线、零陵古城改造、滨江新城、京华中学棚户区改造、东安龙溪河河道治理等多个项目给予重点资金扶持。在市人民政府组织的“全市各家金融机构”的考评中，获“永州市中心城市建设金融工作优质服务先进单位”称号。突出支持重点工业企业，灵活运用对接理财、直投、银银组合、贷款等现有表内外创新产品，扶持长丰汽车、长丰沙发、长丰内装饰、元创精密等优质成长型工业企业的发展壮大。

■ **支持创新创业** 2016年，华融湘江银行永州分行坚持把地方中小企业作为信贷支持的重点，加大对小微企业信贷倾斜，致力于打造“小微企业合作银行”，支持中小微企业和消费金融发展。至2016年年末，小微企业贷款（含个人经营性贷款）余额超10亿元。以工业园区、商会与行业协会、担保公司以及核心企业等为切入点，搭建营销平台，推行“模式化经营”，批量开发小微企业客户，实现营销效率与营销成本的“双赢”。成立小微企业金融服务中心，开辟小微企业金融服务“绿色通道”，在产品创新上形成包括循环贷款、贸易融资、经营性物业贷款、标准厂房按揭贷款等在内的融资产品体系，为300余家中小企业提供全方位的金融服务。在为企业提供信贷服务的同时，始终关注并探索长期以来困扰企业融资的“担保难”问题，结合企业实际，创新授信模式，推出“循环贷”“物业贷”“互助联保贷”“银保贷”“信用贷”“信义贷”“组合贷”“快捷贷”等产品，创新运用企业联保、组合担保等形式，为企业量身定做融资方案，较好地解决企业的融资和担保难问题。

■ **提升服务品质** 2016年，华融湘江银行永州分行坚持“服务立行”，推进“五年三步走”发展战略，扩大服务覆盖面。下辖4家支行获评永州银行业协会“五星级网点”称号；推出网上银行、电话银行、手机银行、微信银行、直销银行等电子银行业务；发行金融IC卡、社保卡和公务卡；实施“华融卡”开户、取现和网上银行、手机银行转账手续费全免等惠民措施；上线互联网消费贷款“融安贷”等普惠金融产品，不断为客户提供方便、快捷、周到的金融服务。至年末，客户突破6.5万户。

领导名录

党委书记
行　　长　李武辉

党委委员
纪委书记
行长助理　廖奇旺

党委委员
行长助理　余强庚　黎明东

（许苧文）

湖南省农村信用社联合社永州办事处

■ **概况** 湖南省农村信用社联合社永州办事处辖10个农村商业银行，336个营业网点，在编员工2990人。2016年，全市农村商业银行在省联社突出科学发展主题和深化改革、防控风险两条主线，把“抓经营增效益，抓质量上水平”作为工作重心，夯实现代金融发展基础工作，各项业务取得历史性突破。年末，全辖各项存款余额544.12亿元，比年初增加110.75亿元，增幅25.55%，完成年度任务190.95%。存款总量市场份额28.42%，增量市场份额32.41%，存款总量、增量均稳居全市各金融机构首位。存款总量、增量分别在全省农信系统中居第五位和第二位。全辖各项贷款余额345.15亿元，比年初净增54.48亿元（未包含核销贷款5.01亿元、资产证券化1.2亿元），增幅18.74%，完成年度任务123.82%。贷款总量市场份额35.73%、增量市场份额31.59%，贷款总量、增量稳居全市各金融机构首位。贷款总量、增量在全省农信系统中均排第三位。存贷比63.43%，在全省农信系统中排名第一位。全年累放贷款275.34亿元，同比多投放56.07亿元。全市涉农贷款、小微企业贷款增速均高于贷款增速，有效支持地方经济发展。全年累计发放金融产业扶贫贷款21.52亿元，净投放20.53亿元，排名全省第一位，完成省年度任务的314.4%，完成市年度任务293.29%。各项财务收入和财务支出分别为36.56亿元和23.87亿元，同比分别增加4.76亿元和1.63亿元，增长14.97%和7.33%，实现经营利润17.7亿元，在全省农信系统中居第二位；经营利润完成省联社分配任务的133.5%。全年缴纳各项税收6.02亿元，在全省农信系统中居第二位，辖内有5家县级农商行在当地是最大的纳税户。全辖不良贷款余额5.95亿元，不良贷款占比1.73%，不良率较年初下降0.13个百分点，不良率低于全省平均值1.63个百分点，在全省农信系统排第二位。贷款到期收回率98.54%，居全省农信系统第一位。

存在的主要问题是改制完成后，不良贷款反弹势头明显；受宏观经济及“去产能、去库存、去杠杆”等影响，贷款有效投放难度加大，全辖信贷投放同比减少8.69亿元，贷款存量市场份额比年初下降0.98个百分点；各行之间各项业务指标完成情况差距较大，城乡差别较大，信贷网点与储蓄网点绩效考核差距较大；全辖存款的成本在增加，贷款的收益率在下降，造成“息差逐步缩小，付息率上升，费用支出增加”的局面。

■ 全市农村信用社综合考评获全省系统第一名 2016年，全市农村信用社（农商银行）综合考评再获全省系统第一名，实现三连冠。在全省103家市、县农村商业银行、农村信用联社考核排位中，永州有7家进入全省10强。实现经营利润17.5亿元，纳税6.02亿元，缴税总额在全省农信社系统排名第二位，仅次于长沙市。全市10家农村商业银行均为当地纳税大户，其中有5家是所在县最大的纳税户。

■ 产权制度改革全面完成 2016年9月26日，永州辖内最后一家由农村信用社改制为农村商业银行的“永州农村商业银行”挂牌开业，至此，永州辖区农村信用社的产权制度改革全面完成。在改制工作推进中，湖南省农村信用社联合社永州办事处重点抓好6个改革重点：1. 做好清产核资。全面查清和核实改制机构资产、负债、所有者权益和经营成果，科学合理评估资产，核实各项资产损失，落实债权债务，妥善处理产权。2. 清收不良贷款。运用法律、经济、行政等手段，依法维护金融债权，依法打击恶意逃废债务行为。3. 引进社会资本。充分考虑未来发展需要、资本监管要求，科学测算股金规模，提升资本质量，形成有效的资本补充机制。4. 完善法人治理结构和经营机制。建立完善股东大会、董事会、监事会和经营层管理架构，形成权责明确、科学分工、运转高效的法人治理结构。5. 推动内部机制转换，确保改制组建工作质量。6. 加强行业组织领导。科学制定改组组建工作规划、筹建工作方案，科学设置内部机构，提高运行效率、提升经营管理水平及支农服务水平。

■ 金融产业扶贫 2016年，湖南农信社永州办事处组织辖内农商行、农信社加大金融产业扶贫力度，辖区行社先后赴郴州宜章、怀化麻阳等地培训、学习扶贫小额信贷工作经验，同时因地制宜，创新型加强金融产业扶贫工作方式，得到市委市政府的肯定，扶贫贷款任务完成率和贷款规模均居全省第一位。截至2016年7月底，全市建档立卡贫困户参评率97%，有效授信率89.4%，累放贷款14.63亿元，带动贫困户62677户，其中2016年发放贷款13.24亿元，完成全年扶贫贷款投放任务的189%。

领导名录

主　　任　欧阳挺

副 主 任　樊春湘　李中平

（陈朝辉）

永州农商银行

■ 概况 永州农商银行由永州中心城区原潇湘农商银行、零陵联社和冷水滩联社3家农合机构新设合并组建而成，于2016年9月26日挂牌开业。总行机关内设营业部、市场客户部、信贷管理部、金融市场部、电子银行部、合规风险部、审计部、监察室、资产保全部、财会运营部、人力资源部、董（党）办、办公室、安全保卫部14个部室，下辖零陵、冷水滩2个中心支行，54个支行和26个分理处，有在职员工825人。

截至2016年12月31日，全行各项存款余额132.42亿元，较年初净增23.09亿元，市场份额占比20.7%；各项贷款余额83.82亿元，较年初净增12.22亿元，市场份额占比22.1%；清收不良贷款1.06亿元，不良贷款占比1.81%；开办手机银行4.04万户；发行福祥卡8.56万张，累计发行福祥卡105万张；电子银行替代率63.33%。实现各项收入8.99亿元，其中，贷款利息收入

2016年9月26日上午，永州农村商业银行股份有限公司挂牌开业。市委书记陈文浩（中），省金融办副巡视员盘永胜（左二），省农村信用社联合社党委副书记邓德林（左一），市委常委、常务副市长唐湘林（右一）启动水晶球

摄影 刘振武 李永宏

7.07亿元，资金业务收入1.38亿元，中间业务收入2540万元。实现经营利润4.23亿元，账面利润2.88亿元。全行资本充足率11.98%，拨备覆盖率256.31%，拨备比4.64%；收入成本比、综合费用率分别控制在40%和30%以下。各项业务指标均超额完成全年任务，经营绩效考核全省排名第十五位，被评为全省农村信用社2016年度绩效考核先进单位。风险等级评定为A级，在全省农商银行位列第十名。永州农商银行获评湖南省农村信用社“绩效考核先进单位”。

■ **绩效考核管理体系建设**　2016年，永州农商银行把加快推进绩效考核体系建设，彻底打破“大锅饭”提上重要议事日程，加强绩效考核作为促进业务发展的指挥棒，在原潇湘农商银行运行较好的绩效考核系统基础上，坚持统筹兼顾，考虑城区和农村、规模大和规模小等“地区差”因素，完善产品定价，科学合理运用模拟利润等核心考核指标，推进新一代绩效考核和薪酬管理系统。

■ **转型发展**　2016年，永州农商银行针对原三家行社之间网点交叉重叠，存在物理网点和人力资源浪费的状况，将合理设置网点布局和人力资源配置提升重要议事日程，在监管部门关于网点总数不得减少这一原则要求下，将交叉重叠网点实行异地搬迁，抢占黄金码头；将业务规模较小的网点改为社区银行或自助银行，将富余人员充实到业务量大的网点，不断优化网点布局，发挥人力资源的作用。强力推进“福祥便民卡”和“福祥福民卡”业务的开展，加大集团授信业务的拓展，使其额度大、功能全、方便快捷等其他行无可比拟的特点和优势成为永州农商银行的“金字”招牌。加强与银联公司合作，尝试“天天掌柜”的推广，抢占基础客户。

■ **推进客户经理等级管理和网点星级管理**　2016年，永州农商银行建立素质过硬的客户经理队伍，让客户经理成为业务发展的生力军和中流砥柱。通过考试、考核择优选拔纳入客户经理人才库管理，由竞聘上岗后的支行行长（分理处主任）采取“双聘双选”的方式从人才库中择优选聘客户经理。同时，按照其业务素质、工作业绩确定不同的等级，实行动态管理并加强考核。在总行核定的贷款权限内，实行自主评估，独立放款，自担风险。以方便客户为中心，客户经理可向客户所在地网点推荐或委托放款，双方共同协商绩效分享和责任分担，在方便客户的同时，更利于贷款的日常管理。按照“划分等级、量化考核、动态管理”的原则，根据定量和定性指标考核结果，将柜员划分为5个等级，等级与评先评优、晋级晋升、绩效分配系数等挂钩，调动柜员的工作积极性，有效提升柜台服务质量和服务效率。将全面展开星级网点创建工作作为提升社会形象和市场竞争力的重要举措来抓。聘请专业咨询公司对新员工服务礼仪进行培训、对网点负责人和主管理进行“星级网点导入项目”培训。对现有营业网点标识进行装修改造，统一设计各网点形象标识和设施。对拟异地搬迁网点尽量按照五星级要求严格遴选新址，高起点、高标准设计功能分区和完善配套设施。实行服务公示制，营业网点悬挂统一的网点名称牌、公布营业时间、存贷款利率等，公布服务岗位公示栏、服务举报电话，自觉接受社会监督。

（刘振武）

人保财险永州市分公司

■ **概况**　2016年，人保财险永州市分公司坚持“加大改革创新力度，继续保持稳健增长，更加注重价值创造”的工作主基调，围绕省分公司确定的“品质卓越、跑赢市场、进一跨百”战略目标和市分公司年初确定的“突破新领域、新渠道、新产品，提升续保力、转保力、新增力和渗透力，强化差异化经营、精细化管理、专业化服务、团队化建设”工作思路，全面完成省分公司下达的目标任务。截至2016年12月底，全市系统累计完成保费收入6.82亿元，同比增加1.06亿元，增长18.35%；完成实收保费6.81亿元，同比增加1.06亿元，增长18.06%。综合成本率90.41%，同比下降0.26个百分点；综合赔付率63.9%，同比上升0.54个百分点；综合费用率26.51%，同比下降0.8个百分点。累计实现报表利润总额6059万元，占年计划的138.86%，各单位、各产品线均实现盈利。累计实现经营活动现金净流量1.47亿元，百元保费现金净流量21.61元。应收保费控制较好，全市系统应收保费率1.04%，同比下降0.19个百分点。地面电销服务部完成转入保费2538万元，提前完成省分公司下达的年度任务，完成进度排名全省首位。转入数据拨打成功率8.04%，转入月人均产能11.36万元；坐席人员动态优化调整，团队销售人力由年初14名增至21名。处理各类赔案5.58万件，支付赔款4.22亿元，发挥保险的经济补偿功能，为维护灾区社会稳定、帮助灾区恢复生产生活作出贡献。上交税费3329万元，代缴代扣车船税2896多万元，扶贫帮困捐款近100万元。

■ 保险对标管理 2016年，人保财险永州市分公司面对宏观经济持续下行、市场竞争不断加剧、监管检查日益严格的严峻形势，精准研判市场，深化对标管理。实行“市场发展、价值创造、客户需求、创新举措、队伍建设”五大对标管理，特别是在发展对标上，用“市场增速比”衡量产品线和县区支公司的发展情况，逐月进行对标考核。市分公司班子成员和部门经理实施督导联系点制度，通过层层督导落实，促进对标管理举措落地。

■ 优质业务发展 2016年，人保财险永州市分公司坚持车险周周评，有针对性地选择业务发展问题突出、重点工作执行成效偏低的支公司进行点评和通报，并督促整改。开展现场督导调研，帮助基层有效解决问题、总结经验。加强车险专业渠道建设，重点建设县域车商团队、邮政渠道、社区门店建设等。承接“新国十条”和“省七条”释放出来的政策红利，加快产品创新，成功中标中心城区燃气事故责任保险、全市医疗责任保险主承保；一些民生项目顺利推进，独家承保市级城镇职工意外伤害医保项目。加强与政府和职能部门的沟通汇报，在确保市场份额的前提下，拓展增量业务，开办地方特色的“一县一品”，新增油茶、厚朴、生姜、九嶷山兔等，水稻制种保险实现全市独家承保；持续推进三农营销服务部建设，启动农险事业部改革，珠山、芦洪市营销服务部被总公司评为农网共建示范三农营销服务部。推动社会医疗保险有效益可持续发展，实现社会医疗保险业务收入7714万元，同比增长61.51%。

■ 关键环节管控 2016年，人保财险永州市分公司继续推行全面指导预算管理，对预算目标达成情况进行跟踪分析，对偏离预算的支公司（部）进行预警。完善经营绩效考核体系，加大市场对标指标考核力度，加强市场对标的过程管控。从紧控制固定费用资源，加大销售费用资源投入。做好销售费用差异化配置在展业一线落地，提升销售费用投放效果。加强风险管控，组织开展全市系统财务单证、印鉴管理等重点风险排查工作。加强税收风险管控，启动“营改增”税费改革。研究“营改增”政策对公司管理经营的影响，准确核算税额抵减事项，有效控制公司经营成本，最大限度保障公司利益。抓好理赔集中核损、报价、理算、核赔、人伤、法律和诉讼等节点集中管控工作，车险赔付率控制在较低水平，为前端业务发展提供可靠的物质支撑和资源保障。组织全市理赔线开展理赔关键节点履责管理工作，建立全流程、全方位、多角度、系统性的监督检查体系，促进全市系统各级理赔线人员依法合规履责、规范理赔操作、遵守理赔纪律，堵塞跑冒滴漏，有效提升公司盈利能力。同时加强理赔队伍建设，全年新招聘理赔人员23人。

■ 优化内外服务举措 2016年，人保财险永州市分公司研究商车费改后的新情况和新问题，以优质车险个人客户为重点，把服务能力与销售能力建设有机结合，有效实施客户分级服务管理，实现承保、理赔和增值服务的优化组合，推动服务产品化实施，促进车险优质客户续保率提升。加强与理赔线的联动，建立长效机制，降低车险理赔投诉率。微信平台关注和绑定量持续增长。出台《永州市分公司机关管理人员绩效考核暂行办法（2016）》《永州市分公司机关非管理人员绩效考核暂行办法（2016）》，机关人员全面签订《绩效合同》，强化绩效考核。

领导名录

总　经　理　姚惠明

（郑杰）

中国人寿保险股份有限公司永州分公司

■ **概况**　2016年，永州市人寿保险系统达成总保费10.03亿元，达成年度预算的105%，同比增长15%。其中，长险新单保费收入4.54亿元，达成年度预算的104%，同比增长16%；首年期缴保费收入2.5亿元，达成年度预算的115%，同比增长86%，增幅排全省第五位；十年期及以上首年保费收入1.62亿元，达成年度预算目标的114%，同比增长120%，增幅排全省第二位；短险保费收入8817万元，达成年度预算的104%，同比增长25%。同年，全市系统举办营销员新人培训班59期，招募新员6004人，较同期增长376%，月均增员率10%。1月，公司提出“大格局才有大发展”“大个险才有大公司”的口号，通过考核文化的推行与学习先进经验，让各级管理人员、营销主管不断放大格局，发展个险。三晋率53.68%，全省排名第五位，月均增员率12.56%，全省排名第四位。有效人力达成率117%，全省排名第四位。9个月实现新单十年期1.52亿元，较2015年度提升104%，用9个月时间实现十年期保费翻番。

2016年10月27日，中国人寿举行2016年三季度人力晋升表彰大会暨2017年开门红启动大会活动

■ **项目经营**　2016年1月1日，永州分公司开门红不太乐观，三年期、五年期期交保卫战仅实现期交保费2500万元。1月7日，公司新领导班子上任，项目取得明显进步。其中，3月“电话项目”月、银实收3600万元；4月“零压力”月、银再收3000万元；五六联动“升级四特”月、银收保费5000万元；七八联动“车生活”月、银完美收官。通过项目运作，永州分公司实现“用十年期补期交”举措，从全省排名十四位到排名进入前七位。

■ **业务发展同步人力发展**　2016年，中国人寿保险股份有限公司永州分公司坚持业务发展同步人力发展，3月电话项目拿下3600万元，4月10前国寿店长招募600人，4月中下旬“0压力”项目拿下3000万元，5月10日前“国寿店长”第二季招募400人，5月11日—6月30日“四特平台”项目拿下5000万元，7月10日前“国寿店长”第三季新增500人，7月11日—8月30日“车生活”业务指标全面收官，9月1日—15日“交通安全服务专员”同步启动国寿福。在这种双轮运转模式下，永州分公司业务发展排名全省前三位，国寿福举绩人数排名全省第二位，新增人力目标140.56%，排名全省第一位，主险举绩排名全省第二位。

■ **效益管理**　2015年年底，中国人寿保险股份有限公司永州分公司遗留费用677万元，其中费用656万元，绩效21万元；延压赔款800万元。2015年账面节余工资287万元，节余费用69万元，合计356万元，实际超支1121万元。

2016年1月—8月，处理延压赔款800万元，费用215万元，合计1015万元；账面工资节余437万元，费用节余1225万元，合计1662万元，剔除2015年因素，实际节余2677万元。薪酬主要向基层及销售渠道倾斜，县支员工同比增长21%，销售渠道同比增长18%。

■“鑫账户”发放　2016年，中国人寿永州分公司先后推出“鑫福年年”等系列年金保险，发放“鑫账户”1.3万多个，让普通老百姓轻松理财、保障老年人生活无忧。

■履行社会责任　2016年，永州市人寿保险系统各经营单位及个人缴纳税款1882万元，支付各项赔款及给付7.63亿元，理赔人次37万人次。全市系统各经营单位为响应市委、政府号召出资27万元、13人次对接“精准扶贫”。全市各经营单位在各类创建国家卫生城市、国家文明城市活动中出资22万元，出动各类人员1600多人次。

领导名录

副总经理（主持工作）　邓启彬

（黄禹嘉）

方正证券永州清桥路证券营业部

■概况　方正证券永州清桥路证券营业部前身系湖南证券公司永州营业部，创建于1988年，是湖南省永州市成立最早、规模最大、业务最全的专业证券经营机构，2007年11月，正式被方正证券吸收合并。永州清桥路营业部连续18年居永州本地市场份额的第一位，获评2016年度永州市金融机构支持地方经济发展先进单位、2016年冷水滩区社会管理综合治理先进单位，获2004年度湖南省“优秀证券营业部”和上海交易所“优秀股民学校”称号。营业部持续扩大交易品种和参与新业务资格，除传统的交易品种外，陆续取得期货IB、融资融券、股票质押、企业私募债和新三板等新业务资格。

营业部拥有95571呼叫中心、网上交易、泉友通手机炒股、手机开户等先进、快捷、方便、安全的交易方式；建立全面有效的行业领先的客服管理体系，配备国内领先的电脑交易设备；实现财务处理电算化和办公自动化；与市建设银行、工商银行、中国银行、农业银行、邮储银行、长沙银行、交通银行、华融湘江银行合作，开通三方存管业务，股民资金存取、划转极其方便、安全、及时。营业部下辖冷水滩、祁阳和东安3个网点，。

2016年，营业部沪深证券交易累计成交316.3亿元，占全国0.419‰，全国占比连年增长。交易品种齐全，融资融券、股票质押、个股期权、期货、港股、沪股通及新三板等新业务快速发展，各项业务居永州地区第一位。

（唐朝明）

文化建设

Culture Advancement Construction

教　　育

综　　述

■ **概况**　2016年，永州市有幼儿园1748所，在园幼儿22.66万人，专任教师9506人；小学464所，在校生50.79万人，专任教师2.51万人；普通中学321所，在校生30.23万人，专任教师2万人；特殊教育学校7所，在校生735人，专任教师95人；中职学校39所，在校生5.84万人，专任教师2471人；高等学校3所，在校生2.77万人，专任教师1623人。生师比例幼儿园为23.8∶1，小学为20.2∶1，普通中学15.1∶1，中等职业学校23.6∶1。全市人口中，每万人口在校生：幼儿园351.3人，小学787.3人，普通初中335.3人，普通高中133.2人，中等职业学校90.5人。全市小学校园占地面积1047.73万平方米，校舍面积334.46万平方米，学生人均6.6平方米；普通初中校园占地面积1038.04万平方米，校舍面积323.46万平方米，学生人均15平方米；普通高中（含完全中学）校园占地面积323.36万平方米，校舍面积153.2万平方米，学生人均17.8平方米；中等职业学校校园占地面积209.62万平方米，校舍面积70.56万平方米，学生人均12.1平方米。全市义务教育普及程度：小学入学率100%，辍学率0%，毕业升学率101.8%；初中毛入学率111.7%，辍学率0.04%，毕业升学率86.3%。

■ **教育地位日益突出**　2016年，永州市委、市政府高度重视教育工作。先后召开高规格的全市教育工作会、“三名工程”推进会、教师节庆祝表彰大会；市委常委会、市政府常务会多次专题研究教育工作；市委、市政府主要领导以及分管教育的市领导多次召开办公会，深入县区和学校调研，解决教育发展中存在的困难和问题。相继出台加快推进教育优先发展的一系列文件，建立教育优先发展的一系列激励机制，将教育优先纳入对县区党委政府和各部门绩效评估内容；市委督查室、市政府督查室对教育优先战略落实情况开展专项督查；各县区、市直相关部门贯彻市委、市政府决策部署，出台具体实施办法。办成一批群众普遍期待的实事好事，创造许多成功经验和做法，教学质量大幅提高，教育发展活力持续增强，全市教育水平整体提升。

■ **重点教育项目建设**　2016年，永州市累计投入10.5亿元，加强基础设施建设。新增义务教育学位2万个，其中中心城区新增义务教育学位8000个。建成义务教育合格学校209所，建成农村公办幼儿园33所。改善学校办学条件和提高义务教育均衡发展水平的做法得到省教育厅的充分肯定。加快推进全面改薄工程。江华瑶族自治县全面改薄经验在教育部网站展播，新田县全面改薄工作和农村中职学校攻坚工作在全省推介。全市进一步实施农村中职教育攻坚计划，加强职业教育基础能力建设。祁阳县被评为全国职业教育和成人教育示范县（全省三个），祁阳职业中专、永州工贸学校、永州工商职中三所职业学校被列入省级卓越中职学校建设项目。祁阳师范、道县师范合并创建永州幼儿师范高等专科学校于年底开工建设。零陵区成功创建为全国义务教育发展基本均衡县区。祁阳县被评为全省教育强县、全省教育工作“两项督导评估”优秀等次。

■ **“三名工程”建设**　2016年，永州市在全省率先整体推进“三名工程”建设，打造一批在全省乃至全国都极具影响的教育品牌。东安县大盛中心小学教师吴才有家被评为首批全国文明家庭，受到习近平的接见。永州市2人被评为2016年度湖南教育十大新闻人物。3月29日，市委、市政府召开高规格的永州市“三名工程”推进会，表彰奖励永州首届名师、名校长、名校。评选出首批市级骨干教师404名、市级学科带头人128名、永州名师35人。评选永州名校24所。对全市22所省市示范性高中办学水平进行评估考核。全市公开遴选115名中学校长后备人才；评选20名永州名校（园）长。对全市所有省、市示范性高中学校校长进行考核。市政府常务会和市委常委会审议同意设立三名工程激励机制，对名师、名校长、名校给予奖励。各县区均建立市县区级骨干教师、学科带头人津贴制度和考核办法，由县区财政安排专项资金对考核合格者实施奖励。形成教师队伍管理成梯队的激励机制，引导和鼓励教师们走专业发展的道路。《中国教育报》《湖南日报》《湖南教育》等媒体都重点推介永州市整体推进“三名工程”的建设经验。

■ **教师队伍建设** 2016年，永州市出台《永州市乡村教师支持计划实施细则》，在师德师风建设、拓展乡村教师补充渠道、提高乡村教师生活待遇、全面提升乡村教师能力素质、统一城乡教职工编制管理办法、建立乡村教师成长激励机制、有序推动城乡教师合理流动7个方面，细化落实政策19项，是全省单项工作进展以及乡村教师队伍建设支持力度最大的市州之一，得到省教育厅的充分肯定。招录特岗教师671人。全年完成市级以上教师培训人数1.77万人，其中国培和省培共计1.37万人，市培4000人。各县区完成信息技术能力提升培训2.5万余人、发展测评4507人，其中发展测评过关人数及优秀率均列全省第二位。组织全市5县区参与国培项目县竞标，其中宁远、新田、双牌、江华4县经省评审成为全省第二批国培项目县。组织全市省级教师培训基地校和培训机构参与全省国培、省培招标投标活动，其中湖南科技学院获2个国培项目。冷水滩区马坪学校、永州市永实学校、祁阳浯溪镇中心学校和双牌县第二中学获国培项目。

■ **教育教学质量** 2016年，永州市在全国中小学电脑制作活动中获一等奖3个。在全省教育教学信息化展示活动中获奖总数居全省第三位。在全省青少年科技创新大赛中获一等奖9个，有3件作品送教育部参赛。在奥林匹克学科竞赛中获国家级一等奖4个，省级一等奖178个。举办全市首届中学生运动会和足球联赛，冷水滩区京华中学在全省青少年校园足球联赛中获女子甲组第二名。15所学校被评为“全国青少年校园足球特色学校”。创建省示范性家长学校5所。15所学校被评为“全国青少年校园足球特色学校”。东安县新圩中学和蓝山县所城学校被评为省级“劳动实践基地”。全市职业院校学生在创新创业创效、职业技能、文明风采等国家级和省级大赛中，获一等奖5个、二等奖11个。评选出10所市级课改样板校，推荐3所学校参评省级课改样板建设校。举办首届永州市百姓学习之星评选活动，全市有10位学习表现突出的市民被评为首届“永州市百姓学习之星”。全市高考二本以上上线人数从2009年的5993人增加到2016年的8001人，实现连续7年高位增长。一本上线人数创历史最高，全市一本上线人数达2473人，连续多年稳步增长，增幅6%，全省理科前20名中永州市占2人，居全省第二位。永州市第一中学、永州市第四中学、祁阳县第一中学3所学校高考二本以上上线人数2882人，占全市总上线人数的36%；一本上线人数1282人，占全市一本上线人数的52%。尤其是全市前100名考生中，三所学校入围78人，占全市的78%。2016年高中学业水平考试全科合格率排全省第六位。

■ **教育惠民工程** 2016年，永州市在全省率先建好永州市家庭经济困难学生信息平台，全市采集录入困难学生信息17.26万人次。市教育局与市新华书店、市慈善总会、市民政局、团市委等单位联合举办爱心助学活动，资助3470名贫困学子上大学。全市资助各类家庭经济贫困学生17.06万人次，资助资金1.68亿元。全市生源地信用助学贷款人数1.67万余人，贷款金额1.32亿元，连续4年列全省第一位。全市现有专用校车1977辆，948台校车安装监控系统。创建省级“安全文明校园”5所，创建市级“安全文明校园”40所，省级“平安校园建设先进县区”1个。学校安全工作、综合治理工作考评被省教育厅记满分，排全省第一位。

■ **教育信息化** 2016年，永州市乡镇中心小学以上学校和农村教学点全部实现卫星或互联网接入，实现数字教育资源全覆盖。全市乡镇中心小学以上学校基本拥有至少1个多媒体教室，全市配备多媒体设备的教室1.05万间，占全市教学班级教室总数的69.69%（“班班通”）；4.5万多名教师在“湖南省基础教育资源网”“基教新干线”“职教新干线”等教育资源公共服务平台开通空间，“人人通”覆盖率达96.41%。组织全市中小学电脑制作活动，收到推荐参赛作品400多件，获国家级一等奖3个、三等奖2个，省级一等奖4个、省级二等奖5个、省级三等奖15个，机器人竞赛获省级一等奖4名、省级二等奖2名、省级三等奖3名。东安县被确认为“湖南省现代教育技术实验县”。新田县入选“2016年度永州市教育信息化创新应用示范县”。

■ **课题研究** 2016年，永州市申报省级规划课题15个，其中6个被省教育科学规划办立项为全省资助课题，其中《中小学生人格魅力与作文能力协调发展的框架建构及实证研究》课题被立为全省“十三五”规划2016年重点资助课题。对20个省级教育科学规划课题进行开题论证，3个课题结题。在全国教育信息技术研究2016年度课题申报中有7个课题予以立项。申报全省“十三五”教育技术课题，有20个予以立项（5个为重点课题），重点课题数在全省排名第一位，立项课题数在全省排名第二位。

学前教育

■ 学前教育发展情况 2016年，永州市有各类幼儿园1886所（其中公办幼儿园378所，民办幼儿园1508所），较2015年增加10所；在园幼儿22.19万人，较2015年增加5340人；3周岁~6周岁适龄儿童毛入园率83.38%，较2015年增长1.42%，列全省第四位。全市普惠性民办幼儿园977所，公办幼儿园和普惠性民办幼儿园占幼儿园总数的71.85%，较2015年增长1.65%。

■ 实施学前教育二期三年行动计划 2016年，永州市加快农村公办幼儿园建设进度，开展普惠性幼儿园认定工作，全年认定普惠性幼儿园88所，全市公办幼儿园和普惠性民办幼儿园占幼儿园总数的71.85%。

■ 推进办园水平分类定级管理 2016年，永州市推进办园水平分类定级管理工作，加强园务管理，开展园长技能大赛，学前教育发展不断规范。市教育局与市财政局衔接，起草市级学前教育发展专项资金奖补办法，推动学前教育的发展。全市2016年学前三年毛入园率83.38%，列全省第四位。

（艾志飞）

义务教育

■ 义务教育发展情况 2016年，永州市义务教育坚持以提高质量和保障公平为抓手，以抓好教育系统重点民生实事项目建设和全面改薄为载体，以全面推进课堂教学改革和校园文化建设为突破口，学校办学条件进一步改善，教育教学质量进一步提高，为全市高中阶段教育提供一大批优质合格生源。在继续抓好原有样板校的建设、发挥其示范引领作用的同时，鼓励有条件的学校创建课改样板校，在县区推荐上报的42所学校中，评选出10所市级课改样板校，并择优推荐3所参评省级课改样板建设校。针对义务教育思想品德、语文和历史使用新编修订教材的情况，组织开展3个学科600余人参加全市学科骨干教师培训，督促和指导各县区开展网络培训和校本培训，实现学科教师的全员培训。

全市普通高中取消择校生，并统筹中心城区的普通高中招生录取工作。同时，根据教育部关于中考招生改革的文件精神，组织县区教育局领导、部分高中及初中学校校长、骨干教研员等30余人到上海、武汉等考察中考招生改革情况，借鉴外省市的先进经验，结合实际探索中考招生改革模式。鼓励城区优质初中和小学结对帮扶农村薄弱学校，尝试教育联盟办学模式，促进教育均衡发展。新田县教育联盟办学模式和东安县教育集团办学模式在稳步推进。

■ “一师一优课　一课一名师”活动 2016年，永州市有2.49万名教师报名参加“一师一优课　一课一名师”比赛活动，上传2.62万节课程资源，有课堂实录课2951节，712节被评为市级“优课”，77节优课被评为部优。

（艾志飞）

普通高中教育

■ 高中教育发展情况 2016年，永州市高中教育在加快普及高中阶段教育的同时，强化以质量和特色建设为核心不动摇，普通高中教育再上新台阶。高三年级完善“三会三考三分析三视导”备

2016年10月24日，永州市第一届中学生运动会举行

考模式，高一、高二年级建立联考机制，质量监测体系进一步完善。组建高考研究团队，加强复习备考研讨和视导。同时，对高三年级任课教师进行全员培训，组织高中校长外出考察学习，不断提升高中教育教学水平和教育质量。继续推进优质学校托管薄弱学校办学模式，鼓励探索实行教育联盟。永州市所有省示范性普通高中均托管1所~2所初中。

■ 学生综合素质评价改革试点　2016年，永州市根据省教育厅《关于开展普及高中阶段教育改革试点的指导意见》的要求，开展普及高中教育试点工作，制定下发《永州市普及高中阶段教育实施方案》的通知，全面推进普及高中阶段教育工作。同时，指导新田县第一中学、祁阳县第一中学和江永县第一中学做好高中学生综合素质评价改革试点工作，为全市推进高中学生综合素质评价改革积累经验。

（艾志飞）

中等职业教育

■ 职业教育发展情况　2016年，永州市高中阶段招收全日制新生5.26万人，在校学生14.28万人。其中，全市中等职业学校13个专业大类招收全日制学生2.21万人，较2015年新增210人，全市中等职业学校在校生5.62万人。职普招生比、在校生比分别为0.42：0.58、0.39：0.61。全市职业教育经费事业性总投入1.47亿元，生均事业性费用0.26万元，较2015年增长2.73%。

■ 人才培养　2016年，永州市中职毕业生总人数1.61万人，就业学生人数1.55万人，就业率96.16%，对口率89.6%。其中，留在市各企业等单位工作的有6313人，在珠三角等地就业的有1.12万人，分别占40.77%和59.23%。全市中职学校累计开展各类培训8.38万人/次，带领3000余户贫困户脱贫。

■ 办学条件　2016年，永州市22个教学研究项目全部通过省级验收。全年全市中等职业学校生均教学仪器设备值5102.44元，比2015年增长4.8%；生均实习实训室面积1.88平方米，比2015年增长4.77%；生均工位0.44个，比2015年增长9.8%；生均纸质图书20.02册，比2015年增长18%。永州工商职业中专成功入围全省中职卓越学校；综合职业中专、蓝山职业中专成功入围省示范性特色专业群建设；宁远职业中专、新田职业中专成功入围生产性实习实训基地建设项目。

■ 专业布局　2016年，永州市遴选市级示范性特色专业群5个，新增工业机器人、电子商务等7个专业，停办家电维修等13个专业。截至2016年年底，全市开设有电子技术应用、数控技术应用、机电技术应用、汽车运用与维修等13个大类52个专业，第一产业的专业比提高到7%，第二产业的专业比提高到46%，第三产业专业的比调整到47%，形成与区域经济和产业转型升级相匹配，错位发展、优势互补、特色鲜明的专业布局。全市2013年立项的1个省级社区教育实验区，1个省级示范校，3个生产性实习实训基地，1个示范性特色专业，3个特色专业，共9个省级重点项目成功通过验收。

■ 校企合作　2016年，永州市职业学校在11个县区的工业园、经开区等地建立校企合作基地137个，全市中职学生订单培养人数1.31万人，订单培养比23.29%，较2015年度提高3.03%；对口就业率89.6%，较2015年度提高2.17%；校企合作共建专业数增加到29个。

■ 师资队伍　2016年，永州市中等职业学校教职工人数3196人（不含校外兼职教师），专任教师数2458人，师生比1：19.79，兼职教师占18.05%，专任教师本科以上学历占92.18%，专任教师硕士以上学历占6.14%，专任教师高级职称占22.46%，师资结构与往年相比基本保持稳定，基本能满足职业教育学校管理、教育教学的需求。全市专业教师参加国家级培训85人次、省级培训362人次。截至2016年年底，有省级专业带头人32人，市级专业带头人68人；鼓励学校引进“能工巧匠”，聘请各类专业技术人员任兼职教师，全市中职学校聘请各类兼职教师397人。

■ 学生资助　2016年，永州市县两级发放中职免除学费和国家助学金1.33亿元，较2015年度增加1690.26万元，增幅14.55%。其中，发放免除学费1.18亿元，免学费9.87万人次。

■ 教育成果突出　2016年，永州市组织72名学生参加全省中职学生技能竞赛，获一等奖2个，二等奖5个，三等奖30个。永州市3人作为省代表参加全国技能竞赛，其中永州工商职业中专学生邓若兰获全国二等奖，永州工贸学校学生何应辉获全国三等奖。2016年湖南黄炎培职业教育奖创业规划大赛，永州市获三等奖2个、优胜奖13个。对全市中职学校计算机应用、服装设计与工艺、会计与会计电算化3个专业2015级373名学生进行技能抽查。抽查合格率90.62%，优秀率78.55%。组织2016年永州市职业院校信息化教学大赛，4所学校20名选手参加比赛。选拔的选手参加省级比赛获一等奖2个，三等奖5个；获全国二等奖1个。全市立项重点微型课题28项，申报省级职业教育教学改革研究项目24个；2012年和2013年永州市立项的22个"湖南省职业院校教育教学改革研究项目"全部验收合格。

（艾志飞）

招生考试

■ 普通高中学业水平考试 2016年，全省普通高中学业水平考试从基础教育部门正式移交给教育考试部门。永州市考试报名人数2.55万人，共设22个考点。

■ 普通高考 2016年，永州市报名参加普通高考的人数3.28万人，较2015年增加1859人，增幅6%。其中文科考生1.11万人、理科考生1.71万人、职高类考生4586人。音、体、美等其他专业考生3494人，少数民族考生3489人，残疾考生38人；全市设考区11个，考点22个；录取工作平安顺利，录取2.66万人，其中本科录取1.05万人，专科录取1.61万人；空军招飞工作继续保持良好势头，永州市9名考生录取为空军飞行学员。

■ 成人高考 2016年，永州市有6968人报名参加成人高考，较2015年减少827人，减幅11%。其中专升本考生3614人，高起本考生157人，高职高专考生3197人。全市共设4个考区，6个考点。

■ 自学考试 2016年，永州市组织两次高等教育自学考试全国统考（4月、10月），每次各设1个考点，3592人参考，报考1.18万科次，报名人数比2015年有所增长，实现"保质量、稳规模"的工作目标。

■ 研究生考试 2016年，永州市组织硕士研究生招生考试，全市设1个考点，有1575人参考，比2015年增加233人，增幅17.4%。

（艾志飞）

教育科学研究

■ 概况 永州市教育科学研究院为全额拨款副处级事业单位，核定编制22名，其中主任1名，副主任3名。下设办公室、基础教育研究所、职业技术与成人教育研究所（均为副科级）。主要职责是承担全市基础教育、职业技术教育、成人教育等教育科学研究和咨询服务工作。有职工18人，其中专业技术人员15人，工勤人员3人。

■ 强化教育视导实效 2016年，永州市教育科学研究院克服教研员人手紧缺、年龄偏大等困难，深入市直及县区68所中小学校开展教育视导活动，通过随堂听课、检查备课笔记和作业、查阅学校教育教学管理材料、学生调查问卷、与被听课老师互动座谈等形式，详细了解各学校课堂教学及教育教学管理的情况，并将市教科院领导及教研员分别分到22所普通高中，进行驻点视导。教育视导既总结学校开展课堂教学改革、形成学科特色等方面的典型经验，又分析各校教学管理中存在的一些问题，对调动学校和教师改进课堂教学的积极性，有效促进学校教育教学水平和质量的提高起到良好的督促、指导作用。

■ 教学研讨和学科教学竞赛活动 2016年，永州市教育科学研究院开展教学竞赛活动，搭建展示平台，汇聚青年才俊，促进学习交流，推动课堂教学改革。3月，在永州市第九中学组织召开全市初中数学教师教学研讨会，120余名教师参加研讨活动，6位教师作典型发言；4月，为提高中考历史复习教学的针对性和实效性，为中考备考复习指明方向，提高初中历史教学质量，在李达中学召开初中历史教学研讨会，各县区历史教研员（含兼职）、历史教师近100人与会。全年，分别开展小学语文、数学、英语、音乐等7个学科，中学语文、数学、英语、地理、化学、历史等9个学科优质课、说课及教师素养等方面的竞赛活动。活动围绕如何提高教师核心素养、如何进行教材研究解读和概念教学展开专项竞赛，化学、数学学科还对教师的学科知识和能力进行笔试竞赛。是年，全市在省级教学比武活动中，获省团体奖2个学校（永州市第四中学、祁阳县第一中学），省特等奖1人，省级一等奖12人，省级二等奖23人。组织全市中职学校教师语文、数学、德育、计算机、英语、公共艺术、机械类50多名教师开展说课竞赛活动，选出7名选手参加国家、省级比赛，1名选手获国家二等奖，1名选手获省一等奖；组织开展2016年全省职业院校信息化教学大赛工作，20名选手参加省9大类的信息化教学比赛，其中市工商中专获2个省一等奖，1个省三等奖。成绩位居全省前列。

■ 课题研究和教学论文评选活动 2016年3月，永州市申报省级规划课题15个，6个被省教育科学规划办立项为全省资助课题。其中，市教育局艾志飞的《中小学生人格魅力与作文能力协调发展的框架建构及实证研究》课题被立为全省“十三五”规划2016年重点资助课题。全年，对20个省级教育科学规划课题进行开题论证，3个课题结题。组织开展永州市基础教育、民办教育和职业教育优秀论文评选的工作，收到论文800余篇，评出优秀论文500余篇，并将优秀论文中的200余篇论文送省里参赛。

■ 组织学生参加各种竞赛活动 2016年，永州市教育科学研究院和县区教研室先后组织普通高中学生参加高中数学、化学、物理、生物、信息技术等学科的全国奥林匹克竞赛。其中获全国一等奖4人，二等奖46人，三等奖35人；获省级一等奖98人，二等奖199人，三等奖218人。发动各职业学校学生参加全国全省职业能力竞赛活动，上半年在工商职业中专、永州综合职业中专、祁阳县职业中专、永州工贸中专举办9大类、26个项目、12所学校共193人的市级比赛，选出72人参加省10类共24个项目的比赛。遴选后，参加全国全省职业能力竞赛活动，取得国家二等奖1人，国家三等奖1人，省一等奖2人次，二等奖5人次，三等奖30人次。组织职业学校学生参加第十二届全国文明风采比赛活动，收到书画类、表演类、动漫设计·微电影类、摄影类、征文类、职业生涯规划6大类605件作品，评选出优秀作品一等奖196名，二等奖233名，三等奖167名。组织学生参加黄炎培职业能力大赛，选出永州工贸、祁阳县职业中专、永州综合职业中专、永州职院中职部、蓝山县职业中专、江华职业中专6所学校共10个作品，参加2016年湖南黄炎培职业教育奖创业规划大赛，永州工贸、永州职院中职部、祁阳职业中专都取得较好的成绩。

■ 高考备考研究 2016年3月，永州市教育科学研究院组织召开“永州市2016年高考研究团队成立暨工作部署会议”，组建永州市高考研究团队，该团队在信息调研、专题研究和命制高考系列卷等方面开展工作。10月，在永州市第一中学、永州市第四中学及李达中学分两期举行“2017年全国新课程卷高考复习备考培训研讨会”。全市所有高三教师1700余人参加研讨会。会议邀请河北省衡水中学等9位名师做高三备考专题讲座，语文、数学、英语等9个高考学科教研员和兼职教研员分别作专题报告，全面部署全市第一轮复习备考，为全市2017年高三复习教学指明方向。10月，在永州市第一中学组织召开“永州市2017年高考数学复习备考研讨会”，全市近200名数学教师参加研讨会，会议邀请湖南省教育科学研究院副院长赵雄辉作《中学数学课堂教学改革的方向》和深圳高级中学的特级教师黄元华作《抓纲固本 精讲巧练——2016届高三数学备考策略》专题讲座。

■ 监测中考、学考、高三模拟考试质量 2016年，永州市教育科学研究院对高一、高二继续实行全市统一期末质量监测，并对监测的结果进行分析，出具期末检测分析报告，指导学校教学。参与完成初中学业水平考试命题、阅卷和评析工作，中考命题连续7年零勘误。协助市教育局基教科完成英语口语考查命题和插标工作，写出《永州市2016年初中毕业学业考试评价报告》，对指导初中学校学科教育教学起到良好的导向作用。组织教研员下校到市直高中学校、省市示范高中学校进行现场教学指导，协助市教育局基础教育科按时完成全省高中学业水平考试阅卷工作，做到无任何差错。对高三的复习备考，除继续实行全市“三会（高考备考会）、三考（模拟考试）、三分析（质量分析）”这一成功的高三复习备考模式外，又增加“三视导”。“三视导”即由市教育科学研究院组织专家团队对学校教育教学管理的视导；学科教研员和兼职教研员对学科的教学视导；核心高考指导分队对学校备考的特殊专项指导。完成关于2016年高考调研及2017年高考备考复习视导，出具《2016年高考分析报告》。“三会、三考、三分析、三视导”的高三复习备考指导模式，成为全市高考备考的一个品牌。

■ **学习调研** 2016年1月16日—20日，永州市教育局局长蒋俊林率永州市高中教育考察团一行31人赴北京四中、河北衡水中学考察学习，市教育局副局长李谋韬，市教育局党组人员、主任督学杨兰荣，市教育科学研究院部分学科教研员和高中学校校长参加考察。大家通过参观校园、听学术报告、参加座谈会等形式，学习北京四中、河北衡水中学办学及管理的宝贵经验。两所名校在校长引领、学校精神培育、课堂教学上给参加调研人员深刻启示，特别是衡水中学在精细化管理、创设公平竞争环境、双轨制自习开设上提供具体可行的举措与方法。11月19日—20日，组织全市高考研究团队有关人员14人，到广州市参加“广东省2017年新高考大纲解析与全国卷命题趋势研讨会”。

■ **教研员业务素质提升** 2016年，永州市教育科学研究院语文、数学、生物等教研员参加国培。10月，唐佐明、黄军民参加全省首届教研员信息技术能力提升研修班的学习。部分教研员深入东安县第一中学、新田县第一中学、永州市第一中学、永州市第四中学、蓝山县第二中学等中小学校开设教育教学讲座、上示范课50余场次。唐作明受广西师范大学的邀请为广西“国培计划”教师培训作《高效课堂策略与方法》和《新课程课堂教学导入、讲解和语言艺术》两场课改培训讲座，为湖南省未来教育家高端研修班学员作《基于问题导向的课改思考》专题讲座，在湖南省教育厅举办的“湖南教育论坛”作《追问课改的逻辑起点——以人为本》的专题讲座。地理教研员满仁勇，应省教科院邀请去怀化靖州作专题讲座。

（黄军民）

教学仪器和电化教育

■ **概况** 永州市教学仪器站（永州市电化教育馆）系永州市教育局直属正科级事业单位。在2016年创建规范化基层党支部验收中被评为优秀，成为市教育局机关直属党支部中第一个创建成功的党支部。在2016年度教育局直属单位目标管理考核中取得综合评分第一名，获“优秀”等次。

■ **教育装备** 2016年，永州市教学仪器站坚持统筹规划，继续将盘活存量、增加总量和提高质量作为教育技术装备建设的重要工作来抓，基本适应全市学校的教育教学需求。年内，全市新建计算机教室140间，新增计算机8382台，“班班通”终端2220间，录播教室45间，办公电脑472台。开展教学仪器质量督察，重点对显微镜、电子天平、托盘天平、班班通设备、美术画板、篮球架等教学仪器进行质检，对质量好、性价比高的仪器设备厂家进行备案。做好5月初中学业水平考试理化生三科实验和信息技术操作考查的命题、制卷、刻盘、组考等工作。举办永州市中学化学教师实验技能竞赛，各县区经过初赛选拔的50位化学教师参赛，评出市一等奖20人，市二等奖29人，选拔推荐2名优秀选手参加全省化学教师实验技能竞赛，省教育厅另从全市范围内随机抽取4名教师参赛，永州参赛选手总计506分，在全省排名第四位，永州市教育局获省教育厅颁发的团体奖。举行全市中小学实验教学说课大赛。各县区经过初赛选拔，85名教师参赛，选出8名优秀教师参加全省实验教学说课大赛，获省二等奖6人、省三等奖2人。举办2016年全市实验教学论文评选活动，获省一等奖12篇、省二等奖26篇、省三

江华县白芒营镇中心小学与农村教学点网络联校

2016年，永州市学生秦正日电脑绘画作品《柳子老街庙会》获全国中小学电脑制作活动一等奖

等奖11篇。开展自制教具比赛，永州市第四中学教师雷雁的多功能铣床代表湖南省参加全国自制教具大赛，获全国优秀教具。

■ **教育信息化** 2016年，永州市教育信息化工作又上新台阶。全市乡镇中心小学以上学校全部实现互联网接入，乡镇以上学校教学班级多媒体教学设备率69.7%，教师“人人通”覆盖率96.32%；东安县成功创建省现代教育技术实验县；永州市教育局、东安县教育局、新田县教育局、永州职院附属学校、零陵区黄古山小学、冷水滩区梅湾小学、江永县职业中专、江华县职业中专8个单位成功申报“湖南省教育信息化试点”；祁阳职业中专成功创建“湖南省教育信息化创新应用示范校”；宁远县印山小学和双牌县泷泊镇第三小学成功创建“湖南省中小学网络联校”。双牌县、东安县全面实现“三通”工程，零陵区、新田县、江永县、蓝山县、江华县、金洞管理区等基本建设完成，全市“三通”建设取得快速发展。对接省“十百千万”工程，开展市级教育信息化创新应用工程创建工作，新建“示范县”1个，“示范学校”12个，“中小学网络联校”1个，“示范网络学习空间”25个，全市涌现一批在信息技术条件下新型的教育教学、学习、教研和管理的成功案例。新田县将“互联网+”理念运用到教育督导实践中，自主研发教育督导信息化平台，推进教育督导信息化，此项工作是永州市教育工作唯一被省教育厅评为“创新（特色）”的项目。永州职院附属学校将机器人教育融入教育教学中，在全省机器人竞赛中，该校团体人均总分居全省小学组第一名，在全国电脑制作活动获3个全国一等奖，实现连续4年在全国电脑制作活动中取得全国一等奖的好成绩。宁远县印山小学、双牌县泷泊镇第三小学、零陵区神仙岭小学等校利用“网络联校”与薄弱学校结对，实现校与校之间的课堂实时互通，加强城乡教师的交流、互动，网络联校分校教师的教育教学和教研教改水平得到整体提升。完成永州市教育信息中心和教育资源中心（简称“两中心”）第一、二期工程。“两中心”初步完成教育局站群系统、OA办公系统、资助平台、装备管理系统、信息化进展系统、资源中心的上线。全面开展“一师一优课 一课一名师”活动，全市有2.49万名教师报名参赛，评选出市级“优课”712节，获省优课171节，获部优课47节，省优数在全省排第四位。组织参加湖南省第二届微课大赛，开发基础教育类微课资源458节，获一等奖14人、二等奖21人、三等奖51人，基础教育团队一等奖2个、团队二等奖1个、团队三等奖2个，永州市教育局获基础教育组优秀组织奖。组织全市中小学电脑制作活动，获国家一等奖3个、国家三等奖2个、省一等奖4个、省二等奖5个、省三等奖15个，机器人竞赛获省一等奖4人、省二等奖2人、省三等奖3人，永州市教育局获省教育厅颁发的最佳组织奖。举办全市教育教学信息化交流展示系列活动，在省级评选中，获省一等奖27件、省二等奖87件、省三等奖101件，获奖数在全省排第三位。全市现有“湖南省基础教育网络名师工作室”6个，总访问量256.48万人次，总成员数2945人，开发资源2.94万条，视频773个。

（蒋琳）

重点院校选介

湖南科技学院

■ **学院“双一流”建设** 2016年，湖南科技学院制定具体实施方案，开展重大专项计划，成立国学院，确定8个校级重点学科、7个校级重点建设学科和2个校级培育学科，遴选6个校级“十三五”转型发展试点专业，做好硕士点申报各项准备工作，全面推进“双一流”建设。《湖南日报》刊发校党委书记陈弘撰写的理论文章《地方高校‘双一流’建设应追求四个‘精准’》，《光明日报》《中国教育报》等主流媒体宣传报道学校推进“双一流”建设的基本做法和取得的初步成绩。

■ 教学改革与人才培养 2016年，湖南科技学院教师撰写的《地方本科院校经管类专业校企合作人才培养模式的研究与实践》《依托国家级“专业综合改革试点”项目，加强地方院校音乐学专业建设的研究与实践》分别获第十一届湖南省高等教育教学成果一等奖和三等奖；生物工程、计算机科学与技术、旅游管理3个专业获湖南省普通高校“十三五”专业综合改革试点项目立项；《基于“产教融合”的地方本科高校人才培养模式研究与实践》等27个教学改革项目获省级立项。举办首届研讨式课堂教学比赛，立项省名师空间课程1门、省微课程1门。成功申报“机械基础教学平台”“大学物理创新实验教学实验中心”等6个中央财政支持地方高校发展项目，共批专项资金1300万元。“生物工程虚拟仿真实验教学中心”“电子信息与通信系统虚拟仿真实验中心”2个虚拟仿真实验教学中心获省级立项。在2016年湖南省普通高校教师课堂教学竞赛中获一等奖3项、二等奖2项，成绩居全省高校前列。学生在创新创业竞赛、专业技能竞赛等赛事中获省级及以上一等奖近20项，获奖档次和数量逐年提高。

■ 科学研究 2016年，湖南科技学院新增湖南省濂溪学研究基地、“湖南省银杏工程技术研究”工程中心、“湖南省珍稀蛇类繁育及产业化工程技术研究”工程中心3个省级科研平台，省级平台总数达14个；获国家级项目6项、教育部项目2项、省级项目50项；申报各类专利96项，授权专利31项，其中发明专利6项；发表论文812篇，比2015年增加100篇，其中SCI源刊31篇、CSSCL源刊40篇；学术著作研究方向集中，且影响增大，出版《潇湘文化概论》《钱基博集》《本土文学——溯源与评论》等一大批学术著作。举办多个具有重要影响的学术会议。完成学校科学技术工作者协会换届工作，成立“湖南科技学院社会科学界联合会”。学校加强与地方的对接，开展顶岗实习，加强历史文化遗产保护与传承，开展科技攻关与技术服务。

■ 人才队伍建设 2016年，湖南科技学院进一步完善人才政策，精准培养和引进高层次人才，引进教授、博士12人，至2016年年底有博士69人，比2015年年底净增5人；重点引进工作团队2个，特聘教授6人；2人晋级为二级教授，1人获国务院政府特殊津贴，1人获省政府特殊津贴，23人晋升高级职称，4人列为学校第三批“英才支持计划”；聘请52名行业、企业骨干到校担任专业技能课教师，选派25名教师到企业接受培训、挂职锻炼。

■ 学生管理与服务 2016年，湖南科技学院加强辅导员、班主任队伍建设，欧阳智超获2016年全省辅导员“十大年度人物”和“湖南好人”称号。做好大学生心理健康教育工作，全年未发生学生意外伤亡事件。推进“舜德学子”表彰活动，“以文化人”的作用更加凸显。进行第二届家长委员会换届工作，构建家校合作新模式。微信公众号名列全国高校100强，“三下乡”活动获全国表彰、“践行社会主义核心价值观”主题辩论赛进入全省前八强。

2016年9月23日，湖南科技学院聘请中国工程院院士、杰出校友欧阳晓平（左一）担任名誉校长

2016 年 9 月 26 日，湖南科技学院国学院揭牌成立

■ 就业工作及创新创业教育 2016 年，湖南科技学院被评为湖南省就业创业工作“优秀示范校”。毕业生初次就业率 92.28%；在省内率先成立“创新创业学院”。组织学生参加第二届中国“互联网+”、全国“创青春”大学生创新创业大赛，获银奖 1 项、铜奖 2 项。学校连续 2 年获省级“优秀组织奖”。

■ 国际交流与合作 2016 年，湖南科技学院成立国际教育学院、港澳台事务办公室；美国芳邦大学、日本圣泉大学等 14 个国（境）外高校或教育组织代表团到校进行交流访问，已与 23 所国（境）外高校建立友好合作关系；教师和学生赴国（境）外培训研修、学习交流日渐频繁；“海外名师”引进取得新成效，美国尼亚加拉大学李天宝教授获立项。

■ 中国共产党湖南科技学院第三次代表大会 2016 年 1 月 16 日—17 日，中国共产党湖南科技学院第三次代表大会召开。陈弘代表中国共产党湖南科技学院第二届委员会在大会上作题为《保持战略定力 深化改革创新 为建设高水平应用型大学而努力奋斗》的工作报告。彭立威代表中国共产党湖南科技学院第二届纪律检查委员会在大会上作题为《聚焦主业 正风肃纪 全面营造风清气正学校建设发展新生态》的纪委工作报告。大会通过《中国共产党湖南科技学院第三次代表大会关于中共湖南科技学院第二届委员会工作报告的决议》《中国共产党湖南科技学院第三次代表大会关于中共湖南科技学院第二届纪律检查委员会工作报告的决议》。大会选举产生中共湖南科技学院第三届委员会委员 9 人：陈弘、曾宝成、唐艳明、宋宏福、彭立威、郑山明、李常健、吴小林、程智开；选举产生中共湖南科技学院第三届纪律检查委员会委员 7 人：彭立威、唐晓群、卢桂珍、宋振文、唐华山、蒋亚军、屈长青。

■“十三五”重点建设学科评审会议 2016 年 6 月 22 日，湖南科技学院在行政办公楼六楼会议室召开“十三五”重点（建设）学科评审会议，确定学校“十三五”重点学科为中国古代文学、思想政治教育、中国古典文献学、有机化学、区域经济学、电路与系统、计算数学、生物工程 8 个专业；重点建设学科为文艺学、英语语言文学、音乐学、新闻传播学、设计艺术学、土木工程、计算机应用技术 7 个专业；培育学科为体育教育训练学和汉语言文字学专业。

领导名录

党委书记	陈　弘
党委副书记 校　　长	曾宝成
党委副书记	唐艳明
党委委员 副 校 长	宋宏福
党委委员 纪委书记	彭立威
党委委员 副 校 长	郑山明　李常健 吴小林　程智开
副校级督导 工会主席	陈仲庚

（林泽红）

永州职业技术学院

■ 概况 永州职业技术学院于 2000 年 7 月组建，是国家示范性高职院校。学院设院本部、医学、农学 3 个校区，占地面积 224 公顷，建筑面积 47 万平方米，固定资产总值 11 亿多元，馆藏图书 90 多万册。拥有附属医院、生态养殖场、附属学校、畅通驾校四大校内生产性实习实训基地，是湖南省规模最大的一所地方性高职学院。

学院设教学系部 14 个，开设大专专业 32 个，全日制在校学生 1.6 万人。有国家职业教育专业教学资源库项目 1 个，国家级教改试点专业 2 个，国家重点建设专业 7 个；省级精品专业和教改试点专业 8 个，省级示范性特色专业 2 个，省级特色专业 2 个，省级示范性特色专业群 1 个，国家和省级精品课程 19 门。

学院有正高职称 69 人，副高职称 255 人，具有博士、硕士学位教师达 181 人，有“双师”素质教师 471 人，专任教师中“双师”素质教师比例达 83%。有国

2016 年 4 月 29 日，2016“书香永州”全民阅读活动启动仪式在永州职业技术学院举行

家级教学团队 1 个，省级教学团队 3 个，全国优秀教师 2 人，湖南省教学名师 3 人，省级专业带头人 6 人，省级骨干教师 18 人。

2002 年 10 月，教育部在永州召开首届“全国高职高专产学研结合经验交流会”，与会领导、专家高度评价学院的办学模式和业绩，并在全国予以推广。2003 年，参加教育部组织的全国高职高专院校人才培养工作水平评估，并获得优秀。2010 年 10 月，通过国家示范性高职院校建设项目评估验收。学院先后获全国职业教育先进单位、国家级教学成果一等奖、全国普通高校学籍学历管理工作先进集体、湖南省文明高校、湖南省普通高校大学生思想政治工作优秀单位、湖南省就业工作先进单位等称号。

2016 年，学院组织学生参加各类创新创业大赛，获“挑战杯——彩虹人生”湖南省职业学校创新创效创业大赛获特等奖 2 个、二等奖 2 个、三等奖 3 个的良好成绩。机械系学生作品《互联网+亮点工业机器人》获全国“互联网+”大学生创新创业大赛三等奖。计算机系学生项目《天道反信息网络诈骗打击系统》获省赛初创组三等奖。

■ 常规教学 2016 年，永州职业技术学院完成 572 个班级、27.522 万课时教学任务。注重教学质量，采取二线（教务处、督导室）一点（系部）、常规听课和重点抽查相结合的督导方式，狠抓教学常规管理，累计听评课 936 节。制定《教学事故认定与处理办法》和《学院师生参加各类教学竞赛、教学项目建设及省级抽查的奖惩办法》等制度，提高教师上课的质量和师生参加各类竞赛的积极性。

■ 专业建设 2016 年，永州职业技术学院完成 2017 年拟招生专业的申报和备案工作，新增宠物养护与驯导、云计算技术与应用高职专业 2 个，口腔医学（国控）专业获省教育厅批准并报教育部。启动专业群建设，确定生态养殖、医学技术、健康服务 3 个专业群为重点建设特色专业群；机械与汽车、会计与管理、建筑工程、互联网技术 4 个专业群为一般建设专业群。

■ 项目建设 2016 年，永州职业技术学院医学检验技术专业成功申报国家职业教育专业教学资源库项目，完成畜牧兽医省级示范特色专业和护理省级特色专业的验收工作，完成二门国家级“智慧职教”数字课程建设，完成畜牧兽医专业“校企合作生产性实习实训基地项目”申报工作，进入评审名单，排名第二位；4 名老师的“名师空间课堂”通过省厅立项；新增 3 名省级青年骨干教师。

■ 招生就业 2016 年，永州职业技术学院确立“科学谋划、全面部署、招生处统管、系部为主、全员参与”的招生工作原则。招录各类新生 5964 人（其中高考录取 3124 人，单招录取 1350 人，五年制大专录取 900 人，一年制中职录取 277 人，三年制中职录取 313 人），到校 5500 余人。有 109 名毕业生通过“专升本”考试进入本科院校深造。函授、自考、远程教育招生近 600 人，开展社会培训 4 期，培训学员 1000 多人。成功举办春季、冬季两个专场招聘会，500 多家用人单位参加，发布用人岗位 1 万多个，累计 1.2 万多名学生参加。实现全年毕业生初次就业率 90.35%，位居全省优秀档次。有 150 多家医院和 70 多家非医学用人单位与学院建立良好的合作关系，全年安排 3500 多名学生顶岗实习。学院连续 3 次获就业和创新创业“一把手工程”督查优秀单位称号。组织学生参加各类创新创业大赛，全年获“挑战杯——彩虹人生”湖南省职业学校创新创效创业大赛特等奖 2 个、二等奖 2 个、三等奖 3 个。机械系学生作品《互联网+亮点工业机器人》获全国“互联网+”大学生创新创业大赛三等奖。计算机系学生项目《天道反信息网络诈骗打击系统》获省赛初创组三等奖。学院“工匠型人才”省级“双创”示范基地建设项目实施方案，位列永州市发改委申报项目榜首。申报“湖南省高校大学生创新创业孵化示范基地”项目获省示范基地评审专家组的高度评价。

■ **学生管理队伍素质建设**　2016年，永州职业技术学院组织开展辅导员、班主任专题培训会；选送12名辅导员参加湖南省辅导员培训班学习交流；开展学院辅导员职业能力大赛。全年涌现出院级优秀辅导员15名，省级优秀辅导员1名，在湖南省高校辅导员职业能力大赛获得高职高专组第八名。严格按照《学生公寓管理办法》《公寓管理人员考核办法》等制度，对公寓管理工作人员进行等级量化考核，提高公寓管理工作人员的责任意识和服务意识。举办业务培训班2次，提升公寓管理人员业务能力。对学生干部集中培训4次，坚持周例会制度，及时掌握学生干部思想动态和工作状况，对学生工作进行指导；完成学生会换届选举。

■ **理想信念和养成教育**　2016年，永州职业技术学院开展“社会主义核心价值观”主题宣传教育活动，“学雷锋、树新风”“诚信感恩”主题班会，“学总书记五四讲话，做新青年”等活动，激发青年学生的生活热情，引导学生把理想信念建立在现实学习和生活上。倡导学生参加社会实践、青年志愿者等公益社会活动，

2016年10月21日，永州职业技术学院与益丰大药房举行签约仪式

全年有368多名学生参加义务献血，好人好事累计680人次。建筑系“建桥心灵”特色成长辅导室、机械工程系同学郭金霖的《志愿服务群众　夯实专业技术——机械工程系青年志愿者义务服务家电维修活动》获省级大学生思想道德素质提升工程项目立项。

■ **关注学生心理健康**　2016年，永州职业技术学院心理健康接待室接待来访学生205人次，其中个体沙盘12例，团队沙盘5例，团队辅导5次。完成2016级新生和2013级五年制大专学生的心理普查和建档工作。初步筛查出一类问题学生303名，通过分析，再次确定各系重点关注对象89名。对重点对象22人实施心理危机干预，成功干预跳湖自杀案1起、企图服毒自杀案1起、预跳楼自杀案1起。编制发放《心馨报》2000份，印制心理宣传小手册1000份。成功举办“525”心理健康教育月活动，开展千人签名仪式、专家心理讲座、心理影片展播等一系列活动，宣传和普及心理健康知识，近4000名学生参与。组织200余名师生参加国家三级心理咨询师的国考，通过系统的培训和参加国考，三级心理咨询师考试通过率75%。

■ **奖助学金发放**　2016年，永州职业技术学院建立院学生资助工作领导小组，利用校园广播、板报、宣传栏、入学教育、主题班会等形式，进行关于国家资助政策、学院规定和办法的宣传工作。发放2016年春季高职国家助学金322.65万元，受助学生2151人。评选2016年秋季高职国家奖助学金学生2633人，发放金额508.75万元。在对家庭经济困难学生认定的工作中，严格遵循公开、公正的原则，严格按照学院有关要求和程序，做到细致、严谨，有效地解决贫困生的经济困难问题。为750名学生提供生源地信用助学贷款服务工作，发放贷款金额436.66万元。设立校内勤工助学岗位208个，发放酬金23.68万元，惠及学生1350人。

■ **科研产业**　2016年，永州职业技术学院组织12类课题及项目申报工作，有52项各级各类课题立

项，其中省部级课题 11 项，资助到位经费 35 万元；市厅课题 41 项，资助到位经费 18.4 万元，到位经费比 2015 年增长 40%，到位科研经费增长 75%。申报省科技厅科技计划项目取得重大突破，《极濒危地域物种—曲茎石斛的抢救与繁殖》和《永州双牌虎爪姜的脱毒提纯、快繁技术》两项课题获省科技厅重点研发计划农业领域技术创新项目立项，每项资助 15 万元。全年申请永州市科技成果鉴定 3 项，均获通过；申报永州市科技进步奖，获二等奖 1 项，三等奖 2 项；申报 2015 年湖南省教育科学研究工作者协会优秀论文，获二等奖 1 项，三等奖 3 项。20 项省、市级科研课题结题。附属医院实现医疗总收入 1.36 亿元，门诊病人 10.2 万人次，住院病人 1.39 万人，完成理论教学和见习带教任务 4142 学时，完成 101 人的实习带教任务；推广新技术、新项目 15 项，获全国医院感染监测先进单位。实习农场推进产业转型升级，在搞好 4 个服务（为教学科研服务、为当地经济建设服务、为三农服务、为学院产业富校服务）和争创 4 个效益（教学效益、经济效益、社会效益、生态效益）上取得新成绩，全年出栏生猪 9500 头，实现产值 2300 万元，利润 500 万元，产值和利润再创新高。

■ **基建项目审计** 2016 年，永州职业技术学院完成 15 个基建工程项目预算送审工作，送审金额 1119.51 万元，审减金额 277.69 万元，审减率 24.8%；完成 19 个项目的决算审计送审工作，送审金额 1629.30 万元，审减金额 287.25 万元，审减率 17.63%。完成学生食堂后侧入口连廊及通道工程等 30 余个项目的内审工作，审减金额 150 余万元。

■ **办学条件保障** 2016 年，永州职业技术学院完成屋面防水，路面、地面、水电等 279 个项目的维修工作，其中房屋补漏 3000 多平方米，实验室、教室改造 2000 多平方米，维修落水管 300 多米，道路和停车位改造 8000 余平方米，查处地下漏水 8 处，新建教师门球场 1 个。新增和改造绿化面积 1 万余平方米，新种各类植物 1000 千余棵。邀请市、区食品药品监督管理局有关专家对食堂从业人员进行培训，并制定日常量化考核评分标准，对食堂进行日常抽查考评。新建实验室（数字人体室）1 个和生产性实训基地（视觉健康服务中心）1 个；完成影像实验室的文化建设和医学影像数字博物馆建设；药用植物园建设初具规模。新增实验实训设备 357 万多元，完成验收、入库、付款等工作，已投入使用。完成医学类实验教学用耗材 130 多万元的招标、验收、入库、发放等工作；完成非医学类实验教学用耗材 23 多万元的零星采购，并分发到各实验室。

2016 年 11 月 8 日，永州职业技术学院 2016 年大学生创新创业大赛表彰大会召开

■ **图书馆建设** 2016 年，永州职业技术学院申报图书馆项目资金，先后获国家图书馆数字资源建设资金 60 万元，图书馆改造维修资金 20 万元，图书馆项目资金 60 万元，图书馆免费开放资金 50 万元。先后投资 60 万元组建电子阅览室 2 个，每个电子阅览室有坐席 64 个，集浏览、阅读、咨询、培训、娱乐等诸多功能为一体，全部对读者开放。完成图书馆文化建设第一期工程，改善阅读环境。安装总门禁系统，启用新的借阅模式，即采用“藏、借、阅一体，全开架，大流通”的借阅管理模式，变封闭式、部分开架式等被动式服务为全开放式主动式服务，为读者借阅图书提供方便。

■ **数字化校园建设** 2016 年，永州职业技术学院完成校园网站服务器升级改造，制定出《数字化校园建设十三五规划方案》。强化会议室和报告厅信息化管理，制作各种课件和会议资料 400 余件，保证各种会议的正常进行。完成学院15个信息管理系统的安全定级工作。新增职教新干线账号6000个，为专业抽考和毕业设计上传各种资料提供技术支持，基本上满足学院计算机公共课程和部分专业课程的计算机教学需要。

■ **校园新闻宣传** 2016年，永州职业技术学院依托新媒体中心打造以学院官方微博、公众微信号为重点的新媒体平台，实现对师生、校友、社会受众的全面覆盖及最佳传播效果。完善《永州职业技术学院官方微博、微信管理办法》，推出“我从西藏来”“招生季”“校运会”“永职美”等系列微信作品，学院公众微信号关注人数5300余人，微信作品“微漫画——读懂1512345，学好省党代会精神”入围湖南省微信大赛复赛。编印“两学一做”口袋书630余册，印制“两学一做”学习简报11期。发布新闻稿件296篇；实行舆情情况日报周报制度，与媒体沟通，及时应对舆情，处理网络舆情11起。开展新闻宣传工作考核，表彰宣传工作先进集体6个和先进个人10位。

领导名录

党委书记	黄小明
党委副书记 院长	翟惠根
党委副书记 院直机关 总支书记	李国春
党委委员 副院长 兼附属医院 院长、书记	杨　铭
党委委员 副院长	韩立路　窦铁生
党委委员 纪委书记	蒋衡湘
党委委员 工会主席	李　晶
党委委员 副院长	王中军
院长助理	唐陶富　罗敏杰
副院级干部	刘晓兰

（秦永亮）

湖南潇湘技师学院（湖南九嶷职业技术学院）

■ **概况** 湖南潇湘技师学院是经省人民政府批准，由市人民政府主管、教育业务由省人力资源和社会保障厅管理的一所全日制高等职业培训机构。学院前身零陵地区技工学校，创办于1980年5月，2002年3月经劳动部批准升格为“高级技工学校”，并被确认为“国家级重点技工学校”和“国家高技能人才培训基地”。2009年3月，经省人民政府批准，以永州市高级技工学校为主体，建立潇湘技师学院。湖南九嶷职业技术学院是在原“九嶷山学院”的基础上发展起来的。2005年3月经省人民政府批准，设立“湖南九嶷职业技术学院”，属专科层次的面向全国招生的普通全日制高等职业院校。2010年5月，经湖南省人民政府批准，由民办转为公办，并与湖南潇湘技师学院合并办学，实行两块牌子、一套人马。学院全面推行“学历证”和“职业资格证”双证制度，将技能培训与职业教育融为一体，职前教育与职后培训紧密结合，为地方经济社会发展多层次、多形式地培养生产、管理、服务一线的高技能人才。先后获“湖南省职业教育先进单位”“湖南省‘雨露计划’定点培训机构”“湖南省移民培训定点单位”“湖南省总工会农民工就业创业十佳培训基地”“永州市综合治理先进单位”等称号，是永州唯一一所既是“湖南省高技能人才培训基地”，又是“国家高技能人才培训基地”的职业院校。学院有教职工240人，其中专任教师169人，专职辅导员和班主任26人；教授、副教授职称45人，中级职称52人，双师型教师142人，占专任教师的84.02%。设有机电工程系、汽车工程系、服装设计与艺术系、管理工程系、公共课部和思政部等教学系部，开设数控技术、模具设计与制造、汽车检测与维修、服装设计与制作、会计电算化、室内设计、烹饪、机电一体化等20多个热门专业。2016年，在校全日制学生4000余人，毕业生就业率95%以上。

■ **新校区建设** 2016年，湖南潇湘技师学院新校区建设项目批复总投资4.12亿元。完成建筑面积1.11万平方米，其中，教学楼4幢、3万平方米，科研楼1幢、6870平方米，学生食堂1幢、8500平方米，图书室1幢、1.36万平方米，实训楼2幢、2.31万平方米，学生宿舍5幢、2.9万平方米；完成投资额为5.15亿元，其中：投资方完成投资额为3.76亿元，学院完成投资额为1.39亿元。9月上旬，完成学院整体搬迁工作；9月16日，在新校区顺利开学。

■ **教学质量** 2016年，湖南潇湘技师学院紧跟时代步伐，专业设置适应社会需求，学生培养符合党和国家要求的原则，狠抓教学质量和学科建设，对重点学科专业进行改造，对一些就业状况不

2016 年 6 月 13 日上午，市委副书记、市长易佳良在市委常委、市委宣传部部长石艳萍等市领导的陪同下检查指导湖南潇湘技师学院新校区建设

好、没有发展前景的专业，坚决进行调整。服装与艺术系新增数字媒体艺术设计、服装与服饰设计专业，公共课部新增计算机应用技术专业；新增数控模具和会计 2 个高职专业。下学期，学院在全省毕业设计工作抽查中合格率 92%，毕业设计工作评价分 83.3 分，处于全省前列，进入第一方阵；在省级专业技能抽查工作中，学院被抽中的计算机应用技术专业通过率 80%，专业抽查一次性过关。

■ 学生管理 2016 年，湖南潇湘技师学院强化学生管理工作，建立学生教育管理工作网络体系，建设一支队伍扩大、素质较高、相对稳定的专职辅导员队伍；设立警务室、医务室、心理咨询室；建立学院领导、学工处和系部工作人员夜间巡查制度，防止安全事故的发生；加强对学生思想动态的跟踪掌握和心理辅导，学生管理工作井然有序；抓死抓牢“三查”（查到课率、晚自习率和就寝率）工作，狠抓学生常规化管理。

■ 教学科研 2016 年，湖南潇湘技师学院紧扣地方经济社会发展对高职教育的需求，开展调查研究。年内，学院的省级课题立项 4 项，结题 4 项，参编教材 3 部，发表论文 66 篇，获省级优秀论文一等奖 2 个、二等奖 3 个、三等奖 2 个。

■ 招生就业 2016 年，湖南潇湘技师学院招收学生 2426 人，其中高职类学生 573 人（三年制高职 338 人，五年制高职 235 人），技工类 1853 人，比 2015 年增加 883 人，超额完成招生工作任务。年内，有 16 家省内外知名企业到学院现场招聘，截至 2016 年 12 月 31 日，2016 届 366 名学生中有 300 名落实实习就业单位，占毕业生总数的 81%。

■ 校企合作 2016 年，湖南潇湘技师学院与省内外知名企业合作，增强学生的社会适应能力和技能水平，增加实践环节教学，开展面向企业和产业专业人才的订单式培养。与长丰集团、跃进机械厂、雅戈尔等 40 余家企业开展校企合作，尤其是搬进新校区后，与湖南心拓网络科技有限公司开展一站式联合办班培训，企业提供奔驰、宝马、奥迪等 7 台高端汽车为学生提供实习，并派专家到学院进行为期 30 天的现场指导和培训。注重提升学生的学历层次，与湘潭大学、湖南涉外经济学院等本科院校联合办学，为优秀学生进一步提升学历层次提供平台。

■ 师资队伍建设 2016 年，湖南潇湘技师学院采取“招、引、培”的办法加强师资队伍建设。9 月，参照《永州市事业单位公开招聘人员试行办法》，按照劳动合同聘用方式，招进 7 名全日制硕士研究生学历学位的毕业生担任专职教师和学生辅导员。申报 31 名人才引进用编计划，截至 2016 年 5 月 22 日，高学历人才入围人员 22 名，其中全日制硕士研究生 16 名，原 211 工程、985 工程大学的全日制本科生 6 名。开展教师素质提升工程，鼓励和支持教师在职提升学历和职称，全年 5 人参评省技校教师系列高级职称，通过评审 4 人。

■ 文明校园建设 2016 年，湖南潇湘技师学院在校内开展“沃青春·十佳歌手”大型活动、“快乐前行”迎新游艺会、“活力校园，我最达人”活动、“素质拓展运动会”活动等 10 余项社团、文体活动。多次组织学生到校外参与创文明城市劝导活动，组织 100 多名志愿者参与“永州市全民微型马拉松”活动、“全民健身挑战日—健康永州动起来暨纪念红军长征胜利 80 周年健身活动”，组织志愿者完成市党代会代表团、祁阳考察团、关工委考察组、省委创建文明城市考评组的接待任务。学院团委被共青团永州市委评为“永州市五四红旗团委”。

领导名录

党委书记　黄　冰
党委副书记 院长　唐海君
党委副书记　何增明
副院长　何来庆　冯友明　罗湘明
纪委书记　易清国
工会主席　罗顺莲

（胡先云）

湖南广播电视大学永州分校

■ 概况　湖南广播电视大学永州分校（简称永州电大）地处永州市零陵区，学校占地面积2.8公顷，建筑面积1万多平方米，固定资产原值1200余万元。学校有党政办公室、行政科、教务科、教学科、学生科、信息技术中心、终身教育办公室、教师发展中心、监察督导室、招生办、工会等科室，有宁远、蓝山、东安、江永、道县、祁阳、新田等县级教学点和工作站。学校教学队伍、技术队伍、科研队伍人员配备齐全，其中副高职称6人，中级以上职称17名，全校教职员工均具备大学本科以上学历。2016年，永州电大在组织建设和教学、科研、管理等各方面开展系列工作，取得一定成绩。

■ “集众智、聚合力、促发展”的大讨论活动　2016年9月，湖南广播电视大学永州分校举行主题为“集众智、聚合力、促发展”的大讨论活动。此次活动，收集到关于学校发展与建设、学校管理与保障等方面意见建议40余条，36位教职工所提意见和建议都是立足学校发展的新形势和新要求。校党委对教职工所提意见建议进行认真的研究和归纳，并制定《永州电大2016年“学校发展大讨论”活动教职工意见建议整改落实方案》，完善学校各项管理体制，落实各项激励措施。

■ 转型发展　2016年9月，永州电大迎来新一届领导班子，新上任的党委书记李长于对电大工作展开全面调研，结合电大转型发展需求，提出将电大打造成令永州人们满意的“一校、二中心、二基地”的新型开放大学。学校党委就永州电大搬迁事宜进行大量的调研和论证，向市委、市政府和上级主管部门汇报并提交《湖南广播电视大学永州分校搬迁校址可行性分析报告》，取得相关领导的初步认可。

■ 教学、技术、管理队伍建设　2016年，永州电大通过公开招聘，录用会计专业教师1名和艺术设计专业教师1名。鼓励优秀中青年教师有计划地参加硕士研究生、博士研究生等高层次的继续教育和省市各级课题研究。有3位青年教师参加在职研究生的学习进修，1名青年教师报考在职研究生。5月，举办青年教师教学比武大赛，进一步促进青年教师教学能力的提高。鼓励行政管理人员在职学习，增强理论素养，并有计划、有重点地派送管理干部进行提升培训。校长崔莹赴北京大学参加市委组织的领导干部执行力培训班，办公室主任王金盾赴人社部参加事业单位人事制度改革高级研修班。

■ 学校招生　2016年，永州市电大招生2832人，其中开放教育招生2557人，奥鹏招生13人，西北工大招生262人。省电大下达学校的年度开放教育招生目标任务是2400名，超额完成157名，与2015年相比，开放教育招生数增加636名，增长33%。全年招生总数与2015年相比，增加896名，增长46%。继续实行《永州电大领导联系教学点制度》，实施招生工作方案，加大对县级电大、教学点的指导、培训及招生奖励力度。改进服务，主动解决县级电大、教学点及各合作单位在工作中存在的一些困难和问题，以良好的服务促进县级电大、教学点的招生工作。继续投入人力和财力，校领导带队主动加强与组织部门、民政部门等单位的联系与交流，与部分停办的教学点恢复合作，农民大学生项目继续实施。同时，通过与新田教学点的共同努力，使得军转人员学历教育合作项目通过政府采购。

■ 学生管理　2016年，永州电大向市委组织部报送两名优秀农民大学生学习先进典型—宁远工作站的欧阳植竹和校本部直属班农民大学生陈长青（零陵区石山脚华源村支书），市委组织部基本通过对两名学生的材料审核，待进一步完善后，上报省委组织部。结合新时代、新形势下高校思想政治工作中出现的新特点、新问题，对现代信息化环境下成人高校学生思想政治工作的方法，进行理论探讨和研究，学生科科长李飞燕撰写的两篇论文《新媒体在电大管理教师思想政治工作中的应用价值》《信息时代下大学生思想政治教育的创新性分析》在省级核心刊物上发表。组织学生开展中央电大及省电大学生奖学金评选活动，并向中央电大及省电大上报参评学生30名。

■ 推行信息化建设 2016年，永州电大以在线远程教学平台为基础，开展各类网上教学活动。学校的主页平台资源得到充实，各类教学资源和校园新闻都及时地上传到永州在线平台，建好各专业、课程板块，组织进行BBS，起到窗口作用。通过政府采购，完成全校教职工办公用电脑更新工作；完成新机房改扩建工作；建设好云教室1个；11月完成一楼大厅大屏幕LED显示屏建设。

■ 教学、教务管理 2016年，永州电大每个学期定期检查和考核教师教案，对网上教学资源进行查看，坚决杜绝以次充好、照搬照抄、内容过时的现象。春秋两季，对新入学的学员开展国家开放大学学习指南和计算机应用基础的面授教学辅导。2016年春季，外聘专业讲师为农民大学生开展农村淘宝系列应用型课程培训；2016年秋季，对农民大学生学员开展《农村政策法规》《乡镇行政管理》等专业课程的面授辅导。聘请省校教授，组织本校教师，赴县级电大、教学点开展“送教下乡”“送教下点”及教务培训等活动。

■ 开展非学历教育 2016年3月，永州电大组织实施全市第二批中小学教师市级骨干教师评选与测评，市教育局骨干教师评审委会评审评选出市级骨干教师188名。组织并完成全市师德师风、山区教师支持计划调研工作。办理并发放2015年全市申报的高中教师资格证。协助省校完成全市初中“适岗教师”考试。指导全市各县区完成“十二五”教师学分登记工作。完成普通话“种子教师”、中小学薄弱学科、中小学教师信息技术应用能力提升、全市普通话省级测试员、民办幼儿园园长、永州市第一中学和永州市第四中学全体教工的校园安全教育、职院附小的通识教育、中小学德育干部、中小学安全管理干部、学校心理健康教育专干、中小学正副校长及班主任、中小学学科教学骨干、市级学科带头人及骨干教师、永州高中语文数学物理“送培到市”等30多个培训班，培训全市中小学和幼儿园教师2474人。组织并完成全市第一次中小学教师普通话水平抽查工作，督促各县区进行推普工作。组织并完成全市三次普通话抽查工作。指导全市各县区启动教师资格定期注册工作，并具体完成市直属学校的全部教师资格注册。指导全市各县区完成“十二五”学分登记工作的大检查。督促全市各县区完成2016年的教师信息技术应用能力提升工程计划。指导全市各县区组织教师参加网络研修培训学习，成绩突出，获湖南省中小学教师发展中心颁发的“2016年度湖南省中小学教师网路研修工作先进单位”称号。完成全市行政执法人员资格电子化考试工作，设置永州电大直属考点和祁阳、东安、宁远、道县、蓝山、新田、江华、江永9个行政执法人员资格电子化考试考点，并制定《行政执法人员资格考试报名工作实施细则》《全市行政执法人员电子化考试工作细则》《全市行政执法人员电子化考试考务工作安排》《行政执法人员资格电子化考试应急处理方案》。11月21日—12月7日，全市9个行政执法考试考点组织1.77万名行政执法人员参加考试，其中永州电大直属考点参考人员5674人（包含市直单位、冷水滩区、零陵区、双牌县行政执法人员）、祁阳考点3049人、东安考点1406人、宁远考点1498人、新田考点1015人、道县考点1923人、江华考点1500人、江永考点755人、蓝山考点831人。

■ 发展科研工作 2016年，永州电大向省教育厅申报省级社区教育课题立项。有1篇行政管理专业研究论文、2篇社区教育相关论文、2篇学生管理相关论文在省级刊物发表。

■ 推进终身教育工作 2016年，永州电大争取到市级终身教育专项资金30万元的支持，用以开展各项终身教育活动。5月—8月，完成省干部教育培训网络学院组织的“学习中共十八届五中全会精神培训班”活动，共8000名干部报名参加培训班。8月15日，省干部教育培训网络学院组织“学习中共十八届五中全会精神培训班优秀论文评选活动”，该校组织专家团对学员上交的论文进行评审，选送参评的论文获全省一等奖1篇、二等奖2篇、三等奖1篇。全年学员学习通过率45%。举办“永州市社区教育特色课堂之急救知识、心理健康知识学习暨庆六一关爱留守儿童”活动、“永州市社区教育特色课堂之科学文化进社区”活动、“永州市社区教育特色课堂之计生培训进社区”活动。7月—8月，举办首届永州市百姓学习之星评选活动，全市有10位学习表现突出的市民被评为首届“永州市百姓学习之星”。10月30日，结合本土文化特色，在东安县大盛镇举办终身学习活动周大型文艺汇演活动，约3万人参加盛会。推进社区教育，联合高山寺社区举办广场舞培训活动和选拔大赛，送选的队伍获全区广场舞大赛一等奖。选派3名社区教育骨干教师和工作者参加省里组织的社区教育培训。向省教育厅申报省级社区教育课题立项。有1篇社区教育相关论文在省级刊物发表。配合国家教育部对国家、省级社区教育示范区进行调研。

■ **基础设施建设** 2016年上半年，永州电大完成学校教师培训食堂的维修改建工作；6月、7月完成学校主电线路的改造维修工作，保障学校用电畅通；10月完成学校抽水房维修工作，恢复学校正常用水；改造户外大型广告宣传及相应设施，在校园及办公区域张贴文明警示标语、摆放植物盆栽，美化校园环境。

领导名录

党委书记 李长于
校　　长 崔　莹
副 校 长 李智媛
纪委书记 左全华
副 校 长 徐正祥

（王莹）

湖南省道县师范学校

■ **概况** 湖南省道县师范学校创建于1958年，是市直属公办普通中专学校，是湖南省示范性中等职业学校、永州市大专层次小学幼儿园教师培养基地、永州市教师继续教育中心。学校占地面积8.67公顷，有在职教职工168人，在校学生3522人。开设小学教育免费师范生五年制大专班、学前教育免费师范生五年制大专班，开设学前教育、旅游服务与管理、社会文化艺术等专业。学校被评为湖南省示范性中职学校、湖南省教育系统先进基层党组织、湖南省安全文明校园、省级“双特色校”（规范汉字书写教育特色学校和省级经典诵读特色学校）、湖南省语言文字规范化示范校、湖南省优秀文艺单位、湖南省园林式单位、永州市文明单位、永州市党建工作先进单位、永州市综合治理先进单位等。

2015年12月，永州市市委常委会决定将道县师范和祁阳师范合并搬迁到永州市城区，创建永州市幼儿师范高等专科学校。2016年12月28日，潇湘幼儿师范高等专科学校新校区举行开工仪式。

■ **招生就业** 2016年，湖南道县师范学校通过调整招生录取政策、拓展办学项目、加强队伍建设、谋划招生重点，招生规模不断扩大，招生质量不断提高。2016年秋季，通过举行中职新生入学文化检测，从4000名考生中择优录取各专业新生884人，当年在校学生数3522人，新生总计1052人，实现数量与质量并重，确保学校学前教育专业等优势专业的不断发展。全年学校毕业生总人数1452人，就业率99.26%，对口就业率97%。学校举办2016届毕业生共需见面会，百家用人单位为2016届800多名毕业生提供1200多个岗位。毕业生就业单位、就业岗位和就业待遇相比同类学校有明显优势，社会用人单位对毕业生的思想道德素质和职业素质评价满意率90%以上。

■ **人才培养** 2016年，湖南道县师范学校适应国家职业教育与教师教育发展新常态，加大改革力度和管理力度，推行构建“一个模式”、破解“两个难题”、加强“三基教学”、实施“五项改革”的“一二三五”工程，推进学校教育教学改革。初步通过新的学前教育专业、小学教育专业和旅游服务与管理专业人才培养方案，突出专业核心能力和实践能力的培养。对接《教师教育课程标准（试行）》《幼儿园（小学）教师专业标准》以及国家教师资格考试大纲，进一步强化文化基础知识教学、专业基本理论知识教学、基本专业技能训练和专业核心能力培养。一年级实行月考制，各年级学期末均开展专业基本功考核。以主题校园文化系列活动为主体，全年开展校级、年级组等大中型活动30多场次，开设学生社团20多个，小先生团队成员400多人，丰富“以文化人、活动育人”师范特色育人模式。全年学生获国家、省市级奖励269项，其中包揽湖南省第三届青年艺术节非专业类舞蹈、朗诵一、二等奖。推进信息技术背景下的“学教一体化”教学模式改革，在永州市第二届微课比赛中4位教师获一等奖，5位教师获二等奖；在湖南省第二届微课比赛中4位教师获二等奖。

■ **品牌创建** 2016年，湖南道县师范学校落实市委提出的“三名工程”，创先争优，推进“品牌四创”工程，提升学校办学品位与办学优势。年内，学校被确定为湖南省示范性中等职业学校，获湖南省教育系统先进基层党组织、湖南省安全文明校园、永州市党建工作先进单位、永州市五四红旗团委、永州市三八红旗集体、永州市综合治理先进单位等10余项省市级称号。《湖南日报》《永州日报》、永州公共频道、永州教育信息网等多次对学校办学成果进行报道。重点加强学前教育专业品牌建设，优化人才培养模式改革，加强特长生培养力度，构建全员、全程、全方位实践育人体系。重视师资队伍建设，坚持“引进”和“培养”两手抓。招考引进全日制硕士学历研究生2人，培养市级学科带头人1人，骨干教师6人。教师参加省市级各类专业比赛，获奖人数60多人次。针对教师资格证国考，学校面向全校教师举办“学前教育理论与实践研修班”，邀请著名专家授课。选派20余人参加全国中职学校微课与翻转课堂教学实践高级研修班，培育教研教改主力军。年内，学校2项省级课题顺利结题，其中副校长唐广勇主持的《中职学校情感教育策略研究》获优秀等级；教师发表或获奖的论文80多篇，其中唐广勇、李康耀等在中文核心期刊上发表高质量论文。

■ **学校管理体系建设** 2016年，湖南道县师范学校加强各项制度建设，制定《道县师范学校教学督导工作制度》《道县师范学校各处室目标管理考评办法》等多项制度，并通过行政会、教职工大会、教代会和工代会等形式讨论通过，推进依法治校进程。选拔首批教学督导员7位，成立道县师范学校教学督导组，配合学校教学部门对学校教育教学活动和青年教师成长的监督、检查和指导，强化对教学质量的监控。2月，严格按照《党政领导干部选拔任用工作条例》的有关规定，依法依规依程序选拔任用中层领导干部7人，其中正科级干部2人，副科级干部5人。以岗位职责为目标考核依据，按照量化考评和民主测评相结合的方式，把考核结果与管理人员任用晋升、培养培训、绩效奖励挂钩，形成长效激励保障机制。重视安全稳定工作，严格落实安全目标管理责任制，建立安全稳定工作月通报、季度研判、检查督导机制，系统谋划安全教育和安全管理。全年组织开展消防逃生演练、防溺水、反校园欺凌、食品安全卫生等安全教育活动20多次，是年被评为“湖南省安全文明校园”。

领导名录

党委书记 校长	何云峰
党委委员 副校长	胡达仁
党委委员 纪委书记	刘孝文
党委委员 副校长	唐广勇
党委委员 工会主席	何仙玉

（李波）

湖南省永州市工业贸易中等专业学校

■ **概况** 湖南省永州市工业贸易中等专业学校（简称永州工贸学校）是一所由道县人民政府主办的中等职业学校，创办于1983年，前身是道县职业中专学校。1996年被国家教育部确认为首批国家级重点职业高中，2012年成功创建为国家中等职业教育改革发展示范学校，2015年进入首批湖南省卓越中等职业学校先进行列。学校建有信息技术类、加工制造类和文化艺术类3个专业群，开设电子技术应用、电子与信息技术等13个专业，其中电子技术应用专业为省级精品专业、省示范性特色专业；电子技术应用、畜禽生产与疾病防治、服装设计与工艺3个专业的实训基地为省级校企合作生产性实习实训基地；依托主体专业优势兴办校办企业16家。学校占地54万平方米，校舍面积13.2万平方米，绿化面积35.2万平方米，实训基地建筑面积1.85万平方米。总资产8702万元。2016年秋招收全日制学历教育新生2291人，全日制学历教育在校生5816人，有116个教学班，毕业学生1613人，职业培训规模51280人天。教职工365人，其中，专任教师297人，硕士研究生32人，专业课教师197人，“双师型”教师178人，兼职教师47人，省市专业带头人14名，高级职称教师68人。

2016年，学校获第十三届全国中等职业学校“文明风采”大赛优秀组织，被评为“创青春”湖南省大学生创业大赛和“挑战—彩虹人生”湖南省职业学校创新他效创业大赛优秀组织奖、永州市文明单位、永州市依法治校示范校、永州市无烟单位和永州市中等职业学校技能竞赛先进单位等。

■ **思想教育** 2016年，永州工贸学校全面推行未成年人思想道德教育，培育和践行社会主义核心价值观教育。围绕“立德树人”的根本任务，开展“千人诵读、千人签名”“忆苦红歌会”竞赛、禁毒知识竞赛在线答题、纪念红军长征胜利80周年等系列“中国梦”活动。开设道德讲堂，弘扬传统文化。开展学习践行《道县市民文明公约》等活动，争做文明有礼的道县人。利用传统节假日，开展清明节祭英烈活动。建立心理咨询室，配有含1000模型的沙盘一套，安排具有国家二级、三级心理咨询师资质的兼任教师为学生进行个体咨询，帮助学生解决心理问题。5月，开展“心理健康月”活动，举办针对中职生“早恋”的心理讲座和就业指导讲座。9月，对新生进行适应性教育及自我认识教育。结合国家省市“文明风采”竞赛和“创业大赛”要求，开展技能竞赛活动，提升中职生工匠精神和职业素养，促进学校德育工作和校园文化建设。在湖南省职业院校创新创效创业大赛和全国职业院校创新创效创业大赛中，杨立月、李元平等同学创作的“煤气自动排气控制器”获省一等奖和国家三等奖。在市十二届文明风采竞赛中，获一等奖33个，二等奖47个，三等奖42个。在全国文明风采大赛中，《潇湘八景——烙画》和《余韵——残荷之美》两件作品获得全国一等奖，另获全国三等奖2个。

永州工贸学校

■ **就业质量** 2016年，永州工贸学校全日制毕业学生数1613人，就业学生数1613人，学生初次就业率100%。直接就业人数1224人，深入高等院校学校389人，其中对口就业1177人，对口就业率96.2%。就业学生中，在机关和企事业单位的有1199人，从事个体经营的有14人，其他方式就业的有11人。直接就业的学生中从事第一产业的有58人，占就业学生数的4.73%；第二产业的有928人，占就业学生数的75.82%；第三产业的有238人，占就业学生数的19.44%。在本地就业的429人，占毕业学生数的26.59%；异地就业的795人，占毕业学生数的49.29%。分布在城区就业的为1210人，镇区就业的6人，乡村的有8人。直接就业学业生中，通过学校推荐的1149人，其他渠道的75人。就业学生中，签订一年以上劳动合同的1116人，购买社保的1222人，平均月薪2850元左右，学生满意度95.2%。学校毕业生就业情况主要特点：毕业生初次就业率、对口就业率高；毕业生就业朝高端、高薪趋势发展；自主就业、自主创新、创业毕业生数增长趋势明显；由于区域经济差异城区就业学生数高于乡镇、农村就业学生数，异地就业学生数高于本地就业学生数。

■ **教学科研** 2016年，永州工贸学校加大项目开发建设，加强教学科研工作。校企双方根据技术技能人才成长规律和企业岗位需要，共同研讨论证，制订人才培养方案，开发核心课程和特色教材等。按照双向选择原则，学生、学校和企业明确权益及学生在岗培养的具体岗位、教学内容等，构建专业课程体系。理论课采用多媒体信息化教学，专业实践课采用理实一体化教学。根据专业培养目标和分层分级分类训练的原则，建立与专业培养目标相适应、循序渐进的实践教学课程体系。将专业技术结构体系的三要素与教育对象的岗位工作需求和岗位技术能力合理整合，优化课程模块教学，重点突出学生专业技术应用能力、专业技能提升能力和岗位创新创业能力。根据现代职业教育发展要求和产业转型升级对多样化技术技能人才的需求，建设“校中厂、厂中校”，创新人才培养模式；制订并实施《教学模式改革实施方案》，推行项目教学、案例教学、工作过程导向等教学模式；创新和实践“教师、师傅一体，课堂、车间一体等”，有效实现教、学、做合一。严格依法依规选用、使用教材；根据实际情况和合作企业、合作院校共同开发校本教材25本。通过整合专业教学目标、专业标准等专业群的资源，建好数字化教学资源库、专业素材资源库和自主学习型课程子库等资源库3个。11月，中德诺浩（北京）教育投资股份有限公司到该校考察交流，双方就学校汽车制造与检修专业合作办学进行协商，从专业规划、人才培养方案等方面的合作进行探索。

■ **校园文化** 2016年，永州工贸学校强化校园文化建设，成功创建市级文明单位。设立“道德讲堂”，将思想政治教育分为经典文化与道德教育、法纪和自律教育、人生规划教育等板块，邀请离退休专家、道德模范等主讲，举办讲座12期。投资400万元建好“智慧校园”。学校广播站、电子化校报、校园门户网、电子宣传屏和阅报栏等，占领学校文化传承主阵地，弘扬主旋律。加大校园文化建设力度，营造浓郁的文化氛围。把握学校历史和使命，形成“厚德、精技、自强、创新”校训，建成“莲花”校标和名人校园雕塑、廉洁文化广场、鲁班广场、文化石等文化设施，增强校园文化承载能力。

■ **队伍建设** 2016年，永州工贸学校加强干部教师队伍建设，提高学校教师队伍整体素质。按照《永州工贸学校教师素质提升计划（2016—2018）》，制订并实施《永州工贸学校2016年暑假教师培训工作方案》，培训的主要内容有：专家讲座、教学工作诊断与改进专项培训、师德师风专项培训、教师业务素质提升专项培训和教师业务学习及业务考试等。安排孙玉俊等15名教师到大连机床厂参加培训，范文玲等9名教师到厦门友达光电参加培训，刘杰等16名教师到道县晶辰电子参加培训，邱艳华等12人到道县胜进服饰参加培训，蒋建中等9名教师到浙江金华众泰汽车参加培训。完善《永州工贸学校专业（学科）带头人、骨干教师评选与管理暂行办法》，开展“十三五”期间首批校级专业（学科）带头人、骨干教师评选活动，评选出校级专业（学科）带头人28人、骨干教师31人。组织教师参加永州市中小学骨干教师和学科带头人评选活动，有8人获评。组织59名教师参加湖南省远程教育培训学习，促进教师终身学习理念的形成。组织5名教师参加北京师范大学组织的全国职业院校教学诊断与改进暨质量管理水平提升研修班培训，组织21名教师参加省级培训，组织68名教师参加市级培训。全年，学校在国家级“创新杯”教师信息化教学说课大赛中，获2个三等奖；在湖南省职业教育与成人教育优秀论文评选中，获二等奖2个，三等奖4个；在市自制教具大赛中，获一等奖1个；在市中职学校教师说课活动中，获一等奖1个；在市中职语数英骨干教师培训说课比赛中，获一等奖2个；在市教育技术论文评选中，获一等奖2个；在市中职学校第二届微课比赛中，获一等奖8个。《电子技能与实训》课程入围2016年湖南省职业教育名师空间课堂建设项目。

■ **资助情况** 2016年，永州工贸学校本着“公平、公正、公开”的原则，把学生资助工作纳入到学校日常工作的重要内容，确保资助工作抓严抓实好。学校学生有国家免学费、国家助学金、学生奖学金、学校年度部门预算资助贫困生资金等校内资助，还设有行业企业奖学金、助学金及校团委募捐资助家庭经济困难学生的经费等。全年国家免学费1.1万人次，金额1327.56万元；国家助学金受助学生1552人次，发放助学金155.2万元；校内资助2475人，资助金额90.6万元；行业企业奖学、助学922人，金额13.2万元；校团委募捐助学5人，计金额2.87万元。

■ **办学特色** 2016年，永州工贸学校深化实施产教融合、校企联合办学，服务地方经济社会发展能力不断提升。利用与园区“零距离”接触的优势，创新课程设置与培训方式，使车间与课堂随机转化；与企业合作建立实训基地，把相关课堂开设在企业车间里，让学生在生产车间里“学中做、做中学”。道县县委、县政府引导学校利用技术优势兴办经济实体，创办玉华鹅业有限公司等校办企业16家。对接产业设专业。建立专业动态调整机制，主动对接县内工业园支柱产业设置课程，根据园区产业开设适用专业。根据市场调整专业，相继停办涉外英语、家经等专业，开办数控技术应用、汽车运用与维修等10个热门专业。明确专业培养定位，打造特色品牌专业。创办电子技术应用等5个重点专业，被园区企业称为“技师的摇篮”。办好专业促产业。在学校品牌专业的支撑下，道县工业园区形成电子信息、轻纺制鞋、先进制造、生物科技四大支柱产业，培育规模企业55家。道县县委、县政府创建电子信息产业园，引进电子信息企业27家，成为全省首批两化融合试验区和循环经济示范园。对接车间开课堂。学校批量培养技术技能人才，每年为园区输送技能人才1700人以上。学校与企业共建专业、共同开发课程、共享实训基地等，园区企业每年选送员工到学校参加技能培训达2000多余人次。12月，永州市委争取农业部重视，以永州工贸学校为载体，创建农业部管理干部学院（中共农业部党校）实践教研基地、永州市农村党员和青年农民培训中心。培训中心采用“党建+产业技术扶贫”方式，计划用5年时间，培训5万名农村党员、青年农民致富带头人。挖掘地方特色资源——道州灰鹅，组建道县玉华鹅业发展有限公司，采用“公司+基地+农户”的经营模式，引领产业发展。联合湖南农业大学完成道州灰鹅提纯复壮、养殖繁育、产品研发等任务。其中“道州灰鹅熟食产品”在永州市第二届农新产品博览会上获“最受欢迎奖”，“酱卤鹅肉”在第五中国湖南畜牧渔业博览会上获金奖，道州灰鹅系列产品成为永州市引领农业产业化龙头新产品。

领导名录

校长	尹存成
党委书记	欧阳英
党委委员 副校长	胡林祥
党委委员 工会主席	李世能
党委委员 监察室主任	李　君

（唐生德）

永州市第一中学

■ 概况　2016年，永州市第一中学秉承“以人为本，自强不息”的办学理念，弘扬“爱岗敬业、乐于奉献、自强不息、追求卓越”的一中人精神，以建设永州市名校和全省第一方阵学校为总抓手，制定、通过《永州一中2016年—2020年发展规划》，进一步创新提质、彰显特色，在市教育局组织的全市省示范性普通高中办学水平评估考核和省示范性普通高中校长任期目标管理考核中，学校被评为双优，均位列第一名；广东省连州市第一中学、长沙市第二十一中学、衡阳市第一中学、衡阳市第二中学及本科院校肇庆学院、衡阳师范学院师生到校参观、交流和学习；在获全国文明单位、全国特色学校、全国学校体育工作示范学校等国家级称号后，作为全市普通高中的唯一代表获推全国国防教育特色学校。学校办学成果及经验多次被《永州日报》等媒体推介。

■ 高考学考　2016年，永州市第一中学高考一、二批本科上线再次突破1000人，居全市第一位，上线率居市直中学第一位，保持在全省名校第一方阵；一本上线474人，创历史新高，上线人数、上线率均居全市第一位；600分以上74人，居全市第一位，何启明、何晨曦、张绍政、胡颖华、姜正五位同学进入全市理科前十名；李达班张绍政以总分687分的成绩被清华大学录取。学校高二学业水平考试正考合格率95.75%，继续保持省市前列。

■ 管理体制　2016年，永州市第一中学创新管理机制，为实现有效化管理，内部机构重新设置为：党政办公室、教学处、学生处、体艺处、教科室、现代教育技术中心、后勤处、高三年级部、高二年级部、高一年级部，进一步明确岗位职责。学校中层干部全部公平、公正、公开竞聘上岗，部分优秀青年教师进入中层领导岗位。在教学管理人员中实行双向选择、竞聘上岗，年级部设政教员、教务员。在学校管理上形成以校长室为核心，班子协作，各处室落实，工作重心落在年级部的管理体系。学校还大胆创新班级管理模式，在星级文明班级管理的基础上，全面量化班主任工作考核指标，由学生处、教学处、体艺处每月各设置100分考核汇总，与班主任津贴挂钩，调动广大班主任对班级管理的积极性和创造性，使学生管理和教育进一步落到实处。

■ 教研教改　2016年，永州市第一中学进一步推进数字化校园建设，以“三通两平台”建设为抓手，初步实现教育信息的交互、共享、开放、协作和高效；100%的学科教师注册省资源平台，开通个人空间。教师成少华被授予湖南省基础教育第三批“网络名师”；成少华、唐金娥、王爱吉3位名师分别领衔创建“国培计划”永州市语文、英语、历史高

2016 年 11 月 5 日，永州市第一中学举办第四十二届田径运动会

中骨干教师工作坊；成少华主持的“湖南省高中语文优质空间课堂”被确定为省中小学教师信息化教学“示范空间”；在“一师一优课、一课一名师”活动中，学校取得优异成绩，黄爱屏、李立、张海燕、刘芳民、廖高飞、刘云 6 位教师的课被评为部级优课，邓旭明等 12 位教师的课被评为省级优课，王受吉等 19 位教师的课被评为市级优课，唐凯获市“一师一优课、一课一名师”活动先进个人称号，整体成绩位居全市首位；全年有 168 件作品、课题在市级以上刊物发表或获奖，其中，刘小忠等教师在国省级刊物发表论文共计 32 篇，副校长欧阳媛卿主持的语文课题《利用校本资源优化语文阅读教学》获省二等奖，教师唐咏琛参与的信息技术课题《现代技术在课堂教学中的应用研究》获国家级一等奖，刘明芳等教师的论文获国家级一等奖。

■ 体艺工作 2016 年，永州市第一中学为进一步强化体艺工作，新设体艺处，负责体艺教学及活动管理，使学校体艺工作进一步规范化、制度化、常态化。省中学生运动会上，摘得银牌 3 枚、铜牌 5 枚，学生廖义国因此获保送名校的资格，成绩居全市之首；市首届中学生足球运动会上，学校男子、女子足球队分别获第二名和第四名；市首届中学生运动会上，学校田径队以 5 金、7 银、3 铜夺得高中组团体总分亚军。

■ 学生竞赛 2016 年，永州市第一中学在全国数、理、化、生和信息学奥林匹克竞赛中，教师蒋授荣指导的 480 班学生周筱睿获中国化学奥林匹克省赛区全国一等奖，16 名选手获二、三等奖。在科技创新活动中，学生黄尚的《女书习字专用长菱格及其系列产品的设计》、陈映廷的《永州对联文化状况调查报告》均获省一等奖，另有张育诚、张佩儿的 2 件作品获省二等奖；在全国中小学生电脑制作活动中，蒋佳伶的电脑艺术设计作品《柳宗元西山景区商标设计》获省二等奖；在全国青少年高校科学营湖南分营活动中，教师唐凯获评“省优秀带队老师”，学生唐玲获评“优秀营员”；在市“让城市更美好”主题征文比赛，9 篇获奖作品中该校占 5 篇，学生蒋婧夺得高中组唯一的一等奖。

■ 硬件设施 2016 年，永州市第一中学体育馆投入使用，体育馆周边环境的美化、亮化、硬化以及附属设施建设工作基本完成。投入近 60 万元建设机器人实验室、3D 打印实验室和汽车模拟驾驶 3 个功能教室，投入 120 万元建设高标准的理化生数字创新实验室。投入 20 万元完成监控室的搬迁工作，并对监控设备进行升级。投入 60 万元对艺术楼进行维修，投入 120 万元改造科学宫三楼报告厅。投入 30 万元改造门球场和篮球场。

领导名录

校　　长　陈宗华
党委书记　张　丰

（屈甘霖）

永州市第四中学

■ 概况 永州市第四中学（简称永州四中）创办于 1943 年，系湖南省首批挂牌的省级示范性高中。占地面积 27.41 万平方米，建筑面积 11.03 万平方米，有教学班 92 个，学生 6132 余人。学校先后获省文明单位、全国首批教育信息化试点学校、全国精细化管理示范学校、全国教育科研先进单位、全国基础教育百佳名校、全国百强中学等称号。

有教职员工 432 人，其中专任教师 370 人，高级职称 139 人，特级教师 4 人，本科学历合格率 100%。有省级名师工作室 3 个，省中小学“优质空间课堂” 11 个，市学科带头人 23 人，永州市名校长 1 人、名师 6 人。学校被清华大学、北京大学、武汉大学、中国科学技术大学、国防科技大学、哈尔滨工业大学、中南大学、湖南大学等知名大学授予优秀生源基地，还是空军招飞优质生源中学、空军国防生优秀生源基地、湖南省国防生源优秀基地。学校扶助并带动薄弱学校发展，托管李达中学。

有精品学生社团12个，其中有双舟文学社、电脑作品制作小组、机器人兴趣小组、健美操训练队等。学校先后获全国群众体育先进单位、全国青少年校园足球特色学校、湖南省心理健康教育示范学校等称号。

2016年，永州四中秉持“为社会负责，为师生终身发展奠基”的办学理念，以办人民满意教育为目标，坚持“依法治校、以德立校、教研兴校、质量强校”的办学方针，推行民主管理、人文管理、精细化管理，各项工作取得进步。

■ 教学教研 2016年，永州四中高考二本上线人数达1001人，一本上线人数451人，理科周泽南被北京大学录取，文科胡乐辉摘取永州文科状元，继续全市领先。飞行员上线5人，为全省第二位、全市第一位。高二学业水平考试整体合格率94.07%，名列全市前列。鼓励教师参加“一师一优课，一课一名师”、骨干教师评比、课案例评比等各种活动。12月，成功举办青年教师教学比武活动。2016年下期，教师在省级以上刊物发表的论文有30余篇；省市获奖论文40余篇。组织学生参加省市的物理、化学、生物等各项比赛活动，有500人次在省市获奖。高三学生参加的“新概念作文比赛”，全省前10名中该校占4人。8月启动“省培计划(2016)”高中教师工作坊网络研修开班、培训，全年网络培训教师280余人；10月组织国培——“送培到市”(语文、数学、物理)并且承担数学的送培到市。

■ 教育改革 2016年，永州四中在强化班级常规考核，推动班主任队伍建设的同时，着重加强学生行为养成教育和“午休静校”活动。“午休静校”活动要求在午休期间任何人不得出入校门，学生禁止在宿舍和教室从事与休息和学习无关的事情。经过一年的整顿和规范，师生的行为更为自觉，校风、学风明显优化，家长和社会反响良好。

■ 管理创新 2016年，永州四中根据班级多、班额大、学生多的实际情况，提出“管理重心下移，领导工作下沉”的管理思路，要求包括校长、党委书记在内的所有行政领导管理的重心下移到年级部，下移到教学一线。校长、党委书记坐镇年级部，直接扎根教学一线。所有行政领导都蹲点到班，随堂听课，直接指导班级的管理和教学。坚持“转变观念，整合功能，重心下移，推动跨越”的管理方针，构筑“校长负责制下的两线三级制”的低重心教育教学管理模式。其具体内涵是校长根据上级下达的工作任务，提出和制定学校发展的总体规划。“两线”是指教育处、年级部、班主任构筑学校教育管理工作一条线；教学教研处、年级部、备课组、教师构筑教学管理工作一条线。教育处、教学处和教研处根据学校的工作计划，分别制订各处室的工作计划，然后向年级组、备课组、班主任和教师延伸。“三级”就是以校级，中层、年级部和班主任三级为管理平台，在党务、行政、日常考勤、常规教学、教学科研、教育管理、评先进职、工会活动、党团员组织生活等方面实行分级管理。

■ 学校基础设施建设 2016年，总投资2100万元的永州市第四中学教师公租房主体工程全部完工。11月，总投资1988.17万元的学

永州市第四中学集体备课活动

校艺术楼及局部校园景观工程破土动工。体育馆项目进入立项的前期准备阶段，校园绿化升级、运动场看台建设、篮球场塑胶改造、学生公寓水电配套升级及安装空调等项目正在一项项落地。全校监控系统、数字语音广播系统成功升级。学生食堂在巩固省级学校餐饮服务食品安全示范食堂的基础上，进一步加强食堂管理和学生自主管理，由学生干部对不文明行为进行文明劝导，每月评选“文明窗口”。增设100余个校园停车位，整个校园停车更为规范有序。

领导名录

校　　长　蒋亚军
党委书记　石明一
纪委书记　李云峰
党委委员
副 校 长　黄端祥　张木勇
党委委员　唐协和
工会主席　唐　俏
副校级领导　汪明生　欧阳慧

（黄筱楠　陈鹏志）

文化产业和管理

综　　述

2016年，永州市有文化单位266个（含县、区和乡镇文化站），其中文化行政单位14个，事业单位251个。在编职工1027人，其中市直文化系统在编人员100人，专业技术人员52人。有公共图书馆12家，其中市属馆1家，县（区）馆11家；市级群众艺术馆1座，乡镇文化站227个，村级公共服务中心4789个。文物保护单位538个，其中，国家级文物保护单位26个，省级文物保护单位56个，市级文物保护单位212个，县级文物保护单位244个。全市有文化经营单位1064家，其中，艺术类表演团体12家，娱乐场所140家，网吧704家，报刊图书音像经营企业208家。

■ 文体惠民工程　2016年，永州市“送戏下乡　演艺惠民”演出703场（次），农村公益电影放映6.07万场。开展文化志愿服务活动，到祁阳县黎家坪镇开展“三下乡”启动仪式，为基层老百姓送图书、送春联、送演出，联合冷水滩区、零陵区文化部门分别在市博物馆、市体育中心举办两次免费为群众送春联活动。市文化志愿者服务支队到市纳诺老年公寓赠送图书、提供义诊等。选派3名优秀基层体育指导员参加国家社会体育指导培训，并获国家级社会体育指导员证书。全市选派230余人参加湖南省一级社会体育指导员培训。市级举办全市广播体操、乒乓球、篮球、排舞等培训班，培训体育骨干500余名。以社区、乡镇、村为重点，完善文化活动阵地建设，投入600余万元为贫困县和社区配备电脑、电视机、投影机、照相机、公共数字文化建设项目等文化设施设备。全年争取到3552万元的体育器材设施及项目资金，其中室外健身器材567套（3万元/套），农民体育健身工程更换项目（太阳能篮球架）328套（2万元/套），国家全民健身中心建设项目1个（资金800万元），乡镇健身广场3个（50万元/个），社区多功能运动场5个（30万元/个），笼式足球项目1个（30万元/个），一县一品活动项目4个（10万元/个），江湖山道品牌活动项目5个（5万元/个）。从市级体彩公益金中安排30余万元采购室外健身器材16套，安装到中心城区各社区。制订2017年全市5048家农家书屋出版物补充更新计划。全市有11个任务县区启动“村村响”设备安装和招投标工作，总投资1.3亿元。全市完成“户户通”信息录入14.49万户，用户信息录入率100%，总录入数和进度居全省第一位。永州市11个高山台站“中央节目无线

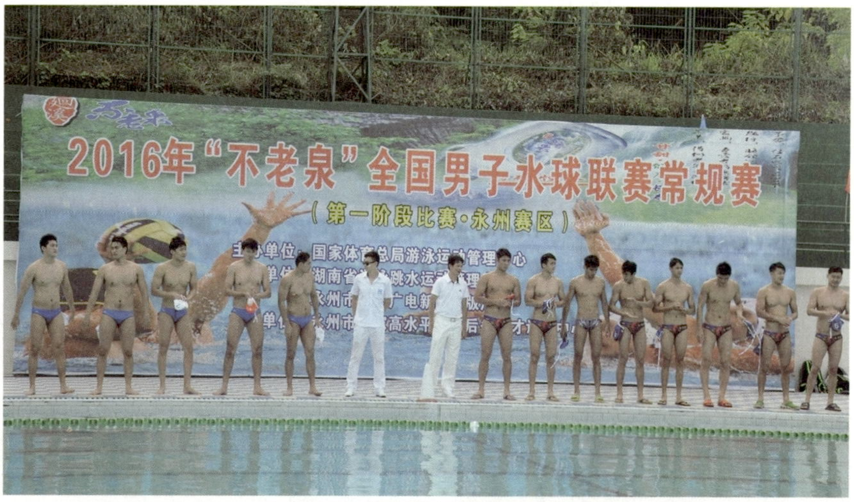

2016年6月30日，全国男子水球联赛常规赛在永州举行

覆盖”工程基础配套设施建设改造基本完成，大多数台站完成设备安装及调试，进行试运行状态。

■ 群众文化活动 2016年，“欢乐潇湘”群众文艺汇演活动演出节目2000余个，参与群众、演员近3万人。选送的《洗泥巴》《醉了，山茶花》《挑盐古道》获“欢乐潇湘”全省群众文艺汇演一等奖。举办2016年春节系列文化活动。协调配合湖南卫视推出《直播香草源》“新春走基层”特别节目。举办永州市庆祝中国共产党成立95周年“红旗颂”大型群众合唱比赛，湖南科技学院获省“红旗颂”决赛金奖。阳明山“和”文化旅游节、江华盘王节、蓝山梨花节、江永“洗泥节”等节会品牌日益成熟。举办“永州画家画永州”画展、上海松江—湖南永州书法联展、纪念中国共产党成立95周年和红军长征胜利80周年书画展等。在永州职业技术学院举行2016年“书香永州”启动仪式，开展系列“书香永州”读书专项活动和优秀少儿图书捐赠活动。祁阳、东安、宁远、江永、零陵等县区图书馆开展“世界读书日”宣传活动。

■ 全民健身活动 2016年，永州市举办首届登楼比赛、全市工间操比赛、全市女子气排球赛、首届永州城市健康乐跑、“我爱足球”中国足球民间争霸赛、全民健身乒乓球比赛、“迎元旦”永州市羽毛球比赛及全民健身挑战日等20余项比赛活动。组队参加全省气排球长沙站比赛、“公仆杯”羽毛球赛、民族健身操大赛、“我们的节日·端午·屈原杯”第三届群众性龙舟赛、湖南省第七届“强民杯”农民篮球、乒乓球赛，2016年中国乒乓球协会会员积分赛暨湖南省第三届业余乒乓球团体王冠争霸赛等省级比赛。

2016年“七一”前夕，永州市举办庆祝中国共产党成立95周年合唱比赛

■ 文艺精品创作 2016年，王青伟编剧的电影《国酒》获第八届澳门国际电影节金莲花最佳优秀影片大奖，电影《过山榜》已由上海电影制片厂开拍。王青伟的十集电视连续剧《毛泽东和他的六位亲人》、电影《毛泽东与李达》及蔡爱军的祁剧《建党时期的爱情传奇》为重点创作作品，并正在创作和修改当中。唐孟冲的歌曲《幸福山寨》，合唱《美在永州》《斯尕几格罗》在《音乐教育与创作》杂志发表，音乐作品《我在云水间》获“锦绣潇湘 快乐湖南”首届原创旅游歌曲大赛十大金曲奖。赵斌的音乐作品《瑶山追梦》获湖南原创精品歌曲十大金曲奖。蔡爱军的歌剧《红军打从瑶山过》、罗雪叶的戏曲《组长扶贫》获省文联2016年全省戏剧、广播剧优秀剧本评选剧本奖。

■ 文化市场管理 2016年，永州市开展文化市场专项整治“利剑”行动，检查经营单位2461家次，查处违规案件148起。出动执法人员6750人次，检查出版物市场店档摊点5480个次，查缴各类非法出版物2.95万余本（册）、非法电视网络接收设备（电视棒）13万余套，取缔地摊游商13家，立案查处“扫黄打非”案件63起，其中“道县10·8网络传播淫秽物品案”被列为全国“扫黄打非”办公室挂牌督办案件，并成功办结全国“扫黄打非”办公室2015年挂牌督办案件——“湖南永州‘9·18’王金阳销售非法电视网络接收设备案”。责令停止播出问题广告16个，查处违规广告案件3起。对52家星级宾馆和361家重点非星级宾馆等场所进行接收境外卫星电视节目专项清查整顿行动。查获非法销售卫视设施67套，拆除473套非法接收设施，并将其全部并入有线网。把广播电视“户户通”工程的推进与拆除非法安装的“小耳朵”有机结合，这个工作经验被省新闻出版广电局作为典范在全省进行推广，并得到国家新闻出版广电总局的高度认可。

■ 非物质文化遗产 2016年，永州市新增省级非遗名录4项，公布第五批市级非遗名录及项目代表性传承人，13个项目被列入永州市非遗名录，29人成为市级非遗项目代表性传承人。投入60万元对《女书习俗》国家级代表性传承人何静华和《江华瑶族长鼓舞》国家级代表性传承人赵明华进行数字化抢救性记录。永州市非遗保护中心筹备《永州市非遗图鉴》的编辑出版工作，通过该图鉴全面精准地介绍全市国家级、省级、市级等非遗项目。江华、江永、宁远、蓝山4县联合申报瑶族文化生态保护区。“女书习俗”文化交流代表团参加第七届“联合国中文日”展览活动。组织江永女书、瑶族长鼓舞等非遗项目参加第十二届中国（深圳）国际文化产业博览交易会并进行表演。市委、市政府重点打造集餐饮、文化、旅游、非物质文化遗产展示等一体的源味街。

■ 文化产业发展 2016年，奔腾文化创意股份有限公司收到全国中小企业股份转让系统正式批文，同意其股票在全国中小企业股份转让系统挂牌。在第十二届中国（深圳）国际文化产业博览交易会上，祁阳湘儒文化影视传媒有限公司运用VR交互技术对动漫游戏主机进行二次软硬件开发及设备整体集成项目成功签约，金额达1.2亿元。全市有文化产业个体户8696户，文化产业法人单位5236家，其中规模以上文化企业45家。安排就业17万人，带动社会就业35万人，带动相关产业增收360亿元以上。永州市水云潇湘文化旅游主题公园、“零陵古城”、何仙姑旅游开发项目、永州文化创意产业园、阳明山旅游综合开发、神州瑶族文化博览园、江永县“三千文化”生态旅游深度综合开发利用用7个“文化+旅游”项目纳入省“十三五”规划重大项目表。“零陵古城”、江华县神州瑶族文化博览园、江华县水口移民风情小镇3个项目入选2016年全国优选文化旅游项目名录。全市文化和创意产业增加值约为50亿元，增加5.6亿元，增长22.9%，占GDP的比重达4%，比2015年占比提高1个百分点。

■ 陈列与展览 2016年，永州市博物馆举办《永远的雷锋——永州人学雷锋事迹展》《“锦绣潇湘·永州发现”摄影活动优秀作品展》《迎春书画作品展》等专题展览，柳宗元纪念馆开展以“展示民族传统文化、宣扬民族传统美德”为主题的宣传活动，李达同志纪念馆组织大、中、小学校宣讲李达革命事迹。蓝山县文物局和冷水滩区文物管理所新建文物库房，宁远县文物局在宁远文庙举办“宁远县出土文物展”。

长鼓舞表演

■ 文物宣传 2016年，永州市博物馆结合“5·18国际博物馆日”和“文化遗产日”的主题开展送展览进学校、进社区、进企业的活动。围绕建党95周年和红军长征胜利80周年开展宣传教育活动，加大文物宣传力度。提高永州文物信息网办网水平，做到文物工作动态实时更新，全年刊发专业文章及工作动态68篇。向湖南文化遗产网、永州文化网、“文化永州”微信公众号投稿20余篇。全市文物系统组织参加省文物局举办的“首届文物价值解读与传播大赛”等工作，撰写文物解说词184篇，获奖40篇，其中祁阳浯溪文物管理处杨洋的《稀世文物明珠，绝佳旅游胜境》获一等奖，零陵区获二等奖1篇、三等奖1篇。

■ 文物维修与保护 2016年，永州市争取国家重点文物专项补助资金4087万元，省级重点文物保护专项经费258万元，全年全市实施龙家大院一期修缮工程、上甘棠三期维修工程、树德山庄修缮工程、涧岩头周家大院修缮工程等14项文物保护工程，柳子庙、宁远黄家大屋等文物保护单位、文物保护工程9处通过竣工验收。

■ **全国女子篮球青年锦标赛** 2016年6月4日—10日，2016年全国女子篮球青年锦标赛在永州市体育馆举行。该次比赛由国家体育总局篮管中心、湖南省体育局、永州市人民政府主办，永州市文体广电新闻出版局承办，汇集全国比赛前八名队伍，110多名16岁~18岁年龄段杰出球员。浙江队成功卫冕，八一队、辽宁队分获亚季军。

2016年6月4日—10日，全国女子篮球青年锦标赛在永州举行

■ **第二届湘漓文化研讨会** 2016年1月9日，中国永州第二届湘漓文化研讨会在零陵区召开。广西壮族自治区党委原副书记、广西桂学研究会会长潘琦，广西社会科学院院长、党组书记吕余生，广西文联党组书记、主席洪波，广东省作协主席蒋述卓等出席会议。湖南省人大常委会原副主任、省政府原副省长唐之享对会议的召开表示祝贺。市委常委、市委宣传部部长石艳萍，湖南科技学院党委书记、永州市历史文化研究会会长陈弘等出席。该次研讨会的主题是“发掘湘漓历史底蕴，打造湘桂文化高地”。广西桂学研究会、湖南舜文化研究会、永州历史文化研究会、永州市柳宗元研究会、湖南科技学院等方面的专家、学者就湘漓文化的渊源关系、湘漓文化圈对湘桂经济走廊的作用与贡献、湘漓历史文献的发掘与整理、湘漓经济的互补性研究、湘漓文化圈的文化特质与文学现象等展开研讨。研讨会还举行湘漓文化合作框架协议签字仪式。湖南科技学院向广西桂学研究会赠送女书书法作品，广西桂学研究会向湖南舜文化研究会赠送《桂学铭》长卷和书法作品。

■ **第七届“联合国中文日”女书习俗展在日内瓦开幕** 2016年4月19日，第七届“联合国中文日”女书习俗展在瑞士日内瓦联合国总部的万国宫巴贝尔都厅开幕。开幕仪式上，中国“女书习俗”文化交流代表团向联合国赠送长18.8米、宽0.6米，字体约2厘米大小的女书长卷《世界人权宣言》。“女书习俗”文化展是该届“联合国中文日”活动唯一被邀请参展的内容，也是女书继2012年在美国纽约联合国总部展出后再次在“联合国中文日”上参展。

■ **永州再增5个省级非遗项目** 2016年5月，省文化厅组织专家按照评审标准和程序，对全省各市州推荐申报的第四批省级非物质文化遗产代表性项目进行评审和科学认定，永州市的瑶族八宝被制作技艺、永州“异蛇王酒”传统酿泡技艺、抬阁（黄阳司扎故事）、过山瑶瑶歌、状元李郃的传说5个项目进入省级非物质文化遗产代表性项目名录新名单。至此，永州市的省级非物质文化遗产代表性名录项目增加到17项。

（李新宇）

文化市场综合执法

■ **概况** 永州市文化市场综合执法局现有人员60名；内设机构5个：办公室、执法监督科（举报中心）、法规科、新闻出版与网络版权执法科、广电体育执法科；派出机构2个：冷水滩分局、零陵分局。其职能为依法查处娱乐场所、互联网上网服务营业场所的违法行为，查处演出、艺术品经营及进出口、文物经营等活动中的违法行为；查处文化艺术经营、展览展播活动中的违法行为；查处除制作、播出、传输等机构外的企业、个人和社会组织从事广播、电影、电视活动中的违法行为，查处电影放映单位的违法行为，查处安装和设置卫星电视广播地面接收设施、传送境外卫星电视节目中的违法行为，查处放映未取得“电影片公映许可证”的电影片和走私放映盗版影片等违法活动；查处图书、音像制品、电子出版物等方面的违法出版活动和印刷、复制、出版物发行中的违法经营活动，查处非法出版单位和个人的违法出版活动；查处著作权侵权行为；查处网络文化、网络视听、网络出版等方面的违法经营活动；配合查处生产、销售、使用“伪基站”设备的违法行为；承担“扫黄打非”有关工作任务；依法履行法律法规规章及地方政府赋予的其他职责。

2016年，市文化市场综合执法局履行执法监管与服务发展“双重职责”，周密部署文化市场专项整治和“扫黄打非”集中行动，进一步加大执法办案力度，全面加强队伍建设，不断提高运转制度化、执法规范化、工作科学化水平，“文化卫士，阳光执法”形象得到有效提升。被省文化厅评为全省文化市场综合执法工作先进单位。

■ **市场监管** 2016年，永州市文化市场综合执法局突出“四个重点”（重点行业、重点对象、重点时段、重点地段），通过落实网格化与责任制、强化技术监管、完善信用体系等措施，多管齐下，综合施策，强化文化市场日常监管与服务。以查处“网吧经营场所、歌舞娱乐场所和演出市场、网络视频和经营高危性体育项目、非法出版物”为重点，开展专项整治和“扫黄打非”集中行动。先后组织开展清源、秋风、净网、剑网、娱乐市场“春雷”等文化市场各类专项整治行动15次，开展日常执法检查1.25万人次，占全市3.97万人次的31.4%；检查经营单位3908家次，占全市1.24万家次的31.5%。开展全市执法交叉暗访工作和尽职履责监督检查，先后组织和参加省文化厅组织的执法暗访活动，出动检查人员对全市文化市场暗访检查60余家次。

■ **案件查办** 2016年，永州市文化市场综合执法局保持高压态势，整合办案力量，创新办案方式，丰富办案手段，提高办案效率，从严从快打击文化市场各类违法违规行为。是年，立案查处各类文化市场违法违规案件208件，办结案件168件。

（杨勇辉）

文物工作

■ **概况** 永州市文物管理处为副处级事业单位，与永州市博物馆为两块牌子、一套人马，编制22人，现有人员21人。2016年，全市文博系统各项工作取得明显成效。10月，蓝山县五里坪古墓群文物行政执法案例入选全国文物行政执法十大指导性案例；11月，零陵区文管所获第八届“薪火相传——寻找传统村落守护者”活动“传统村落守护者突出贡献团队”全国五强；12月，国务院同意将永州列为国家历史文化名城，永州市申报国家历史文化名城工作获得成功。永州市文物管理处获年度全省文物工作考核先进单位和全市文化系统绩效考核先进单位称号。

龙家大院保护修缮工程

■ **国家历史文化名城申报** 2016年12月，经国务院批复同意，永州市成功升格为国家历史文化名城。道州省级历史文化名城申报正式启动。围绕名城申报，在全市特别是中心城区内，文物保护规划有效编制、文物档案资料科学整理、历史文化街区和历史建筑得到切实保护、文物保护工程规范实施、文物执法管理得到强化、文物价值发掘提升试点顺利、文物管理机构得到健全和加强。

■ **博物馆工作** 2016年，永州市委、市政府决定在生态新区规划建设一个大型现代化多功能综合性的市博物馆新馆，正在进行选址。依托博物馆（纪念馆）和互联网平台，永州市文物展示及宣传工作成绩突出。年内，第一次全国可移动文物普查完成，全市登录文物1.3万件（套），实际数量3.84万件，初步建立起全市可移动文物资源库和“文物身份证”体系。在“一普”基础上，全市馆藏文物保护和展示水平得到提升，市博物馆筛选一批急需修复的馆藏青铜文物和陶瓷文物申报国家文物保护修复项目。博物馆（纪念馆）展陈及宣传功能持续发挥。市博物馆举办《永远的雷锋——永州人学雷锋事迹展》《“锦绣潇湘·永州发现”摄影活动优秀作品展》《迎春书画作品展》等专题展览，柳宗元纪念馆开展以“展示民族传统文化、宣扬民族传统美德”为主题的宣传活动，李达同志纪念馆组织大、中、小学校宣讲李达革命事迹。蓝山县文物局和冷水滩区文管所新建文物库房，宁远县文物局在宁远文庙举办“宁远县出土文物展”。

■ **古村落保护与利用**　2016年12月，第四批中国传统村落名录正式公布，永州市有16个村落入列。至此，全市中国传统村落数量达24个。11月，全市文物部门会同住建部门合作开展第7批中国历史文化名镇、名村和第五批省级历史文化名镇、名村申报工作，是历年来申报规模最大的一次。全市四大国保省保集中成片传统村落累计投入保护资金8839万元，项目申报和实施进展顺利。特别是零陵涧岩头村作为全省国保省保集中成片传统村落保护工程重点实施项目的5个村落之一，累计投入5607万元。县区投入力度加大，道县、江永县、江华县、蓝山县等县区不断加大地方财政对传统村落保护的投入力度，实施楼田村、兰溪瑶寨、井头湾村、虎溪村等传统村落的文物修缮或环境整治工程。

■ **文物安全**　2016年3月，永州市政府印发公布《永州市名人故居保护管理办法》，从政策法规层面对全市名人故居的保护和管理工作提供支持保障。10月，市文物管理处组织召开全市文物安全培训会议，发放《永州市文物安全资料汇编》。制定《永州市文物管理处领导班子带队检查文物安全实施方案》和《永州市夏季消防安全实施方案》，贯彻例行安全检查机制。全年对全市文保单位消防安全检查7次，累计检查207处文保单位，对其中83处文保单位存在的安全隐患下发安全隐患整改通知书，督促各文保单位按照《文物建筑消防安全管理十项规定》和有关法律法规文件精神进行整改。

■ **考古发现**　2016年，永州市利用零陵区潇水东路路面改造、零陵机场迁建以及新建湘桂第三线（含永州北站）沿线建设等机遇，开展考古调查勘探及相应准备工作。蓝山工业园建设的五里坪古墓群考古工作阶段性结束，累计出土器物1700余件。

（谢平）

广播电视台

■ **概况**　2016年，永州市广播电视台从业人员460人，其中在职人员313人，离退休人员147人。全台有正、副高职称的9人，有中级职称的54人。全台机构按台内设部室、台属事业单位两大类设置。内设部室有办公室、人力资源部、纪检监察室、联合工会、节目统筹部、专题活动部、技术播控部、新传媒部、广播新报部、财务管理部、产业发展与合作交流部11个部室。台直属事业单位有新闻采编中心、市微波总站、羊毛岭转播台、铜山岭转播台、大华山转播台5个单位。合资的股份制公司有湖南有线永州网络有限公司、永州广电无线数字电视公司。

永州广播电视台获2016湖南卫视先进通联集体、突出贡献奖等六大奖项

■ **新闻宣传和策划**　2016年，永州市广播电视台牢固树立正确舆论导向，发挥新闻媒体引导社会舆论的主阵地作用，围绕学习宣传贯彻习近平系列重要讲话精神和治国理政新理念新思想新战略，聚焦“中国梦”、“五位一体”布局、“四个全面”战略、新发展战略理念、供给侧结构性改革等主题主线，围绕中共十八届六中全会、纪念长征胜利80周年、建党95周年、省第十一次党代会、市第五次党代会等重要节点，宣传贯彻党的路线方针政策和重要工作部署，广播、电视、报纸和网站等媒体开展一系列主题宣传和报道。策划“永州新开局”“小康路上的永州脚步”“直播大春耕”“聚焦供给侧”“两学一做看永州”“与文明同行”“创交模”“爱心童盟”“孝心少年”“品质活力看永州”等20多组生

动鲜活、文风朴实的主题报道，既体现主流媒体的舆论导向作用，又展示全市在加快建设品质活力永州中取得的成果。特别是市第五次党代会前后，策划推出的大型主题报道《品质活力看永州》，用高度的政治责任、不断创新的报道手法主动担当，完成报道任务，受到社会各界好评。在湖南卫视《湖南新闻联播》播发稿片总时长405分钟，876条，发稿时长与条数均排名全省各市州第一名，实现在湖南卫视上稿“三连冠”的目标。永州在中央电视台上稿43条，其中在《新闻联播》发稿5条，两项都比2015年大幅增长。FM94.8广播在省级媒体上稿110多篇，获国家及省级奖4篇。主创的纪录片《乡村医生邓红兵》，获国家新闻出版广电总局“中国梦”优秀节目。主创的微电影《我是记者》分获第四届亚洲微电影金海棠奖、湖南省首届原创网络视听节目大赛三等奖、全市廉政微电影一等奖；由导演孙健创作的小品《有钱没钱回家过年》获“第七届中华颂全国小戏小品曲艺大展金奖”，这是该台第二次获此奖项的金奖。另有7件作品获2015年度湖南新闻奖，12件作品获2015年度湖南广播电视奖。

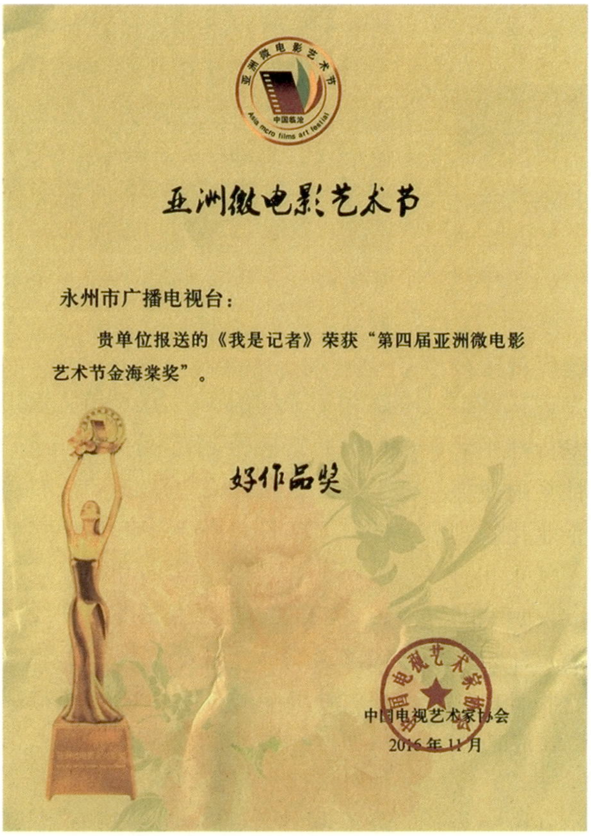

2016年11月，《我是记者》获第四届亚洲微电影艺术节“金海棠奖”

■ 专题活动和经营创收　2016年，永州市广播电视台在办好原有6个栏目的同时，与相关部门联合，开办《人社潇湘》和《永州金融》2个专题栏目。以“我的永州我的家——2016年永州市春节联欢晚会”“2016永州文化旅游形象大使大赛”暨第七届“潇湘丽人”大赛为主的活动，开展11场。全年实现经营创收2531.45万元，其中，广告收入2359.14万元，其他创收172.31万元。

■ 基础建设和安全播出　2016年，永州市广播电视台新媒体平台建设、大华山机房建设、铜山岭光纤建设按要求公开招标，招标工作程序合规、公平公正，得到各方认可。全年有线、无线、各高山台站、自办节目均实现安全播出无事故。完成全市“两会”、永州市农机推广现场会、湖南省（永州）国家示范性Ⅲ级食品安全事故应急演练、党代会、国庆等重要时段和任务的节目安全播出，确保G20杭州峰会重要安全播出保障期间的安全优质播出。

■ 内部改革和融合发展　2016年，永州市广播电视台组建新的新传媒部；将原来的永州新报社与广播事业部合并，成立新的广播新报部；把产业发展部与无线数字公司合并。着眼“互联网+”，筹建“永州广电”新媒体，其中包括手机客户端、官方网站、微博、微信公众号。经过半年多的精心筹备和系统建设之后，“永州广电”于8月19日正式上线。“永州广电”手机APP的整体下载量接近5万户，日均启动次数突破1万次，活跃用户20%左右，本土新闻的点击量直线上升，单条新闻最高超过3万次，网站排名由全球排名400多万名上升到30多万名。

■ 永州广播电视台获六大奖项　2016年5月18日，湖南广播电视台2016年通联年会召开，永州广播电视台获六大奖项，成为该次通联年会获奖数量最多、份量最重的市州台。2015年度，永州市在《湖南新闻联播》发稿444条、290分20秒，发稿数量和时长均列全省市州第一位，连续2年夺得全省市州上稿冠军。

■ “永州广电”新媒体上线运营　2016年8月19日，“永州广电”

2016 年 8 月 30 日，2016“永州文化旅游形象大使”选拔赛暨第七届潇湘丽人总决赛举行

新媒体上线运营，成为永州首家以视听直播、点播、回看为主要内容的新兴媒体。“永州广电”新媒体包括手机客户端、官方网站、微博、微信公众号，网站及手机客户端（APP）与永州的广播电视同步播出，重点打造音频视频、新闻资讯、社交娱乐、生活服务、电商购物为一体、具有广播电视特色的无线应用新媒体。市委常委、市委宣传部部长石艳萍参加上线仪式。

■“永州文化旅游形象大使”选拔赛　2016 年 8 月 30 日，2016“永州文化旅游形象大使”选拔赛暨第七届潇湘丽人大赛总决赛在市广播电视台演播大厅举行，龚香竹、唐期、邓若兰分获冠、亚、季军。市委常委、市委宣传部部长石艳萍，市人大常委会副主任袁满娥，副市长罗双全，市政协副主席张建亮等领导出席活动现场观赛。

■ 首次采用广播直播车随行播报　2016 年 9 月 20 日—21 日，永州人民广播电台首次采用广播直播车随行并直播《2016 年全国扶贫观摩现场会》重大活动，为代表团在永州观摩全程提供优质的随行广播服务。

（魏虹）

永州日报社

■ 概况　永州日报社有人员 106 人。其中班子成员 7 人（党组书记、社长 1 名，党组副书记、总编辑 1 名，党组成员、副总编辑 4 名，党组成员、纪检组长 1 名），五级职员 1 名。有正高职称的 1 人，副高职称的 13 人，中级职称的 6 人。内设有行政中心、编辑中心、采访中心、广告中心和纪检监察室、产业发展部、新媒体部、工会、群工发行部中心部室 8 个。永州日报社系财政差额拨款、定额补贴、企业化管理的独立核算事业单位。《永州日报》为对开八版、周六刊彩报，实际发行量 4 万份左右，年定价 258 元/份。下属永州日报社印刷厂系国有企业，基本完成改制工作。

2016 年，永州日报社以“有高度、有深度、有温度”为基本遵循，着力讲好永州故事，推出许多出新出彩的经典新闻报道。

■ 新闻报道策划　2016 年，永州日报社党组和编委会重视新闻报道策划工作，做到年初、年中、年终每个阶段有对应的报道策划方案。对于市委、市政府举行的重要会议及重要重大活动，报社提前介入，社长、总编召集相关人员集体讨论研究，制定详细报道方案，从报道选题，报道内容，到采编人员、版面安排都一一进行周密部署。报社编委会先后讨论制定市第五次党代会、市委经济工作会议、市“两会”、纪念建党 95 周年、红军长征胜利 80 周年、全国产业精准扶贫工作现场观摩会、“三创”等多个重要会议及重大活动的宣传报道方案。

■ 重大战役性报道　2016 年，永州日报社紧跟市委、市政府决策部署，做好精准扶贫、全面小康建设、美丽乡村建设、“两学一做”、换届选举等系列宣传报道任务。9 月，围绕市第五次党代会和 9 月下旬召开的全国产业精准扶贫工作现场观摩会予以重点报道。

■ 讲好永州故事　2016 年，永州日报社把焦点精准对住“三创”工作，刊发有关“三创”新闻稿件近 500 件（幅），推出专题整版报道 10 多个，版面刊发公益广告 20 多个；把焦点精准对住经济建设主战场，讲好“规模工业增速全省第一名”“园区和项目建设加快”等永州故事；把焦点精准对住社会热点，聚焦城市公交改革和停车难、向网络谣言宣战等。

■ 新闻报道方式创新 2016年，永州日报社在年初召开的市委经济工作会议期间，创新以往报道方式，会前以4个整版在同期《永州日报》上推出“创之路——见证2015特别报道”；会中又推出2个整版深度报道——“潇湘大地竞欢歌”，以非常直观的图表文字形式盘点2015全市经济工作——“十二五”最后一年，永州干了什么？解读2016年市委如何推进经济工作——“十三五”开局，我们怎么干？“创之路——见证2015特别报道”得到省委宣传部阅评员的高度评价。

■ 创品牌创优稿 2016年，永州日报社在创新报道的同时，注重创优品牌栏目，在继续做好接地气的“永州好人”“品读永州”“民生视点”等优势栏目，重新恢复读者喜欢的言论栏目——“潇湘茶座”。鼓励创先争优创精品力作，在全省优秀新闻作品、优秀新闻工作者表彰大会上，该报1人获全省优秀新闻工作者称号；有5件新闻作品获2015年度湖南新闻奖（占全市的近1/2），其中，一等奖1个，二等奖1个，三等奖3个。

■ 报业经营 2016年，永州日报社树立“产业强报”的发展思路，发挥党报优势，拓展经营路子，加快报业发展。广告经营继续采取发包经营的方式，严格实行规范化管理。新媒体中心正处于不断试验、发展和变化的阶段，中国永州网、永州头条等微信公众号赢得粉丝青睐。《永州日报》发行量继续保持在4.2万份左右。基本完成报社印刷厂的国企改革工作。

（张帆）

文联工作

■ 概况 永州市文学艺术界联合会（简称市文联）是市委、市政府联系全市广大文艺工作者的桥梁和纽带的正处级群众团体组织，负责团结、组织、协调和指导全市广大文艺工作者，坚持“二为”方向和双百方针，从事文学、艺术的创作、研究及相关活动，完成市委、市政府交办的其他事项。市文联设1个综合性办公室（加挂《潇湘》编辑部牌子）。有人员编制8人，其中主席1名，副主席1名，调研员1名，科级领导职数1名，办公室人员（副科级）2名。有下属协会23个，其中直属协会10个；县区文联下属协会100余个；市级以上协会会员156人，其中省级会员621人，国家级会员80人。

2016年，市文联策划组织系列文艺活动，带领和团结全市广大文艺工作者，深入生活，扎根人民，创作文艺精品，满足人民群众的精神需求，推动全市文艺工作向前发展。市文联获2016年全省文联系统先进单位，零陵区、蓝山县文联获得全省先进县区文联，市文联直属协会11名会员晋升为国家级会员。策划组织的“锦绣潇湘·永州发现”摄影作品展、“雅韵三湘”2016新春音乐会、神美湘江源《潇湘》笔会、“笑满三湘”走进零陵工业园、“文化寻根”文艺志愿服务活动走进祁阳、《创作与评论》2015年颁奖仪式暨全国知名作家永州采风等一系列重大文艺活动，在全省全市产生重大影响。全年被湖南卫视、《湖南日报》、湖南经视等省级媒体报道9次。全市文联系统的工作目标管理机制和“锦绣潇湘·永州发现”文艺活动品牌作为典型经验写进省文联第九届委员会第八次会议的工作报告。

■ 工作管理机制创新 2015年，永州市文联在全国首创文联工作管理机制。2016年，继续坚持和完善对直属文艺家协会和县区文联的工作考核机制，制定明确的奖惩措施，出台详细的目标管理考核方案，加强联络和协调，强化日常管理，增强市文联对全市文艺工作者的服务能力，推动各

2016年6月16日，湖南省“笑满三湘”走进零陵工业园

文艺家协会和县区文联工作的双突破。

■ 协会活动 2016年，永州市文联围绕基础工作年的主题，在全市各直属协会中开展基础工作，把各个协会国家级会员、省级会员、市级会员的基本情况和基础资料建档立卡。市摄协举办多个主题摄影艺术展，把首届摄影艺术展办到群众家门口，在全国形成较大影响。市书协举办上海松江—永州书法联展，参与“湘粤边界行”三省六市作品联展；市美协组织到东安县创作采风，举办首届山水画展；市曲艺家协会走进常德市，市演艺家协会举办“九九重阳”送节目到东安等活动；市音协、舞协参与组织全市多个重大活动的演出。零陵区设立文艺家之家，举办广场舞大赛，组织“写零陵、画零陵、摄零陵”系列活动。蓝山县文联承办“神美湘江源”潇湘笔会活动，组织盘王节文艺沙龙。新田县文联邀请文艺名家写新田。祁阳县文联参与“文化寻根”文艺志愿服务活动。

■ “一脉湘水”公众微信平台 2016年，永州市文联继续加强“一脉湘水”微信平台建设，美化版面，丰富内容，提高时效，增强趣味，强化互动，开辟“两学一做”、县区动态栏目，在该平台开展“七一”建党、“三严三实”知识答题活动，平台的新媒体作用得到发挥，阅读量和粉丝量稳步攀升，新增关注量2000人，固定粉丝接近1万人，全年有9条微信转播量超1000人次，有1条超5000人次。全年“一脉湘水”发布信息213期，平均每星期更新3次，通过平台推出一批文艺新人。

■ “锦绣潇湘·永州发现”活动品牌 2015年，永州市文联创办“锦绣潇湘·永州发现”活动品牌。2016年，继续扩大品牌的号召力和吸引力，年初在省会长沙举办“锦绣潇湘·永州发现”主题摄影展，吸引近两万名观众观看影展。11月底，承办《创作与评论》2015年度奖颁奖仪式，借此开展“锦绣潇湘·永州发现”全国知名作家永州采风创作活动。《小说月报》《海外文摘》《散文》《北京文学》《长江文艺》等全国知名文学期刊的编辑赵文广、刘洁、王燕、蒋建伟等以及茅盾文学奖评委王春林、龚旭东、湖南省作协名誉主席姜贻斌等一批全国知名作家到永州开展文学采风创作活动，“锦绣潇湘·永州发现”的品牌影响力进一步扩大。在“锦绣潇湘·永州发现”活动品牌基础上，市文联主办2016新春音乐会、“2016·潇湘笔会”暨神美湘江源文艺采风活动、“笑满三湘”送欢笑下基层走进零陵工业园、文艺志愿者走进祁剧故里寻找乡土艺术家、迎新春送文艺下乡等一系列服务群众的文艺活动，在全市全省及至全国产生重要影响。“锦绣潇湘·永州发现”活动得到全国文艺界的认同，并写入全省文艺发展五年规划。

■ 对外文艺交流对话活动 2016年，永州市文联先后组织开展一系列对外文艺交流对话活动。3月，宁夏自治区文联到永州开展交流，宁夏自治区文联党组书记、主席郑歌平带领考察团，先后到祁阳县、零陵区等地实地考察，与市文联召开工作交流座谈会。3月，由云浮市文联牵头，联合韶关、永州、郴州、梧州、贺州和深圳市盐田区等三省七市文联共同举办“绿韵墨舞——粤湘桂生态文明行书画联展”。8月，广东省云浮市文联和广东省书协、美协文艺家到永州市开展艺术交流和文化考察活动。11月，中国作家协会副主席、上海市文联副主席等一行到永州市文联考察，跟永州市文艺界知名人士举行座谈。11月，中国美术学院教授、著名画家卓鹤君师生到永州采风。

2016年，永州市举办首届摄影艺术展

■ 文艺创作 2016年，永州市在全国、省市各地报刊发表各种形式的文艺作品600余件，举办各种形式的书法、美术、摄影展览近50场，演出戏剧、小品、曲艺、歌曲作品80余件（首）；新出版长篇小说、诗歌作品集、散文作品集、书法作品集、美术作品集10余部；组织各种文艺比赛活动近200余场。发展国家级会员11人，省级会员143人。编演的合唱剧目《女书情》获国家艺术基金资助，在“美丽中国，肇庆合唱节”上获银奖；小品“有钱没钱回家过年”获全国第七届小品小戏大赛作品金奖，小品《草桥关》《醉嫂骂夫》获湖南欢乐潇湘活动二等奖，零陵渔鼓《古城、古韵、零陵城》获湖南首届渔鼓展演及中国鼓书展演金奖，《猴子吃西瓜》获中央电视台中国城市少年曲艺才艺大赛湖南赛区金奖。罗峰林在北京举办书法展，曹先兵举办国画山水小品展，永州画家赵洪琦在长沙成功举办个人画展。市摄协在全国古建筑摄影大赛中斩获多个奖项。文学家彭国梁出版新书《不到永州岂有诗》；杨柳湾长篇小说《杨柳青青江水平》由湖南人民出版社出版，3个月销售破万册。

■《永州最美100》发行式暨“锦绣潇湘·永州发现”摄影活动作品展 2016年1月22日，《永州最美100》发行式暨“锦绣潇湘·永州发现”摄影活动作品展览在湖南省画院开展。省人大常委会原副主任肖雅瑜宣布开展。省文联党组副书记、副主席、秘书长夏义生，党组成员、副主席、省画院院长刘云，党组成员、副主席唐成红，省摄影家协会主席谢子龙，市委书记陈文浩，市委副书记、市长易佳良，市委常委、市委宣传部部长石艳萍等领导出席，市委常委、市委秘书长颜海林主持仪式。市委、市政府举办“锦绣潇湘·永州发现”——寻找永州最佳摄影点和优秀摄影作品征集评选活动，征集参赛作品近万幅，经过认真评审、投票，评选出最佳拍摄点100处和200幅优秀作品，装帧成《永州最美100——“锦绣潇湘·永州发现”摄影活动优秀作品选》。

（唐文君）

新华书店

■ 概况 2016年，永州市新华书店以“两个效益结合，社会效益优先”为重点，以“两学一做”学习教育为契机，以经营管理的8项举措为抓手，始终向着更高质量、更高效率、更可持续方向前进，在经济高位运行的背景下，规模与利税同比增长超过13%。

■“一对一”结对帮扶 2016年，永州市新华书店开展“订单农业，精准扶贫”活动，为重点扶贫对象新田梧村的贫困户送去帮扶资金和生活物资的同时，与四组贫困家庭建立“一对一”结对帮扶关系。通过帮其提供种牛、种鸡、种鸭、鱼苗，届时回购农产品或联合村里致富带头人为其提供就业岗位等方式，彻底帮助他们脱贫致富。

■“捐赠百万教辅·资助百名学子”助学公益活动 2016年，永州市新华书店与市教育局联合开展“捐赠百万教辅·资助百名学子”助学公益活动，连续2年向全市11个县区的贫困学子免费赠送价值100万元的教辅资料，惠及337所义务教育阶段学校3860名学生，并倡议员工组成爱心志愿者队伍，自愿结对，精准资助全市115名贫困学子完成学业。

■“蒲公英悦读”系列活动 2016年，永州市新华书店依托每周末在永州图书城举办“蒲公英悦读”系列活动，促进少年儿童阅读。通过开设“故事讲堂”，精选儿童故事、国学故事，由营业员组织引导孩子阅读；通过推出“朗读者计划”，采用传统朗读、亲子共读、情景话剧等形式，为少年儿童搭建自我展示、感悟分享、阅读互动的平台。同时，成功举办2016首届湖南省青少年国学大赛永州赛区复赛，覆盖全市初二年级学生7万余人。国学大赛录播后，各校掀起传习国学的热潮。

■“永州e书”微信公众平台服务 2016年，永州市新华书店逐步完善“永州e书”微信公众平台服务功能体系，推出图书零售“线上下单、同城配送”的特色服务，满足本地读者“所见即所得”与对图书的紧急和特殊需求，并实行线上教材零售，全市集中备货，统一调配，既解决学生因教材遗失或异地转学导致无书可用的难题，又能满足家长提前购书，帮助孩子预习新学期课程的使用需求。截至2016年年底，“永州e书”关注人数突破2万人，并被推荐评为全国书业2016年度最受欢迎公众号。

（李彬）

社会建设

Social Construction

民　　政

综　　述

■ **概况**　2016年，永州民政系统突出“改革、基层、项目、管理”4个重点，坚持创新驱动，全面推进全市民政事业转型发展，较好地完成年度各项目标任务。争取上级民政资金17.3亿元，同比增加2.19亿元，增长14.49%，排名全省第三位。市民政局新闻宣传工作受到部省表彰，并代表湖南省在全国民政新闻信息工作会上作典型发言；被市纪委评为全市“雁过拔毛”式腐败问题专项整治工作先进单位。队伍建设取得新进展，各县区相继设立居民家庭经济状况核对机构和慈善组织、老区促进会、殡葬执法大队、流浪乞讨救助等机构。争取设立市社会福利中心，单位编制由原来的3名增加至15名。设立市救灾物资储备中心，定编3人。全面加强业务培训，在浙江大学举办一期市县（区）民政局长和办公室主任培训班。市民政局被评为全国爱国拥军模范单位、全市绩效评估、行业扶贫、社会管理综治、计划生育综治、信访工作、新型城镇化建设等先进单位，连续5年被评为全省民政工作先进单位。

■ **社会救助**　2016年，永州市城乡低保、特困人员供养全面提标，城市低保达420元/月，农村低保达220元/月，分散特困人员供养达3200元/年。城乡低保月均保障人数分别为11.7万人、38.6万人（含兜底保障对象27772人），月人均补助258元、124元，分别比2015年提高10元、12元。农村分散与集中供养特困人员3.56万人、9166人，月均保障标准292元、584元。推进精准扶贫，在全市开展社会保障兜底脱贫对象联合认定工作，对所有扶贫建档立卡对象和农村低保对象进行逐一筛查，识别出符合社会保障兜底脱贫条件的贫困对象1.2万户、2.78万人，全部由农村低保予以兜底保障，兜底脱贫对象的兜底保障金在农村低保标准（220元/月）的基础上再上浮8%，即按238元/月（年2855元）的标准发放。

■ **救灾救济**　2016年，永州市先后遭受洪涝、风雹等自然灾害17次，累计受灾108.27万人次，直接经济损失15亿元。灾情发生后，民政部门紧急组织查灾核灾报灾救灾工作，争取上级下拨各类救灾资金4755万元和一大批救灾物资，全市1691户因灾倒损农房恢复重建全面完成。开展综合减灾工作，成功创建部省级“综合减灾示范社区”12个。加强防灾减灾备灾能力建设，市级救灾物资储备库工程全面完工，完成多灾易灾村级避难场所建设25个。投入1000余万元，在全市151个乡镇和30个街道建起乡镇网络报灾系统，工作走在全省前列。获批实施省级财政老区专项扶贫项目25个、资金104万元，革命老区建设中央转移支付资金8659万元。

■ **双拥共建**　2016年，永州市全面落实优抚政策，开展优抚对象数据核查和整改工作。以解决“三难”问题为抓手，深入开展走访慰问、送医送药、短期疗养等关爱活动，帮助解决退役军人“三难”问题1011个。落实军休干部“两项待遇”，市军休所、东安县军休所、祁阳县军休所被评为“全省五星级军休服务管理机构”，军休文化建设在全省推介。完成退役士兵安置任务，171名符合政府安排工作条件的退役士兵全部安置到位，实现年度安置任务清零目标。加大退役士兵职业教育和技能培训，举办各类

2016年10月8日，永州市烈士纪念园举行公祭仪式　　摄影　庄海洋

培训班32期，培训退役士兵2080人。继续深化“双带双促”活动，投入617万元，对370户创业大户给予帮扶，带动退役士兵创业、就业3010人。开展涉军信访维稳工作，化解信访积案54件。完成市县烈士纪念设施配套建设，公祭烈士活动全面开展。市民政局被评为“全国爱国拥军模范单位”，永州市被命名为“湖南省双拥模范城”，东安县被命名为“湖南省双拥模范县”。

■ **社会福利** 2016年，永州市为5614名孤儿发放孤儿基本生活费4249.4万元。清理超龄孤儿和已被涉外送养孤儿779名。依法办理收养登记38例。开展农村“三留守”人员摸底排查工作，市人民政府出台《加强农村留守儿童关爱保护工作的实施方案》《永州市未成年人（农村留守儿童）关爱保护工作部门联席会议制度》等一系列政策文件。市民政局会同市公安局、市教育局对全市农村留守儿童相关帮扶工作进行安排部署，将村级留守儿童之家建设纳入全市农村综合服务平台建设统筹推进。全面落实残疾人“两项补贴”政策，为11.27万名补贴对象（重度残疾人护理补贴对象5.41万人，困难残疾人生活补贴对象5.86万人）发放补贴资金6761万元。救助救治流浪乞讨人员5.55万人次，支出资金2112万元。市救助管理站帮助36名智障流浪人员回归家庭。设立流浪未成年人社会保护中心，救助30名困境儿童。完成省市确定的重点民生实事任务，新增养老床位2097张，超额完成省定任务79张。全面落实老年优待政策，百岁老人长寿健康补助金、90周岁~99周岁老年人高龄生活补贴、失能半失能老人基本养老服务护理补贴实现全覆盖。推广老年人意外伤害保险，为“五类”特困老人实行免费投保，有16.7万名特困老人得到实惠。福彩销售4.9亿元，同比增加4000万元，增幅9.5%。其中，电脑票销售排名全省第二位，综合销售排名全省第七位，市民政局、祁阳、宁远、江永、道县民政局被评为“全省福彩销售先进单位”。开展慈善公益救助活动，做实做强“爱心圆梦”助学项目，为340名寒门学子累计发放助学金136万元。

■ **社会治理** 2016年，永州市乡镇区划调整改革在全省率先完成，撤并乡镇35个、建制村2100个，超额完成省定任务96个。宁远合村改革经验在全省推介，祁阳县、江永县、新田县龙泉镇和零陵区珠山镇被评为“全省乡镇区划调整改革工作先进单位”。指导祁阳县、道县按照新标准开展撤县设市申报工作。第二次全国地名普查资料收集、信息采录、外业普查基本完成。依法办理社会组织成立登记159家、变更登记17家、注销登记32家、撤销登记23家，其中市级成立登记22家、变更登记1家、注销登记3家。行业协会商会与行政机关脱钩改革第一批试点任务全面完成，社会组织分类登记管理改革稳步推进。建立完善市县社会组织孵化基地，加强孵化基地运营管理，成功举办全市首届公益创投活动。推动社会组织党建工作，引导“三社”力量参与精准扶贫。殡葬改革力度加大，政策创制取得进展，丧葬秩序逐步规范。市级、零陵、道县、双牌、宁远、蓝山殡葬设施加快建设，发放惠民殡葬资金200余万元，市殡仪馆被民政部评为“全国殡葬工作先进单位”。全面开展婚登机关标准化建设，冷水滩、蓝山、江华、东安等县区创全国AAA级、AAAA级婚登机关取得明显成效。

■ **6县区被认定为革命老根据地** 2016年1月，省民政厅发文，认定双牌县、零陵区、冷水滩区、江永县、东安县和金洞管理区为

2016年8月12日，永州市首届社会组织公益创投服务项目签约仪式
摄影 曾烁

革命老根据地。至此，全市11个县区和金洞管理区被认定为革命老根据地。

（黄玲玲）

残疾人事业管理与服务

■概况 2016年，永州市残疾人联合会（简称市残联）围绕市委、市政府中心工作，以“突出重点惠民生、打造亮点创特色、突破难点强基础、创优特点树形象”为总体思路，围绕加快残疾人全面小康进程这一总体目标，着力强化工作措施，健全各项制度，提升服务水平，残疾人事业得到长足发展。市残疾人联合会被市委、市政府评为2016年度绩效评估工作良好单位、精神文明建设和意识形态工作先进单位。

■落实省重点民生实事项目 2016年10月底，永州市残联率先在全市超额完成省重点民生实事项目216个，超额完成9个，受到市绩效办的通报表扬。开展残疾人康复工作，超额完成省级绩效评估辅助器具适配1031人（次），超额完成181人（次）。完成2015年贫困残疾儿童助听器项目康复训练20名。完成“0岁～10岁”贫困残疾儿童免费适配假肢或矫形器120例。为484名白内障患者实施复明手术。免费发放各种轮椅、助行器、站立架等辅助器具2316件。开展“杏林春雨”行动，对569名小儿脑瘫患者进行筛查，选送24名符合手术要求的残疾脑瘫小儿到北京进行手术治疗和康复训练，经过回访，送诊患儿康复效果非常明显。市残联在2016年农工党“杏林春雨行动”暨全国小儿脑瘫救助公益活动中获慈善组织奖。参加第四届全省听力语言康复明星大赛，获团体组优秀奖，家长组三等奖。

■残疾人就业培训扶贫 2016年，永州市残联系统配合民政部门，逐一核实重度残疾人和贫困残疾人情况，实现与贫困人口数据库的动态衔接和数据共享，把符合条件的贫困残疾人精准识别出来，纳入“两项补贴”和兜底救助保障范围。全年审定残疾人“两项补贴”发放对象9.67万人，其中重度残疾人护理补贴对象4.95万人，困难残疾人生活补贴对象4.72万人。与人社部门联合举办残疾人就业专场招聘会28场，帮助1354名残疾人达成就业意向，其中有1013名残疾人签订就业合同书。落实96名残疾人创业小额贴息贷款资金1584万元，申报贴息金额39.76万元。组织1540名残疾人进行职业技能与实用技术培训，其中市残联组织53名盲人到市特教学校和株洲盛康职业技术培训学院，进行为期2个月的中、高级盲人按摩师技能培训，就业率100%。完成1270名残疾人居家托养任务，完成20名日间照料任务，补助资金95.4万元。新增残疾人就业岗位1000个，安排残疾人就业和临时就业1105人，扶持162名残疾人创业，扶持资金310万元。全年核发残疾人证1.81万人，全市累计有12.68万人办理残疾人证。全市残联系统结对帮扶25个村。市残联继续结对帮扶冷水滩区蔡市镇邓家铺村。全年深入邓家铺村6次，帮助解决实际问题5个，帮扶经费9.3万元。6月13日—19日，举办全市残联系统工作人员第十三期手语培训班，有38名学员参加培训学习，通过培训，进一步提高残疾人工作者队伍的业务素质，增强与聋哑残疾人交流的能力。全市残联系统推荐33名优秀残疾工作者当选为党代表、人大代表和政协委员。

■残疾人信访维稳和基金募集 2016年，永州市接待残疾人来信来电来访2885件次（市级239件次），其中来电712个，来访2089人次，来信84件，全部办结并及时给予回复，办结率100%。完成335户贫困残疾人家庭无障碍改造任务，并指导零陵区石山脚乡悟山里村、祁阳县观音滩镇八尺村和江华县大圩镇木园景村成功创建为省级无障碍示范村。5月12日，市残联以市残工委名义组织召开全市残疾人自强模范、扶残助残先进集体和先进个人表彰大会暨“全国助残日”动员大会，对李再林等13名“全市残疾人自强模范”、永州市财政局等18个“全市扶残助残先进集体”和张丽娟等10名“全市扶残助残先进个人”进行表彰、奖励。组织开展“助残一日捐”活动，收到176个单位和个人的爱心捐款58.5万元，为贫困残疾人发放临时生活困难救助金3.49万元，走访慰问贫困残疾人和送温暖活动9.6万元，助学行动捐赠5.5万元，购买轮椅、助听器、拐杖等用品11.62万元，为非贫困县的300名贫困白内障患者免费手术补贴12万元。

■残疾人文体宣传 2016年，永州市通过微信、电视、报刊和网络平台发送“助残日主题”消息11篇、公益消息27条，发表各类新闻640篇。组织拍摄制作“永州市残疾人自强模范、扶残助残先进集体和先进个人”专题片17篇，在永州电视台黄金时段播放。在省残联组织的年度残疾人事业好新闻评选活动中，选送39篇新闻作品参评，有7篇作品获奖。6月23日，在市广播电视台举办“全市第三届残疾少儿艺术基本功及形体比赛”。东安选手宾婕以一段《笛中花》摘得桂冠，零陵选手唐飞艳的《雨竹林》和宁远的《快乐星猫》获第二名，东安、宁远、零陵3个县区残联获优秀组织奖。9月，残疾人运动员蒋芬芬参加在巴西里约热内卢举办的第十五届世界残疾人奥运会，夺得1枚金牌并打破世界纪录，这是永州市残疾人运动员首次参加世界残奥会，并获金牌的历史性突破。

■ 市残疾人康复中心项目建设 2016年，永州市残疾人康复中心项目主体工程设计、工程预算评审等与水电架设、挡土墙护坡等基础设施建设齐头并进，最大限度降低停工期间对工程进度带来的影响。市残疾人康复中心建设项目完成土地平整、水电开户、挡土墙护坡工程，正着手进行主体工程招投标和全面开工建设。

（曾渊）

附：

永州市2016年表彰的全市残疾人自强模范、扶残助残先进集体和先进个人名单

一、全市残疾人自强模范（13名）

李再林　冷水滩区果果农业发展有限公司经理
李亮红　零陵区水口山镇新桥村二组养猪能手
唐国强　东安县宇铭雕刻有限公司经理
廖仁国　双牌县麻江乡廖家村种植能手
刘祥春　祁阳县进宝塘镇种田村党支部书记
何上在　道县盲人按摩培训基地技师
张优德　江永县源口瑶族乡大田村种养能手
蒋星益　江华瑶族自治县桥市乡南冲村党支部书记
吴首法　蓝山县毛俊镇毛俊村葡萄种植能手
李松贞　新田县龙泉镇田家岭村村民
李陶社　宁远县桃花岩生态度假有限责任公司经理
奉福寿　金洞管理区小金洞乡白沙凼村村民
卢圣生　回龙圩管理区马鹿头办事处棠锦村委会主任

二、全市扶残助残先进集体（18个）

永州市财政局
永州市公安局
永州市检察院
永州市地方税务局
永州市工商银行
永州市烟草局
永州市中心医院
永州市体校
永州市特殊教育学校
冷水滩区财政局
东安县教育局
双牌县民政局
祁阳县地方税务局
江永县财政局
江华瑶族自治县义工协会
蓝山县中心医院
新田县拓普电子科技有限公司
宁远县民政局

三、全市扶残助残先进个人（10名）

张丽娟　零陵区大庆坪乡残联理事长
蒋海军　东安县残联副理事长
杨永建　双牌县五星岭林场民政助理
肖玉琼　祁阳县财政局社保股长
熊　剑　道县残联副理事长
全月华　江永县民政局职工
李海珍　江华瑶族自治县沱江镇萌渚社区主任
谢国庆　新田县湖南火龙联合律师事务所律师
王怀勇　宁远县振兴保安公司经理
毛国忠　永州市黄泥井市场实业有限公司董事长

军队离退休干部管理

■ 概况 2016年，永州市军队离退休干部休养所（简称永州市军休所）突出“亲情服务、文化养老、和谐军休”主题，强化星级服务品牌创建，探索军休服务管理新形式、新内涵，着力推进具有永州特色的军休文化建设，保障军休干部职工各项待遇。市军休所获湖南省五星级军休服务管理机构、全市文明标兵单位、全市老干部工作先进集体、市直机关老年体协先进单位等称号。

■ 基础设施建设 2016年，冷水滩区军休综合服务办公大楼的消防验收、规划验收、竣工验收、建设档案的整理、结算资料的评审报送工作全部完成，冷水滩片区基建项目工程全部结束。吴家庙路临街门面的人行道改造、石材干挂和卷帘门安装的施工和结算工作全部完成，吴家庙路临街门面全部装修完毕。零陵区军休干部服务中心项目已立项，结构图、水电图、消防图、节能图、施工图已出图，省民政厅将其纳入全省军休“十三五”建设规划，并批复同意使用历年军休经费中的结余资金，不足部分由省民政厅适当给予补助。零陵片区院内道路“白改黑”、雨水系统改造、绿化带与三线下地改造以

2016年八一建军节，市委、市政府五大家领导走访慰问军休干部

及消防设施安装工程全部完工。

■“两项待遇”落实 2016年，永州市军休所在落实政治待遇方面，及时传达、借阅和学习中央、地方和军内规定的文件，保证政治学习经常性组织开展；与市委协调，军休干部作为人大代表参政议政，也参与市里每年举行的公祭大典。在落实生活待遇方面，把医疗问题作为重点，在具体落实军休干部医疗保障过程中，离休军休干部与伤残军休干部划分为一类，退休军休干部单独作为一类，两类具体享受不同的医疗待遇。军休干部如因住院造成家庭贫困，市军休所从军休节余经费中给予适当的医疗困难补助。每年组织军休干部进行健康体检，并建立健康档案，为军休干部过生日祝寿，重大节日走访慰问。接收安置副师级军休干部1名，严格遵循军地联席会议制度、主动介入和到部队现场办公制度，主动与移交任务数量大的永州军分区取得联系，协调部队按照有关规定整理移交人员档案，严格按照“审核档案、审核经费、三见面”的接收安置工作流程，提高审查效率。

■军休文化建设 2016年，永州市军休所高度重视星级军休服务机构创建和文明创建工作，汇编省级五星评议和市级三星评议材料，迎接上级部门检查验收；开展100条军休文明用语的征集工作，并装订制成军休文明小册子，发放至各个科室；举办道德讲堂，宣讲德孝文化、文明知识，倡导公益慈善；组织志愿服务活动，开展文明劝导、绿色环保宣传，参加助学一日捐、慈善一日捐，结对帮扶贫困学生。每次活动，军休老干部都积极参加，其中军队离休干部黄仲芬连续6年资助寒门学子。

（左宁静）

人力资源和社会保障

综　　述

■概况 2016年，永州市人力资源和社会保障局（简称市人社局）坚持“人社人为人民”服务主旨，围绕“民生为本、人才优先”工作主线，人社主业工作超额完成目标任务。全市社会保障卡持卡人数443.7万人，为全省第一位，被人社部确定为社会保障卡综合应用第二批试点示范地区，再次跻进“国字号”试点示范城市。永州市高校毕业生创新创业孵化基地成为湖南省大学生创新创业联盟首批会员，被团省委授予“湖南省大学生就业创业示范基地”称号。市人社局被评为湖南省精神文明单位、湖南省双拥模范单位、全省人社系统绩效评估优秀单位、全国人社系统新闻宣传工作做得好的单位、全省“人社政策惠三湘”主题宣传年活动优秀组织单位奖、全市绩效评估优秀等次、三项优先工作优秀单位、重点民生实事先进单位、全面建成小康社会工作先进单位、精准扶贫先进帮扶后盾单位、安全生产先进单位、社会管理综合治理先进单位、平安单位、人口与计划生育工作先进单位、党建工作先进单位、精神文明与意识形态先进单位、三项改革先进单位、重点项目先进协调单位、企业服务年先进单位、信访工作先进单位、新型城镇化建设先进单位、旅游产业发展先进单位、微政务工作先进单位等。

■城乡就业创业 2016年，永州市新增城镇就业6.26万人，失业人员再就业2.52万人，其中就业困难人员再就业0.67万人。新增农村劳动力转移就业5.31万人，农村人力资源开发三年行动计划完成任务6.87万人。帮助185户新出现的零就业家庭至少1人实现就业，零就业家庭动态就业援助率100%，城镇登记失业率控制在3.98%。调整创业担保贷款额度，发放创业担保贷款3.96亿元，扶持4500余人创业，带动就

2016年7月21日，省人社厅厅长贺安杰（左三）到永州调研人社工作

业1.33万人。

■ **就业服务** 2016年，永州市坚持就业优先战略，落实更加积极的就业政策，加大对特殊群体就业援助力度，组织“春风行动”“民营企业招聘周”“高校毕业生就业招聘会”“就业去哪儿”等就业用工服务活动225场次，向企业成功输送员工5.2万人，有效缓解全市企业用工难与劳动者就业难的问题。对园区企业打捆实施养老保险费率过渡试点，调整工伤保险费率、落实阶段性降低失业保险费率，全年为企业减负5000万元。永州市就业工作在全省就业形势分析座谈会上由市领导代表永州作典型发言。

■ **社会保障** 2016年，永州市推进机关事业单位养老保险制度改革，完成全市城乡居民基本医疗保险制度整合，城镇职工和居民医保政策范围内报销比例、工伤保险一次性工亡补助金和伤残补助金标准稳步提高，生育保险政策范围内分娩医疗费实现全免费。开展全民参保登记，健全完善五险统一征缴，企业办理社保登记缴费一个窗口受理，一站式服务，减少企业办事环节。企业退休人员养老金实现12连调，基本养老金人均每月约增加146元，月人均1890元；城乡居民基础养老金最低标准由75元调整到80元；全市基本养老保险、医疗、生育、工伤、失业五大社会保险总参保人数614.2万人次（不含新农合），实现基金征缴55.46亿元，比2015年增加11.12亿元，增长25.1%，争取上级各类补助资金28.5亿元，累计发放各类社保待遇66.6亿元。

企业养老保险参保33.17万人，其中在职职工20.6万人，离退休人员12.57万人。基金征缴14.46亿元，比2015年增加2.72亿元，增长25.1%。发放基本养老金27.3亿元，比2015年增加2.79亿元，增长11.3%。

机关事业单位养老保险参保19.23万人，其中在职职工13.36万人，离退休人员5.87万人。基金征缴22.75亿元，比2015年增加6.62亿元，增长41%。发放基本养老金22.62亿元17.54亿元，比2015年增加5.08亿元，增长29%。

城乡居民养老保险登记参保332.95万人，缴费参保197.7万人，60岁以上领取领取待遇人数83.58万人。基金征缴2.49亿元，各级财政补助8.07亿元，支出7.85亿元。

城镇职工基本医疗保险参保总人数42.67万人，享受待遇13.16万人次。基金征缴11.45亿元，比2015年增加2.49亿元，增长27.8%。基金支出4.82亿元，比2015年增加0.46亿元，增长10.6%。

城镇居民基本医疗保险登记参保总人数96.01万人，享受待遇12.08万人次。基金征缴2.17亿元，比2015年减少0.95亿元。基金支出2.9亿元，比2015年增加0.16亿元。

生育保险参保总人数28.44万人，享受待遇3877人次。基金征缴1840万元，比2015年增加162万元，增长9.6%。基金支出136.88亿元，比2015年增加576万元，增长72.7%。

工伤保险参保单位4514家，参保总人数34.02万人，享受待遇1891人次。基金征缴1.21亿元，比2015年增加1525万元，增长14.4%。基金支出6763万元，比2015年增加485万元，增长7.7%。

失业保险参保总人数30.43万人，享受待遇2.12万人次。基金征缴7542.3万元，比2015年增加97.3万元。基金支出3129.5万元，比2015年增加1235.3万元。

■ **公务员队伍建设** 2016年，永州市推进公务员考录阳光操作，严格笔试、资格审查、体能测评、面试、体检、考察、公示、录用等重要招录环节关，特别在公务员招录面试环节形成“大统一、大交流、大抽签、大封闭、大监督”工作机制，全市录用党政机关、法检系统公务员664人。各县区录用计划占全市公务员录用数的86%；乡镇机关录用计划占全市公务员录用数的46%。组织开展市直机关面向基层遴选优秀公务员工作，市直机关46个单位面向各县区、乡镇基层遴选优秀公务员99人。

■ **人才引智** 2016年，永州市创新人才引智方式、方法，发挥公务员考录和事业单位公开招聘两条主渠道引进人才的作用，市级引进急需紧缺专业的高层次人才102人，全市引进电子商务人才91人。出台《规范办理市直机关事业单位人员流动调配手续的内部工作流程》，贯彻落实事业单位人事管理条例，事业单位公开招聘制度、聘用制度、岗位管理制度基本实现全覆盖。全市事业单位公开招聘3200余人，市级完成岗位设置单位135家，县区完成岗位设置单位3356家，自2011年启动的岗位设置管理工作全面完成。按照“公开招募、自愿报名、组织选拔、统一派遣”的方式，完成“三支一扶”招募计划45人。申报引智项目25个，获批14个，获引智资金60万元。

■ **绩效评估** 2016年，永州市委召开常委会议2次、市政府召开常务会议和市长办公会议专题研究绩效评估工作5次，并在8月21日正式印发《2016年永州市绩效评估实施方案》《2016年县区党委政府、管理区（经开区）党委管委会绩效评估指标》《2016年市直和中央、省驻永有关单位绩效评估指标》。按照“六位一体”的总体要求，强化组织领导，加大奖惩力度，加强考评结果运用，形成干部重执行、组织看执行，靠执行出实绩、凭实绩用干部的良好导向。年内，永州市再次被评为全省绩效评估“优秀等次”，至此，永州市连续3年获省绩效评估“优秀等次”，成为全省二类地区7个市州中唯一一个连续3年获省绩效评估“优秀等次”的市州。

■ **职业技能培训** 2016年，永州市坚持以服务企业、帮助企业招工和稳岗为宗旨，重点对园区企业新录用人员开展岗前就业技能培训，全年累计培训城乡各类劳动者6.34万人，其中，创业培训1.15万人，贫困家庭两后生培训1503人，精准扶贫培训1.36万人，农村电商培训6628人。组织开展职业技能鉴定1.6万人次，取得职业资格证书1.2万人次，参加全国、全省统一鉴定人数1887人。开展职业技能竞赛活动，通过精心选拔，组建一只由各大职业院校优秀师生组成的代表队参加湖南技能大赛全省数控赛，并获团体三等奖。

■ **专业技术人员管理服务** 2016年，永州市落实“为贫困地区搭建科技平台”工作要求，先后组织江永、江华、新田、双牌、宁远等国贫县、省贫县部分农村实用专业技术人才到衡阳、宜章、长沙、邵阳等地，参加贫困地区农业新技术培训班。对中央评估的2016年度国务院特殊津贴3名专家人选进行考核上报，联系核准18名享受国务院特殊津贴专家的津贴发放，组织2500多名市直副高以上专业技术人员进行健康体检。与行业主管部门共同组织2016年度的中小学、畜牧水产、工程、林业、农业、党校、中专、政工等系列的中级评审工作，3200余人通过评审。联合各行业组织专业技术人员继续教育3500人次。

■ **人事考试** 2016年，永州市人社局通过局政务网、永州人事考试网、永州人社微信等渠道发布人事考试资讯310余条，为广大考生提供及时、准确的考试信息。组织各类考试笔试28项，机试6项，开考74场次，6万人次参加考试，参考人次数达历史最高水平。在各类考试中，严守公平、公正和安全原则，查处作弊行为100余起，全年考试试卷雷同率为零，未出现任何异常情况。

■ **人事代理与人才服务** 2016年，永州市人事人才职业介绍中心建立健全求职登记、用工登记、失业登记、职业指导、职业介绍、人事代理、档案管理等“一站式”服务。全面落实五部委下发的《关于进一步加强流动人员人事档案管理服务工作的通知》要求，取消档案管理的7大项22小项服务性收费，免费接收流动人员档案4864份，开具调档函960份，办理调动手续1370人，接待办事人员4000人次，所有接收档案均进行审核、整理、上架和录入电脑等工作。通过永州人才网信息平台，为福鑫集团、大自然药业、弘电电子、锦络电子、象外科技等企业发布用工信息2340条。同时，每月汇总招聘用工信息，实时跟进企业招工需求，建立求职者信息库供企业查询，有效缓解工业园区企业用工难题。

■ **军转安置服务** 2016年，永州市军队转业干部安置计划46人，随调家属6人。其中，计划安置25人，自主择业21人，计划安置的军转干部中，团职6人，营职及以下（含专业技术干部）19人。推行“量化考核、公开选岗”的“阳光”安置办法，先后举办全市军队转业干部培训班、全市军转安置工作会和市直安置的营职以下及专业技术干部选岗大会，6名团职由市委组织部安置到位，19名营职以下及专业技术干部和6名随军家属也均按时全部到岗到位，完成全年全市军转安置任务，军转安置工作实现“三满意”。

■ **事业单位管理服务** 2016年，永州市事业单位新进3230人，其中政策性安置255人，流动调配312人，公开招聘2663人，公开招聘全覆盖成果不断得到巩固。进一步完善岗位管理工作制度，市级办理管理岗位调整50人次，专技岗位调整502人次，审批竞争上岗方案10家，办理聘用合同鉴证359人，审批同意县区岗位设置方案115家。开展工勤人员转岗考试，工勤人员转换到管理岗位或专技岗位20人，促进事业单位身份管理向岗位管理转变，推进事业单位人事制度改革的深化。

■ **劳动关系协调** 2016年，永州市落实劳动合同制度，全市国有企业劳动合同签订率100%，非国有企业达98.9%。推进工资集体协商制度，提高企业薪酬管理水平，在与职工充分协商的基础上签订内容具体、标准量化、操作性强的集体合同。加大专项执法检查和日常巡查工作力度，全面开展农民工工资支付专项检查、清理整顿人力资源市场秩序专项行动、遵守劳动用工和社会保险法律法规专项行动。全年主动监察用人单位1386家，涉及劳动者3.7万人；处理投诉举报案件475件，结案475件，结案率100%，为劳动者追回工资等待遇6946.6万元；查处劳动用工和社会保险违法行为59件，责令支付工资及补偿赔偿220.2万元，督促缴纳社会保险费301.3万元；依法取缔非法从事职业介绍活动的“黑职介”1户，为求职者追回经济损失3.19万元。

■ **工资收入分配** 2016年，永州市工资收入分配改革稳慎推进。根据《省人力资源社会保障厅　省财政厅关于调整机关事业单位工作人员基本工资标准和增加机关事业单位离休人员离休费三个实施意见的通知》，对市直机关5177人、事业单位7821人开展工资调标工作，并为机关事业单位22位离休人员增加离休费。乡镇机关事业单位工作人员乡镇工作补贴顺利实施，全市有3万多名乡镇工作人员享受乡镇工作补贴。组织实施县级以下机关公务员职务与职级并行制度，全市批准晋升职级3823余人。国企负责人薪酬制度改革有序推进，市管国有企业负责人薪酬制度改革实施方案即将制定出台。合理确定职工工资水平和增长幅度，5月与市统计局联合公布2015年全市城镇单位（不含城镇私营单位）在岗职工年平均工资4.46万元，月平均工资3713元，比2015年增长11.6%。

（陈雄杰）

就业服务管理

■ **概况** 截至2016年12月，永州市新增农村劳动力转移就业人数5.13万人，完成全年4.7万人目标任务的109.1%。职业培训总人数6.27万人，完成全年任务的108.1%，其中，创业培训完成11274人，完成全年任务的112.7%；贫困家庭“两后生”技能培训完成1473人，完成全年任务的122.8%。发放小额担保贷款3.85亿元，完成全年3.5亿元目标任务的110%，扶持自主创业4418人，带动实现就业和再就业人数1.33万人。失业保险参保人数30.08万人，完成全年任务的100.28%；征缴失业保险费6861.11万元，完成全年任务的149.15%。城镇新增城镇就业5.9万人，完成全年任务的103%；城镇登记失业率4.05%，帮扶185户新出现的城镇零就业家庭实现至少一人就业，城镇零就业家庭动态援助100%，离校未就业高校毕业生实名登记率、跟踪回访率、就业服务率、就业及就业准备率均达100%。

■ **农民工就业创业** 2016年，永州市就业服务管理局开展“春风行动”“湖南省民营企业招聘周”等活动，在车站、码头、街道、社区、乡镇重要集市发放并设立宣传咨询点，印制进城务工须知、宣传扑克等宣传资料58.64万份，举办农民工专场招聘会114场，进场参加应聘16万余人，提供岗位信息7.8万条，企业吸纳农村劳动者就业3.8万人，引导帮扶农民工就近就业，有效缓解全市企业用工难状况。全市各乡镇

100%覆盖建设公共就业服务平台，开展送政策、送培训、送服务的“三送”活动，完成农村劳动力转移就业的调查摸底、登记统计基础管理等工作，帮扶农民工及时了解各地劳动力需求信息。建立农民工需求信息数据库，定期发布用工信息，有序合理地引导外出务工人员转移就业。与团市委、市农业委联合开展评选青年创新创业典型、先进个人和寻找“最美农村青年创业致富带头人”活动，通过组织考察和评选，表彰20名青年创新创业典型、先进个人和20名优秀农村青年致富带头人。在永州新闻网、《永州日报》、永州人社微信分别刊登永州市两位“全国优秀农民工”石东飞、王华香的先进事迹。在永州电视台人社栏目对“我身边的创业者”、全市优秀农村青年致富带头人等典型事迹进行分期报道。

■ 开展促进创新创业活动 2016年，永州市就业服务管理局运营的永州市高校毕业生创新创业孵化基地成为湖南省大学生创新创业联盟首批会员，被团省委授予“湖南省大学生就业创业示范基地”称号。孵化基地入驻创业团队和企业48家，从业人员近200人。7月，永州市举办第二届“中国创翼”青年创业创新大赛永州赛区初赛，调动创新创业者的热情，营造创业带动就业氛围。其中，由市就业服务管理局择优选送的2个项目，从全省542个参赛团队和企业中脱颖而出，“柳宗元”牌异蛇制品创新创制团队项目获人社部金翼奖及省人社厅二等奖；“梦回故湘”祁阳土特产项目获省人社厅金翼奖。特邀长沙理工大学教授、中华教育艺术研究会常务理事、中国演讲与口才协会顾问李仲华到永州举办《创业就业·传统商人与现代企业家》专题演讲。10月12日上午，孵化基地举行以“青春领航创业 智慧塑造未来”为主题的高端创客沙龙活动。活动主要包括项目展示、专家问诊、咨询交流、创客联谊等内容，邀请国家级创业导师关选国、常文斗、王清涟，针对路演项目进行现场“问诊”指导。加强对永州市高校毕业生创新创业孵化基地的综合管理，出台《永州市高校毕业生创新创业孵化基地建设工作实施方案》和《永州市高校毕业生创新创业孵化基地入驻企业评估考核办法》。9月，开展永州市创业培训讲师选评工作1次，特邀请全国创业培训师汪邵新担任评委，有46名创业培训教师参加并通过此次选评。

■ 创业担保贷款扶持 2016年6月，永州市在全省率先出台《关于进一步做好创业担保贷款促进就业工作的补充通知》，从借款人条件、贷款额度、贴息额度、反担保门槛等各个方面出台全新政策，尤其是借款人范围的扩大、贷款额度的提升、劳动密集型企业贷款的全贴息等政策，促进创贷工作的发展。放款人对象从原来的城镇登记失业人员、就业困难人员、复员转业退役军人、高校毕业生、刑释解教人员、失地农民基础上，增加进城创业农村劳动者、返乡创业农民工、网络创业人员。同时，借款人家庭有过商业贷款记录，无贷款余额、无不良记录，符合条件的也可给予贷款和贴息。将贷款最高额度由不同群体的5万元、8万元、10万元不等统一调整为10万元。担保自然人由公务员及事业单位人员扩大到收入稳定的大中型国有企业、社会团体和国有控股企业具有无固定期限的合同身份员工。允许借款人从自然人或联保、房产等财产抵押、存货等动产质押、定期存单等权利质押中自主选择反担保方式，不强制指定反担保方式。允许社会担保机构为借款人进行反担保。借款人获市级以上劳动模范称号的，取消个人反担保。对符合条件的贷款申请，工作人员进行现场考察，详细了解申请人的经营状况、还款能力等，对符合条件的个人和企业考察完毕后，及时审批、放款，简化办理流程，提高办理速度。简化办理程序后，如申请人的材料齐全且符合要求，自开完贷审会到银行放贷，无特殊情况10个工作日内便可领到创业担保贷款。建立健全创业担保贷款督促检查机制，推进落实创业担保贷款工作。灵活运用实地督查、及时了解掌握创业担保贷款工作推进过程中的问题，研究解决问题的办法措施。构建各有关部门密切配合的格局，对创业担保贷款工作开展不定期督促检查，确保政策措施落地生效。

■ 失业保险征缴发放 2016年，永州市就业服务管理局盯住宣传、发放、征缴这三个轮子，围绕以宣传促发放、以发放促征缴这一“三轮连动”工作模式，推动失业保险事业的新进步。以社保卡宣传日、民营企业招聘周、高校毕业生招聘会等活动为契机，发放失业保险宣传手册2200份；成功搭建失业保险政策短信宣传平台，向市级400多家企事业单位负责人、劳资人员及参保职工发送3万余条宣传短信；通过寄送失业保险宣传手册和催缴函，向160多家尚未参保登记的市属事业单位进行扩面宣传。截至2016年11月底，全市为1.93万人次及时足额发放失业保险金，发放标准为每人每月960.5元，失业保险基金总支出2950.01万元。征缴失业保险费6861.11万元，完成全年任务的149.15%，其中市级征缴基金2843.3万元，完成全年任务的149.65%。

■促进城镇人口就业 2016年4月18日，2016年湖南省民营企业招聘周活动启动仪式暨永州市民营企业专场招聘会在永州职业技术学院举行，活动以“促进供需对接 助力转型发展”为主题。仪式当天有300余家民营企业和用人单位进场招聘，提供就业岗位1万多个，涉及的行业领域包括电子信息、生物医药、节能环保等，入场求职人数8000人次，初步达成就业意向1800多人次。全市累计为365名创业成功的大学生发放门面租金补贴和一次性开办补贴68.5万元。其中市级扶持50名创业大学生创业，发放一次性创业补贴和租金补贴14.07万元。对全市高校毕业生就业情况进行深入调研，掌握全市高校毕业生的就业创业现状，形成《永州市高校毕业生就业创业情况调查报告》，为进一步做好高校毕业生就业创业工作提供第一手资料。针对零就业家庭特点，多渠道开发就业岗位，加强就业指导和推荐，帮扶“4050”等就业困难人员再就业，帮扶185户新出现的零就业家庭成员至少1人成功就业，保持零就业家庭就业援助清零。全市办理灵活就业人员社保补贴7619人次，发放社保补贴2705.19万元，其中，养老保险补贴6642人次，补贴金额2517.77万元；医疗保险补贴977人次，补贴金额187.42万元。市级办理灵活就业人员社保补贴2722人次，发放社保补贴831.7万元。

（市就业服务管理局）

人力资源服务

■概况 截至2016年12月12日，永州市累计完成农村人力资源培训项目6.72万人次，完成三年计划任务数的103%，其中，一人学一技2.75万人次，企业培训2.94万人次，创业培训9607人次，高技能人才专项培训918人次，超额完成指标任务。开展公共就业和人才招聘活动，市县区联动，先后举办“春风行动”“民营企业招聘周”“高校毕业生就业服务周”等大型招聘活动12场，举办例行招聘会21场，帮助企业招聘员工1.5万余人。市级及各县区在工业园区均设立人力资源服务站，并对缺工企业开展用工帮扶。通过招聘会免费安排展位，永州人才网予以重点推荐，以组团赴省人社厅参加大型招聘活动等方式，开展用工帮扶，解决企业用工难题，全年通过大型招聘活动为企业招聘员工1.5万余人。赴长沙招聘急需高级管理人员26人。人才市场、人力资源市场和大学生见习基地的服务管理工作扎实推进，为困难群体提供就业援助；招聘求职登记和推荐工作有序进行，为单位和劳动者提供基本人力资源事务代理工作顺利开展。

■农村人力资源三年行动计划 2016年，永州市开展农村籍大学毕业生创业就业扶持，针对农村转移就业劳动者及农村籍大学生，根据不同类型农村人力资源的需求，分类组织实施各具特色的培训项目。面向农民、拟就业应往届农村初高中毕业生、农村籍退役士兵，开展以本地特色农业产品为主的教学，使广大农民掌握一技之长，培养造就出一批技能

2016年2月，永州市2016年春风行动启动仪式暨大型系列招聘会现场

型人才。开展就业能力培训，开发就业岗位，推行“六个转变”，把提高劳动者技能素质，促进农村人力资源就业和帮助企业招工、缓解用工难有机结合起来。市县区人力资源服务机构为各乡镇企业交流急需、紧缺人才。利用报纸、电视、人才网、LED显示屏、悬挂标语横幅等多种宣传手段，开展“春风行动”“五带下乡”“民营企业招聘周”“回乡创业、在乡就业”大型专场招聘会、“高校毕业生就业服务活动周”、全省中小微企业大型专场招聘会等一系列行动，帮助实现就业。

■公共就业专项活动 2016年，永州市举办“春风行动”“新春招聘会”“关注妇女就业”“精英汇永州”“金秋揽才”等大型招聘会，为企业和求职者搭建供需平台。2月3日，市人力资源服务中心联合冷水滩区人社局、永州经济技术开发区人社局在冷水滩区中联国际广场举办“2016年永州市春风行动”启动仪式暨大型专场招聘会，组织用人单位80余家，提供就业岗位3000余个，进场人数累计超过5380余人次，初步达成就业意向的有1416人。同时，在招聘会现场开展就业、创业、社会保险政策宣传，发放各类宣传资料5000余份，提供政策咨询2100多人次。正月初八、初九、初十举办3场户外大型新春招聘会，组织招聘企业280余家，提供岗位5500多个。三场招聘会取得实效，进场求职达到2.1万余人，达成初步意向的3520人，在招聘会上发放宣传资料4万余册。3月5日，联合市妇联、市残联举办“关注妇女就业”专场招聘会，组织近100家涉及零售服务、家政服务、手工编织等适合女性就业的企业，提供4000多个就业岗位。7月2日，举办“精英汇永州”2016年夏季综合类大型户外招聘会，提供就业岗位3200余个，成功为用人单位招贤纳才搭建良好的供需平台。8月28日，在中联国际广场举办“金秋揽才”大型户外招聘会，共组织76家永州企业进场招聘，提供就业岗位1300多个，初步达成就业意向512人。活动期间，还在招聘现场开展政策咨询活动，为求职者提供职业指导、就业帮扶、人事代理、社会保险等政策指导咨询服务。启动“民营企业招聘周”招聘活动。4月18日，“2016年湖南省民营企业招聘周暨永州市民营企业专场招聘会”活动在永州职业技术学院启动。服务对象以2016届高校毕业生为重点，同时面向农村进城务工人员、建档立卡的贫困劳动力等各类求职者，招聘单位以民营企业为主。有220余家民营企业参加此次招聘活动，涉及的行业领域包括电子信息、生物医药、节能环保等，提供就业岗位近8000个，初步达成就业意向2300多人次。11月10日，上报2016年全国人力资源市场高校毕业生就业服务周活动申请书。服务周期间，组织和收集50家企事业用人单位参加2016年全国人才市场网络招聘大会，及时向人力资源市场网上传有关数据，并按要求在永州人力资源网上宣传“2016年全国人力资源市场高校毕业生就业服务周”活动内容。12月10日，与湖南科技学院联合举办2016年全国人力资源市场高校毕业生就业服务周湖南省永州市人才招聘大会暨“携手共赢、点亮未来”湘南地区高校毕业生供需见面会活动，吸引252家用人单位参会，其中外省用人单位86家，省内外市用人单位62家，永州市用人单位104家，向毕业生提供就业岗位9200多个，进场求职人数8700余人，初步达成就业意向1630人。12月19日，与永州职业技术学院联合举办永州市2016年高校毕业生就业服务周暨永州职业技术学院2017届毕业生专场招聘会，组织200家企业进场参会，提供6300多个岗位，岗位涉及汉语言文学、市场营销、医学类、计算机科技与技术等专业，进场求职高校毕业生6400人次。

■设立人力资源服务站 2016年，永州市各县区工业园均设立人力资源服务站，对普工缺工严重的企业和管理岗位、技术岗位专业人才招聘困难的企业，安排专人定时上门服务。与锦络电子、达福鑫集团、弘电电子等联系，上门调研，帮助制订招聘计划，落实招聘措施，在大型招聘活动中安排展位，并组织相关企业赴长沙参加省人社厅组织的大型招聘活动。全年帮助企业招工1260人次，招聘到急需管理人才26人。

■用工信息数据采集 2016年，永州市人力资源市场进行用工登记企业2560家，帮助企业发布招聘岗位3.4万个，累计登记求职人员2.4万人次，直接推荐就业8950人次。通过对招聘和求职信息的采集登记，加强求职者与用工企业的联系，使企业和求职者能快速匹配。对全市41家企业进行用工调查活动，其中，涉及行业包括机械加工6家，电子12家，医疗卫生3家，其他19家。

■ 免费发布用工信息 2016年，永州市人力资源服务中心在永州新闻综合频道用工信息专栏和永州人才网帮助达福鑫集团、大自然药业、弘电电子、锦络电子、象外科技等帮扶企业发布用工信息2340条。设立永州人力资源市场公共微信平台，及时更新各类用工信息及求职信息，并为95家企业发布企业宣传及招聘信息，每月汇总相关招聘岗位制作用工信息汇总册，实时跟进企业招工需求，建立求职者信息库供企业查询，有效缓解工业园区企业用工难的问题。

■ 大学生见习基地服务管理 2016年，永州市有市级17家大学生见习基地，吸纳大学生见习就业496人，申报见习补贴金额313.24万元。安排104名大学生在各机关事业单位见习，帮助61家市直机关单位、中心城区街道办事处等单位解决用人需求，并有效缓解高校毕业生就业难。

■ 实行免费档案公共服务 2016年，永州市人力资源服务中心取消人事档案管理收费，为档案托管的流动人才实行免费服务，上半年接收档案4864份，开具调档函960余份，办理调动手续1370人，邮寄机要档案268份，接待办事人员4000余人次，所有接收档案均进行审核、整理、上架和录入电脑等工作。为托管档案的专业技术人员申报专业技术职称86人次，办理养老保险手续121人次。以全省流动人员人事档案管理一体化服务平台建设为契机，配备电脑、打印机、身份证识别仪、标签打印机和扫码枪，安装“省市县”三级联网档案管理系统，实现网上办理、异地查询等业务，进一步提高工作效率和服务质量。

■ 促进就业困难人员再就业 2016年，永州市人力资源服务中心为零就业家庭人员、农村低收入家庭人员、困难家庭未就业大学毕业生、下岗失业人员中的“4050”人员等就业困难群体和招工困难的企业进行动态登记，提供政策咨询、就业指导、职业介绍及在永州人才网站上免费发布求职信息和用工信息等服务。

（市人力资源服务中心）

军队转业干部培训

■ 概况 2016年，永州市军队转业干部培训中心坚持以“注重教育、严格管理、提高工作质效、确保队伍廉洁”的工作思路，履职尽责，搞好服务，军队转业干部培训、专业技术人员继续教育培训、新录用公务员初任培训、事业单位新进人员入门培训及新增的创业培训取得不错的成绩。

■ 培训教育 2016年，永州市军队转业干部培训中心着力在优化服务、强化保障、从严管理上下功夫，推动培训教育工作有效开展。先后举办专业技术人员继续教育培训班10期1307人次，其中以上门培训的方式到县区祁阳师范学校、道县师范学校、南岭化工厂、长丰集团、金洞管理区开展各1期。事业单位新进人员入门培训3期514人次；公务员初任培训3期527人；军转干部培训1期26人次。开办创业培训17期，每期30人，培训SYB学员510人。

■ 丰富培训内容 2016年，永州市军队转业干部培训中心组建专家服务团，开展创业指导专家服务。组建29人创业专家服务团，超过预期20人。对已经实施创业的SIYB学员，定期进行走访，在政策、资金、经营、管理等方面给予支持，帮助他们创业成功，巩固创业成功率。

（市军队转业干部培训中心）

机关事业单位社会保险管理

■ 概况 永州市机关事业单位社会保险管理处是隶属于永州市人力资源和社会保障局的副处级参照管理事业单位。于1994年9月成立，原隶属于永州市人事局，属正科级自收自支事业单位，编制7人，机构设计为一正二副，分设养老保险基金结算科、养老保险基金核拨科、综合财务审计科。2002年2月成建制划转到永州市劳动和社会保障局，2003年升格为副处级自收自支事业单位，2006年单位性质为全额拨款事业单位，2010年为参照公务员法管理事业单位，有正式编制人员17人。

2016年，永州市机关事业单位社会保险管理处全面完成社保登记，新软件收受信息本地化；按时保质完成2016年省中心下发的目标任务；确保新老制度平稳衔接、基金运行安全稳健、待遇发放按时足额并促进社会化发放；加强业务培训学习，探索经办方法。截至2016年年底，全市参保13.37万人，完成任务的102%；离退休5.87万人，基金征缴22.75亿元，完成任务的118%，拨付离退休费22.62亿元，累计结余5.19亿元。其中，市直参保1.18亿人，离退休5897人，征缴基金1.77亿元，拨付离退休费2.35亿元，累计结余7523万元。完成个账新老账户对接，基金运行安全稳定、待遇发放按时足额。获2016年永州市绩效评估先进单位。

存在的主要问题：系统上线时间严重滞后；将原试点制度参保单位和人员的养老保险关系按要求转移到企业职工养老保险难度大；养老保险基金历年欠费清欠困难；改革政策法规出台缓慢。

■ 机关事业单位养老保险制度改革情况 2016年9月初，永州市本级成功向省机关事保中心申请报备新系统上线运行试点工作。全市各县区新系统上线运行分二批进行申报试点，各县区事保中心结合本地区实际，制定养老保险制度改革启动实施方案。

■ 开展业务培训 2016年，永州市机关事业单位社会保险管理处组织机关社保经办人员到人社部培训24人次，送省中心跟班培训2人。组织市直参保单位经办人员信息采集登记培训会，298家单位约500余人参会；业务流程培训会156家单位约200余人参会。县区组织培训33次，约4000余人受普及。4月19日，组织市级及部分县区经办人员召开新软件业务信息系统培训会。

■ 退休人员基本养老金待遇调整 2016年9月，根据《湖南省人力资源和社会保障厅湖南省财政厅关于2016年调整退休人员基本养老金的通知》文件要求，永州市各级人社、财政部门全面落实养老保险“调待”工作，2016年本级调待全年增加预算1.65亿元。市级机关事业单位退休人员共6689人，人平均每月增资223元。

■ 调研比赛 2016年2月，永州市机关事业单位社会保险管理处下发《关于撰写机关事业单位养老保险制度改革调研文章的通知》，全市机关社保经办机构撰写高质量的调研文章20篇，评选出一等奖2篇，二等奖6篇，三等奖10篇。对参赛的20篇调研论文进行整理汇编成书，并发放到各县区借鉴学习。

■ 机关事业单位养老保险制度改革政策宣传月 2016年4月为永州市机关事业单位养老保险制度改革政策宣传月。市级发表调研信息50余篇，其中在市人社局政务网站、微信发布信息20多篇，市级以上其他刊物发布信息30余篇，被《永州人社》简报采纳信息4篇，《永州人社》电视栏目采播4篇。在市委、市政府、公安、医院、学校等人员较多的单位进行上门服务宣传。开办培训班座谈会宣传。组织市直单位156家、200余人参加经办培训，发放宣传资料3万余份，现场咨询2000余次。

■ 机关社保基金运行检查调研 2016年7月，为永州市机关事保基金检查月，全市各经办机构采取自查和交叉检查相结合的方式，深入开展基金管理专项检查，自查、交叉检查率都达100%。全市各事保经办机构基金管理情况总体是好的，运行比较平稳，没有发现挤占挪用、违规减免、违规投资等重大安全隐患。

（邹凯）

2016年，全市机关事业单位社会保险管理业务骨干培训　　摄影 朱益益

社会劳动保险管理

■ 概况 2016年，永州市社会劳动保险管理处围绕全市改革发展稳定大局及年初确定的各项工作任务，以确保企业离退休人员基本养老金按时足额发放为中心，

加大扩面征缴力度，提升经办服务能力，全面完成省市下达的各项目标管理任务。

■ 基金征缴 截至2016年年底，永州市参加企业养老保险的在职职工20.6万人。在经济下行、灵活从业人员补缴补建政策停止执行等困难下，全市累计征缴企业养老保险费14.46亿元，完成省定目标任务13.3亿元的109%，市级及13个县区都完成任务。冷水滩区、零陵区、祁阳县通过启动失地农民参保，找到基金征缴新的增长点；东安县、江华瑶族自治县、金洞管理区基金征缴创历史新高。

■ 基金发放 截至2016年年底，永州市企业离退休人员12.6万人，退休人员养老金完成"十二连调"，调整后月平均养老金1890元，人均月增加146元，发放时间调整统一为每月的25日。全年发放养老金27.3亿元，其中，市级7.4亿元，祁阳近4亿元，零陵区、冷水滩区、东安县突破2亿元，道县将近2亿元，除2个管理区外，其他县区也在1亿元左右。

■ 基金安全 2016年，永州市社会劳动保险管理处经办机构通过电话核查、上门调查、查阅住院记录、比对火化信息、接受群众举报等多种手段，全市查出重复、冒领300余人次，追回基金150多万元。开展退休审批专项检查，对查出的问题进行督办整改，消除隐患，全市没有发生一起基金安全案件。

■ 经办服务 2016年，永州市社会劳动保险管理处按照便民和高效相统一的原则，对经办流程逐项逐条梳理，制定出各项业务的统一经办流程在全市推广。继续推行考勤制度、领导值班制度、月初早课制度、首问责任制、一次性告知、限时办结制度和内部控制监督机制，做到制度健全、按章办事。执行全市企业养老保险经办窗口"十不准、十做到"，增强经办人员责任意识和服务意识。开展"查隐患、找漏洞"活动，号召经办人员找出本岗位潜在隐患并提出整改合理化建议。继续推行窗口"服务之星"评选活动，调动经办人员的工作积极性。

■ 全市企业养老保险制度改革30周年宣传晚会 2016年10月21日，永州市企业养老保险系统举办市企业养老保险制度改革30周年宣传晚会。市、13个县区（管理区）经办机构和部分企业自编自演节目20多个，市社会劳动保险管理处的小品、江永县的情景剧、双牌县的歌舞和宁远县、新田县、蓝山县、金洞管理区演出的节目质量较高，回龙圩管理区演出"三句半"节目，展现改革的丰硕成果，宣传社保政策，提高群众参保缴费的积极性。

（刘黑白）

医疗保险基金管理

■ 概况 2016年，永州市城镇职工医疗保险参保42.67万人，城镇职工生育保险参保人数28.44万人，全市城镇居民医疗保险参保人数96.01万人。其中，市本级城镇职工医疗保险参保7.94万人，生育保险参保5.14万人。全市城镇职工医疗保险基金收入11.45亿元，完成全年任务的190.77%，基金支出8.3亿万元。城镇职工生育保险基金收入1840万元，完成全年任务的115%，基金支出1368万元。其中市级城镇职工医疗保险基金收入3.61亿万元，完成全年任务的177.43%，基金支出2.31亿万元；生育保险基金收入482万元，完成全年任务的100.4%，基金支出294万元。全市城镇居民医疗保险征缴收入2.17亿万元，基金支出2.91亿万元。

■ 城乡居民基本医疗保险制度整合 2016年，永州市医疗保险基金管理处根据《国务院关于整合城乡居民基本医疗保险制度的意见》《湖南省人民政府关于整合城乡居民基本医疗保险制度的实施意见》和8月5日全省整合城乡居民基本医疗保险制度电视电话会议精神，开展调查研究，结合永州实际，拟定《永州市整合城乡居民医疗保险制度实施方案》，研究出台《永州市城乡居民基本医疗保险管理办法》等政策文件，推进全市城乡居民医保制度整合。

■ 医疗保障基金审计 2016年，永州市根据审计署关于全国基本医疗保障基金审计工作部署，决定先期开展相关数据采集和分析工作，按文件要求提供2013年—2016年6月各地区城镇职工、城镇居民基本医疗保险基金的业务、财务数据及相关统计报表等数据。8月10日—9月21日，湖南省审计厅派出审计组对市级和冷水滩区2015年和2016年上半年医保政策制度、医保改革措施、医保基金管理与使用、医保信息系统管理等进行全面审计。针对涉及的相关问题和薄弱环节，召开专题会议，研究部署审计整改工作，切实纠正审计查出的问题。

■ 医疗生育保险参保缴费稽核 2016年，永州市医疗保险基金管理处坚持做好医保政策宣传，加强缴费基数的稽核和医疗保险费的清欠，实行扩面征缴部门联动机制，促进医疗保险征缴工作。建立一系列严格的缴费基数申报流程，统一缴费基数的计算口径，规范基数申报依据，严防参保单位瞒报漏报。建立健全缴费基数稽核制度，做到书面稽核100%，实地稽核30%以上，推行委托会计事务所对参保单位缴费基数进行稽核，确保“参保人员应报尽报、医保积极颗粒归仓”。

■ 医疗监管 2016年，永州市各级医疗基金经办机构进一步完善医疗费用总额预算和定额控制相结合的支出管理办法，医院分类明细指标遵循“大医院以控制过度医疗为主，小医院以控制小病大养（住院指征把握不严）为主”的原则，对住院指征把握不严、小病大养情况严重的医院坚决降低其人次和人次费用等指标，实行按月结付、超支拒付、年终清算的结算模式。严格按照监管制度与流程，每月对各定点医疗机构进行日常监管。

■ 医保待遇保障 从2016年1月1日起，永州市调整城镇医疗保险有关政策，对城镇职工住院费用自负总额进行二次补助，即在一个结算年度内，参保人员住院医疗费（含特殊门诊）累计个人自负总额（全自费部分除外）在2万元以上部分补助50%，最高补助金额不超过15万元，所需资金从统筹基金中列支。继续实施居民大病政策，重病病人的待遇得到明显提高，最大程度地缓解“看病贵”的问题。

（王莹）

工伤保险基金管理

■ 概况 永州市工伤保险处成立于2006年2月，为市人社局直属副处级参照公务员法管理事业单位。有行政编制12名，单位领导班子为主任1名，副主任2名。内设综合财务科、基金征缴科、待遇结算科、基金监管稽核科。负责全市工伤保险的经办管理和业务指导。2016年，增加人员编制4人，增加科室编制1个。14个县区（管理区）工伤保险经办机构人员编制数为109人，在岗人员149人。

截至2016年年底，永州市参加工伤保险缴费人数26.1万人，月平均缴费人数24.4万人，本期应缴1.22亿元，本期实缴1.16亿元，征缴率93.4%；参保单位总数4000多户。实现工伤保险费征缴收入1.21亿元，同比增长14.4%，完成年度任务6500万元的186%。

■ 启动建筑行业参保 2016年，永州市人社局会同市住房和城乡规划建设局、市安监局和市总工会联合出台《关于印发〈永州市建筑业参加工伤保险实施办法〉》，在全市全面推进建筑业参保工作。与住建、安监等部门建立信息交换机制，共享项目用工、施工许可证发放、参保、安全生产管理等信息资源。全市有89个施工项目核发施工许可证，有11个项目参加工伤保险，占比12.3%。

■ 调整工伤保险费率 2016年7—8月，永州市按照“以支定收、收支平衡”的原则，根据《2016年永州市关于调整工伤保险费率的通知》精神，对全市所有参保单位工伤风险行业分类按照8类重新进行划分，并根据新的行业风险类别重新确定用人单位基准费率。从9月1日起，全市所有参保单位按照新费率结算缴费，全市平均费率从原来的1.35%下调至1.11%，下调0.24个百分点，9月—12月共为全市参保单位减轻负担约800万元。

■ 县区工伤保险费征缴 2016年，祁阳县、双牌县、蓝山县、江华瑶族自治县、新田县重点加强建筑行业农民工参加工伤保险，促进建设项目参保，其中蓝山县6个建筑项目全部参保，参保率100%。零陵区、宁远县、江永县强化工伤保险费的征缴，开展工伤保险稽核，确保应收尽收。冷水滩区组织有关人员调查正在生产、经营的企业，摸清底数并建立应参保单位台帐。基金征缴收入增长额和增长率较高的有江永县（基金征缴收入同比增加141.4万元，增长37.26%）、宁远县（基金征缴收入同比增加267.3万元，增长25.9%）、双牌县（基金征缴收入同比增加95.8万元，增长25.09%）、冷水滩区（基金征缴收入同比增加268.9万元，增长23.13%）。本期实缴额和征缴率比较高的县区有蓝山县（本期实缴额1062万元，征缴率

99.53%）、宁远县（本期实缴额1278万元，征缴率99%）、江华瑶族自治县（本期实缴额994万元，征缴率98%）。

■ **工伤保险待遇支付** 2016年，根据市人社局关于进一步规范市级统筹工作的通知精神，市工伤保险处下放工伤保险待遇审批权。各县区工伤保险待遇实行属地管理、属地审核，分流矛盾，提高办事效率，有效保障工伤待遇足额及时拨付。12月，对2015年度全市待遇审核拨付工作进行检查，整体情况良好，各项审核审批手续规范有序，审核资料收集归档齐全。冷水滩区、宁远县、新田县、江永县、东安县、永州经济技术开发区启动实施联网结算，蓝山县、双牌县、零陵区、祁阳县、江华瑶族自治县已经安装系统暂未实施。祁阳县、新田县、江华瑶族自治县、零陵区、蓝山县、冷水滩区、双牌县、道县已经实施小额快速赔付结算。组织召开协议医院负责人座谈会，完善定点协议，重新明确和强化收、治、住、转院管理程序，组织工作人员勤巡查、勤监管，促进合理医治。全年工伤医疗日均费用476.1元，同比下降20.4%；次均费用1.02万元，同比下降15.8%。审核享受工伤保险待遇人数2104人。其中，一级至四级伤残91人；五级至六级伤残30人；七级至十级伤残552人；未评定伤残等级1195人。享受工亡待遇人数40人，供养亲属人数196人。发放工伤保险待遇约6000万元，同比增长5.4%。其中，发放一次性待遇约4100万元，同比增长4.7%；发放长期待遇约430万元，同比增长10.3%；医疗费约1500万元，同比增长5.7%。

■ **基金运行** 2016年，永州市工伤保险基金实际总收入约1.21亿元，总支出约0.68亿元。其中，工伤保险待遇实际支付约6000万元，占支付总额的88%；工伤保险三项费用支出约840万元，占支付总额的12%（其中劳动能力鉴定费支出34.6万元，工伤预防费支出697.6万元，其他支出即工伤认定调查费为107.5万元）。继续抓好《工伤保险经办规程》《基金要情报告制度》《经办机构内部控制暂行办法》《工伤保险基金财务管理办法》等内部控制制度的贯彻落实，实行业务、财务分帐管理。科学合理设置岗位，各部门各岗位各负其责，互相监督。明确业务操作人员和系统维护人员等各类人员职责和使用权限，为每项业务设置工号和密码，对数据录入、修改、访问、使用进行监督管理，确保数据安全。加强工伤病人监管，从接到事故报案起，及时跟踪掌握受伤职工的治疗情况和医疗费使用情况，并通过网络核查用药是否规范，何时达到出院条件，要求协议医院提醒工伤职工及时出院，减少用药漏洞和挂床现象发生，减少工伤保险基金不合理支出。部分县区工伤待遇支出呈明显下降趋势。其中，江永医疗费支出42.7万元，同比下降50.0%；双牌医疗费支出43.7万元，同比下降43.9%；零陵医疗费支出103.4万元，同比下降22.8%。采取书面稽核和实地稽核相结合的方式，稽核缴费人数、缴费基数和增减异动人员等情况。1月—3月，对申报缴费基数的参保单位进行书面稽核，核查缴费人员和缴费基数。市级参加市人社局统一组织的实地稽核工作，实地稽核中型以上合资私营和工业园，查出金水湾少报参保人数等问题，并责令责任单位重新按实际人数申报。市级出现基金征缴和待遇支付不符合规定预警信息1478条，对预警信息内容逐条核查分析，找出错误原因并全部处理到位，有效堵塞基金安全漏洞，防范基金流失风险。12月5日—20日，重点检查全市三项费用情况，询问财务工作人员，翻阅财务报表、明细账、原始凭证等会计档案，严格检查2015年度三项费用的列支情况。各县区三项费用基本控制较好，都列出专项科目，没有发现超支的现象。

■ **规范和调整信息管理系统** 2016年，永州市工伤保险处将信息管理系统运行过程中出现的问题汇总，提交创智公司进行修改和完善，并根据各经办机构调整数据要求，对信息管理系统数据进行调整。强化联网数据质量检查和基础数据整理工作，通过电子台账，核查基础数据，确保数据的真实准确完整。组织县区负责系统维护人员，集中开展专门培训，系统运行更加顺畅。公布联网结算工作流程图及待遇结算工作流程，安装工伤保险待遇结算信息系统，请创智软件工程师对操作人员进行培训，与协议医院实行联网运行、网上审核、网上结算，方便工伤病人，提高工作效率。

■ **“老工伤”人员管理及待遇保障** 2016年，永州市工伤保险处对每家企业的经办人员手把手、一对一进行操作培训，对县区经办人员开展现场培训活动。对用人单位和主管部门上报的老工伤人员历史资料及档案进行初审，对老工伤人员人数、伤残等级认真核实。市级审核404人，审核9遍。市级签订移交合同2家，合同移交人员181人，预留资金1191.4万元，到位资金88.3万元。测算审核9家企业、404人次，应预留金额3730.4万元。双牌等县区的老工伤人员纳入统筹前期工作基本完成，待遇发放逐步推进。

■ 工伤保险政策宣传 2016年，永州市工伤保险处制订宣传工作计划，统筹安排全市的工伤预防宣传，要求做到电视有节目、电台有声音、报刊有文字、网络有信息。印制工伤保险宣传手册和物品，全市统一印制“工伤保险知识手册”“工伤保险宣传挂图”“建筑业职工工伤保险手册”等图文资料，各经办机构分别定制宣传纸巾、纸杯、购物袋、雨伞、笔记本、笔、安全帽等宣传用品，供宣传活动和到参保单位培训检查时免费发放给群众和职工。特别是春风行动和安全生产月活动，全市工伤经办机构在商场、广场、企业等地设立宣传点，免费发放宣传资料10多万份，接待政策咨询1万多人次。在职工超过200人以上的参保单位设立固定宣传栏，在公交车载视频和住宅小区、商业楼宇播放工伤保险宣传视频；利用移动互联网等数字媒体广泛普及的有利条件，通过网站、短信、微博、QQ、微信等平台传送工伤保险信息内容。市级与永州新闻综合频道《永州人社》栏目合作，录制播放工伤保险宣传节目3期。年内，全市工伤保险经办机构在各大报刊及网络媒体发表稿件131篇，其中市工伤保险处59篇（国家级10篇，省级9篇，市级40篇），江华工伤保险站37篇（国家级9篇，省级16篇，市级12篇），蓝山县工伤保险中心市级9篇，双牌县工伤保险管理中心7篇（省级5篇，市级2篇），零陵区工伤保险中心5篇（省级2篇，市级3篇），东安县工伤保险中心市级4篇，江永县工伤保险站市级4篇，宁远县工伤保险管理中心市级3篇，祁阳县工伤保险中心省级1篇，冷水滩区工伤保险站市级2篇。

■ 全员参与式工伤预防 2016年，永州市在对全市工伤事故率较高的参保单位进行调研的基础上，确定在全市全面推行全员参与式工伤预防工作。8月25日，在冷水滩区召开全市“全员参与式工伤预防持续改善项目”启动工作座谈会，会上总结新田县工伤预防试点所取得的经验，并对全市推行全员参与式工伤预防持续改善项目进行安排部署，同时，邀请广东省康复中心院长助理刘辉霞全面介绍企业开展工伤预防工作的重要性及项目情况。会后，与广东省工伤康复中心合作，在全市范围选定37家参保单位和3大行业（加油站、采石场、烟花爆竹业）开展全员参与式工伤预防持续改善项目。通过企业现场工伤环境巡查评估、参与式工伤预防培训、工伤保险及工伤预防政策咨询、工伤危险因素改善跟进等综合措施，推动企业工伤预防工作全面、持续发展，并逐步完善全市工伤预防服务体系建设。

（王芳春）

城乡居保管理

■ 概况 截至2016年11月，永州市城乡居民养老保险登记参保329.31万人，完成全年任务311万人的105.89%；个人养老保险费实际征收2.33亿元，完成全年任务2.16亿元的107.69%。按期完成城乡居民养老金调待工作，基础养老金社会化发放率100%。城乡居保银行代收保险人数（自助缴费率）占比90.58%，超过年度目标任务75%15个百分点以上。在全市范围内全面启动由乡镇街道社保机构开展的入户调查，实现城乡居民养老保险应参保人数全覆盖。全市参保人员入库率95%，未参保人员登记3.5万人，达到省人社厅（省社保局）预期目标。城乡居保基金安全完整率100%。

■ 城乡居保政策宣传 2016年，永州市各县区城乡居民基本养老保险经办机构编印宣传资料、培训教材和各种宣传品90余万份，下发到乡镇、街道和社区，在车站、集市、学校等人群密集的地方悬挂宣传横幅4500余条。东安、宁远、零陵等县区印制自主缴费政策宣传单20万余份，发放到村组和参保对象手中。

■ 城乡居保征缴发放 2016年，永州市各县区通过政府纳入绩效评估、层层分解落实指标、加强自主缴费政策宣传、工作与评先评优挂钩、提请人大领导到乡镇督查等形式，不断加大基金征缴力度，在做好新增人员参保缴费的同时，抓好参保对象的自主缴费和续保缴费。全市城乡居民自主缴费人数 168 万人，自主缴费率 90.58%，高于任务数 15 个百分点以上。全市为 83.58 万名 60 周岁以上领取待遇人员发放基础养老金 7.18 亿元，确保基础养老金社会化发放率 100%。自 2016 年 1 月 1 日起，按规定将 60 周岁以上符合条件的城乡居民基础养老金由 75 元/月提高到 80 元/月。

■ 城乡居保基金监管 2016 年，道县、零陵、祁阳、双牌等县区严格做好退休认定和生存状况认定工作。道县提请县政府出台加强基层队伍建设、基金监督管理、发放丧葬补助金 3 个文件，省人社部门在全省予以转发。在全市开展“雁过拔毛”式腐败问题整治活动中，对部分县区过去几年冒领、侵占社保基金案件进行严厉查处，没有造成基金损失。自 3 月起，各县区进行基金安全管理自查，并在 6 月接受省人社厅、省财政厅基金安全检查。之后，市人社局及时召开会议进行部署，督促各县区通过完善组织机构、健全财务管理制度、规范业务操作流程、提高信息化管理水平等措施，对存在的问题进行全面整改。

■ 参保登记 2016 年，永州市将全民登记参保工作纳入全市政府绩效评估考核。各县区明确所有下辖乡镇（街道）、社区（村）做好其全民参保登记入户调查工作，逐人填写全民参保登记个人基础信息表，并逐级汇总。省人社厅于 11 月底到永州市进行督查，明确具体要求。市人社局 12 月又下发文件，对未参保人员登记工作做出要求，各县区年底前完成未参保人员登记 3.5 万人，达到省社保局预期要求。

■ 服务协调 2016 年，永州市有 8 个县区制定出台被征地农民新政策。6 月，市城乡居民社保办参与省政府办对被征地农社保政策调研，提交调研材料。督促县区保障困难群众基本生活。到 2016 年 11 月底，按规定为卫生系统原老年乡村医生代发生活困难补助资金；为教育系统原民办教师和代课教师代发生活困难补助资金；为卫计部门独生子女家庭代发奖励补助金；启动文化部门原电影放映员困难补助发放工作。

（市城乡居民社保办）

劳动人事争议仲裁

■ 概况 2016 年，永州市、县区两级劳动人事争议仲裁机构受理劳动人事争议案件 586 件，接转 2015 年年末未结案件 11 件，全年结案 588 件，结案率 98.5%；调解结案 406 件，调解率 69%。全年，市级劳动人事争议仲裁院受理案件 314 件，结案 306 件，结案率 97.5%；调解结案 221 件，调解率 70.5%。确定劳动关系 67 件，占受理总数的 11.43%；社会保险 170 件，占受理总数的 29%；解除劳动合同争议 279 件，占受理总数的 47.61%；劳动报酬 54 件，占受理总数的 9.2%；其他性质案件 14 件，占受理总数的 2.76%。争议案件主要发生在民营企业，案件受理地域较为集中，市级处理的案件数占全市总数的 53.5%。

■ 仲裁案件程序规范 2016 年，永州市、县区两级劳动人事争议仲裁机构完善案件登记、受理、通知、签收等环节的管理工作，做到严谨细致、及时准确。庭审前各项准备工作完善，各监控探头有效运行，录音设备、记录设备、视音频设备提前调试，参与人员身份、权限确认到位；庭审时程序规范，秩序井然。仲裁员严格依照庭审程序开庭，保证仲裁庭的严肃性与权威性；规范裁决文书的制作。仲裁员制作的裁决文书严格依照庭审双方所出具的证据以及质证结果，综合双方诉求及答辩意见，在法律法规的框架内做出裁决。对于疑难案件，全体仲裁员集思广益，必要时请示上级仲裁委后再做出裁决，保证案件裁决依法依规公平公正。

■ 调解机制管理 2016 年，永州市劳动人事争议仲裁院的仲裁员在开庭前，掌握案件情况，摸清底细，弄懂当事人双方真实意图，并向当事人双方宣传法律法规，加强引导与疏导，使双方当事人在思想上不抗拒调解，为庭前成功调解创造条件；庭审时，有针对性地找到当事人双方的利益平衡点，寻找突破点，增加调解成功的可能性；庭审后，耐心细致地实施劝解，围绕庭审中双方的矛盾焦点与当事人双方多次沟通。全年，全市的劳动人事争议案件调解成功率 69%，调解率始终居于全省的前列。

■ “四项便民”服务措施 2016 年，永州市劳动人事争议仲裁院重点推出劳动人事争议仲裁“四项便民服务措施”。一是实施导诉服务。一次性告知当事人仲裁活动程序，避免当事人来回奔波。二是对案件进行繁简分流。对案情简单的，当事人申诉书填写规范、材料齐全的，当日立案。简单案件快速办，缩短审理时间，更好地体现简易办案的快捷与便利。三是实行“风险告知书”制度。适时对当事人进行法律宣传和善意提示，使当事人能够理智地参加仲裁活动。四是开辟弱势群体“绿色通道”。对涉及女职工和残疾人的案件以及工伤案件，实行快立、快审、快结；对于特困家庭、下岗职工及其他困难职工，帮助其联系法律援助中心。同时，全市仲裁系统全面实施“四个公开”，即仲裁法规制度公开、仲裁信息公开、仲裁结果公开、仲裁投诉处理公开。

（刘铁山）

劳动保障监察

■ 劳动保障监察执法能力建设 2016年，永州市人社局与市编办、市财政局联合转发《湖南省人力资源和社会保障厅 湖南省机构编制委员会办公室 湖南省财政厅关于加强劳动保障监察执法能力建设的实施意见》，就加强劳动保障监察执法力量、落实经费保障、强化基础设施等重点方面做出规定；转发《湖南省人力资源和社会保障厅关于劳动保障监察执法着正装的通知》，对劳动保障监察执法统一着正装、佩戴专用标志等内容提出指导规范。

■ 劳动保障监察专项行动 2016年，永州市劳动保障监察支队开展农民工工资支付专项检查，检查用人单位308户，涉及劳动者1.97万人，其中农民工1.43万人；责令165户用人单位补发劳动者工资等待遇1433.8万元，其中农民工工资1322.44万元；涉及劳动者1672人，其中农民工1357人；立案97起，责令限期改正29件，移送公安机关8起，移送法院6起。开展用人单位遵守劳动用工和社会保险法律法规专项检查，检查单位287户，涉及劳动者979人，查处劳动用工和社会保险违法行为59件，责令支付工资及补偿赔偿220.21万元，督促缴纳社会保险费301.33万元。开展清理整顿人力资源市场秩序专项行动，检查各类人力资源市场10户，检查用人单位173户，查处违法用人单位3户，其中未经许可登记擅自从事职业中介活动1件，提供虚假就业信息1件，扣押劳动者居民身份证和其他证件或向劳动者收取押金等费用23件，在检查中下达限期改正指令书15份；依法取缔非法从事职业介绍活动的“黑职介”1户，为求职者追回经济损失3.19万元。

■ 履行法定职责 2016年，永州市劳动保障监察部门对1386家用人单位进行定期监察，涉及劳动者3.78万人。通过定期监察，较好地了解用人单位的用工情况，为举报投诉案件的查处奠定基础。截至2016年年底，全市劳动保障监察机构处理投诉举报案件475件，为劳动者追回工资等待遇6946.58万元。维护劳动者的合法权益，制定下发《永州市保障劳动者权益工作应急处置预案》《永州市维护劳动者权益协调工作机制》等文件。

■ 落实省、市重点项目改革任务 2016年，永州市劳动保障监察支队依据《湖南省企业劳动保障守法诚信等级评价办法（讨论稿）》和《重大劳动保障违法行为社会公布制度（讨论稿）》的精神，在全市范围内开展对企业劳动保障守法诚信等级评价工作和重大劳动保障违法行为社会公布制度的调研。

（市劳动保障监察支队）

信息服务与管理

■ 社保卡建设基本情况 2016年，永州市社保卡发放任务为440万张，实际发卡443.3万张，完成目标任务的100.8%。宣传社保卡便民功能，引导群众规范用卡，通过多形式多渠道开展社保卡用卡宣传，同时配合人社部统一安排，开展“走近社保卡”12333全国统一咨询日活动，通过网络、电视、海报、发放社会保障卡手册、窗口现场演示社保卡手机应用等形式，宣传社保卡应用。加强窗口人员的业务培训，落实服务窗口首问负责制。开展社保卡开户失败数据清理工作，查找开户失败原因，及时更正。到外地考察学习社保卡建设和综合应用的先进经验，为全市制定社保卡应用工作计划提供参考。完成全市社保业务系统改造及读卡机具部署，实现102项应用目录中88%的应用项目。推广社保卡在养老、生育、工伤、失业等领域的应用。同时以城镇居民医疗保险和新农合整合为契机，指导县区核准参保人员基础信息，集中批量办理社保卡。组织市中心医院、合作银行、HIS系统服务商，商定市中心医院“就医一卡通”系统改造项目，签订改造协议，并指导县区开展“就医一卡通”建设，督促加快改造进度。试点医院市中心医院、新田县人民医院、江华县民族中医院实现“就医一卡通”，就医人员凭卡可以办理挂号、诊疗、取药、结算等就医全过程事宜。在部分县区试点推行通过社保卡发放各种惠农资金，总结试点经验向全市推广。新田县由县人民政府办公室下发文件，明确规定通过社保卡发放所有惠农资金；江华瑶族自治县尝试通过社保卡发放涉农、低保等部分惠农资金；零陵区通过社保卡发放原农村民办（代课）教师生活补贴、原乡村医生生活费、失地农民生活保障金等待遇。

■ 信息化建设基本情况 2016年，永州市初步规划人社公共服务网站建设，开发社保通手机APP系统、社保卡微信平台。协调相关部门，明确18项业务的责任单位和责任人，制定工作方案，推广实施。出台《永州市公共就业服务信息平台建设实施方案》。组织召开全市公共就业服务信息平台业务操作培训，指导各县区对省公共就业服务信息平台试用，并对就业数据进行迁移，全市就业服务平台的18项业务均可实现办理。调研全市新农合信息系统的实际情况，结合各县区实际，拟定《关于做好全市城乡居民医保联网工作的通知》，指导县区进行网络规划、方案制定、设备调试，推进全市城乡居民信息系统联网工作。对数据中心的服务器和存储备份设备进行升级改造，提升数据处理能力，确保核心业务数据的存储安全，保障各业务系统的安全运行。构建网络安全接入平台，规范300多个乡镇社区和1000多家医院药店的安全接入管理。做好社保数据的日常备份和异地容灾，确保社保数据安全。同时做好数据中心的服务器、存储备份系统、网络安全设备的日常维护、故障排除工作。

（市人社局统计信息中心）

人事考试

■ 概况 2016年，永州市人事考试院组织考试28项，开考74场次，6万人次参考，参考人次数达历史最高水平。组织1.76万人次的录用公务员考试、1.25万人次的事业单位招聘考试。承办全国一级建造师、经济师、执业药师，全省二级建造师资格考试，全国职称外语和计算机应用能力考试等，各类资格考试参考人数依然居高。该院将查处代考、高科技作弊等作为监考重点，强力压制考场雷同率，采取奖惩并施的办法加强监考力度，全年查处百余起资格考试违纪情况，考场雷同率为零。承接市住房公积金管理中心、湖南涔天河建设投资公司等社会委托性考试，完成该类考试的报名、笔试、面试等工作，考试各个操作环节规范合理。在考前、考中、考后严密设置防控措施：考前会议重点培训。对全体考务人员进行培训，分析各类考试的特征，有针对性地采取方式方法处理作弊情况；与考务人员签订责任书，根据不同的职责，分别签订巡考保证书、监考责任书、保密责任书等，确保每个人对考务工作负起责任；做好广泛宣传，不仅对考生宣传考试基本信息，还通过政策宣传、温馨提示等对考生进行引导，营造诚信考试氛围。落实精细化操作。考务人员按照精细化操作要求，明确是什么时间、在什么地点、做什么、怎么做，所有行动按统一标准，避免疏漏。邀请市纪委、市公安局、市无线委、市保密局等部门派专人进行考试监督和指导。在2016年执业药师考试中，通过多部门联合，在考点周围发现4个高科技作弊信号发射基站，一举捣毁高科技作弊源头；采取高科技防作弊措施，实行考生安检入场、手机信号屏蔽、考生身份证查验、无线信号监测等，防止高科技作弊情况发生；指派专人查处作弊，筛选可疑作弊人员名单，使用专用仪器对该类人员进行详细检查。奖励和惩处并举。对在考试中查处代考、高科技作弊的工作人员给予奖金奖励，对于工作失职的工作人员取消年终评优评先资格，两年之内不再参与人事考试监考工作。应对考试舆论信息。在事业单位招考期间，联系公安部门破获一起利用考试机会诈骗考生钱财的案件。

2016年度人事考试情况表

表15

考试名称	考试时间	场次数	报考人次
2015年市属事业单位招聘工作人员考试	1.1	永州四中	3806
湖南涔天河公司招聘工作人员笔试	1.1	永州职业技术学院	74
市直卫生医疗事业单位招聘工作人员、引进人才笔试	1.16	京华中学	2074
湖南涔天河公司招聘工作人员面试	1.17	市人社局	13
2012年度引进人才调任笔试	1.3	市人社局	94
3月职称计算机考试	3.5-6	潇湘技师学院	544
住房公积金管理中心招聘劳务派遣人员考试	3.12	永州职业技术学院	94
全国职称外语考试	3.26	京华中学、潇湘技师学院	3325
工勤人员转岗考试	4.9	李达中学	1581
全省录用公务员笔试	4.23	永州市第一中学、永州市第四中学、李达中学、永州市工商职业中专、永州职业技术学院	17602
5月职称计算机考试	5.21-22	潇湘技师学院	902
全省二级建造师资格考试	5.28-29	京华中学	5889
“三支一扶”考试	6.25	市人事考试中心	463
7月第一批职称计算机考试	7.9	市人事考试中心	378
市属事业单位招聘工作人员考试	7.16	京华中学、市人事考试中心	4430
7月第二批职称计算机考试	7.30-31	市人事考试中心	838
市中心血站招聘工作人员考试	8.16	市人事考试中心	38
2012年引进人才第二批调任考试	8.21	市人事考试中心	94
市军转干部安置考试	8.27	市人事考试中心	19
湖南涔天河公司招聘工作人员笔试	8.27	市人事考试中心	54
市中级人民法院诉讼和信访事务服务中心招聘工作人员笔试	9.3	永州职业技术学院	2130
市中级人民法院诉讼和信访事务服务中心招聘工作人员笔试	9.4	永州职业技术学院	687
9月职称计算机考试	9.3-4	市人事考试中心	857
湖南涔天河公司招聘工作人员面试	9.11	市人事考试中心	38
全国一级建造师资格考试	9.24-25	永州职业技术学院	2472
全国执业药师资格考试	10.15-16	京华中学	9904
全国经济专业技术资格考试	11.5	市人事考试中心	652
11月份职称计算机考试	11.26-27	市人事考试中心	931
总　计			59983

（市人事考试院）

卫生计生工作

综　　述

■ **概况**　2016年年末，永州市医疗卫生机构5948个。其中，医院125家，基层医疗卫生机构5591个，专业公共卫生机构231个，其他卫生机构1个。医院中，公立医院38家，民营医院87家。基层医疗卫生机构中，社区卫生服务中心（站）33个，其中，社区服务中心15个，社区服务站18个；卫生院195家；诊所494个，卫生所、医务室（包括分支机构）96个；村卫生室4773个。专业公共卫生机构中，疾控中心12家，妇保院13家，卫生计生综合监督执法局（卫生监督所）12个，专科疾病防治所2个，采供血机构1个，计划生育技术服务机构191个。

2016年年末，全市医疗卫生机构编制床位3.26万张，实有床位数3.59万个。全市卫生编制人数2.94万人，实有在岗职工数3.75万个，离退休人员6496人，年内退休人员243人。全市卫生技术人员2.74万人，其中执业（助理）医师1.13万人、注册护士1.07万人。全市医疗卫生机构有固定资产29.51亿元；房屋建筑面积248.87万平方米，其中业务用房面积158.35万平方米，租房面积27.56万平方米。全市拥有万元以上医疗设备1.11万台件，总价值21.37亿元，其中50万元~99万元377台件（较2015年增加56台件），100万元以上357台件（较2015年增加48台件）。全市医疗卫生机构总收入67.52亿元，比2015年增加7.84亿元，增长13.14%；总支出65.70亿元，比2015年增加8.71亿元，增长15.28%。

2015年10月—2016年9月，全市评估总人口646.2万人，比2015年度增加6.6万人；已婚育龄妇女人数121.27万人，比2015年减少1.38万人；出生人数9.1万人，比2015年增加0.4万人；出生率14.21‰，比2015年提高0.58个千分点；常住人口符合政策生育率90.84%，比2015年提高11.15个百分点；出生人口性别比为118.56，比2015年下降0.65个比点；自然增长率6.94‰，比2015年提高0.5个千分点；死亡率7.27‰，比2015年上升0.08个千分点。

截至2016年9月30日，全市流动人口总数196.22万人，占全市人口总数的30.37%，较2015年同期减少2.13万人。流出人口183.26万人，其中，跨省流出人口165.01万人，省内流出人口18.16万人；女性流出人口90.62万人，流出育龄妇女74.81万人，男性流出人口92.64万人；跨省流出人口中，流向最集中的是广东省和浙江省，分别为136.65万人和9.34万人。流入人口12.65万人，省内流入10.19万人；跨省流入2.46万人。女性流入人口5.08万人，其中流入育龄妇女4.30万人；男性流入人口7.57万人。

2016年，永州市被评为2016年度全省人口和计划生育工作良好单位；《构建婚育保健计划生育服务多证合一模式》获计划生育服务管理创新奖；冷水滩区和江永县获全省人口和计划生育工作优秀单位；江华瑶族自治县成功创建国家妇幼健康优质服务示范县（《国家卫生计生委办公厅关于2016年度妇幼健康优质服务示范工程情况的通报》；冷水滩区成功创建成国家计划生育优质服务示范县区；冷水滩区伊塘镇中心卫生院等12家乡镇卫生院被评为国家级群众满意的乡镇卫生院；永州市中心医院获评2016全国最佳群众满意示范医院；冷水滩区、东安县、祁阳县、江华瑶族自治县、道县、宁远县、新田县7个县区获全省儿童保健服务合格县区；2016年全市卫生重点工作位列全省第二类7个市州中第一位。

■ **医药卫生体制改革**　2016年5月，永州市调整深化医药卫生体制改革领导小组，由市长任组长，分管副市长任副组长，卫计、发改、财政、人社、编办、食药等14个市直部门主要负责人为成员，明确各成员单位工作职责。同时下发《关于加快全市医疗卫生事业改革发展的意见》《永州市城市公立医院综合改革试点实施方案》《永州市整合城乡居民基本医疗保险制度实施方案》《关于进一步鼓励和引导社会资本举办医疗机构的实施意见》《关于推进分级诊疗制度建设的实施意见》等一系列推动全市医疗卫生事业改革发展的纲领性、指导性文件，加强对全市深化医药卫生体制改革工作的组织领导。特别是实施城市公立医院改革以来，市委、市政府领导多次召开会议进行安排部署，并深入涉改单位帮助解决人员编制、财政投入等困难和问题。是年，安排医改工作专项经费80万元，市政府同意将城市公立医院实行“三降”改革后减少的收入按10%的比例对涉改各医院进行财政补贴并列入财政预算；同意医院在预定的编制总额基础上实行自主招聘医疗技术人员，截至2016年10月31日，市级公立医院招聘200余人。发挥医改办的牵头协调督导作用，争取市政府组织召开高规格的全市深化医改暨城市公立医院综合改革推进会议，市委副书记、市长易佳良出席会议并讲话，市委常委、市委宣传部部长、副市长刘尤碧作工作报告，市委副书记张严主持会议。市医改领导小组成员单位、各县区人民政府和相关部门主要负责人140余人参加会议。易佳良强调，要深化思想认识，增强推进医改工作的紧迫感和主动性。明确改革重点，稳妥推动医改试点纵深开展。要找准切入点，破除“以药补医”机制，坚持确保公立医院公益性、调动医务人员积极性，理顺政府与医院、公立医院和社会办医、患者和医务人员之间的关系。要压实工作责任，按照已确定的任务书、时间表、路线图推进改革，强化领导责任，加强联动协作、营造良好氛围，保障医改各项措施落地见效。10月1日零时起，涉改11家城市公立医院如期启动以实行药品零差率销售并同步调整医疗服务价格为标志的综合改革，实现全市公立医疗机构药品零差率销售全覆盖。有序推进分级诊疗体系建设。市政府办下发《永州市分级诊疗实施方案》，确定祁阳县作为试点县正式启动分级诊疗工作，其余县区选取1个乡镇推进试点工作。在基层医疗卫生机构全面实施基本药物制度的基础上，推动公立医院优先配备使用基本药物。截至2016年10月底，公立医院基本药物采购金额3.49亿元，占药品总采购金额的33.34%，基本药物占总品规的49.55%，全市有12家公立医院配备使用基本药物品种和金额比例达到省定要求。为加强城市公立医院基本药物管理工作，拟制定《永州市城市公立医院基本药物配备使用管理办法〈试行〉》，正在征求意见中。10月，成立永州市医疗纠纷第三方调纠中心，成功调解医疗纠纷15起，全市医疗纠纷较2015年下降8%。配合推进城乡医保统筹，完成新农合移交工作。8月5日，全省整合城乡居民基本医疗保险制度工作电视电话会议以后，8月25日永州市召开工作推进会，印发《永州市整合城乡居民基本医疗保险制度实施方案》，按照“统一覆盖范围、统一筹资政策、统一保障待遇、统一医保目录、统一定点管理、统一基金管理”的总体要求，全面启动全市整合城乡居民基本医保制度工作。永州市卫生和计划生育委员会将市、县区（管理区）新农合管理和经办机构、编制、人员整体划转同级人社部门。新农合基金、新农合信息系统已安全移交至人社部门，市级新农合移交工作基本完成。组织公立医院先后到福建省三明市、浙江省宁波市、河南省焦作市和湖南省株洲市等公立医院进行调研，学习绩效管理经验。举办全市县级公立医院全成本核算管理和绩效管理培训班。各公立医院结合实际，并与专业医管团队合作，不断加强各医院财务管理，安装新财务管理软件，严格预算和收支管理，加强县级公立医院成本核算与控制，制定绩效管理方案，突出以服务质量、数量和患者满意度为核心，绩效工资重点向临床一线、关键岗位、业务骨干和做出突出贡献的人员倾斜，严禁医务人员个人收入与药品、耗材销售额挂钩，与检查、化验收入挂钩。将医院管理与绩效分配有机结合起来，既规范医疗行为，又调动医务人员积极性。推进医院人事制度改革，扩大公立医院用人自主权，全面推行聘用制度和岗位管理制度，拓宽选人用人渠道，引入激励竞争机制，逐步实行由身份管理向岗位管理转变。以永州市第三人民医院为试点，探索公立医院法人治理结构改革，组织相关部门到中央编办事业单位法人治理结构试点市——遵义市进行考察学习，并根据《关于印发〈事业单位法人治理结构建设试点工作实施方案〉的通知》和《湖南省关于开展事业单位法人治理结构建设试点工作的实施意见》等文件精神，起草《永州市第三人民医院法人治理结构建设试点工作实施方案（讨论稿）》，现已提交冷水滩区委、区政府讨论，正筹备理事会、监事会的组建和拟定《永州市第三人民医院章程》。

■计划生育服务管理 2016年，永州市依法实施“全面两孩”政策，计划生育工作进一步转型。取消两孩生育审批，实行生育登记服务制度。率先在全省推行生育登记证、孕产妇保健手册、儿童保健手册“三证合一”工作。着力推进简政放权，将县乡两级的9个卫生计生服务项目下放到社区。加强人口出生缺陷综合防控，将孕产妇产前筛查纳入基本公共服务项目，实行城乡免费服务，孕产妇产前筛查率大幅升至87.17%，较2015年高出21.56个百分点。加大出生性别比综合防控，查办“两非”案件58例，为历年之最。全面落实利益导向政策，为10.56万计生对象发放奖励扶助资金1.01亿元。经省考核认定，全市人口自然增长率6.94‰，较省定目标低1.41个千分点；符合政策生育率90.84%，较省定目标高1.2个百分点；出生人口性别比118.56（X=100），较2015年省认定值下降0.65个比点；永州市位列全省第八位，连续5年实现进位目标。冷水滩区被评为计划生育国优县和省优县；江永县被评为计划生育省优县。

■ **公共卫生服务** 2016年，永州市深入推进12大类45项国家基本公共卫生服务项目常态化、规范化管理，慢性病患者、老年人和农村留守儿童等重点人群管理水平持续提升。全面落实妇幼保健措施，全市孕产妇死亡率降至6.57/10万人，较省定目标低10.43个十万分点；5岁以下儿童死亡率降至5.39‰，较省定目标低3.61个千分点；江华瑶族自治县获全国妇幼健康优质服务示范县称号；冷水滩区、祁阳县等7个县区创建成全省儿童保健服务合格县区。强化重点疾病综合防控措施，成功处置人感染猪链球菌病例1例，有效控制人感染H7N9流感疫情，全市继续保持无甲类传染病流行，冷水滩区、零陵区成功创建为省级慢性疾病综合防控示范区。开展扩大国家免疫规划工作，免疫规划疫苗按乡镇分苗分剂次90%以上，全市继续保持无脊灰状态。结核病、艾滋病防治措施得到有效落实。全面落实省定为民办实事项目，救治救助重性精神疾病患者938人，改扩建精神医疗机构2家；完成农村适龄妇女“两癌”免费检查6.96万例，超过省定任务数885例。全面落实爱国卫生工作，东安县、新田县通过国家卫生县城评估，祁阳县通过省级卫生县城复核，新创建省级卫生镇2个、省级卫生村54个和省级文明卫生单位49个，全市农村卫生厕所普及率72.6%。

■ **医疗服务** 2016年，永州市坚持项目规划驱动，完成卫生项目建设投资2.57亿元；争取中央项目投资2.43亿元，排全省第一位；全面完成市、县区两级《区域卫生规划暨医疗机构设置规划（2016年—2020年）》的编制发布。注重夯实基层基础，全面完成基层卫生机构调整设置，严格落实基层卫生人员待遇，加快乡村医生本土化培养，在省定40名培养指标的基础上，争取县区财政承担培养乡村医生341名。全面推进基层医疗卫生机构建设三年行动计划，夯实医疗卫生服务“网底”。突出医疗质量安全监管，建立医疗质量安全巡查、点评、约谈三项制度，对二级及以上医疗机构进行巡查，并约谈问题较多的医疗机构。深化基层中医药服务能力提升工程，全市100%的社区卫生服务中心（站）、95.3%的乡镇卫生院和68.6%的村卫生室按要求提供中医药服务。

■ **其他重点工作** 2016年，永州市卫生和计划生育委员会强化新闻宣传，全市刊播卫生计生一类稿件2篇，较省定任务多出1篇；刊播二类稿件424篇，为省定任务的6.05倍；建立专题专刊18个，为省定任务的1.29倍。依法开展监督执法，全市学校卫生、托幼机构、传染病防治监督覆盖率100%，公共场所、生活饮用水、医疗卫生监督覆盖率均超过98%。开展食品安全风险监测，全市化学污染物采样监测195份，微生物采样监测211份，报告食源性病例3804例，均超额完成省定任务。开展雁过拔毛专项整治，立案29起，党政纪处分34人，移送司法7人，追缴金额246.74万元。开展卫生计生精准扶贫，按时按质完成建档立卡农村贫困人口因病致贫调查工作，上报21.26万名因病致贫、因病返贫群众，并进行分类救治救助。

■ **永州5家乡镇卫生院获国家卫计委表彰** 2016年3月，江华县白芒营中心卫生院、零陵区珠山镇中心卫生院、祁阳县文明铺镇中心卫生院、东安县井头圩镇中心卫生院、宁远县柏家坪镇中心卫生院获国家卫计委表彰，被授予“2014—2015年度群众最满意的乡镇卫生院”称号。评选“群众最满意的乡镇卫生院”是由国家卫计委2014年8月在全国范围内启动的活动，主要是以缓解群众看病就医负担为目的，通过引导群众首诊在基层，把健康问题解决在基层，降低就医诊疗成本，减轻就医负担，提高医疗卫生资源利用率，实现农村居民看病“小病不出村，一般疾病不出乡，大病基本不出旗县”的目标。

（唐超）

疾病预防控制

■概况 永州市疾病预防控制中心（以下简称中心）是2003年经永州市人民政府批准设立的具有独立法人地位的疾病预防控制与卫生检验检测机构，属全额拨款的副处级卫生事业单位。中心是在撤销原永州市卫生防疫站、永州市职业病结核病防治所，并对两机构有关职能职责进行整合的基础上组建而成，加挂永州市公共卫生检验检测中心牌子，隶属永州市卫生计生委领导，承担着全市疾病预防控制、突发公共卫生事件应急处置、疫情报告及健康相关因素信息管理、健康教育与健康促进、健康危害因素监测与干预、实验室检测分析与评价、技术管理与应用研究指导及对县区级疾控机构的业务指导、技术考核和专业人员培训等职能。占地面积1.67万平米，疾控大楼建筑面积8900平方米，其中包括4200平方米实验室，1100平方米的门诊大楼。固定资产3000余万元，有实验室高端仪器设备46类131台（件），建有HIV确认实验室、分子生物学实验室、国家级流感监测网络实验室、万级（局部百级）净化室、原子吸收实验室、气相色谱室、离子液相色谱室、免疫功能实验室等专用实验室。设有办公室、质量管理科、政工科、财务科4个职能管理科室；设有急性传染病防治科、应急办、免疫规划科、卫生监测科、职业危害因素控制科、性病艾滋病防治科、结核病防治科、地方病寄生虫慢性非传染性疾病防治科、检验科、预防医学门诊部、美沙酮维持治疗门诊11个专业科室，永州市健康教育所挂靠在中心。有在岗职工105人（编制91人），其中卫生、医疗、检验、食品工程等专业技术人员87人，高级职称16人，中级职称34人。

2016年，全市传染病诊疗机构网络直报质量综合率99.22%，位居全省第一位，12个月网络直报质量综合率平均值98.74%，位居全省第一位。永州市疾病预防控制中心获全省食安全监测食源性病例监测工作优秀单位、全省食品安全风险监测化学污染物及有害因子监测工作优秀单位、全省食品安全风险监测微生物及其致病因子监测工作优秀单位；2016年“骨动湖南”全省健骨操创意广场舞大赛三等奖；2016年实施《湖南省结核病防治规划（2011—2015）》先进集体；2016年湖南省预防接种知识竞赛三等奖；2016年度湖南省梅毒检测实验室室间质量考评优秀。

截至2016年12月31日，全市报告法定传染病24种，发病26906例，死亡132例，发病率505.81/10万。无甲类传染病报告；乙类传染病报告16种1.22万例，死亡131例（艾滋病102例、狂犬病20例、肺结核5例、人感染H7N9禽流感3例、丙肝1例），丙类传染病8种1.47万例，死亡3例（手足口病3例）。报告病例数居前五位的乙类传染病病种依次为肺结核（4729例）、乙肝（4183例）、梅毒（1122例）、丙肝（654例）、痢疾（514例），占报告病例总数的91.97%；丙类传染病病种依次为手足口病（10795例）、流行性腮腺炎（1672例）、其他感染性腹泻病（1114例）、流行性感冒（1059例）、急性出血性结膜炎（76例），占报告病例总数的99.93%。全市总体疫情与2015年同期相比，乙类传染病下降3.06%；丙类传染病上升9.57%，主要原因为手足口病上升4.96%（增加510例），流行性腮腺炎上升27.93%（增加365例），流行性感冒上升37.71%（增加290例），其他感染性腹泻病上升11.4%（增加114例）。

■重点传染病监测、防控 2016年，永州市中心医院和永州市第三人民医院2个监测哨点医院登记报告流感样病例1.99万例，占总登记的7.67%；病原学监测采集标本2576份，分离培养阳性标本109株，阳性分离率4.23%；报告流感暴发疫情5起，采样55份，阳性29份，阳性率52.73%，24份为B型Victoria流感、1份为新甲型H1流感。家禽规模养殖场（户）和城乡活禽市场外环境常规监测，采样88份，经核酸检测阳性9份（H9阳性7份）；职业暴露人群人禽流感感染血清学调查，完成相关人员个案调查42份，采集血样42份，结果均为阴性，并采集相应暴露环境标本28份，其中11份A型阳性（1份H7阳性，6份H5阳性、4份H9阳性），阳性率39.29%。1月—11月报告处理狂犬病暴露者3.81万人；报告狂犬病人20例，发病率0.38/10万，发病率较2015年持平，进行个案调查20例，采集人体标本25份，疫点犬脑样101份；开展宿主动物带毒监测，项目县蓝山采集伤人犬全脑组织标本40份。登记腹泻病人7560例，进行霍乱检索2475人，检索率32.74%。各县区完成霍乱弧菌环境和食品监测样 1482 份，其中水样 597 份（占 31.08%），水产品样 878 份（占 59.24%），食品样 7 份（占 0.47%），经检测所有样品霍乱弧菌检测阴性。开展普通病例监测，每县每月至少采集 5 例普通病例的咽拭子，送市疾控中心统一检测，采集普通手足病咽拭子样 785 份，经检测确诊 420 份，其中 EV71 阳性 90 份，占 21.42%；COA16 阳性 155 份，占 36.90%；其他肠道病毒阳性 175 份，占 41.66%。开展重症病例和死亡病例监测，全市按现住址报告重症 15 例（包括死亡病例 3 例），其中 3 人在本地就诊，其余均在外地就诊，采集重症和死亡病例标本 4 份（其中一人采 2 份样），经检测 4 份样品均为 EV71。开展手足口的聚集性疫情和暴发疫情监测，报告 84 起手足口病聚集性疫情，各县区疾控对每起聚集性疫情均开展监测，并开展有效处置。报告登革热输入性病例 2 例；成蚊监测放置诱蚊灯 108 盏，捕获各类蚊虫 1 万余只，未捕获到伊蚊；放置诱蚊诱卵器 1200 个，回收 1078 个，阳性数 159 个（捕获伊蚊阳性率 14.75%），捕获伊蚊 165 只。监测伤寒、副伤寒。临床诊断病例 20 例，采集 5 份样，分离培养出伤寒菌株 4 株，副伤寒菌株 1 株；重点人群监测 380 人，未检出带菌者；联合相关单位对分离的伤寒、副伤寒菌株均进行药敏实验，结果显示对头孢他啶、头孢曲松、头孢噻肟、复方新诺明、左旋氧氟沙星和环丙沙星的敏感性最高，敏感率 100%；对妥布霉素、庆大霉素、氨苄西林和阿莫西林有不同程度的耐药，耐药率分别为 100%、100%、20% 和 20%。全市对肾综合征出血热、钩体病、布病、人感染猪链球菌病开展常规监测，报告出血热病例 20 例，钩体病 0 例，布病 20 例（外地报本地病例 15 例），人感染猪链球菌病 1 例，对所有病例均进行个案流调，并及时上报。

■ 传染病疫情 2016 年，永州市报告 5 例人感染 H7N9 禽流感，疫情发生后，市、县（区）疾控中心立即派出应急处置机动队人员，赶赴现场，进行采样检测、调查处置并指导防控工作，疫情得到有效控制。报告流感聚集性疫情 5 起，经各级相关部门的通力协作，所有疫情均得到有效的控制，没有发生疫情扩散和死亡病例。9 月，永州市第三人民医院报告东安 1 例猪链球菌感染病例，判定为未分级突发公共卫生事件，经冷水滩区和东安县疾控中心的调查处置和采样，该病为散发病例，未发生扩散流行，经永州市第三人民医院救治，病人康复出院。

■ 卫生应急 2016 年，永州市传染病报告质量评价综合率 98.89%，传染病报告（卡）及时率 99.87%，疾控机构对法定传染病报告卡的审核及时率 99.98%，网络正常运行率 100%，重卡率 0.011%。11 个县区传染病报告综合质量 97%以上，达到湖南省 2016 年传染病报告管理 90%的要求。传染病预警信息响应及时率 99.94%（共计 1564 起预警，其中 1 起单病例预警响应超时），判定疑似事件 244 起，现场处置率 100%；判定可能暴发流行 7 起，预警信号阳性率 0.45%。11 个县区均没有发生传染病异常疫情信息延误处理现象。报告突发公共卫生事件 2 起，分别是“2016 年 9 月东安县芦洪市镇芦洪村一起人感染猪链球菌病疫情”“2016 年 9 月道县寿雁镇斯屋岭村一起食野蘑菇中毒事件”，2 起突发事件均报告及时、诊断明确、处置有效。2 月、3 月对市疾控中心卫生应急机动队成员及 11 个县区疾控中心负责卫生应急工作的骨干进行业务培训；9 月，开展“永州市 2016 年洪涝灾害卫生防疫应急演练”，11 个县区均派出队伍参加演练。

■ 结核病防治 2016 年，永州市继续以结核病患者发现为重点，狠抓疾控中心职能转变、定点医院负责结核病诊疗、基层结防职能落实等工作，获省级先进集体 1 个、国家级先进个人 1 个和省级先进个人 1 个。除祁阳县外，其他各县区全部完成结核病诊疗工作转向定点医院。及时应对抗结核病药品供应短缺问题，确保患者免费药品供应，稳定定点医院工作。组织开展全市结核病诊疗与管理工作培训，同时组织市级及各县区参加 3 期省级和 1 期市级培训班，市级 5 人次参加 4 次国家级培训班。组织定点医院参加湖南省结核病诊疗技能培训与竞赛。组织参加“全国结核病防治知识网络竞赛活动”，全市有 1 人获全国先进个人、4 人获全省先进个人，并推荐 1 名国家级先进结核病志愿者。做好结核病患者的发现、诊疗与管理等各项任务工作。全市网络报告发现活动性肺结核患者 4460 例，其中新涂阳患者 1331 例、涂阴患者 2951 例。总活动性肺结核数与 2015 年基本持平。全市 2015 年

12月1日—2016年11月30日，各县区非结核病定点医院有效网络报告肺结核患者或疑似患者数3636例，到位患者3450例，总体到位率93.8%。全市病原学诊断率33.8%。筛查耐多药肺结核可疑者148例，发现耐多药患者35例，分别完成全年任务的26.8%、120.7%。

■ 性病、艾滋病、麻风病防治 2016年12月1日，永州市及各县区防艾办均组织召开防艾委成员单位座谈会。开展防治艾滋病知识宣传、自愿咨询检测、安全套推广项目、针具交换、公安司法监管场所被羁押人员HIV抗体监测、高危人群干预、艾滋病感染者的关怀救助项目工作，做好艾滋病检测、发现、抗病毒治疗工作。截至2016年年底，累计报告艾滋病病毒感染者和病人4292例，其中艾滋病病人2014例，艾滋病感染者2278例，死亡1433例；1月—12月发现艾滋病病毒感染者和病人819例，艾滋病病人398例，感染者421例，死亡189例。全市从感染人数、发病人数和死亡人数均居全省第三位，仅次于衡阳市和长沙市。感染者和病人主要以农民为主，传播途径由过去的静脉注射吸毒传播为主向性接触传播为主转变，老年男性增长明显，50岁以上的老年艾滋病感染者和病人占57.4%。艾滋病"一站式服务"工作得到全面有效开展。全市有66家艾滋病病毒抗体初筛实验室、1家艾滋病确证实验室及14家艾滋病定点医院，实现医防对接，基本形成社区、疾控、定点医院三位一体的艾滋病综合防治模式。完成"中国预防与控制梅毒规划（2010—2020年）"中期评估及"湖南省消除麻风病危害规划（2011—2020年）"中期评估工作。

■ 免疫规划 2016年，永州市开展麻疹防控工作督查，县区疾控机构做好麻疹疫点的处置工作，强化院内感染控制，减少院内感染事件的发生。截至2016年12月31日，报告麻疹病例38例，发病数和发病率均居全省第六位。截至2016年11月，通过国家免疫规划信息管理系统进行接种率监测，全市基础免疫疫苗卡介苗99.60%、乙肝第一针99.56%、乙肝第二针99.68%、乙肝第三针99.62%、脊灰疫苗第一针98.65%、脊灰疫苗第二针98.69%、脊灰疫苗第三针98.90%、无细胞百白破第一针99.55%、无细胞百白破第二针99.50%、无细胞百白破第三针99.42%、麻风疫苗99.48%、A群流脑第一针97.72%、A群流脑第二针98.25%、乙脑第一针99.53%、乙脑第二针99.42%、甲肝疫苗99.56%。免疫规划用疫苗加强免疫脊灰疫苗99.05%、无细胞百白破99.35%、麻腮风98.25%、白破98.57%、A+C群流脑第一针99.54%、A+C群流脑第二针99.42%、乙脑99.42%。

开展免疫针对性疾病监测。截至2016年12月28日，全市通过主动监测报告15例AFP病例，报告发病率1.30/10万，报告后48小时调查率100%，14天内双份便采集率100%，标本7天内送达率100%；报告麻疹监测病例144例，确诊病例38例，个案录入率97.63%，48小时完整调查率92.9%，排除病例报告发病率2.36/10万，血标本采集率96.45%，标本3日内送达率97.14%，检测结果7天内上网报告率83.04%；通过AEFI监测系统报告AEFI病例481例，其中异常反应6例，一般反应475例。48小时报告及时率97.92%，48小时及时调查率100%。无流脑、白喉、破伤风、百日咳等疫苗针对性病例报告。完成全市儿童免疫规划疫苗接种率调查。全市适龄儿童免疫规划相关疫苗针次免疫接种率均达90%以上。组织开展全市"最美接种医生"评选，其中1名医生被评选为省级"最美接种医生"；组织开展全市预防接种知识有奖抢答赛，并组队参加省卫计委组织的预防接种知识竞赛，取得三等奖。

开展入托入学儿童接种证查验工作。秋季入托入学进行儿童接种证查验的小学校831所、幼儿园1506所，查验学生19.42万人，查验率98.48%。发现漏种疫苗的儿童4.13万人。严格按免疫程序对漏种疫苗的儿童进行全面补种，全市补种3.94万人，补种率95.47%。

■ 地方病、寄生虫病、慢性病防治 2016年，永州市完成2016年国家疾控中心安排的碘缺乏病实验室外质控考核，制定并下发《关于做好2016年碘盐监测工作的通知》。完成省级对全市消除疟疾考核验收工作。在"全国疟疾日"，开展疟疾防治知识宣传活动。强化消除疟疾工作督导并召开永州市消除疟疾省级考核验收培训班。市疾控中心指导新田县、道县完成肿瘤随访登记工作，指导宁远县完成上消化道肿瘤筛查工作；对零冷两区的慢性病综合防控示范区创建工作进行现场督导，促使两区的创建工作通过省卫计委的考核验收；开展死因监测、基本公共卫生服务中慢性病管理培训和督导工作；组织开展“骨动湖南”全省健骨操创意广场舞永州赛，并组队参加省级决赛，取得三等奖成绩。

■ 食品安全与环境危害因素控制 2016年，永州市疾病控制中心制定下发《2016年永州市食品安全风险监测方案》《2016年永州市食品安全风险监测方案实施细则》《永州市饮用水卫生监测工作方案（2016版）》；举办一期全市食品安全风险监测技术培训班。全年采集化学污染监测样品627份（市级187份、县区440份），完成全年任务的100.6%，收集到检测数据2896条。全年任务采集食品微生物及其致病因子监测样品346份（市级181份、县区165份），实际采集食品微生物及其致病因子监测样品438份（市级198份、县区240份），完成全年任务的126.6%，收集到检测数据2336条。监测米粉微生物及其致病因子样品220份，未检出致病菌阳性样品；监测米粉化学污染物样品220份，检测出水分不合格标样品65份，米粉化学污染物不合格样品检出率29.5%；监测食用油样品220份，不合格样品9份，其中铅超标样品3份，酸价超标样品5份，酸价、铅同时超标样品1份，食用油不合格样品检出率4.1%。全市食源性疾病监测哨点医院由2015年的14家增加到31家，全年应报告食源性病例3100例，实报告食源性病例4944例，食源性病例报告完成率159.9%；应采集病原学标本135份，实采集病例标本168份，病原学标本采集完成率124.4%；通过“食源性疾病暴发报告系统”报告食源性疾病暴发事件74起，报告暴露人数457人、发病人数247人，死亡1例（为毒蘑菇中毒）。全市有195个乡镇，实际监测生活饮用水卫生160个乡镇，水质监测乡镇覆盖率82.1%，超过省级要求的80%；应设水质监测点573个、实设水质监测点628个，其中城市饮用水应设104个监测点、实设107个监测点，农村饮用水应设469个监测点、实设521个监测点。应监测水样1146份，实际监测水样1238份，样品监测完成率108.0%，其中城市应监测水样208份，实际监测水样213份，样品监测完成率102.4%，农村应监测水样938份，实际监测水样1025份，样品监测完成率109.3%。全年检测水样1238份，其中合格份数601份，检测合格率48.5%。其中城市饮用水检测213份，合格180份，检测合格率84.5%；农村饮用水检测1025份，合格421份，检测合格率41.1%；城市饮用检测合格率远远高于农村饮用水。在完成常规监测任务的同时，筹备水质检测中心建设，于11、12月试运行承接的城市饮用水监测工作。市疾控中心对市直管33家经营单位中的48个场所进行室内环境监测，公共场所室内环境检测合格率95.8%；对上述33家单位的268个公共用具样品进行微生物及致病菌检测，合格样品264份，不合格样品4份，公共样品检测合格率98.5%；对6939名公共场所及餐饮行业从业人员进行健康体检和卫生知识培训，对6897名健康体检和卫生知识培训合格的人员发放健康体检和卫生知识培训合格证，健康体检和卫生知识培训合格率99.4%。

■ 职业病防治 2016年，永州市疾病控制中心对5家厂矿企业进行工作场所职业病危害因素检测；对全市43家单位的放射作业场所进行放射防护检测；对17家医院放射科机房新、改建建设项目进行职业病危害放射防护控制效果评价；对7家医院放射诊断机房新建项目进行职业病危害放射防护预评价。对14家厂矿企业814名作业工人进行上岗前体检，发现职业禁忌症3人；对27家厂矿企业988名接触职业病危害因素工人进行职业健康体检，发现职业禁忌症6人，疑似职业病人0人；对31名离岗人员进行体检，未发现异常者。10月，组织对全市164家医疗卫生机构570名放射工作人员进行检查，发现8名放射工作人员需暂时脱离放射工作。全年诊断职业尘肺病12例，其中职业性矽肺壹期7例，矽肺贰期1例，矽肺叁期2例，煤工尘肺贰期1例，煤工尘肺叁期1例。网络直报填报重点职业病个案卡2865例，较2015年896例增加2.2倍。完成祁阳县人民医院、永州湘南肿瘤医院和永州市中心医院的职业性放射性疾病监测与职业健康风险评估监测、祁阳县人民医院医疗卫生机构医用辐射防护监测工作。

■ 检验检测 2016年，永州市疾病控制中心在常规检测中进行实验室内部质量控制，在HIV抗体检测建立质控图，并绘制麻疹及风疹抗体检测常规质控图供各县区使用；组织参加实验室外部质控考核和能力验证活动，参加国家组织的能力验证活动19项次，参加省CDC组织的盲样考核14项次，参加省质监局组织的能力验证2项，参加省卫计委组织的能力验证3项，其中，14项为优秀，7项为满意。对全市11个县区CDC开展蔬菜中铅、镉、砷的检测的能力验证工作，做好各县区实验室检测能力的质量控制工作。完成全年食品安全风险监测、传染病监测检验、应急处置等检测工作，继续做好微生物检验、理化检验及常规门诊检验工作。11月，启动水质监测中心送检样品的检测工作，完成14份水样81个项目的检测工作；实验室升级改造正在按原定方案加速进行。

■ 质量管理 2016年，永州市市县两级疾控机构均按照《检验检测机构资质认定评审准则》要求建立较完善的质量管理体系，并有效运行；全市除江华、江永、双牌三家疾控中心机构其他县区均已成立质量管理科（其中蓝山、宁远、新田配备专职成员，成立独立的质量管理科）。市级、祁阳县、宁远县、冷水滩区、东安县按照新版《检验检测机构资质认定评审准则》要求通过复资质复评审；江华瑶族自治县、江永县复评审整改完成，正待审批发证；新田县完成复评审的现场评审，正在进行整改。邀请省级专家组织开展一期质量管理暨等级达标创建的培训班。东安县疾控中心通过县级疾控等级达标（乙等）的现场评审。

■ 健康教育 2016年，永州市疾病控制中心参加科技文化卫生"三下乡"活动，开展人感染H7N9流感防控知识宣传、"送烟=送危害"宣传、"三八妇女节"艾滋病防治知识宣传、"3·24世界防治结核病日"系列宣传活动、"世界卫生日"宣传、"肿瘤防治周"宣传、"4·25计划免疫日"系列宣传、全国第8个"防灾减灾日"宣传、防治碘缺乏病日宣传、第二十九个世界无烟日宣传、"全国肿瘤防治宣传周""全国爱牙日""全国高血压日""世界精神卫生日""世界卒中日""联合国糖尿病日""《职业病防治法》宣传周"系列宣传、"世界艾滋病日"系列宣传、"12320主题"宣传活动。举办庆"三八"关爱女性健康知识、老年保健知识、结核病防治健康知识、艾滋病防治知识、控烟健康知识讲座；开展主题为"尚德守法共治共享食品安全"的食品安全宣传周活动；开展"社会共同参与 消除结核危害"社区讲座；同时录播系列"健康是福"讲医堂专题。围绕免疫规划、慢病、艾滋病防控工作，开展知识竞赛活动。4月14日，在永州市广播电视局演播大厅开展全市预防接种知识竞赛活动，同时在电视台开展一星期免疫规划相关知识的飞播宣传；6月中旬开始，为期1个月，联合永州新闻网、移动公司、联通公司在永州新闻网举办慢性病防控知识竞赛活动；11月25日起，由市卫计委、市教育局、团市委主办，市疾病控制中心承办，开展为期1个月的全民预防艾滋病网络知识竞赛。开展基本公共卫生服务健康教育项目、国卫管理健康教育、健康素养促进行动项目、创建无烟卫生计生系统暗访督导督查相关工作。

（荣诚博）

卫生计生综合监督执法

■ 概况 2016年6月，根据永州市机构编制委员会办公室文件精神，永州市卫生计生综合监督执法局成立，系在原永州市卫生监督所基础上，整合计划生育执法职责组建而成，为参照公务员管理全额拨款事业单位，编制45人。截至2016年年底，有在职干部职工37人（其中，处级干部1人，正科级干部7人，副科级干部12人，科员11人，工勤人员6人），大专以上文化33人，占91.7%；在职党员20人，占55.6%。内设10个科室，负责永州市医疗执业、计划生育、放射卫生、职业卫生、公共场所卫生、饮用水卫生、学校卫生、传染病防治、消毒卫生监督检查，以及计划生育社会抚养费征收及违法违纪案件的督查督办、参与食品安全地方标准制定修订和企业标准备案管理，开展食品安全标准跟踪评价。

2016年，全市卫生计生综合监督执法工作围绕加强卫生监督机构及队伍建设、行业作风建设、公共场所卫生、饮用水卫生、职业卫生、放射卫生、学校卫生、传染病防治、打击非法行医和采供血监督、计划生育监督、国家卫生城市管理、省文明城市创建、文明单位创建和"两学一做"学习教育等重点开展工作。全年出动卫生监督执法人员1.25万人次，出动执法车辆3570台次，检查公共场所3346家、学校734所、日供水1000吨以上城镇集中式生活饮用水供水单位100家、放射诊疗机构168个、医疗卫生机构4268个，发放传染病防治、职业卫生、公共场所卫生等宣传资料6.9万份，制作现场检查笔录1.23万余份，监督意见书1.13万余份，查处案件491件，其中上级交办和群众投诉举报案件26件。

■ 卫生法规宣传 2016年，永州市卫生计生综合监督执法机构在结合卫生宣传周活动、国家卫生城市管理、创建省级卫生城市和日常卫生计生综合监督执法工作中，宣传《中华人民共和国职业病防治法》《中华人民共和国传染病防治法》《中华人民共和国执业医师法》《公共场所卫生管理条例》等卫生法律法规。累计印发各类宣传资料4.9万余份、卫生知识培训材料1600余本、卫生监督简报100期，电视新闻宣传报导30次，举办各类培训班38期，培训经营单位卫生管理人员和网格化管理人员4900余人次。其中传染病防治监督出动宣传人员400余人次，印发宣传资料2万余份，培训5000余人次；学校卫生监督培训5000余人次；举办放射防护法律法规培训班2期，全市166家单位派员参加培训，培训人员593人。

■ 卫生计生综合监督执法体系建设 2016年，永州市卫生计生综合监督执法局制订理论和业务学习培训计划。组织卫生监督员进行网络培训，举办全市卫生计生监督员师资培训班，培训卫生计生监督员1546人次。全市各级卫生计生监督执法机构督促、指导开展卫生监督协管工作，各县、区（管理区）卫生计生监督执法机构均制定卫生监督协管工作制度，全市聘任专（兼）职卫生监督协管员496人。13个县、区（管理区）全部开展卫生监督协管服务工作，巡查覆盖率100%。

■ 传染病防治监督 2016年，永州市出动卫生计生监督员6097人次，出动执法车辆1267台次，日常监督检查医疗卫生机构和有关单位4268家，下达监督意见书4441份，其中永州市卫生计生综合监督执法局监督检查市直管医疗卫生机构159家，下达整改意见书217份。全市对145家医疗卫生机构给予当场处罚，对36家医疗机构予以立案查处，其中永州市卫生计生综合监督执法局对45家医疗卫生机构予以当场处罚，立案查处医疗机构21家，罚款13.6万元。开展传染病防控和消毒隔离监督工作，对医疗卫生机构的医院感染、消毒隔离、消毒产品和H7N9禽流感、手足口病等重点传染病防控进行监督检查。对医疗器械消毒与灭菌过程存在违法行为的10家医疗机构给予行政处罚，立案查处5家。加强医疗废物监管，中心城区39家医疗卫生机构做到对污水进行消毒处理后达标排放；全市处罚医疗废物处置不规范的医疗机构40家，永州市卫生计生综合监督执法局立案查处2家，当场处罚13家。对119家医疗机构的传染病疫情登记报告制度、传染病网络直报情况进行监督检查，抽查医院的传染病疫情报告，未发现迟报、漏报的情况。检查餐饮具集中消毒企业15家，下达整改意见书40份，抽检样品185份，合格率100%。检查消毒产品经营单位449家，下达整改意见书467份。根据湖南省卫生计生综合监督局《关于转发山东省卫生厅卫生监督所〈关于对立正堂牌“扈氏膏”生产经营单位涉嫌夸大宣传的紧急协查函〉的通知》的文件要求，全市检查医药公司9家、药店413家、超市27家、有关诊疗机构237家。对32家二级以上医院、12家疾病预防控制机构的二级病原微生物实验室进行监督检查。对全市12家疾病预防控制机构、279家疫苗接种单位进行监督检查，对3家医疗机构下达卫生监督意见书，责令立即改正。

■ 医疗执业和计划生育监督 2016年，永州市查处无证行医案件83件，移送公安机关16件，没收违法所得1.67万元，罚款金额50.83万元；查处医疗机构、计划生育技术服务机构违法违规案件201件，非医学需要的胎儿性别鉴定和非医学需要的人工终止妊娠行为12件，警告65户次，责令改正122户次，没收违法所得3.77万元，罚款195户次，罚款金额100.58万元，吊销“医疗机构执业许可证”1户。出动执法车辆165台次，出动监督员600人次，对117家医疗机构进行监督检查，行政处罚85件，警告16家，罚款金额31.15万元，没收违法所得4280元。对21家医疗机构的医疗广告进行监督检查，对2家未取得“医疗广告审查证明”的医疗机构，责令立即停止违法行为，并给予警告处罚。核实市卫计委批转的广州忻华商务咨询有限公司举报的4家医疗机构违法发布医疗广告材料，并对3家违法违规发布医疗广告的医疗机构给予警告处罚，责令立即停止违法违规发布医疗广告。

监督检查临床用血医疗机构5家，未发现非法采供血现象。全市专项检查精神病医院医疗服务行为13家，检查情况通报全市；抽查全市民营医疗机构依法执业专项整治情况，对抽查情况进行通报。

■ 公共场所、生活饮用水卫生监督 2016年，永州市有公共场所单位3346家，日供水1000立方米以上的城镇集中式生活饮用水供水单位100家，限期整改公共场所和生活饮用水供水单位1538家，下发卫生监督意见书5535份，监督覆盖率100%，从业人员体检率100%，“五病”调离率100%。对141家单位和个人进行立案查处，罚款26.56万元。监督检查市直管公共场所单位35家，生活饮用水供水单位23家，监督覆盖率100%。全市依法取消饭馆、咖啡馆、酒吧、茶座4类公共场所核发的卫生许可证157家，对有其他项目的公共场所注销饭馆、咖啡馆、酒吧、茶座4类公共场所许可项目139家。对公共场所、生活饮用水卫生监督监测，监督抽检29家游泳池水样，检测细菌总数、大肠菌群各76份，合格率分别为97.37%、100%；检测尿素74份，合格率98.65%；检测浑浊度、泳池水游离性余氯、pH值各37份，合格率100%；检测浸脚池水余氯30份，合格率96.67%。对住宿、沐浴、美容美发场所顾客用品用具消毒效果抽检单位数分别为331、113、500家，合格率依次为95.5%、97.3%、95.2%；对住宿、沐浴、商场（超市）、体育场馆、影剧院、游艺厅、歌舞厅、音乐厅、候车（机、船）室空气质量抽检单位数分别为284、113、38、2、13、66、32、6、16家，住宿、沐浴、歌舞厅合格率分别为98.2%、99.1%、93.8%，其余类别公共场所合格率100%；抽检集中空调通风系统65家，合格率95.4%。全市抽检城市、农村设计日供水千吨以上水厂、农村设计日供水百吨以上水厂、居民住宅区二次供水单位数分别为18、20、91、55家，合格率依次为100%、55%、37.4%、94.5%。全市持公共场所有效卫生许可证3346家，应实施量化分级管理3153家，进行量化分级管理3071家，量化分级实施率97.4%；评定卫生信誉度单位A级67家，B级1876家，C级1128家，公共场所卫生监督覆盖率、建档率均为100%。其中市直管公共场所单位持有效卫生许可证35家，应实施量化分级管理及进行量化分级管理均为35家，评定卫生信誉度单位A级4家，B级31家；量化分级实施率、卫生监督覆盖率、建档率均为100%。开展农村日供水百吨以上集中式供水单位摸底调查。对181家单位进行摸底调查，启用的177家单位中取得卫生许可证的19家，水源卫生防护合格的101家，经过常规处理（或深度处理）的114家，经过消毒处理的82家，水质经过委检的59家，水质检测项目合格的51家，自检的只有1家且只能检测6个项目；每年监督频率有1次以上的140家，纳入卫生监督协管的117家，176家供水单位新、改、扩建供水项目的设计卫生审查和竣工验收均无卫生部门参加。

■ 职业卫生、放射卫生监督 2016年，永州市放射诊疗单位168家（市直管单位80家），监督检查覆盖率87.5%。全市对25家（市直管单位16家）放射诊疗单位给予当场行政处罚，立案查处12家（市直管单位12家），罚款12.6万元。卫生审查放射诊疗医疗机构的建设项目29家，职业病危害预评价存在职业危害建设项目8个；对15家放射诊疗医疗机构的建设项目职业病危害（放射）防护设施进行现场竣工验收和组织专家对其评价报告评审，立案查处放射诊疗建设项目违反《中华人民共和国职业病防治法》医疗机构1家，罚款10万元。全市发放医疗机构放射诊疗许可证16家，校验医疗机构放射诊疗许可证19家。开展《中华人民共和国职业病防治法》等法律法规落实情况监督检查，监督检查职业病诊断机构及放射卫生技术服务机构1家，职业健康检查机构9家，放射诊疗机构147家，其中对1家医疗机构未取得职业卫生技术服务机构资质证书擅自开展职业健康检查的单位予以取缔。

■ 卫生监督稽查 2016年，永州市开展内部稽查79次，执法行为稽查133次，风纪风貌稽查97次，卫生监督执法文书稽查389份，卫生行政处罚案件稽查245个，发出稽查意见书183份，稽查通报21次，审查案件143起，参与合议93起；抽查行政处罚案卷卷宗55卷，各类文书56份，现场稽查公共场所、饮用水供水单位、学校和医疗机构55家。组织培训4期。开展群众满意度调查，发放调查问卷50份，回收30份，群众满意度100%，全市未发现卫生监督员违规违纪行为，未收到群众对卫生计生综合监督执法机构及人员的投诉举报。组织开展卫生行政处罚案卷评查工作，搜集案卷70份，评选出优秀案卷15份。永州市3个案例评析微课入选湖南省微课大赛初选，入选微课数排在全省前三位。全市对26起投诉举报案件进行调查处理，并及时反馈查处情况。稽查办案38起，对2起投诉举报进行调查核实，对其中1起投诉举报涉及的医疗机构立案查处；查处两起“两非”案件。9月，组织对全市的卫生监督协管工作进行督导，督导13个县区并抽查13个乡镇的卫生监督协管工作。

■ **学校卫生监督** 2016年，永州市有学校734所，学生总数52.07万人，其中市直管学校3所。全市卫生计生监督机构出动卫生监督员1600余人次，出动执法车辆600余台次，检查学校734所，监督覆盖率100%。开展学校卫生生活环境监督监测，中小学课桌椅符合卫生要求686所，黑板符合卫生要求676所，教室采光符合卫生要求662所，教室照明符合卫生要求615所，责令152所学校限期整改。对学校传染病防控监督检查，全市应设立卫生室学校520所，设立221所，全市学校未发生突发公共卫生事件。开展学校生活饮用水卫生监督检查，全市自建设施集中式供水学校417所，二次供水学校201所，分散式供水学校42所，检查中发现主要存在无消毒设施、水质未消毒、水质未检测或检测不合格等问题。对204所学校开展学校卫生综合监督评价，37所优秀，133所合格，34所不合格。

■ **卫生监督信息化建设** 2016年，永州市卫生计生综合监督执法局编发《永州卫生监督信息》3期，更新永州卫生计生监督网信息193条，向省卫生计生综合监督局、市卫生和计划生育委员会报送信息稿件61条。完成国家卫生计生监督信息系统的数据、机构、人员年度报告工作，汇总各县区行政处罚与行政许可数据，按时上报省卫生计生综合监督局。对单位局域网机房进行改造，组织卫生监督员通过国家卫生计生监督网络培训平台进行业务知识学习，完成规定学时任务；组织全局卫生计生监督员参加学法、普法考试。

（高松瑜）

重点医院选介

永州市中心医院

■ **概况** 永州市中心医院是一所集医疗、教学、科研、康复于一体的政府举办的非营利性三级甲等综合性医院。是永州市医疗、临床教学和科研中心，是湖南省人民政府指定的医学鉴定医院及南华大学附属临床学院。

医院占地面积29.33公顷，基本医疗点有两处：永州市中心医院北院（冷水滩区）和南院（零陵区）。医院专科门类齐全，开设临床、医技专科76个。心内科、骨科是湖南省重点建设专科，肿瘤科、神经外科、神经内科、儿科、护理学是湖南省地市级重点建设专科，心胸外科、麻醉科为永州市重点专科。医院编制床位2400张。截至2016年年底，全院在职职工2565人，其中研究生导师10人，博士、硕士263人。有高级职称专家308人，中级职称661人。

2016年，实现经济收入10.72亿元，门急诊78.36万人次，同比增长11.2%；出院病人9.62万人次，同比增长14.64%；完成手术2.11万台次，同比增长20.5%；病床使用率100.62%；病人平均住院日9.2天；抢救病人2022例，抢救成功率95.6%；开通绿色通道救治“三无”患者56人次，为无力付费、逃费患者垫付医疗费95.25万元。

■ **医疗管理** 2016年，永州市中心医院在2014年医院通过“三甲”复评的基础上，对三甲回头看、大型医院巡查工作进行再动员、再部署、再培训。并顺利通过三甲回头看、大型医院巡查。坚持民主管理制度，保障职工的合法权益。进一步规范内部财务资金管理；做好审计工作；强化节能监管和水、电、气等设施的维护保养。重新制定和实施新的综合目标管理方案，将过去单一的经济收支核算科室绩效，改为工作量与成本效益并重核算的管理模式，引入预算管理机制，坚持多劳多得、优劳优得、兼顾公平的原则，注重收入平衡，合理拉开医、护、药技、机关后勤人员收入差距。在全院组织广大医务人员开展手抄核心制度活动，加深医务人员对核心制度的重视和掌握。开展基本技能操作、病历书写等各种培训与大比武。定期举办法律法规知识培训、医疗规章制度学习、诊疗行为规范培训等，持续提升全院职工的质量安全意识。完善“四室”建设，即纠纷调解室、警务室、投诉接待室、中央监控室建设，实现警院共建，全年没有出现重大医疗责任事故和伤医、辱医事件。同时，为执业医务人员购买医疗责任保险。开展30个临床路径病种，进一步规范医疗行为，降低住院费用，提升患者满意度。全年医院感染率2.8%，漏报率6.1%，均在国家卫计委规定的范围内；抗菌药物使用金额占药品总收入比例下降到16%，抗菌药物使用的各项指标均在国家规定的范围内。坚持院科两级护理质量管理体系，开展在职护士培训，成立伤口小组、静脉治疗小组及管道护理小组；开设伤口造口门诊，多次邀请省级护理专家到医院进行培训，并组织多次相关知识网络培训。每月组织不同层次护理人员理论培训1次，全年组织技能操作培训考核2次，合格率95%以上。参加院外培训100余人次，外出进修25人次，30余名护士参加省内专科护士培训。加强护理文化建设，承办2016年全市职工技能大赛护理实践技能竞赛，“5·12”护士节组织优质护理服务表彰大会暨护理品管圈成果竞赛活动，定期组织医护专家深入社区进行健康教育讲座和义诊咨询。5月，启动安全生产“百日行”活动，召开动员大会，制定实施方案，成立领导小组，以“治隐患、防事故”为中心，逐个科室、逐个环节排查隐患，并分别提出整改措施，做到“全覆盖、零容忍、严执法、重实效”。全年没有出现重大安全责任事故，医疗纠纷发生率和赔款数量较2015年同期均有较大幅度下降。

■ 学科建设 2016年，永州市中心医院新增省级重点专科6个，向市卫计委申报永州市临床诊疗中心36个；麻醉科、重症医学科申报湖南省技术培训示范基地。成立学科办、儿童保健门诊、PICU、RICU、营养科门诊、PET-CT，整合中医康复科，建成省内一流的血液净化中心。投资7000余万元，购进3.0T磁共振仪、高清和三维腹腔镜、四维彩超等一批先进的精密仪器设备，开展新技术、新项目73项，填补全市多个诊疗项目的空白。

■ 医改工作 2016年10月1日，永州市中心医院顺应城市公立医院改革的大势，正式启动公立医院改革。成立公立医院改革领导小组，制定系列改革方案和措施，并组织实施；精准测算收支情况，预测医改后对收入的影响，提出合理的医疗价格调整方案；准时实施药品销售的零差价，下调耗材和大型检查项目的收费标准，让利于民；落实新农合、城镇居民、职工基本医疗保障预付服务。对医改工作进行大力宣传，通过报纸、电视、网络、专栏等平台，实行医改宣传的全覆盖，平稳有序地推进医改工作实施。

■ 教学科研 2016年，永州市中心医院加大对住院医师规范化培训工作的支持力度，完成妇科、儿科、全科等紧缺学员的招生任务。全年住培学员考核通过率100%。成立临床技能操作培训中心，加强对医学生基本临床技能的训练。医院实习生连续6年在南华大学临床技能竞赛中取得优异成绩，并多次获非直属型附属医院第一名。加强与吉首大学的合作，争取成为吉首大学临床医学研究生培养基地，增加医院的硕士生导师数量，提高医院的科研能力。全年完成科研项目申报6项，其中国家级项目1项、省级项目2项、市级项目3项。全院发表学术论文184篇。

■ 人才队伍建设 2016年，永州市中心医院完成中层干部竞聘上岗，加强对中层干部的管理、激励与约束，提高中层干部的工作效能和执行力。坚持“送出去，请进来”的原则，选送10名技术骨干赴美国、德国学习，12名学科带头人到全国一流的医院跟班学习，28名中青年专业技术人员到上级医院进修学习。组织院内相关专业知识学术讲座42次。重视引进高层次高学历人才和成熟的技术骨干、实用型技术人才，制定相应的人才优惠政策。按照年初制订的人才招聘和引进计划，通过层层筛选，有253名专业技术人员加入医院职工队伍，其中，引进硕士研究生37人，高级职称2人。

■ 就医环境改善 2016年，永州市中心医院开通手机APP掌上医院系统，实现预约挂号、手机缴费及检查报告和疾病诊断结果查询；实现院内WiFi全覆盖，方便病人上网；引进自助机34台，实现挂号、预约、交费、查询、打印自助化；开展日间手术，节省病人住院时间，降低住院费用；成立病友服务中心，开展咨询、分诊、导诊、退费、盖章等10余个项目的一站式服务；开设简易门诊、便民药房，方便病人检查、购药；成立陪检陪送陪护中心，为病人提供专业化的服务；开通住院直通车，病人从入院到出院只有两站流程；设立投诉中心，负责医院投诉管理，第一时间化解矛盾纠纷。调整优化资源布局，北院进行停车位的扩建和改造、儿科楼停车场、急救车专用停车场、摩托车专用停车，改扩建地下停车场，缓解停车难问题，同时，采用低收费和免费的政策，让利于民。北院新设立住院超声部，有序分流病人，缓解门急诊超声压力。对北院体检中心、医保农合、住院结算中心、急诊科等进行改造，使布局更合理、环境更舒适。对南院产科和产房进行扩建和改造，扩大产科的规模和服务能力，布局也更为合理；对南北两院的车辆出入口系统实行电子化管理，使车辆出入和停放更为安全有序。投资1.8亿元、建筑面积3.5万平方米的南院门诊综合楼项目进展顺利，组织多批次队伍参观考察广东、上海、北京、长沙等大型医院，对内外装修、门急诊布局、服务流程、服务设施等进行充分论证；争取到医院发展预留用地约4公顷，编制床位扩大到2400张，为医院未来发展提供重要保证。对北院的绿化进行提质，改造大门口花坛；成功将北院的亮化纳入市里统一的亮化工程；聘请国内一流的公司，对南院广场、停车场、院内交通等进行统一规划和设计，体现医院的厚重历史和文化；聘请一流的标识公司，对南北两院的建筑装饰、交通组织、景观绿化、标识标牌进行统一规划和设计，完善就诊标识。

■ **承担社会责任** 2016年，永州市中心医院120紧急救援中心出车1.1万余次，救治病人9000余人，完成各类重大突发公共卫生事件的医疗救治任务。承担全市高危孕产妇救治任务，参与会诊、手术、抢救工作，为全市在全国取得孕产妇救治领先水平、孕产妇死亡率较低水平作出贡献。组织专家到江华瑶族自治县人民医院进行对口帮扶，重点扶持心内科、骨科、儿科、神经内外科，取得初步成效。开展业务拓展，开辟祁阳县和南六县病员，为病人提供咨询、预约、转动等全程、跟进式服务，优化医院的病源结构。全年开展义诊22次，义诊人次10万余人，发放宣传资料15万余份，免费发放药物10万余元。启动5个志愿服务项目，志愿服务总时长3280小时，服务受益人群3万余人，发放生活及学习用品近万元。医院“青年志愿服务”入选由团中央主办，人民网、中国共产党新闻网承办的首届机关事业单位“团建优品汇”项目，并获2016年团省委评比优秀奖。年内，医院被评为首届湖南省群众最信赖的医院、全国最佳群众满意示范医院、2016届湖南省文明标兵单位、2015年度全市党风廉政建设和反腐败工作先进单位、2015年度院前急救工作优秀网点医院、永州市共青团工作“红旗单位”、三八红旗集体、2015年度人口计划生育工作先进单位、2015年度消防工作先进单位、2015年度社会管理综合治理平安单位、全市助残先进集体、全市老干部工作先进集体，获市卫计委组织的“庆祝建党95周年文艺汇演”一等奖和组织奖。神经病学教研室被评为南华大学优秀教研室，院纪委创新性工作《“制度+科技”建平台，“公开+监督”促廉洁》被市纪委表彰为2015年度市直机关单位纪检监察特色工作。傅云获湖南省纪检监察系统先进个人称号；伍苏方被评为湖南省芙蓉百岗明星；蒋晓军被评为湖南省2014—2016年度流感监测“先进个人”；杨艳玲参加全省院感联会比赛获特等奖；王祯被评为全市离退休干部先进个人；傅云、于小英参加市直机关党组书记讲“微型党课”比赛获优秀教案奖；徐衎参加全市“两学一做”微型党课比赛获优胜奖并获2015年度零陵区国家卫生城市管理先进工作者称号；唐朝晖、邓艳玲被评为南华大学“优秀教育工作者”；唐妍妍、文曙光、唐剑锋获南华大学“优秀教师”称号。

领导名录

院长
党委副书记 刘彬
党委书记 赵承保
党委委员
副院长 王焕亮
党委委员
纪委书记 刘联伟
党委委员
副院长 段顺元
副院长 唐朝晖
党委委员
总会计师 唐祯祥
党委委员
工会主席 张润周
党委委员
副院长 江拥军 李毓琴

（蒋少军）

永州市中医院

■ **概况** 永州市中医院创建于1955年，是永州市规模最大、科室设置齐全、技术力量雄厚、医疗设备完整的集临床、急救、教学、科研、预防、保健于一体的三级甲等中医院。是市、县（区）两级医保、农合及各类商业保险定点医院，湖南中医药大学临床教学医院，湖南中医药高等专科学校教学医院，国家执业医师（中医类）实践技能考试基地，湖南省全科医生培养基地，湖南省中医住院医师规范化培训基地，永州市高校毕业生就业见习基地。医院占地5.33公顷，业务用房6.8万平方米，开设病床800张。设有内、外、妇、儿、针灸、骨伤、中风、肿瘤、肾病（含血透）、治未病、康复、重症医学（ICU）等34个临床和医技科室。其中，针灸科属国家级重点专科；骨伤科属全国临床疾病协作组成员，湖南省重点专科；内科系统中的中风病科、脾胃病科属湖南省重点专科。配备有原装进口飞利浦1.5T超导核磁、64排128层螺旋CT、陀螺刀（肿瘤精确放疗设备）、数字胃肠机、钼靶乳腺机、全套德国贝朗血液净化透析机、全套德国史托斯原装进口微创系统、椎间孔内窥镜手术系统、骨密度测量仪、电子及纤维支气管镜、电子胃镜及肠镜、四维彩超、颈颅彩色多普勒、超声乳化白内障治疗仪，以及全自动生化分析仪、化学发光免疫检测仪、全自动煎药机等仪器设备。拥有百级、千级、万级、十万级层流手术室及抢救设备齐全的层流重症监护室（ICU）等。有职工600余人，其中高级职称80余人。

2016年，医院围绕三级中医医院巡查和城市公立医院综合改革工作，不断加强医院管理，改善服务态度，规范医疗行为，提高医疗质量，使医院再上新水平、再登新台阶。

■ 医院管理 2016年，永州市中医医院坚持“以制度管理人、以考核激励人、以关爱感动人”的管理理念，牢固“临床围绕病人转、医技围绕临床转、后勤围绕业务转”的服务理念，强化管理措施，完善科室综合目标考核制度，使科室目标更明确、更具体。完善各类考核办法，做到奖勤罚懒，奖优罚劣，使绩效考核更科学，更合理，坚持院领导周会制、中层干部例会制、科室朝会、业务例会制，确保各项工作的贯彻落实。不断完善和落实工作职责、服务标准、质量标准等各项规章制度，每月进行一次全院质量大检查，检查情况通报全院，以促进各项工作的查漏补缺和有效改进，加大干部职工的综合素质培训力度，举办多次中层领导干部培训。

■ 基础设施建设 2016年，永州市中医医院对门诊大楼进修修缮，对大楼外墙进行翻新，对门诊大厅进行扩建，增设挂号缴费窗口和PS机，将检验科、病理科、病案信息管理中心搬至门诊楼，不断优化楼层内体检、功能、检验区域分区。拆建一个门诊、急诊、医技为一体，建筑面积为9万平方米的门诊综合大楼，项目完成土石方勘测、综合大楼前期修改规划、医院总体规划论证报告工作，正争取国家项目资金支持。

■ 医院卫生行风建设 2016年，永州市中医医院推进医院党的思想政治建设和作风建设，结合医疗工作实际，制订“两学一做”学习教育方案，并及时召开学习教育动员会议，做出针对性安排部署。根据学习教育计划，各党支部定期组织党员参加主题学习，重点学习党章和系列讲话内容，还进行专题讨论。各支部制订《2016年党员学习督查表》，以保证学习教育的成效。各职能科室加强对规章制度、本部门业务管理知识的学习，提高管理水平；各临床、医技、门诊等科室加强对医疗卫生法律法规和核心制度、诊疗规范的学习，进一步提高质量安全意识。改善医疗服务流程，每月由护理部、监察室等部门组织一次患者满意度调查。调查内容包括对主管医生和责任护士的服务态度、医疗技术满意情况；对科室环境、病房设施、医院整体感觉的意见建议等。听取群众意见，与患者充分沟通。以《党员干部廉洁从政若干准则》等为重点，加强廉政教育，定期开展党风党纪专题教育。同时把医德医风和反腐倡廉教育作为医疗卫生人员上岗培训、继续教育的必要内容。坚决打击不合理检查行为，严格执行药物针对性使用规定，严格按照诊疗规范进行临床处理，严格按照标准收费。及时刊登患者的感谢信、表扬信和医务人员拒收红包情况。根据医院《医德医风管理实施细则》，对各科室进行定期和不定期抽查，奖优罚劣。全年拒收红包56人次，拒收金额3.67万元，收到锦旗21面，感谢、表扬信12篇次。坚持院务公开，采用多种形式向广大患者和全院职工公开信息，通过公示栏、院报、医院网站、电子显示屏、局域网、文件通知、职代会等形式进行院务公开，做到政策性、制度性的内容长期公开，经常性工作定期公开，阶段性工作逐段公开，突发性的重大事项根据需要随时公开。

■ 接受巡查组巡查 2012 年 2 月，永州市中医医院成功创建并挂牌“三甲”医院。2016 年 4 月 25 日-28 日，湖南省中医药管理局三级中医医院巡查专家组到该院进行为期 4 天的巡查工作。专家组分别从管理、临床、护理、药事 4 个方面，通过全面参与医院日常工作和临床急救活动、采取暗访、听取汇报、查阅资料、现场查看、座谈会、统计资料分析等方法，进行全面细致的检查。巡查组对医院的各项工作给予高度评价，同时对医院工作中存在薄弱环节提出指导意见及建议。

■ 启动城市公立医院综合改革 2016 年，永州市中医医院成立医改工作领导小组，制订实施方案，明确具体的工作步骤与目标，确定相关责任人。做好医改宣传工作，开展医改的相关院内培训及患者座谈，做好政策解读工作；在醒目位置悬挂医改宣传横幅，设立医改宣传专栏，向患者发放宣传单；利用大厅电子屏、院报、公众微信号、官网等宣传平台重点宣传改革动态进展，营造医改良好氛围；各收费、挂号、导诊等重点窗口部门安排专人，做好有关政策的宣传解释工作，接受群众的咨询。10 月 1 日零时，永州市中医院准时启动以取消药品加成、同步实行调整后的医疗服务价格为标志的城市公立医院综合改革。

■ 医疗质量控制 2016 年，永州市中医医院紧抓医疗风险教育，落实患者知情和风险告知制度，尤其加强新引进技术的安全管理，杜绝盲目、轻率实施医疗活动的行为，全院医疗质量安全得到进一步加强。各临床科室严格落实十五项核心制度，狠抓三日确诊，加强对危重病人的管理，严格三级查房制度。不断加大对医护人员急救技术的培训，完善急救设备，保障院前急救与院内急救无缝衔接，维持急救绿色通道的畅通。药事部门加强抗菌药物临床应用管理，严格执行限制使用抗菌药物和特殊使用抗菌药物临床应用程序。对不按程序使用抗菌药物的医师加大处罚力度。

■ 优质护理 2016 年，永州市中医医院护理部配置院、科两级操作示教员。每次派专人外出进修新知识、新理念及新技能后，都会尽快让院级操作示教员首先掌握，然后以院带科、以科带人的方式在全院普及。定期开展院内技能比武，在技能训练中突出强调护理人员全面扎实的专业技术能力。在“永州市 2016 年第六届职工职业技能大赛护理服务技能竞赛”中该院代表队获团体奖第一名和组织奖，包揽个人奖前三名。持续加强护理人员沟通与交流技巧能力的培训，对护理程序中每一个环节都进行深入剖析，力求护士在临床护理中为患者提供更优质的人性化服务。组织新进护士进行岗前礼仪培训，培训内容包括护士仪容仪表、护士常用工作礼仪等，从护士着装、站姿、持物等方面进行详细的训练指导。

■ 学科建设 2016 年，永州市中医医院将康复科从针灸科、骨伤科脱离出来，成立专门的康复科病区，并完善功能分区。在做好现有骨科和神经康复的基础上，做好心肺康复和老年康复发展，扶持传统中医康复，形成中西医康复同步发展的态势。对妇产科构架进行优化重组，逐步完善产科 VIP 病房设施，创造温馨家庭病房环境，建立妇产科婴童洗浴 SPA 水育乐园等。加快肿瘤科建设，陀螺刀放射治疗中心投入使用，打造中西结合品牌肿瘤科。

■ 医院人才培养 2016 年，永州市中医医院进一步完善新员工培训方案，不断加强新进人员、师带徒学员的培训与指导，组织考核小组对全院医、药、技师带徒学员进行阶段性考核工作。人才培养采取院内培训和外出学习相结合的方法，促使职工的业务素质与医院的发展达到高度统一。全年组织院内业务培训 28 次，开展专业技术考试、考核 22 次，选送优秀医护人员到院外进修。

■ 医院科研教学 2016 年，永州市中医医院组织全院职工在国内公开发行的刊物发表论文 56 篇，其中国家级的 21 篇，占全部论文的 37.5%；省级的 35 篇，占全部论文的 62.5%。市级科研成果 8 项，省级科研项目 5 项，省中医药管理局立项 1 个，成果奖 3 项。通过邀请请省内外专家讲座、院内学科带头人讲课及远程教育等方式，对现职医护人员每月进行一次业务培训，各临床科室每月还进行科内业务培训和教学查房、病例讨论、专题讲座等，提高专业人员的业务水平和科技创新能力。加大人才队伍建设，引进远程住院医师规范化培训系统和医学考试系统；完成住院医师规范化培训年度考核和 2016 年住培人员招录和岗前培训工作。医院2016年新接收住培学员23人，累计在培中医住院医师规范化培训学员71人。接受进修生15人次，实习生90次。举办院级讲座（含视频教学）15次，三基理论考试（机考）8次。举办省级继续教育项目2项（针灸和骨伤）。办理全院专业技术人员网络申报继续教育卡430余人次。举办2类学分学习培训1次（保密意识知识），并安排参培人员考试1次。

■ **中医文化建设**　2016年，永州市中医医院实施中医药科普宣传与对外交流的各项活动。开展健康教育讲座20场，大型义诊12次。派出青年志愿队、巡回医疗义诊队，深入各乡镇及社区22批次，发放宣传资料1万多份，为7千多位群众作免费健康咨询和体检。利用院报、微信公众号平台、医院网站、《讲医堂》等多种的媒介形式，做好宣传工作，并定期向市卫计委官网、湖南省中医药管理局官网《湖南省中医药信息》投稿，不断扩大医院影响力及辐射范围。

领导名录

院　　长
党委副书记　王文革

（永州市中医院办公室）

永州市第一人民医院（永州职业技术学院附属医院）

■ **概况**　永州市第一人民医院（永州职业技术学院附属医院）是经湖南省卫生厅批准，集医疗、教学、科研、预防保健、康复于一体的政府办非营利性三级综合医院，是市、县（区）两级城镇职工、城乡居民医保定点医院。

医院编制床位850张，设临床、医技科室50个，其中湖南省市州级重点学科2个，有专业技术人员609人，其中硕士生导师5人，博士以上学位2人，硕士以上学位13人，主任医师、教授28人，副主任医师、副教授54人，中级职称109人。拥有GE螺旋CT、SIEMENS核磁共振、TOSHIBA大型C臂数字减影机、全数字化拍片机、美国史赛克全套腔镜系统及英国产等离子刀、德国ROCHE全套检验设备、中央监护系统、手术室空气净化系统、奥林巴斯电子胃肠镜、纤维支气管镜、菲利浦四维彩色超声诊断仪及大型高压氧舱等大中型设备近500台套。能常规开展准分子激光治疗近视、全喉再造、体外循环心内直视术、心脏不停跳冠脉搭桥术、心脑血管介入术、ERCP、胸腔（腹腔、宫腔）镜微创手术、人工关节置换、脊柱矫形、PS替代技术治疗新生儿透明膜病等特色手术和技术。

永州市消化内科专业委员会、永州市儿科专业委员会、永州市肾脏病学专业委员会、永州市眼科专业委员会、永州市耳鼻咽喉科专业委员会、永州市慢病防控专业委员会、永州市脊柱外科专业委员会和永州市中西医结合眼科专业委员会8个市级学会主任委员由该院专家担任，永州市血液透析质量控制中心、永州市消毒供应质量控制中心和永州市眼科质量控制中心3个市级质控中心及永州市低听力康复中心、永州市低视力复明中心、永州市白内障复明中心、永州市初级卫生人员培训基地、永州市红十字会救护培训基地、零陵区残疾人康复技术指导中心等先后落户该院。医院先后获全国守诚信重服务百家诚信医院、全国医院感染监测先进单位、湖南省优质护理服务考核先进单位、湖南省第三方患者满意度调查（门诊）第一名单位等20余项称号。CCTV综合频道、CCTV新闻频道、新华社和省市电视、报刊、网络等新闻媒体对医院在胸腹连体女婴的成功分娩和救治工作、抗冰冻中永连公路上高危产妇的成功救治工作、永连公路“10·18”特大交通事故44名伤员及时有效的救治工作，进行连续跟踪报道。尤其是2010年以来近5000例（其中重症患者850余例）手足口病人的救治工作，创造无一例死亡病例、无一例二代病例的奇迹。

2016年，医院坚持“规范管理、提高内涵、突出特色、科学发展”的办院宗旨，遵循“厚德、诚信、博爱、亲仁”的院训，以创建三级甲等综合医院、加速推进医院基础设施建设为目标，严格执行综合目标管理，完成各项工作任务。医院总收入1.35亿元，其中医疗收入1.23亿元，门诊收入2482.66万元，住院收入8749.97万元，药品收入占业务总收入的36.57%，药占比进入三级医院先进水平行列；受公立医院改革影响，药品实行零差率销售，药品收入减少，大型设备检查费下降10%，扣除药品因素，业务收入净增长率8.71%；门诊量10.22万人次；住院病人1.39万人；住院病人手术3377台次；住院病人平均住院床日13.79，危重病人抢救成功率95%，抗生素使用强度（DDD值）39.5，低于40的控制标准，完成女兵体检、高考体检、职工体检9910人次，实现体检收入269.86万元，同比增长8%；开展送医送药下乡义诊11次，健康知识讲座8次，免费发放药品价值6538元、宣传资料2.1万份，受惠群众3.98万人。医院感染控制工作成果显著，获全国医院感染监测先进单位和先进个人两项国家级称号；消化内科和护理被湖南省卫计委批准为湖南省重点学科；成为湖南中医药大学教学医院，杨铭、陈晓育、罗文正、赵永旺4名教授被聘为湖南中医药大学硕士生导师；完成永州地区“湖南省预防儿童意外伤害知识公益讲座”任务，受益学生和家长2000余人；成功举办“白内障诊疗技术培训班”和“鼻内镜诊疗技术培训班”两项省级基层适宜技术教育项目；全年公开发表论文96篇，编写教材7部（本），科研立项8项，其中获市科技进步二等奖1项、三等奖2项；刘莉萍获全国医院感染监测先进个人，杨铭被推选为湖南省医学会内科专业委员会副主任委员和HP学组副组长；永州市医学会脊柱外科专业委员会和永州市医学会中西医结合眼科专业委员会落户该院，罗文正和赵永旺分别当选为主任委员，截至2016年年底，有7个市级学科专业委员会主任委员挂靠该院。

■ 医疗质量提升 2016年，永州市第一人民医院在院内进行全面自查并接受全市三级医院的互相巡查，对反腐倡廉工作、“九不准”工作、医院管理工作和经济管理工作4个方面的内容逐条核查，发现个别科室核心制度（尤其是三级查房制度）落实不到位、病历书写不及时、没有设立职工食堂等医疗质量和医院管理问题，相关领导及时召集相关部门召开医院办公会、科主任会议和护士长会议研究并制定相应的整改措施并整改。坚持依法执业，加强学科建设，坚持合理检查、合理用药、合理治疗，提高医疗质量，保证医疗安全。采取环节质控和终末质控并重的方式狠抓病历质量，全年发布4期《医疗质量》通报督查结果。开展诊疗新技术，全年开展主动脉球囊反搏、显微镜下精索静脉曲张结扎术、椎间孔镜下椎间盘摘除术等诊疗新技术25项，组织卫生法律法规、医疗文书书写规范及抗菌药物合理使用等各类学术讲座12次，组织院内三基考试4次，考试合格率98%。选派各学科业务骨干到上级医院进修学习和学术交流144人次，委派26名业务骨干参加省卫计委主办的全科医师师资培训班学习深造，23名临床医学本科毕业生参加住院医师规范化培训。开展临床路径37种，收治临床路径病例1206例，入径病例828例，入径率68.66%；医院感染发病率、漏报率均在可控范围内；在全省2016年度的依法执业检查中获949分，在全省61家三级医院中排第二十六名。发生医疗纠纷争议投诉11起，其中2起诉诸法院，其余9起均成功调解，未发生医疗事故。护理质量管理遵循“持续质量改进”的原则，实行三级质控，提升专科护理质量，强化护理制度管理。全年修订护理工作规范和质量检查标准2项；落实护士“两岗层级、专科、管理”模式培训与考核，完成专业培训24次，全院护理人员培训率98.00%，考核合格率100%。继续深入开展品管圈活动，完成品管圈18个，均已举行品管圈开课报告会。在全市首先开设造口/伤口门诊，将造口/伤口护理、健康咨询从病房延伸到门诊，并为特殊患者提供上门服务；同时创新开展护理核心制度竞赛活动，理论考试与现场演练相结合，内容丰富，模拟形象，提高护理人员对专科疾病、核心制度的应急演练等知识的掌握。未发生中度以上护理不良事件和护理纠纷。

■ 医疗服务 2016年7月1日，永州市第一人民医院召开公立医院综合改革试点工作动员大会，解读“建立公立医院治理新体制、破除以药补药机制、完善医药价格调节机制、完善财政补偿机制、推进医保支付体系改革、完善公立医院人事薪酬制度、构建各类医疗机构协同发展的服务体系、建立健全分级诊疗制度”8个方面的重点任务，同时制定《永州市第一人民医院公立医院改革实施方案》和《永州市第一人民医院城市公立医院综合改革试点启动工作细则》，明确医院改革工作的指导思想、改革目标、组织机构、主要内容和工作要求，以期达到有效控制医药费用、强化医疗质量管理、优化医疗服务流程和提升医院核心竞争力的目标。因方案实施到位、对外宣传到位、价格调整到位、医保农合工作衔接到位，确保以药品（中药饮片除外）零差率销售为标志的全市城市公立医院综合改革试点工作和新的医疗服务价格在10月1日零时启动并实施。新医改政策实施3个月以来，药品（中药饮片除外）实行零差率销售、大型检查价格下调10%，患者就医均次费用下降。在十项便民惠民措施的基础上，全面实行“一卡通”，从预约挂号到自助缴费、从自助查看检查结果到住院患者每日清单，优化门诊、住院就医流程。成立病友服务中心，为患者提供预检分诊、便捷预约、流动导医、温馨陪检、便民帮扶、接待咨询等温馨服务。

■ 医德医风和党风廉政建设 2016年，永州市第一人民医院贯彻落实党委的主体责任和纪委的监督责任，医院班子成员和职能部门负责人每两周召开一次医院办公会议，医院所有“三重一大”事件均集体研究、集体决策，始终坚持一把手末位发言制，体现医院管理工作的充分民主。召开全院职工“两学一做”学习教育工作动员大会，制定《永州市第一人民医院“两学一做”学习教育工作实施方案》，全院105名党员分4个支部开展“四讲四有”4个专题的讨论和做“四讲四有”合格党员为主题的专题组织生活会，上交专题讨论书面发言稿406篇和学习心得415篇，学习笔记达200余万字。重视医疗卫生行风重点问题专项整治工作，先后组织全院职工动员和学习2次，进行周密的安排部署，责任领导召集相关科室研究解决整改落实中的重点、难点问题并自查和整改。同时开展反腐倡廉宣传教育月活动，通过观看警示教育片，以案说法，深刻警示、教育党员干部牢固树立正确的权力观、地位观和利益观，增强廉洁从政的自觉性。全年处理院内投诉4起，收到医务人员退收“红包”5起，共计2600元，没有发现违纪违规问题线索。按照“监督服务、查错纠弊、促进管理”的审计要求，内部审计与外部审计相结合，完成对基建、设备、药品、总务、物流和公务接待等重点工作的年度专项审计。

■ 教学科研 2016年，永州市第一人民医院组织申报省、市科学技术科研课题8项，其中4项获省教育厅立项，3项科技成果获永州市科技进步奖，其中杨铭主持的《Hp的cagA、vacA和cagA抗体的种族表达及其与胃炎、胃溃疡的相关性研究》获市科技进步二等奖，罗文正主持的《椎弓根内壁显露法在寰枢椎椎弓根固定的临床应用研究》、赵永旺的《改良内斜视矫正术治疗部分调节性内斜视的临床应用研究》均获市科技进步三等奖，公开发表国家及省级学术论文96篇。完成南华大学和湖南中医药大学消化内科、护理2个专业共计5名统招硕士研究生的培养任务，派出兼职教学人员42人，完成学院临床、影像、药学、检验、助产、口腔、护理等7个专业2360学时的理论教学、1782学时的见习带教和101名实习生的实习带教任务，没有出现教学事故。9月13日，“湖南中医药大学教学医院”在该院挂牌，有5名教授被聘为湖南中医药大学硕士生导师，可以接受消化内科、护理、心血管内科、脊柱外科和眼科5个专业的统招全日制硕士研究生的培养工作，标志着医院由专科、本科教学上升到硕士研究生培养的新高度。完成2015级10名全科医生转岗培训任务并全部结业。同时在全市择优录取5名学员进行全科医生规范化培训。

■ 住院条件改善 2016年，永州市第一人民医院第二住院大楼（包括“全科医师临床培养基地”和“儿童医疗服务体系”两个中央财政投资项目）建设完成基础施工和地下两层建设，完成投资2200万元。门急诊改建工作经医院一届四次职代会表决通过后，经过多方努力，已完成规划、设计、审图和申报工作，并办理规划许可证。但部分职工认为医院第二住院大楼即将建成使用，对门急诊的改扩建工作有不同看法，经过总务科征求意见后，暂停该项工作，提请职代会研究。新办公楼的装修工作进行公开招标；住院楼的系统维修工作完成外墙清洗补漏、空调支架更换和卫生间的维修工作。

领导名录

院长 党总支书记	杨铭	
常务副院长	蒋小剑	
党总支副书记	郑河源	
副院长	陈晓育	裴德新
	高文胜	
工会主席	罗文正	
纪检组长	邓阳春	
院长助理	周振	

（黄明辉）

永州市妇幼保健院

■ 概况 永州市妇幼保健院创建于1964年，系政府举办的全市唯一的集医疗、保健、预防、科研、教学、基层技术指导和信息管理于一体的市级二级甲等妇幼保健机构。先后获全国三八红旗集体、全国妇幼健康服务先进集体、市级文明单位、市巾帼文明岗、卫生计生系统年度考核优秀单位等称号。是全市城镇职工生育医疗保险、城镇居民基本医疗保险及新型农村合作医疗定点医院。

医院位于永州市区冷水滩区进贤路296号，占地面积2.29公顷，建筑面积3.2万平方米，设置床位499张。有在岗职工290人，专业技术人员279人，其中副高及以上职称29人，中级职称53人。有博士1人，研究生3人，本科生145人。已成为永州市妇女保健、儿童保健、孕产期保健、优生优育的技术指导和服务中心。是永州市产前筛查和诊断中心、地中海贫血筛查中心、新生儿疾病筛查中心、妇女盆底障碍防治中心、儿童脑损伤康复治疗中心、省级儿童早期发育示范基地。年度绩效考核为“优秀”。

医院秉承“大妇幼·大保健”理念，围绕妇女保健、儿童保健、孕产期保健和保障科室四大部，开展产科住院、妇科、儿科和新生儿科、儿童康复住院业务及妇女疾病诊治、儿童疾病诊治、儿童早期发育干预、儿童脑损伤疾病的早期干预、孕妇早期筛查与诊断，新生儿疾病筛查、诊断与治疗、遗传优生科、产后康复、中医保健、中医妇科等临床保健业务。

医院有先进层流手术室和一体化层流产房，层流供应室，胎心中央监护等先进系统。拥有多台进口四维彩超、腹腔镜、宫腔镜、DR、PCR扩增仪、串联质谱仪、全自动打孔仪、GSP全自动荧光免疫仪、贝克曼全自动生化分析仪、盆底治疗仪等先进的仪器设备。

2016年，医院业务收入7307.95万元，较2015年增长68%；完成门急诊14.4万人次，同比增长28%；住院4906人次，同比增长72%；分娩1970人次；各类手术818台，其中宫腹腔镜手术256台。

■临床服务 2016年，永州市妇幼保健院添置有创呼吸机、PCR扩增仪、串联质谱仪、全自动打孔仪、GSP全自动荧光免疫仪、贝克曼全自动生化分析仪、高端四维彩超、宫腔治疗镜、药品冷藏柜、呼吸机回路消毒机等先进设备，改造PCR实验室、新筛实验室，进一步改善技术环境。成功引进新技术20余项，提高对服务对象的救治能力。产科成功救治5例中央性前置胎盘大出血孕产妇，1例超体重（135KG）产妇分娩，全市首例妊娠合并胰腺炎行剖宫产+全麻下行腹腔探查术；新生儿科开展4例新生儿脑损伤亚低温治疗、全市首例诊治波兰综合症、中药熏洗治疗新生儿黄疸，熟练掌握有创呼吸机应用技术；妇科开展宫腔镜手术144台，腹腔镜手术70台，其中成功救治基层妇幼保健院转入的3例“子宫间质部妊娠”等孕妇，3例“子宫切口妊娠”大出血，1例宫腔镜下“子宫粘膜下肌瘤”电切术等；产诊中心和遗传实验室开展羊水BOSS、基因芯片及引产物基因芯片检测技术，新筛确诊先天性甲状腺功能减退症21例，苯丙酮尿症3例，葡萄糖6磷酸脱氢酶缺乏症490例，先天性肾上腺皮质增生症1例；产诊确诊21三体综合症13例，18三体综合症2例，其他异常19例；医学影像科新开展盆底超声、小儿髋关节超声和婴幼儿颅脑、小儿心脏超声诊断；儿保科成功创建为省级“儿童早期发展示范基地”。全年接收蓝山、江永、江华等14名医务人员到该院进修学习；接待蓝山等县级妇幼保健院参观学习16次，邵阳第一人民医院等综合性医院2次，张家界市永定区、邵阳市、湘西自治洲凤凰区等市州妇幼保健院3次，以及湖北省宜昌市妇幼保健院20余人的参观学习团队。成功加入省儿童医院医联体单位，6月省卫计委下文批准该院设置为“三级妇幼保健院”。修订和完善《儿科住院医师总负责制度》《临床科室和医技科室“危急值”报告制度》《手术安全核查制度》《基本药物使用管理》《药品零差价制度》《全院考核细则》《医德医风管理制度》《行风建设方案》《四好一满意方案》等制度，坚持院长行政总查房和院领导带队的总值班制度。围绕2016年职代会确定的工作目标和重点工作任务，实行圆圈式管理模式，进行细化、量化分工，明确责任领导和责任人，院领导亲自带队检查督导服务质量，发现并及时解决问题，职能科长不定期抽查工作人员在岗情况和服务态度，全院管理水平得到提升，投诉下降率达66.2%，没有出现医疗事故。

■群体保健 2016年，永州市产妇系统管理率93.92%，孕产妇死亡5例，孕产妇死亡率9.2/10万；7岁以下儿童保健覆盖率89.2%，5岁以下儿童死亡数410例，5岁以下儿童死亡率5.39‰；机构剖宫产率31.40%（妇幼率21.52%），产妇产前筛查率107.97%（妇幼率87.2%、市筛查中心率63.95%），新生儿疾病筛查率111.15%（妇幼率

95.35%、市筛查中心率91.66%），新生儿听力筛查率107.88%（妇幼率87%），早孕建卡率95.08%，婚前医学检查率90.17%，艾滋病、梅毒、乙肝孕期检查率分别为90.41%、90.29%、90.43%，宫颈癌检查6.89万人，乳腺癌检6.89万人。指导江华县成功创建为全国妇幼健康优质服务示范县，东安、江华、祁阳、道县、冷水滩、江永、蓝山7个县区成功创建为省级儿童保健合格县（区）。常规工作每半年进行一轮督导，重点工作强化督导，对有指导需求的创建县区，随时派专家进行现场指导，帮助县区解决问题，纠正工作存在的不足之处。全年举办出生缺陷防控培训班、出生缺陷监测培训班、妇幼卫生业务管理、艾滋病、梅毒等培训班近10次，全面提高妇群体保健服务质量。利用会议、电视、网络、手机等新媒体，在“出生缺陷防治宣传周”“母乳喂养宣传周”系列活动中普及优生优育知识，提高群众优生优育意识。免费编制并下发市妇幼系统通讯录，建立业务沟通桥梁。

■ 行风建设 2016年，永州市妇幼保健院以创建“市级文明单位”“健康促进医院”“四好一满意”活动为切入点，开展优质服务，文明廉洁行医行动。邀请南开大学教授孙涛对全院职工进行以《加强服务意识 增强营销理念 全面提升业绩》为主题的培训，进一步完善各种服务流程。开通医银自助终端和叫号系统服务，开放无休息日门诊，门诊大厅安放2台自动售货机，在导诊台开设雷锋志愿者岗。启动第二批4个“优质护理服务示范区”创建活动。对出院病人实行十日内主治医生或责任护士电话回访制度，及时了解治疗效果及反馈意见。加强合理用药，重点对抗菌药物、基本药物使用情况进行每月一报，严格落实合理用药基药优先制度，减轻服务对象负担。院党总支部组织开展“两学一做”活动和党风廉政建设，开展“雁过拔毛”式腐败专项整治和医药购销领域商业贿赂专项整治活动，院长与科室负责人、科室负责人与干部职工层层签订党风廉政建设、行业作风建设目标管理责任状，严格加强职业道德和行业作风建设，从根本上杜绝回扣、红包、开单提成、乱收费等不良现象。

领导名录

院　　长　周云玲
党总支书记
副 院 长　何德良
副 院 长　陈　轩　蒋国英
工会主席　朱　蓉
副 院 长　阳少辉

（邹湘林）

民族宗教事务

综　　述

■ 概况 永州市民族宗教事务委员会，是政府组成部门、正处级单位，有行政编制14个，事业编制1个，有在职干部12名，内设办公室、民族事务科、宗教事务科、政策法规科4个科室。主要职责是宣传贯彻落实党的民族宗教政策、推进民族团结进步事业，传承发展少数民族优秀传统文化，维护民族宗教领域和谐稳定，服务民族地区经济社会发展，引导宗教与社会主义社会相适应等重要职责。

2016年，永州少数民族管理服务工作考核满分，帮助解决宗教界困难教职人员社保及其他困难问题的经验做法在全省宗教工作会议上作典型交流，江华瑶族自治县在全国民族自治县打赢脱贫攻坚战全面建成小康社会经验交流会上作典型发言；绩效评估获良好等次，区划调整改革、社会综合治理、精准扶贫、文明创建4项工作获评全市先进单位。

■ 推动民族地区经济社会发展
2016年，永州市民族宗教事务委员会发挥职能作用，围绕民族地区全面小康、少数民族特色村寨建设、民族地区精准扶贫、民族文化旅游、乡镇区划调整、民族教育等主题开展工作，研究和破解一大批困难和问题。全年向上级部门争取少数民族发展资金1321万元，主要用于少数民族特色村寨建设。同时，协调住建、文化、旅游、农业、国土等市直部门，加大对少数民族特色村寨建设投入力度，全年整合投入累计1.2亿元，有效改善民族地区基础设施建设，助推民族文化旅游发展。成功申报江华瑶族自治县沱江镇、宁远县九嶷山瑶族乡、江永县上江圩镇等8个民族特色小镇，纳入湖南省旅游业“十三五”发展规划，江华瑶族自治县井头湾村被列入全国第二批少数民族特色村寨名录，水口镇被公示为中国民族特色小镇。协调民族地区精准扶贫工作，全年在交通建设、水利改造、产业扶持、

2016 年 7 月 6 日，省佛慈基金会到江永县开展赈灾捐赠活动　摄影 毛昌麒

医疗卫生等领域，争取各级各部门投入扶持资金约 6.7 亿元，民族地区扶贫工作成效显著。指导江华瑶族自治县开展民族贸易企业申报，并联合市财政局、人民银行永州中心支行认定申报工作，江华同丰粮油等 33 家企业被认定民族贸易企业，全年到位贴息资金约 1500 万元。

促进民族团结 2016 年，永州市民族宗教事务委员会宣传“三个离不开”思想，深入村寨、社区、校园、企业开展“五个一”活动（宣讲一次民族政策法规、举办一期宣传专栏、进行一次成果展示、采访一次典型事迹、与少数民族群众共度一次佳节），营造民族团结进步的浓厚氛围。发挥江华瑶族自治县涛圩镇、大圩镇全省民族团结示范点建设的典型引路作用，以点带面，逐步开展全市民族地区 12 个市级民族团结示范村的推广工作，各领域民族团结进步创建成效明显。6 月，在全市第六次民族团结进步表彰大会上，表彰先进集体 30 个和模范个人 28 人。指导江永县松柏瑶族乡举办成立 30 周年庆典活动，组织市直视贺团到场庆贺。以湘粤桂三省六市民族团结进步联谊活动为平台，建立健全省际、市际、县际、乡际边界关系协调机制，强化南岭地区经济文化交流和合作；围绕南岭地区加快发展开展课题调研并提出很有针对性的意见、建议，受到各级部门高度重视，全国人大代表、中共永州市委书记陈文浩在 2016 年两会期间提出“设立南岭生态扶贫试验区”建议，引起社会各界的重视，在推动南岭瑶族地区发展上起到重要作用。深化社区少数民族服务之家建设，结合社区网格化管理，协调县区安排会民族语言、懂民族文化的工作人员到社区开展服务工作。全年为到永州的少数民族解决上学、就医、就业等困难问题 113 个。

少数民族优秀文化保护传承 2016 年，永州市民族宗教事务委员会进一步夯实民族文化基础设施，挖掘民族文化资源和特色，推动少数民族优秀文化的保护和传承。抢救民族古籍、医药、习俗等传统文化，推动新增非物质文化遗产 3 个，至此全市少数民族领域成功申报国家级非物质文化遗产名录 3 个（盘王大歌、瑶族长鼓舞、江永女书）、省级名录 11 个、市级名录 57 个。江华《瑶山追梦》入选“潇湘好歌传天下”原创歌曲十大金曲，江永勾蓝瑶寨原生态瑶族舞蹈《洗泥巴》获 2016 年全省欢乐潇湘群众文艺汇演一等奖。深化省级民族文化传承示范基地——江华县沱江镇第一小学、省级民族文化联系点——江永县黄家村建设。江华民族文化展示馆、江永千家峒民俗展演厅活动开展长效化；蓝山县汇源瑶族乡中心小学开设瑶族长鼓舞、瑶族伞舞、竹竿舞、刺绣等课程；江华县民营学校——博雅学校把瑶族传统文化作为设置学校环境的主体内容和教学的重点内容。10 月，指导市瑶族文化促进会成立和开展相关业务，推动该民间组织在瑶族古籍研究、瑶语瑶歌传承、瑶医瑶药挖掘等方面发挥作用。组织协调湘南三市（永州、衡阳、郴州）六县八瑶族乡坐歌堂活动，选派 10 个队参加在郴州市桂阳县塘市镇举办的坐歌堂活动。指导江华瑶族自治县、江永县、蓝山县在盘王节期间开展相关民俗活动，为各族人民送上丰富的节日盛宴。

维护宗教领域和谐稳定 2016 年，永州市以开展“规范”为主题的和谐寺观教堂创建活动为契机，不断推进宗教事务规范化、法治化。做好教职人员登记备案管理工作，分门别类对全市佛教、基督教、道教等 207 名教职人员进行登记造册。10 月，举办全市宗教工作干部和宗教界代表人士培训班，分析当前宗教工作面临的新形势，围绕如何贯彻落实全国宗教工作会议精神，对宗教事

2016年10月10日，永州市瑶族文化促进会成立　　摄影　毛昌麒

务管理具体事务和技能进行培训，提高全市教职人员履职尽职能力。通过督促各县区建立健全教职人员社会保险制度，多方协调，不断提高社保购买补助。永州市教职人员参加社保率提高到98%，较好地解决他们的后顾之忧，市委、市政府就该项工作在12月召开的全省宗教工作会议上作典型发言。协调市佛教协会强化万寿寺管理，以第十届湖南·阳明山“和”文化节为契机，参加“阳明山论道”暨中华民族佛教交流活动，进一步促进永州市与其他地区，尤其是与台湾地区在经济、文化、旅游等方面的交流与合作。引导宗教界开展以“慈善周”为主题的公益社会活动。新田县玉峰寺住持释法广法师和黄保黔募捐120万元开办的免费小学，专门招收孤儿及特困户儿童，学生人数从2015年的48名增加到2016年的77名。是年，永州市多次遭遇暴雨、冰雹袭击，受灾严重。宗教界通过不同渠道累计捐款捐物100多万元；争取省佛慈基金会到道县、江永县开展赈灾救济活动，捐助受洪灾民300户，每户发放慰问金400元、大米1袋、食用油1桶、新衣服3件，共计21.6万元。争取长沙洗心禅寺基金会资助江华瑶族自治县、江永县贫困学生35名，发放助学金14万元。

（毛昌麒）

社会团体

湖南省九嶷山舜帝陵基金会

■ 概况　2016年，湖南省九嶷山舜帝陵基金会坚持“遵守宪法、法律法规和国家道德风尚，弘扬舜德、传承文明、联谊舜裔，振兴中华”的宗旨，全年募集资金115万元，累计募集资金1.58亿元。投入600万元资金用于碑林园文化内涵建设。与宁远县人民政府共同组织相关人员，先后赴黄帝陵、炎帝陵、常德诗墙进行考察，为碑林文化内涵的充实提供学习借鉴。组织省、市文物保护专家、舜文化研究专家、书法雕刻专家及诗人学者召开项目方案论证会、工程建设讨论会、诗词甄选研讨会等专题会议3次，征集专家建议50多条。基金会常务副理事兼秘书长陈金荣多次赴建设现场督促指导，确保工程质量符合方案设计要求，确保工程进度按时间节点推进。推动和支持《舜帝陵志》编纂工作。《舜帝陵志》由基金会出资，市史志办具体组织，基金会副秘书长张泽槐主持，全书共9个章节120万字，年底形成编纂初稿，其中舜帝陵基金会一章15万字写作任务由舜帝陵基金会办公室主任郑运生主笔。与永州市作家协会、湖南湘君面业有限公司联合举办《舜帝陵赋》征文活动。12月初，在《永州日报》、永州新闻网、征集网发布启事，已收到新疆、湖南、湖北、安徽等省市的作品14篇。继续发挥北京、长沙、宁远3个联络处的作用，加强舜帝后裔的联络工作，请省内外知名学者及企业家到九嶷山寻根祭祖，捐资助建。及时做好基金会网站维护和内容更新。

（陈文龙）

永州市红十字会

■ 推进“三献”工作　2016年，永州参加无偿献血2.3万人次，无偿献血量812.68万毫升，比2015年增长6.46%，完成年初下达的目标任务。4个县区、16个单位、11名个人受到市政府的表彰和奖励，1500余名无偿献血志愿者获无偿献血奉献奖。在造血干细胞捐献采集工作中，采取利用网站、发放宣传资料和在电视台播放专题片等手段，向社会各界最大限度地宣传造血干细胞捐献的相关知识，并对踊跃报名的志愿者进行排查，按规定流程进行血样采集。全年招募造血干细胞志愿者182人，高分采样7人，体检1人，成功捐献1例。实现公民逝世后人体器官捐献35例，捐献器官101个，眼角膜14个，挽救100多人的生命，使20多人重见光明，较2015年增长85%。登记志愿捐献人体器官（遗体）28人。

■ **做好“三救”工作** 2016年，永州市继续推进红十字救护培训“五进”工作，先后为市委党校主干班学员、冷水滩区凌云社区居民、永州烟叶复烤厂职工、零陵区基层社区工作人员、学校校医和永州市第一人民医院志愿者以及市消防支队，举办救护培训12期，培训学员550人。同时为零陵区水口山中学1200名学生、大庙头中学300名学生，冷水滩菱角山小学2900多名学生，开展救护知识普及培训。全市各级红十字会举办救护培训21期，培训救护员1065多人，群众性普及培训2.78万人次。开展“助医、助学、助困、助残、助老、助孤”等救助活动8次，组织红十字志愿者开展下乡义诊活动5次，服务群众1000多人次。为43名少儿白血病患者争取148万元的“小天使阳光”基金资助；为76名因病、因灾或因事故致贫的特困群众争取省人道救助金56万元。5月—6月，全市境内连降大雨，各地遭受不同程度地洪涝灾害，其中蓝山县、道县、江华瑶族自治县、祁阳县4县灾情最严重。在灾害发生时，全市各级红十字会第一时间启动应急预案，第一时间深入灾区勘查灾情，第一时间报告灾情，第一时间开展救灾，并争取到各类救灾物资14万多元。

2016年，永州市红十字会在冷水滩区菱角山小学普及应急救护知识

■ **“博爱”工程** 2016年，永州市红十字会争取到棉被、家庭包等价值10多万元的慰问物资，走访慰问特困户、受灾群众、贫困病人等，活动涉及13个县区，受助群众1000余人次。春节期间，组织红十字志愿者走访慰问抗战老兵、冷水滩岭口麻风村麻风病人，为他们送去大米、食用油、棉被等慰问物资和慰问金。向省红十字会争取到博爱家园援助项目1个落户宁远县，建设资金10万元，项目硬件建设已竣工。

■ **红十字精神宣传** 2016年，永州市红十字会通过多种形式宣传“人道、博爱、奉献”的红十字精神。在“5·8”世界红十字日、“5·12”防灾减灾日、“6·14”无偿献血日、世界急救日4个重要纪念日开展集中宣传活动，宣传红十字运动、红十字七项基本原则、防灾减灾知识、无偿献血知识、造血干细胞捐献、应急救护等知识，发放宣传资料1万多份。组织开展专项人道服务活动6次，包括关爱留守儿童活动2次、精准帮扶活动2次、献爱心之捐奶粉和图书活动1次，慰问走访活动8次。年内，永州市红十字会被永州电视台、湖南公共频道等各新闻媒体报道12次；向市级各类新闻媒体、网站等投稿并采用稿件30多篇。

（蒋晓群）

永州市关心下一代协会

■ **概况** 2016年，永州市关心下一代协会（简称市关工委）围绕党的中心工作，“急党政所急，想青少年所需，尽关工委所能”，发扬“忠诚、关爱、创新、奉献”的“五老”精神，促进青少年健康成长，弘扬社会正能量，取得明显成效。

■ **走访慰问贫困学生** 2016年1月，永州市关工委到各县区走访慰问200名边远山区和少数民族地区贫困学生及部分“五老”，每人1000元，共计21万元。

■ **表彰优秀义工** 2016年1月30日晚，永州市文明办、市关工委和永州义工协会联合举办2015年度表彰大会。会上为21家爱心企业、8名爱心人士、20名优秀义工、10名特殊贡献义工和十佳义工颁奖。

■ **“孝心少年”首上市春晚** 2016年2月1日晚，江华瑶族自

2016年5月18日，省人大常委会原副主任、省关工委主任杨泰波（左二）在市委常委、市委组织部部长、市委统战部部长、市关工委主任董石桂（左三）的陪同下，调研东安县鹿马桥镇留守儿童之家

治县黄臻华、金洞管理区李江林和道县熊家斌3名同学作为全市“最美孝心少年”代表登上永州市2016年春节联欢晚会的直播现场，通过《永州市最美孝心少年访谈》节目，向全市人民展示他们面对逆境、励志向上的阳光心态和光辉形象。湖南盛大金禧金融集团公司董事长盘继彪承诺全程资助3名同学从小学到大学的费用。

■ **法治教育巡回宣讲** 2016年3月18日至4月11日，永州市关工委联合市教育局、市司法局、市检察院和团市委开展全市青少年法治教育巡回宣讲活动。组织5名专家、学者为宣讲团成员，到各县区中小学校和3所大学作报告51场，直接受教育师生2.7万余人。2012年以来，市关工委连续5年开展此类巡回宣讲活动。

■ **湖南卫视宣传“孝心少年”** 2016年4月10日，湖南卫视黄金栏目《妈妈的牵挂》节目播出永州市孝心少年代表、江华瑶族自治县涛圩镇中心小学留守儿童黄臻华的专题片，反响强烈，引起各级媒体关注。

■ **调研留守儿童** 2016年5月17日—19日，湖南省人大常委会原副主任、省关工委主任杨泰波一行到永州市调研留守儿童关爱保护工作，调研组参观祁阳和东安县关爱农村留守儿童工作现场，并在祁阳县召开市直有关部门专题汇报会。市人大常委会主任高建华，市委常委、市委组织部部长、市委统战部部长、市关工委主任董石桂和市关工委常务副主任谢朝月陪同调研或参会。

■ **举办主题教育演讲比赛** 2016年5月28日，永州市关工委、市教育局关工委在永州市第八中学举办全市中小学生“老师您好，我的好老师”主题教育演讲比赛，各县区（管理区）和市直学校的30名小选手同台竞技，分小学组和初中组展开角逐。

■ **赠送读本颁发聘书** 2016年7月，永州市关工委出资购买《全国青少年法制教育读本》480本，免费赠送给各县区和市直各单位开展法治宣传活动。各县区及市直单位30名法治宣讲教师和业务骨干获全国“关爱明天　法制先行”教育活动办公室颁发的法治宣传员聘书。

■ **专题调研市直单位** 2016年7月—8月，永州市关工委联合市直机关关工委到市直各单位开展关心下一代工作调研和指导，调研包括市四大家在内的68个市直单位。

2016年9月18日，市关工委副主任李续荣与获湖南省第二届“最美孝心少年”称号的永州学生黄臻华、李江林、唐胜男、唐金秀合影

■ **争取卫生器材** 2016年9月，永州市关工委为祁阳县10所农村学校卫生室争取到中国关工委“朝阳计划”活动免费赠送的卫生保健器材和设备，价值60多万元。

■ **4名同学获“最美孝心少年”称号** 2016年9月18日，黄臻华、李江林、唐胜男、唐金秀4名同学到长沙出席湖南省第二届“最美孝心少年”表彰大会，他们被评为湖南省第二届“最美孝心少年”，每人获5000元奖金，黄臻华身着瑶族服装，作为“最美孝心少年”代表在大会上作典型发言。

■ **寻找“孝心少年”活动** 2016年11月12日—29日，由永州九鼎房地产开发有限公司董事长朱江玉赞助，市关工委与永州电视台《直播永州》栏目开展第四届“寻找永州最美孝心少年”表彰活动，拍摄13名青少年学生，制成励志故事专题片在《直播永州》栏目持续播出。12月23日下午，永州市关心下一代工作暨第四届“最美孝心少年”表彰会议在冷水滩召开。2013年以来，市关工委联合永州电视台连续4年开展“寻找永州最美孝心少年”活动，采访拍摄“永州最美孝心少年”49名。

■ **精准帮扶贫困学生** 2016年11月底—12月上旬，永州市关工委分组分县区深入到边远山区和少数民族地区的200名贫困中小学生家中或学校进行走访，每人1000元，共20余万元。2015年和2016年，市关工委走访边远山区和少数民族地区贫困学生500多名，捐助金额47万多元。

（易佳军）

永州市慈善总会

■ **概况** 2016年，全市共募集善款1649.62万元，捐赠物资折价20万元。发放慈善救助资金553.8万元，救助困难群众2769余人次。

■ **筹措慈善资金** 2016年8月20日，由中共永州市委、市人民政府主办，市民政局、市教育局、市广播电视台、市文体广新局、市慈善总会承办，天下永商杂志社、全民健身服务中心协办的2016年“全民爱心大联盟”暨“爱心圆梦”慈善助学活动在冷水滩市体育馆举行，现场通过众筹，募集助学金90.6万元。8月21日，在永州市第四中学举行“爱心圆梦”助学金发放仪式，现场为220名寒门学子每人发放助学金4000元，对参与现场宣传、众筹的120名学生每人再打卡发放4000元，累计发放助学金136万元。9月中旬，永州市启动2016年度“慈善一日捐”活动。将2015年度“慈善一日捐”募集情况向社会进行公示。截至2016年年底，收到163个单位捐款74.08万元。联合市钓鱼协会、湖南省传递爱心物资回收中心、深圳比苛电池有限公司、上海葆蒂兰股份有限公司、团市委、永州长沙银行、湖南科技学院、地平线广告公司等单位和组织开展一系列慈善捐助活动，募集善款50余万元，物资折价20万元。接受市烟草公司、都成国际、达福鑫投资公司、潇湘农商银行、骄阳水泥有限公司等单位和个人的定向捐款58万余元。

■ **慈善救助** 2016年，永州市慈善总会配合省慈善总会抓好金叶慈善医疗卡项目，投入项目资金75.25万元，共为600余名困难群众发放医疗救助卡1505张，各县区基本上都实行电子卡发放。对一些家庭困难的大病患者，在其享受国家有关救助政策的基础上，给予适当的医疗救助，救助35人次9万元。联合市扶贫办、爱尔眼科医院开展的“善行湖南—万人眼健康公益行”活动，为557名贫困眼疾患者免费实施白内障和胬肉手术，减免手术费72万元。从“慈善一日捐”活动中安排经费16万元，用于“迎新春、送温暖、献爱心”活动，走访市直单位、零陵区、蓝山县、金洞管理区、回龙圩管理区、永州经济技术开发区、福田茶场等四区一县一茶场和市直单位的困难群众。3月8日，开展“一张纸、一件衣，献爱心”暨“关爱母亲义工行”活动。由13个部办委局联合发起，在全市组织开展“一张纸一件衣献爱心”活动，倡议全市各级机关、企事业单位、学校和家庭捐献废旧纸张、书刊、闲置衣物，用于困难群众的帮扶。在活动现场为20名贫困母亲发放救助金5000元和价值500元的爱心包。收到废旧纸张、书刊售卖所得善款3.1万元。联合民革永州市委员会、中华社会扶贫基金会开展关爱抗战老兵活动。全市现有幸存抗战老兵153人，市政府按每人每年600元标准，将资金拨入市慈善总会，由民革永州市委员会调查核实对象，每两个月发放一次，直接打卡发放到抗战老兵手中。联合市钓鱼协会和湖南省传递爱心物资回收中心在零陵区石山脚乡开展关爱空巢老人活动。活动现场，为空巢老人、特困户、敬老院、五保老人等发放慰问金，并为他们分别送上礼品、大米、食用油、棉被等物资，总计价值近10万余元。为宁远县九嶷山乡紫荆村困难群众送去价值8400元的土鸡种苗，帮扶困难群众4户；对一些特困对象家庭给予临时救助，共救助37人，发放救助金8.5万元。8月，开展“全民爱心大联盟”暨“爱心圆梦”助学活动，募集助学金90.6万元，救助贫困大学新生220人，发放助学金135.6万元。开展“牵手困境儿童——1+1陪伴成长”项目。市慈善总会将“牵手”寒门学子、一对一资助项目列入精准帮扶工作。慈善志愿者家访320多名学生，通过宣传搭桥，“牵手”救助157名寒门学子，累计发放助学款物37.2万元。冷水滩区、祁阳县、道县、宁远县、新田县、双牌县、江华瑶族自治县、江永县分别建立慈善超市，在冷水滩区逸云路、零陵区七层坡、永州经济技术开发区舜皇社区分别建立三所标准化慈善超市建设，完善慈善捐赠点。城区设立投放募捐箱50个，衣物捐赠箱180个。

■ 慈善宣传和管理 2016年，永州市慈善总会争取市司法局支持，将《中华人民共和国慈善法》列入全市开展答题送红包的法制宣传活动中，设计选择题30余个。在9月2日的《永州日报》上刊登永州市慈善总会会长郑邦淳答记者问。通过“永州民政网”“永州慈善网”、微博、微信等其他新闻媒介开展不同形式的宣传。印发《中华人民共和国慈善法》宣传册10万册，发放到各县区。9月5日“中华慈善日”，联合冷水滩区、零陵区、凤凰园3城区民政局进行集中宣传，设立集中宣传点3个，发放宣传资料8000余份，制作拱门、横幅、标语及各种宣传牌。组织1台宣传车，在城区各大街小巷进行流动宣传。严格按照《永州慈善基金会章程》和《永州市慈善资金管理使用办法》管理慈善资金。邀请审计事务所对2016年度慈善资金情况进行全面审计，并将审计结论在永州民政网、慈善网及《永州慈善》简刊上进行公布。完成100万元慈善基金的增长任务，并作为定期存入专业银行，相对保值增值。

■ 志愿者队伍建设和管理 永州市慈善志义工服务指导协会成立于2011年，2016年更名为永州市慈善志愿者协会，注册登记志愿者633人，成立宣传、综合、后勤、劝募等工作组，举办各类学习培训30余期。市文明委、市民政局、市慈善总会对优秀慈善志愿者给予表彰。6月，在南华大酒店举行永州市慈善志愿者协会表彰大会，市委常委、市政府副市长蒋善生、慈善总会会会长郑邦淳、市民政局局长肖余胜等领导出席表彰大会。现场为23名获奖的优秀志愿者和团队颁发荣誉证书和奖牌。慈善志愿者协会组织开展76次较大规模的慈善公益性活动，参与1200余人次。8月20日，举办“全民爱心大联盟”慈善助学活动，有250名志愿者义工在活动现场担负起各项服务工作。承担“一张废纸献爱心、关爱母亲义工行”“关爱抗战老兵”“牵手困境儿童—1+1陪伴成长”“比苛爱心传递助学”“紫江村扶贫”等几个固定的慈善公益项目。11月，协会被省文明委等部门评为“2016湖南省学雷锋志愿服务百强社团”。

（孙文波）

公用事业

永州市城市建设投资发展有限责任公司

■ 概况 永州市城市建设投资发展有限责任公司前身为永州市城

兴建后的源味街一角　　摄影 王春华

市建设投资开发公司，成立于1997年6月，注册资金7.5亿元，归口市规划建设局管理，属自筹自支的副处级事业法人单位，实行“两块牌子、一套人马”管理，主要承担永州在国开行的“打捆贷款”业务。2010年7月，永州城投整合原承担冷水滩中心城区城市建设的7个项目业主公司，并调整为市政府直管，赋予“经营城市资产、筹集城建发展资金、参与项目开发”等职能职责，领导班子比照正处级单位配备，内设10部3室，下设3个项目建设部，7家全资和控（参）股子公司。2013年12月，市委、市政府为改变市级投融资公司散、小、弱的现状，理顺市级投融资公司体制机制，规范公司经营，防范债务风险，增强其开发建设经营中心城市的能力，加速中心城市扩容提质，提高中心城市集聚、辐射、带动力，按照融资、开发、建设、偿债四位一体的模式以及面向市场、政府引导、集团发展、严格管理的原则，对现有的市级投融资公司进行整合重组，经研究决定，以永州市城市建设投资开发公司为基础，通过资产评估或审计，整合永州市矿业投资中心、永州市自来水公司、永州市水质净化中心的资产和中心城区水资源及可经营性资产，依法依规组建永州市城市建设投资发展有限责任公司（简称永州城投集团），为中Ⅰ型国有独资企业，全面实行企业化管理，归口市人民政府办公室管理，主要从事中心城市城南大道以北冷水滩城市规划区范围内（永州经济技术开发区除外）的开发建设，具体是负责采取向金融机构间接融资、资本市场直接融资以及争

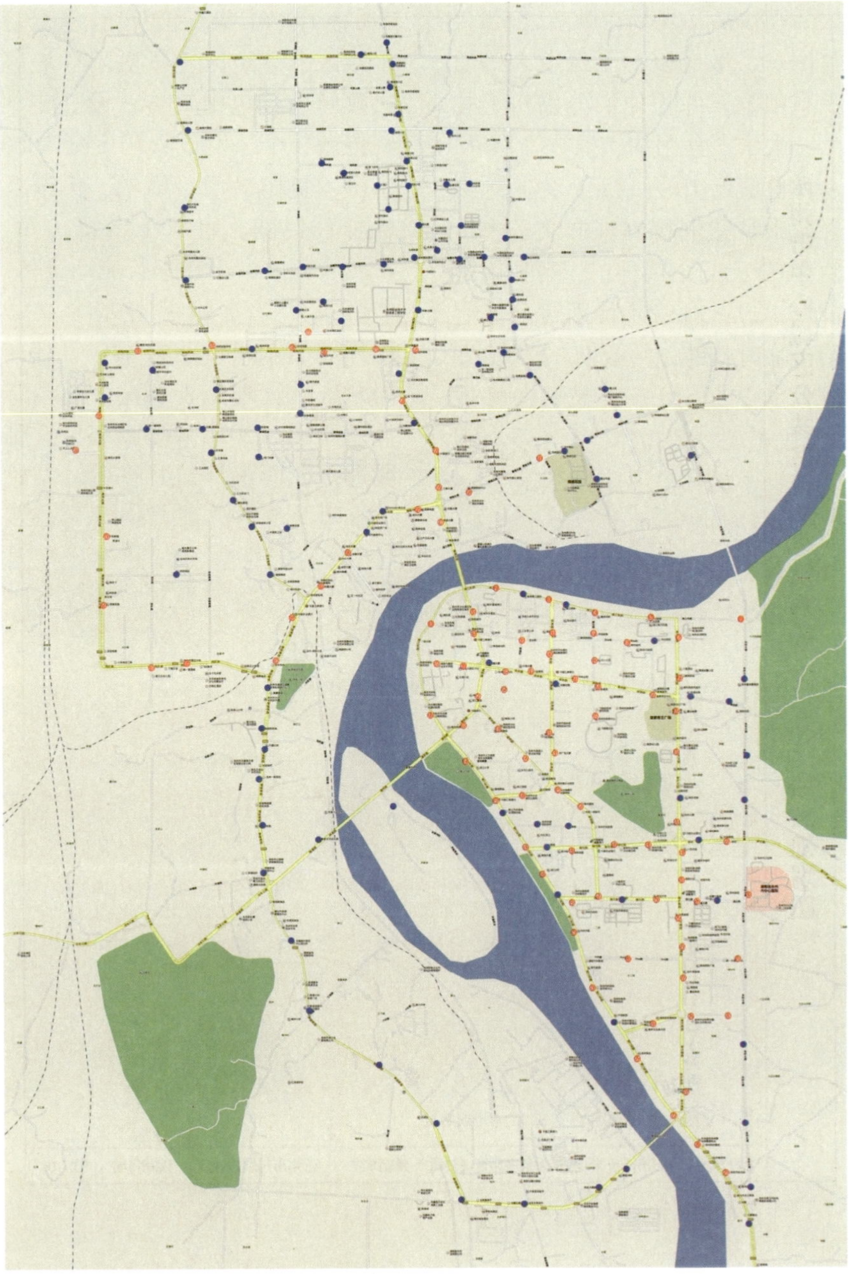

永州公共自行车（一期）规划

取政策性资金和招商引资等方式为中心城市建设发展筹集资金，并从事金融投资担保、基金业务；从事授权范围内的城市基础设施、社会公益设施建设、保障性住房建设、安置房建设、旧城区改造、棚户区改造、城中村改造、城市片区开发、城区建设用地整理开发、房地产开发、国有有形资产和无形资产经营和资本运作、盘活城建存量资产和有助于实现国有资产保值增值的业务；从事水务输供、排污处理、城市防洪、水利水电、港口码头等设施的投资建设和开发经营；从事全市范围内的矿产资源投资开发；从事建筑材料的开发、生产、销售、贸易等业务；从事物流、物业管理、咨询服务等业务；从事经市政府批准或允许的中心城市规划区外的片区开发和其他业务。

2016年，永州城投集团内设

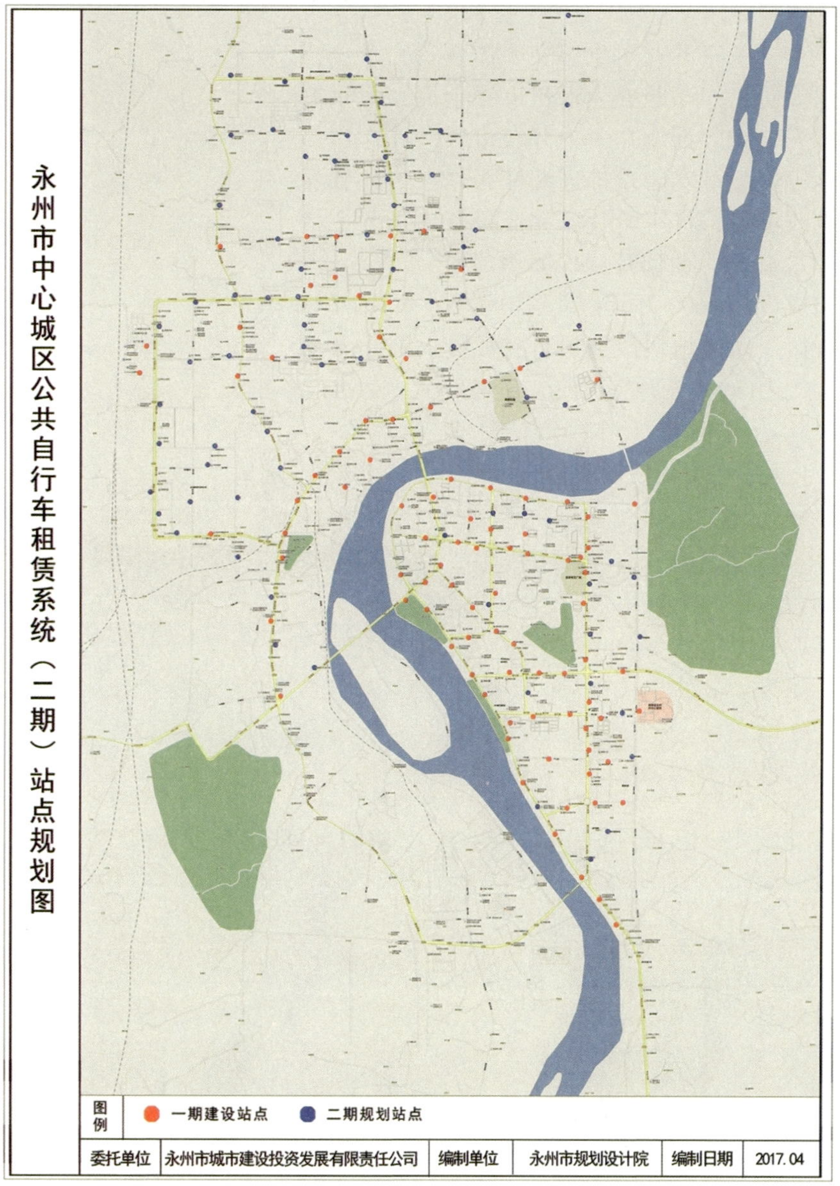

永州公共自行车（二期）规划

10部2室（人力资源部、办公室、纪检监察室、投融资部、工程管理部、计划财务部、资产管理部、合约前期部、质量安全部、法务审计风控部、征收安置部、市场开发部），下设3个项目管理公司（城盛项目管理公司、城兴项目管理公司、城顺项目管理公司），4家全资中Ⅱ型子公司（永州市水务投资建设开发有限责任公司、永州市矿业投资开发有限责任公司、永州市保障性住房安居工程投资建设开发有限责任公司、市铁路建设投资开发有限责任公司），3家小型直属子公司（永州城投置业有限责任公司、永州市城通通信管网有限责任公司、永州市城投资产经营管理有限责任公司），1家控股子公司（永州市开元发展投资有限公司控股51%），2家参股公司（永州市水务运营有限责任公司参股40%，潇湘农商银行参股7%），有员工217名。截至2016年12月底，资产总额345.25亿元，净资产204.29亿元，负债140.95亿元，资产负债率40.8%；信用评级AA。市城投集团被评为全市党风廉政建设和反腐败工作先进单位、六件惠民实事与重点民生实事工作先进单位、安全生产工作先进单位、社会管理综合治理工作先进单位，获重点项目建设先进奖。

存在的主要问题：一是融资总量偏小，与永州市的公共财政收入总量、政府负债保障水平高居全省第三位的状况不相称，还有很大的融资空间；二是工程进度有时未按原定计划实施，各部门之间的配合需要在工作中进一步磨合，工程质量和安全生产管理有待进一步加强；三是公司总资产虽然近350亿元，但大都为不能产生收益的固定资产，无法满足发行公司债和资产证券化的需要，极大地限制融资能力；四是在实施绩效考核、加快企业转型方面还有待进一步开拓创新；五是在个别工作人员身上，还存在着“慢、散、软、乱、怕、懒”问题，工作任务量分配不均匀等问题。

■城建项目建设 2016年，永州市城建领导小组下达给市城投集团的目标任务是建设项目50个，其中续建项目8个，新建项目24个，前期项目15个，土地整理挂牌项目3个；计划完成投资40.69亿元，是2015年计划投资额29.82亿元的136.45%。其中年度投资额上亿元的项目有18个，占总数的36%；列入市政府“十百千”计划的重点项目有22个，占总数的44%；列入创建交通管理模范城市工作的重点项目有11个，占总数的22%，均是在年内完成项目建设。截至2016年12月底，完成投资45.38亿元，超额完成年度目标任务，为全市创建国家卫生城市、创建国家森林城市、创建国家园林城市、创建交通管理模范城市、创建国家文明城市作出贡献。

■ **城建项目融资** 2016年，永州市人民政府下达给市城投集团的融资任务是60亿元，计划完成融资80亿元。市城投集团研究国家稳增长的政策和金融形势，按照开展公募与私募相结合、长线与短线相配套、资金定向使用项目与灵活资金相补充的原则，全方位对接，多渠道融资。截至2016年年底，对接融资项目29个，金额373.64亿元，落实并通过金融机构审批通过236.34亿元，较2015年同期增长65%；落实项目23个，全年到位资金80.34亿元；年平均综合利率5.92%，较2015年同期下降8.2%。

■ **资产经营** 截至2016年年底，永州市城投集团资产总额345.25亿元，较2015年同期增长35%，净资产204.29亿元，负债140.95亿元，资产负债率40.8%；流动资产220.2亿元，流动负债20亿元，长期负债98.4亿元。市矿业投运作祁阳茶盘口矿区高岭土矿探矿权，完成详查报告评审备案；公共自行车租赁系统和慢行系统建设推进顺利，较好地完成永州源味街招商任务，基本实现市委、市政府打造永州源味街的初衷。市水务投完成收入2834.5万元；永州市“两供两治”中心城区供水和污水处理PPP项目落地运营；城通管网公司全年新建和改造道路的弱电管网施工建设21.03千米，收回地下弱电管网销售款430万元，中心城区地下弱电管网建设基本实现“统一规划、统一建设、统一管理”；《永州市“十三五”水生态文明体系建设研究》课题成为永州市“十三五”重大课题之一，并获市级一等奖。市安居投推进湘江西岸棚改项目，将军岭片区完成投资4.72亿元；曲河片区保障房项目完成投资2600万元；京华中学宿舍区及周边地块改造项目完成投资约7000万元。完成跟省安居投公司合作融资工作，到位资金9.1亿元，申请使用资金5亿元。

领导名录

党委书记 董事长	李世旺
董事 总经理	蒋志刚
监事会主席	易春阳
董事 副总经理	郭晓斌
董事 总会计师	程国顺
董事 副总经理	邓茂斌
纪委书记	龚玉明
董事 副总经理	张秋平
董事 总经济师	吕　博
副总经理	黄小明　吴东红
总工程师	李亚明
工会主席	袁　立
永州市水务投资建设开发有限责任公司经理	王振华
永州市保障性住房安居工程投资建设开发有限责任公司经理	杨智荣
永州市矿业投资开发有限责任公司经理	刘丹明

（陈震源）

永州市经济建设投资发展集团有限责任公司

■ **概况** 2016年，永州市经济建设投资发展集团有限责任公司（简称市经投集团）按照“12345”发展战略（即以效益最大化为目标，实现社会效益和经济效益有机统一；强化现代企业和绩效两项管理；做好经营、开发、发展三篇文章；抓住拓展融资渠道、突出建设新城、承接公益项目、注重资产经营四个重点；

2016年7月7日，永州市领导考察万商红安置小区

搞好以土地为命脉的融资工作、以项目为核心的建设工作、以招商为契机的开发工作、以利润为目的的经营工作、以人为本的管理工作五项工作），确定“一场二片三线”和“一宫两馆六中心”为滨江新城开发建设重点，突出“融资、招商、推项目”工作重点，促进中心城市提质扩容。公司全年达成融资意向150亿元，到位资金48.31亿元，完成重点项目建设投资16.36亿元。是年，公司获评全市安全生产先进企业、重点项目先进责任单位、党风廉政建设先进单位、农业农村工作先进单位、旅游产业发展先进单位、党委政府重大事项督查先进单位；万商红商贸新城获重大工程完成任务奖，滨江新城路网项目获重点项目先进奖，永州大道地下综合管廊项目、永州机场迁建、“一宫两馆两中心”建设获重大前期项目完成任务奖；蓝山县湘江源瑶族乡坪源村工作队获先进驻村帮扶工作队称号。

■ 项目融资　2016年，永州市经投集团注重优化债务结构，降低融资成本，直接融资与间接融资并重，应用PPP融资、城市发展基金等，初步形成“长短结合、优化品种、注重时效、降低成本”的灵活创新机制。全年完成融资15笔，到位融资额度48.31亿元。有效控制融资综合成本，其中有14笔融资成本控制在7%以内。融资期限均控制在3年以上，其中5年以上的有8笔，占融资总额的82%。对接融资项目24个，达成融资意向260亿元，落实资金126亿元，累计到位资金82亿元。

■ 项目招商　2016年，永州市经投集团精准对接抓招商，采取包装新项目、对接大项目、落地好项目的方法招商引资。科学包装玫瑰湾休闲度假养生产业、“四园一区”、空港产业、曲河城市综合体、特色小镇等16个项目，全方位开展招商引资工作。对接通航产业园、潇湘汽车城、滨江新城新型能源等招商项目，并达成初步合作意向。湘南万商红商贸新城项目落地并开工建设，加州小镇、丽水琴湾正在抓紧施工建设。

■ 项目建设　2016年，永州市人民政府下达重点项目投资计划9.97亿元，全年实际完成投资16.36亿元，占年计划的164.1%。改变过去传统的工程招标BOT等工程代建制模式，探索推行PPP、EPC及EPC+F等建设模式，市政务服务中心和市文化艺术中心、永州大道地下综合管廊、永州幼儿师范高等专科学校、上（上岭桥）大（大忠桥）公路等项目均按PPP模式稳步推进。湘南万商红商贸新城开工建设，加州小镇、丽水琴湾正在抓紧施工建设；“十大重点工程”全面推进，“一宫两馆五中心”项目一期、永州大道后续配套工程、永州大道地下综合管廊、滨江新城棚户区改造、滨江新城路网项目、永州幼儿师范高等专科学校开工建设；上大公路、潇湘国际汽车城项目、玫瑰湾休闲养生产业园项目、湘江东岸生态治理项目、永州零陵机场迁建等项目前期工作进展顺利。

领导名录

董事长 党委书记	柏　菁
董事 总经理 市机场建设投资开发有限公司经理	鲁耀纯
监事会主席	刘伟军
董事 副总经理	陈　慧
董事 市交通建设投资有限公司经理	陈于军
董事 副总经理	邓宪君
董事 总会计师	周志强
纪委书记	蒋海民
董事 副总经理	吴林辉　雷宏鸣
总经济师 市滨江新城投资建设有限公司经理	张新建
副总经理	胡红波
总工程师	曹志远
市顺达住房投资建设有限公司经理	何维龙

（廖茂盛）

国网永州供电公司

■ 概况　2016年，国网永州供电公司始终坚持“依法从严治企，精益规范管理”的工作主基调，全面完成各项目标任务。完成售电量66.2亿千瓦时，电费回收率100%。公司管理对标位居省公司第三名，企业负责人业绩考核指标、同业对标综合排名省公司第六位。

■ 安全生产　2016年，国网永州供电公司实现连续第十三个“安全年”。开展季节性安全检查和“三查三强化”专项行动，排查治理隐患2153条，稽查作业现场5892个，3支外聘队伍纳入“黑名单”。强化生产精益化管理，建成220千伏标准化线路1083千米，完成18个变电站精益化评价，完成220千伏曲河变电站整站检修，线路故障率、配变停运率分别降低7.8%、19.56%。加强电网安全稳定分析和风险预控，有效应对冬夏负荷高峰和多轮洪涝灾害，完成市党代会等保电任务。推动“政、警、法、企”外部联保体系建设，成功召开第一届林电联席会议。促成市安委会下发《关于进一步加强用电安全管理工作的通知》，用电安全管理首次纳入政府工作范畴。公司获评2016年度省公司安全生产先进单位，连续7年获评永州市安全生产先进单位。

■电网发展 2016年，国网永州供电公司滚动修编永州地区“十三五”电网、新一轮农村电网改造升级规划，完成3个省级工业园区规划编制。完成梅溪、紫溪等12个35千伏及以上输变电工程项目竣工投产。配电自动化建设全面启动。界牌风电110千伏送出工程建成投运，石岩头、燕子山风电110千伏送出工程有序实施，清洁能源建设快速推进。完成农网改造升级行政村576个，落实民生实事重点项目70个，有效治理“低电压”5.8万户。公司获国网公司线路专业设计竞赛三等奖，实现湖南省地市公司在国网公司设计竞赛获奖的历史性突破。连续3年获评湖南省电力工程质量监督先进单位，连续2年同获省公司变电、线路两面“项目管理流动红旗”，宗元至桐山π入新田变220千伏线路工程获“国网公司创优示范工程”。建设类对标以满分成绩列全省第一位。

■提质增效 2016年，国网永州供电公司开展提质增效“五个一”活动、“治配网、降线损、控投诉”专项活动。加快推进电能替代，完成替代重点项目18个。建立健全领导挂点机制和“四维立体”降损体系，消灭高损台区1327个。常态开展量价费损专项监测，甄别处理有效异动1103项。深化营销服务经营诊断，查改不规范问题182个，查处违章130起。深化银行征信系统应用防范电费风险，报送不诚信客户2962户。推行低压业扩“一岗制”作业，新装客户8.75万户，新增用电容量103.88万千瓦。

■企业管理 2016年，国网永州供电公司推进两级本部建设，“抓本部、带基层”形成良好氛围。开展“内部人力资源市场建设”和“应用五位一体实现人力资源精益规范管理”试点，实施“三角”挂职（岗）锻炼34人，试点工作获省公司高度评价。人才当量密度完成1.06，排名地市公司第一名。健全完善“三系一创”绩效考核机制，全员绩效管理向农电试点取得实效。组建配抢指挥中心，率先通过省公司验收。成立配电网建设办公室，理顺冷水滩片农电管理模式，营销现代化系统功能成功上线，电费核算账务及小水电结算业务全部实现市集约。制定《输配电价改革试点定价成本监审工作方案》，顺利接管蓝山县龙溪和所城小水电自供区，完成4个省级工业园的供电框架协议签订。新田县公司、零陵区公司生产综合楼全面建成，公司生产检修综合楼、蓝山县公司生产综合楼、集体企业基地规划有序推进。坚持将管理创新融入管理实践，形成管理创新成果37项，获湖南省管理创新二等奖1项，省公司管理创新一等奖2项、三等奖1项。

■供电服务 2016年，国网永州供电公司成立供电服务委员会。深化供电服务协同，制定建设类投诉管控办法，设立“曝光服务台”，实行敏感投诉溯源分析制和约谈制。加强95598投诉分析和改进提升，实行供电服务预警，常态化开展营业厅明察暗访。强化计划停电管控，推广新型缴费方式，注册掌上电力28.21万户，掌上电力、电E宝手机APP交费21.7万笔。服务新能源发展，接入风电、光伏发电。农电管理水平持续提升，5个供电所被评为省公司“四星级供电所”。对接市政建设工程和重点项目，完成湘江纸业“三供一业”供电分离施工、分户工作。加强品牌塑造，暴雨抢修、应急抢险、民生服务等工作走上中央电视台《新闻直播间》等栏目。

■依法治企 2016年，国网永州供电公司全面落实“三全五依”法治企业建设要求，突出重点领域和关键环节，完成本部17个财务岗位职责调整和变更。采取责任承诺、审计建档、问题销号、业务部门协同督办等方式，组织开展“三公”经费和内外部审计，以及农网升级改造审计和自查自纠发现问题整改专项督查活动，梳理问题572个，整改率100%。狠抓国网公司内部巡视反馈问题整改，整改问题8个。开展企业内部审计，创新审计工作方式，运用ERP业务审计系统、审计信息系统，提出改进意见和建议13项。完成国家发改委农网改造升级工程迎审工作。组织开展六大专业法律风险防范知识竞赛，完成市政府交办的学法用法考试任务。

■ 永州首家沼气发电并网上市
2016年11月，祁阳县民康养殖有限公司与国家大电网永州公司签订沼气发电并网协议，以1.1元/千瓦时的价格向国家大电网输送用清洁能源沼气所发电能。这是全市首家沼气发电并网上市。祁阳县注重农村清洁能源的开发与利用，依托养殖大县资源优势，将养殖粪污处理与清洁能源开发利用有机结合起来，以大型沼气综合利用工程建设为突破口，率先在三口塘镇黄公岭村的民康养殖有限公司进行试点，利用该公司常年存栏生猪1万头所产生的粪污，投资200多万元，建成沼气发酵池容800立方米，贮气设施200立方米，装机沼气发电机组50千瓦时的大型沼气综合利用工程。

领导名录

总 经 理　潘继雄
党委书记　顾　苏
副总经理　何　强　唐怡密
工会主席　何永立
纪委书记　胡衡岳
副总经理　李宗赐
总工程师　于彩葵
三级职员　唐正荣

（杜小芳）

中石化永州石油分公司

■ 概况　2016年，中石化永州石油分公司在营加油站111座，在营油库1座，在建油库1座，在岗职工589人。公司秉承“发展企业、贡献国家、回报股东、服务社会、造福员工”的企业宗旨，以经营为龙头，以安全为保障，发挥永州成品油供应市场主导作用，履行大型国有企业的社会责任，全年供应市场油品销售44万余吨。

滩头湾油库一角

■ 油品供应　2016年，国内经济增速持续放缓，柴油消费异常低迷，资源供大于求加剧，国内油价“十涨五跌”。中石化永州石油分公司加快转变思想观念，聚焦提质增效，以“四个全力，两个推进”为工作思路，拼抢市场，扩销增效，持续加强管理，完成各项目标任务。全年销售成品油44万余吨，全年6个节假日销售油品4万余吨，滩头湾出库油品最高峰值2100吨/天，为全市油品保供、工农业生产发展作出贡献。

■ 安全管理　2016年，中石化永州石油分公司严格落实安全生产责任制，不断强化安全监管，及时消除各类安全隐患，加大责任追究力度，确保安全稳定生产。树立“发展不能以牺牲人的生命为代价”的理念，做到四个狠抓，四个“不”：即狠抓“三违”一个不例外，狠抓培训一个不缺课，狠抓隐患整改一个不漏项，狠抓制度执行一点不含糊。严格执行总部各项安全生产禁令，抓实新《中华人民共和国安全生产法》和《中华人民共和国环境保护法》学习，推动安全环保理念入脑入心。树立“培训不到位是重大安全隐患”的理念，加强基层员工重点岗位技能培训，加强防火灾、防抢防盗以及防暴恐等应急预案的学习和演练，组织桌面、现场应急预案演练960余次，全面提高应急实战能力。

■ 优质服务　2016年，中石化永州石油分公司坚持“以客户为中心”，不断强化服务管理，完善服务品质，提升服务水平。开展“加油站综合服务提升年”活动，严格油品数质量监控，践行“每一滴油都是承诺”，确保油品质优量足；强化非油品质量管控，保证“易捷万店无假货”；制订规范化服务标准，优化服务流程，靓化服务窗口，营造舒心消费环境。开展“文明加油站”创建活动，在每个加油站设置“便民服务台”，免费提供医药、维修、问询等便民服务。

领导名录

总 经 理　周重陵
党委书记　潘晓卿
副 经 理　周芳全
经理助理　刘青松　卢运仰

（齐光胜）

中国石油湖南永州销售分公司

■ 概况　2016年，中国石油湖南永州销售分公司秉承“奉献能源，创造和谐”的企业宗旨，以“网络布局优、零售质量高、经济效益好、基础管理实、品牌形象佳、队伍素质强”为目标，实现“量效增长、管理提升、基础牢固”的良好发展局面。全年销售成品油12.85万吨，纯枪销售同比增长10.79%。持续获评年度中国石油湖南销售公司劳动竞赛综合评比优胜单位、“先进基层党组织”及“四好”领导班子。

■ 经营销售　2016年，中国石油湖南永州销售分公司应对市场低迷、油价跌宕等复杂形势，精准把脉，科学施策，较好地完成全年任务。在油品销售高峰期，紧盯资源保供，2016年春运期间汽油销量同比增幅22.3%。开展“市场大调查、客户大普查”活动，电话回访及实地走访石场、企事业单位、物流公司等单位客户1424家。坚持以加油卡为平台，一体化运作，全面改善客户体验，IC卡业绩指标稳定增长，同时利用互联网特点与优势，推广多渠道支付方式，方便客户选择与消费。

■ 现场管理　2016年，中国石油湖南永州销售分公司制定下发《2016优质服务升级及活动方案》，修订《现场稽查管理实施细则》，同时开展加油站关键区域的专项整治，落实问题整改，推进油站的标准化、定置化、目视化管理。从整体形象、专项改造、油气回收、罐区标准化等方面完成改造站13座，加油站外观形象进一步明亮化。

■ 安全管理　2016年，中国石油永州销售分公司坚持把安全生产作为一项政治任务抓在手上，推进体系运行，落实安全责任，力促隐患整改。全员签订《质量安全环保责任书》，定期开展安全主题月活动、安全培训教育、应急预案演练等，保证记录齐全。同时强化风险管控，持续开展到加油站纠正一次安全违章提醒、上一堂安全课、开展一次安全考试及一次安全规范操作示范的安全“四个一”活动。强化施工管理，开展施工作业前安全分析、安全培训及施工技术交底，严格执行特种作业管理规定，加大检查力度和频次，特殊时段升级管理，确保工程“安全、质量、进度”三受控。

领导名录

总 经 理
党委副书记　汉　征
党委书记　黎　明

（廖香琴）

生态建设

Ecological Construction

环 境 保 护

■ 概况 2016年，永州市推进生态文明建设，践行生态优先发展战略，环境保护工作取得成效。东安县、道县、江永县、江华瑶族自治县新增为国家重点生态功能区；江华瑶族自治县环保局周贵生获全省唯一一个中国生态文明奖先进个人称号；市环保局先后获全省环境监察工作一等奖、全省百日大练兵移动执法一等奖、案卷评查一等奖、全省环境监测分析技能竞赛团体二等奖、个人单项理论成绩第一名，市环境监测工作在全省作典型发言；市环保局维护社会稳定、招商引资、农业农村、三项优先等工作被评为全市先进。全年，公众对环境质量的满意率94.20%，对环境保护工作的满意率93.30%。

■ 治污改善环境质量 2016年，永州市中心城区环境空气综合指数排全省第三位，空气质量优良率排全省第四位，国家和省里考核的归阳镇、双牌水库、诸葛庙断面全部达到Ⅱ类水质标准，地表水、饮用水达标率100%。组织实施湘江保护和治理项目56个，完成330个村的污水治理，淘汰燃煤锅炉61台计368.3蒸吨，淘汰老旧车、黄标车2.64万台，中心城区关停、搬迁砖厂37家，全市化学需氧量、氨氮、二氧化硫、氮氧化物排放总量较2015年分别削减2.32%、4.04%、5.94%、4.02%，全面完成省定任务。

■ 环境安全保障 2016年，永州市清理整治环境保护违规建设项目1042个，安全收贮闲置废弃放射源24枚，安全处置含铅、锌、铬、砷废渣1800余吨，170余家医疗机构的医疗废物进行集中安全处置，全面完成江华瑶族自治县涔天河水库水淹区固体危险废物清理。立案调查环境违法行为77起，查处重大案件34起，其中移送行政拘留和涉嫌环境污染犯罪案件12起。全市调处环境信访案件1792件，没有出现国家和省督办的信访案件，也没有发生重大以上环境污染事故和生态破坏事件，环境安全和社会稳定得到有效保障。

■ 生态文明体制改革 2016年，永州市县区相继出台加快推进生态文明建设的一系列文件，将环境保护工作纳入绩效和生态优先考核，构建相对完善的任务体系、责任体系、考核体系。加快推行信息公开，各级政府依法向本级人大常委会报告环境状况和环境保护目标完成情况，公开环境质量状况，公示企业环境行为信用评价结果。推行红线管理，全市划定生态保护红线面积9358.43平方千米，占国土面积的42.04%。推进环境资源市场化运行，全市征收310家企业排污权有偿使用费355.41万元，完成排污权交易27笔计1255.4万余元。

■ 生态文明宣传教育 2016年，永州市启动国家生态文明建设示范市创建工作，编制完成创建实施方案，江华瑶族自治县达到国家级生态文明建设示范县标准，双牌县正在创建省级生态文明建设示范县，金洞全域生态旅游示范区获评全省生态经济十优示范案例。举办全市环保法制培训班，组织开展绿色卫士湘江漂流等一系列宣传活动，市环保局参加并夺得全省首届环保法律知识竞赛冠军，环境法治意识和绿色生活理念正不断在全社会延伸。

■ 永州首次发布环境质量状况 2016年6月20日，永州市首次发布环境质量状况，从6月开始，市环保局每月都将对外发布环境质量状况。永州5月水环境质量和大气环境质量良好。5月绿埠头、双牌水库、诸葛庙断面24个监测项目达到《地表水环境质量标准》（GB 3838—2002）Ⅱ类水域水质标准，港子口断面24个监测项目达到《地表水环境质量标准》（GB 3838—2002）Ⅲ类水域水质标准，地表水环境质量达标率100%。永州市出境断面、衡阳归阳断面24个监测项目达到《地表水环境质量标准》（GB 3838—2002）Ⅱ类水域水质标准。中心城区饮用水水源水质良好。5月冷水滩区曲河和零陵区诸葛庙2个饮用水源监测断面、61个监测项目分别达到《地表水环境质量》（GB 3838—2002）Ⅲ类和Ⅱ类水域水质标准，饮用水水源水质达标率100%。城市环境空气质量优良。5月对全市中心城区4个评价点和1个对照点的PM10、PM2.5、二氧化硫、二氧化氮、一氧化碳和臭氧进行监测，环境空气质量优良天数为26天，轻度污染天数为3天，无效数据天数2天，环境空气质量优良率89.7%。

（陈良）

城 市 园 林

■ 概况 2016年，永州市城市园林局围绕创建国家园林城市总体部署，履行自身职责，狠抓城市绿化建设与管理工作，被永州市委、市人民政府评为2016年度市委市政府重大事项督查和机关效能建设先进单位、2016年度农业农村工作先进单位，并继续保持永州市文明单位和湖南省文明卫生单位称号。永州市城市园林局机关工会建设被永州市总工会授予模范职工之家称号。

■ 参与创建国家园林城市 2016年，永州市组建永州市创建国家园林城市领导小组，其下设领导小组办公室、专业工作组，出台《永州市创建国家园林城市实施方案》和《永州市创建国家园林城市考核奖惩办法》。市城市园林局与规划设计部门衔接，拟定中心城区2016年—2018年三年绿化建设项目108个，其中新建公园12个、提质改造7个、新建小游园25个、绿化广场5个、风光带3处、主干道绿化项目36条、其他绿化项目20个。下发《关于下发永州市创建国家园林城市园林绿化建设任务的通知》。通过设置公益广告、户外标语、网站信息更新、动态报送创国园工作简报等形式持续强化创国园宣传工作，做好综合协调及督查考核工作。

■ 园林绿化科学规划设计 2016年，永州市按照“绿化与文化相结合，绿化与生态相结合，绿化与产业相结合，绿化与群众生活相结合”的思路，着力凸显“山、水、洲、城”的特色，加快专项规划的编制工作，完成《永州市绿线规划》和《中心城区垂直绿化规划》两项专项规划，并专题研究《永州市中心城区城市色彩专项规划方案》，做好公园、城市广场、小游园、城市道路主次干道、桥梁及山体断面立体绿化和生态停车场绿化等园林绿化建设项目新建和提质改造的规划，对每一项规划的设计，既借鉴外地先进经验，又突出永州特色，充分考虑到与周围环境的和谐统一，并组织专家反复论证修改，确定最优方案后进行建设。

■ 城市绿化建设 2016年，永州市按照“300米见绿、500米见园”的要求，合理规划布局公园和街头游园，新建和改建虎岩公园、二中广场、东山广场、文庙小游园、萍阳北路小游园、诸葛庙小游园、小石林小游园、零陵楼小游园、七里店小游园、南津渡电站小游园公共绿地建设项目10个，并在公园、广场、小游园、各生活小区内新增一部分体育健身娱乐设备，为市民提供舒适的休闲空间。按照“一街一景致、一路一特色”的要求，坚持绿化与道路建设同步，注重植物品种选配和空间布局，增强城内道路系统绿化和城周主要公路、铁路防护林建设的有机融合，形成覆盖整个城区的绿色网络和屏障。完成潇湘大道（零陵区）、日升路、绿影路、萍洲西路、瑞翔大道、潇湘大道（长丰西路—城南大道段）、长丰大道、翠竹路、逸云路、双洲路、潇湘大道（冷水滩区）、西区路、珊瑚路、永州大道（城区段）、湘永路、育才路、省道S217线沿线路侧防护绿带（1500米）17个项目的绿化和提质改造。启动永州大道（联城段）、迎宾路、梧桐路、凤凰路、南津路、潇水路、沿江大道、朝阳大道、工业园路网、萍洲路网、二广高速东连接段、省道S217线沿线路侧防护绿带（4900米）新建、冷水滩区各铁路沿线绿化建设13个项目的绿化建设和提质改造。推进山体绿化和桥体绿化工作，完成永州大道两旁山体绿化裸露山体绿化20余公顷，道路边坡绿化2万余平方米；规划设计永州大桥、潇湘大桥、东风大桥、南津渡大桥、萍洲大桥的桥体绿化方案。加快永州市植物园的建设节奏，完成湿地游园前期工程、园区道路新建及改造，园区绿化广场景观工程

冷水滩区河东滨江公园

“城市绿岛”小区一隅　　摄影　王春华

和生态厕所完成建设并投入使用，市林业博览园建成并开园。

■ 园林管理　2016年，永州市城市园林局受委托承担《永州市公园广场管理条例（草案）》（以下简称《条例（草案）》）的起草工作，做好调研、起草、征求意见、论证、听证等系统工作，并经市人民政府法制办合法性审查后，按程序报市人民政府第八十二次常务会议审议通过。市人民政府于8月24日将《条例（草案）》提案到市人大常委会进行审议，推进园林绿化管理法制化进程。拟定报送并经城建领导小组研究批准实施《永州市中心城区园林绿化管护考核办法》《中心城区园林绿化养护管理质量标准》和《中心城区园林绿化养护管理考核实施细则》。采取分片包干的管理模式，对公园的管理区域进行合理分段、分片，做到绿化养护、卫生保洁目标管理责任到人。

■ 园林式单位（小区）创建与小区绿化整治　2016年，永州市组织专家对申报市级园林式单位（小区）的66个单位（小区）进行现场考核评定，对申报省级园林式单位（小区）的15个单位（小区）进行现场初评。截至2016年年底，中心城区建成市级园林式单位和小区126个；组织专门班子开展小区绿化整治工作，通过发放整改交办函、跟踪督察督办、提供技术指导等措施，对65个有绿化整改任务的小区进行绿化整治。

（周戬）

美丽乡村建设

■ 宁远湾井镇被评为全市首个省级美丽乡镇示范镇　2016年2月29日，宁远县湾井镇被评为湖南省美丽乡镇示范镇，成为永州市第一个被评为省级美丽乡镇示范镇的乡镇。宁远湾井镇以路亭村和下灌社区为中心建设“生产发展、生活宽裕、乡风文明、村容整洁、管理民主”的社会主义新农村，先后投入3000多万元，改造村民厕所，硬化村级道路，对村庄进行亮化、绿化和美化。2015年—2016年，湾井镇镇政府组织人员，通过搜集整理湾井镇独有的自然景观、历史文化、新型城镇化建设和规划管理工作的亮点，制成文本和视频申报到省住建厅，经资料完整性和资源价值审查，专家评审、存疑现场勘察和公示，被评为湖南省美丽乡镇示范镇。

■ 阳明山获评2016湖南最佳避暑胜地　2016年6月22日，在平江县举行的湖南2016夏季乡村旅游节开幕式上，阳明山国家森林公园被湖南省旅游协会评为2016年湖南最佳避暑胜地，是永州唯一获此殊荣的景区。阳明山属于亚热带季风湿润气候，最高海拔1624.6米，平均海拔1000米左右，森林覆盖率98%，负氧离子达到每立方米6.8万个。7月平均气温只有22℃，适宜观光养生避暑。

■ 江永浦美村获评中国最美休闲乡村　2016年9月，江永县上江圩镇浦美村被农业部评为2016中国美丽休闲乡村之特色民俗村，成为全市唯一入选乡村。浦美村是世界上唯一现存的、最具性别特征的文字——女书的主要流传村落之一。该村按照“恢复古村、保护文物、发展产业、开发旅游”的思路，实施美丽休闲乡村建设。先后投资3200余万元，建设村寨女书抢救保护基础设施，实施新农村建设，修复村内古建筑原貌。建成女书生态博物馆，恢复“坐歌堂”“贺三朝”等女书民俗活动，传承和保护女书文化习俗。同时依托独特的文化资源和优美的生态环境，打造集田园风光、休闲娱乐、餐饮食宿等为一体的乡村休闲旅游综合体。全村开办农家乐、家庭旅馆、特色超市12家，“农村淘宝”网点4家，种植香姜、水果121.33公

祁阳县李家大院

顷。此外，推进农村精神文明建设，制定村规民约，开展和美家庭、和睦邻里、和谐村组“三和”文明创建及“好家风好家训”评比等活动。

■ **江永首次发现野生娃娃鱼** 2016年10月10日上午，江永县野生动物救助站的工作人员和该县千家峒瑶族乡的干部在千家峒国家级自然保护区，选择一处石缝和岩洞多、水质优良、食物较丰富的水域，将3条野生娃娃鱼放归大自然。林业部门称，这是江永县境内首次发现野生娃娃鱼。

■ **永州116个村被列入全国乡村旅游扶贫重点村** 2016年10月，国家旅游局官方网站发布由国家旅游局、国家发改委、国务院扶贫办等10多个部门和单位共同制定并印发的《乡村旅游扶贫工程行动方案》。该方案中，湖南省有1978个村，其中永州市回龙圩管理区八仙洞村、金洞管理区仁光村等116个村被列入全国乡村旅游扶贫重点村。国家乡村旅游扶贫工程目标是使乡村旅游扶贫重点村年旅游经营收入100万元，贫困人口年人均旅游收入1万元以上。将按照“中央统筹、地方负责，部门协作、合力推进，因地制宜、创新模式，精准施策、提高实效”原则，在完成科学编制乡村旅游规划、加强旅游基础设施建设、大力开发乡村旅游产品、加强旅游宣传营销、加强乡村旅游扶贫人才培训等主要任务的基础上，进一步明确任务分工、加强组织协调、强化督查考核并实施乡村旅游扶贫“八大行动”，即乡村环境综合整治、旅游规划扶贫公益、乡村旅游后备箱和旅游电商推进、万企万村帮扶、百万乡村旅游创客、金融支持旅游扶贫、扶贫模式创新推广、旅游扶贫人才素质提升8个专项行动。

林　　业

■ **概况** 2016年，永州市林业局有干部职工92人，内设16个职能部门。下设都庞岭国家级自然保护区管理局、市森林调查规划设计院（市森林资源资产评估中心、湖南省林业调查规划设计院永州分院）、市林业科学研究所（孟公山林场、永州市林业博览园管理处、湖南省林业科学院永州分院）3个直属管理单位。加挂市森林防火指挥部、市绿化委员会两块牌子，并承担其职能。全市拥有国家级和省级林业产业龙头企业41家，中国驰名商标4件，湖南名牌产品7个，湖南省著名商标10件。2013年获批“全国油茶产业发展示范市”。2015年获批“国家森林城市”。

2016年，永州市以巩固提升创森成果为标志的造林绿化增量提质，全市完成造林2.34万公顷，居全省前列。以“三个百亿”产业快速崛起为标志的林业产业转型升级，林业社会总产值347.74亿元，同比增长15.43%。成功承办全国油茶产业发展现场会，油茶产业建设得到与会代表的高度好评。牵头六安、赣州、宜春、衡阳4个全国油茶产业发展示范市，建立全国油茶产业发展示范市联席会议制度，签订油茶战略合作框架协议，油茶产业发展步入良性发展轨道。以创建“国字号”品牌为标志的资源保护严格规范，零陵潇水、祁阳浯溪、江永永明河获批国家湿地公园试点，全市国家湿地公园试点数达8个，居全省第一位。以永州森林植物园建设为标志的生态文化日趋繁荣。由市林业局统一规划，各县区（管理区、经开区）承建并冠名的永州林业博览园成功开园，成为宣传推介永州文化、展示永州生态文明建设成果的重要平台。以新业态为标志的林业新经济异军突起，全市24个国有林场纳入全省2017年首批林业碳汇开发计划，面积6.3万公顷，居全省第一位。以秀美林场建设为标志国有林场改革发展步入快车道，孟公山林场（市森林植物园）成为全省秀美林场建设的标杆。全市全年森林旅游收入 1.83 亿元，其中旅游收入 1.68 亿元，门票收入 4858 万元，接待游客超过 192.59 万人次。市林业局被全国绿化委员会、人力资源社会保障部和国家林业局授予“全国绿化先进集体”称号。市林业局连续 6 年获评永州市委、市人民政府绩效考核先进单位。党风廉政建设、综合治理、人口和计划生育、农业农村、三项优先、信访、优化经济环境、安全生产和驻村帮扶等单项工作也位居全市前列。

■ 承办全国油茶产业发展现场会 2016 年 11 月 11 日—12 日，全国油茶产业发展现场会暨全国油茶产业发展示范市联席会议第一次会议在永州市召开，国家林业局、国家相关部委、省人民政府、15 个全国油茶主产区林业厅局和 5 个油茶产业发展示范市人民政府领导等出席会议。永州市油茶产业发展受到会议的充分肯定，会议的承办工作得到国家林业局领导和其他省市参会代表的好评。同时，由永州市牵头发起，联合六安、赣州、宜春、衡阳 4 个全国油茶产业发展示范市，建立全国油茶产业发展示范市联席会议制度，五市人民政府签订油茶战略合作框架协议。

■ 巩固提升创森成果全面完成 2016 年，永州市完成造林 2.35 万公顷，为任务的 100.6%。其中完成油茶造林 3693 公顷，为计划的 101%；完成退耕还林工程造林 1508.67 公顷、长株防林工程造林 2686.67 公顷、石漠化治理工程造林 1193.33 公顷、巩退项目造林 2173.33 公顷、外资项目造林 533.33 公顷，均为计划的 100%；完成绿色通道造林 5031 千米，为计划的 102.4%。完成育苗面积 273.13 公顷，为计划的 113.8%；新建花卉苗木基地 56 个，新建面积 753.33 公顷。全市产合格苗 9122 万株，保证全市良种壮苗的供应。8 月，市林业局被国家绿化委员会、人力资源社会保障部、国家林业局授予全国绿化先进集体。

■ 林业资源管护 2016 年，永州市政府出台《市、县区级生态公益林区划界定及生态效益补偿工作实施方案》，出台市级公益林区划界定办法，组织开展技术培训。江华、宁远、东安、江永、新田、永州经济技术开发区等县区完成外业调查，其他县区正有序推进。严格执行禁伐限伐政策规定，全市约束性指标采伐额度 62.6 万立方米没有突破，森林覆盖率持续稳定在 64.47% 以上。组织申报零陵潇水、祁阳浯溪、江永永明河 3 个国家湿地公园试点，通过国家林业局专家评审，正在公示阶段。全市湿地保护率 77.32%，提前一年超额完成“美丽湿地”三年行动计划任务。省湘江保护协调委员会办公室正式批准《永州市湘江流域退耕还林还湿试点实施方案》。市编办下文同意金洞猛江河、东安紫水、宁远九嶷河国家湿地公园设立管理局。严控森林火灾和林业有害生物发生。全年林业有害生物成灾率控制在 4‰以下，森林火灾受害率远低于 1‰的控制指标。

■ 绿色产业发展 2016 年，永州市林业产业产值接近 350 亿元，同比增长 15% 以上。全市新建油茶、速丰林、珍稀树种、中药材、花卉苗木等基地等 1.73 万公顷，与 2015 年相比增长 12%。其中油茶基地建设完成新造和低改 1.23 万公顷，为任务的 100%；完成投资 2.1 亿元，占年度总投资 2 亿元的 105%。全市林产工业保持较快增长。新田吉星家具组团参加第三十五届东莞名品家具展览会，签约专卖店 109 家。以东安竹产业园为龙头的竹产业产销两旺，同比增长 20% 以上。以国家森林公园、自然保护区、湿地公园为依托，森林生态旅游收入年内达 50 亿元，同比增长 25%。

2016 年 11 月 11 日，全国油茶博览会在永州召开

■ **林业新业态** 2016年，金洞管理区纳入省森林碳汇工程试点。开展全市森林碳汇工作调研，摸清底子。依托植物园、森林公园、自然保护区、湿地公园，编制森林康养发展规划，启动阳明山森林康养前期试点工作。组织恒康药业、大自然药业、希尔药业等与油茶种植大户对接，在油茶中幼林套种颠茄、玉竹、油牡丹、七叶一枝花等中药材，发展面积超过0.67万公顷，探索建立油茶以短养长新模式。推进林权发证扫尾工作，全市林权证发放到户率98%以上。

■ **永州林业博览园开园** 2016年12月8日，永州林业博览园在永州森林植物园举行开园仪式。省林业厅厅长邓三龙出席并讲话，市委副书记、市长易佳良宣布开园，市领导唐定、蒋善生、唐能武、罗建华、李俊湘出席开园仪式。永州林业博览园是永州森林植物园的重要组成部分，占地面积24.53公顷，共分14个园，分别由各县区、管理区、经开区承建并冠名，总投资近6000万元。林博园成为全市聚生态精品、人文精华于一体，集生态文化、生态文明于一身的科普教育场所。11月，被省林业厅、省教育厅、共青团湖南省委联合授牌为“湖南省生态文明教育基地”。

（熊海军　吴炳贤）

湿地建设

■ **东安紫水湿地公园获批国家湿地公园试点** 2016年1月，国家林业局下发通知，湖南省获批国家湿地公园（试点）17个，东安县紫水国家湿地公园位列其中。

双牌日月湖国家湿地公园

截至2016年1月，全市国家级湿地公园有3个，其中江华涔天河国家湿地公园和双牌日月湖国家湿地公园于2013年获批。湿地公园是指拥有一定规模和范围，以湿地景观为主体，以湿地生态系统保护为核心，兼顾湿地生态系统服务功能展示、科普宣教和湿地合理利用示范，有一定文化或美学价值，可供人们进行科学研究和生态旅游，予以特殊保护和管理的湿地区域。

■ **九嶷河湿地公园纳入国家试点圈** 2016年1月，国家林业局同意宁远九嶷河国家湿地公园开展国家湿地公园试点工作。九嶷河国家湿地公园位于宁远县水市镇、九嶷山瑶族乡境内，紧邻九嶷山风景名胜区，主要包括水市水库大坝至九嶷山电站的九嶷河，以及周边部分山地和少量农田，北起九嶷湖大坝，南接九嶷山国家森林公园，东西宽12.2千米，南北长11.8千米，总面积768.4公顷，其中湿地面积321.2公顷。九嶷河国家湿地公园内湿地生态特征明显，生物资源较为丰富，自然景观优美。

■ **浯溪国家湿地公园通过国家评审** 2016年4月，浯溪国家湿地公园开始筹备申建，总面积3453.5公顷，其中湿地面积3034公顷，湿地率87.8%。由湖南省农林工业勘察设计研究总院总体规划，项目建设期限为5年，预算总投入2.6亿元。公园湿地生态系统完整性好，生态系统类型多样，动、植物资源丰富，有野生脊椎动物5纲28目81科220种，其中国家二级保护动物15种；种子植物95科293属439种，其中，湿地植物68科148属282种，国家二级保护植物6种。湿地公园沿线拥有浯溪碑林、文昌塔、龙溪李家大院、潇湘楼、甘泉寺、陶铸故居等重点文化资源，是湖湘文化产业带的重要区段。6月25日，浯溪国家湿地公园以全省排名靠前的成绩通过省级评审。11月21日，国家林业局专家组进行现场考察评审验收，考察组对浯溪国家湿地公园的申建工作给予高度评价。12月23日—27日，浯溪国家湿地公园（试点）进入公示期。

■ **永州新增3处试点建设国家湿地公园** 2016年12月，永州市3

个拟建国家湿地公园均已通过专家评审，其中，湖南祁阳浯溪国家湿地公园、湖南零陵潇水国家湿地公园已由国家林业局进行公示，公示期为12月23日—27日。拟建湖南江永永明河国家湿地公园因部分权属问题将于2017年1月末公示。永州高度重视生态文明建设，坚持生态优先战略，实施一系列湿地保护与恢复工程，并大力推进保护体系建设，在重要区位规划建立一批国家级、县级湿地公园、湿地类型自然保护区、保护小区。截至2016年12月，全市湿地保护面积达35357.47公顷、湿地保护率77.09%。

区县概况

Counties and Districts

冷水滩区

■ 概述 2016年，冷水滩区辖9个乡镇、10个街道、1个工业园区、1个农业开发区、1个永州国家农业科技园区。面积1217.13平方千米，其中耕地面积30.99千公顷。常住总人口54.32万人，其中城镇人口36.48万人。人口出生率14.7‰，自然增长率9.8‰。年内气温最高37.4℃，最低-2.3℃；年降水量1202毫米。

地方生产总值241.79亿元，增长9.3%。其中，第一产业35.12亿元，增长3.4%；第二产业89.28亿元，增长7.5%；第三产业117.39亿元，增长12.8%。三次产业结构比为14.5∶36.9∶48.6。财政总收入14.57亿元，增长15.4%，其中地方财政收入9.68亿元，增长9.2%。城镇居民人均可支配收入27183元，增长10.2%；农民人均可支配收入17337元，增长8.9%。

区域规模工业总产值284.1亿元，增长15.3%；区域规模工业增加值60.58亿元，增长7.7%；区属规模工业总产值178.89亿元，增长6.8%；区属规模工业增加值39.33亿元，增长6.2%。新增规模工业企业10家，总产值3.84亿元。引进项目20个，总投资24.01亿元。五大百亿产业集群成为工业经济新的增长点，其中，电子信息、循环经济、先进机械制造等产业实现产值近50亿元。

农林牧渔业总产值完成63.29亿元，增长3.5%。主要农产品产量：粮食作物36.69万吨，出栏生猪101.25万头，蔬菜82.58万吨，家禽出笼1316.6万羽，水产品2.64万吨。投入资金1.73亿元，新建、改造、整治各类水利工程6200处，完成55座小（2）型水库除险加固，解决2.23万人饮水安全，恢复和改善灌溉面积2866.67公顷。

冷水滩区市民文体活动

固定资产投资完成264.85亿元，增长17.3%。其中城镇投资完成221.41亿元，增长19.7%；农村非农户完成投资27.77元，增长13.8%。实施投资过亿元项目73个，1000万元的项目416个，500万元以上项目433个，竣工投产项目26个。

社会消费品零售总额116.8亿元，增长11.8%。其中城市零售额95.8亿元，农村零售额21亿元，分别增长11.9%和11.7%；批发零售贸易额105.4亿元，餐饮业9.8亿元，其他行业1.6亿元，分别增长11.8%、32.4%和14.3%。

全面落实城镇居民最低生活保障制度、农村困难群众生活救助制度、五保供养制度，完善的城乡救助体系基本成型。投入9243万元，新增城区学位3500个。小学质量检测、初中学业水平考试、高考万人上线率3项指标均居全市第一位。推进国家森林城市、国家园林城市、国家文明城市建设。全面推行城乡网格化治理，平安社区建设工作开创新局面。

存在的主要问题：中心城区不中心，支柱产业不支柱，财政收支压力大。

■ 创建“百亿园区” 2016年，冷水滩区以打造百亿园区，争创全市一流为目标，大跑项目、大上项目、大干项目，园区建设取得快速发展，成功迈入百亿园区。完成园区的总体规划设计，规划面积27平方千米，分南北两个片区。南片区16平方千米完成控制性详细规划，在南片区规划打造电子信息、生物医药、先进制造和现代物流四大产业，重点打造达福鑫电子信息产业园、台湾高科技（永州）产业园、恒伟生物医药产业园、金属物流园、中小企业创业园5个园中园，明确划分产业分工和空间布局，实现中心城区工业园产城融合。北片区重点打造电子信息和现代物流产业，启动北片区的控制性详细规划设计，完成初步成果。全面加强配套，提升产城融合承载力。“四纵”中的九嶷大道、春江北路全线贯通；“六横”中的紫霞东路、湖塘东路、陶源路、谷源路全面完成硬化、绿化、亮化、净化等提质扩容工程；启动永州大道快速通道公交首末站项目建设，完成8公顷的征地工作，正加快进行项目工程建设；启动凤凰北路延伸段、谷源路、水汲江3条道路建设，正加快进行招投标工作；加快完成紫霞东路建设，完成与九疑大道接口对接。同时结合创交通管理模范城市，进一步完善园区道路的交通标示、红绿灯等设施。紫霞、下李家、万寿路三大安置小区全面建设，其中紫霞安置小区一期加快桩基基础建设，完成12幢桩基，启动7幢安置房建设，完成小区内水、电、道路等配套设施建设；紫霞廉租房小区，共16幢1008套，基本完成；黄冈博才学校、春江小学等项目全面启动建设。园区供水管道埋设16千米，供水面积10平方千米，完成春江路加压泵的建设，解决园区部分供水不足的问题。开通二路（66路和22路）公交车。新辉开电子完成新建厂房设备安装；万马轮毂完成第一幢厂房建设，已投产，第二幢厂房建设正在建设；奔腾彩印二期10万平方米标准厂房完成5.8万平方米，部分投入使用；湘合作再生资源正加快进行2万平方米标准厂房建设，潇湘源玻璃钢二期即将启动第三幢厂房建设、台湾产业园完成清算等工作；邦联医药物流二期厂房建成，湘泵机电项目厂房建成，诺方舟电子标准厂房和公租房基本完成主体工程，三杰电子1万平方米厂房基本完成，富森木业3.6万平方米厂房基本完成主体工程，金属物流园完成厂房建设5000平方米，钰丹药业即将全面启动标准厂房建设。瑞柯机电、金融物流港、高尔夫球杆、汽车塑胶配件、冷线扩建等项目开工建设。

■ 重点项目建设 2016年，冷水滩区实施重点项目344个，完成规模投资260亿元，增长20%。列入市“2016年重大项目投资计划”考核的23个重点项目，年度计划投资24.55亿元，超额完成投资任务，项目实施数量和投资总额居全市第一位。完成土地征收266.67公顷、房屋征收60余万平方米。市里交办的湘江西岸棚户区改造、逸云路城中村改造、京华中学宿舍区旧城改造、湘江东路源味街等工程较好完成目标任务。突出项目建设融资，全面开展政、银、企合作，帮助企业较好地解决融资难题。

■ 城乡建设 2016年，冷水滩区相继启动湘江东路、双洲路、零陵中路、凤凰南路等立面改造以及潇湘大道、珊瑚路、梧桐路、零陵北路、凤凰北路、西区路、湘永路、双洲路等提质改造，完成梅湾路延伸段立面提质改造，永州大道BRT全线启动，拉通城区23条断头路，城区交通内循环全面打通。国家交通管理模范城市、国家文明城市、国家园林城市等名城创建按照时间节点有序推进。全面开展农村环境综合整治，所有建制村完成治理，建成省级新农村和美丽乡村3个。加强农村交通水利基础设施建设，行政村水泥路通达率100%，完成中小河流治理、水利大小工程2.1万处，解决13万人饮水安全问题，农业农村发展环境明显改观。

■ 冷水滩连续4年获评全省知识产权工作先进单位 2016年3月，冷水滩区获“湖南省知识产权工作先进县（市、区）”称号，这是该区连续4年获该项称号。2015年，全区申请专利426件，授权216件，比2014年增长18.7%、23.2%（其中发明专利申请122件、授权43件，增长45%、72%）；万人有效发明拥有量从2012年的0.48件提升为2.4件。

（王文峰　唐锐）

领导名录

中共区委员会

书　　记　何冲龙
副 书 记　桂砺锋　施创太
常　　委　彭　峰　秦远林
　　　　　陈建红　蔡富强
　　　　　黄燕玲　艾祥柏
　　　　　许金善　齐纲要

区人大常委会

主　　任　徐志华
副 主 任　胡柏艳　孙纲要
　　　　　龙国文　唐英波
　　　　　蒋剑青

区人民政府

区　　长　桂砺锋
副 区 长　蔡富强　郑　航
　　　　　汤丽娟　吴春华
　　　　　蒋建辉　张文风
　　　　　朱昌锋

区政协委员会

主　　席　秦少义
副 主 席　刘洪波
　　　　　熊　健（兼）
　　　　　翁天宝　唐基和
　　　　　汤　丽（兼）

中共区纪律检查委员会

书　　记　彭　峰

区人民武装部

部　　长　陈建红

区人民法院

院　　长　　傅芳萍

区人民检察院

检 察 长　　胡华清

零　陵　区

■ **概述**　2016 年，零陵区辖 10 个乡镇、6 个街道。土地总面积 1986 平方千米，耕地面积 3.33 万公顷。年末总人口 63.84 万人，常住人口 55.59 万人，其中城镇人口 30.76 万人，农村人口 24.83 万人，城镇化率 55.3%。全年出生人口 7234 人，出生率 11.32‰；自然增长率 4.34‰。年内最高气温 39.5℃，最低气温 -2.5℃，年降水量 1416.5 毫米。

地方生产总值 208.25 亿元，增长 6.2%；财政总收入 14.1 亿元，增长 16.5%；规模以上工业增加值 41.9 亿元，增长 2.0%；固定资产投资 199.3 亿元，增长 16.5%；社会消费品零售总额 87.9 亿元，增长 11.7%；城乡居民收入分别为 2.46 万元、1.61 万元，分别增长 9.7%和 10.0%。主要经济指标增速高于全市平均水平，多项工作走在全市前列。

农业总产值 72.1 亿元，增长 3.7%；农业牧渔业增加值 40.4 亿元，增长 3.7%。粮食作物总播种面积 6.29 万公顷，蔬菜种植面积 2.68 万公顷，粮食总产量 37.17 万吨，水果总产量 19.45 万吨，猪、牛、羊出栏分别为 89.47 万头、1.32 万头和 3.03 万只，家禽出栏 1534 万羽，水产品总产量 1.94 万吨。新增市级以上农业龙头企业 6 家，新增万字号产业基地 3 个，培育新型经营主体 37 家。有省级农业产业化龙头企业 4 家，市级龙头企业 23 家，拥有全国驰名商标 2 件，省著名商标 7 件。保持全省粮食生产先进县区、生猪调出大县，成功创建为省级出口食品农产品质量安全示范区。规模农产品加工企业完成产值 25.5 亿元，增长 21.1%，雅大酒业、漓源饲料、兵马山酒业、福源木业和异蛇科技等企业新扩建项目陆续规范性生产。

新增规模工业企业 14 家，完成区属规模工业总产值 63 亿元，增长 18.5%，高于全市 7.5 个百分点，锰、烟、农产品加工、新能源新材料、电子信息、生物医药六大产业初具规模。烟草制品业总产值 34.2 亿元，黑色金属冶炼业总产值 7.7 亿元，医药制造业总产值 7.2 亿元，计算机、通信和其他电子设备制造业产值增长 68.4%，酒、饮料制造业产值增长 19.6%，非金属矿物制品业产值增长 46.1%，家具制造业产值增长 69.3%。推进园区扩园提质，园区面积 10 平方千米，引进产值过亿元企业 6 家。三次产业分别实现增加值 39.97 亿元、90.60 亿元、77.68 亿元，分别增长 3.6%、2.8%和 11.9%。

“零陵古城”全面开工建设，柳宗元文化旅游区配套设施按 AAAA 级标准逐步完善。东山景区、东山文化广场、武庙保护展示工程基本完工，接待中心完成主体建设。周家大院子岩府修缮工程全部完工并对外开放，老院子一期维修工作完工。异蛇科技文化园按照 AAA 级景区标准基本完成异蛇养殖体验区、旅游厕所建设，游客接待中心装修设计完成。仙姑故里打造以“十里花谷和亲情漂流”为主题的特色乡村旅游项目，“仙姑花海”吸引大量市民前往观光游览，成为零陵热门乡村旅游点。红星美凯龙、卜蜂莲花等大型商贸物流项目加快建设，“农村淘宝”整区推广，发展农村淘宝等网点 200 余家，潇湘汽车城年销售额 15 亿元，成为湘南地区规模最大、功能最全的汽车展销中心。利用外资 1.05 亿美元，增长 12.6%。内联引资 20 亿元，完成年目标任务 19 亿元的 105.3%，增长 17.6%。外贸进出口总额 3464 万美元，增长 10%，其中加工贸易 256 万美元。对外承包工程和劳务合作完成营业额 2525.4 万美元，对外投资中方合同投资额 3510 万美元。完成进出口总额 3737 万美元，增长 28.7%。新增外贸进出口备案登记企业 7 家，新增境外投资企业 4 家，外派劳务人员 502 人。

开工城建项目 74 个，完成投资 16 亿元，全面加强城市“三创一管”和“三场四位”建设，新增停车位 2100 个、城区学位 4300 万个、厕位 150 个、公交站场 34 个、医院床位 676 个，东山广场成为市民休闲健身的新去处。城区路网加快推进，瑞翔大道、潇湘大道等城市主干道和萍洲路网、园区路网绿化提质全面完成，南津路提质改造提前 9 个月全线贯通，城区形成“六纵六横”路网框架，城区面积 33 平方千米，城镇化率提高至 55.5%。国家历史文化名城获国务院批准，潇水国家湿地公园通过评审。国道 G322 改线全面完工，零陵至双牌一级公路、朝阳大道加快推进，完成 420 千米的农村公路提质改造工程，完成危桥改造 13 座，渡改桥 10 座，通村公路总里程 2400 千米，通畅、通达率 99%以上。投入资金 1000 多万元完成县道 Y419、Y193、Y063 等线路安保设施建设 80.7 千米，安装防护栏 4 万多米，防撞墙 400 多米，警示标志牌 400 多块，建成 18 个农村客运招呼站场。新修水利设施 120 处，141 座小型以上水库除险加固工程基本完成，新维修水渠 13.2 千米，新修机耕道 6.8 千米，有效灌溉面积 2.2 万公顷。实施美丽乡村建设“五大行动计划”，推进农村环境综合治理、乡村旅游精品线路开发，完成美丽乡村建设项目 133 个，投入资金 2.6 亿元，其中农业产业项目 36 个，农村环境专项整治 28 个，基础设施项目 69 个，重点建设香零山、何仙姑、涧岩头村等一批“乡风文明、村容整洁、管理民主”的美丽乡村建设示范村，打造古城零陵—香零山—何仙姑永州之野“美丽乡村”示范带，全面启动沿线村落“美丽乡村”建设。新建垃圾处理设施 168 处，改水改厕改厨 8100 户，完成农村陈年垃圾清理 1.8 万吨，拆除空心房 3 万余平方米，新建农村户用沼气池太阳能节柴灶 1300 口，治理投肥养鱼水库污染 68 座，关闭红砖厂 12 家，农村垃圾无害化处理率 95%以上。创建市级美丽乡村示范点 4 个，创建国家级生态乡镇 1 个、省级生态乡镇 4 个、市级生态乡村 42 个，香零山村获评省“美丽乡村”示范村，芬香村入选中国传统村落名录，干岩头村获“全国生态文化村”称号。

行政管理体制、农村产权制度、社会治理机制、财税金融、投融资体制等重点改革深入推进。国有林场改革顺利通过验收，政府机构改革、公车改革、建制村合并全面完成。“四单管理”制度全面实行，“三证合一”登记制度顺利推进，不动产统一登记发证全市率先实行。以网格化为重点的社会治理机制改革创造零陵经验，“1+X”组团式服务打通服务群众“最后一公里”，社区网格化全面覆盖，农村网格化全面推广。“三去一降一补”五大任务扎实推进，供给侧结构性改革初见成效，消化商品房库存 43.22 万平方米；闲置土地清理全面完成，依法依规征收土地 187.67 公顷，报批项目建设用地 117.07 公顷，储备土地 173.33 公顷。日升民办学校、永田一新材料等一批重大项目签约落地，全年到位内资 20 亿元、利用外资 1.1 亿美元。开展向上争资和信贷融资，累计争资 27 亿元、融资 42 亿元。完成重点项目建设投资 86 亿元。37 个重大前期项目按计划推进，其中 26 个项目基本完成前期工作，接履桥光伏发电、大庆坪风力发电、老工业区搬迁改造、地下综合管廊、高标准农田建设等一批优质项目前期工作推进加快。

民生支出 24.6 亿元，较 2015 年增加 3.4 亿元，省市分配的 19 项重点民生实事全部完成。发放小额扶贫贷款 3 亿元，培育扶贫产业 12 个，异地搬迁 217 户，完成 8340 名贫困对象和 4 个贫困村整体脱贫，超额完成年度目标任务。城乡居民养老保险、医疗保险实现全覆盖，城乡救助标准逐步提高，新农合参合率稳定在 95%以上，新增城镇就业 6500 人、农村劳动力转移就业 1.8 万人。完成棚户区改造 1300 户、农村危房改造 885 户，新建农村安全饮水工程 18 处，受益人口 2.4 万人。实施中心城区学位建设和农村学校改薄工程，新增城区学位 4300 个，建设合格教学点 9 所，高考二本上线人数稳居全市前列。实施农村卫生室改造提升计划，新改扩建社区卫生服务站 3 个，村卫生室 82 个，在全市率先进入国家义务教育基本均衡区和全省慢性病综合防治示范区。推行区级领导“大接访”“大处访”，首创“3+X”信访听证模式，成功化解一大批信访积案；常态推进干部夜巡，开展“打黑除恶”、打击“两抢一盗”“命案必破”等专项行动；实行最严格的安全生产、最严格的食品安全监管，未发生重大安全生产事故，安全生产连年保持省市先进；铁腕整治网吧，杜绝未成年人到网吧上网；综治民调全省排名从 2015 年的一百位上升到二十六位、跻身全省第一方阵，综治民调工作排全市第二位。

存在的主要问题和困难：经济结构不优，体制机制不健全，释放经济发展的内生动力不强；产业集聚不够，主导产业不突出，产业层次不高，转型发展难度大；扶贫帮困步子不快，农民增收办法不多，部分群众生活还比较困难；社会治理深层次问题有待解决，影响社会和谐稳定的因素还比较多。

■ 零陵杂交水稻制种步入国家方阵 2016 年 1 月，零陵区被农业部批准为全国 31 个国家级杂交水稻种子生产基地，成为全市唯一获此殊荣县区。零陵是农业大区，有 30 多年的杂交水稻制种经验，杂交种子出口 10 多个国家和地区。该区气温温和，阳光、水源适宜种植杂交水稻。全区每年农作物播种面积稳定在 11.27 万公顷左右，其中粮食播种面积6万公顷以上，粮食总产每年保持在36.98万吨以上。2010年以来，该区每年引导隆平种业、亚华种业、神农大丰、科裕隆种业等公司，在该地建立土地流转种子基地面积666.67公顷以上，每年奖励4公顷以上制种大户30个以上、6.67公顷以上的制种大户8个以上。“十二五”期间，全区杂交水稻种子繁育面积1.13万公顷以上，生产杂交水稻种子超3200万公斤。先后获评“2010年度全国粮食生产先进县区”“2011年度全省粮食生产先进县区”，2012年、2013年、2014年获“全省粮食生产标兵县区”等称号。

■“零陵古城”项目开工建设

2016年9月25日，“零陵古城”文化旅游综合保护开发项目举行开工仪式。该项目是永州市最大的古城保护开发项目，毗邻柳子庙，以潇湘文化为核心，以明清古建筑为载体，融入徽派建筑风格，双重“两山夹一水”的恢宏布局，打造形成文化观光、风情体验、特色消费、主题度假等文化旅游景点，规划“一轴、两带、三核、五街、十二坊”，结合当地人文风情和自然资源，将零陵古城建成为一座古色古韵、充满潇湘文化特色的国家AAAAA级历史文化旅游景区。规划用地约98.67公顷，总投资70亿元，建筑面积75万平方米。

■零陵区通过国家义务教育发展基本均衡县（区）验收　2016年12月，零陵区通过国检，成为永州市第一个义务教育发展基本均衡县区。零陵区坚持教育优先发展战略，把教育当成最大的民生，努力办人民满意教育，打造“学在零陵”品牌。通过实施城区学位建设三年行动计划（2013年—2016年），新建、改扩建城区学校8所，增加城区学位1.2万个，有效解决大校额、大班额问题。实施农村学校提质工程，对43所农村中小学校全面改薄。完成“三通两平台”信息化建设，补齐设施设备短板。推进名校、名师、名校长“三名工程”，加强教师培训，推行教师交流制度，提高农村教师待遇，在全区范围内合理配置师资。引导学校内涵发展，打造“一校一品”特色校园。

（唐青松　汤汉达　朱昌进）

领导名录

中共区委员会

书　　记	唐　烨	
副 书 记	吴恢才	盘志元
常　　委	唐建明	龙　军
	周润润	蒋映群
	彭江辉	蒋　诚
	唐清林	唐会国

区人大常委会

主　　任	唐荣成	
副 主 任	胡乃湘	徐海英
	邓建国	胡自力
	金长青	

区人民政府

区　　长	吴恢才	
副 区 长	龙　军	姚如男
	王小会	汤安权
	何　锋	彭定国
	张　恒	王文俊

区政协委员会

主　　席	李祥军	
副 主 席	杨时隽	蒋晓娟
	周军松	柏文生
	欧阳永衡	

中共区纪律检查委员会

书　　记	周润润

区人民武装部

政　　委	蒋　诚

区人民法院

院　　长	何小春

区人民检察院

检 察 长	杨建国

祁　阳　县

■概述　2016年，全县辖19个镇、3个街道，土地总面积2538平方千米，耕地面积4.92万公顷。年末总人口108万人，其中常住人口为87.75万人，城镇人口39.51万人，人口出生率12.85‰，自然增长率5.43‰。年内最高气温38.6℃，最低气温0.2℃；年降水量1366.5毫米。

生产总值263.59亿元，增长9.1%。其中，第一产业增加值48.8亿元，增长3.3%；第二产业增加值94.52亿元，增长7.3%；第三产业增加值120.27亿元，增长13.4%。第一、第二、第三产业对经济增长的贡献率分别为2.58%、24.44%和72.98%；实现财政收入突破15.1亿元，增长17.1%。

农业完成增加值48.8亿元，增长3.3%。优质稻、生猪、油茶、茶叶、畜禽等主导产业壮大，粮食生产保持稳定增长。主要产品产量：粮食64.55万吨，棉花610吨，油料4.41万吨，水果19.07万吨，茶叶321吨，生猪出栏103.72万头，牛出栏1.44万头，羊出栏6.05万只，家禽出笼1260万羽，水产品6.57万吨。新增省级以上龙头企业2家，新增国家地理标志保护品牌1个，农产品加工企业实现销售收入

122亿元，增长16%；发展专业合作社288个，其中省级示范社7个。继续保持全国粮食生产先进县、生猪调出大县称号。国家农业综合开发现代农业示范园落户祁阳；土地流转速度加快，流转土地超过4万公顷，农建投公司运作模式成为全省农村改革的新典范；乡村旅游接待游客70万余人次，实现收入1.4亿元，带动就业人员1.4万人以上。农业经营集约化、规模化、组织化水平不断提升，祁阳县被列为全省食用农产品合格证管理工作试点县。农业机械总动力85.9万千瓦，比2015年增长0.6%。其中，农用排灌动力机械49.9万千瓦，联合收割机达826台。全面小康建设总体实现程度87.5%，获评全省全面小康推进工作“十快进县”。

规模以上工业实现产值198.96亿元、增加值49.61亿元，分别增长7.6%、8.4%。主要工业产品产量：大米36.89万吨，速冻食品5.3万吨，精制食用植物油3.4万吨，水泥399.4万吨，印染布512万米，服饰466.5万件，鞋1150万双，铁合金2309吨，铸钢件2.7万吨，日用玻璃制品2.05万吨。规模工业快速发展。规模工业企业总数达109家，其中年产值过亿元企业65家、10亿元企业1家。祁阳经济开发区完成工业总产值217亿元，增长11.3%；规模工业总产值188.34亿元，增长9.6%；实现税收4.2亿元，增长28.5%。固定资产投资额32.54亿元，增长15.2%，其中基础设施投资完成2.6亿元。新入园企业12家。新开发工业园区面积2平方千米，新建标准厂房18万平方米。

社会消费品零售总额73.09亿元，增长11.8%。农民人均纯收入11784元，城镇居民人均可支配收入2.61万元，分别增长8.5%、9.8%。居民存款余额320亿元。新批外资项目5个，承接产业转移项目25个，总投资70亿元，实际利用外资1.55亿美元，内联引资29.6亿元。对外贸易总额2.1亿美元，总量居全市第一位，连续4年被评为全省发展开放型经济先进县。

固定资产投资299.43亿元，增长16.1%。城镇化率49%，县城建成区总面积28平方千米，被列为全国第三批新型城镇化综合试点县。祁阳经济开发区、火车站、原种场等片区开发稳步实施，滨湖路、金盆路、椒山路、甘泉路等8条主干道提质改造全面完成，新埠头水厂完成主体工程；原种场安置小区、西区农贸市场、唐家岭汽车站等项目开工建设，人民公园改造加速推进，城区建成小游园32个，完成县直机关“拆墙建绿”23个单位、5800米，拆除违规建筑1679户、9.9万平方米。国家智慧城市试点扎实推进，撤县设市工作取得实质性突破，被列为全省支持撤县设市重点县。各镇“10+X”工程全面启动。祁阳大道建设全速推进，木金公路建成通车，环城北路、环城东路完成立项和设计等前期工作，衡永高速列入交通路网规划，农村公路完成提质改造160千米。电网改造持续推进，梅溪110千伏变电站竣工，分别完成15个县城台区、79个行政村电网升级；大江风电、文明铺光伏发电项目落地。新改建4G移动基站249座，无线通讯覆盖率97%，宽带进入“百兆”时代。

获批专利233个、授权98件，保持全国科技进步先进县、科普示范县称号。新建非完全小学合格学校20所，改造农村薄弱学校39所。一、二批本科上线2016人，高考各项指标继续保持全市第一位。县职业中专对口升学连续6年居全省第一位，并顺利通过“国家级中职改革发展示范校”省级验收。在2016年教育两项督导评估中被认定为全省教育强县，成功创建为全国职成教育示范县。文体广电事业全面发展，文化站和“农家书屋”实现全覆盖，广播电视“村村响”“户户通”工程和数字电视整体平移全面完成。卫计事业不断进步，县级公立医院改革取得阶段性成效，基本药物制度全面推行；人口增长得到有效控制，连续4年保持全国计划生育优质服务县。安全信访形势稳定。安全生产工作连续6年被评为全省安全生产先进县。抓好接访约谈、带案下访、排查化解和疏导劝返等工作，全县信访形势整体平稳。

（欧阳迎春）

■祁阳被列为全国新型城镇化综合试点县 2016年12月7日，国家发改委等11部委发布通知，将祁阳县等111个城市（镇）列为第三批国家新型城镇化综合试点地区，这是全省第三批唯一的县级试点地区。祁阳县城总面积28平方千米，人口26万人，城镇化率49%。“一江两岸、一轴五星”发展格局初步形成。沿江路风光带一期、祁阳新火车站、浯溪水厂改扩建等项目全面完工。全面启动创建国家卫生县城工作，城镇品位和功能大大提升。入列国家智慧城市试点县、全省新型城镇化试点县、全省撤县设

祁阳现代农业示范园

市重点县；保持省级文明县城称号；黎家坪镇、白水镇被列为全国重点镇。

（李海军）

■ 祁阳入围全国电子商务进农村综合示范县 2016年5月25日，经省商务厅、省财政厅、省扶贫办组织专家综合评审，祁阳县以全省第一名的成绩，成功入围全国电子商务进农村综合示范县，并将获中央财政近2000万元专项建设资金扶持。自2015年11月与阿里巴巴农村淘宝签约以来，该县建设“村淘”县级服务运营中心、乡镇仓储配送中心，构建县、乡（镇）、村级网络体系，解决“三农”商贸服务最后一公里问题。截至2016年5月，该县农村淘宝实现成交笔数近8万笔，成交额破1000万元，每月的成交量和成交额均稳居全省前十名。

（方黎）

■ 祁阳被授予全国绿化模范县 2016年3月，经全国绿化委员会审核验收通过，祁阳县被授予“全国绿化模范县”称号。祁阳是“中国油茶之乡”“全国油茶产业发展示范基地”和“全国林业科技示范县”，森林资源十分丰富。祁阳县持续开展造林绿化攻坚行动，实施城市森林、通道森林、水系森林、山地造林和乡镇村庄绿化五大工程，造林1.23万公顷，完成中幼林抚育2.34万公顷，实施封山育林1.64万公顷，义务植树968.8万株。构建和完善“一城、二区、三网、四带、多点”的生态空间布局，森林覆盖率60.4%，林木蓄积量571.6万立方米。

（欧阳迎春）

■ 祁阳获评2016年度全省全面小康推进工作“十快进县” 2016年，祁阳县坚持以全面小康为总揽，着力补齐短板、重点突破，全面提速小康建设步伐，获评全省全面小康推进工作“十快进县”。祁阳县第十二次党代会把“决胜全面小康”作为“十三五”时期的三大战略目标之一。截至2016年年底，祁阳县全面小康总体实现程度87.5%，比2015年提升4.6个百分点；5大类38项小康考核指标中，有28项实现程度100%。国内生产总值263.6亿元，增长9.1%；财政总收入15.1亿元，增长17%，成为永州市首个财政总收入突破15亿元的县（区）。城镇居民人均可支配收入2.61万元，增长9.8%；农村居民人均纯收入1.18万元，增长8.5%。全年减少贫困人口1.62万人、3个贫困村出列。

（欧阳迎春）

领导名录

中共县委员会

书　记　周新辉
副书记　金　彪　黄赞校
常　委　唐晓波　郑国荣　廖道南　陈　莉　龚红辉　刘建能　张少宣　唐明生　周树和

县人大常委会

主　任　邓晓阳
副书记　刘晓春
副主任　刘晓春　谢铁山　桂富生　刘双顺　唐　江

县人民政府

县　长　金　彪
副县长　唐晓波　周树和　陈环玉　柏曼红　陈志标　彭国锋　周贞霖　刘　军

县政协委员会

主　席　郑增啟
副书记　陈振文
副主席　陈振文　于建春　文英雄　黄爱蓉　桂　湘

中共县纪律检查委员会

书　记　廖道南

县人民武装部

部　长　龚红辉
政　委　汤建林

县人民法院

院　长　欧阳韵勇

县人民检察院
检　察　长　　冯湘琳

东　安　县

■ 概述　2016年，东安县辖15个乡镇、1个经济开发区、1个国家森林公园、1个国营林场，土地总面积2219平方千米，耕地面积4.27万公顷。年末人口总数64.87万人，其中城镇人口20.56万人，人口出生率11.23‰，自然增长率8.07‰。年内气温最高39.8℃，最低-2.2℃，年降水量1441毫米。

地区生产总值164.56亿元，增长5.5%。其中，第一产业增加值37.24亿元，增长3.6%；第二产业增加值60.46亿元，增长3.5%；第三产业增加值66.86亿元，增长8.5%。三次产业结构比由2015年的22.02∶38.68∶39.30转变为22.63∶36.74∶40.63。第一、第二、第三产业对经济增长的贡献率分别为14.6%、24.9%和60.5%，第三产业贡献率比2015年提高10.4%。

投入精准扶贫资金5500万元，实现8777名贫困人口脱贫。完成农村公路建设134.02千米，完成农村公路安保设施建设24.4千米。农村自来水建设普及率71.65%。新增城镇就业5271人。建设义务教育合格学校4所、农村公办幼儿园4所。完成农村危房改造竣工1800户、城市棚户区改造520套。新增管输天然气用户312户，县以上城镇市政管网水水质达标。帮助残疾儿童实施抢救性康复21人，救治救助贫困重性精神疾病患者100人。农村适龄妇女“两癌”免费检查5020人。新增社会治安视频监控摄像头50个。建设社区矫正中心1个。新增养老服务床位87张。完成10个行政村通宽带建设，开通农户直播卫星户户通1.76万户。完成美丽乡村示范村建设1个。

农林牧渔业总产值67.09亿元，增长3.7%。其中，农业产值31.37亿元，增长0.3%；林业产值4.12亿元，增长8%；牧业产值27.1亿元，增长7%；渔业产值3.51亿元，增长5.9%；农林牧渔服务业产值9910万元，增长10%。主要农产品产量：粮食38.98万吨，稻谷产量34.8万吨，出栏生猪87.54万头、牛2.4万头、羊5.32万只，家禽1065.3万羽，水产品2.09万吨。有农产品加工企业350家，其中省级龙头企业1家，市级龙头企业24家，实现加工产值34.1亿元，增长12.2%。整治各类水利工程2543处，其中治理重点病险库109座。落实农机补贴资金585.55万元，累计推广各种农业机械3590台。农业机械总动力14.9万台、68.1万千瓦，增长7%。新创办农村清洁工程重点示范村51个，完成省定扶贫开发项目村建设40个。

规模工业企业66家，新增规模以上工业企业5家，规模以上工业企业完成总产值109.55亿元，增长3.9%。实现规模以上工业增加值25.14亿元，增长4.9%。主要工业产品产量：锑金属含量5326吨，水泥19.12万吨，铁合金8.13万吨，十种有色金属1.76万吨，大米1.81万吨，饲料3.69万吨，服装53.52万件，电子元件4709万只。工业用电量2.4亿千瓦时，下降40.7%。规模以上工业企业实现主营业务收入106.48亿元，实现利税2.7亿元，其中利润总额1.12亿元。经济效益综合指数328.55%，其中，工业产品销售率97.2%，总资产贡献率11.71%，资产保值增值率90.1%，资产负债率43.4%，流动资产周转率14.6%，成本费用利润率1.06%。建筑业实现增加值10.7亿元，下降0.4%。资质以内建筑企业5家，建筑业总产值32.96亿元。资质内房屋建筑施工面积342.78万平方米，竣工面积268.43万平方米。

固定资产投资155.49亿元，下降7.4%。其中，固定资产投资不含农户完成投资额140.98亿元，下降7.6%；房地产固定资产投资完成14.52亿元，下降5.3%。第一产业投资4.46亿元，下降9.4%；第二产业投资73.5亿元，增长3.5%；第三产业投资77.53亿元，下降15.8%。

社会消费品零售总额56.21亿元，增长11.2%。其中，城镇完成零售额37.05亿元，增长11.6%；乡村完成零售额19.15亿元，增长10.3%。批发业4.24亿元，增长11.3%；零售业47.81亿元，增长11.1%；住宿业1803.9万元，增长14.9%；餐饮业3.97亿元，增长11.9%。

承接产业转移、招商引资项目30个，其中内资项目27个，外资项目3个。到位内资18.02亿元，增长11%；到位外资8000万美元，增长10%。

存在的困难和问题：工业支撑地位没有形成，产业转型、创新发展瓶颈依然存在；财政总量偏小、质量不高、结构不优，收支矛盾十分突出，发展深层次矛盾日益显现；重点领域改革阻力大、推进难；群众出行、教育、医疗、就业等难题尚未得到彻底解决，保障和改善民生的压力很大。

■ 东安跻身全国全域旅游示范县 2016年，东安县成功跻身“全国全域旅游示范县”。东安县历史文化底蕴深厚，自然风光旖旎秀丽，是全国首个既是德文化之乡又是武术之乡的“文武双全”县，素有“舜风楚韵、武术之乡”之美誉。东安县委、县政府理顺管理体制、强化部门协调、促进要素优化、推动资源整合，实现由旅游发展的初级阶段向微旅游为主的全新阶段转变，由景点旅游模式向全域旅游模式转变，由从小旅游向大旅游格局转变，旅游业快速健康发展。已建成国家AAAA级旅游景区1个，国家森林公园和国家级自然保护区1个，国家湿地公园1个，国家级水利风景区1个，省级森林公园1个，打造风景名胜区50个，培育乡村旅游点310个。“十二五”期间旅游招商引资116亿元，2016旅游综合收入占全县国内生产总值的18%，占第三产业的76%。

■ 东安被列为国家级重点生态功能区 2016年，东安县被列为国家级重点生态功能区。东安县委、县政府坚持“既要金山银山，更要绿水青山”的工作理念，县政府常务会议专题研究饮用水源保护区划定、农村环境综合整治项目等热点、难点环保工作，实行环保第一审批、一票否决等责任制。县政府下发《东安县环境保护工作责任规定（试行）》《东安县环境问题（事件）责任追究办法（暂行）》《东安县湘江污染防治第二个“三年行动”计划实施方案》等文件。新增造林1.37万公顷，全县林地面积1429.48平方千米，林地覆盖率64.85%，耕地面积428.01平方千米，受保护区域面积249.89平方千米；1096公顷的东安紫水国家湿地公园正在高标准、高起点建设中。制定出台《十三五环保规划》和《东安县湘江污染防治第二个“三年行动计划”实施工作方案》等一系列规划和制度；完成生态保护红线划定工作；县级以上饮用水水源地高岩水库、紫水河五坝至新屋段《饮用水水源保护区划定技术报告》获省政府批准；推进重金属污染防治和矿山复绿工程；落实《紫水河流域保护管理办法》，关闭五坝电站，严禁乱排污水、乱倒垃圾、乱砍乱采滥挖、沿河违规乱建、水上非法养殖；参加全国环境执法练兵大比武，解决一大批群众关心关注的环保问题。城镇生活污水集中处理率86.41%；督促废水排放大户建设废水循环、处理设施11套；所有监测中的地表水断面水质保持在Ⅱ类；两台空气自动站运行正常，东安县第一中学站点与省里联网；空气优良天数335天，优良率94.10%；完成县城渣土运输整治工作；整顿县城菜园子，以县城道路两旁、铁路沿线和湿地公园为重点，全面清理县城公共场所菜园子，形成长效机制；加快新农村建设，在全县范围内集中开展农村环境污染治理，实施农村清洁工程，推进农业面源污染防治，保护和改善农村生态环境。

（文士军）

领导名录

中共县委员会

书　　记	冯德校
副 书 记	龙向洋　陈　丽
常　　委	李四清　彭俊卿　蒋　华　李觉会　唐华栋　廖劲松　唐振宇　唐伟文

县人大常委会

主　　任	张　波
副 主 任	胡贤吉　唐新柱　胡慧川　蒋永辉　黄　敏　刘　勛

县人民政府

县　　长	龙向洋
副 县 长	蒋　华　何　锋　宋志雄　李瑞霞　张　静　邹礼春　张一波

县政协委员会

主　　席	陈　军
副 主 席	秦剑元　丁国志　唐月程　周壬秀　蒋裕华

中共县纪律检查委员会

书　　记	廖劲松

县人民武装部

政　　委	李觉会
部　　长	金志辉

县人民法院

院　　长	蒋江陵

县人民检察院

检 察 长	唐小辉

双　牌　县

■ 概述 2016年，双牌县辖6个镇、5个乡（其中1个瑶族自治乡）、3个林场和1个国家级森林公园管理局。土地总面积1751平方千米，其中耕地面积950公顷。年末总人口20.26万人，其中城镇人口8.81万人，少数民族人口1.3万人。人口出生率12.09‰，人口自然增长率5.02‰。年内气温最高39.6℃，最低-0.8℃，年降水量1755.8毫米。

地方生产总值53.3亿元，比2015年增长7.2%。三次产业结构比为26.9∶42.5∶30.6。完成财政收入4.74亿元，增长15.3%。城乡居民人均可支配收入分别增长9.7%和8.9%。全面小康实现程度提升5.8个百分点。

农林牧渔业总产值26.9亿元，增长3.9%。粮食总产量7.6万吨，落实播种面积1.49万公顷，1333公顷优质稻综合产业园建成。药材、茶叶、蔬菜、水果等基地建设初具规模。集水稻循环种植、深加工和生态农业休闲基地于一身的丰盈科技有机马铃薯项目落户。小农水重点县建设项目实施，投资1141万元实施五小水利工程，投入1.03亿元完善农业生产基础设施。有机蔬菜、茶叶、花卉苗木等绿色高效农业快速发展，完成5个无公害农产品认证，上梧江云台山生态茶园获批为省级现代农业特色产业示范园，丰禾水稻种植专业合作社成为省级示范社，双牌县成为出口食品农产品质量安全省级示范区。

规模工业完成总产值57.4亿元，增长20%。规模工业增加值15.32亿元，增长5.8%；规模工业增加值占全市的比重由2015年的4.17%上升到4.73%；新增入统规模工业企业7家，工业实缴税金完成1.6亿元，增长13%。“135”工程建设顺利完成，引进创新创业企业10家，乐福地医药即将投产，双牌电站、鸿鑫公司、凯丰活性炭、南岭集团四大重点企业产值稳步增长，清洁能源、农林产品精深加工、生物医药三大行业发展迅速，其中农林产品精深加工增速高达70.17%。新增“触电”农业企业12家、各类网店160余个，培育电子商务经营主体5家，从业人员200余人，实现网络零售额过亿元。被评为湖南省电子商务精准扶贫重点县、湖南省电子商务精准扶贫先进县、湖南省电子商务进农村省级示范县（全省第五名）、出口食品农产品质量安全省级示范区。

社会消费品零售总额11.55亿元，居民消费价格总水平同比上涨12%，进出口总额1328万美元，实际利用外商直接投资额3000万美元。接待各类游客452万人次，实现旅游综合收入22.5亿元。县城提质改造工程快速推进，“三纵六横”县城主路网改造基本完成，背街小巷改造工程全面启动；永水风光带、城市环卫一体化、污水处理管网扩建等项目加速推进，县污水处理率、生活垃圾无害化处理率分别达95%和97%以上，国家森林城市、省级文明县城、美丽乡村示范村等创建工作深入开展，桐子坳村成为全省美丽乡村示范村和省级宜居村庄。

固定资产投资72.86亿元，2016年列入考核的65个项目完成投资10.67亿元，占年度计划的54.98%，增长29.46%；完成税收1957.13亿元，占任务的72.2%；开工44个，竣工12个。“双（双牌县）零（零陵区）”一级公路路基全线拉通，省道S350线获省立项批复，永水风光带、打理、茶阳、上梧江禾山岌至宁远清水桥等一批公路建设加速推进，改造农村公路73千米，成为市三年交通大建设先进县区。

确定“梅花鹿引种示范”“红麻引种试验”等县级科技计划项目20项，县级计划项目完成任务的100%。打鼓坪林业生态科普示范基地成功获批“湖南省第十一批全省科普示范基地”。江村中心敬老院竣工投用，城、乡低保和五保供养分别提标27%、33%和10.3%。教师公费体检、农村基层教育人才津贴、市级骨干教师的奖励性津贴等政策全面落实。访尧、塘基上入列中国传统村落名录，县文化馆被评为国家一级文化馆，双牌县被列为省“一县一品”特色体育项目县。非行政许可审批全部取消，行政审批事项精简21%。商品房库存减少11.5万平方米，置换地方政府债券4.7亿元，降低涉企事业性收费43项，为企业减税300余万元，财税、商事、农村产权制度、社会治理机制、公车、不动产登记等改革全面推进。首次完成与世界500强企业（太平洋建设集团）的成功对接，到位内资11.9亿元、外资3000万美元，外贸进出口总额、加工贸易额分别是2015年的1.68倍和2.87倍。

存在的困难和问题：经济总量依然偏少，产业规模较小，工业支柱不强，主体财源不多，财政收支压力较大，发展速度不高与质量不优的问题并存；基础设施仍然有待完善，土地、资金、人才等要素制约依然比较突出，发展基础仍待进一步夯实；普惠民生事业的发展与群众的期望仍有一定差距，发展短板有待进一步补齐。

■ 双牌获评2016年度全省全面小康推进工作“十快进县”

2016年，双牌县坚持以全面建成小康社会为总揽，先后多次召开县委常委会、县政府常务会研究安排部署全面小康社会建设推进工作。成立以书记为组长，县长为第一副组长，“四大家”班子成员共同参与的高规格工作领导小组，采用明确任务书、画好路线图、倒排工期表的办法，将每一项任务明确到人、明确到事、明确到具体的时间节点，精准发力。利用美丽乡村、建设扶贫村领导联系办点，实行一名县级领导、一个牵头单位、一套工作班子、一张科学规划图“四个一”的方式全力推进，成功创建市级小康示范乡镇2个，小康示范村2个。全面小康建设指标总体实现程度达90.3%，5大类38项小康考核指标中，有25项实现程度达100%，其中有19项超过小康标准，获评2016年度全省全面小康推进工作十快进县。

■ 双牌电子商务迅猛发展 2016年，双牌县将发展农村电商作为实施精准扶贫、促进贫困地区群众脱贫致富的重要抓手，立足实际，科学谋划，将本土特色产品带进农村电商，推动名特优工业品下乡，原生态农产品进城，实现特色产品线上、线下两个平台同步推进。在全县27个贫困村建立村级电商服务站，引导农村贫困户开展电商创业，鼓励农村经纪人、种养大户、农业合作组织加盟电商平台，3家大型电商企业正式运营，5家企业加入市电商协会，10余家传统企业建立营销网站，启动集电商购物、智慧旅游、休闲娱乐于一身的“电商旅游一条街”建设，在全市率先与杭州甲骨文科技有限公司签订农产品防伪溯源码合作协议。双牌县被评为湖南省电子商务精准扶贫重点县、湖南省电子商务精准扶贫先进县、湖南省电子商务进农村省级示范县。

■ 双牌建成全市第一家“智慧旅游平台” 2016年，双牌抢抓被列为湖南省智慧旅游试点县的有利契机，实施“互联网+旅游”战略，加快建设“数字景区”和“智慧景区”，成功建成全市第一家“智慧旅游平台”。“智慧旅游”平台的建成与运行，实现智能分析人流和车流的科学管理，合理控制景区游客量；实现景区景点的全方位实时监控，确保景区安全有序温馨；实现“导航、导览、导购、导游、导视”五导功能。全年接待游客452万人次，实现旅游综合收入22.5亿元，分别增长21.2%、25.7%。

■“泷泊·国际慢城”启动创建

2016年9月，双牌县与太平洋建设集团签订战略合作框架协议，就国际慢城创建有关事项达成初步意向。“泷泊·国际慢城”以慢城总体规划为依据，以慢城土地征用流转为前提，以建设慢城电瓶观光车道、自行车道、绿道3条主干道为突破口，突出“山水画卷、慢城慢游”的主题，重点打造慢城民俗、慢城露营、慢城农业观光园、慢城水上乐园等景点。

（刘星　汤政成）

领导名录

中共县委员会

书　记　苏小康
副书记　肖质彬　张跃斌
常　委　李群辉　秦小国　周　华　周新华　唐　旭　唐超学　雷秀新　王焕金
原人大主任　唐清才
副处级职级干部　刘昌义　蒋启和　卿建明　魏海涌　唐志利　郑石安

县人大常委会

主　任　唐冬华
副主任　蒋昌智　邓美英　吕保和　张云娥　刘世春
原副主任　袁小爱　邓明义　姜国文

县人民政府

县　长　肖质彬
副县长　秦小国　付康成　蒋爱先　唐　俊　何彩玲　廖卫平　罗　轩
副调研员　蒋升隆　杨玫芳
副处级干部　张少云
副处级职级干部　王刚军　万海云　盘规元　何田昌　蒋　玮　林信国

县政协委员会

主　席　唐　彦
副主席　蒋建辉　田春玲　陶思荣　钟建红　陈爱民
正处级干部　刘迎春

中共县纪律检查委员会

书　记　李群辉

县人民武装部

部　长　周　华
政　委　向　胜

县人民法院

院　长　黄文德

县人民检察院

检察长　周　涛

道　　县

■ **概述**　2016年，全县辖11个镇、4个乡、7个街道和3个国有农林场，土地面积2447.8平方千米，其中耕地面积4.55万公顷。年末常住人口62.7万人，其中城镇人口28.01万人，城镇化率44.67%，比2015年提高3.24个百分点。人口出生率12.89‰，死亡率7.04‰，人口自然增长率5.85‰。年末户籍人口总户数24.02万户，户籍总人口80.20万人。最高气温39.3℃，最低气温-0.8℃，年平均气温19.7℃，年降水量2466.6毫米，年日照时数1316.2小时。

地区生产总值171.24亿元，增长9.2%。其中，第一产业增加值41.54亿元，增长3.2%；第二产业增加值44.33亿元，增长7.4%；第三产业增加值85.37亿元，增长13.6%。人均地区生产总值2.74万元，增长8.7%。三次产业结构比由2015年的26.3∶27.2∶46.5调整为24.3∶25.9∶49.8。财政总收入11.87亿元，增长16%，其中公共财政预算收入8.44亿元，增长10.9%。年末金融机构各项存款余额155.22亿元，增长17.3%，比年初净增22.84亿元。其中城乡居民储蓄存款余额120.18亿元，增长10.7%，净增11.65亿元；金融机构各项贷款余额62.7亿元，增长31.1%，净增14.87亿元。居民消费价格总指数（CPI）上涨2.4%，其中消费品价格指数上涨3.2%。全面建成小康社会实现程度84.8%，比2015年提高4.7个百分点。

农林牧渔业总产值76.06亿元，增长3.3%；实现农林牧渔业增加值41.95亿元，增长3.3%。主要农产品产量：粮食39.17万吨，油料1.59万吨，烤烟4086吨，蔬菜103.31万吨，水果17.06万吨，生猪出栏93.55万头，牛出栏8.53万头，羊出栏12.74万只，禽蛋3663吨，水产品3.10万吨。有农业机械10.18万台，增长5.0%；机械总动力51.74亿千瓦，增长5.0%。完成农村公路提质改造工程130.36千米，新建道路60千米、农村招呼站80个。完成“五小水利”（小水窖、小水池、小泵站、小塘坝、小水渠）整合资金3820万元，完成705处小塘坝、小河坝等五小水利工程的实施。标准化生产基地建设沼气池1000余口。投入840万元，新增自来水供应1.72万人，农村自来水普及率72.9%。

工业总产值132.87亿元，增长27.7%；实现工业增加值34.72亿元，增长6.7%。新增规模以上工业企业22家，规模以上工业企业达到86家。完成规模工业总产值84.69亿元，增长46%；实现规模工业增加值20.5亿元，增长8.4%。主要工业产品产量：锰矿石成品矿15.05万吨，精制食用植物油8946吨，大米3.57万吨，鲜、冷藏肉7829吨，熟肉制品1839吨，饮料酒14.7吨，硅酸盐水泥熟料115.12万吨，水泥123.25万吨，砖128万块，皮鞋936.9万双，纱625吨，布1631万米，服装1203.3万件，纸制品6395吨，模具3.46万套，电力电缆1.85万千米，集成电路164.7万块，光电子器件139.5万只，电子元件2047万只，生铁1.15万吨，钢结构2546吨，铁合金9.03万吨，印制电路板11.02万平方米，家用房间空气清洁装置2.83万台，化学试剂3756吨，金属紧固件5512吨，锂离子电池14.77万只（自然只），商品混凝土97.93万立方米，自来水生产量1303万立方米。规模工业企业实现主营业务收入85.36亿元，增长48.7%；实现利税总额2.22亿元，增长54.5%，其中利润总额6402万元，增长93.1%。建筑业增加值9.62亿元，增长9.4%。具有资质等级的总承包和专业承包建筑企业完成产值23.09亿元，增长16.4%；房屋建筑施工面积124.37万平方米，增长10.7%；房屋建筑竣工面积103.06万平方米，增长13.7%。

固定资产投资完成168.18亿元，增长17.2%。在建项目394个，增长10.4%，其中新开工项目282个，增长10.2%；投产项目227个，减少6.2%。5000万元以上项目87个，完成投资72.74亿元，增长8.9%。房地产开发投资12.27亿元，增长10.4%。房地产业增加值7.05亿万元，增长12.4%。房屋施工面积115.4万平方米，增长33.1%；竣工面积45.38万平方米，增长48%。商品房销售面积45.38万平方米，增长42.9%；商品房销售额14.35亿元，增长43.4%。

社会消费品零售总额54.58亿元，增长11.9%。城镇消费品零售额47亿元，增长11.8%；乡村消费品零售额7.57亿元，增长12.1%。批发和零售业零售额48.79亿元，增长11.4%；住宿和餐饮业零售额5.78亿元，增长15.7%。外贸进出口总额9231万美元，增长32%。其中，出口总额9062万美元，增长36.8%；进口总额169万美元，减少54.7%。加工贸易实现3006万美元，减少0.6%。引进项目67个，其中内资项目65个，外资项目2个。到位外资7500万美元，增长8.7%；到位内资44.25亿元，增长5.8%。

完成客运量879万人，增长1.2%；完成客运周转量4.7亿人千米，增长1.1%。完成货运量795万吨，增长4.5%；完成货运周转量17.99亿吨千米，增长5.9%。公路通车里程2818.32千米，其中高速公路77千米。实现邮电业务总量3.9亿元，增长19.7%。固定电话用户1.87万户，增长3.9%，其中乡村固定电话用户0.63万户，增长12.5%；移动电话用户33.9万户，增长11.1%。互联网宽带用户3.67万户，增长8.9%。接待国内外旅游者10.77万人次，增长16.5%；实现旅游总收入445万元，增长13.3%。其中，接待入境游客3497人次、创汇27.2万美元，分别增长15.1%、15.2%。实现保费收入2.1亿元，减少4.6%。其中，财产险保费收入6955万元，增长18.4%；人身险保费收入14135万元，减少13%。各项赔款和给付支出1.62亿元，增长39.1%。其中，财产险赔款支出3877万元，增长53.9%；人身险赔款和给付支出1.24亿元，增长33.5%。

初中升学率92.54%，高中阶段毛入学率85.17%。有职业中学2所，在校学生5832人；普通中学36所，在校学生3.99万人；普通小学282所，在校学生6.82万人；幼儿园（班）203所，在园（班）人数2.97万人；特殊学校1所，在校学生69人。有教职员工8221人，其中专职教师6571人。专利申请量264件，增长28%，其中发明专利申请62件，增长18%；专利授权量45件，其中发明专利授权3件，比2015年增加1件。科技成果鉴定2项，“湘南地区牛沼草牛生态环保循环养殖新技术推广与应用”项目为国内先进水平，“道县玉米新品种正大999的引进与应用推广”项目为国内先进水平。高新技术企业发展到47家，增加22家，高新技术产业增加值19.71亿元，增长178%。

有名胜风景和文物保护单位58个，完成千年古县申报和启动道县历史文化名城申报工作，逐年加强申报“道州龙船赛”为国家级非物质文化遗产保护名录工作；城乡群众性文艺协会及民间演出团体266支，年均自发演出1000余场次；文化馆1个，1个三级图书馆藏书56.25万册，新增图书1.39万册；乡镇文化站覆盖到乡，农家书屋覆盖到村，免费服务群众12万余人；落实文化惠民工程，搞好“送戏下乡 演艺惠民”，演出60场，电影放映6867场。电视发射台1座，卫星电视接收站台56个，电视、电话、网络、广播通村率100%，有线电视用户9.1万户。医疗卫生机构（含诊所）501个。其中，医院10家、卫生院24家，妇幼保健院、疾病预防控制中心、卫生监督所各1个；有床位总数3148张，增加194张；卫生技术人员1987人，其中执业（助理）医师735人，注册护士860人。新型农村合作医疗参保人数64.09万人。组织万人全民健身表演，成功举办篮球联赛、全县运动会、龙船赛等大型体育赛事。

城乡居民收入（城乡一体化指标）1.69万元，增长10.0%。其中，城镇居民人均可支配收入2.3万元，增长10.4%；农村居民人均可支配收入1.32万元，增长8.9%。新增城镇就业人员7531人，城镇登记失业率3.58%。新增农村劳动力转移就业6100人，创业带动就业5647人。参加基本养老保险人数2.3万人，参加失业保险人数1.26万人，参加基本医疗保险人数16.88万人，参加工伤保险人数1.8万人。领取城市最低生活保障人数6215人，领取农村最低生活保障人数4.01万人。

环境空气质量良好率95%，县域内潇水干流及六大水系水质保持Ⅲ类或以上，县城集中式饮用水水源水质达标率100%。城市污水处理率97.1%，城市生活垃圾处理率100%；农村生活污水处理率60.5%，农村生活垃圾集中收集、清运、处理率90%以上。活立木总蓄积612.9万立方米，比2015年增长5.1%，森林覆盖率62.7%；县城建成区绿地率32.7%，绿化覆盖率37.3%，比2015年提高5.8个百分点，人均公园用地9平方米。能源消耗总量89.9万吨标准煤，万元地区生产总值能耗为0.53吨标准煤，比2015年下降8.2%。削减化学需氧量120吨、氨氮12吨、氮氧化物596.13吨。发生各类生产经营性安全事故2起（含1起较大事故）、死亡5人，分别上升100%、400%。亿元国内生产总值事故死亡人数0.03人，上升349.2%；工矿商贸从业人员十万人事故死亡人数1.39人。发生道路交通事故14起，死亡14人，道路交通死亡率 1.94 人/万辆，上升 321.7%。

经济社会发展中存在的主要问题：抓落实、推动发展的力度还不够大，重大项目缺少高端策划包装，大项目、好项目布局偏少；经济整体实力不够强，发展不够快、总量不够大的问题仍然较为突出；抓落实、改善民生的投入还不够多，社会事业短板不少；抓落实、强化保障的效果还不够好，融资难、招工难、用地难的问题仍然突出，生产要素保障不充分；企业融资渠道单一，普遍存在流动资金短缺困难，企业做大做强制约瓶颈较多；土地储备不足，征地拆迁困难重重，招商引资项目落地较慢；抓落实、优化环境的韧性还不够强，少数干部思想解放不够、责任担当弱化、执行不力等问题仍然存在。

■ 道州碧桂园项目 2016 年 5 月 19 日，位于道县东洲大道和湘源东路交汇处的道州碧桂园项目签约，6 月 10 日开工建设。项目总面积约 18.27 公顷，总投资约 10 亿元，其中，湘源公园建设范围约 6.73 公顷（含 3.33 公顷水体），商住用地总面积约 11.53 公顷。仅开工 100 天时间完成投资 2.6 亿元（含征地款），项目 3 公顷展示区、1.6 万平方米建筑全面建成投入使用。其中，3 幢多层洋房、8 幢别墅、3 幢商业门面以及室外市政工程广场、中心景观结构、休闲娱乐设施及绿化等高标准建成。9 月 16 日开盘，开盘当天销售 4 亿元。项目二期建设 13 幢别墅和 12 幢高层开始桩基施工。

■ 道县宏发创新创业园项目 2015 年 3 月，宏发创新创业园启动建设。截至 2016 年年底，道县县人民政府投入资金 5000 余万元。A 区研发楼副楼完成一层支模，主楼完成一层板面，第一幢厂房二层砼板面完成工程量的 50%，第二幢标准厂房完成一层砼板面、二层支模，第三幢标准厂房完成二层砼板面工程量的 50%，第四幢标准厂房完成三层砼板面、四层支模，第一幢标准厂房四层砼板面完成工程量 50%，第六幢标准厂房完成基础承台工程量的 50%，第七幢标准厂房完成基础承台，房心回填土基本完成，第八幢标准厂房基础承台基本完工。B 区完成新征土地 30 公顷，回收企业闲置土地 16.47 公顷，永神照明、鑫莹建材、鑫航建材、建燊服饰 4 家新引进企业成功落户，兴建厂房 8 万平方米，2016 年投入资金 3 亿元，建成标准厂房 20 万平方米以上。

（周贤华　李胜勇）

领导名录

中共县委员会

书　　记	刘勇会	
副 书 记	李天明	蒋燕飞
常　　委	何小华	乌进甫
	义　洁	李　林
	何江鸿	雷军平
	刘松元	彭德源
正处级干部	胡好贤	
原常委 纪委书记	唐小青	
副处级干部	谢跃进	
副处级 职级干部	李征华	阳碧云
	赵宇鹏	熊昌群
	何日光	

县人大常委会

主　　任	周良英	
正处级干部 党组副书记	杨建国	
副 主 任	何雨桂	陈　一
	王福忠	周小平
	曹湘华	
正处级干部	蒋小文	
原副主任	何清安	吴志教

县人民政府

县　　长	李天明	
副 县 长	李　林	陈丽萍
	李良刚	林志刚
	朱云雁	杨三信
	何智英	
正处级干部	何月姣	
副处级干部	蒋　斌	
副处级 职级干部	蒋儒华	周龙平
	李少军	杨吉荣
	何亮庆	陈　斌
	何柏章	

县政协委员会

主　　席	蒋新祥	
正处级干部 党组副书记	郭春荫	
副 主 席	胡昌启	赵明扬
	黄　敏	丁建华
	陈新娥	

中共县纪律检查委员会

书　　记	雷军平

县人民武装部

部　　长	（缺）
政　　委	刘松元

县人民法院

院　　长	杨　斌

县人民检察院

检 察 长	沈　阳

江　永　县

■ 概述 2016 年，江永县完成合乡并村工作，由原来 11 个乡镇合并为 9 个乡镇，辖区内有 1 个国有农场、1 个国有林场、1 个省级自然保护区和 1 个国家级森林公园，土地总面积1540平方千米。年末户籍人口27.2万人（不含回龙圩），其中农业人口22.8万人，占总人口的83.8%，以瑶族为主的少数民族人口17.1万人，占总人口的63.2%。人口出生率8.8‰，自然增长率5.5‰。年内平均气温19.1℃，年最高气温39.4℃，年最低-0.8℃，年降雨量2135.5毫米。

地区生产总值57.9亿元，比2015年增长7.1%。第一产业完成增加值20.7亿元，增长3.5%；第二产业完成增加值15.6亿元，增长5.6%；第三产业完成增加值21.6亿元，增长11.7%。人均生产总值2.42万元，比2015年增长11.0%。三次产业结构为35.7：27.0：37.3。三次产业对经济增长的贡献率分别为17.9%、22.6%、59.5%，分别拉动经济增长1.3、1.6、4.2个百分点。

农业实现总产值37.73亿元、增加值21.14亿元，比2015年分别增长3.7%和3.7%。主要农产品产量：粮食12.14万吨，水稻9.65万吨，油料1.63万吨，肉类5.91万吨，禽蛋2173吨，水产品5237吨。优质稻种植面积1.67万公顷，占水稻播种面积的96%，增长0.6%；油料种植面积0.98万公顷，增长2.5%；蔬菜种植面积1.7万公顷，增长1.9%。财政农林水事务支出2.2亿元，下降13.7%。完成造林面积1200公顷，年末活立木总蓄积量570.5万立方米。市级以上龙头农产品加工企业9家。种植烤烟2046.67公顷，收购5.58万担，完成市分配任务的111.2%。推行“三统一、三引导”，开展“三品一标”（无公害农产品、绿色食品、有机农产品和农产品地理标志）农产品认证，新增夏橙、淮山等绿色食品2个，无公害农产品基地153.33公顷。引进投资1.1亿元的兴沃农业、投资6800万元的特香农科园和投资2200万元的季丰农业。

规模工业增加值9.7亿元，财政总收入4.07亿元，固定资产投资69.7亿元，社会消费品零售总额21.9亿元，城乡居民人均可支配收入分别为2.04万元和8353元；全面建成小康社会总体实现程度86.4%，比2015年提高0.4个百分点。引资项目32个，内联引资11亿元，实际到位外资3000万美元，完成外贸进出口980万元；投资1.5亿元的新明鞋都产业园、投资1亿元的深圳安登利电子落户江永县。

重点建设项目99个，总投资297.5亿元，年度投资83.8亿元，其中脱贫攻坚项目4个，年度投资14亿元；城镇提质项目21个，年度投资29.75亿元；旅游升温项目9个，年度投资5.8亿元；交通提速项目4个，年度投资4.25亿元；环境治理项目4个，年度投资3.4亿元；园区升级项目10个，年度投资19.2亿元；农业增效项目8个，年度投资5.5亿元；民生改善项目6个，年度投资2.1亿元；要素保障项目3个，项目包装30个。51个续建、新建项目完成投资42.01亿元，其中23个市考核项目完成投资17.05亿元。省道S325永迴路园区段过境扩改、特色农副等6个项目完成。成功组建江永县永明投资发展有限公司，引进长沙银行在江永县设立支行，政银企对接成效显现，签订融资协议43.21亿元，到位23.21亿元。

永明河综合治理项目五一桥至幸福桥两旁沿江风光带建设完成任务的75%，永明路立面风貌改造项目全面完成，千源·江永大酒店3、4、5号楼主体封顶，五一桥、幸福桥、西门桥完成提质改造，凤凰山登山道全面完工，汽车东站、汽车西站、永明外滩、瑶城鑫都、同创世纪二期等项目加快推进。完成上江圩、允山、夏层铺3个沿线乡镇的立面改造设计和白水等6个村的规划，刘家庄等3个村美丽乡村风貌改造有序推进。农村环境污染治理深入开展，垃圾集中处理率90%以

江永县电商街

上，拟建永明河国家湿地公园项目通过专家评审。投入650万元开展通道沿线整治，整合资金3560余万元开展农村环境整治，启动12个美丽乡村示范村、15个美丽乡村创建村建设，上江圩镇浦尾村获评2016中国美丽休闲乡村。完成女书园、上甘棠、千家峒、勾蓝瑶寨、燕子山5个核心景区和五香村、五香园“三个五”景区规划，对勾蓝瑶寨等4个景区进行全面提质改造。“十一黄金周”期间，游客41.88万人，各景区日接待游客量5.53万人。全年接待游客238万人次，旅游总收入11.3亿元，增长45.8%。

以风电为主的绿色能源项目加快发展，燕子山风电场完成进场道路改造，上江圩、龙田、铜山岭风电场建设全面启动。园区平台不断夯实，新建标准厂房12.67万平方米，新增规模企业5家，工业园区规模工业增加值占全县规模工业增加值比重84.9%。“互联网+香型农业”发展体系不断完善，工商银行“融e购”全国首家县级地方馆落户江永，通过全国电子商务进农村综合示范县验收。兴沃农业、特香农科园、季丰农业等一批农业项目加快实施，农产品标准化建设全面推行，被列为全省首个国家级原生态农产品保护示范区，夏橙、香姜、香柚和香芋4类产品获保护认定。文化旅游、乡村旅游等旅游品牌越擦越亮，女书习俗多次走出国门推介。实施“产业+”“电商+”“旅游+”三大扶贫工程。实施产业扶贫项目97个，帮助9324名贫困人口脱贫，白马、向光、古调村等10个贫困村实现整村脱贫。精准扶贫工作得到国家、省市的认可，全省产业扶贫现场会、全省旅游扶贫推进会暨乡村旅游培训班、全国产业精准扶贫现场观摩会先后在江永县召开；在全国残疾人脱贫攻坚会议上，江永县作典型发言。

存在的主要问题：经济总量偏小，新型工业薄弱，发展的任务繁重；缺乏稳定增长的骨干税源，财政收支压力大；资金投入、项目用地、劳动用工等瓶颈制约依然严重；基础设施依然薄弱，脱贫攻坚任务艰巨，部分群众生产生活条件还比较困难；人才队伍建设总量不足、结构不优的问题较为突出，公共服务水平有待进一步提升等。

■ 脱贫攻坚全面推进 2016年，江永县实施“产业+”“旅游+”“电商+”三大扶贫工程，总结可复制、可推广的宝贵经验。年内，先后承办全省产业扶贫现场会、全省旅游扶贫推进会暨乡村旅游培训班、全国产业精准扶贫现场观摩会，并在全国残疾人脱贫攻坚会议上作典型发言。实施产业扶贫项目97个，带动2.7万人贫困人口发展产业。通过“政府+贫困户（残疾人）+企业+银行”四位一体模式，连片开发166.67公顷夏橙资产收益扶贫项目，有效帮扶建档立卡的1034残疾人及4979人建档立卡贫困对象；实施香米种植扶贫项目，帮扶源口、潇浦9个村543户2000人贫困人口，人平增加收入1410元。以兰溪瑶族乡勾蓝瑶寨为试点，推行“政府引导、市场运作、群众主体、党建引领”的乡村旅游精准扶贫。该模式先后在上甘棠、刘家庄、下新屋等12个村复制推广，产生良好效益。专项扶持建设村级服务站，给予贷款贴息优惠，鼓励和支持贫困户创办网店、发展电商产品、融入电商产业链，有1028户贫困户参与电商创业，间接带动5078名贫困群众参与电商，帮助贫困户增收500元左右。

■ 江永获评全国计划生育协会先进县 2016年5月18日，在北京召开的中国计生协第八次全国会员代表大会暨先进表彰会上，江永县获评全国计划生育协会先进县。江永县计生协会通过加强基层组织建设，深化基层群众自治，推进生育关怀行动，拓展服务领域，开展“创先争优、服务大局”活动，计生协会工作逐年取得进步。2014年，江永县被评为国家计划生育基层群众自治示范县省级拓展县；2015年被评为省计划生育协会模范县、省计划生育基层群众自治示范县、市计划生育协会模范县。

■ 江永香姜入选全国名特优新农产品目录 2016年3月，农业部优质农产品开发服务中心发布《2015年度全国名特优新农产品目录》，“江永香姜”成功入选。湖南省共37个品种入选，在蔬菜类中，“江永香姜”是永州市唯一入选品种。江永县推进“特香农业”发展战略，江永香姜种植规模不断扩大，全县香姜种植面积1333公顷，总产量5多万吨。通过推广标准化种植，产品质量大幅提升，江永香姜先后获“无公害农产品”“绿色食品”“农产品地理标志”“地理标志证明商标”等认证。

■ 江永创客孵化教育获全国第三位 2016年8月，永州大营暨江永创客大学在“创客青春·2016全国创客大学夏令营”活动创意大赛的39家大营22万学员中脱颖而出，获得团体第三名、个人第五名的好成绩。新华网自2016年3月起，联合各地政府、高职院校及有志于创客教育及创业孵化的单位和机构，在全国范围内布局，开设500所创客大学，每年培育100万电商从业人才。5月18日，江永县与新华网签署战略合作协议，成为全国43所创客大学中唯一一所县级创客大学，也是永州唯一的一所创客大学。江永创客大学项目6月启动后，10天完成创客夏令营招生任务。创客大学实行“线下实训+线上教学+创业孵化”相结合的教育方式，学员们主要在“YY视频13980——创客直播间”进行免费学习，并实行零成本创业创新学习实践。在短短一个多月的学习中，1000多名学员中有40%产生订单，且在一个月内取得25万余元的销售业绩。学员戴杭锋所创作的“格鲁吉亚红酒”创意作品，获“创客青春·2016全国创客大学夏令营”活动创意大赛决赛第五名。

（夏韬　周艳　何丽娟）

领导名录

中共县委员会

书　　记　周立夫
副 书 记　唐德荣　杨　健
常　　委　杨　诚　卢文庆　蒋俊善　王克贤　吴军臣　陈　雄　谭美池　肖　勇

县人大常委会

主　　任　黄智亮
副 主 任　李忠英　何勉才　欧阳小泉　欧阳萍　陈德义

县人民政府

县　　长　唐德荣
副 县 长　蒋俊善　杨迪松　盘成军　蒋云华　邬双飞　何福明　何　娟

县政协委员会

主　　席　刘忠华
副 主 席　刘志强　李　红　义忠文　张莲秀　尹　玲

中共县纪律检查委员会

书　　记　吴军臣

县人民武装部

部　　长　王克贤
副 部 长　陈富裕

县人民法院

院　　长　唐　英

县人民检察院

检 察 长　欧阳旭勇

江华瑶族自治县

■ 概述　2016年，江华瑶族自治县辖16个乡镇、295个村委会、17个社区居委会。土地面积3248平方千米，其中耕地面积2.2万公顷。年末总人口53.37万人，常住人口42.91万人。出生率13.49‰，自然增长率6.34‰。年内气温最高38.7℃，最低-0.7℃；年降水量2066.2毫米。

地方生产总值102.41亿元，增长9.5%。其中第一、二、三产业增加值分别完成23.45亿元、29.2亿元、49.76亿元，分别增长3.1%、8.3%、13.8%。财政总收入11.35亿元，增长18.13%。其中，一般财政预算收入7.96亿元，增长13.68%。

农林牧渔业总产值43.05亿元，增长3.2%。其中，农业总产值16.98亿元，增长0.3%；林业总产值12.29亿元，增长8.0%；牧业总产值11.66亿元，增长1.6%；渔业总产值0.51亿元，增长5.0%。主要农产品产量：食用菌3800万袋，生猪111万头，肉牛19万头，山羊16万只，家禽602万羽，水产品3819吨。农村土地承包经营权确权登记颁证工作基本完成，流转土地0.91万公顷。创建白芒营镇角塘片、五庵岭片2个万亩双季稻高产示范片，桥头铺等8个千亩双季稻高产示范片。发展市级以上龙头企业16家、农产品加工企业358家、家庭农场61家、农民专业合作组织177家。“三品”生产产地认定面积1.33万公顷，完成“三品一标”农产品认证97个，创建名牌产品16个，成功创建为国家级出口食品农产品质量安全示范区。建成大鱼塘、大荒坪、茫海洲等制香产业园3个，发展制香企业170家，配备制香机械600台，实现总产值1.5亿元，被评为“中国香业之乡”。

规模工业总产值105亿元，增长29.13%；实缴工业税收1.15亿元，增长11.3%；工业用电量5.65亿千瓦时，增长8.1%。新增入统规模工业企业10家，66家规模工业企业完成规模工业增加值28亿元，增长8.6%。固定资产投资500万元以上的重点项目141个，投资64.6亿元。江华县经济技术开发区在全省139个省级以上园区综合评价中排第七位。新三板上市企业引进有突破，有绿宝石、金润和科技等40余家企业在江华注册公司。二、三产业结构不断优化，结构比由75.1调整为77.1。九恒集团转移的力度加大，电子标签、汇豪纸品、佳印不干胶形成产能；海螺方形纸袋、同丰粮油搬迁技改扩能全部建成投产；晟瑞电子二期、华讯电子二期、展承创益文化用品、兴农生物科技产业园等一批工业项目主体工程完成；界牌、洪塘风电场并网发电，桥头铺、河路口坤昊风力发电场正在加紧建设，九恒风电前期工作全面推进。建成电商县级服务中心4个，村级服务站179个。农村淘宝交易额5200万元，排名全省第四位、全市第一位。

江华九恒集团恒津包装材料车间

县城建成区面积15平方千米，绿化覆盖率42.67%，城镇化率42.8%。投资3000万元对县城道路进行绿化提质，重点打造瑶都大道、江华大道、瑶都大道北段、沱涔公路等重点区域的绿化景观。创建国家园林县城，实施机关院落花园化建设，16个单位成功创建省级园林式单位，60个单位被评为市级园林式单位。县城13个生态公园、7大水景和5大水系陆续建成。干线公路在建项目投资占全市近一半，省道S355、县道X081、沱涔一级公路、经开区基础设施项目加速推进，国道G207美丽公路建设基本完成。城市公共文明指数测评在全省59个参与的县城中名列第四名。“智慧江华”功能进一步拓展，城市管理日趋完善。成功创建国家重点生态功能区，省级生态乡镇实现全覆盖，14个乡镇获得国家级生态乡镇命名。安排财政专项资金3000万元用于示范村以奖代补，建成美丽乡村建设示范点20个。水口镇被公示为中国民族特色小镇，井头湾村获“湖南省第二届少数民族特色村镇”称号。

社会消费品零售总额41.8亿元，增长12%。引进工业项目14个，其中过亿元项目5个，实际利用外资1.11亿美元，内联引资26.1亿元，实现外贸进出口总额1.6亿美元。生态旅游初见成效，龙虎大峡谷投入使用，井头湾和香草源成功创建为AAA级景区，涔天河镇入选“湖湘风情文化旅游小镇”。《新春走基层》栏目成功直播，《长鼓寻源》《盘王的后裔》等专题片反响良好，“神州瑶都”知名度和旅游整体形象提升。接待游客811万人次，旅游总收入33.28亿元。金融机构存款余额158.2亿元，增长16.32%，新增存款排全市第七位；贷款余额95.81亿元，增长30.64%，新增存款排全市第三位；存贷比60.56%，排全市第二位。长沙银行正式开业，江华村镇银行抓紧筹备。城镇居民人均可支配收入2.08万元，增长10.1%；农村居民人均可支配收入8561元，增长10.5%。固定资产投资104亿元，迈上百亿台阶，增长17.5%；规模工业增加值28亿元，增长8.6%。16个市级重大项目全部开工建设，其中竣工6个，年度计划投资15.2亿元，完成投资17.45亿元，占目标任务的115%。县级重点项目141个，其中开工建设115个，竣工32个，年度计划投资85.221亿元，完成投资64.6亿元，占目标任务的76%。

民生支出22.09亿元，占公共财政支出的74.69%。投入各类扶贫资金7.9亿元，新增超过脱贫标准的贫困人口3.48万人，省定脱贫人口1.83万人。创新发展分贷统用统还等金融产业扶贫模式，在产业扶贫、金融扶贫、易地搬迁扶贫等方面打造可借鉴、可复制、可推广的示范样板，创造精准扶贫的“江华模式”。承办全省产业扶贫流动现场会和全国精准扶贫典型案例现场观摩活动，在全国民族自治县打赢脱贫攻坚战全面建成小康社会经验交流会上作典型发言。全县一本上线165人，二本以上上线570人，初中毕业会考合格率排全市第五位；县职业中专跻身省级示范性职业中专和国家级重点职业中专行列。新农合参合率99.49%，累计补偿参合农民221.56万人次，补偿金额6.1亿元，获“国家级妇幼健康优质服务示范县”称号。新增城镇就业4801人，新增农村劳动力转移就业3306人，新增创业主体2680户。全面新建廉租房、公租房417套，棚户区改造2000户，农村危房改造2810户。推进供给侧结构性改革，“三去一降一补”五大重点任务全面落实，“3+2”重点领域改革不断深化，对接省市改革稳步实施。保持“全省综治工作先进县”“省平安县”称号，河路口镇获评“全国民族团结进步创建活动示范单位”，江华瑶族自治县在中央综治办社会治理创新视频调研会议上作典型发言。安全生产形势稳定向好，被评为“全省安全生产工作先进县”，成功创建为“湖南省安全生产示范县”。

存在的主要问题和困难：整体实力有待提高，经济总量偏小，财源基础仍需加强，财政收支压力较大；贫困问题仍然突出，特别是林区群众困难较大；移民搬迁安置任务还十分繁重，移民后续发展问题凸显；干部执行力需进一步加强。

■ 江华成功创建为国家出口食品农产品质量安全示范区 2016年，江华瑶族自治县成功创建为国家级出口食品农产品质量安全示范区，实现农产品外贸进出口7030万美元，同比增长156%，排永州市第一位。坚持把安全生产作为农业产业发展的第一要求，把食品农产品质量安全监管与生态文明建设相结合、与农业供给侧结构性改革相结合、与精准扶贫相结合、与开放型经济相结合，推进绿色农业，推进“猪—沼—稻”“猪—沼—果”“猪—沼—茶”“猪—沼—菜”等绿色、有机、循环的生态农业经营模式，加快推进农业现代化建设步伐，有效增加绿色有机农产品供给，不断提高绿色农业产业规模与效益。全面推进出口食品农产品质量安全示范创建工作，初步建立质量安全组织保障体系、质量安全标准化体系、农业化学投入品控制体系、疫情疫病检测控制体系、质量安全追溯体系、预警通报与应急管理体系、宣传培训诚信管理体系、出口农产品安全区域化管理体系等出口食品农产品质量监管“八大体系”，实现食品农产品生产“投入无违禁、源头无隐患、管理无盲区、出口无障碍”的目标要求。

■ 江华绩效考核连续4年获全市第一 2016年，江华瑶族自治县在市级23个考核项目中，有14项获奖，绩效评估、精准扶贫、人口与计划生育、基层党建、精神文明和意识形态建设、重点项目建设、新型工业化建设、开放型经济建设、新型城镇化建设、旅游产业发展、党委政府重大督查及优化经济环境和机关效能建设、信访等工作获得全市先进。其中，社会管理综合治理获“省级先进县区”称号、保持省“平安县”，安全生产获省先进。

■ 涔天河水库扩建工程建设顺利推进 2016年，江华瑶族自治县移民安置各项任务取得阶段性成果，99%的移民户签订移民搬迁安置补偿协议，企事业单位、村组集体财产全部签订补偿协议。完成移民安置工程投资22.5亿元，超额完成任务。6个安置点移民安置房和相关基础设施正在加快扫尾工作。完成分房任务。各安置点学校、医院等配套设施相继交付使用。库区道路复建县道X081线等六路四桥具备基本通行能力。库区清理有序推进，完成33处小水电站的拆除，7处迁移电站完成装机并上网发电，水库实现下闸蓄水。

■ 江华农村淘宝县级服务中心和48个村级服务站集中开业 2016年1月6日—7日，江华阿里巴巴农村淘宝项目集中上线暨服务中心及首批48个农村淘宝村级服务站集中开业运营。仅1月6日阿里巴巴“淘宝年货节”当天，全县订单总数11318笔，交易总额698万元，交易额和订单数均在阿里巴巴“淘宝年货节”排名全国第一，并有3个村级站点进入全国前五。江华与阿里巴巴集团携手开发农村淘宝项目，成立农村淘宝服务中心，作为推进该项目的主要平台，已建设村级淘宝服务站48个。全县建成县、区域、乡镇、村社、个体五级网络营销体系，开办网店2056家，2015年实现电商销售额7.53亿元，其中线上销售4.78亿元。

（汪继文　谢颖琪　全科荣）

领导名录

中共县委员会

书　记	罗建华
副书记	龙飞凤　龙赋云
常　委	艾克海　胡勇刚
	易恢节　肖品向
	唐筱勇　蒋　剑
	伍继承　廖树清

县人大常委会

主　任	黄志坚
副主任	刘江明　廖家益
	贝小义　蒋　平
	安　青

县人民政府

县　长	龙飞凤

副 县 长 胡勇刚 李勇东
黎 氢 王亚珉
文 嵩 黄守平
何永亮

县政协委员会

主 席 陈槐权

副 主 席 黄世才 罗 梅
李坤胜 吴淑华
唐 晖

中共县纪律检查委员会

书 记 唐筱勇

县人民武装部

政 委 肖品向

县人民法院

院 长 唐建新

县人民检察院

检 察 长 程 晖

宁 远 县

■ 概述 2016年，宁远县辖16个乡镇（含4个瑶族乡）、4个街道、4个国有林场，406个行政村。土地总面积2510平方千米，耕地面积4.07万公顷。年末全县总人口88.75万人，常住人口73.09万，城镇人口30.77万人，农村人口42.32万人，自然增长率5.46‰。年内气温最高39.6℃，最低-2.2℃，年降水量1967.2毫米。

完成地方生产总值135.57亿元，增长9.4%。其中，第一产业增加值28.48亿元，增长3.4%；第二产业增加值45.88亿元，增长7.9%；第三产业增加值61.21亿元，增长13.7%。一、二、三次产业的结构比为21.3∶34.3∶44.4。完成财政总收入13.75亿元，增长16.3%，其中地方财政收入10.08亿元，增长14.5%。

完成农林牧渔业总产值51.91亿元，增长3.5%。主要农产品产量：粮食30.31万吨；烟叶收购17.9万担，出栏猪肉94.63万头，出笼家禽835万羽，水产品产量2.19万吨。居民收入稳步提高，城镇居民人均可支配收入2.21万元，增长9.9%；农村居民人均可支配收入1.18万元，增长10.6%。

完成工业总产值154.67亿元，增长13.2%，其中，规模以上工业总产值116.03亿元，增长15.2%。完成规模工业增加值27.99亿元，增长8.6%。主要工业产品产量：钢材52.59万吨，水泥171.9万吨，自来水生产量1423.1万立方米。万元规模工业产值能耗0.2016吨标准煤，下降6%。年末规模以上工业企业82家，其中新增规模工业企业4家。

实现社会消费品零售总额63.64亿元，增长11.9%，其中城镇消费品零售总额55.38亿元，增长12.9；乡村消费品零售总额7.96亿元，增长5.4%。招商引资成效明显，利用外资9000万美元，增长12.3%；内联引资24.7亿元，增长11.7%。全年接待游客800万人次，增长17.6%；实现旅游综合收入48亿元，增长20%，入选全国“景区带村”旅游扶贫示范项目、国家全域旅游示范区创建名单。

完成社会固定资产投资167.53亿元，增长17.4%。其中国有投资完成83.66亿元，增长31.5%；非国有投资完成83.87亿元，增长6.1%；房地产投资完成7.19亿元，下降17%。第一产业完成投资10.69亿元，增长84.9%；第二产业完成投资60.46亿元，增长24.5%；第三产业完成投资96.38亿元，增长9.1%。投资结构优化升级。工业投资完成59.5亿元，增长22.6%，其中工业技改投资14.27亿元，下降0.1%。

财政支出进一步向保障民生倾斜。农林水事务支出6.95亿元，增长9.9%；教育支出8.4亿元，增长10.7%；医疗卫生支出3.87亿元，下降14.2%；社会保障和就业支出6.5亿元，增长33%；节能环保支出1.28亿元，增长3.5%；住房保障支出1.76亿元，下降14%。脱贫攻坚扎实推进，完成易地扶贫搬迁1495户5860人；发放扶贫小额贷款3.8亿元，排全省第一位，全年实现3万人脱贫。城镇新增就业、农村劳动力转移就业1.22万人。五大社会保险持续扩面，城乡低保、农村五保实现应保尽保。实施棚户区改造1100户，完成农村危房改造1285户。新改扩建街道卫生院2所，县乡村三级医疗水平不断提升。新增城区学位3000个；高考二本上线人数增量占全市70%，增幅排全市第一位，中考优秀率进入全市前三位。

存在的主要问题和困难：经济发展扩总量、增均量、提质量还有差距，项目建设还需加力；产业结构不合理，资源环境压力增大，转型发展任重道远；脱贫攻坚任务繁重；社会治理和公共服务体系不够完善，信访维稳、安全生产形势依然严峻；发展环境需进一步优化，干部抓发展的执行力还要继续提升。

■ 湖南省首张土地经营权证在宁远县颁发 2016年8月8日，湖南省农村土地承包经营权确权登记颁证首证颁发仪式在宁远县湾井镇周家坝村举行。副省长戴道晋出席仪式并为村民颁发证书。

省政府副秘书长曹英华，省农村土地承包经营权确权登记颁证联席会议成员单位负责人，陈文浩、易佳良、张严、蒋善生、颜海林等市领导参加。省农业委员会主任刘宗林主持仪式。宁远县把土地确权颁证作为撬动整个“三农”工作的支点，全县所有行政村全部完成土地确权三次公示，涉及农户19.2万户，水田3.31万公顷，旱土0.75公顷。并围绕“确实地、赋真权、颁铁证”这一核心，创新“两步五环节”工作模式，围绕“任务重、问题多、挑战大”的现实，强化“三聚一优先”保障措施，围绕“促转型、增效益、富农业”这一取向，搭建“1+N+2”服务体系，围绕“强活力、快发展、奔小康”这一目标，释放“三统一结合”整体效应，为高标准地完成确权登记工作奠定基础。

■ 宁远县入选国家全域旅游示范区 2016年11月，国家旅游局公布第二批国家全域旅游示范区名单，宁远县成功入选。凡列入国家全域旅游示范区名录的地区，将享受“八优先”，即：优先纳入中央和地方预算内投资支持对象，优先支持旅游基础设施建设，优先纳入旅游投资优选项目名录，优先安排旅游外交、宣传推广重点活动，优先纳入国家旅游宣传推广重点支持范围，优先纳入国家旅游改革创新试点示范领域，优先支持A级景区等国家重点旅游品牌创建，优先安排旅游人才培训，优先列入国家旅游局重点联系区域。

■ 宁远县获评全省美丽乡村建设先进县 2016年12月26日，省委农村工作领导小组办公室公布20个美丽乡村建设先进县市区和70个美丽乡村建设省级示范村名单，宁远县获评全省美丽乡村建设先进县。宁远坚持生态立县战略、绿色发展理念，以美丽乡村建设为统揽，以推进绿化、亮化、美化、净化、序化“五化”行动为抓手，全面打响农村人居环境攻坚战，打造美丽乡村县域典范。先后被评为全省新农村建设先进县、全省美丽乡村建设先进县，连续3年被评为全省城乡环境卫生整洁行动十佳县。

（张彭）

领导名录

中共县委员会

书　　记　刘卫华
副 书 记　唐　何　刘军君
常　　委　彭小兵　刘庚旺
　　　　　王小丽　曹辉正
　　　　　陈海平　黄永英
　　　　　唐远军　唐　浩

县人大常委会

主　　任　张明贵
副 主 任　周　方　胡昕若
　　　　　眭晓棠　何为民
　　　　　谢金花

县人民政府

县　　长　唐　何
副 县 长　黄永英　曾海波
　　　　　邓小英　陈云生
　　　　　邓传文　欧阳国春
　　　　　胡红灯

县政协委员会

主　　席　李苏昭
副 主 席　蒋家安　欧桥贵
　　　　　赵吉永　李春茂
　　　　　肖红梅

中共县纪律检查委员会

书　　记　陈海平

县人民武装部

部　　长　唐远军
政　　委　严兴荣

县人民法院

院　　长　吕新陵

县人民检察院

检 察 长　周　辉

新　田　县

■ 概述 2016年，新田县辖11个镇、1个民族乡、2个国有林场、230个行政村（居委会）。土地总面积1022.4平方千米，耕地面积2.15万公顷。年末总人口44.65万人，常住人口34.44万人，人口出生率14.02‰，自然增长率6.25‰。年内气温最高39.4℃，最低-3.2℃；年降水量1434.6毫米。

地方生产总值69.4亿元，增长8.5%，其中，第一、第二、第三产业分别实现增加值17.7亿元、18.7亿元、33亿元，分别增长3.1%、6.5%、12.9%。财政总收入完成6亿元，增长7.6%。经济结构不断优化，三次产业结构比调整为25.6∶26.9∶47.5。财税结构进一步优化，完成税收2.9亿元，占财政总收入的47.2%。财政总支出23.2亿元。城乡居民人均可支配收入分别达2.09万元、7661元，分别增长9.2%、9.9%。

规模工业总产值和增加值分别实现70.2亿元、16.6亿元，分别增长25%、7.3%。新增入统企业8家。“135”工程（全省的创新创业园区发展战略，从2015年开始，全省用两年时间建设100个产业园区，3000万平方米标准厂房、引进5000个创新创业企业）提前收官，建成俊毅创新创业园，累计新建标准厂房41.71万平方米，位列全市第一位。“三纵三横”路网基本成形，园区功能日趋完善。抢抓国家扶贫开发和证监会扶贫机遇，树立“大招商、招大商”理念，签约引进项目19个，利用内资12亿元、外资3000万美元，完成外贸进出口6720万美元，同比增长15.9%。突出主导产业发展，新田大豆被评为“国家地理标志保护产品”，梦都家纺获评湖南著名产品，鼎元机械等7家企业成功申报市知名商标。新田县连续3年被评为永州市工业园区经济发展先进县区。

固定资产投资70.3亿元，增长17%。交通设施日益完善。省道S228新田县城至竹林坪公路建设顺利推进。国道G234新田至土桥公路启动前期准备工作。提质改造农村公路10个村27千米，实现230个行政村通客运班车，通达率100%。农田水利后劲增强。整合财政涉农资金2.68亿元，完成水利建设投资9000万元，杨家洞水库、22座小（1）型水库除险加固工程完成扫尾，新隆—知市坪小农水项目通过验收。实施金陵集中供水工程续建配套，以及骆铭孙、潮水铺等6个贫困村供水工程，解决2.89万人饮水安全问题。日东河治理全面完工，石羊河生态清洁小流域治理顺利开工，治理水土流失面积12.86平方千米，防汛减灾能力进一步提升。能源信息跨越发展。光伏发电产业深入实施，全面布点。骥村镇黄栗山、新圩镇梧村、大坪塘火柴岭3个省级驻村帮扶贫困村，都实施光伏扶贫试点项目，完成并网发电。持续推进农网升级改造工程，改造农村电网10千伏及以下线路983千米，完成低电压整治2.5万户。

全省城乡困难职工家庭“一户培养一名产业工人”脱贫解困经验交流会

全面实施网络提速降费，185个行政村通光纤，完成2G、4G基站建设343个，通信进入移动互联网时代。加快县城总规、控规、专业规划和镇村规划修编，新一轮县城土地利用总体规划得到省政府批复，县城规模扩大3平方千米。投入12亿元，完成龙泉路、双碧街等23条主次干道的提质改造、中山路、烟霞路等13条道路的路面“白改黑”工程，城区路网更加完善，百姓出行更加安全便捷。

农林牧渔业总产值32亿元，增长3.2%。主要农产品产量：粮食15.9万吨，出栏肉猪52万头、牛2.2万头、羊5.1万只，出笼家禽780万羽，水产品总产量6100吨。依托温氏集团发展现代养殖业，建成1000头以上的规模养殖场54个；在建场36个，养殖小区2个。富硒农产品核心基地达到6666.67公顷，宝地富硒开发公司的200公顷定制式富硒大米深受客户好评。获“湖南省补硒工程先进县”和“全省养殖业工作目标管理先进县区”称号。

社会消费品零售总额25亿元，增长11.9%。提质改造城区农贸市场，方达、日西河、城西、五乡圩、先锋街、永得利市场标准化建设完工，并投入使用。落实农机购置补贴资金500多万元，推广适用农机具1800多台套。房地产业保持良好态势，销售面积增长36.3%。龙家大院投入3000万元，启动国家AAAA级景区创建工作，接待游客人次、旅游收入分别增长20.1%、19.1%。先后引进阿里集团、甲骨文科技有限公司等战略合作伙伴，新田农村淘宝县级运营中心及60个农村淘宝服务站点开业，开启“互联网+”经济新时代。

民生民本持续改善，全年财政总支出的3/4用于民生领域。精准扶贫扎实推进。构建大扶贫格局，工作经验得到省市肯定并在《湖南日报》专版推介。在落实“五个一批”的同时，推广“四跟四走”产业扶贫模式，提高贫困对象产业发展的参与度、受益度。“六个结合”易地扶贫搬迁工作模式在省市现场会上作典型发言，全县7500人申报易地扶贫搬迁，超过6326人（排名全省第一位）的省定任务目标。发放扶贫小额信贷1.8亿元，超过省定任务的2倍多。坚持先行先试，被列为兜底保障扶贫全省试点县，认定兜底脱贫对象1598户3060人，发放保障资金509.8万元，基本实现应兜尽兜。实施贫困户农村危房改造1785户，占全县总危房改建指标的77.6%。通过整合扶贫资金等方式筹集2.68亿元，落实产业、教育、易地搬迁、金融等精准扶贫措施，全年减少贫困人口17098人，贫困村出列27个。整合城乡居民基本医疗保险，参保缴费36.5万人，参保率95%以上，征缴基金2.1亿元。低保实行动态管理，继续开展“人情保、错保、漏保”专项整治，强化社会救助和最低生活保障。城乡居民养老金社会化发放率100%。教育事业成效突出。投资1.52亿元的德恒实验学校加快建设，新田县第一中学搬迁工程启动前期工作。投入3440万元，全面改善城乡办学条件，新增城区学位4400个。划拨土地2.4公顷，投入资金1亿元，启动职中实训大楼建设。实施“三名工程”（名师、名校、名校长工程），引导全社会形成尊师重教的良好氛围。成功创建为全国中小学校责任督学挂牌督导创新县、申报“国培计划”项目县，二本上线398人，上线率排名全市第五位。社会事业有序推进。争取国家计划资金4000万元，建成县疾控中心、县妇幼保健服务大楼，县中医院综合楼项目动工建设。县级公立医院综合改革顺利推进，实现药品零差率销售。突发性疫情防控有力，H7N9流感得到迅速处置，成功治愈感染患者一例。成功创建为国家卫生县城、湖南省平安县、湖南省文明县城，被评为全国国土资源节约集约模范县。人口计生工作保持全省良好县行列，计生协会工作获评全省模范，人防办获“全省人民防空先进集体”称号，并连续3年被评为永州市人防绩效评估优秀单位。国防动员和征兵工作任务完成。

金融机构各项存款余额98.2亿元，增长20.5%；贷款余额42.7亿元，增长36.8%。抢抓央行降准降息、融资环境相对宽松的利好机遇，探索政府性投融资平台公司改革转型，做大做强城投集团、农建投公司、园投公司，年内融资42.9亿元，筹资到位18.5亿元。加大职业技能培训力度，为企业输送产业工人4100人，全省“一户培养一产业工人”工程现场会在新田县召开。大胆改革创新，不断释放发展活力。成立不动产统一登记中心，在全市率先实行国地税联合办税。制定出台《推进供给侧结构性改革 促进经济持续健康稳定发展政策措施》，让中央和省市的决策部署在新田落地生根。

存在主要困难和问题：经济下行压力加大。虽然主要经济指标完成较好，但相比2015年同期增速有所放缓，不确定因素依然较多，“稳增长”的任务仍然繁重。产业发展基础薄弱。规模工业企业数量偏少、总量偏低，对县域经济、财政税收的贡献不大。受国际国内环境影响，一些加工企业定单减少。财政收支矛盾突出。收入增长乏力，缺少大型支柱财源；支出压力加大，可用于项目建设和发展方面的资金非常有限。

■ 新田成功创建国家卫生县城

2016年，新田县通过评估进入国家卫生县城行列。累计投入资金20余亿元，实施道路提质改造、市政环卫设施改造、绿化美化亮化、农贸市场改造“四大”工程；突出市容市貌、经营秩序、交通秩序“三项”整治；坚持长效机制、宣传发动、病媒生物和疾病防控管理、督办问责“五个”注重；实现城市品位大提升、基础设施大改善、城中（郊）村面貌大改观、日常管理大飞跃、市民素养大提高、干部队伍得到大锻炼“六大”变化。

■ 新田成功创建湖南省文明城市

2016年，新田县坚持把“创省

全国土地质量地球化学调查成果服务精准扶贫经验交流会

文”作为提升城乡文明水平的有力抓手，克服国贫县财力不足的困难，多方筹资加快基础设施建设和提质改造。“生态新田，宜居县城”的城市品牌逐步形成，“品质活力智慧新田”的城市形象得到进一步提升，市民素质和城乡文明程度显著提高，群众幸福指数不断攀升，被评为湖南省2016届文明城市。

■新田成功举办全国地调成果服务精准扶贫经验交流会 2016年，全国土地质量地球化学调查成果服务精准扶贫经验交流会在新田县召开，多位专家学者齐聚新田，总结、推介新田利用土地地球化学调查成果，把土壤天然富硒的资源优势转化为经济优势、助力精准脱贫的做法。全县引进企业65家，建成莲花富硒果蔬、县城富硒农产品加工、新圩硒锶循环农业3大富硒产业园，建设蔬菜、大豆、油茶、水果等各类示范基地1.33万公顷，兴办各类合作社、加工企业数十家，富硒产业年产值达12亿元以上，成为带动农民脱贫致富的支柱产业。

■“一户培养一名产业工人”脱贫解困经验在全省现场会推介 2016年，新田县以“培养一人，就业一人，致富一家，带动一方”为目标，实施“一户培养一名产业工人”工程。县财政每年安排1000万元专项经费用于职业培训，实行“免学费、免生活费、给误工补贴”三大政策。结合市场需求，制定特色技能培训课程，促进培训升级，助推精准脱贫。创新培训方式，在广东花都区等外出务工人员聚集地开展异地技能培训。新田工作模式在全省“一户培养一名产业工人”脱贫解困会议上作经验推介。

■“大扶贫”格局成效突显 2016年，新田县委、县政府坚持以脱贫攻坚统揽经济社会发展，以乡镇为单位划定12个战区，以专业为单位组建11个专业组，所有工作向脱贫攻坚聚焦，各种资源向脱贫攻坚聚集，各方力量向脱贫攻坚聚合，形成“全党动员、全民皆兵、兵团作战、齐抓共管”的大扶贫格局，取得显著成效。自建档立卡以来，全县实现3.57万人脱贫，27个贫困村出列，贫困发生率下降至11.8%。2016年扶贫实绩考核排全省第五位、全市第一位，被评为全省脱贫攻坚一类先进县。2014年、2015年，全面小康推进工作连续跻身“湖南省十快进县”。

（邓光鹏）

领导名录

中共县委员会

书　　记　唐　军
副 书 记　秦山成　易先平
常　　委　王名扬　何　勇　陈志华　刘安平　蒋昌辉　周国平　李祥佐　汤小兵　刘晓燕
县委原顾问　黄少军　张晓波
副调研员　胡宗高
副处级干部　谢林林

县人大常委会

主　　任　欧阳涛
副 主 任　郑智新　毛群联　贺安祥　刘志斌　周艳芳
原 主 任　曹桂秀
原副主任　史立忠　刘小平　陈学军

县人民政府

县　　长　秦山成
副 县 长　王名扬　吴新波　刘大兵　周　平　杨柳青　彭晓军　李勖川
正处级干部　廖土才
副处级干部　廖新家
原副县长　肖龙斌
副处级干部　陆亚飞

县政协委员会

主　　席　王佑生
副 主 席　何三明　龙石佑（兼）　李咏梅　郑龙杰　黄美华（兼）
原副主席　郑小龙

中共县纪律检查委员会

书　　记　汤小兵

县人民武装部

政　　委　蒋昌辉
部　　长　许朝友

县人民法院

院　　长　胡剑涛
正处级干部　尧红旗

县人民检察院

检 察 长　朱　诺

蓝　山　县

■概述 蓝山县辖14个乡镇（其中少数民族乡镇6个）、1个国有森林公园。县域总面积1806平方千米，其中土地总面积1798平方千米，耕地面积2.14万公顷。年末总人口42.2万人，常住人口34.34万人，城镇化率46.5%，出生率11.8‰，死亡率5.8‰，自然增长率6‰。

2016年，地区生产总值97.01亿元，增长9%。其中，第一产业增加值16.32亿元，增长

3.2%；第二产业增加值35.11亿元，增长7%；第三产业增加值45.58亿元，增长13%。三次产业结构比由2015年的17.6：37.7：44.7调整为16.8：36.2：47。工业增加值33.23亿元，占地区生产总值的34.3%。第一、第二、第三次产业对经济增长的贡献率分别为1.9%、23.5%和74.6%，分别拉动GDP增长0.17个、2.11个和6.71个百分点。其中，工业增加值对经济增长的贡献率20.8%。非公有制经济增加值72.56亿元，增长9.8%，占地区生产总值的比重74.8%，比2015年提高0.3个百分点。单位GDP能耗0.48吨标准煤/万元（按2010年不变价计算），比2015年下降22.1%；单位规模工业增加值能耗比2015年下降6.3%；单位GDP电耗586.7千瓦时/万元，比2015年下降1.34%。削减化学需氧量100.85吨、氨氮13.92吨，化学需氧量削减率1.13%、氮氧化物削减率1.31%。

农林牧渔业总产出30.2亿元，增长3.4%；实现增加值16.79亿元，增长3.4%。主要农产品产量：粮食12.61万吨，烟叶6615吨，牲猪92.49万头，牛1.34万头，羊2.94万只，家禽299.6万羽，水产品产量1558吨。

工业增加值33.23亿元，增长6.8%。其中，规模工业增加值28.42亿元，增长7.7%。非公有制规模工业增加值26.7亿元，增长7.7%。轻工业增加值12.62亿元，增长11.8%；重工业增加值15.8亿元，增长4.6%。省级及以上产业园区规模工业增加值22.74亿元，增长11.5%，占规模工业增加值的80%，比2015年提高8.2个百分点。高新技术产业增加值10.3亿元，占国内生产总值的10.6%。规模以上工业农产品加工产值52.77亿元，增长49.4%。规模工业企业主营业务收入116.5亿元，增长26.8%；盈亏相抵后实现利润2亿元，增长18.6%。

建筑业增加值2.75亿元，增长10.1%，占地区生产总值比重的2.83%。具有资质等级的总承包和专业承包建筑企业房屋建筑施工面积57.67万平方米，增长14.4%；房屋建筑竣工面积20.89万平方米，增长6.9%。

固定资产投资74.05亿元，增长17.1%。其中，国有投资38.08亿元，增长31.4%，占全部投资的51.4%；非国有投资35.97亿元，增长5%，占固定资产投资的48.6%。其中，第一产业投资3.6亿元，减少15.3%；第二产业投资32亿元，增长34.2%；第三产业投资38.45亿元，增长9.4%。二产业投资32亿元，增长34.2%。技术改造投资13.84元，增长58.2%，占全部固定资产投资的18.7%，比2015年提升4.9个百分点。房地产业实现增加值3.7亿元，增长8.6%；房地产业投资4.51亿元，增长32.3%；商品房屋销售面积22.36万平方米，增长15.7%。交通运输、邮电通信业增加值6.85亿元，增长4.3%。货物周转量17.08亿吨千米，增长3.5%。旅客周转量11.59亿人千米，增长5.5%。民用汽车保有量稳步增加，民用车辆1.7万辆。邮电业务4.13亿元，增长7.8%。固定电话用户4万户；移动电话用户19.13万户，互联网宽带用户2.13万户。

社会消费品零售总额37.63亿元，增长11.7%。城镇消费品零售额28.66亿元，增长14.9%；乡村消费品零售额8.96亿元，增长2.5%。批发实现零售额7126万元，增长15.5%；零售业实现零售额32.56亿元，增长9.7%；住宿业实现零售额8180万元，增长48.5%；餐饮业实现零售额3.54亿元，增长24.5%。进出口总额1.29亿美元，增长17.5%。其中，出口1.04亿美元，增长16.1%；进口2542万美元，增长23.8%。利用外商直接投资7000万美元，到位内资17亿元。

财政总收入（老口径）7.3亿元，增长17.9%。其中，地方财政收入5.18亿元，增长14.8%。财政总支出22.22亿元，增长9.9%。其中科学技术经费支出2339万元，增长1.5%。金融机构本外币各项存款余额83.92亿元，增长16.3%，其中城乡居民储蓄存款余额64.98亿元，增长9.3%。金融机构各项贷款余额55.3亿元，增长35%。保险保费收入1.75亿元，增长13.8%。

有普通中学12所（其中普通初中10所、高中2所），中等职业学校2所，小学20所，九年一贯制学校16所，小学教学点96个，特殊教育学校1所，特殊教育学校在校学生人数50人。小学适龄儿童毛入学率105%，初中毛入学率100%。普通中学在校学生1.9万人，其中初中在校学生1.49万人，高中在校学生4016人；中等职业学校在校学生4512人；小学在校学生3.52万人，增长1.70%。拥有乡镇文化站15个，文化馆1座，文物管理所1所，图书馆1座。文物藏品336

件（其中一级文物1件、二级文物17件、三级文物52件、一般文物266件），图书馆藏书5万册。有各类医疗卫生机构433个（含基层医疗卫生机构、卫生室），其中医院1家，建制乡卫生院15家，疾病预防控制中心、妇幼保健院、卫生监督所各1家，拥有床位总数1787张，比2015年增加40张。卫生技术人员1812人。开展新型农村合作医疗工作的村209个，参加农村合作医疗的农民33.56万人。广播电视事业继续发展。拥有电视台1座，差转台1座。电视人口覆盖率99.2%。有线电视用户1.5万户。举办、参加各类运动会、单项比赛和健身活动20余项次，参与人数8.8万人次。在中国门球公开赛（浏阳站）获团体赛冠军；在永州市2016年门球锦标赛上获团体赛亚军；组织运动员参加“永州市青少年举重锦标赛”，取得8个第一的好成绩。参加永州市“长沙银行杯”工间操比赛获全市县区组第一名。

城镇居民可支配收入2.38万元，增长10.6%；农村居民人均可支配收入1.2万元，增长9.9%。城镇居民人均消费性支出1.38万元，增长10.2%。农村居民人均生活消费支出8264元，增长5.7%。居民人均居住面积74.3平方米。城镇居民恩格尔系数35%，比2015年下降1.3个百分点；农村居民恩格尔系数37%，比2015年下降1.9个百分点。

参加城镇基本养老保险人数2.44万人，参加失业保险人数1.85万人；参加城镇职工基本医疗保险人数2.28万人，参加城镇居民基本医疗保险人数1.52万人，参加城乡居民基本养老保险人数15.38万人。城市低保资金和农村低保资金按规定标准发放到位率均为100%。

存在的主要困难和问题：经济总量还不大；政府体制机制障碍亟待破解；行政办事效能和工作作风有待提高和转变等。

■毛俊水库开工建设 2016年11月23日，“十三五”期间开工建设的全国172项重大水利项目之一的毛俊水库工程在蓝山举行启动开工仪式。该项目由枢纽工程和灌区工程两大部分组成，总投资27.89亿元。枢纽工程位于蓝山县境内，湘江二级支流、舂陵水一级支流俊水中下游，是一座以灌溉为主、结合供水、兼顾发电等综合利用的大（2）型水库。项目竣工后，可灌溉毛俊水库下游蓝山、嘉禾和新田3县共30个乡镇。设计灌溉面积2.74万公顷（包括蓝山县1.36万公顷，郴州市嘉禾县0.52万公顷，新田县0.86万公顷），其中改善灌溉面积1.8万公顷，新增灌溉面积0.95万公顷（含新开垦耕地980公顷）。供水范围包括蓝山和嘉禾县城、蓝山县楠市等7个乡镇和新田县三井等11个乡镇及灌区范围内农村人畜用水。坝后电站装机容量11兆瓦，年平均发电量2877万千瓦时；渠首电站装机容量5兆瓦，多年年平均发电量630万千瓦时。

■蓝山成功创建为国家级出口食品农产品质量安全示范区 2016年，蓝山县推进出口食品农产品质量安全示范区建设，不断加强农业支柱产业和主导产业培育，加快推进农业产业化产业区域化布局、规模化种植、标准化生产，不断完善农副产品质量安全体系。全县通过无公害农产品认证29个，QS认证和有机食品认证1个，有机食品转换认证1个，绿色食品认证2个，实行统一包装销售15个，全县农产品加工企业10余家。蓝山县成功创建为国家级出口食品农产品安全示范区。

■蓝山获“湖南省卫生县城”称号 2016年2月，省爱卫办组织有关专家对蓝山县创建湖南省卫生县城工作进行考核评估，认为蓝山县达到湖南省卫生县城的基本要求，授予蓝山县“湖南省卫生县城”称号。蓝山县委、县政府以“五城同创”为抓手，实施投资46亿元的县城扩容提质三年行动计划，其中总投资9.8亿元的县城路网提质改造提前一年完成。21条城区主次街道全部雨污分离43.6千米，全部管线下地72.2千米，“白改黑”11.18万平方米，人行道铺砖14.3万平方米，投入2000多万元绿化亮化。54条背街小巷“地上”全部实施硬化、亮化，“地下”全部与主管网无缝对接。学校、医院、社区、市场、垃圾站、小游园、公厕等城市功能配套取得根本性突破。拉开城市骨架，总投资近10亿元、全长35千米条扩容道路加快建设。环境功能区水质达标率100%；重点工业污染源废水、废气达标排放率100%；食品卫生监督覆盖率100%。

（罗全新　李华雄　黄智泽）

领导名录

中共县委员会

书　　记　　秦志军

副 书 记　　魏和盛　李劲涛

常　　委　　黄和平　聂朝飞
　　　　　　刘素萍　何红喜
　　　　　　黄　萍　苏建华
　　　　　　赵忠辉

县人大常委会

主　　任　　谭平玉

副 主 任　　郭晓武　刘惠明
　　　　　　梁有余　袁　凤
　　　　　　彭继学

县人民政府

县　　长　　魏和盛

副 县 长　　聂朝飞　李　勇
　　　　　　陈毅强　周晓芬
　　　　　　杨　康　黄正军

县政协委员会

主　　席　　唐志雄

副 主 席　　盘运贵　黄石保
　　　　　　李松旺　黄积文
　　　　　　许旭阳

中共县纪律检查委员会

书　　记　　何红喜

县人民武装部

部　　长　　黄　萍

县人民法院

院　　长　　柏国平

县人民检察院

检 察 长　　吕新陵

金洞管理区

■ 概述　金洞管理区位于湘江支流白水河上游，与七县区交界。金洞管理区与金洞林场实行“两块牌子、一套人马”管理，行政级别为正县级，全面负责管理区域内的经济社会事务。管理区（林场）现辖3个乡、1个镇、45个行政村（居委会）、8个分场，全区总面积635平方千米，总人口6.8万人，干部职工2300多人；境内森林资源丰富，有山林面积5.07万公顷，森林覆盖率88.5%，森林蓄积量280万立方米，空气中负氧离子含量高达1.1万个/立方厘米，堪称“天然氧吧”；林区内有木本植物91科600余种，草本植物500余种，中草药材50余种，野生动物50余种。获“国家储备林示范林场”“国家珍贵树种培育示范县”“中国楠木之乡”及全国绿化模范单位等多个称号，金洞漂流、睿击射击俱乐部、国家森林公园、湿地公园等旅游品牌驰名省内外。

地方生产总值11.2亿元，增长10.9%；财政总收入4729万元，增长16%；社会消费品零售总额4.49亿元，增长12.3%；固定资产投资17.53亿元，增长18.5%；规模工业增加值2.68亿元，增长14.7%；城镇居民人均可支配收入和农民人均纯收入分别达2.76万元、8800元，分别增长9.1%、10.8%。各项指标均超过全市平均水平。整合城建投、扶贫投、旅建投、农建投组建城发集团，年内融资金额4.2亿元，其中城建投2.73亿元，扶建投0.94亿元，旅建投0.53亿元。

区直部门合并精简到28个。乡镇由原来的8个撤并保留为4个，精简幅度50%；建制村由原来的73个合并保留为45个村（居委会），精简幅度40%，合村方案批复进度排全省第二位，被评为全市乡镇区划调整先进单位。国有林场改革缩减直接成本3839万元，人员从改革前的1206名缩减到664名，成为省市林场改革典范。全区公车改革顺利完成，公务汽车租凭服务公司成立并营运。采用“笔试、演讲、测评”方式，在85名科级干部中择优选配38名干部进入领导班子，规范财税体制，设立国税金洞征收点和金洞地税分局，有效防止“跑、冒、滴、漏”偷漏税收现象，年均增税300多万元。成立投资评审中心、会计核算中心，年均节约资金900多万元。

确定的40个重点基础设施项目全面开工建设，总投资10.9亿元。二级公路金洞至牛头山段全线拉通，4.2千米城区段升级为高标准炒砂路面。金洞中心汽车站开工建设，进展顺利。司法、计生业务用房、档案馆项目、城区供水和污水处理建设工程前期准备工作基本就绪。总投资20亿元的白果市风力发电项目完成一期测风。完成碧江口等6座桥梁的渡改桥和危桥改造。行政村公路改扩建水泥路通畅率100%。凤凰、石鼓源、小金洞等地集镇改造全部完成。病险水库除险加固、“五小”水利建设全面完成。新建移动基站10座，基本消除通讯死角。通过“中博会”“深洽周”“沪洽周”等经济交流活动，内联引资1.08亿元，外贸进口80万美元，实现零的突破。与多家企业就金洞生态文化旅游、林业循环经济、特色小镇建设等项目达成初步意向，争取各类项目资金1亿多元。

完成造林1533公顷，新增花卉苗木基地53公顷，改培、新造闽楠、红豆杉、银杏等珍贵树种200余公顷，被国家绿化委员会评为“全国绿化模范单位”。与湖南省林业科学院合作，成立省内首家楠木研究所。完成粮食种植面积3080公顷，建成凤凰66.67公顷有机水稻示范基地，石鼓源186.67公顷标准茶园。楚旺农牧公司第一期工程完工投产，湖南浯溪百草堂中药饮片投产运营，带动当地发展仙草种植33.33公顷。启动森林康养基地

金洞全景

建设，金洞猛江河国家湿地公园获评第一批全国“森林康养试点基地”。开发金洞游客中心、仙人岭公园等新项目建设，永州林博园金洞分园建成开园。成功举办第二届金洞山地自行车挑战赛和首届“生态明珠，秀美金洞”风光摄影大赛。金洞生态旅游获湖南省“生态经济十优示范案例”、全市先进单位称号。

派驻24个驻村帮扶工作队和26名“第一村支部书记”，通过产业扶贫、金融扶贫、教育扶贫、兜底保障扶贫等方式，扩大苗木、药材等基地400余公顷，发展竹根鼠、黑山羊等特种养殖场72个，发放小额信贷6300多万元，签订易地扶贫搬迁协议560户2060人。金洞镇龙潜凼、石鼓源乡茅里坪、凤凰乡团结村和晒北滩瑶族乡大源里4个易地扶贫搬迁安置工程建设全面提速。

10所合格学校建设通过市级验收，教师周转房全面完工。管理区人民医院成功交由祁阳县人民医院托管，人口自然增长率控制在3.8‰，全面两孩、孕产妇产前筛查城乡免费服务有效落实，计生协会工作首次挤进全省“先进县区”行列。全面实行药品“零差价”，食品药品安全获全市“先进单位”。成功举办永州市科技活动周启动暨省级科普基地授牌开放仪式。建立村级淘宝服务站点等电子商务服务网点26个，完成农产品溯源2个。第一部《金洞管理区志》付印出版，启动村志修编试点。

新建保障性住房308套，农村危房改造152户，货币补偿棚户区改造534户。城镇生活垃圾处置率100%。以旅游沿线和公路沿线为重点，完成12个重点村及9个集中式污水处理站建设。新增城镇就业700多人，城镇登记失业率控制在3.5%以内。养老保险、城乡低保、五保供养金等民生政策有效落实到位，并超额完成市定目标。

持续开展“美化、绿化、亮化”为主要形式的“扮靓金洞行动”，先后投入370万元对金洞城区和滨河风光带提质改造进行规划设计。逐步完善城镇功能配套，中心城区扩展到1.5平方千米，城镇化率提升至50%。社会综合治理全面加强，新增20个社会治安视频监控摄像头，强力开展严打整治“飓风”行动、打击非法占用林地行动和“三强三堵”（强装强卸、强揽工程、强行阻工和堵门、堵路、堵桥）等各类专项行动。全面强化社会管控力度，未发生一起重点人员失控和进京、赴省市上访。安全生产措施落实，未发生生产安全事故。开展城区交通秩序大整治，全区交通秩序全面好转。依法行政能力进一步提升，法治政府建设取得进展，“六五”普法成效明显。

通过“党建+精准扶贫”，凤凰乡党委的“赶着马儿进山扶贫”得到湖南卫视报道推介。以“两学一做”学习教育为重点，多次邀请省市专家、学者、教授对全区广大党员干部进行思想、就业、技能培训，选送110名党员干部赴省内外高等院校进行轮训。开展“转作风、优环境、促发展”专项整治和“国旗下讲话”等活动，倡导推行执行力建设“十六字真诀”，加强对党员领导干部实绩卡和执行力卡的管理与考核。乡镇党委、人大、政府换届完成，村级组织调整顺利推进，软弱涣散基层党组织全部实现晋位升级。落实党风廉政建设责任制，把反腐倡廉工作纳入经济社会发展和党的建设总体布局，以零容忍态度惩治腐败。

■金洞管理区被省政府认定为“革命老区” 2016年1月，金洞管理区被湖南省人民政府认定为“革命老区”。此次被成功认定为“革命老区”，对该区继承革命光荣传统，发扬先辈革命精神有着重要意义，对全区争取项目和政策扶持也有着积极的作用。

（唐晓军）

领导名录

管理区领导

党委书记	邓扬中
党委副书记 管委会主任	何永明
党委副书记	李耀华
党委委员 管委会常务 副主任	肖铁山
党委委员 管委会 副主任	夏铁桥　邓彪 黄守成
党委委员 政法委书记	肖申华
党委委员 纪委书记	周旺生
管委会 副主任 公安分局 局长	秦学君
副处级干部	孙国庆　汪桂林
副处级 职级干部	奉付成　邓秋实 周光卓　张治国 邹广贤

回龙圩管理区

■概述 2016年，回龙圩管理区地方生产总值2.53亿元，增长10.40%；全社会固定资产投资9亿元，增长20%；一般地方财政收入1.21亿元，增长16.5%；社会消费品零售总额7995万元，增长11.99%；城镇居民人均可支配收入2.06万元，增长10%；农村居民人均纯收入1.25万元，增长11%。

建好优质柑橘苗圃基地，新优品种种植面积扩大。果园水、电、路、太阳能杀虫灯等基础设施更完善，柑橘黄龙病统防统治取得阶段性成效。与湖南农业大学等农业院校合作更紧密，科学化种植水平显著提升。农产品质量追溯体系更完善。水果年产量20万吨，产值1.5亿元。成功引进3个工业项目，规模工业实现“零突破”。华能风力发电项目完成核准，湘茶集团茶叶加工项目实现利税50万元，中尚高科PVC发泡板厂正准备开工生产。接待游客10万人次，全域旅游格局日显。“回龙湖激情体验游”“八仙洞美丽乡村游”“高尚湖生态休闲游”3个拳头旅游精品建设不断推进，相关配套设施正在完善。广东、广西的百人自驾旅游团融入湘南特色旅游圈、湘粤桂旅游圈。

着力强化“大招商”，把招商引资作为推动发展的重要工作抓好、抓实，坚持以情招商、优势招商。全年全区到位资金1亿余元，增长25%，项目建设规模、质效均大幅提升。产业项目建设取得重大突破，5个市级重点项目中，有3个（分别是中嘉高科PVC发泡板项目、回龙湖游乐场建设项目和永州市回龙湖养老中心项目）为产业项目。开展项目储备，研究挖掘和包装一批发展前景好的新项目、大项目。

农垦危房改造、五小水利、民生实事项目顺利推进，全区居住、交通、饮水、通讯等条件全面改善，完成沿路民居立面改造，建好市民广场2个，完成中心城区道路双向6车道炒砂路改造、新风村—八仙洞—神仙洞至小学道路和回龙湖景区全线白改黑。建成农村垃圾无害化填埋场，实现城乡卫生保洁常态化，乱搭乱建、乱丢乱扔等现象得到有效遏制。植树育林，森林覆盖率80.45%。实施“五小水利”建设，农村自来水普及率72.8%。区人民医院及敬老院整体搬迁工程顺利推进，抓好义务教育薄弱学校改造。挖掘“农垦文化、桔文化、瑶文化”内涵，加快文明城市创建。

超额完成脱贫攻坚任务，全区贫困人口脱贫913人，贫困村摘帽4个，贫困发生率由2015年的18%锐减至2%。小康实现程度92.83%，较2015年提高3.43个百分点。社会保障实现动态全覆盖，义务教育达标率100%，符合政策生育率93.4%。成立不动产登记中心，推行“五证合一、一照一码”，新注册登记企业、新登记注册个体工商户分别增长

回龙圩管理区美丽乡村八仙洞及水果观光园

近2倍和97%。做好安全生产、综治维稳和信访工作，保持赴省进京上访“零登记”、安全生产事故“零发生”、网络负面舆情“零出现”。群众综治民调满意度98.4%，回龙镇民调从2014年的第一百六十七位上升到全市第五位，晋升全市第一方阵。

以开展“两学一做”学习教育为契机，全面强化党建引领。并村及乡镇换届风清气正，村、镇领导班子进一步配齐配强。坚持正确的选人用人导向，15名“想干事、会干事、干成事”的干部依规依程序调整任用。村、社区运转经费分别提高到12.5万元和13万元，投入160余万元新建4个村级活动中心。落实“党员积分制”“执行力卡”建设等制度。党风廉政建设全面落实，“雁过拔毛”式腐败问题和“纠四风”专项整治实现全覆盖，没有出现新的重特大腐败案件。管理区获全市精准扶贫、社会管理综合治理、维护社会稳定、农业农村、信访工作先进单位等称号。

存在的主要问题和困难：产业结构不优，第三产业增加值占比偏低；税收来源单一，“动力源”不足、“钱袋子”不鼓；人才瓶颈凸显，“用人荒”显现；基础设施薄弱、人口少人气不旺，“硬件”不全、“家底”不厚；精准扶贫任务重，民生保障不完善，“硬骨头”难啃、“民生网”不密；干部的作风、执行力与新形势的要求有差距，学习力、公信力需进一步加强。

■ **品牌创建结硕果** 2016年，回龙圩管理区围绕柑橘主导产业、民生产业、特色产业，走种养加、农旅贸一体化、一二三产业高度融合的发展道路。全区建成4533公顷标准化果园，成功创建为湖南省绿色食品示范基地、省级现代农业柑橘特色产业园、国家农业部柑橘标准示范园。以八仙洞村、神仙洞村为样板，美丽乡村建设高标准推进。八仙洞休闲农庄被评为“湖南省五星级休闲农庄”，回龙湖农业生态休闲园被评为“湖南省四星级休闲庄园”。统筹城乡、人与自然和谐发展，管理区成功纳入国家重点生态功能区，回龙圩镇被列为“全国重点镇”、省新型城镇化试点镇。“回龙圩柑橘”标志正在全力申报特色农产品地理标志。

■ **规模工业实现“零突破”** 2016年，回龙圩管理区成功引进中尚高科PVC发泡板项目，计划投资8000万元，占地2公顷，为全区引进的第一个工业规模企业。该项目由湖南恒顺板业有限公司在回龙圩投资注册，至12月底完成厂房及生产设备的安装调试。管理区为项目建设提供“一条龙”式服务，在政策范围内对项目建设提供最大限度的帮助和支持。

（卢凤莲）

领导名录

中共永州市回龙圩管理区委员会

书　　记	赵文旺
副 书 记	李社光　成　萍
党委委员	周礼才　王湘文
	李冬华　欧阳群松
	何　科　朱　琨

永州市回龙圩管理区管理委员会

管委会主任	李社光
管委会副主任	周礼才　欧阳群松
	何　科
副调研员	李宋成

中共永州市回龙圩管理区纪律检查委员会

书　　记	王湘文

永州经济技术开发区

■ **概述** 永州经济技术开发区（简称永州经开区）前身为永州市凤凰园经济开发区，始建于1988年，1990年经省政府批准为省级重点开发区。总规划面积121平方千米，管辖1个街道，下设3个工业园，总人口8.5万人。有规模以上工业企业147家，初步形成大制造、大数据、大健康、大商贸物流四大支柱产业。

主要企业有长丰汽车及配套企业、元创科技、恒远发电、大德科技、湘江电器、创腾电力、恒发水泥等。永州经开区享有县级人民政府经济社会行政管理权和部分市级经济调控权，下设21个科局，行使市直22个部门下放的90项行政审批权，拥有土地报批、规划审批、项目建设、管理服务四位一体的自主权，基本可以实现“园区事项、园区办结”。永州经开区先后获省级“承接产业转移特色园区”“知识产权工作示范园区”“信息化和工业化融合示范园区”“循环化改造试点示范园区”“电子商务示范集聚区”和“全国模范劳动关系和谐园区”等称号。

2016年，实现技工贸总收入461.1亿元，完成工业总产值366.3亿元，完成规模工业总产值236.96亿元，完成规模工业增加值52.67亿元，比2015年分别增长28.1%、30.8%、12.1%；完成固定资产投资157亿元，比2015年增长22.5%。新增规模以上工业企业22家，新建标准厂房18.1万平方米。在全市年终考核中，获绩效评估优秀单位、党建工作先进单位、推进新型工业化先进单位、推进新型城镇化先进单位、重大项目建设先进单位等9项先进表彰。

■ **园区建设**　长丰工业园于2002年兴建，规划面积51平方千米，建成面积10平方千米。主要发展先进装备制造产业，标志性企业有长丰猎豹汽车、恒远发电等。2016年，实现技工贸总收入208.9亿元，完成工业总产值158.8亿元，完成规模工业总产值105.2亿元，完成规模工业增加值21.3亿元。凤凰工业园是2003年兴建的综合性工业基地，规划面积43平方千米，建成面积6平方千米，基础设施和配套设施完善。主要发展食品加工、生物制药、新型建材等产业，有湖南熙可食品、恒惠集团、奔腾彩印、希尔制药等规模工业企业46家。冷水滩高科技工业园于2004年3月兴建，规划面积27平方千米，建成区面积4平方千米。有达福鑫电子、湘龙铜业、潇湘源玻璃、炬辉光电等20家企业。

■ **产业发展**　2016年，永州经开区大制造产业主要包括长丰猎豹汽车及6家配套企业、恒远发电设备、状元集团等先进装备制造企业。长丰猎豹汽车是一家整车生产企业，主要生产SUV轻型越野车系列产品，主打产品有猎豹CS10、CS7、Q6、猎豹黑金刚、猎豹奇兵。长丰沙发等6家汽车配套企业主要生产汽车沙发、空调、内装饰等汽车零部件产品。恒远发电设备公司生产的发电机组及配套设备远销东南亚各国，三湘电缆、烈岩科技等骨干企业不断壮大。大数据产业主要包括华为云计算中心、北斗导航数据中心等云数据应用企业以及大德科技、美凯电子等电子元件生产企业。大健康产业主要包括湘雅永州医院和康都药业、希尔药业、恒康药业等医药生产企业以及熙可、永罐、恒惠等食品生产企业。康都药业年产值实现7亿元，总投资35亿元的湘雅永州医院项目进展顺利，带动康养产业快速发展。电商产业园、顺丰快递中心相继建成，烟草产业园、现代服务业新城（财政部PPP入库项目）加速推进，电子商务与物流融合发展，百亿现代商贸物流产业强力集聚。

■ **园区规划**　2016年，永州经开区围绕“创新园区、开放园区、品质园区、活力园区”的战略定位和“园区景区化、管理智能化、招商专业化、产业集聚化、服务精细化、创建品牌化”的工作目标，全面启动园区水、电、讯、燃气等专业规划和仁湾镇等片区控制性详规编制，完成《永州市仁湾镇（城乡一体化）控制

2016年10月16日，省委副书记、省长许达哲（左二）考察永州经济技术开发区，市委书记陈文浩（左一）陪同考察

性详细规划》《永州经济技术开发区“135”工程项目规划》编制工作。进一步完善事权管理体制、行政管理体制、财政与投融资体制、人事薪酬制度、招商引资政策等制度。

■ 项目建设 2016年，永州经开区实施重点项目71个，其中基础设施项目16个，工业项目30个，其他项目19个，要素保障项目6个，累计完成投资38.5亿元，比2015年增长45.3%。其中，基础设施项目累计完成投资10.8亿元，工业项目累计完成投资16.5亿元，其他项目累计完成投资11.2亿元。促成大德科技、祥瑞贸易、柳工配套等12个产业项目建成投产，初步形成园区“五纵五横”路网格局。

■ 招商引资 2016年，永州经开区把招商引资作为第一菜单，围绕“大制造、大数据、大健康、大商贸物流”四大主导产业，在以商招商、产业招商、专业招商上用力，新签约项目16个，总投资287亿元。烈岩科技、华为云计算中心、汽车配套产业园、元创科技、品高新型材料、湘好电网设备、派系生活垃圾处理设备制造基地等项目落地。金科地质装备、增信物流等项目建成投产达效；华为云计算中心建成后可承载1000个标准服务器机柜，具备48万核计算能力。

■ 园区要素保障 2016年，永州经开区把加强要素保障作为巩固和发展经济良好势头的重要途径，加大分析研判力度，全面强化土地、资金、用工等要素保障。依托永州市开发建设投资有限公司平台，成功融资34.85亿元。完成报批土地240公顷，完成征地217.87公顷，新增土地储备面积153.33公顷；新增城镇就业1112人，转移农村劳动力就业2235人，企业招工2379人。

（永州经济技术开发区党政办）

领导名录

开发区委员会、管理委员会

党委书记	周　亮
党委副书记 管委会主任	李　瑛
党委副书记 纪委书记	曾令富
党委委员 管委会 常务副主任	张　明
党委委员 管委会 副主任	王中平　廖为华
调研员	周建宏　岑生荣
副调研员	谢晓青　文建秋
永州市开发 建设投资 公司董事长	贾小平
永州市开发 建设投资 公司总经理	黄立华

人物

Figures 五

新任市级领导

李晖

李晖，女，汉族，1970年6月出生，湖南桃江人，1993年6月加入中国共产党，1987年7月参加工作，湖南大学管理科学与工程专业毕业，在职研究生学历，管理学博士。1984年9月至1987年7月，在湖南省益阳师范学校学习；1987年7月至1989年8月，任湖南省工具厂子弟学校教师；1989年8月至1992年2月，任九三学社益阳市委专干、办公室主任；1992年2月至1992年7月，任湖南国际城房地产开发公司办公室主任；1992年7月至1992年12月，在共青团湖南省委学校部工作；1992年12月至1995年8月，任共青团湖南省委办公室秘书科科长、宣传部宣传科科长；1995年8月至1997年8月，任长沙市委宣传部副部长（其间：1996年9月至1999年4月，在湖南大学工商管理专业学习，获工学硕士学位）；1997年8月至2000年10月，任共青团长沙市委书记、党组书记（其间：2000年4月至2007年6月，湖南大学管理科学与工程专业博士研究生毕业，获管理学博士学位）；2000年10月至2005年1月，任共青团湖南省委副书记、党组成员（其间：2003年12月至2004年6月，参加省委组织部组织的优秀中青年领导干部出国培训研修班赴美国马里兰州巴尔的摩大学学习）；2005年1月至2006年12月，任共青团湖南省委副书记、党组副书记；2006年12月至2007年1月，任共青团湖南省委党组书记；2007年1月至2008年11月，任共青团湖南省委书记、党组书记；2008年11月至2011年6月，任株洲市委副书记、炎陵县委书记（其间：2010年2月至2010年7月，参加中共中央党校第二十八期中青一班学习）；2011年6月至2014年6月，任中共怀化市委副书记、市长；2014年6月至2016年12月，任湖南省文化厅党组书记、厅长；2016年12月，任中共永州市委书记。中共十七大代表，第十二届全国人大代表，团十五、十六届中央委员，十届湖南省人大常委，湖南省第十一届委员会委员。

杨永

杨永，男，汉族，1962年5月出生，湖南望城人，1985年3月加入中国共产党，1981年11月参加工作，中央党校法律专业毕业，大学学历，军事学硕士，曾任广州军区炮兵第一师二十五团指挥连战士。1983年9月至1985年8月在第三地面炮兵学校侦查专业学习。1985年8月后任炮四师（乙）团一营二连见习排长，广州军区炮兵第一师二十七团三营九连指挥排排长，广州军区炮兵第一师二十七团一营三连连长，广州军区炮兵第一师二十七团二营副营长，四十二集团军炮兵第一师二十七团司令部军务股股长。1994年3月，任四十二集团军炮兵第一师二十七团二营营长；1997年9月，任四十二集团军炮兵第一师二十七团参谋长；1999年10月，任四十二集团军炮兵第一师二十六团团长；2001年3月，任四十二集团军炮兵第一师五十二团团长；2004年11月，任四十二集团军炮兵第一师参谋长；2008年8月，任四十二集团军炮兵第一师副师长；2010年2月，任湖北省襄樊军分区司令员；2011年8月，任湖北省襄阳军分区司令员；2013年11月，任中共湖南省纪委副秘书长；2016年5月，任中共永州市委常委、市纪委书记。中共永州市委第四届、第五届委员会委员，中共永州市第四届、第五届纪律检查委员会委员，永州市第四届、第五届人大代表。

吴志雄

吴志雄，男，汉族，1974年2月出生，湖南涟源人，中共党员，省委党校研究生，1995年6月入党，1995年7月参加工作。1992年9月至1995年7月，在娄底师范高等专科学校中文系学习；1995年7月至1996年9月，任涟源市第一中学办公室秘书；1996年9月至1997年6月，任涟源市人大常委会办公室干部；1997年6月至2003年7月，任娄底地区人大工委办公室秘书科干部、副科长、科长；2003年7月至2004年3月，任娄底市人大常委会研究室

主任（副处级）（其间：2003年1月至2003年12月挂任新化县油溪乡党委副书记）；2004年3月至2006年6月，任娄底市人大常委会办公室副主任；2006年6月至2009年2月，任娄底市人大常委会选举任免联络工作委员会副主任；2009年2月至2010年2月，任娄底市人大常委会委员、研究室主任，其间：2006年9月至2009年7月，省委党校在职研究生班经济学（经济管理）专业学习；2010年2月至2013年8月，任湖南省委组织部公务员办主任、干部一处副处长；2013年8月至2016年6月，任湖南省委组织部党员管理处处长；2016年6月，任永州市委常委、市委组织部部长。

罗建华

罗建华，男，汉族，1962年5月出生，湖南宁乡人，1983年8月参加工作，1991年6月加入中国共产党，大学学历。1983年7月至1985年9月，在江永县第二中学任教；1985年9月至1990年4月，任江永县教育委员会教研室教研员（其间：1987年9月至1990年7月，在华中师范大学教育管理专业学习）；1990年4月至1991年12月，任江永县政府办干部；1991年12月至1992年11月，任江永县政府办副科级秘书、综合组长；1992年11月至1995年1月，任江永县政府办正科级副主任、党组副书记；1995年1月至1996年1月，任江永县政府党组成员、正科级县长助理；1996年1月至1998年1月，任江永县政府党组成员、正科级县长助理、县财委主任、党组书记；1998年1月至2000年9月，任江永县副县长；2000年9月至2000年11月，任蓝山县委常委、县政府党组副书记；2000年11月至2002年9月，任蓝山县委常委、常务副县长；2002年9月至2006年6月，任道县县委常委、常务副县长、县委副书记；2006年3月至2007年3月，任永州市财政局副局长、党组副书记；2007年3月至2007年11月，任宁远县委副书记、代县长；2007年11月至2011年4月，任宁远县委副书记、县长（2010年1~5月主持县委全面工作）；2011年4月至2016年8月，任江华瑶族自治县县委书记；2016年9月，任中共永州市委常委、江华瑶族自治县县委书记。

刘　鹏

刘鹏，男，汉族，1970年10月出生，山东潍坊人，1994年7月加入中国共产党，1993年7月参加工作，中国人民大学哲学专业毕业，大学学历，哲学学士，经济师。曾任原国防科工委通县综合仓库见习员、原国防科工委通县综合仓库政治处副连职干事、原国防科工委后勤部政治部正连职干事、总装备部后勤部政治部正连职干事、中国人民保险公司人事部机关干部处干部。2000年12月，任中国人民保险公司人力资源部一处主任科员；2004年3月，任中国人民财产保险股份有限公司人力资源部总部人力资源管理处副处长；2006年3月，任中国人民财产保险股份有限公司人力资源部人力资源管理处处长；2008年10月，任中国人民健康保险股份有限公司人力资源部副总经理、党委组织部副部长；2009年10月，任中国人民财产保险股份有限公司人力资源部教育培训部副总经理、党委组织部副部长；2015年3月，任中国人寿财产保险股份有限公司战略发展部总经理。2016年6月，提名永州市人民政府副市长人选（挂职）。

先进人物

李胜秋

2016年6月，香港城市大学宁远籍教授李秋胜出席在美国田纳西州纳什维尔举行的美国土木工程师协会工程力学年会。他获2016 Jack E. Cermak奖，工程力学学会会长授予他一枚刻有风工程创始人Jack E. Cermak教授塑像的奖章。Jack E. Cermak奖项是国际风工程和工业空气动力学领域最高荣誉奖项，表彰的是全球范围内在风工程和工业空气动力学领域具有卓越成就的学者。Jack E. Cermak奖自2000年成立以来，仅有12人获奖。

李秋胜是宁远县柏家坪镇人，1962年出生，1984年毕业于上海交通大学，获学士学位；1987年毕业于哈尔滨工业大学，获工学硕士学位；1996年毕业于澳大利亚Monash大学风工程专业，获博士学位。系中共中央组织部“千人计划”特聘教授、长江学者讲座教授、香港城市大学教授、中国国家杰出青年基金获得者、美国土木工程师协会会刊副主编。李秋胜自1984年以来，致力于风工程、结构动力学和计算力学的研究。1989年起，先后在日本、澳大利亚等地的建筑技术研究所、工程学院、试验中心和香港城市大学任职。研发“风及结构健康监测系统”应用于亚太地区多幢超高层建筑物（如高640米的深圳平安金融中心等）。采用多种监测手段，对强台风边界层风场进行长期观测，建立多种地貌类别的强台风边界层风场模型，获得具有重要科学工程意义的研究成果。在计算风工程领域取得一系列突破性研究成果，为超高层建筑抗风设计提供安全可靠的科学依据。

张京华

2016年11月，湖南科技学院教授张京华获2016年“全国优秀社会科学普及专家”称号，全省共5名专家获此殊荣。

张京华致力于做国学研究的推动者和社会科学普及的践行者，2011年创建的国学研究所（2015年升为国学院）立足于永州历史、地理与文化特色，以“潇湘优秀文化传统”系列讲座为依托，先后举办“湖湘大学堂”“潇湘石刻文化考察展”“周敦颐诞辰1000周年图片展”“湖南省社科普及进基层特色系列活动——‘走近千年濂溪’系列活动”等活动，开展公益讲座100余次，并将活动范围扩展到文化论坛、发表论文、出版著作等文化形式，为社会科学研究与普及作出重要的贡献。

周贵生

2016年6月5日，首届中国生态文明奖在北京颁奖。江华瑶族自治县环保局局长周贵生获首届中国生态文明奖先进个人，成为湖南省唯一获此称号的个人，并受邀参加6月5日在北京会议中心召开的表彰会。“中国生态文明奖”是中国设立的首个生态文明建设示范方面的政府奖项，也是级别最高的生态文明专项奖之一，旨在表彰和奖励在生态文明建设一线和基层工作中，对生态文明实践探索、宣传教育和理论研究等方面做出突出成绩的集体和个人，每3年评选表彰一次。此次19个先进集体和33名先进个人获奖。

周贵生任职江华环保局局长期间，成功把江华创建成为湖南省第一个省级生态县；面对环境违法行为，他敢于亮剑，严厉查处；面对环境突发事件，主动冲在第一线。他努力将江华的“生态立县”战略转变为实际行动，通过主抓生态创建、污染减排、环保宣教等重点任务，并加强综合协调，使江华环保局连续2年被湖南省环保厅评为环保系统先进单位，连续4年被市环保局评为环保系统先进单位，减排工作连年获市政府表彰。并在全市首次建立“乡镇环保站”。

王　喜

王喜，男，彝族，1991年10月出生，云南文山人，2011年12月入伍，中共党员，现任武警永州市支队一中队特勤排班长，下士警衔。入伍4年来，他矢志警营，苦练本领，先后5次参加军事比武，获7块奖牌，6个第一名，获武警总队首届“三湘勇士”勋章；他先后参与大型活动安保13次，参加处突维稳8次，抢险救援6次，抓获犯罪分子16人，抢救遇险群众20人。立一等功1次、二等功1次、三等功2次。2015年，被永州团市委评选为“最美青年工作者”；2016年被武警部队评为第十九届“中国武警十大忠诚卫士”。

黎承仁

2016年9月，宁远县太平镇妙瑞井村农民黎承仁荣登“中国好人榜”。

1978年10月，黎承仁与本村没有弟兄的黎回章结婚，成上门女婿。随后，黎承仁除要照顾母亲之外，还要照顾继父、同样没有儿子的叔叔婶婶及岳父岳母、妻子的大叔等6位没有血缘关系的老人。先后为母亲、继父、继叔叔、继婶婶、岳母、妻子的叔叔以及五保老人杨爱华、黎有金8位老人养老送终，现在依然供养着岳父和五保老人黎文知、刘成秀夫妇3位老人。38年来，黎承仁先后与11位老人相濡以沫、不离不弃的真情感动所有人，成为孝老爱亲的典范和榜样。他先后获宁远县首届道德模范、宁远县首届最美孝星、宁远县优秀共产党员、永州市道德模范等称号，其家庭曾被评为“宁远县五好文明家庭”。

曾　婧

曾婧，1966年出生，永州市质量技术监督局的退休职工，同时又是市义工协会的志愿者。她在上小学时，坚持长达几年时间，帮助失明的孤寡老人邻居行为受到教育部门的表彰。参加工作后，她热心社会公益活动，倡导文明风尚，举慈善、献爱心，扶贫济困。2014年，她发起“爱心帮扶一对一”助学活动，以自己有限的影响力调动社会资源使一大群贫困孩子得到学习和健康卫生帮助，先后有40多个贫困学生获得从小学到大学的全程捐助。她发起的“爱心帮扶一对一”助学模式操作透明，爱心款通过银行账号由爱心人士分期转给被资助学生，这一做法深受当事者信任和欢迎。她常常把贫困学生安排到自己家里吃住，给身体虚弱的孩子补充营养，帮学习成绩差的孩子补习功课，为有病的孩子治疗疾病，给需要衣服的孩子增添衣服，给受冻的孩子送棉被，给没路费的孩子买车票回家，为符合条件的孩子申办低保、孤儿证等。她先后获永州市“十佳义工”“优秀青年志愿者”“爱心助学杰出贡献奖”和湖南省“最美志愿者”称号。2016年，被评为助人为乐“中国好人”。

先进集体

永州市人民防空办公室

2016年5月13日，在北京召开的第七次全国人民防空会议上，永州市人民防空办公室等35个全国人民防空先进集体、65个全国人民防空先进城市、45个全国人民防空先进工作者受到表彰。中共中央总书记、国家主席、中央军委主席习近平会见与会代表。中共中央政治局常委、国务院总理李克强，中共中央政治局常委、中央书记处书记刘云山，中共中央政治局常委、国务院副总理张高丽参加会见。永州市委副书记、市长易佳良代表永州参加会议并领奖。

永州市民政局

2016年7月29日，永州市民政局被评为全国爱国拥军模范单位。这是湖南省2016年唯一获此称号的单位。市民政局作为市双拥工作领导小组成员单位，承担着全市双拥工作的主要任务。市民政局始终把拥军优属工作作为一项重要内容常抓不懈，在双拥宣传、优抚安置、支持部队建设、转业干部及随军家属安置等方面作出大量卓有成效的工作。先后出台《永州市优抚对象医疗保障办法》《关于严格规范义务兵家庭优待金发放工作的通知》等一系列政策性文件，坚持做到有章可循，使双拥工作步入规范化和制度化轨道。狠抓优抚安置重点难点问题的解决，坚持动真情、办实事、重实效，进一步完善优抚保障体系。针对市场经济发展、用工制度改革和就业市场化的新形势，该局严格按照国家有关政策规定，扎实做好城镇退役士兵和转业士官的安置工作。

2012年以来，接收安置城镇退役士兵和转业士官1297人，安置率100%。会同市财政局以开辟优抚对象保障“绿色通道”为突破口，重点优抚对象抚恤金由“民政造册、财政核准、个人持卡、银行发放”的“四位一体”国库直接支付方式，保障优抚资金发放准确、及时、便捷。建立资助参保参合、门诊医疗补助、住院医疗补助、特别医疗补助、慈善医疗补助“五位一体”的优抚对象医疗保障制度，有效解决优抚对象的医疗保障问题。对退役军人自己创业、从事个体经营和自主创业成立企业的，协调有关部门按规定免收办证类、证照类等行政事业性收费。对退役军人在农、林、牧、渔等行业创办的有一定规模的经济实体，每年给予3万元~5万元的资金支持。2012年以来，投入上千万元资金扶持培育退役军人致富大户387名，带动城乡退役士兵就业1897名。

永州日报社

2016年4月16日—19日，第十一届中国传媒大会在四川省成都市召开，全国报纸、期刊、广播、电视、网络、广告、新媒体等255家媒体、312位媒体专家与业界精英参加大会，“2015金长城传媒奖”系列奖项一一揭晓。

该奖项分为人物、报刊媒体、广电媒体、广告新媒、综合五大类，设置“金长城传媒奖”，旨在奖励2015年为中国传媒事业作出突出贡献的媒体和个人。该届“金长城传媒奖”评审团由中国新闻传播领域权威的专家学者组成，以媒体社会责任、盈利能力和创新能力等为传媒机构评选标准，以影响力、推动力、创新力为传媒人物评选标准，采取组委会推荐、专家评审等方式确定入围名单，经过层层选拔，最终确定获奖者。《永州日报》获“金长城传媒奖·2015中国十大公信力地市党报”殊荣；永州日报社党组书记、社长刘波获“金长城传媒奖·2015中国传媒经营年度贡献人物”称号。

吴才有家庭

2016年12月12日，第一届全国文明家庭表彰大会在北京召

2016年12月14日，市委书记李晖（右二），市委常委、市委秘书长唐能武（右一），市委常委、市委宣传部部长刘尤碧（左一）会见吴才有家庭

开，永州市东安县大盛镇中心小学吴才有家庭获"全国文明家庭"的称号，妻子黄常淑代表全家到北京参加表彰大会，受到总书记习近平的亲切接见。12月14日下午，永州市召开座谈会，欢迎载誉归来的"全国文明家庭"吴才有、黄常淑家庭。市委书记李晖会见吴才有一家，代表市委、市政府向他们表示热烈的祝贺和由衷的敬意。

吴才有从教25年，妻子黄常淑没有固定工作，女儿吴姗刚从湖南师范大学毕业。吴才有父亲双腿残疾，干不了重活，母亲是聋哑人，生活自理困难，他从小就成为家里的顶梁柱。不幸的是，2000年的一天，因检修漏雨的教室，吴才有不慎从屋顶摔落，造成脊椎压缩性骨折，下半身完全失去知觉。但他仍然坚守三尺讲台，先后被评为湖南最可爱的乡村教师、湖南省劳动模范、湖南省特级教师和全国优秀教师。妻子黄常淑倾力照顾丈夫搞好教学工作。

逝世人物

欧学佳

欧学佳，1940年农历七月十九日出生，宁远县舜陵镇大种地黄泥坝村人，1971年12月加入中国共产党。1960年8月至1964年7月，在湖南师范学院中文系读书；1964年8月，任零陵地区高师教学辅导站教师；1968年9月，任零陵地区革委会通讯组干事、宣传部干事；1980年3月，任零陵地委宣传部副科长；1982年4月，任零陵地委调研室副主任；1983年6月，任零陵地委委员、政研室主任；1983年12月，任零陵地委委员、江永县委书记；1986年8月，任零陵地委委员、地委宣传部部长；1993年7月，任零陵地区政协联工委党组书记、主任；1996年3月，任永州市一届政协党组书记、主席；2001年11月，退休。2016年10月3日逝世，享年76岁。

杨怀康

杨怀康，1952年10月5日出生，零陵区水口山镇上哲元村人，1970年9月加入中国共产党，1971年6月参加工作。1971年6月，在原零陵县朝阳公社参加工作，是年12月任零陵县楚江圩区公所团委书记；1976年5月，任零陵县岐山头公社党委书记；1979年8月，任西藏自治区墨脱县旁兴区区委书记；1981年2月，任共青团零陵地委常委、宣传部长；1983年3月，任共青团原县级永州市委书记；1984年6月，任原县级永州市总工会主席；1987年6月，任原县级永州市委统战部副部长；1990年10月至1994年4月，先后任零陵地区国土局法制科科长、办公室主任；1994年4月，任新田县委副书记；1995年9月，任新田县委副书记、人民政府副县长；1996年3月，任新田县委副书记、人民政府县长；2001年10月，任新田县委书记；2007年1月，任永州市人大常委会副主任、永州市总工会主席；2012年10月退休。2016年1月28日15时08分逝世，享年64岁。

附录

Appendix

一、政策规章选登

关于进一步鼓励和支持民间资本投资办学的实施意见

为进一步鼓励和支持民间资本进入教育领域，促进全市教育事业综合改革和健康发展，根据《民办教育促进法》、《湖南省人民政府办公厅关于进一步促进民办教育发展的通知》（湘政办发〔2011〕38号）、《永州市人民政府关于鼓励和支持民间资本参与公共领域投资的实施意见》（永政发〔2015〕3号）等文件精神，借鉴其他市州做法，结合我市实际，现就进一步鼓励和支持民间资本投资办学提出如下实施意见：

一、科学引导和支持民间资本投资办学

1. 进一步拓宽民办教育发展空间。民办教育是教育事业的重要组成部分，是教育事业发展的重要增长点和促进教育改革的重要力量。要因地制宜，坚持民办普通教育做精、职业教育做强、学前教育和培训机构规范发展的思路。要进一步拓宽开放领域、改善审批服务、创新合作机制，鼓励更多民间资本进入教育领域。将民办教育纳入当地经济社会发展规划、纳入区域教育发展规划、纳入区域学校调整布局规划，进一步拓宽民办教育发展空间。

2. 创新民办学校办学机制。鼓励民间资本采取独办、联办、股份制等多种形式，投资举办政府规划新建、扩建、改造的各类学校。为社会提供多样化、个性化的教育服务，满足群众对教育资源的选择性需求。积极支持鼓励企事业单位、社会团体和公民个人依法以独资、合资等方式办学。因撤并闲置的公办学校用作办民办学校，其校产可出让给举办者。全日制民办学校由县级以上教育行政部门颁发办学许可证，明确为“民办事业单位”，由县级以上编制部门所属的事业单位登记管理机关进行登记，实行单独管理，享受事业单位法人待遇。

3. 积极打造优质品牌民办学校。积极鼓励民间资本通过托管、联办、合办等形式引进省内外名校联合办学，打造优质品牌民办学校，积极推进民办学校“三名工程建设”，培育一批名校、名师、名校长，进一步扩大优质教育资源，不断满足老百姓对优质教育资源的需求。

二、进一步加大投资办学的扶持力度

4. 完善用地保障政策。各地要将民间资本投资办学的基本建设项目纳入当地土地利用总体规划和年度土地利用计划。民办学校享有与公办学校同等的土地使用政策和待遇，新建、扩建民办学校，按照公益事业用地及建设的有关规定给予优惠。对民办学校，一般应以招拍挂等有偿方式提供土地使用权。经主管部门认定属非营利性民办学校，可以按划拨方式提供土地使用权，且划拨土地不得从事营利性的活动。教育用地不得改变土地用途，若改变土地用途，必须收回土地使用权后再招拍挂出让。新建民办学校建设用地规模，参照公办学校建设标准确定。

为鼓励民间资本投资办学，可以根据办学规模，以招拍挂方式提供教师住宅配套商业用地。

民间资本投资教育建设项目，经批准，利用闲置划拨土地上的工业厂房、仓库等存量土地和用房资源进行整合改造后用于办学的，在5年内可继续以划拨方式使用土地，5年期满需办理相关手续的，可按新用途、新权利类型，以协议方式办理。

5. 落实税费优惠政策。落实国家、省、市已出台的扶持民办教育发展的优惠政策。对从事学历教育的民办学校执行与公办学校同等税收优惠政策。民办学校出资人（除从事房地产的企业外）将房地产（除房地产开发企业建造的商品房外）投资入股，暂免征土地增值税；对承受土地和房屋权属用于教学的民办学校，免征契税。民办学校经批准征用的耕地，符合免征条件的，免征耕地占用税。民办学校变更校名办理资产变更手续的只收取登记费。鼓

励金融机构积极从事民办学校贷款业务，拓展民办学校融资渠道。

6. 健全财政奖补政策。市、县区人民政府要设立民办教育发展专项资金，用于支持民办学校发展。民办教育发展专项资金列入财政预算，并随财政收入的增长逐年增加。市本级每年不低于1000万元；100万人口以上的县区每年不低于200万元；50万人口以上的县区每年不低于100万元；50万人口以下的县区每年不低于50万元。已设立民办教育发展专项资金高于此标准的，按现有标准执行。市本级对投资额在2亿元以上、办学规模6000人以上的骨干民办学校，建成招生后，财政应给予100万元以上的一次性奖励。对民办学校改善办学条件、扩大招生规模的建设项目，可以根据投资额给予不高于20%的奖补支持。各县可参照此标准执行。

对民办学校执行与同类公办学校同等的免学杂费、生均公用经费补助及学生资助政策。

7. 实行政府购买服务政策。积极建立政府购买服务机制，支持民办学校承担公共教育服务，对城区民办义务教育学校在划片区域内招收的学生，按公办学校收费标准收费的，财政根据学生培养成本给予一定补助。各县区要按照当地学位建设成本制定购买学位服务的相关政策。

8. 落实人力资源支持政策。允许教师在公办学校与民办学校之间合理流动，经教育行政主管部门批准，公办学校教师到民办学校任教后，其原有的编制、档案关系不变，连续计算教龄。民办学校根据办学规模所需专任教师，可以在全市按不高于30%的比例聘用公办学校教师，其中20%在本行政区域内公办学校聘用，10%在其他县区公办学校聘用。建立绿色通道，简化手续，保障教师在公办学校和民办学校之间无障碍流动。

民办学校聘用的非公办教师，参加统一招考被录用为公办教师的，可以继续在民办学校任教，其人事关系由录用单位所属教育行政部门统一管理。

鼓励公办学校教师到民办学校支教。按照民办学校需求实际、本人自愿申请、教育行政部门审批、人社财政备案的原则，落实公办学校教师到民办学校支教的政策。需跨县区选派公办教师的由市教育局核准。支教期间，其工资、人事关系保持不变，档案工资及时调整，年度考核结果记入人事档案，教龄和工龄连续计算，职称在支教民办学校参加评聘，支教期间工资及福利待遇由民办学校负责。县区政府在招商引资中制定了对民办学校优惠政策的，可继续执行。支教人员应与相应的民办学校签订聘任合同，聘任合同期限为3年~6年，需续聘的重新按程序签订合同。

民办学校教师在资格认定、职称评审、课题申报、进修培训、评先评优等方面与公办学校教师同等对待。

三、进一步优化投资办学环境

9. 保障民办学校合法权益。民办学校财产受法律保护，任何单位和个人不得截留、挪用或侵占。民办学校举办者应当履行出资人义务，依法办理验资、过户等手续。其他出资者凭学校出具的出资凭证，依法享受权益、承担义务。民办学校的资产、受赠的财产、收取的费用以及办学积累，应当分别登记建账，过户到学校名下，并依法享有法人财产权。民办学校存续期间，所有资产由民办学校依法管理和使用，任何组织和个人不得侵占。严禁向民办学校乱收费、乱集资、乱摊派、乱罚款。

10. 保障民办学校招生和收费自主权。民办学校依法享有招生自主权，根据国家相关规定和办学条件自主确定招生的范围、标准和方式。义务教育学段主要招收本行政区域内生源。高中学段可以跨县区招生。学校根据核定的办学规模，按省、市有关规定开展招生工作。民办学校根据办学条件、办学成本、合理回报和市场需求原则，按有关规定建立定价机制，自主确定收费项目和标准。收费项目和标准向社会公示。

11. 增强部门服务能力。各级政府及相关职能部门要依法行政，增强服务意识，支持民办教育发展，帮助民办学校解决创办和发展过程中的困难和问题。国土、规划、住建、财政、税务、教育、人社等部门要修改调整影响民间资本进入教育领域的政策规定，清理整合涉及民间资本进入教育领域的行政审批事项，建立审批服务“绿色通道”，简化环节、缩短时限，加快办理审批手续，简化审批流程，提高审批效率。

各级政府要加强统筹协调，教育、编制、发改、公安、民政、财政、人社、国土、建设、税务、市场监管、金融等部门和单位要按照职责分工，各司其职、密切配合，研究分析和解决民办教育改革发展的重要问题；要积极探索、制定相关配套政策，为民办教育改革发展创造良好的政策环境。

四、进一步促进民办学校规范发展

12. 理顺民办学校的管理机制。落实民办学校分级管理，分级负责的管理机制。新建民办学校根据学校选址所在行政区域，由举办者向所在县区人民政府申报建设项目，由县区人民政府与举办者签订办学协议，实施建设计划。民办高中学校由举办者按条件和程序申报，县区教育行政部门初审，市教育行政部门组织评估审批，按属地原则由县区管理。民办义务教育学校、幼儿园及其他文化教育机构，由县区教育行政部门评估审批和管理。

13. 加强对民办学校教育教学的检查和指导。要健全质量评价机制，健全民办学校年度检查制度。对年度检查不合格的民办学校，要限期改正，并限制招生或停止招生，对情节严重的，吊销办学许可证。

14. 依法规范民办学校办学行为。民办学校要全面贯彻国家的教育方针政策，依法办学，诚信办学，自觉接受有关部门的监管。

15. 增强民办学校抗风险能力。以完善民办学校法人治理结构为核心，完善内部运行管理结构，完善民办学校财务财产管理制度和风险防范机制，增强民办学校抗风险能力，防止恶意终止办学行为的发生，保护学生、教师、国家以及举办者的合法权益。

本意见自印发之日起实行。

关于进一步健全特困人员救助供养制度的实施意见

为进一步健全特困人员救助供养制度，保障特困人员的基本生活，根据《社会救助暂行办法》（国务院令第649号）、《农村五保供养工作条例》（国务院令第456号）、《国务院关于进一步健全特困人员救助供养制度的意见》（国发〔2016〕14号）和《湖南省人民政府关于进一步健全特困人员救助供养制度的意见》（湘政发〔2016〕11号）精神，结合我市实际，现提出如下实施意见：

一、总体要求和基本原则

（一）总体要求

深入贯彻党的十八大和十八届三中、四中、五中全会精神，按照党中央、国务院和省人民政府决策部署，以解决城乡特困人员突出困难、满足城乡特困人员基本需求为目标，在全市建立起城乡统筹、政策衔接、运行规范、与经济社会发展水平相适应的特困人员救助供养制度，将符合条件的特困人员全部纳入救助供养范围，切实维护他们的基本生活权益。

（二）基本原则

坚持城乡统筹。健全城乡特困人员救助供养工作管理体制，在政策目标、救助方式、资金筹集、供养标准、经办服务等方面实现城乡统筹，确保城乡特困人员都能获得救助供养服务。

坚持托底供养。强化政府托底保障职责，为城乡特困人员提供基本生活、照料服务、疾病治疗和殡葬服务等方面保障，做到应救尽救、应养尽养。

坚持适度保障。科学合理制定救助供养标准，做到救助供养标准与经济社会发展水平相适应，救助供养制度与其他社会保障制度相衔接，实现特困人员救助供养制度保基本、全覆盖、可持续。

坚持属地管理。县区人民政府（含管理区、开发区，下同）统筹做好本行政区域内特困人员救助供养工作，分级管理，落实责任，强化管理服务和资金保障，维护特困人员基本生活权益。

坚持社会参与。鼓励、引导、支持社会力量通过承接政府购买服务、慈善捐赠以及提供志愿服务等方式，为特困人员提供服务和帮扶，形成全社会关心、支持、参与特困人员救助供养工作的良好氛围。

二、制度内容

（一）特困人员救助供养对象

城乡老年人、残疾人以及未满16周岁的未成年人，同时具备以下条件的，应当依法纳入特困人员救助供养范围：无劳动能力、无生活来源、无法定赡养抚养扶养义务人或者其法定义务人无履行义务能力的。具体认定办法根据国家民政部和省民政行政主管部门相关规定执行。

（二）特困人员救助供养内容

特困人员救助供养主要包括以下内容：

提供基本生活条件。主要指吃、穿、住等内容，包括供给粮油、副食品和生活用燃料；供给服装、被褥等生活用品和零用钱；提供符合基本居住条件的住房，对符合规定标准的住房困难的分散供养特困人员，通过配租公共租赁住房、发放住房租赁补贴、农村危房改造等方式给予住房救助。可以通过实物或者现金的方式予以保障。

对生活不能自理的给予照料。主要指日常生活、住院期间的必要照料等基本服务，包括提供饮食、起居、清洁等方面的照顾和帮助。

提供疾病治疗。全额资助参加城乡居民基本医疗保险的个人缴费部分。医疗费用按照基本医疗保险、大病保险和医疗救助等医疗保障制度规定支付后仍有不足的，由救助供养经费予以支持。

办理丧葬事宜。特困人员死亡后的丧葬事宜，集中供养的由供养服务机构办理，村（居）民委员会及其亲属予以协助；分散供养的由乡镇人民政府（街道办事处）委托村（居）民委员会或者其亲属办理。办理丧葬事宜时，遵守殡葬管理相关规定和适度节俭原则，尊重少数民族习俗。遗体火化时免除基本殡葬服务费用。丧葬费用按当地当年一年的基本生活标准，从救助供养经费中列支。当事人亲属提出额外服务项目要求的，费用由其亲属承担。

对义务教育阶段就学的特困人员，给予教育救助；对在高中教育（含中等职业教育）、普通高等教育阶段就学的特困人员，根据实际情况给予适当教育救助。

（三）特困人员救助供养程序

申请程序。申请特困人员救助供养，由本人向户籍所在地的乡镇人民政府（街道办事处）提出书面申请，本人申请有困难的，可以委托村（居）民委员会或者他人代为提出申请，并按规定提交相关材料，签订居民经济状况核查授权委托书，书面说明劳动能力、生活来源以及赡养抚养扶养情况。

乡镇人民政府（街道办事处）以及村（居）民委员会应当及时了解掌握本行政区域内居民的生活情况，发现符合特困人员救助供养条件的人员，应当主动为其依法办理特困人员救助供养。

审核程序。乡镇人民政府（街道办事处）应当通过入户调查、邻里访问、信函索证、群众评议、信息核查等方式，对申请人的劳动能力、收入状况、财产状况、赡养抚养扶养情况以及其他证明材料等进行调查核实，于20个工作日内提出初审意见，在申请人所在村（社区）公示不少于7天，公示无异议后，报县区人民政府民政部门审批。申请人及有关单位、组织或者个人应当配合调查，如实提供有关情况。

群众评议应当由乡镇人民政府（街道办事处）组织实施，乡镇人民政府（街道办事处）工作人员、村（社区）党组织和村（居）民委员会成员、熟悉村（居）民情况的党员代表、村（居）民代表等参加。

审批程序。县区人民政府民政部门应当全面审查乡镇人民政府（街道办事处）上报的调查材料和审核意见，并随机抽查核实，于20个工作日内作出审批决定。对符合条件的申请予以批准，并在申请人所在村（社区）公布不少于7天；对不符合条件的申请不予批准，并书面向申请人说明理由。

终止程序。发现特困人员不再符合救助供养条件的，村（居）民委员会或者供养服务机构应当及时告知乡镇人民政府（街道办事处），由乡镇人民政府（街道办事处）审核并报县区人民政府民政部门核准后，终止救助供养并予以公示。县区人民政府民政部门、乡镇人民政府（街道办事处）在工作中发现特困人员不再符合救助供养条件的，应当及时办理终止救助供养手续。

特困人员不再符合救助供养的条件有：自身属性发生变化，主要是指年满16周岁，且没有在接受义务教育或没有在普通高中、中等职业学校就读的；自身属性没有发生变化，但不再同时满足无劳动能力、无生活来源、无法定赡养抚养扶养义务人或者其法定义务人无履行义务能力三个要件的；特困人员死亡的。

（四）特困人员救助供养标准

特困人员救助供养标准包括基本生活标准和照料护理标准。

基本生活标准应当满足特困人员基本生活所需。照料护理标准应当按照差异化服务原则，依据特困人员生活自理能力和服务需求分档制定，可分为全自理标准、半自理标准和全护理标准三档。

市人民政府定期公布特困人员救助供养指导标准，县区人民政府根据市级指导标准，综合考虑地区、城乡差异等因素确定、公布当地救助供养标准，但不得低于市级指导标准。

（五）特困人员救助供养形式

特困人员的救助供养形式分为分散供养和集中供养。具备生活自理能力的，鼓励其在家分散供养；完全或者部分丧失生活自理能力的，优先为其提供集中供养服务。特困人员可以自行选择救助供养形式。

分散供养。对分散供养的特困人员，由政府按月或按季提供救助供养金。经本人同意，乡镇人民政府（街道办事处）可委托其亲友或村（居）民委员会、供养服务机构、社会组织、社会工作服务机构等提供日常看护、生活照料、住院陪护等服务。有条件的地方，应为分散供养的特困人员提供社区日间照料服务。

集中供养。对需要集中供养的特困人员，由县区人民政府民政部门或乡镇人民政府（街道办事处）按照便于管理的原则，就近安排到相应的供养服务机构；未满16周岁的，安置到儿童福利机构。经县区人民政府民政部门或乡镇人民政府（街道办事处）安排的，有供养能力的供养服务机构不得拒绝接收。

对患有精神病、传染病等疾病不宜集中供养的特困人员，乡镇人民政府（街道办事处）和县区人民政府民政、卫生计生等部门应当妥善安排其供养和医疗服务，必要时送往专门的医疗机构治疗和托管。

（六）特困人员救助供养服务

突出服务保障功能，由传统单一的物质救助转变为物质帮扶与日常照料、精神抚慰、心理疏导等非物质供养服务相结合。依法为供养服务机构办理法人登记，一般按照不低于1∶10、1∶6、1∶3的比例分别为有生活自理能力、部分丧失生活自理能力、完全丧失生活自理能力特困人员配备工作人员。加强社会工作岗位开发设置，合理配备使用社会工作者。强化供养服务机构托底保障职责，重点接收完全或者部分丧失生活自理能力特困人员。推进供养服务机构设施达标，符合对生活不能自理特困人员照料护理的要求。

三、工作机制

（一）建立特困人员救助供养资金保障机制。县区人民政府要优化财政支出结构，切实保障特困人员救助供养等重点民生领域支出需求。要将政府设立的供养服务机构运转费用、工作人员工资及养老、医疗、工伤等基本保险费用足额列入财政预算。各级财政要对特困人员救助供养资金实行专项预算、专账管理、专款专用。有农村集体经营等收入的地方，可从中安排资金用于特困人员救助供养工作。完善救助供养资金发放机制，确保资金及时足额发放到位。

（二）建立特困人员救助供养工作考核评价机制。加强对特困人员救助供养工作的绩效管理，按照上级部门制定的具体指标体系和评价办法，加强专项督察，强化全年绩效评价，将结果报送同级组织部门，作为对县区人民政府领导班子和有关领导干部综合考核评价的重要参考。

（三）建立健全社会力量参与机制。各级人民政府要制定和落实优惠政策，鼓励社会组织、社会工作服务机构、企事业单位和志愿者等社会力量通过捐赠、创办供养服务机构、提供志愿者服务等方式，参与特困人员救助供养工作，为特困人员提供专业化个性化服务。通过委托、承包、采购等方式，加大政府购买服务力度。鼓励运用政府和社会资本合作（PPP）模式，支持供养服务机构建设。

四、保障措施

（一）加强组织领导。各级人民政府要将特困人员救助供养工作列入重要议事日程，将供养服务机构建设纳入经济社会发展总体规划，进一步健全完善政府领导、民政牵头、部门配合、社会参与的工作协调机制，切实担负起资金投入、工作条件保障和监督检查责任。民政部门要切实履行主管部门职责，加强与财政、发展改革、卫生计生、教育、住房城乡建设、人力资源和社会保障等部门的沟通协调，形成工作合力。财政部门要做好相关资金保障工作。发展改革部门要将特困人员救助供养纳入相关专项规划，支持供养服务设施建设。其他相关社会救助管理部门要依据职责分工，积极配合民政部门做好特困人员救助供养相关工作，实现社会救助信息互联互通、资源共享，形成齐抓共管、整体推进的工作格局。

（二）做好制度衔接。统筹做好特困人员救助供养制度与其他社会救助、社会保险、社会福利等制度的有效衔接。符合相关条件的特困人员，可同时享受城乡居民基本养老保险、基本医疗保险等社会保险和高龄津贴等社会福利待遇。纳入特困人员救助供养范围的，不再适用最低生活保障政策。纳入孤儿基本生活保障范围的，不再适用特困人员救助供养政策。纳入特困人员救助供养范围的残疾人，不再享受困难残疾人生活补贴和重度残疾人护理补贴。

（三）加强宣传培训。各地要结合实际，采用群众喜闻乐见的形式，大力宣传特困人员救助供养政策，不断提高社会知晓度，积极营造全社会关心关爱特困人员的良好氛围。民政部门要定期开展业务培训，使相关工作人员熟练掌握政策、吃透精神，实现救助供养对象认定精准、救助供养标准制定精准、供养服务实施精准的工作目标。

（四）强化监督管理。各县区要将特困人员救助供养制度落实情况作为督查督办的重点内容，建立监督管理的长效机制，定期组织开展专项检查。民政、财政、审计、监察部门要加强对特困人员救助供养资金管理使用情况的监督检查，防止挤占、挪用、虚报、冒领等违纪违法现象发生。要畅通投诉举报渠道，充分发挥社会监督作用，对公众和媒体发现揭露的问题，及时查处并公布处理结果。完善责任追究制度，加大行政问责力度，对因责任不落实造成严重后果的单位和个人，要依纪依法追究责任。市民政、财政行政主管部门要加强对本实施意见执行情况的监督检查，重大情况及时向市人民政府报告。市人民政府将适时组织专项督查。

五、本意见自公布之日起实施。

永州市湘江源头区域国家生态文明先行示范区生态补偿管理暂行办法

第一章 总 则

第一条 为进一步完善我市生态补偿机制，促进生态环境保护，提升生态文明建设水平，全面推进永州生态建设，根据《关于印发〈湖南省湘江源头区域国家生态文明先行示范区建设工作方案〉的通知》（永政办发〔2016〕10号）等文件要求，结合永州实际，制定本办法。

第二条 本办法所称生态补偿，是指对因承担生态环境保护责任而使经济发展受到一定限制的区域内的有关组织和个人给予的补偿。

第三条 生态补偿应当遵循“谁开发、谁保护，谁破坏、谁修复，谁受益、谁补偿，谁污染、谁付费”的原则，确保利益相关方责、权、利相统一，由生态环境的利用者和开发收益者对生态环境保护者进行适当的经济利益补偿。

第四条 结合生态红线划定，建立生态红线保护制度，要将生态红线保护纳入县域经济社会发展综合规划和生态补偿考核评价体系。

第二章 生态补偿范围

第五条 生态补偿的行政区域范围为蓝山县、宁远县、江华瑶族自治县等湘江源头区域县生态环境功能区规划中确定的禁止开发区（禁止准入区）和限制开发区（限制准入区）。

第六条 生态补偿的项目对象范围主要为生态公益林、重要湿地、集中式饮用水水源保护区、风景名胜区以及重点生态功能区确定要保护的其他区域。

第三章 生态补偿资金来源

第七条 积极筹措生态补偿资金。蓝山县、宁远县、江华瑶族自治县人民政府要设立生态文明建设专项资金。每年从土地出让收入中提取8%，从其他行政事业收费中提取2%，纳入生态文明建设专项资金，用于生态文明建设。

中央、省市下达的生态补偿类资金，由市财政局牵头组织相关部门对各有关县进行考核，统筹考虑县域生态环境质量改善情况（包括县城空气环境质量改善情况、河流出境断面水质状况、企业污染源排放达标情况）、主要污染物减排完成情况、环境保护基础设施建设投入、县城污水厂和垃圾处理场运行情况等多项因素确定分配额度，对各县生态补偿情况进行以奖代补。

第八条 合理调整财政支出结构。进一步整合现有财政转移支付和补助资金，形成聚合效应。在重点生态功能区转移支付、农村环境综合整治、排污费、水资源费、矿山资源费、生态公益林补助资金、财政支农资金等专项资金中，各部门应按原资金使用渠道并结合生态补偿的理念，制定或调整资金使用管理政策，在资金安排使用中要合理确定实施生态补偿的资金比例，对欠发达地区、饮用水源地等重要生态功能区和对区域、流域生态环境作用明显的项目应予以适当倾斜。

第四章 生态补偿资金使用

第九条 建立健全生态补偿资金管理机制。中央、省市通过转移支付下达至县（区）的专项资金，要严格专款专用。各县（区）在资金下达后要根据专项资金使用原则、支持范围和年度重点，提出具体安排方案，将资金及时落实到具体项目和实施单位，不得截留或挪用，不得用于平衡预算。各县（区）政府不得因生态补偿的实施，取消或者减少对生态补偿对象的其他财政投入。

第十条 建立生态补偿专项资金项目储备库。各县（区）财政部门会同相关主管部门建立项目储备库，对符合条件的项目应提前一年纳入储备库，在安排使用专项资金时，原则上在项目储备库中择优选取。需纳入项目储备库或报省市级主管部门备案的项目，要在当地部门网站上向社会公示7天，公示无异议后方可纳入项目储备库或上报。

第五章 监督管理

第十一条 项目单位应严格按照有关财务制度规定使用专项资金，加强财务管理和会计核算，严格控制开支范围和标准，提高资金使用效益。

第十二条 各县（区）要切实增强主体责任意识，加大生态环境保护投入，按照生态补偿实施要求，编制生态补偿资金使用计划，加强资金使用管理。

第十三条 专项资金的使用应接受财政、环保、国土、审计等部门的监督和检查。各县区和市级有关部门要加强对专项资金使用、项目实施情况的监督检查和绩效跟踪，督促项目单位严格按规定使用专项资金，确保项目建设进度和质量，充分发挥资金使用效益。各地各部门应在每年初将上年度专项资金安排项目的实施进展和绩效自评等情况报送市财政部门备案。

第十四条 市财政部门将不定期地对湘江源头区域国家生态文明先行示范区生态补偿资金的使用情况进行监督检查，落实跟踪问效。对违反本办法规定的，将督促有关单位限期整改；情节严重的，市财政局将责令项目所在地财政部门停止拨款和收回生态补偿资金，并提请市监察部门依照有关法律、法规的规定追究有关责任人的责任。

第十五条 建立健全生态补偿绩效考核机制，作为领导干部绩效考核的重要内容，对生态破坏严重的，按照《湖南省贯彻落实〈党政领导干部生态环境损害责任追究办法（试行）〉实施细则》实行责任追究。

第十六条 本暂行办法自印发之日起施行。

二、2016年气候要素特点和气候影响评价

（永州市气象局）

四季主要气候要素特点 1. 气温显著偏高。2016年，永州全市平均气温19.1℃，较常年偏高0.8℃，偏高程度1.7σ，属显著偏高年份，其中双牌、道县、新田、蓝山异常偏高；全市平均气温较2015年高0.2℃，为1961年以来第四高值（1998年、2007年19.3℃，2013年19.1℃），其中道县（19.7℃）创气象记录新高。

2016年永州市各县区年平均气温及距平统计表

表16 单位：℃

项 目	冷水滩	零陵	东安	祁阳	双牌	道县	宁远	江永	新田	蓝山	江华	平均
2016年	18.5	18.9	18.9	19.4	18.7	19.7	19.2	19.1	19.2	19.1	19.5	19.1
气候值	18.3	18.0	18.1	18.5	17.9	18.8	18.6	18.4	18.2	18.0	18.8	18.3
距平	0.2	0.9	0.8	0.9	0.8	0.9	0.6	0.7	1	1.1	0.7	0.8
ΔT/σ	0.4	1.8	1.6	1.5	2	2.3	1.2	1.4	2	2.2	1.8	1.7
评定等级	正常	显著偏高	显著偏高	显著偏高	异常偏高	异常偏高	偏高	偏高	异常偏高	异常偏高	显著偏高	显著偏高

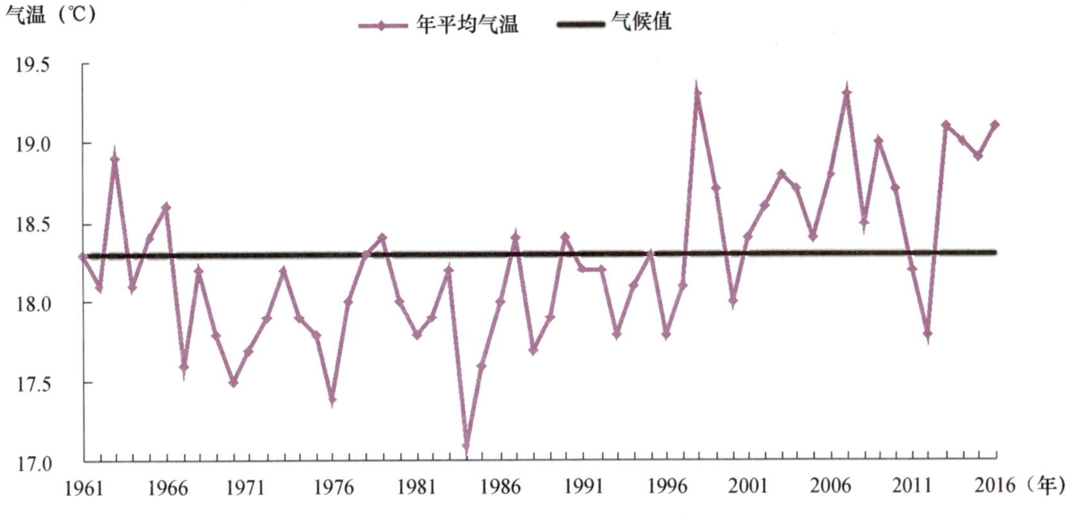

图8 1961年—2016年永州市逐年平均气温

各县区年平均气温在18.5℃（冷水滩区）~19.7℃（道县）之间，除冷水滩区接近常年外，其余县区较常年偏高0.6℃（宁远县）~1.1℃（蓝山县）。

若以稳定通过10℃初日为入春时间，以稳定通过大于22℃初日为入夏时间，则2016年入春在3月14日，入夏在5月下旬中后期，入秋时间在9月29日，11月23入冬。整体上夏季最长，长达4月有余，秋季最短，不足两月。

夏季出现日最高气温≥35℃的轻到中度高温热浪天气，极端最高气温在38.6℃（蓝山）~40.9℃（祁阳）之间，出现在7月下旬高温期；年内没有出现连续5天平均气温≤0℃的严寒期，极端最低气温为-3.6℃（冷水滩）~-0.7℃（江华）之间，出现在2016年1月25日；上半年终霜日大部分县区在2月18日，下半年初霜日北部县区在11月

25日—26日，无霜期282天（东安）~303天（冷水滩），其中零陵区年内没有出现霜。

季气温。各季平均气温与常年同期比，除2015/2016年冬季平均气温接近常年同期外，春、夏、秋偏高0.5℃~0.9℃；冬少严寒，夏多高温。

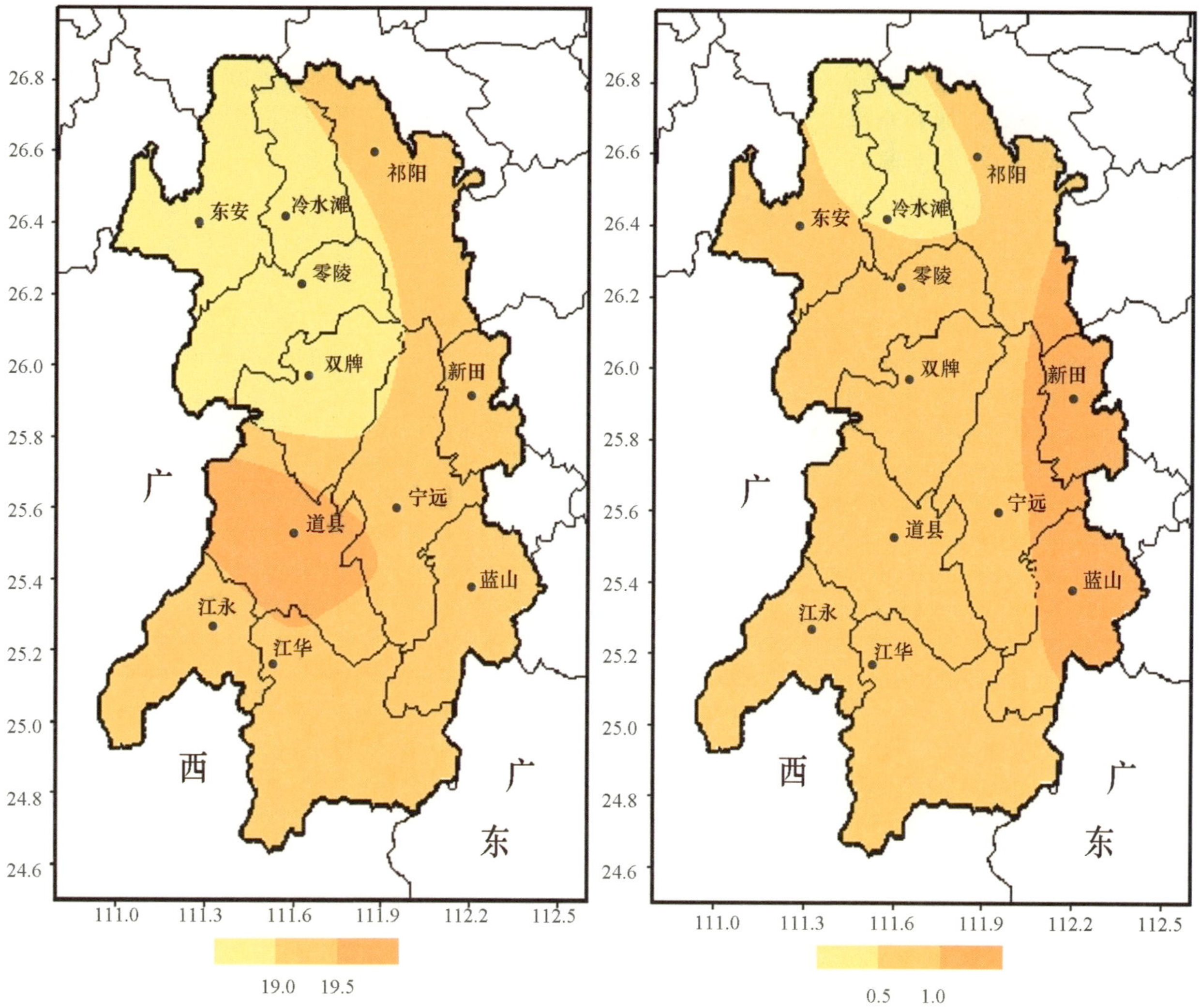

图9　2016年永州市平均气温（左：℃）及距平（右：℃）空间分布

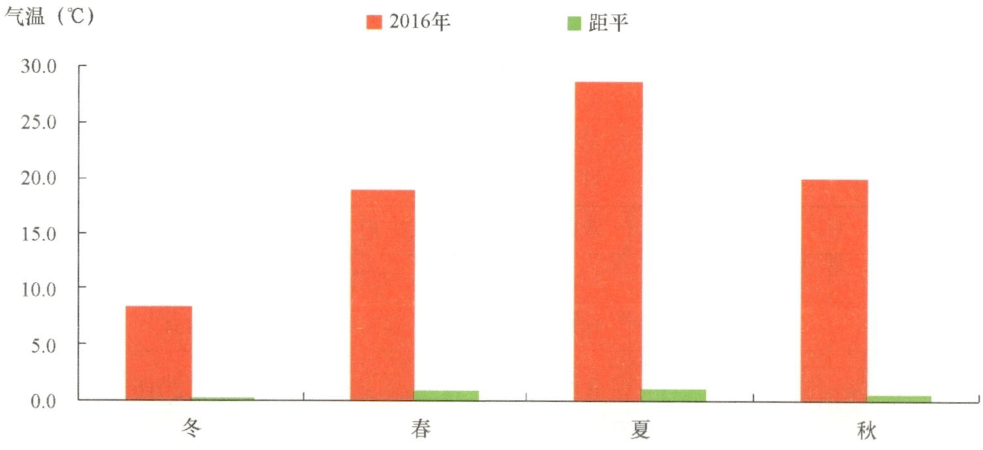

图10　2016年永州市四季平均气温及距平

冬季全市平均气温 8.4℃，较常年同期偏高 0.3℃；各县区在 7.9℃（冷水滩区）~9.0℃（道县）之间，偏高 0℃（宁远县）~0.6℃（零陵区）之间；季极端最低气温在-3.6℃（冷水滩区）~0.7℃（江华瑶族自治县）之间；季内总体上前期偏冷后期偏暖，未出现严寒天气。

春季全市平均气温 18.8℃，较常年同期偏高 0.8℃；各县区在 18.0℃（冷水滩区）~19.4℃（道县）之间，偏高 0.1℃（冷水滩区）~1.1℃（蓝山县）；季极端最低气温在 0.9℃（冷水滩区）~3.2℃（道县、江永县）之间，季极端最高气温在 33.4℃（双牌县、江永县）~34.8℃（祁阳县）之间。季内多次出现冷空气降温及五月低温天气过程。

夏季全市平均气温 28.5℃，较常年同期偏高 0.9℃，为同期气象记录第四高位；各县区在 28.2℃（江永县）~29.4℃（祁阳县）之间，偏高 0.6℃~1.1℃；季极端最高气温在 38.6℃（蓝山县）~40.9℃（祁阳县）之间。季内多次出现高温热浪天气。

秋季全市平均气温 20℃，较常年同期偏高 0.5℃；各县区在 19.2℃（冷水滩区）~20.8℃（道县）之间，偏高 0.2℃（零陵区）~0.8℃（蓝山县）；季极端最高气温在 34.6℃（蓝山县）~37.6℃（祁阳县）之间，季极端最低气温在 1.3℃（蓝山县）~2.6℃（道县）之间。季内先后出现寒露风、寒潮降温天气过程。

月气温。各月全市平均气温在 7.2℃（1 月）~29.9℃（7 月）之间，与常年同期比，除 5 月、11 月略有偏低外，其余各月均偏高，其中 3 月、4 月、6 月、7 月、12 月偏高 1℃以上，尤其 6 月全市平均气温创同期气象记录新高，7 月、12 月分别为同期气象记录第四、第五高位。

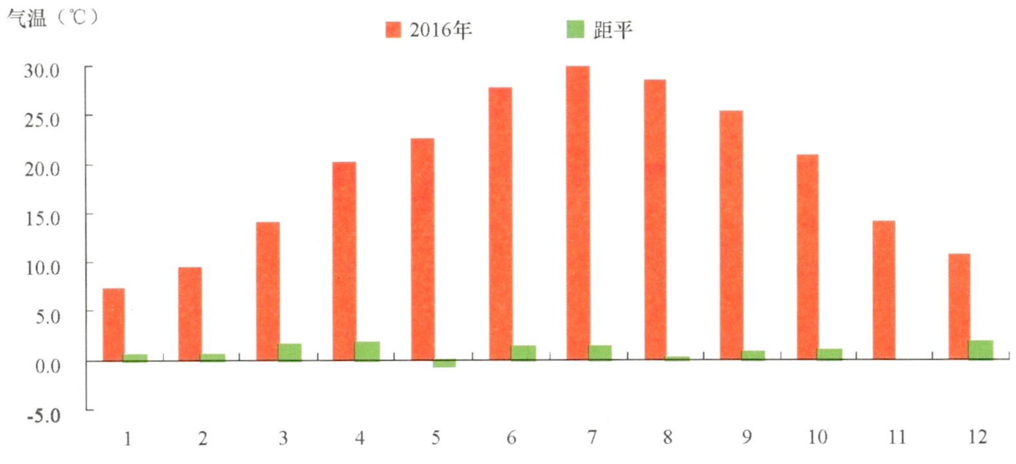

图 11　2016 年永州市逐月平均气温及距平

2. 降水偏多。全市平均降水量为 1755 毫米，较常年偏多 2 成，其中道县、江永县、蓝山县、江华瑶族自治县在 2000 毫米以上，道县偏多 6 成。全市平均降水量较 2015 年少 107 毫米，为 1961 年以来第八多值，其中道县（2467 毫米）创气象记录最多。

2016 年永州市各县区年降水量及距平百分率统计表

表 17　　毫米、%

项　目	冷水滩	零陵	东安	祁阳	双牌	道县	宁远	江永	新田	蓝山	江华	平均
2016 年	1303	1417	1441	1215	1756	2467	1967	2136	1435	2108	2066	1755
气候值	1302	1426	1355	1349	1410	1504	1450	1512	1454	1595	1462	1438
距平百分率	0	-1	6	-10	24	64	36	41	-1	32	41	21
评定等级	正常	正常	正常	偏少	偏多	偏多	偏多	偏多	正常	偏多	偏多	偏多

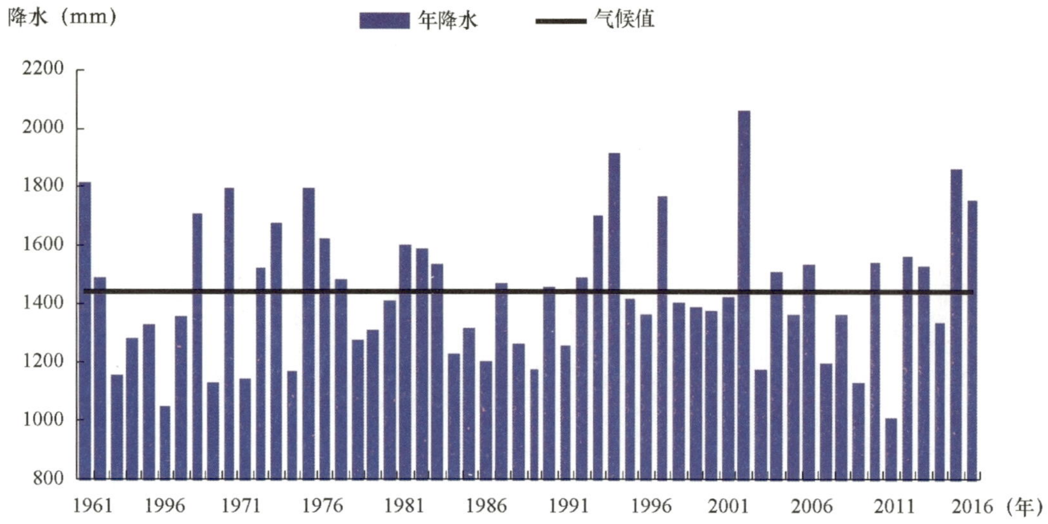

图12　1961年—2016年永州市逐年降水量

各县区年降水量1215毫米（祁阳县）~2467毫米（道县），其中道县、江永县、蓝山县、江华瑶族自治县在2000毫米以上。与常年比，祁阳县偏少1成，冷水滩区、零陵区、东安县、新田县接近常年，其余县区偏多2成~6成。

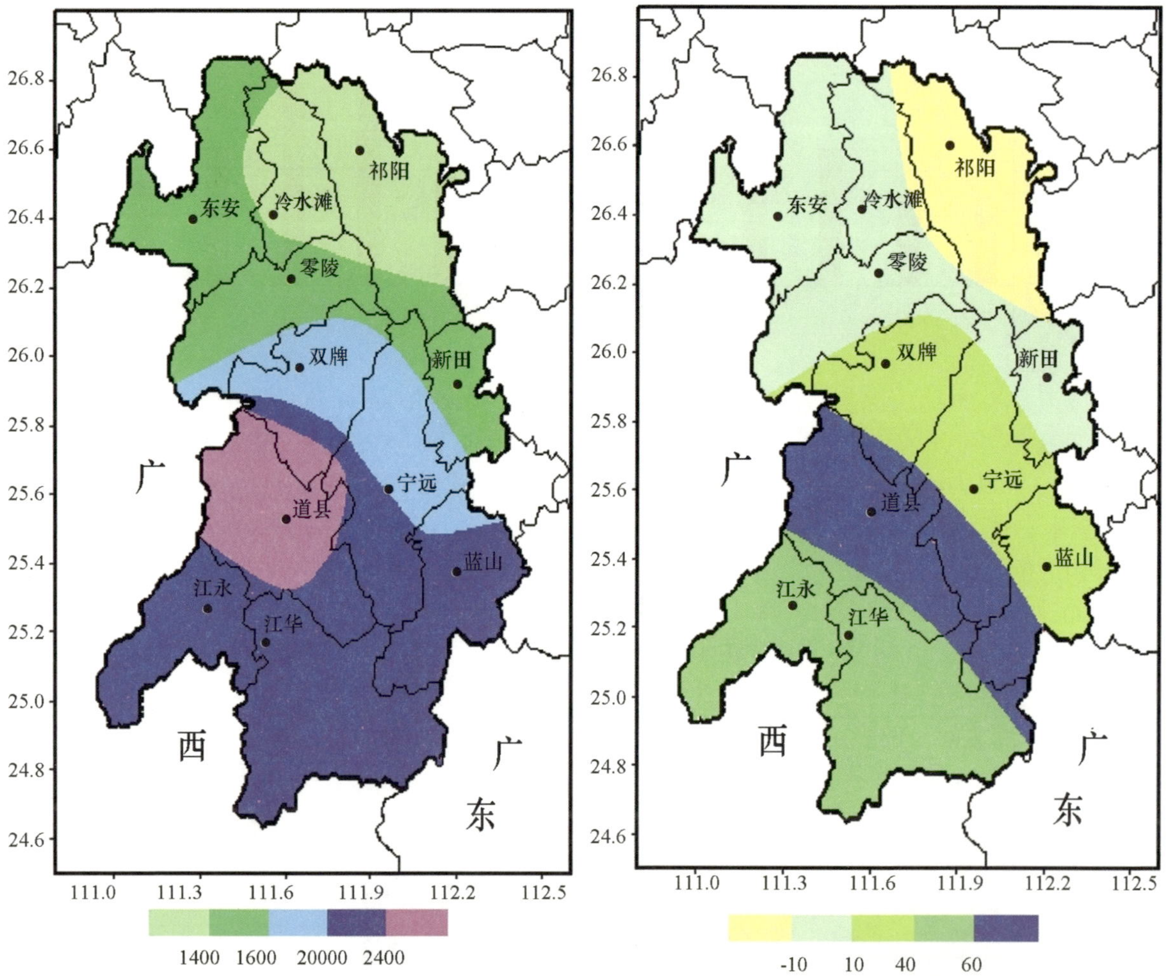

图13　2016年永州市降水量（左：毫米）及其距平百分率（右：%）空间分布

雨季开始于3月中旬末下旬初，结束于6月中旬中期。全年雨日全市平均为167天，各县区在161天（新田县）~177天（蓝山县）之间，基本接近常年；全年出现暴雨为62站次，道县、宁远、江永、蓝山、江华较多，均出现9天暴雨，较常年偏多4天~5天。全年出现大暴雨5站次，其中日最大降水量在道县5月5日207.2毫米。

季降水。降水主要在春夏两季，春、夏降水分别占全年降水43%、25%，冬、秋分别占17、15%；与常年同期比，各季全市平均降水除夏季接近常年同期外，冬、春、秋三季偏多4成~5成，其中春季降水为同期气象记录第二多，尤其双牌县、道县、宁远县、江永县创同期气象记录最多；春夏多暴雨洪涝，盛夏有高温干旱。

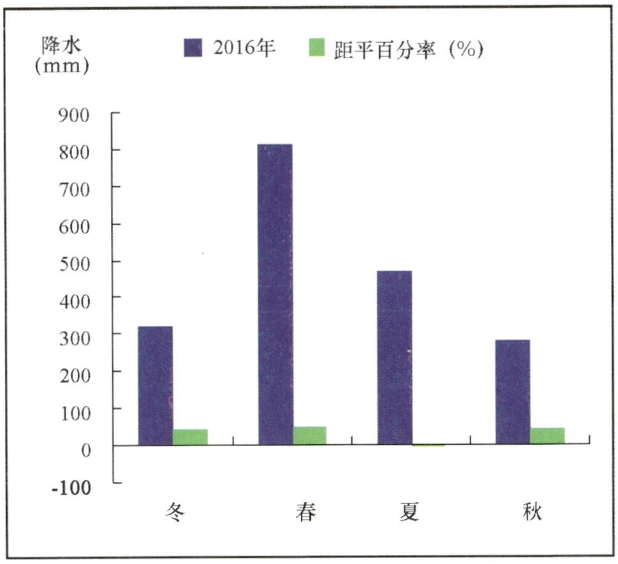

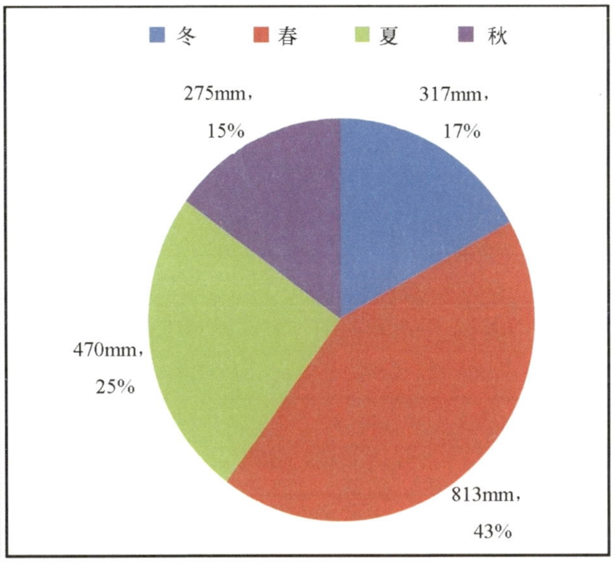

图14　永州2016年四季降水量、距平百分率（左）及占比（右）

冬季全市平均降水314毫米，较常年同期偏多4成；各县区在219毫米（东安县）~415毫米（江华瑶族自治县）之间，除东安、祁阳接近常年外，其余县区偏多2成~6成，其中江华偏多近1倍；季内降水总体上前多后少，前期出现暴雨天气过程。

春季全市平均降水为813毫米，较常年同期偏多近5成；各县区在523毫米（祁阳县）~1336毫米（道县）之间，偏多1成~10成；其中双牌县、道县、宁远县、江永县为同期气象记录极值。雨季开始于3月中旬末下旬初，之后多次出现暴雨过程、雨水集中，造成洪涝，并伴有雷雨大风冰雹等强对流天气。

夏季全市平均降水为470毫米，接近常年同期；但分布不均，各县区在242毫米（零陵区）~787毫米（蓝山县）之间，南部县区偏多2成~4成，北部县区偏少2成~4成。季内先后出现暴雨洪涝及干旱。

秋季全市平均降水为275毫米，较常年同期偏多4成；各县区在180毫米（新田县）~396毫米（江华瑶族自治县）之间，普遍偏多3成~5成，江华偏多1倍多；季内先后出现轻度干旱、暴雨等天气过程。

月降水。各月全市平均降水量在44毫米（2月）~338毫米（4月）之间，5月、6月在200毫米以上；4月在300毫米以上，为同期气象记录第三多值，其中双牌县、宁远县、江永县、江华瑶族自治县创同期气象记录最多；单月降水最多在道县5月708毫米，创气象记录单月降水最多；2月、12月不足50毫米。各月全市平均降水与常年同期比，除2月、7月偏少5成左右，其余各月均有偏多，尤其4月、11月分别偏多8成、1倍。

3. 日照略有偏少。2016年，永州全市平均日照时数为1359小时，较常年略偏少，较2015年多240小时。各县区年日照时数1103小时（蓝山县）~1659小时（江华瑶族自治县），零陵区、道县、宁远县、蓝山县较常年偏少1成~2成，其余县区接近常年。

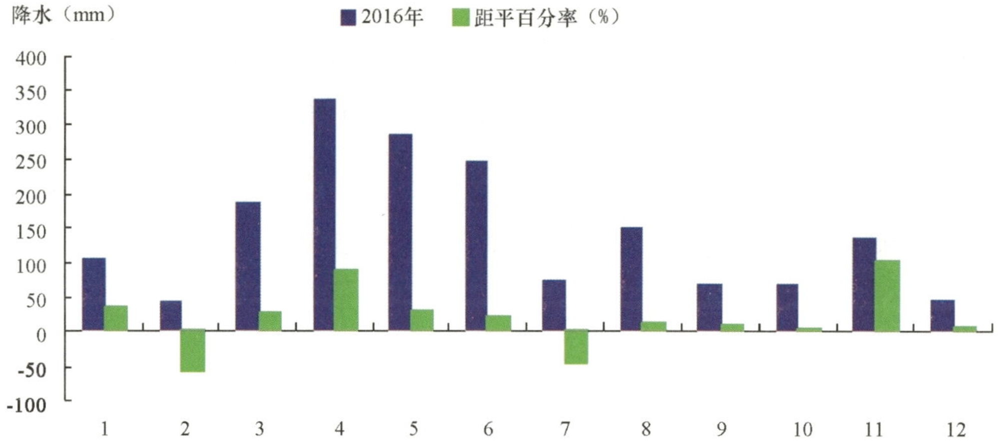

图 15　2016 年永州市逐月降水量及距平百分率

2016 年永州市各县区年日照时数及距平百分率统计表

表 18　　单位：小时、%

项　目	冷水滩	零陵	东安	祁阳	双牌	道县	宁远	江永	新田	蓝山	江华	平均
2016 年	1314	1266	1351	1413	1323	1316	1381	1333	1487	1103	1659	1359
气候值	1408	1463	1418	1451	1315	1512	1585	1449	1513	1352	1685	1466
距平百分率	−7	−14	−5	−3	1	−13	−13	−8	−2	−19	0	−8
评定等级	正常	偏少	正常	正常	正常	偏少	偏少	正常	正常	偏少	正常	正常

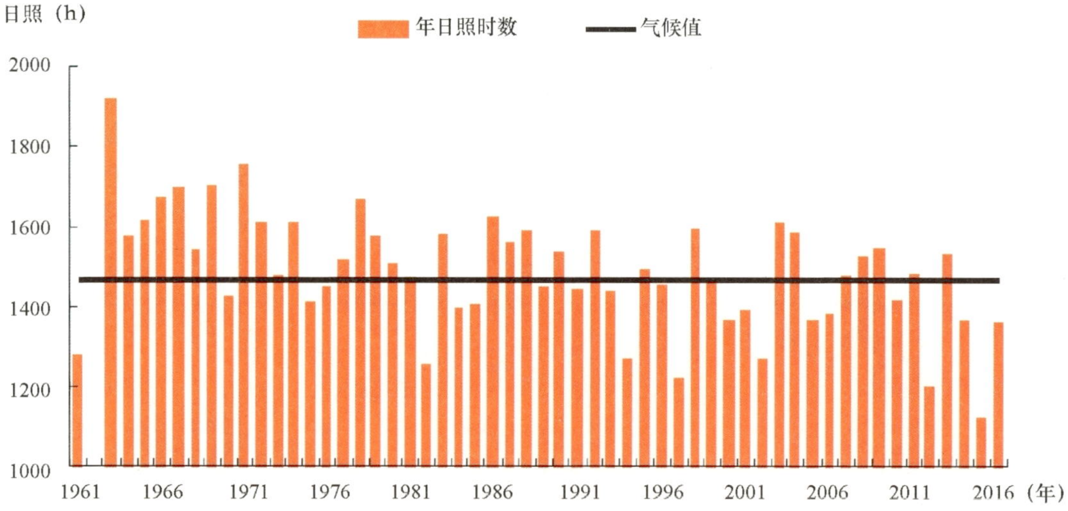

图 16　1961 年—2016 年永州市逐年日照时数

季日照。2016 年，夏季日照较多，占全年的 48%，冬、春、秋三季分别占 14%、16%、22%；与常年同期比，各季全市平均日照时数除夏季接近常年同期外，冬、春、秋三季偏少 2 成~3 成。

冬季全市平均日照时数为 180 小时，较常年同期偏少 2 成；各县区在 161（道县）~210 小时（江华瑶族自治县）之间，偏少 1 成~3 成；季内前多阴雨后多晴好天气。

春季全市平均日照时数为 207 小时，较常年同期偏少 2 成多；各县区在 143 小时（江永县）~257 小时（江华瑶族自治县）之间，偏少 1 成~4 成。季内多次出现连阴雨天气。

夏季全市平均日照时数为 605 小时，基本接近常年；各县区在 510 小时（蓝山县）~680 小时（江华瑶族自治县）之间，基本接近常年。

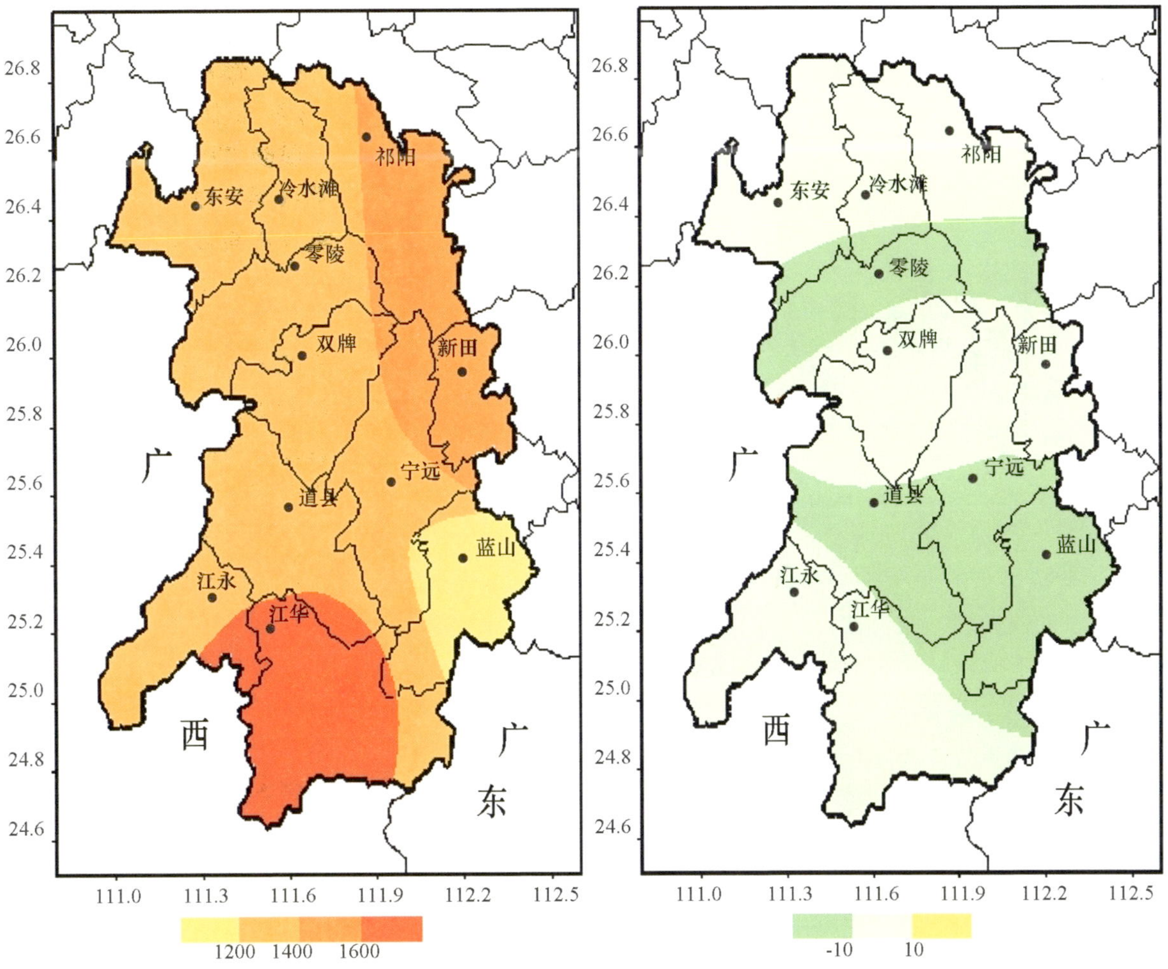

图 17　2016 年永州市日照时数（左：小时）及其距平百分率（右:%）空间分布

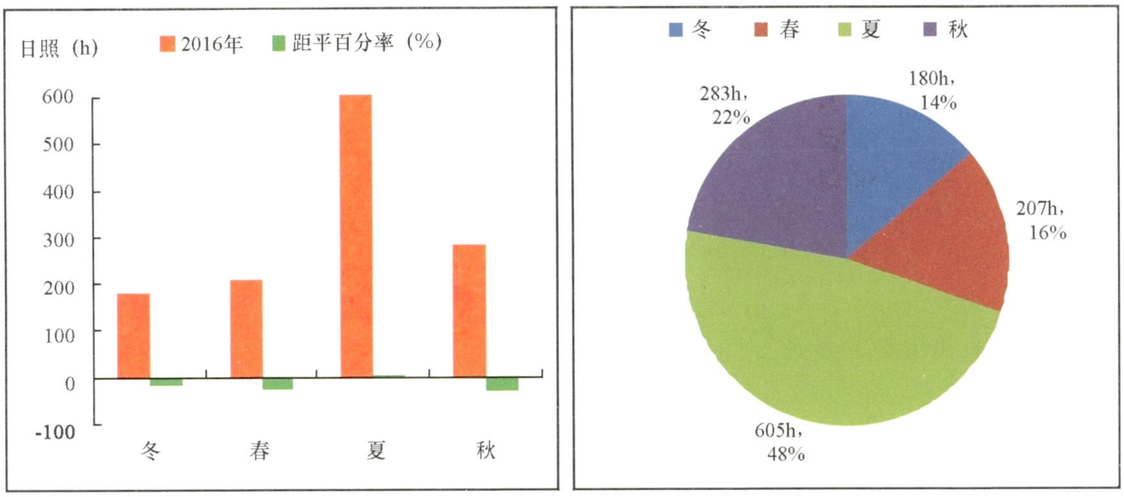

图 18　2016 年永州市四季日照时数、距平百分率（左）及占比（右）

秋季全市平均日照时数为283小时，较常年同期偏少3成；各县区在158小时（蓝山县）~405小时（江华瑶族自治县）之间，偏少2成~6成。

月日照。各月全市平均日照时数在34小时（1月）~237小时（7月）之间，最多在7月，在200小时，其次在6月、8月在150小时以上，1月、4月较少，不足50小时；与常年同期比，1月、4月、5月、10月、11月偏少2成~5成，7月—9月接近常年同期，2月、3月、6月、12月偏多，其中2月偏多1倍以上。

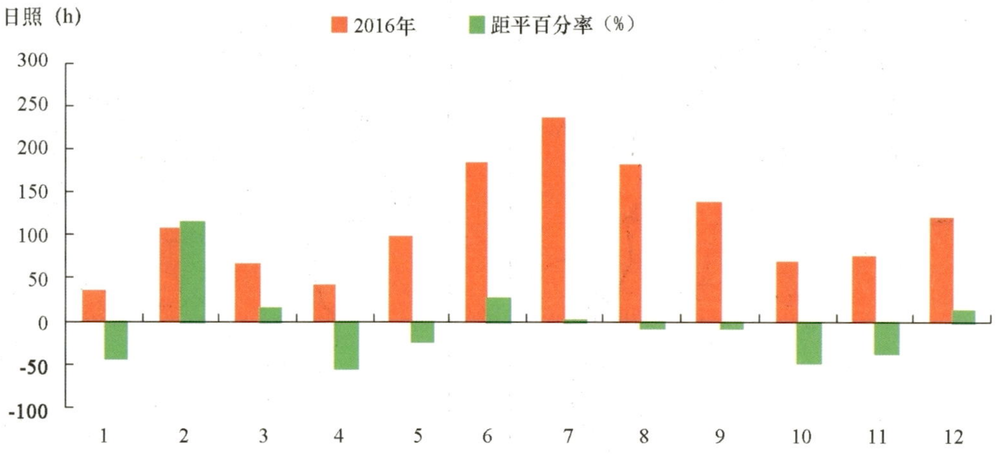

图19　永州2016年逐月日照时数及距平百分率

■ **主要天气气候事件**　2016年，永州先后出现低温雨雪、寒潮降温、连阴雨、雷雨风雹、“五月低温”、暴雨洪涝、高温干旱、寒露风等天气气候事件。主汛期内暴雨洪涝、雷雨风雹频繁，造成境内重复受灾，是年内主要致灾天气气候事件。

1. 冷空气造成低温雨雪、寒潮强降温及低温连阴雨。低温雨雪：受冷空气影响，1月下旬前期境内自北向南出现低温雨雪天气，蓝山县出现短时冰冻；另外2月初境内局部出现低温雨雪天气；两次过程多雨夹雪天气，没有出现大范围的积雪，仅局部山区出现冰冻，影响不大；极端最低气温在0℃附近，气温较低，天气寒冷。

强寒潮降温：2月14日—15日受强寒潮影响，境内出现大范围降温天气，降温幅度达20℃以上，极端最低气温为2℃~3℃。3月9日—10日受强寒潮影响，境内大范围降温天气，降温幅度在15℃~17℃以上，极端最低气温为1℃~4℃；对烤烟、油菜和蔬菜等农作物造成不利影响。11月下旬前期受强寒潮影响，境内出现大范围降温天气，降温幅度达16℃以上，极端最低气温降至1℃~3℃，连续5天平均气温在10℃以下，进入冬季。

局地“五月低温”：受冷空气影响，5月15日—20日期间，冷水滩、双牌连续5天平均气温≤20℃，最低气温在13℃左右，达到轻度5月低温标准；但境内大范围出现连阴雨，对早稻生长发育造成不利影响。

寒露风：受冷空气影响，9月底10月初（9月29日至10月1日）连续3天日平均气温≤20℃，期间平均气温16℃~19℃，达到轻到中度寒露风天气标准；由于出现时间较晚，对双季晚稻基本没什么影响。

连阴雨：1月5日—6日因强冷空气影响，境内大范围降温，降温幅度达11℃~14℃以上，至中旬中期期间不见阳光，造成10天~14天的连阴雨天气。3月上旬后期至下旬前、4月上旬中期至4月中旬中期、5月中旬后期至下旬后期出现为期7天~10天的轻—中度连阴雨天气，对烤烟、早稻等农作物造成不利影响。

2. 雷雨大风冰雹强度强。4月16日—17日，全市大部分县区遭受雷雨大风冰雹灾害，受灾人口14.95万人，转移安置878人，倒塌房屋1284间，损坏房屋4994间，直接经济损失2.34亿元；烤烟、油菜、早稻秧苗、蔬菜、水果等农作物受灾面积1.47万公顷，成灾0.73万公顷，绝收0.31万公顷，农业直接经济损失0.95亿元。5月6日—7日江永县在普降暴雨的同时，局地雷雨风雹强对流，因雷击、房屋倒塌死亡2人。8月26日冷水滩区出现强对流天气，雷雨大风、短时强降水，造成农田受淹、房屋倒塌损坏，因雷击死亡1人。

3. 汛期出现14轮强降水，

极端降水、暴雨洪涝频繁。永州汛期出现14轮强降水，极端降水事件、暴雨洪涝频繁；主汛期4月—6月总降水全市平均为871毫米，较常年同期偏多4成，7县区偏多3成以上，其中道县、宁远、江永、江华4县降水超过1000毫米，偏多5成以上，达重度气象洪涝标准（4月—6月总降水偏多5成以上），尤其道县为1494毫米，偏多128%。

2016年永州市主要极端降水事件参数表

表 19

极端降水过程	暴雨站次	大暴雨站次	最大日雨量（毫米）	过程平均雨量（毫米）	过程最大雨量（毫米）
3月20日—3月23日	7	0	89.7	121.2	200.2
4月4日—4月10日	7	0	87.7	125.5	194.7
5月4日—5月9日	6	3	207.2	133.4	488.3
6月8日—6月16日	11	1	108.5	176.0	299.5

3月20日—23日，雨水集中，期间南部县区雨量在150毫米~200毫米以上，出现暴雨及大暴雨，并伴有雷电冰雹强对流天气，最大冰雹直径在20毫米以上，造成灾害损失。宁远、蓝山21个乡镇（街道办）受灾，受灾人口1.33万人；农作物受灾面积820公顷，成灾400公顷，绝收73.33公顷；因灾造成直接经济损失849万元，其中农业直接经济损失764万元，水利设施直接经济损失85万元。

4月4日—17日雨水集中，雨量普遍在200毫米~300毫米以上，局部县区达到气象洪涝标准（连续10天总降水在200毫米以上）。期间多暴雨过程，出现暴雨14站次，国家气象站监测最大日降水量在4日的双牌87.7毫米，而17日出现6站次暴雨，并伴有雷电大风冰雹强对流天气，造成灾害损失。

4月7日—10日，新田10个乡镇（街道办）受灾，受灾人口1.54万人，转移安置77人，倒塌房屋79间；农作物受灾面积346.67公顷，成灾260公顷，绝收32公顷，减产粮食851吨，水产养殖损失7.2公顷79吨，农林牧渔业直接经济损失585万元；停产工矿企业2个，工业信息运输业直接经济损失40万元；因灾造成直接经济损失1396万元，其中水利设施直接经济损失289万元。

4月16日—17日，北五县31个乡镇（街道办）受灾，受灾人口6.23万人，转移安置1475人，倒塌房屋64间；农作物受灾面积0.22万公顷，成灾0.11万公顷，绝收460公顷，减产粮食5300吨，水产养殖损失14.07公顷94吨，农林牧渔业直接经济损失1294万元；公路、供电、通信分别中断38、45、13条次，工业信息运输业直接经济损失98万元；因灾造成直接经济损失3342万元，其中水利设施直接经济损失1023万元。

5月4日—9日，中南部县区降水集中，过程雨量在100毫米以上，其中道县达488毫米，造成重度洪涝。全市9县区、98乡镇（街道办）受灾，受灾人口24.96万人，转移安置7926人，倒塌房屋407间，道县县城受淹；农作物受灾面积3.28万公顷，成灾1.21万公顷，绝收0.3万公顷，减产粮食2.83万吨，水产养殖损失0.1万公顷3115吨，死亡大牲畜302头，农林牧渔业直接经济损失2.71亿元；停产工矿企业4个，公路、供电、通讯分别中断60、47、40条次，工业信息运输业直接经济损失0.35亿元；因灾造成直接经济损失3.92亿万元，其中水利设施直接经济损失0.55亿元。

5月19日—20日，部分县区出现暴雨，过程雨量在50毫米~100毫米以上，加之前期雨水集中，造成重复受灾。全市8县区、71乡镇（街道办）受灾，受灾人口11.89万人，转移安置5715人，倒塌房屋432间，江华瑶族自治县县城受淹；农作物受灾面积1.29万公顷，成灾0.52万公顷，绝收0.13万公顷，减产粮食1.84万吨，水产养殖损失5公顷45吨，农林牧渔业直接经济损失1.78亿元；停产工矿企业9个，公路、供电、通信分别中断100、22、31条次，工业信息运输业直接经济损失0.5亿元；因灾造成直接经济损失2.93亿元，其中水利设施直接经济损失0.43亿元。

6月上半月雨水集中，多暴雨过程，国家气象站出现暴雨15站次，最大日降水在12日的蓝山县108.5毫米；期间总雨量东安为271毫米，南部县区（除新田）在300毫米以上，达到中度气象洪涝标准，造成灾害损失。14日8时，双牌水库水位168.07米（吴淞高程、汛限水位168米~169米），入库3770秒立米，出库3770秒立米。涔天河水库水位258.16米，入库900秒立方米，出库1330秒立方米。

6月2日—4日，宁远县、江永县25乡镇（街道办）受灾，受灾人口2.39万人，转移安置406人，倒塌房屋56间；农作物受灾面积0.15万公顷，成灾673.33公顷，绝收240公顷，减产粮食1380吨，农林牧渔业直接经济损失1906万元；公路、供电、通信分别中断8、6、5条次，工业信息运输业直接经济损失123万元；因灾造成直接经济损失2622万元；其中水利设施直接经济损失385万元。

6月11日—13日，全市7县区、62乡镇（街道办）受灾，受灾人口6.8万人，转移安置1239人，蓝山失踪2人，倒塌房屋235间；农作物受灾面积0.49万公顷，成灾0.2万公顷，绝收0.12万公顷，减产粮食8867吨，水产养殖损失38.47公顷38吨，农林牧渔业直接经济损失3633万元；停产工矿企业12个，公路、供电、通信分别中断53、10、12条次，工业信息运输业直接经济损失4025万元；因灾造成直接经济损失11701万元，其中水利设施直接经济损失2841万元。

6月14日—16日，全市11县区、124乡镇（街道办）受灾，受灾人口17.15万人，转移安置6974人，倒塌房屋436间；农作物受灾面积1.2万公顷，成灾0.53万公顷，绝收0.14万公顷，减产粮食1.65万吨，水产养殖损失216.33公顷344吨，农林牧渔业直接经济损失1.05亿元；停产工矿企业53个，公路、供电、通信分别中断53、190、135条次，工业信息运输业直接经济损失0.54亿元；因灾造成直接经济损失2.67亿元，其中水利设施直接经济损失0.8亿元。

8月出现8站次暴雨，其中蓝山县在12日出现大暴雨，全县16个乡镇（街道办）全部受灾，受灾人口9.7万人，转移安置1346人，倒塌房屋13间，农作物受灾面积0.1万公顷，成灾0.06万公顷，绝收0.03万公顷，造成直接经济损失0.49亿元。

4. 局地夏旱明显，影响范围小。自6月16日雨季结束以后，境内持续晴热高温少雨；至7月底8月初，全市平均总雨量为79毫米，较常年同期偏少6成以上；处衡邵干旱走廊的零祁盆地（零陵区、冷水滩区、祁阳县）及新田县雨量不足50毫米，偏少8成，零祁盆地达中等强度气象干旱等级，但在8月旱情缓解。

9月下半月至10月上半月，持续30多天少雨，期间降水不足20毫米，部分县区不足10毫米，较常年同期偏少7成~9成，出现轻度干旱；由于9月上半月及10月下半月降水相对较多，干旱并没有造成大的影响。

5. 夏季多次出现高温热浪。夏季6月—8月日最高气温≥35℃高温日数全市平均为32天，祁阳最多，为48天；较常年同期普遍偏多10天~15天。主要高温时段有五段，分别为6月21日—28日、7月7日—11日、7月14日—19日、7月21日至8月1日、8月16日—21日。6月下旬日最高气温≥35℃的高温日数有4天~7天，其中新田县、江华瑶族自治县连续高温日数分别为6、7天，达到轻度高温热浪标准。7月出现三段日最高气温≥35℃的高温天气，月内高温日数大部分县区在15天以上，其中下旬至8月1日高温天气持续11天~12天，全境达到中度高温热浪天气；另外祁阳县出现3天日最高气温≥40℃的高温天气，7月31日最高气温40.9℃，在上中旬出现两段轻度高温热浪天气。8月日最高气温≥35℃高温日数大部分县区在9天~12天，极端最高气温在37℃~39℃，其中祁阳高温日数达17天，并在8月15日—21日出现为期7天的轻度高温热浪天气。

■ 气候影响专题评价 气候与农业 依据国家标准《农业气候影响评价：农作物气候年型划分方法》（GB/T 21986—2008），对2016年永州主要粮食作物双季早稻、晚稻进行评定。

2016年，永州市政主要粮食作物双季早稻、晚稻温光水搭配分别评定为多雨年、正常年，除主汛期的多次暴雨洪涝、雷雨风雹使得早稻重复受灾，没有其他大的农业气象灾害，主要粮食作物气候条件整体评定为正常年景。年内实现粮食总产340万吨，收购烟叶60.55万担；农作物因暴雨洪涝、雷雨风雹受灾面积8万多公顷（有重复受灾统计），减产粮食8万多吨，农业经济直接损失8亿多元。

2016 年永州市主要粮食作物双季早稻、晚稻气候年型评定表

表 20

	早稻				晚稻			
要素	平均气温	积温	日照	降水	平均气温	积温	日照	降水
差异度	C	C	C	△R	C	C	C	△R
值	1.2	1.2	-1	35	1.3	1.3	-0.3	-18
评定	较高	较多	正常	多	较高	较多	正常	偏少
综合评定	多雨年				正常			

1. 双季早稻。2016 年气温稳定通过 10℃的初日在 3 月 14 日前后，较往年略有提前。3 月下旬中期至 4 月清明前气温较高，降水适中，光照适宜，有利于双季早稻大面积播种和集中育秧，早稻播种、出苗顺利。4 月气温虽然偏高，雨水充沛，有利于双季早稻播种、育秧、移栽，但多阴雨寡照，光照不足，暴雨、雷雨风雹多次出现造成早稻秧苗重复受灾。5 月气温偏低，出现“五月低温”及低温连阴雨天气，暴雨洪涝使得双季早稻受灾，不利于双季早稻返青、分蘖、幼穗分化。6 月上半月雨水集中，暴雨洪涝使得双季早稻受灾，气温高、阴雨多、湿度大，容易造成病虫害发生及流行，不利于早稻孕穗、抽穗杨花。6 月下半月至 7 月气温较高，雨水较少，光照充足，有利于双季早稻灌浆、成熟、收获，但在高温期间也容易造成高温逼熟。整体上双季早稻生产、生长发育期间多雨水，暴雨洪涝、雷雨风雹造成重复受灾，不利天气较多，年景略差。

2. 双季晚稻。6 月下半月温光水条件适宜，有利于双季晚稻播种、出苗。7 月降水多晴热高温少雨天气，局部出现干旱，但前期降水充足，水利设施较好的灌溉条件有效降低干旱的影响，没有造成大范围农业气象干旱灾害，双季晚稻育秧、移栽、返青、分蘖顺利。8 月为双季晚稻营养生长最为旺盛时期；总体上温光水条件适宜，没有出现低温天气，有利于晚稻有效分蘖的形成和营养生长，使得晚稻分蘖旺盛，分蘖速度快且壮，禾苗素质较好。9 月气温适宜，没有出现“秋老虎”高温天气和早“寒露风”低温天气，雨水适中，有利于晚稻孕穗、抽穗、灌浆、成熟。10 月上半月气温适宜，日照充足，多晴好天气，有利于双季晚稻成熟、收获。整体上双季晚稻生产、生长发育期间温光水基本正常，有利天气较多，年景向好。

3. 烤烟、蔬菜、水果。冬季气温偏高，冰冻、霜冻等严寒天气少，有利于果树越冬生长。1 月 5 日—6 日因强冷空气影响，境内大范围降温，至中旬中期期间不见阳光，造成 10 天~14 天的连阴雨天气，之后至 2 月初，又出现两次低温雨雪过程，虽没有严寒天气，但气温也不回升，长时间湿冷寡照，不利于烤烟育苗及蔬菜生长发育。2 月—3 月气温总体较高，光照充足，期间虽有强降温过程，但气温回升较快，有利于烤烟育苗及蔬菜生长发育，另外烤烟育苗管理到位，烟苗素质较高，移栽技术改进，移栽质量较好。春季回暖，气温偏高，有利于烤烟移栽、成活及果树萌芽、展叶、开花、春发春长。4 月气温虽然偏高，雨水充沛，但多阴雨寡照，光照不足，不利于烤烟大田生长发育和蔬菜、瓜果的生长发育及果树的展叶、抽稍、开花、挂果，多次出现暴雨、雷雨风雹给烤烟、蔬菜及水果也造成重复受灾，4 月 16 日—17 日，全市大部分县区遭受雷雨大风冰雹灾害，烤烟、油菜、早稻秧苗、蔬菜、水果等农作物受灾面积 1.47 万公顷。5 月气温偏低，出现“五月低温”及低温连阴雨天气，光照不足，不利于烤烟叶片生长、成熟和蔬菜的生长发育、瓜果的现蕾、开花、挂果、采收、及果树的果实生长发育，暴雨洪涝也造成灾害损失。6 月温光总体较为适宜，有利于烤烟成熟、采收及蔬菜的生长发育、瓜果挂果、成熟、采收和果树果实生长发育、成熟、采摘；但雨水集中，暴雨洪涝也造成灾害损失。6 月下半月至 7 月温广丰富，降水较少，有利于烤烟成熟、采收、烘烤及果树果实生长发育、成熟、干物质积累及品质提升；但期间也出现高温干旱，不利于蔬菜、瓜果及果树果实的水份需求。8 月—12 月温光水总体较为适宜，有利于蔬菜的生长发育和瓜果成熟、采摘及果树果实生长发育、成熟、采摘、销售、加工。

■ **气候与林业** 2016年永州林业气候条件评定为偏好年景。

1. 林业生产。年初隆冬期间，多阴雨寡照天气，不利于冬季造林，后冬及初春，气候暖和，多晴好天气，但无干旱，土壤墒情较好，有利于冬春造林工作；冬春总体上气温偏高，林区雨雪冰冻严寒不重，有利于林木越冬与幼林成活，但森林害虫也较易越冬；春季回暖较快，气温偏高，雨量充沛，有利于林木春发春长和萌芽、抽梢、展叶、开花、结果等物候期的出现，林区高温干旱表现不明显，有利于各类林木和林产品生长发育和产量、品质提高。全市新增完成造林面积35.21万亩，森林覆盖率达64.5%。

2. 森林火险。2016年永州降水较多，森林火险等级相对较低，四级以上高火险等级在森林防火期内有14天，较2015年少9天。其中2月最多，高火险等级有6天，1月、4月、11月雨水较多，没有出现高火险等级。

2016年永州市双牌林区各级森林火险天气指数的天数统计表

表21　　单位：天

等级	一级	二级	三级	四级	五级
1月	24	6	1	0	0
2月	8	7	7	5	1
3月	14	10	6	1	0
4月	15	12	3	0	0
10月	7	9	10	5	0
11月	15	12	3	0	0
12月	14	11	4	2	0
2016年	97	67	34	13	1
2015年	84	61	43	19	5

2016年永州市潇水流域降水资源丰枯评估统计表

表22

潇水流域	面雨量（毫米）	降水资源（亿立方米）	产水量（亿立方米）	临界值（亿立方米）	评定
1月	117.37	14.20	6.72	4.5	丰水期
2月	46.39	5.61	1.05	4.5	枯水期
3月	211.74	25.62	20.49	4.5	丰水期
4月	401.20	48.54	38.83	4.5	丰水期
5月	360.47	43.61	34.89	4.5	丰水期
6月	300.44	36.35	29.08	4.5	丰水期
7月	88.08	10.66	3.78	4.5	枯水期
8月	112.73	13.64	6.20	4.5	丰水期
9月	75.82	9.17	2.80	4.5	枯水期
10月	73.72	8.92	2.65	4.5	枯水期
11月	162.11	19.61	12.82	4.5	丰水期
12月	43.24	5.23	0.91	4.5	枯水期
2016年	1993.32	241.17	160.24	90.50~122.17	丰水年

■ **气候与水利、水资源** 2016年初隆冬期间，多阴雨寡照天气，不利于冬修水利工作，后冬及初春，气候暖和，多晴好天气，有利于冬修水利工作；年内实施并完成小农水项目县6个、病险水库改造552座、“五小”水利工程7190处。3月下旬入汛后，雨水集中，暴雨洪涝频繁，对水利基础设施造成毁坏。汛期因暴雨洪涝水利设施直接经济损失在2.24亿元以上。主汛期为了防汛的需要，大中型水库多在汛限水位下运行，弃水较多，但自6月中旬雨季结束后，全市晴热高温天气持续，蒸发量大，蓄水锐减，旱情冒头，抗旱压力较大。截至7月底，全市总蓄水量12.66亿立方米，较2015年同期15.56亿立方米偏少18.6%，8月雨水增多，水库山塘蓄水增加。

■ **气候与水电、能源** 2016年，永州水资源为丰水年景，主汛期为了防汛的需要，电站多在汛限水位下运行，弃水较多，下半年雨量基本与常年相当，干旱轻，对电站发电影响不大。年内由于雨水较多，日照略少，不利于太阳能资源的开发和利用。另外，雷雨风雹及暴雨洪涝也造成部分供电系统中断。永州三级以上高峰用电日数为64天，主要出现在夏季制冷降温；冬季无严寒，没有出现因采暖而造成高峰用电；夏季高温热害强度较2015年强，因制冷降温高峰用电日数较2015年多33天。

2016 年永州市各级气象敏感用电量条件指数的天数统计表

表 23　　单位：天

时间	一级	负二级、正二级	负三级、正三级	负四级、正四级
1 月	4	27、0	0、0	0、0
2 月	13	16、0	0、0	0、0
3 月	26	5、0	0、0	0、0
4 月	30	0、0	0、0	0、0
5 月	25	0、5	0、1	0、0
6 月	4	0、12	0、14	0、0
7 月	0	0、5	0、23	0、3
8 月	5	0、4	0、21	0、1
9 月	12	0、17	0、1	0、0
10 月	31	0、0	0、0	0、0
11 月	20	10、0	0、0	0、0
12 月	15	16、0	0、0	0、0
2016 年	185	74、43	0、60	0、4
2015 年	184	79、71	0、29	0、2

■ **气候与城市、环境**　2016 年，雨水偏多，强降水频繁，城市积涝现象较多，不利于交通出行安全，也对地下管线产生威胁。城市空气质量与气象条件如风、降水、大气稳定度等关系密切，当雾和霾尤其霾天气出现时，空气质量变差。城市空气质量优良率 83.7%，空气质量较 2015 年（优良率 80.3%）要好，主要因为 2016 年霾天气（32 天）较 2015 年（68 天）减少 36 天。雨季内，雨水较多，空气污染物减少，霾天气少，城市空气质量变好，其中 4 月、6 月、7 月空气质量优良率 100%；12 月降水稀少，空气干燥，空气污染物增多，多静稳天气，霾天气多，使得城市空气质量优良率仅 41.9%。

■ **气候与人体健康**　2016 年，永州影响人体健康的天气有强冷空气降温、雾和霾、阴雨、高温天气等。夏季高温日数多，高温热害强度重，容易引起人体中暑。永州三级以上的较易中暑的天数为 46 天，较 2015 年多 29 天，夏季高温酷暑对人体健康的危害较 2015 年严重。

全年较舒适的天数为 199 天，占全年 54.4%，较 2015 年少 23 天；凉或冷不舒适为 100 天，占全年 27.3%，较 2015 年少 8 天；但冷不舒适天气为 33 天，较 2015 年多 13 天，主要因为 2016 年 1 月阴雨天气较多，天气湿冷，冷不舒适天气较 2015 年多 14 天；暖或热不舒适为 67 天，占全年 18.3%，较 2015 年多 32 天，夏季高温酷暑较 2015 年严重。

2016 年永州市各级中暑指数的天数统计表

表 24　　单位：天

等级	一级	二级	三级	四级	五级
5 月	26	5	0	0	0
6 月	11	11	8	0	0
7 月	3	8	10	7	3
8 月	5	10	12	4	0
9 月	19	9	2	0	0
2016 年	64	43	32	11	3
2015 年	80	56	15	2	0

■ **气候与交通、旅游、避暑**

2016 年春运期间，降水偏少，多晴好天气，未出现恶劣天气，有利于交通出行及旅游，整个春运工作平稳有序。春运期间全市运送旅客 682.86 万人次，其中道路运送旅客 603.6 万人次，铁路运送旅客 41.26 万人次，水路运送旅客 36.9 万人次，民航运送旅客 1.1 万人次。3 月下旬入汛后，雨水集中，多暴雨洪涝水毁公路、塌方也造成局部交通中断；5 月 8 日—9 日，强降水引发山洪爆发，岭汇线、蓝浆线、所联线、塔犁线等多条农村公路发生边坡塌方、泥石流等情况，造成交通中断，影响当地群众的生产生活。由于持续强降水，至 5 月 20 日，省道 S216、S322、S324，县道 X081、X082、X056 等干支线公路累计冲毁路基 4 千米 48.89 万立方米，冲毁路面 1.04 千米 2.9 万平方米，冲毁涵洞 6 座，挡土墙 46 处 8.15 万立方米，水毁塌方 78 处 28.45 万立方米，直接经济损失达 3583.91 元。另外，雾和霾及雷雨风雹天气也不利于交通运输安全。

春节期间，全市天气晴朗，适合旅游出行。全市接待游客

170.74万人次，实现旅游综合收入6.42亿元。3月下旬入汛后，雨水集中，多暴雨洪涝及雷雨风雹天气，适合旅游出行的天气减少，下半年适合旅游出行天气增多。“十一”黄金周期间，10月1日—2日为阴雨天气，不利于境内旅游出行；10月3日—7日为晴好天气，气候宜人，适合旅游出行。全市接待游客229.67万人次，旅游综合收入8.44亿元，一日游游客101.27万人次，客房平均出租率90.4%；假日市场平稳运行，未发生旅游安全事故。全年全市接待游客4239.9万人次，实现旅游综合收入228.3亿元。

2016年永州市各级人体舒适度指数的天数统计表

表25　　单位：天

时间	负四级	负三级	负二级	负一级	零级	一级	二级	三级	四级
1月	0	19	9	3	0	0	0	0	0
2月	0	8	12	7	2	0	0	0	0
3月	0	2	8	17	4	0	0	0	0
4月	0	0	0	9	21	0	0	0	0
5月	0	0	0	4	20	6	1	0	0
6月	0	0	0	0	3	13	14	0	0
7月	0	0	0	0	0	5	25	1	0
8月	0	0	0	0	5	2	22	2	0
9月	0	0	0	2	9	17	2	0	0
10月	0	0	2	6	23	0	0	0	0
11月	0	3	12	6	9	0	0	0	0
12月	0	1	24	6	0	0	0	0	0
2016年	0	33	67	60	96	43	64	3	0
	100（占比27.3%）			199（占比54.4%）			67（占比18.3%）		
2015年	0	20	88	57	94	51	35	0	0
	108（占比29.6%）			222（占比60.8%）			35（占比9.6%）		

三、经济社会主要统计资料

（一）综合

（2016年）

表 26

指标名称	单位	总量指标	
		永州	湖南
地区生产总值	亿元	1565.81	31244.68
第一产业	亿元	326.73	3578.37
第二产业	亿元	545.44	13180.97
工业	亿元	458.53	11177.25
第三产业	亿元	693.64	14485.34
规模工业增加值	亿元	323.77	—
固定资产投资	亿元	1653.09	27688.45
社会消费品零售总额	亿元	589.90	13436.53
财政总收入	亿元	149.92	4252.08
地方财政收入	亿元	102.55	2697.86
财政支出	亿元	399.23	6337.02
实际利用外商直接投资	亿美元	9.53	128.52
进出口总额	亿美元	10.22	268.80
出口	亿美元	8.90	181.70
进口	亿美元	1.32	87.10
金融机构本外币存款余额	亿元	1914.84	41996.74
金融机构本外币贷款余额	亿元	966.09	27532.30
城镇居民人均可支配收入	元	24026	31284
农村居民人均可支配收入	元	11683	11930
居民消费价格指数	%	101.5	101.9
工业品出厂价格指数	%	98.9	98.9

指标名称	单位	增长速度	
		永州	湖南
地区生产总值	%	8.0	7.9
第一产业	%	3.4	3.3
第二产业	%	6.2	6.6
工业	%	6.0	6.6
第三产业	%	11.9	10.5
规模工业增加值	%	6.6	6.9
固定资产投资	%	14.0	13.8
社会消费品零售总额	%	11.8	11.7
财政总收入	%	14.3	6.0
地方财政收入	%	10.9	7.3
财政支出	%	13.0	10.6
实际利用外商直接投资	%	14.6	11.1
进出口总额	%	16.6	-8.3
出口	%	18.6	-5.1
进口	%	4.6	-14.3
金融机构本外币存款余额	%	21.7	16.0
金融机构本外币贷款余额	%	21.7	13.7
城镇居民人均可支配收入	%	9.5	8.5
农村居民人均可支配收入	%	8.5	8.5

（二）核算

（2016年）

表27

指标名称	单位	绝对值（现价）	速度（可比价、%）	指标名称	单位	绝对值（现价）	速度（可比价、%）
地区生产总值	亿元	1565.81	8.0	第一产业	亿元	326.73	3.4
农林牧渔业	亿元	331.61	3.5	第二产业	亿元	545.44	6.2
工业	亿元	458.53	6.0	第三产业	亿元	693.64	11.9
建筑业	亿元	87.51	7.0	第一产业对GDP增长的贡献率	%		9.3
批发和零售业	亿元	63.39	7.0	第二产业对GDP增长的贡献率	%		28.3
交通运输、仓储和邮政业	亿元	70.13	3.6	工业对GDP增长的贡献率	%		23.3
住宿和餐饮业	亿元	19.15	6.8	第三产业对GDP增长的贡献	%		62.4
金融业	亿元	31.11	15.6	投资对GDP增长的贡献率	%		56.2
房地产业	亿元	49.74	6.5	消费对GDP增长的贡献率	%		42.9
其他服务业	亿元	454.65	14.9	净出口GDP增长的贡献率	%		0.9

说明：本表总量指标按当年价格计算，增长速度按可比价格计算。自2015年起，地区生产总值中的三次产业执行新的《国民经济行业分类》和《三次产业划分规定》，即第一产业是指农、林、牧、渔业（不含农、林、牧、渔服务业）；第二产业是指工业（不含开采辅助活动，金属制品、机械和设备修理业）和建筑业；第三产业即服务业，是指除第一产业、第二产业以外的其他行业

（三）人口

（2016年）

表28

指标名称	单位	绝对值	速度（%）	指标名称	单位	绝对值	速度（%）
年末总人口	万人	645.09	1.54	各种比重			
全年常住人口	万人	546.52	0.65	按城乡分			
按城乡分				城镇人口	%	46.30	2.05
城镇人口	万人	253.04	5.32	乡村人口	%	53.70	-2.05
乡村人口	万人	293.48	-3.05	按性别分			
按性别分				男性人口	%	52.26	0.45
男性人口	万人	285.6	1.52	女性人口	%	47.74	-0.45
女性人口	万人	260.92	-0.28	出生率	‰	14.21	0.58
				死亡率	‰	7.27	0.08
				人口自然增长率	‰	6.94	0.50
				城镇化率	%	46.3	2.05

说明：出生率、死亡率、人口自然增长率数据由卫计委提供

（四）从业人员和社会保障

（2016年）

表29

指标名称	单位	绝对值	速度（%）	指标名称	单位	绝对值	速度（%）
年末城镇登记失业率	%	3.98	0.23	参加医疗保险职工人数	万人	42.67	-3.5
城镇新增就业人数	万人	6.03	2.0	参加工伤保险职工人数	万人	34.00	-9.9
城镇居民基本医疗保险参保人数	万人	96.01	-11.0	参加生育保险职工人数	万人	28.44	-5.3
参加基本养老保险职工人数	万人	52.56	0.8	新型农村合作医疗参保人数	万人	486.97	-1.0
参加失业保险职工人数	万人	30.43	0.7				

（五）投资

（2016 年）

表 30

指标名称	单位	绝对值	速度（%）	指标名称	单位	绝对值	速度（%）
固定资产投资	亿元	1653.09	14.0	工业	亿元	689.63	15.0
按经济类型分				采矿业	亿元	22.81	4.4
国有投资	亿元	705.02	14.8	制造业	亿元	545.21	11.1
非国有投资	亿元	948.07	13.4	电力、燃气及水的生产和供应	亿元	121.61	39.9
民间投资	亿元	873.31	9.0	第三产业	亿元	876.11	19.7
按投资方向分				交通运输、仓储和邮政业	亿元	125.20	145.7
工业投资	亿元	689.63	15.0	信息传输、计算机服务和软件业	亿元	13.44	138.5
产业投资	亿元	437.42	9.2	批发和零售业	亿元	41.72	7.5
民生投资	亿元	196.87	46.5	住宿和餐饮业	亿元	26.78	66.1
生态环境	亿元	73.70	28.7	金融业	亿元	1.55	-70.1
基础设施	亿元	412.20	57.9	房地产业	亿元	197.89	42.9
高新技术产业	亿元	125.52	19.7	教育	亿元	53.83	4.4
房地产开发	亿元	94.66	5.8	卫生和社会工作	亿元	28.38	30.7
按产业分	亿元			文化、体育和娱乐业	亿元	18.16	1.1
第一产业	亿元	64.99	30.5	公共管理、社会保障和社会组织	亿元	100.54	-40.2
第二产业	亿元	711.99	6.6	投资亿元以上的项目	项	351.00	80.9
				亿元以上项目实际完成投资	亿元	559.04	148.9

（六）财政

（2016 年）

表 31

指标名称	单位	绝对值	速度（%）	指标名称	单位	绝对值	速度（%）
财政总收入	亿元	149.92	14.3	农林水事务支出	亿元	66.39	10.7
一般预算收入合计	亿元	102.55	10.9	社会保障支出	亿元	61.57	9.8
税收收入	亿元	60.98	10.9	住房保障支出	亿元	26.61	6.9
非税收入	亿元	41.57	10.9	教育支出	亿元	71.76	15.2
上划中央税收	亿元	37.65	26.3	科学技术支出	亿元	2.39	10.4
上划省级税收	亿元	9.71	9.9	文化体育与传媒支出	亿元	8.48	16.8
一般预算支出合计	亿元	399.23	13.0	医疗卫生支出	亿元	43.76	9.7

（七）保险

（2016 年）

表 32

指标名称	单位	绝对值	速度（%）	指标名称	单位	绝对值	速度（%）
保险保费收入	亿元	46.78	15.5	赔款和给付	亿元	16.51	37.1
寿险	亿元	31.36	13.8	寿险	亿元	8.62	63.6
财产险	亿元	15.42	19.1	财产险	亿元	7.89	16.5

（八）金融信贷

（2016 年）

表 33

指标名称	计量单位	绝对值	比年初增加	指标名称	计量单位	绝对值	比年初增加
金融机构本外币各项存款余额	亿元	1914.84	341.74	金融机构本外币各项贷款余额	亿元	966.09	172.47
非金融企业存款	亿元	281.78	127.52	短期贷款	亿元	168.13	1.57
住户存款	亿元	1277.11	155.08	中长期贷款	亿元	793.11	170.62

（九）人民生活

（2016 年）

表 34

指标名称	计量单位	绝对值	指标名称	计量单位	绝对值
城镇居民人均可支配收入	元	24026	经营净收入	元	4744
人均工资性收入	元	11427	转移净收入	元	2975
经营净收入	元	4816	财产净收入	元	184
转移净收入	元	5374	农村居民人均生活消费支出	元	10614
财产净收入	元	2409	食品烟酒	元	3801
城镇居民消费性支出	元	15788	衣着	元	402
食品烟酒	元	5337	居住	元	2242
衣着	元	925	生活用品及服务	元	599
居住	元	2936	医疗保健	元	716
生活用品及服务	元	754	交通通信	元	704
交通通信	元	1429	教育文化娱乐	元	2067
城镇居民家庭恩格尔系数	%	27.7	其他商品及服务	元	83
城镇居民人均住房面积	平方米	60.9	农村居民家庭恩格尔系数	%	32.0
农村居民人均可支配收入	元	11683	农村居民人均住房使用面积	平方米	67.3
工资性收入	元	3780			

说明：2013 年实行城乡住房一体化改革，国家统计局对城乡居民收支统计口径进行调整

（十）能源

（2016 年）

表 35

指标名称	单位	绝对值	速度（%）	指标名称	单位	绝对值	速度（%）
规模以上工业综合能源消费量	万吨标准煤	166.44	-7.53	黑色金属冶炼及压延加工业	万吨标准煤	15.44	-27.91
按轻重工业分				有色金属冶炼及压延加工业	万吨标准煤	5.31	-11.17
轻工业	万吨标准煤	15.41	-33.61	造纸及纸制品业	万吨标准煤	0.26	-96.47
重工业	万吨标准煤	151.03	-3.67	化学原料及化学制品制造业	万吨标准煤	4.37	-32.49
按行业分				电力、热力生产和供应业	万吨标准煤	10.35	17.33
非金属矿物制品业	万吨标准煤	100.88	2.9				

（十一）农业

（2016 年）

表 36

指标名称	单位	绝对值	速度（%）
农林牧渔业总产值	亿元	591.78	3.5
农业	亿元	269.45	0.3
林业	亿元	62.30	8.0
畜牧业	亿元	210.89	5.6
渔业	亿元	34.74	5.9
农林牧渔业增加值	亿元	331.61	3.5
农业	亿元	168.62	0.3
林业	亿元	36.39	8.0
畜牧业	亿元	99.33	5.6
渔业	亿元	22.39	5.9
粮食	万吨	316.71	-1.6
农业机械总动力	万千瓦	603.49	4.0
农村用电量	亿千瓦时	7.85	1.9

（十二）工业

（2016 年）

表 37

指标名称	单位	绝对值	速度(%)
规模以上工业增加值	亿元	323.77	6.6
非公有制规模以上工业增加值	亿元	258.08	15.1
按经济类型分			
国有及国有控股企业	亿元	102.53	-28.3
集体企业	亿元	1.13	-20.8
股份制企业	亿元	247.63	15.3
外商及港澳台投资企业	亿元	28.53	23.2
按轻重工业分			
轻工业	亿元	153.47	0.6
重工业	亿元	170.30	12.9
按行业分			
黑色金属冶炼及压延加工业	亿元	8.57	-32.9
有色金属冶炼及压延加工业	亿元	7.20	-13.5
化学原料及化学制品制造业	亿元	11.52	6.6
非金属矿物制品业	亿元	27.64	11.5
交通运输设备制造业	亿元	13.37	132.0
市级及以上园区规模工业增加值	亿元	283.96	7.9
规模以上工业企业主营业务收入	亿元	1144.59	13.0
规模以上工业企业实现利润	亿元	41.46	17.9
国有及国有控股企业	亿元	10.82	-34.1
集体企业	亿元	0.49	-20.8
股份制企业	亿元	31.06	35.4
外商及港澳台投资企业	亿元	3.81	57.0
大中型企业	亿元	15.24	0.6
规模以上工业企业实现利税	亿元	92.13	-19.7
国有及国有控股企业	亿元	67.74	-43.4
规模以上工业亏损企业亏损额	亿元	2.46	-55.6
国有及国有控股亏损企业亏损额	亿元	2.45	-32.3
规模以上工业新产品产值	亿元	93.54	-39.6
规模以上工业企业产品销售率	%	99.8	0.9
规模工业出口交货值	亿元	34.9	49.4
卷烟	亿支	120	-22.6
生铁	万吨	13.7	-60.4
钢材	万吨	52.6	20.9
十种有色金属	万吨	4.7	-17.5
水泥	万吨	1070.8	1.5
硫酸（折 100%）	万吨	4.9	25.6
发电设备	万千瓦	15.1	-1.9
变压器	万千伏安	20.2	18.8
汽车	万辆	5.8	52.6
加工大米	万吨	92.5	12.9
精制食用植物油	万吨	11.8	20.4
饲料	万吨	65.6	16.3

（十三）交通

（2016年）

表38

指标名称	单位	绝对值	速度（%）	指标名称	单位	绝对值	速度（%）
全社会货物周转量	亿吨公里	160.22	8.4	客运量	万人	9176	0.1
公路	亿吨公里	158.45	8.5	公路	万人	8930	-0.2
水运	亿吨公里	1.77	1.2	水运	万人	246	4.9
货运量	万吨	6275	4.5	公路线路年末里程	万公里	2.3	0.0
公路	万吨	5871	4.6	高速公路	公里	491.77	0.0
水运	万吨	404	2.6	年末民用汽车保有辆	万辆	30.36	18.1
旅客周转量	亿人公里	54.54	-1	本年新注册汽车	万辆	5.85	21.6
公路	亿人公里	54.17	-1	轿车	万辆	13.22	22.5
水运	亿人公里	0.37	3.1	年末私人汽车保有量	万辆	27.88	19.9

（十四）邮电

（2016年）

表39

指标名称	单位	绝对值	速度（%）	指标名称	单位	绝对值	速度（%）
邮政业务总量	亿元	4.88	23.7	固定电话普及率	户/百人	5.5	-9.8
电信业务总量	亿元	60.23	54.2	移动电话普及率	户/百人	61.8	15.9
年末固定电话用户	万户	29.97	-8.9	年末互联网宽带用户数	万户	58.67	—
年末移动电话用户	万户	338.05	16.9				

（十五）国内贸易

（2016年）

表40

指标名称	单位	绝对值	速度（%）	指标名称	单位	绝对值	速度（%）
全社会消费品零售总额	亿元	589.90	11.8	住宿业	亿元	18.51	11.0
城镇	亿元	470.60	11.0	餐饮业	亿元	54.04	14.8
乡村	亿元	119.31	14.9	限额以上批发零售企业商品销售额	亿元	271.74	7.0
按行业分							
批发业	亿元	68.32	13.2	零售额	亿元	176.55	15.1
零售业	亿元	449.04	11.2				

（十六）教育

（2016年）

表41

指标名称	单位	绝对值	速度（%）	指标名称	单位	绝对值	速度（%）
全市普通高校数	所	3		毕业生	万人	6.71	16.0
招生数	万人	0.91	8.9	初中适龄人口入学率	%	111.66	7.7
在校生	万人	2.77	7.0	普通小学	所	464	
毕业生	万人	0.69	4.0	招生数	万人	8.60	-3.6
中等职业教育	所	39		在校生	万人	50.79	2.3
招生数	万人	2.28	-12.8	毕业生	万人	8.05	14.9
在校生	万人	5.84	8.8	小学适龄儿童入学率	%	100	0.0
毕业生	万人	1.71	10.3	毕业生升学率	%	101.81	14.7
普通高中	所	32		特殊教育	所	7	
招生数	万人	3.17	10.3	在校生	万人	0.07	48.5
在校生	万人	8.60	5.6	幼儿园在园幼儿	万人	22.66	4.7
毕业生	万人	2.62	6.4	各类民办学校数	所	77	
初中学校	所	289		民办学校在校学生	万人	6.88	19.0
招生数	万人	7.75	8.2	义务教育阶段合格学校建设	所	208	—
在校生	万人	21.63	6.5				

说明：各类民办学校数仅指普通中小学校，没有包括各类民办职业学校

（十七）文化、出版、广播

（2016 年）

表 42

指标名称	单位	绝对值	指标名称	单位	绝对值
艺术表演团体	个	11	中、短波广播发射台和转播台	座	21
群众艺术馆、文化馆	个	12	广播综合人口覆盖率	%	88.3
公共图书馆	个	12	电视综合人口覆盖率	%	96.8
博物馆、纪念馆	个	3	有线电视用户	万户	45.5
放映农村公益电影	万场	6.1	国家级非物质文化遗产保护目录	个	12
广播电台	座	5	省级非物质文化遗产保护目录	个	27

（十八）体育

（2016 年）

表 43

指标名称	单位	绝对值	指标名称	单位	绝对值
全市体育场	个	8402	各种训练房	个	161
体育馆	座	4	全市全民健身运动参加人数	万人	180
运动场	个	554	全市开展全民健身项目	项次	500
游泳池	个	15	新建农民体育健身工程的行政村	个	379

（十九）卫生

（2016 年）

表 44

指标名称	单位	绝对值	速度（%）	指标名称	单位	绝对值	速度（%）
卫生机构	个	5948	-0.9	卫生监督检验机构卫生技术人员	人	295	23.4
医院	个	125	—	医院、卫生院床位数	万张	3.59	16.0
妇幼保健院（所、站）	个	13	0.0	乡镇卫生院	个	194	0.5
卫生技术人员	万人	2.74	6.5	乡镇卫生院床位数	张	8710	13.1
执业医师和执业助理医师	万人	1.13	7.0	乡镇卫生院卫生技术人员	人	5188	0.8
注册护士	万人	1.07	10.0	开展新型农村合作医疗试点工作的县（市）	个	11	—
全市疾病预防控制中心（防疫站）	个	12	0.0	覆盖农村人口数	万人	493.4	-0.4
				实际参加农村合作医疗农民	万人	487.0	-0.9
全市疾病预防控制中心（防疫站）卫生技术人员	人	574	-2.2	新型农村合作医疗平均参合率	%	98.7	-0.5
卫生监督检验机构	个	12	0.0	农村低保覆盖人数	万人	38.9	-0.1

（二十）全面建成小康社会统计监测

（2016 年）

表 45

指标名称	单位	目标值（2020 年）	2016 年	
			数值	实现程度
一、经济发展	—	—		82.0
1. GDP（2010 年不变价）	万元	比 2010 年翻一番	13629784	88.8
2. 第三产业增加值占 GDP 比重	%	≥47	44.3	94.3
3. 居民消费支出占 GDP 比重	%	≥36	45.9	100.0
4. R&D 经费支出占 GDP 比重	%	≥2.3	0.58	25.0
5. 每万人口发明专利拥有量	件	≥3.2	0.89	27.8
6. 工业劳动生产率	万元/人	≥12	12.19	100.0
7. 互联网普及率	%	≥50	39.8	79.6
8. 城镇人口比重	%	≥60	46.3	77.2
9. 农业劳动生产率	万元/人	≥2	2.17	100.0
二、民主法治	—	—		89.5
10. 基层民主参选率	%	≥95	95.8	100.0
11. 廉政指数	人/万人	≤8	5.29	100.0
12. 社会安全指数	%	100	100.0	100.0
每万人口刑事犯罪人数	人		5.0666	100.0
每万人口交通事故死亡人数	人		0.1248	100.0
每万人口火灾事故死亡人数	人		0.0055	100.0
每万人口工伤事故死亡人数	人		0.0477	100.0
13. 每万人口拥有律师数	人	≥2.3	1.18	51.2
三、文化建设	—	—		87.2
14. 文化及相关产业增加值占 GDP 比重	%	≥5	3.28	65.6
15. 人均公共文化财政支出	元	≥200	174	86.8
16. 有线广播电视入户率	%	≥60	51.4	85.6
17. 每万人口拥有“三馆一站”公用房屋建筑面积	平方米	≥450	562	100.0
18. 城乡居民文化娱乐服务支出占家庭消费支出比重	%	≥6	9.3	100.0
四、人民生活	—	—		95.9
19. 城乡居民人均收入（2010 年不变价）	元	比 2010 年翻一番	14510	84.2
20. 地区人均基本公共服务支出差异系数	%	≤40	15.91	100.0
21. 失业率	%	≤6	3.98	100.0
22. 恩格尔系数	%	≤40	34.8	100.0
23. 基尼系数	—	0.3~0.4	0.37	100.0
24. 城乡居民收入比	以农为 1	≤2.8	2.06	100.0
25. 城乡居民家庭住房面积达标率	%	≥60	80.1	100.0
26. 公共交通服务指数	%	100		91.8
每万人拥有公共交通车辆	标台	≥14	11.5	82.3
行政村客运班线通达率	%	≥95	99.9	100.0
27. 平均预期寿命	岁	≥76	75.2	98.9
28. 平均受教育年限	年	≥10.5	9.7	92.3
29. 每千人口拥有执业医师数	人	≥1.95	2.06	100.0
30. 基本社会保障覆盖率	%	≥95		100.0
基本养老保险覆盖率	%	≥95	96.5	100.0
基本医疗保险覆盖率	%	≥95	100.0	100.0
31. 农村自来水普及率	%	≥80	72.1	90.1
32. 农村卫生厕所普及率	%	≥75	73.6	98.1
五、资源环境	—	—		82.3
33. 单位 GDP 能耗（2010 年不变价）	吨标准煤/万元	≤0.62	0.579	100.0
34. 单位 GDP 水耗（2010 年不变价）	立方米/万元	≤110	171.7	64.1
35. 单位 GDP 建设用地占用面积（2010 年不变价）	公顷/亿元	≤62	96.0	64.6
36. 空气质量达标率	%	100	85.1	85.1
37. 环境质量指数	%	100		96.8
PM2.5 达标天数比例	%	≥95	86.2	90.7
地表水达标率	%	≥90	100.0	100.0
森林覆盖率	%	≥23	64.7	100.0
城市建成区绿化覆盖率	%	≥40	44.1	100.0
38. 主要污染物排放强度指数	%	100		66.8
单位 GDP 化学需氧量排放强度	吨/亿元	≤27.7	77.99	35.5
单位 GDP 二氧化硫排放强度	吨/亿元	≤24.6	19.20	100.0
单位 GDP 氨氮排放强度	吨/亿元	≤2.78	8.72	31.9
单位 GDP 氮氧化物排放强度	吨/亿元	≤24	16.82	100.0
39. 城市生活垃圾无害化处理率	%	≥85	100.0	100.0
总实现程度	—	—		87.7

（二十一）永州市常住人口在全省所处位置

（2016 年）

表 46

市州	常住人口（万人）			城镇化率（%）	市州	常住人口（万人）			城镇化率（%）
		城镇人口	乡村人口				城镇人口	乡村人口	
全　省	6822.02	3598.62	3223.40	52.75	张家界市	152.91	70.43	82.48	46.06
长沙市	764.52	580.97	183.55	75.99	益阳市	443.25	212.18	231.07	47.87
株洲市	401.63	257.40	144.23	64.09	郴州市	471.11	246.15	224.96	52.25
湘潭市	283.78	170.98	112.80	60.25	**永州市**	**546.52**	**253.04**	**293.48**	**46.30**
衡阳市	728.59	372.09	356.50	51.07	怀化市	492.00	217.86	274.14	44.28
邵阳市	732.15	322.08	410.07	43.99	娄底市	389.41	176.36	213.05	45.29
岳阳市	568.11	315.98	252.13	55.62	湘西州	263.60	113.51	150.09	43.06
常德市	584.44	289.59	294.85	49.55					

（二十二）永州市地区生产总值在全省所处位置

（2016 年）

表 47

市州	生产总值（亿元）		第一产业		第二产业		第三产业		工业		人均 GDP（元）	
	绝对值	位次	绝对值	位次	绝对值	位次	绝对值	位次	绝对值	位次	绝对值	位次
全　省	31244.68	—	3578.37	—	13180.97	—	14485.34	—	11177.25	—	45931	—
长沙市	9323.70	1	370.95	3	4513.23	1	4439.52	1	3727.18	1	123681	1
株洲市	2512.51	5	197.17	11	1363.56	3	951.79	5	1197.45	3	62681	3
湘潭市	1845.65	7	150.90	12	976.11	7	718.64	7	889.39	7	65199	2
衡阳市	2853.02	4	430.61	1	1184.78	5	1237.62	4	1019.55	6	39020	7
邵阳市	1520.86	9	326.81	5	535.34	12	658.70	9	448.91	12	20858	13
岳阳市	3100.87	2	345.84	4	1469.10	2	1285.94	3	1321.68	2	54832	4
常德市	2955.54	3	383.24	2	1264.48	4	1307.82	2	1135.53	4	50572	5
张家界市	497.62	14	56.35	14	106.77	14	334.50	13	87.83	14	32597	10
益阳市	1484.18	10	276.70	7	600.56	9	606.92	11	540.52	9	33568	9
郴州市	2190.75	6	216.14	8	1159.57	6	815.04	6	1069.20	5	46407	6
永州市	**1565.81**	**8**	**326.73**	**6**	**545.44**	**11**	**693.64**	**8**	**458.53**	**11**	**28744**	**11**
怀化市	1396.15	12	200.49	10	545.94	10	649.73	10	480.59	10	28430	12
娄底市	1400.14	11	206.07	9	676.34	8	517.73	12	600.93	8	36058	8
湘西州	530.87	13	80.83	13	165.63	13	284.42	14	132.08	13	20145	14

四、2016年永州市在《湖南日报》上刊发稿件情况表

2016年永州市在《湖南日报》上刊发稿件情况表（116篇）

表48

稿件标题	刊发日期	作者
永州市举行大型体彩有奖问答专场文艺演出	2016年1月2日	黄小红
谁“庸懒散”就问责谁	2016年1月3日	邹仪　唐善理　唐东升
与时间赛跑——涔天河水库扩建工程元旦施工见闻	2016年1月3日	唐善理　唐建国
不枉此行九嶷山——舜帝陵元旦小长假迎来游客5.1万余人次	2016年1月4日	邹仪　欧阳友忠　骆力军
张京华获评“全国教育改革创新优秀教师”	2016年1月5日	唐善理　熊玲芝
干部多跑路　群众少跑腿	2016年1月6日	陈林霄　陈勇
考评“火辣辣”　承诺重千金	2016年1月6日	刘跃兵
北斗，为湖南发展“导航”——国家北斗导航数据中心湖南分中心永州开建	2016年1月7日	刘跃兵　傅友芳　周俊伟
全国有影响力的十大在建水利工程揭晓——涔天河、莽山水库工程上榜	2016年1月7日	唐善理　黎实
廉政责任　岂容卸担——永州通报4起党风廉政建设责任追究典型案例	2016年1月8日	张斌　蒋伟
永州首次开行始发动车组列车	2016年1月12日	刘跃兵　左亚军
“掌上求职”助大学生就业	2016年1月12日	唐善理　周平尚
351项审批和服务网上网下随时办——新田：政务上网便民便利	2016年1月18日	邹仪　刘跃兵　骆桐雄　陈诗涵
“锦绣潇湘·永州发现”摄影展开幕	2016年1月23日	陈薇
风生水起总逞“能”——蓝山已签约开发风电88万千瓦，预计总投资88亿元	2016年2月2日	邹仪　李学锋　李先志　刘军
千人决胜涔天河	2016年2月9日	唐建国
湘江源头“兄弟哨”	2016年2月9日	刘跃兵　李先志　赵卿
留住“十大碗”　变脸“小清新”	2016年2月12日	奉永成
永州重奖名师名校名校长	2016年2月19日	唐善理　艾志飞
永州开通至海口航班	2016年2月21日	唐善理　蔡满荣
物流提速，祁阳好货走五洲——祁阳发展现代物流公司45家	2016年2月29日	邹仪　刘跃兵　李志刚　何顺
涔天河大坝主体工程进入最后工序	2016年2月29日	唐建国
省农委与永州市政府签约共同推进农业标准化建设	2016年3月4日	张尚武
淘宝进了村企业网上冲——永州打造“互联网+”快车小记	2016年3月20日	邹仪　刘跃兵　左亚军
古韵点墨“乡村谣”	2016年3月20日	唐善理　张兴国　杨万里

续表48

稿件标题	刊发日期	作者
永州多地遭雷雨冰雹袭击	2016年3月22日	唐善理　黄志东
一公里一名巡查员　涔天河库区加强在建道路防汛	2016年3月23日	刘跃兵　唐建国
永州：全民争创全国文明城市	2016年3月24日	邹仪　唐一平
永州探获锰矿石资源量过亿吨	2016年3月25日	唐善理　李爱丽　杨万里
26个孩子一个“妈”	2016年3月25日	唐善理
美丽“永州蓝”　一笑傲湖南	2016年3月28日	唐善理　刘思宁
喜过“鱼人节”	2016年4月3日	刘跃兵
紧扣品质与活力两大主题	2016年4月5日	唐善理
百年古树被连根拔起　永州遭遇龙卷风	2016年4月18日	唐善理　蒋静
永州与华为携手推进云计算产业	2016年4月26日	邹仪　左亚军
舜帝南巡地　八景惊霞客	2016年4月29日	邹仪　欧阳友忠　骆力军
家庭农场正风光零陵区发展家庭农场81家，流转土地8万亩	2016年5月4日	邹仪　袁忠民　张雄
湖湘书画艺术传承之旅走进永州	2016年5月6日	刘跃兵
宁远县“多元投入”结对扶贫已建设移民搬迁点14个，到位扶贫帮扶资金1.58亿元	2016年5月8日	邹仪　彭小兵　欧阳友忠　骆力军
试卷长三米　笔底涌风云	2016年5月11日	刘跃兵　黄玲玲
湘江源头翠绿蓝山“七个一律”严守生态底线，大力保护湘江源头生态环境	2016年5月14日	唐善理　李先志
心里全是乡亲　身已倒在路上	2016年5月16日	邹仪　吴林
永州外贸增幅全省第一	2016年5月18日	刘跃兵　吴林　罗杰
永州受灾群众生活有保障	2016年5月23日	邹仪
永州地税查处重大发票违法案	2016年5月25日	刘跃兵　于磊　王剑虹
产业“进村”扶贫江华力争村村有产业，推进产业化扶贫	2016年6月4日	邹仪　杨丁香　汪继文　谢颖琪
永州构筑基层群众就医便利网	2016年6月14日	刘跃兵
永州：紧急下达5大抗洪任务	2016年6月15日	唐善理
涔天河水库工程安全无虞	2016年6月16日	唐善理　唐建国
永州“双百行动”精准助学	2016年6月18日	唐善理　庄荣华　夏继文
永州地税税收增长三成	2016年6月24日	刘跃兵　杨纯位
道县巧解流动党员学习难	2016年6月25日	邹仪　尹健　张举纲
弘扬德文化　建幸福家园	2016年6月27日	唐善理　陈政忠　唐明登
永州地税帮扶企业不嫌“小”	2016年6月27日	唐善理　吕海南
新田“硒锶”产业势头旺	2016年7月1日	刘跃兵　乐国辉　陈杰

续表48

稿件标题	刊发日期	作者
永州出台乡村教师支持计划	2016年7月8日	唐善理　艾志飞
永州取缔湘江中养鱼网箱	2016年7月12日	唐善理　王恩富
双牌美丽乡村有特色	2016年7月14日	唐善理　唐耀东　潘芳　罗彦
种上“有机米”，减产反增收	2016年7月16日	刘跃兵　刘福华
永州上半年空气优良率全省第一	2016年7月16日	刘跃兵　吴林
永州国税地税财政收入　增幅均居全省第一	2016年7月22日	唐善理　王恩富
日出“下地”　日落“登台”	2016年7月24日	邹仪　任泽旺
园区“农字号”　市民乐游地	2016年7月26日	唐善理　文正平
永州外贸进出口逆势大增	2016年7月27日	唐善理　王恩富
烈士有弟弟了	2016年8月2日	刘跃兵　吴林　成丹丹
永州国税“查漏”抓党建	2016年8月6日	刘跃兵　欧鸿鲲
祁阳教育扶贫拔“穷根”	2016年8月11日	唐善理　艾志飞　李新春
这里就是最好的家	2016年8月13日	刘跃兵　尹健　盘林
永州遭遇强降雨	2016年8月13日	唐善理
永州在沪推介现代农业	2016年8月19日	周月桂
永州试点乡镇网络报灾体系建设	2016年8月22日	陈勇　祝林书　李佳慧
永州“爱心圆梦”资助贫困大学新生	2016年8月24日	唐善理　杨中瑜　艾志飞
扶贫帮困种下致富“产业树”	2016年8月31日	唐善理　杨万里　贺志毅　蒋先锋
全省首家市级寄递安检服务中心在永州建成	2016年8月31日	刘跃兵　宋云钊
投巨资缩小城乡“数字鸿沟”	2016年9月3日	唐善理　王恩富
新田6000多贫困人口易地搬迁	2016年9月6日	刘跃兵　何昕　乐国辉　唐志光
永州交叉督查过“廉节”	2016年9月13日	唐善理　宾柱元　陈卓韬
“四跟四走”闯富路	2016年9月17日	邹仪
永州建立电子商务发展智库	2016年9月19日	刘跃兵　罗杰　欧泽澔
精准扶贫“永州模式”获点赞	2016年9月22日	邹仪　杨丁香
文明创建，美了一座城	2016年9月22日	唐善理　唐东升
永州最大古城保护开发项目开建	2016年9月26日	唐善理　唐高旭　杨万里
十不准　新会风	2016年10月2日	张斌　宾柱元　陈卓韬
黄兰香在永州调研统战工作	2016年10月12日	苏莉　李勇
田野来了博士团	2016年10月13日	唐善理　熊玲芝
“神州瑶都”景胜春	2016年10月23日	邹仪　杨丁香

续表 48

稿件标题	刊发日期	作者
蓝山县　创文明城市“软”“硬”并施	2016 年 10 月 25 日	邹仪　李先志
永州集中式饮用水水源地水质 100% 达标	2016 年 10 月 25 日	刘跃兵　廖红华
永州地税：征管转型斩获“五连冠”	2016 年 10 月 31 日	唐善理　陈运友　吕海南
农发行永州分行百亿资金扶贫	2016 年 11 月 1 日	唐善理　骆海瑛
走好品质活力的“永州路径”	2016 年 11 月 4 日	邹仪　蒋洪波
永州地税扎实推进“两学一做”	2016 年 11 月 5 日	卿志彪　邹赛
把油茶树培育成“致富树”	2016 年 11 月 12 日	刘勇　张尚武　刘跃兵　陈凯军
宁远“产城融合”实现双赢	2016 年 11 月 13 日	邹仪　欧阳友忠　骆力军
永州军供工作经验全省推广	2016 年 11 月 13 日	刘跃兵　王建兰　严丽
道县“互联网+”助平安	2016 年 11 月 15 日	邹仪尹健　蒋良辉　熊景茂
永州寄递业安全管理全省领先	2016 年 11 月 15 日	刘跃兵　宋云钊
新田教育扶贫“五锁定”实打实	2016 年 11 月 15 日	唐善理　何典军　艾志飞
永州媒体融合激发宣传活力	2016 年 11 月 22 日	唐善理　唐一平　谢伟
以“严”的要求抓工程质量	2016 年 11 月 23 日	黄崇县　柳德新
工业蝶变，祁阳经济挺起脊梁	2016 年 11 月 26 日	邹仪　陈莉　李志刚
宁远：“一村一企”推动精准扶贫	2016 年 11 月 30 日	刘跃兵　黄嶷峰　乐水旺
永州加强纳税信用评价应用	2016 年 11 月 30 日	唐善理　陈运友　吕海南
永州经济犯罪重点嫌犯全部落网	2016 年 12 月 7 日	刘跃兵　李先志
九千多个岗位虚席以待	2016 年 12 月 11 日	唐善理　潘清远　熊玲芝
宁远“美丽乡村”蔚为大观	2016 年 12 月 15 日	邹仪　刘庚旺　欧阳友忠　骆力军
永州“美丽湿地”风光好	2016 年 12 月 16 日	唐善理　申华跃　吴炳贤
涔天河水库扩建工程即将下闸蓄水	2016 年 12 月 18 日	谭虹　柳德新
蓝山让湘江源头更绿	2016 年 12 月 19 日	邹仪　李先志
人在格中走　事在网上办	2016 年 12 月 19 日	唐善理　唐一平　尹庭恒　王明辉
蓝山构建产业转移洼地	2016 年 12 月 24 日	邹仪　李先志
大笔描绘“古城春”	2016 年 12 月 25 日	邹仪　唐建明　杨万里
永州入列国家历史文化名城	2016 年 12 月 27 日	刘跃兵　唐善理　左亚军
永州 3 个拟建国家湿地公园通过评审	2016 年 12 月 27 日	唐善理　申华跃　吴炳贤
永州评出“创新创业明星”	2016 年 12 月 27 日	刘跃兵　李敏
涔天河水库扩建工程下闸蓄水	2016 年 12 月 31 日	谭虹　柳德新　唐善理

索　引

说明：

一、本索引把年鉴的专稿、条目、表格（大事记、附文、企事业单位选介除外）用主题分析的方法，按汉语拼音字母顺序排列。

二、地方文献的条目未作索引。

三、类目、专稿标题和地名用黑体字标明。

四、索引名称后的阿拉伯数字表示内容所在页码，拉丁字母（a、b、c）表示栏别（从左至右分1、2、3栏）。

J

M

N

Z